QINGYANG YEARBOOK

# 2014 慶陽年鉴

庆阳市统计局 编

**图书在版编目（CIP）数据**

庆阳年鉴-2014 / 庆阳市统计局编

北京：中国统计出版社, 2014.11

ISBN 978-7-5037-7266-5

Ⅰ.①庆… Ⅱ.①庆… Ⅲ.①庆阳市－2014－年鉴Ⅳ.①Z524.23

中国版本图书馆CIP数据核字(2014)第205816号

庆阳年鉴-2014

作　　者 / 庆阳市统计局
责任编辑 / 陈越月
装帧设计 / 王选峰
出版发行 / 中国统计出版社
地　　址 / 北京市丰台区西三环南路甲6号邮政编码/100073
电　　话 / 邮购（010）63376909 书店（010）68783171
网　　址 / http://csp.stats.gov.cn
印　　刷 / 甘肃百谊印刷包装有限公司
经　　销 / 新华书店
开　　本 / 890mm×1240mm 1/16
字　　数 / 831千字
印　　张 / 41.25
版　　别 / 2014年11月第1版
版　　次 / 2014年11月第1次印刷
定　　价 / 288元

如有印装差错，由本社发行部调换。

# 编写说明

一、《庆阳年鉴》是庆阳市统计局主编按年编辑出版的综合年鉴。旨在全面、准确、系统、及时地记载庆阳市年度政治、经济、社会等方面的基本情况和各行各业取得的新进展、新成就，旨在为各级领导科学决策提供依据，为国内外各界人士了解庆阳、研究庆阳、投资庆阳、建设庆阳提供权威的市情资料，同时也是一本鉴史察今的重要工具资料。

二、《庆阳年鉴》2014年刊由文字叙述、统计资料、彩色插图三部分组成。文字叙述分特载、大事记、庆阳概况、政治、法制、农业、工业、建设、交通邮政通信、贸易、财政税务金融、经济管理、社会事业、社会保障、县区概况、乡镇概况和附录十七部分；统计资料分综合、人口与劳动力、农业、工业、建筑业、固定资产投资、交通邮电业、劳动工资、财政税收、金融保险、批发零售贸易及餐饮业、物价、城乡居民生活、城市建设、对外经济贸易及旅游、教育科技及文化、体育卫生及广播电视和其他十八部分；彩色插图反映了2013年庆阳政治、经济、文化发展取得的辉煌成就。

三、《庆阳年鉴》2014年刊文字、图片资料由各县区政府、市直各部门和各单位供稿，经编委会审定后选用。所使用的基本统计数据均以统计部门统计结果为准，统计公报数据与统计资料数据不相符的，以统计资料为准。

四、《庆阳年鉴》2014年刊是在市政府领导下，经过编委会成员单位以及有关单位和全体编辑人员通力合作的结果。在编辑过程中得到了诸多单位的大力协助与支持。在此，编者谨向所有为年鉴编辑出版付出辛勤劳动、给予积极支持的单位和个人，深表感谢。由于我们水平有限，错讹和疏漏之处在所难免，恳请批评指正。

编 者

二〇一四年八月

## 《庆阳年鉴》编辑部

省长助理、庆阳市委书记夏红民宣布庆阳石化600万吨/年炼油升级改造项目开工

市委副书记、市长栾克军在宁县焦村乡西沟村调研服务向下延伸工作

2013年8月20日，国家统计局党组书记、局长马建堂调研我市经济社会发展情况和统计工作

甘肃省统计局党组书记、局长樊怀玉调研陕甘边苏维埃政府时期统计工作

市人大主任付振伟视察巴家嘴水库安全度汛情况

市政协主席张文礼在正宁县永正乡了解群众所期所盼

# 目　　录

## 经济管理



## 社会事业



## 社会保障



## 县区概况



## 乡镇概况



## 统计资料

### 综　合



### 人口与劳动力



### 农　业

## 工　业



## 建筑业



## 固定资产投资



## 交通邮电业



## 劳动工资



## 财政、税收



## 金融、保险



## 批发零售贸易及餐饮业

## 物 价



## 城乡居民生活



## 城市建设



## 对外经济贸易及旅游



## 教育、科技及文化



## 体育、卫生及广播电视



## 其 他



## 附 录

# 特　载

## 把握形势　深化认识　凝聚力量<br>坚定不移推动转型跨越和科学可持续发展

### ——在市委三届六次全委扩大会议上的讲话

省长助理、市委书记　夏红民

（2013年8月7日）

同志们：

这次市委三届六次全委扩大会议，是在对全市及县区近一年来重点工作、重点项目督查观摩的基础上，召开的一次十分重要的会议。主要是总结成绩，通报表彰2012年目标责任考核结果，进一步研判形势，凝聚共识，以更加强有力的措施，推动全市经济社会转型跨越和科学可持续发展。

科学研判形势，是做好工作的基本前提，也是提高党领导经济社会工作水平的出发点。4天来，通过对全市及各县区重点工作、重点项目全面督查观摩，总体看，各县区抓工作的思路更加明晰，抓落实的机制方法更加灵活，各有亮点，都有创新。镇原县积极探索地企深度融合发展的新机制，不断创新深化与中石化华北分公司的协作，引进中盛等农业产业化龙头企业，促进了地企共赢，促成了一批富民项目的落地实施。西峰区坚持抓民生、强保障、促和谐，倾力打造首善之区，高标准推进东湖公园升级改造、城区雨洪集蓄保塬生态工程建设，改善了市区环境，提升了城市品位。正宁县依托煤炭资源开发，全方位培育富民产业，推进城乡一体化进程，为可持续发展打下了良好基础。宁县坚持以环境招项目，以服务促落实，有力地推动了长庆桥工业园区、和盛工业集中区快速发展，县域经济活力明显增强。合水县从破解制约发展的瓶颈抓起，强力推进马莲河流域整体开发，斩山填沟，开通道路，促进区域经济发展，为扶贫开发攻坚探索了路子。华池县以南梁红色小镇建设为龙头，打造文化旅游产业发展平台，拓宽群众稳定增收渠道，在转型跨越和科学可持续发展上迈出了可喜的一步。环县立足自然条件，积极推进“双百双万”工程建设，找到了北部干旱山区群众脱贫致富的方向和路子。庆城县持续加强西川园区招商引资，深度挖掘历史人文资源，围绕岐黄中医、周祖农耕两大文化品牌，打造精品景观，促进产业发展，形成了鲜明的县域经济特色。

通过4天的现场督查观摩，大家对全市和各县区经济社会发展情况有了比较全面的了解和认识，对市委三届四次、五次全委扩大会议以来形成的总体思路、发展路径、工作举措、推进机制有了更加理性的理解和把握，这有利于我们从思想认识和工作实践两个层面把脉庆阳发展，既看到机遇、成就和经验，又看到挑战、问题和困难，从我们最薄弱环节入手，向着最好的方向努力，进而从实际出发，突出重点，加快形成推动转型跨越和科学可持续发展的战略思想、机制保障和工作合力。

这里，我从三个方面就市委常委会一年来的工作，向全委扩大会议作报告。

**一、抓重谋远，不断深化市情认识，探索完善经济社会科学可持续发展的新思路新路径新机制**

庆阳是典型的资源型城市，在全国能源战略和区域经济发展中具有十分重要的地位。省委、省政府新的区域发展战略把我市确定为“东翼”腾飞的主战场，明确要求我们率先发展、加速转型、跨越崛起，把资源优势转化为发展优势、经济优势，尽快成长为全省重要的经济增长极。去年全省新建项目观摩时，王三运书记又特别嘱咐，庆阳要注意研究解决好加快资源开发增实力、紧盯富民目标兴产业、统筹城乡发展强基础、坚持科学发展转方式“四个重大课题”，为资源型城市实现科学可持续发展探索新路子。

面对省委、省政府转型跨越发展的更高要求，面对兄弟市州和毗邻地区竞相发展的强劲态势，面对265万老区人民盼富裕求发展的强烈愿望，市委常委会在深入调查研究的基础上，科学研判形势，认为当前庆阳整体上已进入大开放、大开发、大建设、大发展的崭新时期，也进入历史上发展最快最好的时期。但同时仍然存在一些结构性矛盾，呈现出一些阶段性特征，主要表现为：经济总量大与人均水平低、第二产业强与地方工业弱、资源富集与产业富民水平低、区位优势与基础设施建设滞后、发展环境与转型跨越要求不相适应等“五大矛盾”。为有效破解这些矛盾，从更高层次更高水平上推动全市经济社会转型跨越和科学可持续发展，市委三届四次全委扩大会议在深入调查研究、广泛听取意见建议的基础上，对全市发展思路作了进一步的充实和完善，提出了紧盯一个目标，突出三大战略，强化四大支撑，开发四大资源，建设四大基地，实施“3341”项目工程和十大惠民工程，把“一区四园、一线八域”作为科学发展的主战场，把项目作为支撑发展的载体保障，奋力推动经济转型跨越发展、社会和谐稳定发展、民族共同繁荣发展、生态绿色持续发展的总体思路。

这一思路，突出了作为欠发达地区发展相对缓慢，最关键还在于“求进”、“求质”，不“求进”就稳不了，不“求质”就优不了，稳中求进的总基调，凝结着历届市委、市政府班子的实践经验积累，同时结合新形势、新任务和新要求，融入了新一届市委常委会的思考和探索；既保持了整体工作的连续性和稳定性，又体现了工作指导的与时俱进；既是一个集体智慧的结晶，又是一次指导思想的升华和拓展。

一年来，全市上下按照这一思路，突出投资拉动和创新驱动，加快转方式、调结构、提效益，强力突破重点工作，协调发展各项事业，着力保障改善民生，经济社会继续保持了良好的发展势头。今年上半年，全市生产总值完成251亿元，同比增长13.7%；地方固定资产投资546.2亿元，增长30.8%；规上工业增加值139.9亿元，增长16.2%；全社会消费品零售总额75.2亿元，增长15.7%；财政大口径收入81.98亿元，增长15.8%；小口径收入35.75亿元，增长4.9%；城镇居民人均可支配收入9701元，增长14.7%；农民人均现金收入2668元，增长16.8%。除地方财政收入外，其他主要经济指标均保持两位数增长，增速高于省列计划目标，其中4项指标达到时间任务“双过半”，位列全省前列。特别是面对百年不遇的特大暴雨，全市干部群众齐心奋战，夺取了“7·14”环县樊家川特大暴洪抢险救灾的阶段性胜利。具体工作中，我们探索了“五条实践路径”，强化了“三大保障”，建立了“三大机制”。

*确定首位主导产业，走资源开发强市之路。*明确把油煤气资源开发确定为全市首位主导产业，坚持钻采加工转化和研发生产销售一体化推进，延伸产业链条，促进循环利用。聘请国内高端科研机构编制完成煤电、冶材、煤电化、高载能产业和循环经济等5项产业发展规划，举办了中国（庆阳）循环经济·绿色发展论坛，进一步明晰了油煤气产业开发的基本支撑、产业方向和发展路径。特别是在王三运书记、刘伟平省长的亲自关怀和协调下，600万吨升级改造项目获得国家路条，开工建设，将推动庆阳石化由燃料型炼厂向燃料化工型综合炼油企业加快转型。煤炭开发全面铺开，规划的9个在建矿井顺利推进。尤其是完成合水东一宁县北煤炭资源矿权调整配置后，直接撬动晋煤集团增加投资57亿元，与山东金正大集团合资合股实施50万吨合成氨、80万吨尿素生产和100万吨缓释高效肥基地建设，开启了我市煤炭转化和深加工产业的先声。

*调整优化产业布局，走集群集约发展之路。*为科学高效配置资源、有效聚合各类要素，培育形成市域经济增长极，市委三届四次全委扩大会议对全市产业布局作了进一步的调整优化，明确提出“一区四园、一线八域”的战略布局。成立庆阳经济技术开发区，组建开发区管委会，统一管理协调

长庆桥、驿马、西川3个工业园区和西峰民俗文化产业园区的规划、建设和招商引资等工作，并明确园区定位，厘清权益归属，最大程度地打破了体制机制束缚，加强了园区基础设施建设，激发了各县区共同建办园区的积极性和主动性。总体看，“一区四园”的发展思路，进一步明确了产业的主攻方向，把项目落在产业链上，把企业建在工业园中，使转变发展方式的区域布局和项目重点更加尊重经济规律，为实现有质量、有效益、可持续的发展奠定了基础。

*拓展培育开发领域，走产业富民增收之路。*围绕增收这个核心，实施城乡居民收入倍增计划，拓宽增收渠道，提高收入水平。旗帜鲜明地提出以产业融合促进地企深度融合发展的新取向，牢固树立“庆阳长庆一家亲、共同建设大油田、幸福富裕老区人”的新理念，从政策、体制、机制等方面，积极寻找地企融合发展的最佳结合点和利益分配的平衡点，协调石油开发企业把主业以外的配套服务项目和上下游产业项目交由地方组织实施，建立长效利益反哺支撑机制，为有效破解“富饶的贫困”现象和“西瓜与芝麻”效益不均衡问题，做了积极的探索和不懈的努力。庆阳能源化工集团公司成立后，积极承接企业产业转移，参与油田开发建设，初步结成利益共同体。制定并实施“266”现代农业行动计划，扶持发展农业特色产业，夯实群众稳定增收基础。坚持把文化旅游作为增强文化内聚力、扩大对外影响力、提升增收带动力的首选产业，各县区各打各的特色牌，各走各的优势路，从重点景区建设、文化产品开发、旅游项目营销、配套服务完善等方面，做了大量卓有成效的工作。华池南梁红色小镇、庆城岐黄中医药文化博物馆、西峰民俗文化产业园等项目，建设标准高，推进速度快。

*强化基础支撑保障，走重大项目带动之路。*立足于破瓶颈、打基础、强保障，实施交通提升、水利保障、城市扩容、生态改善“四大”工程。庆阳机场扩建基本完成并顺利实现西安—庆阳—兰州复航，今年又开通直达北京航线；西平铁路、西雷高速年内建成通车；银西铁路完成审查评估和现场调研，项目建议书近期有望获得国家发改委批复；甜罗高速公路列入国家高速公路网规划，部分标段完成招商；西镇、新南、宁长3条二级公路快速推进。采取财政垫资、市场融资和招商引资的办法，实施了葫芦河莲花寺水库、环县苦咸水淡化、千池百湖和农村集雨场窖等一批骨干水利项目和重点人饮工程。按照打造区域中心城市和甘肃东部门户城市的定位，进一步完善市政功能，优化人居环境，全力打造城市核心区。坚持一手抓生态成果巩固，一手抓生态工程建设，通过实施退耕还林、天然林保护、荒山造林、董志塬固沟保塬、西峰雨洪集蓄等项目，重点流域生态环境持续向好。

*着力保障改善民生，走和谐社会共建之路。*始终把保障改善民生作为加快发展的根本目的，作为各级党委政府的最大责任，综合推进“十大惠民工程”，不断提高基本公共服务能力和均等化水平。坚持以创业促就业，实施就业“双导”工程、百企千岗见习和高校毕业生“双千”计划，多渠道、多形式促进了高校毕业生就业。协调推进各项事业发展，教育质量稳步提升，基层医疗卫生体制综合改革纵深推进。深入推进“双联”行动，结对帮扶工作取得明显成效。重视和加强社会管理创新，深入推进矛盾纠纷排查调处工作，切实强化食品药品、农产品、公共卫生、校园安全和安全生产监管，保障了人民群众生命财产安全，确保了社会大局持续和谐稳定。

*持续推进思想解放，强化转型跨越和科学可持续发展的思想保障。*坚持请进来讲、走出去看相结合，创新市委中心组学习方式，邀请知名专家学者做客“陇东大讲堂”，解读政策，传导理念，指导各级干部用全新的思想观念和思维方式，应对新情况，解决新问题，推动新发展。分批选派干部到高等学府集中培训，到发达地区参观考察，各级干部的思想观念明显转变，抓工作的方式方法明显改进。

*全面加强党的建设，强化转型跨越和科学可持续发展的组织保障。*自觉加强市委常委会班子建设，健全优化常委会议事决策程序，不断提高领导科学发展能力。始终坚持正确的用人导向，不断深化干部人事制度改革，调整充实了部分县区和公检法系统、市直部门的领导班子，实施了市县乡科级干部纵向交流，为贫困村、后进村选派了第一书记，公开选拔了部分县处级领导干部，进一步激发了干部队伍活力，选人用人的透明度、公信度不断提高。深入推进基层党建“五项工程”，扎实开展人才特区试点工作，启动实施千名农村实用人才培训工

程，有效吸引和聚集了各方面优秀人才，为转型跨越和科学可持续发展提供了组织保障和智力支撑。

*深入开展效能风暴行动，强化转型跨越和科学可持续发展的作风保障。*开展以“优化环境、改进作风、提升效能”为主要内容的效能风暴行动，下实手解决干部作风方面的突出问题，着重整治庸懒散奢。市委常委会严格落实中央、省市委有关规定，正会风、改文风、转作风，到最基层、最偏远的地方去，深入基层开展扶贫大调研活动，带头厉行节约，制止奢侈浪费行为，为全市作出了表率。各级各部门认真查找班子和干部队伍作风中存在的“四风”突出问题，采取行之有效的整治措施，促进工作效率大提高、干部形象大提升。纵深推进“红色廉政”工程建设，坚持用南梁精神和老一辈无产阶级革命家的优良传统，为各级党员领导干部照镜子、正衣冠、洗洗澡、治治病，促进了干部清正、政府清廉、政治清明。

*加强和改进党对经济工作的领导，建立完善“三个一”包抓项目落实机制。*今年起，严格实行重点工作、重大项目 “三个一”包抓责任制，将市级领导、县区和部门抓落实的责任捆绑起来，形成一级抓一级、层层抓落实的工作格局。目前，市委、市政府确定的55个重大项目绝大多数得到较好落实，一些项目取得突破性进展。

*改革和创新工作运行方式，探索建立破解重大基础建设市场融资与“三农”工作新机制。*针对重大基础设施建设受制于国家宏观政策、立项审批和投资难的问题，市里组建了交通投资和水务发展两个集团公司，由市政府投资控股，采取市场运作的办法，融通金融信贷资金，吸纳社会沉淀资金，建立市场化投融资平台，多渠道投入实施重点基础设施建设。围绕贯彻落实中央和省委1号文件，积极推进农村综合改革，增强农村发展活力，在镇原路岭村、宁县樊湾村开展双联行动、扶贫攻坚、农村综合改革试点，探索建立了村民自我管理、“两议一监督”议事、村级小康监测指标、扶贫低保户识别、外出务工人员返乡创建家庭农场、惠农政策落实、农村矛盾纠纷调解等农村综合改革试验的新途径。特别是把参与式扶贫理念和方法与我市农村实际结合起来，充分尊重群众的知情权、参与权和监督权，对涉及群众利益的事，由群众自主选择、民主决策、全程参与、自我管理，把群众变成扶贫开发、农村发展的主体，改变了等靠要的思想，极大地激发了群众脱贫致富的积极性和内生动力，政府也由过去的包办代替变为指导服务，开启了“过去给钱给物要我干、今天主动参与我要干”的思想观念大转变，探索建立双联行动与扶贫开发深度融合机制。为了解决贫困农户贷款难的问题，改变过去财政扶贫资金发钱、发物的使用方式，把用于产业的财政扶贫资金作为担保基金，与国家开发银行合作，按照1比10的比例放大，在镇原、宁县、华池3县、37个村、1422个农户贷款3000万元进行试验示范。通过建立市经投公司担保、扶贫单位监管、村互助协会管理、农户互助担保贷款的合作新机制，既解决了银行对农户成本高、工作量大的问题，又解决了贫困农户缺乏抵押担保而贷不到款的问题，为全市通过金融资金支持贫困农户发展产业、解决贷款资金问题探索了新路子。

*充实和完善工作督查考核办法，健全优化工作绩效评价机制。*修订完善了县区目标管理责任制及科学发展业绩考核、市直部门（单位）工作绩效及科学发展业绩考评2个办法，科学设置考核项目和考核分值，不断改进指标分配和考核方式，形成了权责明确的目标责任制管理体系。坚持重点工作、重大项目进展月通报、季分析、半年一考核、年度算总账，形成了责任到位、督查跟进、成果倒逼的工作督查落实机制。特别是加大平时督查和基层打分在考核中的权重，督促各级各部门扑下身子抓工作，一以贯之抓落实，确保工作任务均衡推进。坚持督事、考核、评级、运用相结合，把考核结果与评优选模、干部任用、奖惩兑现挂起钩来，明确规定凡年度考核不是优秀等次的单位，其主要负责人不能评为优秀，充分体现了绩效考核的激励性和约束性，形成了抓落实比贡献争上游、你追我赶竞相干事的浓厚氛围。

近一年的工作实践证明，市委三届四次、五次全委扩大会议以来形成的总体思路、发展路径和工作机制，是符合科学发展观和省委转型跨越发展要求的，是符合庆阳市情实际和广大人民群众发展愿望的，已经成为和正在指导与引领全市经济社会转型跨越和科学可持续发展。当然，随着时间的推移，根据形势的发展变化，这个思路还要在实践中不断地充实、丰富和完善。

**二、知行合一，深刻把握科学内涵，进一步明**

确转型跨越和可持续发展的新任务新要求

思想是行动的先导。只要始终秉持正确的指导思想，沿着科学的实践路径不断前进，就会离既定的目标越来越近。当前和今后一个时期，与全省全国同步建成全面小康社会是我们的总目标，推动经济社会转型跨越和科学可持续发展是我们的总要求。全市上下要进一步深刻理解和把握市委总体工作思路的科学内涵、着力重点和根本要求，进一步增强贯彻落实市委、市政府决策部署的自觉性和坚定性，抓住关键环节，持久聚焦发力。

建设大型能源化工基地和全省重要的经济增长极，是我市的战略目标，也是推进庆阳经济转型跨越发展的希望所在。传统能源资源富集是我市的最大优势，这个优势不能丢。长期以来，资源由国有企业垄断开发，形成了“一业独大”、“一企独大”的局面，企业与地方利益分配上的“西瓜芝麻”效应是“富饶贫困”现象的具体体现，地方工业短腿、群众收入偏低是“资源诅咒”的深刻反映。随着国家能源战略和宏观政策的调整变化，能源资源开发上下游产业市场准入门槛放宽，为我们发展油煤气上下游产业带来了前所未有的机遇。市委、市政府明确把油煤气资源开发作为全市首位主导产业，目的就是通过加快油煤气资源开发步伐，积极培育发展上下游产业，延伸产业链条，壮大产业集群，形成地方工业体系，走出一条依托资源、多业并举的可持续发展路子，快速壮大综合经济实力。全市上下一定要深刻领会建设大型能源化工基地的根本目的和战略意义，以此统揽全市经济社会发展，未雨绸缪、超前谋划，主动转型、跨越发展。既要立足当前、更要着眼长远，既要围绕大目标优化环境改进服务、更要着眼地方发展强工业兴产业，既要讲奉献、更要争利益。要改变过去那种单纯要区块、分利益、要政策、争捐款的老观念老办法，把着力重点放在提升资源就地加工转化能力上，放在精心谋划实施地企合作产业链项目上，放在推进资源科学有序开发和永续利用上，每年谋划实施一批上下游产业核心项目、配套服务项目和地企共建项目，采取督促开发企业办、招商引资办、聚合民资办的办法，加快培育完善地方工业体系，形成多业并举、多元支撑格局，让资源开发更有力地带动地方发展，更多地惠及老区群众。

依托特色优势资源培育富民强市产业，不断拓宽增收渠道，实现城乡居民收入倍增，是推进我市转型跨越发展的根本目的。针对我市财政收入全省第二、城镇居民人均可支配收入全省第六、农民人均纯收入全省第八的不协调不均衡问题，市委、市政府明确提出要坚持富民强市并重，加快培育富民产业，不断拓宽增收渠道，推动城乡居民收入快速倍增。苹果、草畜、瓜菜是经过多年探索尝试，已经被科学与实践证明、被群众广泛接受了的特色增收产业，在一些区域已经成为农村居民脱贫致富的主导产业。目前存在的问题是：规模优势还没有形成，产业化程度低，经济效益和品牌效应还没有显现出来。市委、市政府确定建设全国绿色农产品生产加工示范基地和国家级旱作农业示范区，就是按照区域化布局、规模化种养、标准化生产、品牌化营销的要求，科学谋划产业布局，宜农则农，宜牧则牧，宜果则果，宜菜则菜，压夏争秋，顺应十年九旱自然环境，进一步调优大农业内部结构、种植业结构和农业产业结构，走节水高效农业发展的路子。目前，产业发展的方向已经明确，前景非常广阔，但在落实过程中，客观上存在着土地分散经营、规模化发展难度大，自身弱质低效、难以吸引更多市场资源等制约因素，主观上存在着“两头热、中间凉”，基础动力不足，创新驱动不够，科技服务不到位，投资扶持不得力等一系列问题。特别是有些地方和部门对庆阳的贫困现状认识不够，更多的是依传统惯性大包大揽，而不能用市场的办法，用金融资金发展产业，在抓产业发展上思路不宽、方法不多、措施不力，特别是对贫困区域、贫困村、贫困户支持力度不够。要切实采取有效措施，加快实施“266”现代农业行动计划，充分发挥财政奖补资金、惠农贷款资金的助推作用，引导土地合理流转，做大基地规模，扶持家庭农场、专业村和产业大户发展，在三大主导产业开发上取得更大突破。要大力推广标准化、绿色无公害生产技术，瞄准市场需求，开发绿色农产品和有机食品，推动农业产业向优质高效转变。要大力扶持农字号龙头企业、农民专业合作组织和农产品营销组织健康发展，加快构建新型农业生产经营体系，促使农业与市场有效对接、规模与效益同步提升，让农民群众从农业特色产业开发中获取更多收益。

文化旅游产业已成为带动群众就业增收的新兴产业。这方面各县区都抓得比较好，也初步见到了成效，但还存在着资金投入不足、建设档次不高、宣传推介不够、点线过于分散等问题。今后，要围绕景区内涵深度挖掘、文化资源系统整合、历史事件艺术活化、旅游线路联合开发、旅游产品宣传推介等方面，坚持谋深、谋细、谋实，精心打造精品传世文化景观，扶持培育骨干文化企业，锻造培养文艺创作队伍，努力把老祖先留下的深厚文化资源和一方水土孕育的多彩民俗资源，转化为富民增收的新兴产业。要在破解资金难题上多想办法多下功夫，既要发挥政府的推动作用，该政府干的全力以赴干好，更要坚持市场主导，该市场运作的完全交给市场。对普惠性的重点文化工程，要善于算大账、算长远账，敢于让利，引进市场主体投资开发建设；对盈利性的精品旅游项目，要全面推向市场，谁投资、谁建设、谁受益，完全市场化运作。总之，要敞开大门、创新机制，盘活资源、聚集要素，吸引更多市内外投资主体参与庆阳文化资源开发。

非公经济是我市的一个短板，同时蕴藏着巨大的潜力，正在经历一个前所未有的战略机遇期。发达地区的实践证明，非公经济是国民经济中最活跃、最具增长潜力和拉动效应的成分。今年以来，虽然市委、市政府出台了推动非公经济跨越发展的意见，召开了全市范围的动员大会，确定了市级领导联系非公企业和企业家的制度，形成了一系列支持非公经济发展的政策措施，但从实际工作进展情况看，仍然不够理想，没有大的动静，必须尽快打破这种沉闷低迷局面。要把推动非公经济发展作为经济社会转型跨越发展的一条实践路径，坚持提升存量和扩大增量相结合、引进外部资本与激发内生动力相结合，进一步激发民间投资的潜力和活力，形成多元投资发展非公经济的新格局。一方面，要抓住首位主导产业大开发的机遇，大力发展交通运输、仓储物流、设备维修、机械制造、生活服务等生产性服务业。另一方面，要依托富民产业开发，启动民资建办一批农产品精深加工、产品营销、出口贸易、文化旅游服务等传统服务业。第三，要通过鼓励全民创业，催生发展一批小微企业和实体经济。各级各部门要把市委、市政府制定的政策措施切实落到实处，以政策引资金，以环境招项目，以服务安客商，促进非公经济多业态发展、成倍化扩张，迅速成长为带动城乡居民增收的主导力量。年底，城乡居民收入高于全省平均水平的目标必须实现。

“一区四园、一线八域”的科学发展主战场，是全市发展思路的丰富拓展，也是对产业布局的调整优化，更蕴含着点面结合、多极突破、整体推进工作的方式方法。市委、市政府确定建设“一区四园”，根本目的在于推动特色优势产业集约集群发展，打造新型工业聚集发展的桥头堡，构建现代科技集成创新的大平台，加快形成促进就业的创业板和市域经济的增长极。以“一线”辐射“八域”，就是以南北交通大通道为纵轴，构建特色产业、民营工业和县域经济发展的经济文化长廊、生态文明长廊。目前总体进展是好的，但还暴露出一些不容忽视的问题。表现在产业摆布上，个别园区没有严格按照功能定位，科学合理地摆布项目，把一些建材类、石化类项目摆布在食品工业园区，没有完全理解和很好地贯彻市委、市政府建设专业化产业园区的初衷和要求，没有处理好全局和一隅、做大和做精的关系，片面追求大而全、小而全，给园区长远发展留下败笔和障碍。表现在推进机制上，大的布局大的理念已经确定，但配套的改革措施、利益分成办法仍然没有跟上，县区吃不到定心丸，思想上仍然有顾虑，工作积极性主动性大打折扣。表现在工作落实上，开发区管委会的集中领导作用和统筹管理职能还没有完全发挥出来，开发区、县区和各工业园区抓园区建设的理念不新、站位不高、方法不活，面对土地收储困难、建设资金短缺等诸多问题，仍然习惯于等靠要，不下功夫认真解读国家和省里相关规划，从规划中找政策、谋项目、争资金，不会运用市场手段和现代融资方式去破解资金难题。对此，开发区管委会要认真研究，尽快起草报批出台相关改革措施和利益分成办法，充分调动开发区、园区和县区抓项目、抓招商的积极性。要严格按照园区功能定位，科学调整产业布局，既要积极“筑巢引凤”，又要超前“腾笼换鸟”。要大胆创新工作机制，注意用新思维、新模式、新方法推进工作，力争在市场融资、招商引资、项目建设上有大的突破。

加强基础设施和生态环境建设始终是一项长期而紧迫的战略任务，也是推动全市经济社会转型跨越发展的现实需要。虽然通过近几年的不懈努力，全市基础瓶颈制约正在得到有效缓解，局部生态环境明显变化，但随着资源开发和发展步伐的加快，现有的基础设施条件和生态承载能力远远不够。这方面，我们既要看到国家机构改革和投资导向调整带来的新挑战，又要看到国家加大西部地区和贫困地区重大基础设施建设投资增大、逐步放开资源地区基础设施建设投资门槛带来的新机遇，充分发挥市交通投资和水务发展2个集团公司的作用，紧紧抓住已经谋划论证的大项目，积极争取国家政策，督促开发企业参与，千方百计引进更多投资主体，强力推进重大基础设施建设步伐，加快形成与资源开发相适应、与新型工业化城市相匹配的基础支撑保障体系，逐步把我市发展引入良性循环的快车道。

作为传统能源资源地区，贯彻落实科学发展观，实现科学可持续发展，必须高举绿色发展旗帜，牢固树立保护生态环境就是保护生产力、改善生态环境就是发展生产力的理念，正确处理经济发展同生态环境保护的关系，更加自觉地推动资源低碳开发、循环高效利用、经济绿色崛起。既要加快资源开发，又要有效保护生态环境；既要考虑当前经济效益，又要考虑长远环境效益；既要为老区群众打造金山银山，又要为子孙后代留住绿水青山；既要让资源开发能够富裕一方人，也要让生态环境能够永续养育一方人，绝不以牺牲环境为代价换取一时发展。

**三、紧盯目标，转变作风，狠抓落实，确保完成全年各项工作任务**

目前，全年有效工作时间已过大半，各项任务已到了抓落实求突破的关键阶段。如何有效应对经济下行压力加大的大趋势，不折不扣地完成全年各项目标任务，需要各县区各部门进一步坚定信心、强化措施，鼓足干劲、全力赶超。

*一要崇尚实干，以项目工作突破检验干部作风。*目标和思路确定之后，用什么样的工作作风推动落实是关键之所在。邓小平同志强调："世界的事情都是干出来的。不干，半点马克思主义也没有。"当前正是项目建设的关键期，年初市上确定的55个重大项目还有部分项目没有拿到立项批复，一些项目仍然停留在谋划论证和前期工作阶段，签了约的落不了地，落了地的开不了工，开了工的投不了产，投了产的实现不了预期效益，项目推进速度缓慢，一些项目半年多投资仍然为零。省里将在9月份进行全省重点项目集中观摩，不仅要看去年下半年以来开工建设的重大项目，而且要跟踪督查今年兰洽会所有签约项目的落实情况。这就要求我们必须把抓项目工作作为下半年的主基调，在全市组织开展"奋战两个月、突破大项目"活动，筛选一批投资过亿元的大项目，重点培育，重点抓促，力争短期内有较大突破。要严格落实"三个一"包抓责任制，各牵头市级领导不能只听汇报作指示，而要深入基层，到项目一线，调查研究解决项目建设中遇到的各种困难和问题，对没有立项审批的项目，要亲自带队去跑去争，以不立项不松劲、不落地不撒手、不达目的不罢休的精神，推动重大项目落地实施；对推进速度慢的项目，要紧盯不放，以踏石留印、抓铁有痕的干劲，逢山开路、遇水架桥的勇气，排除一切艰难险阻和人为干扰，不遗余力地推动项目建设。市直相关部门不能只是下指令要数字，而要主动服务，积极配合，确保重大项目建设一路绿灯，快速推进。在改进作风、优化服务、提高效能上，要敢于自我解剖，勇于自我治病，重点整治人为设障、吃拿卡要问题。各县区要围绕市委、市政府年初确定的55个重大项目落实，进一步强化认识，调整部署，重兵保重点，强力求突破，确保全市重点项目和兰洽会所有签约项目、今年外出招商签订的投资项目全部落实到位。尤其对事关群众切身利益的民生项目和年初确定的为民办实事项目，要集中人财物力，集中突破，确保不折不扣地完成任务，决不能给群众开空头支票。同时，根据省政府与国家开发银行签订的合作协议，明年全省58个贫困县要实施农村道路、饮水工程攻坚计划。市直主管部门要指导协助各县区尽快编制完成道路、饮水工程实施规划，确保全市农村道路、饮水工程按期开工建设，按时完成任务。一句话，就是要崇尚实干、埋头苦干，通过工作作风的大转变，推动重点项目的快落实。

*二要以人为本，以扶贫攻坚成效考量执政能力。*加快发展的根本目的是让老百姓过上好日子。当前，贫困问题已经成为牵动中央、牵动民心、牵动全局的大事，成为各级党委、政府的一项中心工作。省委、省政府明确提出要通过实施"1236"扶贫攻坚行动，下功夫帮助贫困群众"挪穷窝"、"改穷业"、"拔穷根"、"换穷貌"。我市贫困面大、贫困人口多、贫困程度深，更应该把扶贫攻坚作为各级党委、政府全部工作的重中之重，作为检验各级干部执政能力的"试金石"，举全社会之力，打

赢新一轮扶贫开发攻坚战。以人为本，就是要切实增强各级党政组织和各级干部的责任感和紧迫感，以“一枝一叶总关情”的高尚情怀、“邑有流亡愧俸钱”的职责使命，真心实意帮助群众摆脱贫困，走向富裕。就是要切实增进与群众的血肉联系，沉下去察民情、访民苦，了解群众的所思所想所盼，把工作着力点与群众需求更好地对接，把主要精力用在发展富民产业上，把有限资金用在改善群众生产生活基础条件上，帮就帮到关键处，扶就扶到点子上。坚决禁止做表面文章、应付检查的行为，坚决禁止涂脂抹粉、遮羞护短的现象。就是要从思想深处弄清楚我是谁、依靠谁、为了谁的问题，相信群众的首创精神，发挥群众的主体作用，有效动员和组织广大群众通过自己勤劳的双手和智慧，改变贫困现状，建设美好家园。随后，市里还要召开全市扶贫攻坚大会，专门安排部署这项工作。在这件事情上，最基本的考量标准只有一条：就是看一个干部在一个地方工作了几年，面貌改变了没有，群众收入增加了多少，做了哪些打基础、利长远的事情，不看金杯银杯，只听群众口碑。目前，我市仍处在抗洪防汛的关键时期，各县区、市直各部门要继续高度重视，一方面密切关注雨情汛情变化，完善应急预案，确保群众生命财产安全；另一方面要因地制宜，科学规划，帮助群众恢复生产、重建家园，尽快启动灾后重建，确保受灾群众在过渡期和转移安置期的生活得到妥善安置，确保秋季学生按时入学，入冬前受灾群众能够住进新房。

*三要强化考核，以目标任务落实决定干部去留。*省委明确要求，今年要把目标责任制考核与班子调整、干部使用结合起来，对工作不力、完不成年度任务的，坚决予以调整。市委对县区和市直部门的要求也是这样。前一段的扶贫大调研中，一位老领导的话让我很受教育，他说思路和目标确定之后，抓好干部配备是关键，重点要抓好乡镇党委书记和村组干部配备，选一贤人则群贤毕至，用一能人则带动一方，因为这些人是天天和群众打交道、离群众最近的人，是我们的执政基础和战斗堡垒，群众看到的党委和政府就是他们。我们很多工作落不实、推不开，就是我们一些基层负责同志缺乏凝聚力和号召力，群众不信任、不拥护。特别是目前县区、乡镇干部“走读”现象比较普遍，遇到紧急情况时无法及时有效组织应对，群众意见更大。这些问题，必须引起市县（区）党委的高度重视，下实手加以解决。要结合半年工作考核，真评实考，奖优罚劣，把考核结果与干部使用挂起钩来，对工作作风漂浮、抓落实不力、长时间不能增加群众收入和改变面貌的地方、单位主要负责人坚决予以调整；对那些工作不负责任、对人民群众没有感情、贻误发展，造成重大损失的，要采取组织措施严肃处理。同时要结合村“两委”班子换届，真正把那些懂经营、会管理，有致富技能和带富能力，并能踏踏实实为群众办事的能人，选配到村干部岗位，为群众选好配强脱贫致富的带头人、领路人。

中央决定从今年下半年开始，在全党范围内自上而下分两批开展以为民务实清廉为主要内容的党的群众路线教育实践活动。我们庆阳是革命老区，是形成和模范执行党的群众路线的地区之一。新时期，更要按照中央的部署，把群众路线教育实践活动作为一项重大政治任务，提早准备，精心组织，既要把中央的规定动作落实到位，又要坚持先学先试先行，力争在自选动作上有特色、出经验。要把教育实践活动作为强大动力，与正在开展的效能风暴行动、联村联户行动、扶贫攻坚行动、先锋引领行动有机结合起来，真学真听，真查真改，使教育实践活动的实效体现在党群干群关系的变化上、体现在群众工作能力的提升上、体现在群众关切问题的解决上、体现在机关效能和干部作风的改进上、体现在规章制度和长效机制的建立上、体现在促进转型跨越发展各项工作任务的落实上。

同志们，推进全市经济社会转型跨越和科学可持续发展，是摆在我们面前的重大政治任务。市委号召全市各级党政组织和广大干部群众，要坚定信心，鼓足干劲，凝心聚力，攻坚克难，以更加饱满的热情、奋发有为的精神状态和真抓实干的工作作风，为全面完成今年各项目标任务、加快建成幸福美好新庆阳而不懈奋斗！

# 坚持以全面深化改革为统领 奋力推进经济社会持续健康发展

## ——在市委三届七次全委扩大会议暨全市经济工作会议上的讲话

省长助理、市委书记　夏红民

（2014 年 1 月 21 日）

同志们：

市委三届七次全委（扩大）会议暨全市经济工作会议的主要任务是：报告常委会一年来的工作，分析当前经济形势，贯彻落实中央和省里系列重要会议精神，提出今年经济工作的总体要求和主要任务，动员全市上下把思想和行动统一到中央、省委和市委的部署要求上来，以改革创新的精神和转型升级的实践，开创全市经济社会发展新局面。

现在，我先讲三个问题。

**一、关于市委常委会一年来的工作**

市委三届五次全委（扩大）会议以来，常委会坚持以科学发展观为指导，认真贯彻落实党的十八大、十八届二中、三中全会及习总书记系列重要讲话精神，按照中央、省委的决策部署，准确把握“稳中求进、好中求快”的总基调，积极应对复杂形势，有效化解不利影响，经济社会和党的建设都取得了新的成绩，基础设施进一步加强，经济结构进一步优化，产业开发进一步加快，质量效益进一步提升，城乡居民收入进一步提高，整体发展呈现出积极向好的态势。

*一是加强学习研究，领导科学发展的能力进一步提升。加强政策理论学习。*市委常委会坚持每月一次理论中心组学习制度，集中学习党的十八大、十八届二中、三中全会和习总书记系列重要讲话精神，系统学习新一届中央领导集体提出的新思想新观点新论断新要求，准确把握思想体系和深刻内涵，形成了科学发展的思想共识。加强前沿知识学习。改革中心组学习模式，举办“陇东大讲堂”，扩大市级其他班子、市直部门和县区负责同志，邀请专家学者解读前沿理论，辅导专业知识，引导各级领导干部学会用全局眼光和战略思维谋划发展、指导实践、推动工作。加强制度法规学习。市委常委会带头学习中央“八项规定”和省委“双十条”，严格按照中央厉行勤俭节约制止奢侈浪费系列规定要求，规范班子的公务活动和日常行为。

始终把解放思想、更新观念作为学习的内在要求，对照新部署新任务新要求，查找不足、剖析根源，触动思想、触及灵魂，真正把中央的部署和省委的要求转化为转型升级的具体思路、富民强市的措施办法和建设幸福美好新庆阳的强大动力。坚持知行合一、学以致用，把学习贯彻中央省委精神与深化市情认识、完善发展思路、破解发展难题结合起来，从最关键处寻求突破，从最薄弱处加强工作，从最紧迫处推动落实。可以说，过去的一年是常委会工作重点突出、特点鲜明、富有成效的一年。

*二是深化市情认识，推进发展的思路路径更加明晰。*常委会深刻分析全市发展的阶段性特征，在保持工作连续性、继承历届班子好做法的基础上，坚持抓重谋远，精心谋篇布局，在四次全委（扩大）会上提出转型跨越和科学可持续发展的总构想，五次全委（扩大）会完善形成新的指导思想、发展思路和实践路径。通过一年的工作实践，六次全委（扩大）会作了进一步提炼升华，奠定了指导发展的思想引领和行动指南。

坚持把石油煤炭作为首位主导产业，确定打造石油（天然气）化工、煤电化冶材两个千亿级循环经济产业链，编制完成煤电、冶材、煤电化、高载能产业和循环经济等 5 项产业发展规划，进一步明晰了油煤气开发的基本支撑、产业方向和发展路径。

科学构划“一区四园、一线八域”产业化发展布局，成立庆阳经济技术开发区，集中管理3个工业园区和1个文化产业园区的规划、建设和招商引资，明确园区定位，厘清权益归属，统筹编制完成开发区及各园区发展规划，推动了资源高效配置，带动了生产要素聚集，促进了产业集约集群发展，激发了各县区建办园区的积极性和主动性，园区累计入驻企业428户。

三是聚焦全面小康，强农富民的目标举措更加务实。紧扣与全省全国同步建成全面小康社会的战略目标，始终把加快发展的出发点和落脚点定位在提高城乡居民收入、增加人民群众福祉上，大力实施城乡居民收入倍增计划。

针对长期以来形成的一业独大、一企独大问题，着眼于解决企业与地方利益分配上的“西瓜芝麻”问题，常委会深入调查研究，积极沟通协调，响亮提出“庆阳长庆一家亲、共同建设大油田、幸福富裕老区人”的新理念，探索建立以产业融合促进地企深度融合发展的新机制。成立庆阳能源化工集团，吸纳各类投资主体，发展混合所有制经济，协调资源开发企业将主业以外的上下游产业项目和配套服务项目交由地方实施，初步建立起央企支持地方发展的利益反哺支撑机制。能化集团与28户企业建立稳定合作关系，吸附项目资金120亿元，实现工业增加值25.6亿元，带动就业近万人，有望实现甘肃工业百强庆阳地方企业“零”的突破。

立足于产业富民，制定并实施“266”现代农业行动计划，围绕苹果、草畜和瓜菜，推进农业结构战略性调整，农业特色产业逐步向标准化、规模化、品牌化、效益化方向发展，实现了“庆阳苹果”品牌的统一包装、广告宣传和集中推介营销，“庆阳苹果”正式通过国家质检总局地标产品保护技术审查。以养羊为主的草食畜牧业和宜林荒山造林工程蓬勃发展，农民从特色产业中获取的收益占到人均纯收入的50%以上，我市农民人均纯收入与全省平均水平的差距首次缩小到百元以内。

坚持把文化旅游作为富民增收的又一支柱产业，制定出台2个方案和1个办法，扶持特色文化旅游产业繁荣发展。实施庆阳民俗文化产业园、南梁红色小镇等重点文化产业项目，岐黄中医药博物馆、中国农业博物馆庆阳分馆建成并挂牌。全市文化产业从业人员达到2.65万人，实现增加值8.63亿元，增长53%。

注意从“短板”中发掘潜力开辟空间，放手发展非公经济，制定推进非公经济跨越发展的意见，出台一系列扶持政策和激励措施，实行市级领导联系非公企业和企业家制度。围绕石油煤炭开发和绿色农产品加工，积极发展仓储物流、装备制造、民营工业和劳务经济，促进了创业就业，拓宽了群众增收渠道。

四是创新体制机制，改革开放的推进步伐明显加快。一年来，常委会始终把深化体制机制改革、创新工作方式方法作为破解难题、推动发展的有效抓手，构建起了解放思想谋发展、创新机制促落实、强化督查求实效的工作格局。

抓住国家放开重大基础设施建设投资限制的政策机遇，组建交通投资和水务发展两个集团公司，采取市场化运作方式，融通信贷资金，吸纳社会资本，建立多元化投融资平台，一定程度地破解了重大基础建设项目立项审批和资金争取难的问题。

坚持把重点贫困村脱贫致富作为双联行动的重中之重，制定深入推进双联行动的意见，提出10项30条工作措施，整合资源，集中突破，实现了最强力量帮扶最弱村，最优势资源向贫困村集中。严格按照中央要求和省委部署，明确把扶贫开发作为全市的重大政治任务和最大民生工程，班子成员和全体市级领导集中开展扶贫大调研大讨论行动。在此基础上，市委市政府召开全市扶贫攻坚大会，出台了推进新一轮扶贫攻坚的1个意见、8个方案和一揽子政策措施。坚持把扶贫攻坚与农村综合改革结合起来，把干部帮扶与群众自我发展对接起来，突出基础扶贫，坚持产业扶贫，重视科技扶贫，引入金融扶贫，推进扶贫攻坚与双联行动深度融合。通过在镇原路岭、宁县樊湾两个村开展试点，探索建立了贷款发展富民产业、群众投工投劳建设并自我管理基础设施、“两议一监督”议事、村级小康指标监测、“143”农民培训等参与式扶贫的新机制新模式。特别是以财政扶贫资金做担保，争取国开行发放助农产业贷款1.1亿元，实现资金10倍放大，覆盖全市152个行政村、4910个农户的产业扶贫开发，得到省委、省政府的充分肯定和群众的普遍欢迎，《人民日报》作了专题报道，国开行决定全面推广。

大力实施“3341”项目工程，创新项目落实机制和工作督查考核办法，建立重点项目“三个一”包抓责任制，实行市级领导、县区与部门责任一体、捆绑考核、同奖同罚，市委、市政府确定的55个重大项目全部落实到位，地方固定资产投资首次突破千亿元大关。建立科学的考核评价体系，市委、市政府坚持每月开展项目进展督查，每季度分析经济运行情况，把督事、考核、评级结合起来，把考核结果与干部任用挂起钩来，突出正向激励和绩效考评，形成了责任到位、督查跟进、成果倒逼的工作落实机制。

*五是加强社会治理，和谐稳定的良好局面不断巩固发展。*充分发挥市委总揽全局、协调各方的领导核心作用，坚持民主集中制原则，健全优化常委会议事决策程序，全力支持人大、政府、政协积极履行职能，大胆开展工作，市级几套班子团结协调、和谐融洽、相互支持，干事的氛围很好。加强同各民主党派合作共事，高度重视民族团结进步和对口援建藏区工作，巩固和发展了最广泛的爱国统一战线。大力支持各人民团体依照章程创造性地开展工作，顺利完成工会、共青团、妇联和残联换届。

高度重视意识形态领域工作，深入贯彻全国宣传思想工作会议精神，组织开展中国特色社会主义核心价值观、理论体系和“中国梦”系列宣传教育活动，弘扬主旋律，传递正能量。组织实施“颂歌献给建设者、服务经济主战场”及“十个一”宣传战役，深入推进文明城市和“六新”示范等群众性精神文明创建活动，公民文明素质和社会文明程度进一步提高，顺利通过全省、全国文明程度指数测评验收。

协调推进各项社会事业发展。坚持把就业作为民生之要，实施就业双导工程、百企千岗见习和高校毕业生“双千”计划，促进了高校毕业生创业就业。坚持教育优先发展战略，围绕教育资源均衡配置、教育布局优化调整、教育教学质量提升等重点，研究解决了一些制约教育发展的突出问题，促进了各类教育均衡发展。加强公共卫生服务体系建设，深化公立医院和基层医药卫生体制改革，医疗卫生保障水平有了新的提高。高度重视科技创新，科技成果转化推广成效显著。统筹推进城乡社会保障工作，保障覆盖面和标准进一步提高。

认真落实维稳第一责任，以平安庆阳创建为抓手，突出校园、食品药品、道路交通和消防安全监管，深入开展矛盾纠纷大排查、领导干部大接访和城乡平安大巡防活动，确保了社会大局和谐稳定。特别是面对突如其来的特大暴洪灾害，常委会快速反应，紧急动员，周密部署，有条不紊地组织干部群众抗洪救灾、重建家园，受灾群众的生产生活没有受到大的影响。

*六是坚持从严治党，党的建设科学化水平有了新提高。*着眼于加强各级领导班子和干部队伍建设，常委会在干部调整和选拔使用上始终把握了这样几条：一是坚持正确用人导向，努力把政治上强、业务上精、作风上实的优秀干部选拔充实到各级领导班子。二是按照中央、省委要求，开展竞争性选拔干部，努力使优秀人才脱颖而出、各类人才充分涌流。三是着眼于保持工作的连续性和稳定性，注意加强优秀年轻干部和“三方面”干部的培养、锻炼和选拔，注重调动不同层次、不同年龄段干部的积极性。四是严把选拔任用关，坚持不符合程序的不上会、群众有反映没搞清楚的不提拔、常委内部意见不一致的不通过。一年来，调整充实了各县区和部分市直部门的班子，选派基层挂职锻炼干部101名，双向交流任职19名，优化了各级班子结构，激发了干部队伍活力，干部工作总体上是平稳的。

着眼于建设服务型党组织，深入推进基层党建“五项工程”。结合村两委换届，把一批致富能手、产业带头人和返乡创业人员选进村两委班子，增强了村级组织带领群众脱贫致富奔小康的能力。建立非公企业党建工作联席会议制度，选聘高校毕业生到非公企业担任党建专干，拓展了新兴领域党建工作。扎实开展人才特区试点工作，与清华大学达成共建研究生社会实践基地协议，与北京大学建立博士服务团合作项目，引进急需紧缺人才290人。

认真贯彻“党要管党、从严治党”要求，切实加强反腐倡廉建设。从严落实中央“八项规定”和省委“双十条”，严格执行《党政机关厉行节约反对浪费条例》，研究制定了关于改进工作作风密切联系群众的实施细则，全面开展党政机关办公用房建设和使用清理工作，下实手解决党员干部“四风”方面的突出问题。深入推进预防腐败体系建设，公开查处了一批党员干部违纪违法案件，有效促进了党风政风好转。常委会带头落实中央、省市委有关规定，正会风、改文风、转作风，带头厉行勤俭节约，坚决制止奢侈浪费，为全市做出了表率。

一年来，在经济环境并不宽松的情况下，面对暴洪等自然灾害和突发事件，能够取得这样的发展成绩，证明市委三届五次全委（扩大）会议以来常委会的工作是积极有效的，是市政府的创新实践、人大的监督支持和政协的密切协作的共同结果，更凝结着全市干部群众的心血智慧和辛勤努力。这里，我代表市委常委会向大家表示衷心地感谢！

在肯定成绩的同时，我们也清醒地认识到，常委会工作中还存在一些不足和问题。主要表现在：重贯彻、轻突破，对一些复杂矛盾和难点问题，习惯于上面怎么讲下面怎么做，还没有完全学会用改革的思维、市场的办法和创新的举措创造性地抓落实；重指导、轻督查，还存在着以会议落实会议、以文件传达文件的现象；重安排、轻落实，在重大任务和重点工作推进上仍然缺乏一种韧劲和狠劲。对此，我们将高度重视，在今后的工作和即将开展的党的群众路线教育实践活动中切实加以改进，希望同志们对市委常委会工作多提意见和建议，帮助我们把工作做得更好，把庆阳的事情办得更好。

**二、关于今年经济工作的总体要求和主要任务**

2014年是贯彻落实十八届三中全会精神、全面深化改革的开局之年，也是确保完成“十二五”规划目标的关键一年。分析当前经济形势，我们既迎来了难得的发展机遇，又面临着诸多困难挑战。从有利方面看，一是国家建设丝绸之路经济带，支持西北地区向西开放，引导沿海地区劳动密集型产业优先向中西部地区转移，有利于我们全面扩大开放，在更宽领域、更深层次、更广范围引进更多战略投资合作伙伴。二是国务院出台的《全国资源型城市可持续发展规划》，明确把庆阳定位为资源成长型城市和天然气后备城市，有利于我们充分利用国家对资源型城市科学可持续发展量身定制的发展机制和支持政策，加快推进能源资源开发。三是国家加快电力、油气体制改革，实行主辅分离、网运分开，放开竞争性业务，转变煤炭利用方式，推进大型石化、现代煤化工基地建设，有利于我们发展精细石化和煤电、煤化工产业，促进产业升级转型。四是国家加大对中西部地区转移支付力度，支持发展中西部地区综合交通体系，加大铁路投资建设力度，有利于我们谋划实施一批铁路公路、调水工程、骨干渠网和输电工程项目，加快破解基础瓶颈制约。五是国家推进新型城镇化的战略部署，特别是支持中西部地区建设重点开发区，培育特色中小城市和小城镇，有利于我们推进城乡一体化发展。六是省里加快推进循环经济示范省、华夏文明传承创新区建设，启动实施生态安全屏障综合试验区建设，这三大政策性战略平台的建立，将为我市用足用好政策机遇，充分发挥资源优势，推进能源化工基地、特色文化旅游和生态环境建设带来重大政策利好。

从不利方面看，一是传统能源资源开发面临结构性产能过剩、价格下跌、企业运行困难和资源环境约束趋紧等多重不利因素，要求我们在转变发展方式、调整产业结构、深度加工转化上有新作为。二是国家投资体制改革，除事关国家安全、能源战略等重大领域外，进一步强化企业对项目的投资主体地位，要求我们在创新投融资机制、引进新型投资主体、争取企业加大投资上有新举措。三是随着资源开发和对外开放步伐加快，基础瓶颈制约尤为突出，要求我们必须持续加大路网、水利、生态和城市基础设施建设力度，在增强支撑保障能力上下更大功夫。四是我市贫困面大、贫困人口多、贫困程度深的市情现状，要求我们必须集中全力打赢新一轮扶贫攻坚战，如期消除贫困，确保富民与强市同步推进，实现与全省全国同步建成全面小康社会。

基于上述认识，市委确定今年全市经济工作的总体要求是：深入贯彻党的十八大和十八届二中、三中全会精神，按照中央、省委系列重要会议要求，以全面深化改革为统领，以“一区四园、一线八域”为主战场，扎实推进结构调整、扶贫攻坚、城乡发展、基础建设、民生改善、和谐稳定等重点工作，为完成“十二五”规划、建设幸福美好新庆阳奠定坚实基础。

预期目标是：全市生产总值增长13%，规模以上工业增加值增长14%，地方固定资产投资增长28%，地方财政收入增长13%，社会消费品零售总额增长15%，城乡居民收入分别增长13%、16%，城镇化率增长2个百分点。各项约束性指标控制在省上下达范围内。

围绕实现这一要求和目标，必须把握处理好“六个关系”，突出抓好“七个方面重点工作”。

六个关系：

一要正确把握和处理好发展速度与质量效益的关系。我市属后发地区，虽然近年经济总量跃升较快，但人均水平偏低，基础设施欠账较大，城乡居民收入低于全省平均水平。加快发展仍然是解决我市所有问题的关键所在和基本支撑，必须牢牢扭住经济建设这个中心，紧紧抓住经济发展黄金期、政策机遇叠加期和后发优势释放期等重大机遇，坚定不移加快资源开发，千方百计扩张经济总量，持续保持较快增长速度。只有这样，才能为促就业、增财力、惠民生提供坚实基础，为转方式、调结构、增后劲创造优裕空间。考虑到当前经济增长不稳定、不确定因素增多的实际，根据中央、省委按照科学发展观考核领导班子和领导干部的新要求，对照省委、省政府对各市州依据不同资源禀赋和发展基础进行分类指导与考核的新办法，今年的各项经济社会发展指标紧紧围绕实现省上目标来安排，但对各县区要依据实际情况进行分类要求，目的就是让县区、开发园区和部门坚持一切从实际出发，谋求实实在在的增长，实现真真切切的变化，不片面追求不讲质量的速度，不报掺杂水分的虚数字，不搞劳民伤财的假政绩。

二要正确把握和处理好真抓实干与用好政策的关系。加快发展要靠真抓实干，更离不开政策支持。抓发展既要埋头苦干，又要抬头看路；既要把内生动力全面焕发出来，又要把各项政策机遇用足用好。近年来，国家先后出台了关中—天水经济区建设、陕甘宁革命老区振兴规划等一系列区域发展规划，从顶层设计上量身定做了支持庆阳发展的利好政策。省委、省政府明确把庆阳确定为全省区域发展战略“东翼”的主战场，赋予重任，同时给予特殊扶持政策。各级各部门要加强对政策的研究和规划的解读，善于从政策中捕捉机遇，注意从规划中寻找依据，对已经有明确政策、列入规划的项目，要千方百计地跑，不遗余力地争，直至落地实施。要进一步充实完善我市相关发展规划，确保谋划的重点工作、重大项目和产业布局与大政策相吻合、与大规划相衔接。要深化区域协作，改变等靠要思想，打破单打独斗局面，与规划区省（区）市和毗邻地区建立工作联动机制，重大政策共同争取，重大项目共同实施，重大事项共同磋商，实现区域联动发展。

三要正确把握和处理好有效投资与创新驱动的关系。省委、省政府反复强调，今天的投资结构决定明天的经济结构，今天的投资数量决定明天的经济总量。转方式、调结构，首先要转变投资方式、调整投资结构。要坚持有保有压，把更多投资转向优势主导产业、战略新兴产业和富民增收产业，坚决压缩对结构性过剩产能项目和领域的投入，倒逼产业升级换代。要坚持有进有退，实现“有中创优、无中生有”的大突破，积极引进高技术产业和高科技项目，坚决放弃高能耗、高污染、高排放项目，彻底摒弃只采掘资源不发展产业、只注重经济效益不重视社会效益、只追求企业利益不考虑地方发展的投资主体。要坚持有所为有所不为，该政府投资的必须投入到位，该交给市场的完全交给市场，努力把经济发展引入市场经济的大格局和改革开放的大循环。

四要正确把握和处理好发挥优势与转化劣势的关系。学会用辩证的思维研究和解决当前发展问题。分析优势就能明确方向，聚焦发力，率先突破；认识劣势就能趋利避害，弥补短板，后发赶超。目前，我市的资源优势还没有完全转化为经济优势，区位条件还没有转化为环境优势，地方工业、民营企业、非公经济等短板问题尤为突出。为此，我们既要把主要精力放在培育扩大优势上，大讲优势增强发展信心，发挥优势扩张经济实力，放大优势实现借力发展；又要把更多精力放在转化消除劣势上，在困难中看到希望，从短板中发掘潜力，在转化劣势的过程中释放更大的发展空间。

五要正确把握和处理好深化改革与和谐稳定的关系。改革是今年的主旋律，必须把改革创新贯穿于经济社会各个领域各个环节。要遵循科学原则，把政府推进与市场导向、先行先试与综合配套有机结合起来，重点围绕突破惯性思维、打破利益固化、破除制约影响发展的体制机制性障碍，着力推进重点领域和关键环节改革，不断激发市场活力、焕发内生动力。要合理掌控工作节奏，胆子要大、步子要稳，既勇于进取，又稳扎稳打，对中央和省里已经明确的改革事项，带头落实，强力推进；对认清了吃准了的事情，抓紧干起来，大胆地闯、积极地改；对牵一发而动全身的重大改革，先行试点，摸索规律，逐步推开。要充分认识到，全面深化改革是为了改得更好，发展得更快，既不是全盘否定，更不是改弦更张，不能操之过急，盲目蛮干，全力维护来之不易的改革发展稳定局面。

六要正确把握和处理好转型升级与改善民生的关系。加快经济转型升级，根本目的是为了更好地保障和改善民生。要未雨绸缪、主动转型，从资源开发之初，就积极培育发展上下游产业和接续替代产业，形成科学可持续的产业体系。每一个发展目标的确定，每一个重大项目的谋划，每一项政策措施的推出，既要充分考虑经济总量的攀升和经济结构的优化，更要考虑群众收入的增加和生活水平的提高。尤其要持续不懈地拓展地企深度融合发展新领域，让群众在资源开发中得到更多实惠，在转型升级中不断增加福祉。

七个方面重点工作：

（一）全面深化各领域改革。严格按照中央和省上确定的任务书、路线图和时间表，积极稳妥推进各项改革。一要深化经济体制改革，重点抓好资源配置市场化改革，大力发展非公经济和混合所有制经济，最大程度释放改革红利。二要深化行政管理体制改革，稳妥推进机构改革，分类推进事业单位改革，用政府权力的“减法”换取市场活力的“加法”。三要深化投融资体制改革，有效防范化解和处置金融风险，优化金融生态，维护金融安全，不断提升中小企业融资服务能力和农村金融创新发展能力。四要深化科技体制改革，加快建设科技创新平台，推进科技成果转化应用，健全科技创新服务体系。五要推进城乡二元结构改革，构建现代农业发展体系，促进城乡要素平等交换，加快公共资源均衡配置。六要加快构建开放型经济格局，全力建好“一线八域”特色经济带，倾力打造开放合作新平台。七要加快文化体制改革，推进经营性文化单位公司化股份制改革，鼓励非公文化企业和小微文化企业发展，构建惠及城乡居民的公共文化服务体系。八要统筹推进教育、卫生、收入分配制度、社会保障改革，让群众更加公平均等地享受到社会公共服务。九要推进生态文明建设体制机制改革，抓好重点区域、重点流域生态环境建设。十要推进社会面综合治理改革，消除不利因素，增加和谐因素。

（二）发展壮大优势主导产业。按照省委、省政府提出的庆阳要着力做好能源资源开发转化支撑经济社会加速转型升级、地企融合发展促进富民强市这篇大文章，争当全省转型升级先锋、富民兴陇典型的要求，坚持高标准搞好产业规划，高门槛抓好招商引资，高度重视地质环境保护修复。一要围绕打造两个千亿级循环经济产业链，持续提高原油产能产量，重点抓好庆阳石化扩能改造升级项目，力争在产业链下游项目建设上有实质性进展。加快在建煤矿建设步伐，争取规划计划中的矿井获得核准、取得路条，对敲定的煤炭深加工利用项目，要盯住不放，全力协调，促其尽快落地实施。要尽快做好石油化工、煤炭分质利用和煤化工产业发展布局规划，借鉴先发地区经验，从能源开采到深度加工转化、下游终端产品进行全产业链布局规划，避免多走弯路，形成过剩产能。二要抓住资源开发企业主辅分离的新机遇，充分利用庆阳能化集团的合作平台，吸引更多民营投资主体，发展混合所有制经济，延伸产业链条，壮大地方工业，使资源开发与地方发展相协调。要围绕石油煤炭开发，全力打造陇东能源化工产业地企融合发展示范区和庆阳能源资源综合服务区。三要继续实施“引强入庆”战略，积极承接东中部产业转移，加快向西开放步伐，引进战略投资伙伴，力求在精细石化、煤化工、煤电一体化、地方局域电网和矿区循环经济发展上有新突破，使对外开放与资源开发相互补。

（三）不断拓宽富民增收渠道。始终紧盯增加城乡居民收入这个核心，坚持多点开发、齐头并进，拓宽增收渠道，夯实增收基础。一要坚定不移抓好粮食生产。抓住中央财政预算继续向“三农”倾斜的政策机遇，持续加大农业基础建设投入，提高粮食单产水平和综合保障能力。要着眼于解决谁来种地、怎么种好地的问题，加大农业补贴向种粮大户、家庭农场、专业合作社倾斜，保护农民种粮积极性，促进粮食生产规模化、集约化发展。切实加大科技长入力度，大力发展节水循环农业，提高农业科技对粮食生产的贡献率。二要持续不懈开发特色产业。全面实施“266”现代农业发展行动计划，围绕三大主导产业，充分发挥中盛农牧等龙头企业和鄢旗坳循环农业示范园、宁县、环县规模养殖基地的示范带动作用，推进农业特色产业区域化布局、规模化发展、标准化生产、产业化经营、品牌化营销，加快传统农业向现代农业转变。制定农村土地承包经营权流转推进办法，建立县乡村土地流转协调服务机构，大力培育新型经营主体，发展适度规模经营，真正把“盆景”产品做成“风景”产业，为全省创造经验。要始终围绕市场导向，加快建立农业特色产业发展的科技指导和现代加工营销体系，提高特色农产品商品率和加工转化水平，从质量和产量两个方面，提升市场竞争力和产业收益率。三要大力发展文化旅游产业。按照省委、省政府以红色旅游带动第三产业发展的要求，依托建设华夏文明传承创新区的平台，进一步整合文化资源优势，加快制定文化旅游大景区建设规划，建立市场准入机制，引进新型投资主体，培育骨干文化企业，高标准推进庆阳民俗文化产业园建设，高起点实施陇东南始祖历史文化区和国家级中医药养生保健旅游创新区建设。要继续扶持发展劳动密集型民俗文化产业，建成一批特色民俗文化产品大县和专业乡（镇）、专业村，促进多业态特色文化旅游产业融合发展，使其成为富民增收的又一支柱。四要深入推进扶贫攻坚和双联行动。以农村综合改革试点工作为抓手，围绕基础扶贫、产业培育、人才培养、金融支持、公共服务等，改善贫困乡村基础条件，增强自我发展能力。全面落实省委双联行动工作任务，积极推行参与式扶贫模式，以干部双联带动群众，以社会帮扶加快脱贫。

（四）积极推进新型城镇化。推进新型城镇化建设是新一届中央领导集体作出的一项重大战略部署。随后市委、市政府要专门安排部署，这里先点个题。一要以科学规划引领城镇化。按照中央总体要求，遵循建设基本原则，进一步完善城镇化发展规划，以科学规划指导和引领新型城镇化建设。二要以产业聚集带动城镇化。始终把产业发展作为推进城镇化建设的关键，立足全市实际，按照“一区四园、一线八域”的布局，推进产业多形态、多业态、多样化发展，以产业聚集带动人口集中，以人口集中带动城镇发展。三要以改革创新助推城镇化。制定户籍制度改革的措施办法，放开落户限制，逐步实现户籍一元化登记。指导群众以土地换产业、换职业、换就业、换房产、换股权，实现身份置换。四要以多元投资保障城镇化。加快建立财政转移支付同农业转移人口市民化挂钩机制，实现公共资源跟人走，缓解输入地的人口消纳压力和财政支出压力。要放宽市场准入，消除隐形壁垒，制定特许经营、发行市政债券、组建地方金融机构等政策措施，建立多元投资城镇化建设的新机制。这里特别强调一下城市建设中的政府举债问题，一定要坚持科学适度原则，立足当前、着眼长远，精打细算、量力而行，举债额度要与经济增长速度相适应，要限制在可控范围内。

（五）持续加快基础设施建设。一要抓住国家支持中西部地区综合交通体系建设的机遇，大力实施“3341”项目工程，既要扩张交通“骨干动脉”，又要延伸道路“毛细血管”，促进交通路网密度和通畅程度双提升。航空重点放在申报增加空中线路上，争取逐步开通至上海、成都等地的航线。铁路全力抓好银西铁路庆阳段建设前期准备工作，争取早日开工。高速公路重点配合省上做好甜罗高速建设，积极谋划争取华池—南梁—太白红色旅游路和打扮梁—庆城—镇原高速公路项目。要围绕消除出境断头路、打通高速连接路、开辟旅游专用路和通乡通村公路建设，进一步提高公路通达速度和运转能力。二要围绕能源资源开发，加快骨干水利建设，重点抓好小盘河、莲花寺 2 个水库和巴家咀新增调蓄工程建设，增强水资源保障能力。要着眼于提高城乡居民饮水安全，加快建成一批集雨水窖、小提灌、小泵站，让群众喝上干净的水。今年省里通过与国家开发银行对接，落实扶贫贷款，完成通村公路 1 万公里，解决 150 万人的安全饮水问题，但省政府明确不搞指标平均分配，谁家把规划做好了就先批准实施。市县要抓紧做好规划，积极衔接争取，力求从全省大盘子中争得更多项目和资金。三要推进重点交通水利项目向市场开放，积极配合省上协调石油煤炭开发企业实施油区矿区道路和水利工程建设，逐步形成重大基础设施项目由政府和开发企业共同投资建设、为地方和开发企业提供服务的共同合作投入机制。积极配合省上做好陇东能源基地开发规划争取报批工作，加快外输电网和地方局域电网建设，为煤电化发展奠定基础。四要抓住建设国家级生态安全屏障综合试验区、启动新一轮退耕还林的机遇，健全完善生态保护及生态建设长效机制。争取省上批准建立生态补偿制度和生态环境保护管理机制，督促境内资源开发企业更多地承担起环境保护和生态治理的责任义务，实现区域间横向生态补偿和区域内生态建设长效保障。要继续加大封山禁牧力度，巩固治理成果，促进自然修复。

（六）切实保障改善民生。按照保基本、兜底线、促公平、可持续的思路，统筹推进各项民生事业，不断提高公共服务均等化水平。坚持以创业促就业，加快建立覆盖城乡的人力资源市场和实验培训基地，引导和支持高校毕业生到非公企业就业，扶持复转军人扎根基层创业，组织城乡富余劳动力到油田煤矿、工业园区、产业基地和公共服务岗位转岗就业，建立多元化就业和全民创业新格局。大力实施创新驱动战略，加快建立产学研深度合作、科研机构孵化企业、科技特派员蹲点服务、先进实用技术推广等政策机制，解决科技与生产脱节问题。围绕科学配置教育资源，持续加大投入力度，稳步推进教育布局调整，着力改善基层办学条件。大力发展职业教育，争取庆阳职业技术学院尽早获批，为全市资源开发和产业发展培养高素质劳动者和技能型人才。加快重点文化工程和公共文化项目建设，开展丰富多彩的群众文化活动，满足城乡居民精神文化需求。深入推进医疗卫生管理体制和医药市场改革，与民营企业合作，加快健康服务业和养老服务业发展，突出抓好基层标准化卫生所、社区医疗服务中心建设，建立卫生人才下沉服务长效机制，引导优秀医疗人才、优质卫生资源为基层和偏远贫困地区开展服务。坚持计划生育基本国策不动摇，使人口增长同经济社会发展计划相适应。着眼于解决制度“零散化”、服务“碎片化”问题，进一步整合各项社会保障制度，推进各项社保制度城乡对接、区域衔接，让广大群众充分享受便利有效的社会公共服务。进一步理顺食品药品和工商、质监部门的职能关系，充分发挥职能作用，更好地服务经济社会发展。

*（七）加强创新社会治理*。坚持综合治理、系统治理、源头治理和依法治理，大力推广“枫桥经验”，全面推行我市探索形成的两议一监督实施村级民主管理、群众自发自主化解矛盾纠纷等成功做法，努力做到小事不出村、大事不出乡，矛盾不上交、就地能化解。要充分发挥群众在经济活动和社会管理中的主体作用，充分调动社会组织、群众团体、行业协会、城乡社区参与社会治理的积极性，实现政府治理和社会调解、居民自治的良性互动。健全完善重大决策社会稳定风险评估机制，建立畅通有序的诉求表达、心理干预、矛盾调处、权益保障机制，超前预防和主动化解各类矛盾纠纷。要坚持常态治理与应急处置、专项治理与长效机制、维护群众利益与依法维护信访秩序相结合，加大普法和法制宣传力度，大力推行社会面网格化管理，突出抓好油田煤矿、非煤矿山、道路交通等领域安全生产管理，强化食品药品、社会治安、校园安全和虚拟网络监管，确保社会大局稳定。

**三、关于加强党对经济工作的领导**

全面深化改革，完成目标任务，推动转型升级，必须进一步加强和改善党对经济工作的集中统一领导。

*一要把握方向，总揽全局*。各级党委要充分发挥总揽全局、协调各方的领导核心作用，始终做到政治坚定、信念坚定和行动坚定，执行上级政令同心同德，实施发展战略同心同向，实现目标任务同心同行，深化改革开放同心同力。要牢固树立发展意识、作为意识和责任意识，加强对政策的学习和大局的把握，善于从纷繁复杂的表象中把握改革发展的脉搏，善于从事物的普遍联系中抓住主要矛盾，集中精力研究解决事关全面深化改革、经济结构调整、发展质量效益等重大问题，在攻坚克难中实现突破，在推动发展中树立威信。从今年起，市委、市政府每季度召开一次经济工作专题联席会，研究解决重大经济问题；市委常委会每半年召开一次常委（扩大）会，对半年经济工作进行督查推进；市委每年召开一次全委（扩大）会，专题总结上年和研究部署当年经济工作。市委常委和委员要经常深入基层深度调研，了解实际情况，掌握决策依据，增强工作的预见性、针对性和有效性。各级党委都要加强对经济工作的领导，建立定期不定期研究经济工作制度。

*二要协调各方，凝聚合力*。工作方向和发展目标确定之后，就要全市一盘棋，心往一处想，劲往一处使，不遗余力抓落实。各级党委要认真贯彻民主集中制原则，根据群众路线教育实践活动的要求，进一步健全全委会、常委会议事规则和决策程序，建立重大决策风险评估机制，促进党委决策科学化、民主化。要全力支持政府创造性地开展工作，充分发挥人大、政协的依法监督和民主监督作用，交责任、压担子、给权力，把各方面的关注点和着力点转移到经济建设这个中心和改革开放这个大局上来，科学指导不干预，正向引导不折腾。要在全社会倡导创新实干，鼓励各级干部勇挑重担，引导基层群众实践探索，激发社会各界创造活力，凝聚形成改革发展的磅礴力量。

三要建好班子，强化保障。用人导向是风向标，导向好则群贤毕至，见贤思齐就蔚然成风。各级党委要按照习总书记关于选拔使用干部的“五个标准”，严格执行中央新修订的《党政领导干部选拔任用工作条例》，始终抱着对党的事业和改革发展负责任的态度，拓宽选人用人视野，选优配强各级班子，多配备善谋善成、勇于担当的领导型人才，多吸纳精通经济、善于管理的专业型人才，多选拔脚踏实地、经验丰富的实干型人才，多培养思维活跃、敢闯敢干的接续型人才，进一步提高各级班子领导科学发展的能力。要切实加强基层组织建设，持续推进基层党建“五项工程”，大力实施“能人强村”战略，选好乡镇党委书记，配强村两委班子，用改革的人推动改革，用群众信赖的干部造福群众。

四要转变作风，优化环境。坚持以党的群众路线教育实践活动为统领，进一步加强党的作风建设和反对“四风”。市委常委要带头坚决执行省委、市委的重大决策部署和决定，坚决贯彻落实中央“八项规定”、省委“双十条”和市委实施细则，切实把“一岗双责”落实到分管领域，把领导作用体现到落实环节，把领导威信树立到基层群众。对分管领域的工作，要敢于决策，大胆拍板，亲力亲为；对牵扯多方面的工作，要主动沟通，积极协调，相互补位；对重点难点工作，要深入一线，靠前指挥，合力攻坚。各级各部门都要发扬“钉钉子”精神，围绕各项目标任务，咬定青山不放松，锲而不舍抓落实，以重点任务的突破推动整体工作的落实。要全面贯彻中纪委三次全会精神，持续加大党风廉政建设和反腐败工作力度，深入推进效能风暴和先锋引领行动，集中整治不作为、乱作为、慢作为现象，突出整治恶意刁难、吃拿卡要、效能低下问题，坚决查处以权谋私、奢侈浪费、腐化堕落行为，以作风建设新成效树立党员干部新形象。

五要创新考核，强化督查。建立重要决策部署跟踪督办机制，重要决策、重点工作、重大项目一经安排部署，分管领导要立即跟进督查。建立工作报告和情况通报制度，市委、市政府每季度的经济工作联席会议上，分管常委和副市长要汇报工作进展，提出需要研究解决的困难问题，拿出解决问题的措施办法。建立专项督查制度，整合各方督查力量，定期对工作部署情况跟踪督查，对工作不力的提出要求并限期整改，经批评教育仍完不成任务的严格问责。建立督考合一的工作机制，重视基层打分，引入群众评判，增加平时督查和专项督查的考核权重，强化督查刚性，突出考核务实性，注重结果运用，引导各级各部门务实功、干实事、求实效。

春节将至，各级各部门要把群众的安危冷暖放在心上，妥善安排好困难群众生活，组织开展好慰问“送温暖”活动，对贫困家庭、贫困党员、鳏寡孤独、优抚对象和残疾人员给予特别照顾，确保其生活不出问题。要加强市场监管，确保节日期间市场供应充足、物价基本稳定。要高度重视安全生产，集中组织开展道路交通、食品卫生、烟花爆竹等重点领域和车站、商场、娱乐场所等重点部位的安全大检查活动，严防重大事故发生，让全市人民过一个欢乐祥和的春节！

同志们，做好今年经济工作，全面深化各项改革，任务艰巨，责任重大。让我们紧密团结起来，解放思想，攻坚克难，锐意进取，努力谱写转型升级和科学可持续发展的崭新篇章！

# 政府工作报告

## ——2014年2月17日在庆阳市第三届人民代表大会第四次会议上

市长 栾克军

各位代表：

现在，我代表市人民政府，向大会作工作报告，请予审议，并请各位政协委员和列席人员提出意见。

**一、坚持稳中求进，2013年政府工作取得新成效**

2013年，在省委、省政府和市委的坚强领导下，我们认真贯彻党的十八大和十八届三中全会及省十二次党代会精神，全面落实习近平总书记系列重要讲话精神，准确把握“稳中求进”总基调，主攻“一区四园、一线八域”主战场，突出“十大工程”主抓手，着力调结构、转方式，破瓶颈、强基础，惠民生、促和谐，完成了市三届人大三次会议确定的目标任务。

（一）经济发展稳健向好。面对经济形势错综复杂、挑战压力巨大的特殊形势，深入研究落实一系列稳增长、调结构、促转型的有效措施，全市经济稳健增长，发展势头持续向好，质量效益同步提升，后劲活力明显增强，主要经济指标实现了历史性突破。预计全年生产总值突破600亿元，达到616.5亿元，增长16.2%；规模以上工业增加值达到333亿元，增长18.1%；固定资产投资突破1000亿元，达到1053亿元，增长40%；社会消费品零售总额突破150亿元，达到154.5亿元，增长18.1%；财政总收入突破150亿元，达到154.3亿元，增长18.7%，公共财政收入达到63.7亿元，增长20%；城镇居民人均可支配收入达到19578元，增长17.5%；农民人均纯收入突破5000元，达到5063元，增长18.8%。

（二）首位产业开发加快。通过深入调研和专家论证，能源化工首位产业的战略地位更加凸显，石油石化、煤炭生产转化“两个千亿元产业链”规划设计、开发路径和转化模式进一步明确，“绿色、循环、低碳、高效”发展理念成为全市上下的鲜明共识。石油开发“双千万”工程顺利推进，原油产量659万吨、加工量341万吨，庆阳石化600万吨炼油升级改造工程全面启动，拉开了石油炼化一体化发展的序幕。煤炭开发转化工程步伐加快，6个煤炭区块勘查有序推进，刘园子矿井投产试运行，甜水堡、核桃峪、新庄矿井建设进展顺利，正宁电厂一期工程扎实推进，50万吨合成氨、80万吨尿素和100万吨缓释高效肥项目启动实施。天然气、煤层气勘探开发取得新进展。环县百万千瓦风电项目建设加快推进。

（三）富民增收成效显著。种植业、养殖业和区域结构调整力度加大，全膜双垄沟播面积增加，粮食生产在多灾之年保持稳产增产，总产量达到158.9万吨。1县1乡3村现代农业综合示范工程取得实效，特色富民产业主导地位进一步凸显，肉羊、肉鸡等特色养殖规模、标准和效益显著提升。苹果、蔬菜等绿色高效产业品牌化、标准化建设取得新突破，庆阳苹果、庆阳香包、环县皮影列入国家地理标志保护产品目录。新一轮扶贫攻坚大幕全面拉开，贫困群众脱贫致富的门路进一步拓宽，减少贫困人口14.7万人。农民技能培训工程深入实施，培训农民32.5万人（次）。新增农民合作社976个，建成家庭农场19个，辐射带动农民15.7万户。“万村千乡”市场工程信息化、县乡农贸市场标准化改造年度任务全面完成。汽车、通讯、文化、旅游等消费势头强劲，文化产业增加值增长58%，第三产业吸纳就业、富民增收的能力不断增强。

（四）基础条件持续改善。严格落实重点项目“三个一”包抓责任制和盯守办理制，全年实施500万元以上项目2799个，实现了投资增长与结构优化双突破。庆阳机场新增了北京航线；西平铁路全线贯通，结束了我市境内不通铁路的历史；银西铁路获得国家发改委批复立项；西雷高速建成通车，甜罗高速列入国家高速路网规划；宁长、西镇、新南3条二级公路建成通车；新修农村公路124条1040公里。修建各类水利工程3532处，解决了26万人的安全饮水困难。城乡电网改造步伐加快，2个110千伏输变电工程建成投运。市区路网、供水供热、排洪排污、公园绿地等工程建设协调推进，7个县城和30个重点小城镇建设成效显著，城镇化率提高3个百分点。百万亩土地整治、雨洪集蓄生态保塬、宜林荒山苗林产业培育工程建设全面展开，新修梯田47.3万亩，造林42.4万亩，创建省级生态乡镇47个、生态村26个。

（五）改革开放不断深化。农村集体土地确权登记和集体林权制度配套改革进展顺利。创新乡村道路管理机制，农村交通保障能力显著提升。取消、下放、调整行政审批事项133项。市公共资源交易中心启动运行。食品药品、工商管理、质量技术监督管理体制初步调整理顺。"营改增"工作分类推进。引进商业银行2家，成立小额贷款公司19家。能源化工集团实现了当年组建、当年运营、当年盈利，交通、水务集团组建运营。市经济技术开发区规划通过省级评审，承接产业转移项目75个。对外开放不断扩大，成功举办了中国（庆阳）循环经济•绿色发展战略论坛、2013中国•庆阳农耕文化节暨第24届中国西部商品交易会。招商引资到位资金451.4亿元，增长68.3%，是招商成效最大、到位资金最多的一年。

（六）社会事业全面进步。省列24件、市列10件为民办实事项目落实到位，完成投资39.3亿元。教育质量稳步提升，高考进线率较上年提高1.43个百分点，教育布局结构不断优化，改造薄弱学校53所，新建改扩建幼儿园73所，为全市395所农村小学建起了小伙房。科技成果转化运用水平提高，引进推广新技术、新产品、新品种130项，实施科技合作项目30个。文化事业快速发展，广播电视信号覆盖面进一步扩大，群众文化体育活动蓬勃发展。医疗卫生服务体系不断健全，35个乡镇医疗服务中心和113个村卫生室建成投用，新农合报销医疗费7亿元，受益群众218万人（次）。计划生育工作得到加强，完成了年度人口控制目标。就业"双导"工程和"百企千岗"创业促就业活动富有成效，招录3145名高校毕业生到基层就业，新增城镇就业4.35万人，输转城乡富余劳动力60.5万人。社会保障覆盖面持续扩大，城乡低保标准分别提高10%和13.5%。建成保障性住房5556套，实施农村危房（窑）改造1.56万户。暴洪灾后重建任务基本完成。平安和谐庆阳创建工程成效良好，矛盾纠纷排查调处和信访工作扎实有效，社会大局和谐稳定。道路交通、煤矿、非煤矿山、食品药品、校园、消防、生产等重点领域安全监管力度加大。少数民族乡村发展进一步加快，夏河藏区援建任务落实到位。审计、统计、国防动员、双拥、人防、地震、气象、档案、老龄、残疾人、外事侨务等工作取得了新进步。

（七）政府建设扎实推进。认真执行市委的决策部署，"一区四园"建设步伐加快，管理体制不断健全，"一线八域"发展成效明显，"十大工程"建设进展良好。自觉接受人大依法监督和政协民主监督，积极支持人大代表、政协委员开展视察、调研活动，办理人大代表建议84件、政协委员提案315件。加强与民主党派和群团组织的联系，广泛听取社会各界对政府工作的意见建议，科学化、民主化决策机制进一步完善。认真贯彻中央"八项规定"、国务院"约法三章"、省委"双十条规定"和市委"实施细则"，制定出台了7项财政管理制度，全市"三公"和会议经费支出下降32.7%。"双联"行动和"效能风暴"行动深入开展，干部作风明显改进，政府系统廉政建设取得新成效。

在肯定成绩的同时，我们也清醒地看到，政府工作还存在一定差距和不少困难。任务完成方面，受国家宏观政策调整所限，谋划的一些重大交通、能源等项目争取审批难度大、周期长，计划开工的银西铁路、甜罗高速和3个水库未能实现预期，原油生产、加工未完成市列计划。经济结构方面，能源化工产业关联度、融合度不强，地方工业弱小；农业种养结构不合理，农民收入持续增长能力不强；第三产业增长慢，拉动需求不足，市场消费不旺。群众生活方面，一些贫困乡村道路、饮水、住房、用电等问题还十分突出，部分群众生活困难，公共服务、社会保障、社会治理的能力和水平需要进一步提升。工作落实方面，个别干部工作作风不扎实，一些工作任务落实不到位，"四风"问题在一些行业和领域还有不同程度的表现。这些困难和问题，需要我们切实加以克服和解决。

一年来的政府工作实践，更加深化了全市上下推动科学发展、加快转型升级、促进富民兴市的共识。我们深深地感到：只有把培育壮大首位产业作为第一抓手，才能实现建设能源新都的战略目标；只有把“3341”项目工程作为第一引擎，才能不断做大总量、调优结构、转变方式；只有把深化改革作为第一动力，才能解放和发展生产力，全面释放改革“红利”；只有把保障和改善民生作为第一任务，才能让老百姓过上更有保障、更加幸福的生活；只有把强化执行作为第一保障，才能把决策变成实践，把目标变成现实。

各位代表，成绩来之不易，经验弥足珍贵。这些成绩的取得，是省委、省政府正确领导、亲切关怀的结果，是市委统揽全局、科学决策的结果，是市人大、市政协倾力支持、有效监督的结果，是全市广大干部群众团结奋斗、辛勤努力的结果。在此，我谨代表市人民政府，向各位代表和政协委员，向各民主党派、工商联、人民团体和无党派人士，向离退休老同志，向驻庆人民解放军、武警官兵和中央、省属单位，向奋战在全市各条战线上的劳动者，向所有关心、支持庆阳发展的社会各界人士，致以崇高的敬意和衷心的感谢！

**二、全面深化改革，努力开创2014年发展新局面**

2014年，是深入贯彻落实党的十八届三中全会精神、全面深化改革的开局之年，是加快全面建成小康社会、实现“十二五”发展目标的关键一年。从有利因素看，国家创新宏观调控方式，明确支持中西部地区加快基础设施建设，为我们破解基础瓶颈、推动转型升级提供了难得机遇；省委、省政府确定的三大战略平台进入了国家层面，我省打造丝绸之路经济带甘肃黄金段，我市被国务院确定为成长型资源城市和天然气后备基地，为加快发展提供了有利条件；全市人民思富求变愿望强烈，为富民兴市提供了强劲动力。从面临挑战看，目前世界经济复苏缓慢，国内经济不确定因素仍然很多；石油、煤炭等商品价格波动对我市经济发展影响不可忽视，以能源资源为主导的支柱产业发展还存在不少挑战；传统的能源开发方式与绿色、低碳发展的要求还不相适应。我们只有把困难问题剖析得更深透一些，把面临的复杂形势估计得更充分一些，才能化困难为动力，变挑战为机遇，在新的一年里谋求各项工作的更大创新和突破。

按照中央、省上和市委的总体部署，统筹考虑国际国内形势和我市发展的阶段性特征，准确把握政策机遇和风险挑战，今年政府工作的总体要求是：全面贯彻落实党的十八大和十八届三中全会精神，全面贯彻落实中央和全省经济工作会议、城镇化工作会议精神，牢牢把握稳中求进和改革创新这一核心，牢牢把握提高质量和效益这一中心，以“一区四园、一线八域”为主战场，以“十大工程”为主抓手，更加注重把握稳增长、调结构的重点问题，更加注重推进转方式、增活力的重点改革，更加注重强化促发展、惠民生的重点工作，加快建设幸福美好新庆阳。

预期目标是：全市生产总值增长13%，固定资产投资增长28%，公共财政收入增长13%，社会消费品零售总额增长15%，城镇居民可支配收入增长13%，农民人均纯收入增长16%。

实现上述目标，做好今年政府工作，最关键的就是把稳中求进、改革创新这一核心要求落到实处，做到“稳”有定力、“进”有效果，“改”有秩序、“创”有作为。

稳中求进，就是切实解决好“五个重点问题”。一是预期性目标的合理增速。基于对我国发展大势的把握，基于省上对我市目标定位的衡量，基于对我市发展基础和转型升级要求的考虑，科学把握发展速度和质量的平衡点、经济发展和民生改善的契合点，使各项预期目标增速在合理区间运行，保持“稳”这一前提和基础，突出“进”这一行动和目标。二是约束性指标的严格控制。牢固树立“绿色、循环、低碳、高效”的发展理念，遵循发展规律、经济规律、自然规律，确保单位GDP能耗和主要污染物排放等指标控制在省列目标之内，促进发展由“黑色印象”向“绿色主题”转变。三是扶贫与小康的统筹推进。既量力而行，盯住小康社会统计监测指标，倒逼各项工作任务落实，确保在全面小康建设中不掉队；又尽力而为，全力打好扶贫攻坚战，确保贫困群众收入增长20%左右。四是政府债务的风险防控。把防控和化解政府债务风险作为一项重要任务和硬性考核指标，开展政府债务审计清查工作，落实偿债主体责任，积极稳妥地化解政府债务，确保逾期债务偿还率达到10%。五是民生保障的制度设计。按照“普惠制、全覆盖、均等化、可持续”

的原则，统筹谋划保障和改善民生工作，使“碎片化”的民生政策系统化；把当前、近期和长远的民生工程建设有机统一起来，把民生工程与经济工作同安排、同落实、同考核，集中财力办大事、解难事，使民生工作常态化。

改革创新，就是按照中央、省上和市委关于全面深化改革的要求，正确、稳步、有序、协调推进“六项重点改革”：一是深化行政管理体制改革。坚持民意为先、舍利为公，认真做好行政审批事项的“接、放、管”工作，贯彻落实《关于市县政府职能转变和机构改革的指导意见》，积极推进卫生和计划生育、工商、质监等行政机构改革，稳步推进事业单位分类改革，努力使行政效率更高、服务效能更好、发展环境更优。二是发展混合所有制经济。研究制定加快混合所有制经济发展的意见，推动地方企业融入能源开发转化的大型央企和知名民企，促进各种所有制经济共同发展、共同繁荣。三是推进农村综合改革。继续深化农村经营体制改革和配套改革，探索建立农民增收、农村公共服务供给、农业人口转移、统筹城乡规划和建设、经营性集体建设用地入市等体制机制，使农民资产“动”起来、农村产业“活”起来，持续增加农民收入。四是完善地方金融服务体系。建立银政、银企合作长效机制，促进地方经济与金融发展深度融合。实施“引行入庆”行动，抓好国开行金融支持产业扶贫开发试点工作。发展和规范村镇银行、小额贷款公司和农村资金互助合作组织。改善信用环境，维护金融安全。五是深化资源市场改革。坚持“公平、开放、透明”的原则，争取建立不分所有制、不分城乡、统一开放的生产要素市场准入制度，依据市场规则、市场价格、市场竞争配置资源，把优势资源配置给优势企业，开发优势产业，实现效益最大化。六是完善生态文明制度建设。坚持“谁受益、谁补偿”的原则，争取建立生态环境保护补偿治理机制。探索推进环境监测执法改革和国有林场改革，加快编制生态文明建设规划，划定生态保护红线，加大封山禁牧力度。创新生态建设投入机制，动员市内外个人、团体和企业积极参与宜林荒山苗林产业开发，明晰产权，放活经营权，每年造林100万亩，力争七年“再造一个子午岭”。

**三、培育壮大能源化工首位产业，推动经济转型升级**

围绕优势资源开发，做大做强能源化工首位产业，在提升能源资源就地消化能力上下功夫，在破解煤、电外送问题上求突破；突出扩大内需，加快现代服务业发展，在调结构、转方式中不断提升发展质量和效益，实现经济转型升级。

*着力打造石油石化千亿元产业链。*支持油田企业扩能上产，确保原油产量完成750万吨；加快庆阳石化600万吨炼油升级改造项目建设，确保加工量完成350万吨。积极开展后续石化项目前期工作，促进石油资源由原料输出型向转化增值型转变。加大天然气勘探开发力度，推进探井评价试采，抓好日处理90万立方米天然气综合利用项目建设，完成“气化庆阳”年度任务。

*积极培育煤炭生产转化千亿元产业链。*强化投产矿井的生产管理，力争出煤40万吨以上。加快3个在建矿井和正宁电厂一期建设进度，开工建设1个矿井，做好3个矿井、环县电厂和西峰、长庆桥热电联产项目前期工作。探索建立地企联合循环经济示范区，建设地方自备电厂，吸引现代高载能企业入驻开发。通过煤制肥、煤制气、煤制聚烯烃、煤制油、煤制兰炭等5条路径延长产业链，跟踪推进50万吨合成氨、80万吨尿素和100万吨缓释高效肥项目，支持晋煤、中煤天大能源公司等加快煤转化、煤层气开发、煤机制造项目建设，培育以煤炭开采为基础、煤转电为支撑、煤化工为主导、煤冶材为补充的千亿元煤电化产业集群。加快环县百万千瓦风电场建设，启动实施华池10万千瓦风电项目。

*加快第三产业转型升级。*着眼建立统一开放、竞争有序的市场体系，抓好市区10大专业市场建设，加快长庆桥煤炭物流园、西峰空港物流园、上海红星美凯龙大型商业区、“万村千乡”市场工程等流通网络建设。规范市场秩序，强化水、电、气、物业等经营服务管理。抢抓国家支持现代服务业发展的机遇，运用连锁经营、物流配送、区域代理等现代经营方式，改造提升传统服务业；积极培育家政服务、信息咨询、融资租赁、法律服务、电子商务等新兴服务业，加快“智慧城市”建设，促进服务业快速发展。

*推进深度融合发展。*加强与大型央企和知名民企的合作开发，积极探索地方与能源开发企业融合发展新机制，充分发挥能源化工集团公司龙头带动作用，

主动承接油煤气开发配套服务工程，以资源兴产业，以服务换合作，促进资源开发、企业发展、百姓富裕有机统一。抢抓省上建设华夏文明传承创新区、陇东南中医药养生保健旅游创新区的机遇，以民俗庆阳、红色南梁、周祖圣地、岐黄故里“四大品牌”为引领，高层次编制全市大景区规划，多元化开发文化旅游产业。建设庆阳民俗文化产业园、山城堡战役纪念园、陕甘红军纪念园、正宁子午岭人文生态景观带等景区。提升周祖农耕文化产业园、岐黄中医药文化生态园、南梁红色小镇等文化产业聚集区的辐射带动能力，促进文化旅游融合发展。

*放手发展非公有制经济。*全面落实非公有制经济发展的各项扶持政策，研究制定非公有制经济进入特许经营领域的具体办法，在投资核准、融资服务、财税政策、土地使用、经济技术合作等方面，不分企业大小、不管市内市外、不论所有制形式，都享受同等待遇和服务。坚持扶持地方民企与引进知名民企相结合，深入推进“民企陇上行”活动，积极培育多元发展、多点支撑的新兴产业，提高非公经济的比重。

*建设“一区四园”战略平台。*积极创建国家级经济技术开发区，打造石油石化、煤电化冶材、装备制造、现代物流和文化创意产业聚集区，为建设能源新都搭建战略平台。通过市场化运作方式，拓宽筹融资渠道，加快园区建设，提升承载能力，吸引企业入驻。

**四、实施项目带动战略，积极稳妥推进新型城镇化**

准确把握国家支持全局性、基础性、战略性重大项目的投资导向，坚持重大基础项目、特色产业项目、民生保障项目齐抓共进，市区、城镇、农村和规划、建设、管理“两个一体化”协调推进，以重大项目建设和新型城镇化助推转型升级、富民兴市。

*深入实施“3341”项目工程，夯实发展基础。*严格落实项目工作“五项制度”，严把工程质量关，充分发挥项目效益。围绕提高交通支撑能力，力争银西铁路、甜罗高速和柔太红色旅游路开工，加快西合二级公路建设，确保庆阳机场航站楼建成投用。围绕提升水资源保障能力，坚持“四水齐抓”，开工建设小盘河、葫芦河、巴家咀3处水资源保障工程，做好马莲河水库、甜水堡调蓄水库和环县苦咸水淡化项目前期工作，新增有效灌溉面积3.3万亩、节水灌溉面积3万亩。围绕增强电力供给能力，完成3个110千伏和环县330千伏输变电工程建设，持续完善城乡电网。围绕提升生态承载能力，加快实施百万亩土地整治、董志塬水土保持治理、农村面源污染和荒漠化防治等工程，建设美丽乡村，创建生态市。坚持资源开发与环境保护同步推进，抓好重点行业和区域污染治理，强化大气污染防治和饮用水源地保护。

*扩大开放开发，拓宽发展空间平台。*积极融入新丝绸之路经济带和西咸经济圈，加强与中亚、西亚等国家和地区的合作交流，推动优质中药材、民俗文化产品和绿色农畜产品等方面的贸易往来。主动承接装备制造、高新技术和现代服务业等产业转移。积极为企业走出去牵线搭桥、提供信息，大力发展外向型经济，打造一批体现庆阳特色的贸易品牌，提高经济发展外向度和融合力，确保出口创汇增长10%。灵活运用“五个招商”模式，紧盯世界500强、国内500强企业，开展“引强入庆”行动，确保招商引资到位资金增长30%以上。持续优化“三心环境”，创新管理，强化服务，把好项目规划、功能、结构、环保和投资“五个关口”，力争一批重大项目落地实施。

*推进新型城镇化，构建城乡一体化发展格局。*按照中央和全省城镇化工作会议的新要求，启动新型城镇化规划编制工作，科学合理确定城镇发展定位、规模层次、空间布局和开发强度，构建以市区、特色县城、重点小城镇、工业集中区为支撑的城镇化发展体系。创新土地管理、使用机制，守住耕地“红线”，促进城镇建设用地集约、节约利用。有序放开市、县落户限制，促进城镇常住农业人口优先实现市民化。把推进城镇化和育产业、促就业紧密结合，打造宜居、宜业的特色城镇。在“长环线”选择一批重点城镇开展统筹公共服务、社会保障和新农村建设试点。加快市县旧城改造、新区开发和基础功能配套建设，实施各类城镇建设项目292项，力争城镇化率提高2个百分点。改革市区公共交通管理体制，提升保障能力，方便市民出行。持续推进文明城市创建活动，提升市民素质。

**五、打好扶贫攻坚战，加快全面小康社会建设**

我市农村人口多、贫困程度深、攻坚难度大。加快扶贫攻坚，与全国、全省同步建成全面小康社会，建设幸福美好新庆阳，是我市发展的根本大局，是政府的历史使命。坚持以扶贫攻坚、全面小康统揽“三农”工作全局，通过“三年攻坚、一年完善”，使农业基础稳固、农村和谐稳定、农民安居乐业。重点打好“两大攻坚战”，突出抓好“一项培训工程”。

*打好以交通为牵引的基础设施攻坚战*。坚持基础优先取向，以行政村为单元，深入实施农村“公路通畅、用电质量提高、饮水安全、易地扶贫搬迁”四大工程，下功夫帮助贫困乡村“换穷貌”。从今年开始，总投入资金40亿元，实施“交通扶贫三年大决战”行动，为635个村新修通村公路6268公里，实现所有建制村通油路（水泥路）的目标。加强乡村道路管护，提高通畅能力。在北部山区和南部原边咀梢，实施“一户两场四窖”和小电井工程；在中南部原区、沿河川台区，实施“千吨万人集中供水”工程，提高农村饮水安全达标率、自来水入户率。积极推进农网改造，重点解决自然村（组）低电压等供电质量问题，强化集中养殖区、设施农业区电力保障。按照“群众自愿、政府扶持、方便生产、永久定居”的要求，对生态环境极度恶化、生产生活条件差的区域，有计划、有组织地实施移民搬迁，建立移民片带，集中改善基础条件，培育后续致富产业，确保搬迁农民近期生活有保障、长远致富有门路。今年重点抓好55个整村推进、7个整乡推进项目建设，确保15万人稳定脱贫。

*打好以“五变”为牵引的特色农业攻坚战*。秉持高产、优质、高效、生态、安全的理念，坚持数量质量并重、增产增收并举，提高农业规模化经营、专业化生产水平。紧抓粮食生产不放松，推广双垄沟播面积300万亩以上，种植优质小杂粮100万亩，粮食总产量稳定在150万吨以上。在确保粮食安全的前提下，加快调整种植、养殖、农林布局结构，把肉羊、苹果作为富民增收的优势主导产业，把蔬菜、苗木作为脱贫致富的区域特色产业，因地制宜，分类推进。在北部山区，鼓励群众漫山遍野种草、家家户户养畜，引导粮农变牧民；在中南部原区，大力发展苹果产业，引导粮农变果农；在川台地，扶持发展设施蔬菜，引导粮农变菜农；在子午岭林缘区和宜林荒山区，大力发展苗林产业，引导粮农变林农；在城镇和园区，大力发展农产品精深加工业和优势资源开发配套服务业，引导农民变市民。全年新栽苹果10万亩，瓜菜面积稳定在100万亩以上。抓好现代畜牧业全产业链试点工作，促进养殖规模化发展，新建养殖场200个，肉牛、肉绒羊、生猪饲养量增速均达到20%以上。以土地流转和农民专业合作社为模式，以现代农业综合示范工程为载体，鼓励土地承包经营权向专业大户、家庭农场、农民合作社和农业企业流转，大力培育新型农业经营主体。今年建办农民合作社100个，新建和改扩建农产品加工销售企业20户以上，形成“建一个龙头、兴一项产业、富一方农民”的发展格局。

*实施以培育新型农民为主的技能培训工程*。针对农民缺技术、缺信息的问题，整合资源，因需施教，培养生产型、经营型、技能带动型、技术创新型和社会服务型“五型人才”。全年培训农民10万人（次），培训村干部、种养大户、合作社管理人员1000人，提升农村实用人才和村干部引领发展能力、种养大户带动致富能力、农民合作社综合服务能力。加快农业信息网络建设，帮助农民发展生产、开拓市场。

**六、始终以人民为中心，着力保障和改善民生**

坚持把促进社会公平正义、增进人民福祉作为政府工作的出发点和落脚点，不断提高公共服务能力和均等化水平，让人民群众共享改革发展成果。

实施创新驱动战略，建立产学研协同创新机制，提升企业技术创新能力。开展科技兴企、科技富民行动，完善科技项目成果和创新人才奖励机制，提高科技成果转化率和科技知识普及率。

统筹城乡教育资源配置，促进县域义务教育均衡发展。加快庆化实验学校、长庆中学和青少年课外综合实践基地建设，实施庆阳七中整体搬迁工程。推进“班班通”信息化工程建设，改善办学条件。加强学前教育、特殊教育和职业技术教育，筹建庆阳职业技术学院。

深入推进城乡文化一体化，开工建设传媒大厦、大剧院等重点文化工程，推进“三馆一站一屋”免费开放，实施农村电影公共服务等文化惠民工程。引导、鼓励社会力量发展公共文化事业，繁荣文化艺术创作。办好第十二届中国庆阳香包民俗文化节，组织参加省十三届运动会，承办好全省第八届民族运动会。

深化医疗卫生体制改革，建立健全统筹城乡的医疗保障模式和医疗保险管理体制。启动实施中医药综合改革试点示范、中医药养生保健旅游创新区建设。加快市妇女儿童医院和县、乡医疗卫生机构改扩建、村级卫生室标准化建设，全面建成市第二人民医院并投入使用；强化医疗卫生人才队伍建设，提升医疗服务能力。加强计划生育工作，完善利益导向机制，稳定低生育水平。

深入开展全民创业促进就业行动，完善创业政策和服务体系，鼓励更多的城乡劳动者通过自主创业实现就业。引导高校毕业生到基层、企业和社会组织就业。做好失业人员、复转军人、困难家庭就业帮扶工作。多渠道开发就业岗位，建成6个创业孵化基地，新增城镇就业4万人。

扩大“五项保险”覆盖面，提高社会保障能力。积极发展民政福利和残疾人、慈善事业，健全农村留守儿童、留守妇女、留守老年人关爱服务体系。创新社会救助机制和办法，构筑保障困难群众基本生活的防线。

加大保障性住房供给，加快棚户区和农村危房改造，有计划、有步骤、分层次地解决中低收入家庭住房困难。全年新建保障性住房1.46万套，其中棚户区改造1.3万套，力争改造农村危房（窑）1.5万户以上。

深化平安和谐庆阳建设，强化普法宣传教育，深入推进领导干部下访接访，让群众问题能反映、矛盾能化解、权益有保障。深入开展安全生产大排查、大整治，强化道路交通、消防、校园、产品质量监管。加快建立食品药品检测、监管、统筹、监督体系，确保人民群众“舌尖上的安全”。抓好“双拥”共建，加强国防后备力量建设。依法做好民族宗教工作，继续加大民族乡村扶贫攻坚力度。创新社会治理和公共服务，优化社区管理和服务功能，健全完善立体化社会治安防控体系，依法打击各类违法犯罪活动，保障人民安居乐业、社会安定有序。

在认真落实中央和省上惠民政策、完成省上确定的10项23件为民办实事项目的基础上，全力落实16件民生实事。（1）扶持1800名高校毕业生到非公经济组织就业。（2）为757个农村学校建设小伙房。（3）实施薄弱学校标准化建设及D级危房消除加固工程。（4）维修改造253个农村教学点。（5）免费开展婚前医学检查、农村妇女“两癌”预防普查。（6）为乡镇卫生院培训120名全科医生、60名产科医生。（7）对符合计划生育政策规定、年龄在50至59岁的农村夫妇，实施奖励扶助。（8）为全市8000名贫困残疾人配置康复器具。（9）扶持1200户贫困残疾人家庭改造危房（窑）。（10）新修通村公路1600公里。（11）解决农村17.82万人安全饮水问题。（12）在119个行政村开展“乡村舞台”工程建设试点，建办200个行政村民间文化社团。（13）在40个村开展“农家文化集市”建设试点。（14）开工建设市级养老基地。（15）开展城乡集贸市场衡器免费检定、诚信计量集贸市场体系建设。（16）新建、改造100所城乡幼儿园、100个小区蔬菜销售点、100个便民公厕、100个停车场，治理100条城市巷道。

**七、加强自身建设，打造为民务实清廉政府**

深入开展党的群众路线教育实践活动，把“为民”宗旨体现在执政理念上，把“务实”作风贯穿于工作实践中，把“清廉”要求落实在具体行动上，提高政府执行力和公信力。

*解放思想，增强创新能力。*把解放思想作为凝聚力量、促进创新、推动发展的强大武器，围绕中心聚焦发力，凝聚合力促进发展。用世界眼光、战略思维来审视发展和谋划工作，以全面深化改革的有力举措，锐意创新，主动作为，冲破思想观念的束缚，突破利益固化的藩篱，最大限度地汇聚加快富民兴市的内生动力，让一切劳动、知识、技术、管理、资本的活力竞相迸发，让一切创造社会财富的源泉充分涌流。

*依法行政，建设法治政府。*自觉接受人大法律监督和政协民主监督，认真办理人大代表议案、建议和政协委员提案。健全规范性文件备案审查制度和行政执法组织体系。完善重大决策规则和程序，强化决策审查、决策监督和决策责任。严格依法办事，促进法治政府、法治社会建设。强化政务公开，接受社会监督。加快综合应急信息平台建设，健全防灾减灾体系，提高防范和应对突发事件的能力。

*改进作风，做到勤政廉政。*严格执行中央“八项规定”、国务院“约法三章”和省、市委各项规定，强化监督检查，严格问责问效。带头说实话、办实事，防止急功近利、欺上瞒下；带头有令必行、有禁必止，防止推诿扯皮、政令不畅；带头深入实际、掌握实情，防止走马观花、形式主义；带头联系群众、贴近群众，防止高高在上、官僚主义；带头主动作为、激情干事，防止不思进取、享乐主义；

带头勤俭节约、艰苦奋斗，防止铺张浪费、奢靡之风。严格遵守党的政治纪律、组织纪律、工作纪律、财经纪律和生活纪律，全面落实党风廉政建设责任制，加强政府工作人员教育管理，多打“预防针”，筑牢“防火墙”。整章建制、强化约束，严格用制度管人、管权、管事。加强对工程建设、土地管理、产权变动、公共资源交易、政府采购和资源开发等领域的监管和整治。严格审计监督、行政监察，深入开展专项治理，坚决纠正行业不正之风，确保干部清正、政府清廉、政治清明。

各位代表，人民对美好生活的向往，就是我们的奋斗目标。让我们在省委、省政府和市委的坚强领导下，在市人大、市政协的监督支持下，凝聚全市人民的智慧和力量，为圆满完成各项目标任务、加快建成全面小康社会、建设幸福美好新庆阳而努力奋斗！

附注：

1、一区四园：庆阳国家级经济技术开发区，长庆桥、驿马、西川3个工业园和庆阳民俗文化产业园。

2、一线八域：长庆桥—南梁—环县扶贫开发、老区建设与新农村建设相结合的统筹城乡发展示范线，8个县（区）各具特色的产业发展区域。

3、十大工程：石油开发“双千万”工程（原油产量1000万吨、加工量1000万吨）、煤炭开发转化工程、基础瓶颈破解工程、招商引资突破工程、现代农业综合示范工程、城乡居民收入倍增工程、农民技能培训工程、平安和谐庆阳创建工程、美丽庆阳建设工程、干部能力提升工程。

4、1县1乡3村现代农业综合示范工程：以特色规模化种养为产业基础，以土地经营权流转为基本方式，以农民专业合作社为组织模式，每个县（区）重点抓好1个乡镇、每个乡镇重点抓好3个村，培育现代农业示范典型。

5、重点项目“三个一”包抓责任制：对实施的重大项目，确定一个领导牵头、组建一个班子推进、制定一个方案实施，层层签订包抓责任书。

6、营改增：营业税改征增值税，减少了重复纳税环节，是国家实施结构性减税的一项重大税制改革。

7、就业“双导”工程：引导高校毕业生到中小型企业、非公经济组织就业；引导中小型企业、非公经济组织吸纳高校毕业生就业。

8、“三公”经费：政府部门人员因公出国（境）经费、公务车购置及运行费、公务招待费。

9、四风：形式主义、官僚主义、享乐主义和奢靡之风。

10、气化庆阳：从2010年开始，规划利用西气东输二线庆阳支线，建设市区、县城天然气管道和天然气终端利用等项目，保障城市居民燃气、公共服务用气、工业用气需求，改善大气环境，提高市民生活质量。

11、“万村千乡”市场工程：引导城市连锁店和超市等流通企业向农村延伸发展“农家店”，构建以城区店为龙头、乡镇店为骨干、村级店为基础的农村现代流通网络，使标准化农家店覆盖60%的行政村和80%的乡镇。

12、市区10大专业市场：在市区建设服装鞋帽小商品、蔬菜瓜果批发、家具家饰、农业生产资料、文化传媒、建材综合、农产品和粮食市场、钢材木材及废旧金属再生资源市场、陇东汽车城、放心食品城。

13、“3341”项目工程：是省委、省政府的重大战略部署，即打造三大战略平台、实施三大基础建设、瞄准四大产业方向，确保到2016年全省固定资产投资规模超过1万亿元。打造三大战略平台，就是打造以兰州新区开发建设和循环经济示范区建设为重点的经济战略平台，以华夏文明传承创新区建设为重点的文化战略平台，以国家生态安全屏障综合试验区建设为重点的生态战略平台。实施三大基础建设，就是深入实施交通提升、信息畅通和城镇化建设。瞄准四大产业方向，就是培育壮大战略新兴产业、特色优势产业、富民多元产业、区域首位产业，力争到2016年全省固定资产投资规模达到1.5万亿元左右。

14、项目工作“五项制度”：项目进度倒排工期监管制，项目管理单位台账约束制，项目规范定向督查制，项目前期许可工作制，项目备案管理责任制。

15、四水齐抓：天上水、地表水、地下水、境外水全面利用。

16、五个招商：以优势资源招商，以优惠政策招商，以人文环境招商，以高效服务招商，以良好法制环境招商。

17、三心环境：投资者投资放心、发展舒心、收获开心的发展环境。

18、长环线：长庆桥-西峰区-庆城县-环县-华池县-南梁镇。

19、“一户两场四窖”工程：每户建100-120平方米集流场2处、30立方米水窖4眼。

20、“千吨万人集中供水”工程：日供水规模大于等于1000立方米以上的集中式供水工程，供水人口1万人以上。

21、三馆一站一屋：公共图书馆、文化馆、博物馆，乡镇文化站，农家书屋。

22、五项保险：基本养老、医疗、失业、工伤和生育五项保险。

# 在市委三届七次全委扩大会议暨全市经济工作会议上的讲话

市长　栾克军

（2014年1月21日）

同志们：

刚才，市委夏书记作了重要讲话，全面总结了过去一年工作，深入分析了当前面临的发展形势，提出了今年工作的总体要求和主要任务。各县区、各部门要领会到位、落实到位。下面，根据市委常委会讨论的意见，我讲两个方面的问题。

**一、2013年全市经济稳健向好，我们要把握大局、振奋精神，千方百计保持转型升级的良好势头**

过去一年，在省委、省政府和市委的坚强领导下，全市上下深入贯彻党的十八大和十八届二中、三中全会精神，全面落实习近平总书记系列重要讲话精神，准确把握“稳中求进”总基调，主攻“一区四园、一线八域”主战场，突出“十大工程”主抓手，经济发展稳中有进、稳中有为、稳中向好。可以说，在经济形势错综复杂、挑战压力十分巨大的“两个特殊形势”下，我们遇到的困难之多、挑战之多前所未有，取得的显著成效实属来之不易，经济社会发展呈现出“六个双变化”的鲜明特点：

*第一，着力调结构、转方式，实现了稳中求进与转型升级双促进。*面对国际国内经济下行压力加大、能源市场波动和自然灾害多发的不利影响，我们研究落实一系列稳增长、调结构、促转型的有效举措，全市经济稳健增长，发展势头持续向好，后劲活力明显增强。预计全年生产总值完成616.5亿元，增长16.2%；规模以上工业增加值333亿元，增长18.1%；地方固定资产投资达到1053亿元，增长40%；社会消费品零售总额154.5亿元，增长18.1%；财政大口径收入154.3亿元，增长18.7%，小口径收入63.7亿元，增长20%；城镇居民人均可支配收入19578元，增长17.5%；农民人均纯收入5063元，增长18.8%。主要经济指标均完成省、市计划目标。

*第二，着力抓产业、促增收，实现了发展质量与规模效益双提升。*去年，我们通过深入调研、专家论证，把更多精力放在了挖掘优势潜力、完善制度设计上。在发展理念上，“绿色、循环、低碳、高效”发展，已成为全市上下的鲜明共识。在开发路径上，突出一产抓特色，启动实施1000万只肉羊、200万亩苹果和700万亩苗木产业工程，把自然资源优势转化为富民增收的农业产业优势；二产抓延链，石油石化、煤炭生产转化“两个千亿元”产业链的规划设计、开发路径和转化模式进一步明确；三产抓提升，文化旅游深度融合、地企产业融合的格局正在培育发展。在开发重点上，能源化工首位产业的战略定位更加突出，石油石化“双千万工程”深入实施，原油产量659万吨、加工量341万吨；煤炭勘探开发和转化利用步伐加快，天然气、煤层气开发积极推进，能源化工集团主动承接油煤气开发企业产业转移和配套服务。特色富民产业的主导地位进一步凸显，粮食生产在多灾之年继续保持稳产增产，总产量达到158.9万吨；特色养殖标准和效益显著提升，镇原中盛肉鸡、环县肉羊发展规模呈几何数增长，华池、宁县、庆城等县区畜牧养殖有新的发展；新一轮扶贫攻坚大幕全面拉开，全市减少贫困人口14.7万人。汽车、通讯和文化等消费势头强劲，文化产业增加值增长58%，第三产业吸纳就业、富民增收的能力不断增强。

*第三，着力抓项目、破瓶颈，实现了生产性和基础性项目建设双推进。*全面贯彻“3341”项目工程战略部署，严格落实重点项目“三个一”包抓责任制，坚持产业类、基础类、民生类项目同步推进，全年实施500万元以上项目2798个，是历年来项目数量最多、规模最大、投资额度最高的一年。产业开发项目快速推进，庆阳石化600万吨炼油升级改造工程全面启动，拉开了石油炼化一体化发展的序幕；6个

煤炭区块勘查和9个矿井建设步伐加快，正宁电厂、环县百万千瓦风电项目建设进展顺利；庆阳民俗文化产业园、长庆桥物流园和南梁红色小镇建设加快推进，岐黄中医药博物馆建成投用。基础设施项目取得突破性进展，庆阳机场新增了北京航线；西平铁路全线贯通，结束了我市境内不通铁路的历史；银西铁路项目建议书获得国家发改委批复，有望今年开工建设；西雷高速建成投运，甜罗高速列入国家高速路网规划；3条二级公路建成通车，实现了县县通二级公路的目标；“交通扶贫大决战”启动实施，新修农村公路124条1040公里；重点骨干水利工程进展顺利，解决了26万农村群众的安全饮水问题；城乡电网改造、输变电项目建设步伐加快；生态建设持续加强，启动宜林荒山苗林产业培育工程，造林47.5万亩，百万亩土地整治、雨洪集蓄生态保塬工程和基本农田建设积极推进，城乡基础条件持续改善。

第四，着力抓改革、促开放，实现了体制创新和招商引资双突破。改革创新纵深推进，政府职能转变、行政效能提升成效明显，取消、下放、调整行政审批项目133项；农村土地、集体林权、财税金融、食药品监管、“营改增”和公共资源交易制度改革深入推进；“一区四园”管理体制进一步理顺，庆阳经济技术开发区规划通过省级评审。对外开放不断扩大，成功举办能源发展战略论坛、农耕文化节和西部商品交易会、优质苹果推介等活动，与意大利卡布拉罗拉市结为友好城市，我市知名度、美誉度、开放度进一步扩大；灵活运用“五个招商”模式，招商引资到位资金430亿元，增长69.4%，是招商成效最大、到位资金最多的一年。

第五，着力惠民生、促和谐，实现了社会事业与民生保障双进步。始终把“人民过上更好生活”作为最大任务，全力保障和改善民生，教育、科技、卫生、文化等各项社会事业快速发展。制定出台了一系列推动就业创业的扶持政策，城镇新增就业4.18万人。社会保障覆盖面持续扩大、保障标准全面提高。省列24件、市列10件为民办实事全面落实到位，投资达到39.3亿元。平安庆阳建设、矛盾纠纷排查调处和信访工作扎实有效。

第六，着力抓落实、干到位，实现了改进作风与效能提升双加强。中央“八项规定”、国务院“约法三章”和省委“十项规定”全面落实，制定出台了厉行节约、反对浪费的7项财政管理制度和改进作风的一系列工作制度，用制度管人、管事、管权。“效能风暴”和“双联”行动深入实施，广大干部作风明显转变。特别是面对严重的旱情和突如其来的洪涝灾害，全市各级干部冲锋在前、主动作为，彰显了苦干实干、以实为本的可贵精神，体现了高度负责、勇于担当的神圣使命。

总结工作的目的，是为了准确把握大局、坚定发展信心，更重要的是坚持问题导向，抢抓重大机遇，迎接困难挑战，在新的一年里谋求各项工作的更大创新和突破。

坚持问题导向，就是要牢固树立底线思维的忧患意识，深入分析当前发展中存在的差距和问题。经济结构方面，能源化工产业上下游关联度、融合度不强，“一油独大”的问题突出，抵御市场风险的能力不强；种养结构不合理，农民收入水平低，农村贫困人口多，贫困程度深，攻坚难度大，成为当前和今后一个时期最艰巨的任务和最难啃的“硬骨头”；第三产业占比低、增长慢，需求拉动不足，市场消费不旺，创新服务不够。这样的经济形态和要素支撑如果不改变，我们的发展是走不稳也走不远的。项目推进方面，受国家宏观政策调整所限，我们谋划的一些能源类、基础类重大项目争取难度加大、审批难度更大，一些重点项目进展缓慢，未能赶上计划进度。地方工业发展方面，企业数量少、规模小，整体实力弱，非公有制经济在经济总量中的占比只有29.5%，大部分企业缺人才、缺技术、缺资金，经营活力不够、市场竞争力不强。体制机制创新方面，我市与发达地区相比，不仅是发展的差距，更重要的是改革的差距、开放的差距，体制机制不活，创新能力不足，职能缺位越位错位的问题突出。民生保障方面，相当一部分群众和弱势群体生活还比较困难，公共服务、社会保障、社会治理的能力和水平还需要进一步提升。工作落实方面，“四风”问题在个别县区、部门和干部身上还有不同程度的表现，工作推进不力，执行不到位，群众的一些合理诉求还没有得到有效解决。这六个方面的问题，都需要我们找准根源、拿出对策，切实强化对经济发展的长效支撑。

抢抓重大机遇，就是要牢固树立时不我待的进取意识，准确把握一系列重大利好叠加机遇。从国家层面看，中央创新宏观调控方式，深处着力推改革，精准发力调结构，出台了一系列扩大投资、刺激消费的政策，经济走势稳中向好；国家实行差别化经济政策引导产业转移，明确支持中西部地区基础设施建设，为我们破解瓶颈、推动转型升级提供了难得机遇。从我省发展看，省委、省政府确定的三大战略平台进入了国家层面，我省被国家确定为扩大向西开放的门户，打造丝绸之路经济带甘肃黄金段，激发了我们推动经济转型升级的勇气和动力。能不能抓住和用好这些重大机遇，关键在于我们谋划的深度、争取的力度、工作的强度，使国家的政策导向和我们自身的优势潜力更加紧密地结合起来。

*迎接困难挑战，就是要牢固树立攻坚克难的责任意识，积极应对难以预料的困难和挑战。*目前，世界经济复苏缓慢，国内经济不稳定不确定因素仍然很多，石油、煤炭等商品价格波动对我市传导效应不可忽视，以能源资源为主导的支柱产业发展还存在不少挑战。对此，我们要把困难问题剖析得更深刻一些，把面临的复杂形势估计得更充分一些，未雨绸缪，主动作为，化困难为动力，变挑战为机遇，切实增强推动转型升级的主动性和战斗力。

**二、2014年改革发展任务艰巨，我们要稳中求进、改革创新、重点突破，努力开创转型升级的崭新局面**

2014年，是深入贯彻落实党的十八大和十八届三中全会精神，加快建成全面小康社会，实现“十二五”发展目标的关键一年。按照中央、省上和市委的总体部署，统筹考虑国际国内形势和我市发展的阶段性特征，准确把握政策机遇和风险挑战，今年我们抓经济工作的基本考虑是：突出“两个全面贯彻落实”（全面贯彻落实党的十八大和十八届二中、三中全会精神，全面贯彻落实中央和全省经济工作会、城镇化工作会议等一系列精神），做到“两个牢牢把握”（牢牢把握稳中求进和改革创新这一核心，牢牢把握提高质量和效益这一中心），深入研究“五个重点问题”，大力推进“六项重点改革”，着力抓好“七项重点工作”，努力超额完成全年各项目标任务，为推动经济转型升级、加快建设幸福美好新庆阳打下具有决定性意义的基础。

*“五个重点问题”：*

*一是预期性目标的合理增速问题。*这是我们认清经济形势、廓清思想认识、把握发展方向的核心导向。为了守住稳增长、保就业的“下限”和防通胀的“上限”，今年，中央提出经济增速保持在7.5%左右，省上提出的预期目标是11%左右。基于对全国、全省发展预期目标增长区间和我市发展基础等因素考虑，市委、市政府确定今年经济增长的预期目标为13%，一、二、三产业增加值分别增长6%、14.6%和13%。我们只有把握好发展速度和质量的平衡点、经济发展和民生改善的契合点，保持经济这样一个合理增速，才能保持“稳”这一前提，突出“进”这一目标。

*二是约束性指标的严格控制问题。*牢固树立“绿色、循环、低碳、高效”的理念，遵循发展规律、经济规律、自然规律，确保人口自然增长率等指标有效可控。特别是对我们这样一个资源开发大市来说，任何时候、任何情况下，都要强化“既要金山银山、更要清水绿山”的意识，确保全年单位GDP能耗、单位工业增加值用水量、主要污染物排放等指标控制在省列目标之内，力争森林覆盖率提高2个百分点以上，促进由“黑色印象”向“绿色主题”转变。

*三是扶贫与小康的统筹推进问题。*按照2017年基本消除贫困的时限要求和2020年全面建成小康社会的目标，全市每年需减少贫困人口15万人，贫困面降低6.5个百分点，小康程度提高4.4个百分点。实现这一目标，时间紧、任务重、责任大。我们既要量力而行，切实肩负起时代赋予我们的历史使命和政治责任，盯住6大类23项小康社会统计监测指标倒逼各项工作任务落实，确保在全面小康建设中不掉队；更要尽力而为，正视现实，统筹兼顾，全力打好扶贫攻坚战，啃下消除贫困这块“硬骨头”，确保今年农民人均纯收入增长16%，其中贫困群众收入增长20%左右。

*四是政府举债的风险防控问题。*截止2013年6月，全市政府性债务余额达到101亿元。虽然总体上处于可控范围，但部分县区债务率接近警戒线，风险隐患较大。我们要把防控和化解政府债务风险作为经济工作的一项重要任务和硬性考核指标，把短期应对措施和长期制度建设结合起来，开展地方政府债务审计清查工作，积极稳妥地化解政府债务，有效防范政府债务风险，确保逾期债务偿还率达到10%。同时，深化财税体制改革，加强税收征管，确保今年地方财政收入增长13%。

*五是保障民生的制度设计问题。*按照“普惠制、全覆盖、均等化、可持续”的原则，在制度设计上，把当前、近期和长远的民生工程建设有机统一起来，对保障和改善民生工作进行系统谋划、细致设计，使

“碎片化”的民生制度系统化；在工作推进上，把谋划民生发展的高度与推进民生工作的力度有机统一起来，把民生工作与经济工作同安排、同落实、同考核，使民生工作“常态化”；在资金投入上，集中财力办大事、解难事，做到民生资金统一规划管理、科学高效利用，使零散的资金投入“集聚化”。

“六项重点改革”：

一要在深化行政管理体制改革上谋求实效。深化行政管理体制改革是加快政府职能转变、全面深化改革的一场自我革命。各县区、各部门重点要在“接、放、管”上谋求实效。接，就是接好国务院和省政府下放的各项审批事项，不截留、不梗阻，给县区、市场和社会更多的权利。放，就是放开、放手、放活企业和群众反映强烈的审批事项，给市场“松绑”、为企业“减负”、向基层“放权”，最大限度地减少政府对微观事务的干预和管理。市监察局要严肃查处那些明放暗留、暗箱操作，不符合法律规定，以“红头文件”设定的管理、收费、罚款项目等问题。管，就是按层级把政府该管的事坚决管好。对取消后的行政审批，各有关部门要认真衔接，及时制定后续监管和服务的具体办法，避免管理缺位；对保留下来的审批事项，监察部门要进一步改进监管方式，强化事中事后监管。同时，积极推进卫生和计划生育、工商、质监等行政机构改革，稳步推进事业单位分类改革，确保按期全面完成改革任务。

二要在大力发展混合所有制经济上有所作为。我们要以发展混合所有制经济为突破口，突出庆阳特色和优势，积极推进地方企业融入能源开发转化的大型央企和知名民企，促进各种所有制经济融合发力，形成强大的市场竞争力。由市工信委牵头，组织相关部门，尽快研究制定《推动混合所有制经济发展的意见》，引导、鼓励和支持国有经济和非公有制经济共同繁荣发展。

三要在推进农村综合改革上大胆探索。各县区及农口各部门要积极探索建立农民增收、农村公共服务供给、农业人口转移、统筹城乡发展等各项体制机制，千方百计为人民谋福祉。重点在生产组织化和经营规模化上下功夫，积极构建立体式、复合型现代农业经营体系。以农村合作组织引领结构调整，使特色产业活力迸发。积极稳妥地开展农民土地承包经营权、集体经济收益分配权、宅基地用益物权“三权”改革试点，支持承包经营权向专业大户、家庭农场、农民合作社和农业企业流转，使农民资产“动”起来、农村产业“活”起来，持续增加农民工资性和财产性收入。

四要在完善地方金融服务上勇于创新。建立银政企对接机制，促进地方发展与金融深度融合，做到产业发展到哪里，金融机构就要跟进服务到那里，形成相互支撑、共同繁荣发展格局。市政府将与支持地方力度大、契合度高的金融机构，建立融合发展战略机制，防范金融风险，维护金融安全。各金融机构要与市经投公司和能化、水务、交通集团加强合作，重点在能源化工、扶贫攻坚和基础建设等领域跟进服务，着力破解融资难、贷款难问题。

五要在深化资源市场改革上取得突破。按照“公平、开放、透明”的原则，积极争取建立不分所有制、不分城乡、统一开放的生产要素市场准入制度，把优势资源配置给优势企业和优势产业。全面推进其他资源市场化配置，提高效率，体现公平。市公共资源交易中心要依法规范运作，充分发挥交易平台作用。

六要在完善生态文明制度建设上争取主动。中央《决定》和省委《意见》明确提出“完善环境治理和生态修复制度”，这为资源开发与环境治理同步推进提供了政策依据。市环保、林业等相关部门要积极争取建立生态环境保护补偿机制，加快编制生态文明建设规划，严格划定生态保护红线区域。对允许开发区上项目、搞建设要高标准落实环评措施，限制开发区要依法保护，生态脆弱区要舍得投入、加快修复，加大封山禁牧力度，走绿色崛起之路。创新生态建设投入机制，动员市内外个人、团体和企业，积极参与宜林荒山苗林产业培育，明晰产权，放活经营权，每年造林100万亩，力争“七年再造一个子午岭”。

**“七项重点工作”：**

（一）以打造石油煤炭两个“千亿元产业链”牵引转型升级。两个“千亿元产业链”是加快资源开发转化的突破点，也是促进我市经济转型升级的强力引擎。各县区、各部门要聚合优势、聚力突破，着力在3个方面取得重大进展。

一要在石油石化产业补链延链上取得重大进展。各涉油县区和相关部门要全力支持油田企业扩能上产，确保原油产量完成750万吨，加工量稳定在350万吨以上。庆阳石化600万吨炼油升级改造项目，要对6大类、24个环节、59项具体任务倒排工期、压茬推进，确保每月有形象进度，上半年有突破性进展。天然气勘探开发要力争完成探井评价，实现试开采。日处理90万立方米天然气综合利用项目年内要取得实质性进展。市发改、工信等部门和能化集团要积极开展后续石化项目论证等前期工作。

二要在煤炭生产转化补链延链上取得重大进展。对2座已建成运营的矿井，工信、安监等部门要督促开发企业加强生产调度，尽快达产达标，确保生产原煤40万吨以上；对在建的2个矿井，要全力服务、快速推进；对2个做前期的矿井，由分管领导牵头，相关县区和市直有关部门负责，尽快获得核准，确保早日开工建设。同时，加快正宁电厂一期工程建设，力争开工建设环县电厂和西峰、长庆桥热电联产工程。积极探索建立地企联合循环经济示范区，建设地方自备电厂，吸引现代高载能企业入驻开发。跟踪推进50万吨合成氨、80万吨尿素和100万吨缓释高效肥项目建设，支持晋煤、中煤天大能源公司加快煤转化、煤层气开发、煤机制造项目建设，努力培育以煤炭开采为基础、煤转电为支撑、煤化工为主导、煤冶材为补充的千亿元煤电化产业集群。

三要在做大“一区四园”上取得重大进展。市经济技术开发区和相关县区要加快“一区四园”基础设施建设，通过筑巢引资、股份合作、市场化运作等方式拓宽筹资渠道，加大投入，改善条件，吸引企业入驻，积极创建国家级经济技术开发区。能化集团要突出能源勘探、开发利用、钻采服务、装备制造、投资融资“五大板块”，变财政借资为主动融资，积极承接油煤气开发配套服务工程，促进资源开发、企业发展、百姓富裕有机统一。

（二）以打好“两大扶贫攻坚战”助推富民兴市。加快扶贫攻坚，与全国、全省同步建成全面小康社会，是我市发展的根本大局，是各级党委、政府的重大历史使命。各县区、各有关部门要以扶贫攻坚、全面小康统揽“三农”工作全局，通过“三年攻坚、一年完善”，使农业基础稳固、农村和谐稳定、农民安居乐业。重点要在“两大攻坚战”和“一项培训工程”上取得实质性成效。

一要在以交通为牵引的基础设施攻坚战上取得实质性成效。解决行路难、吃水难、用电难是贫困群众最强烈的期盼。要坚持基础优先取向，深入实施“农村公路通畅、用电质量提高、饮水安全和异地扶贫搬迁”四大工程，奠定脱贫基础，下功夫帮助贫困乡村“换穷貌”。由交通部门负责，新修农村公路2000公里，为扶贫攻坚提供基础支撑；由水务部门负责，在北部地区实施“一户两场四窖”工程，在中南部原区、沿河川台片区实施“千吨万人”工程，全年新建维修各类水利工程9.14万处，解决17.84万人饮水安全和23.46万人饮水困难问题；由电力公司负责，积极推进农网改造，解决395个自然村（组）电压低和供电质量问题，完成500多个自然村（组）通动力电，强化集中养殖区、设施农业区的电力保障；由市发改、扶贫等部门负责，按照“群众自愿、政府扶持、方便生产、永久定居”的要求，围绕“一点一线一心一区”（居民点、国道沿线、中心村镇、工业园区），建立移民片带，有计划、有组织地实施移民搬迁，确保农民搬得出、稳得住、能致富。由市扶贫办负责、县区主抓，实施好扶贫开发60个整村推进、7个整乡推进项目，确保完成年度稳定脱贫任务。

二要在以农民“五变”为牵引的特色产业攻坚战上取得实质性成效。扶贫攻坚的核心是要有脱贫致富的特色产业。各县区和农口部门要突出高产、优质、生态、安全这一主线，把肉羊、苹果作为富民增收的农村首位产业，把蔬菜、苗木作为脱贫致富的区域特色产业，加快调整种植、养殖、农林布局结构，促进农民实现“五变”（变牧民、变果农、变菜农、变林农、变市民），让农业成为有奔头的产业，让农民成为体面的职业，让农村成为安居乐业的美丽家园。重点抓好全膜双垄沟播技术推广，种植优质小杂粮100万亩，粮食产量稳定在150万吨以上；新栽苹果10万亩；新建规模养殖场和养殖小区200个，肉牛、肉绒羊、生猪饲养量增速均达到20%以上；瓜菜面积稳定在100万亩以上，其中设施瓜菜面积达到11.5万亩以上。建办农民合作组织100个，新建和改扩建龙头企业20户以上。

三要在农民技能培训提升上取得实质性成效。素质和能力是群众打开脱贫致富之门的“金钥匙”。人社、扶贫、农牧、教育等部门，要围绕培养“五型人才”（生产型、经营型、技能带动型、技术创新型、社会服务型），深入实施农民技能培训工程，整合培训资源和资金，全年培训农民10万人、村干部300人、种养大户600人、合作社管理人员100人，进一步提升村干部引领发展能力、种养大户带动致富能力、农民合作组织管理服务能力。

（三）以“3341”项目工程扩量提质增效。对我们庆阳这样一个投资拉动型的欠发达市而言，稳增长、调结构的主抓手在投资，提质量、增效益的总支撑在投资。我们要坚持不懈地把项目作为永恒动力，严格落实项目工作“五项制度”要求，使一个个优势项目点成为投资效应的带动面，使一个个招商突破口成为长效投资的动力源，确保地方固定资产投资增长28%以上。

一要高端定位积极谋划优势项目。坚持用战略的思维谋划定位，用创新的理念深谋细研，谋划和储备一批契合国家大局、符合全省布局、体现庆阳格局的重大项目，善谋善争、善做善成。市“3341”项目工程领导小组和3个工作小组（前期策划、产业研究设计、衔接报批小组），要高起点谋划一批优势资源延链、扩链、补链项目，储备一批绿色循环农业示范项目、文化旅游融合发展项目，做精、做细、做实重大项目库，做到进库项目拿出来能上报、报上去能审批、审批了能开工，缩短项目周期，保障重大项目建设顺利推进。按照今年全省项目观摩“看高不看低”的要求，及早谋划，超前准备，充分体现科技含量高、投资规模大、经济效益好的特点。

二要集中发力高效推进重大基础项目。抓项目、破瓶颈、强支撑，是我市当前和今后一个时期最核心的一项重大任务。首先，要在重大交通项目建设上集中发力，市发改、交通部门要抢抓国家支持全局性、基础性、战略性重大交通项目的投资机遇和政策导向，力争1条铁路（银西铁路）、1条高速（甜罗高速）开工建设，确保庆阳机场航站楼建成投用，加快西合二级和农村公路建设，构筑起转型升级的主骨架、主动脉。其次，在重大水利骨干项目上高效推进，市水务部门要坚持“四水齐抓”，上半年开工建设小盘河、葫芦河、巴家咀3处水资源保障工程，年内解决19万人的饮水安全问题。第三，在电力供给输转项目上力求突破，我们要按照省委王三运书记去年项目观摩时的要求，超前谋划电力消纳、外送、输转等一系列后续项目。市发改、电力部门要持之以恒、紧盯不放，力争早日开工建设±800特高压输变电网项目。持续完善城乡电网，完成环县330千伏和3个110千伏输变电工程建设。加快环县百万千瓦风电场建设，启动实施华池10万千瓦风电项目。

三要精准发力落实招商引资项目。招商引资抓项目始终是我们工作的重中之重。各县区、各有关部门要创新运用“五个招商”模式，紧盯世界500强、国内500强企业，把触角延伸到技术先进、民资富集和产业集聚的地区，放大招引项目的乘数和边际效应；充分挖掘民间投资的巨大潜力，鼓励和引导民间投资进入能源化工、基础设施、果畜菜、文化旅游和现代服务业等项目建设领域，增强经济发展活力。市招商局要会同发改、工信等部门，尽快拿出今年市级层面重点产业、重点项目招商单子，制定招商引资目录。要持续完善优化“三心环境”，创新管理、强化服务，把好项目规划、功能、结构、环保和投资“五个关口”，力争一批战略性、标志性的重大项目落地开花结果，确保招商引资到位资金增长30%以上。

（四）以深度融合发展推动开放开发。融合发展是现代经济的战略取向和鲜明特征。各县区、各部门要运用世界眼光和战略思维，在更宽视野、更深层次、更广领域加强合作交流，推动融合发展，促进开放开发。

一要推进文化旅游深度融合，带动第三产业发展。抢抓省上建设陇东南中医药养生保健旅游创新区的机遇，以四大文化品牌为引领，高层次编制全市大景区规划，多元化开发文化旅游产业，加快庆阳民俗文化产业园、山城堡战役纪念园、正宁子午岭人文生态景观带等景区建设，全面提升岐黄中医药文化生态园、南梁红色小镇等文化产业聚集区辐射带动能力。要突出抓好市区10个专业市场和2条商贸物流产业带建设，加快长庆桥综合物流园和“万村千乡”农贸市场建设，构建融合发展的流通平台。加快发展社区服务、信息咨询、法律服务、电子商务等新兴业态，促进第三产业发展提速、比重提高、水平提升，确保社会消费品零售总额增长15%以上。

二要积极融入丝绸之路经济带和西咸经济圈，促进对内对外开放。各县区、各部门要抢抓我省建设“丝绸之路经济带甘肃黄金段”、实施向西开放战略的机遇，加强与中亚、西亚等国家和地区的合作交流，推动优质中药材、民俗文化产品和绿色农畜产品等方面的贸易往来。加强与关天经济区的产业互补和基础对接，实现互利共赢。

三要主动承接产业转移，鼓励企业之间深度融合发展。抓住国家推动沿海地区产业向西部有序转移的机遇，鼓励企业之间加强投资合作，积极承接装备制造、能源原材料、高新技术和现代服务业产业转移。要积极为企业走出去牵线搭桥、提供信息，大力发展外向型经济，打造一批体现庆阳特色的贸易品牌，提高经济发展外向度和融合力。

（五）以人为核心积极稳妥推进新型城镇化。目前，庆阳“小城市、大农村”的特征明显，城镇化率只有31%，分别低于全国、全省27.6和13.7个百分点。去年全市人均GDP超过3700美元，标志着我市迈入国际公认的工业化、城镇化的快速发展阶段。我们要正视差距、迎头赶上，全力构建以“1个中心城市、7个特色县城和30个特色重点乡镇、17个工业集中区”为支撑的城镇化发展体系，确保今年城镇化率提高2个百分点。

一要抓住“以人为本、人到哪去”这个新型城镇化的核心。市住建、规划部门要抓紧制定推进全市新型城镇化的意见，与市发改、国土部门充分衔接，启动新型城镇化规划编制工作，科学合理确定全市城镇发展定位、规模层次、空间布局和开发强度，促进市区、县城、工业园区、特色小城镇和乡村合理分工、功能互补、连接通畅、协同发展。市农牧、人社等部门要拿出促进农业人口有序转移、稳定发展的具体方案，从调结构转方式、加强技能培训、发展非农产业、加快产城融合、完善社会保障等方面入手，积极创造农民向城镇转移的条件，解决进城农民的后顾之忧。市公安、人口管理部门要拿出落实户籍城镇化率的具体办法，优先推进4.7万城镇暂住人口和6万多“钟摆式”流动人口的市民化进程。

二要扭住“集约发展、地怎么管”这个新型城镇化的重点。国土部门要按照“严控增量、盘活存量、优化结构、提升效率”的要求，一方面明确划定耕地和生态红线，守住农业用地保有量这个“硬杠杠”；另一方面明确全市荒山荒坡等未利用土地的范围和规模，加大开发整理力度，保证城镇化建设的用地需求。

三要牵住“经营城镇、钱从哪来”这个新型城镇化的关键。财政部门要制定具体政策，有效整合交通、建设、水利、林业、环保等基础设施建设项目资金，探索建立财政转移支付同农业转移人口市民化挂钩机制，激励引导人口向城镇转移。发改、工商、商务等部门要划定城镇特许经营领域，积极放宽市场准入，鼓励社会资本参与城镇投资运营，促进城镇建设投资主体多元化、融资方式多样化。

四要扣住“宜居宜业、城怎么建”这个新型城镇化的导向。各县区、各部门要在建设上尊重自然，保留历史记忆，突出人文特色，使城镇充满生机、富有创造力；强化交通、绿地、水系、地下空间和防灾减灾等功能，增强城镇安全性、便捷性和舒适度。要在“长环线”（长庆桥-西峰区-庆城县-环城镇-华池县-南梁镇）选择一批重点城镇先行开展统筹公共服务、社会保障和新农村建设试点。管理上要牢固树立“三分建、七分管”的原则，积极推行“精细化、网格化、数字化”城市管理模式，构建科学高效、运转协调的城市管理体系。

（六）以更大的决心和力度着力保障改善民生。习总书记指出，保障和改善民生是一项长期工作，没有终点站，只有连续不断的新起点。这就要求我们兜底线、保基本、可持续，让老百姓生活得更有保障、更加体面。

科教是最长远的民生。科技部门要谋划储备一批产业转型升级、节能减排和民生改善的科技项目，深入实施一批优势资源链式开发重点企业科技成果转化项目，积极开展科技兴企、科技富民行动。教育部门要统筹城乡教育资源配置，促进县域义务教育均衡发展。积极筹建庆阳职业技术学院，大力推进中小学“班班通”信息化工程建设，抓好庆化实验学校、长庆中学、青少年课外综合实践基地建设和庆阳七中整校搬迁，着力改善办学条件。

文化是最关键的民生。各县区和文化部门要强力推进重点文化项目建设，上半年必须开工建设传媒大厦、大剧院等标志性文化项目。推进“三馆、一站、一屋”免费开放，实施农村电影公共服务和乡村舞台等文化惠民工程，提高公共文化服务水平。

医疗卫生是最突出的民生。各县区和卫生部门要按照时限、标准、责任“三明确”的要求，开工建设市妇女儿童医院，实施县乡医疗机构改扩建和村级卫生室标准化建设，改善群众就医条件。全面建成市第二人民医院（优抚医院）并投入使用，建成市人民医院全科医生培养基地，加强乡村卫生人才培训，着力解决基层缺医和医疗水平不高的问题。毫不松懈地抓好计划生育工作，确保完成年度人口控制目标。

就业和社保是最根本的民生。要深入开展全民创业促进就业行动，开发就业岗位，争取年内建成9个创业孵化基地和9个创业示范园区；引导高校毕业生面向基层、市场主体和社会组织就业，认真做好零就业家庭、困难家庭、复转军人和残疾人就业帮扶工作，确保全年新增城镇就业4万人。要加快养老服务设施建设，健全农村留守儿童、留守妇女、留守老年人关爱服务体系。进一步稳定和扩大社会保障覆盖面，创新社会救助机制和办法，尽力使特困人员不为饥寒所迫、大病所困、失业所忧、灾害所难。加快保障性住房建设，逐步解决中低收入家庭住房困难。按照择重择急、尽力而为、当年办结的原则，不折不扣地完成省、市确定的为民办实事任务。

安全维稳是最基础的民生。我们要牢固树立系统治理、依法治理、综合治理、源头治理的理念，拓展领域、延伸触角、提升水平，进一步深化平安和谐庆阳建设。加强安全生产监管，健全“党政同责、一岗双责、齐抓共管”的安全生产工作责任制，不打招呼、直奔现场、暗查暗访，加大道路交通、消防、校园、食品药品、产品质量和生产安全等重要领域的监管。食药监等部门要加快建立检测、监管、统筹、监督“四大体系”，用最严谨的标准、最严格的监管、最严厉的处罚，确保人民群众“舌尖上的安全”。加强预防和化解社会矛盾，强化普法宣传教育，做好信访积案化解工作，深入推进领导干部下访接访，解决好群众反映的突出问题，决不允许对群众的报警求助置之不理，决不允许让普通群众打不起官司，决不允许滥用权力侵犯群众合法权益。加强防灾减灾体系建设，强化气象、水文、地震、地质灾害预警预报系统建设，提高暴洪、泥石流、滑坡等灾害监测预警预报水平，增强防灾减灾能力。加强社会治理创新，把人民群众的小事当作大事，强化社区管理和服务功能，对群众深恶痛绝的事“零容忍”，对群众急需急盼的事“零懈怠”，创新和完善立体化社会治安防控体系，依法打击各类违法犯罪活动，保障人民安居乐业、社会安定有序。

（七）以务实的作风和严明的纪律保障各项工作任务落实。今年全市经济工作任务能不能完成，目标能不能实现，关键在执行，根本在落实。各县区、各部门特别是各级领导干部要以只争朝夕的紧迫感和勇担重任的责任感，全心干事业，全力抓落实。

第一，要用务实高效的作风推动落实。习近平总书记指出，“一切难题，只有在实干中才能破解；一切办法，只有在实干中才能见效。”要彰显实干的精神，坚持干字当头、以干为先，一步一个脚印地推进，一个接着一个地实施，确保重大改革、重点工作落到实处。要凸显务实的责任，坚持以实为本、以真为要，把工作任务分解到县区、部门和单位，把责任靠实到领导和工作人员，形成一套目标体系；把完成时限细化到每周、每月、每季度，形成一套推进体系，加强经济运行预警和监督、调查和分析，做到以天保月、以月保季、以季保年。要体现快干的要求，以等不得、靠不得、慢不得的紧迫意识，雷厉风行，强力攻坚，一抓到底，确保按时完成不延误、执行到位不走样。

第二，要用严明的纪律保障落实。纪律的生命力在于执行。各级领导干部要严格遵守党的政治纪律、组织纪律、经济纪律和群众工作纪律，以领导带头的示范效应、执纪必严的制度刚性、抓铁有痕的落实韧劲，充分释放从严治政的正能量。认真落实市委、市政府的各项决策部署，围绕中心聚焦发力，凝聚合力推动落实，决不能偏离中心、各行其事，更不能顶着不干、拖着不办、贻误发展。要实行“月通报、季分析、年考核”和“清单管理”制度，逐一查进度、逐个问结果，以更加严肃的督查、更加严厉的问责、更加严格的执行，确保各项工作高效推进。

第三，要用群众路线教育实践活动检验落实。各级干部要把抓落实作为检验群众路线教育实践活动成效的“试金石”，全面落实“照镜子、正衣冠、洗洗澡、治治病”的总要求，坚持开门倾听群众意见，高标准、严要求，照镜子、找差距，做到自我净化、自我完善、自我革新、自我提高，不断增强推动经济发展的能力。要大力发扬“老黄牛”的品格，拿出“千里马”的气势，争做教育实践活动的“急先锋”和推动转型升级的“排头兵”。

第四，要用清正廉洁的政风促进落实。各级干部要深入贯彻落实中央、省、市关于厉行节约、反对浪费的各项规定，坚持不懈地纠正“四风”。全面落实党风廉政建设责任制，强化“一岗双责”，守住政治“红线”、工作“准线”和生活“底线”，强化“不想腐”的坚定信念；严格用制度管人、管权、管事，健全“不能腐”的制度约束；深入开展有针对性的专项治理，纠正部门行业不正之风，健全“不敢腐”的监督体系，确保干部清正、政府清廉、政治清明。

同志们，雄关漫道真如铁，而今迈步从头越。我们要在市委的坚强领导下，埋头苦干快干，创新求实求进，迈过结构调整的坎，越过转型升级的坡，为全面建成小康社会、建设幸福美好新庆阳作出新的更大贡献！

# 关于庆阳市2013年财政预算执行情况和2014年全市及市级财政预算（草案）的报告（书面）

## ——2014年2月17日在庆阳市第三届人民代表大会第四次会议上

庆阳市财政局局长　　郭光能

各位代表：

受市人民政府委托，现将2013年全市财政预算执行情况和2014年全市及市级财政预算（草案）报告，提请市三届人大四次会议审议，并请各位政协委员及列席人员提出意见。

**2013年全市财政预算执行情况**

2013年，全市财政工作牢牢把握“稳中求进”总基调，紧紧围绕市委、市政府的总体部署，认真落实市三届人大三次会议有关决议，紧扣目标，突出重点，强化措施，狠抓落实，全面完成了各项目标任务。

全市公共财政收入完成637346万元，占预算628000万元的101.48%，较上年531091万元增加106255万元，增长20.01%。大口径财政收入完成1542510万元，占预算1535000万元的100.49%，较上年1299552万元增加242958万元，增长18.7%。全市公共财政支出完成1833559万元，较上年1586064万元增支247495万元，增长15.6%。

市级公共财政收入完成381527万元，占调整预算381500万元的100.01%，增长21.3%；大口径财政收入完成1148076万元，占调整预算1148000万元的100.01%，增长17.65%。市级公共财政支出完成351787万元，较上年252848万元增支98939万元，增长39.13%。

全市9个预算单位均实现当年财政收支平衡，并消化历年赤字3669万元。

2013年，重点做了以下工作：

**——坚持精细理财，增收节支取得新成效。**一是强化征管，全力增收。面对原油价格下滑、煤田“两权”收入短缺较大等实际困难，各级财税部门紧密协调配合，科学研判形势，强化税源监控，坚持依法治税，加大税务稽查及非税收入征缴力度，充分挖潜增收，堵塞“跑冒滴漏”，实现应收尽收。二是抢抓机遇，积极争取。认真研究中央和省上支持政策，积极汇报衔接，全力争取财力性转移支付和各类专项补助。当年中央、省上下达各类补助116.6亿元，增加8.76亿元，同比增长8.12%，有效缓解了市县财政支出压力。同时，落实担保资金1100万元，争取国开行发放助农产业贷款1.1亿元；争取省贴息资金3070万元，发放“双联”惠农贷款8.31亿元；争取中央贴息资金2.85亿元，发放小额担保贷款33.46亿元。三是厉行节约，严控支出。坚决贯彻落实中央和省市关于厉行节约、反对浪费各项规定，坚持勤俭办一切事业，从严控制“三公”经费，压缩一般性支出，切实降低行政运行成本，全市“三公”经费及会议费支出同比下降32.71%。

**——坚持科学理财，支持发展取得新进展。**积极调整财政支出结构，不断拓宽筹资渠道，全力支持“3341”工程、“一区四园、一线八域”、循环经济等重大项目建设和社会事业发展。市级安排基本建设资金1.5亿元，支持养老基地、西镇公路、人防司法大厦等21个重点项目建设；筹集资金1.65亿元，重点支持园区基础设施建设、项目前期、招商引资、节能降耗及循环经济发展；安排资金1亿元支持总部经济建设；拨付资金5286万元，支持城乡公共服务设施建设、自来水提质改造，推进城乡一体化建设；筹集资金1.2亿元为能源化工、交通投资建设集团公司注资；安排资金8000万元用于西合公路征地拆迁；投入资金2000万元支持农村畅通工程；落实庆阳机场航线补贴3952万元；安排资金1647万元，支持生态环境保护及环境监测能力建设。

**——坚持和谐理财，支持“三农”取得新成果。**全市农业支出达到25.74亿元，占财政总支出的14.04%。市级农业投入5.25亿元，增长22.39%。筹集水务发展集团公司注册资本金1.5亿元，用于蒲河小盘河水库、葫芦河莲花寺水库、马莲河治理项目可研初设、报告编制及实施川台区小型提灌工程等重大水利项目；落实资金1.03亿元，支持扶贫攻坚道路、集中连片开发、整村推进、劳动力输转培训等扶贫项目建设；安排资金8000万元，支持苹果、瓜菜、草畜等产业开发和农村基础设施建设；落实资金2612万元，村干部报酬实现万元年薪，村办公经费达到万元，高于全省标准。全市落实各项惠农补贴27项16.53亿元；拨付资金2.11亿元，实施村级公益事业“一事一议”财政奖补项目467个。

**——坚持为民理财，改善民生迈出新步伐。**紧紧围绕“十大工程”等惠民实事，优化资源配置，加大资金投入，全力确保各项民生政策落实。全市教育支出36.51亿元，达到法定投入要求，资金投入总量位居全省前列。市级财政投入教育专项2.36亿元，重点支持实施小伙房、学前教育等“五大校园工程”，着力改善农村办学条件；安排专项8400万元，改扩建、新建东方红小学、长庆中学、庆化学校等城区学校，缓解城区就学压力。科技支出1.57亿元，达到法定投入要求，实施“百会带万户”农村科普能力提升工程，确保科技利民专项行动顺利实施，促进科技成果转化及创新。文化体育与传媒支出7.12亿元，增长1.5倍。市级安排专项4.2亿元，重点支持西峰民俗文化产业园区建设，扎实推进重点文化惠民工程，支持深化文化体制改革，推动公共文化、体育和广电事业繁荣发展。社会保障和就业支出28.09亿元，进一步提高补助标准，保证了城乡低保、企业职工养老、就业创业、救灾抚恤等方面需求。城市低保月补助标准在上年基础上提高了10%，农村低保月补助标准提高到101元，农村五保集中及分散供养人均年补助标准分别提高到2800元和2600元，职工大病救助支付额度大幅提高。落实职业介绍、职业培训、技能鉴定、社会保险、公益性岗位及就业见习六大补贴8051万元。环县樊家川“7.14”暴洪灾害发生后，及时压减预算公用经费8%，多方筹集防汛及灾后恢复重建资金1.12亿元，帮助受灾群众转移安置、过渡性生活救助及灾后重建。市级安排资金2000万元，扶持创业带动就业；拨付资金800万元，扶持高校毕业生到非公企业就业；注入担保基金2172万元，支持市创业扶持融资担保公司扩大小额担保贷款规模。医疗卫生支出14.39亿元，确保基层医院综合改革稳步推进，城乡居民大病保险试点工作顺利进行，住院费用实际报销比例进一步提高；食品药品安全监管、卫生监督执法等公共卫生服务项目得到有效保障。市级安排医院药品差价补贴1115万元，着力解决看病贵的问题。住房保障支出4.69亿元，城乡困难群众住房问题得到有效解决。同时，大力支持创新社会管理，政法、综治、维稳、信访等工作得到有效保障。合理调整收入分配关系，提高居民收入。机关事业单位津贴补贴规范政策全面落实，职工应休未休假补贴、科学发展绩效考评奖补助落实到位。市级安排资金2700万元，提前一年完成对口支援甘南藏区建设五年规划任务。安排资金1000万元，完成了少数民族帮扶三年规划任务。

**——坚持创新理财，财政改革实现新突破。全力推进预算管理改革。**继续推进基本支出、项目支出定额标准建设，力求做细、做实、做准预算。制定出台了《市级财政专项资金管理办法》、《机关事业单位公务用车编制及配备使用管理办法》等7个规范性文件。加强对专项资金安排、下达、拨付、使用等各个环节的管理和监督。扎实推进国库集中支付和公务卡改革。市级国库集中支付率达到92.88%，公务卡系统上线运行并逐步推开。加快会计集中核算向国库集中支付转轨，全面恢复市直预算单位会计职能。财政一体化信息平台升级优化，预算执行动态监控体系进一步健全。加快推进政府采购改革。完善采购制度，规范采购行为，强化采购监管，提高采购效率。全年完成政府采购6.82亿元，节约资金6351万元，节约率为9.31%。健全国有资产管理信息系统，完善资产调剂机制，国有资产管理改革稳步推进；继续扩大村级公益事业建设“一事一议”财政奖补试点范围，农村综合改革深入推进；周密组织部署，加强协调配合，“营改增”试点改革顺利推进。

**——坚持依法理财，监督水平有了新提高。**聚焦民生政策和资金，强化预算执行日常监管，财政预算开始由“分配管理”向“绩效管理”转变，财政资金使用的规范性、安全性、有效性不断提高。着眼整顿财经秩序，重点开展了教育、农业、社保等专项资金和会计信息质量、财务综合监督检查。稳步开展项目资金绩效评价监督工作，为改进预算管理和安排以后年度预算资金提供了重要参考依据。加大财政投资评审力度，提高评审质量，完成财政评审工程项目190个，评审工程预决算造价2.64亿元，核减2490万元。财政预决算、部门预算公开工作积极有序推进。

2013年全市财政经济总体运行平稳，各项工作扎实推进，但受多种因素影响，仍然存在一些困难和问题：一是财源结构单一的现状没有改变，财政持续增收难度加大。财政收入主要来自原油生产、加工税收和煤田“两权”出让收益，但原油产量增长乏力、价格波动、煤炭企业欠缴等不利因素增多，严重影响财政收入稳定增长。非税收入占比偏高，资源性税收地方分成比例低，地方财政收入占比呈下降趋势。二是支持经济发展的财力不足，集中财力办大事的能力仍然较弱。政府性债务居高不下，随着偿债高峰期的到来和还贷压力的增大，市县财政收支矛盾将更加突出。三是财政支出进度不够均衡，部分项目绩效不够理想，资金调度困难，个别单位财务管理不够规范严格。这些困难和问题，将积极采取有效措施，继续努力加以解决。

### 2014年全市及市级预算（草案）编制情况

（一）全市收支预算（草案）编制情况

2014年，受宏观经济环境、财税政策和全市税收结构等多重因素影响，收支形势仍然非常严峻：收入方面，随着营业税改征增值税、消费税征收环节调整、实施支持小微企业发展的税收优惠政策、继续清理和规范行政事业性收费和政府性基金项目等结构性减收政策力度加大，加之长庆油田油气当量进入提质增效的稳产期，产量不会有大的增加，煤田“两权”价款入库难度大，财政收入增长下行风险进一步加大，要在高收入基数上继续实现财政大幅度增收并保持高质量增长的难度将更大。支出方面，实施“十二五”规划进入攻坚阶段，加快建设大型能源化工基地，深入推进“3341”工程、“1236”扶贫攻坚行动、“一区四园、一线八域”和“十大工程”等重点项目建设，调整经济结构、保障改善民生、支持关键领域改革、落实城乡居民收入倍增计划、筹措偿债资金等投入需求迅猛增加，各级财政支出压力进一步增大，收支矛盾仍然比较突出。

根据全市经济社会发展战略、规划目标和经济增长预期，结合重大政策和重点税源变化情况，本着积极、稳妥的基本原则，建议2014年全市大口径财政收入预算安排174亿元，公共财政收入预算安排72亿元，均比2013年实际完成数增长13%。全市财政可用包干财力131亿元，支出预算相应安排131亿元。加上上年结转专项、预计上级下达专项和预计新增财力补助安排支出，总支出可达到200亿元左右。

（二）市级收支预算（草案）编制情况

2014年市级财政收入预算，继续坚持积极稳妥、实事求是、科学合理、留有余地的基本原则，充分考虑到油田产量增加较少、煤田“两权”收入不确定等因素，结合保障各项重点支出的财力需要，通过逐户企业、逐个税源测算确定。建议大口径财政收入预算安排105.16亿元，公共财政收入预算安排32.5亿元，剔除不可比因素后，同口径分别增长6.25%和3.8%。收入不可比的主要原因是，2013年长庆油田入库历年结转税款8亿元、预入今年税款4亿元，华能、长庆油田援助资金入库2.55亿元，水利基金入库7904万元，“两权”收入今年预算数比上年完成数少5000万元。

根据上述收入测算，2014年市级财政预算可用财力为33.9亿元，其中公共财政收入32.5亿元，省补助收入3.86亿元，上解省支出9631万元，预留2013年长庆油田新增产量实现税收返还县区50%财力1.5亿元。

市级财政支出预算遵循以下基本原则：

**一是勤俭节约原则。**从严控制会议费、交通费、差旅费、培训费等一般性支出，“三公”经费及会议费只减不增，清理规范奖励、节庆、展会等经费，取消到期专项，严格控制非政策性新增专项。

**二是保主保重原则。**优先保证工资、津贴、社会保障、教育、医疗救助、救灾救济、公共安全等支出项目。项目预算坚持向民生倾斜、向公共产品倾斜、向社会服务倾斜、向重点领域倾斜、向基层倾斜、向促进经济转型升级倾斜。

**三是规范精细原则。**严格按照部门预算规定程序和办法分类规范编制，项目切块资金尽可能一次性安排到最基层单位、最底层项目和最低级科目。

**四是统筹兼顾原则。**编制全口径财政预算，对教育、科技、文化、旅游、医疗卫生、工业、城市建设、交通、农林、水利、扶贫、政法等专项资金，都尽力按照政策规定予以保障，预算到位，尽可能控制中途追加。

按照上述原则，根据《预算法》“量入为出、收支平衡”的基本要求，2014 年市级财政支出预算建议安排 33.9 亿元。

**2014 年全市财政重点工作**

2014 年，全市财政工作的指导思想是：深入贯彻落实党的十八大、十八届二中、三中全会和市委三届七次全委扩大会议精神，落实省市经济工作会议部署，紧扣建设大型能源化工基地和全省重要的经济增长极目标，坚持“稳中求进、改革创新”，以促进经济发展方式转变为主线，以提升公共财政保障能力为重点，以深化财政改革为动力，大力支持产业发展，壮大经济实力；努力培植财源，促进财政增收；盘活财政存量，用好财政增量；优化支出结构，保障改善民生；加大“三农”投入，支持扶贫攻坚；厉行勤俭节约，强化绩效管理，为推动全市经济转型升级、加快建设幸福美好新庆阳提供坚实的财力保障和优质的财政服务。

重点在“六个方面求突破”：

*（一）着力保增收重节支，在开源节流上求突破*。一方面，坚持依法征管，确保应收尽收。主动应对税制改革，加强调查研究，开发增量税源，挖掘潜在税源。加快“营改增”改革试点步伐。深入推进综合治税，加强税务稽查和税收专项整治。拓宽非税收入渠道，加大收入监缴力度，完善实时监管机制，确保各项收入及时足额征缴入库。另一方面，坚持先有预算，后有支出，硬化预算约束，严格执行人大批复的预算。坚决执行《党政机关厉行节约反对浪费条例》等一系列政策规定和要求，修订完善会议费、接待费、差旅费、培训费等管理办法，严肃财经纪律，坚持勤俭办事，从严控制“三公”经费等一般性支出，切实降低行政运行成本，建立健全厉行节约反对浪费长效机制。

*（二）着力转方式破瓶颈，在促进发展上求突破*。继续加大基础设施建设投入，不断提高区域承载能力，夯实经济发展基础，提升发展质量和效益。重点支持“一区四园”战略平台建设、政府投资基本建设、工业发展、交通、城市基础设施项目。围绕打造石油煤炭两个千亿元循环经济产业链，促进地企深度融合，全力推动油田企业扩能上产，支持加快庆阳石化 600 万吨炼油升级改造项目建设，支持培育以煤炭开采为基础、煤转电为支撑、煤化工为主导、煤冶材为补充的煤电化产业集群，提高其对财政的贡献率。坚持资源配置市场化改革，支持发展非公经济和混合所有制经济，推动第三产业转型升级。充分发挥财政资金杠杆和导向作用，采取以奖代补、贷款贴息等方式，引导更多投资转向优势主导产业、战略新兴产业和富民增收产业。积极引导金融机构为地方经济发展提供融资服务和信贷支持。清理规范并认真落实各级政府对企业和个人财税优惠政策。探索建立财政转移支付同农业人口转移、城乡公共服务供给、统筹城乡规划建设等相结合的体制机制，推进新型城镇化。

*（三）着力强基础惠三农，在助农增收上求突破*。持续加大“三农”投入，推动现代农业发展，促进粮食增产和农民增收。重点支持“1236”扶贫攻坚行动、全面实施“266”现代农业发展行动计划、农民技能培训和金融支持产业扶贫开发工作。其中，水利专项资金重点支持“一户两场四窖”、“千吨万人”工程，加快小盘河、葫芦河、巴家咀新增调蓄工程等骨干水利项目建设；扶贫专项资金重点支持新农村建设、城乡一体化、区域产业发展、少数民族帮扶、农村公路畅通工程等基础设施项目，改善贫困农户生产生活条件及人居环境；粮食专项资金重点支持全膜双垄沟播技术推广和优质小杂粮种植，提高粮食单产水平和综合保障能力；加大财政支持力度，培育壮大苹果、草畜、瓜菜特色优势产业，增加农民收入；创新生态建设投入机制，支持宜林荒山苗林产业培育及国有林场育苗基地建设。认真落实强农惠农补贴政策，确保及时足额兑付到位。创新“一事一议”财政奖补资金投入方式，继续深化农村综合改革。

*（四）着力调结构保重点，在改善民生上求突破*。按照“保基本、兜底线、促公平、可持续”的原则，调整优化支出结构，统筹推进各项民生事业，不断提高公共服务均等化水平。支持稳步推进教育布局调整，着力改善基层办学条件，大力推进中小学“班班通”信息化工程建设，加强学前教育和特殊教育，支持筹建庆阳职业技术学院、庆化学校、长庆中学和庆阳七中整校搬迁，促进教育事业公平、均衡、全面发展。支持实施创新驱动战略和科技富民工程，促进科技自主创新，推动科技成果转化应用。支持完善公共文化服务体系，重点保障传媒大厦、大剧院等标志

性文化项目，支持实施“乡村舞台”、“文化集市”工程和重点旅游景区建设，加快文化旅游深度融合发展。支持深化医药卫生体制改革，加快乡村卫生机构标准化建设，完善城乡医疗卫生服务体系，全力支持市妇女儿童医院、第二人民医院、基层全科医生培训基地项目建设。支持全民创业促进就业行动，鼓励引导高校毕业生到非公经济组织就业，加快养老服务设施建设，完善社会救助体系，支持农民工欠薪应急周转、扩大小额担保贷款规模和社区基础设施建设。支持加快保障性住房、农村危房危窑及棚户区改造工程建设，进一步解决好城乡困难群众住房问题。推进社会综合治理，深化平安和谐庆阳建设，支持道路交通、消防、校园安全、食品药品、产品质量和生产安全监管及矛盾纠纷化解，确保社会大局稳定。加大污染防控和生态改善等环保投入，维护区域生态平衡。落实城乡居民收入倍增工程工作任务，推动收入分配格局调整。

*（五）着力推改革建机制，在规范管理上求突破。*强化依法理财理念，确保财政资金安全、规范、高效使用。推进预算管理改革。逐步建立公共财政预算、政府性基金预算、社会保障基金预算、国有资本经营预算有机衔接、完整统一的“四位一体”政府预算体系。强化预算执行管理。严格部门主体责任，加强机关内控机制建设，落实财务管理各项制度，规范财务报销审批程序，杜绝单位私设“小金库”问题。盘活财政存量，用好财政增量，建立结转结余资金定期清理机制，进一步提高财政支出的均衡性、规范性和时效性。深化国库集中支付和公务卡制度改革。扩大直接支付覆盖面，建立公务卡强制结算目录，“三公”等公务活动经费除按规定实行银行转账的，全部使用公务卡结算。完善大额支付报备制度，进一步规范部门单位备用金管理。加强政府性债务管理。逐步将政府债务分类纳入财政预算管理，建立债务风险预警和考核机制，严格举债审批程序，按照“谁举债、谁偿还”的原则，落实偿债主体责任，积极化解债务。完善政府采购改革。加强政府采购信息化、标准化建设，引入竞争机制，积极开展政府购买社会服务工作。推进国有资产管理改革。健全政府“公物仓”制度，完善资产配置、使用和处置审批机制，盘活国有资产，充实投融资平台，提高资产使用效益，实现国有资产保值增值。继续深化公务用车专项治理，认真落实公务用车制度改革有关规定。

*（六）着力强监管促公开，在提质增效上求突破。*强化预算执行过程监控，推动财政监督工作转型。完善财政绩效评价体系，拓展绩效评价范围，注重绩效评价结果应用。高度重视审计、监察和社会监督，积极整改存在的问题。着眼深化财政改革目标，将监督重点向支出预算和财政政策拓展。加强对《党政机关厉行节约反对浪费条例》等规定执行情况及重大政策、重点项目和民生资金落实情况的监督。强化对行政事业单位会计信息质量的检查，督促预算单位严格执行新财务制度。进一步做好政府预决算、部门预决算和“三公”经费公开工作，提高财政工作透明度。

各位代表，2014年，是加快推进“十二五”规划顺利实施的重要一年，也是全面贯彻落实党的十八届三中全会精神、全面深化改革、促进经济转型升级的关键一年。我们将在市委的坚强领导下，自觉接受市人大的监督和指导，虚心听取市政协的意见和建议，积极发挥职能作用，深化改革，砥砺奋进，开拓创新，攻坚克难，为圆满完成财政各项工作任务、建设幸福美好新庆阳做出新的更大的贡献。

# 庆阳市机构及组成人员

（截止 2013 年 12 月 31 日）

## 中共庆阳市委员会

书　记：夏红民
副书记：栾克军
　　　　任燕顺
常　委：李　银
　　　　董建镇
　　　　李学宏（女）
　　　　黄正军
　　　　章志兼
　　　　闫晓峰
　　　　桂泽发（挂职）
　　　　周普生
　　　　黄书伴
委　员（46 人，以姓氏笔画为序）：
马　斌　王　尧　王　谦
王小庆　卢化栋　田　金
田雁青(女) 付振伟　白恒玺
白振海　任尔昕　任燕顺
刘洪涛　闫晓峰　李　银
李学宏(女) 李崇暄　杨献忠
吴丽华(女) 何英禅　辛少波(女)
沈文祥　张万福　张文礼
张龙杰　周普生　郑银生
赵昌军　南玉璞　侯昌明
贺建宏　秦　华　桂泽发
夏红民　柴　春　栾克军
郭光能　黄书伴　黄正军
黄占俊　黄继宗　章志兼
彭益民　葛　宏　董建镇
解　平
候补委员：左江华　王勤贵　左自刚
石建洲　张　赟　赵自元
曹维斌　刘　聪　苏秀霞（女）

秘书长：闫晓峰
副秘书长：王勤贵（正县）
杨广玉（正县）
吕世福（正县）
朱润岳（副县）
杨树钧（副县）
赵玉发（副县）
董文雅（副县）
胡正平（副县）

## 庆阳市人民代表大会常务委员会

主　任：付振伟
副主任：刘秉宁
　　　　张栋杰（兼职）
　　　　吴秉儒
　　　　雷沫里（女）
　　　　郭文奎
秘书长：蔡森贵
副秘书长：王会轩（正县）
白克金（正县）
邓世文（正县）
王小虎（副县）

## 庆阳市人民政府

市　长：栾克军
副市长：李　银
　　　　桂泽发（挂职）
　　　　辛刚国
　　　　黄继宗
　　　　秦　华
　　　　田雁青（女）
　　　　白振海
　　　　蒋杨贵（挂职）
　　　　周继军
党组成员：郑银生（副地）
沈结荀（正县，挂职）
秘 书 长：贺建宏
副秘书长：左自刚（正县）
豆亚平（正县）
段建龙（正县，兼）
杨正才（正县）
贺立峰（正县，兼）
许建宇（正县，兼）

李福东（正县，兼）
马文哲（副县）
张继宗（副县）

## 政协庆阳市委员会

主　席：张文礼
副主席：朱治晖
　　刘晓利
　　郭晓霞（女）
　　黄国锋
　　李　伟
　　黄占俊
　　窦宏邦
秘书长：杨静仁
副秘书长：雷清刚（正县）
　　胡振宁（正县）
　　刘焕明（正县）

## 中共庆阳市纪律检查委员会

书　记：李学宏（女）
副书记：高仲林（正县）
　　丁晓峰（正县）
　　卢化文（正县）
常　委：李学宏（女）
　　高仲林
　　丁晓峰
　　卢化文
　　王庆坤
　　任万隆
　　吴建平
　　齐雪柏
　　李廷位
委　员：（29 人，以姓氏笔画为序）
　　丁晓峰　马光荣　马海英（女）
　　王文剑　王庆坤　王富强
　　卢化文　任万隆　刘凤江
　　刘俊峰　齐雪柏　芮安善
　　李廷位　李学宏（女）杨万香（女）
　　杨广玉　吴建平　何骁玲（女）
　　张　恢　张　强　陈　琳（女）
　　尚书录　俄向军　柴世伟
　　高存川　高仲林　高鹏程
　　梁世刚　梁运通

## 庆阳市中级人民法院

院　长：任尔昕
副院长：钱文科（正县）
　　尚书录（正县）
　　刘宏伟（正县）
　　李海红（女，正县）
纪检组长：郭新红（正县）
政治部主任：祁焕能（女，正县）
政治部副主任：杨建仁
审委会专职委员：葛家勇　李玉峰
刑事审判一庭庭长：余振文
刑事审判二庭庭长：李瑛（女）
行政审判庭庭长：徐向阳
研究室主任：姜会堂
执行局（庭）副局（庭）长：田崇印
审判监督庭庭长：田小平
司法技术处处长：谢敬鸣
司法行政装备处处长：杨志远
正处级审判员：黄彦翼　侯升堂　李显耀
　　杨峰昌　李君林　肖有功
　　王永军
副处级审判员：岳相儒　杨月平　党　育
　　赵维忠

## 林区法院

院　长：曹建梓

## 庆阳市人民检察院

检察长：田　金
副检察长：高存川（正县）
　　张正民（正县）
　　张登坤（正县）
　　张元珠（正县）
纪检组长：
政治部主任：王晨东（正县）
反贪局局长：陈建刚（正县）
法律政策研究室主任：吴广宇
控告申诉检察处处长：曹志强
民事行政检察处处长：
反渎职侵权局局长：刘文军
反贪局副局长：曹　平

办公室主任：王立三
监察处处长：刘晓峰
政治部副主任：李惠军
正处级检察员：　藺自谦　田兰生
副处级检察员：　勾宏一　樊必选　李平堂
　　　　　　　　王如涛　王振琪　杨旭红
　　　　　　　　赵马雄　樊旺谋　南雪琴(女)
副调研员：王　辉

## 林区检察院

检 察 长：慕若舟

## 市委工作机构及部门管理机构

**中共庆阳市纪律检查委员会机关、庆阳市监察局**
监察局局长：高仲林
监察局副局长：王庆坤
　　　　　　　连　锴
党群纪工委书记：魏思通
党群纪工委副书记：王凤玲（女）
办公室主任：齐雪柏
宣教调研室主任：
纪检监察一室主任：赵长青
纪检监察二室主任：李廷位
案件审理室主任：吴建平
干部室主任：李会军
执法监察一室主任：王　怀
执法监察二室主任：任万隆
纠风办主任：王永新
副县级纪检监察员：胡玲娥（女）
　　　　　　　　　秦　栋
　　　　　　　　　崔怀文

**中共庆阳市委员会办公室**
主　任：王勤贵
副主任：陈会发
　　　　安鹏祥
副调研员：刘建良
　　　　　李怀良

**市委机关党委**
书　记：张　铜
副书记：王景春

**中共庆阳市委员会机要局（庆阳市国家密码管理局）**
局　长：吕世福
副局长：高树轶
调研员：白　清
副调研员：孙元述

**中共庆阳市委员会保密委办公室（庆阳市保密局）**
主　任（局　长）：韩湘波
副主任（副局长）：赵世春
副调研员：李道桓
　　　　　赵雪慧（女）

**庆阳市档案局（庆阳市档案馆）**
局　长：张君洋
副局长：张培宏
　　　　左长寿
副调研员：刘治华
　　　　　张会民

**中共庆阳市委员会党史工作办公室（党史研究会）**
党史研究会会长：
主　任：张桂山
副主任：赵晓红（女）
　　　　刘秉政

**中共庆阳市委员会组织部**
部　长：周普生
常务副部长：
副部长：彭益民（兼）
　　　　郭富堂（兼）
　　　　雷存树（兼）
　　　　张希岳
　　　　陈　琳（女）
部务委员：刘选明　耿建民
副县级组织员：寇黎明

**庆阳市委人才工作领导小组办公室**
主　任：
副主任：

**庆阳市委党建工作领导小组办公室**
主　任：陈　琳（女，兼）
副主任：郭永明

**中共庆阳市委员会老干部工作局**
局　长：雷存树
副局长：田小进
　　　　宋文海
　　　　刘志豪

**庆阳市关心下一代工作委员会办公室**
主　任：刘志豪（兼）

**庆阳市委老干部休养所**
所　长：宋文海（兼）
副所长：王　博
　　　　崔兵琴（女）

副调研员：王学印

**中共庆阳市委员会宣传部**

部　长：黄正军

常务副部长：左江华

副部长：李永洲（兼）

多　辉（兼）

梁建伟

马海英（女）

副处级记者：谢东峰

**庆阳市委讲师团**

团　长：马海英（女，兼）

副团长：闫黎明

赵鹏民

**庆阳市精神文明办公室**

主　任：梁建伟（兼）

副主任：赵　杰

李小虎

**庆阳市社会科学界联合会（省社科院陇东分院）**

主　席：马启昕

副主席：李　军

**庆阳市委对外宣传办公室**

主　任：秦彦超

**庆阳市国防办**

主　任：徐亚梅（女）

**陇东报社**

党委书记、社长：多　辉

副社长：李万里

方文琳

总　编：方文琳（兼）

副总编：张巍巍

副处级编委：冯　康

丑万涛

张新合

焦富全

**中共庆阳市委员会统战部**

部　长：闫晓峰

常务副部长：石建洲

副　部　长：郑晓宁

卢建军

副调研员：张养沛

**庆阳市民族宗教局**

局　长：石建洲（兼）

**庆阳市工商联合会**

主　席：辛刚国（兼）

党组书记：卢建军（兼）

常务副主席：何　奎

副主席：王祜涛

**庆阳市委台湾工作办公室（市政府台湾事务办公室）**

主　任：郑晓宁（兼）

**庆阳市归国华侨联合会**

主　席：曹旭峰

**中共庆阳市委员会政法委员会**

书　记：董建镇

副书记：周继军（兼）

常务副书记：刘洪涛

副书记：石建国

窦晓东

委　员：张晓峰

调研员：潘维民

副调研员：李存堂

**庆阳市社会治安综合治理委员会办公室**

主　任：刘洪涛（兼）

副主任：郑新锋

**庆阳市维护稳定工作领导小组办公室**

主　任：张晓峰

副主任：朱清晨

**庆阳市防范和处理邪教问题办公室**

主　任：石建国（兼）

副主任：张金明

刘向东

副调研员：马建荣

**中共庆阳市直属机关工作委员会**

书　记：张　赟

副书记：盖宇香（女）

调研员：左克仁

张禧仁

副调研员：冯建宁

**中共庆阳市委员会政策研究室**

主　任：李晓峰

副主任：胡智有

张广浩

副调研员：左海军

**庆阳市机构编制委员会办公室**

主　任：郭富堂

副主任：杨宁瑞

张新颖

副调研员：张晓武

**庆阳市事业单位登记管理局**

局　长：范　赟

副局长：韩　韬

**中共庆阳市委农村工作部（双联办）**

部　长：南玉璞
副部长：周建斌（兼）
彭晓峰
高　洁
马希强
副调研员：杨金亭
杜　峰

**中共庆阳市委党校**

校　长：任燕顺（兼）
常务副校长：郭治荣
副校长：吴登高
赵　明
何登科
李广照
校务委员：徐　鹏
刘连志
调研员：刘小荣
副调研员：张建功

**庆阳市行政干部学校**

校　长：李　银（兼）
副校长：彭益民（兼）
郭治荣（兼）

**庆阳市社会主义学院**

院　长：闫晓峰（兼）

**庆阳市总工会**

主　席：闫晓峰（兼）
常务副主席：曹维斌
副主席：武小梅（女）　杨　伟
副调研员：刘宪刚

**共青团庆阳市委员会**

书　记：罗　睿（女）
副书记：云晓野　冯天宝（正科）
青联主席：张乃丹（女）

**庆阳市妇女联合会（妇儿工委办公室）**

主　席：苏秀霞（女）
副主席：张子艳（女）
姜小红（女）
妇儿工委办公室主任：朱 悦（女）

**庆阳市残疾人联合会**

理 事 长：宇　军
副理事长：敬兴斌
张培金
吕绒琴（女）
调 研 员：方治军
副调研员：贾　坚

**庆阳市科学技术协会**

主　席：徐生儒
副主席：梁贵荣
贾　平
副调研员：秦志忠

**庆阳市文学艺术界联合会**

主　席：秦应平
副主席：范润龙
郭　云（女）
安文丽（女）
副调研员：安　石

**中国民主同盟庆阳市委员会**

主任委员：郭晓霞（女，兼）
副主任委员：齐生有（兼）
曹建章（兼）
王文虎（兼）

**红十字会**

常务副会长：贾鑫元
副会长：王敏丽（女）

# 人大、政协机关

## 庆阳市人大机关

**人大办公室**

主　任：王会轩
副主任：李　军
石永宁
机关党委书记：白克金

**代表人事工作委员会**

主　任：关天勤
副主任：陈　洁

**法制工作委员会**

主　任：杨京峰
副主任：罗彦荣

**财政经济工作委员会**

主　任：陈国强
副主任：王鹤群
赵振斌

**农业与农村工作委员会**

主　任：苏　岗
副主任：闫　璞

**环境资源工作委员会**

主　任：王占林

副主任：张维池

**教科文卫工作委员会**

主　任：李　莉（女）

副主任：杜桂梅（女）

副调研员：师梦婕（女）

### 庆阳市政协机关

**政协办公室**

主　任：雷清刚

副主任：安广君　梁　龙

机关党委书记：胡振宁

**提案和社会法制委员会**

主　任：肖生有

副主任：郭宏娟（女）

刘文军

**经济委员会**

主　任：马立峰

副主任：任晓宁

**农业和环境资源委员会**

主　任：雍建君

副主任：

**科教文卫体委员会**

主　任：杨彦福

副主任：张智勇

**民族宗教和三胞联络委员会**

主　任：李生浩

副主任：马美玉（女）

**文史资料和学习宣传委员会**

主　任：杜养惠

副主任：李浩滨

**人大政协机关事务管理局**

局　长：邓世文

副局长：周敦杰

杨学峰

## 政府工作部门

**庆阳市人民政府办公室**

主　　任：左自刚

副 主 任：丑一斐（兼）

牛维宇

李啸军

纪检组长：

机关党委书记：

机关党委副书记：

副调研员：姜文会

**庆阳市发展和改革委员会**

主　任：王　尧

副主任：张正民　（正县）

白常珅　（正县）

卢占钧　（正县）

孙澜洪　（女，正县）

石环周

路好学

纪检组长：王爱军（正县）

调研员：杨德明

刘凤江

副调研员：杨兴仁

徐国荣

田　武

**庆阳市教育局**

局　长：卢化栋

副局长：董建农

马咏红（女）

闫　斐

杨彦林

纪委书记：韩克旺（正县）

调研员：宋连德

副调研员：李自强

**庆阳市科学技术局**

局　长：武乾谋

副局长：常玉海　（正县，兼）

周延年

金建华

邓冠玉（女）

左利发

纪检组长：

副调研员：彭　磊

**庆阳市工业和信息化委员会**

主　任：白恒玺

副主任：黄生文

杨生颖

安惠钿

张　聪

曹晓军

徐克蒙

王金昌

纪委书记：晋晓光

总工程师：徐克蒙（兼）

非公企业党工委书记：袁淑（兼）
非公企业党工委副书记：孙晓明（兼）
副调研员：张步峰
　　　　　张兴平

**庆阳市公安局**

局　长：郑银生
副局长：王富强（正县）
　　　　王兴海（正县）
　　　　蔡伯珍（正县）
　　　　赵青峰（正县，兼）
　　　　杨君峰（正县）
　　　　贾永宏（正县，兼）
　　　　白　杰
纪委书记：
纪委副书记：杨广裕
政治部主任：任志峰
政治部副主任：肖建军
国土资源犯罪侦察支队支队长：齐永辉
国土资源犯罪侦察支队政委：周晓军
指挥中心主任：彭生龙
禁毒警察支队支队长：陈秉剑
经济犯罪侦查支队支队长：刘功林
刑事警察支队支队长：杨斌仁
特警支队支队长：郭　捷
治安警察支队政委：方兴盛
技术侦察支队支队长：郭兴波
技术侦察支队政委：左　旭
网络安全保卫支队支队长：田吉安
正处级侦察员：张　鹏
副处级侦察员：赵忠宁　王永珍　王新平
　　　　　　　白希平　张怀民　贺　雷
　　　　　　　胡志升
副调研员：康进忠　俞兆贵　徐江峰
　　　　　马希军　马承军　段喜宏
　　　　　张耀华

**庆阳市民政局**

局　长：赵　明
副局长：邵　青（正县，兼）
　　　　刘　勇（正县）
　　　　李克智
　　　　何巧荣（女）
　　　　付怀情
纪检组长：李晓英（女）
副调研员：刘东平
　　　　　李桧林

**庆阳市司法局**

局　长：梁世刚
副局长：刘志杰
　　　　左淑芬（女）
　　　　王　钊
纪检组长：陈有琳
政治部主任：卜拴麟
法教办主任：苏文振

**庆阳市财政局**

局　长：郭光能
副局长：李智华（正县，兼）
　　　　俄向军（正县）
　　　　付玲珍（女）
　　　　代永宏
　　　　王　超
纪检组长：陈建学（正县）
总会计师：俄向军（兼）
调 研 员：杨　彬
副调研员：李建存
　　　　　陈树茂
　　　　　张仲承

**庆阳市人力资源和社会保障局**

局　长：彭益民
副局长：张忠仁（正县，兼）
　　　　王　录
　　　　关晓萍（女）
　　　　郭世宁
　　　　李晓军
纪检组长：芮安善（正县）
副调研员：张灵伟
　　　　　梁　军

**庆阳市国土资源局**

局　长：李晓岩
副局长：周宏杰
　　　　库　博
　　　　姚建民
　　　　缑继红
纪委书记：陈志奎（正县）
总工程师：高　峰
副调研员：王元宵
　　　　　武会明
　　　　　曹炳生

**庆阳市环保局**

局　长：杨　漪
副局长：白纪祥（正县）

马宏伟
赵淑娟（女）
纪检组长：赵富生（正县）
总工程师：
副调研员：金晓鹏

**庆阳市住房和城乡建设局**

局　长：杨献忠
副局长：车治军（正县）
牛军祥（正县）
李永宁（正县，兼）
王金龙
纪委书记：邓世锋（正县）
总工程师：路卫东
调 研 员：赵仲龙
张治良
副调研员：秦晓宏
刘仁斌

**庆阳市交通运输局**

局　长：王小庆
副局长：钱志彪
白凯军
王　军
包　宇（兼）
张茂龙
纪委书记:刘素梅（女，正县）
总工程师：王　军（兼）
副调研员：张文有
付永仓
阎广学

**庆阳市水务局**

局　长：张怀仁
副局长：折武煦（正县，兼）
孔繁洲（正县）
何鸿政（正县）
赵小芳
邢鸿铭（女）
纪检组长：翟有吉（正县）
总工程师：何鸿政（兼）
副调研员：雷中平

**庆阳市农牧局**

局　长：赵自元
副局长：田志雄（正县）
郭广宁
毕万智
高世武
纪检组长：张英杰（正县）
总农艺师：罗康宁

**庆阳市林业局**

局　长：樊德民
副局长：夏　华（正县）
鲁贵林
杨永科
胡开阳
纪委书记：王兰夫（正县）
总工程师：刘越峰
调研员：杨宏耀
副调研员：张兴龙

**庆阳市商务局**

局　长：史志芳
副局长：张广学　（正县，兼）
罗清宁
刘宁刚
张　瀚
纪检组长：张永良（正县）
调 研 员：冯治权
副调研员：窦志刚

**庆阳市文化广播影视新闻出版局（文物局）**

局　长：李永洲
副局长：于永耀（正县）
魏平凡
石旭东
张少云
路永明
王志勇
李文长
缪中发（兼）
纪检组长：王怀宁（正县）
调 研 员：李亚川
徐智俊

**庆阳市卫生局**

局　长：刘　聪
副局长：马晓恭
程同心
纪委书记：赵小平（正县）
调研员：段思圣
王天峰
闫莲莲（女）
副调研员：周治全

**庆阳市人口和计划生育委员会**

主　任：杨学智

副主任：邓文钰（正县，兼）
　　　　惠得琴（女）
纪检组长：
调研员：剡正新
副调研员：姚占学

**庆阳市审计局**

局　长：刘俊峰
副局长：李崇峰
　　　　汪彦锋
纪检组长：
副县级审计员：魏平征
调研员：云天祥
　　　　李文虎
副调研员：张兴发

**庆阳市安全生产监督管理局、安委办**

局　长：郑满明
副局长：姬大宁（正县）
　　　　朱创田
　　　　任爱荣（女）
纪检组长：王岁社（正县）
安委办主任：姬大宁（兼）
调 研 员：周智君
副调研员：辛连有
　　　　　孙旺儒

**庆阳市统计局**

局　长：高　强
副局长：鲁军虎
　　　　李小龙
纪检组长：杨生慧

**庆阳市政府研究室**

主　任：张小强
副主任：郭德全
　　　　胡金玉
副调研员：安稳祥

**庆阳市粮食局**

局　长：杜学军
副局长：马升明
　　　　张予峰
　　　　王东升
纪检组长：
副调研员：苟培峰
　　　　　范　莉（女）

**庆阳市政府法制办公室**

主　任：贾彦彧
副主任：贺占斌
　　　　尚小峰
纪检组长：王　瑛（女）
副调研员：陈新民

**庆阳市信访局**

局　长：贺立峰
副局长：梁宗波
　　　　宋　弘
纪检组长：何子通
副县级信访专员：秦　龙
　　　　　　　　胡文涛
副调研员：张　峰

**庆阳市扶贫开发办公室**

主　任：李在春
副主任：李林芳（女）
　　　　刘年先
　　　　马希强（兼）
纪检组长：周建斌（正县）
调 研 员：于克兴

**庆阳市食品药品监督管理局**

局　长：安定祥
副局长：贺新琪
　　　　门宗全
　　　　麻　旭
纪检组长：弥来平（正县）
副调研员：邓炎华
　　　　　李登洲

**庆阳市规划局**

局　长：罗俊峰
副局长：樊雁钧
　　　　杨兴儒
　　　　陈芳玲（女）
纪检组长：
调研员：韩仕文
副调研员：班明琪

**庆阳市旅游局**

局　长：段克清
副局长：白富旺
　　　　石　芳（女）
纪检组长：徐　明
副调研员：张　勇
　　　　　康志君

**庆阳市督查考核局**

局　长：岳中峰
副局长：范学锋
　　　　张咏雄

纪检组长：田寿民（正县）

## 市直正县级单位

**庆阳市机关事务管理局**

主　任：许建宇

副主任：闫雨峰

　　　　安世厚

**庆阳市政府驻兰州办事处**

主　任：段建龙

党支部书记：张　磊（女）

副主任：付海峰

**庆阳市政府驻北京联络处**

主　任：

副主任：张甫煜

**庆阳市政府驻西安办事处**

主　任：

副主任：第文超

**庆阳宾馆**

总经理：李晓虎

**庆阳市地方志编纂办公室**

主　任：张　玺

**庆阳市政府应急管理办公室**

主　任：李福东

副主任：李彦晖

**庆阳市项目中心**

主　任：白常珅

副主任：路　涛

**庆阳市价格监督检查局**

局　长：姚　峰

副局长：田宏峰

　　　　段正奎

**庆阳市政府教育督导室**

主　任：张兴芳

副主任：张五承

正县级督学：连登岳

副县级督学：马克峰

　　　　　　赵安虎

**庆阳市职业教育中心**

主　任：陈　明

副主任：赵鸿林

　　　　杨瑞君

**庆阳长庆中学**

校　长：苏润身

副校长：赵正委

　　　　刘兴芳

　　　　付光荣

**庆阳电大（教师进修学校）**

校　长：刘庆川

党委书记：张复帼

副校长：齐文博

　　　　杨卫国

　　　　郭兴海

正县级干部：房选民

**庆阳七中（庆阳师范）**

校　长：王小宁

党委书记：于吉平

副校长：付良仕

　　　　冯国柱

　　　　郑国臣

正县级干部：袁耀强

副县级干部：杨志海

　　　　　　王明珍

**庆阳一中**

校　长：窦兴文

党总支书记：石　峰

党总支副书记：刘天眷

副校长：许　海

　　　　杨显斌

　　　　周志坚

**庆阳六中**

校　长：龙学孝

党总支书记：王有峰

副校长：张武德

　　　　曹惠洲

**陇东学院附属中学**

校　长：王建勋

党总支书记：杨文明

副校长：张仲明

　　　　李博先

　　　　焦广才

　　　　杨小理

**庆阳市科技开发中心**

主　任：王兴乾

党支部书记：左鹏贵

副主任：常永旺

**庆阳市交警支队（巡逻支队）**

支队长：蔡伯珍

政　委：姜效忠

副支队长：芮书虎

王小鹏
谈润祥
副政委：范永庆
正处级侦察员：孙耀旭
副处级侦察员：马希钦
调研员：董来成
副调研员：郭武军
惠永明
黄树峰
刘晨宇

**庆阳市警卫局**

局　长：赵青峰（兼）
副局长：金建勋

**长庆公安分局**

局　长：郁　星
政　委：李庆阳
副局长：李　峰
陆亚东
苏学斌
郑晓东
指挥中心主任：时海涛
政治处主任：赵海鸿

**庆阳市双拥办公室**

主　任：刘　勇（兼）
副主任：高　扬

**庆阳市老龄办**

主　任：邵　青
副主任：张梅芳（女）
副调研员：白振远

**庆阳市社会救助工作局**

局　长：王　琪
副局长：刘逢春

**庆阳市干湫子安置林场**

党委书记：翟艳明
场　长：邓文斌
副场长：王立强

**庆阳市政府国有资产管理局**

局　长：李智华
副局长：范宗柏
荔志军
徐　宁
翟浩权

**庆阳市非税收入管理局**

局　长：田　鹏
副局长：杭丰承
姚培俊

**庆阳市投融资管理中心（经济发展投资有限公司）**

总 经 理：范宗柏
副总经理：雷普高

**庆阳市农业综合开发办公室**

主　任：黄耀龙
副主任：马　博
惠琳核
赵乾宁
副调研员：党中标
苏振福
邵都成

**庆阳市理工中专、农民工培训中心（庆阳市体育运动学校）**

校　长：席志慧
党委书记：徐李平
副校长：李效鹏
曹　强
白旭宁
武卫东
张国华
副县级干部：弥克强

**庆阳市人防办**

主　任：李永宁（兼）

**庆阳市房地产管理局、房改办**

局　长（主　任）：文连科
副局长（副主任）：尤　渊
王振斌
副调研员：贾广福
郭光滢
薛亚军

**庆阳市建筑业管理局**

局　长：张志龙
副局长：王　斌
调研员：张国杰
副调研员：文保平

**庆阳市公共资源交易中心**

主　任：
副主任：巩经和
刘晓聪

**庆阳市公路局**

局　长：何其孔
副局长：赵新炜
强治宪
总工程师：房延宁

**庆阳市运管局**

局　长：徐存明
党总支书记：侯建华
副局长：杨立民
　　　　刘恒立
　　　　刘三银
　　　　朱朝华
副县级干部：石　晶

**庆阳市重大水利项目建设管理局**

局　长：田　平
副局长：冯建春
总工程师：贾工作

**庆阳市水保局、黄土高原世行贷款项目办公室**

局　长（主　任）：闫焕智
副局长（副主任）：安新平
　　　　　　　　　冯　强
　　　　　　　　　何文钊
纪检组长：高世旺（正县）
调研员：吕　新

**庆阳市盐环定扬黄续建工程建设管理局（公司）**

局　长（总经理）：折武煦
副局长（副总经理）：刘新善
　　　　　　　　　　张远峰
　　　　　　　　　　耿宏林
　　　　　　　　　　李正军
总工程师：高鹏飞

**庆阳市农技推广中心**

主　任：
副主任：刘　明
　　　　王鹏昭

**庆阳市农业科学研究院**

院　长：柴世伟
党委书记：张春义
副院长：付金元
　　　　乔红霞（女）

**庆阳市绿化办**

主　任：夏　华
副主任：慕友良

**庆阳市林科所**

所　长：白勇龙
副所长：贺长青
　　　　孙建平
　　　　李永刚

**庆阳市合水林业总场**

党委书记：贾平章
场　长：赵　琦
副场长：董百赟
　　　　魏宏征
　　　　杨书宁

**庆阳市正宁林业总场**

党委书记：包建强
场　长：刘　锷
副场长：樊旺吉
　　　　刘宝汉

**庆阳市华池林业总场**

党委书记：王润虎
场　长：何志华
副场长：李华峰
　　　　李英甫

**庆阳市湘乐林业总场**

党委书记：张金安
场　长：祁越峰
副场长：白应统
　　　　唐永祥

**庆阳市酒类商品管理局**

局　长：张广学
副局长：李德峰

**庆阳市招商局（经济技术协作办公室）**

局　长：罗君伟
副局长：王正锦
　　　　申启学
　　　　方海君
　　　　谭文枫（女）

**庆阳广播电视台**

台　长：缪中发
副台长：慕　彬
　　　　缪克明
　　　　吴　锋（女）
总工程师：王　俭
正县级编委：张培健

**庆阳市卫生监督所**

所　长：张改英（女）
副所长：王利斌
　　　　朱德瑞
调研员：王郁军
副调研员：赵志武

**庆阳市疾病控制中心**

主　任：
党支部书记：王文军
副主任：景永峰

正县级干部：尚栋仁　郭　仁

**庆阳市人民医院**

院　长：张志峰
党委书记：杭小平
党委副书记：闫庆荣
副院长：王宏伟
　　　　王长平
　　　　高　琪
　　　　郭　川
　　　　王振运
正县级干部：辛世泰
副县级干部：邓华宁

**庆阳市中医院**

党委书记、院长：夏小军
党委副书记：钱映华
副院长：张鑫智
　　　　陆晓峰
　　　　胡胜根

**庆阳市妇幼保健院**

院　长：王世林
党支部书记：王乃琦
副院长：王桂芳（女）
　　　　董永军
　　　　李　恒

**庆阳市计划生育协会**

会　长：邓文钰
副会长：姚周俊
　　　　杨晓成

**庆阳市农机局**

局　长：冯　良
副局长：徐五平
　　　　雷得亮
　　　　刘宗民
纪检组长：张仲林
副调研员：范月平

**庆阳市供销合作社**

主　任：郭新春
副主任：安兴海
　　　　惠和平
　　　　梁　鹏
纪检组长：胡步刚
副调研员：于全锁

**庆阳市体育局**

局　长：吕文亮
副局长：马碧涛（正县）
　　　　杨志仁
　　　　薛爱芳（女，正县）
纪检组长：金惠民（正县）
调研员：刘光兴
副调研员：吴　军
　　　　　武　荣

**庆阳市外事办**

主　任：贺举峰
副主任：任泾平

**庆阳市地震局**

局　长：刘俞辰
副局长：晋晓庆（女）
　　　　宋耀辉
纪检组长：苏文选
副调研员：谢正泰

**庆阳市果业局**

局　长：贾兴瑞
副局长：孙风华
　　　　南建荔
纪检组长：
调研员：王宝钧

**庆阳市会展中心**

主　任：
副主任：王　波
　　　　豆忠明

**庆阳市住房公积金管理中心**

党组书记：付振伟（正地，兼）
党组副书记、主任：姚正乾
副主任：刘光彩
　　　　王绍军
纪检组长：
副调研员：李敬国

**庆阳市金融管理局**

局　长：杨学科
副局长：唐述锋

**庆阳市石油化工基地协调服务局**

主　任：孙澜洪（女）
副主任：王树栋
　　　　仇大勇
副调研员：强治虎

**庆阳市经济技术开发区**

主　任：白振海（副地，兼）
常务副主任：贾志升（正县，兼）
副主任：金宣寿（正县，兼）
　　　　赵中峰（正县，兼）

米鸿宁（正县，兼）

## 市直副县级单位

**庆阳市政府政务服务中心**

主　任：丑一斐（兼）

**庆阳市政府新闻办**

主　任：白　龙

**庆阳市经济动员办**

主　任：

副主任：陈克龙

**庆阳五中**

校　长：

党支部书记：郭肇汉

**庆阳市知识产权局**

局　长：常玉海（正县）

**庆阳市老年保健医院**

院　长：苏建峰

**庆阳市政府采购中心**

主　任：曹世宁

**庆阳市外国专家局**

主　任：敬宪智

**庆阳市人力资源市场管理办公室**

主　任：王富鹏

**庆阳市社会保险局**

局　长：陈耀明

副调研员：刘　敏

**庆阳市就业再就业小额贷款担保中心**

主　任：罗　茗

**庆阳市城乡就业服务局（市政府劳务办）**

局长（主任）：张　瑾（女）

副调研员：孙明俊

**庆阳市医疗保险局**

局　长：张忠仁（正县）

**庆阳市环境监察支队**

支 队 长：樊文斌

**庆阳市交战办**

主　任：

**庆阳市水政监察支队**

支队长：王　岩

党支部书记：张继荣

副调研员：李志发

**庆阳市黄土高原世行贷款项目培训中心（水土保持生态环境监测分站）**

主任（站长）：吴俊德

**庆阳市兽医局**

局　长：郭宗弟

**庆阳市森林公安局（森林警察支队）**

局　长：毕可江

政　委：吕学海

**庆阳市贸促办．商会办**

主　任：李奠江

**庆阳市地方病防治办公室**

主任、党支部书记：刘荣辉

调研员：郑　贵

**庆阳市中心血站**

站　长：李克举

## 庆阳市有关企业单位

**庆阳能源化工集团公司**

董事长、总经理：秦买宁

董事、副总经理：武继荣<br>金志宏<br>贺　麟<br>姚晓斌

监事会主席：杨晓峰

工会主席：张占利

**庆阳交通投资建设集团有限公司**

董事长：王小庆（兼）

**庆阳水务发展集团有限公司**

董事长：张怀仁（兼）

**庆阳市建筑设计院**

院　长：

党支部副书记：祁　剑

副院长：严冬柏<br>范　群

**庆阳市电影公司**

经　理：于永耀（兼）

**庆阳市黄土缘演艺有限责任公司**

总经理：李永洲（兼）

副总经理：刘治平

## 协 管 单 位

**中国人民银行庆阳市中心支行**

行　长：陈永明

纪委书记：崔文瑞

工会主任：张海应

副行长：任鹏飞

吴蔚蓝（女）
周彩南

**中国工商银行庆阳分行**

行　长：许国军
副行长：王　虎
杨永峰
张毛银
李凤飞
高级经理：杨　锐
孙文勇

**中国银行庆阳分行**

行　长：周玉文
副行长：周湘平
蒋迎娣（女）
胡空山

**中国建设银行庆阳分行**

行　长：韦公卓
纪委书记：李明华
副行长：杨统林
魏志超
张省平
王汉鹏
风险主管：张全生

**中国农业银行庆阳分行**

行　长：董东渊
副行长：倪建国
吕兴锋
刘永奇
张　岩
纪委书记：郭若平

**中国农业发展银行庆阳市分行**

党委书记、行长：李青善
副行长：管海宁
彭吾银
行长助理：谢仲锋

**甘肃省农村信用社庆阳稽核审计中心**

主　任：李松涛
副主任：王宁忠

**甘肃银行庆阳办事处**

主　任：全　恒
副行长：李恩泽
行长助理：权治平

**兰州银行庆阳分行**

党委书记、行长：肖非
副行长：李荣辉
徐　峰
吴军让
行长助理：王宇

**甘肃省庆阳公路总段**

党委书记：董明奇
党委副书记、纪委书记：史金林
总段长：高保平
副总段长：王思用
张正国
王振元
工会主任：苏清平
调研员：李　涛
路　坚

**中国银行业监督管理委员会庆阳监管分局**

局　长：赵维峰
纪委书记：刘喜平
副局长：马东锋
秦　健
副调研员：左凤军

**中国人寿保险股份有限公司庆阳分公司**

总 经 理：张希斌
副总经理：刘元智
余鸿林
焦　恩

**中国人民财产保险股份有限公司庆阳市中心支公司**

党委书记、总经理：
副总经理：李林瑞
刘克卫
司长庆
王维江
李崇宪
调研员：樊天怀

**庆阳市质量技术监督局**

局　长：张和先
副局长：刘聪辉
张秉军
纪检组长：李茂峰
调研员：肖辉林
副调研员：杨俊升

**中国电信股份有限公司庆阳分公司**

总经理：侯卫平
党委书记、工会主席：朱麦旺
副总经理：张永涛
马爱民
脱正红

**甘肃省庆阳市邮政公司**

党委书记、总经理：李　荣
副总经理：许建荣
　　　　　贾　炯

**中国移动通信有限公司庆阳分公司**

党委书记、总经理：朱印江
副总经理：蔡宇恒
　　　　　王　璇（女）
　　　　　李　虎
工会主席：李捷锋

**中国联合网络通信集团有限公司庆阳分公司**

总经理：杨伟平
党委书记、副总经理：李自治
副总经理：赵裕鹏
　　　　　董富春

**甘肃省电力公司庆阳供电公司**

总 经 理：王小举
党委书记：王林信
副总经理：齐兴顺
　　　　　李学军
　　　　　苏　生
纪委书记：程　明
工会主席：曹　琮
总会计师：田梅林（女）

**庆阳市气象局**

局　长：王　琎
副局长：吴爱敏（女）
纪检组长：刘发俊

**庆阳市地方税务局**

局　长：李　涛
副局长：马联鹏
　　　　刘浩文
纪检组长：申世博
稽查局局长：姚核成
调研员：刘平江
副调研员：王建民

**庆阳市国家税务局**

局　长：刘思斌
副局长：张怀洲
　　　　帅西平
　　　　胡文峰
纪检组长：杜满弟
总经济师：张学东
总会计师：万守江
副调研员：李寿仓

**庆阳市工商行政管理局**

局　长：袁　淑
副局长：孙晓明
　　　　胡兴升
　　　　康建华（女）
　　　　何天一
纪检组长：黄文博
调研员：杨义明
副调研员：郝正文
　　　　　任生芬（女）
　　　　　高建枫（女）

**庆阳市烟草专卖（局）公司**

局长（经理）：魏小敏
副局长、纪检组长：李耀程
副经理：罗旺林
　　　　王清明
　　　　梁德华
　　　　王耀峰

**中国石油庆阳石化公司**

总经理：刘至祥
党委副书记、纪委书记、工会主席：张豫锋
副总经理、安全总监：颉天合
副总经理：俄克斌
　　　　　魏治中
总会计师：何　瑛

**中国石油天然气股份有限公司甘肃庆阳销售分公司**

经　　理：雷步东
党委书记：杨晓杰
副 经 理：赵　江
　　　　　陈克明
　　　　　刘　琦

**甘肃陇东鸿业商贸有限公司**

党委书记、总经理：
党委副书记：原永红
副总经理：刘庆琳
　　　　　韩彦龙
纪委书记：车建锋
工会主席：尚海平
调研员：高廷杰
　　　　许书纲
　　　　文效成

**甘肃省庆阳林业学校**

党委书记：王全才
校　长：戴兴隆

副校长：乔　锐
张元华
王强定
工会主席：刘润元

**国家统计局庆阳调查队**

队　长：任宏斌
副队长：徐天有
王　平
纪检组长：彭群安
副调研员：李庆宁

**黄河水土保持西峰治理监督局**

局　长：赵安成
副局长：脱中平
杜守君
副 局 长、总工程师：刘　斌
纪检组长、工会主席：宫春旺
调研员：陈大兴

**庆阳市邮政管理局**

局　长：包 宇

**庆阳无线电管理处**

处　长：张立统

**庆阳公路路政执法管理处**

党总支副书记、副处长：李北平

**中央储备粮庆阳直属库**

主　任：杨成君
副主任：袁大卫

（市委组织部 供）

# 庆阳市 2013 年国民经济和社会发展统计公报

庆阳市统计局

（2014 年 3 月 18 日）

2013 年，全市上下在市委、市政府的坚强领导下，紧紧围绕与全国和全省同步进入小康社会以及促进经济社会转型跨越发展大局，把“一区四园、一线八域”作为科学发展的主战场，聚焦“十大工程”，抓促项目支撑，努力破解瓶颈制约，强力突破重点工作，着力解决民生问题，奋力推动经济转型跨越发展，经济社会保持了平稳较快增长的良好势头。

## 一、综　合

初步核算，2013 年全市实现生产总值 606.07 亿元，按可比价计算（下同），比上年增长 14.5%。其中，第一产业增加值 80.29 亿元，增长 6.6%；第二产业增加值 377.94 亿元，增长 16.6%；第三产业增加值 147.84 亿元，增长 13.0%。国民经济主要比例关系为第一产业增加值占生产总值的比重为 13.2%，第二产业增加值比重为 62.4%，第三产业增加值比重为 24.4%。按常住人口计算，人均生产总值 23882 元，增长 15.8% 。

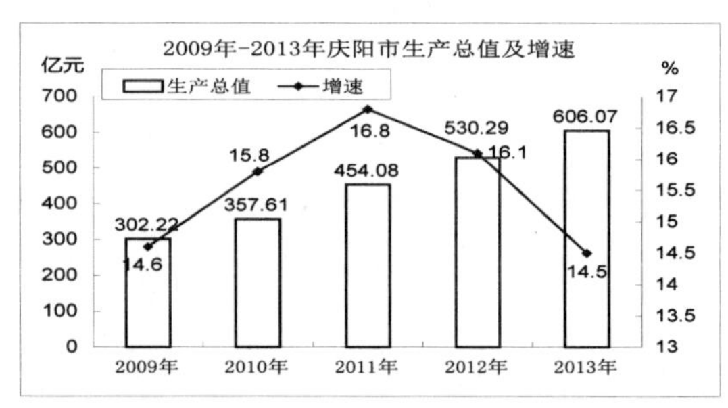


文化产业实现增加值 8.6 亿元，增长 53.6%，占生产总值的 1.4%。

居民消费价格一季度同比（下同）上涨 2.4%，二季度上涨 3.6%，三季度上涨 3.0%，全年居民消费价格总水平比上年上涨 3.1%。分类别看，食品类上涨 5.9%，烟酒及用品下降 0.6%，衣着类下降 0.5%，家庭设备用品及维修服务上涨 3.9%，医疗保健和个人用品类上涨 3.6%，交通和通讯类上涨 0.3%，娱乐教育文化用品及服务类上涨 4.6%，居住类上涨 1.0%。商品零售价格上涨 3.0%，农业生产资料价格上涨 4.7%，工业品出厂价格下降 3.0%。

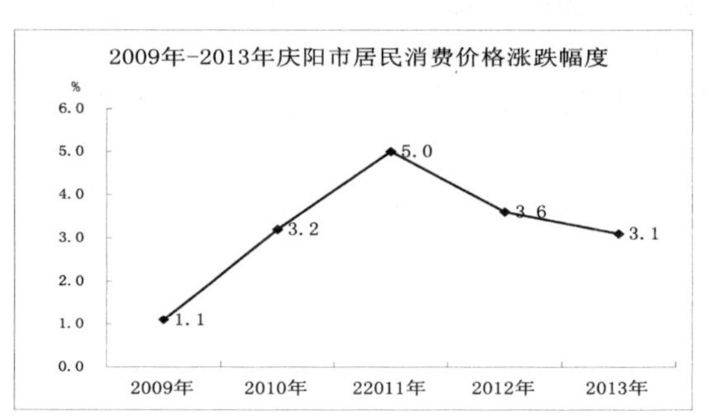


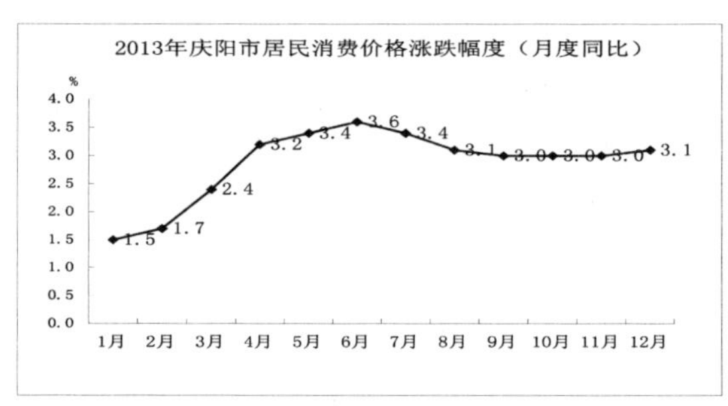


全市大口径财政收入完成 154.25 亿元，比上年增长 18.7%；一般预算收入完成 63.73 亿元，增长 20.0%。各项税收完成 131.84 亿元，增长 16.2%，占财政收入的 85.5%。其中国税收入完成 90.73 亿

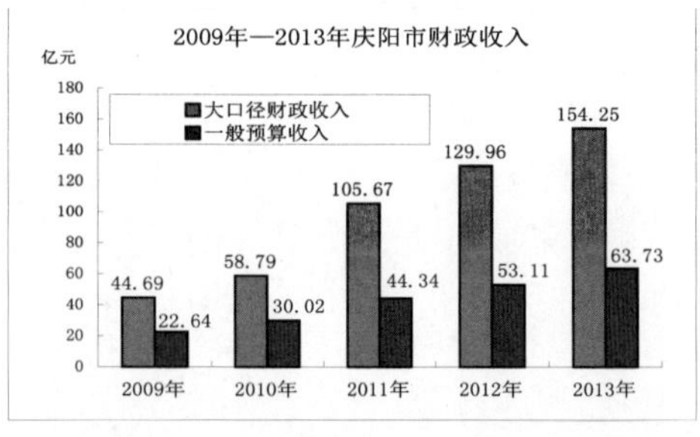

元，增长12.5%；地税收入完成41.11亿元，增长25.3%。全年财政支出183.32亿元，比上年增长15.6%。

## 二、农　业

全市粮食作物播种面积696.65万亩，比上年增长2.5%，粮食总产量达到158.95万吨，增长

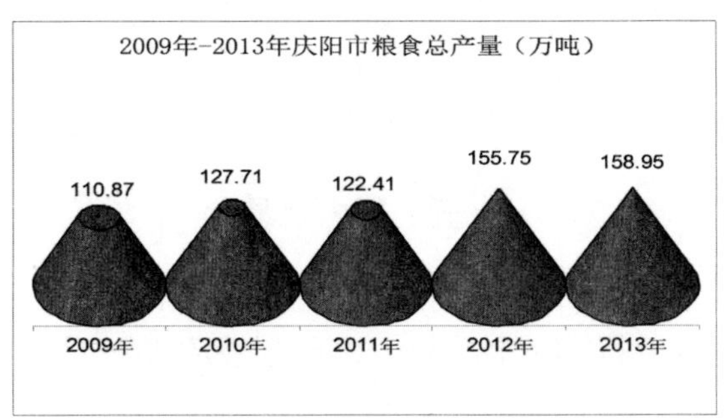


2.1%。其中夏粮播种面积186.68万亩，下降6.6%，总产量34.02万吨，下降20.4%；秋粮播种面积509.97万亩，增长6.3%，总产量124.93万吨，增产10.5%。油料播种面积109.29万亩，增长0.2%，总产量14.04万吨，增产6.6%；蔬菜面积122.27万亩，增加1.89万亩，产量87.58万吨，增长9.8%；

**表1　2013年全市主要农产品产量**

| | 计算单位 | 实际完成 | 比上年（±%） |
|---|---|---|---|
| 粮　食 | 万吨 | 158.95 | 2.1 |
| #夏　粮 | 万吨 | 34.02 | -20.4 |
| 秋　粮 | 万吨 | 124.93 | 10.5 |
| 油　料 | 万吨 | 14.04 | 6.6 |
| 豆　类 | 万吨 | 9.89 | 5.1 |
| 薯　类 | 万吨 | 12.10 | -8.3 |
| 水　果 | 万吨 | 58.72 | 12.8 |
| #苹　果 | 万吨 | 48.42 | 12.8 |
| 杏　子 | 万吨 | 6.03 | 8.4 |
| 蔬　菜 | 万吨 | 87.58 | 9.8 |
| #黄花菜 | 万吨 | 3.54 | 13.4 |
| 瓜　类 | 万吨 | 80.93 | 1.3 |
| 药　材 | 万吨 | 9.55 | 38.8 |
| 肉类总产量 | 万吨 | 6.88 | 9.9 |
| 水产品产量 | 吨 | 991.00 | 18.4 |

果园面积171.65万亩，其中：当年新栽25.84万亩。水果总产量58.72万吨，增长12.8%。其中苹果面积118.05万亩，产量48.42万吨，增长12.8%。全年完成农业总产值140.37亿元，按可比价格计算，增长5.2%。

年末大牲畜存栏62.41万头，比上年增长5.9%。其中，牛存栏38.21万头，增长5.9%；牛出栏16.46万头，增长6.7%。猪存栏43.09万口，增长6.7%；猪出栏39.96万口，增长7.0%。羊存栏182.54万只，增长7.5%；羊出栏71.46万只，增长8.8%。肉类总产量6.88万吨，增长9.9%。

全市水产品产量991吨，比上年增长18.4%。

年末有效灌溉面积达到73.20万亩，增长1.8%，占年末耕地面积的10.9%；保证灌溉面积达到50.76万亩，比上年增长4.1%。农业机械总动力163.36万千瓦，比上年增长5.7%。

当年完成造林面积38.47万亩，比上年增长44.7%。

全市共落实扶贫资金23227.64万元，比上年增加357.64万元，增长1.6%。

## 三、工业和建筑业

全年完成全部工业增加值345.93亿元，比上年增长16.6%。其中，规模以上工业增加值完成

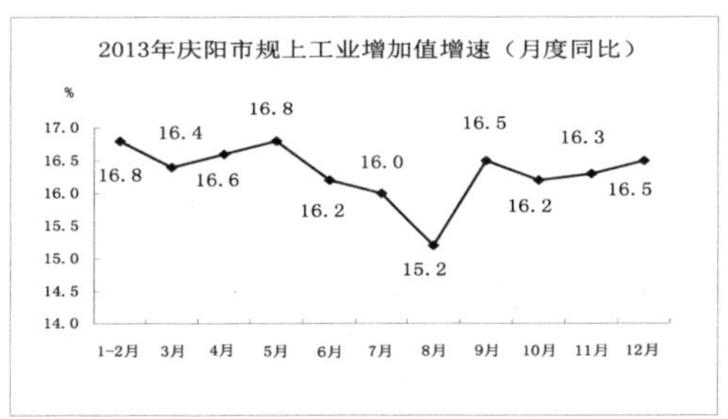


331.86亿元，增长16.5%，规模以上工业中地方工业完成增加值36.43亿元，增长25.7%。规模以上工业完成销售产值712.42亿元，产品销售率为95.9%。

**表2　2013年全市工业增加值分类**

| | 计算单位 | 实际完成 | 比上年（±%） |
|---|---|---|---|
| 全部工业增加值 | 亿元 | 345.93 | 16.6 |
| 规模以上工业 | 亿元 | 331.86 | 16.5 |
| 规模以下工业 | 亿元 | 14.07 | 15.0 |
| 规模以上中：地方工业增加值 | 亿元 | 36.43 | 25.7 |
| 规模以上中：国有企业 | 亿元 | 301.89 | 16.4 |
| 集体企业 | 亿元 | 7.95 | 10.3 |
| 股份制企业 | 亿元 | 17.35 | 46.4 |
| 其他企业 | 亿元 | 4.66 | 22.3 |
| 规模以上中：轻工业 | 亿元 | 9.12 | 25.6 |
| 重工业 | 亿元 | 322.73 | 16.4 |

全市规模以上工业企业实现利税总额255.60亿元，增长15.6%，其中利润总额159.48亿元，比上年增长15.9%。地方规模以上工业实现利润8.84亿元，增长23.4%。

表3 2013年全市主要工业产品产量

| 产品名称 | 计量单位 | 实际完成 | 比上年（±%） |
|---|---|---|---|
| 原 油 | 万吨 | 659.39 | 14.5 |
| #长庆油田 | 万吨 | 637.59 | 13.9 |
| 镇原区块 | 万吨 | 21.81 | 33.9 |
| 原油加工量 | 万吨 | 341.03 | 10.0 |
| 汽 油 | 万吨 | 128.89 | 13.3 |
| 柴 油 | 万吨 | 152.16 | 9.0 |
| 液化石油气 | 吨 | 180287.00 | 8.3 |
| 果汁及饮料 | 吨 | 37242.00 | -6.8 |
| 中成药 | 吨 | 328.00 | 88.5 |
| 塑料制品 | 件 | 3565.00 | -5.6 |
| 乳制品 | 吨 | 3310.00 | 25.3 |
| 铁合金 | 吨 | 13350.00 | 1.2 |
| 水 泥 | 万吨 | 30.70 | -49.4 |
| 啤 酒 | 千升 | 52203.00 | 19.5 |
| 饲 料 | 吨 | 183002.00 | 32.8 |

全市资质以上建筑企业80户，比上年净增8户；全年建筑企业实现增加值31.97亿元，比上年增长13.3%。

## 四、固定资产投资

全市固定资产投资总额完成1138.97亿元，比上年增长28.0%。其中：第一产业投资额18.54亿元，增长41.7%；第二产业投资额779.06亿元（含长庆油田公司155.90亿元），增长12.9%；第三产业投资额341.37亿元，增长49.4%。在投资总额中，地方完成固定资产投资总额983.07亿元，比上年增长30.8%。

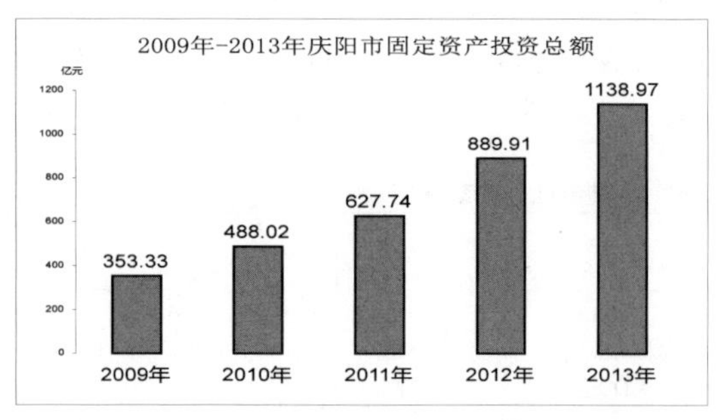


全市投资500万元以上的施工项目2798个，比上年增长45.3%。其中当年新开工项目2166个，本年投产项目1892个，新增固定资产874.22亿元。

全年房地产投资完成66.72亿元，比上年增长31.5%。房屋施工面积403.17万平方米，房屋竣工面积86.65万平方米。商品房销售面积83.41万平方米。建成廉租房2360套、13.15万平方米。

表4 2013年全市固定资产投资总额完成情况

| | 计算单位 | 实际完成 | 比上年（±%） |
|---|---|---|---|
| 固定资产投资总额 | 亿元 | 1138.97 | 28.0 |
| #房地产 | 亿元 | 66.72 | 31.5 |
| (一)按属地分 | | | |
| 地 方 | 亿元 | 983.08 | 30.8 |
| 油 田 | 亿元 | 155.90 | 12.9 |
| (二)按产业分 | | | |
| 第一产业 | 亿元 | 18.55 | 41.7 |
| 第二产业 | 亿元 | 779.06 | 20.2 |
| 第三产业 | 亿元 | 341.37 | 49.4 |
| (三)按构成分 | | | |
| 建筑安装工程 | 亿元 | 989.40 | 43.3 |
| 设备工器具购置 | 亿元 | 60.63 | -32.5 |
| 其他费用 | 亿元 | 88.94 | -18.8 |
| 在总投资中： | | | |
| 水利、环境及公共设施管理 | 亿元 | 69.24 | -8.4 |
| 电力燃气及水的生产和供应 | 亿元 | 20.62 | 8.6 |
| 交通运输、仓储和邮电 | 亿元 | 32.94 | 4.3倍 |
| 年内新开工项目 | 个 | 2166 | 29.8 |
| 年内投产项目 | 个 | 1892 | 32.4 |

## 五、国内贸易

全市完成社会消费品零售总额146.54亿元，比上年增长14.7%。其中，城镇消费品零售额118.15

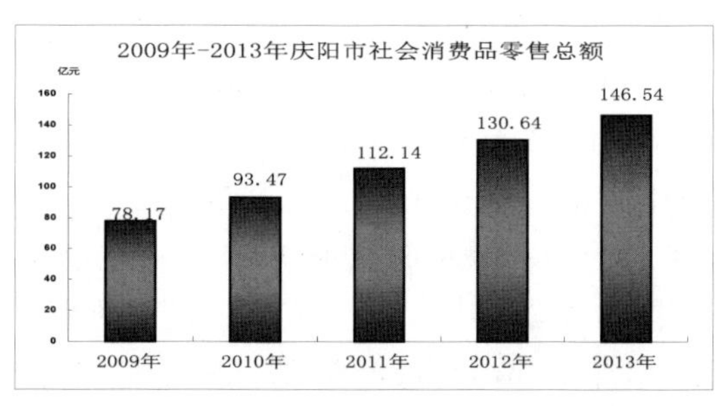


亿元，增长14.7%；农村消费品零售额28.39亿元，增长14.6%。分行业看，批发业36.88亿元，增长12.6%；零售业91.67亿元，增长17.2%；住宿业1.70亿元，下降1.4%；餐饮业16.3亿元，增长8.1%。

## 六、对外经济

全市外贸出口创汇8668万美元，比上年增长18.3%；实现出口供货总值161240万元，增长6.5%。

## 七、交通、邮电和旅游

全市货物运输量4601万吨，比上年增长37.6%，货物周转量777056万吨公里，比上年增长41.5%；旅客运输量3732万人，比上年增长6.0%，旅客周转量145571万人公里，比上年增长5.7%。

全市年末汽车保有量达到154956辆（包括三轮汽车和低速货车1155辆），其中营运车辆22723辆，非营运车辆 132114辆。

全年完成邮政通信业务总量14.86亿元，比上年增长9.5%。其中，邮政业务总量0.87亿元，增

表5　2013年全市交通、通讯事业发展情况

| | 计算单位 | 实际完成 | 比上年（±%） |
|---|---|---|---|
| 货物周转量 | 万吨公里 | 777056 | 41.5 |
| 旅客周转量 | 万人公里 | 145571 | 5.7 |
| 邮电业务总量 | 亿元 | 14.86 | 9.5 |
| # 邮政业务总量 | 亿元 | 0.87 | 3.6 |
| 电信业务总量 | 亿元 | 3.88 | 16.5 |
| 移动业务总量 | 亿元 | 8.93 | 6.3 |
| 联通业务总量 | 亿元 | 1.18 | 17.9 |
| 年末固定电话用户 | 万户 | 24.35 | -9.8 |
| 年末移动电话用户 | 万户 | 220.13 | 8.2 |
| 电话普及率 | 部/百人 | 110.10 | 0.1 |
| 年末国际互联网用户 | 万户 | 14.08 | 27.3 |

长3.6%；电信业务总量3.88亿元，增长16.5%；移动通信业务总量8.93亿元，增长6.3%；联通业务总量1.18亿元，增长17.9%。固定电话用户年末累计达到24.35万户，下降9.8%；移动电话年末累计达到220.13万户，增长8.2%；互联网用户年末达到14.08万户，增长27.3%。年末全市各类电话普及率达到110部/百人，每百人比上年增加7.1部。

全年接待国内外旅游人数371.20万人次，实现旅游收入16.57亿元，分别比上年增长28.3%和38.9%。

## 八、金融和保险

年末全市金融机构各项存款余额599.98亿元，比上年净增93.91亿元，增长18.6%。其中储蓄存款余额395.05亿元，比上年净增54.46亿元，增长16.0%。各项贷款余额337.78亿元，比上年净增94.11亿元，增长38.6%。

表6　2013年全市金融机构存贷款余额

| | 计算单位 | 期末余额 | 比上年（±%） |
|---|---|---|---|
| 年末各项存款余额 | 亿元 | 599.98 | 18.6 |
| #储蓄存款 | 亿元 | 395.05 | 16.0 |
| 年末各项贷款余额 | 亿元 | 337.78 | 38.6 |
| #个人消费贷款及透支 | 亿元 | 184.77 | 39.6 |
| #个人消费贷款 | 亿元 | 40.09 | 46.5 |
| 单位消费贷款及透支 | 亿元 | 150.35 | 37.0 |

全年保费总收入110961.20万元，比上年增长8.7%。其中，寿险保费收入61336.96万元，比上年下降1.1%；财险保费收入49624.24万元，比上年增长23.7%。支付各类赔款及给付33922.77万元，比上年增长43.2%。其中，寿险支付9924.75万元，比上年增长54.1%；财险支付23998.02万元，比上年增长39.1%。

## 九、教育、科学技术和文化

全市普通高等学校招生4374人，在校学生15715人，毕业3016人；普通中等专业学校招生8086人，在校学生29241人，毕业12056人；普通高中招生20334人，在校学生64174人，毕业20880人。适龄儿童入学率99.87%，13—15岁儿童初等教育普及率达到99.04%，小学学生巩固率达到97.95%。 全市大专以上高考录取人数20557人，比上年减少939人，下降4.4%；录取率82.71%，比上年下降4.99个百分点。

全市事业单位各类专业技术人员42551人，其中，高级技术人员1944人。

全年共组织实施农业、工业、医疗卫生和社会公益事业等各类国家、省、市科技计划项目239项，其中国列4项，省列28项，共投入科技经费1752万元。评出市级科技进步奖101项，其中一等奖10项，二等奖75项，三等奖16项。

全市共有专业文化艺术表演团体10个，全年演出1566场（次），观众230.37万人次；年末共有公共图书馆9个，藏书63.43万册；博物馆、纪念馆9个，文物藏量3.15万件；综合性档案馆9个，馆藏各类档案50.52万卷、19.98万件，资料7.97万册，照片2.2万张；文化站117个。

全市有线电视用户增加到58293户，电视人口覆盖率达到100%。广播人口覆盖率达到100%。

全年《陇东报》出版365期，发行2.8万份。

全市举办县以上运动会17次，参加运动员38552人次。在市级以上运动会上我市体育健儿共夺得15枚金牌，13枚银牌，10枚铜牌。

## 十、卫　生

全市医疗卫生机构总数1845个，其中，医院24个，乡镇卫生院127个，社区卫生服务中心（站）27个，妇幼保健院（站）9个，疾病预防控制中心9个，卫生监督所（中心）9个；年末实有医疗床位7910张，其中，医院5048张，乡镇卫生院2426张，社区卫生服务中心130张，妇幼保健院（站）221张。全市共有卫生技术人员8119人，其中执业

医师2686人，助理执业医师630人，注册护士2615人，药师（士）404人，技师（士）383人，其他卫生技术人员1401人。

## 十一、人口、人民生活和社会保障

年末全市常住人口222.27万人，比上年末增加0.43万人，其中城镇人口65.77万人。全年出生人口3.02万人，出生率为13.6‰；死亡人口1.43万人，死亡率为6.44‰；自然增长率为7.16‰。

年末全市单位从业人员174330人，比上年末增加69098人，增长65.7%。年末城镇登记失业率为2.54%。组织输转富余劳动力32.07万人，其中有组织输出32.07万人；劳务总收入达到89.35亿元，增长27.2%。

年末全市参加城镇企业基本养老保险人数7.29万人，比上年末减少0.21万人。其中，参保职工4.82万人，参保离退休人员2.47万人。参加城镇基本医疗保险人数28.08万人，增加0.10万人。其中，参加城镇职工基本医疗保险人数13.93万人，参加城镇居民基本医疗保险人数14.15万人。参加失业保险人数8.27万人，减少0.01万人。参加工伤保险人数5.69万人，增加0.92万人。参加生育保险人数8.66万人，增加0.05万人。8县（区）开展了新型农村合作医疗工作，新型农村合作医疗参合率98.18%。新型农村合作医疗基金支出总额6.34亿元，累计受益218万人次。

全市城市低保23135户、55521人，比上年末增加634户，减少617人；农村低保107625户、345379人，增加2704户。

城镇居民人均可支配收入18761元，比上年增加2099元，增长12.6%；农村居民人均纯收入4888

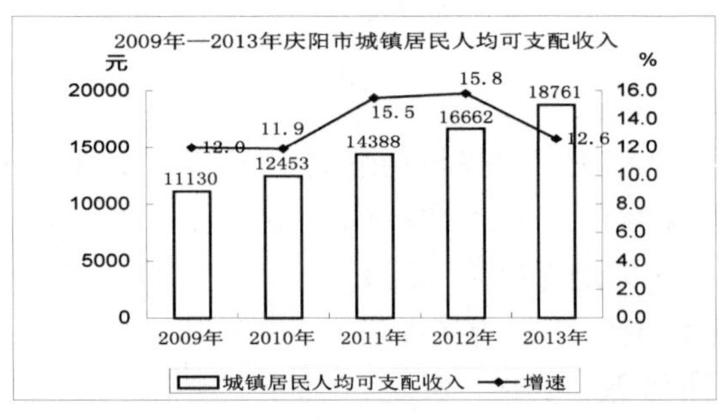


元，比上年增加626元，增长14.7%。根据从2012年四季度起实施的城乡一体化住户调查，全市城乡居民人均可支配收入6769元。居民家庭恩格尔系

表7 2013年全市城乡居民生活水平

| | 计算单位 | 实际完成 | 比上年（±%） |
|---|---|---|---|
| 城乡居民人均可支配收入 | 元 | 6769 | - |
| 城镇居民人均可支配收入 | 元 | 18761 | 12.6 |
| 农民人均纯收入 | 元 | 4888 | 14.7 |
| 城镇居民恩格尔系数 | % | 32.8 | 4.5个百分点 |
| 农村居民恩格尔系数 | % | 39.1 | 3.2个百分点 |

数城镇为32.8%，比上年增长4.5个百分点；农村为39.1%，比上年增长3.2个百分点。

## 十二、环境和安全生产

全市有环境监测机构1个，自动监测设备3台，环境监测人员69人。

全市全年废水排放量2845.70万吨。废水中主要污染物化学需氧量排放量15513吨，比上年下降1.59%；氨氮排放量1759吨，比上年下降0.15%；大气中主要污染物二氧化硫排放量15167吨，比上年增加2.45%；氮氧化物排放量14723吨，比上年增加2.99%。全市用于环境保护的资金5.48亿元。

2013年全市共发生各类安全生产事故454起，比上年下降3.4%，死亡110人，增长0.9%；受伤437人，下降3.5%；造成直接经济损失390.94万元，下降2.3%。亿元生产总值生产安全事故死亡率0.18人，下降0.03个百分点；道路交通万车死亡率6.9人，上涨1.44个百分点。

**注：**1、本《公报》各项统计数据为初步统计数。2、《公报》中生产总值、各产业增加值绝对数按现价计算，增长速度按不变价计算。3规模以上工业统计范围的工业企业为年主营业务收入2000万元以上。4、固定资产投资为计划总投资500万

元及以上项目。5、人口按常住地统计，即公布常住人口；由于流入流出人口影响，出生人口减死亡人口不等于本年新增人口。

**数据来源：**《公报》中财政数据来自市财政局；外贸数据来自市商务局；旅游数据来自市旅游局；汽车保有量数据来自市交警支队和市运管局；邮政业务总量数据来自市邮政局；电信业务总量、固定电话、移动电话拥有量、互联网用户数据来自市电信公司、移动公司和联通公司；金融数据来自人行庆阳中心支行；教育数据来自市教育局；科技数据来自市科技局；文化、有线电视用户、电视人口覆盖率、广播人口覆盖率来自市文广局；报纸发行量来自《陇东报》社；体育数据来自市体育局；卫生、新农合数据来自市卫生局；城镇新增就业、登记失业率、社会保障、低保、社会救济数据来自市人力资源和社会保障局；环境监测数据来自市环保局；安全生产数据来自市安监局；物价、城镇居民人均可支配收入、农民人均纯收入来自国家统计局庆阳调查队；其他数据均来自市统计局。

# 2013年庆阳市气候公报

庆阳市气象局

（2014年1月9日）

**一、气候基本特征**

2013年我市的气候主要特征是：降水偏多，气温偏高，日照偏多。

**二、主要气象要素特征**

**1．降水：**2013年降水量600.9～783.9mm，与历年同期相比正宁正常，环县特多，其余偏多。其中1月偏少，2月环县、庆城、西峰偏多，华池、合水正常，其余偏少，3月正宁偏少，其余特少，**4**月环县、华池偏少，其余正常，**5**月环县正常，其余偏多，**6**月正宁偏少，西峰、合水、镇原正常，其余偏多，7月偏多，8月西峰偏多，其余偏少，9月偏多，10月偏少，11月偏多，12月偏少。

**2．气温：**2013年平均气温9.3～11.1℃，与历年同期相比庆城、合水正常，其余偏高。其中1月环县、西峰、正宁偏高，其余正常，2月偏高，**3**月特高，**4月**环县、西峰、镇原、宁县偏高，其余正常，**5月**庆城、合水、正宁正常，其余偏高，**6月**华池、庆城、合水正常，其余偏高，7月宁县偏高，其余偏低，8月偏高，9月西峰、宁县偏高，其余正常，10月偏高，11月西峰、宁县偏高，合水偏低，其余正常，12月略低。

**3．日照：**2013年全市日照时数为2279～2541小时，与历年同期相比环县、庆城、宁县偏少，其余偏多。

**三、气候影响评价**

综合分析2013年的气候条件对农业生产是利大于弊，特别是作物关键生育期的4～5月和伏期降水偏多，对农业生产比较有利。

**1．对农业生产的影响评价**

春季降水正常，第一场透雨偏早，干旱不明

对冬小麦的起身、拔节有利；对冬油菜抽苔也有利。春播时，土壤墒情好，春播质量高。伏期降水正常，干旱也不明显，对玉米和复种作物有利。初秋降水充沛，对秋播工作有利。

**2．对其它行业的影响评价**

2013年降水日数较多，对农业生产有利，而且对植树造林、水库蓄水都比较有利。

7、8月和秋季明显降水过程多，对植被的生长也比较有利。由于出现了多次大暴雨和多次中雨与大雨，对河流、水库和水窖的蓄水也有比较有利，增加了河流流量，补充了水库和水窖蓄水。

# 2013年庆阳市环境质量状况公报

庆阳市环境保护局

（2013年6月5日）

## 一、城市环境空气质量

### （一）市区环境空气质量

空气质量综合评价为二级，二氧化硫、二氧化氮、可吸入颗粒物年均值分别为0.023毫克/立方米、0.017毫克/立方米、0.075毫克/立方米，二氧化氮年均值达到国家《环境空气质量标准》（GB3095-1996）一级标准，二氧化硫、可吸入颗粒物年均值达到国家《环境空气质量标准》（GB3095-1996）二级标准，空气质量优良天数为352天，与上年同期相比减少1天，占全年总天数的96.4%。

### （二）县城环境空气质量

2013年，各县县城环境空气质量水平总体较好，环境空气中二氧化硫、氮氧化物均达到《环境空气质量标准》（GB3095-1996）一级标准；合水县、华池县、宁县、正宁县可吸入颗粒物年均值达到《环境空气质量标准》二级标准，环县、镇原县、庆城县可吸入颗粒物年均值达到《环境空气质量标准》（GB3095-1996）三级标准。

合水县：空气质量综合评价为二级，二氧化硫、二氧化氮、可吸入颗粒物年均值分别为0.010毫克/立方米、0.020毫克/立方米、0.092毫克/立方米，达到国家《环境空气质量标准》（GB3095-1996）二级标准。

华池县：空气质量综合评价为二级，二氧化硫、二氧化氮、可吸入颗粒物年均值分别为0.012毫克/立方米、0.024毫克/立方米、0.077毫克/立方米，达到《环境空气质量标准》（GB3095-1996）二级标准。

环县：空气质量综合评价为三级，二氧化硫、二氧化氮、可吸入颗粒物年均值分别为0.016毫克/立方米、0.026毫克/立方米、0.108毫克/立方米，达到《环境空气质量标准》（GB3095-1996）三级标准。

宁县：空气质量综合评价为二级，二氧化硫、二氧化氮、可吸入颗粒物年均值分别为0.013毫克/立方米、0.025毫克/立方米、0.093毫克/立方米，达到《环境空气质量标准》（GB3095-1996）二级标准。

庆城县：空气质量综合评价为三级，二氧化硫、二氧化氮、可吸入颗粒物年均值分别为0.016毫克/立方米、0.022毫克/立方米、0.113毫克/立方米，达到《环境空气质量标准》（GB3095-1996）三级标准。

镇原县：空气质量综合评价为三级，二氧化硫、二氧化氮、可吸入颗粒物年均值分别为0.018毫克/立方米、0.023毫克/立方米、0.101毫克/立方米，达到《环境空气质量标准》（GB3095-1996）三级标准。

正宁县：空气质量综合评价为二级，二氧化硫、二氧化氮、可吸入颗粒物年均值分别为0.011毫克/立方米、0.022毫克/立方米、0.097毫克/立方米，达到《环境空气质量标准》（GB3095-1996）二级标准。

## 二、水环境质量

### （一）河流水质状况

全市6个省控断面中，蒲河流域姚新庄、巴家咀水库断面水质监测指标年均值达到国家《地表水环境质量标准》（GB3838-2002）II标准，马头坡断面水质监测指标年均值达到国家《地表水环境质量标准》（GB3838-2002）III标准，3个断面水质均符合功能区划类别（III类）要求。与上年度相比，姚新庄监测断面水质有所好转，马头坡监测断面水质明显好转（水质由Ⅴ类转为Ⅲ类），巴家嘴水库监测断面水质保持良好。

马莲河流域3个断面中，曲子大桥、韩家湾断面水质为Ⅴ类，超标项目为化学需氧量、六价铬，超出功能区划类别（IV类）水质要求；宁县桥头断面监测指标年均值达到国家《地表水环境质量标准》（GB3838-2002）Ⅳ类标准，符合功能区划类别

（Ⅳ类）要求。与上年度相比，曲子大桥、韩家湾、宁县桥头监测断面水质均有所好转（曲子大桥、韩家湾监测断面水质由劣Ⅴ类转为Ⅴ类，宁县桥头监测断面水质由Ⅴ类转为Ⅳ类）。

马莲河流域水质整体水平为中度污染，蒲河流域水质整体水平为优，与上年度相比，马莲河、蒲河流域水质均有所好转。

（二）湖库水质状况

监测结果表明，巴家咀水库水质良好，达到《地表水环境质量标准》（GB3838-2002）II 类标准。

（三）饮用水源水质状况

2013 年，市环境监测站对全市 9 处在用的城市集中式饮用水水源地进行了例行监测，分别为西峰区（市区）的巴家咀水库、庆城县的马岭东沟、华池县的柔远东沟和鸭儿湾、环县的庙儿沟、正宁县的庵里水库、合水县的新村水库、宁县的城北河、镇原县的尤家坪，市区和各县城集中式饮用水源地水质达标率 100%。

**三、声环境质量**

（一）市区声环境质量

**1．区域环境噪声**

市区区域环境噪声平均值为 53.2 分贝，与上年相比下降 0.2 分贝，达到《声环境质量标准》（GB3096－2008）1 类标准。

噪声源构成：交通噪声占 1.0%，工业噪声占 6.0%，施工噪声占 5.0%，生活噪声占 82.0%，其它噪声占 6.0%。

**2．道路交通噪声**

市区交通主干道 14 条，设测点 27 个，路段总长 88.2 千米，平均路宽 15 米，平均车流量 1054 辆/时。交通噪声等效声级平均值为 66.1 分贝，达到《声环境质量标准》（GB3096－2008）4 类标准，与上年相比下降了 0.3 分贝。

（二）各县县城声环境质量

**1．区域环境噪声**

各县县城区域环境噪声平均值均达到《声环境质量标准》（GB3096－2008）1 类标准，主要声源为生活噪声和交通噪声。

**2．道路交通噪声**

各县县城道路交通干道噪声平均值均达到《声环境质量标准》（GB3096－2008）4 类标准。

**四、污染物排放状况**

（一）废水

全市废水排放总量为 2822.29 万吨。其中：工业废水排放量为 334.63 万吨，生活污水排放 2487.66 万吨。

（二）废气

全市工业废气排放总量为 102.99 亿标立方米。其中：工业废气排放量为 41.79 亿标立方米，生活废气排放量 61.2 亿标立方米。

（三）固体废物

全市固体废物产生总量为 30.85 万吨，其中：工业固废产生量为 15.65 万吨，综合利用量为 15.31 万吨，处置量为 0.24 万吨，贮存量 0.1 万吨；城市生活垃圾产生量为 15.20 万吨，全部卫生填埋；全年医疗废物集中处置量 642.22 吨。

（四）污染减排

2013 年，全市化学需氧量排放量为 15513 吨，与 2012 年（15763 吨）相比下降 1.59 %；氨氮排放量为 1759 吨，与 2012 年（1756 吨）相比增加 0.15 %；二氧化硫排放量为 15167 吨，与 2012 年相比（14805 吨）增加 2.45%；氮氧化物排放量为 15164 吨，与 2012 年相比（14723 吨）增加 2.99%，全面完成了省政府下达的主要污染物减排目标任务。

# 大事记

## 一 月

5日，市委常委班子2012年度民主生活会召开。省委常委、统战部部长泽巴足出席并讲话，省长助理、市委书记夏红民主持并讲话，省委组织部副部长张建荣和省纪委副地级纪检监察员、干部室主任史开通出席，市上领导栾克军、任燕顺、阎晓辉、李银、董建镇、李学宏、黄正军、章志兼、闫晓峰、桂泽发出席并发言，付振伟、张文礼出席。

是日，省委常委、统战部部长泽巴足深入庆城县和西峰区调研庆阳市统战工作。省长助理、市委书记夏红民，市委常委、统战部部长闫晓峰陪同，市委常委、西峰区委书记章志兼和市政协副主席郭晓霞先后陪同在西峰区和民盟市委机关调研。

是日，“美丽中国村官先行”全国大学生村官学习贯彻党的十八大精神论坛暨图文征集活动启动仪式在北京举行。中国民族贸易促进会执行会长刘延宁出席并讲话，市委副书记任燕顺出席并致辞，市委常委、组织部部长阎晓辉出席。

5—6日，省建设厅副巡视员蔡林峥带队督查庆阳市安全生产专项整治工作。6日下午，市委常委、纪委书记李学宏主持召开汇报会，副市长、长庆油田公司总经理助理、陇东指挥部指挥蒋杨贵陪同督查并汇报工作。

6日，省委常委、统战部部长泽巴足带领考核组，对庆阳市领导班子和领导干部2012年度科学发展业绩和落实党风廉政建设责任制、推进惩防体系建设、开展效能风暴情况进行考核。省长助理、市委书记夏红民主持考核大会，并代表市委班子作述职述廉、干部选拔任用情况报告及个人述职述廉；省委组织部副部长张建荣，省纪委副地级纪检监察员、干部室副主任史开通出席；市委副书记、市长栾克军代表市政府班子和个人述职述廉；市人大常委会主任付振伟、市政协主席张文礼等市上领导出席。

是日，庆阳香包亮相第三届魅力农产品嘉年华主题晚会，受到好评，协助拍摄的《俏销的庆阳香包》被评为优秀创意奖。新华社、人民日报、农民日报等30家媒体进行全程报道，CCTV-7农业网现场直播，并在黄金时段播出晚会盛况。

7日，市委副书记、市长栾克军会见省煤炭工业协会会长何元纲一行。副市长黄继宗，市政府秘书长贺建宏等一同参加。

是日，庆阳市中级人民法院便民诉讼服务网络开通。省高级法院审判委员会专职委员刘兴魁和市上领导董建镇、周继军、刘晓利、田金、郑银生、任尔昕出席开通仪式。

是日，庆阳市人口和计划生育工作视频会议召开。市委常委、宣传部部长黄正军主持，副市长田雁青讲话并与市直相关部门签订2013年人口和计划生育工作责任书。

是日，副市长周继军在庆阳分会场参加全国政法工作视频会。

7—8日，市委常委、常务副市长李银陪同国土资源部工作组实地考核西峰区国土资源节约集约模范县市创建工作。

是日，省直机关工委副书记周天佑带领省委第二调研组来庆阳市，就开展党的群众路线教育实践活动进行专题调研。8日上午，市委常委、组织部部长阎晓辉主持召开调研座谈会，调研组与部分退休老干部、县委书记、乡镇党委书记、党代表、人大代表、政协委员和群众代表、大学生村官代表等50多人进行了座谈交流。

是日，副市长白振海在兰州参加全省工业经济运行会议并发言。

8日，省红十字会专职副会长李玉堂带领考核组来庆阳市考核2012年度红十字会工作。副市长辛刚国主持汇报会，并陪同考核组入户送温暖，为西峰区4户特困家庭送去慰问品。

是日，副市长黄继宗先后主持召开庆阳市城乡规划委员会第十四次会议及扶持建筑业企业做大做强座谈会。

是日，庆阳市道路交通、消防安全工作推进会议召开。市委常委、政法委书记董建镇出席并讲话，副市长周继军主持，市政府党组成员、公安局局长郑银生安排部署近期社会综治维稳工作。

是日，市人大常委会副主任雷沫里带领部分省、市人大代表赴正宁县周家乡，实地查看人大代表焉丽丽、解荣华、宋德从出资援建的大璋小学新校舍建设情况。

8—9日，副市长秦华赴宁县、正宁县、合水县、华池县检查冬季护林防火工作，并看望慰问武警庆阳森林大队驻防官兵。

9日，省委常委、常务副省长刘永富来庆阳市调研陇东能源基地建设。省政府副秘书长马自学，省国土资源厅厅长张力学、副厅长陈汉，省发改委党组成员、以工代赈办主任陈江随同；市委副书记、市长栾克军，副市长黄继宗和市政府秘书长贺建宏陪同。

是日，市委常委、常务副市长李银在庆阳分会场参加全省人社工作暨城乡居民养老保险工作表彰视频会议。

是日，省外事办副主任樊向勤一行来庆阳市调研外事侨务港澳事务工作，慰问贫困归侨侨眷。市委常委、常务副市长李银陪同。

是日，2013年庆阳市春节电视联欢晚会完成录制。夏红民、栾克军、张文礼、任燕顺、李学宏、黄正军、张志升、章志兼、闫晓峰、桂泽发、黄书伴、吴秉儒、雷沫里、郭文奎、辛刚国、秦华、田雁青、白振海、郑银生及8县(区)主要负责人与近千名观众一起观看了录制演出。

是日，副市长黄继宗赴平凉市参加全省陇东能源化工基地建设工作座谈会。

是日，副市长周继军赴环县政法机关单位和“联村联户、为民富民”行动联系点调研。

10日，省委副书记、省长刘伟平赴庆城县驿马镇和西峰区部分社区看望慰问困难群众。省人大常委会副主任周多明，省政协副主席李永军，省委组织部副部长陈建华，省政府办公厅副主任姜安鹏，省民政厅副厅长沙仲才，省人社厅副厅长曹玉龙，省总工会党组书记、常务副主席陈琳，省残联副理事长高世成随同。省长助理、市委书记夏红民，市委副书记、市长栾克军，市委常委、西峰区委书记章志兼和市政府秘书长贺建宏陪同。

是日，庆阳市选拔普通高校毕业生考试考务会议召开。市委常委、常务副市长李银出席并讲话。

是日，市委常委、政法委书记董建镇参加市委常委、市政府副市长信访接待日活动。共接待来访群众27批154人次。

是日，宁县里程最长通村水泥路，刘寨村（北庄——张堡）水泥路举行竣工通车仪式。市人大常委会主任付振伟，市人大常委会秘书长蔡森贵出席通车仪式。

11日，市委副书记、市长栾克军到市人大机关征求对市政府工作报告的意见和建议。市人大常委会主任付振伟，市政协主席张文礼，市委常委、常务副市长李银，市人大常委会副主任吴秉儒、雷沫里、郭文奎，市政协副主席朱治晖、郭晓霞、黄国锋、黄占俊、窦宏邦，市人大常委会秘书长蔡生贵，市政府秘书长贺建宏，市政协秘书长杨静仁等出席。

是日，庆阳军分区机关党委领导干部赴合水县西华池镇师家庄村，为74户农村家庭儿童捐赠爱心营养包，发放十八大精神宣传读本，入户慰问，并商讨农户今年发展计划。军分区政委黄书伴、副司令员刘光瑜、参谋长毛林珠参加捐赠活动。

是日，副市长黄继宗在庆阳分会场参加全省统计工作电视电话会议。

11—12日，市委副书记、市长栾克军主持召开座谈会，就政府工作报告（征求意见稿）的修改完善，分别征求老干部和各民主党派、工商联代表以及市直部门、县（区）政府的意见和建议。市上领导任燕顺、李银、闫晓峰、桂泽发、辛刚国、秦华、田雁青、白振海、蒋杨贵、周继军和市政府秘书长贺建宏等出席。

是日，副市长周继军赴兰州参加全省档案工作会议。

12日，省长助理、市委书记夏红民接受中国甘肃网高端访谈《对话甘肃》栏目专访，介绍庆阳市贯彻落实十八大精神，坚持走资源型城市可持续发展和科学发展之路等情况。

是日，市政府三届第17次常务会议召开，对拟提请市三届人大三次会议审议的政府工作报告（讨论稿）以及国民经济和社会发展计划报告、财政预算报告作了讨论修改，研究2013年市列为民办实事项目等工作。栾克军主持，李银、桂泽发、辛刚国、秦华、田雁青、白振海、蒋杨贵、周继军、贺建宏等出席。

是日，市政府党组2012年民主生活会召开。栾克军主持，李银、桂泽发、黄继宗、秦华、田雁青、白振海、蒋杨贵、周继军和贺建宏出席并发言，辛刚国列席。

12—13日，省经济合作局局长杨文廷带领省政府招商引资重点项目督查组来庆阳市督查。副市长黄继宗陪同并主持召开汇报会。

13日，市委三届第二十九次常委会议召开，学习贯彻省委十二届四次全委扩大会议精神，研究部署2013年庆阳市经济工作、重点项目包抓责任制和改进工作作风、密切联系群众等工作。夏红民主持，栾克军、任燕顺、阎晓辉、李银、董建镇、李学宏、黄正军、章志兼、闫晓峰、桂泽发出席，付振伟、张文礼、辛刚国、秦华、田雁青、白振海、周继军、任尔昕、田金列席。

14日，黄继龙同志先进事迹主场报告会在兰州举行。省委副书记欧阳坚出席并讲话，省委常委、宣传部部长连辑主持，省长助理、市委书记夏红民和市委常委、宣传部部长黄正军出席。

是日，庆阳市保险业机构座谈会召开。市委常委、副市长桂泽发出席并讲话。

是日，副市长白振海在庆阳分会场参加全省交通运输工作电视电话会议暨全省交通运输廉政工作视频会议。

是日，庆阳市企业家协会2012年度工作总结表彰大会暨春节联欢晚会举行。市委常委、统战部部长闫晓峰，副市长白振海出席并讲话。

14—15日，审计署兰州特派办副特派员景东华一行来庆阳市就财政体制运行机制等情况进行调研。市委常委、常务副市长李银陪同，并于14日主持召开座谈会。

14—21日，市委副书记任燕顺、副市长秦华先后到市农牧局、果业局、水务局、水保局、扶贫办、林业局和陇东学院调研，并于22日召开农口部门负责人座谈会，任燕顺出席并讲话、秦华主持。

15日，市委三届五次全委扩大会议召开。省长助理、市委书记夏红民主持，市委副书记、市长栾克军出席并讲话。市委委员、候补委员，不是市委委员的市人大常委会副主任、市政府副市长、市政协副主席，陇东学院院长，市委、市人大、市政府、市政协副秘书长，市委各部委、市政府各部门，市人大、市政协各专委会，各人民团体，市直事业单位，中省属驻庆各单位和有关企业主要负责人约220多人参加会议。

是日，政协庆阳市三届五次常委会议召开。市政协主席张文礼主持并讲话，副主席朱治晖、刘晓利、郭晓霞、黄国锋、李伟、黄占俊、窦宏邦及秘书长杨静仁出席。

是日，庆阳市兑现科学发展业绩考核安排部署会议召开。市委常委、常务副市长李银出席并讲话。

是日，副市长黄继宗在庆阳分会场参加全省住房城乡建设暨党风廉政建设工作视频会议。

是日，陇东油区2013年第一季度片区会议召开。副市长、长庆油田公司总经理助理、陇东指挥部指挥蒋杨贵出席。

16日，副市长秦华参加全省农村工作会议。

是日，庆阳市煤炭开发、电力通讯企业座谈会召开。副市长白振海出席并讲话，副市长、长庆油田公司总经理助理、陇东指挥部指挥蒋杨贵主持。

16—19日，政协庆阳市第三届委员会第二次会议召开。省长助理、市委书记夏红民出席并在开幕大会上讲话，市政协主席张文礼作《政协庆阳市第三届委员会常务委员会工作报告》，副主席刘晓利作《政协庆阳市第三届委员会常务委员会关于三届一次会议以来提案工作情况的报告》。会议审议通过了《政协庆阳市第三届委员会第二次会议政治决议》、《政协庆阳市第三届委员会第二次会议关于市政协常务委员会工作报告的决议》、《政协庆阳市第三届委员会第二次会议提案审查委员会关于市政协三届二次会议提案审查情况的报告》。市上领导栾克军、付振伟、李银、董建镇、李学宏、黄正军、闫晓峰、桂泽发、刘秉宁、吴秉儒、雷沫里、郭文奎、辛刚国、黄继宗、田雁青、白振海、蒋杨贵、周继军、朱治晖、刘晓利、郭晓霞、黄国锋、李伟、黄占俊、窦宏邦、任尔昕、田金、郑银生和市政府秘书长贺建宏出席。

17日，市委三届五次全委会第二次会议召开。会议专题听取2012年县（区）委书记履行基层党建工作职责情况述职，并进行测评。省长助理、市委书记夏红民主持并讲话，市委委员、候补委员，8县（区）组织部部长以及部分省、市党代会代表参加。

是日，庆阳市贯彻落实省委向黄继龙同志学习的决定大会召开。省长助理、市委书记夏红民出席并讲话，市委副书记、市长栾克军主持，市委常委、组织部部长阎晓辉宣读《中共甘肃省委关于向黄继龙同志学习的决定》。市委、市人大、市政府、市政协、庆阳军分区在庆领导，市直部门主要负责同志，市第三届人代会第三次会议全体代表、特邀人员和列席人员，政协庆阳市第三届委员会全体委员，市直和西峰区基层党员干部代表，约800多人参加了会议。

是日，副市长、长庆油田公司总经理助理、陇东指挥部指挥蒋杨贵在庆阳分会场参加全国安全生产电视电话会议。

17—20日，庆阳市第三届人民代表大会第三次会议召开。省长助理、市委书记夏红民出席并在闭幕式上讲话，市委副书记、市长栾克军在开幕式上作政府工作报告。会议表决通过了关于庆阳市人民政府工作报告的决议、关于批准庆阳市2012年国民经济和社会发展计划执行情况的报告及2013年国民经济和社会发展计划的决议、关于批准庆阳市2012年财政预算执行情况的报告和2013年市级财政预算的决议、关于庆阳市人大常委会工作报告的决议、关于庆阳市中级人民法院工作报告的决议、关于庆阳市人民检察院工作报告的决议。市上领导付振伟、张文礼、任燕顺、阎晓辉、李银、董建镇、李学宏、张志升、章志兼、闫晓峰、桂泽发、黄书伴、闫庆生、刘秉宁、张栋杰、吴秉儒、雷沫里、郭文奎、黄继宗、秦华、田雁青、白振海、蒋杨贵、周继军、朱治晖、刘晓利、郭晓霞、黄国锋、李伟、黄占俊、窦宏邦、任尔昕、田金、郑银生和市政府秘书长贺建宏出席。

18日，副市长辛刚国在市直医疗机构调研。

是日，陇东油区地企共建座谈会召开。市委常委、政法委书记董建镇和副市长、长庆油田公司总经理助理、陇东指挥部指挥蒋杨贵出席并讲话，副市长白振海主持。

是日，庆阳市煤炭开发及深加工和石油（天然气）化工产业设计方案多媒体汇报会召开。副市长白振海主持，副市长、长庆油田公司总经理助理、陇东指挥部指挥蒋杨贵出席。

是日，庆阳市高载能、煤层气产业设计方案多媒体汇报会召开。副市长白振海出席。

20日，庆阳军分区党委五届十次全体（扩大）会议召开。省长助理、市委书记夏红民出席并讲话，市委常委、军分区司令员张志升主持，军分区政委黄书伴作工作报告，副司令员刘光瑜，参谋长毛林珠，政治部主任顾伟，后勤部部长李兴盛出席。

是日，庆阳市大学生村官学习贯彻党的十八大精神交流研讨班开班暨创业小额贷款发放仪式启动。市委常委、组织部部长阎晓辉出席并讲话。

是日，全省交通基础设施建设协调推进领导小组办公会议在兰州召开。副市长白振海参加并汇报庆阳机场改建工程情况。

是日，全省安全生产工作会议在兰州召开。副市长白振海在兰州主会场参加并发言，副市长、长庆油田公司总经理助理、陇东指挥部指挥蒋杨贵在庆阳分会场参加。

21日，2013年度庆阳市安委会第一次全体成员单位（扩大）电视电话会议召开。市委副书记、市长栾克军出席并讲话，市委常委、纪委书记李学宏主持，副市长、长庆油田公司总经理助理、陇东指挥部指挥蒋杨贵通报2012年度全市安全生产工作情况。市上领导李银、吴秉儒、田雁青、黄国锋、郑银生和市政府秘书长贺建宏出席。

是日，市委办公室、市政府办公室印发《市委常委会关于改进工作作风密切联系群众的实施细则》。

22日，庆阳市委保密委员会全体会议召开。市委副书记任燕顺主持并讲话。

是日，市委常委、纪委书记李学宏到“联村联户、为民富民”行动联系点西峰区董志镇慰问特困户。

是日，市委常委、宣传部部长黄正军，市人大常委会副主任吴秉儒，市政协副主席黄国锋到宁县太昌乡慰问王宁英等5户生活困难群众。

是日，省政协十一届一次会议在甘肃大剧院隆重开幕。张文礼、闫晓峰、辛刚国、闫庆生、张云祥等14名在庆省政协委员出席。

是日，市委副书记任燕顺到西峰城区慰问劳模和单亲特困母亲代表。

是日，副市长田雁青主持召开北石窟寺及其周边文物保护环境治理工作会议。

是日，副市长田雁青在庆阳分会场参加全国扫黄打非工作电视电话会议。

22—25日，国务院扶贫办外资中心主任欧青平带领调研组来庆阳市调研村级互助资金试点、彩票公益金试点、“雨露计划”培训及贫困片区产业扶贫试点示范世行贷款项目等工作。25日上午，市委副书记任燕顺主持召开座谈会，副市长秦华汇报全市扶贫开发情况，世行项目涉及的华池县、环县、合水县、正宁县负责人分别发言。

23日，省十二届人大一次会议在甘肃省大剧院隆重开幕。庆阳市代表团38名代表出席，其中驻庆省人大代表30名，在兰州工作的庆阳市省人大代表8名。

是日，市委常委、政法委书记董建镇，市委常委、西峰区委书记章志兼走访慰问西峰区残疾人家庭。

是日，庆阳市防制重大动物疫病工作会议召开。副市长秦华出席。

是日，副市长田雁青，市政协副主席黄占俊一行深入环县曲子、环城等乡镇看望慰问生活困难群众。

23—24日，市委常委、政法委书记董建镇先后到合水县、庆城县调研交通、消防、维稳工作。

24日，公安部治安管理局副巡视员黄江平带领公安部、环保部、中石油油区治理工作联合检查组来庆阳市检查陇东油区整治工作。市委常委、政法委书记董建镇主持召开汇报会并汇报工作。

是日，庆阳苹果产业发展战略座谈会召开。市委副书记任燕顺主持，市委常委、副市长桂泽发和副市长秦华出席。

是日，庆阳供电公司二届一次职代会暨2013年工作会议召开。副市长白振海出席并讲话。

是日，副市长田雁青先后赴西峰区慰问单亲特困家庭和文化名人，“联村联户、为民富民”行动联系点宁县早胜镇寺底村慰问双联户和五保户。

是日，庆阳军分区政委黄书伴赴正宁县西坡乡了解村情民意，宣讲十八大精神。

是日，“相约经典”2013新春经典诵读活动举行。市人大常委会副主任郭文奎、市政协副主席郭晓霞出席观看朗诵会。

25日，市委常委、副市长桂泽发慰问西峰区贫困户和生活困难下岗职工。

是日，市妇联二届六次执委（扩大）会议召开。市委副书记任燕顺出席并讲话，市人大常委会副主任郭文奎、副市长田雁青、市政协副主席郭晓霞出席。

是日，武警庆阳支队召开党委扩大会议。市委常委、政法委书记董建镇，市政府党组成员、公安局局长郑银出席并讲话。

是日，庆阳市春运工作领导小组会议召开。副市长白振海出席并讲话。

26日，2013年庆阳市科技文化卫生三下乡活动启动仪式在西峰区显胜乡举行。副市长田雁青出席并讲话。

28日，庆阳市国税工作会议召开。市委常委、常务副市长李银出席并讲话。

26—28日，省工商局副局长苏文辉带领调研督导组来庆阳市检查指导非公党建和非公经济发展工作。27日下午，副市长田雁青主持召开座谈汇报会。

是日，市委常委、政法委书记董建镇，副市长周继军，市政府党组成员、公安局局长郑银生慰问消防、空军61分队、安全局、市社会福利院、戒毒所、西峰区看守所等单位。

是日，市委常委、宣传部部长黄正军走访慰问市科技、教育、文广、卫生系统部分离退休干部和“感动庆阳”十佳人物、“教坛保尔”张学成等。

是日，副市长白振海带领市直有关部门和镇原县负责人赴中石化华北分公司进行慰问，并与中石化华北分公司党委书记、副总经理王程忠进行座谈。

是日，副市长田雁青带领市直有关部门负责人，深入市区检查春节市场供应情况。

29日，市委常委、常务副市长李银，市政协副主席窦宏邦赴正宁县看望慰问低保户、老党员、五保户和优抚对象。

是日，副市长田雁青在兰州参加全省文化产业大会。

是日，副市长周继军在西峰区慰问残疾人。

30日，市委副书记、市长栾克军主持召开会议，研究2013年县区考核指标情况。副市长黄继宗、市政府秘书长贺建宏出席。

是日，市委副书记任燕顺赴华池县看望慰问老党员、低保户、五保户和优抚对象。

是日，副市长黄继宗赴镇原县看望慰问生活困难群众。

是日，副市长秦华前往湘乐林场看望慰问困难职工。

是日，副市长周继军在庆阳分会场参加全省政法工作电视电话会议。

31日，市委、市政府与长庆油田公司在西安举行座谈会，双方就进一步深化地企合作，加快建设庆阳国家级能源化工基地达成共识。

是日，市委常委、组织部部长阎晓辉看望慰问退休老干部。

是日，省侨联主席费亚夫一行来庆阳市看望慰问困难侨眷及侨界代表人士。市委常委、统战部部长闫晓峰陪同。

是日，市委常委、统战部部长闫晓峰走访慰问省先进工作者、庆阳一中教师路长庆，原庆阳地区配件公司下岗职工李建民。

是日，副市长田雁青在兰州参加全省旅游工作会议。

是日，市政协主席张文礼，市人大常委会副主任雷沫里，市政府副市长黄继宗，市政协副主席刘晓利到镇原县临泾乡慰问张凤洲等3户生活困难群众。

▲庆阳市社会福利院获得“甘肃省规范化标准示范化社会福利机构”称号，是庆阳市唯一一个通过标准化验收达标的社会福利机构。

▲环县在全国农业工作会议上被国家农业部授予“全国粮食生产先进县”荣誉称号。

▲甘肃省第十三届社会科学优秀成果评奖近日揭晓，庆阳市4项成果获奖。张文先任总主编、卢造钧任副总主编的《庆阳通史》，任尔昕等编著的《地方立法质量跟踪评估制度研究》荣获二等奖，辛刚国的论文《关于民主党派民主监督程序缺陷的思考》、巩世锋主编的《陇东革命根据地》荣获三等奖。

▲庆城县农广校教师张凤涛代表甘肃省农广校系统参加全国农业广播电视学校教学能手暨教学课件大赛，并荣获教学能手二等奖。

▲环县个体工商户张明政在全国个体工商户表彰大会上当选“全国先进个体工商户”，成为庆阳市唯一获此殊荣的个体工商户。

▲合水县司法局固城司法所获“全省优秀司法所”称号。

## 二 月

1日，宁县发生重大交通事故，造成18人死亡，32人受伤。接到事故报告后，庆阳市迅速启动突发事件应急预案，省长助理、市委书记夏红民，市委副书记、市长栾克军，市委常委、政法委书记董建镇，副市长周继军，市政府党组成员、公安局局长郑银生和宁县有关领导立即赶赴现场指挥救援工作。

是日，省长助理、市委书记夏红民，市委副书记、市长栾克军会见中国华电集团公司副总经理邓建玲一行，双方就进一步加强地企合作，加快煤电化材一体化发展和新能源开发等事宜进行了深入交流。副市长白振海、市政府秘书长贺建宏和华电集团总经济师王日文、华电甘肃分公司总经理王和平等参加座谈。

是日，省长助理、市委书记夏红民，市委副书记、市长栾克军到华能新庄煤矿看望慰问坚守在建设一线的工人。副市长白振海一同慰问。

是日，省长助理、市委书记夏红民看望慰问西峰区农村低保户、五保户、优抚对象、城市低保户、省级劳动模范、困难职工等生活困难群众。市委常委、西峰区委书记章志兼，市委常委、统战部部长闫晓峰参加有关慰问活动。

是日，市委常委、统战部部长闫晓峰走访慰问庆阳市党外代表人士。

是日，市委副书记任燕顺赴“联村联户、为民富民”行动联系点镇原县城关镇祁川村走访慰问困难群众，与基层干部和群众代表座谈并听取意见建议，就双联工作进行了讨论研究。

是日，市委常委、组织部部长阎晓辉，副市长秦华，市政协副主席朱治晖一行先后到合水县吉岘乡和西华池镇慰问五保户、重点优抚对象和困难老党员等困难群众。

是日，市人大常委会召开机关干部职工大会，传达学习省十二届人大一次会议精神。市人大常委会主任付振伟传达会议精神，副主任刘秉宁主持，吴秉儒、雷沫里、郭文奎以及秘书长蔡森贵出席。

2日，省委书记王三运，省委副书记、省长刘伟平，省委常委、政法委书记罗笑虎对宁县“02·01”重大交通事故先后作出重要批示，要求全力抢救伤员，尽最大努力减少人员死亡，做好死亡人员善后工作，加强交通安全管理，抓紧排查道路安全隐患，做好安全发展的各项工作。

是日，省长助理、市委书记夏红民，市委副书记、市长栾克军先后到庆阳军分区、庆阳石化公司，看望慰问驻庆部队官兵和企业员工。市委常委、统战部部长闫晓峰，副市长白振海，市政府秘书长贺建宏参加慰问。市委常委、庆阳军分区司令张志升，政委黄书伴参加在军分区慰问。

是日，省长助理、市委书记夏红民到“联村联户、为民富民”行动联系点华池县悦乐镇鸭洼村，与帮联干部和当地群众一起，研究谋划2013年双联工作和重点帮扶项目。

是日，市委副书记、市长栾克军看望慰问部分离退休老干部，赴庆城县慰问五保户、农村低保户，到西峰区看望慰问环卫工人和供热公司员工。市委常委、西峰区委书记章志兼，市委常委、统战部部长闫晓峰，市人大常委会副主任郭文奎，副市长黄继宗参加有关慰问，市政府秘书长贺建宏一同慰问。

是日，庆阳市地税工作会议召开。市委副书记、市长栾克军对地税工作作出批示，市委常委、常务副市长李银出席并讲话。

是日，庆阳市公安局局长会议召开。市委常委、政法委书记董建镇出席并讲话，市政府党组成员、公安局局长郑银生出席。

是日，2013年庆阳市安委会第二次成员单位（扩大）电视电话会议召开。副市长秦华主持，白振海讲话。

是日，副市长辛刚国看望慰问教育系统特级教师和特困教师、科技局退休老干部、西峰区清真寺宗教界人士、民营企业家及卫生系统离退休老干部。

2-3日，副省长王玺玉带领工作组赴宁县指挥宁县“02·01”重大交通事故救援处置工作。2日晚赴宁县主持召开会议，市委副书记、市长栾克军汇报事故发生的基本情况及市上的救援工作；省长助理、市委书记夏红民，省政府副秘书长、法制办主任唐晓明，市委常委、政法委书记董建镇，副市长周继军，市政府党组成员、公安局局长郑银生，市政府秘书长贺建宏参加。会后，王玺玉、夏红民、栾克军、唐晓明等前往宁县人民医院看望慰问受伤人员。3日早上在市人民医院看望慰问接受治疗的伤者，要求相关部门尽全力做好事故善后处置工作。

3日，副市长白振海在庆阳分会场参加2013年全省环境保护工作电视电话会议。

4日，市委副书记、市长栾克军检查庆阳市道路交通安全工作。

是日，市委副书记、市长栾克军赴环县慰问刘园子煤矿职工和环城镇张滩滩村困难群众，并主持召开“联村联户、为民富民”行动座谈会。市政府秘书长贺建宏一同慰问。

是日，市纪委召开常委扩大会议，传达学习十二届省纪委二次全会精神，安排部署春节期间庆阳市党风廉政建设工作。市委常委、纪委书记李学宏主持并讲话。

是日，兰州银行庆阳新区支行开业暨政银企座谈会召开。市委常委、副市长桂泽发出席并讲话。

是日，庆阳市北地红调味食品有限公司“刘巧儿LIUQIAOER”商标被国家工商行政管理总局认定为“中国驰名商标”。

5日，市委、市政府举行2013年离退休老干部暨社会各界团拜会。省长助理、市委书记夏红民出席并致辞，市委副书记、市长栾克军主持。全体在庆市级领导，部分地级离退休老干部，党代表、人大代表、政协委员和知识分子、少数民族、工商联、民主党派、工人、农民、劳动模范、驻地部队官兵代表以及新闻媒体记者约200多人参加团拜会。

是日，三届市委常委会第30次会议召开，研究规范市委、市政府表彰奖励活动等事项。夏红民主持，栾克军、任燕顺、阎晓辉、李银、董建镇、李学宏、黄正军、张志升、章志兼、闫晓峰出席，付振伟、张文礼列席。

是日，副市长辛刚国先后到市人民医院、市妇幼保健院、市中医医院，看望慰问春节值班人员。

是日，2012“感动庆阳”年度人物评选结果揭晓。分别是：黄继龙，生前系环县木钵镇二合塬村党支部书记兼村委会主任；孙扬，生前系环县一中高级教师；张晔，西峰区劳动监察中队副队长；牟小娟，市人民医院产科主任；田冰，镇原县人民检察院法警；王宝兵，西峰区温泉乡村民。

6日，市委副书记、市长栾克军在市区检查春节前市场供应和消防安全工作。市委常委、政法委书记董建镇，市委常委、西峰区委书记章志兼，副市长田雁青、周继军和市政府秘书长贺建宏一同检查。

9—10日，市委副书记、市长栾克军赴镇原县平泉镇姚川村，调研石油物探致群众房屋受损情况。副市长白振海一同调研。

16日，省长助理、市委书记夏红民，市委副书记、市长栾克军到市政府政务大厅和市信访局调研。市委副书记任燕顺，市委常委、常务副市长李银，市委常委、政法委书记董建镇，市委常委、纪委书记李学宏，副市长周继军一同调研。

是日，副市长周继军到宁县督查道路交通安全工作。

17日，市委常委扩大会议召开，传达学习中共中央总书记、中央军委主席习近平视察甘肃时的重要讲话精神和省委常委扩大会议精神，研究贯彻落实意见，安排部署重点工作。夏红民主持，栾克军、付振伟、张文礼、任燕顺、阎晓辉、李银、董建镇、李学宏、黄正军、张志升、章志兼、闫晓峰、辛刚国、秦华、田雁青、白振海、蒋杨贵、周继军、任尔昕、贺建宏出席。

是日，三届市委常委会第31次会议召开，传达贯彻省纪委二次全会和市州纪委书记工作座谈会、全省组织部部长会议、省委人才工作领导小组（扩大）会议、全省宣传思想工作会议、全省统战部部长会议、全国、全省政法工作会议、全省农村工作会议、全省保密工作会议、全省老干部工作会议精神，研究部署庆阳市相关工作。夏红民主持，栾克军、任燕顺、阎晓辉、李银、董建镇、李学宏、黄正军、张志升、章志兼、闫晓峰出席。付振伟、张文礼、辛刚国、秦华、田雁青、白振海、蒋杨贵、周继军、任尔昕列席。

是日，省长助理、市委书记夏红民，市委副书记、市长栾克军会见中石化华北石油局党委书记、副局长、华北分公司副总经理王程忠一行，双方就推进油气资源开发和深化地企合作有关事宜进一步达成了共识。市委常委、政法委书记董建镇，副市长白振海，市政府秘书长贺建宏及中石化华北分公司副总工程师、甘陕指挥部主任李建山等参加会谈。

是日，庆阳市文化产业发展座谈会召开。副市长田雁青出席。

17—18日，北京土人景观与建筑规划设计研究院院长俞孔坚带领考察组来庆阳市考察城市规划建设情况。市委副书记、市长栾克军，市委常委、西峰区委书记章志兼，副市长黄继宗陪同。18日，栾克军主持召开庆州府址(西峰民俗文化产业园)规划设计方案座谈会,北京土人景观与建筑规划设计研究院常务副院长彭德胜介绍项目设计情况,章志兼、黄继宗出席。

是日，庆阳市各地出现了明显降雪天气过程，西峰、庆城达到大雪量级，积雪深度分别达到6厘米、5厘米。

18日，市政协召开三届十次主席会议。市政协主席张文礼主持并讲话，副主席朱治晖、刘晓利、李伟、黄占俊、窦宏邦，秘书长杨静仁出席。

19日，庆阳市“3341”工程重点项目“三个一”包抓责任制启动大会召开。省长助理、市委书记夏红民出席并讲话，市委副书记、市长栾克军主持并讲话，副市长黄继宗宣读市委、市政府关于印发《2013年重点项目“三个一”包抓责任制实施方案》的通知。市上领导付振伟、张文礼、任燕顺、阎晓辉、李银、董建镇、李学宏、黄正军、张志升、章志兼、闫晓峰、桂泽发、刘秉宁、吴秉儒、雷沫里、郭文奎、辛刚国、黄继宗、秦华、田雁青、白振海、蒋杨贵、周继军、朱治晖、刘晓利、李伟、黄占俊、窦宏邦、任尔昕、田金、刘至祥和市政府秘书长贺建宏出席。

是日，市纪委三届四次全会召开，传达学习中纪委十八届二次全会和省纪委十二届二次全会精神，总结2012年工作，研究部署2013年反腐倡廉建设各项任务。省长助理、市委书记夏红民出席并讲话，省纪委第一纪检监察室主任李恩来应邀指导会议，市委常委、市纪委书记李学宏主持并代表市纪委常委会作工作报告。在庆市级领导，市委、市政府相关副秘书长，市纪委委员，各县委书记、县(区)长、监察局长，市直各部门主要负责人，市纪委派驻市直各部门纪检组长（纪委书记）和部、省属驻庆有关单位主要负责人、纪检组长（纪委书记）参加。

20日，庆阳市农村工作会议召开。省长助理、市委书记夏红民出席并讲话，市委副书记、市长栾克军和副市长秦华先后主持，市委副书记任燕顺出席并作报告，市上领导阎晓辉、李银、董建镇、李学宏、章志兼、闫晓峰、桂泽发、雷沫里、李伟出席。

是日，市政府全体会议召开。栾克军出席并讲话，李银主持，桂泽发、辛刚国、黄继宗、秦华、田雁青、白振海、蒋杨贵、周继军、贺建宏等出席。

是日，庆阳能源化工集团公司筹建动员会议召开。副市长白振海出席并讲话，副市长、长庆油田公司总经理助理、陇东指挥部指挥蒋杨贵主持。

是日，市人大常委会召开机关干部职工会议，传达学习市委常委扩大会议精神，对贯彻落实会议精神作出安排部署。市人大常委会主任付振伟，副主任刘秉宁、吴秉儒、雷沫里、郭文奎出席，秘书长蔡森贵主持。

21日，庆阳市第三次民政工作会议召开。省长助理、市委书记夏红民出席并讲话，市委副书记、市长栾克军主持，市委常委、政法委书记董建镇宣读表彰决定，副市长周继军作报告。庆阳军分区政委黄书伴、市人大常委会副主任吴秉儒、市政协副主席刘晓利、市政府秘书长贺建宏出席。市委、市政府有关副秘书长，市直有关部门、单位主要负责人，各县(区)长和民政局长，受表彰的先进集体和先进工作者代表参加。

是日，市委副书记、市长栾克军在正宁县主持召开现场办公会，专题研究加快华能正宁电厂建设工作。市人大常委会主任付振伟，副市长白振海，副市长、长庆油田公司总经理助理、陇东指挥部指挥蒋杨贵，华能甘肃能源开发公司副总经理、工会主席赵翼，市政府秘书长贺建宏以及市、县有关部门和华能庆阳煤电公司负责人参加。

是日，庆阳市组织部部长、老干局长、机关工委书记会议召开。市委常委、组织部部长阎晓辉出席并讲话。

是日，庆阳市发改、统计、城乡规划建设和招商引资工作会议召开。市委常委、统战部部长闫晓峰主持，副市长黄继宗出席并讲话，市人大常委会副主任吴秉儒出席。

是日，市政协召开机关干部职工大会，研究部署市政协当前工作。市政协主席张文礼出席并讲话，副主席朱治晖主持，副主席刘晓利、黄国锋、李伟、黄占俊、窦宏邦和秘书长杨静仁出席。

22日，庆阳市政法信访工作视频会议召开。省长助理、市委书记夏红民和市委副书记、市长栾克军对政法工作作出批示，市委常委、政法委书记董建镇出席并讲话，副市长周继军主持，市政协副主席刘晓利、市中级人民法院院长任尔昕、市人民检察院检察长田金、庆阳军分区政治部主任顾伟出席。各县（区）在分会场收听收看了视频会议。

是日，庆阳市宣传思想暨精神文明建设工作会议召开。市委常委、宣传部部长黄正军出席并讲话，副市长田雁青主持，市人大常委会副主任郭文奎，市政协副主席黄占俊出席。各县（区）委宣传部部长，文明办主任，外宣办主任，市直宣传文化系统单位主要负责人等参加。

是日，庆阳市财税金融国土资源管理及人力资源和社会保障工作会议召开。市委常委、常务副市长李银，市委常委、副市长桂泽发出席并讲话。

是日，庆阳市教育、科技、卫生、食品药品监督、体育工作会议召开，会议传达了市委副书记、市长栾克军的重要批示。市委常委、宣传部部长黄正军主持，副市长辛刚国讲话。

是日，副市长秦华赴宁县、镇原县调研水利项目建设情况。

23日，庆阳市保密档案工作会议召开。市委副书记任燕顺出席并讲话，副市长周继军主持，市人大常委会副主任郭文奎、市政协副主席李伟出席。

是日，庆阳市文广、计生、商务、旅游、工商、质检工作会议召开。市委常委、宣传部部长黄正军主持，副市长田雁青出席并讲话。

是日，庆阳市统战工作会议召开。市委常委、统战部部长闫晓峰出席并讲话，副市长辛刚国主持，市人大常委会副主任郭文奎、市政协副主席黄国锋出席。

是日，庆阳市工业、交通、环境保护、安全生产暨“和谐模范油区”创建工作会议召开。副市长白振海出席并讲话，副市长、长庆油田公司总经理助理、陇东指挥部指挥蒋杨贵主持。

23—24日，省水利厅水土保持局局长尚桢带领工作组，在镇原、庆城检查水利水保工程安全运行、春检春修及群众饮水情况。24日召开专题汇报会，市委副书记任燕顺出席并讲话。

25日，市委常委、纪委书记李学宏在兰州参加全省效能风暴行动协调领导小组第二次扩大会议。

是日，庆阳市顶凌覆膜暨春耕生产工作电视电话会议召开。副市长秦华出席并讲话。

26日，市委“联村联户、为民富民”行动环县工作组召开帮联单位第六次会议。市委常委、组织部部长阎晓辉出席并讲话，市委常委、副市长桂泽发主持，市政协副主席刘晓利、黄占俊和市中级人民法院院长任尔昕、市人大常委会秘书长蔡森贵出席。

是日，庆阳市公安交通管理工作会议召开。市委常委、政法委书记董建镇出席，副市长周继军和市政府党组成员、公安局局长郑银生出席并讲话。

是日，市委常委、政法委书记董建镇到新庄煤矿调研项目前期工程建设情况。

是日，副市长黄继宗在兰州参加全省保障性安居工程建设工作会议。

26—28日，省工商局党组成员、副局长苏文辉带领督导组来庆阳市调研非公有制企业党建和推动非公经济发展工作。市委常委、组织部部长阎晓辉，副市长田雁青先后陪同。

是日，省政府金融办副主任江航翔带领联合调研组来庆阳市调研投资类企业情况。市委常委、副市长桂泽发，副市长田雁青先后陪同。

27日，市政府三届第18次常务会议召开，研究庆阳经济技术开发区管委会机构设置、推动全民创业促进就业、解决市区义务教育阶段上学难、加快创新体系建设和科技成果转化等工作。栾克军主持并讲话，李银、桂泽发、辛刚国、秦华、田雁青、白振海、蒋杨贵、周继军、郑银生、贺建宏出席。

是日，市委副书记任燕顺到市委信息化建设工作领导小组办公室调研工作。

是日，庆阳市法院工作电视电话会议召开。市委常委、政法委书记董建镇出席并讲话，市中级人民法院院长任尔昕出席。

27—28日，由国家发改委、铁道部、中国国际工程咨询公司、省发改委、西安铁路局、兰州铁路局、银西铁路甘宁公司筹备组和铁一院有关领导专家组成的调研组，对银西铁路庆阳段进行现场踏勘。省长助理、市委书记夏红民，市委副书记、市长栾克军，市人大常委会主任付振伟，副市长黄继宗，市政府秘书长贺建宏陪同现场踏勘。

28日，市委副书记、市长栾克军赴环县南湫乡调研宏源马铃薯种植专业合作社发展经营和农业产业化工作，看望慰问南湫乡代家洼村困难群众。副市长秦华，市政府秘书长贺建宏一同调研。

是日，市委常委、组织部部长阎晓辉赴华池县调研南梁红色旅游小镇建设。

是日，副市长辛刚国在城区部分药品生产经营企业和药品检验单位抽样调研。

是日，副市长秦华主持召开重大水利项目建设协调推进会议。

是日，全省“3341”项目工程领导小组会议在兰州召开。副市长、长庆油田公司总经理助理、陇东指挥部指挥蒋杨贵出席并发言。

▲华池县荣获“全国计划生育优质服务先进县”称号。

▲2012年度庆阳市好新闻评选揭晓。全市17件(篇)新闻宣传策划和好新闻受到市委宣传部表彰奖励，其中特等奖1篇，策划奖1件，一等奖5篇，二等奖5篇，三等奖5篇。丁艳、高振华、杨永康、张莹、王静、刘怀栋、朱晓强、惠立波、张烨、李兆奎、吕芳芳、田晓博、张天宁、昔银涛、张富涛、张文军获得2011-2012年度全市优秀新闻工作者称号。

## 三 月

1日，市政府三届19次常务会议召开，研究水利改革试点、妇女儿童医院建设、文化产业发展、深化政务公开、加快推进标准化等工作。栾克军主持并讲话，李银、桂泽发、辛刚国、秦华、田雁青、郑银生、贺建宏等出席。

是日，市委常委、西峰区委书记章志兼调研督查西峰“城市管理提升年”活动开展情况。

2日，市委副书记、市长栾克军在西峰城区调研绿化、供水、供热、污水处理、防洪排洪等工作。市委常委、西峰区委书记章志兼，市政府秘书长贺建宏一同调研。

是日，副市长黄继宗深入“联村联户、为民富民”行动联系点环县甜水镇大良洼村调研，与干部群众座谈交流，共谋村组发展计划，并向3户帮联户送去春耕急需的化肥、地膜等农资，帮助他们开展春耕生产。

3—17日，省长助理，市委书记夏红民在北京参加第十二届全国人大第一次会议。

4日，庆阳市经济责任审计工作联席会议第一次会议召开。市委常委、纪委书记李学宏主持并讲话。

4—6日　市委副书记、市长栾克军先后赴山西晋煤集团、太原重型机械集团公司、河北省梅花生物科技集团考察招商。副市长白振海、市政府秘书长贺建宏一同考察。

5日，市效能风暴行动协调推进领导小组第一次（扩大）会议召开，会议印发了市委副书记、市长栾克军的书面讲话。市委副书记任燕顺主持并讲话，市委常委、纪委书记李学宏安排2013年全市效能风暴行动重点工作，副市长辛刚国通报2012年全市效能风暴行动开展情况，市人大常委会副主任雷沫里、市政协副主席朱治晖出席。

是日，市委“联村联户、为民富民”行动庆城县帮联单位工作会议召开。市委常委、政法委书记董建镇出席并讲话，副市长秦华主持，市政协副主席郭晓霞出席。

是日，市委常委、副市长桂泽发赴“联村联户、为民富民”行动联系点环县木钵镇周湾村调研。

是日，庆阳市学雷锋暨“三关爱”志愿服务活动启动仪式在华池县举行。市委常委、宣传部部长黄正军出席启动仪式并讲话，副市长田雁青主持，武警华池县中队、中小学生、志愿者服务团队及当地群众千余人参加了启动仪式。

是日，副市长周继军赴“联村联户、为民富民”行动联系点环县洪德乡河连湾村调研。

是日，在“第三届中国节庆创新论坛暨2012中国品牌节庆颁奖盛典”上，“中国（庆阳）农耕文化节”荣获“首批中国最具影响力品牌节庆”荣誉称号，入编《2012中国节庆大全》。

5—7日，市委常委、宣传部部长黄正军，副市长田雁青到华池县、西峰区调研文化产业发展工作。

是日，市委常委、副市长桂泽发带领相关部门深入环县南湫乡，调研百万千瓦风电重点项目建设工作。

5—8日，省长助理、市委书记夏红民，市委副书记、市长栾克军赴中铝公司、华能集团、华电集团衔接有关项目。副市长白振海、市政府秘书长贺建宏一同考察并参加会谈。

6日，省长助理、市委书记夏红民在第十二届全国人大第一次会议甘肃代表团讨论现场发言，被中央电视台新闻频道《新闻直播间》现场直播。

是日，省长助理、市委书记夏红民接受甘肃高端访谈《对话甘肃》栏目专访。

是日，市委常委、纪委书记李学宏在庆阳分会场参加全省反腐倡廉宣传教育工作电视会议。

6—7日，市委副书记任燕顺深入正宁、宁县乡村调研，实地察看 “联村联户、为民富民”行动、新农村建设和城乡一体化、苹果、草畜、瓜菜特色产业发展、龙头企业建设、惠农政策落实、农村金融以及“长环线”、“一县一乡三村”示范点创建等工作。

是日，副市长辛刚国在宁县、正宁县调研基层卫生和食品监督工作。

7日，省长助理、市委书记夏红民在北京分别会见中国铝业公司总经理熊维平、华能集团公司总经理曹培玺、副总经理张廷克。市委副书记、市长栾克军，副市长白振海和市政府秘书长贺建宏参加。

是日，市委人才工作领导小组（扩大）会议召开。市委常委、组织部部长阎晓辉出席并讲话，市委常委、常务副市长李银主持。

7-17日，宁县焦村乡森王小学发生三年级学生受伤事件。15日，省长助理、市委书记夏红民接到处理报告后作出批示；市委副书记、市长栾克军电话指示，部署伤者治疗康复和事件查处工作；市委常委、常务副市长李银和市委常委、宣传部部长黄正军在宁县召开专题会议，安排部署伤者的康复治疗和事件的查处工作。16日，栾克军主持会议，安排受伤治疗和加强学校管理工作，并到医院看望慰问伤者和家人。17日，栾克军再次主持召开会议，安排加强学校管理、师德师风建设和受伤学生后期治疗等工作。

7—9日，甘肃煤监局长张家渔带领督察组督查正宁县、宁县和环县部分煤矿安全生产工作。副市长、长庆油田公司总经理助理、陇东指挥部指挥蒋杨贵陪同。

是日，省委常委、组织部部长吴德刚带领省委组织部办公室主任唐培宏、省委组织部研究室主任黄宝树一行，先后深入环县南湫、罗山川、芦家湾等13个乡镇和部分村组调研“联村联户、为民富民”行动开展情况，看望慰问老党员和贫困户。8日，在木钵镇高寨沟村组织召开座谈会，市委常委、组织部部长阎晓辉出席。

8日，省长助理、市委书记夏红民分别接受中国新闻社、《农民日报》、人民日报《中国经济周刊》记者采访。

是日，庆阳市召开“266”现代农业发展行动计划协调推进会。市委副书记任燕顺出席并讲话，副市长秦华主持。

是日，庆阳市2012年度财政收支审计进点会议召开。市委常委、常务副市长李银出席并主持。

是日，2013年庆阳市“两会”建议提案交办会召开。市委常委、常务副市长李银出席并讲话，市人大常委会副主任刘秉宁、市政协副主席刘晓利就做好2013年人大代表建议和政协委员提案办理工作提出意见。

是日，庆阳市残疾人工作会议召开。市委常委、政法委书记董建镇主持，副市长周继军出席。

是日，庆阳市华池县劳务工作办公室、宁县湘乐镇劳务工作站、合水县固城乡人力资源和社会保障事务所3个劳务经济统计先进集体和市政府劳务工作办公室郑媛蔼、西峰区劳务工作办公室程雅洁、镇原县劳务工作办公室李永利、环县环城镇劳务工作站郑睿、庆城县玄马镇劳务工作站朱春丽5名优秀统计员在全省劳务经济统计工作表彰会暨全省劳务经济工作座谈会议受到表彰。

9日，省长助理、市委书记夏红民接受《中国纪检监察报》记者采访。

是日，市委副书记、市长栾克军调研巴家咀调蓄水库建设。市委副书记任燕顺、副市长秦华、市政府秘书长贺建宏一同调研。

10日　庆阳市残疾人工作会议召开。市委常委、政法委书记董建镇主持，副市长周继军出席。

11日，省长助理、市委书记夏红民在北京接受新华社采访。

是日，市委副书记任燕顺在庆城县调研“联村联户、为民富民”行动和惠农政策落实工作。

是日，市委常委、组织部部长阎晓辉参加市委常委、市政府副市长信访接待日活动。共接待来访群众26批157人次。

是日，市委常委、统战部部长闫晓峰带领相关部门负责人调研甜水堡2号矿井及选煤厂项目前期工程建设情况。

11—12日，市委常委、统战部部长闫晓峰到环县、庆城县调研党外代表人士队伍建设、民族乡村发展、宗教管理和基层统战工作。

12日，市委常委、组织部部长阎晓辉赴环县调研“联村联户、为民富民”工作及福川煤矿建设情况。

是日，庆阳市金融风险分析与处置工作领导小组第三次会议召开。市委常委、副市长桂泽发主持，副市长田雁青出席并讲话。

是日，副市长周继军赴镇原县武沟乡焦岗村调研。

13日，省委常委、宣传部部长连辑和省长助理、市委书记夏红民在北京参加贵州电视台举办的“论道•悦读”节目和向华池县南梁高台小学捐书仪式。

是日，庆阳市政法工作会议贯彻落实情况汇报会召开。省长助理、市委书记夏红民和市委副书记、市长栾克军对全市政法工作作出批示，市委常委、政治委书记董建镇主持，副市长周继军讲话，市政府党组成员、公安局局长郑银生安排部署全市公安工作。

13—14日，市委常委、纪委书记李学宏到市供电公司综合办公基地、正宁电厂供水工程建设现场督查调研。

是日，市委常委、宣传部部长黄正军到合水、庆城、环县调研文化产业发展工作。

13—15日，市委副书记任燕顺率团赴陕西省白水县、洛川县考察学习苹果产业发展。

14日　省长助理、市委书记夏红民接受大公报采访。

是日，省长助理、市委书记夏红民在北京做客甘肃卫视《新闻透视》栏目并接受采访。

15日，庆阳市禁毒工作推进会召开。市委常委、政法委书记董建镇和副市长周继军与各县（区）及市禁毒委员成员单位、重点整治乡镇（街办）负责人签订2013年禁毒工作责任书，市政府党组成员、公安局局长郑银生主持。

是日，在“3.15国际消费者权益日”纪念宣传活动大会上，庆阳市消费者协会对2012年度省级“诚信企业”、“诚信个体工商户”及“诚信单位”进行了表彰奖励。

16日，由省作协、省当代文学研究会和市文联、市作协主办的贾治龙长篇小说《野骚》研讨会在西峰举行，西北师范大学文学院原院长彭金山教授，省作协主席邵振国，市政协副主席郭晓霞，著名编剧高戈和作家贾羽、马启昕、杨永康、李致博、付兴奎等省内外40多名文艺界专家、学者、作家和市文联负责同志等参加研讨。

17日，省长助理、市委书记夏红民接受《今日中国》记者采访。

是日，《中国荞麦（庆阳）产业园发展规划》（2013—2022）在兰州通过评审。

17—18日，省发改委纪检组长冯旭一行稽查庆阳市城乡建设、政法、工业产业等重点项目。副市长黄继宗陪同。

18日，市委常委、政法委书记董建镇到庆城县庆城镇店子坪村调研　“联村联户、为民富民”行动开展情况。

是日，市委“联村联户、为民富民”行动华池县联县工作组会议召开。副市长白振海主持；市委常委、宣传部部长黄正军，副市长、长庆油田公司总经理助理、陇东指挥部指挥蒋杨贵，市政协副主席黄国锋出席并讲话。

是日，副市长田雁青赴“联村联户、为民富民”行动联系点宁县早胜镇寺底村调研。

18—22日，省老促会会长、兰州军区原副司令员陈秀中将调研庆阳市绒山羊产业化扶贫开发工作。22日，省长助理、市委书记夏红民主持召开座谈会，陈秀和市委副书记、市长栾克军，市老促会会长、原市委常委、庆阳军分区司令员曹昌俊出席并讲话，市委副书记任燕顺，副市长秦华，市政府秘书长贺建宏出席。

18—19日，国家开发银行评审三局局长孟亚平带领调研组来庆阳市调研。副市长秦华汇报全市基本市情及经济社会发展情况。

19日，省委常委扩大会议召开，传达党的十八届二中全会和全国“两会”精神。省长助理、市委书记夏红民，市委副书记、市长栾克军参加。

是日，市委“联村联户、为民富民”行动宁县联县工作组会议召开。市人大常委会主任付振伟出席并讲话，副主任刘秉宁主持，副市长田雁青、陇东学院院长郭维俊以及市人大常委会秘书长蔡森贵出席。

是日，市委常委、常务副市长李银在市国土资源局调研。

19—21日，省政府妇儿工委第二督查组到庆阳市督查妇女儿童发展规划实施情况。副市长田雁青陪同。21日上午，督查组召开座谈会。

20日，省长助理、市委书记夏红民在北京清华园与清华大学党委书记胡和平会谈，双方围绕贯彻落实甘肃省与清华大学战略合作框架协议精神，就庆阳市高层次人才引进、深化校地合作等事宜达成一致共识和初步合作意向。清华大学党委副书记史宗恺、就业指导中心主任熊义志、研工部副部长林成涛，市委常委、西峰区委书记章志兼，市委组织部、市能源化工集团公司、市经济技术开发区有关负责同志参加上述活动。

是日，庆阳市消防工作电视电话会议召开。副市长周继军出席并讲话。

是日，市政协召开三届六次常委会，传达学习全国“两会”精神，安排近期重点工作。市政协主席张文礼主持，副主席朱治晖、刘晓利、郭晓霞、黄国锋、李伟、黄占俊、窦宏邦，秘书长杨静仁出席。

21日，全省“联村联户、为民富民”行动电视电话会议召开。省长助理、市委书记夏红民在兰州参加，市上领导栾克军、张文礼、任燕顺、董建镇、李学宏、黄正军、桂泽发、闫庆生、雷沫里、黄继宗、秦华、田雁青、白振海、蒋杨贵、周继军、黄国锋、窦宏邦、任尔昕、田金、郑银生和市政府秘书长贺建宏在庆阳分会场参加。

是日，市委副书记、市长栾克军主持召开市长办公会，分析研究当前旱情形势，安排部署抗旱减灾和春耕生产工作。副市长秦华、周继军分别安排部署庆阳市当前抗旱和防灾减灾工作，市政府秘书长贺建宏出席。

是日，武警庆阳支队召开宣布命令大会。市委常委、政法委书记董建镇出席并讲话，副市长周继军，市政府党组成员、公安局局长郑银生出席。

22日，市委副书记、市长栾克军会见窑街煤电集团公司董事长王明一行。副市长白振海，副市长、长庆油田公司总经理助理、陇东指挥部指挥蒋杨贵，市政府秘书长贺建宏，窑街煤电集团公司党委书记田靖安、常务副总经理张相成，市直有关部门、西峰区、合水县以及窑街煤电集团相关负责人参加。

是日，市委副书记、市长栾克军，副市长周继军，市政府秘书长贺建宏在庆阳分会场参加全省依法行政领导小组（扩大）视频会议。

是日，市委常委、宣传部部长黄正军调研庆化实验学校和长庆中学项目建设进展情况。

是日，“联村联户、为民富民”行动正宁联县工作组第四次会议召开。市政协主席张文礼，市政府党组成员、公安局局长郑银生出席。

是日，副市长白振海主持召开庆阳机场改扩建工程协调推进会议。

23日，省长助理、市委书记夏红民，市委副书记、市长栾克军，市人大常委会主任付振伟，市政协主席张文礼和市区直有关部门负责人及驻峰部队广大官兵500多人，在西峰区董志镇的城区生态防护纪念林区，参加义务植树活动。

是日，市委副书记、市长栾克军在西峰区调研城市建设和城市管理工作。副市长周继军、市政府秘书长贺建宏一同调研。

是日，庆阳市民政救灾资金安排会召开。副市长周继军主持。

23—24日，省长助理、市委书记夏红民在镇原县调研抗旱和春耕生产工作。市委副书记任燕顺、副市长秦华一同调研。

24日，市委副书记、市长栾克军在庆城县调研抗旱和春耕生产工作。市政府秘书长贺建宏一同调研。

是日，市委副书记、市长栾克军会见天津立林机械集团有限公司董事长、总裁王树森一行。副市长白振海、市政府秘书长贺建宏参加。

25日，省长助理、市委书记夏红民与交通银行甘肃省分行行长胥小彪会谈，双方就建立长期全面政银战略合作关系达成共识。市委常委、副市长桂泽发与交通银行甘肃省分行副行长郭小静签署政银战略合作框架协议。市委常委、常务副市长李银，交通银行甘肃省分行副行长王麟等参加。

是日，市委“联村联户、为民富民”行动协调推进领导小组第八次会议召开。市委副书记任燕顺主持并讲话；市委常委、纪委书记李学宏，市委常委、宣传部部长黄正军，庆阳军分区政委黄书伴，市人大常委会副主任雷沫里，副市长秦华，市政协副主席窦宏邦出席。

是日，庆阳市集邮协会、中国石油长庆片区老年集邮协会在全省集邮协会成立30周年纪念大会上，被评为全省集邮先进组织。钱德孚、张培健、张骁骏、郑建勋、柳锋、贾平章等六人荣获全省集邮先进个人荣誉称号。

25—29日，副市长秦华带领相关部门负责人赴环县、华池、庆城调研抗旱及春耕生产工作。

26日，市委副书记、市长栾克军在兰州参加国务院第一次廉政工作会议暨省政府廉政工作电视电话会议。省长助理、市委书记夏红民，市上领导李银、桂泽发、辛刚国、黄继宗、田雁青、白振海、蒋杨贵、周继军、郑银生和市政府秘书长贺建宏在庆阳分会场参加。

是日，庆阳市创建全国文明城市工作协调会议召开。市委常委、宣传部部长黄正军主持并讲话，副市长田雁青出席。

26—28日，上海展望发展进修学院院长严凯调研庆阳市干部教育培训工作。28日，市委常委、组织部部长阎晓辉主持召开调研座谈会。

27日，市委中心组学习会议召开，邀请国家苹果产业体系岗位专家霍学喜、赵政阳教授作《现代苹果与产业经济》专题辅导报告。省长助理、市委书记夏红民主持并讲话。全体在庆市级领导，市直各部门、部省属驻庆单位负责人，各县（区）委书记、县（区）长和分管副县（区）长，50个苹果产业重点乡镇主要负责人，市直农口部门部分专业技术人员，各县（区）农牧局、林业局、果业局主要负责人及业务负责人，市委党校2013年春季主体班次学员和陇东学院有关专家教授及农林科技学院学生700多人聆听了报告。

是日，省长助理、市委书记夏红民，市委副书记、市长栾克军接受甘肃电视台、甘肃经济日报记者专访。

是日，市政府三届第20次常务会议召开，研究庆阳市财政、招商引资和道路交通安全等工作，安排部署当前抗旱救灾事宜。栾克军主持并讲话，李银、桂泽发、辛刚国、黄继宗、秦华、田雁青、白振海、蒋杨贵、周继军、郑银生、贺建宏出席。

是日，市委副书记、市长栾克军主持召开西峰民俗文化产业园规划设计讨论会。市政府秘书长贺建宏出席。

是日，市委副书记任燕顺主持召开扶贫信贷合作扶持农户发展产业试点工作协调推进会并讲话。

是日，中央和省上召开春苗营养计划电视电话会议。市委常委、组织部部长阎晓辉在庆阳分会场参会并发言。

28—29日，副省长王玺玉到镇原县、庆城县、环县查看旱情灾情，了解群众生活情况，慰问受灾群众，指导抗旱救灾工作。省政府副秘书长、法制办主任唐晓明和省民政厅副厅长张柯兵一同调研；市委副书记、市长栾克军，副市长周继军，市政府秘书长贺建宏陪同。

29日，全省华夏文明传承创新区建设大会在兰州召开。省长助理、市委书记夏红民参加，并作为第一组召集人主持讨论。

是日，镇原县“联村联户、为民富民”行动省市县乡四级统筹协调会议召开，研究建立和完善双联行动联动协调推进机制工作。市委副书记任燕顺主持并讲话，省农科院院长宋尚有、党委书记钱加绪、副院长贺春贵出席。

是日，副市长秦华赴“联村联户、为民富民”行动联系点庆城县玄马镇贾桥村、庆城镇店子坪村调研。

是日，正宁县周家乡乡长张茂龙被省委、省政府授予甘肃省第三届道德模范“助人为乐模范”荣誉称号。

30日，省农科院与镇原县政府举行院地合作协议签约暨“联村联户、为民富民”行动春季活动仪式。省农科院院长宋尚有、党委书记钱加绪、副院长贺春贵和市委副书记任燕顺出席。

是日，陕甘边革命根据地南梁纪念馆展陈工作会议召开。市委常委、组织部部长阎晓辉出席并讲话。

是日，镇原县上肖乡路岭村召开“联村联户、为民富民”行动扶贫奔小康规划村民大会。市委常委、副市长桂泽发出席并讲话，副市长秦华出席。

是日，庆阳市抗旱春耕生产和森林草原防火工作视频会议召开。副市长秦华出席并讲话。

30—31日，由中国延安精神研究会、中国关心下一代工作委员会、共青团中央、中国青少年网络协会、全国红军小学建设工程理事会共同主办的“环县八珠红军小学”、“华池列宁红军小学”授旗授牌感恩捐赠仪式先后在环县八珠乡、华池县南梁镇举行。中国延安精神研究会常务副会长兼秘书长、全国红军小学建设工程理事会党组书记兼副理事长苏希胜少将向环县团县委和《道情声声》导演史丽娟分别颁发全国红办“沿着党的足迹向前、走进淮安音乐剧《道情声声》”金奖奖牌和最佳导演奖，向华池列宁红军小学授爱国主义教育基地牌匾。邓小平同志警卫秘书、全国红军小学建设工程理事会副理事长张宝忠中将向两所学校授校旗并讲话。省委常委、宣传部部长、全国红军小学建设工程理事会副理事长连辑向两所学校授校牌并讲话。中国人民解放军军事科学院政治部原主任、全国红军小学建设工程理事会副理事长张东辉少将出席活动仪式。省长助理、市委书记夏红民致辞。全国红军小学建设工程理事会副理事长兼秘书长方强宣布两所红军小学立项决定。市委副书记、市长栾克军，省委宣传部副巡视员赵延河和市委常委、宣传部部长黄正军，副市长辛刚国，市政府秘书长贺建宏出席活动仪式。

是日，水利部灌排中心总工程师韩振中带领国家防总工作组检查庆阳市抗旱生产工作。省水利厅副巡视员、总工翟自宏一同检查，副市长秦华、周继军先后陪同。

31日，市委常委会议召开，研究部署庆阳市“联村联户、为民富民”行动、财政预算编制、非公经济、文化产业发展、全国文明城市创建和招商引资考核奖惩等工作。夏红民主持，栾克军、任燕顺、阎晓辉、李银、董建镇、李学宏、黄正军、章志兼、闫晓峰、桂泽发出席，张文礼、郭文奎、毛林珠列席有关议题。

是日，庆阳市在华池县南梁举行向南梁革命烈士纪念碑敬献花篮仪式。中国延安精神研究会常务副会长兼秘书长、全国红军小学建设工程理事会党组书记兼副理事长苏希胜少将，邓小平同志警卫秘书、全国红军小学建设工程理事会副理事长张宝忠中将，省委常委、宣传部部长连辑，中国人民解放军军事科学院政治部原主任、全国红军小学建设工程理事会副理事长张东辉少将，全国红军小学建设工程理事会副理事长兼秘书长方强，省委宣传部副巡视员赵延河出席。省长助理、市委书记夏红民讲话，市委副书记、市长栾克军主持。市委、市人大、市政府、市政协、庆阳军分区在庆领导，公检法三长，市人大、市政府、市政协秘书长，市直各部门负责人，华池县委、县人大、县政府、县政协、人武部、县直有关部门负责人和列宁红军小学学生参加敬献花篮仪式。

是日，市委常委、组织部部长阎晓辉督查南梁红色旅游小镇建设。

▲市残疾人工作荣获2012年度全省目标责任制考核一等奖。

▲市总工会荣获2012年度全省工会工作目标责任书考核一等奖。

▲市机关事务管理局被评为首批省级节约型公共机构示范单位，受到省委、省政府的表彰奖励，并在全省贯彻落实《机关事务管理条例》改进工作作风推进节约型机关建设暨省机关事务工作协会二届三次理事会会议作了交流发言。

▲打庆收费所先后被甘肃省公路局授予“行业文明单位”称号，被庆阳市命名为“市级文明单位”。

▲甘肃省第七届敦煌文艺奖近日揭晓，庆阳市推荐的7项文艺成果获奖。镇原县艺隆演艺有限公司陇剧《古月承华》、杨浩奇书法作品《董其昌论书》荣获二等奖，庆阳市广播电视台的纪录片《传奇陇剧》、甘肃大河传媒有限公司的电影《凤凰沟的春天》、汪忖芝的长篇小说《西部草莽》、贾岷铭作词白新文作曲的歌曲《新唱绣金匾》、张文平油画作品《收获的季节》荣获三等奖。镇原县秦剧团原编剧、国家二级戏曲编剧刘镜荣获文艺终身成就奖。庆阳市获奖数量位列全省市州第三名。

▲全省劳务经济统计工作表彰会暨全省劳务经济工作座谈会议上，庆阳市荣获2012年度全省劳务经济目标责任制考核一等奖。

▲宁县鸿兴家庭农场注册成立，为我省首个注册的家庭农场。

▲宁县荣获2012年“全国农田水利基本建设先进县区”称号。

▲环县被列为全国首批供水、苦咸水淡化试点县。

▲庆阳市文联荣获2012年度全省基层文联先进单位，同时受到表彰奖励的先进单位还有西峰区文联及先进个人安文丽、杨佩彰、高梅3名文艺工作者。

▲华池县柔远镇被命名为“全国人口和计划生育依法行政示范乡镇”。

## 四 月

1日，副省长张广智带领省政府副秘书长俞建宁、省文化厅厅长邵明、省住建厅副厅长刘永堂来庆阳市调研文化产业发展、城市建设规划等工作。省长助理、市委书记夏红民陪同并主持召开座谈会，市委副书记、市长栾克军汇报全市经济社会发展、文化产业发展和城市建设等工作进展情况，副市长辛刚国陪同。副市长黄继宗、田雁青，市政府秘书长贺建宏出席座谈会。

是日，省长助理、市委书记夏红民，市委副书记、市长栾克军与中国文化传媒集团党委书记刘杰会谈，双方就文化产业开发等工作进行了交流。副市长田雁青、市政府秘书长贺建宏参加，市委常委、宣传部部长黄正军陪同调研庆阳市民俗文化产业园项目。

是日，庆阳市县处级干部学习贯彻落实党的十八大精神轮训班开班。市委常委、组织部部长阎晓辉出席并讲话，党的十八大代表、市工商局副调研员、甘肃华兴实业有限责任公司党建指导员权有让对十八大精神作了专题辅导。

是日，副市长秦华在西峰区和合水县督查抗旱春耕生产及森林防火工作。

2日，省长助理、市委书记夏红民在环县调研指导抗旱救灾和春耕生产工作。市委副书记任燕顺、副市长秦华一同调研。

是日，庆阳市“民企陇上行”专项行动推进会议召开。副市长辛刚国出席并讲话。

是日，省建设厅副厅长刘永堂在庆阳市调研。副市长黄继宗陪同调研。

是日，庆阳市非公经济发展协调推进领导小组会议召开。副市长田雁青出席，副市长白振海出席并讲话。

是日，甘肃银行党委书记、董事长、行长李鑫和党委副书记、副行长刘青一行来庆阳市调研能源化工产业开发工作。副市长白振海主持召开座谈会。

是日，副市长周继军主持召开减灾委员会成员单位会议。

是日，西北最早的共产党员之一、甘肃省第一个农村党组织的创建人王孝锡烈士纪念馆开馆仪式在宁县九龙广场举行。

3日，庆阳能源化工集团有限公司正式成立。省长助理、市委书记夏红民，市委副书记、市长栾克军为公司揭牌；市委常委、常务副市长李银主持公司成立暨项目签约大会；市委常委、政法委书记董建镇，市委常委、统战部部长闫晓峰，市人大常委会副主任郭文奎，副市长、长庆油田公司总经理助理、陇东指挥部指挥蒋杨贵，市政协副主席黄占俊与甘肃银行董事长、行长李鑫，甘肃银行副行长刘青，中国信达甘肃分公司副总经理汪雄亚，国家开发银行甘肃省分行副行长张禔，浦发银行兰州分行副行长景卫红，长庆油田公司副总经理杨再生，中石化华北油田分公司副总工李建山，北京泰远汽车自动防撞器制造有限公司董事长刘泰远出席大会；副市长白振海讲话。

是日，市委副书记、市长栾克军在环县检查抗旱和春耕生产，副市长、长庆油田公司总经理助理、陇东指挥部指挥蒋杨贵，市政府秘书长贺建宏一同调研。

是日，国家开发银行甘肃分行工作组来庆阳市调研水务集团融资情况。副市长秦华出席座谈会。

是日，2012年度中国驰名商标和甘肃省著名商标授牌大会召开。副市长田雁青在庆阳分会场参加。

是日，长庆油田公司副总经理杨再生来庆阳市调研。副市长白振海陪同。

5日，省长助理、市委书记夏红民与中国人民大学副校长刘向兵进行会谈，双方就深化校地合作有关事宜交换意见并达成了共识。市委常委、常务副市长李银，市委常委、统战部部长、秘书长闫晓峰参加。

6日，市委、市政府在南梁革命纪念馆举行“铭记光荣历史、缅怀革命先烈”主题祭奠活动，中央电视台新闻频道进行现场连线直播。省长助理、市委书记夏红民，市委副书记、市长栾克军，市委常委、宣传部部长黄正军，市政府秘书长贺建宏出席。

7日，庆阳市第一次财税联席会议召开。市委常委、常务副市长李银出席并讲话。

是日，庆阳市千名农村实用人才培训工程河南南街村培训班在河南省漯河市临颍县南街村举行。市委常委、组织部部长阎晓辉出席并讲话。

是日，庆阳市与中央电视台甘肃记者站新闻报道选题策划会召开，这是庆阳市首次与国家级主流新闻媒体举行的新闻宣传策划会。市委常委、宣传部部长黄正军出席并讲话。

7—8日，副市长秦华带领有关部门负责人，在宁县和正宁县先后对两县抗旱春耕生产、“一县一乡三村”现代农业示范工程建设、造林绿化及流域治理等工作进行了现场督查。

8日，市委办公室召开干部职工大会，宣布市委关于市委秘书长的任命决定。市委决定，闫晓峰任中共庆阳市委秘书长（兼）。市委副书记任燕顺主持并讲话，市委常委、统战部部长、秘书长闫晓峰出席并讲话。

是日，市总工会二届八次全委（扩大）会议召开。市委副书记任燕顺出席并讲话，市委常委、统战部部长、秘书长闫晓峰主持并讲话。

是日，副市长黄继宗赴西峰区调研“城市管理年”活动开展情况。

是日，副市长周继军赴镇原县武沟乡焦岗村调研。

9日，市委常委扩大会议召开。夏红民主持，栾克军讲话，张文礼、任燕顺、李银、董建镇、李学宏、黄正军、张志升、章志兼、闫晓峰等出席。

是日，庆阳市2013年“联村联户、为民富民”行动工作会议召开。省长助理、市委书记夏红民出席并讲话，市委副书记、市长栾克军主持，市委副书记任燕顺通报2012年度全市双联行动考评情况。在庆市级领导，市委各部委、市政府各部门、市直有关企事业单位、部省驻庆单位和部分民营企业主要负责人以及各县（区）委书记、县（区）长、分管双联工作的负责人和双联办主任参加了会议。宁县县委、市委组织部、市水保局、合水县太莪乡等4个单位和李雨、曹段吉两名帮联干部作了书面交流发言。

是日，庆阳市重点项目招商引资分析会议召开。市委副书记、市长栾克军主持并讲话，副市长白振海、市政府秘书长贺建宏出席。

是日，市委副书记任燕顺主持召开扶贫信贷合作扶持农户发展产业试点工作第二次协调推进会。

是日，庆阳市节水型社会建设试点工作领导小组第三次会议暨加快水利改革试点工作领导小组第一次会议召开。副市长秦华出席并讲话。

9—11日，九三学社甘肃省委副主委、省政协副秘书长张鸣实带领省承接产业转移第六督查考核组，深入宁县、正宁县、庆城县和西峰区督查考核。副市长白振海陪同督查并主持召开汇报会。

是日，省妇联副主席管春梅一行来庆阳市调研妇女小额担保贷款工作。

10日，庆阳市就业创业工作表彰大会召开。市委副书记、市长栾克军出席并讲话，市委常委、常务副市长李银主持，市人大常委会副主任刘秉宁、市政协副主席朱治晖和市政府秘书长贺建宏宣读表彰决定。

是日，市委常委、常务副市长李银参加市委常委、副市长信访接待日活动。

是日，副市长白振海带领市交通运输局、庆阳公路总段负责人，督查新南二级公路项目建设进展情况。

是日，副市长周继军主持召开市公安局技侦大楼项目建设推进会。

10—14日，由庆阳籍台商、台湾中华营销广告文化协会理事长、台湾中华工商业联合会协会秘书长、台湾家企业董事长、深圳宽博商务咨询有限公司总裁、广州宽福保险代理有限公司总裁李正言带领的台湾中华营销广告文化协会参访团一行在西峰区、合水县、庆城县、镇原县进行考察。10日，省长助理、市委书记夏红民会见参访团一行，市委常委、常务副市长李银，市委常委、统战部部长、秘书长闫晓峰，副市长辛刚国参加。同日，闫晓峰主持召开座谈会，市政协副主席郭晓霞出席。13日，栾克军、闫晓峰会见参访团一行。

11日，庆阳市“联村联户、为民富民”行动扶贫攻坚试点工作在宁县湘乐镇启动。省长助理、市委书记夏红民出席并讲话；市委副书记任燕顺主持；市委常委、统战部部长、秘书长闫晓峰，陇东学院院长郭维俊，副市长秦华，市直有关部门负责人和各县（区）分管负责人、农村工作部部长（双联办主任）、扶贫办主任，各试点乡镇、试点村的负责人参加。

是日，市委副书记、市长栾克军在镇原县调研抗旱扶贫工作。市政府秘书长贺建宏一同调研。

是日，市委“联村联户、为民富民”行动协调推进领导小组第九次会议召开。市委副书记任燕顺主持并讲话，市委常委、宣传部部长黄正军就宣传工作作了安排。市人大常委会副主任雷沫里，副市长秦华，庆阳军分区政治部主任顾伟出席。

是日，庆阳市油区治安管理工作会议召开。市委常委、政法委书记董建镇出席并讲话，长庆油田公司副总经理、安全总监杨再生和副市长、长庆油田公司总经理助理、陇东指挥部指挥蒋杨贵出席，副市长周继军主持。

是日，市人大常委会副主任吴秉儒带领部分市人大代表深入西峰区什社乡新兴村调研。

11—12日，副市长辛刚国赴“联村联户、为民富民”行动联系点镇原县殷家城乡调研。

12日，市委副书记、市长栾克军主持召开办公会议，专题研究部署加快庆阳石化600万吨升级改造项目建设工作。市委常委、西峰区委书记章志兼，市人大常委会副主任、庆阳石化公司总经理张栋杰，副市长白振海，副市长、长庆油田公司总经理助理、陇东指挥部指挥蒋杨贵，庆阳石化公司党委书记、副总经理刘至祥，市政府秘书长贺建宏等出席。

是日，市政府廉政工作电视电话会议召开。市委副书记、市长栾克军出席并讲话；市委常委、常务副市长李银主持；市委常委、纪委书记李学宏，副市长周继军，市中级人民法院院长任尔昕及市政府秘书长贺建宏出席。

是日，市委副书记任燕顺在镇原县上肖乡路岭村主持召开“联村联户、为民富民”行动扶贫奔小康试点工作协调推进现场会，调研镇原县城关镇祁川村双联工作。

是日，2013年第三次安委会全体成员单位（扩大）会议召开。副市长白振海出席并讲话，副市长、长庆油田公司总经理助理、陇东指挥部指挥蒋杨贵主持。

是日，庆阳市消防工作推进会召开。市委常委、政法委书记董建镇主持，副市长周继军出席并安排消防工作。

是日，省政府机关使用正版软件工作督查组来庆阳市督查。副市长周继军主持召开汇报会。

是日，市委常委、庆阳军分区司令员张志升，军分区政治部主任顾伟带领官兵赴镇原县太平镇柴庄村送水抗旱。

12—15日，全国政协委员、省政协副主席栗震亚一行来庆阳市调研陇东南华夏文明文化历史区建设和“联村联户、为民富民”工作。12日下午，省长助理、市委书记夏红民主持汇报会，副市长辛刚国汇报全市推动陇东南华夏文明文化历史区建设工作。

13日，“一区四园”建设启动会议召开。副市长白振海出席并主持。

14日，省长助理、市委书记夏红民赴环县调研抗旱和扶贫等工作。副市长秦华一同调研。

是日，市委副书记、市长栾克军，市委副书记任燕顺赴宁县湘乐镇樊湾村调研扶贫工作。市政府秘书长贺建宏一同调研。

14—17日，省信访局督查专员王宗良带领省信访联席会议调研督导组来庆阳市调研督导信访工作。市委常委、政法委书记董建镇，副市长周继军陪同在西峰区督查。

15日，庆阳市招商引商工作推进会议召开。

16日，“联村联户、为民富民”行动合水县帮扶工作推进会议召开。市委常委、常务副市长李银主持，陇东学院党委副书记赵连印出席。

是日，市委常委、宣传部部长黄正军赴华池县柔远镇李庄村开展“联村联户、为民富民”帮扶活动。

是日，庆阳军分区官兵和市民兵应急分队在华池县南梁镇进行为期半个月的集中训练和参与地方经济建设活动。军分区组织在列宁学校操场举行誓师大会，省军区参谋长李林少将，市委常委、宣传部部长黄正军和市委常委、军分区司令员张志升在誓师大会上讲话；军分区副司令员刘光瑜主持；军分区参谋长毛林珠、政治部主任顾伟出席。

17日，市委常委、政治委书记董建镇在庆阳分会场参加全省第一季度信访形势通报电视电话会议。

是日，庆阳市举办大型历史文化高清纪录片《黄土塬》（暂定名）脚本研讨会。市委常委、宣传部部长黄正军出席并主持。

是日，交通运输部办公厅副主任黄小平带领“革命老区交通运输发展”调研组实地调研华池县红色旅游公路建设规划情况。市委常委、常委副市长李银陪同。

是日，2013年庆阳市第一次金融联席会议召开。市委常委、副市长桂泽发出席并讲话。

是日，临夏州考察团来庆阳市考察。副市长辛刚国陪同。

17—20日，省委书记、省人大常委会主任王三运先后在环县、宁县、西峰区调研抗旱救灾、扶贫开发工作和香包刺绣产业。省委常委、秘书长李建华一同调研，省长助理、市委书记夏红民和市委副书记、市长栾克军陪同。17日晚，王三运在环县召开座谈会，强调要全力以赴打好抗大旱保春耕这场硬仗，千方百计安排好受灾群众的基本生活，齐心协力打好扶贫攻坚战，谱写中国梦甘肃美好新篇章。李建华、夏红民、栾克军和市委副书记任燕顺，副市长秦华，市政府秘书长贺建宏参加座谈会。市委常委、西峰区委书记章志兼，市委常委、统战部部长、秘书长闫晓峰陪同在西峰区调研。

18日，庆阳市文化产业发展协调推进小组会议召开。市委常委、宣传部部长黄正军主持。

19日，庆阳市双向交流任职和公开选拔到基层挂职干部座谈会召开。市委常委、组织部部长阎晓辉出席并讲话。

是日，庆阳市2时—14时实施人工影响天气增雨作业，土壤耕作层墒情得到明显改善。

19—21日，“美丽中国·村官先行”全国大学生村官贯彻党的十八精神学习交流活动在庆阳市举行。国务院发展研究中心原副主任鲁志强，共青团中央网络影视中心主任金东，中国民族贸易促进会执行会长刘延宁，中国社会科学院人事教育局局长张冠梓，全国红军小学建设工程理事会副理事长、秘书长方强，共青团中央农村青年工作部副部长张传慧，共青团中央网络影视中心副主任、中国青少年网络协会秘书长郝向宏，中组部组织二局六处任立，中国民族贸易促进会副秘书长康哲秀，中国青年网总编辑蔺玉红、副总编辑金锐，中国农业大学教授、三农问题专家胡跃高，江苏大学生村官研究所副所长李义良，全国红军小学建设工程理事会办公室主任熊伟，天水市委常委、组织部部长王光庆等参加活动。20日上午，全国大学生村官贯彻党的十八大精神学习交流活动图文征集颁奖典礼举行。市委副书记任燕顺致辞，刘延宁、鲁志强出席颁奖典礼并讲话，市委常委、组织部部长阎晓辉主持。20日下午，任燕顺主持交流论坛，阎晓辉参加。

20日，市委常委扩大会议召开，传达学习省委书记、省人大常委会主任王三运在庆阳市调研抗旱、扶贫攻坚和文化产业发展等工作时的重要讲话精神，研究部署全市贯彻落实意见。夏红民主持，栾克军讲话。市人大、市政府、市政协全体在家领导，公、检、法三长，市人大、市政府、市政协秘书长，市委、市政府副秘书长、办公室副主任，市委、市政府有关部门负责人，各县委书记、县（区）长参加。

是日，镇原县新城乡杜寨小学高级教师孙志春应邀参加在北京举行的“国艺杯”全国书法大赛开幕式暨颁奖仪式，其书法作品荣获本次大赛二等奖，获奖金2万元，这是庆阳市书法界目前获奖金额最高的。

21日，庆阳市人感染H7N9禽流感防控工作汇报会召开。市委常委、宣传部部长黄正军出席并主持。

是日，财政部驻甘专员办党组书记、监察专员杨体军、省国税局副局长梁云才来庆阳市检查指导国税工作。市委常委、副市长桂泽发陪同。

22日，庆阳市招商引资工作座谈会召开。副市长黄继宗主持。

是日，市政协机关干部职工大会召开。市政协主席张文礼主持，副主席朱治晖、刘晓利、郭晓霞、黄占俊、窦宏邦及秘书长杨静仁出席。

23日，市委、市人大、市政府、市政协、庆阳军分区举行向四川雅安地震灾区捐款仪式。夏红民、付振伟、张文礼、董建镇、李学宏、黄正军、章志兼、闫晓峰、桂泽发、雷沫里、郭文奎、黄继宗、田雁青、白振海、朱治晖、刘晓利、黄国锋、黄占俊、窦宏邦、刘光瑜、任尔昕、田金、郑银生、贺建宏等参加捐款仪式并带头捐款，闫晓峰主持，现场捐款102080元。在外出差和学习的市上领导栾克军、任燕顺、阎晓辉、李银委托工作人员向灾区捐款。

是日，市委常委、政治委书记董建镇，市人民检察院检察长田金听取新庄煤矿建设前期工作汇报。

是日，市人大常委会党组中心组学习会议召开。市人大常委会主任付振伟主持，副主任刘秉宁、吴秉儒、雷沫里、郭文奎出席，秘书长蔡森贵传达讲话精神。

是日，副市长黄继宗主持召开会议，专题研究部署推进“市区城市管理提升”活动。

是日，市委、市政府召开西峰至合水二级公路协调领导小组会暨项目推进会，专题研究部署征地拆迁工作。市委常委、政法委书记董建镇出席并讲话，副市长白振海主持。

23—25日，省监察厅副厅长李在琼带领省安委会第一督查组对庆阳市安全生产工作进行督查。市委常委、纪委书记李学宏主持召开汇报反馈会，副市长白振海政府汇报工作并陪同督查。

23—26日，省政协副主席、民盟甘肃省主委张世珍带领调研组，专题调研庆阳市大型能源化工基地水资源保障课题及水资源开发与利用工作。省政协副秘书长、民盟甘肃省委专职副主委周鹰，省水保局局长尚桢，市政协副主席、民盟庆阳市委主委郭晓霞及省水利厅相关领导和专家参加。市委常委、副市长桂泽发主持召开汇报会。

24日，省长助理、市委书记夏红民，市委副书记、市长栾克军会见国家保密局副局长梁建生。省委保密委办公室主任、省国家保密局局长李维平，省委保密委办公室副主任、省国家保密局副局长张云戟、张炜和市委常委、统战部部长、秘书长闫晓峰，副市长周继军参加。

是日，甘肃省社会主义学院副院长、甘肃中华职教社副主任白元善考察落实中华职教社“温暖工程教育移民项目”并召开座谈会。市委常委、统战部部长、秘书长闫晓峰陪同考察座谈。

是日，庆阳市企业债券发行工作会议召开。市委常委、副市长桂泽发出席并讲话。

25日，市委中心组学习会议召开，邀请国家保密局副局长梁建生作主题为《认清严峻形势做好保密工作》的辅导报告。省长助理、市委书记夏红民主持并讲话。全体在庆市级领导，市人大、市政府、市政协秘书长，市直各部门主要负责人，中央、省属驻庆有关单位负责人参加。

是日，庆阳市推动非公有制经济跨越发展大会召开。省长助理、市委书记夏红民主持并讲话，市委副书记、市长栾克军出席并讲话，市上领导付振伟、董建镇、李学宏、黄正军、章志兼、闫晓峰、桂泽发、吴秉儒、雷沫里、辛刚国、田雁青、朱治晖、刘晓利、黄国锋、黄占俊、窦宏邦、任尔昕、田金、郑银生和市政府秘书长贺建宏出席。

是日，庆阳市第二届劳动模范和先进工作者表彰大会召开。省长助理、市委书记夏红民出席并讲话，市委副书记、市长栾克军主持，市委常委、统战部部长、秘书长闫晓峰宣读《中共庆阳市委庆阳市人民政府关于表彰庆阳市第二届劳动模范和先进工作者的决定》。市人大常委会主任付振伟，市委常委、政法委书记董建镇，市委常委、宣传部部长黄正军，市委常委、西峰区委书记章志兼，市委常委、副市长桂泽发分别为劳动模范和先进工作者颁奖。在庆市级领导，市直各部门和中央、省属驻庆有关单位负责人，各县委书记、县（区）长，工会主席，市级劳动模范和先进工作者，以及来自石化、电力、卫生、建设、环卫等行业代表参加。

是日，由市总工会、长庆油田公司工会联合主办的《劳动者赞歌》文艺晚会在市政府礼堂演出。省长助理、市委书记夏红民，市上领导栾克军、董建镇、闫晓峰、桂泽发、雷沫里、窦宏邦、刘光瑜，市政府秘书长贺建宏，全市第二届劳动模范和先进工作者，市文广、卫生、教育、公安系统职工以及部分市民观看演出。

是日，省监察厅副厅长王立泰带领省纪委调研组来庆阳市调研反腐倡廉和派驻机构统一管理工作。市委常委、纪委书记李学宏主持召开座谈汇报会。

25—26日，省委保密办、省国家保密局在庆阳市召开全省保密技术调查研究现场会。中央保密委员会办公室副主任、国家保密局副局长梁建生出席，省委保密办主任、省国家保密局局长李维平出席并讲话，省委保密办副主任、省国家保密局副局长张云戟主持，省委保密办副主任、省国家保密局副局长张炜出席，副市长周继军致辞。

26日，庆阳市网络宣传工作座谈会召开。市委副书记、市长栾克军主持；市委常委、宣传部部长黄正军，副市长周继军，市政府党组成员、公安局局长郑银生，市政府秘书长贺建宏出席。

是日，市委副书记、市长栾克军主持召开西峰民俗文化产业园规划讨论会，副市长白振海出席。

是日，庆阳市新闻宣传暨新闻阅评工作座谈会召开。市委常委、宣传部部长黄正军出席并讲话。

是日，副市长白振海现场检查雷西高速公路建设进展情况，

是日，庆阳市民兵应急分队集中训练表彰大会在华池县南梁乡列宁小学举行。副市长周继军出席。

是日，庆阳市检察长视频会议召开。市委常委、政法委书记董建镇出席并讲话，副市长周继军出席并为获奖单位和个人颁奖，市检察院检察长田金与各县（区）检察院检察长签订了2013年度党风廉政建设责任书。

27日，市委三届第33次常委会议召开，研究部

署庆阳市农业农村和统筹推进“一线八域”建设、加快教育发展、加强干部监督管理等工作。夏红民、栾克军、任燕顺、阎晓辉、李银、董建镇、李学宏、黄正军、张志升、章志兼、闫晓峰、桂泽发出席，付振伟列席，辛刚国、秦华、郑银生、贺建宏列席有关议题。

是日，庆阳市网络舆情工作座谈会召开。副市长周继军出席。

是日，庆阳市促进道路交通运输企业落实安全主体责任工作会议召开。市委常委、政法委书记董建镇出席并讲话，副市长周继军和市中级人民法院院长任尔昕出席，市政府党组成员、公安局局长郑银生主持。

27—28日，省体育局工作组来庆阳市调研。副市长辛刚国陪同。

28日，省长助理、市委书记夏红民会见以中国诗歌学会副会长、原《诗刊》主编叶延滨为团长的“中国梦黄土情——著名作家看庆阳”采风团一行。市上领导李银、黄正军、闫晓峰、郭文奎、郭晓霞、赵连印参加。

是日，市政府与海南航空学校有限责任公司举行合作框架协议签约仪式，海航航校飞行员培训基地正式落户庆阳市。市委常委、政法委书记董建镇出席签约仪式并致辞，副市长白振海与海南航校董事长鲍汝林签订合作协议，甘肃机场集团副总裁杨彪出席。

是日，由省委宣传部、省文联、市委宣传部、陇东学院、《中国诗歌》杂志共同主办，合水县人民政府、陇东学院文学院、庆阳市文联、庆阳市作协等单位协办的高凯作品研讨会暨诗集《乡愁时代》首发式在陇东学院举行。市委常委、宣传部部长黄正军，市政协副主席郭晓霞，陇东学院党委副书记赵连印，陇东学院党委委员、纪委书记白生君出席。

▲庆阳百佳商贸有限公司被商务部确定为全国大型流通企业开拓农村市场重点联系单位。

▲市教育局局长卢化栋因“倡导师生读点‘无用’之书，以经典诵读带动中小学师生的读书热潮”被评为2012年度“全国推动读书十大人物”之一。

▲市环保局荣获2012年度全国全省环保政务信息工作先进单位称号。

▲市医鉴办被中华医学会评为2009—2012年度“优秀市级医鉴办”，全省仅有2家医鉴办获此殊荣。

▲市红十字会荣获全省目标管理考核第三名、全省红十字会系统筹资工作先进单位、全省红十字会系统宣传工作先进单位。

▲正宁县周家乡周城社区被国家减灾委员会和民政部命名为“全国综合减灾示范社区”。

▲王粉玲荣获2012年“全国孝亲敬老之星”荣誉称号。

## 五 月

1日，以“弘扬国学”为主题的祁学忠先生书法展在市老年活动中心举办，共展出书法作品100多幅。中国书法家协会副主席、甘肃省书协名誉主席张改琴为展览题词，省文联副主席、省书协常务副主席、中国书协理事、中国书协评审委员会委员翟万益等参观展览。

2日，省长助理、市委书记夏红民在北京与中国文化传媒集团负责人会谈，双方就庆阳文化产业开发以及地企合作交流等事宜进行了深入交流。市委常委、西峰区委书记章志兼，副市长黄继宗和中国文化传媒集团副董事长、中国文化报社总编辑宋合意，中国文化传媒集团党委书记刘杰参加。

2—3日，省长助理、市委书记夏红民赴国家发改委、中国国际工程咨询公司、中国铁路总公司汇报衔接银西铁路建设项目有关事宜。副市长黄继宗参加。

3日，市委副书记、市长栾克军到正宁县、宁县、西峰区实地检查重点项目建设进展情况。副市长白振海，市政府秘书长贺建宏一同检查。

是日，庆阳市推进人口计生工作视频会议召开。会上宣读了省长助理、市委书记夏红民和市委副书记、市长栾克军对全市人口和计划生育工作的重要批示。市委常委、宣传部部长黄正军主持，副市长田雁青出席并讲话。

是日，庆阳市质量工作会议召开。副市长田雁青出席并讲话。

5—6日，省工商局局长郭承录、省委督查室副主任郭新荣带领省委省政府非公经济第三督查组来庆阳市督查非公经济工作。5日下午，市委副书记、市长栾克军主持召开督查汇报会，副市长田雁青汇报全市推动非公经济跨越发展工作，市委常委、统战部部长、秘书长闫晓峰和市政府秘书长贺建宏出席，市非公经济领导小组成员单位负责人和企业代表参加汇报会。

5—7日，由中央统战部六局局长王永庆带领的全国新的社会阶层人士考察团考察调研庆阳市革命老区发展、城乡一体化建设、能源化工基地建设等情况。省委统战部副部长陈元龙和市委常委、统战部部长、秘书长闫晓峰陪同。6日，市委副书记、市长栾克军会见全国新的社会阶层人士考察团一行，闫晓峰和市政协副主席黄国锋、市政府秘书长贺建宏参加。

6日，庆阳市固定资产投资分析调度会议召开。市委副书记、市长栾克军主持并讲话，市委常委、常务副市长李银和副市长辛刚国、黄继宗分别就做好下一阶段的固定资产投资工作讲了具体意见。副市长秦华、白振海、周继军，市政府党组成员、公安局局长郑银生，市政府秘书长贺建宏出席。

是日，庆阳市2013年创建全国文明城市工作推进会议召开。市委常委、宣传部部长黄正军出席并讲话，副市长辛刚国主持。

是日，全国非公有制经济人士理想信念教育实践活动电视电话会议召开。副市长白振海在庆阳分会场参加。

6—7日，省政府参事室主任、党组书记卢有治一行来庆阳市调研创新农业经营体制情况。副市长秦华陪同。

6—20日，副市长、长庆油田公司总经理助理、陇东指挥部指挥蒋杨贵参加国家行政学院第6期风险防范与应急管理能力建设研讨班。

7日，市委副书记任燕顺在镇原县上肖乡路岭村调研督查“联村联户、为民富民”行动扶贫奔小康试点工作。

是日，市委副书记任燕顺出席庆阳市农科院干部职工大会，宣布市农科院主要领导任命的决定。

是日，市政府召开2013年庆阳市普通高考工作电视电话会议。副市长辛刚国出席并讲话。

是日，省人防办主任周应军、副巡视员史健全来庆阳市调研人民防空工作。副市长黄继宗陪同并主持召开汇报会。

7-8日，国家土地督察西安局党组书记、局长杨璐带领的土地例行督察组一行来庆阳市督察。7日，市委副书记、市长栾克军会见督察组一行。省国土资源厅厅长蒲志强，国家土地督察西安局副专员唐正国，省国土资源厅党组成员、执法监察局局长包自吉和市人大常委会主任付振伟，市委常委、常务副市长李银，市政协副主席朱治晖，督查组成员及庆阳市相关部门负责人参加。8日召开土地例行督察启动会，栾克军就配合做好督察工作提出要求，付振伟，李银汇报全市土地管理和利用情况。

8日，市委副书记、市长栾克军会见中石化华北石油局党委书记、副局长、华北分公司副总经理王程忠一行。市委常委、政法委书记董建镇及中石化甘肃石油分公司总经理张宏彦，华北石油局、华北分公司副总工程师、甘陕会战指挥部指挥李建山等参加。

是日，省国土资源厅厅长蒲志强来庆阳市调研国土资源管理和利用工作。市委副书记、市长栾克军，市委常委、常务副市长李银陪同。

是日，副市长黄继宗主持召开办公会议，研究庆阳市区重点项目选址有关事宜。

是日，共青团庆阳市二届六次全委（扩大）会议在西峰召开，并举办纪念五四运动94周年——“我的青春我的梦”主题演讲比赛。市委副书记任燕顺出席并讲话，市人大常委会副主任郭文奎、副市长田雁青、市政协副主席郭晓霞出席。

是日，庆阳市道路交通治限治超工作会议召开。市委常委、政法委书记董建镇主持，副市长周继军和市政府党组成员、公安局局长郑银生出席。

是日，省军区政治部主任杜永耀赴宁县调研基层武装工作。市委常委、庆阳军分区司令员张志升，军分区政治部主任顾伟陪同。

8—9日，国家食物与营养咨询委员会主任、中国农业科学院农业经济与政策顾问团团长万宝瑞，省农牧厅副厅长杨祁峰来庆阳市调研旱作农业发展情况。省长助理、市委书记夏红民与其进行会谈；市委副书记任燕顺，市委常委、统战部部长、秘书长闫晓峰，副市长秦华陪同。

9日，市委副书记、市长栾克军会见红星美凯龙家居集团股份有限公司执行总裁潘平一行，双方就有关合作事宜进行了会谈。副市长黄继宗，市政府秘书长贺建宏参加。

是日，庆阳市废旧地膜回收利用和白色污染治理工作会议召开。市委副书记任燕顺主持，副市长秦华出席并讲话。

是日，市委副书记任燕顺主持召开蒲河小盘河水库和巴家咀水库新增调蓄工程项目协调推进会。

是日，副市长黄继宗主持召开庆阳市城乡规划委员会第十五次会议。

是日，副市长周继军赴宁县、正宁调研道路交通安全、反邪教、平安创建工作。

10日　，市委常委、统战部部长、秘书长闫晓峰参加市委常委、副市长信访接待日活动。共接待来访群众24批72人次。

是日，庆阳市防汛工作会议召开。副市长秦华出席并讲话。

是日，庆阳市环境保护重点项目督查推进会议召开。副市长白振海主持并讲话。

是日，副市长周继军调研庆阳市公安技侦大楼项目建设情况。

10—13日，省政府城镇居民增收工作调研组来庆阳市调研。副市长田雁青陪同并参加座谈会。

11日，省长助理、市委书记夏红民分别与省政府副秘书长、省文史馆馆长张正锋一行、省审计厅厅长武毅举行会谈。

是日，西峰民俗文化产业园规划讨论会议召开。副市长田雁青出席。

12日，省审计厅厅长武毅带领调研组来庆阳市调研审计工作，并召开庆阳市财政收支审计交换意见会。市委常委、常务副市长李银陪同调研、出席会议并讲话。

12—13日，省长助理、市委书记夏红民在正宁县调研。市委常委、统战部部长、秘书长闫晓峰陪同。

是日，国家水利部水土保持司巡视员张新玉一行来庆阳市检查指导淤地坝安全管理工作。副市长秦华陪同。

12—17日，市委副书记、市长栾克军带队，先后赴广东省甘肃商会、华润新能源控股有限公司、正威集团、上海与红星美凯龙集团、安徽淮南矿业集团、淮北矿业集团和山东金正大生态工程股份有限公司开展招商引资活动。副市长黄继宗、白振海先后参加。17日在咸阳机场召开座谈会，总结赴东南六市招商引资的收获和经验，分析庆阳市招商引资工作面临的困难和问题，并对做好当前和今后一个时期的招商工作提出要求。

13日，庆阳市干部监督工作座谈会召开。市委常委、组织部部长阎晓辉出席并讲话。

是日，庆阳市“人才特区”建设试点工作推进会议召开。市委常委、组织部部长阎晓辉出席并讲话。

是日，甘肃省（陇东片）科技成果与技术市场培训班在庆阳市开班。省科技厅副厅长毛曼君出席并讲话，市委常委、副市长桂泽发致辞。

是日，省委省政府关于加快发展旅游业的意见贯彻落实情况调研组来庆阳市调研，并召开座谈会。副市长田雁青参加。

13-17日，市人大常委会主任付振伟带领由省、市人大代表组成的调研组，就《陕甘宁革命老区振兴规划》实施情况进行专题调研。市人大常委会副主任吴秉儒参加。

14日，省长助理、市长书记夏红民与原兰州军区副政委孔瑛举行会谈。

是日，副市长、长庆油田公司总经理助理、陇东指挥部指挥蒋杨贵在北京参加庆阳能源化工基地暨煤电一体化规划研讨会。

15日，国家土地督察西安局副专员唐正国在庆阳市专题宣讲土地管理法律法规政策。市委常委、常务副市长李银出席。

是日，市委常委、统战部部长、秘书长闫晓峰主持召开会议，安排部署贯彻落实中央改进工作作风密切联系群众“八项规定”、省委“双十条”规定及市委“实施细则”督促检查工作。

是日，副市长秦华带领相关部门负责人在巴家嘴水库及西峰城区督查防汛工作。

15—17日，庆阳市部分地方有小到中雨，局部地方有大雨。市气象局同时实施了增雨作业，此次降水缓解了旱情，降低了森林火险等级，提高了空气质量。

15—19日，副市长田雁青赴重庆参加第十七届中国国际投资贸易洽谈会。

15—21日，省委组织部干部选拔任用工作检查督导组来庆阳市，对市委换届以来干部选拔任用工作进行检查。15日召开民主评议会议，省长助理、市委书记夏红民和市上领导张文礼、任燕顺、阎晓辉、李银、章志兼、闫晓峰、桂泽发、刘秉宁、雷洙里、郭文奎、秦华、田雁青、朱治晖、郭晓霞、黄国锋、黄占俊、窦宏邦、任尔昕出席。

16日，庆阳市新农村建设暨现代农业综合示范工程创建工作推进会召开。副市长秦华主持并讲话。

是日，市委常委、副市长桂泽发在庆阳分会场参加全国、全省贯彻落实《中华人民共和国旅游法》

电视电话会议。

17日，市委常委、常务副市长李银在庆阳分会场收听收看全国、全省普通高校毕业生就业工作电视电话会议，并就贯彻落实国务院和省政府会议精神，做好庆阳市2013年普通高校毕业生就业工作提出要求。

是日，庆阳市与国家开发银行甘肃省分行扶贫信贷合作扶持农户发展产业试点业务培训班在庆阳市举办。市委副书记任燕顺出席开班仪式并作专题辅导，副市长秦华主持。

17—20日，市委常委、宣传部部长黄正军率庆阳代表团赴深圳参加第九届中国（深圳）国际文化产业博览交易会。期间成功签约5个文化产业招商引资项目，合同金额达13.6亿元。

20-22日，省文化厅副厅长、文物局局长杨惠福带领督察组深入镇原县、华池县和环县，对庆阳市文物保护工作进行督察。副市长田雁青陪同。

19日，省长助理、市委书记夏红民与兰州军区总医院副院长徐越斌一行进行会谈，就医疗卫生合作交流等事宜达成共识，并举行兰州军区总医院对口帮扶庆阳签字仪式暨高新技术演示会。市委常委、统战部部长、秘书长闫晓峰，副市长辛刚国参加。

20日，省长助理、市委书记夏红民，市委副书记、市长栾克军会见华能甘肃能源开发公司执行董事、总经理高冰，双方就深化能源开发合作有关事宜进行了会谈。市委常委、政法委书记董建镇，市委常委、统战部部长、秘书长闫晓峰，副市长白振海，市政府秘书长贺建宏和华能甘肃能源开发公司副总经理白军坡等参加。

是日，省长助理、市委书记夏红民分别会见中国少年儿童救助基金会副秘书长王林，省委副秘书长、党史研究室主任杨元忠。

是日，市委常委、政法委书记董建镇到庆城县庆城镇店子坪村调研“联村联户、为民富民”工作，了解今年以来双联工作进展情况。

是日，副市长秦华赴合水县、华池县督查重大水利项目建设进展情况。

是日，副市长田雁青参加省政府督查旅游开发建设文物保护情况庆阳汇报会。

21—22日，全省局管二级公路建设项目现场推进会在庆阳市召开。副市长白振海陪同观摩，并在会议上致辞。

21日，省长助理、市委副书记夏红民，市委副书记、市长栾克军会见中国交通建设集团副总裁甄少华，就加强交通建设项目合作有关事宜进行了座谈。中国路桥技术有限公司董事长、总经理崔玉萍，市委常委、政治委书记董建镇，市委常委、统战部部长、秘书长闫晓峰参加。

是日，市委中心组学习会议召开，邀请国家土地督察西安局副专员唐正国作土地管理法律法规政策专题报告。省长助理、市委书记夏红民主持并讲话，市上领导栾克军、付振伟、张文礼、任燕顺、李银、李学宏、章志兼、闫晓峰、桂泽发、刘秉宁、雷沫里、郭文奎、黄继宗、秦华、周继军、郭晓霞、黄国锋、李伟、任尔昕、郑银生参加。

是日，华能甘肃能源开发公司总经理高冰赴正宁县调研宁正矿区供水工程建设情况。市委常委、政法委书记董建镇陪同。

是日，副市长田雁青在兰州参加甘肃省文化资源普查启动大会。

21—24日，中央党史研究室副主任吕世光来庆阳市调研并衔接对口帮扶镇原县工作。中央党史研究室办公厅老干办主任刘永礼，中央党史研究室机关党委（人事局）副书记樊得智一同调研。省长助理、市委书记夏红民，市委常委、组织部部长阎晓辉，市委常委、统战部部长、秘书长闫晓峰分别陪同。

22日，庆化600万吨升级改造、华能庆阳办公生活及教育培训基地、庆阳民俗文化产业园以及庆阳市新城区雨洪集蓄保塬生态工程等全市4个重点项目集中开工仪式在西峰区董志镇举行。省长助理、市委书记夏红民出席并宣布项目开工，市委副书记、市长栾克军出席并讲话，市委常委、西峰区委书记章志兼主持，市上领导付振伟、张文礼、任燕顺、李银、李学宏、闫晓峰、桂泽发、吴秉儒、辛刚国、黄继宗、秦华、蒋杨贵、周继军、郑银生出席。

是日，市委、市政府召开会议，专题听取庆阳市参加第十九届中国兰州投资贸易洽谈会暨民企陇上行活动有关工作筹备及全市招商引资工作进展情况，并研究部署相关工作。省长助理、市委书记夏红民主持并讲话，市委副书记、市长栾克军讲话，市委常委、统战部部长、秘书长闫晓峰出席，副市长黄继宗通报“兰洽会”签约项目及招商引资工作进展情况。

是日，省长助理、市委书记夏红民，市委副书记、市长栾克军与中煤集团总经理王安、天大集团董事长方文权举行会谈，就落实中煤、天大庆阳项目合作协议，加快庆阳境内有关区块煤炭资源勘查开发相关事宜达成共识。市委常委、政治委书记董建镇，市委常委、统战部部长、秘书长闫晓峰，市政府秘书长贺建宏参加。

是日，省交通运输厅副厅长阮文易调研环县甜木公路建设情况。副市长白振海陪同。

22—23日，省以工代赈办主任、省铁航办主任陈江带领省政府重大项目督察组来庆阳市督察。副市长黄继宗陪同。

23日，国土资源部党组成员、国家土地副总督察张德霖在西峰区调研新农村建设用地情况。国家土地总督察办公室副主任纪东义，国家土地督察西安局党组书记、局长杨璐，国家土地督察西安局副局长吴昌洋，国家土地督察西安局副专员唐正国，省国土资源厅厅长蒲志强，省国土资源厅党组成员、省国土资源执法监察局长包自吉和省长助理、市委书记夏红民，市委副书记、市长栾克军，市委常委、常务副市长李银，市委常委、西峰区委书记章志兼等陪同。

是日，庆阳市华夏文明传承创新区建设暨文化产业大会召开。省长助理、市委书记夏红民主持并讲话，市委副书记、市长栾克军讲话，市委常委、宣传部部长黄正军就2013年工作作了安排部署，副市长田雁青代表市政府与各县（区）签订了2013年文化产业发展目标责任书。市上领导付振伟、张文礼、任燕顺、董建镇、李学宏、章志兼、闫晓峰、桂泽发、郭文奎、李伟等出席。

是日，中煤集团总经理王安、天大集团董事长方文权来庆阳市考察。市委常委、政治委书记董建镇陪同。

是日，副市长秦华在兰州参加甘肃省东部万亩土地整理重大工程实施工作领导小组第一次会议。

24日，市委、市政府召开专题会议，研究南梁红色景区建设有关事宜。省长助理、市委书记夏红民主持并讲话，市委副书记，市长栾克军讲话，市上领导付振伟、张文礼、任燕顺、阎晓辉、黄正军、闫晓峰、黄书伴、黄继宗、白振海、窦宏邦分别发言，贺建宏出席。

是日，市委政法委员扩大会议召开。市委常委、政治委书记董建镇主持；副市长周继军出席并讲话；市人民法院院长任尔昕，市人民检察院检察长田金，市政府党组成员、公安局局长郑银生参加。

是日，副市长田雁青在兰州参加第十九届兰洽会暨民企陇上行活动组委会会议。

是日，《庆阳市石油（天然气）化工产业设计方案》评审会在兰州召开。副市长、长庆油田公司总经理助理、陇东指挥部指挥蒋杨贵出席评审会并致辞。

25日，正威集团董事局副主席汪长根一行来庆阳市洽谈对接投资项目。市委副书记、市长栾克军会见汪长根一行，副市长黄继宗和市政府秘书长贺建宏参加。

是日，庆阳市重点项目“三个一”包抓责任制落实情况汇报会议召开。省长助理、市委书记夏红民主持并讲话，市委副书记、市长栾克军讲话，市人大常委会主任付振伟、市政协主席张文礼分别点评，市上领导任燕顺、阎晓辉、李银、董建镇、李学宏、黄正军、章志兼、闫晓峰、桂泽发、刘秉宁、吴秉儒、雷沫里、郭文奎、辛刚国、黄继宗、秦华、白振海、周继军、朱治晖、刘晓利、郭晓霞、黄国锋、李伟、黄占俊、窦宏邦出席并发言，任尔昕、田金、郑银生出席。

26—27日，市委常委、政治委书记董建镇赴环县调研农村道路交通安全整治工作。

是日，副市长黄继宗赴平凉参加甘肃省农村危房改造现场会。

26-6月1日，省委农村工作办公室副主任王剑英带领省委农办有关处室负责同志，调研庆阳市八县（区）“联村联户，为民富民“行动和“三农”工作开展情况。市委副书记任燕顺陪同。

26-6月2日，副市长秦华带领庆阳市农业考察团赴山东省部分市县进行了考察学习。

27日，省长助理、市委书记夏红民到西峰区黄官寨实验学校看望慰问师生，并向学校送去价值10万元的教学设备，向部分留守贫困生赠送学习用品。市委常委、西峰区委书记章志兼，市委常委、统战部部长、市委秘书长闫晓峰，市政协原主席、市关工委常务副主任蒋占全及市、区有关部门负责人一同慰问。

是日，全省残疾人社会保障和服务体系建设观摩推进会议在庆阳市召开。中国残联两建办常务副主任凌晓光，省政府残工委副主任、省残联党组书记、理事长姚振华，省残联副理事长、两建办主任张恩和出席，市委常委、政法委书记董建镇致辞，副市长周继军做交流发言。

是日，副市长田雁青在兰州参加“民企陇上行”活动推进会议。

是日，市委常委、副市长桂泽发赴甘肃天兆猪业科技有限公司调研。

27—28日，省委办公厅副巡视员郭尔俊带领省委省政府第二督查组督查庆阳市贯彻落实中央“八项规定”和省委“双十条”规定情况。28日，市委常委、统战部部长、秘书长闫晓峰主持召开汇报会，市人大常委会副主任刘秉宁和市政协副主席朱治晖出席。

27—29日，省工商局组织四川、广东客商组成的“民企陇上行”考察团来庆阳市实地考察项目投资环境，洽谈投资事宜。副市长田雁青陪同。

27—30日，省民政厅党组成员、纪检组长窦原坪带领省救灾资金专项检查组来庆阳市检查春荒救助资金和旱灾生活救助资金管理使用情况。副市长周继军陪同并主持召开汇报会。

28日，市委副书记、市长栾克军赴西峰区肖金小学，看望慰问学校师生，市委常委、西峰区委书记章志兼，市政府秘书长贺建宏陪同。

是日，庆阳市校园安全管理现场推进会议在环县召开。市委常委、政法委书记董建镇主持，副市长辛刚国出席并讲话。

29日，庆阳市督促检查工作领导小组第一次会议召开。市委副书记任燕顺讲话，市委常委、常务副市长李银主持。

是日，国家土地督察西安局庆阳土地例行督察情况反馈会召开。国家土地督察西安局副专员、庆阳土地例行督察总负责唐正国出席并反馈土地例行督察情况。省国土资源厅党组成员、省国土资源执法监察局长包自吉，市委常委、常委副市长李银出席并讲话。

是日，副市长黄继宗主持召开会议，研究庆阳军分区新营区搬迁有关事宜。

是日，副市长田雁青赴兰州参加甘肃省道德领域突出问题专项教育和治理活动座谈会议。

是日，“共创平安·共享和谐”深化平安建设宣传庆阳市启动仪式暨西峰城区平安巡防行动举行。市委常委、政治委书记董建镇宣布启动仪式开始，副市长周继军讲话，市政府党组成员、公安局局长郑银生主持，市人民法院院长任尔昕、市人民检察院院长田金出席。

29—30日，国家新闻出版广电总局副局长田进来庆阳市调研广播电视事业发展工作。国家新闻出版广电总局传媒司司长陶世明，省广电局党组书记、局长孙伟，省广电局党组成员、副局长佘长江，省长助理、市委书记夏红民，市委副书记、市长栾克军，市委常委、宣传部部长黄正军，市政府秘书长贺建宏陪同。

是日，省委第三巡视组组长白明一行赴庆城县、庆阳石化公司、长庆油田陇东指挥部巡视环保工作。市委常委、纪委书记李学宏陪同。

30日，庆阳市公共资源交易中心正式揭牌成立。市委常委、常务副市长李银为中心揭牌并讲话，副市长黄继宗主持揭牌仪式。

是日，武警庆阳支队第四次代表大会召开。市委常委、政法委书记董建镇出席并讲话，市政府党组成员、公安局局长郑银生参加。

是日，副市长田雁青在兰州参加省文化提升行动协调推进领导小组会议。

是日，庆阳市行政执法与刑事司法衔接工作第一次联席会议召开。副市长周继军主持。

是日，副市长、长庆油田公司总经理助理、陇东指挥部指挥蒋杨贵主持召开长庆油田陇东生产生活项目建设推进会议。

31日，市委常委会议召开，研究扶贫开发等工作，部署开展扶贫攻坚大调研活动。夏红民主持，栾克军、任燕顺、阎晓辉、李银、李学宏、黄正军、张志升、章志兼、闫晓峰、桂泽发出席，付振伟、张文礼列席，黄继宗、田雁青、蒋杨贵列席有关议题。

是日，“情系山区·支援教育”爱心助学捐助仪式在镇原县殷家城中学举行。市人大常委会副主任雷沫里出席，副市长辛刚国出席并讲话。

是日，副市长辛刚国深入“联村联户、为民富民”行动联系点镇原县殷家城乡敬岔村调研。

是日，第十九届兰洽会庆阳形象展馆布展方案讨论会议召开。副市长田雁青参加。

▲全国总工会和甘肃省总工会分别开展“五一双奖”及“工人先锋号”评选表彰活动。庆阳市甘肃陇运三力运输集团西峰汽车南站售票班荣获“全国工人先锋号”称号，长庆油田公司第二采油厂计划科科长赵福庆荣获“全国五一劳动奖章”，庆城县博物馆、庆阳市中心血站荣获“甘肃省五一劳动

奖状”，庆阳市水土保持管理局工程科科长卢东平、环县新艺地毯工贸有限责任公司车间主任许粉丽（女）、长庆油田公司矿区服务事业部庆城综合服务处长刘兴福、庆阳一中教师张可锋荣获“甘肃省五一劳动奖章”，庆阳石化公司仪电运行部电气运行乙班被省总命名为“甘肃省工人先锋号”，正宁县地方税务局征收分局、华池县人民医院内科被省总命名为“甘肃省劳动先锋号”。

▲《庆阳市煤炭开发及深加工产业设计方案》在北京通过专家评审。

▲中国书法之乡十八县（市）书法巡展在镇原县展出。

▲省延安精神研究会庆阳分会赴江西湖南考察学习。由省延安精神研究会庆阳分会会长、市政协原主席张文先，副会长、市委原秘书长、正地级干部卢造钧带队。

▲庆阳市有12处文物点被国务院核定公布为第七批全国重点文物保护单位。

▲《庆阳市现代高载能产业发展规划》在兰州通过专家评审。

▲庆阳宾馆被省饭店协会评为“甘肃省2012年最具影响力品牌饭店”，这是庆阳宾馆近年来开展绿色饭店创建活动取得的又一成果。

▲西峰区电力局彭原供电所首个被国家电网公司授予2013-2014年度国家电网公司标准化示范供电所称号。

▲庆城县荣获“全国法治县”创建活动先进单位。

▲庆城县电力局被国家体育局授予“全民健身先进单位”荣誉符号。

▲宁县文冠果基地建设被法国开发署列入扶持计划，被国家林业局列入全国8个生物质能源林基地县之一。

▲正宁县福利院长赵新平荣获“全国孝亲敬老之星”荣誉称号。

▲正宁县秦直道遗址被国务院列为全国重点文物保护单位。

▲环县农民刘清海的发明——仿地形残膜捡拾机，在中央电视台第十套科教频道《我爱发明》栏目播出。

▲镇原县城关镇祁川行政村农民祁银学连获三项国家中医学发明专利（《生发、乌发的中药口服制剂》、《治疗口舌生疮的中药口服制剂》、《治疗白带异常的中药口服制剂》）。

## 六 月

1日，省长助理、市委书记夏红民到“联村联户、为民富民”行动新增联系点宁县湘乐镇樊湾村调研，并接受中央电视台采访。市委副书记任燕顺，市委常委、宣传部部长黄正军一同调研。

是日，市委副书记、市长栾克军接受中央电视台、甘肃电视台关于能源开发、首位产业开发的采访。

4日，市委保密委员会全体（扩大）会议召开。市委副书记任燕顺主持并讲话。

是日，市委常委、纪委书记李学宏到宁县湘乐镇樊湾等村调研农村党风廉政建设年活动开展情况。

是日，庆阳市地方志工作会议召开。市委副书记、市长栾克军对地方志工作作出重要批示，副市长辛刚国出席并讲话。

4—5日，国家开发银行文化产业融资服务调研组来庆阳市调研。5日，市委常委、副市长桂泽发主持召开座谈会。

4—6日，中国科协原副主席、甘肃省原副省长刘恕，甘肃省委原副书记马西林来庆阳市调研。钱学森沙产业基金会副理事长田裕钊、省科协原主席罗祖孝、省政府外专局局长孙宁兰、省社会主义学院党委书记周永革一同调研，市委常委、宣传部部长黄正军和副市长秦华陪同。

是日，副市长田雁青赴宁县中村乡政平村开展扶贫攻坚调研活动。

4—7日，市委常委、政法委书记董建镇，副市长周继军率团赴嘉峪关市、兰州市考察学习社会服务管理中心及政府政务服务大厅建设工作。

5日，市委“联村联户、为民富民”行动协调推进领导小组第十次扩大会议召开。市委副书记任燕顺主持并讲话，市委常委、统战部部长、秘书长闫晓峰出席并讲话，市委常委、纪委书记李学宏和市人大常委会副主任雷沫里，市政协副主席窦宏邦出席。

6日，市委常委、宣传部部长黄正军在市教育局督查调研高考筹备工作。

是日，副市长黄继宗主持召开会议，安排部署庆阳市参加第十九届兰洽会筹备工作。

6—7日，市委常委、庆阳军分区司令员张志升到陇东油区检查油田各生产单位基层民兵队伍组织和建设情况。

6—8日，省安监局副局长周仲平带领全省道路交通安全督查组来庆阳市督查。8日下午，市委常委、纪委书记李学宏主持召开反馈会，副市长、长庆油田公司总经理助理、陇东指挥部指挥蒋杨贵陪同。

7日，省长助理、市委书记夏红民，市委副书记、市长栾克军带队观摩镇原县上肖乡路岭村、宁县湘乐镇樊湾村双联行动与扶贫攻坚相结合试点，推广参与式扶贫的经验和做法，并参加村民大会。市人大常委会副主任付振伟，省金融办副主任梁春满，省农科院副院长陈明，市委副书记任燕顺，市委常委、宣传部部长黄正军，市委常委、统战部部长、秘书长闫晓峰，副市长秦华，市政府秘书长贺建宏参加。

是日，市委常委、常务副市长李银赴合水县吉岘乡调研扶贫开发工作。

是日，交通银行总行调研组赴西峰区、宁县、正宁县石油、煤炭企业调研。市委常委、副市长桂泽发陪同。

是日，副市长黄继宗主持召开市直保障性住房建设工作领导小组办公会议。

是日，庆阳市商标广告协会成立大会暨第一次代表大会召开。副市长田雁青出席。

是日，副市长田雁青在庆阳分会场参加全省非物质文化遗产保护传承工作视频会议。

7—8日，庆阳市公安交警系统举行岗位练兵比武竞赛活动。副市长周继军，市政府党组成员、公安局局长郑银生出席汇报演练并为获奖单位颁奖。

7—9日，省检察院党组书记、检察长路志强调研督导庆阳市检察工作。7日召开汇报座谈会，市委常委、政法委书记董建镇出席并致辞，副市长周继军出席，市人民检察院检察长田金汇报工作。

8日，省长助理、市委书记夏红民会见来庆阳市采访的“绚丽甘肃·港澳媒体陇原行”采访团一行。市委常委、宣传部部长黄正军，市委常委、统战部部长、秘书长闫晓峰参加。

是日，市政府三届第22次常务会议召开。栾克军主持，李银、桂泽发、辛刚国、黄继宗、秦华、田雁青、蒋杨贵、周继军、郑银生、贺建宏出席。

是日，市委副书记、市长栾克军带领有关部门负责人赴市教育局和庆阳六中考点，对高考工作进行了巡视。副市长辛刚国，市政府秘书长贺建宏一同巡考。

是日，市委副书记、市长栾克军在西峰区督查调研重点项目建设，副市长黄继宗、秦华，市政府秘书长贺建宏陪同。

是日，“兰州银行杯”庆阳市首届青少年健康街舞大赛在庆阳体育馆举行。市上领导任燕顺、郭文奎、辛刚国、田雁青、郭晓霞观看比赛。

是日，市政协三届十二次主席会议召开。市政协主席张文礼出席并讲话，副主席朱治晖、刘晓利、郭晓霞、黄国锋、李伟、黄占俊、窦宏邦和秘书长杨静仁出席。

8-9日，省长助理、市委书记夏红民在西峰区、合水县开展扶贫攻坚调研。

9日，副市长秦华主持召开节水型社会试点市建设中期评估验收筹备工作协调推进会。

是日，庆阳市“安全生产宣传咨询日”活动在西峰东湖公园前门广场举行。副市长、长庆油田公司总经理助理、陇东指挥部指挥蒋杨贵出席。

9-13日，庆阳市举办第十一届中国·庆阳端午香包民俗文化节。9日开幕，省长助理、市委书记夏红民出席并宣布开幕，市委副书记、市长栾克军致辞，市委常委、西峰区委书记章志兼主持，市上领导付振伟、张文礼、任燕顺、阎晓辉、董建镇、李学宏、黄正军、闫晓峰、桂泽发、黄书伴、雷沫里、黄继宗、秦华、田雁青、周继军、郭晓霞、李伟出席。13日下午闭幕，副市长田雁青出席。

12—16日，省军区政治部副主任、省双拥办副主任王军营一行赴镇原县、正宁县、西峰区及庆阳军分区“联村联户、为民富民”行动联系点，就庆阳市全国、全省双拥模范城（县）工作情况进行届中检查评估。市委常委、政法委书记董建镇，市委常委、庆阳军分区司令员张志升，副市长周继军先后陪同。

13日，市委常委、宣传部部长黄正军参加市委常委、市政府副市长信访接待日活动。共接待来访群众15批21人次。

是日，全省首家基层媒体大学生实践实训基地在庆城县广播电视台建成。

14日，省多极突破行动庆阳调研暨关天经济区东部四市第三次联席会议在庆阳市召开。副省长郝远出席并讲话；省长助理、庆阳市委书记夏红民致辞；省发改委副主任、西部开发办主任孙晓文主持；庆阳市委副书记、市长栾克军和平凉市委常委、常务副市长王奋彦，天水市副市长雷鸣，陇南市副市长李兴华发言。省政府副秘书长武志斌，省工信委副主任朱维繁，省交通厅副厅长阮文易，省文化厅副厅长王文全，省政府国资委副主任车洪和庆阳市副市长黄继宗出席。

是日，庆阳市纪念“世界献血者日”活动在宁县举行。副市长辛刚国出席并讲话。

是日，市政协三届七次常委会议召开。市政协主席张文礼主持并讲话，副主席朱治晖、刘晓利、郭晓霞、黄国锋、李伟、黄占俊、窦宏邦和秘书长杨静仁出席，副市长田雁青应邀出席。

是日，副市长田雁青调研北石窟寺及其周边区域文物保护工作。

是日，市政府召开重点工业项目推进工作汇报会。副市长白振海主持并讲话。

14—16日，省心理学会2013年学术年会暨全省中小学心理健康教育工作经验交流会在陇东学院举行。副市长辛刚国出席。

16日，市政府和甘肃中医学院合作协议签约仪式在市中医院举行。副市长辛刚国代表市政府与甘肃中医学院院长李金田签署合作协议。

是日，副市长田雁青在兰州出席“飘香时节”——西北师大2013庆阳民间艺术进校园活动并致辞。

17日，省委常委、常务副省长刘永富在兰州会见中国水利水电科学研究院水资源所所长、中国工程院院士王浩和郑州大学校长、中国工程院院士刘炯天。省长助理、市委书记夏红民，省政府副秘书长马自学，省发改委副主任陈江，省工信委副主任胡宗杰和市上领导栾克军、闫晓峰、黄继宗、白振海、蒋杨贵，市政府秘书长贺建宏参加。

是日，庆阳市食品安全宣传周启动仪式举行。市委常委、市纪委书记李学宏宣布食品安全周正式启动，副市长辛刚国出席并讲话。

是日，副市长白振海在兰州参加全省交通运输建设项目前期工作会议。

17—21日，市委常委、副市长桂泽发赴江苏南京市、常熟市，安徽省马鞍山市、芜湖市有关金融机构考察。

18日，中国（庆阳）循环经济·绿色发展战略论坛在兰州举行。副省长郝远出席论坛并讲话；省长助理、市委书记夏红民主持并致辞；十届省政协副主席侯生华出席；中国水利水电科学研究院水资源所所长、中国工程院院士王浩，中国石油天然气集团公司教授级高级工程师、中国工程院院士邱中建，郑州大学校长、中国工程院院士刘炯天分别作主题报告；市委副书记、市长栾克军作庆阳能源资源开发主旨报告。市上领导付振伟、张文礼、黄正军、章志兼、闫晓峰、黄继宗、田雁青、白振海，市政府秘书长贺建宏参加。

是日，省长助理、市委书记夏红民，市上领导栾克军、付振伟、张文礼、黄正军、章志兼、闫晓峰、黄继宗、田雁青、白振海在甘肃国际会展中心，检查第十九届兰洽会庆阳形象展馆布展工作。

是日，市委副书记任燕顺主持召开扶贫信贷合作扶持农户发展产业试点工作协调推进会。

是日，市委常委、纪委书记李学宏到“联村联户、为民富民”行动新增联系点西峰区什社乡文安村开展扶贫攻坚调研活动。

是日，水利部黄河水利委员会会同省水利厅对庆阳市节水型社会建设试点工作进行中期评估。副市长秦华出席评估会并致辞，随后陪同在西峰区考察。

是日，“中国梦·德诚杯”庆阳市第二届摄影艺术作品展在庆阳市博物馆开展，市人大常委会副主任刘秉宁、市政协副主席郭晓霞出席颁奖活动并参观展览。

18-19日，省联合督查组督查庆阳市农村义务教育学生营养餐工作。

19日，副市长秦华赴庆城县桐川乡郭家岔村开展扶贫调研。

是日，副市长白振海在兰州参加全省交通运输扶贫攻坚工作会议。

是日，省人大常委会内务司法办公室副主任程世强带领调研组来庆阳市调检察机关反贪污贿赂工作。市人大常委会副主任刘秉宁、市人民检察院检察长田金出席汇报会。

19—20日，市委常委、组织部部长阎晓辉到“联村联户、为民富民”行动新增联系点环县木钵镇高楼塬村、市委组织部双联点刘家塬村及虎洞乡沙井子村开展双联行动和扶贫攻坚调研活动。

20日，市委、市政府在兰州举行第十九届“兰洽会”庆阳市招商引资重点项目推介会暨签约仪式。省委常委、常务副省长刘永富，省委常委、省纪委书记张晓兰，省人大常委会党组副书记、副主任陆武成，省政协副主席黄选平，省人大常委会副秘书长、办公厅主任马森，省发改委副主任王泉清，省政府外事办副主任樊向勤，省农牧厅副巡视员祁全银，省经济合作局副局长赵涛出席项目推介会暨签约仪式。省长助理、市委书记夏红民致辞，市委副书记、市长栾克军主持，市上领导付振伟、张文礼、黄正军、章志兼、闫晓峰、黄继宗、白振海出席，黄继宗介绍全市基本市情、投资环境和重点项目。

是日，第十九届“兰洽会”暨民企陇上行活动非公经济项目签约仪式在兰州举行。国家工商总局副局长刘俊臣和副省长李荣灿出席并致辞；省人大咨询员张开勋，省政协副主席刘立军和市委常委、统战部部长、秘书长闫晓峰出席；省工商局局长郭承录主持。

是日，省长助理、市委书记夏红民，市委副书记、市长栾克军在兰州会见参加庆阳市招商引资重点项目推介会暨签约仪式的企业家代表。市上领导付振伟、张文礼、黄正军、章志兼、闫晓峰、黄继宗、白振海、市政府秘书长贺建宏参加。

是日，市委副书记、市长栾克军会见正威集团董事局主席王文银一行。

是日，市纪委三届第十七次常委会议召开。市委常委、纪委书记李学宏主持并讲话。

是日，市委常委、组织部部长阎晓辉现场督查大唐陇东能源公司马福川煤矿项目建设进展情况。

是日，副市长秦华赴合水县板桥乡锦坪村开展扶贫调研。

20—22日，由省委宣传部、省军区政治部和庆阳市委联合组织的“南梁精神”研讨会在庆阳市举行。中央党史研究室副主任高永中，中共中央党校原副校长李君如，中国延安精神研究会常务副会长、国防大学原校长邢世忠，军事科学院军事历史和百科研究部部长曲爱国，总政宣传部编研局编审李平，省军区司令员陈知庶，省委常委、省军区政委傅传玉，军事科学院《中国军队政治工作》总编王幸生，省军区政治部主任杜永耀等和省长助理、市委书记夏红民，市上领导任燕顺、黄正军、张志升、闫晓峰、黄书伴、周继军、刘光瑜、顾伟分别参加有关活动，夏红民在研讨会上致辞。20日，周继军陪同南梁精神研讨会与会领导参观南梁革命纪念馆、抗大七分校旧址、大凤川军民大生产基地。

是日，国家旅游局党组成员、纪检组长刘金平，全国红办常务副主任罗迪辉带领调研组专程来庆阳市调研红色旅游开发工作。市委常委、组织部部长阎晓辉，副市长田雁青陪同。

21日，中央党史研究室副主任高永中在庆阳市就中国共产党历史教育基地挂牌工作进行调研。省长助理、市委书记夏红民主持召开座谈会，高永中讲话，省委党史研究室副巡视员李荣珍和市委常委、组织部部长阎晓辉出席座谈会。

是日，副市长黄继宗赴国家发改委汇报衔接银西铁路项目有关事宜。

23—24日，国家林业局政策法规司司长刘永范来庆阳市调研森林法修改及森林经营法律制度执行情况。市委常委、副市长桂泽发陪同。

是日，副市长田雁青在兰州参加全省引进国外智力工作会议。

是日，15时30分至17时45分，环县小南沟乡遭遇暴雨袭击，造成约1533户7542人不同程度受灾。

24—25日，庆阳市道路交通安全集中整治推进会议在环县召开。市委常委、政法委书记董建镇出席并讲话，副市长周继军主持。

24—26日，国务院扶贫办党组成员、规划财务司司长蒋晓华带领全国人大常委会、民政部工作人员，与省扶贫办副主任张森及省人大常委会、民政厅工作人员来庆阳市调研扶贫开发工作。省长助理、市委书记夏红民，市委副书记、市长栾克军，市委副书记任燕顺，市委常委、统战部部长、秘书长闫晓峰，副市长秦华的先后陪同。25日，夏红民在环县主持召开调研座谈会，秦华参加座谈会，并汇报全市扶贫开发工作情况。

是日，由省公安消防总队主办的全省消防部队战例研讨班暨防护装备实战性能测试示范会在庆阳市举行。副市长周继军出席动员大会并致辞，省公安消防总队副总队长巩永义讲话，省公安消防总队参谋长杜超仁主持。

25日，市政府党组会议召开。栾克军主持，李银、桂泽发、黄继宗、秦华、白振海、蒋杨贵、周继军、郑银生、贺建宏参加，辛刚国列席。

是日，市委副书记、市长栾克军会见正威集团董事局副主席汪长根一行。正威集团投资管理中心总裁陈雷，正威集团广州智慧世纪公司总经理董毅，正威集团总裁办副总经理陈豪杰和副市长黄继宗参加。

是日，市委常委、副市长桂泽发赴环县天池乡调研扶贫攻坚工作。

是日，中国地方志指导小组常务副组长朱佳木来庆阳市调研地方志工作。省地方志办公室主任李虎、副市长辛刚国陪同。

是日，副市长白振海出席南梁荞麦产业园投资开发公司揭牌仪式。

是日，副市长、长庆油田公司总经理助理、陇东指挥部指挥蒋杨贵赴华池县元城镇老庙咀村开展扶贫调研。

25—26日，副市长黄继宗在兰州参加全省“3341”项目工程工作领导小组第三次会议。

25—29日，湖北省委原书记、甘肃省原省长贾志杰来庆阳市考察调研，省人大原副主任、省生产力学会会长柯茂盛，省委副秘书长李富，兰州兰石集团公司董事长杨建忠一同考察。省长助理、市委书记夏红民，市上领导栾克军、付振伟、章志兼、闫晓峰、蒋杨贵先后陪同调研。26日，夏红民主持召开座谈会。

26日，“庆阳市千名青年禁毒志愿者宣传活动启动仪式”举行。市委常委、政法委书记董建镇出席并向青年禁毒志愿者授旗，副市长周继军出席并讲话。

是日，省人大常委会教科文卫委员会副主任委员白继忠带领省人大常委会调研组来庆阳市调研卫生工作。副市长辛刚国汇报全市卫生工作情况，市人大常委会副主任郭文奎主持。

是日，庆阳市禁毒工作通报会暨麻黄草管理工作会议召开。市委常委、政法委书记董建镇出席并讲话，副市长周继军主持。

是日，副市长田雁青参加庆阳传媒大厦概念性设计方案讨论会议。

27日，省委组织部副部长陈建华到环县调研“联村联户、为民富民”和基层党建工作。市委常委、组织部部长阎晓辉陪同。

是日，副市长周继军参加庆阳市依法行政与刑事司法衔接工作联系会议。

是日，副市长周继军赴正宁县、宁县调研社会管理创新相关工作。

27—28日，省长助理、市委书记夏红民到西峰区、华池县看望慰问部分老党员和生活困难党员。市委常委、西峰区委书记章志兼参加西峰区慰问，市委常委、统战部部长、秘书长闫晓峰一同慰问。

是日，市委副书记、市长栾克军到环县环城镇杨庙掌村、庆城县蔡口集乡虎家渠村调研扶贫攻坚工作。市政府秘书长贺建宏陪同。

是日，市委副书记任燕顺到西峰区什社乡贺塬村、新兴村和环县曲子镇西沟村、木钵镇邓寨子村开展扶贫攻坚调研活动。市委常委、西峰区委书记章志兼参加西峰区调研。

是日，副市长黄继宗在兰州先后参加全省保障性安居工程建设工作现场会、全省以工代赈易地搬迁领导小组会议。

27—30日，甘肃陇原中天生物工程股份有限公司董事长陈耀祥到庆阳市考察肉羊产业发展情况，并开展合作洽谈活动，市委副书记任燕顺陪同。27日召开座谈会，任燕顺出席，副市长秦华主持。

28日，市委常委、组织部部长阎晓辉到华池县悦乐镇、柔远镇，走访慰问部分生活困难党员和老党员。

是日，全省见义勇为英雄事迹报告会在庆阳市举行。市委常委、政法委书记董建镇主持并讲话。

是日，副市长田雁青参加在兰州全省妇女小额担保贷款工作协调推进工作会议。

是日，副市长白振海赴华池县五蛟乡刘阳洼村开展扶贫攻坚调研。

29日，市级领导集体参观“奋进之旅”庆阳市发展历程档案主题展览。夏红民讲话，栾克军、付振伟、张文礼、阎晓辉、董建镇、黄正军、章志兼、闫晓峰、桂泽发、雷沫里、白振海、郭晓霞、窦宏邦、任尔昕、田金、贺建宏等参加。

是日，省长助理、市委书记夏红民在环县合道乡常崾岘村开展扶贫攻坚调研。市委常委、统战部部长、秘书长闫晓峰一同调研。

是日，庆阳市党史工作会议暨《中国共产党庆阳历史（第一卷）》首发式举行。省长助理、市委书记夏红民出席并讲话；市委常委、组织部部长阎晓辉主持；市委常委、副市长桂泽发，市人大常委会副主任郭文奎，市政协副主席郭晓霞出席。

是日，市委副书记、市长栾克军赴镇原县殷家城乡北岔村调研扶贫攻坚工作。副市长辛刚国一同调研。

29—30日，市委副书记、市长栾克军深入镇原县殷家城乡北岔村、宁县金村乡老庄村开展扶贫攻坚调研。

是日，副市长白振海陪同中国西部开发促进会常务副会长赵霖一行考察。

是日，庆阳市公开选拔县处级领导干部笔试举行。市委常委、组织部部长阎晓辉，市人大常委会副主任郭文奎，市政协副主席朱治晖到考场巡视。

▲西峰职业中等专业学校2011级服装专业学生丁婷婷，在全国中职学校学生技能大赛上荣获了服装专业三等奖，登上了国家级竞赛的领奖台，填补了甘肃省在这一奖项上的历史空白。

▲国务院印发了《关于核定并公布第七批全国重点文物保护单位的通知》，华池县5处文物单位被晋升为全国重点文物保护单位。

## 七 月

1日，全国总工会女职工工作专家委员会主任委员、全国总工会女职工委员会原副主任、女职工部原部长丁大建调研庆阳市工会女职工工作情况。省总工会巡视员朱亚丽一同调研，市委常委、统战部部长、秘书长闫晓峰陪同在庆阳石化公司、甘肃华兴实业有限公司调研，并出席汇报会。

是日，市委常委、宣传部部长黄正军在华池县柔远镇李庄村、悦乐镇肖掌村调研扶贫攻坚工作。

是日，庆阳市2013年征兵工作电视电话会议召开。副市长周继军出席并讲话。

1—2日，省地税局副巡视员廖永凯带领全省就业创业政策落实第二督查组来庆阳市督查。1日下午，市委常委、常务副市长李银主持召开汇报会。

1—7日，全省万名基层党员干部培训工程第七期大学生村官示范培训班在庆阳市举办。市委常委、组织部部长阎晓辉出席开班仪式并讲话。

2日，省文明办副主任郭锦诗调研庆阳市精神文明建设工作。市委常委、宣传部部长黄正军陪同。

是日，副市长黄继宗督查市区“城市管理提升年”活动开展情况。

2—3日，省工商联副主席姬书平带领督查组来庆阳市督查非公有制经济人士理想信念教育实践活动开展情况。2日，先后召开宣讲大会、汇报会暨座谈会，市委常委、统战部部长、秘书长闫晓峰主持。

3日，市委常委、组织部部长阎晓辉在合水县调研基层党建工作。

是日，副市长黄继宗带领有关部门负责人深入“联村联户、为民富民”行动联系村环县耿湾乡部庄村走访调研。

是日，中国西部开发促进会、团中央中国光华科技基金会、贵州广播电视台《论道》栏目在华池县南梁乡高台小学举行“美丽家乡•美丽心灵”《论道》悦读书屋落成典礼仪式，并向华池县10所学校捐赠了价值一百万元的图书。副市长辛刚国出席。

3—4日，省人大常委会内务司法办公室副主任王兰带领执法检查组来庆阳市检查《工会法》等法律法规贯彻执行情况。副市长、长庆油田公司总经理助理、陇东指挥部指挥蒋杨贵出席汇报会并汇报工作。

3-5日，省人大常委会代工委主任李峰、副主任李世红一行来庆阳市调研基层人大代表工作暨“人大代表在行动”活动情况。市人大常委会副主任刘秉宁陪同。

4日，省委召开党的群众路线教育实践活动工作视频会议。全体在庆市级领导、市直各单位主要负责人及西峰区领导班子成员在庆阳分会场收看。

是日，市委常委、副市长桂泽发会见长安国际信托股份有限公司总监王馨一行。

是日，省农村信用联合社党委委员、副主任康欣调研庆阳市农村金融便民服务点运行情况。市委常委、副市长桂泽发和副市长秦华陪同。

4-5日，天津经济技术开发区原书记李勇来庆阳市考察。

5日，庆阳市财税形势分析会议召开。市会常委、常务副市长李银出席并讲话，市人大常委会副主任吴秉儒、市政协副主席窦宏邦出席。

是日，市委常委、政法委书记董建镇在庆城县桐川乡崇家河村调研扶贫攻坚工作。

是日，副市长黄继宗主持召开庆阳市城乡规划委员会第十六次会议。

是日，庆阳——北京航线首航仪式举行。省交通运输厅副厅长阮文易，甘肃机场集团有限公司董事长孟凡生，民航甘肃监管局副局长王孝，中国联合航空公司副总裁、首航机长席旭升和市上领导付振伟、张文礼、董建镇、白振海、蒋杨贵，市政府秘书长贺建宏出席。

7日，市委副书记、市长栾克军在西峰区检查调研农牧业发展和项目建设工作。市委常委、西峰区委书记章志兼，副市长黄继宗、秦华和市政府秘书长贺建宏等一同调研。

是日，市委副书记、市长栾克军主持召开会议，听取市区重点项目规划选址事宜。副市长黄继宗参加。

7-11日，受新疆冷空气和西太平洋副热带高压外围西南暖湿气流的共同影响，庆阳市遭遇入汛以来最强降水，出现了区域性暴雨天气过程，多地受灾严重。8日，省长助理、市委书记夏红民就局地有暴雨作出批示。

8日，市政府三届第23次常务会议召开，分析庆阳市上半年经济运行情况。栾克军主持，李银、辛刚国、黄继宗、秦华、白振海、蒋杨贵、周继军、贺建宏出席。

是日，庆阳市新提拔和转任市管领导干部廉政谈话会议召开。市委常委、纪委书记李学宏主持并讲话。

是日，副市长田雁青在张掖市参加全省旅游大景区建设现场会。

是日，2013年上半年省政府环保目标责任书暨环保专项行动联合检查组来庆阳市检查工作。副市长白振海陪同并主持汇报会。

8—9日，省纪委监察厅正地级纪检监察专员李在琼来庆阳市督查查办案件和案件线索核查办理情况。8日，市委常委、纪委书记李学宏主持召开汇报会并汇报工作。

9日，庆阳市公开选拔县处级领导干部进行面试。市上领导任燕顺、阎晓辉、李学宏、刘秉宁、辛刚国、朱治晖参加。

是日，省建设厅副巡视员杨力赴庆城县、西峰区督查保障性安居工程建设专项资金使用管理情况。副市长黄继宗陪同。

9—10日，副市长秦华带领相关部门负责人赴西峰区、镇原县督查防汛工作。

10日，庆阳市信访联席会议召开。市委常委、政法委书记董建镇主持，副市长周继军出席并讲话。

是日，市委常委、纪委书记李学宏参加市委常委、副市长信访接待日活动。共接待来访群众20批167人次。

是日，庆阳市统战部部长座谈会召开。市委常委、统战部部长、秘书长闫晓峰主持并讲话。

是日，庆阳市上半年消防工作通报会议召开。市委常委、政法委书记董建镇主持并讲话，副市长周继军出席并讲话。

是日，中国原生态国际摄影大展采风团赴合水县采风，创作的摄影作品必将为进一步宣传弘扬合水，打造“红色边区、黄河象故里、古石刻之乡、子午岭腹地”四张名片发挥积极的作用。

10—12日，省司法厅副厅长钟建龙带领工作组来庆阳市督查。12日上午，市委常委、政法委书记董建镇主持召开汇报会，副市长周继军汇报全市“六五”普法工作。

11日，省人大常委会副主任孙效东，省政府办公厅副巡视员周虎成一行来庆阳市，就省十二届人大一次会议期间庆阳市21位省人大代表提出的《关于请求协调加快实施庆阳石化600万吨升级改造项目的建议》（省人大第616号建议）进行现场办理，并主持召开现场办理会议。市上领导栾克军、付振伟、阎晓辉、张栋杰、白振海、蒋杨贵和市政府秘书长贺建宏参加。

是日，庆阳市金融风险分析与处置工作领导小组会议召开。市委常委、副市长桂泽发，副市长田雁青出席并讲话。

11—12日，省建设厅副巡视员杨力带领省域城镇体系规划调研组来庆阳市调研。11日，副市长黄继宗主持召开座谈会。

12日，市政府召开上半年经济分析会议。栾克军主持并讲话，李银、桂泽发、辛刚国、黄继宗、秦华、田雁青、白振海、蒋杨贵、周继军就分管工作进行安排部署，任燕顺、雷沫里、黄占俊、郑银生和贺建宏等出席。

是日，庆阳市编委2013年第一次会议召开。市委副书记、市长栾克军主持并讲话。市委常委、组织部部长阎晓辉，市委常委、常务副市长李银，市委常委、统战部部长、秘书长闫晓峰出席。

是日，全省“六五”普法中期督查庆阳工作汇报会召开。省司法厅副厅长、省依法治省办公室副主任钟建龙出席，市委常委、政法委书记董建镇主持，副市长周继军汇报工作。

是日，副市长白振海参加市人大常委会《中华人民共和国环境保护法》执法检查汇报会。

12—14日，省建设厅副厅长郭明卿带领省政府保障性安居工程考核组一行来庆阳市考核。副市长黄继宗陪同。

13日，省长助理、市委书记夏红民就庆阳市抗洪涝灾害工作作出批示。

是日，庆阳市防汛工作紧急会议召开，传达省政府办公厅关于切实做好汛期灾害防范应对工作的紧急通知和市委副书记、市长栾克军关于做好汛期灾害防范应对工作重要批示精神。副市长秦华主持并讲话。

是日，2013年省、市选拔普通高校毕业生到基层事业单位工作笔试开考。市委常委、常务副市长李银，市人大常委会副主任郭文奎，市政协副主席李伟先后到庆阳理工中专、庆阳六中等考点巡视考场环境，检查考试情况。

是日，省国土资源厅副厅长宋史刚来庆阳市调研煤炭勘探及安全生产工作。市委常委、常务副市长李银陪同。

14—15日，环县、华池、庆城等地发生强降水，其中环县樊家川乡短时降雨造成该乡郝集、马驿沟、樊家川、慕家河、闫塬和长城6个村严重受灾，3个村交通信息电力中断。暴洪灾害发生后，市委、市政府启动防汛抗洪Ⅳ级应急响应。15日凌晨2时，省长助理、市委书记夏红民到市防汛指挥部指挥抢险救灾工作，并主持召开紧急会议，安排部署环县樊家川抢险救灾及全市防汛减灾工作。市上领导任燕顺、李银、闫晓峰出席并讲话，郑银生出席，栾克军、张志升、黄书伴、秦华、白振海、周继军赶赴环县重灾区樊家川乡现场查看灾情，组织群众撤离危险地段，安排转移受灾群众，看望遇难群众家属，并在现场主持召开专题会议，安排部署抢险救灾工作。下午4时，夏红民、闫晓峰赶赴环县现场指挥抢险救灾工作。

是日，省人大常委会委员、省人大农业与农村委员会主任委员武文斌，省人大常委会委员、省人大农业和农村委员会副主任尚勋武来庆阳市检查《甘肃省农村扶贫开发条例》贯彻实施情况。省长助理、市委书记夏红民和市委副书记任燕顺出席汇报会并介绍庆阳市扶贫开发工作，市人大常委会主任付振伟和市委常委、统战部部长、秘书长闫晓峰出席，市人大常委会副主任雷沫里主持，副市长田雁青汇报庆阳市贯彻执行《甘肃省农村扶贫开发条例》情况。

是日，中联部第三期老挝司局级领导干部考察团来庆阳市考察。14日，市委副书记、市长栾克军会见考察团一行，中联部二局副局长参赞张焕和市上领导任燕顺、李银、郑银生，市政府秘书长贺建宏参加。

14—17日，省银监局副局长刘爱平带领省规范地方金融秩序专项行动检查组来庆阳市检查地方金融秩序情况。市委常委、副市长桂泽发陪同检查，并于15日主持召开汇报座谈会。

15日，全国小微企业金融服务经验交流电视电话会议召开。市委常委、副市长桂泽发在庆阳分会场参加。

是日，市委副书记任燕顺、副市长黄继宗会见天津天士力集团董事局主席闫希军一行。

16日，国家民政部减灾中心副主任张晓宁在环县樊家川乡检查指导防汛抢险救灾工作。省长助理、市委书记夏红民主持召开汇报会并汇报工作，省民政厅厅长肖庆平和市委副书记、市长栾克军发言，市上领导董建镇、张志升、闫晓峰、黄书伴、秦华、周继军和市政府秘书长贺建宏参加。

是日，省长助理、市委书记夏红民召开会议，要求全市上下坚决贯彻落实省委书记、省人大常委会主任王三运重要指示精神和省委办公厅通知要求，全力做好防汛减灾工作，确保人民群众生命财产安全。市委副书记、市长栾克军出席并讲话，市上领导董建镇、张志升、闫晓峰、黄书伴、秦华、周继军参加。

是日，省审计厅党组成员、副厅长张冰一行来庆阳市督查财政收支审计整改情况。市委常委、常务副市长李银主持召开会议并汇报审计问题整改工作情况。

是日，庆阳市举行抗击洪涝灾害爱心捐款仪式，现场捐款577820元。在樊家川乡现场指挥抢险救灾的省长助理、市委书记夏红民，市上领导栾克军、董建镇、张志升、闫晓峰、黄书伴、秦华、周继军和市政府秘书长贺建宏等分别委托工作人员向灾区捐款，付振伟、张文礼、李学宏、黄正军、章志兼、桂泽发、辛刚国、黄继宗、田雁青、朱治晖、刘晓利、任尔昕参加捐款仪式并捐款。

16—17日，市委副书记任燕顺赴合水县、庆城县、镇原县贫困片带调研。

17日，庆阳市在环县樊家川乡举行抗击洪涝灾害爱心捐赠仪式。省长助理、市委书记夏红民出席捐赠仪式并讲话；市委副书记、市长栾克军主持仪式；市委、市人大、市政府、市政协、庆阳军分区、陇东学院有关领导和中省驻庆各单位、中央省属驻庆企业、市内外部分民营企业负责人以及现场救援人员、当地干部群众参加捐赠仪式，并向这次灾害中不幸遇难的人员默哀。

是日，省长助理、市委书记夏红民在环县、庆城县、西峰区检查指导抢险救灾和防汛减灾工作。市上领导董建镇、章志兼、闫晓峰、秦华一同检查指导。

是日，市委副书记、市长栾克军签发市长令，要求严格落实四级领导包抓责任制和信息预报制，建立村村知、户户知联防责任体系，全面应对灾害天气，切实做好防汛减灾工作。各包县市级领导、各县（区）党政主要负责同志，从17日12时开始，要亲自指挥，严格落实市级领导包县、县级干部包乡、科级干部包村、组长村干部包户责任制。

是日，市委常委、西峰区委书记章志兼，副市长黄继宗、秦华、田雁青、白振海分别赴西峰区、镇原县、庆城县、宁县、环县指导防汛抢险工作。

17—18日，省发改委副主任陈江、省能源局局长孟开带领调研组来庆阳市就省发改委党的群众路线教育活动征求意见建议。副市长黄继宗出席座谈会并发言。

是日，市委副书记、市长栾克军从环县樊家川乡抢险救灾现场赶赴华池县紫坊畔乡、乔河乡、柔远镇等地，实地查看暴洪灾情，指导防汛减灾工作。

17-19日，省维稳办副主任赵爱带领省维稳督查工作组来庆阳市督促检查维稳重点工作。

18日，市委办、市政府办联合发出通知，要求各县（区）和市直各部门、各单位积极调整支出结构，压缩一般性财政支出，支持防汛救灾和灾后恢复重建工作。

是日，市委副书记任燕顺主持召开会议，研究庆阳市村级小康社会建设统计监测指标体系和扶贫攻坚工作。

18—19日，省卫生厅党组成员、省疾控中心主任王新华带领省政府“世界旅游组织第六届丝绸之路国际大会暨第三届敦煌行·丝绸之路国际旅游节”筹备工作督查组一行，督查节会期间庆阳市系列活动筹备工作。副市长田雁青主持汇报会。

19日，省长助理、市委书记夏红民主持召开扶贫攻坚座谈会。市上领导任燕顺、闫晓峰、吴秉儒、秦华、窦宏邦和退休市级领导李翰林、白自力出席。

是日，市委副书记、市长栾克军主持召开市长办公会，专题研究部署庆阳市防汛抗洪救灾工作。

是日，庆阳市安委会第四次全体（扩大）会议暨全市防汛减灾电视电话会议召开。市委副书记、市长栾克军出席并讲话，市委常委、常务副市长李银主持，副市长秦华、白振海在会上通报近期全市防汛减灾和安全生产工作情况，市上领导李学宏、桂泽发，辛刚国、黄继宗、田雁青、蒋杨贵、周继军和市政府秘书长贺建宏出席。

是日，庆阳市残疾人工作会议召开。副市长周继军出席并讲话。

20日，省长助理、市委书记夏红民调研雷西高速公路和南梁红色景区建设。市委副书记任燕顺，市委常委、统战部部长、秘书长闫晓峰，副市长白振海一同调研。

是日，国家卫计委疾控局副局长雷正龙带领专家组来庆阳市调研地方病工作。副市长辛刚国陪同并出席座谈会。

21日，市委常委会召开，研究加强目标管理考核工作等事宜。夏红民主持，栾克军、任燕顺、阎晓辉、李银、董建镇、李学宏、黄正军、张志升、章志兼、闫晓峰、桂泽发出席，付振伟、张文礼列席，辛刚国、白振海、周继军列席有关议题。

是日，副省长张广智赴宁县宣讲党的群众路线教育实路活动，并召开“联村联户、为民富民”行动现场推进会。省政府副秘书长俞建宁，副市长秦华一同调研。

22日，市委副书记、市长栾克军赴宁县长庆桥镇检查防汛措施和防汛工作责任制落实情况。副市长田雁青、市政府秘书长贺建宏一同检查。

是日，省长助理、市委书记夏红民，市委副书记、市长栾克军分别对21日至23日庆阳市中南部局地有暴雨作出批示。

是日，庆阳市中医医院举行三级甲等中医医院揭牌仪式。省政协原副主席、省医学会会长侯生华和市委常委、宣传部部长黄正军为医院揭牌；省卫生厅党组成员、省中医药管理局局长甘培尚和副市长辛刚国出席并讲话；省卫生厅党组成员、省中医药学会会长侯志民，省中医药学会副会长张士卿，陇东学院院长郭维俊，市政协副主席李伟，省科协副主席、省中西医结合学会会长刘延祯，省中医药学会副会长、甘肃中医学院院长李金田，省针灸学会会长李强出席。

是日，庆阳市百业商会和西峰瑞信村镇银行股份有限公司在东湖公园门前举行“情系灾区·大爱岷县——定西灾区慈善募捐”活动，共捐款16.4万元。

22—26日，省煤矿安全监察局纪检书记刘语卓带领工作组来庆阳市督查煤矿安全生产工作。26日下午，副市长、长庆油田公司总经理助理、陇东指挥部指挥蒋杨贵主持召开督查反馈会。

23日，省长助理、市委书记夏红民在西峰区调研非公企业发展工作。市委常委、西峰区委书记章志兼，市委常委、统战部部长、秘书长闫晓峰，副市长辛刚国、白振海一同调研。

是日，市委副书记、市长栾克军，副市长秦华带领相关部门负责人对部分乡镇防汛减灾工作责任制和防汛减灾措施落实情况进行现场督查。

是日，市委常委、常务副市长李银调研市政府政务大厅、房管大厅、社保大厅运行情况。

是日，市委常委、纪委书记李学宏到市抗旱防汛指挥部办公室值班室、市监察局防汛减灾值班室督促检查汛期防灾减灾工作制度落实情况。

是日，庆阳市妇女小额担保贷款工作协调推进会议召开。副市长田雁青出席并讲话。

23—24日，中国浦东干部学院西部考察组到庆阳市开展西部开发与科学发展专题调研。市委常委、副市长桂泽发和副市长、长庆油田公司总经理助理、陇东指挥部指挥蒋杨贵陪同。23日，考察组专家乃玲、柯迪两位教授为庆阳市广大干部作专题报告，市委常委、组织部部长阎晓辉主持报告会，市政协副主席朱治晖、黄占俊、窦宏邦，市中级人民法院院长任尔昕和市政府党组成员、公安局局长郑银生出席报告会。

是日，宁夏回族自治区人大常委会副主任吴玉才带领考察组考察庆阳市石油、天然气等资源开发利用工作。市上领导付振伟、董建镇、吴秉儒、蒋杨贵先后陪同。

24日，市委常委、常务副市长李银主持召开会议，研究西峰区失地农民安置问题。

是日，市委常委、常务副市长李银赴华池县指导防汛减灾工作。

是日，庆阳市向定西地震灾区人民表示诚挚慰问，并捐款100万元。

是日，庆阳市上半年道路交通安全形势研判会召开。副市长周继军出席并讲话。

25日，庆阳市第十期团青少队干部培训班在市委党校开班。副市长田雁青出席并讲话。

是日，“民企陇上行”甘肃锦华集团帮扶镇原贫困大学生助学金发放仪式在镇原县宾馆举行。镇原县10名贫困大学生每人获得甘肃锦华建设集团资助的1万元助学金，是镇原县近年来收到的单笔捐款数额最高的一次。

25—26日，省长助理、市委书记夏红民，市委副书记、市长栾克军赴兰州向省政府和省直有关部门汇报庆阳市防汛抗洪和防灾减灾工作。副市长周继军、市政府秘书长贺建宏参加。

25—27日，省监察厅副厅长张晓弟带领督查组来庆阳市督查安全生产工作。27日上午，市委常委、纪委书记李学宏主持召开督查反馈汇报会，副市长白振海汇报工作。

26日，市委副书记任燕顺主持召开“联村联户、为民富民”行动扶贫攻坚农村综合改革试点工作协调推进会。

是日，市委常委、常务副市长李银在庆阳分会场参加全省营业税改征增值税改革试点工作电视电话会议。

是日，庆阳市“联村联户、为民富民”惠农贷款工作推进会议召开。市委常委、常务副市长李银出席并讲话。

是日，庆阳市质量协会第五届会员代表大会召开。市委常委、纪委书记李学宏，市人大常委会副主任吴秉儒，副市长田雁青，市政协副主席黄国峰出席。会议选举张和先为会长。

是日，庆阳廉政网暨庆阳市勤政为民务实清廉监督评价系统开通运行。省监察厅副厅长张晓弟和市委副书记任燕顺、副市长白振海出席开通仪式，市委常委、纪委书记李学宏主持仪式。

26—27日，省政协副主席、民盟甘肃省委主委张世珍，省政协原副主席侯生华带领工作组来庆阳市调研循环经济发展情况。27日召开调研汇报会，副市长辛刚国出席，黄继宗汇报全市循环经济发展工作情况，市政协副主席郭晓霞、黄占俊出席。

是日，2013年甘肃省中医药学会学术年会在庆阳市召开。省政协原副主席、省医学会会长侯生华出席开幕式并讲话，副市长辛刚国出席开幕式并致辞。

27日，省长助理、市委书记夏红民作出批示，要求各县（区）、市直各部门要认真贯彻落实王三运书记的重要批示精神，进一步抓好全市防汛抢险工作，切实把灾害预测预警预报与防灾避灾措施落实到位，消除一切隐患，确保人民群众生命财产安全。

28日，省长助理、市委书记夏红民，市委副书记、市长栾克军到庆阳军分区、武警庆阳支队、市公安消防支队慰问驻庆部队和武警、消防官兵。市上领导任燕顺、董建镇、闫晓峰、周继军等一同慰问，张志升在庆阳军分区参加。

是日，市委副书记任燕顺，市委常委、政法委书记董建镇，副市长周继军慰问武警西峰森林大队、空军某部61分队、武警庆阳森林大队官兵。

29日，庆阳市银企对接暨股权托管交易动员会议召开。市委常委、副市长桂泽发出席并讲话，副市长辛刚国主持。

30日，市委常委、组织部部长阎晓辉在宁县调研基层党建工作。

是日，庆阳市营业税改增值税试点工作会议召开。市委常委、常务副市长李银出席并讲话。

是日，市委常委、西峰区委书记章志兼参加西峰区党政军领导军事日活动，慰问驻峰部队官兵。

是日，市工商联三届二次执委会召开。副市长辛刚国出席并讲话。

是日，市三届人大常委会第十次会议召开。市人大常委会主任付振伟主持，副主任刘秉宁、吴秉儒、雷沫里及秘书长蔡森贵出席，副市长黄继宗，市中级人民法院院长任尔昕，市人民检察院检察长田金列席。

31日，庆阳市油田开发企业座谈会议召开。市委副书记、市长栾克军主持并讲话，副市长白振海，副市长、长庆油田公司总经理助理、陇东指挥部指挥蒋杨贵出席并讲话，市政府秘书长贺建宏出席。

是日，庆阳市非公有制企业党建工作联席会议召开。市委常委、组织部部长阎晓辉出席并讲话。

是日，市委常委、常务副市长李银在庆阳分会场参加全省政府性债务审计进点暨培训动员会议。

是日，市委常委、常务副市长李银赴宁县督查重大项目建设。

是日，市政府与中国矿业大学（北京）产学研结合座谈会暨签约仪式举行。副市长白振海与中国矿业大学党委副书记朱书全分别代表市政府、中国矿业大学签约并讲话。

是日，庆阳市残疾人联合会第五次代表大会开幕。省残联副理事长蒋录基和市上领导董建镇、雷沫里、周继军、郭晓霞出席。

▲省委组织部向庆阳市下拨救灾党费30万元。

▲“庆阳人民防空”网站开通运行。

## 八 月

1日，市委副书记、市长栾克军，副市长辛刚国、周继军在庆阳分会场参加深化平安甘肃建设工作（视频）会议。

是日，庆阳市“营改增”试点上线运行启动仪式在西峰区举行。市委常委、常务副市长李银出席并讲话。

是日，副市长、长庆油田公司总经理助理、陇东指挥部指挥蒋杨贵现场督办庆化600万吨扩能改造项目管线迁移工作。

是日，庆阳市减灾委成员单位会议召开。副市长周继军出席并讲话。

2日，市政府与陇东学院全面合作协议签字暨陇东学院岐伯医学院揭牌仪式举行。省长助理、市委书记夏红民讲话，陇东学院党委书记闫庆生致辞，并共同为“陇东学院岐伯医学院”揭牌；市委副书记、市长栾克军与陇东学院院长郭维俊为“陇东学院第一附属医院”、“陇东学院第二附属医院”揭牌；市委常委、宣传部部长黄正军主持仪式；市委常委、统战部部长、秘书长闫晓峰，陇东学院纪委书记白生君和市政府秘书长贺建宏出席；副市长辛刚国与郭维俊签署《庆阳市人民政府与陇东学院全面合作协议》。

是日，副市长黄继宗在兰州参加全省公共资源交易市场建设工作座谈会并发言。

是日，副市长白振海在兰州参加全省无电地区电力建设推进会。

是日，副市长、长庆油田公司总经理助理、陇东指挥部指挥蒋杨贵在庆阳分会场参加全省上半年安全生产电视电话会议暨省安委会2013年第四次全体会议。

3—6日，省长助理、市委书记夏红民，市委副书记、市长栾克军带领市委、市政府督查组，对庆阳市新建重大项目进行现场督查。市人大、市政协主要领导，市委常委，副市长，以及市直有关部门主要负责人、各县委书记、县（区）长参加督查。

4—6日，省建设厅副厅长刘永堂在庆阳市调研暴雨灾害民房受损和灾后重建工作。副市长黄继宗陪同。

5—6日，省人口委主任苏君在庆阳市调研。副市长田雁青陪同。

6日，副市长黄继宗赴“联村联户、为民富民”行动联系点环县甜水镇大良洼村调研。

7日，市委三届六次全委扩大会议召开。夏红民主持并讲话，栾克军出席并讲话，付振伟、张文礼、任燕顺、阎晓辉、董建镇、李学宏、黄正军、章志兼、闫晓峰、桂泽发、闫庆生、刘秉宁、吴秉儒、雷洙里、郭文奎、辛刚国、黄继宗、秦华、田雁青、白振海、蒋杨贵、刘晓利、郭晓霞、黄国锋、李伟、黄占俊、窦宏邦、任尔昕、田金、贺建宏出席。

是日，市委副书记、市长栾克军到正宁县五顷塬乡西渠村、龙咀子村看望慰问穆斯林群众。

是日，市委副书记任燕顺主持召开“联村联户、为民富民”行动扶贫攻坚农村综合改革试点工作协调推进会议。

7—8日，省政府督查室主任王向晨带领省政府督查组督查庆阳市上半年经济社会发展主要目标任务完成情况。市委常委、常务副市长李银陪同，并于8日主持召开督查汇报会。

8日，省长助理、市委书记夏红民到西峰清真寺看望慰问穆斯林群众。市委常委、西峰区委书记章志兼，市委常委、统战部部长、秘书长闫晓峰一同慰问。

是日，河北省沧州市泊头市王武镇金马驹村党支部书记兼东方果品有限公司董事长郭玉森赴宁县湘乐镇樊湾村考察。省长助理、市委书记夏红民，市委常委、统战部部长、秘书长闫晓峰陪同。

是日，庆阳市创建全国文明城市工作第三次推进会议召开。市委副书记、市长栾克军出席并讲话，市委常委、宣传部部长黄正军主持，副市长田雁青讲话，市人大常委会副主任郭文奎、市政协副主席郭晓霞出席。

是日，西峰家乐福商业综合体项目签约仪式举行。副市长黄继宗出席并讲话。

是日，庆阳市政府招商引资重大项目落地工作会议召开。副市长黄继宗主持并讲话。

是日，庆阳市市直农口部门推进会议召开。副市长秦华出席并讲话。

是日，庆阳广播电视台干部职工大会召开。副市长田雁青出席并讲话。

是日，庆阳市政法系统干部大会召开，宣布市委关于政法系统干部调整任免决定。市委常委、组织部部长阎晓辉，市委常委、政法委书记董建镇，市委常委、纪委书记李学宏出席并讲话，副市长周继军主持，市中级人民法院院长任尔昕、市人民检察院检察长田金出席。

9日，市委中心组学习会议召开，邀请中国纪检监察报社社长、全国党建研究会副秘书长李本刚作主题为《以党的十八大精神为指导，加强反腐倡廉建设》专题辅导报告。夏红民主持并讲话，栾克军、付振伟、张文礼、阎晓辉、董建镇、李学宏、黄正军、章志兼、闫晓峰、桂泽发、闫庆生、郭文奎、辛刚国、秦华、田雁青、白振海、蒋杨贵、周继军、朱治晖、刘晓利、郭晓霞、黄占俊、任尔昕、田金、白生君、贺建宏等出席。

是日，市委副书记、市长栾克军会见人行兰州中心支行行长罗玉冰一行。市委常委、副市长桂泽发，市政府秘书长贺建宏参加。

是日，市委常委、常务副市长李银在兰州参加全省军转干部安置工作会议。

是日，庆阳市文化产业发展协调推进会暨文化资源普查和分类分级评估工作动员会议召开。市委常委、宣传部部长黄正军主持并讲话，副市长田雁青出席并讲话。

是日，庆祝第五个全民健身日暨庆阳市群众体育健身技能交流展示大赛活动举行。副市长辛刚国出席并为获奖队伍颁奖。

是日，庆阳市文化产业发展协调推进会暨文化资源普查和分类分级评估工作动员会议召开。副市长田雁青出席并讲话。

9—10日，国家统计局农村司巡视员徐志全来庆阳市调研。副市长黄继宗陪同。

11日，省统计局副局长柳民来庆阳市调研。副市长黄继宗陪同。

是日，庆阳传媒大厦概念性设计讨论会议召开。副市长田雁青出席。

11—13日，农业部绿色食品办公室主任王运浩在庆阳调研全国绿色农产品生产加工示范区创建情况。省长助理、市委书记夏红民，市委常委、统战部部长、秘书长闫晓峰陪同。

12日，省国税局副局长贾曼莹带领调研组来庆阳市调研国税工作。市委常委、常务副市长李银陪同。

是日，副市长田雁青参加市委常委、市政府副市长信访接待日活动。共接待来访群众24批126人次。

是日，副市长白振海赴宁县、正宁县督查庆阳能化集团和盛机械制造园区、正宁电厂、核桃峪煤矿和供水工程。

12—13日，副市长黄继宗带领相关部门督查全省重大项目观摩点筹备情况。

是日，副市长田雁青赴华池县督查主要经济指标完成和重点项目建设情况。

12—14日，中国医药报社副社长仵荣彬来庆阳市采访。省食药监局副局长宋保才陪同，市委常委、纪委书记李学宏出席相关活动。

12—18日，副市长辛刚国赴省委党校参加省地震局和美国哈佛大学肯尼迪政府学院联合举办的“地震灾害应急管理和危机处理”培训班。

13日，三届市委常委会第36次会议召开，传达全省金融工作会议及省委藏区工作会议精神，研究推进庆阳市华夏文明传承创新区建设和金融、援藏等工作。夏红民主持。

是日，副市长白振海主持召开西合二级公路征地拆迁包干协议签字仪式并讲话。

14日，《庆阳市创建全国绿色农产品生产加工示范区规划》在兰州通过专家评审。省长助理、市委书记夏红民出席评审会并致辞，省农牧厅副厅长妥建福主持，副市长秦华出席。

是日，蒲河小盘河水库和巴家咀水库新增调蓄工程项目协调推进会召开。市委副书记任燕顺主持。

是日，南梁革命纪念馆布展方案评审会召开。市委副书记任燕顺主持，市委常委、组织部部长阎晓辉参加。

是日，市委常委、宣传部部长黄正军，副市长田雁青带领市直有关部门负责人，督查庆阳市创建全国文明城市工作。

是日，支持庆阳能化集团公司发展协调会召开。副市长白振海主持并讲话。

14—15日，省国土厅党组书记、副厅长郭玉虎来庆阳市调研。市委常委、常务副市长李银陪同并主持座谈会。

14—16日，市委常委、常务副市长李银会见来庆阳市访问的意大利对华友好协会(ICFA)秘书长兼中国区主席路安娜·王女士。

是日，省食品药品监督管理局纪检组长易成美带领督查组来庆阳市督查工作。市委常委、纪委书记李学宏出席汇报会。

15日，市委常委、政法委书记董建镇到市交通局调研交通运输工作。

是日，市委常委、统战部部长、秘书长闫晓峰看望慰问市委机关离退休干部党支部党员，参加组织生活会。

15-16日，市委副书记、市长栾克军赴宁县、正宁县、西峰区调研部分重点项目建设。市委常委、西峰区委书记章志兼，副市长黄继宗和市政府秘书长贺建宏陪同。

16日，庆阳市效能风暴行动协调推进领导小组第二次扩大会议召开。书面印发市委副书记、市长栾克军的讲话，市委常委、常务副市长李银主持并讲话，市委常委、纪委书记李学宏出席并讲话，市人大常委会副主任雷沫里出席。

是日，市委常委、纪委书记李学宏到庆阳市勤政为民务实清廉监督评价系统建设试点单位市食品药品监督管理局督查调研。

是日，庆阳市召开县（区）委办公室主任座谈会，座谈交流中央“八项规定”、省委“双十条”规定和市委“实施细则”贯彻落实情况。市委常委、统战部部长、秘书长闫晓峰主持并讲话。

是日，庆阳市无电地区通电工程暨电力重点项目建设推进会召开。副市长白振海主持并讲话。

18日，兰州军区副政委王建民中将赴华池县南梁革命纪念馆、军民大生产纪念馆和抗大七分校旧址调研。省长助理、市委书记夏红民，市委常委、庆阳军分区司令员张志升及军分区政委黄书伴、政治部主任顾伟陪同。

18—22日，省老促会会长、兰州军区原副司令员陈秀中将调研庆阳市绒山羊产业化扶贫开发工作。22日下午，省长助理、市委书记夏红民主持召开座谈会，听取调研情况，安排部署下阶段绒山羊产业化扶贫开发工作；陈秀和市委副书记、市长栾克军，市老促会会长、原市委常委、庆阳军分区司令员曹昌俊分别讲话；市委副书记任燕顺、市人大常委会副主任雷沫里，副市长秦华、市政府秘书长贺建宏出席；市老促会副会长、市人大常委会原副主任张甫虎汇报调研情况。

19日，庆阳市项目建设推进会议召开。市委副书记、市长栾克军出席并讲话；副市长黄继宗主持并对项目建设工作进行了安排部署；市委常委、副市长桂泽发，副市长辛刚国、田雁青、白振海、周继军和市政府秘书长贺建宏出席。

是日，市委常委、常务副市长李银在庆阳分会场参加全国、全省第一次地理国情普查电视电话会议。

是日，市委常委、宣传部部长黄正军，副市长田雁青晚间深入秦霸岭夜市、解放东路夜市和周祖广场周围摊点，现场督查文明城市创建工作。

20日，国家统计局局长马建堂调研庆阳市经济社会发展情况和统计工作。省统计局局长樊怀玉、国家统计局甘肃调查总队总队长鲜力群、省政府副秘书长俞建宁和市上领导栾克军、章志兼、黄继宗，市政府秘书长贺建宏先后陪同。

是日，国家开发银行甘肃省分行行长杨文清一行来庆阳市调研。市委副书记任燕顺，市委常委、副市长桂泽发陪同。

是日，甘肃“百名法学家百场报告会”在庆阳市举行。兰州大学经济法学研究所所长、兰州大学法学院副院长刘光华作报告，市委常委、政法委书记董建镇主持并讲话。

是日，庆阳市电力职工营销岗位技能竞赛在镇原县举行。市委常委、统战部部长、秘书长闫晓峰出席开幕式并宣布竞赛开幕。

是日，庆阳市科技奖评审会议召开。副市长辛刚国参加。

21日，市委常委、常务副市长李银赴宁县付家山煤炭勘查区调研。

是日，市委常委、政法委书记董建镇赴宁县新庄煤矿项目建设现场调研前期准备工作。

是日，庆阳市创建全国文明城市工作推进会议召开。市委常委、宣传部部长黄正军主持。

是日，市城乡规划委员会第十七次会议召开。副市长黄继宗主持。

是日，中国邮政集团公司总经理李国华一行赴华池南梁考察。副市长田雁青陪同。

21—22日，西北农林科技大学原校长孙武学调研庆阳市苹果产业发展情况。省长助理、市委书记夏红民在调研期间会见了孙武学一行，市委副书记任燕顺陪同调研。

是日，白银市政协副主席、市委统战部部长张得珍带领白银市非公有制经济人士理想信念教育实践活动考察团来庆阳市开展理想信念教育实践活动。市委常委、统战部部长、秘书长闫晓峰，市政协副主席黄占俊陪同。

21—23日，副市长秦华赴临夏州康乐县参加全国肉牛产业大会。

是日，副市长白振海赴兰州衔接项目工作。

22日，首都医科大学眼科学院院长、北京同仁医院副院长王宁利一行深入建设中的庆阳市第二人民医院考察。省长助理、市委书记夏红民，市委常委、西峰区委书记章志兼，副市长辛刚国陪同。

是日，大唐环县电厂一期项目初可研审查会议召开。副市长黄继宗参加并讲话。

是日，副市长田雁青主持召开庆阳烟草公司卷烟物流配送中心建设项目用地协调会议。

23日，市委常委、常务副市长李银，市人大常委会副主任吴秉儒带领相关部门负责人赴环县，现场办理了市三届人大三次会议第76号“关于请求解决山城堡战役纪念园建设资金”的建议。

是日，市委常委、政法委书记董建镇在合水县调研政法维稳工作。

是日，副市长田雁青出席庆阳市个体私营企业协会第二次暨个体劳动者协会第四次代表大会。

是日，庆阳市民间文艺家协会成立了庆阳市民间画专业委员会。市政协副主席郭晓霞出席成立活动。

是日，庆阳市第一个民间慈善组织—— 庆阳市爱心慈善协会在镇原县成立。

23-24日，省人大常委会教科文卫办公室副主任田鸿章、郝宗维、刘士华一行赴庆城县、华池县，对庆阳市华夏文明传承创新区建设工作进行了调研。23日上午，市人大常委会副主任郭文奎主持召开汇报会，副市长田雁青就创建工作作了汇报。

24日，市委副书记、市长栾克军赴环县樊家川乡检查调研灾后重建工作。副市长辛刚国、市政府秘书长贺建宏陪同。

是日，省发改委副主任负振荣在庆阳市督查重大项目。副市长黄继宗陪同。

25日，省长助理、市委书记夏红民就做好近期气象灾害防御工作作出批示。

26日，副市长黄继宗、市政协副主席郭晓霞带领有关部门负责人现场办理市政协委员19号提案。

是日，水利项目协调推进会议召开。副市长秦华主持并讲话。

27日，全省人大农业与农村工作会议在庆阳市召开。省人大常委会副主任马青林出席并讲话；省长助理、市委书记夏红民致辞；省人大常委会委员、省人大农业与农村委员会主任委员武文斌讲话；省人大常委会委员、省人大农业与农村委员会副主任委员、省人大常委会农业与农村办公室主任范志斌主持；市委副书记、市长栾克军，市人大常委会主任付振伟和省人大常委会委员、省人大农业与农村委员会副主任委员哈全玉、尚勋武，省人大农业与农村委员会委员蔺秦生、刘琪平，省人大常委会农业与农村办公室副主任李高协出席。

是日，市委常委、常务副市长李银调研庆阳市非税收入管理工作。

是日，副市长辛刚国赴合水县调研重大项目建设工作。

27—28日，省妇联巡视员管春梅带领省妇联调研组来庆阳市调研妇女小额担保贷款工作。27日下午，副市长田雁青主持召开汇报座谈会。

27—29日，省安监局纪检组长李伯海带领省安全生产大检查职业健康检查组来庆阳市检查工作。市委常委、纪委书记李学宏陪同。

28日，市委常委、常务副市长李银赴宁县长庆桥工业集中区调研。

是日，庆阳市税务志评审会议召开。副市长辛刚国参加。

是日，副市长秦华赴庆城县驿马镇、白马乡、马岭镇、三十里铺镇、庆城镇及县城，督查“一县一乡三村”现代农业综合示范工程创建、农业主导产业培育、重点项目建设、工业发展、城乡一体化和新农村建设、为民办实事等工作。

是日，副市长田雁青、市政协副主席郭晓霞带领有关部门负责人赴正宁县现场办理市政协委员241号提案。

是日，庆阳市农村公路建设现场会在正宁县召开。市委常委、政法委书记董建镇主持并讲话，副市长白振海出席并讲话。

是日，“墨语心境——文华书画艺术汇报展”在庆阳市老年活动中心开展。市人大常委会副主任郭文奎，市政协副主席郭晓霞，原庆阳地区人大工委主任薛亮云，市人大常委会原副主任张震合、陈广锦出席了开展仪式。

28—29日，市政协主席张文礼，市委常委、统战部部长、秘书长闫晓峰参加甘南州建州60周年庆祝活动，实地督查调研庆阳市援建甘南州夏河县项目建设进展情况。

是日，副市长辛刚国带领市卫生局及市直有关医院负责人赴卫生部中日友好医院、北京同仁医院、北京天坛医院、北京安贞医院衔接汇报对口帮扶、医师培训、远程会诊等合作交流工作。

29日，庆阳市金融工作会议召开。省长助理、市委书记夏红民主持并讲话，市委副书记、市长栾克军出席并讲话，市上领导付振伟、任燕顺、李银、黄正军、桂泽发、田雁青、白振海和市政府秘书长贺建宏出席。

是日，市政府与中国电信甘肃公司举行签约仪式，签署“智慧庆阳”信息化战略合作协议。市委副书记、市长栾克军，市政协副主席郭晓霞，市政府秘书长贺建宏出席；副市长白振海出席并讲话；副市长、长庆油田公司总经理助理、陇东指挥部指挥蒋杨贵与省电信公司副总经理蒋保灿分别代表庆阳市人民政府和中国电信甘肃公司签署了战略合作协议。

是日，省检察院驻长庆油田陇东地区原油产能建设项目检察服务室揭牌成立。省检察院党组成员、反贪局局长孙兆麟和副市长、长庆油田公司总经理助理、陇东指挥部指挥蒋杨贵出席揭牌仪式，并共同为检察服务室揭牌；市人民检察院检察长田金主持揭牌仪式。

29—30日，全国政协委员、省人大常委会常委、民建省委会主委宁崇瑞，民建省委会副主委、兰州大学国土与区域规划院院长陈兴鹏带领调研组就六盘山区扶贫开发及生态文明建设情况来庆阳市调研。29日，副市长秦华主持召开汇报座谈会并汇报工作。

29—31日，原国家环保部宣教中心主任焦志延、北京万邦达环保技术股份有限公司对外事务部总经理张友谊来庆阳市调研。30日，在合水县举行盘马环保希望小学改扩建工程落成庆典，市委常委、副市长桂泽发陪同调研并出席有关活动。

30日，市政府三届第24次常务会议召开，会议决定压缩一般性预算支出用于防汛救灾及灾后恢复重建工作，研究加强广告管理、推进建设“质量强市”、城市社区建设等工作。栾克军主持，李银、秦华、田雁青、白振海、周继军、郑银生、贺建宏出席。

是日，副市长秦华在庆阳分会场参加全国、全省知识产权战略实施工作电视电话会议。

是日，副市长白振海调研庆阳机场建设情况。

是日，庆阳市信访联席会议召开。市委常委、政法委书记董建镇主持，副市长周继军出席并讲话。

是日，庆阳市警察协会成立。省警察协会副主席李龙和市委常委、政法委书记董建镇为协会揭牌，市政府党组成员、公安局局长郑银生参加。

31日，庆阳市大型石油化工火灾企地联合演练在庆城县举行。市委常委、政法委书记董建镇出席并宣布演练开始，长庆油田公司常务副总经理杨华出席并讲话，省消防总队参谋长杜超仁点评演练情况，副市长、长庆油田公司总经理助理、陇东指挥部指挥蒋杨贵出席并致辞，副市长周继军出席并讲话，市政府党组成员、公安局局长郑银生出席。

▲甘肃省农民书画研究会庆阳分会成立。

▲庆阳市委组织部推荐的10部作品中有5部获得全省党员教育电视片大奖，市委组织部荣膺优秀组织奖。庆阳电视台摄制的《最美乡邮员》荣获一等奖，宁县委组织部摄制的《梦着你的梦》荣获二等奖，环县委组织部摄制的《师魂》、华池县委组织部摄制的《一个农民党员的痴情守望》和市委组织部摄制的《激情飞扬展风采》荣获三等奖。

▲正宁县被列为全国农村商务信息服务试点县。

▲正宁县被确定为全省“农社对接”试点县。

## 九 月

1日，庆阳市银行业“金融知识进万家”宣传服务月活动启动。市委常委、副市长桂泽发出席启动仪式。

2日，庆阳市灾后重建指导工作会议召开。副市长秦华主持，周继军讲话。

是日，副市长周继军在庆阳分会场参加全国禁毒工作电视电话会议。

2—5日，副市长白振海赴北京衔接项目。

是日，副市长田雁青在广西壮族自治区南宁市参加第十届中国—东盟博览会。

3日，市委副书记、市长栾克军赴正宁县调研项目建设、农业产业化、文化旅游产业发展等工作。市政府秘书长贺建宏一同调研。

是日，市委常委、常务副市长李银赴西安铁路局衔接洽谈宁南大型煤炭综合物流园铁路专线建设相关事宜。

是日，庆阳市首例涉外造血干细胞捐献者陈生秀同志术后归来欢迎仪式举行。副市长辛刚国出席。

是日，副市长、长庆油田公司总经理助理、陇东指挥部指挥蒋杨贵赴兰州参加全省15个产煤重点县区负责人座谈会。

3—4日，市委常委、纪委书记李学宏督查华能正宁电厂供水工程和市供电公司综合基地项目建设进展情况。

3—5日，省长助理、市委书记夏红民前往部分县（区）和市直学校调研，查看受灾学校恢复重建情况，了解全市教育发展现状，看望慰问教育教学第一线的教职员工。市上领导章志兼、闫晓峰、辛刚国、秦华分别参加，闫庆生参加有关慰问活动。

是日，市委副书记任燕顺赴镇原县上肖乡路岭村调研“联村联户、为民富民”行动扶贫攻坚农村综合改革试点工作，并主持召开现场办公会和协调推进会。

是日，副市长周继军赴兰州参加全省农村低保清理和规范工作会议。

4—5日，庆阳市“联村联户、为民富民”行动环县工作组帮联单位第七次会议在环县召开。市委副书记、市长栾克军出席并讲话，市委常委、副市长桂泽发和市政协副主席黄占俊、市中级人民法院院长任尔昕、市政府秘书长贺建宏出席。

是日，省发改委副主任陈江，石油和化学工业规划院总工程师李君发带领陇东地区煤炭资源转化利用布局规划编制组就庆阳市煤化工产业情况进行调研并召开座谈会。副市长黄继宗陪同并主持召开座谈会。

5日，市委副书记、市长栾克军主持召开2013’中国（庆阳）农耕文化节暨第二十四届中国西部商品交易会筹备工作汇报会。市委常委、常务副市长李银，副市长黄继宗、秦华和市政府秘书长贺建宏出席。

是日，市委常委、组织部部长阎晓辉在环县主持召开县乡村干部座谈会，听取基层干部对乡镇领导班子、村“两委”班子建设和村“两委”班子换届工作的意见建议。

5—6日，世界华文媒体负责人“行走中国·聚焦华夏文明传承创新”主题采访团来庆阳市考察采访。5日，省长助理、市委书记夏红民会见采访团一行，市委副书记任燕顺，市委常委、宣传部部长黄正军，市委常委、统战部部长、秘书长闫晓峰参加。

6日，三届市委常委会第37次会议召开，传达学习习近平总书记近期关于当前经济形势和经济工作的重要讲话以及在全国宣传思想工作会议上的一系列重要讲话精神，研究改革完善食品药品监督管理体制、加快教育发展、市直部门纪检监察机构设置，2013中国（庆阳）农耕文化节暨第二十四届中国西部商品交易会筹备等工作。夏红民主持并讲话。

是日，市委常委、宣传部部长黄正军，副市长田雁青检查第二届国际文化产业大会暨第六届甘肃省文化产业交易博览会庆阳形象展馆布置及准备工作。

是日，省发改委副主任王砚在环县督查城市污水处理设施建设运营情况。副市长黄继宗陪同。

6—8日，全国政协副主席陈元率领全国政协视察团，视察调研庆阳市生源地信用助学贷款和学生资助工作。全国政协常委、副秘书长刘家强，全国政协委员、中国工商银行原行长、党委副书记杨凯生，全国政协委员、北京师范大学党委书记刘川生，全国政协常委、湖南省湘西土家族苗族自治州政协副主席田岚，全国政协委员、国务院发展研究中心原副主任卢中原，全国政协委员、省政协副主席、农工党甘肃主委栗震亚，全国政协委员、全国妇联副主席、北京市政协副主席唐晓青等一同视察。省政协副主席张景辉，省政协副秘书长张海亚，省政协科教文卫体委员会主任杜孟嘉，国开行甘肃省分行行长杨文清，省教育厅副厅长赵凯和省长助理、市委书记夏红民，市上领导栾克军、张文礼、任燕顺、李银、章志兼、闫晓峰、辛刚国、李伟陪同。6日，夏红民主持召开庆阳市学生资助工作汇报座谈会，并向视察团介绍全市的基本市情和经济社会发展情况；辛刚国汇报全市学生资助工作；张文礼、任燕顺、李银、闫晓峰、李伟出席。

6—9日，第二届国际文化产业大会暨第六届甘肃省文博会在兰州召开。7日隆重开幕，市委副书记、市长栾克军出席开幕式，市委常委、宣传部部长黄正军和副市长田雁青出席有关活动。

8日，庆阳市煤矿安全生产工作会议召开。副市长白振海主持并讲话。

8—9日，省老科协副会长、省财政厅原巡视员马俊带领调研组来庆阳市调研。副市长周继军陪同。

9日，庆阳市教育工作会议召开。省长助理、市委书记夏红民出席并讲话，市委副书记、市长栾克军主持并讲话，市上领导付振伟、张文礼、黄正军、章志兼、郭维俊、郭文奎、辛刚国、黄占俊等出席。

是日，庆阳市领导干部大会召开，传达学习习近平总书记系列重要讲话精神。省长助理、市委书记夏红民主持并讲话，在庆市级领导参加。

是日，副市长白振海在兰州参加全省交通扶贫攻坚农村公路通畅工程试点工作座谈会。

是日，庆阳市养老基地项目进度推进会召开。副市长周继军主持。

10日，庆阳军分区召开宣布命令大会。省委常委、省军区政委傅传玉宣布中央军委命令：任命步兵第五十五旅旅长胡泽为庆阳军分区司令员，批准庆阳军分区司令员张志升退休。同时宣布甘肃省军区党委的决定，胡泽同志任庆阳军分区党委委员、常委、副书记。省长助理、市委书记夏红民讲话，市上领导栾克军、任燕顺、闫晓峰、周继军及军分区领导刘光瑜、张宁、顾伟、李兴盛出席，胡泽、张志升在会上发言，黄书伴主持。

是日，省长助理、市委书记夏红民，市委副书记、市长栾克军会见招商银行兰州分行党委书记、行长毛国英一行。招商银行兰州分行副行长苏力和市委常委、常务副市长李银，市委常委、统战部部长、秘书长闫晓峰，市委常委、副市长桂泽发，市政府秘书长贺建宏参加。

是日，市委副书记、市长栾克军到庆阳五中看望慰问一线教职员工，调研基础设施建设、教育教学管理等工作。市委常委、宣传部部长黄正军，副市长辛刚国和市政府秘书长贺建宏参加。

是日，庆阳市委党校2013年秋季主体班次开班。市委副书记任燕顺出席开学典礼并作辅导。

是日，市委常委、组织部部长阎晓辉调研镇原县基层党建工作。

是日，市委常委、常务副市长李银在庆城县调研“营改增”试点工作。

是日，副市长黄继宗参加市委常委、市政府副市长信访接待日活动。

10—11日，由水利部黄河水利委员会、国务院南水北调办公室、中科院及省水利厅部分领导、中科院院士和专家组成调研组到镇原县、庆城县调研水土保持、生态建设工作。11日下午，省长助理、市委书记夏红民主持召开调研座谈会。中国科学院院士刘昌明，国务院南水北调办公室原副主任宁远，中国科学院院士、青海大学校长王光谦，省水利厅水土保持局长姚进忠和市委副书记任燕顺出席；水利部黄河水利委员会副主任薛松贵、省水利厅副厅长何春三讲话；副市长秦华汇报有关工作。

11日，国务院安委会安全生产第二轮综合督查庆阳汇报会召开。国家安全生产应急指挥中心资产财务部副主任修少明、省安监局副局长尚科峰、省煤监局副局长祁炜出席；市委副书记、市长栾克军主持并讲话；市委常委、纪委书记李学宏，副市长白振海，副市长、长庆油田公司总经理助理、陇东指挥部指挥蒋杨贵和市政府秘书长贺建宏参加。

是日，市委常委、常务副市长李银主持召开会议，研究庆阳市创业扶持融资担保有限公司注册登记有关事宜。

是日，全省道德模范基层巡讲活动首场报告会在庆阳市举行。市委常委、宣传部部长黄正军主持。

是日，省委常委、省军区政委傅传玉在庆阳市调研。副市长周继军陪同。

是日，庆阳市检察机关“两联系、两促进”专项行动推进会召开。市委常委、政法委书记董建镇出席并讲话，副市长周继军主持，市人民检察院检察长田金讲话。

11—13日，省纪委副书记、监察厅厅长王建太带领督查组督查庆阳市“3341”项目工程进展情况。市委副书记、市长栾克军，副市长黄继宗陪同。12日下午，栾克军主持召开汇报座谈会，黄继宗汇报项目工程进展情况。

12日，副市长周继军在庆阳分会场参加全省烈士纪念工作视频会议。

是日，庆阳市国土资源执法监察支队职工徐廷福的书法作品（楷书）获“农行杯”首届中国电视书法大赛三等奖。

12—13日，省发改委发债项目检查组在庆阳市调研。市委常委、副市长桂泽发陪同。

13日，纪念陕甘边革命根据地创建八十周年座谈会在陕西省铜川市举行。中央党史研究室主任欧阳淞、陕西省委书记赵正永出席并讲话，陕西省省长娄勤俭主持，甘肃省委副书记欧阳坚出席并讲话，省长助理、市委书记夏红民和市委常委、组织部部长阎晓辉应邀出席座谈会并参加有关活动。

是日，市委副书记、市长栾克军会见中国大唐集团煤炭产业部主任、煤业有限责任公司总经理陈榕一行。副市长白振海，市政府秘书长贺建宏参加。

是日，省民政厅厅长肖庆平来庆阳市调研灾后重建工作。市委副书记、市长栾克军，副市长周继军和市政府秘书长贺建宏陪同。

是日，2013’中国（庆阳）农耕文化节暨第二十四届中国西部商品交易会筹备工作会议召开。市委副书记、市长栾克军主持并讲话，市委常委、常务副市长李银，副市长秦华、田雁青出席。

是日，市委“联村联户、为民富民”行动协调推进领导小组第十一次会议召开。传达学习习近平总书记、汪洋副总理及省委王三运书记、省政府刘伟平省长、省委欧阳坚副书记系列重要批示和省委双联行动协调推进领导小组第十次会议精神，听取各联县（区）工作组牵头单位工作情况汇报，分析研究存在的问题，研究部署下一步工作。市上领导任燕顺主持并讲话，李学宏、黄正军、窦宏邦、刘光瑜出席并讲话。

是日，庆阳市财政扶贫资金管理工作会议召开。副市长秦华出席并讲话。

13—15日，省监察厅副厅长张晓弟带领的全省安全生产大检查省级督查组督查庆阳市安全生产情况。副市长白振海陪同。

14日，市委副书记、市长栾克军主持召开办公会议，研究市区重点项目规划建设有关事宜。副市长黄继宗、市政府秘书长贺建宏参加。

是日，庆阳市创建全国文明城市工作推进会议召开。市委常委、宣传部部长黄正军出席并讲话。

16日，庆阳市农村危改暨灾后重建质量安全管理工作现场会在环县召开。副市长黄继宗出席并讲话。

是日，华池县葫芦河水源工程项目建设推进会议召开。副市长秦华主持并讲话。

是日，省交通厅工作组在庆阳市检查雷西高速、新南二级公路建设情况。副市长白振海陪同。

是日，庆阳市委政法委员（扩大）会议召开。市委常委、政法委书记董建镇主持，副市长周继军出席并讲话。

是日，庆阳市公安重点项目建设进度推进会召开。副市长周继军出席。

16—18日，市委常委、副市长桂泽发赴上海展望学院干部培训班讲授金融知识。

17日，2013’中国（庆阳）农耕文化节暨第二十四届中国西部商品交易会筹备工作汇报会召

开 。市委副书记、市长栾克军主持并讲话，市上领导任燕顺、李银、董建镇、黄正军、闫晓峰、黄继宗、秦华、田雁青、周继军、郑银生和市政府秘书长贺建宏出席。

是日，市政府三届第25次常务会议召开，对全市完成年度目标任务、加快推进市区重点项目建设进行安排部署，研究利用宜林荒山培育林木种苗、加强公共资源交易市场监督管理和机关事业单位公务用车管理、提升企业创新能力等事宜。栾克军主持，李银、辛刚国、黄继宗、秦华、田雁青、白振海、蒋杨贵、周继军、郑银生、贺建宏参加。

是日，庆阳市旅游工作推进会议召开。副市长田雁青主持并讲话。

18日，省长助理、市委书记夏红民主持召开市委常委扩大会议，传达贯彻省委常委扩大会议精神，安排部署庆阳市深入学习贯彻习近平总书记系列重要讲话精神。在庆市级领导，市委各部委、市政府各部门、各群众团体主要负责人，各县委书记、县（区）长等参加。

是日，市委常委、政法委书记董建镇到庆阳二中、庆阳五中、庆阳理工中专巡视全市中学生法律知识普及考试。

是日，庆阳市“颂歌献给建设者、服务经济主战场”主题示范活动举行。市委常委、宣传部部长黄正军出席并致辞。

是日，全国政协原副主席、陇东中学首任校长马文瑞的女儿在庆城县陇东中学建校73周年之际，为陇东中学史馆赠送珍贵红色文化资料。

21日，市委副书记、市长栾克军带领相关部门负责人对2013’中国（庆阳）农耕文化节暨第二十四届中国西部商品交易会筹备工作进行了现场督查。市上领导任燕顺、李银、董建镇、黄正军、闫晓峰、秦华、田雁青、周继军、郑银生和市政府秘书长贺建宏一同督查。

22日，市委副书记、市长栾克军赴正宁县、宁县和西峰区督查部分重大项目建设情况。市委常委、西峰区委书记章志兼参加在西峰区的督查，副市长黄继宗、白振海和市政府秘书长贺建宏一同督查。

是日，2013’中国·庆阳农耕文化节“黄土墨韵”庆阳书法作品总结展开展。市上领导黄正军、郭文奎、田雁青、郭晓霞、窦宏邦参加仪式并参观展览。

是日，市委常委、宣传部部长黄正军督查庆阳市区文明城市创建工作。

是日，省政府工业经济督查组在庆阳市督查。副市长白振海陪同。

22—26日，市委常委、副市长桂泽发赴兰州参加土地例行督察整改督导会议、全省文化体制改革工作会议，并到省直有关部门和金融机构衔接工作。

23日，2013’中国·庆阳农耕文化节暨第24届中国西部商品交易会在庆阳开幕。农业部原部长陈耀邦宣布开幕，兰州军区原司令员李乾元出席开幕式，省政协副主席黄选平、农业部农产品加工局局长张天佐讲话，省长助理、市委书记夏红民致辞，市委副书记、市长栾克军主持。在庆市级领导出席，市直有关部门、各县（区）党政主要负责同志和老干部代表、社会各界群众代表等参加。

是日，庆阳苹果推介会举行。农业部原部长陈耀邦、省政协副主席黄选平、农业部农产品加工局局长张天佐及参加2013’中国·庆阳农耕文化节暨第24届中国西部商品交易会开幕式的领导出席推介会，省长助理、市委书记夏红民致推介词，市委副书记、市长栾克军主持。

是日，绿色农业与农业可持续发展学术报告会举行。农业部社会事业发展中心主任王秀忠主持，省长助理、市委书记夏红民出席并致辞，市委副书记任燕顺、副市长秦华、市政协副主席窦宏邦等出席。

是日，第24届中国西部商品交易会各成员方在庆阳宾馆举行投资环境说明会。市委副书记、市长栾克军和陕甘川宁毗邻地区经联会办事处主任、宝鸡市政府副秘书长张海明出席并致辞，市委常委、统战部部长、秘书长闫晓峰主持，副市长黄继宗作投资环境说明。

是日，市委副书记、市长栾克军会见意大利对华友好协会秘书长兼中国区主席路安娜·王，意大利卡布拉罗拉市市长欧金尼奥·斯特利飞利，意大利卡布拉罗拉农业食品学院院长贝尔纳迪诺·德马力诺，并与欧金尼奥·斯特利飞利签订了《庆阳市与卡布拉罗拉市缔结友好城市协议书》。市委常委、常务副市长李银出席会见及签约仪式，市政府秘书长贺建宏参加。

是日，2013’陇东民歌大奖赛颁奖暨中国（庆阳）农耕文化节第二十四届中国西部商品贸易会迎宾文艺晚会在市政府礼堂举行。农业部原部长陈耀邦，省政协副主席黄选平和市委副书记、市长栾克军观看晚会，并分别为陇东民歌大奖赛一、二、三等奖选手颁奖。农业部社会事业发展中心主任王秀忠，全国农业展览馆、中国农业博物馆馆长隋斌和市上领导张文礼、任燕顺、阎晓辉、董建镇、章志兼、闫晓峰、黄书伴、辛刚国、秦华、田雁青、白振海、朱治晖、李伟、窦宏邦、任尔昕等观看演出。

是日，国家农业部原部长陈耀邦赴合水县参观陇东古石刻博物馆。副市长田雁青陪同。

是日，省公路局局长李谭带队来庆阳市检查庆镇、新南二级公路建设情况。副市长白振海陪同。

23—25日，国家档案局经科司司长李晓明一行赴华池县验收全国社会主义新农村建设档案工作示范县创建工作。副市长周继军陪同。

24日，岐黄中医药文化博物馆开馆仪式在庆城县举行。农业部原部长陈耀邦与市委副书记、市长栾克军共同为“岐黄中医药文化博物馆”揭馆；栾克军致辞；市委常委、常务副市长李银主持开馆仪式；中国绿色食品发展中心副主任韩沛新，省卫生厅纪检组长段巍，省绿色食品办公室主任王续程和市委副书记任燕顺，市委常委、统战部部长、秘书长闫晓峰，庆阳军分区司令员胡泽、政委黄书伴，副市长秦华，市政协副主席李伟，市政府秘书长贺建宏，以及农业部农村社会事业发展中心、全国家业展览馆有关领导，吴忠、天水、甘南、陇南、平凉等市州党政代表团领导，有关企业负责人、市直有关部门和各县（区）负责同志，老干部代表、社会各界群众代表等参加了开馆仪式。

是日，省委原副书记、省见义勇为基金会理事长李虎林，省委政法委副书记、省综治办主任、省见义勇为基金会秘书长牛纪南，省见义勇为基金会副秘书长牛锦江看望慰问庆阳市曾获省级以上表彰奖励的见义勇为积极分子及其家属。随后，市委常委、政法委书记董建镇主持召开见义勇为工作汇报会，市政协原主席张文先汇报工作开展情况。

是日，副市长辛刚国到市人民医院、市第二人民医院就医改工作进行调研。

是日，庆阳市经济运行分析通报会议召开。副市长黄继宗出席并讲话。

是日，副市长田雁青检查2013’中国庆阳农耕文化节暨第二十四届中国西部商品交易会陕甘川宁毗邻地区特色商品展示展销工作并现场召开协调会。

24—27日，省委政法委副书记、省综治办主任牛纪南一行来庆阳市调研综治维稳工作。市委常委、政法委书记董建镇陪同，并于27日主持召开汇报会。

25日，省长助理、市委书记夏红民在西峰城区调研供热工作。市委常委、西峰区委书记章志兼，市委常委、统战部部长、秘书长闫晓峰，副市长黄继宗参加。

是日，市政府党组（扩大）会议召开，传达学习省委常委扩大会议和市委常委扩大会议精神，安排部署学习贯彻落实习近平总书记一系列重要讲话精神。栾克军主持，李银传达习近平总书记系列重要讲话精神，黄继宗、秦华、田雁青、白振海、蒋杨贵、周继军、郑银生、贺建宏出席，辛刚国列席。

是日，副市长辛刚国带领相关部门负责人赴镇原县现场办理市三届人大三次会议第5号代表建议。

是日，副市长白振海主持召开庆镇二级公路项目建设推进会议并讲话。

25—26日，市委副书记任燕顺主持召开“联村联户、为民富民”行动扶贫攻坚农村综合改革试点工作协调推进会。

是日，省委原副书记、省关心下一代工作委员会主任李虎林，省委政法委副书记、省综治办主任牛纪南检查指导庆阳市关心下一代工作。市委常委、组织部部长阎晓辉，市政协原主席蒋占全陪同。

26日，省长助理、市委书记夏红民主持召开会议，讨论评审大型历史文化电视高清纪录片《黄土塬》脚本。市委常委、宣传部部长黄正军，市委常委、统战部部长、秘书长闫晓峰，副市长田雁青出席。

是日，庆阳市秋覆膜工作视频会议召开。市委副书记任燕顺主持并讲话，副市长秦华出席并讲话。

是日，教育部本科教育工作合格评估陇东学院反馈会召开。副市长辛刚国出席。

是日，副市长秦华赴西峰区召开现场办公会，研究解决东湖公园等重大项目建设用地有关事宜。

是日，副市长、长庆油田公司总经理助理、陇东指挥部指挥蒋杨贵主持召开庆化600万吨升级改造项目推进现场办公会议。

是日，副市长周继军赴环县调研灾后重建和重大项目建设工作。

27日，“陇东庆阳—2013”反恐处突实战演练举行。省长助理、市委书记夏红民出席并讲话；省委政法委副书记、省综治办主任牛纪南出席；市委副书记、市长栾克军主持；市上领导付振伟、张文礼、任燕顺、李银、董建镇、李学宏、章志兼、闫晓峰、胡泽、刘秉宁、辛刚国、黄继宗、秦华、田雁青、蒋杨贵、周继军、朱治晖、刘晓利、黄国锋、李伟、黄占俊、窦宏邦、任尔昕、田金、郑银生、白生君，市政府秘书长贺建宏，市政协原主席蒋占全、张文先观看实战演练。

是日，省长助理、市委书记夏红民，市委副书记、市长栾克军赴正宁县、宁县、西峰区督查部分重点项目建设。市上领导付振伟、张文礼、李银、李学宏、黄正军、章志兼、闫晓峰、黄继宗、秦华、田雁青参加；当晚，栾克军主持召开全省重大项目观摩筹备工作会议，就进一步加快全市重点项目建设进度进行全面部署，任燕顺、周继军、郑银生以及参加现场督查的市级领导出席。

是日，全省限制超职数配备干部工作推进会在庆阳市召开。市委副书记任燕顺出席并致辞。

是日，庆阳市重点项目建设宣传工作会议召开。市委常委、宣传部部长黄正军主持并讲话。

是日，副市长白振海在北京参加《庆阳市创建国家环境保护模范城市规划》评审会并作表态发言。

是日，庆阳市残疾人工作委员会工作会议召开。副市长周继军出席并讲话。

28日，庆阳经济开发区总体发展规划评审会召开。副市长、长庆油田公司总经理助理、陇东指挥部指挥蒋杨贵出席并讲话。

29日，庆阳市委、市政府举行市食品药品监管体制改革人员资产交接会议暨市食品药品监督管理局揭牌仪式。市委副书记、市长栾克军出席并讲话，并为新组建的市食品药品监督管理局和市食品安全委员会办公室揭牌；市委常委、纪委书记李学宏主持；副市长辛刚国就相关工作进行安排。

是日，市委副书记、市长栾克军带领市、区有关部门负责人，对城市综合管理和交通环境整治工作进行调研。市委常委、西峰区委书记章志兼，副市长黄继宗、周继军，市政府秘书长贺建宏参加。

是日，庆阳市供热工作会议召开。副市长黄继宗主持。

是日，副市长田雁青赴“联村联户、为民富民”点——宁县早胜镇寺底村、中村乡政平村调研。

29—30日，副市长白振海带领市直有关部门负责人实地调研“一区四园”建设工作并召开座谈会议。

30日，庆阳传媒大厦项目前期工作协调会议召开。市委常委、宣传部部长黄正军主持并讲话，副市长田雁青出席。

## 十 月

8日，庆阳市苹果产业推进现场会议召开。市委副书记、市长栾克军出席并讲话，市委副书记任燕顺主持，副市长秦华安排有关工作，市政府秘书长贺建宏出席。会前实地观摩了西峰区、合水县和庆城县苹果标准化生产管理、专业合作社建设等工作情况，市委常委、西峰区委书记章志兼参加在西峰区现场观摩。

是日，副市长黄继宗带领市直有关部门负责人督查庆阳市重点项目建设工作。

9日，甘肃省纪念习仲勋同志诞辰100周年暨两当兵变历史地位座谈会在陇南市两当县召开。省长助理、市委书记夏红民应邀出席。

是日，市委副书记任燕顺，市委常委、纪委书记李学宏赴镇原县上肖乡路岭村、宁县湘乐镇樊湾村督查调研“联村联户、为民富民”行动基层党建及村务监督工作。

是日，市、区两级政府召开专题会议，就市区东大街提质改造及地下人防工程建设工作进行宣传动员。副市长黄继宗出席并讲话。

是日，庆阳市第三次全国经济普查领导小组第一次会议召开。副市长黄继宗出席并讲话。

是日，市委常委、政法委书记董建镇，副市长周继军在庆阳分会场参加全省第三季度信访形势通报电视电话会议。

9—11日，省水利厅党组副书记、副厅长杨成有带领调研组来庆阳市调研。9日下午，副市长秦华主持召开汇报会。

10日，省长助理、市委书记夏红民在兰州参加省委常委扩大会议，学习贯彻习近平同志参加河北省委常委民主生活会时的讲话精神和俞正声同志参加甘肃省委常委民主生活会时的讲话精神。

是日，市委常委、常务副市长李银督查宁县长庆桥工业集中区建设情况。

是日，庆阳市养老基地项目协调推进会召开。市委常委、副市长桂泽发，副市长周继军出席。

是日，庆阳市综治委专项组工作汇报会召开。市委常委、政法委书记董建镇主持，副市长周继军出席并讲话。

是日，“共筑中国梦·魅力庆阳行”全国书画名家作品展开展。市委常委、宣传部部长黄正军出席并致辞，市人大常委会副主任郭文奎、副市长田雁青、市政协副主席李伟和窦宏邦出席。

是日，副市长白振海参加市委常委、市政府副市长信访接待日活动。共接待来访群众13批66人次。

是日，庆阳市举行庆祝全省第26个“老人节”暨敬老表彰奖励活动。副市长周继军出席并讲话。

10—11日，全省基层农技协规范化建设现场会暨基层农技协领办人培训班在庆阳市举办。中国科协农技中心主任、中国农技协常务副理事长张晓军作了题为《加强农技协组织建设，提高农技协服务能力》的专题报告，省科协党组书记、常务副主席杨新科出席并讲话，市委副书记、市长栾克军致辞。

是日，副市长黄继宗赴省统计局汇报衔接工作。

11日，“中国关心下一代教育示范基地”揭牌仪式在华池县上里塬中心小学举行。中国关工委办公室副主任、中国社会福利基金会关心下一代基金副理事长陈田和省委原副书记、省关工委主任李虎林共同揭牌，市委副书记、市长栾克军主持揭牌仪式，省委老干局副局长、省关工委副主任吴萍，市委常委、统战部部长、秘书长闫晓峰和市政协原主席、市关工委常务副主任蒋占全出席揭牌仪式。

是日，庆阳市交通扶贫攻坚工作动员大会在华池县召开。市委副书记、市长栾克军出席并讲话，市委常委、政法委书记董建镇主持，副市长白振海讲话，市政府秘书长贺建宏出席。

是日，庆阳市公共资源交易管理工作会议召开。市委常委、常务副市长李银，市委常委、纪委书记李学宏出席并讲话。

是日，共青团甘肃省委书记陶军锋一行来庆阳市调研。副市长田雁青陪同。

是日，庆阳市直退役士兵安置工作协调会议召开。副市长周继军出席并讲话。

是日，副市长周继军调研西峰城区交通管理工作。

11—12日，市委常委、副市长桂泽发赴定西市参加“中国定西”马铃薯博览会。

11—13日，省文明办副主任高巨珍来庆阳市调研精神文明建设工作。市委常委、宣传部部长黄正军陪同。

11—14日，由省人大常委会环资委副主任委员、陇原环保世纪行组委会副主任兼秘书长武敬东带领的陇原环保世纪行采访团一行，就庆阳市饮用水水源地保护、农村饮水安全等情况进行调研采访。副市长白振海陪同并接受采访团采访。

12日，副市长黄继宗在兰州参加全省项目观摩活动安排部署会议。

是日，中国绿色食品第十四届博览会在山东省青岛市开幕，市委副书记任燕顺、副市长秦华带队参加。同日，由省农牧厅和庆阳市委、市政府共同举办的2013中国·庆阳苹果推介会在山东省青岛市国际会展中心举行。农业部中国绿色食品发展中心主任王运浩出席并讲话，省农牧厅副厅长妥建福和青岛市农委相关负责人出席推介会，任燕顺致推介辞，秦华主持，省内外客商代表100余人参加推介会。

是日，庆阳市县（区）食品药品监督管理体制改革工作推进会议召开。市委常委、纪委书记李学宏出席并讲话。

是日，庆阳市现役消防队站建设暨部队正规化管理推进会议在华池县召开。市委常委、政法委书记董建镇主持并讲话，省公安消防总队副总队长巩永义和副市长周继军出席并讲话，市政府党组成员、公安局局长郑银生出席。

是日，庆阳市庆祝“老年节”文艺晚会在市政府礼堂举行。市上领导黄正军、郭文奎、田雁青、朱治晖等同老年人代表欢聚一堂，共同庆祝我国的传统节日——九九重阳节和老年人权益保障法正式实施后的第一个“老年节”。

是日，庆阳市洪涝灾害暨灾后恢复重建募捐企业恳谈会议召开。副市长周继军出席并讲话。

13日，省长助理、市委书记夏红民赴环县调研灾后重建工作。

是日，副市长黄继宗主持召开会议，安排部署庆阳市重点项目建设工作。

13—15日，全国政协常委、文史和学习委员会主任、原国家广电总局局长、党组书记王太华，原湖南省委常委、纪委书记许云昭带领中央党的群众路线教育实践活动督导组来庆阳市督导调研。省长助理、市委书记夏红民，市委副书记、市长栾克军，市委常委、统战部部长、秘书长闫晓峰，市政府秘书长贺建宏陪同。

14日，2013年庆阳市第三次财税联席会议召开。市委常委、常务副市长李银主持并讲话。

是日，副市长黄继宗赴西峰区鄢旗坳循环农业示范区调研。

是日，庆阳市公共交通深化改革领导小组第一次会议召开。副市长周继军出席并讲话。

是日，西峰城区交通秩序管理协调会议召开。副市长周继军出席并讲话。

14—15日，市委常委、常务副市长李银赴长庆油田公司衔接落实油田税收事宜。

15日，纪念习仲勋同志诞辰100周年座谈会在人民大会堂举行。省长助理、市委书记夏红民应邀参加座谈会。

是日，市委副书记、市长栾克军督查西峰区部分重大项目建设情况。市委常委、西峰区委书记章志兼，副市长黄继宗一同督查。

是日，市委副书记、市长栾克军会见神华国能宁夏煤电有限公司执行董事、总经理、党委副书记马元坤一行，就推进煤电一体化建设等事宜进行会谈。副市长白振海、市政府秘书长贺建宏参加。

是日，省国土资源厅副厅长陈牧原一行来庆阳市调研。市委常委、常务副市长李银陪同。

是日，庆阳市农村平安建设工作推进会议在合水县召开。市委常委、政法委书记董建镇出席并讲话，副市长周继军主持，市政府党组成员、公安局局长郑银生出席。

16日，庆阳市招商引资项目落地工作现场会在镇原县召开。副市长黄继宗出席并讲话。

是日，庆阳市森林防火工作电视电话会议召开。副市长秦华出席并讲话。

是日，副市长周继军赴庆城县参加庆阳市司法局长巡回县（区）观摩学习活动，并调研消防队站建设及交通管理工作。

16—17日，省预防腐败局副局长方亮带领省纪委调研组来庆阳市调研廉政风险防控工作。市委常委、纪委书记李学宏陪同。

是日，省体育局局长杨卫来庆阳市检查验收体育惠民工程进展情况。副市长田雁青陪同。

17日，省委常委会专题民主生活会情况通报会在兰州召开。省长助理、市委书记夏红民，市委副书记、市长栾克军参加。

是日，市委常委、常务副市长李银赴省财政厅汇报衔接工作。

是日，国家土地督察西安局党组成员、副局长沈廷霞一行来庆阳市调研。副市长黄继宗主持召开座谈会。

是日，副市长周继军主持召开西峰城区公交营运和精德淀粉公司住宅楼信访问题座谈会。

18日，全省扶贫攻坚推进（视频）大会在兰州召开。省长助理、市委书记夏红民，市委副书记、市长栾克军在兰州主会场参加，市上领导付振伟、张文礼、任燕顺、章志兼、闫晓峰、桂泽发、秦华、田雁青、郑银生和市政府秘书长贺建宏在庆阳分会场收看。

是日，省长助理、市委书记夏红民，市委副书记、市长栾克军赴省国土资源厅汇报衔接资源开发利用、重大项目用地管理工作。市委常委、常务副市长李银一同汇报。

是日，省政府副秘书长马自学来庆阳市督查重点项目建设工作。副市长黄继宗陪同。

是日，副市长田雁青主持召开会议，安排迎接省政府推进质量振兴暨产品质量工作目标责任考核相关事宜。

是日，庆阳市公共交通深化改革领导小组第二次会议召开。副市长周继军出席并讲话。

19日，省政府第四次全体会议在兰州召开。省长助理、市委书记夏红民，市委副书记、市长栾克军参加。

20日，北京海吉星医疗科技有限公司董事长杨军，北京海吉星医疗科技有限公司副总裁金兴谊，甘肃升泰房地产公司董事长杨丁，甘肃兰药药业集团董事长杨征一行考察庆阳市中医药文化传承和产业发展情况，并就共同推动庆阳岐黄文化产业开发和中医药事业发展等有关合作事宜进行了交流。省长助理、市委书记夏红民，市委常委、统战部部长、秘书长闫晓峰陪同。

21日，市委副书记、市长栾克军深入西峰区、正宁县和宁县，对庆阳市部分重点项目建设情况进行了实地督查，并于当天下午主持召开办公会议，对全市项目建设工作进行了安排部署。市上领导李银、黄正军、章志兼、黄继宗、白振海和市政府秘书长贺建宏一同督查并参加会议。

是日，庆阳市废旧农膜回收利用工作会议在镇原县召开。市委副书记、市长栾克军对加强废旧农膜回收利用工作作出重要批示，市委副书记任燕顺主持，副市长秦华出席并讲话，市人大常委会副主任郭文奎、市政协副主席黄国锋出席。

是日，市委副书记任燕顺到“联村联户、为民富民”行动联系点镇原县城关镇祁川村调研联系户生产发展情况，与乡村干部商谈讨论扶贫攻坚的措施和办法。

是日，市委常委、政法委书记董建镇调研市交警支队标准化考试场及机动车辆安全技术检测中心项目建设工作。市人大常委会副主任刘秉宁，副市长周继军，市政府党组成员、公安局局长郑银生一同调研。

是日，第四次全国中药资源普查庆阳工作推进会召开。市委常委、副市长桂泽发出席相关活动。

是日，庆阳市公安局交警支队标准化考试场及机动车检测中心开工奠基仪式举行。副市长周继军，市政府党组成员、公安局局长郑银生出席。

是日，副市长周继军召集有关部门研究市养老基地项目建设工作进度推进有关事宜。

22日，甘肃银行首家新设一级分行——庆阳分行举行揭牌仪式。省长助理、市委书记夏红民和甘肃银行党委书记、董事长、行长李鑫共同为甘肃银行庆阳分行揭牌；市委副书记、市长栾克军和甘肃银行党委副书记、副行长刘青分别致辞；甘肃银行党委副书记、纪委书记马志强主持揭牌仪式；省金融办副主任汤澜，中国人民银行兰州中心支行副行长马常青和市上领导付振伟、任燕顺、李银、章志兼、闫晓峰、桂泽发、窦宏邦、郑银生，市政府秘书长贺建宏出席揭牌仪式。

是日，市委中心组学习会议召开，专题学习习近平总书记重要讲话精神和省委、省政府《关于进一步加强安全生产工作的意见》。省长助理、市委书记夏红民主持并讲话，省安监局党组成员、副局长尚科锋进行讲解辅导，市上领导栾克军、付振伟、任燕顺、阎晓辉、李银、董建镇、黄正军、章志兼、闫晓峰、桂泽发、郭文奎、秦华、田雁青、白振海、蒋杨贵、周继军、朱治晖、刘晓利、郭晓霞、黄国锋、黄占俊、窦宏邦、任尔昕、郑银生和市政府秘书长贺建宏参加学习。

是日，庆阳市土地例行督察整改工作推进会召开。市委副书记、市长栾克军出席并讲话；市委常委、常务副市长李银主持；市委常委、西峰区委书记章志兼，副市长黄继宗、白振海，市政府秘书长贺建宏出席。

是日，市委副书记任燕顺主持召开“联村联户、为民富民”工作相对滞后的市直、中省驻庆单位约谈推进会。

是日，市委常委、政法委书记董建镇走访慰问1992年以来我市荣获全国、全省见义勇为荣誉称号的人员和在见义勇为过程中牺牲英模的亲属。

是日，副市长黄继宗赴西峰区、正宁县、宁县督查庆阳市重点项目建设情况。

是日，市委“联村联户、为民富民”行动协调推进领导小组第十二次会议召开，传达学习省委《关于加强和深化联村联户为民富民行动的意见》，讨论贯彻落实意见，安排部署后两个月双联工作。市委副书记任燕顺主持并讲话；市委常委、组织部部长阎晓辉，市委常委、宣传部部长黄正军，副市长秦华，市政协副主席窦宏邦，庆阳军分区副司令员刘光瑜出席。

是日，副市长周继军督查庆阳市公安重点建设项目。

23日，三届市委常委会第38次会议召开，传达贯彻全省扶贫攻坚推进大会、全省宣传思想工作会议、华夏文明传承创新区建设协调推进领导小组第一次会议、省委“联村联户、为民富民”行动协调推进领导小组第十次会议、深化平安甘肃建设工作会议、全省组织工作会议、全省文化体制改革工作座谈会、全省纪检监察工作创新白银现场会议精神，研究部署我市扶贫攻坚、双联行动、宣传思想、平安庆阳建设、组织工作、纪检监察创新、造林绿化、城区重点项目建设等工作。夏红民主持并讲话。

是日，电影《腊月的春》媒体见面会举行。副市长田雁青出席并致辞。

24日，省长助理、市委书记夏红民，市委副书记、市长栾克军督查庆阳市重点项目建设情况。市委常委、常务副市长李银，副市长黄继宗、白振海一同督查。

是日，市委副书记、市长栾克军主持召开协调会议，研究庆阳军分区新营区建设、旧营区移交有关事宜。副市长黄继宗参加。

是日，市委常委、组织部部长阎晓辉看望慰问参加体检的离退休老干部和医务工作人员。

是日，市委常委、组织部部长阎晓辉赴华池县督查调研南梁红色旅游小镇建设情况，并深入华池县五蛟乡城壕村实地调研深化农村改革试点和基层党建等工作。

是日，市委常委、副市长桂泽发主持召开会议，研究协调招商银行入庆有关事宜。

是日，庆阳市信访联席暨全省重点项目观摩安全保卫工作会议召开。市委常委、政法委书记董建镇主持，副市长周继军，市政府党组成员、公安局局长郑银生出席并讲话。

25日，市政府三届第26次常务会议召开，研究加快推进全市交通扶贫攻坚工作，审议《庆阳市水利建设基金征收使用管理暂行办法》和《关于强化应急指挥平台建设提高突发事件处置能力的意见》。栾克军主持并讲话，李银、桂泽发、黄继宗、秦华、田雁青、白振海、蒋杨贵、周继军、郑银生、贺建宏参加。

是日，市委副书记、市长栾克军调研西峰城区供热准备工作和学校建设工作。市委常委、宣传部部长黄正军，市委常委、西峰区委书记章志兼，副市长黄继宗，市政府秘书长贺建宏参加。

是日，市委常委、宣传部部长黄正军在市区督查创建全国文明城市工作。

是日，副市长周继军在庆阳分会场参加全省坚持和发展枫桥经验深化矛盾纠纷化解暨信访工作视频会议。

26日，大型陇剧《医祖岐伯》在庆阳市政府礼堂演出。省长助理、市委书记夏红民，省政府副秘书长、省文史馆馆长张正锋和市委常委、纪委书记李学宏，市委常委、统战部部长、秘书长闫晓峰，副市长辛刚国观看。

是日，副市长黄继宗督查庆阳石化600万吨升级改造项目建设情况。

是日，副市长、长庆油田公司总经理助理、陇东指挥部指挥蒋杨贵赴天水市参加国务院发展研究中心“丝绸之路经济带”建设调研东部片区座谈会。

27日，省委书记、省人大常委会主任王三运率全省重点项目（东南片区）观摩团，来庆阳市西峰区鄢旗坳循环农业示范区、正宁县核桃峪煤矿项目建设现场、宁县长庆桥煤炭综合物流园督查观摩。省委常委、常务副省长刘永富，省委常委、省委组织部部长吴德刚，省委常委、省委秘书长李建华，省人大常委会副主任陆武成，省政府副省长冉万祥，省政协副主席刘立军，省人大常委会秘书长张绪胜及平凉、天水、陇南、嘉峪关、酒泉、张掖、金昌、武威等8个市和部分省直综合部门主要负责同志一同观摩。省长助理、市委书记夏红民，市上领导付振伟、张文礼、李银、章志兼、闫晓峰、黄继宗、白振海，市政府秘书长贺建宏陪同观摩。

27—28日，由省政府文史研究馆和市政府主办的“传承华夏文明·研发岐黄文化”研讨会在庆阳市召开，国家、省特邀专家，大专院校科研、理论工作者和相关省市的代表，省内外中医药文化学会代表、医药企业代表集聚一堂，交流研究成果，助推华夏文明传承创新区建设。省长助理、市委书记夏红民和省政府副秘书长、文史馆馆长张正锋出席开幕式并致辞；省食品药品监督管理局巡视员、省文化促进会副会长谢承旭，省政府文史馆副馆长李汝根，省政府文史馆副馆长吴景山，省政府文史馆副巡视员雷保庆和市委常委、市纪委书记李学宏，庆阳市岐黄文化研究会名誉会长、原庆阳地区人大工委主任薛亮云，市政协副主席郭晓霞，陇东学院副院长孙立峰等出席研讨会；副市长辛刚国主持开幕式并致闭幕辞。

28日，庆阳市勤政为民务实清廉监督评价系统建设工作会议召开。市委副书记任燕顺出席并讲话，市委常委、纪委书记李学宏主持。

是日，市委常委、常务副市长李银主持召开会议，专题研究甘肃东部百万亩土地整治重大工程庆阳项目启动实施工作。

是日，副市长秦华主持召开会议，研究巴家咀水库库区移民搬迁及清淤扩容工作。

是日，副市长白振海检查西合二级公路建设工作。

28—29日，副市长秦华赴“联村联户、为民富民”联系点庆城县桐川乡郭家岔村和玄马镇贾桥村调研。

28—30日，省质监局副局长孙乔玉带领省政府推进质量振兴暨产品质量工作目标责任考核组来庆阳市考核。29日上午市委常委、纪委书记李学宏主持召开汇报会，副市长田雁青汇报工作。

是日，正宁县通过国家三类城市语言文字工作评估验收。

28—31日，市委常委、副市长桂泽发赴北京中国银监会汇报衔接村镇银行设立有关事宜。

29日，副市长秦华赴庆城县检查秋季农业生产和灾后恢复重建工作。

是日，副市长、长庆油田公司总经理助理、陇东指挥部指挥蒋杨贵调研陇东油区生产建设情况。

是日，副市长周继军赴环县调研灾后恢复重建和重大项目建设工作。

30日，市委常委、常务副市长李银带领市直相关部门负责人赴合水县督办2013年为民办实事工作。

是日，市委常委、纪委书记李学宏深入环县樊家川乡郝集村，对灾后重建监督检查和村务监督委员会建设工作进行督查调研。

是日，庆阳市文化产业发展协调推进小组第四次会议召开。市委常委、宣传部部长黄正军出席并讲话，副市长田雁青主持。

30—31日，副市长白振海带领市直有关部门负责人赴中石化华北分公司衔接工作。

▲庆阳市中级人民法院审判管理办公室荣获“全国法院司法统计工作先进集体”称号。

▲庆阳市文史馆馆员、正宁县文化馆职工、80后青年画家徐丽娜的国画《时光》在中国美术家协会等联合举办的“墨韵岭南”全国中国画作品中展出。

## 十一月

1日，市委、市政府在兰州市东方红广场举行2013中国·庆阳苹果推介会，向省内外客商和兰州社会各界宣传推介庆阳苹果。省长助理、市委书记夏红民致推介辞；市委副书记、市长栾克军主持；省农牧厅副厅长杨祁峰致辞；省委宣传部副部长、省社科院院长范鹏，省科技厅副厅长、省知识产权局局长朱晓力，省林业厅副厅长张平，省商务厅纪检组长丁红星，省质监局副局长王忠习，省扶贫办副主任张森，省农科院院长宋尚有，省供销社副主任寇明尚，省科协副主席陈炳东和市上领导任燕顺、雷沫里、秦华、窦宏邦，市政府秘书长贺建宏等出席。

是日，市委常委、常务副市长李银在庆阳分会场参加全国地方政府职能转变和机构改革工作电视电话会议。

是日，2014年度全省重点党报党刊发行工作视频会议召开。市委常委、宣传部部长黄正军和市直部门有关负责人在庆阳分会场参加。

是日，副市长周继军赴兰州汇报衔接项目工作。

2日，市委常委、宣传部部长黄正军到“联村联户、为民富民”行动联系点华池县柔远镇李庄村调研。

2—4日，甜水堡—罗儿沟圈高速公路工程线路踏勘组在庆阳市现场踏勘。副市长黄继宗、白振海先后陪同。

3日，由省委宣传部、省残联主办，市委宣传部、市残联承办的“中国梦·我的梦·自强梦”甘肃省残疾人艺术团优秀节目在庆阳市政府礼堂演出。省政府参事室副主任马保平，省残联党组成员、副理事长张秀丽，省残联副巡视员李少惠和市委常委、政法委书记董建镇，市人大常委会副主任黄国锋，副市长周继军，与残疾人代表、残疾人工作者一同观看。

4日，市委常委、政法委书记董建镇主持召开会议，安排部署近期信访和公共安全工作。副市长周继军出席。

4—5日，市委常委、副市长桂泽发赴白银参加环县至海原至中川铁路预可行性研究预审会并发言。

4—6日，省人大常委会委员、内务司法委员会副主任委员王禄维一行来庆阳市调研，市人大常委会副主任吴秉儒、副市长周继军陪同。5日召开汇报座谈会，周继军汇报工作。

5日，全省人大新闻宣传工作会议在庆阳市召开。省人大常委会副主任孙效东讲话，省长助理、市委书记夏红民致辞，省人大常委会秘书长张绪胜讲话，市委副书记、市长栾克军，市人大常委会主任付振伟出席，省人大常委会副秘书长明连成主持会议，省人大常委会办公厅副主任刘来宁传达全国人大新闻宣传干部培训会议精神，省委外宣办、省政府新闻办主任梁和平作专题讲座。各市州人大常委会分管新闻宣传工作的副主任和秘书长、副秘书长，省人大常委会有关部门负责人参加。

是日，省长助理、市委书记夏红民会见省政协委员、市政协常委、中盛集团董事长张华一行，双方就进一步加强合作，加快推进甘肃中盛农牧发展有限公司肉鸡产业化项目进行座谈并达成共识。市政协主席张文礼，市委常委、统战部部长、秘书长闫晓峰，副市长秦华以及市直有关部门，镇原县委、县政府负责人参加。

是日，省长助理、市委书记夏红民会见华润新能源控股有限公司副总经理刘日新一行，双方就风电项目建设及传统能源开发等事宜进行洽谈。市委常委、政法委书记董建镇，副市长白振海和华润新能源控股有限公司西北分公司总经理白云飞、副总经理焦明发、甘肃开发总监柳文龙参加。

是日，省委副秘书长、省委保密办主任、省国家保密局局长李富带领调研组来庆阳市调研基层保密工作开展情况。市委副书记任燕顺主持召开汇报会。

是日，副市长辛刚国主持召开市商会大厦、妇幼儿童医院工程项目建设推进会。

是日，副市长黄继宗赴正宁县、宁县督查城镇建设和保障性安居工程建设工作。

是日，国开行参与式扶贫第二期项目启动筹备工作会议召开。副市长秦华出席。

是日，副市长田雁青赴兰州参加全省政府机关软件正版化工作推进会议。

是日，市人大常委会办公室副主任李军撰写的评论《让宣誓就职成为官员任职的一种常态》在全省人大新闻宣传工作座谈会上获一等获。

6日，全国人大常委会副委员长、民盟中央主席张宝文对庆阳市农业发展工作进行实地视察指导。农业部发展计划司司长、民盟中央农业委员会主任钱克明，中国工程院院士、中国农业大学中国农业水问题研究中心主任康绍忠等随同；省人大常委会副主任孙效东，省政协副主席、民盟甘肃省委主委张世珍，省长助理、市委书记夏红民及市上领导付振伟、李银、闫晓峰、秦华、郭晓霞陪同。

是日，市委副书记、市长栾克军赴中国石油天然气集团公司，与中石油副总经理、党组成员沈殿成及规划计划部、炼油与化工分公司负责人，就落实庆阳石化600万吨升级改造项目建设等工作进行衔接。

是日，庆阳市党政机关停止新建楼堂馆所和清理办公用房工作电视电话会议召开。市委常委、常务副市长李银出席并讲话，市委常委、纪委书记李学宏主持。

是日，“我做平安庆阳建设者”庆阳市青少年法制知识竞赛活动举办。市委常委、政法委书记董建镇讲话并颁奖。

是日，市委常委、组织部部长阎晓辉赴华池县上里塬中心小学督查全国“关心下一代教育示范基地”建设工作。市政协原主席蒋占全一同督查。

是日，庆阳市建筑装饰协会第一届会员代表大会暨成立大会举行。副市长辛刚国出席并为协会揭牌。

是日，副市长白振海赴华池县“联村联户、为民富民”点调研帮扶工作。

6—8日，省政府城乡居民大病保险调研组来庆阳市调研。8日，市委常委、常务副市长李银主持召开座谈会。

7日，庆阳市金融支持产业扶贫第二批项目启动工作协调推进会召开。市委副书记任燕顺主持，副市长桂泽发出席并讲话。

是日，副市长辛刚国赴宁县调研食品药品监管体制改革工作。

是日，副市长秦华赴华池县调研秋季植树造林、苗林结合培育及森林防火等工作。

是日，庆祝第十四个记者节座谈会召开。市委常委、宣传部部长黄正军出席并讲话，副市长田雁青主持。会前，黄正军、田雁青带领有关部门负责人看望慰问陇东报社、庆阳广播电视台新闻工作者。

是日，市委常委、宣传部部长黄正军深入庆化实验学校新建项目建设现场，实地督查项目建设前期工作。

是日，副市长、长庆油田公司总经理助理、陇东指挥部指挥蒋杨贵在兰州参加甘肃省国家公路网线位规划暨省道网规划调整工作启动会议。

8日，市委副书记任燕顺，市委常委、纪委书记李学宏带领市直相关部门负责人，各县（区）分管领导及县（区）有关部门、部分试点乡村负责人，赴庆城县桐川乡金家川村、宁县湘乐镇樊湾村开展金融支持产业扶贫机制制度及村级“两议一监督”工作观摩学习培训活动。

是日，市委常委、常务副市长李银主持召开城乡居民大病保险试点工作座谈会。

是日，庆阳市重点党报党刊发行工作会议召开。市委常委、宣传部部长黄正军出席并讲话。

是日，市委常委、副市长桂泽发在庆阳分会场参加全省冬春基本农田水利建设工作视频会。

是日，副市长黄继宗赴环县甜水镇大良洼村、耿湾乡部庄村开展“联村联户、为民富民”活动。

是日，庆阳市政府机关软件正版化工作推进会议召开。副市长田雁青出席并讲话。

是日，市三届人大常委会举行第十一次会议。市人大常委会主任付振伟主持；副主任张栋杰、吴秉儒、雷沫里、郭文奎，秘书长蔡森贵及市人大常委会委员、庆阳军分区政委黄书伴出席；副市长白振海列席。

是日，副市长周继军赴环县参加公开解体销毁非法营运无牌报废机动车现场会并调研重点项目建设工作。

8—9日，省老促会会长、兰州军区原副司令员陈秀中将来庆阳市调研绒山羊产业化养殖。副市长秦华陪同。

9日，市委常委、常务副市长李银赴西峰区肖金镇纸坊村督查甘肃东部百万亩土地整治重大工程项目建设实施工作。

是日，市直机关干部职工汽车驾驶技术大比武活动举行。副市长周继军出席。

10日，省政府副秘书长马自学来庆阳市调研。市委常委、常务副市长李银陪同。

10—11日，省政府副省长李荣灿来庆阳市调研商贸流通招商引资工作。省商务厅副厅长马相忠，省政府研究室副主任蒋江川参加；省长助理、市委书记夏红民，市上领导栾克军、章志兼、闫晓峰、田雁青、蒋杨贵和市政府秘书长贺建宏先后陪同，副市长黄继宗参加在西峰区召开的调研座谈会。

10—13日，省委政法委副书记侯效歧带领省委省政府第二督查组来庆阳市督查学习贯彻习近平总书记系列重要讲话精神和“1236”扶贫攻坚行动开展情况。市委副书记任燕顺、副市长白振海陪同。13日召开督查汇报会，任燕顺主持，市委常委、常务副市长李银出席并汇报工作，侯效歧，省扶贫办副巡视员赵志远和市上领导阎晓辉、董建镇、李学宏、章志兼、白振海、蒋杨贵、周继军出席。

11日，甘肃东部百万亩土地整治重大工程项目启动动员会议在庆阳市召开。省委常委、常务副省长刘永富，国土资源部耕地保护司副司长闫丽莉出席并讲话；省长助理、市委书记夏红民致辞；省政府副秘书长马自学主持会议；省国土资源厅厅长蒲志强、省财政厅副厅长张智军在会上分别就国土系统和财政系统做好相关工作提出意见；省国土资源厅副厅长陈牧原介绍项目概况；省环保厅副厅长张政民，省农牧厅副巡视员祁全银，省水利厅水土保持局局长姚进忠和天水、平凉、定西市政府分管领导，市上领导栾克军、李银、闫晓峰，市政府秘书长贺建宏等出席。

是日，副市长辛刚国参加市委常委市政府副市长信访接待日活动。共接待来访群众26批306人次。

是日，省地震局2013年度防震减灾工作目标管理考核组来庆阳市考核。副市长辛刚国陪同。

是日，副市长周继军赴华池县、合水县调研基层林场市直退役军人就业安置工作情况。

11—12日，省人社厅巡视员孙宁兰带领督查组来庆阳市督查人社系统民生实事项目落实情况。市委常委、常务副市长李银陪同，并于12日主持召开汇报会。

11—16日，省委农办副主任闫敬明一行来庆阳市调研督查“三农”和“联村联户、为民富民”工作。市委副书记任燕顺，市委常委、西峰区委书记章志兼陪同到部分县区调研。

12日，庆阳市传达贯彻全省项目观摩活动精神专题（视频）会议召开。省长助理、市委书记夏红民出席并讲话，市委副书记、市长栾克军主持并传达全省项目观摩活动总结会议精神，市上领导付振伟、张文礼、李银、董建镇、李学宏、黄正军、章志兼、闫晓峰等出席。

是日，深化平安庆阳建设工作（视频）会议召开。省长助理、市委书记夏红民出席并讲话，市委副书记、市长栾克军主持，市上领导付振伟、张文礼、阎晓辉、李银、董建镇、李学宏、黄正军、章志兼、闫晓峰、桂泽发、吴秉儒、雷沫里、郭文奎、辛刚国、黄继宗、秦华、蒋杨贵、周继军、朱治晖、刘晓利、郭晓霞、黄国锋、黄占俊、窦宏邦、任尔昕、郑银生和市政府秘书长贺建宏出席。

是日，市委常委扩大会议召开，专题传达学习《中共中央关于薄熙来严重违纪违法案及其教训的通报》。夏红民主持，栾克军、付振伟、张文礼、任燕顺、阎晓辉、李银、董建镇、李学宏、黄正军、章志兼、闫晓峰、桂泽发等出席。

是日，市委中心组学习会议召开，专题学习党的十八届三中全会精神。夏红民主持并讲话，栾克军、付振伟、张文礼、任燕顺、阎晓辉、李银、董建镇、李学宏、黄正军、章志兼、闫晓峰、桂泽发等参加。

是日，庆阳市宣传思想工作会议召开。省长助理、市委书记夏红民出席并讲话，市委副书记、市长栾克军主持，市委常委、宣传部部长黄正军安排部署工作，市上领导章志兼、郭文奎、田雁青、郭晓霞出席。

是日，省委组织部副部长、省人社厅厅长贾廷权，省人社厅副厅长、省公务员局局长李德福，省人社厅巡视员孙宁兰一行来庆阳市调研农民工培训工作。市委常委、组织部部长阎晓辉陪同。

是日，副市长周继军主持召开庆阳市流浪乞讨人员救助管理工作联席会议。

12—14日，省人口委副巡视员王坤带领省政府人口计生工作考核组，对庆阳市2013年度人口计生工作进行考核，并于13日召开汇报会，市委常委、宣传部部长黄正军主持，副市长田雁青出席并汇报。

13日，庆阳市肉羊产业现场推进工作会议在环县召开。市委副书记、市长栾克军出席并讲话，市委副书记任燕顺主持，副市长秦华出席并讲话，市人大常委会副主任雷沫里、市政协副主席窦宏邦、市政府秘书长贺建宏出席。

是日，副市长辛刚国赴庆城县调研教育、卫生为民办实事项目进展情况。

13—14日，庆阳市广播电视通联工作会议召开。市委常委、宣传部部长黄正军，副市长田雁青出席并为2013年度通联工作先进单位和个人颁奖。

13—15日 ，嘉峪关市政协副主席、政法委副书记韩淑华带领考察组来庆阳市学习考察社会稳定风险评估工作。市委常委、政法委书记董建镇陪同考察。

是日，副市长黄继宗赴北京参加2013年北方采暖地区供热计量改革工作会议。

14日，庆阳市苗林结合培育工作启动仪式在华池县城壕乡举行。市委副书记、市长栾克军出席并讲话，市委副书记任燕顺主持，市人大常委会副主任雷沫里、副市长秦华、市政协副主席窦宏邦出席。

是日，市委常委、政法委书记董建镇赴“联村联户、为民富民”行动联系点庆城县庆城镇店子坪村调研，并看望慰问帮联户。

是日，庆阳市统一战线传达学习中国共产党第十八届中央委员会第三次全体会议座谈会召开，市级各民主党派、工商联、民族宗教界和无党派人士参加并讨论发言。市委常委、统战部部长、秘书长闫晓峰主持并讲话。

是日，省禁毒办考核庆阳禁毒工作汇报会召开。副市长周继军，市政府党组成员、公安局局长郑银生出席。

是日，省档案局副局长赵海林带领督查组督查庆阳档案管护费和档案行政执法工作并召开汇报会。副市长周继军出席。

14—20日，市委常委、副市长桂泽发率领中央金融机构及中组部博士团在庆挂职干部，赴各县（区）开展“学金融用金融促发展”专题巡讲活动。

15日，市委、市政府和长庆油田公司在西安举行座谈会，就加快长庆油田陇东油区产能建设以及资源开发与环境保护、油区建设与当地基础设施建设、油田发展与当地群众增收致富等进行座谈，并就当前亟需解决的几个问题进行了协商。省长助理、市委书记夏红民和中石油股份公司副总裁兼勘探与生产分公司总经理、长庆油田分公司总经理赵政璋出席并讲话；市委副书记、市长栾克军出席并介绍庆阳市经济社会发展和石油勘探开发情况；长庆油田公司党委书记、副总经理曲广学主持；市上领导董建镇、闫晓峰、白振海、蒋杨贵，市政府秘书长贺建宏，长庆油田公司领导杨华、李安琪、杨再生、刘德以及市直有关部门负责人参加。

是日，省审计厅召开西峰区党政主要领导经济责任和机构编制情况审计进点会议。省审计厅厅长武毅，省编委办督查专员赵温和市委常委、常务副市长李银出席并讲话，省审计厅经济责任审计工作办公室主任苏琦主持，市委常委、西峰区委书记章志兼作述职报告。

是日，省安委会2013年第六次全体会议暨全省安全生产大检查总结视频会议在兰州召开。市委常委、宣传部部长黄正军，副市长辛刚国在庆阳分会场参加。

15—16日，省水利厅相继在庆阳市召开小盘河水库、莲花寺水库建设征地移民安置规划大纲审查会议。省水利厅副厅长杨成有出席小盘河水库建设征地移民安置规划大纲审查会议并讲话，市委副书记任燕顺、副市长秦华出席并致辞。

16日，市政府经济工作座谈会议召开。市委副书记、市长栾克军主持，市上领导李银、辛刚国、黄继宗、秦华、田雁青、白振海、蒋杨贵、周继军和市政府秘书长贺建宏出席。

16—17日，庆阳市与国开行甘肃省分行合作举办金融支持产业扶贫第二批项目培训会。市委副书记任燕顺，市委常委、副市长桂泽发，副市长秦华出席并作辅导讲话。

17—19日，市委副书记、市长栾克军赴中国石油天然气集团公司，与中石油总经理廖永远就推进庆阳石化600万吨升级改造项目进行汇报衔接。

18日，副市长黄继宗到市供排水公司第二水厂调研城区供水工作。

18—19日，庆阳市现代农业综合示范工程建设现场推进会议在正宁县、宁县召开，会上传达了市委副书记、市长栾克军关于深入实施现代农业综合示范工程的重要批示。市委副书记任燕顺主持，副市长秦华出席并讲话，市人大常委会副主任雷沫里、市政协副主席窦宏邦出席。会议期间，与会人员先后到正宁县西坡乡、永正乡，宁县焦村乡、新宁镇、春荣乡、湘乐镇实地观摩了现代农业综合示范工程创建情况。

18—20日，省信访联席会议办公室专项督查组来庆阳市督查。副市长周继军陪同。

18—21日，省财政厅副厅长李秀娟一行来庆阳市调研。副市长黄继宗、田雁青先后陪同。20日上午，黄继宗主持召开调研座谈会。

19日，省长助理、市委书记夏红民深入“联村联户、为民富民”行动联系点华池县悦乐镇鸭洼村调研。省体育局副局长石生泰和市委常委、统战部部长、秘书长闫晓峰一同调研。

是日，省质量技术监督局局长马平来庆阳市调研，并召开座谈汇报会，市委常委、纪委书记李学宏主持。

是日，副市长、长庆油田公司总经理助理、陇东指挥部指挥蒋杨贵赴“联村联户、为民富民”行动联系点华池县元城镇开展帮扶活动。

是日，庆阳市道路交通安全整治活动总结暨百日安全无事故创建活动动员大会召开。市委常委、政法委书记董建镇主持，副市长周继军出席并讲话，市政府党组成员、公安局局长郑银生通报全市道路交通安全整治情况，市人大常委会副主任吴秉儒、市政协副主席刘晓利出席。

20日，庆化公司干部职工大会召开，宣布庆化公司主要领导任免的决定。中石油天然气集团公司副总经理喻宝才，省长助理、市委书记夏红民，市委副书记、市长栾克军及中石油天然气集团公司人事部副总经理徐新福，中石油天然气集团公司规划计划部副总经理李军出席。会后，喻宝才一行赴庆化生产厂区调研，看望一线职工，夏红民、栾克军陪同。

是日，省体育局副局长石生泰带领省体育局、省民委工作组来庆阳市调研衔接承办民运会前期准备工作。副市长辛刚国出席座谈会并陪同。

是日，青岛至兰州国家高速公路雷家角至西峰段正式通车试运营。

是日，副市长田雁青赴兰州参加全省第三季度文化产业调度会。

20—22日，省综治办副主任孙燕飞带领全省综治维稳反邪教执法监督工作考核组，对庆阳市2013年综治维稳反邪教执法监督工作进行考核。市委常委、政法委书记董建镇陪同。22日上午，省长助理、市委书记夏红民主持召开督查汇报会，董建镇汇报庆阳市政法综治维稳工作，副市长周继军、市中级人民法院院长任尔昕和市政府党组成员、公安局局长郑银生出席。

是日，省政府副秘书长、法制办主任白文晖带领省政府第四督查组来庆阳市督查各项目标任务完成情况。市委常委、常务副市长李银陪同并主持召开汇报会，市政府党组成员、公安局局长郑银生出席。

21日，庆阳市组织工作会议召开，传达贯彻全国、全省组织工作会议精神，安排部署当前和今后一个时期全市党的建设和组织工作。省长助理、市委书记夏红民出席并讲话，市上领导栾克军、张文礼、李学宏、章志兼、闫晓峰出席，任燕顺主持，阎晓辉出席并作全市组织工作报告。

是日，庆阳市千名农村实用人才培训工程学习交流暨发展村级集体经济座谈会召开。市委副书记、市长栾克军出席并讲话，市委常委、组织部部长阎晓辉主持并讲话，市委副书记任燕顺和副市长秦华出席。会前，与会人员深入西峰区后官寨乡沟畎村、什社乡新庄村进行实地观摩，阎晓辉和市委常委、西峰区委书记章志兼参加观摩活动。

是日，省发改委副主任孙晓文来庆阳市调研。副市长黄继宗陪同。

是日，副市长田雁青赴兰州汇报衔接工作。

22日，省长助理、市委书记夏红民会见前来庆阳市考察的山东新和盛食品集团有限公司总裁宋卫东一行，双方就合作发展肉鸡产业相关事宜进行洽谈。市委副书记任燕顺，市委常委、常务副市长李银，市委常委、统战部部长、秘书长闫晓峰和甘肃中盛农牧发展集团公司董事长张华，山东新和盛食品集团有限公司总经理温海涛参加。

23日，市委常委会召开，专题研究部署庆阳市信访工作。夏红民主持，栾克军、任燕顺、阎晓辉、李银、董建镇、李学宏、黄正军、章志兼、闫晓峰出席，付振伟、张文礼列席，周继军、任尔昕、田金、郑银生列席有关议题。

25日，庆阳市社会保险工作座谈会召开。市委常委、常务副市长李银主持并讲话。

是日，庆阳武警支队举行欢送退伍老兵仪式。市委常委、政法委书记董建镇出席并讲话，市政府党组成员、公安局局长郑银生参加欢送仪式。

是日，庆阳市统战工作督查汇报会议召开。市委常委、统战部部长、秘书长闫晓峰主持并讲话。

25—26日，省长助理、市委书记夏红民，市委副书记、市长栾克军在兰州参加甘肃省委十二届六次全委（扩大）会议。

25—27日，副市长田雁青赴北京参加创建全国质量强市示范城市申述会议。

26—27日，省公安厅副厅长刘玉山来庆阳市检查督导社会治安严打整治专项行动、纪律作风集中整治等重点工作进展情况。市政府党组成员、公安局局长郑银生陪同。

26—30日，省长助理、市委书记夏红民，市委副书记、市长栾克军，市委副书记任燕顺，市委常委、组织部部长阎晓辉，市委常委、宣传部部长黄正军在兰州参加省市主要领导干部认真学习习近平总书记系列讲话、切实贯彻党的十八届三中全会精神研讨班。

27日，2013年庆阳市安委会第五次全体（扩大）会议召开。省长助理、市委书记夏红民，市委副书记、市长栾克军对全市安全生产工作作出批示，市委常委、政法委书记董建镇主持，副市长白振海出席并讲话。

是日，庆阳市政务服务工作会议在正宁县召开。市委常委、常务副市长李银出席并讲话。

是日，庆阳市领导干部大会召开，推荐考察1名拟提拔交流使用的正厅级领导干部人选。省长助理、市委书记夏红民主持并讲话，省委组织部机关党委专职副书记李文鸿出席并讲话，市上领导付振伟、阎晓辉、李银、董建镇、李学宏、章志兼、闫晓峰、雷沫里、郭文奎、秦华、白振海、周继军、朱治晖、刘晓利、郭晓霞、黄国锋、黄占俊、任尔昕、田金、郑银生出席。

27—29日，省食药监局副局长王庆邦带领全省食品药品安全目标责任考核组来庆阳市考核，副市长辛刚国陪同。27日召开汇报会，市委常委、纪委书记李学宏主持，副书记周继军汇报工作。

是日，市人大常委会组织省市人大代表视察全市重大项目建设情况。市人大常委会主任付振伟出席并讲话，副主任吴秉儒、郭文奎和秘书长蔡森贵参加视察活动，副市长黄继宗出席并讲话。

27—30日，省交委会验收组来庆阳市验收道路交通安全隐患治理工作。30日，副市长周继军主持召开汇报会。

28日，庆阳市中医院正式成为陕西中医学院附属医院和宁夏医科大学教学医院。副市长辛刚国出席揭牌仪式并讲话。

是日，副市长秦华主持召开办公会议，研究讨论庆阳市扶贫攻坚有关实施方案。

是日，庆阳市城镇平安建设工作推进会议在西峰区召开。市委常委、政法委书记董建镇出席并讲话，市委常委、西峰区委书记章志兼出席并致辞，副市长周继军主持，市政府党组成员、公安局局长郑银生出席并讲话。

28—29日，省政府软件正版化工作督查组来庆阳市督查。副市长田雁青陪同并出席汇报会。

是日，石油天然气开采工程技术研讨会暨新产品新技术新材料推介会在庆阳市举行。副市长白振海出席并致辞，副市长、长庆油田公司总经理助理、陇东指挥部指挥蒋杨贵主持。

29—12月1日，国家教育部基础教育一司司长王定华来庆阳市调研，并于30日在市政府礼堂给全市教育系统干部职工、中小学校长、教师代表作了题为《贯彻落实党的十八届三中全会精神、深入推进基础教育改革》专题报告。市人大常委会主任付振伟，市委常委、统战部部长、秘书长闫晓峰参加相关活动，副市长辛刚国陪同。

30日，省市人大代表视察庆阳市重大项目建设情况座谈会召开。副市长黄继宗出席。

是日，《庆阳市油煤气资源开发与生态文明建设环境战略研究课题报告》评审会召开。该课题由甘肃省环科院承担，中国环境科学研究院、中国矿业大学协作完成。会议邀请了二炮工程大学的侯立安院士作为评审专家组组长，总装备部工程设计研究总院、中国矿业大学、中国石油大学、兰州大学、甘肃省环境保护厅、甘肃省林业科学研究院、甘肃省水土保持科学研究所、甘肃省地质环境监测院等单位的10位专家成立专家组，庆阳市市直有关部门、各县区政府、经济开发区、工业集中区、石油煤炭天然气开发企业等33家单位参加。副市长白振海主持并致辞。

30—12月2日，庆阳市组团参加第十一届中国国际农产品交易会暨第十届中国武汉农业博览会。12月1日，举行中国·甘肃2013庆阳苹果推介会，省农牧厅副厅长韩临广主持，副市长秦华致推介词。

▲庆阳市6个公共图书馆被文化部评定为等级馆。环县、镇原县图书馆被评定为国家二级馆，华池县、合水县、正宁县、宁县被评定为国家三级馆。

▲庆阳市委组织部选送的《最美乡邮员》荣获全国党员教育电视片观摩交流活动三等奖。

▲庆阳市北部乡镇畜牧兽医站新增就业31名高校毕业生。

▲庆西公路收费站被甘肃省国土资源管理局、甘肃省人力资源和社会保障厅、共青团甘肃省委授予“省级青年文明号”称号。

▲《甘肃省庆阳市西峰区旅游总体规划》在兰州通过专家组评审。

▲正宁县科协获“2013年全国科普日活动”优秀组织奖。

## 十二月

2日，副市长周继军赴环县调研灾后恢复重建工作。

3日，省商务厅副厅长任福康一行来庆阳市调研。市委常委、副市长桂泽发陪同。

是日，副市长黄继宗赴西峰区调研第三次全国经济普查工作。

是日，副市长周继军调研市军警民训练基地及市公安局业务技术用房项目建设相关事宜。

3—5日，国家质检总局在天津市举行国家地理标志保护产品技术审查会议，庆阳香包、庆阳苹果、环县皮影通过技术审查。副市长田雁青及相关部门负责人参加。

4日，市委常委（扩大）会议召开，进一步深入学习习近平总书记系列重要讲话精神，全面贯彻落实党的十八届三中全会、省委十二届六次全委（扩大）会议和省市主要领导干部研讨班精神。夏红民主持并讲话，栾克军出席并传达研讨班精神。在庆市级领导，市人大常委会、市政府、市政协秘书长，各县（区）委书记、县（区）长，市委各部委、市政府各部门，各群众团体、市直有关单位、中省驻庆有关单位负责人参加。

是日，庆阳市扶贫开发领导小组会议召开。市委副书记、市长栾克军主持，市委副书记任燕顺、市人大常委会副主任雷沫里、副市长秦华、市政协副主席窦宏邦、市政府秘书长贺建宏出席。

是日，省国土资源厅副厅长陈牧原带领省政府国土资源目标责任考核组来庆阳市考核2013年国土资源工作。市委常委、常务副市长李银主持召开汇报会。

是日，副市长周继军赴宁县调研县乡养老公寓建设工作。

5日，市政府党组扩大会议召开，学习贯彻党的十八届三中全会、省委十二届六次全委（扩大）会议和市委常委（扩大）会议精神。栾克军主持，李银传达《中共中央关于全面深化改革若干重大问题的决定》精神，桂泽发、黄继宗、秦华、蒋杨贵、周继军、郑银生、贺建宏出席，辛刚国列席。

是日，市政府三届第27次常务会议召开，研究深入推进庆阳市扶贫攻坚工作，讨论审议《关于深入推进扶贫攻坚的实施意见》、《庆阳市苹果产业发展规划（2013-2020）》、《庆阳市环境保护监督管理责任规定》。栾克军主持，李银、桂泽发、辛刚国、黄继宗、秦华、蒋杨贵、周继军、郑银生、贺建宏出席。

是日，兰州军区副政委苗华中将一行来庆阳军分区调研。省长助理、市委书记夏红民，市上领导栾克军、闫晓峰、胡泽、黄书伴、周继军、顾伟，市政府秘书长贺建宏先后陪同。同日召开汇报会，省委常委、省军区政委傅传玉出席。

是日，省长助理、市委书记夏红民赴华池县调研南梁红色旅游景区建设工作。市委副书记任燕顺，市委常委、统战部部长、秘书长闫晓峰一同调研。

是日，副市长辛刚国带领相关部门负责人赴镇原县调研企业技术创新工作。

是日，庆阳西峰工业园区（庆阳经济技术开发区）发展规划评审会议在兰州召开，副市长白振海参加。

是日，庆阳市双联“人大代表在行动”工作推进会议召开，市人大常委会主任付振伟、市委副书记任燕顺出席并讲话；市人大常委会副主任吴秉儒主持，雷沫里、郭文奎和秘书长蔡森贵出席。

6—7日，庆阳市工会第三次代表大会召开。省长助理、市委书记夏红民出席大会开幕式并讲话，省总工会党组书记、常务副主席李学春致辞，市上领导栾克军、付振伟、张文礼、任燕顺、蒋杨贵等出席开幕式，闫晓峰代表庆阳市工会第二届委员会向大会作工作报告。7日上午，任燕顺、闫晓峰出席大会闭幕式。大会选举产生了庆阳市总工会第三届委员会和经费审查委员会，闫晓峰当选庆阳市总工会主席。

8—9日，省科技厅厅长李文卿、副厅长赵旭东带领调研组来庆阳市调研科技创新工作。9日下午召开汇报会，市委常委、宣传部部长黄正军主持，副市长辛刚国并汇报庆阳市科技工作。

是日，省政协副主席黄选平到西峰区调研“联村联户、为民富民”工作。市政协主席张文礼，市委常委、西峰区委书记章志兼，市政协秘书长杨静仁陪同。

9日，金融支持产业扶贫第二批项目启动工作汇报会召开。市委常委、副市长桂泽发，副市长秦华参加。

是日，副市长辛刚国参加2013年度市州政府教育目标责任考核反馈会。

是日，副市长田雁青在兰州参加省旅游产业发展领导小组（扩大）会议。

9—10日，省委副书记欧阳坚在镇原县、华池县调研农业扶贫开发工作。兰州军区原副司令员、省老促会会长陈秀在华池县一同调研；省委副秘书长刘玉生，省委副秘书长、党史研究室主任杨元忠，省农牧厅厅长康国玺，省扶贫办主任周兴福，省委政研室副主任李志荣一同调研；省长助理、市委书记夏红民，市上领导栾克军、任燕顺、闫晓峰、秦华，市政府秘书长贺建宏分别陪同。10日，在华池县荔园堡村农民刘维财家中，欧阳坚与该村村民进行座谈，详细了解村民生产生活情况，调研南梁红色小镇建设情况并主持召开座谈汇报会，夏红民、闫晓峰参加汇报会。

是日，国家土地督察西安局副专员唐正国带领督察组来庆阳市核查验收土地例行督察整改落实情况，市委常委、常务副市长李银陪同，并主持召开整改工作汇报会。

是日，银川至西安铁路可行性研究评审现场踏勘组来庆阳市境内踏勘。副市长黄继宗陪同。

是日，副市长周继军赴省民政厅、公安厅汇报衔接工作。

9—11日，省工商联巡视员张勇带领考核组来庆阳市检查指导。11日，副市长辛刚国主持召开汇报会。

10日，副市长、长庆油田公司总经理助理、陇东指挥部指挥蒋杨贵参加市委常委、市政府副市长信访接待日活动。共接待来访群众23批114人次。

10—12日，副省长王玺玉带领调研组来庆阳市调研农村道路交通安全管理及灾后恢复重建工作。省政府副秘书长、法制办主任白文晖，省公安厅副厅长李宗锋，省民政厅副厅长张柯兵一同调研；市上领导栾克军、周继军、郑银生、贺建宏陪同。

11日，市委常委、副市长桂泽发在平凉市参加中央在甘金融机构挂职干部座谈会并发言。

是日，副市长白振海接受省非公有制经济发展采访团采访。

是日，省司法厅厅长杨景海一行来庆阳市调研司法行政工作。副市长、长庆油田公司总经理助理、陇东指挥部指挥蒋杨贵陪同。

是日，“联村联户、为民富民”行动宁县联县工作组会议召开。副市长田雁青主持。

11—13日，省环保厅副厅长孙玉龙带领考核组来庆阳市考核2013年环保目标责任书和污染减排工作完成情况。副市长白振海陪同并主持召开汇报会。

11—14日，副市长黄继宗赴银川市参加银西铁路可行性研究评审会。

12日，三届市委常委会第40次会议召开，研究部署深入推进扶贫攻坚和庆阳市党的群众路线教育实践活动筹备等工作。夏红民主持并讲话，栾克军、任燕顺、李银、董建镇、李学宏、黄正军、章志兼、闫晓峰出席，付振伟、张文礼、秦华、周继军、顾伟、郑银生列席。

是日，省气象局纪检组长乔小妹带领省气象工作目标管理考核组来庆阳市考核2013年气象工作。副市长秦华主持召开汇报会。

是日，庆阳市文化系统工作会议召开。副市长田雁青出席并讲话。

12—13日，市委常委、副市长桂泽发赴北京衔接发债工作。

是日，省台办主任赵少智带领调研组来庆阳市调研对台工作。

13日，庆阳市扶贫攻坚推进大会召开。省长助理、市委书记夏红民出席并讲话，市委副书记、市长栾克军主持，市委副书记任燕顺宣读市委、市政府《关于深入推进扶贫攻坚的实施意见》，副市长秦华就《实施意见》起草作了说明。市上领导付振伟、张文礼、李银、李学宏、黄正军、兼志兼、闫晓峰等出席。

14日，中国共产主义青年团庆阳市第三次代表大会召开。审议通过了中国共产主义青年团第三次代表大会工作报告的决议，选举产生了共青团庆阳市第三届委员会委员、候补委员和书记、副书记。省长助理、市委书记夏红民出席开幕式并讲话，团省委党组成员、纪检组长李先锋出席指导大会，市上领导栾克军、付振伟、张文先、任燕顺、黄书伴、郭文奎、田雁青、郭晓霞出席开幕式，任燕顺出席闭幕式并讲话。

是日，庆阳市农村青年创业致富带头人、青年返乡创业典型暨创富大赛表彰大会召开。市委副书记任燕顺出席并讲话，市人大常委会副主任郭文奎、副市长田雁青、市政协副主任郭晓霞出席并为获奖个人颁奖。

16日，省长助理、市委书记夏红民省在兰州参加省委常委扩大会议，会议传达中央经济工作会议和城镇化工作会议精神，研究部署全省贯彻落实工作。

是日，市委副书记、市长栾克军会见中石化华北分公司副总经理陈路原一行。副市长白振海，副市长、长庆油田公司总经理助理、陇东指挥部指挥蒋杨贵一同会见。

是日，庆阳市县处级领导干部学习贯彻党的十八届三中全会精神轮训班在市委党校开班。市委副书记任燕顺出席开班式并讲话。

是日，副市长黄继宗赴西峰区调研2013年主要经济指标和重大项目建设完成情况，并主持召开座谈会。

是日，庆阳市政府残疾人工作委员会召开会议。副市长周继军出席并讲话。

是日，省社会主义学院党组副书记、常务副院长周永革一行来庆阳市调研。市政协副主席郭晓霞主持召开汇报会。

16—18日，省地方史志办公室主任李虎带领考核组来庆阳市考核。副市长辛刚国陪同。

是日，省公安厅交管局政治处主任朱来胜带领考核组来庆阳市考核2013年道路交通安全工作情况。17日，副市长周继军主持召开汇报会。

16—20日，副市长秦华赴兰州汇报衔接工作。

17日，“联村联户、为民富民”行动省直部门联系华池县工作推进会议在兰州召开。省长助理、市委书记夏红民出席并讲话；省体育局局长杨卫主持；《读者》出版集团党委书记、董事长吉西平，省体育局副局长石生泰和市委常委、统战部部长、秘书长闫晓峰出席；省纪委驻省体育局纪检组长钱万杰通报省直部门联系华池县2013年度双联工作初步考核情况；部分省直帮联部门汇报交流双联工作进展和下年工作打算。会上还讨论对接了2014年帮联华池县有关项目。

是日，省委宣讲团党的十八届三中全会精神报告会暨市委中心组学习会议召开。市委副书记、市长栾克军主持，省委宣讲团成员、兰州大学马列主义学院院长刘先春教授作专题报告。市上领导任燕顺、黄正军、章志兼、桂泽发、吴秉儒、雷沫里、郭文奎、辛刚国、白振海、蒋杨贵、周继军、朱治晖、刘晓利、郭晓霞、黄国锋、黄占俊、窦宏邦、任尔昕、田金等参加。

17—18日，省审计厅纪检组长王建设带领省审计厅目标考核第五考核组来庆阳市考核2013年审计工作各项目标责任完成情况。副市长白振海主持召开汇报会。

17—19日，省民政厅副厅长郭华峰带领考核组来庆阳市检查考核2013年农村低保清理规范及城乡低保目标责任落实情况。19日，副市长周继军主持召开汇报会。

18日，全国政协副秘书长、中国民主促进会中央委员会副主席、中国教育学会副会长朱永新来庆阳市调研。市委副书记、市长栾克军，市委常委、西峰区委书记章志兼，市政协副主席黄国峰，市政府秘书长贺建宏参加有关活动；副市长辛刚国主持报告会并参加调研。

是日，市委常委、常务副市长李银在兰州参加全省页岩气勘查开发有关政策和技术方法讲座。

是日，副市长、长庆油田公司总经理助理、陇东指挥部指挥蒋杨贵赴镇原县调研。

是日，全省农村公路路政管理工作座谈会在庆阳市召开。

18—21日，省安监局副局长张宝文带领省政府考核督查组来庆阳市考核督查2013年度安全生产工作及安全生产大检查“回头看”活动开展情况，副市长白振海陪同。19日召开考核汇报会，市委常委、纪委书记李学宏主持，白振海汇报工作。

19日，市委副书记、市长栾克军到“联村联户、为民富民”行动联系点环县环城镇张滩滩村和周塬村调研。

是日，市委常委、常务副市长李银在兰州参加全省第五次行政复议应诉与行政审判工作联席会议。

是日，省政府考核庆阳消防工作汇报会暨反馈会议召开。市委常委、政法委书记董建镇主持，副市长周继军出席并汇报工作。

是日，省人防办副主任张广洲一行来庆阳市考核人防目标管理工作，同日召开考核汇报会，市委常委、统战部部长、秘书长闫晓峰主持，庆阳军分区参谋长张宁出席。

是日，庆阳市流通环节食品安全示范创建工作总结会议召开。副市长辛刚国出席并讲话。

是日，庆阳市信访联席会议召开。市委常委、政法委书记董建镇主持，副市长周继军和市政府党组成员、公安局局长郑银生出席并讲话。

是日，全省消防工作目标责任制考核庆阳汇报会召开。副市长周继军参加。

19—20日，国家卫计委监督局副局长万援建、省卫生厅副厅长王晓明一行来庆阳市督导检查打击非法行医及放射诊疗工作。副市长辛刚国陪同并主持汇报会。

是日，省统计局副巡视员张国栋带领省政府调研组来庆阳市督查调研。副市长田雁青陪同并主持召开汇报会。

20日，省长助理、市委书记夏红民和省委副秘书长、党史研究室主任杨元忠在北京向中央党史研究室有关领导汇报南梁红色小镇建设等情况。

是日，副市长周继军主持召开庆阳市行政执法与刑事司法衔接工作联席会第三次会议。

21日，庆阳电视台公开招考工作人员笔试在庆阳五中举行。副市长田雁青巡考。

23日，市委常委、常务副市长李银主持召开会议，研究市县工商质监系统整体划转移交市、县（区）政府分级管理有关事宜。

23—24日，省残联副理事长杨润泉带领考核组来庆阳市督查考核2013年度残疾人工作目标责任制完成情况。副市长周继军陪同，并于24日主持召开汇报会。

23—25日，省长助理、市委书记夏红民，市委副书记、市长栾克军，副市长黄继宗在兰州参加全省经济工作会议和城镇化工作会议。

是日，北京新发地甘肃农产品展销馆开业暨庆阳苹果推介会在北京举行。副市长秦华出席并向参会客商介绍庆阳苹果产业发展情况。

24日，庆阳市灾后重建工作总结会议召开。副市长周继军出席并讲话。

24—25日，省监察厅副厅长王立泰带领省政府考核组来庆阳市考核2013年住房保障工作。副市长黄继宗陪同并主持召开汇报会。

25日，全省领导干部警示教育视频会议召开。省长助理、市委书记夏红民，市上领导栾克军、李学宏、黄继宗在兰州主会场参会，付振伟、张文礼、任燕顺、李银、董建镇、章志兼、闫晓峰、桂泽发、雷沫里、郭文奎、辛刚国、田雁青、周继军、朱治晖、刘晓利、郭晓霞、黄国锋、黄占俊、窦宏邦、任尔昕、田金、郑银生，市政府秘书长贺建宏等在庆阳分会场参会。

是日，庆阳市“一村一名农民大学生”工程最后一届学员毕业典礼举行。市委副书记任燕顺、陇东学院院长郭维俊出席并讲话，市人大常委会副主任雷沫里，陇东学院党委副书记赵连印，副院长孙立峰、孙鸣超出席，陇东学院纪委书记白生君主持典礼。

是日，庆阳市第二次“清剿火患”战役行动正式启动。当天召开动员部署会议，市委常委、政法委书记董建镇主持，副市长周继军出席并讲话。

是日，副市长、长庆油田公司总经理助理、陇东指挥部指挥蒋杨贵在庆阳分会场参加全省煤矿安全生产专题视频会议。

是日，省档案局副局长赵海林带领工作组来庆阳市考核2013年档案工作。当晚，副市长周继军主持召开汇报会。

25—26日，省广电总台总会计师刘向成带领督查组来庆阳市督查2013年度文化产业项目建设进展情况。25日上午召开汇报会，市委常委、宣传部部长黄正军主持，副市长田雁青汇报全市文化产业工作。

26日，省委议军会议在兰州召开。省长助理、市委书记夏红民参加并发言。

是日，市委副书记、市长栾克军赴中铁第一勘察设计院集团公司，与铁一院董事长、党委书记王争鸣，院长刘为民，副院长张学伏等就银西铁路功能定位、线型设计、站场建设等事宜深入交换意见。副市长黄继宗，市政府秘书长贺建宏随同。

是日，《庆阳市志》初稿评审暨乾隆《新修庆阳府志》、民国《庆阳府志续稿》点校本发行会议召开。市委副书记、市长栾克军书面致辞；省地志办副主任钱旭出席并讲话；市委常委、统战部部长、秘书长闫晓峰，市人大常委会副主任郭文奎，市政协副主席郭晓霞，庆阳军分区政治部主任顾伟，庆阳市委原秘书长、正地级干部卢造钧出席；副市长辛刚国主持。

是日，副市长辛刚国主持召开庆阳职业技术学院筹备会。

是日，省委巡视组来庆阳市巡视工商工作。副市长田雁青陪同。

是日，副市长白振海在兰州参加煤矿安全课题研究情况汇报会，并汇报庆阳市煤矿安全生产隐患实时监控及尽职免责课题研究情况。

26—27日，省司法厅副厅长钟智录带领考核组来庆阳市考核2013年司法行政工作。市委常委、政法委书记董建镇，副市长周继军陪同。

27日，市委副书记、市长栾克军，市委常委、常务副市长李银在庆阳分会场参加省政府2013年第二期政府系统领导干部依法行政工作专题视频讲座。

是日，“安利杯”短程马拉松赛暨西峰区万人健身跑活动举行。省长助理、市委书记夏红民宣布比赛开始，市委副书记、市长栾克军为参赛选手鸣枪起跑，副市长辛刚国致辞。随后，夏红民、栾克军、张文礼、任燕顺、黄正军、章志兼、闫晓峰、辛刚国、田金等，与来自市、县（区）及部省属驻庆单位的干部职工、学生、武警官兵、公安干警等组成的48个代表队1万余人一起参加健身跑活动。

是日，市委“联村联户、为民富民”行动协调推进领导小组召开第十三次会议召开。市委副书记任燕顺主持并讲话。

是日，国家环保部第21核查组来庆阳市督查污染减排工作。副市长、长庆油田公司总经理助理、陇东指挥部指挥蒋杨贵陪同。

是日，副市长周继军在庆阳分会场参加全省培养民兵预备役暨复退军人创业致富带头人活动推进（视频）会议。

是日，庆阳市青年书法家协会成立。

28—29日，国家卫生和计划生育委员会法制司副司长陈宁珊来庆阳市调研医药卫生体制改革和中医药事业发展等工作。省卫生和计划生育委员会主任刘维忠，市委副书记、市长栾克军，市委常委、宣传部部长黄正军，副市长辛刚国和市政府秘书长贺建宏陪同。

29日，兰州文理学院党委书记史百战教授带领省教育厅专家组来庆阳市调研庆阳职业技术学院筹建工作。副市长辛刚国主持召开汇报会。

30日，省长助理、市委书记夏红民会见华能甘肃能源开发公司总经理高冰，就陇东煤电基地建设和宁长二级公路宫河至长庆桥段工程移交地方管理有关事宜进行会谈。市委常委、政法委书记董建镇，市委常委、统战部部长、秘书长闫晓峰，副市长白振海和华能甘肃能源开发公司副总经理白军坡参加。

是日，市委副书记、市长栾克军，市委常委、常务副市长李银，市委常委、统战部部长、秘书长闫晓峰，市政府秘书长贺建宏在庆阳分会场参加全省分类推进事业单位改革工作电视电话会议。

是日，市委副书记、市长栾克军赴宁县盘克镇调研易地扶贫搬迁工作。市政府秘书长贺建宏一同调研。

是日，宁长二级公路宫河至长庆桥段工程验收会议召开。省长助理、市委书记夏红民，市人大常委会主任付振伟，市政协主席张文礼，市委常委、统战部部长、秘书长闫晓峰出席；市委常委、政法委书记董建镇主持；副市长白振海出席并讲话；华能甘肃能源开发公司总经理高冰出席会议并宣布工程移交，华能甘肃能源开发公司副总经理白军坡出席会议。

是日，副市长周继军在庆阳分会场参加全省综治委特殊人群专项组暨特殊人群服务管理工作（视频）会议。

31日，三届市委常委会第41次会议召开，学习贯彻中央、全省经济工作会议和城镇化工作会议精神，研究庆阳市经济发展、改进工作作风、目标管理考核等工作。夏红民主持并讲话。

是日，庆阳市政府与市总工会举行联席会议。市委副书记、市长栾克军主持并讲话；市委常委、统战部部长、秘书长闫晓峰，副市长白振海和市政府秘书长贺建宏出席。

是日，市委常委、宣传部部长黄正军到陇东报社调研。

是日，副市长白振海，副市长、长庆油田公司总经理助理、陇东指挥部指挥蒋杨贵在庆阳分会场参加全省工业经济改革创新电视电话会议。

▲《庆阳经济技术开发区发展规划》通过省级评审。副市长白振海出席。

▲在“美丽中国”——第五届“神州风韵”全国剪纸大赛中获奖。庆阳市文化馆刘钰撰写的剪纸论文——《传承魅力剪纸，建设美丽乡村》和国家级民间工艺美术大师、西峰区文化馆田华撰写的剪纸论文——《庆阳民间剪纸在美丽乡村建设中的传承与发展》分别荣获本次剪纸大赛剪纸论文类三等奖和优秀奖；国家级民间剪纸艺术大师、西峰区著名剪纸艺术家吉彩琴的剪纸作品——《乐丰年》荣获本次剪纸类大赛优秀奖。

▲庆阳广播电视台创作的《福到庆阳》——2013庆阳市春节电视联播晚会荣获第四届全国春节电视文艺晚会《春晚奖》三等奖。

▲西峰区小崆峒庆阳农耕民俗文化村被评为全国休闲农业示范点。

▲庆阳市卫生局局长刘聪荣获全国2013年度“改进服务推进人物”称号，是我省唯一获此殊荣的医务管理者。

▲庆阳市疾病预防控制中心孙小华荣获“全国艾滋病防治工作先进个人”称号。

▲庆阳市8290户灾区群众重建住房全部建成。

（庆阳市档案局　左长寿 刘亚萍 王千峰 供稿）

# 庆阳概况

**【现任主要领导】**

省长助理、中共庆阳市委书记：夏红民
庆阳市人大常委会主任：付振伟
庆阳市人民政府市长：栾克军
政协庆阳市委员会主席：张文礼
中共庆阳市纪律检查委员会书记：李学宏

**【建制历史】**庆阳是华夏文明的发祥地之一。夏商时代属唐虞雍州之域，周先祖后稷子不窋所居，号北豳。春秋时为义渠戎国，秦始皇改置北地郡，汉晋沿袭。北朝魏置朔州，后周复废。隋文帝开皇初置合州镇，公元596改置庆州，炀帝大业间，改置弘化郡。唐高祖武德初复置庆州，玄宗天宝初改置安定郡，肃宗至德间改置顺化郡，乾元初复为庆州。五代梁改置武静郡。宋初置庆州团练，英宗治平间（公元1064年）改置环庆路，宣和间（公元1125年）置庆阳府。“庆阳”地名乃见史册。金初复改置安国郡、安定节度，皇统二年（公元1142年）设庆原路。元、明增设庆阳卫，沿用庆阳府。清归并郡县，民国二年（公元1913年）废府制，归属陇东道；十六年（公元1927年）废道，改隶泾原行政区；二十四年（公元1935年）在西峰设甘肃第三区行政督查专员公署。解放后，成立庆阳专员公署，1955年并入平凉专员公署，1962年恢复庆阳专员公署，1968年改名为庆阳地区革命委员会，1978年改为庆阳地区行政公署，2002年撤地设市。

**【地理位置】** 庆阳市位于甘肃省东部，习称“陇东”。地处东经106º20´—108º45´与北纬35º15´—37º10´之间。东接陕西省的宜君、黄陵、富县、甘泉、志丹等县；北邻陕西省吴起、定边及宁夏回族自治区的盐池县；西与宁夏的同心、固原县接壤；南与本省的泾川县及陕西的长武、彬县、旬邑县相连。南北长207公里，东西跨208公里，总面积27119平方公里。辖庆城、环县、华池、合水、正宁、宁县、镇原7县和西峰区，116个乡(镇)，3个街道办事处，58个社区。

地形北高南低，海拔在885—2082米之间，中南部为黄土高原沟壑区，北部为黄土丘陵沟壑区，东部为黄土丘陵区；山、川、塬兼有，沟、峁、梁相间，高原风貌雄浑独特。全境有10万亩以上大塬12条。董志塬面积为136.47万亩，平均海拔1421米，平畴沃野，一望无垠，是世界上面积最大、土层最厚、保存最完整的黄土塬面，堪称“天下黄土第一塬”。地处东南部的子午岭，林木茂密，水草丰盛，其470多万亩次生林，为植被最好的水源涵养林，有“天然水库”之美誉。国道211、省道202两条主干线纵贯南北，国道309、省道303线横穿东西，构成“两纵两横”公路主骨架，国家高速G22庆阳段建成通车并连接G70，使庆阳从南到东并入国家高速路网。庆阳机场4C级飞行区建成通航，实现了北京-西峰-兰州的往返日航。西平铁路2013年12月20日建成通车，结束了庆阳无铁路的历史。肖金至镇原、宁长（长官至宁县至正宁至长庆桥）、新（堡）南（梁）二级和庆城至合水高速连接线相继建成，使县县通上二级路，全市交通基础设施日益完善。

**【气候气象】**庆阳市为大陆型气候，四季分明，降雨量南多北少，2013年全市年平均降水量600.9～783.9毫米，降雨多集中于7、8、9三个月。气温南部高于北部，年平均气温9.3℃—11.1℃，年日照2279～2541小时。

全年降水偏多，气温偏高，日照偏多。其中降水与历年同期相比正宁正常，环县特多，其余偏多。气温与历年同期相比庆城、合水正常，其余偏高。日照比2012年多10-273小时。

**【自然资源】**庆阳市属黄河中游黄土高原沟壑区，四周高而中间低，有“陇东盆地”之称。全市有董志、早胜、宫河、平泉、新集、孟坝、屯字、西华池、盘克、临泾、春荣、永和等12条较大塬面，总面积27万公顷，是农作物主产区。市内有马莲河、蒲河、洪河、四郎河、葫芦河5条河流，较大的支流有27条。年平均总流量为26.7立方米/秒，总径流量8.43亿立方米。全市地下水静储量约43.39亿立方米,动储量3714万立方米。

庆阳能源富集、物产丰富。庆阳是甘肃的石油天然气化工基地、长庆油田的主产区。已探明油气总资源量40亿吨,占鄂尔多斯盆地总资源量的41%,其中石油地质储量16.2亿吨,2013年原油产量为659.39万吨;庆阳煤藏覆盖全市,预测储量2360亿吨,是全省预测储量的96%。截止2013年底,庆阳已探明煤炭资源215亿吨。目前,刘园子、甜水堡1号矿井已建成,核桃峪、新庄、马福川、甜水堡2号正在建设,毛家川、钱阳山、九龙川等煤田正在进行前期工作。庆阳素有“陇东粮仓”之美誉,盛产小麦、玉米、油料;荞麦、小米、燕麦、黄豆等特色小杂粮久负盛名,备受推崇。

庆阳地处全国苹果生产最佳纬度区,是农业部确定的西北黄土高原苹果优生带。红富士苹果、曹杏、黄柑桃、九龙金枣倍受消费者青睐。庆阳是甘肃优质农畜产品生产基地,早胜牛、环县滩羊、陇东黑山羊、羊毛绒等大宗优质农牧产品享誉国内外。庆阳是全国规模最大的白瓜籽仁加工出口和杏制品加工基地,是全国品质最优、发展面积最大的黄花菜基地,是国家有关部门和单位命名的“中国优质苹果之乡”　“中国黄花菜之乡”“中国小杂粮之乡”和“中国杏乡”。庆阳还是中医药之乡,产有甘草、黄芪、麻黄、穿地龙、柴胡等300多种中草药,其中69种已列入《中华人民共和国药典》。

**【民俗文化】**庆阳市民俗文化源远流长,博大精深,风格鲜明,自成体系。在历史变迁过程中,保存完好并具有很强生命力的庆阳民俗文化资源艺术形式主要有香包、刺绣、民间剪纸、皮影、雕塑、石刻、草编、纸扎等工艺美术系列和陇东秧歌、道情(陇剧)、传统社火、地坑窑洞、婚丧习俗等,其黄土风情在全国独树一帜。

庆阳民歌享誉“黄土歌魂”。唱遍全国的《咱们的领袖毛泽东》《绣金匾》《军民大生产》等红色歌曲,是当地孙万福、汪庭有等农民歌手的佳作。评剧戏曲片《刘巧儿》,是依据陕甘宁边区时期我市华池县青年农民封芝琴争取婚姻自主的真实故事而创作的艺术精品。在陇东道情的基础上长期孕育而诞生的陇剧,堪为新中国剧苑的奇葩。庆阳剪纸巧夺天工,成为传承人类文明、解读远古文化的珪璧。以香包为代表的民间刺绣,文化底蕴深厚,蜚声四海。庆阳已被中国民俗学会命名为“周祖农耕文化之乡”“香包刺绣之乡”“徒手秧歌之乡”“民间剪纸之乡”“窑洞民居之乡”“荷花舞之乡”和中国民间民俗文化调研基地。环县被命名为“皮影道情之乡”。道情皮影、香包刺绣、唢呐进入全国第一批非物质文化遗产保护名录。在2004年中央电视台和央视国际网络共同组织的西部名城评选活动中,庆阳荣获“最具艺术气质的西部名城”殊誉。

**【古代遗址】**国家重大考古发现的“环江翼龙”和“黄河古象”古生物化石,均发掘于庆阳境内。标志中国旧石器时代肇始的华夏第一块旧石器,出土于华池县赵家岔。具有重大文物价值的境内新石器时代的仰韶、齐家文化遗址和历代古建筑、石刻、墓葬及古生物化石点有近千处。战国秦长城在华池、环县、镇原三县均有遗存。秦直道沿子午岭穿越正宁、宁县、合水、华池四县。开凿于北魏永平二年的北石窟寺为甘肃四大石窟之一。庆阳钟灵毓秀,名人辈出。东汉思想家王符的《潜夫论》、西晋学者傅玄的《傅子》和明代文学家李梦阳的《空同集》,在中国思想史、文学史上都具有重要影响。

**【红色旅游】**庆阳是甘肃唯一的革命老区。1927年,中国共产党在宁县建立了甘肃第一个农村党支部。1931年,刘志丹等建立了西北较早革命武装——南梁游击队。1934年,以刘志丹、谢子长、习仲勋等革命早期领导人创建了西北最早的陕甘边区苏维埃政权——南梁政府。以南梁为中心的陕甘边根据地是我党在第二次国内革命战争时期“硕果仅存”的革命根据地,后与陕北革命根据地连成一片,形成的西北革命根据地,为长征红军和党中央提供了落脚点和抗日战争的出发点。陕甘宁边区时期,毛泽东主席为原陇东地委书记马文瑞、专员马锡五、华池县长李丕福分别题词:“密切联系群众”“一刻也离不开群众”“面向群众”,为中国共产党群众思想路线的形成与践行奠定了指导方针。现存的华池“南梁政府”旧址、环县河连湾陕甘宁省委省政府旧址、山城堡战役等革命遗址,是国家、省、市分别确定的爱国主义和革命传统教育基地。在血与火的斗争中铸就的庆阳老区精神,是我们宝贵的思想财富。近年来,市、县将南梁革命纪念馆、列宁小学、陕甘边区军委、苏维埃政府旧址、中国人民抗日军政大学七分校校部旧址和大凤川军民大生产基地旧址整体修复开发,建成国家AAA级红色旅游景区,对开发红色旅游产业,建设社会主义精神文明具有深远的历史意义。2011年11月12日,庆阳市被评为　“中国红色文化休闲名城”和“中国十大特色休闲城市”。

【人　口】全市年末总人口264.11万人，常住人口222.27万人。全国56个民族中有30个少数民族的5000多人在我市居住。全市城镇人口65.77万人，城镇化率29.59%（2010年第六次全国人口普查结果推算数）。随着普九的深入开展，全市人口素质显著提高。适龄儿童入学率99.87%，13—15岁儿童初等教育普及率达到99.04%，小学学生巩固率达到97.95%。全市大专以上高考录取人数20557人，比上年减少939人，下降4.4%；录取率82.71%，比上年下降4.99个百分点。

【经济发展】去年以来，面对国内经济速度换挡、结构调整和世界经济深度调整相互叠加和错综复杂的宏观经济环境，全市上下紧紧围绕与全国和全省同步进入小康社会以及促进经济社会转型跨越发展大局，把“一区四园、一线八域”作为科学发展的主战场，聚焦“十大工程”，抓促项目支撑，努力破解瓶颈制约，强力突破重点工作，着力解决民生问题，奋力推动经济转型跨越发展，经济社会保持了平稳较快增长的良好势头。

2013年，全市经济总量持续扩大，完成生产总值606.07亿元，增长14.5%（按可比价算，下同）。其中：第一产业增加值80.29亿元，增长6.6%，对经济增长的贡献率为5.5%，拉动GDP增长0.8百分点；第二产业增加值377.94亿元，增长16.6%，对经济增长的贡献率为72.6%，拉动GDP增长10.5百分点；第三产业增加值147.84亿元，增长13.0%，对经济增长的贡献率为21.9%，拉动GDP增长3.2百分点。国民经济结构由上年的13.8:62.2:24.0调整为13.2:62.4:24.4。

**——农业生产稳步增长，结构调整成效显现**

2013年以来，全市各级党委、政府全面贯彻中央、省委1号文件和全省农村工作会议精神，按照全省365现代农业发展行动计划总体部署，把抗旱稳农保增收作为农村工作的首要任务，同时围绕现代农业建设，建设全国绿色农产品生产加工示范基地和国家级旱作农业示范区，突出稳粮增收、调整优化结构、转变发展方式，进一步加大统筹城乡发展力度，巩固农业农村发展好形势。一是产量和面积双增。全市完成农作物播种面积988.9万亩，比上年增加19.4万亩，增长2.0%。其中，粮食面积696.65万亩，增加17.01万亩。粮食总产量158.95万吨，增加3.2万吨，增长2.1%。其中，夏粮总产量34.02万吨，减少8.72万吨，下降20.4%；秋粮总产量124.93万吨，增加11.92万吨，增长10.5%。二是特色产业不断壮大。全市玉米播种面积294.72万亩，增加37.37万亩，增长14.5%；蔬菜面积122.27万亩，增加1.89万亩，增长1.6%；蔬菜总产量87.58万吨，增长9.8%；水果产量58.72万吨，增长12.8%；肉、蛋、奶产量分别比上年均有所增长。三是畜牧业生产形势看好。随着示范引导、扶贫攻坚和“双联双增”支持力度加大，全市养殖业呈现较快发展的良好势头。大牲畜存栏62.41万头，增长5.9%；牛存栏38.21万头，增长5.9%；牛出栏16.46万头，增长6.7%；猪存栏43.07万口，增长6.6%；猪出栏39.96万口，增长7.0%；羊存栏182.54万只，增长7.5%；羊出栏71.46万只，增长8.8%。肉类总产量6.59万吨，增长5.3%。

**——工业经济效益提高，主导产业支撑力强**

2013年以来，全市上下坚持把能源资源开发作为强市之基，全力打造主导产业和首位产业，在快速提升经济实力上取得新突破。加快资源开发步伐，进一步整合资源、聚合要素，大力发展促进资源转化的下游配套产业，延伸产业链条，壮大地方工业产业集群，全市工业经济稳步增长，完成规模以上工业增加值331.86亿元，增长16.5%。从属地看，中央企业完成295.43亿元，增长16.3%（其中：长庆油田完成237.88亿元，增长16.5%；庆阳石化完成55.15亿元，增长14.8%）；地方工业完成36.43亿元，增长25.7%。2013年以来，全市大力支持石油、煤炭开采辅助业生产，新建如胜祥工程、能化集团、衍河油田等新型工业企业，开采辅助业占到了地方工业增加值的37.2%。从主要工业产品产量看，全市主要工业产品产量实现新的增长。原油产量659.39万吨，增长14.5%。其中长庆油田637.59万吨，增长13.9%；镇原区块21.81万吨，增长33.9%；原油加工量341.04万吨，增长10.0%；饲料18.3万吨，增长32.8%；柴油152.16万吨，增长9.0%；汽油128.89万吨，增长13.3%；液化石油气18.03万吨，增长8.3%；溶剂油2.47万吨，增长8.9%；乳制品3310吨，增长25.3%；风力发电量30015万千瓦时。从工业效益看，全市地方工业固定资产投资总额完成233.69亿元，增长30.7%；规模以上工业实现销售产值712.42亿元，增长15.9%，产品销售率95.9%。规上工业主营业务收入660.0亿元，增长16.2%；实现利润总额159.48亿元，增长15.9%；税金总额96.11亿元，增长15.1%。工业企业综合效益指数443.96%，比上年同期高27.3个百分点。从重点行业生产情况看，石油和天然气开采业增加值243.95亿元，增长16.5%，占规上工业增加值的73.7%；石油和天然气开采辅助活动13.53亿元，增长48.6%；石油加工业55.15亿元，增长14.8%；农副产品加工业3.15亿元，增长20.1%；医药制造业2.86亿元，增长47.9%；非金属矿物制品业2.86亿元，下降4.2%；酒、饮料制造业1.3亿元，增长7.4%；黑色金属冶炼和压延加工业0.84亿元，增长26.6%；电力、热力生产和供应业4.59亿元，增长16.9%。从工业用电情况看，全社会用电量36.82亿度，增长10.0%。工业用电量22.93亿度，增长31.0%，其中重工业用电量21.87亿度，增长34.0%；轻工业用电量1.06亿度，下降10.8%。在重工业中，采矿业用电量17.02亿度，增长65.5%；制造业2.41亿度，下降33.02%。其中食品、塑料制品、非金属矿业、金属制品和废旧制品回收等行业用电量下降超30%；电力、燃气和自来水行业下降3.3%。

**——投资总额持续扩大，项目建设加快推进**

2013年以来，市委、市政府充分利用市场资源，搭建融资平台，引进金融机构，加大融资力度，积极谋划争取重大项目，在破解瓶颈制约上求突破，实行“三个一”项目包抓责任制，定期分析调度，盘点抓促推进，全市项目建设进展良好。一是投资总额稳步增加。完成固定资产投资总额953.19亿元，增长24.5%。其中地方完成797.29亿元（省统计局调整数），增长27.0%；油田完成155.90亿元，增长12.9%。在固定资产投资额中，第一产业完成8.01亿元，同比下降21.6%；第二产业完成504.86亿元，下降1.1%；第三产业完成284.42亿元，增长24.5%。二是投资项目数量增加。全市500万元以上投资项目2798个，增长45.3%；新开工项目达2166个，占全部项目的77.4%。三是亿元建设项目增加。全市亿元以上项目达到74个，比上年增加37个，增长1倍；亿元以上项目完成投资412.8亿元，占全部投资额的38.5%。四是房地产开发投资、销售双增。房地产开发投资66.72亿元，增长31.5%；商品房销售面积83.41万平方米，增长111.8%。五是融资渠道多元化。全市项目资金来源1132.89亿元，增长40.1%。其中，国家预算内资金188.19亿元，下降1.0%；国内贷款159.34亿元，增长89.0%；债券0.39亿元，增长100.0%；利用外资2.97亿元，增长4.8倍；自筹资金716.74亿元，增长40.1%；其他资金来源65.26亿元，增长2.0倍，为投资较快增长提供了资金保障。

**——消费市场稳中趋活，需求结构逐步改善**

去年以来，家电、汽车节能补贴和家电下乡等直接刺激消费政策相继退出，政策因素推力明显减弱，消费增长主要依靠内生动力拉动。同时随着厉行勤俭节约、反对铺张浪费社会风气的日渐浓厚，各类高档餐饮企业纷纷加快转型步伐，走大众消费线路，实惠消费、大众消费、可持续消费成为主流消费模式，城乡消费差距缩小，基本趋于均等化，全市实现社会消费品零售总额146.54亿元，增长14.7%。按城乡分，城镇118.15亿元，增长14.7%；农村28.39亿元，增长14.6%。按行业分，批发业36.88亿元，增长12.6%；零售业完成91.67亿元，增长17.2%；住宿业1.70亿元，下降1.4%；餐饮业16.3亿元，增长8.1%。主要热点和大宗商品销售有增有降。其中，食品、饮料、烟酒类增长133.9%，金银珠宝类增长18.6%，汽车类增长0.1%，化妆品类下降23.1%，石油及其制品类下降4.7%。全市完成出口创汇总额8668万美元，增长18.0%；实现出口供货总值16.12亿元人民币，增长7.0 %。

**——财政税收增速回升，支出结构不断优化**

去年以来，全市各级财税部门切实加强综合治税力度，坚持依法组织税费收入，最大限度化解不利因素，取得了良好成绩，财政运行情况总体良好，财政收入实现了平稳增长。全市累计完成大口径财政收入154.25亿元，增长18.7%。完成一般预算收入63.73亿元，增长20.0%。其中，国税收入90.73亿元，增长12.5%；地税收入41.11亿元，增长25.3%；财政性收入22.41亿元，其中煤田采矿权收入8.5亿元，扣除此项收入财政性收入正常增长41.4%。主体税种增值税、营业税、企业所得税、资源税分别增长12.5%、22.3%、95.8%、21.6%。全市财政支出累计完成183.32亿元，增长15.6%。涉及民生的教育、科学技术、社会保障与就业、医疗卫生、城乡社区事务、农林水事务支出分别增长5.3%、9.1%、20.2%、5.4%、19.8%、4.0%。

**——金融运行稳健有序，存贷款余额增幅提高**

随着“引行入庆”战略的实施，金融服务地方经济社会发展体系不断完善，逐步构建了以国有金融机构为主、地方股份制机构为辅、新型农村金融机构为补充的全覆盖体系，有效破解了制约我市经济发展的贷款难、融资难的瓶颈制约，全面提升了金融对地方经济社会发展的支撑保障作用。全市金融发展呈现出存贷款增长趋快、投放结构趋优、融资渠道趋宽、风险防控趋强的可喜变化，金融对小微企业的发展支持作用不断增强。全市年末金融机构各项存款余额599.98亿元，增长18.6%，其中个人储蓄存款395.05亿元，增长16.0%；各项贷款余额337.78亿元，增长38.6%，其中个人消费贷款40.09亿元，增长46.5%。贷款规模的迅速扩张，使存贷比明显提高，至年末存贷比为1∶0.56。

**——城乡收入水平提高，民生保障显著增强**

全市各级各部门始终把保障和改善民生作为发展的根本目的，扎实推进“十大惠民工程”，千方百计扩大就业，建立职工工资收入正常增长机制，逐步提高最低工资标准，完善社会保障体系，提高最低生活保障标准。深入推进“双联”行动，大力发展富民产业，夯实农民稳定增收基础。2013年全市城镇居民人均可支配收入18761元，增长12.6%，人均消费性支出13447元，增长6.7%；农民人均纯收入4888元，增长14.7%，农民人均消费性支出4698元，增长35.7%。

**——消费价格上涨较快，总体运行尚处可控**

12月当月居民消费价格总指数103.7%，上涨3.7%；1-12月居民消费价格总指数103.1%，上涨3.1%。八大类消费品“六升二降”，其中，食品类上涨5.9%，烟酒及用品下降0.6%，衣着下降0.5%，家庭设备用品及维修服务上涨3.9%，医疗保健和个人用品上涨3.6%，交通和通信上涨0.3%，娱乐教育文化用品及服务上涨4.6%，居住上涨1.0%。商品零售价格总指数103.0%；农业生产资料价格总指数104.7%；工业品价格指数97.0%。

**【社会事业】**社会事业全面发展，和谐社会建设成效显著。

**——科技事业持续进步。**2013年末，全市事业单位各类专业技术人员42551人，其中，高级技术人员1944人。全年共组织实施农业、工业、医疗卫生和社会公益事业等各类国家、省、市科技计划项目239项，其中国列4项，省列28项，共投入科技经费1752万元。评出市级科技进步奖101项，其中一等奖10项，二等奖75项，三等奖16项。

**——教育事业全面发展。**2013年，全市普通高等学校招生4374人，在校学生15715人，毕业3016人；普通中等专业学校招生8086人，在校学生29241人，毕业12056人；普通高中招生20334人，在校学生64174人，毕业20880人。

**——文化事业日益繁荣。**2013年末，全市共有专业文化艺术表演团体10个，全年演出1566场（次），观众230.37万人次；年末共有公共图书馆9个，藏书63.43万册；博物馆、纪念馆9个，文物藏量3.15万件；综合性档案馆9个，馆藏各类档案50.52万卷、19.98万件，资料7.97万册，照片2.2万张；文化站117个。全年《陇东报》出版365期，发行2.8万份。

**——卫生保障不断完善。**2013年末，全市医疗卫生机构总数1845个，其中，医院24个，乡镇卫生院127个，社区卫生服务中心（站）27个，妇幼保健院（站）9个，疾病预防控制中心9个，卫生监督所（中心）9个；年末实有医疗床位7910张，其中，医院5048张，乡镇卫生院2426张，社区卫生服务中心130张，妇幼保健院（站）221张。全市共有卫生技术人员8119人，其中执业医师2686人，助理执业医师630人，注册护士2615人，药师（士）404人，技师（士）383人，其他卫生技术人员1401人。

**——体育事业成绩斐然。**2013年，全市举办县以上运动会17次，参加运动员38552人次。在市级以上运动会上我市体育健儿共夺得15枚金牌，13枚银牌,10枚铜牌。

**【社会保障】** 2013年末全市参加城镇企业基本养老保险人数7.29万人，比上年末减少0.21万人。其中，参保职工4.82万人，参保离退休人员2.47万人。参加城镇基本医疗保险人数28.08万人，增加0.10万人。其中，参加城镇职工基本医疗保险人数13.93万人，参加城镇居民基本医疗保险人数14.15万人。参加失业保险人数8.27万人，减少0.01万人。参加工伤保险人数5.69万人，增加0.92万人。参加生育保险人数8.66万人，增加0.05万人。8县（区）开展了新型农村合作医疗工作，新型农村合作医疗参合率98.18%。新型农村合作医疗基金支出总额6.34亿元，累计受益218万人次。

全市城市低保23135户、55521人，比上年末增加634户，减少617人；农村低保107625户、345379人，增加2704户。

# 政　治

## 庆阳市政府办公室

**【工作综述】**2013年，市政府办公室紧紧围绕市委、市政府中心工作，坚持以科学发展观为指导，认真学习贯彻十八大、十八届三中全会和习近平总书记系列重要讲话精神，充分发挥参谋助手职能，凝心聚力，扎实工作，在参与政务、管理事务、搞好服务等方面都取得了新成效，保证了政府工作高效运转。

**【文稿撰写】**以“短、实、新”为总要求，以增强文稿对实际工作的指导作用为出发点，接地气、转文风，努力做到吃透上情、了解下情、反映实情，切实增强文稿的思想性、针对性和可操作性。牢固树立公文精品意识，认真落实秘书起草、分管秘书长（主任）把关、领导审定的公文制作制度，严把文字材料质量关口。全年共起草领导讲话、工作汇报、各类文件1600多份，较好地发挥了以文辅政的作用。

**【调查研究】**围绕全市经济社会发展的热点难点问题，确定重点调研课题，先后就扶贫攻坚、农业结构调整、工业经济发展、重点工程建设等一系列事关全局的工作进行了专题调研，掌握了大量的第一手材料，为政府决策和工作指导提供了基础依据。

**【信息工作】**以“新、实、快、准”为标准，全面加强信息收集、研判、送阅、上报工作。注重挖掘具有全局性、前瞻性、建议性的信息，整理编发《庆阳政务信息》，为政府领导掌握实情、指导工作、制定决策提供信息支撑。紧盯全国、全省舆情热点，紧扣全市经济社会发展和民生焦点，全年编发《庆阳舆情信息》304期，《庆阳时政要闻》《每日新闻摘要》各260期，向县区、部门采集信息8230条，整理采用2157条，编发《庆阳政务信息》37期；上报国办、省办1722条，采用435条。政务信息工作继续位列全省市州第二名。

**【文电工作】**突出收文、发文、归档三大环节，进一步规范办文程序，限定办结时间，全程跟踪服务，提供了安全、高效、准确、快捷的文电服务保障。认真落实收文核查制度，严把公文报送质量关口，维护了公文的权威性、严肃性和准确性。严格执行发文复核制度，严把发文流程关、发送关，确保所发公文程序完备、体例规范、发送到位。同时，按照“八项规定”要求，大力压减市政府、市政府办公室发文数量。认真抓好档案的收集、整理、归档、借阅工作，启动了电子档案整理工作。按照全省统一安排，启动实施了电子公文传输暨公文智能管理系统建设工作。全年共制发各类文件870件，整理归档各类文件337盒，接收办理文件3278件，均做到了随收随办、无缝衔接，确保了各项工作的顺利交接落实。

**【组织协调】**注重加强与市委、人大和政协及各县（区）、部门的协调沟通，及时掌握信息，做好汇报衔接；对内及时、准确地把市政府的决策部署传递给政府班子每一位成员，确保政府工作忙而不乱、运转有序，衔接紧密、严谨规范。同时，注重发挥部门和县（区）政府的主体作用，延伸工作触角，拓展服务领域，努力形成纵向贯通、横向协调、政令畅通的格局。

**【会务工作】**严格会议审批程序，大幅压减以市政府名义召开的各类会议。严控参加人员，压缩会议时间，增强会议实效，为基层腾出更多的时间抓落实。扎实做好会议筹备工作，提早介入，周密部署，注重细节，紧密衔接，确保了会议高效率、高质量地召开。全年共承办全市性会议32场次，累计会期16天，较去年分别下降30%、15%。

**【督查落实】**对市政府重大决策和《政府工作报告》、市政府全体会议确定的重点工作任务及时进行分解细化，明确责任单位和完成时限，协调市督查考核局定期督查；对由市政府领导牵头负责的工作，由协调秘书长全力配合，统筹协调相关单位，抓好督查督办；对领导批示事项，由协调秘书长和对口秘书科室及时对接，掌握工作进度，反馈落实情况。年内共协调督办、催办重点工作任务及领导交办、批示事项625件（次），保证了政府各项决策的贯彻落实。

**【应急管理】**以宽领域、全覆盖、多功能为主要特点的应急指挥平台建设初步完成了平台选址，前期准备工作全面有序推进。积极推进应急预案动态管理，编制修订市级专项预案12个、部门预案35个，应急预案体系不断健全完善。组织指导火灾事故、交通事故、防范地质灾害等各类综合应急演练36场（次），全市应急协同配合能力和突发事件现场处置能力进一步加强。举办应急管理培训班1期，轮岗轮训8期、30余人（次），应急管理工作能力得到提升。积极应对突发事件，在宁县“2.1”重大道路交通事故、环县“7.14”暴洪灾害等突发事件处置中及时启动预案，迅速调度市、县两级救援力量奔赴现场，全力做好信息汇总、报告、上报工作，保障了事件快速、平稳、妥善处置。严格落实24小时领导带班、双人值班制度，规范信息报送工作，全年编辑值班信息107期、发布紧急通知25份、重要天气预警通知156期。

**【新闻宣传】**进一步规范新闻发布工作，年内协调、组织召开各类新闻发布会5场次，市政府一级常规新闻发布趋于常态化。全力做好政务信息网、政务专网接入管理工作，顺利实现省、市、县（区）政务外网骨干网联通。积极做好对外宣传工作，邀请配合省外媒体来庆阳采访报道2批次。扎实做好中国庆阳网站维护工作，累计发布各类信息2万余条，全年访问量接近400万次，有效发挥了宣传推介庆阳“主窗口”作用。制定了《庆阳市网络留言办理反馈工作实施办法》，规范了留言的收取、批转、督办、回复等环节，全年共受理网民留言604条，办理回复531条，办结回复率88%。以中国庆阳网为载体，深入做好政府信息公开工作，主动公开政府信息31261条，受理公开政府信息申请168件，均按程序给予及时反馈。

**【政务平台建设】**继续加强政务服务阵地建设，8县（区）政务中心和119个乡镇（街办）政务中心全部建成运行，村级便民中心覆盖面达到49.7%。积极创新政务服务机制，推行了“1+5”（政务大厅及运政、车管、房管、住房公积金、社保5个分中心）运行模式，实现了规范管理、业务扩容、服务增效。扎实推进“两集中两到位改革”，市级30%的审批服务事项在政务大厅“一站式”办理。完成了全市63个部门510项行政审批及公共管理服务事项办理流程的梳理再造，累计压缩环节412个，缩减办理时限930个工作日。按照市、县（区）统一规划、统筹推进的思路，积极实施电子政务平台建设，市级平台基本建成，新版门户网站上线运行，视频监控市级中心与7个县区联网运行。全省率先实现标准化和政务服务体系、统一电子平台“两个覆盖”。积极推行“一个窗口受理、一条龙服务、一站式办结”，全年办件量达到62万件，即日办结率、提前办结率、时限内办结率分别达到85%、96.96%、99.9%，全市政务服务调查满意率达到96%。

**【财务管理】**认真落实《党政机关厉行节约反对浪费条例》，制定《市政府办公室厉行勤俭节约反对铺张浪费实施细则》，坚持量入为出、保证重点、兼顾一般、厉行节约的原则，严格财务收支管理。建立了各项开支内部核算控制机制，每笔开支由科室申请、行政科审核、分管领导审批，未经审批的支出一律不予报销。实行按时结算报告制度，每月向分管负责人书面报告，每季度向市政府分管领导、秘书长书面汇报，每年邀请审计机关审计，确保每笔支出合理合规。加强了对公务接待、会议活动、车辆燃修等重点环节的监管，在保障日常运转的情况下，总支出较2012年下降21.9%，接待费、会议费、车辆燃修费同比分别下降54.4%、57.3%和23.9%，在厉行节约、杜绝浪费方面带了好头。

**【公务接待】**认真贯彻中央、省委关于改进作风、密切联系群众的有关规定，坚持热情接待、从简招待的原则，重新修订了《办公室公务接待实施细则》，对接待范围、接待程序、接待费用、监督检查、接待纪律等五个方面重新作了规范。坚持公务接待审批单制度，从严审核控制接待对象、接待场所、食宿标准、陪同人员等。全年完成公务接待活动191批次，均按照规定要求从简安排，未出现不良社会反响。

**【后勤保障】**不断加强机关安全管理，完善日常接访工作责任制，有效维护了机关正常秩序。协调机关事务管理局，认真做好餐饮、保洁等后勤服务，全面落实社会治安综合治理目标责任制，切实加强单位内部治安管理，年内未发生治安、刑事案件和不安全事故。修订了《公务车辆管理制度》，坚持用制度管人、管事、管车，全面推行公务用车派车单、使用登记和定点停放制度，逐车建立《行车日志》，杜绝了公车私用现象。加强公务用车燃修管理和驾驶人员的教育管理，确保行车安全，未发生安全事故。

**【宾馆和驻外机构管理】**结合新形势、新要求，在驻外机构全面完善目标责任制管理，进一步明晰职能定位，明确接待服务内容、方式和要求，加强日常管理和考核评比，接待服务质量明显提升，圆满完成了市委、市政府的接待任务。指导各驻外机构制定了服务标准和财务、员工管理等方面工作制度，初步实现了服务标准化、管理精细化、队伍稳定化。年内，庆阳宾馆被甘肃省饭店协会评为“最具影响力品牌饭店”，兰州庆阳大厦顺利通过了兰州市星级酒店评定性复核，继续保持了三星级酒店称号。完成了西安庆阳大厦出租经营改革，对办事处及大厦职工进行了妥善分流安置。争取财政资金21万元，对原深圳办事处所属企业4名职工进行了一次性身份置换，为其办理了养老保险。

**【队伍建设】**加强了党员干部的学习、教育和日常管理工作，全面落实“三会一课”制度、民主生活会等党内生活制度，党组织的战斗堡垒作用得到充分发挥。积极培育入党积极分子，全年共接收新党员2名。不断拓展活动载体，着力加强机关精神文明建设。组队参加了西峰城区职工篮球联赛、“安利杯”短途马拉松等职工文体活动，取得了较好成绩；积极参与文明城市创建工作，组织干部职工义务清扫街道10次。健全了计划生育各项档案，落实了各项政策措施，办公室未发生超生违育现象。加强了《廉政准则》《党风廉政建设责任制规定》《党政领导干部问责暂行规定》《党内监督条例》的学习，引导干部自觉抵制各种腐朽思想和社会不良现象的侵蚀，努力做到自重、自省、自警、自励。坚决执行月饼、贺卡、挂历禁令，带头开展办公用房清理，领导及科室办公用房面积严格控制在标准范围内，全面杜绝了超标准接待、公车私用、公款旅游等群众关注的热点问题。深入开展会员卡清理工作，办公室71名党员干部全部作出了“零持有”的承诺。努力推进“阳光用权”，完成了办公室勤廉监督评价系统基础资料录入工作，畅通群众监督渠道，全年办理群众信访件5件。

**【“双联”行动】**把抓项目、促发展作为主抓手，立足村情谋划项目，多种渠道筹措资金，努力破解发展瓶颈，加快扶贫攻坚进程。为张滩滩村筹措资金1158万元，实施帮扶项目12个，大桥、新农村示范点、梯田等一批群众期盼的基础设施项目完工投用，养羊、养鸡、设施蔬菜、全膜玉米等特色产业快速发展。在周塬村联系点启动实施了规模养羊、农电改造、通村道路、人饮工程和梯田建设等5个项目，建成3个千只规模养羊场，新修25公里通村砂砾路，集中连片整修梯田4000亩，农电改造、人饮工程项目已列入相关部门工作计划。按照“量力而行、尽力而为”的原则，积极组织开展为民办实事项目。春节前为84户帮扶户送去了米、面、油等慰问品，春耕时为381户群众每户捐赠化肥2袋；协调相关部门为周塬村捐赠篮球架、乒乓球台、健身路径各1套（副），液晶电视机和电脑各1台，为张滩滩村争取灯光篮球场设备1套；联系爱心人士为周塬村20名贫困小学生每人捐赠1000元助学金；协调落实双联惠农贷款560万元；组织村组干部、养殖大户30多人赴民乐县考察学习养羊技术和经验。通过帮扶，两个村的基础设施条件得到明显改善，特色产业初具规模，群众困难得到有效解决，预计张滩滩村、周塬村人均年收入分别达到7000元、5000元，较上年增长70%、50%。办公室双联工作得到市上充分肯定，在8月份全市调研督查中被评为优秀等次。（市政府办公室　供稿）

## 工　会

**【工作综述】**2013年，市总工会认真贯彻落实市委、市政府和省总工会的决策部署，按照市总二届八次全委（扩大）会议确定的目标任务，扎实工作，求真务实，在服务大局中求作为，在维护职工中求实效，在自身建设中求提升，各项工作取得了新的进步。

**【建功立业】**以创建“工人先锋号”活动为载体，在西镇二级公路、西峰区城市保障性住房小区工程建设等重点项目中，组织开展了“五比五赛”为内容的劳动竞赛，加快了施工进度，提升了工程质量，创造了良好的经济效益。对2012年全市煤炭行业开展的劳动竞赛进行了总结和表彰奖励，授予大唐刘园子煤矿、甘肃万胜公司等4个班组“工人先锋号”称号，授予12名职工“五一劳动奖章”。全年有7个单位、4名职工获得全总、省总表彰奖励。积极探索职工培训的有效模式，建立市东方技校等职工培训基地4处，培训职工、农民工2.1万人。组织开展了全市电力、气象、移动3个行业12个工种的市级职工技能大赛，表彰奖励技术能手22

名，技术标兵 44 名，优秀选手 34 名。征集职工技术成果 24 项，获得“甘肃省第六届职工优秀技术创新成果”二等奖 1 项、三等奖 1 项。新建职工书屋 22 个，创建企业文化示范点 11 个。

**【权益保障】**大力推进企事业单位工资集体协商工作，全市已建会的 1753 户企业中，协商签订工资专项集体合同 1598 份，覆盖企业 2004 户、职工 83625 人，签订集体合同 1707 户，覆盖企业 2130 户、职工 85892 人。积极开展“公开解难题、民主促发展”主题活动，已建会企事业单位的职代会、厂务公开制度在国有企业全面落实，在非公企业分别达到 96.55%、96.31%。全年有 151 户企业、745 个班组（车间）和 14710 名职工参加了“安康杯”竞赛活动。完成了省、市人大“一法三规”执法检查。承办市委、市政府转办信访件 3 起。困难职工帮扶救助成效显著，全市工会全年发放救助金 962 万元。其中，实施生活救助 683 人，大病救助 165 人，金秋助学 260 人，“送清凉”慰问 1280 人，向 72 名困难劳模发放“劳模三金”54.6 万元。“两节”送温暖期间，慰问特困企业 13 户，劳模 165 人，困难职工及节日值班人员 11447 人，发放慰问金 473 万元。

**【组织建设】**全年新建工会组织 133 个，新增会员 4498 人，全市基层工会组织达到 2889 个，会员达到 199088 人，其中：农民工会员 80644 人，基本实现了工会组织全覆盖。积极开展“双亮”“双评”活动，1753 户已建会企业中，有 1612 户开展了“双亮”活动，达到了 92%，有 1525 户开展了会员评议职工之家活动，覆盖面达到 87%，累计创建模范职工之家达到 598 个。认真落实市总工会领导联系县区工会制度、上级工会主席约谈企业负责人等制度，基层工会作用得到进一步发挥。

**【文化活动】**为了庆祝庆阳市第二届劳模表彰大会隆重召开，与长庆油田公司工会、各系统工会共同举办了“劳动者赞歌”大型文艺晚会，用职工演职工的事，用职工的事宣传工会工作，既有可看性，又有教育性，为广大劳动者送上了一道丰盛的文化大餐。“七一”前夕，市总工会与市委机关工委等单位联合举办了市直机关干部职工首届红色运动会，22个代表队500多名干部职工参加了“运送军粮”“传送鸡毛信”等比赛，既活跃了职工业余文化生活，又接受了一次革命传统教育。各级工会相继开展了广场文化周、羽毛球、街舞比赛等丰富多彩的职工文体活动。“我运动、我健康、我快乐”为主题的职工健身活动、广场文化活动蔚然成风，成为街头一道亮丽的风景线。

**【重要会议】**4月8日召开市总工会二届八次全委（扩大）会议和市总工会二届六次经审委员（扩大）会议。4月25日，庆阳市第二届劳模表彰大会在庆阳宾馆大礼堂隆重召开，表彰奖励劳动模范和先进工作者50名。经市委批准，12月5日召开了庆阳市工会第三次代表大会，会议应到代表260名，实到代表245名，会议总结了全市工会第二次代表大会以来的工作，确定了今后五年的目标任务，选举产生了庆阳市总工会第三届委员会和经费审查委员会。同时，指导8县（区）总工会完成了换届工作。12月31日，召开了市政府与市总工会联席会议，修改并出台了《庆阳市困难职工帮扶救助管理办法》，提高了对困难职工的救助标准，扩大了救助覆盖面。（市总工会　供稿）

## 妇　联

**【工作综述】**2013 年，在市委、市政府的正确领导和省妇联的精心指导下，市妇联以建设坚强阵地和温暖之家为目标，团结带领全市广大妇女，围绕中心，服务大局，开拓创新，奋力作为，各项工作取得了显著成效，为全市经济社会转型跨越发展做出了积极贡献。

**【妇女发展】**整合阳光工程、雨露计划、妇女“提素工程”等各类培训资源，围绕特色优势产业发展和贷款户的需求，举办各类实用技能培训班200多期，培训妇女2万余人，提高了妇女创业的成功率。建立了贷款妇女资料库，实行一人一档，专人专户，实行分月统计、信息报送、督查监管等工作机制和贷款回收台帐信息，推动贷款工作健康有效发展。全年共发放妇女小额担保贷款14962万元，扶持2737名妇女创业，回收到期贷款12953.9万元，回收率为100%，带动10000多名妇女就业，培育妇女小额担保贷款示范户160个、示范基地12个。紧紧抓住全省贫困地区妇女劳务输出项目实施的有利时机，充分发挥妇联组织贴近妇女、贴近家庭、贴近基层的优势，加强领导，注重宣传，狠抓培训，优化服务，促进了农村妇女经济收入的持续增长。全年向北京、上海、深圳、福建等地培训输转务工妇女1.58万人次，特别是向北京富平学校的定点输转工作，在过去已有良好成绩的基础上再创佳绩，共输送家政服务员1126人，经过培训，在北京朝阳、海淀等地就业，月纯收入在3000至5000元之间，实现了经济效益和社会效益双丰收。

**【特色项目】**共实施“大地之爱・母亲水窖”“校园安全饮水计划”、贫困妇女种植基地建设、贫困妇女“两癌”救助等各类民生项目资金83万元。其中，争取“大地之爱•母亲水窖”项目资金30万元，在镇原县南川乡桃园村维修机井2处，新打小电井100眼，基本解决了该村部分农田和菜园的灌溉用水困难和1300多名群众的饮水问题；争取项目资金30万元，在环县甜水初级中学实施了“母亲水窖・校园安全饮水计划”项目工程，新建砖混结构饮水用房和洗手房40平方米，安装洗手位龙头10个，新建卫生厕所1处，配备太阳能净化水设施2套，建成50立方米雨水蓄水池1座，有效解决了学校600多名师生安全饮用水问题；争取财政扶贫资金10万元，在镇原县何湾村扶持120户妇女从事药材种植、20户妇女从事特色养殖，受益贫困群众达700余人；争取全国妇联“两癌”项目资金12万元，救助“两癌”患病妇女12名，市妇联自筹资金1万元，救助“两癌”患病妇女10名，做到了小项目、广覆盖、求实效。

**【留守流动儿童之家建设】**利用“六一”节庆活动，慰问了庆城县玄马镇贾桥小学、市特殊教育学校、西峰区黄官寨实验学校和肖金小学等多个学校的留守儿童和孤残儿童。为镇原县太平镇何湾小学和庆城县玄马镇的留守儿童捐款13000元，赠送价值44460元的电脑、校服、书包、铅笔等学习用品。为宁县九岘小学留守儿童之家和镇原路岭小学分别赠送了由安利庆阳分公司捐助的价值1.5万元的煤碳、棉帽、围巾、手套等物品和价值2.4万元的校服。联合市妇幼保健院在镇原县上肖乡路岭村开展了庆“六一”关爱儿童健康体检义诊活动，为路岭小学235名学生及村中0-6岁儿童提供免费健康体检和义诊。在宁县湘乐镇樊湾小学举行了“牵手儿童・共享蓝天”庆“六一”趣味运动会，干部职工、学生家长及全校师生共350多人同乐其中。县区妇联通过创建“流动儿童之家”，组织留守儿童参加科普夏令营，开展“放飞中国梦 爱心助成长”慰问活动等，为留守儿童送去关爱。全市表彰“爱心爸爸”“爱心妈妈”35名，全市有留守流动儿童之家138所，登记贫困村留守儿童47289 名，签订《留守儿童管理教育责任书》29358份、组建“爱心妈妈”等志愿者队伍377支4340人、开展各类关爱活动160场（次）、捐款捐物总价值22万余元。

**【维稳维权】**坚持“一手抓维权、一手抓发展”的工作方针，切实履行维权维稳工作职责，充分利用“3.8”维权周、“6.1”国际儿童节、“6.26”禁毒日、“11.25”反家暴日、“12.1”防艾日、“12.4”法制宣传日等时机，集中开展了以《宪法》《妇女法》《婚姻法》《劳动法》《禁毒法》等为主要内容的法律法规宣传活动，倡导广大妇女“学法、知法、用法、守法”，营造了尊重妇女、关心妇女、保护妇女儿童的良好氛围。协调在市、县区法院民一庭分别建立了妇女维权合议庭，全市9个妇女维权合议庭重点受理了离婚妇女权益、子女抚养、老人赡养、非法同居等方面的案件510件，切实维护了妇女儿童的合法权益。充分发挥各级妇女维权中心（站点）、12338妇女维权热线以及维权志愿者和信访代理员的作用，畅通妇女诉求渠道，认真接待来信来访，全年共接待来信来访案件324件，办结率达98%，坚持每季度末向省妇联报送本季度信访信息数据及情况分析报告，提高了妇联系统信访维权工作的针对性和有效性。

**【“两规划”颁布实施】**利用“三八”妇女节、“六一”儿童节、“三下乡”活动等契机，通过在庆阳电视台、《陇东报》开设专题专栏，向群众发放“两规划”、《妇女儿童权益保障法》宣传册、宣传单等方式，大力开展“两规划”“男女平等基本国策”宣传，受教育面达30万人（次）。先后举办“两规划”培训班9期，统计监测专题培训1期，印发《庆阳市妇女儿童发展规划（2011—2010年）统计监测实施方案》《<庆阳市妇女儿童发展规划（2011—2020年）>目标责任分解书》，明确了成员单位今后五年和十年承担的目标任务，靠实了责任，促进了落实。分管副市长分别与县（区）妇儿工委及市直各成员单位签定了目标管理责任书，明确了目标任务。2013年，妇女儿童发展规划的75项目标（妇女47项，儿童31项，重合3项），达到省级终期目标的62项，无监测数据的5项，达标率为82.67%。为35-59岁的妇女进行免费妇女病普查，当年普查10.16万人，确诊宫颈癌317人，乳腺癌84人，适龄妇女筛查率已达97.85%以上。发放全国妇联“两癌”专项基金14万元，救助贫困两癌妇女14人，市自筹资金1万元救助贫困两癌妇女10人。加强了“母亲健康快车”项目的管理，全年义诊咨询59707人，普查152571人，培训3412人，运送危重病人589人，运送孕产妇194人，发放药品3.6万多元。

**【宣传教育】**全市各级妇联组织注重开展妇女工作宣传，加大了宣传工作力度，宣传工作取得了前所未有的好成绩。采取集中培训、座谈讨论、巡回宣讲等多种形式，在广大妇女中深入学习宣传党的十八大精神，掀起了学习贯彻十八大精神的热潮。市妇联组织邀请专家巡回各县（区）开展宣讲活动8场（次），2000余名妇女聆听了讲座。全市举办了党的十八大精神及男女平等基本国策有奖答题和电视知识竞赛活动，来自市直及县区16个代表队48名机关干部参加了有奖答题，各条战线1万多名妇女群众参加了知识竞赛活动。妇女之家建设、妇女专业合作社建设、巾帼志愿者服务等工作被《中国妇女报》报道。据统计，在《中国妇女报》刊登宣传我市妇女工作文章9篇，在《甘肃日报》、甘肃妇女网等媒体网站刊载工作信息557篇（条），编发《妇工信息》10期。在《陇东报》、庆阳电视台开辟专栏，集中宣传好婆婆、好媳妇及敬老孝亲模范30名，发挥了引领妇女、凝聚妇女、激励妇女的重要作用。联合省电视台录制了关爱留守儿童专题片，宣传了我市留守儿童关爱工作。开启了“庆阳女性大讲堂”，采取“请进来，走出去”等多种形式，送知识进机关，进医院、进学校，先后开展古典国学、文明礼仪、阳光心态、服饰搭配等内容的讲座活动13场（次），引导广大女干部汲取知识，拓宽视野，提升素质，实现自身的进步与发展。

**【和谐家庭】**在全市组织开展了以“五好文明家庭”“零暴力家庭”“无毒家庭”为主要内容的“平安家庭”创建活动，通过层层评选推荐，命名挂牌市级“平安家庭”示范户100户，示范村10个，以家庭的平安和谐促进社会稳定发展，以五好文明家庭创建活动为主线，深化家庭道德文化建设，繁荣家庭文化，共建家庭文明。共创建五好文明家庭2000户、和谐家庭1000户、廉政家庭900户、低碳家庭800户、美德在农家示范村138个、表彰“好婆婆”560名、“好媳妇”600名，为构建和谐庆阳做出了积极贡献。

**【志愿服务】**在《陇东报》刊登了《公开招募志愿者倡议书》，公开招募巾帼志愿者。目前，在册服务队伍800多支，登记志愿者2万多人。确定5月份为巾帼志愿者服务月，组织各服务队服务活动900多场（次）。联合市文明办，组织260多名巾帼志愿者举办了“建设美丽社区、歌颂幸福生活”第二届全国社区网络春晚甘肃庆阳专场，被社区志愿服务全国联络总站评为优秀组织奖。3月5日，组织庆阳市巾帼志愿者服务大队环保护绿分队的巾帼志愿者们来到西峰区和谐广场集中开展了环保护绿行动。组织文化宣传服务队具有剪纸特长的20多名巾帼志愿者来到东方红小学，手把手地教学生们学习剪纸，传承剪纸艺术。

**【组织建设】**认真贯彻落实省妇联《关于加强“两新组织”妇女组织建设的意见》精神，深入全市非公有制企业中开展妇女组织集中组建活动，组建妇女组织644个，组建率达88.9%，使妇联组织的覆盖面进一步扩大。按照“ 六有”和“三统一”建设要求，对全市已创建的237个省市级“妇女之家”示范点运行管理、作用发挥情况进行了检查，督促按照规范化要求开展教育培训、维权服务、文体娱乐等活动，发挥其重要作用。同时，新创建市级“妇女之家”55个，为每个示范点配备了电脑、电视等设备，使全市规范化妇女之家数量达到了50%的要求。

**【“双联”工作】**把改善基础条件作为双联行动的重要任务，面对春季严重旱情，深入调研，统筹考虑，帮助群众修建水窖44眼，每眼水窖补助1030元，并为川区群众捐赠水泵20台，帮助解决了贫困家庭人畜饮水困难。同时，指导村上修建了群众文化广场，并捐资5万元，捐赠了篮球杆、篮球、羽毛球等设备和器材。结合产业培育增收年活动，着力培育壮大种植、养殖、手工、劳务四大支柱产业，促进群众增收致富。共新栽果树100亩、核桃树400亩、改造枣园50亩、种植新品种玉米300亩、新品种油菜200亩、栽植牛子100亩，培育种养植大户2户、输转劳动力320人。从省妇联、省扶贫办争取项目资金10万元，扶持贫困妇女养羊、种植药材。从提高农民科技致富能力入手，举办了苹果树栽植修建、刺绣技术等培训班2期，组织24名种植、养殖户外出考察学习。组织开展了优秀家庭成员评选表彰、特色家庭创建、“舞蹈入村”等活动，丰富群众文化生活，促进了精神文明建设。在双联村创建并命名“五好文明家庭”10户、“平安家庭”10户，表彰了 “好婆婆”5名、“好媳妇”5名和敬老孝亲模范1名，慰问全村80岁以上高龄老人31名。带着深情与农民交朋友、结穷亲、谈生计、谋发展，以良好的作风和扎实的行动赢得了群众的信赖，帮扶干部人均入村6次以上，最多的达19次，密切了与农民群众的关系，形成了干群合力促发展的可喜局面，先后2次为省市考核提供观摩点，并在全市双联工作推进会上交流经验。

**【第三次妇女代表大会】**12月12日，组织召开了庆阳市第三次妇女代表大会，会议全面总结了过去五年来全市妇女儿童事业发展取得的巨大成就和成功经验，分析了当前妇女工作面临的新形势，提出今后五年全市妇女事业发展的总体思路和目标任务。大会开幕式上，省长助理、市委书记夏红民和省妇联副主席王灵英分别发表了热情洋溢的祝词，对全市广大妇女寄予殷切希望，对妇联工作提出了新的更高的要求。闭幕式上，市委任书记做了重要讲话，就认真宣传贯彻落实好大会精神，以实际行动开创全市妇女工作新局面提出了明确要求。庆阳市第三次妇代会的成功召开，标志着我市妇女事业进入了一个新的历史时期，迈出了创新发展的新步伐。

**【表彰奖励】**2013年，市妇联务实创新，开拓进取，扎实工作，被全国妇联、省妇联分别评为全国、全省妇女小额担保财政贴息贷款工作先进集体、被省妇联评为2013年度全省妇女工作先进单位、全省贫困地区妇女劳务培训项目实施工作先进集体、全省妇女小额担保财政贴息贷款工作先进集体；被省妇儿工委评为全省实施妇女儿童发展规划先进单位、被市政府评为全市思想政治工作先进集体。（市妇联　供稿）。

## 共青团

**【工作综述】**2013年，全市共青团工作在市委、市政府的坚强领导和团省委的精心指导下，全面贯彻落实党的十八大和十八届二中、三中全会、团十七大、省第十二次团代会以及市委三届五次、六次全委扩大会议精神，牢牢把握“请党委放心、让青年满意”的总基调，紧紧围绕全省“3341”工程和全市“一线八域、一区四园”的主战场，以“四个更加注重”为统揽，以“五个抓实见效”为目标，全面履行职责，服从发展大局，围绕青年诉求、不断开拓创新，团的工作覆盖面不断扩大，工作影响力不断提升，基层基础不断加强，各项工作实现了科学可持续发展的目标。

**【思想引领】**始终把“中国梦·我的梦”等主题教育实践活动作为全市广大青少年思想教育的主线，引导青少年为庆阳的转型跨越发展贡献青春力量。一是组织举办“我的青春我的梦”主题活动76场（次），受教育青少年16万人（次）。邀请团中央《知心姐姐》报告团深入4个县（区）的18所学校，举行了“关注孩子心灵成长”巡回报告会。二是策划举办了“庆阳市首届青少年健康街舞大赛”和“我的中国梦—2013年庆阳市青少年文学艺术大赛”，为青少年展示才华搭建了舞台。暑期组织开展了“我的梦想我做主”主题夏令营活动，开阔了青少年的眼界，拓宽了视野，丰富了青少年的暑期生活。三是深入学习宣传团十七大精神和习总书记“五四”重要讲话精神，在市直10所学校开展了“学习五四讲话、争做时代先锋”宣传教育活动，全面升级庆阳共青团网站，筹划创办了庆阳青年论坛网站，为广大青年沟通交流、聊天交友、传播正面信息搭建了绿色网络平台。开通了庆阳共青团短信平台，创办《庆阳共青团》《双联行动》简报，即时发布团情快讯。四是继续开展“五四红旗团委”“青年文明号”等评选表彰活动，选树青年典型56名，推荐“陇原百名好少年”12名。联合农牧、工信等部门在开展“庆阳农村青年创业致富带头人”和“庆阳青年返乡创业典型”评选活动，评选出农村青年致富带头人9名、青年返乡创业典型9名。五是启动“爱我家乡·建设庆阳”教育实践活动和“学子返乡”活动，动员引导外籍在庆大学生留在庆阳就业发展，鼓励庆阳籍大学生返乡创业，报效家乡、建设家乡。

**【服务党政】**一是继续推进“联村联户为民富民”行动。制定下发了《关于深入推进双联行动和扶贫攻坚的实施方案》，提出了共青团助力扶贫攻坚五大工程和十项措施，组织动员全市各级团组织和广大团员青年积极投身全市扶贫攻坚和双联行动“五个一”活动。筹资10万元实施了自来水入户工程，筹措资金76万元扶持发展以养猪、养羊为主的养殖业；扎实开展慰问走访和免费义诊活动，共发放大米、食用油等慰问品价值5000元，义务书写春联120多幅，免费义诊群众240多人；建立了干部驻村蹲点制度，保证双联行动“长流水、不断线”。二是项目建设稳步推进。论证上报了南梁国家级青少年思想道德教育基地，项目总投资480万元；兰洽会上与山东嘉达发果蔬有限责任公司签订了总投资9000万元的冷链物流中心建设项目。积极协调华能、中石油、中石化等驻庆企业，争取500万元援建希望小学10所。依托青联委员的优势，建办了一批“青”字号企业，目前已正式入园1户，达成意向性协议3户。三是大力开展植绿护绿行动。围绕美丽庆阳建设工程，开展“碧水蓝天、山川披绿”行动，组织广大团员青年在春、秋两季开展保护母亲河植绿护绿活动，投入资金128.2万元，植树2万余亩。

**【服务青年】**一是青年志愿者工作深入开展。在“3·5”“五四”“六一”等节庆日，组织青年志愿者深入社区、学校开展“敬老助残”、关爱农民工子女等志愿服务活动。二是大力开展贫困生救助。争取社会各界及爱心人士资助金300万元，资助贫困学生306名。三是举办了“我做平安庆阳建设者”系列活动，组织全市18.2万名中、职学生参加法律知识统一考试、全市青少年法律知识竞赛，开展优秀中小学法制副校长评选活动。四是扎实开展青少年权益创新工作。通过争取申报，团中央确定我市为“青少年权益工作创新”全国试点城市。探索建立了“优秀青少年维权岗”创建评选和考核管理机制，树立国家级优秀青少年维权岗4个、省级27个、市级63个。五是积极扶持青年创业发展。全面启动金融支持农村青年创业就业工作，按照“共青团推荐申贷、银行审核放贷”的运行机制，支持帮助广大农村青年扎根基层、创业发展。深化青年就业创业小额担保贷款工作，发放青年就业创业小额贷款2600多万元，开发青年创业就业岗位500多个。扎实推进共青团“青年就业创业见习基地”建设，全年提供见习岗位358个，上岗见习青年426名。联合邮储银行举办了“扬帆创富梦想·邮储祝您远航”创富大赛，调动了广大青年创业致富的积极性。六是大力开展青年实用技术培训和劳务输转。全年开展各种使用技术培训13次，受训青年2300多人。加大农村青年劳务输转力度，对偏远落后地区、劳动力富集区、零就业家庭青年进行全方位培训，促进了劳务输转由体力型向技能型转变，为青年的就业成才创造条件。

**【组织建设】**一是继续开展乡镇实体化“大团委”建设工作，建立乡镇直属团组织2452个，占任务的106%，建外出务工青年群体团组织19个、社会组织团组织39个。“非公团建”迈出了新步伐，扎实开展“非公团建攻坚月”活动，建成非公经济团组织88个，实现了市定重点非公企业团建工作全覆盖。不断推动基层团建纳入基层党建总体格局，建立健全团的领导机关直接联系基层的长效机制，开展了第三轮市级以上团的领导机关干部到县级团委驻点工作。督促协调县（区）将乡镇团委工作经费纳入同级财政并拨付到位。二是精心筹备召开了市第三次团代会，选举产生了新一届领导班子；指导四个县顺利完成换届工作。三是高度重视团干部队伍建设，举办了全市第十期团青少队干部培训班，推动团干部修品行、善学习、勤思考、实做事。四是争取教育行政主管部门的大力支持，为全市各小学配齐了专兼职少先队辅导员，筛选推荐3所学校开展全国首批少先队活动课程试点单位，推荐2个集体、2名辅导员参加全国少工委优秀集体和优秀个人评选表彰。（团市委　供稿）

# 法　制

## 法　制

【工作综述】2013年，全市政府法制工作在市委、市政府的正确领导和省政府法制办的精心指导下，坚持以党的十八大法治精神为统领，紧紧围绕全市中心工作，认真贯彻落实国务院《全面推进依法行政实施纲要》《关于加强市县政府依法行政的决定》《关于加强法治政府建设的意见》，不断加大工作力度，强化工作措施，制度建设质量不断提高，行政执法体制逐步理顺，化解社会矛盾纠纷的能力持续增强，政府法制工作取得了明显成效。

【法制培训】全市各级各部门始终将法制学习培训作为推进政府法制工作的基础任务来抓，以学法为前提，培训为手段，宣传为基础，在提升各级领导干部和行政执法人员的法治思维与依法行政意识的同时，努力营造良好的法制氛围。一是坚持领导干部学法机制。全面落实市政府常务会议学法制度，建立健全领导班子和领导干部学法用法制度，不断创新学法形式，丰富学法内容，增强学法效果。2013年先后邀请兰州大学法学院教授刘光华、国家土地督查西安局督查专员唐正国在我市作了法制讲座。9月份、12月份组织全市各级政府和部门负责人参加了全省政府系统领导干部依法行政专题报告会。市政府法制办继续编印《一月一法》学法手册，每月选学一部与政府中心工作相关的法律法规，配以典型案例，分发各级领导学习，全年共发行6000多本，为领导决策提供了法律依据。对此，省政府法制办给予了充分肯定。 二是落实行政执法人员法律培训机制。全市政府法制机构充分发挥部门职能优势和法律人才集中的资源优势，大力开展“自力培训”，借助第四轮持证执法工作，对全市9600多名行政执法人员进行了培训，市政府法制办还组织专人深入4个国营林业总场，对基层林场行政执法人员进行了集中培训。积极协调配合做好“借力培训”，组织全市各级领导干部和行政执法人员参加省政府、市委中心组举办的法制培训、讲座和报告。此外，市政府法制办在市政务大厅设立了法制咨询室，派驻了专门工作人员，解决涉法事务，并为驻厅各窗口单位轮流讲解有关法律法规，起到了良好的效果。对此，省政府法制办予以典型总结，准备在全省推广。三是坚持法律知识宣传机制。市政府法律咨询办公室依托庆阳市政府法制信息网开辟了行政法律知识问答专栏，针对行政法领域群众关心的重点、难点和热点问题，采取问答的方式进行分析解读，2013年共发布293条。同时，不断强化法制信息报送工作，建立健全信息报送机制，加强信息报送力度，提高工作效率和信息质量，注意收集整理各县区、各部门依法行政工作中的特色和亮点，及时发布报送，全年共报送法制信息1152条，及时反映了全市依法行政工作动态。

【规范性文件备审】2013年，规范性文件制定更加注重向社会管理、公共服务和改善民生方面倾斜，对全市经济社会转型升级发展的促进和保障作用进一步凸显。市政府法制办全年共审查规范性文件草案32件，经合法性审查后发布14件，审查县区政府和市直部门发布报备规范性文件31件，办理省政府规章草案征求意见稿6件。在规范性文件制定过程中我们着重把握好三个环节：以提前介入把握起草环节，将审查关前移，坚持面对面审查方式，与起草单位共同制定方案，积极参与论证调研，切实保证规范性文件的合法性、必要性和可操作性。如在制定《庆阳市城乡居民最低生活保障办法》《庆阳市社会救助家庭经济状况核对办法》等规范性文件时，我们将文件草案上网，面向社会广泛征求意见，做到既不突破上位法和政策规定，又充分体现地方实际和群众意愿，最大限度的保障了群众的知情权、参与权和监督权，使国家惠及民生的政策措施真正落实到位。以集散结合把握审查环节，坚持与起草部门和有关单位座谈讨论，明确文件的管理事项、职权划分、行为模式和法律责任等问题，对于不同意见，各部门分头调研，在达成共识的基础上，再与相关单位共同设计文件结构，修改文件内容。以跟踪问效把握实施环节，不断加强对实施中规范性文件的评估工作，对存在上位法修改或者废止、管理事项缺陷、实际管理事项变化、文件之间相抵触等情况的规范性文件及时进行修改或调整，有力维护了规范性文件的严肃性。

**【行政执法监督】**通过界定行政执法主体，严格执法程序，规范自由裁量权限，强化执法监督，不断提升行政执法水平，确保行政权力规范运行。一是严格行政执法主体资格管理。2013 年年初，结合第四轮持证执法工作，对行政执法主体和执法人员资格进行了清理，共清理确认全市现有行政执法主体 556 个，行政执法人员 7153 人。二是严格规范行政处罚自由裁量权。《甘肃省规范行政处罚自由裁量权规定》实施后，积极督促各行政执法部门尽快完成工作任务。目前，全市各级各部门已全面完成了规范行政处罚自由裁量权工作，其中市直各行政执法机关共梳理出涉及自由裁量幅度的行政处罚条款 2677 项，分解细化量化裁量标准 9260 项。通过细化量化行政处罚自由裁量基准，有效杜绝了行政处罚的随意性，确保了行政执法机关公开、公平、公正地行使行政处罚自由裁量权。三是严格行政执法监督。2013 年市政府与市检察院联合制定了全市“两法衔接”工作有关实施意见，进一步强化了司法机关对行政执法行为的监督，及时组织开展了行政执法案件专项检查活动。认真落实重大行政处罚备案制度，市直行政执法部门 2010 年至 2013 年共作出行政处罚案件 2478 件，其中属于重大行政处罚案件 507 起。全市行政执法机关共向公安机关移送涉嫌犯罪案件线索 100 件，公安机关立案查处 100 件 103 人，起诉判处 4 人，有效杜绝了以罚代刑，有罪不究的情况。2013 年 6 月份，市政府法制办与市监察局组成专项督查组，采取召开座谈会、查阅文件资料和行政执法案卷及现场检查等方式，对各县区和部分市直单位 2013 年上半年的依法行政工作进行了全面督查，有力保证了依法行政年度工作任务按期推进。

**【行政复议】**我们坚持复议为民的理念，努力将行政复议打造成解决行政争议的主渠道，不断促进社会和谐稳定。2013年全市共收到行政复议申请71件，受理64件，作出咨询答复7件。经审理，维持31件，撤销11件，调解7件，终止6件，驳回2件，变更2件，未审结5件。注重加强与信访部门的衔接。建立信访与行政复议部门的联动机制，对符合行政复议范围的信访事项，及时受理，有力缓解了信访工作压力，最大限度保障了行政相对人的救济权。2013年，共有4起疑难信访案件通过行政复议渠道得以圆满解决，获得了市政府领导的肯定和好评。注重运用调解、和解手段化解行政争议。针对土地征收征用、房屋拆迁补偿等纠纷引起的行政复议，改变过去“一撤了之”的办案方式，办案人员在认真分析案情的基础上，找准当事人争议焦点，确定调解重点，制定出具体的调解方案，在自愿合法且不损害公共利益和第三人合法权益的前提下予以调解，最大限度减少了行政争议的负面效应，起到了良好的社会效果。注重对行政复议决定履行情况的督促检查。我们建立了行政复议决定履行情况报告制度，要求被申请人自行政复议决定履行期限届满之日起15日内将履行情况及结果书面报告行政复议机关。被申请人未履行行政复议决定的，及时制发《责令履行行政复议决定通知书》，全方位保障行政复议决定落到实处。（市法制办　供稿）

## 公　安

**【工作综述】**2013 年，全市公安机关在市委、市政府和省公安厅的坚强领导下，紧紧围绕维护国家安全和社会稳定的第一要务，以目标管理责任制为抓手，注重纪律作风建设和队伍核心能力培养，努力推进“平安庆阳、法治庆阳”建设，确保了全市社会大局稳定和社会治安的持续平稳。

**【维稳工作】**加强情报信息的搜集、汇总和分析研判，健全、完善“情报、打击、防范、应急”四位一体的反恐实战体制，强化专案侦控，有力打击和严密防范各类敌对分子的捣乱破坏活动。成立了市局特警支队，各县区均根据实际需要组建了不少于 50 人的应急处突队伍。9 月 27 日成功举行了“陇东庆阳-2013”反恐处突实战综合演练，实现了反恐工作由“情况应对型”向“主动进攻型”的转变。深入开展“抓源头、打基础、强机制、促规范”专项整治活动，共接待信访群众 718 人（次），受理各类信访事项 175 件，查结 170 件，查结率 97.14%，息诉罢访 148 件，息诉率 87.06%。在认真贯彻落实中央《八项规定》、省委“双十条”规定及市委、市政府关于改进作风的一系列新规的基础上，圆满完成了各级首长来庆视察和重大节会的警卫、安保工作。

**【侦查破案】**深入开展了“严打击、重整治、化矛盾、促和谐”百日严打整治、“打盗抢保民安”、陇东油区“春季治安整治”、打假、“扫毒害保平安”、岁末年初严打整治等专项行动。全市共发刑事案件9305起，破获3726起，破案率40.04%，其中“八类”主要案件415起，破获242起，破案率58.3%。百名民警刑事破案绝对数达219.6起。深化命案侦破专项行动，27起命案全部破获；扎实开展打黑除恶专项斗争，共打掉恶势力犯罪团伙18个；切实强化油区治安管理工作，立各类涉油刑事案件181起，破获121起，破案率66.85%，抓获涉油违法犯罪嫌疑人374名，摧毁犯罪团伙26个；立经济犯罪案件545起，破获 496 起，破案率91%，完成省厅130起目标任务数的382%；狠抓禁吸戒毒、禁种铲毒、缉毒破案和禁毒宣传等各项措施的落实，共破获毒品案件209起，缴获海洛因3600克，缴获合成毒品422克，抓获犯罪嫌疑人237名，各项指标均超额完成省厅下达任务。

**【治安管理】**坚持打防结合、预防为主的方针，从社会治安长效机制建设的高度着眼，深入推进社会管理创新，不断加强治安防控体系建设。全市共发现受理治安案件14555起，查处14498起，查处违法人员14387人，百名民警治安案件查处数达915.6起。规范、创新人口管理模式，旅馆业、网吧业信息系统安装率、“实名实数实时”登记传输率及流动人口、暂住人口和出租房屋登记率、录入率、信息完整率均达到100%。对于人口管理中摸排出的七类重点人员，全部录入信息管理系统，纳入“大情报平台”，实行动态管控。改革警务运行机制，强化社会面巡逻防控，强化技防设施建设，全力构建立体化的治安防控体系。加大交通安全重点整治，推进“文明交通行动计划”，交通安全“瓶颈”问题得到进一步破解，全市共发生道路交通事故256起，死亡93人，受伤325人，财产损失58.5万元，各项指标与上年相比均有所下降；召开消防工作部署推进会5次，开展火灾隐患排查整治专项活动7次，发现火灾隐患13366处，督促整改13234处，全市共发生火灾事故117起，经济损失269万元。

**【自身建设】**加快信息中心规范化、专业化建设，推进各类警用系统的深度应用，加快高清电视电话会议系统建设步伐，公安信息化建设成效显著。全面完成了执法办案场所规范化建设，组织642名民警参加了执法资格考试，开展执法示范推介活动69次，制定完善执法制度104项，案卷抽查审核达标率100%，执法规范化建设成效明显。扎实开展“双联”活动，及时出台新的便民利民措施，有力整顿一线执法服务，积极推进警务公开，全力参与自然灾害抢险救援，和谐警民关系建设得到进一步深化。组织全体民警系统学习党的十八大、十八届三中全会及习近平总书记系列重要讲话精神，充分发挥党风廉政建设责任制的抓手作用，扎实开展了两次纪律作风教育整顿活动，加大明察暗访力度和频度，及时预防了民警违反“三项纪律”“五条禁令”问题的发生。（市公安局　供稿）

## 法　院

**【工作综述】**2013年，市中院在市委领导、市人大监督和省法院指导下，围绕全市工作大局，以司法为民、公正司法为主线，以信息化审判管理为抓手，以深度司法公开为依托，建设公正高效透明的办案机制，努力推动庆阳老区法院向现代审判机关转型，各项工作取得了新成绩。

**【审判工作】**全市法院受理各类案件14947件，同比增加11.15%；审（执）结14929件；其中市中院受理922件，审（执）结919件。一是惩罚犯罪与保护人权并重，保障社会和谐稳定。全市法院受理刑事案件1656件，审结1653件，判处罪犯1693人；其中市中院受理178件，审结176件。着力构建裁判宽严相济化、定罪准确化、量刑规范化工作机制。加大对社会反响大、危害严重案件的公开审理和惩处力度，依法打击故意杀人、抢劫、强奸等暴力犯罪以及毒品、盗窃等多发性犯罪，判处五年以上有期徒刑、无期徒刑、死刑罪犯141人，重刑率8.33%，发挥了刑罚震慑功能。统一裁判尺度，对重大交通肇事、职务犯罪、涉油等案件，慎用少用缓刑。对未成年人犯罪、主观恶性不大的轻微犯罪和附带民事诉讼和解的犯罪，依法从轻判处。如市中院审判的正宁四中袁龙等五名未成年人致死“校霸”故意伤害案，经过层级报请在法定刑以下处刑，受到最高法院表扬并被列为全省法院2013年十大典型案例。坚持无罪推定、疑罪从无原则和非法证据排除规则，对罪名不成立、证据不足的指控依法宣告无罪，坚守防止冤假错案的司法底线。二是维护市场经济秩序和保障人民群众权益并重，服务社会经济发展。全市法院受理民商事案件10127件，审结10117件，标的额2.49亿元；其中市中院受理662件，审结661件。着力构建审理专业化、裁判尺度统一化、利益平衡化工作机制。注重发挥案件裁判的规范指引功能，对于当事人约定违约金数额过高、民间借贷中的高利贷、房屋租赁中的转让费、婚姻纠纷中的彩礼返还和公司股东投资权益等法律规定不明确的高发案件，总结凝炼审判规律，引导民商事主体依法订立和履行合同。精心审理婚姻家庭、相邻关系、劳动就业、社会保障、教育医疗等事关民生的案件，慎重处理涉农、涉军、涉群体性纠纷，最大限度地化解社会矛盾。进一步深化诉讼调解机制，将调解的重心转向涉民生案件，采取当事人先履行义务再送达调解书的做法，提升了调解质量和水平，调解率为70.23%。三是促进依法行政和保护行政相对人诉权并重，推动司法和行政良性互动。全市法院受理行政案件45件，全部审结；其中市中院审理25件。着力构建审查合法化、协调先行化、裁执分离化工作机制。发布行政审判白皮书，指导规范行政机关的应诉行为，依法支持重大项目、重点工程建设中土地征用、拆迁安置的合法行政行为。推进行政案件协调和解机制建设，行政案件协调和解率为31%。四是严厉打击“老赖”和规范执行行为并重，全力兑现胜诉权益。全市法院受理执行案件3073件，执结3068件，执结标的额1.5亿元；其中市中院受理27件，全部执结。着力构建部门联动化、权力制衡化、方式多样化的工作机制。依法用足用活罚款、拘留、移送追究刑事责任等强制措施，严厉打击了一批规避执行的“老赖”，执结了一批长期得不到执行的“骨头案”和“钉子案”。如市中院与环县法院就于子才等25名外地农民工集体讨薪的执行案，对被执行人魏某果断采取拘留和财产查控措施，维护和实现了农民工的合法权益。开展执行规范化建设活动，着力规范执行行为。积极开展涉党政机关执行生效裁判积案专项清理活动，在规定时限内全部执结了清理出的16件积案，执结标的额267.1万元，清积率名列全省前茅。五是坚持有错必纠和维护生效裁判权威并重，切实提高审判质效。全市法院受理再审案件34件，复查申诉案件12件，全部审结；其中市中院立案再审18件。着力构建有申诉必回复、有疑问必释明、凡再审必听证的工作机制。对发现确有错误的案件不偏袒、不护短，及时启动再审程序予以纠正，提升了司法公信。正确掌握申诉再审标准，对判决适当的案件，克服各种困难，维护生效判决的稳定性和终局性。六是畅通信访渠道和法治化化解并重，努力维护司法秩序。创建为民、便民、利民的信访服务机制，坚持每月10日的院长接待日制度，市中院全年接待来访群众162人（次），处理信访案件130件，使一大批信访积案得到了有效化解。引导信访群众合法合理表达诉求，促进息诉罢访，在规定时限内办结了中央、省、市交办的信访专案18件。

**【管理提升】**依托科技信息化手段，推进法院管理方式现代化。一是构建科技信息平台，建设信息化审判管理机制。全面运行全市法院一体化的审判管理网络体系，实时监控全市两级法院和每个人民法庭所有案件的审理情况，基本实现了审判管理网络化、庭审活动数字化、流程监控自动化的目标。构建网络化办案办公模式，建设数字化法庭、数字化审委会、电子诉讼档案和远程视频庭审系统，实行庭审局域网同步直播、同步录音录像和同步电子记录，推进信息化审判管理的普及应用，工作效率进一步提高。每半年开展一次庭审、裁判文书和案件质量“三评查”活动，全市两级法院每月通报审判运行态势、审判质效数据和审判绩效考核结果，促进了审判质量与效率的“双提升”。市中院荣获全国法院司法统计工作先进集体。二是构建司法公开倒逼机制，建设“阳光审判”格局。建成西北首家官方诉讼服务网，开设网上诉讼咨询、预约立案、预约查档、判后答疑、信访投诉等在线服务，市中院正在审理的所有案件，当事人均能在网络上查询进展。加大裁判文书公开力度，上网公开13158份，占结案数的88.14%，位列全省第一。由法律出版社在全国发行市中院2012年度全部裁判文书，以公开倒逼公正。全市法院有7篇裁判文书获得全省法院系统优秀裁判文书奖，总量位列前茅。实现二审案件全部开庭审理，杜绝暗箱操作。重大复杂疑难案件召开判前听证会，广泛吸纳民智。公开司法鉴定、评估和拍卖的运作程序，将司法公开拓展到案件审理的全过程，以公开提升公信。三是构建常态化工作机制，加强对下审判指导。召开全市法院刑事、民商事、行政、执行工作会议，下发会议纪要指导审判执行工作。坚持全市法院院长季度例会制度和审判业务部门上下定期约谈制度，增强对下指导的针对性和实效性。建立基层法院工作考核办法和业务指导机制，制定人民法庭制度化建设的实施方案，推进人民法庭办案任务与人力、经费的配套统一。通过个案指定管辖方式，探索庆阳林区法院由专门法院向专业化法院改造的途径，从2013年10月开始将西峰区法院管辖的机动车交通事故责任纠纷，全部移交庆阳林区法院审理。发挥审委会集体讨论决定案件的职能，强化发回重审和改判案件的案例指导作用，确保了案件质量。市中院审委会讨论案件占审理诉讼案件的52%。四是构建司法为民保障机制，拓展能动司法空间。建成标准化诉讼服务中心，为来访群众提供全方位、一站式司法服务。市中院为困难当事人缓减免诉讼费31万元，为28案刑事被害人、农民工和家庭困难群众发放司法救助基金87.5万元，为对口援助的甘南州夏河县法院援建10万元的法官图书室，依托项目建设为“联村联户”的环县綦家河村、吴家塬村募集帮扶款物201万元，让群众感受到司法的温暖。

**【队伍建设】**建设高素质的法官队伍，为公正司法提供有力保证。一是建设民主务实的领导班子，实施人才强院战略。健全民主科学的决策机制，严格落实民主生活会和个人重大事项报告制度，坚持重大决策征求意见，重要事项会议研究，党组会和院长办公会研究事项均以书面纪要公布，一切工作民主透明开展。创建学习型法院，开展学习教育、专题培训、学术交流等活动，营造人文兴院氛围。推行上下级法官挂职交流，让优秀人才脱颖而出。市中院参加省级以上专项培训40人（次），组织培训全市法官248人（次），提高了法官的政治素质和业务能力。 二是构建廉政风险防控体系，确保司法廉洁。将廉政风险防控体系建设与审判管理工作相结合，研究制定了298个重点环节和风险点的防控措施，绘制悬挂“四表一库”廉政风险防控流程图，加强对法官廉政情况的预防监督。实行发回改判案件问责和错案责任倒查制度，通过廉政约谈、处理举报投诉等途径，及时纠正不当司法行为，尽力避免办案瑕疵。推进司法效能建设，市中院先后明察暗访9个基层法院及20个基层法庭，杜绝了人民法庭违规收费问题。坚持经费、装备向审判一线倾斜，全力为公正审判提供物质保障，市中院“三公”经费同比下降25.7%。全市法院主动查处违纪违规案件14件，追究了相关人员的责任。三是发展“马锡五审判方式”司法品牌，打造文化软实力。建成突出庆阳审判特色的法院文化中心和马锡五雕塑景观区，认真编发《庆阳审判》、《参阅案例》和《审判管理动态》等刊物，应用报纸、电视、网络等媒体，在全国全省范围发布法院新闻信息414条。全市两级法院全部开通了官方微博。市中院荣获全省法院新闻宣传工作先进集体。

**【接受监督】**始终坚持党的领导，自觉接受人大监督。坚持重大事项向党委请示汇报制度，将法院工作置于党的绝对领导之下，始终保持正确的政治方向。认真办理人大代表、政协委员意见和建议6件，做到件件有回音，事事有着落。每月向市人大、市政协报送开庭审理案件目录，邀请人大代表、政协委员视察法院工作和旁听案件庭审，通过定向联系走访、召开座谈会、参加判前听证会、见证调解执行等形式听取意见和建议，主动接受监督。积极做好人民陪审员、特邀监督员的聘任培训管理工作，指导基层法院落实人民陪审员倍增计划，不断满足公众对司法的参与权、表达权和监督权。

**【工作成果】**全市法院各项工作取得了一定成绩，社会认同感、群众满意度增强，司法权威得到加强，司法公信逐步提升。受案结案数量和期限效率指标呈现“两增两减”趋向，审判绩效正向和负向指标呈现“四升四降”态势，审判管理、司法公开、信息化建设等方面走在全省法院前列。市中院全年涌现出全国先进集体和个人5名、全省14名。

（市中级人民法院　供稿）

## 检　察

**【工作综述】**2013年，全市检察机关在市委和省检察院的正确领导下，在人大、政府、政协和社会各界的监督支持下，紧紧围绕全市工作大局，以服务经济社会发展为主线，以执法办案为中心，以绩效考评为抓手，抓重点、破难点、育亮点，全面履行法律监督职责，各项工作取得了新的发展和进步。在省检察院对20个业务条线的绩效考评中，我市有17个条线进入全省前8，有25人次受到省市级以上表彰奖励，其中1名干警受到最高人民检察院表彰奖励，13名干警荣记个人二、三等功，涌现出了全省检察机关优秀公诉人、全省侦查监督业务能手等一批先进典型。

**【打击刑事犯罪】**认真履行批捕起诉职责，依法打击各类刑事犯罪，深入推进“平安庆阳”建设。

全年共批准（决定）逮捕各类刑事案件709件1075人，逮捕人数同比下降8.3%；提起公诉1474件2456人，起诉人数同比上升10.1%。进一步加强与公安、法院的沟通配合，始终保持对法轮功、全能神等严重危害社会秩序犯罪，故意杀人、故意伤害等恶性暴力犯罪，“两抢一盗”等侵财性犯罪以及毒品犯罪的“高压”态势，切实增强人民群众的“安全感”。共批捕邪教组织犯罪7件9人，提起公诉6件8人；批捕故意杀人、故意伤害等严重暴力犯罪90件115人，提起公诉216件274人；批捕“两抢一盗”等侵财性犯罪201件383人，提起公诉402件827人；批捕毒品犯罪160件192人，提起公诉165件200人。积极参与整顿和规范市场经济秩序工作，依法打击制假售假、金融诈骗、合同诈骗、非法集资等犯罪，着力维护市场经济秩序。全年共批捕上述犯罪5件7人，提起公诉18件26人。

**【惩治与预防职务犯罪】**坚持把查办职务犯罪与加强预防工作相结合，深入推进反腐倡廉建设。全年共立案查处职务犯罪72件154人，其中贪污贿赂犯罪52件117人，渎职侵权犯罪20件37人。通过办案挽回经济损失480多万元。市院充分发挥办案主体作用，积极采取侦查一体化工作机制，不断加强办案工作。共立案查处贪污受贿5万元以上大案27件，深入开展严肃查处发生在群众身边、损害群众利益职务犯罪专项行动，共查处退耕还林、征地拆迁、城镇化建设、资源开发利用等领域职务犯罪53人。坚持把查处司法腐败与加强诉讼监督紧密结合起来，在执法办案和日常监督中注意发现执法司法不公背后的职务犯罪线索，共立案侦查司法人员涉嫌滥用职权犯罪案件8件8人。充分发挥检察机关预防职务犯罪的专业化优势，通过对职务犯罪发案特点、成因和趋势动向的调查分析，及时向党委、政府提出预防职务犯罪的对策建议，促进相关行业领域建章立制，堵塞漏洞。共开展预防调查54件，38份调查报告被党政主要领导批示并落实。对57件典型案件进行分析研究，并向发案单位提出预防对策建议。受理行贿犯罪档案查询2166次，促进了社会诚信体系建设。深入开展预防宣传和廉政教育活动，努力营造风清气正的廉政氛围。共在石油、金融等行业系统开展专题宣传教育380余场次，组织干部职工赴平凉监狱开展警示教育12场次。

**【诉讼监督】**坚持把维护司法公正作为检察工作的核心价值追求，全面加强对刑事诉讼、刑罚执行和监管活动以及民事审判和行政诉讼活动的法律监督，切实解决人民群众反映强烈的有案不立、有罪不纠、违法办案、超期羁押等司法不公不廉问题。共监督公安机关立案38件，同比上升19.2%，监督撤案100件，同比上升63.9%。对嫌疑人不构成犯罪或事实不清、证据不足的决定不捕134人，决定不诉56人；追加逮捕64人，追加起诉46人。对经审查认为确有错误的法院刑事判决、裁定提出刑事抗诉15件，法院已审结18件（含上年未结案件），其中改判11件，发回重审2件，抗诉采纳率为72.2%。定期对监管场所进行巡视检察，敦促监管部门规范执法、安全监管，切实维护在押人员合法权益。共监督纠正不当暂予监外执行30人，对刑罚执行和监管活动中各类违法行为提出书面纠正意见100人次，清理违法留所服刑罪犯9人，清理久押不决案件4件，纠正刑期计算错误13人。进一步加大对诉讼程序违法、实体判处不当民事行政审判案件监督力度，共受理民事行政申诉139件，依法审查后提出抗诉17件，建议法院再审12件，法院审结7件；针对民事审判和执行活动中的违法情形，向法院提出检察建议93件，法院采纳83件；认为法院裁判正确，依法终结审查，不支持监督申请17件。

**【服务经济】**牢固树立融入中心、服务大局的思想意识，紧紧围绕市委提出“紧盯一个目标、突出三大战略、开发四大资源、建设四大基地”“一区四园、一线八域”和“十大惠民工程”的部署要求，坚持把检察工作放在全市经济社会发展的大局中来谋划和推进，正确处理执法办案与服务大局、惩治犯罪与预防犯罪、执行法律与执行政策、打击与保护、监督与配合等关系，切实做到执法想到稳定、办案考虑发展、监督促进和谐，努力为全市经济社会转型跨越发展、社会和谐稳定发展、民族共同繁荣发展、生态绿色持续发展提供检察工作保障。围绕市委市政府确定的55个重大建设项目，组织开展了“联系企业、联系项目，促进廉洁、促进发展”专项行动，按照“个别需求上门服务、重点项目重点服务、普遍问题专项服务”的总体要求，通过提供法律服务、监督项目运行、帮助企业解决难题等直接服务企业项目的方式，确保投资安全，促进经济发展。共在企业项目中设立检察服务室或联络站94个，帮助完善规章制度39项，提供法律咨询43件，协助应对检查验收4次，发现移送案件线索3件。

【矛盾化解】坚持把化解矛盾纠纷贯穿于执法办案始终，全面贯彻宽严相济刑事政策，积极推行刑事和解、未成年人犯罪附条件不起诉等制度措施，依法从宽处理因邻里家庭纠纷引发的轻微刑事犯罪，最大限度地减少社会对抗、促进社会和谐。切实强化保障人权意识，在审查逮捕工作中积极开展羁押必要性审查，对涉嫌犯罪但无羁押必要的，依法不予批捕，实行人文司法，节约司法资源。全年共对犯罪情节轻微、危害不大的82人不予批捕、42人不予起诉。进一步加强控告申诉工作，建立推行检察长每周二定期接访、重大信访案件随时接访、分管领导包案督办和控申部门带案下访等工作机制，依法妥善解决群众信访诉求。完善涉检信访评估预警制度，特别是在对重大敏感案件办理过程中，全面分析评估可能引发信访的不稳定因素，并提出应对预案，通过法律宣传和思想教育等工作及时予以消除，从源头上防范和减少涉检信访案件的发生。共受理群众来信来访285件次，全部依法办结，连续七年没有赴省进京涉检信访案件。

【自身监督】牢固树立监督者更要自觉接受监督的意识，深入推进廉政风险防控机制建设，加强对执法办案一线和重点岗位的监督管理。市院在抓好自身监督制约和党风廉政建设的同时，更加注重对基层院的监督管理，先后5次派出督察组，对执行办案纪律、接待群众来访等情况进行明察暗访，对发现的问题督促整改、责令限期纠错，对1名违纪干警作了行政记大过、撤销法警资格的纪律处分。专门成立案件质量评查领导小组，定期组织开展案件评查，对存在的案件质量问题及时监督纠正。全面落实普通刑事案件拟作不起诉报市院审批，讯问职务犯罪嫌疑人全程同步录音录像，职务犯罪嫌疑人逮捕上提一级、不起诉层报省院审批等办案制度，以制度促规范、保公正。进一步健全完善机关考勤、请销假和财务管理、车辆管理、公务接待等管理制度，切实做到按制度办事、用制度管人。（市检察院　供稿）

## 司　法

【工作综述】2013年，全市各级司法行政机关坚持围绕中心、服务大局，立足司法行政职能优势，在化解社会矛盾纠纷、维护社会和谐稳定、维护社会公平正义等方面发挥了积极作用。市司法局被省司法厅评为2013年度全省司法行政工作绩效考评先进单位。

【人民调解】围绕“建设平安庆阳，构建和谐社会”的总目标，在建立健全人民调解、行政调解、司法调解“大调解”工作格局的基础上，针对基层社会矛盾的现状，在全市深入开展了“人民调解规范化建设”和“重大社会矛盾排查化解攻坚”活动。根据各乡镇人口和工作实际，要求1万人以下的乡镇每年排查调处矛盾纠纷达到60件以上，1-3万人的乡镇每年达到150件以上，3万人以上的乡镇每年达到200件以上，纠纷调处总数比上年提高20%以上，并按50-100元标准发放个案补贴。规定通过乡镇和司法所干部调处的矛盾纠纷都要建卷归档，通过村组、社区调解人员调处的民间纠纷有条件的主动建卷，没有条件的都要以市上统一印制的“四联单”形式记载，纠纷建卷归档率达到40%以上。在继续推行“口袋手册”“阳光调解”“民情日记”工作模式的基础上，在全市各行政村和一些大的村民小组聘请人民调解员，统一颁证，并进行培训。同时，积极将司法行政业务向基层延伸，在有条件的村（居）、社区建立“司法行政工作室”，为有效化解基层社会矛盾、维护社会稳定发挥了重要作用。全市共建立各级各类调解组织1879个，人民调解员11077人。全年，全市各级调解组织共排查调处各类矛盾纠纷27085件，调处成功26611件，调处成功率为98%；人民调解协议诉前司法确认2809件；建卷归档率为42%。

【安置帮教】2013年，刑释解教人员安置帮教工作认真落实出狱所人员“必接必送”工作制度，制定出台《省内出狱所人员必接必送工作考核办法》，将刑释解教人员必接必送工作任务完成情况列入县（区）年度考核内容，并实行一票否决，有效地防止了脱管、漏管现象的发生。“必接必送”工作经费在省补助每人300元的基础上，协调市财政专项配套300元，确保“必接必送”工作全面完成。不断加大刑释解教人员过渡性安置基地建设，市上建立集食宿、教育、培训、帮教、就业为一体的刑释解教人员过渡性安置基地，各县（区）均建成1-2个具备一定安置规模、形式灵活的安置基地，有效地解决了“三无”人员过渡安置问题，最大限度地防止刑释解教人员因生活无着落而重新违法犯罪。统一全市刑释解教人员安置帮教档案。按照一人一档的要求，市上规范档案文本样式，编印《庆阳市刑释解教人员安置帮教档案》，统一制作，统一发放，统一使用，全面掌握和记载刑释解教人员的思想、生活、就业、回访、帮教等情况，推进刑释解教人员安置帮教工作规范化发展。2013年，全市共回归释解人员1126名，其中：省内监所420人，接回387人，接送率92%；全市共建立过渡性安置帮教基地43个，安置稳定就业人数640人。全年无重新犯罪。

**【社区矫正】**在社区矫正工作方面，建立社区矫正工作统一模式。在全市规范“四个一两评定”工作流程（“四个一”即：每月组织矫正对象集体学习一次、开展一次公益劳动、矫正对象每月到司法所报到一次、每月交一份思想汇报；“两评定”即：司法所对矫正对象每月进行一次综合考评、每季度进行一次综合评议），统一实行《社区矫正对象管理手册》，并根据社区矫正对象表现情况，探索开展了社区矫正对象分类管理办法，进一步提高社区矫正工作的科学性、针对性和实效性。大力推行社区矫正人员教育、培训、劳动、食宿“四合一”模式，市上投资60多万元，依托“市农科院科技试验园”，建起市级“社区矫正对象教育培训基地”，分8期对全市400多名社区矫正对象进行了培训，有力地提高了特殊人群管理工作的质量和水平。年内组织了一期女矫正对象培训班。全市累计接收社区矫正对象4534名，解除矫正2347名，在册社区矫正对象2187名。全年无重新犯罪。

**【法律服务】**强化律师诚信规范执业，在全市范围内深入开展律师行业诚信执业教育活动和律师办案流程专项检查活动，继续深化“律师是中国特色社会主义法律工作者”主题教育活动和“律师服务进企业、进乡村、进社区”专项活动。全面建立健全法律服务机构监管制度，在全市范围内统一实行律师行业服务质量监督卡，制定下发《加强律师事务所规范化建设的意见》，制作悬挂15个举报箱，进一步加强了律师事务所规范化建设，促进律师依法公正执业。加强与法、检两院业务交流，改善律师执业环境，定期与市中级人民法院和市人民检察院召开律师与法官、律师与检察官座谈会，双向征求对法、检工作和律师工作的意见和建议，并形成规范律师代理行为和保障律师诉讼权利的两个文件，有效改善了律师执业环境。加强律师参与人民法院外部监督机制，组织律师特邀监督员定期听取中级人民法院工作通报，列席人民法院审委会会议，推动人民法院工作科学发展。建立公证案件质量评查机制，在全市组织开展了公证案件质量评查和研讨交流，以此推动公证办证质量的提高。

加强司法鉴定工作，制定出台《关于规范司法鉴定工作的意见》和《庆阳市司法鉴定法律援助暂行办法》，推动司法鉴定工作规范化发展。年内，合水、宁县、镇原、华池四县新建司法鉴定机构。积极创新医疗纠纷和道路交通调解新模式，市上成立医调委，并在我局设立调解仲裁科和医疗纠纷调解大厅，各（县）区也成立相应机构，专门从事医疗纠纷人民调解工作。部分县（区）还成立道路交通事故调解办公室，为维护社会和谐稳定起到了积极的推动作用。完成了2013年国家司法考试报名工作。

2013年，全市律师共代理各类案件6510件，公证机构共办理各类公证9041件，基层法律服务组织共办理案件5545件；全市共建立司法鉴定机构6家，办理案件316件；市医调办共调处医疗纠纷36件。

**【法律援助】**认真落实法律援助政府责任，深入推进法律援助“保民工程”，健全“三个纳入”保障机制，完善便民惠民措施，努力实现应援尽援、优援快援，促进社会公平公正。建立市、县、乡三级法律援助机构145个，成立工、青、妇、老龄、残联等维权机构23个，组建庆阳市法律援助志愿律师团，制作发放法律援助爱心卡，畅通市、县两级“12348”法律援助热线，形成以政府为主导、司法行政部门牵头、社会各界广泛参与的法律援助机构网络，有力地保障了法律援助事业的持续发展。整合司法行政资源，大力推进司法行政法律服务大厅建设，在市、县两级建立集法律援助、人民调解、律师、公证、司法鉴定等职能为一体的司法行政法律服务大厅，进一步提升综合服务能力，做到窗口化、综合性、一站式服务，切实为困难弱势群体提供优质高效的法律服务，真正把法律服务大厅打造成为政府的“民心窗口”、社会的“维稳窗口”、法律服务的“便民窗口”。年内，各乡（镇）普遍在政务大厅开设了法律援助窗口，各行政村普遍在便民大厅设立了法律服务窗口，做到了渠道畅通、便民利民。2013年，全市法律援助机构共办理案件3662件，市、县共建成“法律服务大厅”5个。

**【基层基础建设】**针对基层司法所普遍存在的

制度不够健全、管理不够科学、工作不够规范、保障不够有力、作用发挥不够充分的问题。年内在全市范围内开展了“司法所规范化建设”推进活动，要求各县（区）按照“机构独立、编制单列、职能强化、管理规范”的要求，进一步强化职能，提高指导管理水平，做到司法所门牌、外观标识统一，工作流程、工作制度和公示监督牌统一上墙，司法所人员统一着装，确保司法行政工作对外有一个整齐划一的形象，全面实现司法所的“四有、五化、六能”的标准（“四有”即：有房子、有人员、有经费、有车辆；“五化”即：管理垂直化、队伍专业化、业务规范化、工作制度化、建设标准化；“六能”即：能化解矛盾纠纷、能做群众工作、能撰写法律文书、能宣讲法律政策、能应对突发性事件、能指导管理协调）。为了推进基层工作，10 月份，市上组织开展了首次全市司法局长巡回县（区）观摩学习活动，使各县（区）司法局长开阔了视野，活跃了思维，增强了交流，坚定了信心。截至年底，全市 8 县(区)公用经费均按 1.5 万元/人.年和 1.1 万元/人.年标准列入预算，人民调解“个案补贴”和司法助理员岗位津贴落实到位；全面实现县（区）司法局对司法所的垂直管理，全市司法所均实行副科级配置，落实副科级所长 97 人，占 82.5%；合水县、庆城县落实司法所长享受正科级待遇各 1 人；全市 120 个司法所中达到省级规范化 15 个、市级规范化司法所85个，94个司法所解决了工作用车。全市 120 个国债项目司法所已全部建成，通过验收投入使用。市司法局综合业务楼建设项目进展顺利，已建成封顶。

**【法制宣传】**围绕“平安庆阳”建设，以“强化法制宣传教育，促进社会矛盾化解”活动为平台，结合广大人民群众的法律需求和普法工作实际，全面加强普法宣传工作。投入 50 多万元编印《农民法律知识读本》50 万册，为全市 50 万农户免费发放，做到一户一本。市、县司法局编印了《公务员学法用法读本》，确保人手一册。与市教育局联合开展“法律知识进课堂”活动，编印《青少年法律知识读本》，面向全市 30 万小学三年级以上学生发放，由学校安排课时，以此推进学校法制教育计划、教材、课时、师资“四落实”。同时，与团市委联合组织了全市 18 万中学生法律知识考试、全市青少年法律知识竞赛和为期一个月的法制宣传巡回报告会暨图文展。在市电视台、广播电台和网络电视开办了普法专栏和专题，在市、县（区）城区繁华地段创建了“法治文化一条街”，在乡镇（街办）、新农村建设示范点和公路沿线修建了“普法长廊”和“法制文化广场”，在移动、联通、电信平台编发普法短信，在出租车 LED 屏播放法制宣传口号，为“平安庆阳”建设营造良好的法治氛围和舆论声势。2013 年，在推进实现传统普法方式全覆盖目标的基础上，立足网络舆情引导和普法宣传，主抓“一报三网”的建设。“一报”即：《庆阳普法》小报，一期一法， 每月两期，免费为市、县、乡、村四级干部群众送阅，特别是通过与市直单位联办，既提高了报纸普及宣传的针对性，又为广大群众和公务人员提供了专业实用的法律资料，还增进了与市直部门的联系。截至年底共编印 43 期，发行 66 万余份。“三网”：即“印象庆阳网”、“庆阳司法网”和“中国司法行政社区网”。“印象庆阳网”创办于 2013 年 4 月，以宣传庆阳、普及法律知识、营造法治氛围、提供法律服务、化解社会矛盾、推进舆情疏导、解决民生问题、密切干群关系和为领导提供舆情信息决策为工作宗旨，网站建立以来，已帮助群众协调解决烟花爆竹随意燃放扰民、公交车运营混乱等各类民生问题 165 起，并对 58 起从网民发帖内容中摸排到的矛盾纠纷进行了调处化解，办理办结各级领导批示 13 起，社会成效明显，已成为庆阳本地受众最广、影响最大的门户网站。“中国司法行政社区网”是全国最大的司法行政类专业交流垂直社区网站，目前有注册会员近 3 万人，已成为全国司法行政工作人员交流学习的重要平台。此外，还开通“庆阳司法网”，并建立“印象庆阳网”“庆阳司法”“庆阳普法”“ 中国司法行政社区”四个官方微博和四个微信平台，开展法制宣传、法律咨询，与干部群众在线讨论交流，有力地提高了普法宣传的互动性和实效性。“一报三网”的新媒体平台已成为司法行政部门传播法治理念、畅通群众诉求、满足法律服务需求的重要纽带和桥梁，基本上实现了新媒体时代“网上司法局”的格局。运用《印象庆阳网》门户特点和网络优势，不断创新普法工作形式，自主研发法律知识在线考试系统，在全省率先实现了学法用法及法律知识考试网络化、无纸化。2013 年，市直 182 个单位 7792 名干部职工参加了网上答题，合格率达 100%。在全系统确立 141 名网络通讯员，开展业务培训，为全市司法行政工作信息化建设提供了应有保障。落实了人均0.5元的普法经费。完成了“六五”普法中期督查各项工作。

**【自身建设】**一是建立学习考试制度。2013年，市司法局和合水县司法局推行了干部职工“一月一法一考”活动，即每月确定一部法律，月初组织辅导，月末组织考试，督促大家自己先学法再给别人普法，并与年终考核评定挂钩，进一步推进干部职工依法行政能力和水平的提升。同时，以《百家讲坛》《文明之旅》等经典视频为学习内容，激发干部职工学习热情，拓宽文化视野，提升文化底蕴。二是建立考勤奖惩制度。结合“效能风暴”行动，进一步转变机关作风。今年，市司法局率先实行了上下班指纹机签到管理，每月一通报，并把干部职工出勤率作为年终考核的重要依据，全年累计迟到早退超过15次或旷工3天以上，事假超过15天，病假超过30天的，当年年度考核不得确定为优秀等次，有效地杜绝了迟到、早退、不坚守岗位现象的发生。三是建立末位淘汰制度。以年度考核结果为依据，对连续两年考核排名后三位的科长和副科长实行末位淘汰，转任非领导职务，有力地推动了干部职工履行职责、争创一流的责任性。四是抓车辆管理。严禁公车私用，节假日司法行政系统车辆一律停用，钥匙收交统一管理。五是印制警民联系卡。在全市所有司法所全面实行，县区统一印制，发放到机关、村组、农户，大大方便了群众。下一步把市县两级的法律服务大厅工作人员以及律师都统一印制联系卡，发放到基层，方便群众有事咨询联系。（市司法局　供稿）

# 农　业

## 农业畜牧业

【工作综述】2013年，全市农牧业工作在市委、市政府的正确领导下，在省农牧厅的精心指导和大力支持下，紧紧围绕农业增效、农民增收目标，深入实施产业富民战略，加快推进结构调整，加强农业科技推广，全面落实强各项农惠农富农政策，农业和农村经济保持了持续较快的发展势头。全市完成农业增加值80亿元，同比增长6.54%；农民人均纯收入达到4888元，同比增长14.7%。

【粮油生产】大力实施粮食稳定增产行动，积极开展粮油高产创建活动，努力加大全膜双垄沟播技术推广力度，粮食生产再获丰收。推广旱作农业技术334.13万亩、马铃薯脱毒种薯63.84万亩，创建粮油高产示范万亩片25个，粮食播种面积696.65万亩，粮食总产量达到158.95万吨，同比增长2.1%，再创历史新高。环县、镇原县全膜双垄沟播技术推广面积有较大增加，是全省仅有的五个百万亩大县。

【草畜产业】继续加大草畜产业的开发力度。通过招商引资、担保贷款、财政扶持等方式建办养殖场（小区），发展养殖大户，推进养殖业向规模化、专业化和现代化发展。新建规模养殖场（小区）238个，其中规模羊场202个；全市肉牛、肉绒羊、生猪饲养量分别达到52.4万头、242.3万只和80.94万头；肉蛋奶产量达到8.48万吨。更新种植紫花苜蓿108.6万亩，青贮玉米秸秆203万吨。引进投放鱼苗815万尾，水产品产量达到991吨。创建省级畜禽规模养殖示范场5个、省级水产健康养殖示范场2个。环县“双百双万”工程、宁县两个“30+1”模式、华池“百千万”模式带动了羊产业的发展，市政府在环县召开了全市肉羊产业现场推进会议。甘肃中盛农牧业发展有限公司3600万只肉鸡产业化项目，投资10多亿元建成了集孵化、饲养、屠宰加工、饲料加工于一体的肉鸡生产全产业链。

【瓜菜产业】抢抓国家实施新一轮“菜篮子”工程机遇，大力实施设施瓜菜“百千万”工程，加大科技和资金投入，强化技术信息服务，加之瓜菜价格始终保持高位运行，农民生产积极性高涨，瓜菜规模不断扩张，生产效益显著提升，特别是设施瓜菜生产取得较大突破。瓜菜种植面积达到100.12万亩，其中新增设施瓜菜1.38万亩，生产面积达到10.19。塑料拱棚亩均纯收入近万元，日光温室达到2万元以上，生产效益十分可观。西峰肖金、宁县北川、庆城玄马、镇原开边、正宁宋畔、合水铁李川、华池悦乐、环县高寨沟等设施瓜菜生产基地规模不断扩大。

【农业产业化】加大对农民专业合作社、农产品加工企业和土地流转的扶持力度，推进多种形式的适度规模经营。全市新建各类农民专业合作社1221个，累计达到2378个，培育示范社44个。新建改扩建农产品加工企业40户，新增省级重点龙头企业8户，市级以上重点龙头企业累计达到92户。市委、市政府在西峰区、镇原县召开了全市农业产业化现场会议。规范建设县级土地流转服务中心7个，乡镇流转服务站44个，村级流转服务点617　个，签订土地流转合同12万份，土地流转面积达到88.27万亩。新建家庭农场14个。宁县、庆城县农村土地承包经营权确权登记试点进展顺利，完成确权登记面积11441.5亩，颁发经营权证书984户，为全市进一步扩大试点范围，推进土地确权登记全面开展积累了经验。承办了2013中国（庆阳）农耕文化节绿色农产品展示展销馆和绿色农业与农业可持续发展学术报告会。中国农业博物馆庆阳分馆在庆城县挂牌。在武汉、北京举办了“庆阳苹果”专场推介活动，极大的提升了“庆阳苹果”知名度。庆城县农耕文化产业园被命名为全国休闲农业与乡村旅游示范点。

【农业科技】围绕草畜、瓜菜等主导产业开发，引进推广新品种、新技术73项（次），开展测土配方施肥676万亩，高效节水技术23.14万亩。加快农村实用人才培养，启动实施了千名农村实用人才培训工程，举办合作社管理人员、种植大户、养殖大户等3类农村实用人才培训班9期，培训人员870名。强化阳光工程项目监管，完成农民职业技能培训9517人；结合农时季节，服务主导产业，完成农民实用技术培训32.5万人次。启动实施了以“生产专业化、居住社区化、服务配套化、环境田园化、农民知识化”为主要内容的现代农业综合示范工程。全市选择确定的8个示范乡镇、24个示范村创建工作全面开展。市委、市政府在宁县、正宁县召开了全市现代农业综合示范工程建设现场推进会议。西峰区鄢旗坳村打造的现代循环农业示范区是省市最大的以畜牧规模养殖为核心的循环农业区。围绕“双联”行动和农村扶贫开发行动，编印农牧业生产技术读本2万册，录制培训光盘5200张。市农科院科研基地建设加快推进，航天育种及科研工作有序开展，实施科研项目30多项，7项通过鉴定验收，5项成果达到国内先进水平。

**【农产品质量安全】**启动实施了全国绿色农产品生产加工示范区创建活动，创建规划通过了国家和省上评审，创建工作全面推进。新认证复查无公害农产品8个，申报认证绿色食品15个，有机苹果1个，登记农产品地理标志3个，制修订农业地方标准25个，创建农业标准化示范点70个。开展农产品质量安全例行抽检288次，农、畜、水产品合格率分别达到99.5 %、100%和100%。西峰区开展了农产品产地准出试点。强化对口蹄疫、禽流感、小反刍兽疫、布病、苹果蠹蛾、棉蚜等重大动植物疫病防控，年内未发生区域性重大疫情。

**【项目建设】**实农业综合开发、“菜篮子”工程、旱作农业、农业产业化、草食畜牧业等14个方面的重点项目及草原奖补、农作物良种补贴、农技推广补贴、病虫害综合防治等方面的惠农政策，共计投资3亿多元。争取到位标准化养殖、设施瓜菜生产、现代农业综合示范工程建设等市级财政奖补资金5145万元。建设“一池三改”户用沼气池 3000座。

**【农业执法】**扎实开展农资打假护农专项治理行动，检查各类农资经营门店2536户（次），停业整顿69户。加强农民负担监管，开展了涉农收费、“一事一议”筹资筹劳、强农惠农政策落实等专项检查和群众来信来访调查处理，推行了农村集体“三资”委托代理，建设了网络监管平台。开展了农业面源污染治理，回收废旧农膜1.97万吨。市委、市政府在镇原县召开了全市废旧农膜回收利用工作会议。

**【服务体系】**积极实施基层农技推广体系建设项目，全市乡镇农技推广站建设实现了全覆盖。基本理顺了市县乡三级兽医管理体制，招录基层兽医站工作人员209人。建成乡镇农产品质量安全监管机构116个，成立农业行政综合执法机构9个，农产品质量监管和农业综合执法能力不断增强。各县（区）成立了草原监理站，乡镇确定了专门管理员，各村指定了村级草原管护员，草原监管体系逐步健全。强化农业信息服务，组织各县区、局属各单位、机关各科室向市农业信息网报送信息4805条，采用1954条，报送数量和质量较上年有了大幅提高，网站点击量稳中有升。

**【农民收入】**启动实施了庆阳市农民收入倍增计划，加快促农增收“八大工程”建设，农民收入实现较快增长。2013年，全市实现农民人均纯收入4888元，较上年增长14.7%，高出全省1.4个百分点、全国2.3个百分点。其中工资性收入 2030.8元，较上年增长10.5%，占全年纯收入的41.5%，是农民收入的主要来源。家庭经营性收入2105.1元，增长13.3%，占全年纯收入的43.1%，是农民收入的重要来源。财产性收入168.9元，增长39.6%，占全年纯收入的3.5%。转移性收入583.1元，增长30.9%，占全年纯收入的11.9%。（市农牧局 供稿）

## 林 业

**【工作综述】**2013年，在市委、市政府正确领导和省林业厅的精心指导下，全市林业工作紧紧围绕生态文明建设和创建国家级生态市工作目标，积极推进集体林权制度、国有林场试点两项改革，突出抓好苗林结合培育、特色林果基地建设、一线八域生态屏障建设三个重点，认真实施森林城市、绿色通道、荒山造林、森林培育、优质种苗基地建设五大工程，突出重点，创新机制，强化措施，攻坚克难，全力克服春旱、夏涝等自然灾害的不利影响，大力开展各项林业建设工作，圆满完成了年度目标任务，取得了显著成绩。2013年3月，市林业局荣获 “全国森林防火工作先进单位”荣誉称号。

**【造林绿化】**全市共完成造林绿化42.38万亩（完成国家级重点生态工程造林31.36万亩，完成乡镇千亩造林11.02万亩），占全年计划任务的

105.94%，较上年同期增长15.86%。完成义务植树基地建设3.95万亩，植树891.87万株，分别占任务的103.4%、104.68%；完成特色林果基地建设7.79万亩（不含苹果），占任务的155.8%，其中核桃新栽5.98万亩。完成森林抚育16.4万亩、森林培育60.67万亩，均占任务的100%；完成优质用材林基地建设5.02万亩，占任务的100.4%；完成历年林业重点工程补植补造55.18万亩，占任务的110.4%。绿色和谐家园建设完成道路行道树新栽1162公里，补植889.9公里，栽植各类乔灌花75.86万株、绿篱37.63千米、草坪5.9万平方米、围庄植树424.8万株。全面启动实施利用宜林荒山发展林木种苗产业工程，加快造林绿化步伐，完成苗林结合培育16.5万亩。

**【林业改革】**认真落实中央、省、市林业政策，加快林业改革步伐，为全市转型跨越发展增添发展后劲。作为西部十二省唯一试点市，国有林场改革方案已经国家发改委、国家林业局批复，目前正在围绕改革任务制定详细的工作方案和配套政策。全市集体林权制度综合配套改革以“五项制度、一个体系”建设为重点，及时汇报市编委印发《关于县(区)林业综合管理服务中心机构设置的通知》，健全管理机构，落实工作人员37名，流转林地24万亩，流转金额4680.14万元，办理林权抵押贷款9945万元，全市林下经济总产值达31315.82万元。

**【退耕还林】**2013年完成国家和省上下达我市退耕还林工程建设任务任务1.2万亩，其中荒山造林1.2万亩，涉及8个县（区）。全市累计完成退耕还林工程434.01万亩，退耕地167.71万亩，荒山造林252.6万亩，封山育林13.7万亩，全年到位国家退耕还林工程资金14781万元。2013年全年完成《巩固退耕还林成果专项规划》2012年度规划任务林业项目中央投资2858.17万元，完成新建薪炭林57761亩、补植补造120346亩，后续产业种苗基地2911.6亩、苹果基地31287.4亩、核桃基地10440亩、沙棘基地3000亩。

**【林果产业】**全市林果产业建设以科学发展观为指导，以资源优势为依托，以市场需求为导向，以基地建设为基础，以农民增收为目标，紧紧围绕《全省1000万亩优质林果基地建设发展规划》和《庆阳市杂果产业发展规划》，上项目、强基础、调结构、促发展，各项目标任务圆满完成。全市完成苗木基地建设231.8亩，建立采穗圃700亩，新建标准化示范园2处1120亩，培训果农8期707人(次)，分别占省上下达项目任务的130%、115.9%、700%、112%和117.8%。全市新栽经济林28.09万亩（含苹果20.4万亩），占省上下达任务9.75万亩的288.1%；占市政府下达任务5万亩（不含苹果）的153.8%。全市各类果品总产量达到81.81万吨，产值24.47亿元。经济林育苗3.65万亩。全市新建核桃示范园25处16440亩，千亩以上8处10750亩。年内共举办各类技术培训班416期、参训人员61945人（次）。

**【项目建设】**衔接落实林业建设中、省投资56065.75万元，其中：中央投资52252.49万元，省级补助3813.26万元。其中：生态工程建设46628.1万元，基础设施建设资金100万元，其他专项资金9337.65万元。亚行项目共完成经济林栽植1933.12公顷，营造生态林60公顷，分别占任务的100%，建成3000吨果品贮藏库一座，完成提款报账1566.12万元。

**【资源管护】**落实国家级公益林管护面积471.57万亩、天然林保护面积878.56万亩，均占任务的100%。年内加大森林火灾防控力度，落实防控措施，确保了森林火灾面积未超过0.06‰的控制指标。完成森林有害生物防治面积84.97万亩，防治率达100%；森林病虫害测报准确率达92%、森林无公害防治率达94.2%，森林病虫害成灾率控制在3.6‰以内，种苗产地检疫率达99.9%，全部优于省厅下达指标要求。强化林政资源管理，严格执行森林资源限额采伐规定，征占用林地审核率达到100%。

**【生态效益补偿】**2013年全市纳入中央财政森林生态效益补偿的国家级公益林总面积为496.67万亩，共计落实森林生态效益补偿基金5786.3万元。全部公益林划分为432个管护责任区，确定专、兼职护林员1832人，逐级签订目标责任书323份，管护合同1974份。

**【基础建设】**年内482户林业危旧房改造任务全部开工建设，其中主体竣工353户，实现入住336户；建设安全饮水项目10处。森林火险区综合治理一期项目顺利实施，规划的16座防火瞭望塔主体工程全部竣工投入使用。天保工程管护站批复建设5处，建筑面积2720.7平方米、房屋108间，并将水、电、暖、卫生、绿化等附属设施一并纳入预算，有效改善了一线职工的生产生活条件。

**【自身建设】**认真贯彻党的十八大、十八届三中全会及中央、省、市纪委会议精神，紧紧围绕服务全市林业工作大局，以解决“四风”突出问题为重点，以勤政监督系统为平台，以保持党的先进性和纯洁性教育试点活动为统领，深入开展岗位廉政教育、党性宗旨教育，认真抓好党员干部思想、组织、作风建设，扎实推进联村联户行动、效能风暴行动、厉行勤俭节约、为推动全市林业工作健康快速发展提供了坚强有力的保障。

**【双联工作】**在与帮联村充分协商讨论的基础上，研究制定了《连家砭村“双联帮扶”五年发展规划》《张岔村“双联帮扶”五年发展规划》，确定“十个一”活动方案，注重智力与资金帮扶并重，组织开展实用技术、政策宣传培训，积极帮办实事，密切党群干群关系。干部职工共自发捐款3.06万元，赠送化肥122袋，筹措修路资金20万元，发展种植业44户、养殖业20户，发放实用技术丛书2000余册，开展集中培训3次、受训500余人（次）。（市林业局　供稿）

## 扶贫开发

**【工作综述】**2013 年，全市扶贫开发工作抢抓机遇，取得明显突破的一年。全市扶贫系统始终牢记习近平总书记视察甘肃时关于“甘肃要把工作重点放在扶贫攻坚上”的重要指示和王三运书记关于“扶贫攻坚是政治问题、民生问题、民心问题”的精辟论述，抢抓 7 县进入六盘山特困片带的历史机遇，着力促进城乡统筹与区域发展，着力解决贫困人口增收困难，着力构建大扶贫工作格局，全市扶贫开发工作取得了历史性突破，呈现出转型发展、跨越发展、创新发展的良好态势。全年预计减贫 14.28 万人，贫困面由 32.6%下降到 26.4%。

**【扶贫资金】**按照市委、市政府“3341”项目工作思路和“五个一”包抓责任制要求，把抓项目作为第一要务，全力抓好项目论证储备和协调争取工作。今年省上安排我市财政扶贫资金23227.64万元，较上年净增357.64万元。积极配合世界银行扶贫项目的调研论证等工作，争取到世界银行总投资1.7亿元，计划5年时间内，在环县、华池、合水、正宁实施扶贫贷款项目。

**【项目实施】**今年安排我市整村推进项目 63 个、整乡推进项目 7 个、特困片带扶贫攻坚项目 4 个，彩票公益金创新试点项目 3 个。我们坚持把项目监管实施作为扶贫工作总抓手，严格落实扶贫项目招投标、专项审计等各项管理制度，定期开展督查，实行县、乡、村逐级考核验收，加强项目监管。第一批下达的项目全面开工实施，共计完成投资 15891.64 万元，占计划的 83.3%。共整修村组砂石道路 614 公里，占计划 614 公里的 100%；新修梯田 3.84 万亩，占计划的 100%；新建各类水利工程 62 处，占计划的 100%；完成危窑危房改造 374 户，占计划的 100%；新建养畜暖棚 822 座，占计划的 74%；引进良种牛 1443 头、良种羊 10816 只、良种猪 1030 头，分别占计划的 83%、100%和 82%；栽植苹果 1.54 万亩，占计划的 62.3%；新建各类蔬菜大棚 518 座，占计划的 100%。

**【“双联”行动】**2013 年，累计为两个帮联村争取和落实财政扶贫资金 235.69 万元，其中向省市争取财政专项扶贫资金 235 万元（整村推进项目资金 150 万元，养羊项目资金 75 万元，道路建资金 5 万元，村部维修资金 5 万元），从办公经费挤出 0.69 万元。重点实施了基础设施、产业开发、科技培训、公共服务四方面 25 个建设项目，为全村帮办实事 71 件。基础建设方面，扶持贫困农户新修梯田 2825 亩；为 6 个自然新修砂化村组道路 36 公里；扶持 20 户农户新打 50 方蓄水窖 20 眼。主导产业培育方面，协调落实国开行贷款 260 万元，扶持 99 户发展养羊产业；为 410 户贫困户投放小尾寒羊 1240 只；指导两村农户种植全膜玉米 12.1 万亩，户均 10 亩以上；互助资金社成立方面，7 月份，在张岘村成立了村级发展资金互助社，一次性无偿投入财政扶贫资金 20 万元，目前已吸纳农民会员 50 人，农民自愿缴纳互助资金 2.5 万元，资金总量达到 22.5 万元，累计向 30 户农户发放贷款 15 万元，有效地解决了农户发展舍饲养羊、全膜玉米种植等项目资金短缺问题。村级公益事业方面，维修了村部大门、会议室，建村级文化培训中心 1 处，配齐了相关培训设施；协调市教育部门落实资金 10 万元，维修张岘、大岔 2 所村小学厕所、围墙、大门，并硬化了校园；协调市体育局落实篮球架 1 副、篮球若干、乒乓球案子 2 副；协调市妇联为张岘村“妇女之家”配备了电脑 1 台、电视机 1 台、音箱 1 套等电器设备。送温暖方面，我办 18 名帮联干部分两次先后对 23 户帮联户进行了走访慰问，送去慰问金 6200 元、科技书籍 23 套、挂历

23 本、老黄历 23 本、春联 46 副；给 6 个自然村及张岘行政村配备电脑 9 台、32 英寸液晶电视机 1 台；给全村 0-3 岁 69 名婴幼儿送去营养包 69 份。

**【机制创新】**把创新机制作为扶贫开发的重要途径，大胆探索，积极实践。一是多渠道破解资金难题。我们在加大财政扶贫投入的同时，积极探索用财政资金撬动信贷资金、扶持群众发展产业的新模式。在镇原县上肖乡路岭村、宁县湘乐镇樊湾村和华池县五蛟乡城壕村启动实施国家开发银行扶贫信贷合作扶持农户发展产业试点工作，从财政扶贫资金中拿出一部分作为担保资金，注入担保公司，国开行按照 1:10 的比例，投放贷款到村级资金互助社，转贷给群众发展产业，有效破解了贫困村、贫困农户产业发展资金短缺难题。第一批试点县贷款发放工作已经全面完成，累计向 27 个乡（镇）、37 个行政村发放贷款 1424 户、3000 万元，其中贫困户 936 户、1963.5 万元，分别占 65.73% 和 65.45%。第二批共审核贷款资金 20410 万元，拟投放 8 县区 84 乡镇 232 村，已全面启动。二是全面启动参与式扶贫模式。坚持参与式扶贫的理念，在制定规划、项目确定、实施和管理等环节，充分发挥群众的主体作用，听取群众的意见建议，让群众全程参与项目的规划、实施、监督工作，激发群众脱贫致富的内生动力。在 3 个试点村组织召开扶贫奔小康规划村民大会，由群众投票确定实施项目、选出实施能力小组，由能力小组实施项目监督、项目管理，发动群众投工投劳，变“给钱给物要我干”为“主动参与我要干”，得到了群众的积极支持和响应，随后逐步在全市全面推开。

**【扶贫开发战略】**2013年，全市上下把扶贫开发作为一项重大政治任务，作为全面建成小康社会的重中之重、民生工程的重中之重、检验和考核干部政绩的重中之重，攻坚打硬仗，聚力抓扶贫。年内，市委、市政府先后召开2次常委会、3次常务会研究部署扶贫开发工作，多次召开市扶贫开发领导小组会议，落实任务，整合力量，推进工作。6月份集中一月时间，由四大家主要领导亲自带头，在全市深入开展扶贫攻坚大调研活动，现场办公、解决各类问题近200多件，撰写调研报告、理论文章40多篇，县区党政主要领导也进行了调研，形成了调研报告。我办组织对市县领导的调研报告进行收集汇编，完成了《全市扶贫大调研大讨论成果汇编》，将有力指导今后一段时期的扶贫攻坚工作。为认真贯彻省委 “1236”意见精神，市委、市政府坚持 “走出庆阳之路，干出庆阳速度、干成庆阳的效果”，研究制定了《关于深入推进扶贫攻坚的实施意见》及路、电、水、移民搬迁及产业开发等8个实施方案。12月份，召开了全市扶贫大调研大讨论成果交流会和全市扶贫攻坚大会，全面安排部署了今后一段时期全市扶贫攻坚工作，明确提出到2017年基本消除贫困。在这些工作中，我办都充分发挥部门职能作用，紧密衔接，积极配合，不论在市级领导的调研上，还是在会议文件的起草上，都立足市情实际，为领导科学决策提供了大量有价值的信息，使全市上下关注扶贫、重视扶贫、参与扶贫的氛围更加浓厚，工作更加务实，贫困问题的有效解决从此将迈上快车道。（市扶贫开发办公室供稿）

## 水　务

**【水政工作】**一是节水型社会试点建设。建成节水重点工程 13 个、节水示范点 24 个。节约用水制度得到不断完善，制定并报请市政府颁布了《庆阳市节水型社会建设目标责任考核办法》《庆阳市节约用水管理办法》《庆阳市非常规水源利用管理办法》《庆阳市超计划用水累进加价水费征收管理办法》《庆阳市建设项目节水设施“三同时”管理办法》等 10 个地方性规章。完善节水统计制度，建立了节水考核指标台账。到 2013 年底，全市万元 GDP 用水量从试点前的 90 $m^3$ 降低到 82 $m^3$，农田灌溉水利用系数从 0.47 提高到了 0.50，万元工业增加值用水量从 80 $m^3$ 降低到 65 $m^3$。6 月份通过了水利部组织的节水型社会建设试点中期评估验收，被评为优秀等次。二是水法律法规宣传。坚持平时宣传与节庆宣传相结合，常规宣传与媒体宣传相结合。全年发放宣传传单 6 万份、《水法律法规汇编》手册 2500 本、宣传画 510 套，接待咨询群众 2000 余人次，群众水法规意识进一步增强。

**【水资源管理】**一是石油煤炭资源开发取水服务。2013 年批准取水许可申请 100 份，批准水量 230.62 万立方米，累计保有取水许可证 2040 套，批准水量 2.23 亿立方米。全市依法征收水资源费 1156.97 万元，其中市本级征收 890 万元。二是河道清障执法管理。扎实开展河道专项整治活动，依法查处非法滥采滥挖、乱占河道、乱倒垃圾以及违规修建跨河涉河工程、破坏堤防设施等违法行为，认真落实非防洪工程影响评价制度，全面加强河道范围管理内建设项目管理，确保河道行洪安全，维护了正常的水事秩序。全年查处水事案件29起，调处水事纠纷7件，挽回直接经济损失7.5万元，行政罚款8万元。

**【水利规划】**编制完成《庆阳市马莲河水资源综合利用规划》《庆阳城区水资源综合利用方案》。《全市农村饮水安全扶贫攻坚总体规划》及其《实施方案》编制完成并通过市政府审定，规划总投资23.42亿元，计划2014—2017年四年时间，全面解决全市剩余101.64万农村人口的饮水不安全问题。编制上报了马莲河合水陈家坪段等9处江河重要支流治理项目和正宁县四郎河樊湾子段等10处中小河流治理项目初步设计报告并通过省水利厅审查。编制完成33座小型水库建设规划，完成上报5座水库的项目建议书。编制完成《庆阳市水资源保护重点工程项目规划》，遴选水资源保护项目230项，规划投资44.23亿元。编制完成巴家咀水库2013年库区移民后期扶持计划和全市山洪灾害防治实施方案，通过省级审查，2014年将启动实施。

**【项目工作】**重大水利项目前期工作取得突破，部分移民安置点已开工建设。其中：小盘河水库项目建议书通过黄委会复核和省发改委批复，可研报告及13个支持性文件上报省发改委待批，项目具备立项审批条件。莲花寺水库可研报告通过省发改委批复。巴家咀水库新增调蓄工程（五台山水库）可研报告及相关支持文件全部完成，上报省发改委待批。马莲河上游苦咸水淡化中试项目全面完成，市科技局主持在北京进行了专家鉴定验收，试验成果达到国内领先水平。马莲河上游水质改造、马莲河中下游水资源综合利用项目，委托黄河勘测规划设计有限责任公司开展前期工作，年底已提交项目建议书。

**【重点工程】**1. 扬黄人饮续建工程。主管线和3条支管线全部贯通，累计完成投资50756.42万元，占工程设计变更总投资49732万元的102%，占实际到位资金45364万元的112%。2. 扬黄续建向庆城延伸供水工程。完成庆城段输水管道、净化水厂、教子川农村饮水工程、紫房沟水源工程建设任务和茨子沟水库招标工作，累计完成投资2.41亿元，占总投资3.8亿元的63.42%。3. 扬黄一期维修改造工程。累计完成投资1500万元，占项目总投资2986万元的50.23%。4. 巴家咀大型泵站更新改造项目。完成2012年度投资计划下达的5583.69万元建设任务，累计完成投资1.15亿元，主体工程基本完工。5. 环县苦咸水地区农村饮水安全工程。完成投资13750万元，占计划投资的75.93%，新打机井86眼，完成80处淡化站的土建工程，安装设备116台（套）。6. 华池县葫芦河水源工程。完成工程招标、永久占地拆迁及枢纽工程、管线敷设年度建设任务，完成投资5020万元，占总投资1.16亿元的43. 27%。7. 正宁县嘉峪川饮水枢纽及烟草基地灌溉工程。完成引水枢纽土方填筑及泵站基础浇筑、输水管道开挖等工作，完成投资2217万元，占总投资8425.24万元的26.31%。8. 庆阳市新城区雨洪集蓄保塬生态项目。完成施工招标、征地拆迁、三通一平及湖体开挖、桥梁主体部分工作，完成投资2.62亿元，占项目总投资4.23亿元的61.94%。

**【饮水安全】**2012年下达的第二、三批及2013年农村饮水安全计划建设项目全部建成，完成总投资17557万元，新（续）建各类工程3533处，解决了23.22万人和3.91万名师生的饮水不安全问题。

**【农田水利】** 完成了2012年批复的华池、合水重点县项目和镇原、庆城专项县建设任务，累计完成投资5870.5万元，2013年批复的华池、合水重点县项目完成招投标并开工建设。

**【河流治理】**镇原县洪河南川芦李护岸等5处护岸工程完成投资7849万元，占总投资的79.2%，治理河长39.14km，新建护岸33.6km。

**【灾害防治】**全市山洪灾害防治非工程措施项目，全面建成并发挥监测预警作用，后续安排的山洪灾害补充项目到位资金1036万元，2014年4月将全面建成。山洪沟治理项目，完成了镇原城南沟治理项目的省级审查，西峰、宁县、华池涉及项目进行了省级可行性审查和专项审查。

**【旱情及抗旱】**1、旱情。2013年全市冬春连旱，干旱持续时间长，为较重干旱年份。全市有380.8万亩农作物受旱，其中重旱169.5万亩，绝收29.02万亩。白地缺墒245.4万亩。188.1万亩冬小麦一类苗仅有46.7万亩，占播种面积的24.8%。共有21.8万人、10.8万头家畜不同时段发生饮水困难，环县、华池、镇原、庆城北部部分群众水窖蓄水不足，特别是环县的山城、南湫、甜水等乡镇，多数群众水窖基本无水，靠拉水解决饮水问题。4月上旬庆城县县城还一度供水告急。2、抗旱工作。市委、市政府多次召开会议，安排部署全市抗旱工作，启动了全市抗旱Ⅳ级应急响应。市水务局、农牧局组成专门工作组深入8县区，检查水库蓄水、水利工程春修春检及农村人饮工程运行管理工作，督促开展抗旱春耕生产。制定印发了《庆阳市旱洪灾害信息会商制度》，建立了《冬春因灾生活困难需政府救助人口台账》和《灾民救助花名册》，摸清了因旱困难群众底子，为抗旱救灾提供了准确依据。市、县（区）筹措资金784万元，为6900户饮水困难群众送水17250$m^3$，检修各类水利设施976处（台、套），清淤渠道170公里，完成春灌18万亩。

**【汛情及防汛】**1、汛情。2013年汛期降雨与往年相比偏多，入汛后局地接连遭遇强降雨过程，灾害损失重于常年。从4月15日至9月底，全市共经历25次降雨过程，其中：中到大雨降水过程14次，累计降水453.8～874.3毫米，除正宁偏少外，其余县（区）均多于正常年份，其中7月份降水224.1～379.3毫米，与历年同期相比特多，几乎占汛期降水量的一半。从降雨时空分布看，前季降雨稀少，后季降雨偏多。进入6月份后，旱涝急转，7、8、9三个月降雨达343.2～653.8毫米，占到全年的75%左右，且多以暴雨形式出现。从总体降雨量来看，北部偏多比例大、南部相对较小。2、防汛。市、县（区）抗旱防汛指挥机构组织开展汛前大检查，共检查水库27座，河道25处70多公里，落实清障任务25处50多公里。针对防汛安全隐患，市防指下发整改督办通知，明确了整改时限，靠实了整改责任，并配合省水利厅专项检查组，对全市水库、淤地坝等防汛重点对象进行多次巡查检查，做到了防汛检查率达到百分之百，检查内容达到百分之百，整改落实达到百分之百。编制上报了2013年巴家咀水库调度运用计划及度汛方案，审核批复了王家湾水库汛期调度运行计划，督促各县（区）按程序批复上报备案了辖区内小型水库的度汛计划。建立健全了“防、抢、撤”应急处置机制和上下游联系通报机制，为各类防汛工程科学调度、安全运行、应急抢险提供了技术支撑。全市共签订防洪保安责任书180多份、淤地坝防汛责任卡691份。储备了9大类40多个品种的防汛物资，价值400多万元，组建了62支5420人的防汛应急抢险队伍。督促指导宁县举行了城区防汛抢险及群众紧急撤离演练。严格落实领导带班和24小时值班制度，及时传达调度指令，收集报告雨情汛情和险情灾情，充分发挥了协调、联络、指导作用，各项防汛措施落实到位。

**【灾后重建】**“7.14”环县樊家川特大暴洪灾害发生后，按照市政府Ⅳ级、Ⅱ级防汛抗洪应急响应要求，认真落实“四级”包抓责任制，积极参与应急抢险和灾后重建工作，紧急转移安置受灾群众58户200多人，市直水务系统捐款2.34万元支持灾区重建工作。（市水务局 供稿）

## 水保生态建设

**【工作综述】**2013年，市水保局在市委、市政府的正确领导下，认真贯彻落实党的十八大和市委三届五次、六次全委扩大会议精神，紧紧围绕中央、省水土保持工作及市委、市政府关于加快生态文明建设各项决策部署，团结带领全局干部职工提素质抓谋划、改作风抓落实、破难点抓创新，较好地完成了年度各项工作任务，全市水土保持生态建设继续保持了良好的发展态势。

**【流域治理】**2013年，全市流域治理及项目建设共完成投资3.2亿元，治理水土流失面积442.07平方公里，占年计划任务420平方公里的105.3%，其中梯田完成40.73万亩，占年计划任务40万亩的101.83%；人工造林及种草完成170.54平方公里，占年计划153.33平方公里的111.22%。修建各类小型水保拦蓄工程125座（处）。争取国家及省市水保资金6854万元。

**【项目工作】**1、完成五个重点专项规划。一是根据市政府安排，利用三个月时间完成了《庆阳市马莲河流域水土保持专项规划》。二是按照国家重大项目申报程序，对《董志塬区固沟保塬综合治理规划》作了进一步修改完善，并完成《项目建议书》，已上报国家发改委。三是配合黄河上中游局完成了《北洛河流域水土保持规划》。四是完成《国家坡耕地水土流失环县、镇原综合治理专项规划》（2013-2016年）和《国家农业综合开发庆城、华池水土保持项目实施规划》（2014-2016年）。2、全力争取重点项目落实。2013年，我们坚持把“发展抓项目、谋划抓落实、落地见投资”作为推动全市水保生态建设加快发展的首位工程，采取提前谋划做好项目论证、多方汇报争取上级支持、全力衔接确保项目落地“三步”推进方案，全年共争取落实水保生态项目7个，批复总投资达3.55亿元。一是总投资3663.52万元的第二批国家农业综合开发华池、庆城水土保持项目和总投资1.45亿元的正宁、宁县、合水、镇原国家水土保持重点建设工程2013年度投资计划已下达；二是总投资1亿元的环县、镇原坡耕地试点工程已立项实施；三是投资2989.14万元的庆阳市蒲河流域义门沟项目区水土保持综合治理工程、投资2017.18万元的西峰区清水沟、投资1852.92万元的环县七里沟小流域水土保持综合治理工程和投资427.07万元的环县八珠塬水土保持综合治理项目已获省发改委批复。正在争取的水保生态项目共9个：主要包括投资数十亿的董志塬区固沟保塬综合治理项目、投资2998万元的华池县太阳沟小流域综合治理项目、投资1200万元的宁县湘乐镇樊湾小流域综合治理项目、投资852万元的镇原县固沟保塬上肖乡路岭小流域综合治理项目、投资1276万元的合水县药王沟小流域综合治理项目及西峰、庆城、环县、镇原四县易灾地区生态环境综合治理工程可研已上报省发改委待批。

**【梯田建设】**2013年市上下达梯田建设任务为40万亩。为了把这一重大民生工程建设好、实施好，我们在认真贯彻落实省市梯田建设工作会议精神同时，结合全市“十乡百村”梯田化创建活动，主抓连片规划、任务落实、资金筹措、组织发动，坚持集中领导、集中机具、集中时间、集中连片，统一规划、统一组织、统一施工、统一标准，积极在北部山区开展示范工程建设，全市共规划万亩连片梯田工程3处，5000亩工程11处，3000亩工程9处，1000亩工程59处，500亩以上规模工程面积达30.7万亩，占年计划任务的76.8%。2013年，全市共新修梯田40.73万亩，完成年计划任务101.83%，建成环县蒲沟、张塬，庆城玄马、镇原李家河等万亩连片坡改梯示范工程5处，形成了山水田林路立体综合治理体系，发挥了辐射带动效应，全市梯田建设步伐明显加快。

**【执法监督】**2013年，围绕打造生态安全屏障和创建黄土高原生态文明示范区目标，认真落实《水土保持法》和《甘肃省水土保持条例》，突出以石油煤炭开采、公路铁路建设、房地产开发、城市基础改造等大型开发建设项目为重点，加强水土保持监督管理、方案审批、补偿费收缴、“三同时”制度落实、治理成果管护，积极配合水利部、黄河上中游局、省水保局对西雷高速、西平铁路、长庆采油二厂、宁县新庄煤矿、庆阳市新城南区雨水集蓄工程、阳光名都商住小区等10个大型生产建设项目水土保持工作进行专项督查，着力整治境内生产建设项目水土保持补偿费收缴不规范、临时措施不到位、恢复治理不及时和方案编报率、恢复治理率、补偿费收缴率低下等突出问题。2013年，全市共编报石油、煤炭、房地产开发等大中型开发建设项目水土保持方案165个，审批161个，征收水土保持补偿费411.9万元，查处违法案件4起，促进了水土保持依法监督管理和治理与保护同步，防止了人为水土流失，

**【工程防汛】**2013年，针对全市淤地坝数量多、防汛压力大、任务重等现实要求，按照全省防汛工作会议精神，高度重视淤地坝防汛保安工作。在淤地坝除险加固方面，严要求、抓质量、促进度，争取省上专项资金1134万元对40座病险坝开展了除险加固。在日常防汛管理方面，市县区水保部门坚持以“零溃坝、零事故、保安全”为目标，全面落实行政首长和业务部门双轨防汛责任制，千方百计筹措防汛经费385万元，着力排查整治隐患、完善应急预案、充实抢险物资，组建应急分队、开展应急演练、加强防汛值班。同时，加强三类坝防汛管理，实施三级预警响应，严格三级责任追究，做到了安排部署、领导责任、排查整改、应急抢险“四个到位”，基本形成了上下联动、齐抓共管的防汛保安网络体系。2013年，全市846座淤地坝无险情发生。

**【水保宣传】**2013年，按照党的十八大推进生态文明建设有关要求，结合全市思想建设、形势教育、行业法规和文明单位创建等内容，把开展生态文明建设方针政策、水保治理成果、先进典型经验、重大项目实施和改进作风、联村联户等作为重点，坚持“三贴近、三面向”，采取报刊、网站、电视“三手”齐抓和市县联动，制定了信息报送奖励办法，提高报送质量。《水保法》颁布两周年之际，在庆阳电视台播发公益广告1周，在西峰城区设立宣传专点2处，组织八县区出动宣传车辆20台次，印发资料5万余份，悬挂横幅70余幅，张贴标语200余条。同时，开展了中小学生 “保持水土、爱我家园”有奖征文活动。全年共向市委办、政府办、

市纪委、市“双联”办、陇东报、庆阳电视台、中国生态建设网、甘肃水土保持网等媒体、网站报送信息和通讯 179 条，被采纳 52 条（次）。通过加大信息报送和宣传，单位形象和影响力全面提升，群众保护生态环境的意识明显增强，为加快全市生态文明建设营造了良好氛围。

**【双联工作】**2013 年，市水保局共先后下派帮联干部 11 批次、91 人（次），帮办实事 12 件：一是扶持五大富民产业。帮助 53 个农户贷款 213.5 万元，全村羊只存栏达到 2800 多只；赠送化肥 5000 多公斤，扶持种植双垄地膜玉米 4000 多亩、种菜面积 20 多亩；规划连片核桃面积 1000 亩，栽植 300 亩，完成投资 10 万多元；帮助对外输送劳务人员 200 多人，劳务创收进一步提高；扩大黄酒生产规模，年产黄酒预计达 6 万公斤，创收 100 多万元。二是强化基础设施建设。开展流域综合治理工程，建成以梯田、造林为主的千亩水保综合治理示范点 1 处、养羊暖棚 10 座，完成投资 45.7 万元；实施村组道路提质改造，完成了 9 条 15 公里砂石通户道路拓宽整修工作；筹资 59.6 万元修建集蓄调洪淤地坝工程 1 座。三是加强农民教育培训。邀请香包刺绣大师、高级畜牧师进行香包刺绣、舍饲养羊技术讲座，出资 1.36 万元对 3 人进行了驾驶技能培训。四是开展主题实践活动。组织开展了“十八大”精神宣讲、基层党组织建设、“三八节”妇女慰问、文明村创建等活动，村容村貌焕然一新。对 7 月份持续强降雨受灾农户发放救灾物资 70 多件，帮助群众开展生产自救。通过开展双联活动，既锻炼了干部，转变了作风，又促进了群众脱贫致富，增强了发展的创造性。

**【作风建设】**2013 年，我们把提升素质、改进作风作为加强干部队伍建设和推动水保生态建设加快发展的基础性工程。一是强化职工学习教育。制订下发了《思想政治学习教育安排意见》，坚持中心组每月一次、干部职工每周一次的集体学习制度，组织开展了“读圣贤书、做明白人”和“提升素质、谋事干事”学习实践活动，采取领导班子带头、中层干部跟进、职工全面参与、每周一个专题的学习方式，重点学习了党的十八大报告、习近平总书记系列讲话、十八届三中全会决定和《水土保持法》等理论文章、法律法规、会议文件。同时，鼓励干部职工读书看报，开展自学，增强了学习的积极性和主动性。二是努力改进工作作风。结合全市效能风暴行动和中央改进作风、密切联系群众有关要求，针对职工思想松懈、担当精神弱化、创新劲头消减、软懒散慢、脱岗离岗、上网聊天、玩游戏、看电影等问题，制订下发了《2013 年效能风暴行动工作安排意见》，着力整治思想庸懒散、工作虚浮假等不良风气，努力打造政治上成熟、技术上精通、业务上能手和素质过硬、能力过硬、思想一流、作风一流、队伍一流、业绩一流的“两个过硬、四个一流”干部队伍，使全局上下形成了“用心想事、用心谋事、用心干事、用心成事”和“说了算、定了干、马上办，抓落实、干到位、创一流”的良好氛围，进一步增强了凝聚力、战斗力和向心力，机关风气明显好转。（市水土保持管理局　供稿）

## 农　机

**【工作综述】**2013 年，在市政府的正确领导下，在省农牧厅、省农机局的精心指导下，全市农机系统认真贯彻落实党的十八大、十八届二中、三中全会精神，以科学发展观为指导，以服务“三农”为中心，以提高农业机械化生产能力和农机装备水平为重点，以深入开展“联村联户、为民富民”行动为载体，以扎实推进“效能风暴”行动为抓手，以加强党风廉政建设为保障，科学谋划、统筹运作、扎实推进，圆满完成了全年各项工作任务，农业机械化继续保持了全面快速健康发展的好势头，为全市农业增效、农民增收和农业现代化建设做出了重要贡献。全年工作得到市委、市政府和省农牧厅的充分肯定，获得省农牧厅 2013 年目标管理考核农机类一等奖。

截止 12 月底，全市农机总动力达到 163.3 万千瓦，占计划任务的 102.06%，较去年增长 5.48%；新增各类农机具 2.51 万台，占计划任务的 100.43%；机耕完成 552.06 万亩，机播完成 522.63 万亩，机收完成 271.10 万亩，分别占计划任务的 106.17%、102.48%、110.65%，较去年增长 7.9%、4.2%、13.1%；推广适用新机具 1098 台，占计划任务的 109.8%，较去年增长 19.61%；建设农机化科技示范点 86 个，完成推广示范面积 109.6 万亩，分别占计划任务的 101.2%和 104.38%，分别较去年增长 2.38%、7.35%；农机行业培训 1.3747 万人（次），占计划任务的 101.83%，较去年增长 3.36%；新发展农机合作组织 8 个，扶持发展农机大户 400 户，两项均完成计划任务；全市农机经营总收入达到14.55亿元，纯收入达到6.13亿元，分别占任务的103.93%、102.17%，分别较去年增长9.03%、11.87%；全市拖拉机事故死亡人数控制在一人以内，农机安全生产态势平稳；农机具购置补贴资金全部落实到位，操作程序规范，无违规违纪问题发生。所有绩效考评业务指标均超额完成了市委、市政府和省农机局下达的任务。

**【农机具购置补贴】**2013年，中央、省、市财政共安排我市农机购置补贴专项资金6215万元，其中中央财政资金5320万元，省财政资金395万元，市财政资金500万元。各级财政和农机部门根据省、市的要求，严格补贴程序，严肃补贴纪律，规范操作，阳光补贴，把农机购置补贴强农惠农政策不折不扣地落到了实处。共签发《补贴指标确认通知书》18607份，受益农户17416户，登记补贴机具19350台件，其中拖拉机4300台，耕整地机械3732台套，种植施肥机械946台套，田间管理机械2285台套，收获机械249台套，收获后处理机械3735台，畜牧养殖机械3663台套，农产品加工机械126台套，排灌机械266台，农田基本建设机械1台，设施农业设备47台。为了推动我市特色产业开发，市财政安排资金500万元（农机购置补贴资金350万元，玉米秸秆综合利用机械化技术推广补贴资金150万元），在中央、省财政资金补贴的基础上，累加补贴玉米联合收割机96台、100马力以上大型拖拉机28台，覆膜机、脱粒机等玉米生产种植机械2494台，喷雾器、树木修剪机、微耕机等果园设施农业生产机具2390台，割草机、揉丝机等牧草收获加工利用机械2345台，油菜籽收获、药材挖掘、马铃薯生产等机械158台。在补贴政策的推动下，农机装备数量增加，服务领域扩展，呈现出由量化积累与质变提高同步发展的良好势头，全市农机装备总量进一步增加，农机配置结构更加优化，农机发展领域进一步扩展，农机化装备水平进一步提升。

**【项目工作】**全市各级农机部门共实施农机项目18个，其中农机购置补贴项目8个，农机化技术推广项目10个，争取项目资金8105万元，项目建设工作进展比较顺利。一是农机购置补贴项目规模再增。8县区均承担实施了农机购置补贴项目，共争取中央、省、市财政农机购置补贴项目资金6215万元，比2011年增加485万元，增长8.46%，共购置农机具19350台件，受益农户17416户。二是保护性耕作项目覆盖全市。在国家发改委立项的保护性耕作示范基地项目建设中，我市已有4个县区立项实施，其中西峰区、镇原县已全面完成了各项建设任务。宁县、正宁县项目建设也已基本结束，等待国家验收。今年，合水、庆城、华池、环县4县获批实施，至此，由国家发改委和农业部立项的保护性耕作工程建设项目覆盖全市八县区，占国家2009－2015年保护性耕作工程建设规划中甘肃省承担该项目县的23%。三是市农机推广站承担的省列《农机农艺融合生产示范》项目完成等垄距、双垄沟试验面积20亩，推广面积100亩。承担的“山地田园管理机及配套机具”选型、引进项目，选型引进山地田园管理机及十多种配套机具，可实现耕、旋　、种、除草、开沟施肥、小麦收割、喷雾、抽水、铺膜十多种作业方式，负责对机具作了适应性试验。承担庆阳市科技局下达的“玉米秸秆捡拾打捆机试验”项目，选型引进的9YJR-2.0型秸秆压捆机，在西峰区的董志、宁县的太昌分别作了对比试验，各项指标基本满足农艺要求，在我市推广应用4台，收到了较好的效果。四是市农机研究所完成残膜回收机械改进工作，引进了省农机鉴定总站研制的“1MFJS—125A型耙齿式残留地膜清理机”和省农机推广总站研制的“IFMJ-850型废膜捡拾机”两款机型，并作为推广机型引进2台，进行了适应性试验改进，分别投放在庆阳市西峰区彭原乡鄢旗坳村和镇原县屯字镇马堡行政村两处示范点进行试验示范。2013年，该项目被庆阳市科技局评为科技进步二等奖。承担完成深松蓄水技术示范项目，在庆城县的驿马村夏涝池和西峰区南佐村、肖金镇的米王村建立深松技术示范点3处，完成2013年度计划任务的150%。

**【科技推广】**全市各级农机技术部门紧紧围绕粮食生产全程机械化和当地特色支柱产业开发，大力开展农机技术示范推广工作。一是加强农机科技示范。共建立农机化综合示范点、果园及设施农业、玉米机械化、马铃薯机机械化、牧草机械化、保护性耕作技术及玉米秸秆综合利用机械化示范点86个，示范面积109.6万亩。二是重点推广玉米收获及秸秆综合利用机械化技术。共利用中央、省、市资金累加补贴投放玉米联合收获机96台，铡草机、揉丝（青贮切碎）机等秸秆综合利用机械3798台，玉米剥皮、脱粒机4835台，完成玉米机收43.9万亩，玉米秸杆青贮 203.31 万吨。三是大力引进推广先进适用农机具。我们以示范点为带动，玉米联合收割机、秸杆粉碎还田机、深松机、药材挖掘机、薯类收获机、鸡舍双螺旋喂料、鸡舍清粪机等一批性能好、技术含量高、先进适用的农业机械在我市得到推广应用。全市共推广新机具 1098 台，技术含量高、适用性强的农业机械得到推广应用，农机科技示范带动作用明显增强。

**【合作社建设】**我们坚持把发展农机专业合作社作为建设农机社会化服务体系的主攻方向和重要抓手，加强对农机专业合作社建设与发展的指导、扶持和服务。一是实行政策倾斜。在实施农机购置补贴、保护性耕作、农机新技术新机具推广等项目时，重点向农机专业合作社倾斜，支持发展先进成套农机装备，支持农机库棚建设，示范推广新型机械、维修设备等补助。二是严格建设标准，加强规范管理。根据《中华人民共和国农民专业合作社法》和《农机专业合作社示范章程》要求，对农机专业合作社建设目标考核办法和 2013 年庆阳市农机专业合作“示范社”建设标准（试行）提出具体要求。要求农机专业合作“示范”社必须有：场院面积达到 2 亩以上、机具车库棚 10 间以上，并有维修车间和办公室，配齐办公设施和常用维修设备与工具。有大中型动力机械 20 台、配套机具 30 台以上等。　三是加强指导服务，搞好典型示范。针对我市现有农机专业合作社发展中存在的困难和问题，我们把农机专业合作社的人才培养列为农机教育培训大行动的重要内容，10 月底邀请省农机局和市经管局专家对全市八县（区）农机局分管农机专业合作社建设的主要负责人及农机专业合作社理事长进行了业务知识培训，　并组织参训人员赴河南省焦作、济源两市建设规划起点高、发展快、效果好的 6 个专业合作社进行了实地考察学习。同时各县区也都组织了不同规模的培训学习，极大地推动了合作社在阵地、内业资料、示范基地建设等方面整体综合服务功能有了较大提升。全市全年新增农机专业合作社 8 个，发展农机服务组织 40 个，农机服务大户 400 个，使全市各类农机化服务组织达到 179 个(其中注册登记农机专业合作社 36 个)，农机服务专业户 13052 户，农机化中介服务组织 33 个，农机维修厂及维修点 631 个，农机经销机构 120 个，供油点 89 个，农机化服务从业人员总数达到 5.1 万人，农机经营总收入达到 14.55 亿元，纯收入达到 6.13 亿元，农机社会服务功能稳中有升。

**【技术培训】**全市农机培训部门以农机驾驶员培训、农机操作手培训、劳务技能培训、职业技能培训为重点，进一步加强基础设施建设，不断改善办学条件，创新培训模式，全力开展行业技能培训。一是举办农机驾驶员培训班 11 期，培训拖拉机、联合收割机驾驶员 1301 人。二是举办保护性耕作、玉米生产全程机械化、果园提质改造、地膜油菜种植、玉米秸秆综合利用机械化技术推广等实用技术培训班 28 期 5703 人次。三是农机专业技术人员继续教育培训 743 人。四是“阳光工程”农机培训 650 人。五是农机职业技能鉴定培训 96 人，鉴定合格 67 人。同时，开展科技三下乡活动 16 次，举办农机新机具现场演示 18 场次，受教育人数 5254 人。一年来，共培训各类农机人员 13747 人（次），农机人员队伍不断壮大。

**【机械化作业】**各级农机部门精心组织，强化措施，全力搞好信息、技术、安全及协调等服务工作，确保了春耕、“三夏”、秋播等主要农时农田机械化作业顺利开展。春耕生产期间，面对严重干旱，全市各级农机部门共组织投入各类农机具 5.18 万台，维修、检修各类农机具 1.84 万台（件），完成机耕 137.3 万亩，机械播种 126.8 万亩，机械深施化肥 216.6 万亩，机械镇压保墒 178.9 万亩，机修梯田 0.04 万亩，机械铺膜 80.4 万亩，机械提灌 15.3 万亩，均超额完成了计划任务，有效推动了全市春耕抗旱生产工作的顺利开展。“三夏”生产中，及时引导投入各类收获机械 4367 台（其中联合收割机 3124 台次），抢收小麦 167.3 万亩，小麦机械收获率达到 88.9%，割茬高度、机收损失率等基本达到技术规范要求，实现了小麦颗粒归仓。在秋季农业生产中，以冬小麦、冬油菜机播、玉米机械化收获、机械覆膜作业为重点，大力推广实施保护性耕作、玉米联合收割、秸秆综合利用等农机化新技术，认真组织开展农机化秋耕、秋播、秋收作业，共组织投入各类农业机械 33866 台，完成机耕作业 172.85 万亩、机收 47.3 万亩、机播 207.57 万亩、机械覆膜 116 万亩，全面完成了各项目标任务，有效推动了秋冬农业生产的顺利进行。全市农田耕、播、收三大作业综合机械化水平达到 53.4%，比去年增长 3.8 个百分点，农田机械化作业稳步推进。

**【安全监管】**各级农机监理部门按照“三项行

动”和“三项建设”的要求，全面贯彻农机安全法规，认真开展农机安全监理工作。一是大力宣传农机安全法规及安全生产知识，共向广大农民机手发放《农机安全监督管理条例》《致全市农机驾驶员的一封信》《“创建平安农机，促进新农村建设”倡议书》《农机安全知识手册》53000余份；张贴宣传标语1022条；制作宣传图板89块，播放安全宣传片35场(次)，电视报道25次；广播宣传39(次)。二是加强安全隐患排查，狠抓源头治理。今年全市开展农机执法行动301起，排查农机经营企业155户，检查农业机械数13211（台）次，其中查出无牌证或证照不全从事农机作业经营活动的361起，其他非法违法从事农机生产经营的108（起），发放督办通知书236张，发放隐患限期整改通知书526张，排查一般隐患46项，已整改46 项，整改率为100%。全年新注册登记农业机械3091台，其中拖拉机2928台，联合收割机163台。农业机械检验率为92.17%，其中：拖拉机检验率为92.12%，联合收割机检验率94.74%。驾驶员审验率为93.49%。全年共举办驾驶员考证培训班13期，参考驾驶员2435人，是近年参考人数最多的一年。三是认真开展“平安农机”创建活动。各级农机监理部门根据省、市的统一安排，按照创建标准要求，认真组织开展“平安农机”创建活动，平安县区、乡镇创建率均超过70%以上，合水县被新评为省级“平安农机”示范县，温泉乡、早胜镇等13个乡（镇）被评为省级“平安农机”示范乡（镇），全市省级“平安农机”示范县及乡镇分别达到7个、68个，农机安全生产环境进一步好转。（市农业机械管理局 供稿）

## 粮　食

**【工作综述】**2013年，在市委、市政府的正确领导和省粮食局的大力支持下，全市粮食系统认真学习贯彻党的十八大和十八届三中全会精神，坚决落实中央、省市的决策部署和有关粮食工作的一系列方针政策，以“稳市场保供给、强产业促发展”为中心任务，以“抓好收购促增收、加强调控保安全、深化改革转方式、提升产业惠民生、科学管粮上水平”为工作目标，切实做好各项粮食工作，确保了全市粮食供需平衡和价格基本稳定，圆满完成了年初既定的各项目标任务，为全市经济社会转型跨越发展提供了应有的支撑和保障。

**【宏观调控】**充分发挥行业管理的职能作用，把稳定粮油市场、粮油价格作为宏观调控的首要任务，制定了《庆阳市粮食安全应急预案》《庆阳市粮油应急供应实施方案》，严格落实粮食安全行政首长负责制。一是充实市县储备，增强保障能力。建立市县级粮食储备12500万斤（其中市级2000万斤，县区级10500万斤），市级储备食用油20万斤，市级成品粮储备200万斤（其中，面粉150万斤，大米50万斤）。切实提高了粮食应急供应保障能力。进一步修订完善了粮油应急供应预案，细化储备粮油应急动用方案，以现有粮油应急点、军粮供应点、放心粮店为基础，确定了粮油应急加工、储运、供应网点，每个乡镇、街道至少有一个应急供应点，正常情况下按市场化运作，应急救灾时作为政府保供稳市的重要载体发挥作用。建立了区域应急联动机制，确保在关键时刻迅速处置各种突发事件。二是建立粮食市场供求及价格监测报告制度。市县粮食部门确定专人负责粮油市场监测，实行周报制度，定期调查分析粮油市场供需和价格情况。如果粮油价格出现大的波动，确保能够及时向市政府和上级粮食部门报告粮价运行情况，并对可能引发价格波动的苗头性倾向性问题及时开展调研，分析判断价格走势，为领导机关宏观决策提供准确依据。三是加强粮情调研和分析预测。我们采取全面调查和分类调查相结合的办法，合理选取调查样本，科学推算总体数量，并根据调查结果，深入分析全市粮食流通形势和供需现状。对全市62户种植户的小麦、油菜籽和玉米的生产成本、销售情况、利润等情况进行了调研，提出了应对措施和建议，建立了粮食产销与成本利润调研的长效机制。通过各项分析比对，对全市粮食供需平衡情况进行了较为科学的预测。四是充分发挥调控监管职能。积极支持引导国有粮食企业从促农增收、保供稳市出发，千方百计增加粮食收购，保证市场供应。坚持从粮食流通市场的源头抓起，对凡进入粮食市场开展经营的国有、民营和个体户，都严格按照准入标准审核把关，有效地维护了粮食市场的稳定。

**【粮食购销】**全市各级粮食部门切实把做好粮油收购工作作为保障粮油消费安全的重要工作来抓，早部署，早动员、早行动，确保全年购销任务的完成。一是抓粮油收购。指导全市国有粮食企业充分发挥主渠道作用，加强与河南、陕西等粮食主产区和毗邻地区的协作。全面开展夏粮收购培训工作，及早准备新粮入库仓容，协调收购资金，备足收粮器械和设备。鼓励多元市场主体积极入市收购。紧紧围绕“改进工作作风，方便农民售粮”的宗旨，广泛开展了“心系百姓，换位思考”活动，改进收购方式，加大设点收购、上门收购力度，开展预约收购、品种兑换等多种形式，严格遵守“五要五不要”职业操守，积极扩大收购，增加粮食库存。全市收购粮食47018.8万斤，较上年同期多收5397.8 万斤,增长12.97%，占全年任务42500万斤的110.6%。二是抓粮食销售。积极组织货源，增加粮油销售品种，扩大城乡销售网点，开发培育营销品牌和成品粮油品牌，最大限度地满足城乡居民的消费需求，保证了全市粮油市场稳定，保持了粮油价格基本稳定。销售粮食48161.6万斤，较上年同期多销6484.8 万斤，增长15.56 %，占全年任务109.5%。三是抓政策性粮油供应。严把军供粮油的质量关，保证军供米面的正常供应，健全军粮供应手续制度，做到军供实物、资金账账相符，账实相符，进一步规范和完善军粮财务管理制度。开展军粮质量专项检查，检查各项管理制度，军粮库存及账务，完善服务设施，设立意见薄、价目表、样品台、服务公约。公开了监督电话，自觉接受驻庆部队监督，保质保量地完成了部队供给任务。四是稳步推进“放心粮店”建设。从2012年开始，我局根据省粮食局、市委市政府关于开展放心粮油工程建设一系列部署，把开展“放心粮店”建设工作作为造福百姓的民生工程、作为提升粮食部门为民服务的一项大事来抓。在没有固定模式，没有物质基础的条件下，我们积极探索，深入调查，结合我市实际情况，制定了《全市开展创建“放心粮店”活动实施意见》，统一设计了门牌标识和“放心粮油示范店”铜牌样式。经过一年的实践探索，在去年创建21家“放心粮店”的基础上，不断扩大，稳步推进，今年全市“放心粮油示范店”达到 了25家，挂牌的“放心粮油示范店”服务质量和经营效益都有了明显提高。

**【仓储管理】**一是深入开展粮油仓储企业规范化管理。增强安全意识，强化安全措施，落实安全责任。各仓储企业完善管理制度，落实各项操作规程，实现作业和管理的规范化。经检查，镇原裕峰粮食购销公司、华池县粮食总公司、市粮油储备库、市庆宁粮油储备公司4户企业保持了优秀等次，西峰耘新公司等6户企业保持了良好等次，并在设备管理、安全防范等方面有提高。各基层储粮单位在安全生产百日活动中配齐了消防器材，整修了库区电路、水路，增强了防范措施，落实了安全责任。做到了安全生产，生产必须安全。全年未发生任何储粮安全事故。二是认真开展全市粮油春秋两季普查工作。按照“有仓必到、有粮必查、查必彻底”的原则，对全市10户国有粮油仓储企业的36个库点现存的粮油，分春、秋两季进行了全面检查，两次共检查粮食172882吨（34576.4万斤），检查油品501吨，占粮（油）库存总量的100%。通过普查，晾晒整理高水分粮3450吨，处理虫粮2000吨，达到了掌握粮情，消除隐患，确保安全的目的。三是继续坚持开展“一符四无”粮仓活动。严格按照省粮食局制定的“一符四无”粮仓标准，对仓储企业进行考核评定，全市10户国有企业全部达到“账实相符，无虫害、无鼠雀、无变质、无事故”的“一符四无”粮仓要求。四是认真开展农户科学储粮专项建设。完成了全年5000户农户科学储粮专项建设任务(环县3000户，镇原1000户，合水500户，宁县500户)，项目投资250万元，其中：中央和省上投资125万元，市县配套50万元，农户自筹75万元。全市已累计完成农户科学储粮任务17000户，占全省11.4万户的14.9%。落实上报2014年农户科学储粮专项任务9500户，争取全部落实到位（2014年全省仅有计划4万户）。五是全面落实安全生产责任，完善安全生产各项措施。多年来，我们时刻树立安全生产重于泰山的思想理念，把安全生产工作贯穿于粮食工作始终，严格落实各项安全生产责任制。今年，紧密结合全省粮食行业安全生产大检查“百日行动”和全市消防安全大排查大整治活动，对全市粮食行业的防火和消防设施、安全储粮、化学药品药剂的管理使用、机械设备和电源的安全使用等进行了全面检查，对事故易发部位、粮食生产重点环节进行了彻底排查，对发现的安全隐患，进行了整改。7月份，我市遭遇强降雨极端天气，特别是环县、华池遭遇了百年不遇的特大暴雨，给全市粮食仓储设施、各类储粮和职工人身安全带来了严重威胁。为此，我们及时下发了《关于切实做好防汛工作的紧急通知》，全面安排防汛救灾工作。组织人员奔赴各县区开展了以防汛为重点的安全生产督导检查，全面了解受灾情况，最大限度的减少了灾害损失。

**【行政执法】**一是采取多种形式加强《粮食流通管理条例》宣传，营造粮食执法氛围。今年是《粮食流通管理条例》颁布实施九周年，根据省粮食的统一安排，我们积极组织全市粮食部门开展了声势浩大的宣传活动。在宣传活动中，我们突出了“科学节粮减损，保障粮食安全”这一主题，宣传了粮食科普知识、粮食政策法规、粮食收购许可制度、粮食质量和卫生管理制度，积极引导粮食经营者依法经营、守法经营意识。组织人员参加了全市“食品安全宣传周”活动。全市共设主会场9个，开展宣传58场次，散发宣传资料10.5万份，悬挂横标条幅85条，张贴宣传标语849条，办专栏墙报29期，出动宣传车辆64车（次），参加宣传职工568人（次），接受宣传群众25万多人次。达到了预期的目的，取得了较好的宣传效果。二是加大执法力度，维护粮食流通市场秩序。结合我市实际，研究制定了《庆阳市粮食行政处罚自由裁量权细化实施标准》，对《粮食流通管理条例》中自由裁量标准进行了细化，为行政执法人员更好的开展依法行政，减少人为因素，公平、公正执法提供了依据。制定完善了案卷管理、责任追究管理制度，提高了严格执法，文明执法力度。同时，认真开展了夏秋粮上市期间的专项检查，对已取得粮食收购资格的粮食经营者进行了指导、监管与核查，对无照经营、超范围经营以及在粮食销售活动中囤积居奇、欺行霸市、强买强卖、惨杂使假、以次充好等扰乱市场秩序和违法交易行为配合有关部门进行了查处，维护了粮食市场秩序。10月份，组织有关执法人员赴全国粮食流通监督检查示范单位河南省郑州市粮食局、舞阳市粮食局，陕西富平县粮食局考察学习了粮食行政执法检查工作，对推进我市粮食流通监督检查工作，加快粮食行政执法步伐，具有很好的学习借鉴意义。三是粮油检化验能力增强，粮油质量安全监管得到了保障。积极向国家和省上申请组建“庆阳市国家粮食质量检测区域站”，于去年建成了检测技术先进的国家粮油质量区域监测站，为我市粮油质量安全提供了保障。

**【项目建设】**各级粮食部门把项目建设作为粮食行业振兴发展的突破口，抢抓“粮安工程”这一机遇，积极争取项目，筹措资金，搞好仓房扩建、维修和基础设施建设，启动争取了一批增强粮食行业发展后劲的项目，为壮大粮食行业发展实力夯实了基础。一是合理规范全市“粮安工程”项目。国家和省粮食局决定，把今年确定为“粮安工程”建设启动年，2014年为攻坚年，2015年为突破年，力争一年有规划、两年见成效、三年上台阶。按照“广积粮、积好粮、好积粮”的要求，我们从粮食物流批发、旧仓维修、粮油质检、农户科学储粮、放心粮店建设、老仓功能提升和成品库建设七个方面，对全市“粮安工程”进行规划，规划合计投资36858万元，按时上报省局。二是科学编制“粮食仓储设施建设方案”。按照省粮食局要求，编制了2013-2020年全市粮食仓储设施建设方案，从维修改造“危仓老库”、重建新建一线收纳库、新建中心库、新建低温成品库、新建油罐、新建烘干塔、新建重要物流节点和提升现有仓库功能8个方面，编制项目99个，投资总额7.1亿元，按时上报省粮食局，为今后仓储设施建设准备了第一手资料。三是抓好仓房改（扩）建、新建项目工作。2013年，庆城县地方粮食储备库1000万斤仓房主体已建成；西峰耘新粮油购销公司5000万斤仓房项目已建成3栋，另外2栋基础已建成；合水丰源公司板桥分公司1000万斤仓房墙体工程已完工；市庆宁公司5000万斤仓房异地建设项目国家发改委已正式批复立项，国投500万元资金已到位；宁县鑫源粮油购销公司1000万斤仓房项目省发改委已正式批复立项，国投100万元资金已到位；环县万佳杂粮工贸公司正在争取5000万斤仓房建设项目；正宁县永盛公司1000万斤仓房已上报到省发改委待批。这些项目的实施，将对改善我市仓储设施的落后面貌起到积极的推动作用。四是强化经营管理，企业经济效益不断提高。不断完善扭亏增盈目标管理考核奖惩机制，加强对国有粮食购销企业扭亏增盈工作的指导，确保全面完成确定的目标任务。对粮食企业经营效益、人均利润、费用控制、资本保值增值等四个方面进行重点考核。各企业建立了自身发展、自我管理、自负盈亏的各项制度，极大地激发了企业扭亏增盈的积极性。及时掌握企业经营情况，根据存在问题，有重点、有针对性地深入调研，解决突出问题。五是实施项目带动战略，行业实力不断增强。不断加快自主经营、自负盈亏的现代企业制度创建步伐，全市各粮食企业普遍立足本地、本企业的实际，发挥优势，扬长避短，突出区域特色，以项目为龙头，因地制宜，宜工则工，宜商则商，充分挖掘本地、本企业的资源优势，开发新产品，延长产业链，增加附加值，提高经营效益。环县万佳杂粮工贸有限公司开发出荞麦面、荞麦粉、荞麦糁子等多个小杂粮品种，年加工生产能力1万吨，产品远销陕甘川宁等省区，被省上认定为庆阳市农业产业化重点龙头企业。华池县粮食总公司开发生产的“陇东”牌胡麻油年销售量60吨，倍受市场青睐。六是承办粮食年会，加强了区域粮食行业协作。今年西交会在我市召开，根据惯例，“陕甘川宁毗邻地区经联会粮油协作分会第26届年会”由我局承办。由于“西交会”地点、时间一直没有明确下来，但我们不等不靠，早动手、早部署、早规划，制定了详细的会议方案。对会议的内容，参观考察路线，会议接待等作出了详尽安排；对会议的各种材料，会议通知、邀请函及早准备并进行反复修改。积极与各参会方多次联系，确定参会代表，联系会议事宜和各方的会议交流材料，制作了会议交流材料汇编。成功的为四省各方搭建了一个加强区域粮食信息沟通，发展粮食经济，繁荣粮食流通平台，各与会代表对我市承办的粮油协作分会给予了好评，得到了各协作方的充分肯定。

**【行政效能】**一是狠抓党员干部的政治理论学习。局党组始终把建设学习型党组织和培养一支“政治过硬、业务精良、作风清正、纪律严明”的粮食干部职工队伍，作为加强党的思想作风建设的根本目标，不断充实完善了局党组中心组学习制度、机关干部职工学习制度和党支部“三会一课”制度，制定了建设学习型党组织实施方案，局党组中心组每月至少学习一次，局机关和所属事业单位坚持二、四下午学习制度。并不断创新学习载体与形式，切实增进学习活力与实效，广泛开展榜样示范教育、革命传统教育、反腐倡廉警示教育、党的基础知识答题竞赛活动、廉政法规考试、党校培训等分层分岗教育，增强了教育的针对性。二是加强领导班子建设和干部队伍建设。局党组从制定和完善各项制度入手、从关键环节突破，进一步加强领导班子建设。首先，坚持认真落实班子民主集中制，加强决策的科学性和民主程序，落实“一把手五个不直接分管”和“三重一大”事项集体决策等制度，严格执行民主集中制，坚持集体讨论决定重大事项。其次，严格执行党务政务公开制度，增强工作透明度，接受社会群众监督，对人事任免、职工计划生育、评先奖优等干部职工关心的问题及时公开公示。第三，修订完善了内部管理制度。坚持用制度管人、管权、管事，局领导班子成员、党员干部能自觉遵守廉政制度，做到廉洁从政，没有出现任何违纪问题。三是严格落实中央“八项规定”，切实改进机关作风。严格落实中央、省市关于廉政勤政，求实为民各项规定，不断修订完善机关各项管理制度。认真贯彻落实党风廉政建设责任制，推进惩治和预防腐败体系建设工作，建立健全教育、制度、监督并重的惩治和预防腐败体系，完善廉政预警机制，增强全局领导干部和科室、站岗位工作人员的责任意识和廉政风险意识。根据岗位、职务、职责等情况，着重对“人权、财权、物权、行政执法权、行政许可权”等方面的关键环节风险点进行了查找补充，通过不断完善决策机制，优化工作流程，规范工作规则，实行岗位轮换等措施，控制自由裁量权，实行权力制衡，进一步增强重要岗位工作人员的廉政意识，筑牢思想防腐意识，有效地促进了机关作风的转变和工作效能的提高。认真开展办公用房清理工作，严格按照规定标准进行清理，对超面积房屋进行了腾退、合并，将局办公用房人均面积控制在标准之内。四是扎实开展“双联”活动，切实转变工作作风。我们狠抓任务落实，着力解决帮扶群众生产生活中的实际困难和问题。出资0.9万元帮扶尚西坪村两名贫困户的劳动力参加了实用技能培训；捐款8600元帮助帮扶户购买化肥、地膜等春耕农资；建立健全留守儿童档案，为11名贫困家庭婴幼儿按每名100元标准捐赠营养包11个；依托小尾寒羊养殖担保贷款平台，为全村21户农户落实养殖贷款105万元。8月上旬，我局组织双联工作人员协同乡、村干部赴山东梁山调引小尾寒羊286只，其中，单位出资10万元帮扶43户贫困户调引86只小尾寒羊，并分发到农户。截止当前，全村小尾寒羊存栏量达3232只，户均存达18只，市局帮扶的43户存栏量达650只，户均存栏量15只左右，户均纯收入达到9000元以上，年人均纯收入增加近2300元。结合粮食行业工作实际，为帮扶的43户贫困户每户免费订置了1套科学储粮彩钢储粮仓，总价值2.5万元。同时，邀请有关专家在帮联村进行了种植、养殖实用技术培训，累计发放资料1500多份，培训群众400余人（次）。7月初，环县灾情发生后，组织全局干部职工捐款4800元。“双联”工作取得了实效。（市粮食局　供稿）

## 气　象

**【气象工作政府化】**气象工作纳入市县两级目标管理考核内容，并被列为全市农业农村工作重点。市县两级“两个体系”建设维持经费稳定增长。《庆阳市气象灾害防御办法》经市政府常务会讨论通过并颁布实施，对全市有效防御气象灾害提供了政策支持和保障，为全省市州级首部气象灾害防御类地方性法规。气象防灾减灾机制不断完善，气象防灾减灾指挥部在全市防汛抗洪工作中充分发挥了组织协调作用。市政府高度重视气象灾害预警发布工作，建成庆阳市气象灾害预警及影视发布系统。

**【体系建设】**开展“三农”专项建设，确定西峰区为“三农”专项实施县，成立了领导小组、技术小组和服务机构，初步建立了有效的农业气象业务服务机制。开展了农作物精细化农业气候区划和农业气象灾害风险区划，完善了农业气象服务周年方案和农业气象服务指标体系。建立了蔬菜、苹果、冬小麦三个农业气象服务示范基地，安装了三套小气候自动监测系统，增强了服务的针对性和科学性。开展风险预警服务，推进山洪地质灾害防治气象保障工程建设，组织完成了2012年一期、二期山洪地质灾害防治气象保障工程建设任务。正宁、环县、庆城进行了预警业务平台改造和综合气象业务平台建设，华池、镇原、合水、宁县、西峰建成了数据中心。新建雨量站88个，全市区域站和雨量站总计达到188个。组织完成了暴雨洪涝灾害风险普查，开展了暴雨诱发的中小河流洪水和山洪地质灾害气象风险预警业务，市气象台发布地质灾害气象风险预警22期、中小河流洪水气象风险预警15期。深化部门合作，实现信息共享，开发了庆阳市及七县自然灾害监测预警指挥系统和资料共享平台。完善农业气象服务体系，与科研院所签订合作协议，建立了信息共享和协作机制。成立为农气象服务专家团，开展了全市农业气象决策咨询、农业气象技术指导、重大农业气象灾害调查评估和农业气象研究。建立种植大户、专业协会、合作社及涉农企业服务档案，开展了“点对点”直通式服务。围绕服务需求，完善了农业气象服务周年方案和服务系统。提高预报准确率和精细化水平，完善了精细化预报业务流程，规范了短时临近预报，开展了乡镇精细化气象要素预报和检验。强化预报技术培训交流，6名同志参加了中国局举办的预报员轮训，2名同志到兰州中心台交流学习，5名县局预报员到市台交流学习。继续加强重大天气过程个例分析和技术总结，促进了分析预报能力。强化综合观测能力，实施地面测报业务改革，完成西峰基本站测报业务调整。合水、正宁观测站实现整体搬迁，正式开展工作。完成西峰、环县新型站建设任务，开展了全市新一轮探测环境评估。完成西峰新一代天气雷达维护和市局网络优化升级，开展了气象信息安全检查。

**【气象服务】**2013年我市灾害频发，特别是春季干旱和汛期持续暴雨天气给全市工农业生产和人民群众生活造成严重影响。全市气象部门面向民生、面向生产、面向决策，积极开展各类气象服务，得到各级领导的充分肯定和人民群众的广泛赞誉，市局连续第8次荣获市委市政府支持庆阳经济社会发展突出贡献奖。在抗旱气象服务中，市县台站深入田间地头，进行苗情、墒情、旱情调查，开展灾情评估，积极实施人影增雨作业，为全市抗旱保春耕提供了决策依据。在防汛气象服务中，市县局领导亲临一线开展应急服务，全体气象工作者发扬连续作战、不怕疲劳的精神，严密监视天气变化，认真进行天气会商，及时发布灾害预警，为全市抗洪救灾发挥了不可或缺的作用。2013年，共编发各类服务材料561期,发布各类灾害性天气预警信号130期；市局12次启动应急响应，2次启动重大气象灾害预警信号发布“绿色通道”；市委、市政府领导在气象服务材料上批示19次，是近年来批示最多的一年。

**【基本业务】**不断强化基本业务的基础地位，通过开展汛前业务自检、仪器设备巡检、业务指导培训等工作，全市基本业务继续保持稳定。2013年全市地面测报质量错情率0.035‰，农气测报质量0.0‰；全市1～7天所有站点预报质量晴雨87.2%、最高温度67.7%、最低温度69.1%，综合74.69%；信息传输常规报100.0%、自动站99.93%、区域站96.3%。积极开展气象科研，实施科研项目4项，全年在核心期刊发表论文4篇。

**【依法行政】**规范气象行政审批，公布了气象行政许可（审批）及管理服务事项名录和办理流程，全年受理气象行政审批事项303件，办结率100%，市局被市政务中心评为全市政务服务和政务公开优秀窗口单位。加强防雷和氢气球施放管理，开展了防雷综合治理，联合市安监局对全市烟花爆竹经营单位防雷工作进行了检查。

**【机构改革】**成立工作领导小组，制定实施方案，在正宁开展了试点工作。加强与当地党委、政府的沟通协商，各县局设立了工作机构，大部分县局落实了人员编制和经费。完成全市县级气象管理机构参公人员竞争性选拔笔试和面试工作，26 名同志进行了身份置换。公开竞聘补充了 4 个县局领导班子，成立了县局党组，设立了县局党组纪检组。

**【党建与政工】**市局党组认真学习贯彻党的十八大和十八届三中全会精神，制定了“深化四项改革、实施六大工程”的发展举措。着力加强党风廉政建设，签订了党风廉政建设责任书，组织开展了第十二个党风廉政宣传教育月活动，落实了廉政风险防控事项，强化了内部审计，开展了廉政警示教育和廉政文化建设。严格遵守“八项规定”，制定了实施细则，减少了各项支出，转变了工作作风。坚持开展精神文明和“星级台站”创建活动，市局通过市区文明办组织的省级文明单位复查，正宁局晋升为“二星级气象台站”。深入开展气象文化建设，在全省气象部门弘扬气象精神征文和演讲活动中取得良好成绩。认真落实思想工作责任制，积极开展矛盾化解和信访工作，落实了老干部各项政策待遇。强化安全生产和气象宣传工作，组织开展了文体公益活动。扎实开展“双联”活动，投入帮扶资金 4.96 万元。（市气象局　供稿）

## 农业综合开发

**【工作综述】**2013 年，全市农业综合开发工作始终坚持以科学发展观为指导，以学习贯彻党的十八大精神为主线，认真贯彻落实中央和省市农村工作、经济工作会议精神，积极投身全市发展现代农业“266”主战场，强化措施，狠抓落实，全力组织实施和打造农发精品项目工程，各项工作取得了显著成效，为促进全市扶贫攻坚和经济社会转型跨越发展作出了应有贡献。

**【项目和资金争取】**2013 年，共争取到位农业综合开发项目 14 个。其中：土地治理项目 9 个，产业化经营项目 5 个。争取项目总投资 5653 万元，其中：中央及省级财政资金 5065 万元。比市委市政府下达的争取中央、省级财政资金 3000 万元以上的目标任务净增 2065 万元，占计划任务的 168.8%。特别是在近年国家严控开发县规模，总量控制，适度进出的大背景下，经过不懈努力，华池县经国家农发办批准，从 2013 年起进入国家级开发县序列，这是近十年来我办在项目和资金争取方面取得的历史性突破。

**【项目建设】**全面完成了 2012 年度项目建设任务，顺利通过市级督查验收。2013 年度项目建设开局良好，进展顺利。一是 2012 年度项目建设任务全面完成。全市共完成 2012 年度农业综合开发土地治理项目 16 个，产业化经营项目 10 个，完成项目总投资 5394.15 万元，其中中央财政资金 2641 万元，地方财政配套资金 1664 万元，自筹资金 889.15 万元，银行贷款 200 万元。全市共完成新打机井 13 眼，修复配套 7 眼，新建提灌站 1 处，埋设管道 85.1 公里，新建大口窖 158 眼，小水窖 165 眼，架设输变电线路 14 公里；完成平田整地 1.98 万亩，修筑机耕路 185.5 公里，漫水桥 3 座，推广全膜双垄沟播玉米 6700 亩，保护性耕作 4100 亩；营造农田防护林 1600 亩；完成农民技术培训 9200 人次，示范推广农业新技术、新品种 13 项 4850 亩。西峰区 6800 吨调味食品加工扩建等 5 个财政补助项目以及镇原县 100 吨羊绒收购及加工流动资金贷款等 5 个贷款贴息项目，均按照项目初步设计，全面完成建设任务，企业生产运营良好。二是 2013 年度项目建设进展顺利。按照要求，完成了 2013 年度土地治理和产业化项目资金计划及初步设计（实施方案）的批复工作。同时，各县区坚持一手抓上年度工程竣工验收，一手抓当年工程启动实施。各县土地治理项目完成机耕路拓建，机电井、水塔及小水窖建设、输变电线路架设、输水管道埋设、土壤改良等重点治理措施和梯田建设工作。经 12 月市办考评验收，全市 2013 年度 9 个土地治理项目已完成投资 3903 万元，占计划投资 5475 万元的 71.3 %；5 个产业化经营项目已完成投资 161 万元，占计划投资 178 万元的 90.4%。综合项目计划任务完成率达 81%，超目标任务 81 个百分点。三是项目区农业生产能力有了新提高。各县区特别是项目实施乡镇，借助农发项目，依托项目建设，坚持以项目带产业，狠抓农业结构调整，取得显著的经济、社会和生态效益。据统计，全市农业综合开发年度项目区建成后新增节水灌溉面积 1.02 万亩，新增旱作农业面积 2.4 万亩，扩大良种种植面积

0.58万亩，增加农田防护林网防护面积2.4万亩；新增粮食生产能力178万公斤，油料8万公斤，蔬菜65万公斤，苹果等其它农产品45万公斤。年新增种植业总产值920万元，项目区农民收入增加总额552万元。

**【项目管理】**市农发办以提高质量、规范管理为重点，集中精力抓好项目的科学化、精细化管理。一是狠抓项目前期。坚持“以水为先、综合治理、产业配套、整体推进”的原则，实地细查，审核申报项目措施和指标，为项目顺利实施打好基础。在措施的制定中，坚持因地制宜，效益发挥，水利措施突出高效节水，水源工程坚持以维修配套为主，严格控制新打机井，林业措施坚持适地适树、路树配套，科技措施坚持以建设科技推广示范基础为抓手，促进传统农业的改造升级，提高农业科技的贡献率。二是严格制度执行。市办坚持监理工作备案、招投标核准、监理定期报告等项制度。同时，要求县区在项目实施中严格执行项目法人制、招投标制、项目和资金公示制、工程监理等项制度，全面推行农民质量监督员制度，不断提高项目建设的质量和效益。在资金管理方面，严格执行专人管理、专账核算、专款专用的“三专”管理制度，要求县区严格按规定范围和计划批复使用资金，严格按照国家、省市规定的程序和手续报账。三是突出科技示范。坚持把科技示范推广作为提升农发项目层次，打造农发项目亮点的重点措施来抓，大力推广应用玉米全膜双垄沟播、保护性耕作、节水农业示范等新技术、新品种，不断加快农业科技成果转化步伐，发挥示范带动作用。同时，加大对农民群众的技术培训力度，全面提高项目区农民群众的参与程度和科学种田水平。2013年项目区共推广应用新技术、新品种22项，培训农民群众21300人次。四是抓好督查指导。实行了领导包县区、包科室、包项目工作责任制、报账三级审核、公示备案及招投标备案审核、重点措施月通报、问题整改销号台账、责任追究等行之有效的管理制度和办法，同时，制定了《庆阳市农业综合开发绩效管理考核办法》，采取定性分析与定量评价相结合的方式，对县区资金管理和项目建设成效进行绩效考核评价，形成了一套科学合理的绩效管理评价机制。

**【机制改革】**坚持把与时俱进、务实创新贯穿于工作的全过程，积极探索实践，推进农业综合开发事业的健康持续发展。一是认真调查研究，推进开发思路创新。确定了围绕发展现代农业这一中心，以建设中低产田、高标准农田为主线，为农业现代化发展打好基础；以构建新型农业经营体系为主线，为城乡一体化发展搭建平台；以合理开发利用水资源为前提，突出平田整地、科技推广示范的陇东旱塬农业综合开发思路。二是规范工作流程，推进管理方式创新。全市农业综合开发严格落实各项管理制度，在项目和资金规范化、精细化管理上求突破，见实效。在项目招投标上，对财政资金在30万元以上的单项工程或年度项目同类工程全部实行了招投标，市办对县区标段划分和招标资料进行市级审核，全力打造农发项目“阳光工程”。今年全市农发项目招标资金占财政资金总投资的87%。同时，从今年下半年开始，我办把招投标纳入市公共资源交易中心进行统一管理，进一步提高了招投标的规范化、科学化管理水平。在项目监理上，全市农发项目主要工程措施由市办在全省范围内公开招标确定监理公司，2013年，监理的项目资金占财政总投资的78%。通过建立专业监理、农发部门监理及农民质量监督员三位一体的监理机制，有效保证了项目建设质量。在资金监管上，严格实行财政资金“三专”管理，实行县办报帐员、县办主任、市农发办计财科三级审查，规范县级报帐；不断加强对资金管理使用情况的监督检查，及时足额到位财政资金，及时落实市、县配套；严把支出关口，坚决杜绝挤占挪用财政资金、白条入账、大额现金支出等违规违纪问题的发生，也防止擅自超计划报账或不按计划批复报账等现象的发生，确保每一笔农发资金合法、合规、合理。三是积极探索总结，推进开发模式创新。在积极推行土地治理项目与产业化经营项目相结合、农发资金与其他支农资金整合使用、扶持农民专业合作社等项试点工作的基础上，我们开展了财务资料、统计报表、可研报告和初设方案“四项评比”和优质工程、优秀项目区“双优创建”活动，并坚持实行整乡整村推进，逐步形成了规模开发、连片治理，推进现代农业发展的开发模式。

**【双联行动】**市农发办帮联宁县盘克镇界村和段堡村。一年来，全办干部集中9批次46人次深入帮联村开展对接帮扶活动。年初讨论确定了2013年双联行动“1263”帮扶工作计划，与市委双联办、市扶贫办联合下发了《加强农业综合开发，促进贫困村经济社会全面发展的意见》，有力推进了扶贫攻坚暨双联行动向纵深推进。同时，为帮联村争取国家农业综合开发高标准农田示范项目资金 1082 万元。通过农业、林业、水利、科技措施的综合运用，帮联村村情面貌焕然一新，农业发展条件大为改善，帮联村持续发展能力显著增强。共为帮联村新修农田砂石道路 28 公里，新打机井 1 眼，维修机井 3 眼，埋设地下输水管道 31 公里，整修梯田 6500 亩，为联系户新打 40 立方集雨水窖 50 眼，栽植国槐、楸树等农田防护林 12000 株 430 亩。探索建立了“苹果幼园套种药材或马铃薯”“山地梯田套种中药材”等多种立体栽植模式，并积极协调联系药村生产加工企业及苼加工企业订单种植、上门收购。随着特色产业的发展壮大，界村人均增收 770 元，段堡村人均增收 520 元。编制了《宁县界村扶贫开发奔小康发展规划（2013-2018）》，为帮联村长远发展科学定位。积极为帮联村改善办公条件，为界村捐赠液晶电视 1 台，电脑 2 台、打印机 1 台；为段堡村捐赠液晶电视 1 台，电脑 1 台。

**【干部教育】**按照中央《八项规定》和省、市有关廉政自律的细则要求，研究制定了《庆阳市农业综合开发办公室关于改进工作作风密切联系群众实施细则》，从开展调查研究、提升服务水平、精简会议活动、规范文件简报、严明督查纪律、厉行勤俭节约等6个方面细化分解，提出了具体要求，并在工作当中严格落实。在工作当中，继续实行领导包县区、包科室工作责任制度，建立健全反腐倡廉惩戒机制和反腐倡廉预警机制。严格落实重大事项集体研究决定制度，坚持集体领导，对重大决策、人事变动、项目安排和大额资金使用必须经集体讨论决定，重点加强对工程施工、项目招投标、物资采购、资金安排等重要工作和重点环节的监督，不断提高源头预防能力，确保农发项目建设质量、资金规范使用，效益长期发挥。（市农业综合开发办公室　供稿）

# 工　业

## 工　业

**【工作综述】**2013 年，工业和信息化工作紧紧围绕全省区域发展战略“东翼”主战场、建设甘肃东部门户城市的战略定位，以建设大型能源化工基地和全省新的增长极的总目标，坚定不移地实施“工业强省”战略和“3341”项目工程，突出“十大工程”主抓手，主攻“一区四园、一线八域”主战场，积极协调和克服各种不利因素，坚持在挑战中抢抓机遇，在创新中谋划发展，强化能源化工首位产业建设，着力推动石油石化、煤电化冶材两个千亿级循环经济产业链加快发展，着力强化工业经济运行调度和调控，全心全意抓项目、破瓶颈、调结构、转方式、促融合，全市工业经济呈现出安全稳健运行、投资持续强劲、能源有序开发、项目稳步推进的良好运行态势。2013 年，针对下行压力加大的市场趋势，我们进一步加强对重点产业和企业的经济运行监测，跟踪掌握企业生产经营情况，及时进行运行分析和预警预测，现场服务协调推进，确保 46 个建成项目达产达标，全年新增规上企业 21 户，总户数达到 105 户。全市规模以上工业增加值累计完成 331.86 亿元，占年计划 330 亿元的 100.56%，增长 18.43%连续三年保持了 18%以上的稳健增长速度，工业经济对全市经济增长的贡献率达到 56.1%，总量连续五年稳居全省第 2 位，发展速度位居全省第 3 位。其中，中央企业完成 295.43 亿元，增长 16.3%，占年计划 300 亿元的 98.48%；地方工业完成 36.43 亿元，增长 25.7%，占年计划 31.8亿元的 114.56%。累计完成工业销售产值 712.4 亿元，增长 15.9%，产品销售率达到 95.9%。其中，中央企业完成 602 亿元，同比增长 15.6%，产品销售率达到 95.8%；地方工业完成 110.4 亿元，增长 32.8%，产品销售率达到 96.6%。

**【能源化工基地建设】**石油石化。庆阳石化 600 万吨升级改造项目获得前期工作“路条”，完成了征地拆迁和基础施工，可研报告和环境影响评价报告已上报中石油待批；永欣石化公司 9 万吨/年干气芳构化项目开工建设，累计完成投资 1.5 亿元；江苏金浦集团碳四深加工项目原料供应问题基本落实。

煤炭开发。刘园子煤矿已进行试验性开采，核桃峪、新庄、甜水堡 2 号有序推进。50 万吨合成氨、80 万吨尿素项目正在编制可研报告。重大项目推进进度为：核桃峪年产 800 万吨矿井及选煤厂。2013 年完成投资 5.79 亿元，累计完成投资 73.45 亿元（含矿权价款 47.5 亿元）。主井累计掘进 5305 米，副立井，回风立井，措施井、井底车场等已全部完工。新庄年产 800 万吨矿井及选煤厂。2013 年完成投资 6.82 亿元，累计完成投资 48 亿元（含矿权价款 32.4 亿元）。主、副、回风立井冻结钻孔工程全部完工。马福川年产 500 万吨矿井及选煤厂。2013 年完成投资 514.7 万元，累计完成投资 1.94 亿元。已完成工业广场 “三通一平”等前期工作，正在争取国家发改委核准。毛家川年产 500 万吨矿井及选煤厂。累计完成投资 9210 万元，正在争取国家能源局开展前期工作“路条”。钱阳山年产 600 万吨矿井及选煤厂。2013 年完成投资 2910 万元，累计完成投资 16.96 亿元（含矿权价款 15 亿元）。目前，项目建设前期“三通一平”已展开，进场道路征地工作全部完成。甜水堡 2 号年产 240 万吨矿井。2013 年完成投资 1.82 亿元，累计完成投资 4 亿元。3 月 6 日获得前期工作 “路条”，正在争取国家发改委核准。晋煤集团年产 50 万吨合成氨、80 万吨尿素项目。已完成项目设计方案招标和可研报告编制。

电力发展：正宁电厂一期项目征地拆迁已全部完成，华电南湫三、四期各 5 万千瓦风电项目已建成投产，华电毛井 40 万千瓦风电和小南沟 60 万千瓦风电项目正在开展前期工作。

**【项目建设】**2013 年。全市开工建设 500 万元以上工业项目 222 个，其中新建 123 个，续建 99 个，完成工业固定资产投资总额 389.59 亿元，增长 23.02%。其中，长庆油田完成 155.9 亿元，增长

12.94%；地方工业完成233.69亿元，占年计划243亿元的96.17%，增长30.7%。

能源项目：重点建设的“一号工程”庆阳石化600万吨炼油升级改造项目，前期工作有序开展，可研报告和环境影响评价报告已上报中石油总部审查批复；庆阳永欣石油化工有限公司9万吨/年干气芳构化项目已开工建设，2014年底建成投产；江苏金浦集团碳四深加工项目原料供应问题已初步达成共识；刘园子煤矿已于6月15日进行试验性开采，甜水堡2号煤矿于3月6日取得开展前期工作“路条”；合水东-宁县北煤田配置给晋煤蓝焰煤层气公司开发建设，晋煤集团第一期资源价款已缴纳，50万吨合成氨、80万吨尿素项目正在编制可研报告；正宁电厂一期项目征地拆迁已全部完成，华电南湫三、四期各5万千瓦风电项目将于年底建成投产。

地方项目：甘肃中盛农牧发展有限公司一期计划建设的肉鸡屠宰食品加工厂、养殖小区、30万吨饲料加工厂及各种附属配套工程已全面完成建设任务，标志着总投资11亿元的重点招商引资企业正式在镇原县投产运营；长庆桥宁南大型煤炭综合物流园建设项目建成投运；西峰工业集中区标准化厂房建设项目已开工建设；瑞南天然气综合利用及深加工项目正在进行厂房、基础设施建设，完成投资3.2亿元；西峰制药、彭阳春酒业搬迁改造项目和福润肉类加工公司年产30万吨生猪饲料项目已全部开工建设，进展顺利；甘肃衍河集团石油抽油管道防腐项目已建成投产，完成投资1.14亿元；和盛工业集中区装备制造产业园已完成土地平整，即将入驻企业开发建设。

**【政策规划】**我市编制的石油（天然气）化工、煤炭开发及深加工、现代高载能三个产业链设计方案已分别通过国家和省级评审，由市政府（庆政办发〔2013〕203号）印发实施，为能源化工基地建设指明了产业发展路径；《庆阳市千亿级循环经济产业链实施方案》已经省政府印发，为我市石油化工、煤电化冶材两个千亿级循环经济产业链建设提供了政策保障；制定出台的《推动非公有制经济跨越发展的实施意见》和《庆阳市非公有制经济提质增量工程实施方案》，为实现非公经济超常规、跨越式发展奠定了基础。

**【集中区建设】**全市工业集中区重大项目建设稳步推进，基础设施建设成效显著。西峰南北两个工业园区已建成4条道路，标准化厂房一期工程进展顺利，完成基础设施投资4亿元；长庆桥重点实施11条道路建设，完成基础设施投资3.1亿元。西川工业集中区整理建设用地360亩，新建标准化厂房3.4万平方米，建设完成主干电网线路敷设工程和垃圾处理场，完成投资2.6亿元。驿马2条续建道路建设工程即将建成投运，2条新建道路已完成土地征迁、招投标等前期工作，完成投资4150万元。

**【节能降耗和循环经济】**循环经济：全年实施循环经济项目21个，建成循环经济企业12户，和盛、长庆桥工业集中区被列为全省循环经济试点园区，合水振海塑业等4户企业被列为全省循环经济示范企业。淘汰落后产能：淘汰落后产能企业5户，关闭小企业2户，减少用煤1.73万吨标煤，减排$SO_2$440吨、$CO_2$4.42万吨。工业节水：开展了规模以上企业用水调查，6户企业被确定为省级重点用水监控企业，庆阳石化公司、刘园子煤矿2户企业完成水平衡测试工作。

**【信息化建设】**出台了《庆阳市煤炭采掘企业信息化工作指导意见》，为煤炭采掘企业实现“两化”融合打下了坚实基础；与移动公司签订了加快推进庆阳市中小企业云服务应用协议。电信业发展迅速，全年移动电话用户数达到222.4万户，电信业主营业务收入实现13.43亿元，同比增长14.7%。（市工业和信息化委员会　供稿）

## 能源化工

**【工作综述】**2013年，在庆阳市委、市政府的正确领导下，庆阳市石化局紧紧围绕把庆阳建成国家级大型能源化工基地的战略目标，深入开展“和谐模范油区”创建活动，在服务油田开发建设、促进地企深度融合、助推地方经济发展等方面，做了大量工作，取得了显著成效。全市千万吨级原油产能项目建设持续加快实施，原油产能、产量、加工量稳步增长、天然气开发初见成果，地企共建水平提高，深度融合发展速度加快，全市上下形成了油气资源大开发、地方经济大发展的良好局面。

**【主要成果】**一是原油产能、产量、加工量持续增长。全市新建原油产能439万吨，全市原油产量达到659.4万吨，较上年净增83.85万吨，同比增长14.6%，其中长庆油田完成637.59万吨，增长

13.9%；中石化华北分公司完成21.81万吨，增长33.9%。全年加工原油341万吨，超计划16万吨，较上年净增31万吨，同比增长10%。全年实施天然气评价井34口，完成投资1.74亿元，获得工业气流井6口，单井获日产6.6万方高产气流，共生产天然气(石油伴生气)9572万立方米。二是油田发展对地方经济增长带动明显。2013年，长庆油田实现工业增加237.88亿元，增长16.5%，占中央企业在我市实现工业增加值总量的80%以上，占全市规模以上工业增加值的72%。据统计，2013年长庆油田公司、长庆石油勘探局、川庆公司和庆化公司等4户油田企业，累计上缴国税78.77亿元、地税17.46亿元，总计96.23亿元，占全市大口径财政收入154.25亿元的62.4%，其中地方所得24.32亿元，占全市小口径财政收入63.73亿元的38.2%，石油开发成为带动地方工业快速发展的排头兵和全市的首位主导产业。

**【模范油区创建】**一是健全完善地企联席会议、双方领导定期互访、重点工作相互通报、重大事项协商沟通、产能建设目标任务联合督查等新机制。二是按照目标一致、责任共担的原则，建立了地企“捆掷式”考核机制，将全年创建工作任务全部分解下达到各县区和各油田单位，纳入年度目标管理考核。三是将原油产能项目建设列入市上“十大工程”，形成了上下协调、齐抓共管的工作格局。和谐模范油区创建活动开创了原油产量大幅提升、地方经济快速发展、环境污染有效治理、群众生活不断改善的地企和谐发展新局面。

**【化工产业】**庆阳石化公司开足马力，加快生产，600万吨升级改造项目拿到国家“路条”，已完成征地拆迁、前期准备和基础施工。大力发展以石油化工和天然气综合利用为核心、以装备制造和工程服务为配套的产业体系，启动了30亿立方米天然气开发利用和日处理90万立方米天然气综合利用项目，力争在保障城市、工业和交通等领域的燃料用气的同时，大力发展天然气乙炔、甲醇等高附加值的精细化工产品，石化产业开发进入高速发展快车道。

**【服务工作】**坚持用一流的服务保障石油开发，全力营造“四最四低”发展新环境。对油田提请的前期审批、土地借征、环境评价等各项手续，全部实行“一站式”受理，一次性限期办结，简化办事程序，提高审批效率，及时妥善解决油田企业生产建设中遇到的各类困难和问题，全方位、多层次、宽领域搞好协调服务。2013年各驻庆油田企业累计完成固定资产投资230.57亿元。全市共审批井场1028个，新打油（水）井3064口。共向油田企业择优推荐钻前施工队伍220个，实现了互惠双赢。进一步健全完善了涉油矛盾纠纷排查调处机制，及时成功调处各类涉油矛盾纠纷480起，为油田生产营造了良好环境。

**【地企合作】**深入贯彻落实市委、市政府关于促进地企深度融合发展的战略部署，走出了一条以产业融合推动地企深度融合发展的新路子。一是全力支持庆阳市能源化工集团公司拓展业务，加快发展，尽快做大做强，使其成为促进地企深度融合发展的有效载体。二是着眼于打造全国循环经济示范基地和国家级大型能源化工基地，配合发改、工信等有关部门编制完成了《石油化工产业发展规划》等多部能源产业发展规划，形成了科学指导能源化工基地建设的规划体系。全年向长庆油田争取落实各类援建项目资金1.6亿元。同时，按照“用项目争资金”的思路，各县区共建成地企合作项目47个，争取到位资金1.65亿元，共帮扶困难群众560多户，资助贫困学生300多人，新建和维修油区道路80多条637公里。

**【生态油田】**牢固树立“在保护中开发，在开发中保护”的理念，配合环保部门加强监督管理，督促油田单位进一步加大科技创新，积极推广水平井开发新技术，依法加强对油气资源开发、石化产业发展取用水、占用地和污染排放的监督管理，做到采出水100%回注,新建井场标准化覆盖率100%，努力建设绿色生态大油田。

**【双联行动】**2013年我局落实帮扶资金39.8万元，并协助从其它渠道争取资金140万元，为华池县王咀子乡刘家庙村实施了通村砂砾路、村部搬迁新建、主导产业培育、小尾寒羊养殖等一批重大民生项目，带动了群众脱贫致富和全村经济发展。出资3万元，协助正宁县五倾塬乡西头村硬化通村道路5公里，有效解决了当地群众的出行问题。积极协调油田单位出动送水车60余台，为环县、华池、镇原3县的严重干旱乡镇免费送水一个月，为困难群众捐助储水罐、储水桶、塑料壶、水泵及发电机等抗旱生产生活用品，总价值32万元。在汛涝期间，协调长庆油田为“7.15”环县樊家川特大暴洪灾区捐助现金800万元、物资200万元；协调庆化公司捐助成品油40吨，有力支援了受灾群众。

**【机关建设】**一是切实加强理论学习。坚持每周星期一组织全体干部职工集中学习，认真学习了党的十八大和十八届三中全会精神，重点研读了《党的十八大以来习近平总书记重要讲话汇编》《中共中央关于全面深化改革若干重大问题的决定》和习近平同志在党的十八届三中全会上的重要讲话精神，对党在新时期的执政理念、工作重点有了更加深刻的理解和把握；深入学习了市委、市政府一系列重要会议精神，深刻领会并准确把握市委、市政府关于促进地企深度融合发展、推动全市经济社会转型跨越发展的战略构想、目标任务和工作重点，提升了干部职工落实重大决策的自觉性和坚定性。二是深入开展调查研究。班子成员带头深入基层一线，围绕如何促进地企深度融合、搞好“一站式”服务等课题，开展调研活动，提出对策措施。撰写的《庆阳市创新“六个一”服务模式，强力助推地企深度融合发展》《庆阳市与石油企业深度融合发展的调查及建议》等6篇调研文章，分别在《陇东报》《市政府信息》上发表，为促进地企深度融合发展提出了建设性的意见和建议。三是坚持抓好信息工作。制定了奖惩制度，实行全员报送。共编写报送信息400条，较上年增加35条，在省、市信息刊物上登载109条；按期保质保量完成两办信息约稿5篇；及时办理市委、市政府领导信息批示件2篇。在市委办、市政府办信息工作通报中，总积分分别位列市直部门前列和市直事业单位第一名。四是严格执行廉政规定。按照市纪委的部署要求，及时把反腐倡廉教育列入全年干部职工学习培训计划，集中学习了中央“八项规定”和“六项禁令”、省委“双十条”、市委“实施细则”、中央和省、市关于党员领导干部厉行勤俭节约，反对铺张浪费等文件精神，扎实开展勤政为民、务实清廉监督评价系统建设，认真落实党风廉政建设责任制，加强干部廉政教育、监督和管理，按规定完成了办公用房核查清理工作。一年来，我局全体干部职工在党风廉政建设上没有出现任何问题。（市石化局　供稿）

## 中国石油长庆油田公司

**【基本概况】**长庆油田成立于1970年，总部位于陕西省西安市，是中国石油的地区分公司，主营鄂尔多斯盆地油气及伴生资源的勘探、开发、生产、储运和销售等业务。2013年，长庆油田在集团公司和甘肃省委、省政府的正确领导下，在各市的大力支持下，加快油气上产，油气当量突破5000万吨，高水平、高质量建成“西部大庆”。

**【油气勘探】**大力实施资源战略，持续推进储量增长高峰期工程。通过不断深化盆地油气富集规律研究，精细井位部署，油气勘探领域进一步拓展，规模储量持续落实，战略接替区不断扩大，夯实可持续发展的资源基础。石油勘探评价围绕落实规模储量区和战略新发现，新增三级储量10.78亿吨。姬塬多层系立体勘探获得重大进展，落实储量规模16亿吨；盆地致密油攻关取得重大突破，首次整体提交控制储量3.8亿吨，新开辟的庄183水平井扩大试验区6口井均获得100立方米以上高产，为实现盆地致密油资源向储量、储量向效益的转化完善技术系列，开辟建产新领域水平井；镇北-合水含油富集区和华庆油田规模储量区进一步扩大；盆地浅油层勘探新发现黄陵油田。天然气勘探突出盆地上古生界大面积砂岩岩性气藏和下古生界碳酸盐岩新领域，新增三级储量1.24万亿立方米。靖西地区新发现奥陶系上组合四个高产富集区，落实中组合三个含气有利区；苏里格天然气整体勘探进一步向南、向西扩大，已形成4万亿立方米大气区；盆地东部多层系勘探取得新进展，规模含气富集区得到落实；陇东地区上古生界已初步形成山1、盒8复合含气格局，有望成为新的储量接替区。

**【油气开发】**加快油气上产，油气当量突破5000万吨。统筹老区稳产、新区上产与措施增产，强化前期评价和方案优化，精细油气藏管理，规模应用大井组丛式井和水平井，平稳高效推进产能建设，确保了5000万吨目标如期实现。油田开发全面推广超前精细分层注水，强化重点油藏综合治理和注水专项治理，油田稳产基础进一步夯实。加强新区产能建设方案优化，新井单井产量较上年提高0.5吨。规模推进水平井开发，全年完钻水平井743口，平均单井产量是相同地质条件直井的4倍。致密油攻关试验平均单井日产油11.5吨，实现规模有效开发。积极克服陇东等油区洪涝灾害的严重影响，成立原油上产帮促小组，大力开展“大干60天、冲刺5000万”夺油上产立功竞赛活动，夺回灾害造成的产量损失。气田开发加快苏里格建设步伐，推行“多支多向”“多支三维”丛式水平井组布井技术，兼顾下古储层开发，建成年产超200亿立方米的大气田；盆地东部神木气田，推动大井组开发，建成近20亿立方米生产能力；苏南、陇东等区域坚持勘探开发一体化，立体评价，保护矿权，重点突破，为规模上产奠定基础。

【科技创新】坚持创新驱动，促进致密油气规模效益开发。瞄准提高采收率和水平井＋体积压裂技术两大方向，强化基础研究与技术集成配套，形成具有长庆特色的优势技术。不断完善超前注水开发技术，优化适应不同类型储层的井网形式，单井产量提高20%；强化精细分层注水研究与应用，分注率提高到40%，分注示范区自然递减下降0.4个百分点，含水上升率下降0.8个百分点。规模应用水平井，探索形成分段多簇压裂、大排量混合水体积压裂改造工艺，自主研发水力喷砂、裸眼封隔器、套管滑套压裂工具，水平井单井产量大幅度提高。苏里格气田靖55-24H1井20段大排量体积压裂试验取得圆满成功，创造长庆致密气先导试验区水平井体积压裂新纪录。水源井+人工湖集中快速备水、压裂液连续混配等工厂化压裂作业试验取得重要进展，初步形成"丛式布井、集中供水、液体回收、交替作业、连续混配"为主要内容的工厂化压裂模式，有力促进致密油气藏的规模效益开发。苏里格气田被第六届国际石油技术大会评为三大卓越执行项目之一。

【管理创新】管理提升成效显著，实现低成本集约化内涵式发展。坚持资源、创新、低成本发展战略，全面推广"四化"管理模式，实现管理方式、生产方式、组织方式的深刻变革，提高企业管理现代化水平。大力强化"三基"工作，深化标准化"五型"班组和"千队示范工程"建设，有效提升员工履职能力和队伍整体素质。加强投资管理、成本管理和全面预算管理，突出抓好重点领域效能监察和重大建设项目跟踪审计，有效发挥监管合力。持续深化内部改革，进一步支撑主营业务发展。落实"三控制一规范"，严控队伍规模，规范业务外包管理和市场化实体培育，实现专业化外包、市场化运作、规范化监管。

【安全环保】始终把安全环保工作作为最大的政治、最大的发展、最大的效益和最大的民生，牢固树立环保优先、安全第一、质量至上、以人为本理念，坚持从源头治理、在本质上防控，安全环保基础不断夯实。认真开展安全生产大检查，结合油气田井控、长输管道原油泄漏、大站大库三大安全环保风险源，制定针对性措施，加强隐患排查、评估、监控、整改和治理。强化安全生产责任落实，推进安全生产"党政同责"和"一岗双责"，充实责任内容，明确责任分工，制定考核标准，严格考核兑现。加强承包商管理，严格把好资质选择、招投标、现场管理与监督等关口。健全完善HSE制度、标准和流程管理，推动管理体系规范运行、持续改进。完善"三防四责"、应急预警等企业应急管理平台，加强应急救援队伍、装备和物资储备建设，形成反应迅速、运行高效、执行有力的应急管理体系。不断加强班组安全基础建设，强化员工操作技能、风险防范和应急逃生能力培训，进一步提升全员安全素质。持续推进清洁生产，逐步实施压裂、试油、修井及措施作业液体密闭运行，努力实现井场无泄漏。突出抓好涉及水源地保护区、自然保护区等环境敏感区作业的监管，实现"三废"零排放。

【党群工作】以建设学习型、服务型、创新型党组织为动力，探索建立与"四化"管理模式相适应的党建工作机制。扎实开展党的群众路线教育实践活动，牢牢把握"为民务实清廉"的活动主题，深入学习领会，广泛听取意见，深入查摆"四风"方面的突出问题，高质量召开两级领导班子专题民主生活会，得到集团公司主要领导的充分肯定和督导组的良好评价。扎实抓好整改落实，持续加强惩防腐败体系建设，严格落实党风廉政建设责任制，健全完善"三重一大"决策制度，有效发挥经济责任审计、效能监察和专项治理的监管作用，强化对权力运行的制约和监督。严格落实中央八项规定和集团公司二十条要求，出台相关制度，积极构建转变作风长效机制。坚持正确的选人用人导向，不断深化"四好"班子创建和干部人才队伍建设，进一步提高干部管理工作的系统化、规范化、制度化水平。深入开展"建功立业五千万，西部大庆当先锋"的主题教育活动，持续推进西部大庆文化同行系统工程，锤炼完善具有时代特征的长庆文化，为西部大庆建设提供强大精神动力和文化支撑。

【矿区建设】坚持"奉献能源、创造和谐"的企业宗旨，以改善和保障民生为重点，持续改善一线生产生活条件，安排专项资金对老油气田一线倒班点设施进行改造完善。矿区社会管理水平持续提升，社区居委会实现全覆盖，落实政府惠民政策16大类86项，享受政府补贴和惠民待遇2亿多元。

提高职工基本医疗保险支付限额，调高离退休人员基本养老金、体检频次及标准等待遇标准，提升职工居民社会保障水平。认真抓好“一老一少”服务，落实离退休老同志各项待遇，探索矿区机构养老，建成三个社区日间照料中心。落实幼儿园联办监管责任，矿区省级示范园已达5所。

**【企地共建】**积极加强与甘肃省的汇报交流，加强与庆阳和各县（区）的沟通交流，健全企地协作共建机制，加快油气勘探开发步伐，大力支持地方基础设施建设，推进生态建设，并提供大量的劳务机会，造福当地群众，积极支持地方经济社会发展。（中国石油长庆油田公司 供稿）

## 中国石油庆阳石化公司

**【企业概述】**庆阳石化公司创建于1971年，是中国石油天然气股份有限公司直属企业。现有在册员工1424人，在岗员工平均年龄41岁。主要炼化生产装置17套，一次加工能力300万吨/年，主要产品有汽油、柴油、航空煤油、聚丙烯等9大类10余种。2013年，庆阳石化全体干部员工紧紧围绕“12336”工作主线和“三生工程”（安全环保生命根基工程、廉洁稳定生活阳光工程、质量效益生存发展工程），着力推进各项工作再上新台阶，全面完成既定目标，保持了连续十年安全零事故、环保零污染、质量零缺陷、廉洁零违纪、稳定零事件“五个零”的良好业绩。

**【主要生产经营指标】**2013年加工原油341.04万吨，比业绩指标多11万吨；可比综合商品率92.85%，同比提高0.04%；可比轻油收率83.7%，同比提高0.28%。装置操作平稳率99.93%，高于业绩指标1.93个百分点，板块排名第一。全年完成营业收入219.20亿元，综合纳税46.71亿元，同比提高5.77亿元；工业增加值60.01亿元；税前利润7.7亿元，同比增加6.26亿元，盈利能力和水平居炼化板块27家企业第三位，加工国内陆上自产常规原油和长庆原油企业中盈利能力均为第一。

**【安全环保和节能减排】**贯彻落实集团公司安全环保“54321”总体思路和炼化板块“65431”工作要求，2013年实施罐区全封闭运行管理和施工监管，从源头规避风险；开展“12•23”警示月活动，加强短板整治；开展油气管道为重点的生产和生活区整治，加大重点领域、要害部位和关键环节隐患排查；严格承包商监管，严格外来施工人员准入和实名制管理。推进风险防控体系建设，整改两次HSE体系审核问题323项；完成“全覆盖、零容忍、严执法、重实效”安全生产大检查16个方面114项具体要素整改。落实“党政同责”、“一岗双责”，领导进承包联系点88次、解决问题167项。推进61项重点节能和20项减排项目实施，采集利用在线监测数据9000多个；主要污染物达标排放，安全和职业健康关键指标全面完成。庆阳石化五次荣获“中国石油安全生产先进企业”，连续六年荣获“中国石油节能节水型企业”。2013年公司被评为集团公司“安全模范先进企业”、“环境保护先进企业”和“节能节水先进企业”。

**【企业管理】**教育引导干部员工牢固树立现场意识、服务意识、团队意识、超前意识、责任意识“五种意识”，2013年归纳整改20项重点问题，简化、优化、规范“三基”大检查，帮助基层解决实际问题。高度重视法律工作。开展“制度•标准管理年”活动，对公司制度体系和486项单体制度进行评估；讨论、审查制度109项；完善制度题库；组织制度标准轮训班10期、培训496人次，基层单位内部培训86期、1526人次，促进各级管理人员业务水平和制度执行能力不断提升。依法经营、尊重制度、学习制度、敬畏制度，把权力关进制度的笼子的良好氛围逐步形成。

**【科技创新与成果】**以“消瓶颈、提指标、增效益”为目标开展技术攻关，新建余热锅炉，节约燃料气3800标方/小时，能耗降低2.2千克•标油/吨；实施催化CRC改造，装置液体收率提高1.24个百分点、能耗降低6.6千克•标油/吨；“炼化企业综合应用信息平台开发与应用”等两项成果经甘肃省科技厅鉴定为国内领先水平。投入215万元对3126人次进行思想素质、业务技能、安全技术、管理能力等培训，人均2.18次/年、260学时。员工上岗持证率100%，特殊工种人员持证率100%，新进员工师徒帮教签订率100%，员工日常考试合格率95%以上。集中优势资源建成集成应用平台、量化受控系统，投运生产区LED大屏，档案数字化工程完成63%以上。2013年公司被评为中国石油“信息化工作先进单位”。

**【精神文明建设】**深入贯彻落实党的十八大和十八届三中全会精神，深入开展党的群众路线教育实践活动。在中油地区公司中率先传达中央精神，开展十项准备工作。活动多，结合实。坚持“116685”工程完成特色鲜明的“自选动作”和“十个一”载体。聚焦准，剖析深。领导班子深入基层调研，广泛听取员工群众意见，发放《调查问卷》183份，汇总意见建议101条，梳理形成14条。按照“456782022”方法查摆问题，召开专题民主生活会，查摆班子“四风”问题16条。整改细，谋划远。针对查摆的问题，逐条制定详细整改方案，明晰班子责任人、责任部门、协同部门、完成时间，认真抓好落实。建章立制，制修订制度20项、废止5项。教育实践与日常工作“两手抓、两不误、两促进、不偏废”。

以基层党组织建设为重点，开展“六个一”党支部创建，持续推进基层党建工作“六落实”，鼓励广大党员干部争当“五带头”优秀共产党员，深入开展党员先锋岗、责任区创建。弘扬爱国主义精神，传承大庆、铁人精神和石油工业优良传统，增强了全员责任感和使命感。加强理想信念教育，以思想改造为根本，以提高企业综合素质为目的，以培育企业精神为重点，推动全员观念转变。积极开展评先选优、典型选树活动，通过各种媒体加大宣传力度，企业文化建设持续推进，工、青、妇、团协同工作，助推企业长足发展。企业舆情积极正面，和谐发展的正能量更加聚合，2013年稳定工作第九次受到集团公司电报嘉勉。

积极履行“三大责任”，参与甘肃省“联村联户、为民富民”活动，107名党员干部深入5个村、100多户家庭开展帮扶，投入43.3万元资助727名九年义务教育阶段贫困学生，向环县樊家川洪涝灾区捐赠汽油，组织员工向雅安地震灾区捐款。公司被评为庆阳市2012-2013年“联村联户、为民富民”先进单位。

**【矿区建设】** 在国家、集团公司政策制度许可范围内，着力解决员工群众反映强烈的问题，投入188.5万元开展员工体检，为女工办理特殊疾病互助保障385份；热情关心困难群体，发放救助金42.47万元，同比提高7%，帮扶79人次，帮扶困难家庭子女就学24人次，启动困难家庭帮扶后评价工作。积极关注员工和家属精神生活，职工书屋新增图书4500本，实现存书1.85万册，借阅4028人次；在小事上用心用情，蒸放心馒头，代收快递包裹，增建非机动车棚，保障能力和服务水平得到员工及家属好评。

庆阳石化将继续深入贯彻落实党的十八大和十八届三中全会精神，以中国石油2014年工作会议精神为指引，以时不我待的紧迫感、不进则退的危机感和“承载百年，基业长青”的责任感，重点抓好“三生工程”和“人才-产品-利润”主线，把握“三个关键”（创新驱动、优化运行、经营销售），实施好“三个年”（管理提升年、制度标准流程纵深年、过紧日子年）活动，深入推进科技兴企和人才强企，推进改革创新，抓好党的建设、班子建设和企业文化建设，持续巩固党的群众路线教育实践活动成效，坚定履行企业“三大责任”，不断改善民生，继续保持“五个零”，全面完成各项业绩指标，为庆阳石化“有质量、有效益、可持续”发展，为中国石油全面建成世界水平的综合性国际能源公司作出新的更大贡献！（中国石油庆阳石化公司供稿）

# 建　设

## 城乡建设

**【工作综述】**2013 年，全市住房和城乡建设工作坚持以科学发展观为统领，以推进城镇化为主线，以项目建设为重点，以“双联”行动为抓手，切实强服务，简程序，抓督查，促落实，全面完成或超额完成了全年各项工作任务，推动全市住房和城乡建设事业取得了新的发展和进步。一年来，全市共开工城建项目 303 项，完成投资 105.3 亿元，城镇化率达到 34.5%，较上年增加 2.5 个百分点。主要工作体现为以下十二个方面：

**【保障性住房】**2013 年，省上下达我市保障性安居工程建设任务 2740 套，开工建设 2851 套，占年计划的 104%。其中：廉租住房 1454 套，公共租赁住房 390 套，经济适用住房 452 套，限价商品住房 461 套，城市棚户区改造 94 套。完成投资 5.05 亿元，占年计划的 101%；基本建成 5556 套，占任务的 111%；分配入住 4956 套，入住率 99%。发放廉租住房租赁补贴 9949 户，占年任务的 106%，补贴资金 1795.34 万元。

**【基础设施建设】**实施城市基础设施建设项目 80 项，完成投资 22.8 亿元，占年计划的 103.6%。市区：南梁大道、安定东路西段完成前期工作，庆化大道北段正在拆迁，林荫大道、北京大道、古象路、环县路、宁县路、秦直路、庆州路等道路建设快速推进，完成新区彩虹桥工程桥梁桩基、承台开挖和南北大街、九龙路杆线下沟工程，完成东大街地下通道及人防工程管线建设，红杏山庄及兰州东路排洪工程建成投用，广场路供热站全面建成，东区、北区供热站新建工程完成前期工作；东湖公园改扩建完成 4 条园区道路、2 处小广场铺装、2 条路基开拓、2 座桥梁维修、3 处临湖构筑物及湖体工程，面向市民开放；污水处理厂扩容改造工程完成主体工程及部分设备安装；编制完成《庆阳市城市燃气专项规划》和《庆阳市城镇燃气安全事故应急预案》，扎实开展城市燃气安全检查，强化教育培训，开展普及宣传，确保安全运行。加强政府投资项目代建管理，市国防教育综合训练基地、市人防司法大厦、市人力资源市场和社会保障服务中心完成年度建设任务。县城：庆城县南门道路拓宽改造、合水县秦直路、环县山城路和洪德路、镇原县永泉路和滨河北路东段改造工程有序实施；华池县柔远公园完成游廊和文化墙施工，集中供热工程基本完工；宁县城区生活污水处理厂完成主体工程，合水县城生活污水处理工程完成主体，敷设管网 6.2 公里，正宁县污水处理厂主体完工，铺设管网 25 公里；镇原县城污水处理工程开工建设，供水改扩建工程完成施工招标，宁县新区集中供热工程铺设供热管网 3108 米，基础设施不断完善，服务功能切实增强。

**【环境整治】**实施城市环境综合整治项目 35 项，完成投资 2.04 亿元，占年计划的 102%。市区：完成 11 条主次道路绿化提质改造，栽植乔木 11770 株、灌木 73 万余株，新增绿化面积 8.5 万平方米，维修路灯 258 基，完成路灯检查维护，新建公厕 5 座，清运垃圾 1300 吨。县城：庆城县、华池县抢修水毁道路 12 处，疏通排水管道 8 处；环县维修道路 9 处，安装路灯 27 盏，安置护栏 6 千米；镇原县疏通污水管道 409 米、排洪渠 135 米，维修道路 770 平方米；宁县、正宁县、合水县修补道路 2650 平方米，维修路灯 72 盏，拆除破烂商棚 8 处，维修雨污水井 30 处，检修更换路灯 167 盏，硬化人行道 2 万平方米，城市形象显著改善，城市品位得到提升。

**【房地产开发】**开工建设房地产项目 93 个，竣工面积 187 万平方米，完成投资 60.6 亿元，分别占年计划任务的 104%、101%。市区豪庭春天、锦绣城、昊鑫嘉园、阳光名都、通达豪苑和庆城县锦苑小区、合水县怡景花苑、华池县润扬·国泰、环县环江花园、正宁县鼎盛花园、镇原县鑫河湾商住小区、宁县优山美地等项目规模大、进度快、质量好，为全市住宅与房地产开发树立了样板，提升了城市形象，改善了居住条件。据统计，全市商品房销售面积增长19.7%，较任务增加9.7%；房地产业从业人员增长1%，较任务增加1%；房地产业从业人员劳动者报酬增长18%，较任务增加2%；居民自有住房服务增长5.1%，较任务增加0.1%。

**【小城镇建设】**实施各类小城镇建设项目75项，完成投资4.3亿元。其中：30个重点小城镇实施项目35项，完成投资2.1亿元。铺设供、排水管道（渠）17.2公里，架设路灯314盏，新建公厕8座，新增绿地面积2.3公顷。华池县南梁镇、西峰区肖金镇、正宁县周家乡、镇原县三岔镇、宁县平子镇、合水县肖咀乡、环县耿湾乡、庆城县太白梁镇等立足实际，发挥优势，彰显特色，投资力度大、项目进展快、建设成效好，对全市小城镇建设起到了以点带面、示范带动的作用。同时，以“四改四化五通”（改路、改水、改厕、改厨，绿化、亮化、美化、净化，通水、通电、通气、通电话、通电视）为目标，以村庄道路、排水设施、垃圾堆放点建设为切入点，以治理乱搭滥建、人畜混杂、村容村貌、活动场所为重点，加大综合整治力度，有效解决了村庄“脏、乱、差、噪、散”的问题。

**【农村危房改造】**今年，省上下达我市农村危房改造指标15640户，10月底前全面开工，12月底全部竣工，开工率、竣工率均达到100%，完成投资10.44亿元。环县木钵镇高寨沟村打破村组界限，将居住在河边、崖底、山坡等不安全地段的农户集中搬迁安置，相继建成砖混平房22套，住宅楼3幢、90套。正宁县榆林子镇依托城镇建设、扶贫开发、土地整理、移民安置，捆绑项目，整合资金，将群众集中安置到镇区。华池县南梁镇高起点规划，高标准设计，采用双层屋面、上下圈梁、构造柱、多孔砖维护结构、双层玻璃、保温门和地面敷设炉渣等节能措施实施改造，质量可靠，节能环保，使用放心。

**【建筑节能】**完成既有居住建筑供热计量及节能改造既改项目24个、22.82万平方米，核拨中央、省市奖励资金614万元。全市新建建筑设计阶段节能标准执行率达到100%、施工阶段节能标准执行率达到97%。认真开展国家机关办公建筑及大型公共建筑能耗统计，年内统计国家机关办公建筑72幢、42.25万平方米，大型公共建筑4幢、18.55万平方米。推广应用新型墙体材料3.41亿块标砖，推广散装水泥50万吨，推广商品混凝土120万立方米。

**【市场管理】**全年共有在建城建项目980项，建筑面积847.36万平方米，总投资193.2亿元，市直监督项目157项。深入开展“建设行业从业人员行为规范年”活动，不断强化从业人员监管，规范资质资格管理。年内组织全市建设市场综合执法检查6次，累计检查工程200项、建筑面积182万平方米，签发行政执法建议书13份、安全隐患整改通知书10份、停工通知书2份，停用塔机4台、龙门吊4台、施工升降机1台，对6户违法违规企业进行了行政处罚，对194名现场施工人员进行了违规扣分处理。

**【项目监管】**认真贯彻落实相关法律法规，严格履行法定建设程序，实行闭合式程序管理。全年办理施工图设计文件审查备案537项，工程报建审查手续417项，施工许可手续87项（建筑面积169万平方米、总造价36亿元），竣工验收备案14项；组织专家审查审批建设工程初步设计31项，初审后上报省厅工程初步设计29项。全面推行工程量清单计价和公共资源交易市场化改革，新建庆阳市公共资源交易中心交易大楼一幢，同步配套自动化办公、计算机辅助评标、监听监控等9大管理系统，可以满足多个项目同时开标、评标、定标，为全市工程交易提供了有力支撑。一年来，全市进场交易项目524项，总投资91.66亿元，总建筑面积398.3万平方米。

**【党风廉政建设】**一是认真开展学习教育。围绕党的十八大、十八届三中全会精神和中央“八项规定”、省委“双十条”以及厉行节约、反对奢侈浪费有关规定，组织开展干部职工集中学习46次、中心组学习11次、廉政教育专题学习5次，举办专题辅导讲座7次、警示教育讲座2次，制定完善相关制度35条、解决具体问题22件。 二是积极推进政风行风评议。以效能风暴行动为抓手，扎实开展政风行风民主评议活动，聘请监督员9名，邀请服务对象就依法行政、效建设能、服务质量、政务公开、廉洁从政等5个方面进行了民主测评，简化程序，提升效能，优化服务。三是继续完善风险防控机制。编制印发《廉政风险防控手册》《廉政风险防控机制建设资料汇编》，制作廉政文化宣传牌135面、廉政风险提示卡138个。按照“制度+科技”的总要求，依托政务专网和电子监察系统，对工程交易过程中的专家管理、开标评标、监督管理等重点环节实行计算机自动化管理，形成了事前、事中、事后全过程监督的长效机制。四是有效查办来信来访案件。完善信访工作机制，建立来信来访登记、信访责任追究制度，明确职责，规范程序，及时处理来信来访，有效遏制越级访、重复访等问题。一年来，全局共受理来信来访62件、356人次，办结56件，办结率达到96.6%。

**【双联行动】**认真贯彻落实市委《关于深入推进全市双联行动和扶贫攻坚的意见》精神，突出抓好“三项建设”（苹果示范园建设、新农村道路建设、公墓区建设），认真开展“两项活动”（春节慰问送温暖活动、春耕生产送化肥活动），严格选树“一个典型”（帮联工作先进个人），不断深化认识，切实加强领导，全面抓好落实。一年来，共实施帮联项目16个，协调帮扶资金144.6万元，单位自筹资金17.5万元，促使帮联点西峰区什社乡文安村的农民人均纯收入达到3200元，较上年增加380元，实现了帮联目标。一是统筹安排部署双联行动。及时调整健全帮联机构，充实工作人员，落实工作机制。年初，多次组织召开座谈会，协调对接了今年的帮联工作计划，提出今年帮联工作重点，制定印发《2013年帮联什社乡文安村工作计划》。二是全面落实双联行动任务。建立民情调查台账83份，梳理整理建立特贫户档案10份；积极开展春节慰问，为每个帮联户送去日常用品；筹措资金2.41万元，购买化肥166袋；组建文安村矮化苹果产业示范园1处；种植药材110亩；新建200平方米老年幸福家园及日间照料中心1处；修建永安园公益性公墓1处；新修村组砂石路4公里。三是积极开展新增村的帮联工作。深入环县环城镇赵小掌村衔接双联工作，制定印发《2013年帮联环县环城镇赵小掌村工作计划》。争取补助资金70多万元，新修村组道路5公里，维修通村道路60公里；投资4万元，修建水窖20个，集雨场1600多平方米；购买紫花苜蓿种子1500斤、种植紫花苜蓿1000亩；调引小尾寒羊100只进行圈养；实施危房改造22户，争取国家和省、市补助资金26.4万元。

**【精神文明建设】**以省级文明城市创建为抓手，广泛开展“文明工地”“安全示范工程”创建活动，评审通过市级“古象奖”9项、“建筑结构示范奖”5项、“建筑施工现场管理奖”17项，申报荣获省“飞天奖”6项、省级“文明工地”32项、优秀建造师21名。不断加强社会治安综合治理，健全来客登记、值班登记制度，年内局机关没有发生治安案件和重大矛盾纠纷，无“法轮功”练习者，无计划外生育，无被盗事件，无聚众赌博，无吸食、贩卖毒品等现象和问题发生。同时，年内办理人大建议2件、政协提案19件，满意率达到97%；撰写上报政务信息420多条，采用135条，在市直部门中处于领先位次；机关文书、档案、统战、保密、工青妇等工作都取得了新的发展和进步。（市住房和城乡建设局　供稿）

## 国土资源管理

**【工作综述】**2013年，庆阳市国土资源局紧紧围绕全市经济发展战略重心，自觉坚守耕地保有量、维护群众权益和依法依规用地三条底线，进一步解放思想、更新观念、强化措施、狠抓落实，全面或超额完成了全年各项目标任务，市政府在省政府年度国土资源工作目标责任考核中被评为一等奖。

**【土地管理】**以强化用地保障为重点，服务发展作出新贡献。围绕市委、市政府实施“3341”工程确定的重点项目，严格按照“三个一”包抓责任制和建设项目推进要求，逐项研究用地保障措施，制定推进方案，全年预（初）审项目用地73宗13534亩、石油临时用地1472宗15106亩，及时组织调整县乡规划63宗、5992亩，上报城市（镇）和单独选址建设用地130批次（宗）、29655亩，部省批准115批次（宗）、27901亩。审批农村集体建设用地22批次、3462亩。有力保障了庆阳石化600万吨升级改造、民俗文化产业园、能源开发、民生工程等重点项目用地。进一步规范土地供应和批后监管，从快征收新批用地，全市供应国有建设用地414宗、3.36万亩。012年、2013年批准的建设用地供地率分别达到83.3%和78.4%。供应城市住房用地1535亩，其中保障性安居工程及中小套型住房用地1264亩，占住房用地总量的82.3%，做到了应保尽保。进一步规范土地交易，通过网上交易平台交易土地114宗、6892亩，成交总额38.9亿元。市城区二级市场出让转让土地146宗，收缴出让金和代征契税2100万元。对已供土地加强动态监测监管，确保按照批准的用途、面积、位置、时间开发建设。

**【耕地保护】**以落实“两个最严格”制度为主线，耕地保护和节约集约用地水平得到新提升。严守耕地红线，层级强化政府耕地保护责任体系，全市划定永久基本农田48908块，建立了基本农田保护网络和数据库。全市耕地保有量继续保持在997万亩，基本农田保护面积837.57万亩，保护率84.8%。以低效耕地整理提质、低丘缓坡地开发利用、旧村庄复垦改造为重点，大力推进土地综合整治，争取部省投资2.7亿元，实施土地整治项目63个，整治规模20.4万亩，新增耕地2.5万亩，甘肃东部百万亩土地整治重大工程庆阳片区项目正式启动。积极开展节约集约模范县创建活动，西峰区被国土部评为节约集约模范县，庆城、镇原、华池通过省级考核达标。

**【矿政管理】**以加强矿政管理为抓手，资源勘查开发实现新突破。严格资源开发利用监管，大力整顿矿产开发秩序，开展了“打非治违”专项行动，查封、取缔非法采砂点37处，清理堆料场17处、233亩，拆除非法建筑2410平方米。对200多家非煤矿山企业开展了安全生产大排查，整改安全隐患47处。健全完善了矿业权市场，17宗砂石采矿权全部通过网上交易，成交价款218.8万元。征收矿产资源补偿费1204.7万元。全力推进资源勘查开发，落实“一站式”服务，大力支持石油扩能上产；切实优化煤炭资源勘查开发环境，全力支持煤炭企业勘探开发，实施的9个勘查项目完成投资8.5亿元,合水东-宁县北、正宁罗川东2个区块已经出让，出让价款50.27亿元；合水西-宁县北部勘查区正在配置出让；环县沙井子南、宁县付家山、宁县和盛-泾川荔堡、宁县平子-米桥4个区块完成了普查任务并提前进入详查阶段；合水县瓦岗川、庆城高楼-合水板桥2个区块的普查正在全力推进。积极谋划推进页岩气勘查开发，为下一步勘查开发工作奠定了基础。

**【服务民生】**以维护群众权益为出发点，保障和服务民生取得新成效。加强地质灾害防治，编制了地质灾害防治方案和应急预案，排查出地质灾害危险点1107处，列入省市县重点监控84处，建立群测群防点130个，落实监测人员249人。国土、应急、气象等部门建立了预警信息发布平台，及时发布气象预警信息158条。汛期，认真落实地质灾害值班制度、巡查制度、灾情速报制度和应急调查制度，实行24小时应急值守。环县樊家川遭受严重洪涝灾害后，在第一时间赶赴现场查看灾情，配合抢险救灾的同时，市县国土部门抽调100多人，对各县区地质灾害和灾毁耕地情况进行了全面排查，对275处隐患点逐一造册登记，落实了预防、报警、撤离等措施。配合省国土厅编制了《甘肃省东部特大型地质灾害防治规划》，涉及我市7个县16个乡镇和31个村，治理资金12.44亿元。积极争取部省地质灾害治理项目2个，已落实资金4090万元。认真落实建设项目地质灾害危险性评估制度，收缴矿山环境恢复治理保证金390万元。加强了地质遗迹保护，西峰小崆峒省级黄土地质公园项目上报省国土厅待批。加强信访工作，维护群众合法权益。认真落实“三抓、两保、一推动”的工作方针，推行了信访“一册通”、领导接待日和阅批信访件制度。对重大问题即时交办、领导包案、挂牌督办、现场办公。市县国土部门共接待来访群众473人次，受理信访件227件，办结219件，办结“12336”和网站“局长信箱”投诉问题66件。

**【执法监察】**以土地例行督察为动力，执法监察工作再上新台阶。2013年，国家土地督察西安局对庆阳市2012年土地“批供用补查”情况开展了例行督察，对督察中发现的258个问题，全部按要求整改到位，顺利通过了国家土地督察西安局和省政府验收。全面完成了卫片执法检查工作，对下发的1380个卫片图斑逐一实地核查，核定违法图斑82个，全部查处整改到位，各类数据已通过省厅验收，实现了零约谈、零问责。坚持关口前移、重心下移，强化动态巡查，不断提高履职到位率。市、县区年内共开展巡查3200次，发现违法违规问题226起，全部现场制止，立案查处34起，结案31起，罚款170万元，拆除违法建筑物1.7万平方米，恢复土地86亩，处理违法责任人28人。

**【基础业务】**以提升管理水平为抓手，基础业务得到新加强。强地籍管理，农村集体土地所有权登记发证工作通过国家验收，完成集体建设用地和农村宅基地确权登记、地籍调查44.5万宗，占总任务的82%。完成了2012年度土地变更调查，变更图斑4247个，面积4.18万亩。完成了2009至2011年变更调查汇总，建成了市级土地利用现状数据库。受理权属纠纷101件，调处94件，调处率93%。加强测绘管理，继续推进数字庆阳地理空间框架和三维地理信息数据库建设，建成了11个CORS基准站，加强测绘成果的推广应用，印制《庆阳市街区图》、《庆阳市交通旅游图》2000多幅。加强电子政务建设，投资68万元，建成了国土资源电子政务系统，建设用地、矿权审批及公文流转与省厅互联互通。加强国土资源法制建设，全面推进“六五”普法，将日常宣传和重大节日宣传紧密结合，采取多种形式深入开展法律“七进”活动，国土资源法律法规政策得到广泛普及。开展了依法行政和“六五”普法中期检查，编印了《国土资源政策法规选编》，依法组织听证和行政复议工作，市国土资源局被国土资源部评为依法行政先进单位。

**【队伍建设】**以加强作风建设为契机，队伍面貌呈现新气象。把贯彻落实中央“八项规定”、省委双十条、省国土资源厅九项规定和市委22条实施细则作为队伍建设、作风建设的重大政治任务，结合工作实际，研究制定了20条具体实施办法，修订完善并严格执行职工考勤、财务管理、车辆管理等各项规章制度，坚持厉行节约，严控“三公”开支。继续深化效能风暴行动，深入推进行政审批“两集中两到位”，用地预审、登记发证、矿业权审批报件一律通过市政府政务大厅受理，实行接办分离，窗口报件办结率达到100%。机关科室实行AB岗运转，窗口单位集中办公，做到事不隔日，文不过夜。认真贯彻《廉政准则》，切实强化党风廉政建设 “一岗双责”和“一票否决”制，全面靠实了党风廉政建设工作责任，划小了土地整理项目标段，在一定程度上规避了廉政风险。在土地和矿业权网上配置的基础上，将项目招投标全部推向全市公共资源交易平台。积极配合国家审计署和省审计厅开展财务收支、矿权收入和土地整治项目资金专项审计，聘请专业审计机构，对全市2009年以来实施的土地整治项目资金情况进行了全面自查审计，及时整改了存在的问题。不断强化市、县局班子的执行力和推动力，认真组织学习党的十八大、十八届三中全会和习近平总书记系列重要讲话精神，积极参加全市十八大精神和保密知识竞赛活动，并获优秀组织奖。着力增强干部业务素质和工作能力，全系统举办专题培训班80多期，参训1300人次，参加部厅培训班500多人次。深入开展“双联”行动，为联系点新建村部1处、整修道路2条，实施土地整治项目2个、350万元。筹资100万元，扶持群众发展大葱种植、苗木栽培和舍饲养羊等支柱产业。系统各级党组织和广大党员为双联贫困户和环县灾区捐款22万元。为其他部门双联点安排土地整治项目18个，投资2000万元。（市国土资源局　供稿）

## 城乡规划

**【工作综述】**2013年，城乡规划工作坚持“科学规划、合理布局、完善功能、提升品位”的规划理念和“强化编制、科学管理、突出效能”的工作思路，加强规划编制和实施，严格规划执法监察，全方位服务城市建设和重点项目。主要体现在以下几个方面：

**【规划编制】**编制完成了《庆阳市城市风貌规划》、全市20个乡（镇）及92个村庄风貌规划；修编了《庆阳市北部城区控制性详细规划》、全市52个村庄的规划；指导编制了长庆桥工业集中区规划。县区结合各自实际开展了综合交通、燃气、供热、电力等专项规划和重点地段修建性详细规划编制，规划体系得到进一步提升和完善。在完成既定目标任务的同时，还编制完成了《庆阳市城市总体规划评估报告》《县城总体规划评估》《庆阳市公共服务设施布点规划》，启动了《庆阳市南部城区控制性详细规划》修编等工作。积极配合省住建厅开展《甘肃省省域城镇体系规划（2013—2030）》编制工作，并就我市城镇化发展思路及需要在省域体系规划中解决的重大问题进行了衔接和专题汇报。在规划的指导下，相继实施了城区主次干道改扩建、综合管沟建设、城市管网提质改造、城区电网改造、污水处理厂、垃圾填埋场、集中供热以及一批重点项目，城市发展空间得到进一步拓展，基础设施建设和承载力显著提升，规划引领城乡建设的作用得到充分发挥。

**【重点项目】**包抓的8个重点建设项目实行科室专人跟踪服务，确保项目实施进展顺利。“庆阳民俗文化产业园” 修建性详细规划已经编制完成；“市区南盘旋片区改造”项目正在办理用地规划许可手续；“庆阳市人力资源市场和社会保障服务中心”项目已开工建设；“庆阳市妇女儿童医院”已完成项目选址和方案审定；“庆阳市养老基地”项目因位于城市建设用地范围以外，我们积极协调区住建局办理有关手续；“华能庆阳生产、生活基地”和“甘肃煤田地质局庆阳资源勘查院生产、生活基地”项目办公楼主体已建成，生活基地正在办理相关手续；“庆阳大剧院”已完成规划选址和方案审批，即将开工建设。

**【规划管理】**按照全市行政审批制度改革实施

意见，我局梳理公布了14项行政许可（审批）及管理服务事项名录和办理流程，进一步优化细化了审批程序。凡申报的建设项目，依据城市总规和控规进行初审后，提交市长办公会议审查，然后提请城规委会议审定，方案确定后组织专家组进行评审，重大项目进行批前公示，最后提请市政府常务会议审批。所有行政审批事项进厅受理，实行AB岗运转，充分授权，一站式服务。每周二、四分管领导窗口坐班，现场督导和办理项目。开辟了“绿色通道”以最快的方式审查办理争取资金项目。全年共受理报建申请471项，核发建设项目选址意见书45份；建设用地规划许可证54份，审批总用地面积226万平方米；建设工程规划许可证 48 份，乡村规划许可证8份，审批总建筑面积210万平方米。组织市、县重点项目规划方案评审 15 项，派技术人员参加省建设厅和省、市召开的重点项目初设评审会12次，根据控制性规划要求，出具规划设计条件通知书79份，方案核定通知书 57 份，确保了城市建设和重点项目依法依规实施。

**【规划监察】**项目批后管理工作是保障建设项目“批什么、建什么”的重要环节。今年我们主要加强了以下几方面的管理，一是完善内部工作流程，划分责任区域、责任到人，坚持每日巡查跟踪管理，发现问题及时处理。二是建立在建项目档案，实行跟踪管理和服务，确保建设项目造型、风格、容积率、绿地率、建筑间距、“三线”、色彩等各项指标与审批和技术要求一致。三是继续实行市区联动，派出工作人员长年驻守城区“四门”乡镇和街办，协助区“两违办”进行违法工程属性界定和违法建筑拆除工作，违法建设行为得到一定程度的遏制，维护了规划的严肃性和良好的建设环境。全年共完成工程放线33处，验线53处，单项验收12处。参与“两违办”违法工程界定201处，查处违法工程183处，移交和拆除违法工程26处，组织强制拆除5处，2200多平方米；动员自拆、整改152处。

**【基础建设】**一是加强了规划信息化建设。完成了“城乡规划私有云网络建设项目”，该项目被清华大学选为博士生社会实践项目，对一期机房两台高配服务器进行了硬件升级，局30个终端PC进行换代试运行，实现了资源硬件弹性调整、软件资源安全共享、数据统一存储的目标；完成了三维规划信息化平台建设，制作的市区$10KM^2$的精细化模型即可投入使用。二是加强了测绘工作。完成新区、东区及北区无完整资料的15条已修道路地下管线室外补测工作室内数据入库工作。全年测绘1:500地形图3800亩；修测地形图15平方公里；做GPS控制点310多个，绘制放、验收图等各类相关用图1400余份，保证了规划编制和城市建设的需要。三是城建档案管理。接收进馆档案资料44套，整理规划前期报建审批资料2520卷（册），并及时输入目录。认真落实“八防”措施，确保了档案安全。继续深入在建项目施工现场，对人防大厦、优抚医院、凤凰大境、城中央等46个施工单位278余名项目经理、施工员、资料员进行了业务指导。四是规划宣传工作。今年对局门户网站实行了全面升级改版，在原基础上拓展了七县一区、项目公示、群众信箱等内容，确定专人负责网上舆情及动态监测，网络信息安全机制逐步形成。城市规划展馆一年来运行正常，累计接待参观人数近万人，向外界全方位展示庆阳城市建设的过去、现在和未来，得到社会好评。全年共发布工作动态信息45条，规划公示信息163条，回复网民咨询8条。

**【党风廉政建设】**坚持以中心组集中学习带动全局干部职工深入开展学习活动，组织干部职工学习了党的十八大、十八届三中全会和习近平总书记系列重要讲话精神，认真贯彻落实中央“八项规定”、省委“双十条”以及市委实施细则的各项规定，按照“一岗双责”责任制要求，深入开展了党风廉政建设教育活动。一是降低办公和行政支出，控制会议费、接待费、公务车辆燃修费等支出，办公用房严格按政策标准核算面积，完成清理工作并迅速进行了重新分配。二是全市“勤政为民务实清廉”监督评价系统规划局版面公开事项已全部录入，局服务满意度测评系统和投诉查询终端运行正常，接受群众监督和评价，累计接受满意度测评投票140票，目前无投诉个人事项。三是加强对项目审查审批、规划监察、财务管理、重点岗位及窗口科室等关键环节的监督，对苗头性问题及时进行谈话和提醒，杜绝利用职务之便吃拿卡要和接受礼金、有价证券等违法、违纪行为的发生。领导班子及科级干部做到了会员卡个人零持有、零报告。四是继续开展效能风暴行动，纪检室不定期督查人员到岗、学习等情况，工作作风和组织纪律性明显转变。全年共接待来电咨询和投诉300多人（次），办结信访案件12例，答复政协提案4例。

**【双联活动】**继续深入开展“联村联户、为民富民”行动，组织帮联干部多次深入正宁县五顷塬乡龙咀子村，深入农户传播知识，科学指导脱贫致富。为贫困户发放春播化肥58袋，举办洋芋、玉米等农作物栽培技术培训班，为贫困户解决了春耕生产农资紧缺的困难；全局职工积极开展爱心捐赠活动，为该村群众捐赠衣物60余件。按照市双联办要求，征求各方意见和建议编制完成《正宁县龙咀子村扶贫开发奔小康规划（2013-2018年）》，投资铺设了龙咀子村甘木沟组至王洼组7公里沙石路，解决了66户276人交通出行问题；为乔塬组和龙咀子组铺设自来水管道5000米，使74户群众受益；为龙咀子小学硬化校园950平方米，美化了校园环境；扶持10户贫困户投资养羊致富项目，每户补助2000元购买奶羊4只；扶持养蜂380箱；制作墙体标语4条，宣传栏3面，宣传牌4个，发放宣传册4类300本，捐赠各类学习书籍50余套。自“双联”行动开展以来，我局从解决村民增收难、吃水难、行路难、上学难等问题入手，逐步落实帮扶项目和措施，已累计投入帮扶资金50余万元，极大的改善了龙咀子村生产生活条件，增强了村民脱贫致富的信心。

**【自身建设】**一是坚持两周一次的中心组学习制度，县级干部按要求全部参加了全市学习贯彻党的十八届三中全会精神县处级干部轮训班，门户网站开设学习习近平系列讲话精神专栏、制作宣传展牌2面、建立了学习园地、聘请专家讲座，组织职工进行“十八大精神理论知识、“为民务实清廉”廉政法规知识等答题活动，营造学习氛围。全年组织中心组学习24次，干部职工年均记学习笔记2万字，撰写心得体会2篇。二是严格干部选拔任用监督机制，杜绝用人上的不正之风。公开选拔任用科级干部5名（其中：主任科员2名，副科级干部1名，副主任科员2名），做到了程序规范、公开公正、得到了干部群众认可。社会治安综合治理、安全生产、计划生育等项工作，均按要求完成了任务。（市规划局　供稿）

# 交通、邮政

## 交通运输

【工作综述】2013年，全市交通、运输工作紧紧围绕市委、市政府确定的“一区四园一线八域”发展战略，按照“三个一”包抓项目责任制和扶贫攻坚行动的总要求，精心谋划，抓主保重，全力推进，重点工作有亮点、有突破，常规工作有创新、有进步，其它各项工作都较好地完成了目标任务。据初步统计，全市交通固定资产投资完成46.58亿元，同比增长16.9%，占全市社会固定资产投资的5.5%，占全省交通固定资产投资的10%。公路总里程达到12972公里，其中，高速公路203公里，二级公路642公里，农村公路11624公里。铁路通车总里程实现“零突破”。全市所有乡镇和60%的建制村通了沥青水泥路，建制村通畅率比全省平均水平高出3个百分点。乡镇汽车站达到75个，建制村汽车停靠点达到835个，覆盖全市65%的乡镇和66%的行政村。

【项目建设】大力实施“3341”交通提升工程，交通重点项目建设成绩显著。雷西高速公路于2013年11月20日正式收费营运，实现了“提前一年建成通车”的目标。西平铁路于2013年12月25日正式开通运营，结束了我市不通铁路的历史。庆阳机场航站区已基本具备转场运行条件，飞行区工程完成工区道路平整、飞行区围界等建设任务，人工气象观测系统完成安装及调试工作。宁长二级公路正式投入运营，收费站场正在抓紧建设。庆镇二级公路主线全部贯通，绿化、排水、安保、房建工程正在抓紧施工，将于2014年5月1日前正式交工运营。新南二级公路路基、桥涵、隧道工程全部完成，路面工程正在抓紧施工。省上共安排4条184.66公里县乡道改造项目，累计完成投资1.02亿元，占总投资5.333亿元的19%，西峰至合水二级公路全面开工建设，董志至镇原、悦乐至阜城、八珠至杏树沟3个改造项目正在抓紧做前期工作。

【规划体系】调整完善交通发展规划，争取国家、省上支持力度持续加大。银西高铁（庆阳）工程已经通过铁道部内部会审会签，接线三省市基本达成一致意见，力争2014年开工建设。甜水堡至罗儿沟圈高速公路完成工可研预审，并上报国家发改委待批。同时，省厅就该项目设计、施工总承包已和中交集团签订了框架性合作协议；华池（打扮梁）至庆城至镇原至平凉高速公路确定项目法人单位，积极开展前期工作。儒木铺至小圆子、环县至车路崾岘、调令关至正宁、镇原至彭阳公路等5条公路列入了国道改扩建项目计划，董志至镇原、八珠至杏树沟、悦乐至阜城、庆城至华池二级公路列入了县乡道改造项目。在抓重大项目的同时，将6400多公里农村公路列入了省上的扶贫攻坚项目数据库，为我们今后实施更多的建设项目、彻底改变农村交通面貌奠定了坚实基础。

【公路建设】深入开展交通扶贫攻坚行动，农村公路建设全面提速。召开全市交通扶贫攻坚大会战启动大会，确定交通扶贫攻坚总体目标和“两个提前”阶段性工作任务。2013年省上下达的111条754公里和市县自建的500多公里建制村通沥青（水泥路）项目，已在当年10月底全部建成，累计完成投资4.41亿元，占计划资金的121.2%，超额完成了市政府确定的为民办实事任务。新增通油路乡镇2个，全市116个乡镇全部通了油路。新增通油路、水泥路行政村101个，通油路（水泥路）的行政村占到总数的60%。公路密度增加到每百平方公里28.18公里，以国道G211线、309线、省道202线、303线、318线为主骨架，81条2858公里县乡公路为支线，1387条8446.2公里通村公路（水泥路）为辐射延伸的全方位路网结构基本形成，“断头路、联网路、出境路”的问题得到有效解决。

【公路养护】坚持建养管并重，公路服务能力有效增强。加强公路养护管理，年内实施大中修项目23条176公里，养护农村公路1446条10520公里，养护率达100%，列养路线和主要养护路线综合指数值分别达到80%、85%。加强路政管理，着力加大侵占路产路权案件的查处力度，公路权益得到有效维护。扎实推进车辆超限超载运输治理工作，全市境内公路货车超限超载率控制在5%以下，农村公路治超工作取得明显成效。

【行业监管】强化行业监管，运输行业保障能力持续优化。统筹城乡客运一体化发展，整合城乡客源，着力解决“黑车”参营与群众出行难的问题，严格落实城乡道路燃油补贴制度，确保已开通的城乡客运班车安全持续规范运营。2013年，全市道路客运量和旅客周转量分别达到3796万人和146390万人公里，道路货运量和货物周转量分别达到4547万吨和774398万吨公里，综合周转量同比增长41.83%。全市实现道路运输产值31.2亿元，增加值15.6亿元，同比分别增长11.5%和13%。航空运输全年完成运输起降1760架次，旅客吞吐量突破8万人次，较年度计划翻了一番。在加快推进高速路、二级路和铁路建设步伐的同时，更加注重临空经济和地下管道运输方式的发展和强化。相继开通了兰州、西安和北京航线，直线飞航总里程达到1400海里（即2593公里），快速便捷的空中通道得到有效拓展。地下管道运输发展突飞猛进，石油天然气管道运输网总里程达到12000千米，公路、铁路、航空、管道立体交通齐头并进的良好格局基本形成。

【安全生产】推行施工标准化管理，交通项目建设质量不断提升。项目建设过程中，更加注重精细化管理和标准化施工管理，项目办驻地、工地试验室、料场拌合站、施工现场等各个环节都严格落实标准化管理制度，工艺工序监管扎实到位，有效保证了项目建设的质量、进度和安全；严格施工程序及过程监管，对隐蔽工程、关键部位、工序、工艺中发现的问题及隐患采取发放整改通知、监理指令、工地会议等形式挂牌督办，督促施工单位限期整改落实。通过一揽子公路质量监管措施的有效落实，全市农村公路工程质量抽检单点合格率达到98.93%以上，关键指标合格率达到100%，总体质量合格率达到98.82%以上，各项指标均高于全省平均水平。

【专项整治】扎实开展专项整治活动，安全生产形势稳定向好。全面启动“安全生产年”活动，抓好机构、制度、工作、行为和责任的“四规范一落实”，健全安全生产长效管理机制，推进“平安工地”达标创建，制定了危旧桥梁监管制度，建立了公路桥隧安全监管责任体系，开展了为期2个月的全行业安全隐患大排查大治理活动，隐患的限时整改率达95.6%，行业安全形势保持了稳定态势。（市交通运输局　供稿）

## 邮　政

【基本概况】庆阳邮政辖甘肃省邮政公司庆阳市分公司和镇原、宁县、庆城、正宁、环县、华池、合水7个县邮政局。全市共设置邮政局所123个，其中：设在农村局所101处。开办金融业务网点44个（城区18个，农村26个）。电子化网点63处。手工网点60个。办理汇兑网点62处。邮路单程总长度15254公里。行政村全部实现通邮。安装ATM、CRS机具共46台。县乡邮路44条，城投段道51条，乡投段道302条，村邮站（邮件结转点）1277处，三农服务点392处。全市邮路总长度单程达到15254公里。城乡投递单程平均里程32公里，服务人口261万，服务面积27119平方米。安装信报箱13408个。

【业务发展】2013年，在中国邮政集团公司、甘肃省邮政公司和庆阳市委、市政府的正确领导下，甘肃省邮政公司庆阳市分公司紧密围绕“加快创新驱动、推进转型升级”的战略思路，按照年初确定的中心任务和重点工作，增强自我加压意识，提升破解难题的能力，在转型中谋发展，在发展中促和谐，推动庆阳邮政事业迈上了新的台阶。全市完成邮政业务总收入9746.8万元，完成省公司预算目标的102.57%，较2012年增长8.5%，收入规模在全省邮政系统列第3位。其中市分公司、镇原县邮政局、宁县邮政局进入全省84个县（市、区）邮政单位业务规模排名前20位，其中镇原县邮政局业务收入规模列全省70个县局第1位，宁县邮政局列全省3位。9项单项业务中电子商务、函件、金融、包裹及其他业务5项业务完成收入增幅超过总收入增幅水平。截至2013年底，邮政储蓄余额规模达到36亿元，在全市金融市场占有率为9.6%。

【能力建设】2013年完成了2个支局重建、1个局所搬迁改造和4个代理金融转型网点的功能区改造工程，完成了信息技术机房功能扩展建设。新增营业终端10台、自动存取款机2台，用邮渠道得到扩展，服务群众能力得到进一步提升。新增、更新了89辆投递车辆，进一步提升揽投电动化水平。加强邮政信息化建设，完成数据库营销服务管理、电子商务信息平台、夜班话务集中等6个系统项目上线工程，从信息安全、网络安全和大型设备等方面加强管理，健全信息运维工作制度，在全市建设金融网点和业务库电话联网报警系统，增设网点视频监控探头，加强隐患整改，进一步提升安全防范能力，为业务发展提供了有力保障。

**【报刊亭建设】**在全市购置更新了7个报刊亭，除报刊零售外，开办了电话费、电费、航票等代理业务，同时，坚持“统一管理、统一标识、统一进货、统一配送、统一经营”“五个统一方针”加强报刊亭规范管理，把报刊亭打造成为具有便民利民的综合功能平台和城市精神文明、文化形象的展示窗口。

**【管理提升】**我们以利润为导向、以财务为重点、以绩效为主线，加强制度建设对经营管理服务工作的支撑保障，加快建立现代邮政企业财务、人力、安全管理体系，提高邮件、资金、车辆和信息安全管理水平，全年未发生重特大安全生产责任事故。

**【服务提升】**在全市启动了基础管理工作整顿提升活动，对营业、投递、名址数据库和服务投诉4项18个指标进行了集中整治，借助省邮政公司调整平环邮路、增加结转点的契机，以加快《陇东报》传递为切入点，通过重新梳理作业计划，加快内部处理时限，优化作业流程，将15个乡镇邮件报刊改为市局直分，实现15个乡镇《陇东报》当日见报，提高了重点党报当日见报运递能力。完善市县服务质量检查体系，细化各级检查岗位职责，下力气转变基础管理不深不细不精的现状。2013年，全市邮政服务质量综合满意度为86.97%。

**【自身建设】**一是党风廉政建设持续推进。认真落实中央“八项规定”、集团公司党组“二十条实施意见”和省公司“十项实施细则”，建立巡视工作制度，推进企业行风建设不断优化和工作作风建设持续改进，全年召开会议数量较去年同比下降24%，会议费用减少36%，市分公司招待费、办公费、差旅费同比分别下降42%、68%和33%。二是纪检工作得到进一步加强。市分公司成立了监察室，对纪检监察队伍进行充实，明确工作职责，抓住企业重大经济活动的关键环节和重点部位，推进全市惩防体系建设。在全市邮政制定执行《“三重一大”决策制度暂行办法》，规范议事规则和决策程序。开展了会员卡清退、专供、特供商品清理和“小金库”专项治理，进一步严肃领导班子和干部队伍纪律。三是精神文明建设不断深入。各层面围绕企业发展实际，把联系触角延伸到生产一线和职工中，继续开展为职工办实事活动，全年共投入送温暖资金3.75万元，补助劳动模范、困难职工38人，走访慰问集体18个；投入助学资金0.7万元，帮助7名困难职工子女解决了就学问题；共有372名职工纳入职工重病互助保障范围。全年共建设农村支局小家8个、投递员之家2个、职工书屋8个，职工生产生活条件进一步改善。四是企业文化建设取得新成绩。全市邮政企业加大推进深入基层，到一线解决实际问题和困难的工作力度，不断提高职工生产生活水平。为车辆定额发放修理费和燃油补贴，为投递人员购买了人身保险，解决了农村邮路路线远、投递负担重和职工人身安全保障弱等问题。为2013新改造的农村局所安装锅炉设备，逐步解决农村邮政网点多年依靠架炉取暖的问题。多个单位对职工食堂进行装修，更新了餐饮设备，并采取早餐补助、降低伙食收费、不限量就餐等方式，改善就餐环境，提高职工的生活质量。

**【企业荣誉】**2013年，分公司中街支行被评为“全国工人先锋号”。市分公司投递员第小妮同志荣获第四届全国道德模范提名奖，中国文明网、《中国邮政报》、中国甘肃网等新闻媒体对其先进事迹进行了报道，受到了社会的广泛关注和好评。镇原县方山乡邮政所乡邮员赵清龙同志荣获“全省五一劳动奖章”“全省职业道德标兵”，以其先进事迹为题材，拍摄的党员教育电视片《最美乡邮员》荣获全国党员教育电视片三等奖。在同一年，集团公司总经理李国华、副总经理李丕征、原集团公司总经理刘安东先后到庆阳邮政视察调研，对邮政工作给予了充分肯定和殷切希望。这些都是全市邮政干部职工的荣誉，是对全市职工辛勤工作的精神褒奖，极大地提升了庆阳邮政的企业形象和社会美誉度。（市邮政局　供稿）

# 贸　易

## 商　务

**【市场建设】**一是市场基础建设成效显著。第一，积极争取实施县乡农贸市场建设改造项目。建成了西峰区肖金镇瓜果蔬菜市场等农贸市场9个，进一步改善了农村市场占道经营状况。第二，认真组织实施“万村千乡市场工程”。完成300个农家店信息化改造试点工作任务，启动实施了258个农家店、5个商品配送中心、2个乡镇商贸中心建设任务，有效健全完善了农村市场服务功能。第三，大力推进服务业市场建设。积极争取实施早餐工程项目2个、屠宰企业升级改造项目2个、清真食品加工建设项目1个、家政服务网络中心项目1个，共计落实以奖代补资金120多万元，极大改善了全市服务业市场基础条件。二是市场调节机制不断优化。第一，积极争取实施市场运行调节项目。推荐争取到冬春蔬菜储备、大宗农产品产销促进、农超对接、大宗农产品主产区标准化冷藏式仓储设施建设、陇禧物流公司城市物流共同配送等10个项目，增强了市场“淡吞旺吐”能力，形成了产销结合、规范有序的良性运行机制。第二，扎实开展市场监测工作。督促20户样本监测企业及时、准确上报监测数据，为政府宏观经济管理提供可靠的分析数据，年度市场运行监测工作名列全省第一。第三，切实加强商务预报工作。指导开通了全市及县（区）商务预报，进一步增强了市场预警能力。三是市场培育工作成效初现。着力加强对电子商务企业的培育工作，帮助西北商品交易市场有限公司取得“增值电信业务经营许可证”，成为我省第一家真正意义上的电子商务企业。指导协助西峰区创办电子商务创业园，入驻企业40多户。组织开展了淘宝网“特色中国·甘肃馆”推介寻宝活动，推动我市名优特产品上“淘宝”，进行网络展示和销售。四是市场服务能力不断提升。第一，加强对典当、拍卖等特殊行业的日常管理。切实纠改存在的问题，促进了行业健康发展。第二，积极做好典型商贸流通企业统计工作。完成了224户省级典型企业名录入库工作和10个行业37户企业的两次试报工作。第三，及时准确测报商贸物流数据。按时向省厅报送《庆阳市大型商业网点调查》等四大类18份报表资料，向商务部“商贸流通业统计信息平台”填报全市66户中小型商贸流通企业基本数据。顺利完成了家电下乡总结工作。第四，切实加强餐饮服务业管理。认真组织开展第二届敦煌行·丝绸之路国际旅游节食宿服务工作和精品陇菜认定工作，有6家企业分别获得精品陇菜、陇味小吃及兰州牛肉面示范店认定；组织企业参加了在酒泉举办的“全省名优风味小吃展销会”和在临夏举办的全国清真小吃、名宴大奖赛。

**【外贸工作】**一是外贸发展思路进一步明确。紧抓“抓大、促小、育新、引强”的外贸发展方针不动摇，按照企业年出口创汇量大小，为企业量身打造扶持政策，帮助企业进一步提升开拓新的国际市场的能力；对出口供货企业大培训力度，促其尽快向出口创汇型转变，形成新的外贸增长点。鼓励支持大型骨干企业与国内外外向型企业联合经营，入股参股，引进先进的经营理念和技术设备，开发特色资源，延伸产业链条。二是外贸便利化水平进一步提高。第一，着力解决外贸企业融资难题。先后与中国光大银行兰州分行、甘肃省融资担保集团庆阳分公司、中国银行庆阳分行等金融单位进行衔接协调，争取对我市外贸企业融资贷款提供最大限度支持；同时，积极向省商务厅申报争取外贸发展融资资金9400万元。第二，为企业开展“贴身”服务。主动与兰州海关加强联系沟通，争取企业通关的便利途径；指派专人负责，协助企业办理报关手续，年内办理备案登记企业29户，全市备案登记企业达到142户。三是外贸出口商品基地建设进一步加快。按照“企业＋基地＋标准化建设”的发展模式，积极鼓励出口企业自建原料基地。建立农产品质量安全可追溯体系，培育出口产品原料基地，促进农产品加工转化增值，增强农产品出口优势。四是外贸项目资金效益进一步放大。充分利用国家扶持政策，推荐申报促小育新项目4个、法律援助项目1个，争取项目资金400万元。上报中小企业开拓国际市场资金项目85个，争取补助资金311万元。同时，扎实开展内外贸资金项目综合绩效评价工作。五是外资外经工作成效进一步增强。大力实施“走出去、引进来”战略，帮助庆城县泰达工贸有限责任公司与香港鑫宇资本集团公司“联姻”，设立了中外合资企业甘肃泰宇工贸有限公司，利用外资392万美元。开展赴中亚国家推进外经贸合作项目工作，第一批以庆阳春池工程技术服务有限公司为主的7人项目推进小组，将赴中亚的乌兹别克斯坦商谈石油钻井项目工程，开辟我市继元方公司之后的第二个境外项目，加强外资企业日常管理工作，对2012年12月31日前依法设立的外商投资企业认真进行年检。

**【市场监管】**一是扎实开展商务综合行政执法工作。积极争取实施了环县等3个商务综合行政执法试点单位项目，全市有5个县（区）开展了商务行政综合执法试点工作，进一步创新商务行政执法体制，较好地解决了基层商务部门执法中存在的工作缺位、力量分散、效率低下等问题。二是有效开展商务行业监管工作。一是组织对全市101户成品油零售经营企业依法进行年检，有效规范企业经营行为。二是加强二手车市场监督管理。与相关部门联合下发了《关于进一步规范二手车市场秩序及鉴定评估机构管理工作的通知》，进一步规范了二手车市场流通秩序，消除了安全隐患。三是组织开展再生资源回收行业备案登记工作。制定下发了《庆阳市2013—2020年再生资源回收体系建设规划》（庆政办发[2013]112号）。四是加强对单用途商业预付卡的管理，建立了跨部门联系协调工作机制。五是组织开展“打击私屠滥宰制售注水肉”专项治理活动，全市共出动执法人员68人次，查处私屠滥宰窝点33户。六是依法开展保护知识产权和打击假冒伪劣商品及药品流通企业监管工作。三是切实加强酒类市场监管工作。全年新增办理酒类批发许可证69户，累计达383户，持证率为97%；新增酒类流通备案登记552户，累计达6251户，备案登记率为94%；新增张贴“不得向未成年人销售酒类商品”警示牌2093张，明示率为98%；酒类生产、批发企业《酒类流通随附单》的开具率及零售企业的索取率分别达到90%和85%，使用率达到100%；散装白酒经营者购销协议备案率和《散装白酒质量安全承诺书》签订率均达到100%；共计出动酒类执法人员3740人（次），检查酒类经营企业（门店）6815户（次），查处酒类违法案件75起，确保酒类食品安全。

**【对外交流】**2013年，精心组织相关企业参加第十七届“西洽会”、第八届“跨采会”、2013杭州国际丝绸博览会、第二届“京交会”、第十九届“兰洽会”、2013年中国“青洽会”、第十一届“软交会”、第二十四届“西交会”等展会，帮助企业建立销售网络，进一步拓展全市对外经济交流与合作的广度和深度。特别是圆满完成了第十九届兰洽会庆阳展馆设计及施工、产品征集等各项任务，获得“第十九届兰洽会展务工作先进单位”和“第十九届兰洽会优秀组织奖”。积极承办第24届西交会商品展示展销活动，共搭设标准展位343个，展区面积近8000平方米，参展参会企业达390多家，参展商品品种近万个，到会观展、采购、洽谈近26万人（次），实现现金交易额1.53亿元，签订销售合同金额达12.8亿元，企业客商签订共建销售网点102个、代理商合同108个。（市商务局　供稿）

## 供　销

**【工作综述】**庆阳市供销社在市委、市政府领导下，围绕全市经济转型跨越发展，深入推进供销社改革创新，以增强实力、提高效益、优化服务，全力打造全新供销社为目标，服务网络建设、基层组织建设、社属企业建设、项目建设等重点工作取得了新的进展。预计全年商品销售总额完成37.04亿元，占年计划100.11%，农副产品收购完成12.70亿元，占年计划105.83%，实现利润总额2050万元，占年计划120.59%。

**【服务网络建设】**不断推进农资经营网络体系建设，着力加强县（区）农资龙头企业和农资配送中心建设，提高龙头企业对终端网点的配送率，扩大农资经营网络服务覆盖面。全年新建农资企业2个，累计达到12个；新建农资配送中心6个，累计达到26个。加大农贸市场和鲜活农产品市场建设力度，加快社区蔬菜直营店建设，推动多种形式的产销对接，减少环节，降低成本，提升农产品生产效益。建成农贸市场和鲜活农产品市场8个，累计达到14个；建成社区蔬菜直营店7个，累计达到24个。以再生资源回收利用为重点，以建设规模大、环境好、有围墙的收购站（点）为抓手，提高废旧物品特别是废旧农膜回收率。全年建成乡镇回收站 23 个，累计达到 63 个；村（社区）回收点 14 个，累计达到 186 个。以改造提升县、乡（镇）、村日用品经营设施为重点，不断改善农村消费环境。建成超市 8 个，累计达到 106 个；建成农家店（便民店）51 个，累计达到 1051 个。

**【基层组织建设】**坚持开放办社，采取联合合作、股份合作等方式，不断增强基层组织的经济实力和服务能力。以规范基层社注册登记，抓典型示范，积极培育大社强社为抓手，通过恢复重建、规范提升，增强基层社发展实力和服务功能。全年新建规范基层社 11 个，累计达到 66 个。发挥供销社优势，积极领办帮办农民专业合作社，着力提高系统专业社规范水平、建设质量、发展规模和示范带动作用。全年新建规范专业社 20 个，累计达到 97 个；创办示范专业社 4 个。坚持村社发展与新农村建设结合，新农村建到哪里，村社就建到那里；村社服务与农民需求结合，农民需要什么服务，村社就提供什么服务的办社思路，同时注重扶持村级综合服务社扩大规模，拓展服务。全年新建村级综合服务社 57 个，累计达到 717 个。

**【社属企业建设】**积极为社属企业发展争取项目和资金支持，协调政府有关部门，解决企业发展中的资金不足。各社属企业围绕主业，不断优化企业经营结构，企业整体实力增强，成为供销社服务"三农"的骨干力量。庆阳市万安农资公司年销售额 8920 万元，实现利润 143 万元，代理产品 50 多个，销售网点 400 多家，服务覆盖庆阳市及周边地区。庆阳市九星物资公司完成再生资源收购额 1180 万元，实现利润 26.8 万元，公司新建库房 2600 多平方米，安装废钢加工铁艺生产线 1 条，废旧回收加工基本实现规范化、专业化。

**【项目建设】**按照论证储备、推荐上报、争取立项、组织实施的工作程序，狠抓项目建设，增强发展活力。全年论证储备、推荐"新网工程"和农业综合开发供销社项目 27 个。争取到国家"新网工程"和农业综合开发项目 3 个，资金 427 万元，其中"新网工程"项目 1 个，资金 300 万元；农业综合开发农民专业合作社项目 2 个，资金 112 万元；特色示范基地项目资金 15 万元。全系统组织实施项目 24 个，完成项目投资总额 11039.5 万元。环县木钵供销社投资 910 万元，新建的鲜活农产品交易市场（蔬菜储存保鲜综合服务站），占地 14.9 亩，建成了农资库房 1200 平方米，瓜果蔬菜保鲜库 800 平方米，地下恒温室 400 平方米，农产品交易大厅 800 平方米，农药残留检验中心 120 平方米，瓜果蔬菜分拣包装车间 80 平方米。

**【为农服务】**农资供应：市供销社筹资 30 万元，为基层社、农资配送中心配备农资配送专用车，支持农资经营企业开展农资配送服务，全系统销售各类化肥 29.37 万吨，占全市需求量的 71%，销售农膜 3033 吨；销售农药 1790 吨，农资商品量足、价稳、质优，保证了农业生产需要。农副产品购销：各级供销社指导企业做好农产品收购，保障农民利益，帮助企业解决收购资金。企业组织人员、车辆，深入村组，上门收购，方便农民交售。全系统农副产品收购额完成 12.70 亿元，其中市社供销鑫源公司收购各类农产品 2793 吨，收购额达到 4066.4 万元。科技培训：市社万安、欣欣等公司组织员工深入村组，开展农资知识宣传培训 100 多场，送科技、送化肥，社会效果好。各县区供销社组织培训农民（农产品经纪人）12600 人次。示范基地建设：以创办示范生产基地为抓手，通过提供优质种苗、实行订单和保价收购、积极开展技术指导和专业培训等措施，鼓励带动农民开展种植，提高农民专业化、标准化生产水平，全年共建成优质苹果等特色示范基地 9630 亩。

**【"双联"行动】**按照市委统一部署，认真落实各级会议精神，社领导带职工先后 9 次深入联系村，与贫困户进行座谈，制定致富计划，宣传党的十八大和十八届三中全会精神，宣传党和国家关于加快农业发展、繁荣农村经济、着力改善民生、建设美丽家园等惠农、富民政策，尽心竭力开展帮扶。市社全年筹措现金 3.8 万元，给村委会购置液晶电视机 1 台，帮助村上完成党员干部现代远程教育依托站点改造；帮助 3 户贫困户改造危房；为养殖户购买种猪，带动养猪业发展。并印制种、养殖科技资料，聘请科技专家开展培训服务。联系协调，完成通村水泥路 2.8 公里。（市供销合作社　供稿）

# 财政、税务、金融

## 财 政

**【工作综述】**2013年，在市委、市政府的坚强领导下，全市财政工作牢牢把握“稳中求进、好中求快”的总基调，围绕中心，服务大局，紧扣目标，突出重点，完善机制抓收入，严格程序控支出，深化改革强管理，集中财力办大事，关注民生办实事，财政收支平稳运行，各项工作扎实推进，圆满完成了全年目标任务。

**【财政收支】**面对原油价格下滑、煤田“两权”收入短缺较大等实际困难，各级财税部门紧密协调配合，科学研判形势，切实加强重点行业、重点税源动态监控，严格落实综合治税责任，健全完善协税护税工作机制，坚持依法征管，加大税务稽查及非税收入收缴力度，充分挖掘增收潜力，有效堵塞“跑冒滴漏”，实现应收尽收。全市地方财政收入完成63.73亿元，占预算101.48%，同比增长20%。大口径财政收入完成154.25亿元，占预算的100.49%，同比增长8.69%。坚决贯彻落实中央“八项规定”、《党政机关厉行节约反对浪费条例》、省委“双十条”规定和市委“实施细则”，坚持勤俭办一切事业，从严控制“三公”经费，压缩一般性支出，切实降低行政运行成本。市级“三公”经费及会议费支出下降20.16%。同时，加强资金调度，全力保障重点支出，全市财政支出完成183.71亿元，占调整预算的97.52%，同比增长15.82%，净增24.92亿元。

**【争取补助】**认真研究中央和省上支持政策，积极汇报衔接，全力争取财力性转移支付和各类专项补助。当年中央、省上下达各类补助116.6亿元，增加8.76亿元，同比增长8.12%。其中，专项补助52.78亿元，增加4.3亿元，增长8.87%；均衡性转移支付22.91亿元，增加1.52亿元，增长7.11%；县级基本财力保障机制奖补资金4.53亿元，增加2.42亿元，增长42.9%，有效缓解了市县财政支出压力。

**【支持发展】**围绕实施“工业强市、产业富民”战略，积极调整财政支出结构，不断整合盘活存量资金，充分发挥财政资金杠杆作用，全力支持“3341”、“一区四园、一线八域”、循环经济等重大项目建设和社会事业发展。市级财政当年安排专项资金16.12亿元，其中，教育3.38亿元、交通1.7亿元，工业2.3亿元，文化4.95亿元。压缩一般性支出1.61亿元，用于扶贫攻坚道路建设8000万元、农村学前班及幼儿园改造补助1000万元、防汛救灾及灾后重建5138万元、西峰城区自来水提质改造工程2000万元。筹集并注入资金2.7亿元，保证了新成立的能源、水务、交通三个集团公司业务正常开展。年内组织申报经济发展项目8大类73个，争取投资6.58亿元，重点用于园区建设、节能减排、技术创新、品牌培育。大力支持信用担保体系建设，贴息5400万元，当年发放小额担保贷款1.94亿元，有力支持了非公经济发展。

**【财政支农】**坚决落实强农惠农政策，继续加大“三农”投入力度，大力支持城乡一体化建设。市级财政支农总投入达4.97亿元，同比增长9.3%。整合资金2.53亿元，扶持特色优势产业、农业科技推广和农村基础设施建设。筹集资金1.17亿元，解决了19.67万农村人口饮水安全问题。投入农业综合开发资金8581万元，支持土地治理、产业化经营等项目建设。落实资金2.67亿元，支持整村推进、集中连片开发等扶贫项目建设。落实资金2612万元，村干部报酬实现万元年薪，村办公经费高于全省标准。通过“一册明、一折统”发放粮食直补、农资综合补贴、退耕还林补助等惠农资金27项16.53亿元。投入资金3.81亿元，实施村级公益事业“一事一议”财政奖补项目467个。贴息2.31亿元，支持发放农村妇女创业小额担保贷款，贴息3070万元，支持发放“双联”惠农贷款8.31亿元。积极拓宽融资渠道，落实产业扶贫贷款2.041亿元，努力破解产业化扶贫开发资金难题。

**【民生保障】**紧紧围绕“十大工程”等民生实事，优化资源配置，加大资金投入，全力确保各项民生政策落实。教育支出33.35亿元，达到法定投入要求。支持实施小伙房、学前教育等“五大校园工程”，缓解城区就学压力，完善困难家庭学生资助政策体系。科技支出 1.53 亿元，达到法定投入要求，促进科技利民专项行动顺利实施和科技成果转化及创新。文化体育与传媒支出 6.8 亿元，支持公共文化、体育和广播电视事业繁荣发展。社会保障和就业支出 28.29 亿元，进一步提高补助标准，保证了城乡低保、企业职工养老、就业创业、救灾抚恤等方面需求。城市低保西峰、庆城、环县三个县区月补助标准提高到 246 元，其他五个县提高到 213 元。农村低保月补助标准提高到 101 元，农村五保集中及分散供养人均年补助标准分别提高到 2800 元和 2600 元，职工大病救助支付额最高达到 20 万元。积极落实职业介绍、职业培训、技能鉴定、社会保险、公益性岗位及就业见习六大补贴，全力扶持高校毕业生到非公企业就业。注入担保基金 2172 万元，支持市创业扶持融资担保公司扩大小额担保贷款规模。筹集防汛及灾后恢复重建资金 11187 万元，支持受灾群众转移安置、过渡性生活救助及灾后重建。医疗卫生支出 13.82 亿元，确保基层医院综合改革稳步推进，城乡居民大病保险试点工作顺利展开，住院费用实际报销比例进一步提高；食品药品安全监管、卫生监督执法等公共卫生服务项目得到有效保障。节能环保支出 5.48 亿元，节能减排、防污治污、生态环境建设等政策得到有效落实。住房保障支出 4.48 亿元，支持廉租房、公共租赁住房建设和农村危房及城市、林业棚户区改造，城乡困难群众的住房问题得到有效解决。同时，大力支持创新社会管理，政法、综治、信访、维稳等工作得到有效保障。合理调整收入分配关系，机关事业单位津贴补贴规范政策全面落实，市级职工应休未休假补贴、科学发展绩效考评奖补助落实到位。筹措资金 2700 万元，提前一年完成了对口支援甘南藏区建设五年规划任务。

**【财政改革】**坚持用改革的办法解决发展中的难题，财政管理水平进一步提高。一是全力推进预算管理改革。进一步完善预算编制体系，继续推进基本支出、项目支出定额标准建设，健全预算管理长效机制，制定并提请市政府出台了《市级财政专项资金管理办法》《机关事业单位公务用车编制及配备使用管理办法》等 7 个规范性文件。财政预决算、部门预算公开工作有序推进。二是扎实推进国库集中支付和公务卡改革。加快会计集中核算向国库集中支付转轨，全面恢复市直预算单位会计职能。年内集中支付金额 32.68 亿元，集中支付率达到 92.88%。开设零余额账户 161 个，为 121 个预算单位办理公务卡 2280 张，公务卡系统上线运行，大部分单位开始刷卡；健全预算执行动态监控体系，设置风险监控点 30 个，预警拦截支付 686 笔，确保了财政资金安全规范运行。三是稳步推进国有资产管理改革。完善国有资产管理信息系统，规范资产处置程序，全年共调拨划转资产 800 万元，处置报废资产 4178 万元，交易国有资产产权原值 1898 万元；四是加快推进政府采购改革。扩大政府采购范围，完善采购制度，规范采购行为，强化采购监管，提高采购效率。全年完成政府采购 6.82 亿元，其中，市级 2.36 亿元，节约资金 1969 万元，节约率为 8.34%。

**【财政监督】**坚持“收支并举、监管并重、内外并行”的监管方针，认真贯彻执行《甘肃省财政监督条例》，进一步健全财政监督机制，加大监督力度，拓展监督领域，财政监督质量和综合效果明显提高。重点开展教育、农业、社保等专项资金和会计信息质量监督检查，查出违规单位 21 个、违规资金 229.4 万元，全部限期整改。稳步开展项目资金绩效评价监督工作，为改进预算管理和安排以后年度预算资金提供了重要参考依据。加大财政投资评审力度，提高评审质量，全年完成财政评审工程项目 190 个，评审工程决算造价 1.91 亿元，核减 2490 万元，核减率 13.04%。财政信息化管理系统实现升级优化，预算执行动态监控水平进一步提高。

**【队伍建设】**以“效能风暴”行动为抓手，以“双联”行动为载体，以创建“六型”机关为切入点，严格落实中央“八项规定”和《党政机关厉行节约反对浪费条例》，修订完善机关内部管理制度，切实加强机关作风建设，深入推进财政反腐倡廉建设，扎实开展财政文化体系建设，丰富机关干部职工业余文化生活，组织开展迎国庆职工运动会，不断巩固省级精神文明单位创建成果。加强财政干部教育培训，组织开展全市财政系统“依法行政、科学理财”系列巡讲活动 9 场次；举办全市财政系统干部素质能力提升班 2 期，培训干部 86 人；举办全市行政事业单位财务管理人员新财务与会计制度培训班 2 期，培训 128 人。通过教育培训，干部职工的干事创业意识、廉洁自律意识进一步增强，综合素质进一步提高，工作作风进一步好转，服务质量进一步提升。扎实推进“双联”帮扶工作，筹资 318.6 万元

为唐旗、柳树庄两个帮联村群众解决了吃水行路、产业培育、技能培训和融资等难题，圆满完成了年度帮扶任务。（市财政局　供稿）

## 国　税

**【工作综述】**2013年以来，在省国税局和庆阳市委、市政府的正确领导下，全市国税工作按照年初提出的“一二三”工作思路，紧紧围绕组织收入这个工作中心，重点抓好纳税服务和税收征管两项业务，突出了税收执法、队伍建设和党风廉政三项建设，各项工作取得了较好的发展。

**【组织收入】**全局上下始终坚持以组织收入为中心，牢固树立税收经济观，自觉融入大局，坚持依法征税，国税收入实现了数量与质量双提高。截止12月底，共组织入库各项税收90.73亿元，同比增收10亿元,增长12.4%，税收收入实现持续快速增长。其中，增值税入库53.06亿元，同比增收5.7亿元，增长12%；消费税入库33.51亿元，同比增收3.3亿元，增长11%；企业所得税入库1.4亿元，同比增收5893万元，增长73%；个人所得税入库24万元，同比减收31万元，减收56%；车辆购置税入库2.7亿元，同比增收5025万元，增长22%。同时，不折不扣落实好小型微利企业、资源综合利用、农产品销售、农机农膜销售等税收优惠政策，全年共为22582户纳税人减免退税2.88亿元。

**【依法行政】**认真落实各项制度，聘请常年法律顾问，协调处理涉法事务，举办全员依法行政和预防职务犯罪讲座9场，全系统612名干部职工参加了培训，提高了干部职工依法行政的意识；对县区局贯彻落实组织收入原则、结构性减税政策落实等工作进行了督察和内部审计，提出了整改建议，进一步规范了执法行为；积极开展“税收惠民生 环保进万家”等群众喜闻乐见的活动宣传税收，营造了良好的税收环境；以整顿和规范税收秩序为目标,突出抓好医药及医疗器械生产经营等重点行业、企业的检查，入库稽查收入388万元；积极配合公安部门打击发票违法犯罪活动，共查处利用非法发票偷逃税款的纳税人15户，查补入库37万元；精心部署，积极协调，细心服务，“营改增”工作实现平稳过渡。

**【征收管理】**充分利用第三方信息和定期巡查制度，加强税务登记管理，税务登记户数同期相比增长了18.52%；进一步规范普通发票的管理和使用，全市发票供票率达到79.28%，对172户发票违规行为补罚106.21万元；积极开展纳税评估，共评估纳税户1534户，评估有问题的763户，补征税款、罚款共计457.25万元；积极探索税源专业化管理，以《外油田劳务税收管理系统》为依托，从项目立项、审批、完工结算等环节积极开展施工单位第三方信息的采集、应用工作，外油田劳务行业科学化、精细化管理工作取得实质性进展。截至12月底，外油田劳务及三产累计入库22599万元，同比增长35.54%；大力实施社会综合治税，利用市社会综合治税平台采集第三方涉税信息10376条，增加税收收入1245万元；深入开展个体工商户税收征管专项检查，全年共对409户个体工商户的定额进行了调整，积极探索个体零散税收社会管理方式，逐步建立个体零散税收社会化管理的长效机制，最大限度地堵塞税收漏洞，个体零散税收共计入库8897万元，比上年同期增收312万元。

**【纳税服务】**围绕简政放权、减负增效，着力提升纳税人的满意度和遵从度。全面落实《办税业务规程》，严格按照统一的流转环节和流转时限对业务流程进行调整，并对表证单书进行归并和统一，优化岗责体系，规范业务流程，落实服务制度。按照星级办税服务厅的评定办法，积极开展星级办税服务厅创建活动，全系统获评五星级办税服务厅1个，四星级2个，三星级3个；积极推行“一企一策”服务套餐方便纳税人，全心搭建个性化服务方式。为符合税收优惠政策条件的企业定制减免税专项服务套餐，将税收优惠备案管理要求及操作方法整理装订成册，免费送给企业；为新办企业定制整体服务套餐，专门为其提供申报纳税、发票管理、软件操作、风险提醒服务等友情提示；为重点税源企业定制风险管理套餐，建立税收分析、纳税评估、税源监控联动机制,及时发现企业的税收风险点，并提出应对方案，帮助企业自查和纠正；通过“点对点”的纳税辅导、领导联系重点企业、设立“绿色通道”等方式，精心打造重点企业专业化服务品牌；全力拓展国地税服务领域，联办税务登记246户，8至12月份共代征地方税费1601万元。

**【队伍建设】**组织干部职工认真学习党的十八大、十八届三中全会和习近平系列讲话精神，提高干部职工政治思想觉悟；坚持德才兼备、以德为先的用人标准，选拔、调整正、副科级领导干部10人；认真落实省局一次性抚恤金发放的有关精神，为17名死亡人员申报解决一次性抚恤金170余万元；坚持严格教育管理与注重人文关怀相结合，积极倡导“快乐工作、健康生活”理念，挖掘每一位干部职工的“正能量”和闪光点，努力建设“阳光国税、卓越团队、和美家园”；进一步加强干部教育培训质量管理，全系统累计举办各类培训班105期，人均培训17.8天，组织各类检测考试6次，干部队伍素质进一步提升；围绕“十个一”活动扎实推进“两项廉政教育活动”，从十个方面认真贯彻落实中央《八项规定》，大兴精简高效、调查研究、勤俭节约、求真务实四种风气，切实改进机关工作作风，在全市民主评议机关作风和政风行风测评中连续三年取得第一名；积极开展办公用房清理腾退工作，全系统54名领导干部腾退办公用房754.15平方米；积极推进“联村联户、为民富民”行动，为宁县春荣乡上齐村修建钢筋水泥桥一座。

**【税制改革】**按照上级的部署，精心组织安排，积极衔接协调，提请市政府三届22次常务会议专题研究部署了全市“营改增”试点工作，成立了全市“营改增”领导小组。主动与地税、财政等部门联系，在税源交接、经费保障等方面得到相关部门的大力支持；充分利用内外宣传载体，积极开展“营改增”宣传，为试点工作顺利实施营造了良好的舆论氛围。加大对内对外业务培训力度，全系统培训国税干部882人次、试点纳税人780户次。各办税服务厅全部开通了“营改增”绿色通道，增加了服务窗口和服务人员，制作了《纳税咨询问题转办单》和“营改增”工作联系卡，提高了纳税服务效率。截止2013年12月底，共接收交通运输业和部分现代服务业纳税人551户，缴纳税款4090万元，“营改增”工作实现了时间与任务“双到位”。（市国税局　供稿）

## 地　税

**【工作综述】**2013年，在省地税局和市委、市政府的正确领导下，我市地税工作以十八大、十八届三中全会精神为指导，按照省局“三个第一”工作思路，坚持抓班子、带队伍，抓征管、促收入，抓服务、促发展，抓廉政、树形象，努力提高工作质量和水平，圆满完成了全年各项工作任务。2013年，全市地税系统共组织入库各项税费收入498678万元，同比增长21.59%，增收88553万元。其中，地方税收入库411071万元，同比增长25.25%，增收82880万元，完成省局下达考核计划的106.73%，完成市政府下达任务的105.4%；基金类收入完成87607万元，同比增长6.92%，增收5673万元。

**【税收征管】**一是税收征管基础进一步夯实。对照《征管法》和各项税收政策法规，加强定额核定、外出经营、档案资料管理等15项基础性征管工作，组织对18829户纳税人税务登记证进行了验换证，完善纳税人基础资料，摸清了税源底数。建立以分级分类专业化为主体的税源管理模式，按照“征、评、管、查”的税收征管程序，整合管理资源，优化业务流程；修订岗位权限13个，规范了征管岗责体系。完善了征管质量考核体系，探索建立了人事与征管相结合的征管服务标准化考核机制，加强了征管薄弱环节管理，规范了征管工作。二是信息管税水平有了很大提高。构建以信息化为支撑的现代税费征管体系，开展税源监控和征管质量监控分析一体化工作，将财税库银横向联网方式与各种纳税申报方式进行对接，积极推进tips批量扣税和银联Com-pos刷卡交税业务。加强社会综合治税工作，应用综合治税系统采集国税、工商、建设、车管、运管等部门涉税信息5万余条，监控税款近1亿元。三是重点税源管理卓有成效。建立重大项目和重点行业税收监控管理机制，对年纳税额在50万元以上的税源实施市、县、所“三级”共同监管，实现了用重点税源保收入任务完成的目标。全年纳入监控的124户重点税源户缴纳入库地方税收31.76亿元（占全市地方税收总收入的77.27%）。四是“营改增”试点工作稳步有序推进。制定了《庆阳市地税系统“营改增”试点实施方案》，围绕试点行业、时间节点、工作要求和目标任务，按照清理摸底、分户建档、完善信息、票款清缴、信息移交等步骤，稳步有序组织实施，共向国税部门顺利移交涉改纳税户信息425户，为“营改增”试点顺利推进奠定了良好基础。同时，借助“营改增”试点之机，建议市政府印发了《庆阳市国税部门委托代征地方税费管理办法》，从9月1日起在全市启动由国税部门代征随增值税、消费税附征企业所得税等8项税费工作，组织研发使用委托代征软件，建立了委托代征机制，截至12月底，共代征税费1381万元，从根本上解决了分税制实施以来零散代开发票随增、消“两税”附征地方税费流失的问题。五是税收秩序和环境更加良好。整合稽查力量，加大对偷逃骗税行为打击力度，积极开展税收专项整治活动，全年检查纳税户 105 户，查补税款、加收滞纳金及罚款 3669 万元，税收秩序明显改善。以房地产与建筑安装、药品与医疗器械、餐饮娱乐、营利性教育培训等行业为重点，开展打击发票违法犯罪专项整治活动，全年共检查各类受票企业 61 户，查处发票违法案件 15 起，查处非法发票 366 份，涉及金额 459 万元，查补税款 37 万元，加收滞纳金及罚款 27 万元。

**【依法行政】**坚持依法治税原则，市、县（区）局分别成立了依法行政工作领导小组，设立了办事机构，确定专人担任普法依法治理工作联络员，形成了条块结合、层层负责的工作格局；加强法治税收建设，教育引导干部增强执法、管理风险的防范意识，规范税收执法行为，严格限制自由裁量权，切实规避人为因素造成的执法管理风险，重点落实岗位执法和管理责任制，进一步完善环环相扣的岗责体系；开展“法律七进”“四查一讲”等活动，查纠解决依法行政工作中存在的实际问题和风险隐患，积极探索实施依法行政综合绩效考核，进一步规范依法行政行为；开展税收执法检查活动，针对执法风险和征管薄弱环节，严禁虚收空转、摊派、转引税款、收“过头税”、擅自减免税、缓税、应收不收等行为，并将结构性减税、免税政策执行、所得税税前扣除、社保费征缴、税务稽查案件复查、欠税管理、风险应对等纳入重点督察范围，加大督察力度，强化行政监督和问责，进一步提高税收执法工作水平。

**【队伍建设】**认真落实党的干部方针政策，坚持德才兼备、实绩突出、群众认可的用人导向，组织开展空缺科级领导职位公开选拔活动，坚持民意选人、素质选人、能力选人、实绩选人相结合的原则和“双推+两考+三公示”的方法，公开选拔任用科级领导干部 26 人，为西峰等 7 县（区）局配备了正科级纪检组长，营造了公开、公正、公平的选人用人氛围。加大干部轮岗交流力度，全市地税系统共交流干部 145 人，其中交流同一岗位上任职满 3 年的科级干部 72 人，交流同一岗位上工作满 5 年的一般干部 73 人。组织实施十八大精神轮训，开展十八大精神专题辅导学习活动，举办“学习十八大精神·放飞梦想”演讲比赛，用十八大和十八届三中全会精神武装干部头脑，指导推动地税工作全面快速发展。加大教育培训力度，开展在岗自学、岗位练兵、互帮互学、以考促学等活动，进一步提高干部综合素质，全年组织举办各类培训班 36 期（次），培训干部 2100 多人（次），1 名干部取得了注册税务师资格证书，21 名干部通过参加考试取得了 1 门到 3 门合格成绩。重视年轻干部培养，利用加强学习提素质、立足本职增才干、注重修养塑品行等途径，选拔“80 后”干部到市局进行学习培训，重视取得“三师”干部、后备人才库干部以及年龄较大干部的使用，全年全系统有 8 名“80 后”干部从农村所调整到分局、局机关工作，实现了多岗位培养锻炼。

**【精神文明建设】**组织开展“学雷锋、树新风”“三优一满意”活动，开办道德讲堂，宣讲学习道德模范先进事迹，开展评先奖优、典型带动等活动，树立先进典型 2 人，积极营造学先进、当先进的浓厚氛围，进一步提升干部道德素养；开展“三德”教育及社会主义核心价值观教育活动，培养干部良好的品行和积极向上的精神追求，使干部做到爱岗敬业、公正执法、诚信服务、廉洁奉公；“七一”前夕，开展了庆祝建党 92 周年党的群众路线教育走访慰问活动，组织干部看望慰问老党员 2 人、优秀村干部 1 人、贫困群众 2 人；探索建立帮扶困难职工的长效机制，组织开展帮扶慰问活动，积极帮助困难职工排忧解难；重视基层单位建设，积极改善职工办公生活条件，按照“市局出硬件、县局搞保障”的原则，筹资近 100 万元实施“七个一”工程（为基层所每位职工配备了一桌、一椅、一床、一柜、一电视、一沙发，为 14 个基层所每所拨付 1 万元资金用于改善职工生活条件），基层单位干部职工工作生活条件明显改善，极大地凝聚了人心力量，夯实了基层阵地建设基础。

**【党风廉政建设】**认真落实廉政建设工作责任，明确了党风廉政建设工作责任和目标，形成了一级抓一级、层层抓落实、一级对一级负责的工作格局。深入开展学习贯彻“两条例”“一准则”专题教育活动，组织干部认真学习十八届中纪委二次全会和国务院廉政会议精神，学习党风廉政建设责任制规定、廉洁自律规定等党纪党规，组织干部观看《廉政教育视频—守住第一次》等专题教育片，开展廉政警示教育活动，教育引导干部加强道德修养和品德塑造，筑牢拒腐防变思想防线。深化廉政风险防控机制建设，加强对重点领域、重要环节和高风险岗位监控，促使干部规范用权、勤政廉政；修改完善了理监督办法、问责制度，加强对县局一把手、基层税务所长（分局长）管理；探索实施同级监督工作，制定了同级监督办法，构建监督制约机制，强化“两权”监督制约，保持查处不廉行为的高压态势，有效解决了不能监督、不敢监督、不愿监督的问题。严格落实中央“八项规定”、省委“双十条规定”和省局党组改进作风六项措施，倡导勤俭节约，反对铺张浪费，进一步改进会风、文风和工作作风；积极开展效能风暴行动，开展明察暗访活动，查纠解决了干部在税风税纪、廉洁自律等方面存在的问题；组织开展评议地税行风活动，查找解决了服务质量、工作效能等方面的突出问题6类17条，干部作风明显好转，机关效能明显提升，在全市28个部门政风行风评议中名列第二，环县、庆城两个县局名列第一，市局及西峰、华池、镇原、宁县、正宁、合水6个县（区）局名列第二。加大督查督办力度，严格落实各项督查督办制度，全年召开重点工作督办会议8次，开展督查督办15次，督办事项23项；开展会员卡专项清退、办公用房清理等活动，调整、调换、腾退办公室12间。

**【纳税服务】**加大税收政策落实力度，借助办税服务厅、内外网站、新闻媒体等平台，大力宣传税收政策，印制并向机关企事业单位免费发放《所得税申报与辅导手册》《非公经济税收优惠政策指南》，扩大社会各界对税收法律、法规、政策的知晓率，纳税人对税法的遵从度和对地税工作的满意度进一步提高；积极为“3341”项目工程、石油开发“双千万”工程、煤炭开发转化工程、“一区四园、一线八域”主战场建设等提供税收政策服务和支持，为产业开发、招商引资营造了良好的税收环境；不折不扣落实税收优惠政策，全年审批企业减免税48户、个体减免税14680户，减免税收7203.67万元。提升纳税服务水平，加强“一厅（办税服务厅）、一线（12366纳税服务热线）、一面（宣传面）”建设，推行自助办税、纳税风险提示、个性化税法宣传、短信提醒等服务，帮助纳税人降低和规避税收风险；根据纳税人需求，简政放权，向办税服务厅前移涉税审批事项128项，向纳税服务单位前移实地核查职能18项，实施“免填单”纳税服务试点，将44种税务文书纳入“免填”范围，进一步提升了工作效率，减轻了纳税人办税负担，切实维护了纳税人合法权益。全年全系统共收到纳税人感谢信、表扬信74封，表彰锦旗1面，1个基层办税服务厅获得“甘肃省工人先锋号先进班组”荣誉称号，1个基层单位荣获全市“三八红旗集体”荣誉称号，1个基层办税服务厅多次受到市政府通报表彰，受到市政府领导表扬，1名干部荣获全国“五一巾帼标兵”荣誉称号，2名干部荣获全省“三八红旗手”荣誉称号，1名干部荣获全市“三八红旗手”荣誉称号。（市地税局　供稿）

## 金　融

**【工作综述】**2013年，全市政府金融工作在积极服务地方发展，大力推进金融改革创新等方面取得了存贷增长趋快、投放结构趋优、融资渠道趋宽、风险防控趋强的显著成效。至年底，全市人民币各项存款600.15亿元，较年初新增93.68亿元，增长18.5%；各项贷款余额337.78亿元，较年初新增94.11亿元，增长38.62%；存贷比为58.3%，较去年增长10.2个百分点。

**【机制完善】**一是完善地方金融工作协调机制。2013年，根据省委《关于加快金融业发展的意见》和全省金融工作会议精神，调配工作人员，分设业务科室，强化监管，加强对地方金融工作的协调领导。4月，印发《庆阳金融业创新发展规划（2013—2015年）》（庆政办发[2013]109号），明确金融业创新发展总要求、指导思想和主要目标。7月组织召开全市银企对接会，印制《庆阳市金融机构投融资服务指南》、《庆阳市2013年度银企对接项目名录》，搭建对接合作平台。9月份，在市政府门户网站“中国·庆阳”开设“庆阳金融”专栏，专门宣传全市金融发展和工作动态，成为社会各界了解庆阳金融发展的重要窗口和平台。二是完善金融激励考核机制。2013年，按照市政府2号令《庆阳市市长金融奖励基金管理办法》和《庆阳市市长金融奖考评办法》，市金融局会同人行庆阳中支、庆阳银监分局对2011—2012年度支持庆阳经济社会发展金融机构进行考核，经市政府审定后在8月26日召开全市金融工作大会进行表彰奖励。授予农发行庆阳分行等3家金融机构支持庆阳经济社会发展金融特别贡献奖；授予人民银行庆阳中心支行等11家单位和金融机构优秀金融机构奖；授予兰州银行庆阳分行等9家金融机构及准金融机构地方金融体系建设先进奖，共发放奖励基金150万元。

**【教育培训】**2013年在坚持市、县（区）两级中心学习组“学金融，用金融”制度的同时，按照“走出去，请进来”的学习培训机制，6月初，市金融管理局与市委组织部联合在中国人民大学举办了“庆阳市政府金融创新专题研修班”，参加培训的有县（区）分管领导、金融办主任、信用联社理事长及部分村镇银行行长、小贷公司董事长（总经理）100人次；11月份，市金融局与市工信委聘请华龙证券和陇东学院专家学者举办中小企业经营管理和融资培训班一期，参训100余人（次），中旬，市金融局与市委组织部联合举办由市委常委、副市长桂泽发带领中央金融机构、博士团挂职干部主讲，“学金融用金融”县（区）巡回专题讲座，培训干部1000多人次； 12月初，市金融局组织举办全市金融系统学习贯彻十八届三中全会精神专题讲座和2013年全市小额贷款公司业务培训班，累计培训450人次。

**【金融改革】**2013年与浙江大学经济学院、浙江大学金融研究院、浙江省金融研究院合作，编制完成了《西部革命老区庆阳市金融改革创新研究报告》和《西部革命老区庆阳市金融改革试验方案》，被省政府金融办列入全省金融改革创新重点研究课题。创新惠农产品6项，主要有农行推出农户“惠农卡”自主循环贷款和“双联惠农”贷款；建行庆阳分行在全国创新推出“农耕文明”农户小额贷款；邮政银行推出“就业再就业”小额担保贷款；兰州银行开办“个人嘉得利”“小微企业贷动力”系列贷款；甘肃银行开展中小企业“联贷联保”贷款；瑞信村镇银行开展了“瑞信农家乐”“瑞信富民创业”“瑞信企业之星”系列贷款，破解了贷款难、融资贵难题。

**【体系建设】**2013年继续实施“引行入庆”战略，10月22日，甘肃银行庆阳分行完成筹建，挂牌开业。月底招商银行庆阳办事处成立，开展工作；同时与光大银行、中信银行、浙商银行等金融机构达成了设立分支机构的合作意向。村镇银行逐步向全覆盖迈进。2013年由兰州银行第二批发起成立的镇原、宁县两家村镇银行规划已报银监会待批。与南京银行、紫金农商行、马鞍山农商行、扬子银行及常熟农商行、成都农商行初步达成来我市发起成立村镇银行协议。小额贷款公司规范有序发展。2013年新筹建小额贷款公司19家，注册资本全部在5000万元以上，至年底全市有小额贷款公司44家，注册资本20.96亿元，贷款余额17.29亿元。年底印发《庆阳市小额贷款公司考核评价办法》等4个制度，规范小贷公司运营发展。农村资金互助组织建设不断发展壮大。2013年会同庆阳银监分局加强对西峰泰信农村资金互助社的指导监管，规范业务运营，完善内部治理结构，防范化解经营风险，壮大发展规模，止12月末，泰信农村资金互助社存款余额4718万元，较年初增加3335万元，增长241%，贷款余额5815万元，较年初增加4064，增长232%。借鉴浙江丽水市农村金融改革试点经验，将合水县列为全市农村金融改革试点县，探索可持续、可借鉴、城乡金融服务均等化的“普惠型”农村金融发展之路。

**【金融生态】**坚持每季度金融风险防范处置工作会议制度，3月12日，市金融风险与处置领导小组召开会议研究，决定在全市范围内开展为期4个月对准金融机构和投资类企业按照“有保有压、有分有统、有松有紧、有帮有扶”原则开展专项清理整顿，抽调市金融局、人行、银监局、工信、商务、公安、工商、税务等部门参与，组成联合检查组，对全区129家准金融机构和投资类企业进行全面系统排查。市金融管理局取消1家小额贷款公司经营资质，停业整顿4家，推迟年审、限期整改6家。市工商局推迟76家投资企业年审没，限期整改。4月份，省政府专门转发庆阳市政府《关于对全市准金融机构和投资类企业开展清理整顿工作的通知》（庆政办发〔2013〕55号），要求各市州学习推广。开展打击非法集资等专项宣传整治活动，配合县（区）政府和有关部门依法打击破坏金融秩序、骗取银行贷款、恶意逃废银行债务、非法集资、高利贷等行为，加大金融涉法案件查处力度，止2013年末，全市银行业金融机构不良贷款余额为107220万元，较年初下降2277万元，不良率下降到3.17%，较年初下降1.32个百分点。推进“诚信庆阳”建设。市政府印发了《关于推广运用农户信用信息综合评级系统促进农村信用体系建设的意见》（庆政办发（〔2013〕127号），积极开展试点工作，全面推进“诚信庆阳”建设步伐，营造良好的金融生态环境。

**【资本市场】**2013年4月24日，召开庆阳市企业债券发行工作会议，启动以经投公司为发债主体，国开证券作为主承销方的15—20亿元企业债券发行工作，年底上报国家发改委待批。7月份，组织召开非上市企业股权托管与股权交易座谈会，年末全市共有177家企业进入甘肃省股权交易中心。市金融局同市工信委和有关县区政府，按照“一企一策、特事特办、急事急办”的原则，推动庆阳市北地红调味品食品有限公司、甘肃省宏达路桥集团公司、庆阳瑞鑫源农副产品有限公司为全省拟上市重点培育企业攻坚梯队。

**【保险市场】**2013年1月市政府召开全市保险业座谈会，征集建设性意见16条，确定“不断创新保险产品，进一步拓宽服务领域”总要求。重点扩大农村小额人身保险试点范围，完善城镇职工补充医疗保险、学生平安保险、新农合等社会保险体系，持续开展政策性农业保险，继续推广推出玉米、土豆、奶牛、能繁母猪等“农字”险种。至年底，全市16家保险企业，实现保费收入112545.86万元，同比增长18.63％。其中，财险收入49586.44万元，同比增长23.23％；寿险收入62959.42万元，同比增长15.24％。（市金融局　供稿）

## 银行监督

**【工作综述】**2013年，庆阳银监分局牢牢把握“稳中求进”的总基调，始终紧扣“稳增长、调结构、促改革”总要求，以“守底线、强服务、严内控、促转型”为中心任务，加强领导，精心组织，攻坚克难，实现了小微企业金融服务有效改善，支农信贷投入持续加大，重点风险管控取得重大突破。

**【服务发展】**坚持把服务发展作为银行监管工作的首要任务，准确研判形势，强化监管引领，积极引导银行机构服务实体经济发展。制定印发了《庆阳银监分局关于银行业金融机构大力支持三农发展的意见》和《庆阳银行业小微企业金融服务考核办法》，组织开展了以“助小微、强服务、防风险、惠民生”为主题的小微企业金融服务宣传月活动，提出了“一行一模式”“一行多模式”支农思路，落实了一月一监测、一季一督查的监管措施，督导银行机构增强责任意识、创新信贷产品、拓展担保范围、加大信贷投放，推动实现了涉农贷款覆盖面扩大，小微企业贷款获得性增强。止年末，涉农贷款余额215.6亿元，较年初增加52亿元，增长了32.25%，同比多增42.76亿元。农业银行新增“双联惠农”贷款6.8亿元，余额达到7.08亿元，增量增速均居全省农行系统前列；农村中小机构信贷支农“三大工程”扎实推进，新增农户小额信用贷款1.3亿元，增设“三农”服务终端51个，总量达到135个。建设银行“农耕文明”贷款、个人助业贷款、工商银行涉农企业贷款、邮储银行小额贷款稳步增长。辖区银行机构累放小微企业贷款37.2亿元，余额达到66.87亿元，较年初增加18.71亿元，增长38.83%，高于贷款平均增速2.41个百分点，小微企业申贷获得率90.5%。各项贷款新增82.13亿元，余额达到325.98亿元，增长33.68%，贷款增量、增速分别跃居全省第三、第二位，成为庆阳银行业历史上贷款投放最多、增速最快的一年。

**【风险管控】**坚持把风险监管作为银行监管工作的中心任务，突出重点，差别监管，细化措施，狠抓落实，实现了银行机构经营稳健，整体平安。按照“总量控制、分类管理、区别对待、逐步化解”的要求，全面落实“名单制”管理和月度全口径风险监测分析，平台贷款总量减少、存量安全、一年两次还本付息等风险管控措施得到全面落实。全年累计收回平台贷款9799.5万元，余额14.8亿元，较年初减少1.65亿元。以农村中小法人机构为重点，督促制定不良贷款清收处置计划，按月监测分析，对不良贷款不降反升的联社，及时约见了理事长和经营班子，下发督查通报，督促其准确分类、真实反映、严格监测、积极清收。止年末，辖区农合机构不良贷款5.96亿元，较年初减少0.16亿元，不良贷款率4.8%，较年初下降1.46个百分点，整体实现了“双降”。以集中度风险化解为重点，把庆城、华池、镇原县联社列为重点监管对象，分社制定压降方案，明确压降责任，细化压降措施，按季落实督查，重点监控的3家联社集中度较年初分别下降了8.83、2.33、5.88个百分点，集中度风险化解的任务全面完成。强化流动性风险监测，督促农村中小法人机构严守存贷比监管规定；及时约见存贷比超标的瑞信村镇银行、庆城县金城村镇银行高管谈话，下发风险提示，督促落实增存压贷任务，确保了支付安全。全面开展理财业务现场检查，加大问题整改的跟踪督查，理财业务“三个严禁”的监管要求得到了落实。及时向市政府提出了整顿规范准金融机构的意见，适时发出了不得向“三有”企业发放贷款的监管提示，组织开展 “三有”企业贷款管理情况的摸底调查，集中开展防范和打击非法集资宣传月活动，督促银行机构落实员工行为排查，有效防范了民间融资、非法集资等外部风险向银行机构的扩散转移。制定下发了《庆阳银监分局关于进一步强化信息科技风险监管的通知》，组织开展了信息科技风险专项检查和巡查，完成了对瑞信村镇银行信息科技风险现场检查，加强了问题整改，做到了防风险于未然。组织召开了案件防控和安全保卫工作会议，签订了《案件防控及安全保卫工作目标管理责任书》，开展了银行机构安全检查，配合公安部门完成了银行机构安全评估，建立了舆情监测机制，落实了案件报告制度，始终保持了案件防控高压态势，辖区银行连续5年未发生案件。按照有投诉必接、有问题必查、有违规必纠的原则和热情接访、快速转办、及时答复的要求，受理查处群众信访投诉12起，有力维护了金融消费者的合法权益。认真落实市政协提案，督促各银行机构在营业网点增设了老年人及残疾人服务窗口，开辟了金融服务绿色通道。深入开展金融知识进万家活动，通过组织启动仪式、集中散发资料、网点设置宣传专栏、LED持续滚动播放、电视台专题报道、陇东报专题约稿、监管部门持续督导等多种方式，宣传普及金融知识，提升了社会公众金融消费能力和水平。

**【银行改革】**坚持把推动银行改革转型作为防风险、强服务的根本出路，组织开展农合机构引入民营资本专题调研活动，探索农村信用社改制农村商业银行和由民间资本发起设立自担风险的民营银行的新途径，形成的《庆阳老区更需要民营银行》《民间资本投资是农村信用社改革的根本出路》两个专题上报了市政府。积极配合实施引行入庆战略，甘肃银行西峰区支行2月份挂牌开业，甘肃银行顺利入驻庆阳，新设了兰州银行新区支行，交通银行庆阳分行筹建工作有序推进，初步形成了以政策性银行、大型银行、农村中小法人机构为主体、城市商业银行和新型农村金融机构为生力军的形式多样、层次多元、广覆盖、具有较强竞争力和服务力的银行组织体系。

**【监管效能】**坚持“少而精”的原则，合理设定现场检查项目，突出加强了机构自查、查前培训、检查协调、意见研究、问题整改等五个环节的管理，实行检查方案检查小组集体研究，问题定性与检查意见主管局长办公会议审定，整改落实现场复查，切实增强了现场检查方案的可行性、监管意见的科学性和措施落实的有效性。年内共计开展检查项目19项，检查业务量7795笔，涉及金额40.76亿元，发现问题共113个，提出监管意见及建议118条，问题整改率达到96%。建立了市场准入审核前协调沟通机制，落实了高管任职资格考试制度，充分发挥了准入监管的导向作用。年内办理机构类事项13个。制定下发了《庆阳银监分局关于进一步强化监管统计管理的通知》和《庆阳银监分局非现场监管和客户风险统计考核评价办法》，推动落实《银行监管统计数据质量管理良好标准》，增强了风险监管数据的准确性。深入开展监管调研活动，形成调研成果138篇。

**【廉政建设】**坚持把廉政建设作为规范监管行为、树立监管形象的有效抓手，不断完善内部监督机制，深化“六个一”廉政宣传教育活动，坚持每月一次廉政警示教育，设立了廉政园地，开辟了廉政网络专栏，廉政文化建设被甘肃银监局确定为试点单位。分层签订了《党风廉政建设责任书》，聘请了党风廉政建设联络员，完善了《党风廉政建设责任制量化管理考核实施办法》和《党风廉政建设责任制量化管理考核内容及标准》，并把党风廉政建设作为部门政务履职考核的重点内容，落实月安排、季考评，党风廉政建设各项工作任务有效落实。大力倡导讲实话、出实招、办实事、求实效的求真务实之风，认真学习坚决执行中央“八项规定”，制定了《庆阳银监分局贯彻落实八项规定实施细则》，使“八项规定”落实到监管职责、行为规范、内部管理、服务保障等各个方面。在开展的行风评议活动中，内外部总体评价满意率分别为99.32%和100%，比去年上升1.88和0.12个百分点。（市银监分局　供稿）

## 人民银行

**【工作综述】**2013年，市县人民银行在市委、市政府及上级行的正确领导下，以党的十八大精神统揽全局，紧紧围绕“紧盯任务、强化落实、提质增效、争先进位”的工作思路，准确贯彻执行稳健货币政策，切实加强金融监管，积极维护区域金融稳定，不断改进金融服务，着力加强自身建设，有力推动了庆阳经济金融持续健康发展，各项目标任务圆满完成，整体工作实现了历史性突破和跨越。

被人行西安分行评为“2013 年度目标管理考核 A 级单位”，首次获兰州中支全省业务工作综合考核第一名。年度 29 项专业工作全省考核中，有 16 项进入前三，其中，金融研究、征信管理、会计财务、保卫、外事、反洗钱、纪检监察和节能减排 8 项工作获第一名，金融稳定、经常项目和办公室 3 项工作获第二名，货币信贷、资本项目、清算、科技、法律事务和离退休干部管理 6 项工作获第三名。24 项工作进入前六。年内有 12 项专项工作受到市委、市政府及人总行、分行、兰州中支的表扬、表彰、交流或试点。有 4 个指导意见、规划被市政府印发全市执行。农村信用体系建设工作被人总行确定为西部首家实验区。一篇调研报告得到市政府领导批示。先后有 10 多个部门、23 位同志分别荣获上级行或地方党政授予的荣誉称号。市中支“深化五高管理理念 助推工作争先创优”的管理经验在 2014 年全省人民银行工作会议上进行了交流发言。

**【货币政策】**认真贯彻落实稳健货币政策，有效保持信贷投放合理增长。先后制定了庆阳市银行业信贷增长、支持非公经济、支持扶贫开发、推进林权抵押贷款等金融支持实体经济发展指导意见 6 份，其中两份指导意见被市政府批转。对存贷比明显低于各省行平均水平的四大国有商业银行主要负责人进行了约见谈话，督促其最大限度地支持地方经济社会发展。年末，全市金融机构本外币各项贷款余额 337.78 亿元，较年初增加 94.11 亿元，增长 38.62%，贷款存量、增量和增速分别位列全省第六、第二和第三；本外币各项存款余额 600.15 亿元，较年初增加 93.68 亿元，增长 18.5%，存款存量、增量和增速分别排全省第四、第六和第八。贷款增量首次高于存款增量，存量存贷比 57.68%，同比上升 8.76 个百分点。与市金融管理局共同起草并被市政府批转了《庆阳市金融业创新发展规划（2013-2015 年）》（庆政办发〔2013〕109 号），成立了以主管金融的副市长为组长，以政府办、人行、金融管理局等 18 个单位为成员的庆阳市金融创新发展协调推进领导小组。同时，建立了领导小组全体会议制度、金融信息交流制度、重大事项报告制度、年度目标责任统计考核制度等“六项制度”。建立了《庆阳金融要情专报》制度，对于政府主要领导关注的四大行存贷比过低、工业园区建设和全市红色旅游发展等情况专门进行调研，被主管副市长批示。市中心支行再次荣获市长金融奖。充分、灵活管好用好人民银行再贷款，全年累计发放支农再贷款 6.33 亿元，支持地方法人金融机构增加涉农贷款 32 亿元。加强与民族事务部门协调，审查通过唯一一家民贸民品企业 400 万元贷款贴息事宜，年内累计贴息 87360 元。加快推进人民币跨境业务发展，指导外汇指定银行累计办理跨境人民币业务 7 笔 6639 万元，为甘肃中煤天大能源有限公司开展跨境对内直投 6500 万元。开展“农村金融服务年”活动，制发了《2013 年庆阳市农村金融服务年活动实施方案》，举办了庆阳市“农村金融服务年”活动启动仪式，确定环县支行“农村金融服务创新”活动重点联系行，合水县为全市“农村金融服务创新”活动综合试验县，对全市农村金融产品与服务方式进行重点培育、跟踪监测。借助“双联”行动平台，指导和协调合水县政府、农行、财政局及担保公司，试行了农户“两权”（土地承包经营权、宅基地使用权）抵押贷款，有效破解了贫困农户贷款担保的难题。目前，全市金融机构共开发信贷产品 14 大类、20 种，创新抵押担保方式 11 种、信贷服务模式 4 种，惠及全市 224 户中小企业和 128 万户农户。不断推进民生领域金融服务，引导、督促金融机构在继续依托“双联”惠农贷、创业担保贷款、“农耕文明”贷款等信贷模式加大民生领域信贷投入的同时，积极推进农村金融服务创新，推出了金伙伴、互助宝、农耕文明等 20 项农村信贷产品，创新“共青团+银行+青年农民”、“专业合作社+农户、村委集体+农户”等信贷模式。年末农户小额信用贷款余额 29.74 亿元，农民工创业贷款余额 2.47 亿元，“农耕文明”贷款余额 2.07 亿元，农村青年创业贷款余额 2.5 亿元，“双联惠农贷”余额 7.62 亿元，富民创业贷余额 3.91 亿元。

**【风险防控】**重视金融风险监测防控工作，努力维护区域金融稳定。创新建立了庆阳市金融风险监测数据采集群，建立了金融风险监测台账和数据分析平台。建立《庆阳市金融风险预警提示制度》，前移了金融风险防控端口，先后开展约见谈话、发出风险提示书 4 次。对法人金融机构实行了压力测试。组织开展了法人银行业金融机构稳健性自评估和庆城县农信社稳健性现场评估工作，受到兰州中支通报肯定。完善全市金融风险分析与处置工作协调联系制度。提请市政府印发了《关于对准金融机构和投资类企业清理整顿和检查验收工作的安排意见》，参与开展了准金融机构检查整顿活动和省政府检查验收工作；组织辖内银行业金融机构、金融局、公安、工商等部门，通过各类媒体对民间金融风险的危害、本质进行了集中宣传，协调制作了皮影宣传视频，民间风险防控体系建设工作在西北五省区金融稳定协作例会上进行了经验交流。加强“两管理、两综合、一保护”工作，加强新设机构开业管理，制定《金融机构加入人民银行金融管理与服务体系承诺书》，新设立的5家金融机构郑重签订了承诺书。严格审核办理32家金融机构申请加入人民银行金融管理与服务体系54项。认真落实重大事项报告制度。对全市509家分支机构的基本信息进行了核对建档。开展了对西峰辖区银行和保险业27家金融机构的重大事项报告制度执行情况执法检查。督促75家分支机构报告重大事项207项。完成了市农行和西峰区、华池县农信社综合执法跟踪检查和3家村镇银行综合执法检查，查出违规问题162个，责令限期纠改113个，提出整改意见24条，约见谈话2次，实施经济处罚21万元。全面开展综合评价工作，建立健全了执行金融法律法规、规章和管理规定及政策措施，践行社会责任、支持经济发展和经营风险管理等“三位一体”的考核评价机制，并提请纳入了市长金融奖考核范围，对3家村镇银行和4家保险公司纳入2013年执法检查。以金融知识“进校园、进社区、进农村、进企业、进单位”的“五进”系列宣传活动为重点，广泛开展了“金融知识普及月”宣传活动，在“庆阳香包民俗文化节”等重大节庆期间，先后组织20多家金融机构开展了30多场次金融消费权益保护和金融知识宣传，创办《庆阳市金融知识普及月活动简报》7期。全面检查中国银行庆阳分行等机构个人金融信息保护工作，评测风险等级，增强了银行业金融机构依法保护客户个人金融信息、维护消费者合法权益的法制观念和意识。年内累计受理咨询113次、处理书面投诉4起，电话投诉11起，金融消费权益保护工作步入常态化。“两管理、两综合、一保护”工作主要做法被《金融时报》报道。设计了金融网功能架构，协调市金融局、银监局在市政府网站创建了金融服务网络平台。推进反洗钱监管工作，举办了反洗钱知识进社区大型宣传活动，召开了纪念“人民银行反洗钱履职10周年”座谈会。向市政府上报了《准金融机构反洗钱管理办法》，协调法院、公安、有关金融机构联合开展了反洗钱情报会商、分析活动。积极试点《甘肃省反洗钱监管应用系统》。向13家机构发出了《风险预警通知书》，向5家机构下发了《重点可疑客户现金交易核查处置意见书》，向6家机构下发了《非现场监管意见书》，对7家机构进行了现场检查。在全省人民银行系统“反洗钱履职10周年”主题业务三个项目的竞赛中取得了两个一等奖、一个二等奖的优异成绩。

**【金融服务】**拓展和提升金融服务功能，积极提供高效率广覆盖的现代化金融服务，被人行兰州中支确定为全省地区社会融资规模统计试点单位。联合市政府金融管理局制定《小贷公司农村资金互助社金融统计管理办法》和《业务考评办法》，加强了数据报送管理。开展了农业银行、甘肃银行等22家金融机构统计执法检查，强化了11项制度性经济调查工作。及时维护“甘肃省县域经济金融数据库”，并运用数据库信息开展分析研究，形成30多篇运用成果。加强了调研信息反映，突出成果转化运用，全行在省级以上各类刊物刊登调研文章86篇，其中，全国中文核心期刊17篇，1篇调研文章被市政府领导批示，1篇调研申报了“甘肃省政研会团体会员单位优秀研究成果”，金融研究工作获分行2013年度优秀组织奖。206条信息被上级行采用，其中国办采用3条；人总行采用12条，批示3条；省委、省政府采用9条，批示2条；信息工作名列分行第三、兰州中支和地方党、政考核第一。有120多篇宣传稿件被各类报刊杂志、上级行网站刊登。《庆阳市金融志》顺利通过了市地方志办公室专家评审委员会的终审。加快了服务型国库体系建设步伐，TCBS系统7月1日顺利上线。2013年全辖国库累计直接办理工资、社会保障、农林水利、交通运输、医疗卫生等6大类民生款项支付业务7668笔3.45亿元，实现了民生款项直达收款人帐户。加强与地税部门联系沟通，做好POS刷卡缴税直达入库业务推广工作，目前全辖已布放COM-POS机具36台，办理税款直达入库业务4707.8万元。整理《国库会计数据集中系统业务管理制度汇编》，得到了兰州中支李文瑞副行长的肯定性批示。深入推进农村信用体系试验区建设，自主研发推广的“农户信用信息综合评级系统”，得到总行征信局和兰州中支的肯定，建议市政府成立了推广领导小组，并批转了《关于推广运用农户信用信息综合评价系统促进农村信用体系建设的意见》。年内新发放贷款卡320户，同比增长35.6%，年审521户，年审率同比增长32.2%,受理企业信用报告查询143笔，个人信用报告查询2975笔，受理个人异议9笔。发放机构信用代码证2862户，运用信用代码系统开展反洗钱业务查询3次。开展了《征信业管理条例》宣传活动，宣传快板节目和剪纸作品得到了上级主管部门的好评。完成外部专业市场评级企业57户，同比增长58.3%。改善支付结算环境，开展了“支付结算服务知识进社区、进课堂、进农户宣传培训”活动。全市加入支付系统的金融机构网点新增57家，达到184个，占网点数的52%，15家农村信用社网点加入农信银清算系统，达到100%；助农取款服务点新增492个，达到791个，覆盖80%以上的行政村；建成刷卡无障碍街区8个、无障碍市场18个，575户企业使用网银；全市布设ATM机317台、POS机2735台、转账电话289部，布放数量分别较上年增加50台、2068部、17个，布设在乡镇以下的数量占50%以上。全市ATM、POS交易笔数和金额均占全省各地州市首位。同时，大力推广非现金支付业务，全市公务卡、高中学生资助卡已经达到10,182张和11,916张。强化货币发行管理，全年累计投放现金73亿元，回笼44亿元，净投放29亿元，充分保障了全市经济社会发展的合理现金需要。建立小面额现金备付、主办网点和主办银行等三项制度，实施流通人民币“净化工程”，采取以新逐旧，严把入库关口、完善奖惩激励，直接提供鉴定兑换服务等措施，提高了流通人民币的整洁度。组织2013年人民币防伪反假宣传周活动，认真开展金融机构对外误付假币专项治理，实行整袋交接出入库模式，稳步推进了全额清分和冠字号查询工作。提升外汇管理与服务水平，全市跨境资金收支总额3606.19万美元，同比增长58.20%；外汇收支顺差1989.01万美元。银行结售汇总额3749万美元，同比增长25.43%，结售汇顺差1083万美元。实现货物贸易出口6733.07万美元，同比下降10.35%；实现出口收汇5581.15万美元，同比下降12.94%，出口付汇483.34万美元。加强科技信息管理与服务支撑，开展全辖银行卡联网通用检查、金融业机构信息专项治理、重要信息系统和互联网网站安全检查，金融IC卡应用宣传。

**【廉政建设】**严格落实中央八项规定，制定了《庆阳中支关于切实加强和转变工作作风的通知》，出台了公务用车、公务接待、基层调研、会务管理、决策规则等一系列制度办法。专题召开了辖区“切实加强和转变工作作风”电视电话会议，对领导干部、全体职工和职能部门提出了明确要求，党委书记郑重进行了廉政公开表态和承诺。修订了《县支行及中支机关部门党风廉政建设和纪检监察工作目标管理考核办法》，领导班子分别与联系县支行和分管部门签订了党风廉政建设责任书。党委坚持按季召开党风廉政建设专题会议，研究部署党风廉政建设工作。制定了权力运行监督制约办法和权力运行流程，落实了主要领导“五个不直接分管”和末位表态制度。扎实开展了“廉政风险防控年”和公务用车、会员卡清理活动。修订了《市县行岗位（廉政）风险防控指南》。组织9家市级银行业金融机构参加了“扩大信贷扶持，保障经济发展”为主题的行风政风热线直播节目。

**【社会活动】**充分发挥机关党委、工青妇等组织的桥梁纽带作用，深入推进文明单位建设和“三项创建”活动，庆城县支行货币发行股荣获甘肃省总工会“劳动先锋号”称号，中支营业室被命名为西安分行级“女职工文明示范岗”。组队参加了庆阳市庆“三八”妇女干部学习贯彻党的十八大精神知识竞赛，荣获市直机关团体一等奖。开展了“寻找最美央行人”“我的中国梦”等主题教育系列活动，陶冶情操、提升素质、凝聚力量。号召机关干部职工积极向四川芦山、定西地震灾区、环县郝集村洪涝灾害和“央行青年林”等捐款20850元，奉献了爱心。继续深入开展“联村联户、为民富民”行动，动员干部职工经常进村入户，多渠道支持联系村、联系户发展产业、增加收入，尽早脱贫致富。为符合贷款条件的联系户协调小额妇女担保贷款、小额信用贷款127万元。（中国人民银行庆阳市中心支行　供稿）

# 经济管理

## 发展和改革

**【工作综述】**2013年，在市委、市政府的坚强领导下，在市直相关部门的配合支持下，我们紧紧围绕市委、市政府的安排部署，认真履行部门职责，攻坚克难，统筹谋划，开拓创新，主动担当，较好地完成了各项年度目标任务，全市发展改革工作迈上了新台阶。

**【经济研究】**一是加强分析研判，强化对全市经济运行的预测预警。特别是在季度经济运行分析和半年、年度向市人大提交的计划工作报告中，科学分析、准确把握全市经济运行过程中出现的新情况、新问题，对照国家宏观调控政策和产业投资导向，及时提出对策建议，为市委、市政府决策提供了科学依据。二是全面分析，合理安排年度经济社会发展目标和重点任务。在综合分析内外发展环境和利弊因素的基础上，结合市情实际，充分论证研究，反复科学测算，及时提出全市年度经济社会发展思路和主要目标任务。同时，在考虑各县区发展潜力和增长因素的基础上，合理安排县区发展指标，及时分解下达，确保全市目标任务落到实处。三是坚持规划引领，在实践中继续完善相关领域发展规划。牵头编制完成了《陇东能源基地开发规划》《庆阳市“长环线”产业发展规划》《庆阳市易地扶贫搬迁规划》等涉及区域经济、能源资源、公共服务、扶贫开发、工业园区等方面多部规划。四是主动承担、配合国家和省上大型调研活动。先后承担、配合了国家发改委、国务院发展研究中心、铁道部、能源局、国家红办以及省上相关部门关于丝绸之路经济带、陇东能源基地建设、银西铁路、红色旅游、多极突破、关天经济区等多项大型调研活动，并形成高质量的调研报告20多篇。五是扎实开展“十二五”规划评估工作。在深入调研、全面分析、科学研判的基础上，形成了全市“十二五”规划中期评估报告，并适时提出了有关目标任务调整意见和富有针对性的对策措施，市人大已审议通过。

**【项目建设】**抓主保重，积极努力，确保全市重大项目快速推进。按照市委、市政府的总体部署，我们紧紧围绕国家投资重点和产业政策导向，深入推进“3341”项目工程，突出前期抓争取、新建抓进度、续建抓竣工、招引抓落地，建立重点项目包抓责任制、盯守办理制、建设定期督查制和全员参与制等项目工作制度，建立健全项目台账，逐月督查，及时跟进，全市重大项目建设呈现出“速度提升、投资增长、结构优化”的态势，特别是以石油炼化升级改造、煤炭开发和综合利用为主的重大产业项目，以铁路、机场、高速公路、水利工程等为重点的基础设施项目和一批农业产业化、文化产业和民生保障项目，取得了突破性进展。一是抓长远谋划。我们对全市石油、煤炭资源赋存、分布、配置和开发情况进行了专题性研究，着眼于打造国家能源化工基地、全国大型煤炭生产基地、西电东送基地和循环经济示范基地，突出产业开发设计、区域布局设计、点面互动发展设计，先后配合国内有关科研机构，就全市资源开发规模、建设时序以及加工转化方向、消费市场和运输体系等重大问题进行专题研究，形成了科学指导能源资源开发转化利用的规划体系。特别是经国家能源局批复的《陇东能源基地开发规划》，从顶层设计上明确了我市能源产业发展思路、主要目标及布局原则，将为我市能源产业及配套建设的基础设施等重大项目安排和拟订相关配套政策提供重要依据。二是抓前期争取。按照市委、市政府的要求，对比较成熟的项目，及时委托开展项目前期工作，限期完成项目审批支撑性文件的编制和办理工作，为项目报批和衔接争取打好基础。对已上报国家、省上审批、核准的项目，确定专人，蹲省驻京，按流程、逐环节驻守盯办，特别是对事关全市长远发展的能源交通等重大项目，我委安排专人长期驻京蹲守，及时向国家发改委、交通运输部、能源局、铁路总公司、中石油进行汇报，全力推进前期工作。对于需要国家投资支持建设的基础设施和社会民生项目，我委积极与省发改委衔接汇报，争资金、争项目，2013年，通过发改系统争取国家和省上投资12.43亿元。三是抓项目实施。2013年，全市实施500万元以上各类建设项目2799个，完成投资1131.2亿元。能源资源开发方面，庆阳石化600万吨/年炼油升级改造项目已经国家发改委批准同意开展前期工作，项目环评、可研报告已编制完成，正在实施基础强夯。刘园子、甜水堡1号2个矿井已建成试运行；核桃峪、新庄2个矿井建设加快推进；甜水堡2号、九龙川、钱阳山、马福川、毛家川5座矿井前期工作有序推进。正宁电厂已开工建设，环县电厂正在抓紧开展前期；环县南湫风电一、二、三期项目已经并网发电，四期项目已经完成设备调试；环县毛井40万千瓦风电项目已列入国家核准计划；西峰热电联产项目由甘肃能源集团作为业主开展前期工作；山西晋煤集团年产50万吨合成氨、80万吨尿素和山东金正大集团年产100万吨缓控释肥项目已完成土地征迁1200亩，可研报告已编制完成，正在组织审查。基础设施建设方面，庆阳机场改扩建工程航站楼完成招标工作；银川至西安铁路项目可研报告已经审查评估，待协调统一三省（区）意见后上报国家发改委批复；甜水堡至罗儿沟圈高速公路可研报告已编制完成，进入评审阶段；西峰至合水二级公路全线开工建设。涉及全市22.21万农村人口和3.72万师生的安全饮水项目已完成全部建设任务；扬黄人饮向庆城延伸供水工程已完成纸房沟水源工程和庆城县境内输水管道；庆阳市新城南区雨洪集蓄保塬生态工程、华能正宁电厂一期供水工程引水枢纽和坝体工程、华池县葫芦河水源工程输水管道及调节水池已开工建设；蒲河小盘河水库、葫芦河莲花寺水库、巴家咀水库新增调蓄工程前期工作有序推进；马莲河上游水质改造、下游水资源综合利用项目建议书编制工作已启动。城乡电网、环县330千伏变电站建设步伐加快，城镇路网、供水供热、排洪排污、公园绿地等民生工程以及7个县城和30个重点小城镇建设取得新进展。社会事业方面，庆阳民俗文化产业园基本框架及核心区建设项目已确定，总体规划编制基本完成，北城墙及城楼、大剧院项目可研已批复；庆化实验学校教学楼及综合楼已完成基础开挖；市妇女儿童医院正在积极开展前期工作；华池南梁红色旅游小镇规划的项目已完成大部分建设任务。

**【开放开发】**强化措施，深化改革，确保开放开发取得实效。我们坚持把深化改革作为推进经济社会发展的强大动力，不断消除经济和社会发展中的各种障碍。一是制定下发了《庆阳市经济体制改革工作指导意见》，将各项改革任务分解细化到部门，靠实了责任。全市涉农领域、中小企业、财税和投融资体制、社会事业、农村土地流转、集体林权制度、流通服务业新一轮改革试点等各项改革扎实推进。二是我委直接承担的重点改革任务措施实、效果好。继续深化行政审批制度改革，在全省率先下放自筹资金建设项目审批权，对各类行政审批和服务项目按照行政许可、非行政许可等六种类型进行清理登记，进一步明确了审批依据、实施主体、审批程序，促进工作职能由“审批型”向“服务型”转变。积极推进行政事业性收费改革，取消了12项行政事业性收费项目，修订了120多项医疗服务收费标准。持续推进医药卫生体制改革，经过多方努力争取，我市被列为大病保险试点市，全市县级以下医院全部实行了药品零差率销售；小城镇改革试点工作成效明显，驿马镇被列为全国改革试点镇；国有林场改革试点工作扎实推进，《庆阳市国有林场改革试点方案》于2013年8月获得国家发改委、林业局正式批复，正在抓紧制定我市具体实施意见，即将启动实施。

**【物价监管】**稳控物价，强化监管，确保价格总水平基本稳定。一是严格落实各项价格调控措施，严控出台新的调价项目。两年来，除国家和省上统一出台调价政策、调价措施外，市上未出台新的上调价格政策。全市居民消费价格总指数（CPI）涨幅控制在了省上下达的调控目标以内，确保了全市价格总水平基本稳定。二是落实房价调控政策，加强商品住房价格管理。我们研究制定了包括商品房成本申报、审核、价格备案、公示、监督等具体制度和措施，与国土资源、房地产管理等部门联合开展对城区商品房开发项目的申报价格，逐小区进行了审核，在控制价格目标内合理核定销售价格，并及时向社会公布，接受群众监督。同时，我们加强了保障住房价格管理，坚持实行保障住房申报、审核、审批制度，由保障性住房建设企业申报成本、价格管理部门审核、审批保障住房价格。三是全力稳定民生价格，加强城市供热、供气价格管理工作。通过协商降低供热用煤价格、从严核算供热成本、实行政府补贴等措施，连续四年稳定了城市供热价格。2013年，在全省天然气价格改革中，存量气、增量气价格大幅上调，但我委全力实施稳价惠民政策，确保居民生活用气和车用气价格维持原标准不变。四是加强收费管理工作，坚决清理各种乱收费。注销《收费许可证》16个，对全市的物业管理、房地产中介服务、高中教育及幼儿教育等收费项目、标准进行了全面清理整顿，杜绝了各类乱收费行为的发生。五是加大价格调节基金调控力度。自2012年以来，共安排价格调节基金516万元，在全市建设农副产品直销店44个，扶持设施蔬菜大棚40个，建设小型冷储设施3处，切实将平价惠民政策落到了实处。

**【公共服务】**以人为本，关注民生，全面推进社会公共服务建设。我们认真贯彻落实国家各项惠民富民保障政策，积极推行城乡居民养老保险试点，加大对涉及民生工程项目的争取和投资力度市中医药文化博览馆、市民俗文化产业园、南梁红色旅游小镇等基本公共服务设施加快实施；医疗卫生基础设施建设稳步推进，公共医疗服务水平进一步提升；加快推进社会公共服务均等化、收入分配公平化进程，努力使发展改革成果惠及全市人民；由我委承担为民办实事的空白乡镇邮政所建设项目已全部落实。

**【双联行动】**结合单位职能特点，扎实开展双联行动。我委双联点是正宁县山河镇解川村、环县木钵镇韩洼子村。在充分调研的基础上，制定了两个村长远帮联规划和年度计划，分别确定了“大棚蔬菜+养殖”和“苗木+大棚蔬菜+养殖”的帮扶思路。在具体工作中，指定2名县级干部、4名科级干部专门驻村开展帮扶，先后筹资120多万元，为解川村修建漫水桥6座、新建村小学学前班校舍300多平方米、铺设柏油路2.5公里，从根本上解决了该村群众淌水过河种地等困难。在韩洼子村遭受7.14暴洪灾害后，委领导第一时间赶赴现场，指导抗洪救灾，实地踏看，帮助指导制定灾后恢复重建规划，并及时协调资金，帮助抢修水毁灌溉农电线路、变压器、村组道路等。同时，对两个村通过组织农业实用技术培训、发放科普书籍、筹措农业生产资料、落实贴息贷款等措施，扶持发展了燕明等一批大棚、养猪等种植、养殖大户，增强了“造血”功能，增加了农民收入。在2013年市委双联工作考核中，我委帮联的两个村全部为优秀。

**【党风廉政建设情况】**一是抓制度建设，落实党风廉政建设责任。把党风廉政建设列入委党组重要议事日程，与业务工作同安排、同部署、同检查。及时制定印发了《市发改委党风廉政建设工作安排意见》，完善了领导分工负责机制，明确了岗位责任。在季度督导、半年检查、年终考核时，将党风廉政建设工作作为一项重要考核指标，认真检查，督促落实。主要领导带头贯彻执行“五个不直接分管”和“三重一大”事项集体决策等制度，并教育引导广大党员干部严格执行中央“八项规定”等要求。二是抓学习教育，筑牢廉政思想防线。建立了党风廉政教育“三个一”学习制度（即每人每季度至少发表一篇廉政信息、每半年提交一篇廉政工作总结或建议打算、每年做一次廉政辅导讲座），充分运用政策教育、警示提醒、责令纠错等各种手段，采用集中学习、专题讲座等多种形式，组织干部职工学习《党内监督条例》、《廉政准则》等法规条例，不断强化干部职工廉政勤政意识。对新提拔干部进行任前廉政谈话，努力做到了防微杜渐。三是抓监督检查，加强项目建设监管。围绕项目建设“五个一”廉洁责任制和“六项制度”，先后6次对学校、医院、城市供水供暖、通乡油路等重点民生工程及专项资金、乱收费乱罚款专项整治等进行了全方位、全过程监督检查，确保了各类资金安全、规范运行。四是抓风险防控，推进反腐倡廉常态化。认真落实廉政风险防控“回头看”，排查廉政风险点120个，取消风险点7个，修订完善防控措施80条。特别是将项目申报审批、核准备案、价格核定、收费管理等关键环节纳入廉政风险管理之中强化监督，全年未发生不廉洁、不自律的问题。五是围绕作风转变，深入推进“效能风暴”行动。把开展“简政放权、服务提效、阳光用权”等“六大行动”与双联工作、学习落实中央《关于改进工作作风、密切联系群众的八项规定》结合起来，大力弘扬雷厉风行、求真务实、真抓实干的工作作风，修订完善机关管理制度18项，严格执行“四个一”(即:一声问候、一杯热茶、一张笑脸、一个满意答复)服务规范,严格落实首问责任制、即时办结制、服务承诺制、失职追究制,坚持文不过夜、事不隔天、会不开长，努力提高工作质量和效率，使勤政高效成为全委干部职工的自觉行动，达到了以效能风暴推进整体工作、以整体工作进展体现效能风暴成效。六是围绕接受监督，积极开展民主评议活动。通过不断提高行政审批效能和依法行政水平，优化政务环境，广泛接受监督，在市效能办组织的对市直28个政府部门民主测评机关作风和政风行风建设公开测评中，得分95.56分，排位第6名，市直部门勤廉度评价工作量化得分98分，排位第1名，得到社会各界和服务对象的一致认可。

（市发展和改革委员会 供稿）

## 决策咨询

【工作综述】2013年，市政府研究室紧紧围绕市委、市政府的总体部署，积极适应新形势、新任务和新要求，准确把握“稳中求进”总基调，着眼“十大工程”主抓手，围绕重大课题深入开展调研，围绕服务中心精心起草文稿，工作上呈现出“三个明显提升”，实现了“四个新变化”，有力服务了全市经济社会发展。

【调查研究】紧扣转型跨越主题，赴一线、接地气，有计划、有重点地开展了一系列重大调研活动，调研能力和调研质量明显提升。坚持把“深入基层摸实情、联系群众心贴心”作为搞好决策服务的前提和基础，制定了《关于进一步加强调查研究工作的意见》，突出重大政策争取、能源化工首位产业培育、农业“四化”、创新融合发展、民生保障等重点，全年组织开展各类调研活动20多次，撰写调研报告36篇。围绕争取扶持庆阳老区发展政策开展调研，形成了《关于争取省上支持加快庆阳老区发展的调研报告》，提出了对庆阳革命老区资源开发实行特殊税费优惠政策、支持重大项目建设和主导产业培育、支持建立生态补偿机制、支持推进城乡一体化发展、实行差别化土地管理政策、放宽金融机构准入政策、扶持地方新型农村金融机构建设等意见建议，得到了省委、省政府和省直有关部门的高度重视。围绕首位产业培育开展调研，围绕打造“能源新都”，提出以石油煤炭“两个千亿元产业链”延链补链，以苹果栽植、畜禽养殖、苗林培育等引领特色农业发展，以现代物流、文化产业推动提升现代服务业的一系列意见建议。围绕加快扶贫攻坚开展调研，起草完成《庆阳市扶贫攻坚调研报告》等相关调研文章和市委、市政府“一个意见、两个方案”，为进一步加大扶贫攻坚力度，加快建成全面小康社会奠定了扎实的理论基础。围绕加快农村土地流转开展调研，形成了《加快推进我市农村土地流转的思考》《实施现代农业示范工程、促进农业提质增效》等调研文章，提出了以土地适度规模流转促进现代农业发展的式路径，为农民“五变”提供给了决策参考。围绕加快“一区四园”建设、发展非公有制经济开展调研。协助编制完成了《庆阳市经济技术开发区发展规划》；借鉴重庆、兰州典型经验，提出以创业催生、引强入庆、平台集聚、助推成长等为重点，加快我市非公经济发展的对策建议。围绕招商引资、地企融合开展调研，形成了《赴粤沪皖鲁招商引资工作报告》《我市赴外招商引资带来的启示和思考》《发挥资源优势、促进地企深度融合》。加快向西开放步伐建设“丝绸之路经济带”等相关调研文章，强化全方位、多角度融合发展的理念，进一步明确了以招大引强、扶优培强为突破口，推动转型跨越的现实路径。

【文稿起草】把握服务发展这一主旨，改文风、助决策，高质量、高标准地完成了一系列重要文稿起草，文稿质量和服务水平明显提升。在全市转型跨越速度加快、文稿起草任务艰巨繁重的情况下，我们始终本着科学严谨、认真负责的态度，精心组织起草好每一篇文稿，使其成为指导实践、推动工作的有力工具。全年共起草、修改各类重要文稿362篇。起草重要讲话，为市政府科学决策、指导工作、推动发展提供服务。深入贯彻中央、省、市有关最新方针政策和精神要求，主动加强与县区、部门的沟通交流，使领导讲话文稿体现更强的政策性、理论性和指导性。围绕服务全市中心工作，起草了市政府工作报告以及市政府主要领导在全市经济工作会、市委全委扩大会、市政府全体会等综合性会议上的讲话材料。围绕推动有关专项工作，起草了市政府主要领导在农村工作、项目建设、就业创业、非公经济、防汛减灾、文化教育、组织宣传、廉政建设等专项会议上的重要讲话材料。围绕全市重大活动，起草了市政府主要领导在全省项目观摩、中国（庆阳）循环经济·绿色发展战略论坛、“南梁精神”研讨会等活动上的讲话材料。起草重要汇报，为国家和省上支持庆阳发展提供服务。围绕争取国家层面支持，完成了市委、市政府向全国政协陈元副主席、国家统计局马建堂局长等重要汇报，向省委王三运书记、省政府刘伟平省长以及刘永富、郝远、王玺玉等省领导的工作汇报，代省委、省政府起草了向中石油集团等方面的专题信函。围绕全市重点工作，起草了关于深入学习贯彻李克强总理重要讲话精神、贯彻落实全省项目观摩活动总结会精神和庆阳石化600万吨炼油升级改造项目进展、煤电化冶材项目谋划和建设以及陕甘宁革命老区振兴规划实施等方面的情况汇报；完成了抗旱生产、抗洪救灾、文化旅游产业发展等重要汇报材料，客观反映了我市工作推进情况。起草交流文稿，为全方位汇报推介庆阳工作提供服务。起草了市政府主要领导在省市领导干部学习贯彻党的十八大精神培训班、省十二届人大一次会、省政府全体会、全省扶贫攻坚工作会、省十二届六次全委扩大会、全省经济工作和城镇化工作会等重要会议上的交流发言材料，为领导决策提供了必要的基础资料。起草重要文件，为市政府有效推动工作落实提供服务。起草了支持庆阳老区发展、能源化工循环经济产业发展规划、落实庆阳石化公司600万吨升级改造项目报告等重要文件。对省委、省政府拟发的《加快转型发展建设生态安全屏障综合试验区总体方案》《关于加快向西开放的意见》等文件稿，结合我市工作实际提出了大量修改意见，有力推动了相关工作落实。起草理论文章，为宣传庆阳交流工作提供服务。坚持理论与实践结合，先后起草了《坚持绿色循环发展、倾力打造能源新都》《深化行政审批制度改革、扎实推进政府职能转变》《发展绿色农业、推动转型升级》《开启全面小康社会新征程、加快建设幸福美好新庆阳》等多篇理论文章，分别在《甘肃日报》《发展》《甘肃机构与编制》《陇东报》等报刊杂志发表，扩大了庆阳对外知名度和影响力。

**【工作拓展】**抓住服务中心这一关键，拓职能、聚合力，高层次、高效率地组织了一系列重要活动，综合协调和组织能力明显提升。一是主动参与重大活动，对全省项目观摩专题片、展板和观摩点简介等进行了认真的校核审改；配合政府办公室和市直有关部门，圆满完成了农耕文化节、西部商品交易会、兰洽会、香包节、庆阳苹果推介会及部分重大项目开工奠基、竣工投产活动的筹办和组织工作。二是准确引领舆情导向，时刻关注网络信息舆情，准确把握群众迫切需要解决的问题，为市政府决策和化解矛盾问题提供参考。为了使全市干部群众更加全面地认识和理解《政府工作报告》，通过市内各大网络和报刊网媒体，从17个层面对《报告》全文进行了深入解读。同时，针对地企融合、安全生产、交通扶贫等重点工作，在主流媒体对市政府重点工作进行分析解读，帮助社会各界领会政府的决策部署和领导意图。三是严谨服务媒体采访，配合省内外各大媒体采访宣传报道庆阳发展的工作需要，围绕贯彻三中全会精神、能源化工产业、“3341”项目工程、招商引资工作、“双联”行动等方面，及时向市政府领导提供了采访活动所需资料，有力宣传了我市转型跨越取得的丰硕成就、未来发展的思路规划和推进落实的办法举措等。四是参与应急事件处置。全程参镇原县姚川村群众窑洞被石油勘探震裂、“2·1”宁县重大道路交通事故、“7·14”环县特大暴洪灾害有关突发事件救援处置处置工作，承担突发事件资料收集、情况分析、信息发布、汇报起草等工作，为市委、市政府工作上赢得了主动。

**【自身建设】**一是强化理论学习，干部综合素质有了新提高。始终把加强理论学习、提高业务素质作为履行职责、搞好服务的关键，实行“三会一课”制度，切实提高学习成效。突出“学”的针对性，征订经济、政治、农村、城镇、文化、环保等各类报刊杂志30多种，拓宽视野，丰富内容。特别是对党的十八大、十八届一中、二中、三中全会和习近平总书记、李克强总理一系列重要讲话，中央、省、市经济工作会、全委扩大会等重大会议和省委书记王三运、省长刘伟平等领导的重要讲话、重要言论以及各级主流媒体新闻报道、解读评论、专题辅导等进行了系统认真学习，深刻领会贯彻，及时转化运用。突出“学”的实效性，坚持理论联系实际，通过邀请专家辅导学、部门之间沟通学、领导干部谈心学、干部职工集体学等方式，围绕具体业务和实际问题全面“充电”补课，干部业务素质全面加强，综合能力明显提升。全年组织集体学习80多次，职工每人记学习笔记3万字以上，撰写心得体会3篇以上。突出“学”的机制性，下发了《关于加强学习型机关建设的意见》《2013年集体学习计划及要点》《关于深入学习贯彻落实习近平总书记系列重要讲话精神的实施意见》等文件，推行目标责任管理，明确集中学习、个人自学、学习交流、定期检查学习成果等方面的规定，做到了人人“四有”（有年度学习计划、集中学习讨论记录、个人学习笔记、心得体会文章），确保学习不走过场。二是改进工作作风，履职能力得到新加强。认真贯彻落实中央、省、市各项规定和新要求，全面改学风、转作风、树新风，责任意识、服务意识、自律意识和团队意识不断增强。始终保持积极上进、乐于奉献的精神状态，对市政府安排的每一项工作、每一份文稿，都高度负责、扎实办理，无论节假日、双休日还是深夜，克服一切困难加班加点，保质保量完成任务。充分发挥传帮带作用，注重向年轻干部交任务、压担子，比、学、赶、帮、超的氛围日渐浓厚，形成了结构合理的年龄梯队、人才梯队、工作梯队。三是健全完善制度，机关管理再上新台阶。严格落实内部目标管理责任考核，进一步修订完善了重要文稿起草登记、调研报告审核把关、政治理论学习、财务管理、车辆管理、保密管理、干部考勤等制度，始终做到用制度管人、管事、管财，全室工作规范化程度明显提高。创新实施工作业绩综合评价、重要文稿同台竞评等办法，极大地调动了干部职工的积极性和主动性，确保了各项工作任务的全面完成。四是突出勤政廉洁，廉政建设取得新成效。认真贯彻领导干部廉洁自律和党风廉政建设责任制有关规定，坚持把党风廉政建设与业务工作同布置、同检查、同考核，明确工作责任、具体要求、任务目标和考核办法，引导规范干部职工增强廉洁从政意识，构筑起了防止权力滥用、避免腐败滋生的有效屏障。坚持公开透明、能省则省的原则，认真履行重大家事报告制度、个人收入申报制度、公务接待制度等，努力服务和推动全市科学发展、转型升级、富民兴市。

**【双联行动】**以“普及现代种养知识、提升科技致富能力”为主题，多次组织到我室负责联系的西峰区后官寨乡东坪村，进村入户调查研究，走访慰问帮办实事，多方协调破解难题，协调国土部门在该村实施土地整理项目1300多亩，为村委会制作宣传牌匾、购置办公桌椅，较好地改善了帮联村办公条件。（市政府研究室　供稿）

## 统　计

**【工作综述】**2013年，全市统计工作以全省统计工作会议和全市经济工作会议精神为指导，按照全省“把握一条主线，突出两个重点，建立三项制度，做好四项监测”的总体要求和全市每年“确定一个重点，突破一个难点”的工作思路，以“统计质量提升年”活动为抓手，创新突破，强基提质，全面完成了全年各项工作任务。市统计局连续四年荣获全省统计工作综合考评第一名；39项专业工作有17项获一等奖，14项获二等奖，8项获三等奖，各项工作都取得了较好的成绩，国家统计局马建堂局长视察庆阳时对我市的统计工作给予了充分肯定。

**【机制建立】**一年来，市统计局按照全省统计工作会议确定的“1234”总体思路，紧紧围绕“统计质量提升年”这一主题，科学研判，探索创新，在健全机制中不断提高统计工作质量。一是健全责任分解机制。提请市政府印发了《关于提高统计质量的实施意见》（庆政办发〔2013〕29号），对落实部门数据会商、核算任务分解以及投资项目、“四上”企业和文化产业法人单位等统计调查对象确认、小康和妇儿监测等工作的部门分工及责任界定进行了细化，构建起了“各负其责、共同推进”的大统计工作机制。二是健全分工负责机制。制定了《关于分解落实2013年度省、市政府考核目标任务会商核算责任的通知》（庆市统发〔2013〕32号），对由统计部门配合提供和会商核算的21项考核任务及责任进行了细化分解，确保各项目标任务核算责任落到实处。三是健全任务落实机制。建立由市督查考核局牵头，发改、住建、房产、商务、文广等部门参与，对“四上”企业、投资项目和文化产业法人单位确定、小康社会统计监测等重点工作任务落实情况开展定期督导机制，年内累计督导5次。同时，健全统计应急机制，实施业务值班制度，年内应急承办各类紧急任务113人次。四是健全绩效考评机制。汇报市政府将统计工作量化纳入市直部门和县区政府的绩效考评中，协调各县区政府将统计工作的重点任务量化分解到部门和乡镇，纳入县级政府年度综合绩效考评；制定县区和科室考核办法，签订《统计行风建设责任书（承诺书）》和《目标管理责任书》，实施“五位一体”的绩效考评机制。五是健全数据质量控制机制。修订补充完善《专业、部门数据评估办法》，落实部门统计联席会议制度，先后召开部门行业数据联席会议6次，与发改、商务、住建、工信等14个部门主动会商10次，有效实现部门行业数据的统一核算；严格遵守企业“一套表”联网直报“四条红线”，注重县区上报数据、市局初评数据、省局评估反馈数据之间的衔接和匹配，从源头上确保县区、部门、行业数据一致和统一。

**【统计服务】**一年来，市统计局紧紧围绕服务全市经济社会转型跨越发展大局，发挥职能，主动切入，在细化措施中服务经济社会跨越发展。一是强化对经济运行监测预警。对各项省、市列的考核指标，对照目标任务建立动态监测台账，按照“谁承担、谁完成”的原则，对各县区和有关部门（单位）按月、季报送的相关指标进行审核汇总，提交市政府办进行通报，并及时将预警监测情况反馈相关主管部门。先后与长庆油田公司、勘探局资本运营部、庆阳石化公司等非地属企业就报表渠道和相关数据沟通衔接6次，全面落实在地统计，客观反映发展成果。二是不断创新统计服务载体。改版《庆阳统计月报》，扩大分送范围；量化考核信息调研任务，全年累计向省局内网报送信息680条，采用583条，其中国家采用10条，居全省第二；向庆阳市委网站报送信息213条，采用155条，居全市第三；向政府门户网站报送信息563条，采用407条，居全市第二；《统计公报》提前发布，《统计资料提要》《统计信息汇编（2012）》《人口普查资料汇编》《庆阳年鉴》及时分送，统计产品的时效性不断增强。三是积极拓宽统计服务领域。增办《统计呈阅件》，对经济运行中出现的新情况、新问题在第一时间呈送市政府分管领导阅知，先后呈送统计呈阅件6期；坚持按季向市人大、市政协汇报全市经济运行情况，为代表和委员们参政议政适时提供统计咨询服务；分县区确定专题，结合“每月一县”统计执法暨专项调研深入基层开展调研8次，先后有综合经济分析、投资结构、农民增收、农村小康监测等5篇统计分析得到市委、市政府主要领导批示和转发；牵头制定了《庆阳市村级小康社会建设统计监测指标体系（试行）》，在试点完善的基础上全面开展村级小康社会统计监测，统计服务领域进一步拓宽和深化。

**【重点工作】**一年来，市统计局紧紧围绕统计“四大工程”建设这一核心，突出经济普查这一重点，强化政府行为，狠抓巩固提高，在统筹抓促中不断适应统计方法制度改革。一是扎实推进第三次全国经济普查。普查机构组建到位，成立了由分管副市长为组长，20个单位主管领导为成员的经济普查领导小组，设立了办公室和6个普查工作小组。普查责任分解到位，领导小组与各成员单位签订了《普查目标责任书》，制定了《办公室工作规则》和《成员单位职责分工》，实施了由市民政、编办、工信、住建、商务、国土、工商、质监8个部门包抓县区责任制。普查经费落实到位，全市落实普查经费250万元，其中，市级40万元，县区210万。调研活动开展到位，围绕《经济普查基本框架》、《经济普查方案》和PDA的购置、普查员选聘和补贴兑现等难点问题广泛开展调研，为科学有效组织普查工作奠定了基础。业务工作准备到位，开展了单位核查和比对工作，对名录库进行了全面维护，通过抽查、督查和暗访，确保了单位清查、人员培训、物资下发、入户登记等工作的扎实推进。宣传动员部署到位，制定了《经济普查宣传工作方案》，在庆阳电视台连续进行为期三个月的电视字幕宣传，在《陇东报》连续刊发宣传经济普查重大意义、普查内容、普查时间、普查要求等内容，利用手机短信平台广泛开展全社会全方位的宣传，营造良好的社会氛围。二是巩固提高统计信息化建设。指定专人负责网络扩容提速工程建设设备日常运维，确保双网隔离系统、高清视频会议室正常运行，县均至少落实视频会议室18平米以上；8县区统计信息内网全部开通并按日更新，119个乡镇街办全部实现统计信息内网联通。三是强化统计调查单位申报认定。提请市政府印发了《关于加强“三上”企业入库统计工作的意见》（庆政办发〔2013〕30号），联合督查考核、工信、商务、住建、房产五部门下发了《关于分解2013年度四上企业进入名录库责任的通知》（庆市统发〔2013〕14号），建立任务明晰、责任明确的“四上”企业入库长效机制；协调工信、商务、住建等部门召开统计调查单位认定部门协调会议4次和视频抓促会议4次，深入现场核准企业信息和资料7次，全市年内累计入库企业79户，居全省前列；结合企业“一套表”联网直报“三查”和农村、服务业统计基础工作核查，先后3次下发通知、2次深入基层，对全市41户企业、36个投资项目和24个乡镇进行了实地抽查，进一步规范“四上”企业确认流程和要求。四是深化新领域统计工作。建立文化产业统计月报制度，不断强化与宣传、文广、工商等部门的业务沟通，联合开展业务培训2次，同时强化文化产业法人单位认定，全市累计认定文化产业法人单位755户，其中年内新增354户；认真落实服务业统计月报制度，建立重点服务企业月报台账和季度分析评估预警机制，狠抓服务企业进库认定，全市累计确认进库重点服务业企业39户；建立《庆阳市循环经济统计评价指标体系实施方案》，确定4大类24项指标体系，对全市6类133项循环经济重点项目开展统计监测；全面完成了20户工业企业和22户运输、房地产企业投入产出调查工作。

【基层基础】一年来，市统计局紧紧围绕强基提质这一重心，规范内业，改进作风，在多管齐下中不断夯实统计工作基础。一是推进统计法制建设。从机制建设、普法规划、法制宣传、统计执法、自由裁量、案卷评查等方面开展了“六五”普法自查，查缺补漏，整改推进。印发了年度《统计法制工作要点》，细化部署了全年统计法制工作。制定了《2013 年全市统计执法检查暨专题调研工作方案》，在全市开展“每月一县”统计执法检查工作，共检查启报单位 757 个，查处和纠正统计违法违规行为 8 起，进一步严肃了统计纪律。二是强化基层基础建设。着力改善企业联网直报环境、完善原始记录、规范统计台账，督导企业坚守联网直报“四条红线”，确保源头数据质量。加强统计业务建设，开展“一人一课”业务培训，组织全市 47 名统计业务骨干参加了中级统计分析调查师考试，352 人参加了统计从业资格考试，列全省第二。巩固和完善乡镇统计站“八有”建设，对“五级”联网进行全面督促检查，积极协调为乡镇统计站配备专职统计员 191 名。按照有台账、有报表、有档案、有人员“四有”标准强化村级统计工作，全面部署开展了农村统计工作自查整改工作。三是不断改进工作作风。制定了《关于改进工作作风的若干规定》(庆市统党组发〔2013〕4 号)，从调研、会风、文风、考察、节约、接待、监督等 7 大类 16 方面进行了规范；实施全市统计工作重点任务月度预安排制度，按月对各项重点工作分阶段按进度统筹安排、逐项抓促；认真落实《甘肃省统计系统重大事项报告制度》和《甘肃省统计系统重点工作督查督办管理办法》，严格执行局机关各项管理制度，机关效能明显提升。(市统计局　供稿)

## 调　查

【工作综述】2013 年，在甘肃调查总队的正确领导和庆阳市委市政府的大力支持下，庆阳调查队以党的十八大精神为指导，认真学习贯彻落实全国、全省统计调查工作会议和全市经济工作会议精神，深入分析统计调查工作面临的新形势、新机遇、新挑战，继续强化“两种意识”、力争实现“三个提高”、扎实推进“四大工程”建设，以常规统计调查为重点，以数据质量为中心，加强基层基础建设，加强干部队伍建设，加强党风廉政建设，扎实推进“双联”行动，转变工作作风，圆满完成了甘肃调查总队和市委市政府安排部署的各项工作任务，被市委、市政府授予“2013 年度支持老区经济社会发展突出贡献奖”。

【安排部署】年初，队党组按照全国、全省统计调查工作会议要求，认真分析全年的新形势、新任务，先后召开党组会、队务会和职工会，认真学习传达国家、省、市会议文件和马建堂局长、鲜力群总队长的重要讲话精神和批示，讨论制订了《2013 年庆阳调查队工作要点》《2013 年党风廉政建设和纪检监察工作安排》《2013 年庆阳调查队机关支部工作安排意见》，对各项工作做了比较全面、具体的安排。为了把各项工作任务真正落到实处，实现整体工作上水平、上台阶，确保全年统计调查任务圆满完成，制定印发了《庆阳调查队 2013 年科室工作目标管理考核办法》，把工作进行量化分解，任务落实到科，责任靠实到人，保证了全年各项工作扎实有序推进。

【调查基础】一是进一步细化各专业调查规范化规程，严格规范基层各调查网点布局、换点和换户工作，采取多种方式，加强对新记账户和新网点辅调员的培训和指导工作，实现了新老网点辅调员的顺利交接和新老样本数据的衔接过渡。二是进一步完善数据质量控制、审核和评估体系，明确和规范数据采集、录入、处理、审核、评估、传输、管理、发布各个环节的质量标准和技术规范；如两项收入、消费价格、生产价格、规下工业、粮食产量、畜禽监测等调查，分管领导经常带队深入县区调查点、调查企业，检查基层工作现状，检查数据生产过程，落实数据质量抽查制度，加大对各项调查数据的审核评估力度，数据质量可靠性明显提高。三是“六五”普法深入开展。除认真学习宣传统计法律法规，完成日常统计法制工作任务外，认真组织、积极参加甘肃总队举办的《统计法》颁布 30 周年纪念宣传活动，积极参加总队和国家局举办的《统计法》和《全国经济普查条例》知识竞赛活动，做到了全员参与，并有 1 名同志在竞赛中获得了二等奖。

【常规调查】一是城乡住户一体化调查顺利推进。2013 年是全面开展城乡住户一体化调查的启动关键年，庆阳市委市政府高度重视，栾克军市长、黄继宗副市长分别对该项工作做了重要批示，市政府办公室下发了《关于做好全市城乡住户调查一体化改革工作的通知》，市发改委、统计局、财政局、农牧局、人社局、气象局和市县区政府等部门大力配合，庆阳队全力以赴，严格执行国家方案，健全网络，抽选网点，开展培训，严格过程，确保了调查按时启动。2013 年全市农民人均纯收入 4888 元，增长 14.7%，比全省平均增速 13.3%高出 1.4 个百分点；全市城镇居民可支配收入 18760.9 元，增长 12.6%，比全省平均增速 10.5%高出 2.1 个百分点。二是其他专业调查顺利完成。城乡居民消费价格调查定人、定点、定时调查，做到了即采、即审、即报的工作要求，全年居民消费价格总指数累计上涨 3.1%，控制在省政府下达 4.0%的任务以内；规下工业共实施国家样本和地方样本调查企业 271 户，圆满完成了季报和年报调查任务，工业总产值达到 43.18 亿元，工业增加值达到 14.07 亿元，按可比价计算，比上年增长了 15%；粮食总产量达到 158.9 万吨，比上年增长 2.1%；工业生产者价格调查、固定资产投资价格调查、贸易限额以下企业调查、服务业小微企业调查、采购经理调查、畜禽监测、贫困监测等，认真贯彻落实国家统计调查方案，严格执行《专业抽样调查基层基础工作规范化操作规程》，健全网点，加强培训，规范流程，强化督查，增加报酬，圆满完成了各专业月报、季报、半年报和年报工作任务，调查数据质量得到进一步提高。在全省年度专业调查考核评比中农村住户、畜禽监测、小微企业监测等多个专业荣获前三名。

**【专项调查】**2013 年，全省党风廉政建设民意调查和全省中小学危房面积核查工作部署后，庆阳队分别及时与市纪委、市教育局衔接，成立了各自的专项调查工作领导小组，组建 4 个调查组和 1 个督查组，由分管队长带队，开展现场调查。党风廉政建设民意调查深入西峰区北街办、南街办、西街办的 10 个社区、3 个村组的 260 个家庭开展了问卷调查，按时完成了调查任务；全省中小学危房面积核查分赴西峰、合水、华池、正宁 4 县(区)的 165 所中小学，开展了 D 级危房面积的丈量核查，按时完成了核查任务。同时，还积极主动、协调配合了全国、全省文明城市测评工作。

**【调查服务】**一是信息服务取得新进展。2013 年，庆阳调查队对“两办”信息及调查信息明确上报任务和时限，落实责任科室和责任人，工作进展按月通报，年终考核到科，奖励（处罚）到人，效果比较明显。全年共向各类网络媒体报送调查信息 456 篇，采用 348 篇，采用率 76.3%。其中向甘肃总队内网报送信息 198 篇，采用 103 篇，采用率 52%；向市政府网站报送信息 87 篇，采用 73 篇，采用率 83.9%；有 4 篇转省动态，3 篇被人民网转载，11 篇被每日甘肃转载。其中安家宁同志撰写的《亲切的关怀，殷切的希望》被《中国信息报》刊登，刘克印同志撰写的《统计之歌》被《统计纪检监察》第 16 期刊登。每季度的两个收入、居民消价、规下工业等数据分析，受到有关部门和领导的好评。二是课题研究取得新成绩。庆阳队纪检组长彭群安同志，搜集查阅大量资料，运用对比分析和数量经济学模型的方法，编著了《陕甘宁革命老区 8 市 67 县分析比较》专题研究报告，全书近百幅图表，8 万多字。8 月 20 日，国家统计局马建堂局长在庆阳市调研时，题词“分析比较，寻求实情”。10 月 25 日，市政府市长栾克军批示：“加强比较优势分析，助推老区转型跨越。” 11 月 14 日，甘肃调查总队党组书记、总队长鲜力群同志为此书亲自作序。庆阳市人民政府副市长黄继宗为此作出重要批示，要求印发市直经济、综合部门，县区党政机关。“《陕甘宁革命老区 8 市 67 县分析比较》专题研究报告圆满完成”的报道被《每日甘肃》《陇东报》《中国·庆阳网》分别刊载，收到了很好的社会效果。三是配合中心工作取得新成效。双联行动取得阶段性成果。全队干部由党组成员带队，全年进村入户 12 次 108 人次，领导干部入村工作达到 12 天时间，千方百计筹措资金 5 万元，帮助该村建成了 8 间 168 平方米的村卫生所和幼儿园，结束了该村无卫生所和幼儿园的历史。在种麦时节还为 16 户帮扶对象每户送去两袋化肥，还积极与市农综办衔接，为该村争取农综项目百万元，其他如道路、饮水、危房改造、合作社建设等项目正在实施之中。同时，积极配合参加了省委书记王三运到庆阳进行的抗旱、扶贫攻坚调研活动；陪同市委、市人大、市政府、市政协主要领导到基层开展了扶贫攻坚大调研活动。

**【网络建设】**为满足统计调查工作需要，更好地服务全省和全市经济社会发展，庆阳队对内部信息网进行了全面改版。一是安装了本队服务器系统。将网站后台与市统计局分离，解决了以往工作中改版和添加信息等方面的诸多不便。二是网站样式和布局进行了全面优化。由专业网络公司负责网站的改版设计和美化，改版后的主页淡雅大气，庄重质朴，条理清晰，既不哗众取宠，也不木讷死板，较好的凸显了统计调查工作的特点。三是网站栏目进行了重新编排。网站栏目在原来基础上，根据当前工作需要进行了重新编排，除常规性栏目外，新增了专题活动模块，以便及时反映本队在联村联户等政治活动中的工作情况。同时，为了宣传庆阳，让外地区了解本市近年来的发展变化，还增设了人文庆阳栏目。

**【作风建设】**一是党风廉政建设责任制深入实施。坚持党组统一领导、党政齐抓共管、纪检监察机构组织协调、一把手负总责、依靠干部职工支持和参与的领导体制和工作机制，成立了以队长任组长、班子其他同志为成员的“腐败风险预警防控工作领导小组”，始终把党风廉政建设和反腐败工作作为调查队的中心工作来对待，队党组与全队干部职工签订了党风廉政建设承诺书，把党风廉政建设做为年度班子考核、科室考核、个人考核和评先奖优的重点内容和依据，实行“一岗双责”，同业务工作同部署、同考核。队纪检监察机构认真履行职责，积极承担党风廉政建设的具体工作和参与机关事务监管，完成了各项任务。党纪教育、警示教育、廉政教育得到有效加强，全体党员干部的拒腐防变意识得到有效加强。深入开展“机关效能风暴行动”主题活动，由纪检组具体负责，办公室、综合科紧密配合，坚持每周定期和不定期查岗制度，强化工作督查和纪律督查，机关作风有了较大转变。二是中央“八项规定”深入实施。队党组根据中央“八项规定”和省委“双十条规定”，讨论制定了《庆阳调查队贯彻〈中央八项规定〉实施意见》，提出了“正文风、改会风、转作风、树新风”的总要求，全年精减压缩会议5次，基本做到了开短会、讲短话，提高了会议效率；改进文风，严格行文程序和审核把关，控制发文数量，精简文件简报，在维护公文的严肃性方面取得一定成效；坚决反对浪费，严格规范公务用车、公务接待、调研检查等工作行为，基本做到了工作轻车简从，接待不超标准，全年公务接待、会议支出明显减少。

**【队伍建设】**一是政治理论学习常抓不懈。以党组中心组学习会、党员大会、职工大会为平台，坚持每周二、四日学习制度，积极组织全体党员干部认真学习了习近平总书记一系列重要讲话和十八届一中、二中、三中全会精神，采用集体学习和个人自学相结合、会议讨论和专家辅导相结合、理论学习和当前工作相结合的方式，全面理解三中全会的精神实质和深刻内涵，党员干部的党性原则和贯彻执行党的路线方针政策的自觉性有了明显提高。二是业务技能培训常抓不懈。除号召干部职工认真学习《统计学原理》《统计实务》、“专业调查实施方案、专业统计报表制度、专业调查操作规程”外，积极派员参加国家、总队举办的各类业务理论培训班，全年有18人次参加了国家局和甘肃总队举办的调查业务培训班，取得了较好成绩。三是机关党建工作常抓不懈。充分发挥机关党支部战斗堡垒作用，征订党员学习资料，组织党员接受革命传统教育，重温入党誓词，积极参加市直机关工委组织的各项党建活动，在丰富党员干部学习工作生活内容、凝聚人心、鼓舞士气、营造环境方面发挥了积极作用。（国家统计局庆阳调查队　供稿）

## 审　计

**【审计成果】**全市共完成审计项目377个，占年计划333的113.2%，查出违规金额11060万元，管理不规范资金128735万元，审计促进整改落实有关问题资金16637万元，其中增收节支3639万元，已上交财政101万元，减少财政拨款或补贴715万元，归还原资金渠道2822万元，缴纳其它资金4060万元，调账处理金额8936万元，出具审计报告375篇，审计提出建议535条，被采纳488条，向有关部门移送处理事项13件。市局完成审计项目65个，查出违规金额731万元，管理不规范资金76198万元，收缴财政资金40万元，移送处理事项10件。

**【预算执行审计】**重点对2012年度市级预算执行情况，市人社局、市农牧局等12个预算部门的预算执行、专项资金使用等进行了审计，全市完成预算执行审计项目124个。市、县区审计机关向同级人大常委会作了预算执行情况的审计工作报告，引起了被审计单位的高度重视和社会各界的广泛关注，为全面把握财政资金分管用情况，检查预算执行的有效性，提高财政资金使用效益和财政财务管理水平起到极大促进作用。

**【政府性债务审计】**从全市审计机关抽调52名审计干部组成7个审计组，按照上审下、交叉审和“五统一”的要求，对七县（区）政府性债务进行了审计，全面完成了审计工作任务。

【经济责任审计】认真贯彻落实《甘肃省党政主要领导干部和国有企业领导人员经济责任审计实施办法》，进一步加强组织领导，完善工作机制，召开全市经济责任审计工作联席会议第一次会议，经济责任审计联席会议制度日趋完善。完成经济责任审计项目132个，通过审计，切实维护国家财产安全与完整，准确界定领导干部任期所承担的经济责任，为干部监督管理提供重要依据。

【专项资金审计】组织全市审计机关对各县财政扶贫资金进行审计。围绕重大民生实事，开展农机具补贴、城乡客运燃油补贴、高中学生收费、中小学校舍安全工程、住房公积金等专项审计和调查，查处挤占挪用、滞留截留、损失浪费等问题，在推动政策措施落实完善，促进资金规范管理、高效使用，维护社会和谐稳定方面发挥积极作用。

【投资项目审计】进一步加大投资项目审计力度，密切关注项目的投资方向和建设绩效，探索应用批量跟踪、仪器设备辅助审计等方式方法，查出工程建设领域的突出问题，促进投资结构优化，推动项目高效建设。市局完成竣工决算审计项目4个，审计资金总额42252万元，查出违纪违规资金3132万元，超概算资金9058万元，管理不规范资金414万元，核减工程造价613万元。

【绩效项目审计】绩效审计是提升审计工作层次的重要方法。按照要求，加强研究，明确责任目标，加大应用培训力度，在项目的组织方式、人员搭配、实施进度、审计评价等方面进行认真分析研究，大胆探索，积极实践，推动绩效审计工作扎实开展。市局全年完成绩效审计项目28个。

【审计质量】牢固树立“审计质量是审计工作生命线”的理念，从加强审计项目计划管理入手，狠抓重点环节的质量控制，完善质量监督检查考评办法，努力提高审计工作质量和水平。一是做好审前准备，把好审计方案制定关。对确定的审计项目，认真分析研究，配优配强审计组成员，使计算机、财务、工程等各类人员统筹兼顾、合理搭配；坚持对所有项目开展审前调查，掌握相关信息，依据审计工作目标，结合被审单位实际，制订审计实施方案，做好审前准备。二是规范工作程序，把好审计项目实施关。按照《审计法》及《审计法实施条例》有关规定，编辑整理了《庆阳市审计质量控制制度规范汇编》，依法依规做好审计通知书送达、审计项目公示、审计报告征求意见、审计报告印发、审计决定书下达等工作，努力规范审计工作行为。同时，建立审计组内部沟通协调、审计情况定期反馈、局领导审中检查三项机制，加强审计组成员之间、审计组与单位之间的沟通协调，在审深、审透、查实上下功夫，确保每个项目做到事实清楚、程序规范、处理适当。三加强项目审理，把好审计项目复核关。对审计情况和审计报告，健全完善审计组长复核、法制科（股）审理、局项目审定委员会审定等三项工作制度，严格审核把关，做好审计项目复核和审定。重点对审计评价、审计发现问题、处理意见和审计建议进行审理，确保审计报告事实描述准确，运用法律法规得当，审计建议针对性强。四健全联动机制，把好审计整改落实关。认真落实省政府《关于进一步加强审计整改工作的意见》，将审计整改情况纳入县区和部门年度绩效考评，坚持向同级政府汇报审计整改情况，促进整改落实。结合实际，逐步健全完善领导督促督办、部门整改联动、跟踪检查问效、整改落实回访四项工作机制，切实做到问题不整改不放过，整改不到位不放过，发生问题原因找不准不放过，堵塞漏洞的制度不健全不放过，确保审计查出问题及时整改落实到位。（市审计局　供稿）

## 督查考核

【工作综述】2013年，在市委、市政府的正确领导和省委、省政府督查室的指导下，认真贯彻落实党的十八大精神，紧紧围绕市委、市政府的总体部署和重大决策，坚持围绕中心，服务大局，以促进工作落实为目标，强化督查，认真考核，积极发挥职能作用，全面完成了各项工作任务。

【督查工作】坚持把加强督促检查作为促进工作落实的重要手段，按照市委、市政府的总体部署，狠抓重大决策、重要工作、重大项目工作进展情况督查，各项工作扎实推进。筹备召开了全市督促检查工作领导小组第一次会议，印发了《庆阳市2013年重点督查事项任务分解表》《庆阳市督促检查工作领导小组工作规则》和《庆阳市督促检查工作领导小组第一次会议纪要》，进一步明确了各部门抓督查促落实工作责任。先后对各县区、市直各部门目标责任书完成情况、55个重点项目、为民办实事项目、改进作风各项规定落实情况、防汛减灾工作、上半年经济形势分析会议精神贯彻落实情况、招商引资暨签约项目落地开工进展情况等重大决策落实情况进行了跟踪督查。积极配合市直各部门开展联合督查。先后会同市纪委、市发改委、市民政局、市人社局、市住建局、市环保局、市财政局、市果业局等部门，对社会救助工作、环境保护重点建设项目、非公经济发展、消防工作、廉租房建设、社保资金使用、苹果产业发展等阶段性重点工作进行了督查。按月对全市“三个一”重点项目、为民办事、招商引资暨签约项目落地开工情况和重点项目观摩点推进情况进行督查通报。连续60多天对西峰区3个重点项目征地拆迁工作进行督查，并按时向市政府报送《督查专报》；连续50多天对省上观摩的重点项目推进情况实行“日督查、日报告”制度，加快了重大项目建设进度。根据市委、市政府“晒成绩单、晾排行榜”的要求，在《陇东报》刊发了《2013年1-6月份县区主要经济指标完成情况》《2013年上半年全市“三个一”包抓责任制重点项目进展情况通报》《2013年1-8月份招商引资暨签约项目落地开工进展情况通报》。对省委、省政府督查室交办的督查事项，高度重视，认真研究，按要求及时报告督查结果。先后对庆阳市年终召开会议情况、农村低保政策落实和规范管理工作、经济社会发展目标任务分解、贯彻落实中央“八项规定”和省委“双十条”规定情况、贯彻落实全省上半年经济分析会议精神情况、贯彻落实习近平总书记系列重要讲话精神和“1236”扶贫攻坚措施落实情况、全市2013年各项目标任务落实情况、贯彻落实“约法三章”情况进行了督查，均上报了专题报告，协调督查有关接待和汇报等事宜，圆满完成了各项督查任务。根据市委、市政府主要领导、分管领导批示精神，对2012年12月份各县（区）、市直各部门重点工作任务完成情况、贯彻落实市政府上半年经济形势分析会议精神情况、农民工工资拖欠问题等工作进行了督查，均进行了专题汇报。2013年，上报《督查专报》106期、《督查季报》4期，印发《督查通报》26期。

**【考核工作】**积极探索考核工作规律，坚持把考核作为评价工作成效、提供奖惩依据、推动工作落实的主要手段，坚持“科学、合理、规范、有效、简便”的原则，在保持考核政策稳定性和连续性的同时，借鉴外地经验，积极谋求创新，认真制定考核办法和目标责任书，严格规范考核程序，各项工作进展顺利。认真组织完成了2012年度年终考核各项工作，在市委三届六次全委扩大会议上表彰奖励了2012年度先进县（区）、部门（单位）、优秀乡镇、中省驻庆单位和纳税明星企业。在编制县（区）目标管理责任书时，根据县域经济特征、产业结构特点、重点工作任务，按照各县区年度工作特点和省政府与市政府签订的目标管理责任书确定考核内容，明确考核指标，完善了差异化的指标考核体系。综合考核指标包括招商引资、重点项目、经济指标及控制性指标、社会管理及社会事业4个方面25个分项。单项考核指标包括党风廉政建设、组织工作等19个单项，特别是围绕实施“3341”项目工程，实行“三个一”项目包抓责任制，将55个包抓项目靠实到县（区）和部门，重点项目在综合考核中权重达到30%。对市直部门（单位）实行绩效考评，增加了日常督查考核的内容，扩大了各级各层面评议、测评赋分权重。修订了《庆阳市2013年县（区）目标管理责任制考核办法》《庆阳市市直部门（单位）工作绩效考评办法》，有效保持了考核政策的稳定性和连续性，强化了成果运用。同时，为了切实搞好2013年度年终督查考核，起草了县（区）、市直部门年终督查考核方案，对各种考核进行了有效整合，切实纠正年终考核过多过滥的问题，有效减轻了基层工作负担，促进工作落实。

**【建议提案督办】**市三届人大三次会议审定交办的人大代表建议84件，市政协三届二次会议审定交办的政协委员提案315件。省上两会交办人大代表建议3件、政协委员提案1件。至2013年9月底，在法定时限内，所有建议提案已全部办结并书面答复代表委员，并向市人大、市政府、市政协专题进行了总结汇报。其中，所提问题已经解决或基本解决的126件，占31.6%；所提问题正在解决或已列入规划逐步解决的244件，占61.2%；所提问题因条件限制或其他原因需待以后解决的27件，占6.7%；所提问题供今后工作参考或需向上级有关部门反映的2件，占0.5%。同时，为了紧密配合全国、全省“两会”的召开，把建议提案素材征集工作作为一项重点任务来抓，分别为2013年国家、省“两会”征集建议提案素材4件和13件。

**【为民办实事督办】**保障和改善民生，是新形势下经济工作的重点任务。为了切实抓好省上确定的“24件实事”和市上确定的“10件实事”的落实，坚持把实事办理作为关注民生、解决民困、构建和谐的大事来抓，强化督办，狠抓落实，起草了

《关于分解落实2013年省、市为民办实事工作任务的通知》，以政府办文件印发，将办理任务分解靠实到牵头领导、各县（区）及责任部门，明确办理时限和工作要求。采取“目标管理、领导牵头、专人负责、任务包干、倒排进度、专项督办、考核通报”的办法，协调各县区、各部门全力推进落实。多次对为民办实事工作进行全面督查，对发现的问题及时指出，督促办理，进一步加快了为民办实事进度。至年底，24件实事全面完成任务，10件实事完成年度任务。

**【双联工作】**2013年，严格按照省市安排部署，突出务实和创新“两个要求”，切实打造“三大工程”，全面落实“六大重点任务” “八个全覆盖”和“五件实事”，围绕全面建设小康社会这一目标，坚持单位联村与干部联户相结合，“输血”与“造血”相结合、长远发展与短期见效相结合，产业扶持与其他措施相结合，发挥优势与创新突破相结合，有效促进了 “双联”行动顺利开展。从所联村户的实际出发，要求全体干部在“联村联户、为民富民”行动中开展“七个一”活动（协助联系村户制定一个帮联计划，为帮联村户传授一门实用技术，为帮联村户兴办一件以上实事，协助帮联村户发展一项致富产业，帮助联系农户输出一个以上劳务，帮助联系村组排查调处一起矛盾纠纷，撰写一周以上的民情日志）。全年帮办实事11件，完善了局机关相关表格资料，健全了双联档案，局内全体干部也根据所联农户基本情况，细化了符合实际的个人帮联计划，并积极为所联贫困户捐款捐物。全体干部职工进村入户4次以上，人均驻村时间达到7个工作日。

**【机关管理】**坚持以创建学习型机关为目标，把学习作为党员干部增长才干、提高素质的重要途径，结合督查考核局党员干部的思想实际，狠抓学习教育，共组织开展集体学习24次。认真贯彻落实中央八项规定、省委双十条规定，市委实施细则等党纪政纪规定，制定印发了《关于进一步严明政治纪律改进工作作风密切联系群众厉行勤俭节约反对铺张浪费的实施办法》，未发生公款吃喝、送节礼、购买贺年卡等问题，全局党员干部均为零持有。扎实开展“效能风暴”行动，规范车辆使用、公务支出等行为，树立成本意识，节俭办事。及时修订了车辆管理、学习制度等18个制度，规范单位日常管理。在经费开支上，实行分管领导一支笔审批制度，规范审批程序，定期通报经费开支情况。坚持把落实党风廉政建设责任制作为教育干部、培养干部的重要举措来抓，班子成员认真落实“一岗双责”责任制，积极主动地抓好分管范围内的反腐倡廉工作，与业务工作同安排、同落实、同检查，使之相互促进，协调发展，确保各项工作任务的落实。大力开展精神文明创建活动，全体干部职工为四川雅安地震灾区和环县樊家川暴洪灾区捐款4050元。加强班子和干部队伍建设，坚持经常性的思想教育，切实解决在思想作风、学风、工作作风及生活作风方面存在的突出问题。积极推动党务政务公开，对考核考评奖励办法、考核结果、为民办实事项目、建议提案办理等工作进行了全面公开，进一步增强了党务、政务工作的透明化和公开化，使各项施政行为均处于干部群众的监督之下，有效提高了工作透明度。（市督查考核局 供稿）

## 招商引资

**【项目建设】**2013年，全市共实施千万元以上招商引资项目291个（省外、境外），引资总额1558.20亿元。其中新开工项目212个，续建项目79个，完成到位资金451.40亿元，占省上下达计划345亿元的130.84%，同比增长68.28%，名列全省第二。在引进实施的项目中，亿元以上项目141个，10亿元以上项目23个，50亿元以上项目8个；投资主体属于“500强”企业的17个；在新开工项目中，能源类占20.57%，现代服务业类占13.07%，民生类占52.27%，同比都有了较大幅度提升，项目的规模、结构、层次和效益均不断提高，呈现出“三增多、两优化、一提速”的新态势，即招引的资源类项目明显增多、产业链项目明显增多、3个500强重大项目明显增多、招商平台逐步优化、产业结构逐步优化、项目落地实施全面提速。

**【区域交流】**目前，我市已加入陕甘川宁毗邻地区经济联合会、宁蒙陕甘毗邻地区共同发展联席会议和关中—天水经济区等区域合作组织。利用这些经济组织及“西交会”“经洽会”等平台，我市积极促进地区间的经济技术合作、项目洽谈和友好交流。2010年以来，利用区域经济组织合作平台推介项目300多项，实现招商引资投资额82.94亿元，为全市经济社会发展注入了活力。

**【展会招商】**2013年，我市以“兰洽会”“西博会”及“2013”中国（庆阳）农耕文化节暨第二十四届中国西部商品交易会”等节会为平台，强力推介和宣传庆阳，进一步扩大对外开放，提升了区域影响。在第“2013’中国（庆阳）农耕文化节暨第二十四届中国西部商品交易会”期间成功举办了“陕甘川宁毗邻地区经济联合会投资环境说明会”，有力地宣传和推介了我市“红、黑、绿、黄”四大产业特点，为招商引资工作拓宽了空间，促进了区域合作交流。在第19届“兰洽会”暨民企陇上行活动中成功签约合同项目40个、引资总额571.72亿元。同时，各个展会期间播放了庆阳形象宣传片，散发了《庆阳招商引资指南》《庆阳市重大招商项目》和《庆阳市招商引资优惠办法》等宣传资料，积极宣传推介庆阳，取得了较好宣传效果。

**【园区招商】**2013年，围绕石油、煤炭及民俗文化等优势资源，进一步延伸产业链条，园区招商引资和重点产业有新的进展。长庆桥煤炭石油化工产业园实施招商引资项目8个，完成投资16.29亿元，占年计划任务的108.7%；西川装备制造产业园招商引资5.60亿元，占计划任务的112%；驿马农产品食品加工产业园完成实施招商引资项目6个，到位资金5.41亿元，占计划任务的108%；庆阳民俗文化产业园已与香港环球嘉年华公司达成投资意向，计划投资9.9亿元，建设游乐园、休闲度假村和国际风情园，前期项目规划和征地工作正在进行。

**【实施项目】**2013年，全市实施招商引资项目291个，其中亿元以上项目141个，10亿元以上项目23个，50亿元以上项目8个，投资主体属于“500强”企业的17个。引进实施了总投资120亿元的合水东一宁县北煤田开发、总投资64.4亿元的宁南能源物流园建设、总投资52.6亿元的正宁坑口电厂一期工程、总投资28亿元的现代高端服务业家居综合体等一批大项目、好项目，成为全市招商引资到位资金大幅增长的重要支撑点。在建项目中，宁南煤田新庄矿井建设，当年完成投资6.85亿元，11月初，主立井成功挖出了第一斗煤；宁南能源综合物流园建设，当年完成投资16.2亿元，一期项目已进入扫尾阶段；镇原中盛农牧发展有限公司建设，已建成临泾、太平等肉鸡、肉羊养殖片区，初步形成了“企业+基地+农户”的产业链模式；华池南梁红色旅游名镇开发项目进展顺利，陈列馆、“两点一存”主题广场、河道治理及居民安置搬迁等项目均已竣工。

**【“兰洽会”签约项目】**第19届“兰洽会”暨民企陇上行活动共签约合同项目40个，引资总额571.72亿元，目前已建成3个，在建34个，未开工3个，一期项目引资额401.72亿元，累计到位资金84.82亿元，资金到位率21.11%，项目履约率100%、开工率92.50%。（市招商局　供稿）

# 社会事业

## 教 育

**【教育概况】**2013年，庆阳市有各级各类学校1392所，其中高级中学25所，完中18所，初级中学116所，九年一贯制学校22所，小学1193所，中等职业学校16所，特殊教育学校2所。中小学在校学生349343人，其中高中64174人，初中89918人，小学168592人，中职26659人。中小学教职工30115人，其中中学13464人，小学15096人，中职1555人。有幼儿园431所，在园幼儿71542人，幼儿教师2458人。

**【学前教育】**加快发展学前教育，全市学前教育一年、二年、三年入园率分别为71.2%、66%、58.3%。落实“学前教育三年行动计划”，近两年累计投入48311万元，建成各级各类幼儿园135所，附设学前班611所，第一轮“学前教育三年行动计划”全面完成，形成了每个县城2-3所、每个乡镇1所、每个中心村小学附设学前班的学前教育布局。落实《甘肃省幼儿园教育指导纲要》和《甘肃省幼儿园保教管理指导意见》，开展了“快乐与发展”课程资源包幼儿教师培训，组织21名幼儿园园长参加了“全国新教育实验海门开放周暨幼儿园研发卓越课程专题研讨会”。规范幼儿园用书及保教活动，纠正幼儿教育小学化倾向，提高了学前教育保教水平。

**【义务教育】**巩固提高义务教育发展成果，全市小学适龄儿童入学率为100%，初中阶段入学率为100%，适龄“三残”儿童入学率为95.6%，小学、初中在校学生年辍学率分别为0.5%、1.2%。加快推进县域义务教育均衡发展，制定了《庆阳市推进县域义务教育均衡发展实施方案》，成立了由市长栾克军任组长，副市长辛刚国任副组长，教育、发改、财政、人社等13个部门为成员的工作领导小组，建立了部门联动、统筹推进的工作机制。市政府与县区政府签订了备忘录，提出了总体目标和阶段性任务，明确了推进义务教育均衡发展的时间表和路线图。加快义务教育标准化学校建设，市级财政专项投入950万元，县区财政和学校筹措2550多万元，整合中央和省上教育装备建设资金，为200多所中小学配备了标准化实验室、教学仪器、音体美器材、“班班通”设施和图书。按照省上规划，西峰区年内通过了省级县域义务教育均衡发展评估验收，其他县按计划完成了年度工作任务。

**【高中教育】**提高高中阶段学生入学率，初中毕业生升入高中阶段毛入学率为78.2%。深化高中新课程实验，成立了市级校本教材审核指导委员会，对全市中小学校本教材审核、校本课程开发进行指导和培训。重视通用技术、学科实验、社会实践课程实施，庆阳六中等学校社会实践课程丰富多彩，增加了学生实践体验，提高了学生动手能力。依托全市首席教师建立了20个“名师工作室”，充分发挥阵地和平台作用，提高课改指导水平。借助环县召开课程改革现场会之机，组织其他县区分管局长及相关业务股室负责人、部分学校校长赴环县观摩学习。9月份，庆阳市在全省课程改革区域整体推进现场会上作了经验交流。2013年，全市参加普通高考24510人，录取21492人，录取率为87.7%，有13人被清华大学和北京大学录取。

**【职业教育】**扩大职业教育规模，职业学校招收新生11255人，在校学生达到3.7万人，职普比例达到4.5：5.5。全市职业学校毕业生就业率达到95%以上，稳定就业率达到80%以上。深化职业教育集团化办学，职业学校在招生、专业开设、实训实习、就业等方面实现了资源共享，效益逐步显现。成功举办了全市第七届中等职业学校学生技能大赛，组织101名学生参加了全省中等职业学校学生技能大赛，团体总分位列全省第三，荣获二等奖。组织15名学生代表甘肃省参加了全国职业院校技能大赛，西峰职专学生丁婷婷在服装设计与工艺项目比赛中荣获三等奖。组织全市职业学校1544名学生参加了全省“三校生”对口升学专业课和基础课考试，有97名学生被普通本科院校录取，1116名学生被大专（高职）院校录取，录取率达到80%

以上。

【成人教育】联合人社部门，统筹社会各类培训项目和资金，由中等职业学校承担，开展实用型、技能型人才培训、农村外出务工劳动力转移培训、农村实用型人才培训、成人继续教育和再就业培训，共培训各类技能型劳动力36230人。全市所有乡（镇）和行政村利用农民文化技术培训站，培训各类技术人才8.3万人，完成扫盲任务1.7万人，文盲率降低到0.33%。开展各种在职进修学习，组织社会长线自考和应用型自考各3次，报考8595人，13943科次。自学考试毕业128人，取得本科学历95人，专科学历33人。

【特殊教育】实施国家“特殊教育提升计划”，积极探索建立市、县（区）残疾少年儿童随班就读保障体系，加强残疾儿童少年随班就读工作，全市三类残疾儿童少年入学率达到79%。扩建市特教学校，特教学校盲部教学楼、教师公寓楼主体完成。

【民办教育】有各级各类民办教育机构382个，其中高中10所，职业学校2所，幼儿园254所，非学历培训机构116个（教育部门审批的62个）。有在校学生（学员）53693名，其中高中5404名，职业学校5754名，在园幼儿34910名，培训机构学员7625名。民办高中教师382人，职业学校教师168人，幼儿园教师313人，非学历教育机构教师452人。民办学校（幼儿园）占学校总数的14.3%。出台了《关于促进民办教育发展的意见》《关于促进职业教育集团化发展的意见》和《庆阳市民办幼儿园管理办法》3个文件，各县区也出台了相关的支持政策和管理办法。针对多年来市、县区民办教育由职教或工农办审批、基教部门管业务，审批和管理两张皮的现状，市教育局下发了《关于调整庆阳市教育局民办教育机构管理权属的通知》，将中等职业教育以外的民办教育机构的审批权和管理权交由基础教育科负责，各县区教育局也作出相应调整，进一步理顺了“谁审批、谁负责，谁主管、谁负责”的管理体制。

【教育管理】市委、市政府出台了《关于加快教育发展的决定》，从完善投入机制、推进人事制度改革、提升内涵质量、强化组织领导四个方面，提出了一系列改革措施，建立起了一套推进教育改革发展的政策和制度体系。积极构建学校发展共同体，选择市直东方红小学、实验小学，西峰区团结小学、向阳小学、南街小学、庆阳四中6所城区优质学校分别与西峰区周岭小学、地庄小学、回民小学、刘家岭小学、后官寨小学、王岭初中6所城郊薄弱学校结对帮扶，联合办学，在先行试点的基础上，推行以强弱联合、捆绑考核为主要形式的办学机制改革，鼓励名校托管弱校，大学校带管教学点，使本土管理经验和办学特色加快扩散，逐步形成了区域教育发展优势和特色。主动适应学前教育发展的新形势，探索建立了县城建示范、乡镇建中心、村组附属设点的学前教育管理发展新机制。建立科学的考核评价体系，不断完善以目标管理责任书为总揽的重点工作考核体系、以“从入口看出口”为基点的教育质量评价体系、以考试考查科目成绩加综合素质评价为依据的初中毕业和高中招生制度体系，初步形成了要素多元、导向明确的评价机制。综合推进人事制度改革，创新校长选拔任用制度，推行校长任期目标责任制，提高班主任津贴，逐步落实取得任职资格未聘用人员岗外聘用和教师歇岗待退政策，制度的人文化、激励性更加彰显，激发了教师干事创业的积极性。规范办学行为，市教育局制定下发了《关于进一步规范中小学幼儿园办学行为的通知》等文件，通过教育督导、开学检查、明察暗访等形式，对学生在校时间、节假日补课、学籍管理、师德师风建设、教辅资料征订、减轻学生课业负担等进行常态化检查，加大治理力度，有效规范了办学行为。

【队伍建设】全市小学、初中、高中专任教师学历合格率分别为99.5%、98.6%、88.2%，师生比小学1:11.97、初中1:10.68、普通高中1:16.87、中职1:17.14。签约安置国家免费师范生和西北师大师范类专业优秀本科毕业生58名，招录了891名普通高校毕业生到基层学校任教，418名特岗教师到农村中小学任教，转正安置了281名特岗服务期满考核合格的教师。在市级教育附加中列支1000万元，对县区、学校教师培训工作进行奖励补助。全市累计投入资金3000多万元，培训教师2万多人次。举办庆阳市教师专业成长大讲堂，邀请王丁华、郑日昌、肖川、丁榕来庆阳作报告，全市1700多名教师和教育管理干部聆听了报告。加强师德师风建设，开展教育系统师德师风暨干部作风建设年活动，举办“师德师风建设论坛”“德高为师，奉献为荣”主题征文比赛、新任教师宣誓等活动，强化师德师风教育和管理考核。发挥榜样的示范带动作用，向省上推荐评选了4名“陇原名师”、96名中小学学科带头人、8名师德标兵、18名最美乡村教师、校长。评选表彰市级师德标兵、模范教师、先进教育工作者等254名，涌现出了一大批敬业乐教、无私奉献的先进个人和本土化教育专家。

**【办学条件】**全市现有校舍建筑面积3498730平方米，其中小学1435345平方米，初中932580平方米，高中822991平方米，职中307814平方米。小学生均校舍8.57平方米，初中10.37平方米，高中12.82平方米，职中12.36平方米。全市小学现有图书3185582册，生均18.9册；初中2172726册，生均24.2册；高中1355207册，生均21.1册。加快推进教育扶贫攻坚工程，争取上级补助资金9812万元，改造薄弱学校53所，为165所学校装备了教学仪器。推进市级中小学危房改造工程，下达市级危改资金1560万元，消除各类危房197.8万平方米，基本消除了校舍安全隐患。加快农村小学小伙房建设，投资2600万元完成了575所学校建设任务。实施中小学课桌椅更新项目，维修课桌椅13783单人套，新购置课桌椅53571单人套。加快城区学校建设，长庆中学、庆化学校开工建设，陇东学院附中、东方红小学新建教学楼已交付使用，城区优质教育资源进一步扩大。

**【体育艺术】**加强体育艺术工作，修订完善了《关于加强青少年体育，增强青少年体质的意见》《关于加强学校艺术教育工作的意见》，严格按照课程标准落实体育艺术课程，解决体育艺术课程开不齐、开不全的问题。依托体育传统项目学校举办了全市中学生田径联赛。举办了全市高中（职业高中）男、女篮球和排球联赛，全市义务教育阶段学校学生传统体育项目跳绳、踢毽子、越野比赛。组织179名运动员参加了全省第二届中学生运动会，奖牌数名列全省第十。自下而上举办了全市第四届中小学生书画展，市级参展作品2210幅，评出优秀组织奖10个，优秀作品奖985个。与市科协联合举办了全市第三届青少年科技创新大赛，参赛作品580个，评出各类奖项223个。

**【新教育实验】**积极推进苏州大学教授朱永新发起的新教育实验，召开了全市新教育实验工作会，举办了全市新教育实验开放周，邀请朱永新教授、新教育研究院常务副院长陈东强和办公室主任杜涛来庆阳举办报告会，深入各实验学校检查指导，涌现出了市实验小学、西峰区齐家楼初中和南街小学、合水县西华池小学、宁县早胜小学等一大批新教育实验示范校。7月份，庆阳市作为“研发卓越课程”的先进典型在全国新教育年会上作了经验交流。

**【经典诵读】**进一步深化经典诵读活动，邀请全国著名“素读”经典课程创始人陈琴、“素读”经典课程专家张琳红来庆阳举办培训会、现场上示范课，推进经典诵读深入、有效开展。举办了全市第五届中小学师生经典诵读比赛。4月份，市教育局局长卢化栋被评为“2012年度全国推动读书十大人物”。6月份，市教育局应邀在全国语言文字战线“中国梦”主题教育活动座谈会上作了经验交流。

**【校园安全】**为全市义务教育学生免费配发安全教育读本，实现了学校安全教育课程化。政法部门向学校选派了法制副校长、法制辅导员和联校责任民警，深入学校开展普法、禁毒、消防和交通等法制安全主题教育。启动实施校园安全基础能力建设三年规划，加强“三防”体系建设，联合职能部门开展了6次校园安全拉网式排查，处置和化解了涉校涉生安全隐患和矛盾纠纷。

**【防灾减灾】**针对7月份因暴雨洪涝灾害造成庆阳市785所学校受灾情况，市教育局组成4个工作组，深入县区指导防灾救灾工作，并组织职工捐款1.2万元，压缩预算开支挤出资金460万元，启动维修重建项目，所有工程在8月底前完成，如期实现了受灾学校秋季正常开学。

**【筹建庆阳职业技术学院】**根据《甘肃省“十二五”普通高等学校设置规划》要求，整合市区职业教育资源，积极筹建庆阳职业技术学院。12月，市政府成立了庆阳职业技术学院筹建领导小组，召开市政府常务会议，对学院设立的规划、资金、师资、土地、领导班子等进行了研究，出台了相关政策。12月28日至29日，省教育厅派专家组对学院筹建工作进行了实地调研评估，形成了评估报告，申报教育部批复。（市教育局　供稿）

## 文化广播

**【工作综述】**2013年，在市委、市政府的正确领导和上级业务主管部门的精心指导下，我局按照年初与市委、市政府签订的绩效考评责任书，突出重点，靠实责任，狠抓落实，圆满完成了全年各项工作任务，部分工作提前或超额完成。我局荣获全国查处侵权盗版案件集体三等奖、全省“扫黄打非”

先进集体、全省文化信息资源共享先进集体、全省非物质文化遗产保护传承工作先进集体，我市荣获全省乡镇综合文化站建设工作先进市、全省2013年文物安全目标责任考核第二名，中国·庆阳端午香包民俗文化节被新华网评为“美丽中国·最佳惠民品牌节庆奖”，庆阳香包荣获全国第三届魅力农产品嘉年华永乐自然杯创新奖。

**【项目建设】**2013年庆阳民俗文化产业园已完成了园区征地拆迁等基础设施建设工作，庆阳传媒大厦建设方案已经确定，已完成可研、初审和地质勘查。庆阳大剧院新的建设方案确后，已完成可研、初审和地质勘查，正在进行工程设计。市、县共投资2200多万元的19.7万户庆阳本地电视节目地面数字无线覆盖工程，已全面完成，解决了200多万农民收看不到市县广播电视节目的问题。编制完成了国保单位南佐遗址、正宁罗川赵氏石坊、周旧邦木枋保护规划，投资约1.628亿元，国家文物局已经立项。争取市级数字图书馆建设项目1个，省投资金已下达，市级配套资金已落实，场地租赁等前期工作已经完成。在西峰城区建成我市首家数字影院，运营80多天票房收入已跃居全省第二。庆阳广播电视台演播室改造全面完成，投入使用。市博物馆皮影展厅完成布展，免费向公众开放。市演艺公司小排练厅建成并投入使用。

**【文艺创演】**全年共创作剧本11个，其中，秦腔2个、歌舞剧1个、电影3个、电视剧1个、眉户剧1个、小品2个、微型电影1个。4月下旬召开了全市剧目研讨会，重点对8部新创剧目进行了研讨，提出了修改意见。修改复排了大型历史陇剧《医祖岐伯》，赴兰州为全国综合医院中医服务现场会演出，受到卫生部和省上领导、专家的肯定和好评。另外，正宁县投资60万元创排了现代眉户戏《村官梁水秀》。2013年，我市专业艺术在各项赛事中取得优异成绩。歌曲《太阳颂》获第七届全国新创词曲大赛二等奖，歌曲《我们划着月亮船》获全国首届少儿歌曲创作大赛优秀奖，歌曲《美丽姑娘到庆阳》获第十四届“江山之春”全国民族歌曲演创大赛一等奖，歌曲《高原风和梦》《我们的家乡多么美》获中国民歌十大金曲金奖，歌曲《新唱绣金匾》获第七届敦煌文艺奖三等奖。与文县九寨之子艺术工作室合作，为我市创作《周祖颂》《黄土塬》等六首分类音乐作品，词曲修改、音频制作、MTV视频样片制作已经完成，汇报市委、市政府已审定。市黄地缘演艺公司创排的舞蹈《绣荷包》赴北京参加第三届魅力农产品嘉年华主题晚会，在中央电视台7套黄金时段播出，华池县创编的《双联架起幸福桥》成功登上了甘肃省2013年农民迎新春电视文艺晚会。

**【文化活动】**2013年春节期间，全市共组织秧歌社火队224个，举办书画展13场，举办大型文艺晚会50场，举办大型灯谜、灯展15处，组织社火队进机关、企业、社区进行短小精悍的社火大拜年活动。组织举办了“新年诗歌朗诵会”“唱红歌、颂庆阳”红歌大赛、首届道情皮影擂台赛和第六届健身健美操比赛；组织举办了2013陇东民歌大奖赛，经初赛、复赛、半决赛和决赛，评选出一、二、三等奖和优秀奖30名，9月24日晚举行了《北地风 黄土情》—2013陇东民歌大奖赛颁奖暨中国（庆阳）农耕文化节迎宾文艺晚会。组织开展了“文化下乡”集中示范活动，送图书8000多册，送春联3000多幅、送挂历、日历等1000多本，演出综艺节目5台；组织开展“千台大戏送农村”活动，全年共演出159场，创编“双联”文艺专场，下乡镇、村组巡回演出，受到广大农民群众的好评。飞天农村院线公司全年放映数字电影16080场，基本实现一村一月看一场电影的目标。

**【产业开发】**在我局网站开设“文化产业”专栏，编印《庆阳市文化产业发展宣传图册》，委托北京东方网景信息科技有限公司成功注册“庆阳香包.cn”中文域名，在兰州机场到庆阳高速公路旁设立单立柱广告牌6座；在西北师大组织举办了“五月飘香”——庆阳民间艺术进校园系列活动。申请市上成立香包民俗文化研究中心，增加编制3名。与中国美院合作研发新产品50余件。在西北师大组织举办了庆阳香包创意设计大赛，1000余件作品参赛，49件作品获奖，合作研发新产品100余件。组织举办香包民俗文化产业新产品推介会和文化产业培训班，推介新产品90件、设计图案49份，培训文化产业从业人员114人，22家企业同中国美院、西北师大、市香包民俗研发中心签订了新产品研发生产协议。春节期间，组织2家公司参加在成都武候祠举办的“2013年成都商品订货会”。4月份，组织2家公司赴开封参加“中国(开封)首届民间工艺美术展”。6月份，组织4家香包公司赴宁波参加2013年庆阳宁波海曙端午民俗文化周活动，并组织环县皮影艺术团现场演出。组织5家公司参加第四届中国（成都）非物质文化遗产节。9月份，组织11家公司参加第六届甘肃省文化产业博览，庆阳唢呐、庆阳民歌、南梁说唱等节目在现场进行了演出。全年共组织参加国内各类节会展销活动50次，销售120余万件、收入1500多万元。第11届香包节期间，销售162万件，销售额1063万元。2013农耕文化节期间，销售民俗文化产品21万件，销售额157万元。通过签订大宗订单带动。庆阳凌云服饰集团公司与阿联酋签订出口拖鞋订单，每月出口拖鞋6—10万双；庆阳岐黄文化传播有限公司与中国进出口贸易公司签订10万个小金瓜、16万个吉祥果香囊订单。2013年全市文化产业增加值完成8.6亿元，增长54.11%，占GDP1.44%，招商引资签约资金40.1亿元，法人单位650个，从业人员2.65万人。

**【非遗保护】**2013年完成了《道情戏》《庆城徒手秧歌》《南梁说唱》等3本“庆阳市非物质文化遗产保护系列丛书”的编撰工作，编辑出版《庆阳市第三次全国文物普查重要新发现》，开展了国家、省、市民间艺术家评选命名活动，新命名省级民间艺术家109名、市级民间工艺美术大师183名，申报国家级民间艺术家50名。组织全市“第三批市级非物质文化遗产名录项目及代表性传承人”的推荐、申报、评审、公布工作，公布第三批市级非物质文化遗产名录项目5类9项，公布代表性传承人涉及项目7类、24项，共50人。公示、公布、挂牌非遗传习所41个。环县道情皮影戏参加上海“专精特新”企业国际市场拓展推进会暨“非物质文化遗产展演”活动，受到各国驻华领事、商会、外资企业、新闻媒体和当地群众的一致好评，并与上海格莱特商业经营管理有限公司达成了建立长期演出的意向协议。组织开展了2013年“文化遗产日”宣传活动，制作展牌80多个，发放宣传资料1000多份。

**【文化交流】**全年共组织各类艺术展览78个，吸引观众近30万人次。与北京文宝斋画院、翰林艺术博物馆、中直机关朝阳书画研究中心联合举办了“笔情墨谊陇原三人行”国画展；组织书画家前往陕西旬邑县进行书画交流，举办了“中国书法之乡”全国十八县（市）书法巡展，增进了书画艺术交流；在庆阳昔家牡丹园创建了书画、摄影写生创作基地，举办了“弘扬新风尚、歌颂新成就”乡村书画巡回展，让健康有益的文化活动占领广大农村；邀请省政府文史馆30多名书画名家来庆阳进行书画交流；成立了“红色南梁中国画研究院”，组织了“百名书画家走进红色南梁”大型写生活动；组织举办了“共筑中国梦·魅力庆阳行”全国书画名家作品展、“红色之旅”全国油画名家作品邀请展、“白石情怀”国画展、庆阳市首届书法新人新作展、第二届“丹青庆阳”美术作品展等。

**【市场管理】**2013全年出动执法人员1320人（次），深入开展“扫黄打非”，强化文化市场监管，检查文化经营单位900多家（次），收缴各类非法出版物81300余册，查获非法音像制品1200余盘，立案查处12件。通过年度审查核验，加强常规管理；对新开设的印刷企业、电影院，实地查验、严格审批；对内部资料按相关法规、条例，严格审查，严把准印关；对网吧电子监控软件进行技术升级，建成广播电视安全播出和文化市场电子监控平台。以“净市场、保稳定”为重点，先后开展文化市场平安创建活动、校园周边环境治理、“扫黄打非”、查堵政治性非法出版物、音像市场整治、安全生产专项执法检查、医疗广告非法出版物、内部资料性出版物专项整治、打击侵犯知识产权、非法卫星地面接收设施清理等专项行动。县（区）投资679.8万元安装操作系统3132套、办公软件3079套，已全面完成，市上拟投资277万元安装操作系统1000套、办公软件2715套，因招标问题，正通过司法程序解决。

**【文物保护】**2013全年投资70万元完成了对正宁赵氏祠堂、合水福缘寺、华池新堡庙、环县魏镇墓、庆城鹅池洞等市级文物保护单位的维修。镇原石空寺广场建设、华池县东华池砖塔维修已全部竣工。宁县博物馆、华池县博物馆、陇东古石刻艺术博物馆维修改造全面完成。完成了庆阳石化600万吨提质改造项目、小盘河水库和莲花寺水库等全市重点工程建设覆盖文物保护区的文物调查、勘探和保护工作。认真做好博物馆（纪念馆）免费开放工作，共争取国家免费开放资金2000万元。全面启动了第一次可移动文物普查，开展了北石窟寺周边文物遗存普查工作。编制完成了国保单位南佐遗址、正宁罗川赵氏石坊、周旧邦木枋保护规划，投资约1.628亿元，国家文物局已经立项；庆城古城基础设施修复、庆城古城文物保护、环县宋塔文物保护、环县秦长城修复、华池双塔寺清理保护、镇原石空寺文物保护、镇原玉山寺文物保护等项目已上报省文物局，国保单位北石窟寺、秦直道保护规划正在编制中。

【机关建设】落实“三会一课”制度，强化对党员的教育、管理和监督，全面落实和健全民主评议制度、党费收缴制度和发展党员制度，建立健全领导干部讲党课制度、学习研讨制度等。年内新发展党员 2 人，按期转正 8 人，局机关党支部荣获“先进基层党组织”。按照民主推荐、组织考察、组织备案、会议研究、任前公示、集体谈话等组织程序，调整充实了机关科室负责人和执法支队内设科室负责人，提拔正科级干部 7 名，副科级干部 2 名，加快了干部年轻化进程。规范行政决策程序，坚持文明执法，加大党务政务公开力度。及时更新局网站信息和内容，并通过政府信息专网，及时上报工作动态信息，扩大对外宣传。及时清理了行政许可（审批）及管理服务事项，公布了行政许可（审批）及管理服务事项名录和办理流程。继续办好“政风行风热线” 广播直播节目，全年共播出 45 期，其中室内直播 13 期、直通基层户外直播 2 期、《回复版》室内直播 15 期、录制播出《回复版》15 期。严格考勤管理，做好值班值守工作，年内无不安全事件发生；严格财务管理、后勤管理和车辆管理，认真执行“收支两条线”的规定；严格文档管理，全年未发生丢失、泄密事件。（市文化广播影视新闻出版局　供稿）

## 体　育

【基本概况】市体育局为市政府直属正县级事业单位，属参照执行国家公务员制度单位，机关内设办公室、经营管理科、群众体育科、训练竞赛科 4 个职能科室，下属庆阳体育馆。现有领导 8 人，分别为党组书记、局长吕文亮，党组副书记、副局长马碧涛，党组成员、纪检组长金惠民，党组成员、副局长杨志仁，副局长薛爱芳，调研员刘光兴，副调研员吴军、武荣。2013 年，在市委、市政府的正确领导下，市体育局坚持以党的十八大精神为指导，积极开展群众体育活动，扎实备战省十三运会，努力加快体育设施建设，认真做好体育产业开发，各项体育工作取得了优异成绩。

【群众体育】培训二、三级社会体育指导员达 868 人，开展群众健康测试 3100 人，积极开展了“元旦春节百万农民健身活动”、全市首届干部职工红色运动会、全市全民健身展示、“安利杯”迎新春短程马拉松比赛、“机关工委杯”羽毛球比赛，调整充实了市级 18 个单项体育协会——全市晨、晚练点达到 119 个。据统计，全市经常参加体育锻炼人数超过 100 万人，占到全市总人口的 38.5%。

【竞技体育】出台了《庆阳市优秀运动员安置办法》，对参赛省十三运获得金、银、铜牌和参加全国运动会获得比赛前三名的优秀运动员给予安置，召开了庆阳市参赛省十三运会动员大会，印发了《庆阳市参加甘肃省第十三届运动会实施方案》，市政府与各县区政府、理工中专签定了《参赛甘肃省第十三届运动会目标责任书》，将我市参赛省十三运会金牌、得分指标分解下达到各县区政府及理工中专（市体校）。全市积极投入到备战参赛训练工作之中，获得参赛省十三运会注册资格运动员 194 人，其中成年组 35 人，青少年组 159 人。组织 141 名运动员参加全省青少年锦标赛 11 个项目比赛，获得金牌 12 枚、银牌 13 枚、铜牌 10 枚。我市输送的自行车运动员参加全国比赛获得金牌 1 枚，银牌 2 枚，铜牌 2 枚。承办省级钓鱼、羽毛球 2 项 2 次单项比赛，459 名运动员参赛，我市取得了羽毛球比赛团体第一名。

【体育产业】庆阳体育馆管理经营能力不断提升，接待健身人员 26000 人（次），接待国家、兄弟省份、省内兄弟市州工作考察组 43 次，树立了庆阳经济快速发展的良好形象，承办了建材博览会、移动杯演唱会、廖昌永演唱会和 5 次车展活动，实现经营创收 57 万元。全年销售电脑型体育彩票 13822 万元，销售即开型体育彩票 2487 万元，共计完成各类体育彩票销售 16309 万元，保持了 8 年全省第二的优异成绩。

【体育设施】争取省级补助 518.4 万元，我市配套投入 2736 万元，新建省政府 2013 年惠民工程 9 处、省政府较高标准乡镇社区体育健身工程 12 处、新建省政府“一村一场”健身工程 90 个，获得国家体育总局雪炭工程项目资助 200 万元，投资 1200 万元，完成了合水县国家雪炭工程建设项目。新争取到国家体育总局雪炭工程南梁体育馆建设项目 1 处，获资助 200 万元。

【表彰奖励】在全国第十二届运动会上，市体育局、西峰区人民政府、镇原县城关东街社区、环县演武乡曳郭咀村、华池县业余体校被评为先进单位，受到表彰奖励，吕文亮、张云、赵彦彩、张武宁4人被评为先进个人。吕文亮同志应邀观摩了全国第十二届运动会，受到国家主席习近平、国务院副总理刘延东的亲切接见。体育工作已成为展示庆阳经济社会发展综合面貌的窗口和浓缩了庆阳深厚文化底蕴文明城市形象的名片。（市体育局 供稿）

## 科 技

**【工作综述】**2013年，全市科技工作在市委、市政府的正确领导下，坚持“自主创新，重点跨越，支撑发展，引领未来”的科技工作方针，紧紧围绕全市经济社会发展目标，深入实施创新驱动发展战略，扎实推进科技利民工程，使科技支撑经济社会转型跨越发展呈现出良好的发展态势。庆阳市及八县（区）再次整体跨入“全国科技进步市、县（区）”行列，科技进步对经济增长的贡献率达到50%。

**【项目建设】**坚持“优化市列项目、稳保省列项目、放眼国家项目”的工作思路，围绕全市重大产业化项目和产业发展重点，全市共争取国家、省科技计划项目18项，争取科研经费676万元。其中，争取国家科技富民重大专项2项。组织实施工业、农业、医疗卫生等各类重大试验示范项目207项，支持科研经费834万元。通过项目的有效实施，带动了主导产业的发展。“西峰区生猪产业化循环模式技术示范”富民强县专项的实施，建成3万头标准化养猪小区5个，万头养猪小区11个，千头规模养猪场156个，发展规模养殖户近3000户，年出栏商品育肥猪50余万头，生猪饲养量达75万头以上。全市获得省级科技进步三等奖2项，获得市级科技进步奖101项，其中，一等奖 10项，二等奖75项，三等奖16项。

**【技术创新】**坚持把扶持和引导企业组建研发机构和培养人才作为提升企业自主创新能力、建立和完善区域科技创新体系工作的重点工作来抓，通过鼓励、引导和支持企业积极参与实施全省“六个一百”企业技术创新培育工程。全市培育甘肃省制造业信息化工程创建企业6户，培育市级科技型企业25户、高新技术企业9户，创建国家级高新技术企业2户，分别是甘肃省西峰制药有限责任公司和庆阳市前进机械制造有限公司 ，实现了我市高新技术企业零的突破。创建企业研发机构21个，规模以上工业企业建立研发机构比例达到26%。庆阳市生产力促进中心被国家科技部评为国家级示范生产力中心。通过持续扶持和鼓励企业技术创新，打造了镇原金龙工业集中区、西峰鄢旗坳循环农业示范区等为代表的市级高新技术创新示范区，培育了西峰制药、长荣机械、金牛实业、兴旺牧业、中盛公司、前进机械厂、凯迪公司、居立门业等一批具有较强竞争力的科技型企业，开发出“九连山”牌G级（HSR）油井水泥系列、盆腔炎胶囊、杏制品、对幢气流干燥机、废旧地膜回收机、指纹安全防盗门等一批具有高技术含量、高附加值的特色优势产品。研发出超低渗透油藏综合评价及开发技术、超低渗透油藏节能降耗技术、超低渗透油藏稳产技术、复杂地质构造带巨厚黄土附带区深埋煤层三维地震勘探采集技术、大陆河流相油藏形成条件与高效开发技术、沙棘纯果果枝分离等一批拥有自主知识产权的核心技术，有效提升了企业市场竞争力。

**【科技示范】**坚持把科技服务体系建设作为促进科技成果转化的重要手段来抓，全市共建立农业、林业、水利、畜牧、农机等科技推广服务机构426个，建立乡镇农民文化技术学校138个，建立国家级农村科技服务体系建设示范单位3个，发展各类民办科技协会、专业技术服务队4670个，初步形成了以政府科技推广服务机构为主体、农民专业合作组织、龙头企业共同参与的多元化、社会化科技创新服务体系。通过科技示范引导，年内创建新农村科技示范乡镇8个，培育科技示范户20000户，辐射带动农户20万户，全市农业先进适用技术推广覆盖率达到96%以上，良种应用覆盖率达到98%以上。

**【科技合作】**积极与国内外、省内外高等院校、科研单位联系沟通，广泛开展院地院企合作，真诚聘请高层次技术人才，大力引进高新技术成果。在农业方面，已有50多个省内外科研院所、高等学校和企业与我市有关单位签订了合作协议，已实施农业科技项目98项，引进新品种、新技术400多项。市农技推广中心与省农技推广总站合作，实施陇东旱作农业省级新品种、新技术、新材料引进试验示范项目，已引进冬小麦新品种57个，玉米新品种20个，建立试验田10亩，示范田200亩，为今后我市农业新品种选育奠定了基础。在工业方面，全市已有大千火柴公司、前进机械公司、高原圣果开发公司、维思特公司、澳恺公司、润康公司、宏智能源公司等26家企业与省内外21个科研院所、大专院校和企业建立了长期或短期合作关系。在社会事业发展领域，全市有关单位、企业与13家科研院所和大专院校建立了合作关系，共实施马莲河流域苦咸水淡化、专利信息网络建设、科技示范园设计规划、循环经济发展规划、石油和煤碳化工园区发展规划、医务人员培训、中药材基地建设等合作项目16项，均取得了较好效果。

**【科技特派员创业】**扎实推进科技特派员服务“双联”工作，按照“双向选择、供需见面”的原则，针对农村种养大户、农业产业化龙头企业等特色产业的资源优势和技术需求，找准科农、科企结合点，全市共下派科技特派员1252人，下派法人科技特派员53个，组建科技特派员服务团队39个，服务于农机加工制造、农副产品开发、果树培育、设施瓜菜栽培、家畜养殖、粮食优质新品种引进、示范、推广等领域，完成科技开发项目153项，推广新技术297项，引进新品种490个，创建经济利益共同体411个，创办龙头企业33个，建立专业技术协会162个。

**【知识产权】**组织实施知识产权战略，加强创新成果保护。通过加强知识产权宣传培训、落实专利申请奖励、补助激励政策和实行目标责任制管理等有效措施，全市共申请专利845件（发明348件、实用新型304件、外观设计193件），超额完成478件，占全年申请任务的229.2%，位居全省前三。市知识产权局被省知识产权局授予“全省知识产权工作先进集体”荣誉称号。

**【宣传培训】**本着“实际、实用、实效”的原则，以致富实用技术服务为主要内容，全市举办大型科技宣传培训活动40场（次），培训各类技术骨干24480人（次），发放各类科技宣传资料3万份（册），同时把农业信息、工业技术、医疗知识和科普知识等通过互联网与网络视频技术，开展全方位的技术服务。全年网站共上传科技视频、图片新闻、技术信息共计852条，访问量93678人（次）。采集各县（区）科技局信息、新闻774条上传科技管理网。 报送省科技厅信息462条，采用241条，有效提升了全民科技文化素质。（市科技局　供稿）

## 卫　生

**【工作综述】**2013年，在市委、市政府的正确领导下，市卫生局始终坚持围绕中心，服务大局，深入实施“城乡居民健康素养提升”工程，以开展“质量提升年”活动为载体，围绕深化医药卫生体制改革“一条主线”；突出项目工作和行业管理“两个重点”；加强人才队伍、卫生文化、医德医风“三项建设”；狠抓公共卫生、农村卫生、社区卫生、中医药“四项工作”；取得基础条件、医护质量、农合监管、爱国卫生运动和行业工作水平“五个提升”的12345卫生工作总体思路，着力强基层、保基本、建机制，进一步完善基础建设，着力提升服务质量，下大力气推进内涵建设，各项重点工作稳步推进，全面完成工作任务，有些工作走在了全省前列。国家卫计委先后六次调研庆阳卫生工作，对庆阳卫生改革与发展的成绩和明显进步给予了充分肯定。7月份，市卫生局在银川参加了卫计委2013医院改革创新人物亮点（西北片区）交流会并作大会发言；11月份，在全国综合医院中医药工作会议上交流了工作经验。

**【医疗服务】**坚持把提高医疗水平和服务能力作为首要任务，继续开展了以“三好一满意”为目标，以提高医疗服务质量为核心，以“医疗质量万里行”“优质护理服务示范工程”为依托，以实施临床路径管理、抗菌药物专项整治为抓手的“医疗服务质量提升年”活动，工作重心由硬件建设和基础性工作转移到内涵建设、机制完善、推行精细化管理上来。规范抗菌药物管理，医疗机构抗菌药物专项整治责任制有效落实，推行了单病种付费，开展疾病谱排序。联合市纠纷办制定了《庆阳市治理过度医疗行为专项整治活动》，拓展了不合理诊疗、过度用药、过度检查、违规收费等几项整治内容，采取了强有力的措施，分阶段在各级各类医疗机构开展了专项整治。组织开展了改进工作作风优化医疗服务环境的医疗服务秩序专项整顿活动，进一步增强了广大医务人员的服务意识，规范了服务行为，优化了服务环境，提升了服务质量，患者满意度稳步提升。依法加强了对民营医疗机构的监督管理。无偿献血工作积极推进，年内共计采集全血19771人次31533u，无偿献血占临床用血比例达100%，保证了临床用血需要和安全。

**【医改工作】**始终把深化医药卫生体制改革作为解决民生问题的重要抓手，突出“普惠制、全覆盖、可持续”，切实解决看病难看病贵问题，医改工作进展良好。全市各级医疗机构把实施基本药物制度作为减轻群众医药费用负担的有效举措，狠抓落实，全面建立了基本药物制度。其中，城市社区卫生服务中心和乡镇卫生院、村卫生所全部配备和使用基本药物，实行零差率销售，不再购进和使用非基本药物；市、县（区）两级公立医疗机构采购使用药品坚持以基本药物为主，非基本药物采购量三级医院控制在30%以内，二级医院在15%以内。医用耗材以县区或医院为单位，组织招标采购。

**【项目建设】**坚持将项目工作列为重中之重，积极争取，狠抓落实，强力推进。2013年，全市卫生系统基础建设项目共201个，其中新建153个，续建48个，计划总投资2.52亿元，完成投资1.21亿元。市妇女儿童医院建设项目已完成前期各项手续，正在进行征地拆迁，市人民医院全科医生培养基地完成初设；华池卫生监督所和正宁急救中心业务用房建设建成；镇原县中医院综合业务楼和环县、镇原急救中心业务用房建设项目完成主体；乡镇卫生院改扩建、附属设施、周转房和村卫生室建设项目按期完成建设任务；全市市、县、乡、村所有医疗卫生机构全部接入全省卫生信息专网，并投入使用。全市卫生系统共争取国家、省上新下达卫生基建项目153个，中央预算内投资达7905万元，为历年来最多。占地50亩，建筑面积9000平方米的岐黄中医药文化博物馆已完成建设任务，并于2013年9月份完成布展对外开放，填补了省内空白。各级医疗卫生单位的净化、绿化、硬化、亮化、美化工程持续开展，全系统的环境大为改观，面貌焕然一新。

**【公共卫生】**坚持把促进公共卫生服务均等化作为促进卫生均衡发展、普惠城乡广大群众、推动社会和谐稳定的重要内容，强化措施，扎实工作。2013年人均补助提高到30元，国家、省级补助资金的4942万元项目全部到位，市、县落实配套资金368.48万元（其中市级配套资金147.48万元），占应配套100%。全市累计建立标准化电子健康档案240.6万份、建档率91.3%，规范管理65岁以上老年人22.23万人、重性精神病3738人、高血压94166万人、糖尿病25799万人，管理率分别为91%、96%、94%、94%。年内先后两次组织疾控、妇幼、卫生监督等单位业务人员深入8县区，对12项基本公共卫生服务项目进行了督导，对发现的问题现场予以纠正，并跟踪问效。不断加强突发公共卫生事件和传染病网络直报的管理工作，报告率和报告及时率分别达到99.86%、99.77%。开展县级妇幼卫生工作绩效考核，强化产科人员培训和服务能力建设，要求每个卫生院有1名以上产科大夫并能开展平产服务。继续实行乡级每月一次、县级每两月一次、市级每季度一次的督导基层制度，孕产妇和7岁以下儿童系统管理率分别达到97.95%和 98.11%，孕产妇死亡率控制在9.67/十万以下，较去年下降56.42%，婴儿死亡率5‰，较去年下降16.52%，无新生儿破伤风发生，新生儿遗传代谢性疾病筛查率达101.48%，新生儿听力筛查32090人，筛查率103.43 %。孕产妇住院分娩30862人，住院分娩率99.47%。进一步规范免费婚前医学检查，婚前医学检查39188人，婚检率94.5%。成功举办了全市首次产、儿科急救技能大赛。进一步加强地方病防治健康教育和宣传工作，碘盐覆盖率达到99.92%，居民户合格碘盐食用率达到97.12%。年内，国家卫计委疾控局先后2次组织专家组到我市调研地方病工作，合水县被确定为全国首个国家级克山病防控工作联系点。

**【医院改革】**协调将全市7个县全部列为全国公立医院综合改革示范县，每县争取到中央专项补助资金300万元。配合卫生部在正宁县完成了公立医院综合改革示范进展评估，为全国政策制定积累了数据。推行全省公立医院“315”改革模式。全市18所公立医院全面推行了绩效工资制度，落实了全员聘用制和岗位责任制。各级医疗机构进一步落实了“五个排队”“八个排队”评估制度，加大处罚力度，对同级同类医疗机构平均住院费用排在前三位的机构和临床医生进行全市通报批评。积极开展了优质护理示范病房和优质护理示范医院创建活动。目前，市人民医院、市中医院80%的病房，各县级医院60%病房达到了优质病房建设标准。为二级以上医院全部安装了防统方软件。积极推行单病种和临床路径管理，严格落实控费制度。

**【新农合工作】**坚持以巩固、完善、规范、发展为主线，以为民、利民、便民、惠民为出发点，创新机制，规范管理，强化督查，新农合工作平稳有序推进。2013年，全市自愿参合农民217.7万人，平均参合率达98.18%，比全省高出0.65个百分点。全市新农合人均筹资由300元提高到340元。各级政府补助由250元提高到280元，农民个人由50元提高到60元。全市共为218.43万人次补偿医药费用63400.42万元，参合农民受益面为100.33%，总统筹基金使用率为92.93%。全市平均补偿参合农民住院费用2940元，实际补偿比59.93%。年内新农合重大疾病由23种扩大到了27种，全部实行定额支付管理，参合农民在定额医疗费用内可获得70%的新农合补偿。研究制定了50个单病种付费标准，各县区已按方案启动实施。同时，2013年，我市被省政府确定为城乡居民大病医保试点市，我局高度重视，积极与相关部门衔接，完成了参合患者筛选，服务窗口设置等工作，赔付工作已顺利启动实施。

**【人才队伍与科教工作】**把加强人才培训作为提升服务水平的重要抓手，采取送外进修、短期培训、在岗学历教育和实施继续医学教育等多种方式，不断提升服务能力和水平。全市安排进修760人，其中省外医院进修196人、省级医院进修131人、市级医院进修198人、县级医院进修235人，超额完成省上下达的任务。积极组织实施基层医疗卫生机构全科医师转岗培训和中央补助地方培训、县级以上医院骨干医师、基层医疗卫生机构基本药物制度等各类培训项目11个。与市委组织部共同实施乡村（社区）卫生人员业务能力提升项目培训班，第一批30人即将结业。组织开展“西医学中医、中医学经典”活动，在全省推拿技术大赛上，我市参赛队伍荣获三等奖。进一步完善落实了医疗机构内部每名高级职称人员带3-5名、中级带2-3名的跟师带教制度。按照市政府安排，为全市卫生系统签约优秀本科以上毕业生61名。择优推荐了6名医德医风先进个人、1名医德医风建设标兵和3名道德模范。推荐了7名副高以上职称党外人士进入全市党外代表人士人才库。组织各级医疗机构实施省级继续教育项目20个，市级90个。

**【疾病防控与卫生应急】**始终坚持预防为主的方针，不断加强突发公共卫生事件和传染病网络直报管理工作，传染病报告率和报告及时报告率分别达到99.86%、99.77%。对发生的四起狂犬病及时进行处置，与市公安局、农牧局联合发文进行了全面安排部署，进一步普及狂犬病防治知识。实现消除麻疹目标任务，全年无麻疹病例报告或发生。强化计划免疫工作，儿童年度建卡达到总人口的11%以上，扩大国家免疫规划疫苗合格接种率以乡为单位分别达到95%以上，对全市二类疫苗购销、接种进行了规范，国家免疫规划督导评估工作顺利通过省级验收。继续督促落实《遏制艾滋病行动计划》各项任务和“五扩大、六加强”防治措施，全面推广全民健康生活方式。重新编订了《庆阳市突发公共卫生事件应急预案》和《庆阳市突发事件医疗卫生救援预案》，广泛征求市直各部门意见后，于2013年2月经市政府办印发执行。更新组建了全市卫生应急各类专业队伍，市直医疗卫生单位组成卫生应急救援队伍25支，共360人，配备救护车辆10辆。各县区卫生局按照要求，成立了相应的应急队伍，全市共成立卫生应急队伍145支，共1560人。坚持和落实了市县卫生局和各级医疗卫生机构24小时值班制度，突发公共卫生事件监测、预警和信息报告网络体系建设基本形成，特别是在今年的防灾减灾工作和宁县“2.1”交通事故、环县“7.15”暴雨灾害医疗救援中发挥了积极的作用，受到了各级政府和人民群众的肯定。

**【卫生监督】**成立了市级卫生监督协管服务技术指导组织机构，设立卫生监督协管办公室142个，聘任专职协管员142名，兼职协管员254名，信息员1310名，实行了监督协管信息月报告制度。实施了公共场所量化分级管理，全年组织公共场所从业单位信用等级评定473户。共检查各级各类医疗机构1929户次，实施行政处罚136起。制定下发了《2013年庆阳市食品安全风险监测方案》，组织相关部门实施了食品安全风险监测。全年共采样688份，实施医源性致病菌以及铅、铬、农残等化学污染检测3600多项次，检出含致病菌样品15份，及时报送有关部门进行处置，有效降低了食品安全事件发生率。

**【中医药工作】**立足“岐黄故里”特色优势，围绕“中医强市”工作目标，不断扩大中医药工作成果。年内，完成了市中医院整体搬迁项目附属设施及绿化工作，巩固“三甲”评审成果，完成了陕西中医学院附属医院和宁夏医科大学教学医院挂牌，在我市召开了全省中医药学术年会。坚持市县同创，整体推进的思路，7个县中医院6月份顺利通过省中医局专家组二甲中医院评审。市中医院血液病专科通过国家中医药管理局评审验收，肛肠科、心脑科申报为国家十二五重点专科。列建市级重点中医药专科（专病）49个，全市建成中医药特色乡镇卫生院73个，村卫生所467个。

**【农村卫生】**进一步规范了乡镇公共卫生办公室工作，督促县区卫生局将公卫办工作纳入县区对乡镇目标管理内容进行统一部署和考核。全面推行乡镇卫生院“十制改革”，进一步完善乡村卫生服务一体化管理，继续将村卫生室工作的指导、培训、考核、管理列入乡镇卫生院工作内容，落实村医每周到乡镇卫生院工作一天或每月工作一周和卫生院医务人员每周下村督导1天的制度。实行乡村医生签约服务，村医补助通过绩效考核后发放。

**【宣传和创卫工作】**采取得力措施，不断把卫生宣传工作推向深入。紧紧围绕中心，着眼全局，在信息工作的质量和数量上下功夫，及时维护更新局机关网站，全年编发《庆阳卫生》信息66期，进一步畅通了市委、市政府和有关部门及社会各界了解卫生工作的渠道。把加强文秘和统计工作作为提升服务能力、提高办事效率的重要抓手，强化队伍建设，狠抓业务培训。11月份，市卫生局举办了全市文秘和统计人员培训班，进一步规范全系统办文、办公、办事程序，全面提高政务服务水平。广泛利用电视窗口、报纸专栏、互联网、手机短信等进行卫生政策、保健常识、献血知识等方面的宣传。印制了多种健教宣传折页、传单等，选择大型活动和节假日、乡镇集日等集中散发，收到较好效果。开展健康知识进家庭活动，以乡镇、社区和村组为单位，以急救技术、中医药适宜技术、食疗技术等为重点内容，对所有村医进行了集中培训，对居民、家庭进行了宣传指导。配合市上深入开展了包括全国卫生城市创建在内的“九城同创”工作，爱卫办牵头，每季度最后一个月，组织市、区广大干部职工进行卫生大扫除。不断加大控烟工作力度，市、县卫生行政部门和各级医疗卫生机构实现了全面禁烟。农村改厕工作进展顺利，全市以乡为单位覆盖率达100%，卫生厕所普及率达到72%。全市共创建省级卫生村4个，省级卫生单位8个；市级卫生乡镇、单位、村、社区共67个。

**【行风建设】**按照“管行业必须管行风”要求，认真履行主管部门职责，在市委、市政府的正确领导下，在市纪委、监察局和市效能办的精心指导下，坚持“以建为主、以评促建、标本兼治、纠建并举”的工作思路，集中精力抓党风、促政风、带行风，努力推进卫生系统政风行风建设。在医疗机构全面推行了院务公开、不良业绩记录、有奖举报、警示教育、排队评估等“五项医德医风建设制度”。在院务公开上，设立公告栏、公示牌、电子幕墙等500多个，对药品价格、各种项目收费、就诊流程等进行公示，接受群众监督。在不良业绩记录上，对医务人员实行计分考核管理，与个人晋职晋级、评优选模、绩效工资等直接挂钩，年内有20人因不良行为被记录在案。在有奖举报上，制定了《有奖举报实施办法》，设立了举报电话，对群众举报的情况，一经查实给予现金奖励。在警示教育上，坚持每月组织医务人员观看1次违法违纪案例警示教育片。在排队评估上，推行医疗机构“八个排队”和医生“五个排队”制度，通过排队警示、分析评估、责任追究等，较好解决了一些医院存在的过度医疗、大处方、滥检查等突出问题。推行了药品招标采购制度，基本药物严格执行全省集中招标采购政策；非基本药物实行全市目录、价格、配送企业、运行程序“四统一”管理制度。全市各级医疗机构共实现药品零差率销售41379.19万元，让利群众6372.07万元，药品价格下降28.4%。推行了财务、基建、药剂、采购等科室负责人每两年轮岗交流一次的制度。在二级以上医疗机构安装了防统方软件，防止个人或科室为药品营销人员提供临床用药量信息，发放药品回扣，有效遏制了商业贿赂行为。（市卫生局　供稿）

## 旅　游

**【工作综述】**2013年，我市围绕全力打造红色旅游品牌，全面开发农耕文化游、岐黄文化游、民俗文化游、历史古迹游、森林生态游等旅游产品，着力推进旅游景点开发建设，不断加大对外宣传推介力度，积极拓展客源市场，促进产业增收，旅游产业发展呈现出了新面貌。

**【产业现状】**旅游景点、旅行社、旅游饭店三大旅游产业支柱发展趋于合理。全市新增国家A级旅游景区2处，A级旅游景区发展到了12处，其中3A级以上景区5处；旅行社及分社总数减少到了48家；新增星级旅游饭店1家，星级旅游饭店总数发展到了14家，其中三星级以上饭店8家。乡村旅游继续保持快速发展，全市新增旅游度假村、农家乐等乡村旅游点40多家，总数突破了200家。西峰区庆阳农耕民俗文化村被评定为全国休闲农业与乡村旅游示范点，合水县太白村被评定为全省乡村旅游示范村。旅游商品生产销售企业、旅游汽车公司、旅游演艺公司继续保持稳定发展。旅游产业直接就业11600多人，间接就业3万多人，从业人员素质进一步提升。旅游接待人数和旅游收入稳步增长，全年接待国内外游客 372 万人次，同比增长 28.3%，旅游业总收入 15.7 亿元，同比增长 28.7%，约占全市 GDP 的 2.5%。

**【景点建设】**继续坚持“突出重点、全面发展”的原则，全市投入旅游建设资金 10 亿元，持续加大各类旅游资源的开发力度。全年先后实施各类旅游建设项目 40 多个，南梁革命历史陈列馆、“两点一存”主题文化广场、环县山城堡战役纪念园陈列馆和红军舞台、庆城县周祖陵岐黄中医药文化博物馆、岐黄运动休闲公园、西峰区东湖公园改造扩建、宁县狄公祠等一批重点旅游建设项目已基本建成，庆阳民俗文化产业园、合水太白陕甘红军纪念园、正宁黄帝文化旅游景区等一批重点旅游建设项目已开工建设，合水县古象森林公园、环县东山边塞文化景区、镇原县石空寺广场等一批市政公园建设进展顺利。经过持续开发建设，全市主要旅游景点的景区规模进一步扩大，配套设施逐步完善，游览环境显著改善，景区质量明显提升。正宁县调令关森林公园、宁县古豳文化旅游景区成功创建为国家 3A 级旅游景区，宁县桂花园森林公园成功创建为国家 2A 级旅游景区。

**【宣传推介】**全年全市共投入宣传推介资金 548 万元，着力提升宣传高度，扩大宣传广度，加大宣传力度，对我市旅游品牌进行了宣传打造。继续在中央电视台新闻频道新闻 30 分《天气预报》栏目、甘肃卫视 5 秒视频广告栏目，开展了为期一年的宣传。在《中国旅游报》《读者》杂志、《甘肃旅游网》等媒体进行了专版宣传、主题宣传和持续宣传。在中川机场廊桥、兰州火车站宣传灯箱、T75/76 次列车车厢和换票卡上制作了庆阳旅游画面，在青兰高速公路长庆桥段和西峰城北庆西公路旁设置了 4 面大型户外广告牌，扩大了户外旅游广告宣传。先后参加了贵阳国内旅游交易会、第十九届兰洽会等 13 次旅游推介会，共散发各类宣传资料 1 万多份，销售香包、刺绣等旅游商品 1000 多件，利用节会平台进行了积极宣传。特别是 6 月份在兰州举办了“甘肃人游庆阳”专题宣传推介活动，这是我市首次在周边大中城市举办旅游专题宣传活动。和陕西铜川市、咸阳市、渭南市共同成立了陕甘边红色旅游联盟，共同推出了以华池南梁、旬邑县马栏、耀县照金、富平县习仲勋纪念馆为节点的陕甘边红色旅游旅游产品，加强了周边区域的旅游协作。全方位、立体式的宣传推介，进一步扩大了庆阳旅游的知名度和影响力，拓展了市内外旅游市场。

**【行业管理】**旅游生产安全平稳。始终坚持“安全第一”的思想，严格落实旅游安全责任制，深入开展旅游安全预警工作，督促各县（区）旅游局和各旅游企业签订目标管理责任书，开展“安全生产月”宣传咨询活动，对旅行社责任险投保、团队租车用车等进行定期督查，不断增强风险防控意识，加大安全隐患排查力度，实现了旅游生产零事故的目标。旅游市场秩序持续好转。结合全省旅游行业隐患排查治理专项行动，对全市旅行社的业务经营情况进行了检查，共查处违规经营问题 14 个，提出整改意见 12 条，并要求各相关企业限期整改到位，进一步规范了旅游市场秩序，全市旅游环境进一步好转。从业人员教育培训成效显著。6 月份，在市委党校组织举办了全市红色旅游人才“千人”培训项目 2013 年培训班，共培训从业人员 340 多名。全年全市参加各类培训的旅游从业人员达到 3000 多人（次），旅游工作队伍的综合素质得到了进一步提升。（市旅游局　供稿）

## 地　震

**【工作综述】**2013 年，在市委、市政府的正确领导下，在省地震局的关心和指导下，庆阳市防震减灾工作以邓小平理论、“三个代表”重要思想和科学发展观为指导，深入贯彻落实党的十八大、十八届三中全会精神，以最大限度减轻地震灾害损失为宗旨，以全面实施《中华人民共和国防震减灾法》为主线，以努力加强“三大体系”建设为中心，以不断提高震害防御能力为目标，围绕全市经济社会总体发展目标和省、市赋予的工作任务，进一步创新思路，强化领导，靠实责任，突出重点，狠抓落实，全市防震减灾工作稳步推进。圆满完成了各项工作任务。

**【监测预报】**一是加强台网分级管理。针对当前严峻的震情形势，牢固树立“震情第一”的思想，建立和完善台网中心各项管理制度，增加业务骨干，加强技术力量，落实 24 小时震情值班制度，特殊时期严格实行异常零报告制度，保证了地震监测台网的正常运行，台网运行连续率达到 98%。二是加强台网优化改造，提升宏微观监测效果。先后 3 次配合省局专家和设备生产厂商对我市各观监测点进行优化升级改造，将原来的人工观测升级到数字化网络传输。邀请平凉中心台专家实地进行技术培训，指导观测人员熟练掌握新仪器的使用方法，为观测资料连续、可靠、准确传输提供了有力的保障。三是加强短临跟踪，做好震情信息服务和谣传平息。制定了短临跟踪工作计划，确保各网点正常运转，对出现的各种宏微观异常，出现一起核实一起，做到了落实异常不过夜；坚持周会商、月会商、年度趋势会商、异常情况紧急会商制度，完善震情会商联动机制，和周边兄弟市州保持监测资源共享。一年来，共处理宏观异常28起，完成周会商52次、月会商12次，异常情况紧急会商2次，年度趋势会商2次；编发会商意见52期、《震情速报》32期，编印《地震动态》14期；台网中心分析处理数据262800组，监测到本区域内地震活动82 次。四是排险加固基层站点，保障台网正常运行。8月份，我市连降暴雨，致使市内各监测台站不同程度受损，部分台站取水点塌陷，数字测震台山体滑坡，观测井房墙壁裂缝、机房漏水。针对这些情况，我们投资20多万元，对环县、华池、镇原、宁县四个地震监测台站进行了全面维修，保证了地震监测设备的正常运转和监测数据的及时传输。

**【震害防御】**一是规范防震减灾行政审批程序，加强行政许可执法监督。依托政务大厅地震局窗口规范办理防震减灾工作行政审批业务，2013年，窗口行政审批服务工作无投诉和违法违纪现象，进厅项目窗口办结率100%。加强建设工程抗震设防要求和地震安全性评价监督管理机制，配合省工程院完成了庆阳石化600万吨炼油厂升级改造项目的地震安评工作，参加了甘肃能源庆阳煤电宁县电厂项目一期初步可行性研究审查会和大唐环县煤电一体化项目一期初步可行性研究审查会，保证了全市重大项目建设地震安评工作的有序推进。进一步加大行政执法力度，先后3次组织开展建设工程抗震设防落实情况执法检查，对重大工程和学校、医院等生命线工程进行排查，向12个工程建设单位发放了监管通知书和抗震设防要求审批确认表。二是积极实施农居地震安全示范工程。把农村民居地震安全示范工程纳入社会主义新农村建设内容，按照“高起点规划、高标准建设、示范引导、整体推进”的思路，全面推进农村民居地震安全示范工程建设。目前，全市8县（区）116个乡镇均建起了地震安全工程示范小区，为全面推进农村民居抗震设防工作奠定了基础。三是开展科普示范学校创建，全面普及校园防震减灾知识。会同教育局联合发文对全市的防震减灾科普示范学校创建活动进行安排部署。2013年10月底，结合全市防震减灾工作大检查，对市级防震减灾科普示范学校创建工作进行检查验收，指导学校在基础设施、教学安排、课余活动、科普宣传、应急演练等各个方面全方位开展创建活动。目前，全市共创建省级科普示范基地1个，省级科普示范学校3个，市级科普示范学校11个，县级科普示范学校16个。

**【应急救援】**一是不断完善地震应急救援体系。按照统一领导、分级负责、归口管理的原则，修订完善了市县各级地震应急预案。目前8县（区）政府地震应急专项预案、各部门地震应急预案已经建立，全市地震应急预案备案基本完成。制定了《庆阳市地震应急四级响应预案》，该预案按照统一领导、综合协调，部门协作、资源共享的原则，确定了应对不同震级地震的响应程序，完善了各级响应的抗震救灾指挥部机构、成员单位的具体职责及任务。目前，预案的初稿已经完成，待进一步修订完善后提交市政府常务会议讨论通过。二是全面组建地震应急救援队伍。本着“一队多用、专兼结合”的原则，分别依托有关部门成立市、县综合地震应急救援队伍。目前全市共建立各级专业应急救援队伍107支1.2万人，非专业应急救援队伍110支近2万人。三是多层面开展地震应急演练。我们积极指导企事业单位、机关社区开展应急演练，特别是加强了中小学校的应急疏散演练，联合教育部门印发了《庆阳市中小学校地震应急疏散演练活动实施方案》，把地震常识教育和应急演练纳入到学校安全教育之中，推动了全市中小学校地震应急疏散演练常态化。年内，全市共举办各类地震应急疏散演练52场次，近10万人次参与了演练活动。四是重新确定地震应急避难场所。与市民政局联合，经过认真摸底，在充分掌握西峰城区建筑环境、人居、商业、学校、医院等分布情况的基础上科学规划，在庆阳体育场等23处场地确立了地震应急避难场所。目前，8县（区）共建立大型地震应急避难场所42处。

**【法制建设】**一是在认真调研的基础上，就进一步加强防震减灾工作向市委、市政府进行了专题汇报，提请市政府制定出台了《关于进一步加强防震减灾工作的实施意见》，对当前和今后一段时期我市防震减灾工作进行了全面部署。二是针对人员变化和工作需要，重新调整充实了市防震减灾工作领导小组组成人员，各县（区）也都成立了相应的领导小组，全市上下基本形成了“政府统一领导，地震部门组织协调，各部门齐抓共管，全社会共同参与”的防震减灾工作领导机制。三是结合实际，在同省局、市政府签订目标管理责任书的基础上，进一步完善了防震减灾工作综合考评机制，将防震减灾工作纳入到全市目标管理考核体系，层层分解任务，逐级靠实责任。通过对县（区）工作日常指导、专项督查和年终考核，逐步健全完善了防震减灾工作考评考核机制，推动了全市防震减灾工作有序开展。

**【科普宣传】**一是开展地震知识“六进”活动，推进防震知识科普宣传。结合“科技活动周”、“5.12”防灾减灾日、“7.28”唐山地震纪念日、“12.4”法制宣传日等时间节点，集中组织在政府统办楼、西峰育才路社区、东湖公园门前、黄官寨实验中学、青少年活动中心、庆城驿马镇和矿区，采用悬挂标语、摆放展板、现场咨询、影视播放、发放宣传资料、媒体专访、跟踪报道等多种形式，开展了一系列防震减灾知识“六进”宣传活动，活动期间，共发放《中华人民共和国防震减灾法》宣传彩页8万份，宣传单10万份，知识读本2万本，《中小学生防震减灾知识读本》2万本，地震小常识卡片5万份，地震紧急避险小卡片5万份，接受群众咨询4000余人。二是加强党政干部防震减灾知识培训，提高各级干部的防震救灾意识。与市委组织部衔接，将防震减灾知识教育纳入到全市干部培训计划，市委党校在每年的主体班次培训中，将防震减灾知识列入培训内容。10月份，全市防震减灾知识和地震安全技术专题讲座在市委党校秋季主题培训班上开讲，提高了各级干部的风险决策能力和应急管理水平，取得了良好的社会效果。与依法治市办公室衔接，将防震减灾科普知识纳入全市干部法律考试内容，提高了全市干部职工的防震救灾意识。

**【自身建设】**讨论印发了《关于进一步加强机关学习的意见》和《关于创建学习型机关的意见》，明确了建设学习型机关的目标任务、具体要求和长效措施。党组中心组每月确定一个专题，进行集中学习，邀请有关专家学者进行政策法规、地震业务、社会主义核心价值观、党的十八大和十八届三中全会精神等专题辅导。选派干部职工23人次参加省市举办的各类培训班，多层次、全方位的对干部职工进行培训教育，促使了机关上下良好学习氛围的形成，使广大干部职工在学习中深化了思想认识，提高了政治素质，提升了履职能力，形成了心齐气顺、风正劲足、生动活泼、团结和谐的机关新气象，提升机关形象，提高了工作效能。修订完善了党组中心组学习制度、集体领导和分工负责制度、民主生活会制度，使领导班子的凝聚力、向心力不断提升。注重加强干部的培养教育，从德能勤绩等各个方面培养教育年轻干部，经常给他们交任务、压担子，培养出了一批肯干事、能干事、会干事的优秀年轻干部。年内，提拔调整科级干部3名，其中：提拔正科级干部1名，调整正科级干部1名、副科级干部1名，向组织部门推荐正县级干部1名，并得到组织的提拔重用。

**【双联工作】**一是集思广益明思路。组织干部下到帮联点，与帮联对象同吃同住同劳动，通过召开乡组干部和村民代表座谈会，全面分析发展现状，科学制定帮扶规划，详细制订了黄寨柯村小康发展规划、机关联村规划和干部联户脱贫致富计划，提出了阶段性建设计划、工作措施，确保了“双联”行动的有序性、连续性和实效性。二是科技培训教技术。3月中旬，邀请市农科院专家深入双联点进行农村养殖实用技术培训，邀请市畜牧中心养殖专家和村上养羊能手，走进田间地头和饲养场所，进行示范、指导，切实提高了农户的养殖技能。8月份，组织17户帮联户深入华池县山庄乡二蒋川旱作农业示范点观摩学习，使村民增长了见识，开阔了视野，坚定了做大做强产业的信心和决心。结合地震工作实际，举办农村工匠农居安全培训班2期，向群众发放《西北农居抗震设防技术指南》丛书200多套。三是扶持产业帮造血。我们积极引导农民发展优势产业，通过村民自主选择，确定了养羊、种植地膜玉米和洋芋三个重点产业全力进行培育，有力推动了“双联”行动的纵深开展。年内，培育养羊产业带头人4名，羊存栏量达到2000只，培育洋芋种植产业带头人5名，新增洋芋种植面积700亩，培育玉米种植产业带头人10名，新增玉米种植面积500亩。四是项目支撑强基础。与市交通部门沟通协调，争取资金15万元，用于实施村组道路整修铺砂工程，已完成项目规划和现场勘察。压缩办公经费2万元，支持了村部办公用房的维修改造。五是心系群众解民忧。7月中旬，黄寨柯村遭受洪涝灾害，16户群众房屋倒塌，12户窑洞严重受损，灾情发生后，我们迅速行动，组织干部职工帮助受灾户开展生产自救，多方协调争取灾后重建资金，为15户受灾户建起了新房，目前受灾群众已全部迁入新居。年底，走访慰问了20户贫困家庭，为每户送去了500元的慰问金，缓解他们的生活困难，鼓励他们树立致富信心。（市地震局　供稿）

## 残疾人事业

**【工作综述】**2013年，全市各级残联组织坚持“谋长远、打基础，重民生、促和谐”的发展理念，围绕“建立组织、夯实队伍、积聚力量、扶弱助残”的发展思路，以“两个体系”建设为主线，以组织建设、保障金征收工作为突破，抓点带面、典型引路，抓主保重、稳中求进，抓城带乡、整体推动，圆满完成了全年各项工作目标任务，全市残疾人事业呈现出蓬勃发展的良好态势。

**【社会保障】**全省残疾人社会保障和服务体系建设现场会在环县召开。会议内容丰富，节俭高效，取得圆满成功。保障贫困残疾人生活专项制度建设在环县试点取得突破，出台了《环县重度残疾人护理补贴制度和特困残疾人生活补助制度》《环县扶残助学办法》，为全县810名重度残疾人、698名特困残疾人发放重度残疾人护理补贴和生活困难补助144.76万元，人均年达到960元；为67名贫困残疾学生发放助学资金11.6万元。庆城县为70岁以上的450名残疾人每人每年发放了600元的生活补助，为居家安养的残疾人每人每年发放500元生活补助，对一、二级残疾人每人每年发放300元生活补助。各项扶持政策全面落实，有30160名残疾人享受低保，残疾人参加社会保险率达到97%；全面落实了残疾人医疗报销上浮15%的规定，并将运动疗法等9个康复项目纳入了城乡基本医疗保障范围。全市临时救助贫困残疾人8800人次，五保供养残疾人690名，残疾人基本生活得到了有效保障。

**【组织建设】**市委组织部等六部门《关于进一步加强和规范基层残疾人组织建设的实施意见》贯彻落实取得新突破，全市有33个乡镇残联理事长实现专职、副科级两项硬指标，119个乡镇残联按2万元、58个社区和1261个村残协按1000元的标准，全部纳入县级财政预算，安排工作经费369.9万元。1261个村残协专职委员按每人每月150元的标准，纳入县级财政预算，落实误工补助227万元；乡镇和社区专职委员全部纳入公益性岗位，年人均误工补助达到9600元，村残协专职委员年人均误工补助达到3000元。1450名残疾人专职委员实行实名制管理，登记注册助残志愿者3万人。市残联和8个县区、119个乡镇（街办）三级残联换届工作圆满完成，新一届残联主席团、执行理事会和各专门协会全部得到充实加强，特别是市残联在换届之际，增加了领导职数、业务科室和人员编制，整体工作力量得到明显加强。举办全市残疾人工作者培训班1期，省残联领导参加，聘请专家教授和业务骨干授课，市、县区残联全体干部和部分乡镇、社区残疾人工作者190人参加了培训。各县区举办残疾人工作者培训班16期，培训人员2109人次，全市1512名残疾人工作者全部进行了轮训。

**【危房改造】**全市实施残疾人危房改造940户，全部按期建成，共落实资金1718万元，户均配套1.83万元。同时，各县区结合当地具体情况，整合项目，叠加政策，累积资金，户均补助达到2.4万元，最多的户达到3万元以上。

**【补贴发放】**全市发放重度残疾人护理补贴6350人（城镇1050人，农村5300人），发放资金406.2万元，城镇年人均840元，农村年人均600元。县区每人年均240元的配套资金全部落实到位，共配套资金152.4万元，全部按照村级提名、把关选户、层层评审、三级公示的程序，通过“一折统”直接将资金发放到人。

**【设施改造】**在合水县的3个乡镇集中实施贫困残疾人家庭无障碍设施改造90户，其中项目户70户，自筹户20户，中央配套资金24.5万元，市财政配套20.5万元，户均补助资金5000元，全部建成。

**【教育就业】**资助义务教育阶段贫困残疾学生545名，发放资金25万元，资助贫困残疾大学生133名，发放资金26.6万元。市、县区两级举办残疾人职业技能培训班21期，培训残疾人9600人；组织39名残疾人参加了全省残疾人职业技能培训班，其中盲人按摩培训16人，扶持新办盲人按摩室3个；组织11名残疾人参加了全省残疾人农业科技示范户培训班；举办了全市第一期残疾人汽车驾驶培训班，有25名残疾人结业领证，为每人补助 2000 元，发放资金 5 万元。

【康复医疗】以市残疾人康复中心为主体，与市中医院、市社会福利院联合创办了市残疾人康复服务工作分站 2 个，各县区建立示范性社区康复站 8 个，社会化的残疾人康复服务体系建设初见成效。共实施白内障复明手术 859 例，其中免费实施 450 例，安装假肢 58 例，矫形器 44 例，残疾儿童肢体矫治手术 20 例，完成 43 名聋儿、40 名脑瘫、20 名智障儿童的筛查和转介服务，功能训练 1960 人，救助精神病人 195 名，听力检测 120 人，配发助听器 40 台，盲人定向行走训练 380 名，发放辅助器具 2700 件，其中免费捐赠轮椅 660 辆。

【文化体育】选送 11 个节目参加了全省残疾人文艺汇演，其中有 5 个节目获奖；组团 21 名选手，参加了全省残疾人青少年田径锦标赛，荣获团体总分第六名，金牌 6 枚，银牌 3 枚，铜牌 5 枚。以“全国助残日”等重大残疾人活动日为契机，举行文化体育活动 30 多场次。邀请省残疾人艺术团在我市进行了专场演出。庆阳电视台开播手语新闻节目 24 期，在报刊杂志、网络媒体发表助残宣传稿件 560 篇。（市残联　供稿）

## 文　联

【工作综述】2013 年，市文联在市委、市政府的正确领导和省文联、市委宣传部的具体指导下，坚持以科学发展观为统领，围绕中心，服务大局，坚持“二为”方向、“双百”方针、“三贴近”原则，深入贯彻落实党的十八大和十八届三中全会精神，按照全省文联工作和全市宣传思想文化工作的总体部署，抓活动、抓创作、抓建设，弘扬主旋律、宣传正能量，提倡创作多样化，不断创新文艺活动载体，大力培养文艺人才，提高文联工作科学化管理水平，使全市的文学艺术事业取得了新成效，市县文联工作取得了新进展，较好地完成了全年各项目标任务。

【文艺活动】一是书画展赛活动接连不断，丰富多彩。全年共举办展赛活动 122 场次，展出作品 10312 幅，参加会员 2088 人次。年内我们分别主办、承办和协办了中国书法之乡十八县（市）书法巡展等各个艺术门类的展览 8 次。在武威市、嘉峪关市举办了“黄土墨韵”庆阳书法交流展，在合水、华池举办了“黄土墨韵”书法巡回展，并在市上举办了“黄土墨韵”总结展，完成了“黄土墨韵”庆阳书法作品汇报展、交流展、巡回展和总结展“四部曲”。二是采风交流活动内外结合，成效显著。2013 年共举办采风交流活动 55 次，参加会员 967 人。5 月份，组织有关文艺工作者赴延安市、榆林市开展“从南梁到延安，共释老区情怀”红色采风考察学习活动。3 月份，邀请省作协主席邵振国、省当代文学研究会会长彭金山、宁夏著名评论家贾羽、甘肃著名评论家高戈四位专家，组织举办了贾治龙长篇小说《野骚》研讨会，分 3 次组织了 20 余名作家赴宁县进行“中国梦·宁州情”美丽宁县文学采风活动，并撰写了 40 余篇深厚文化底蕴的文化散文。4 月份，组织举办了“亲吻大自然，走进蒲河川”寻根系列文化活动暨市区艺术家走基层采风活动。4 月份，省文联领导到我市调研了华夏文明传承创新区建设项目和基层文联工作。8 月份，中国美术家协会副主席、中国国家画院院长杨晓阳等著名艺术家一行 5 人走进革命老区开展“百名画家走进红色南梁”大型国画采风写生创作活动。三是主题文艺活动坚持不懈，反响良好。共举办文艺进乡村、校园、社区、企业活动 116 场次，参加会员 1210 人，观众 30 多万人。春节前，赴西峰区显胜乡文化广场开展“送文化”下乡活动，为广大农民朋友送去《北斗》文艺期 2000 多本，现场赠送春联 360 多幅，剪纸作品 200 多幅，为市政府“双联”户书写赠送春联 120 多幅，剪纸窗花 80 多幅。市属影协在全市组织 26 场次电影下乡活动，参与会员 30 多人，观众达数万人；剧协组织会员参加了全省“千台大戏进农村”活动，演出 180 多场，参加会员 1789 人（次），观众高达 40 多万人（次）；舞协组织会员深入县区、学校、军营、农村等地慰问演出 80 多场，美协年内组织 18 人赴镇原孟坝参加文化三下乡活动，现场赠送书画作品 150 余件，为丰富乡村文化生活贡献了自己的力量。四是文艺宣传活动不断加强，影响广泛。一方面加强对党的方针政策的宣传，广大文艺工作者创作了多种形式的旨在宣传国家党政方针的文艺作品，这些文艺作品受到了广大人民群众的好评，使宣传效果得到了极大提升。另一方面加强新闻宣传，全年共在各级各类报刊、网络发表信息稿件 60 多篇（条），特别是“黄土墨韵”书法展、文艺创作采风活动、“双联”工作等一系列大型活动分别在《甘肃日报》《兰州晨报》《甘肃文艺》《陇东报》、庆阳市委网站等报刊和网络上作了宣传报道，营造了和谐、宽松的文艺创作氛围。

**【文艺精品】**文学创作方面。全市作家共出版各类文学专著和作品集18部，在市级以上刊物上发表文学作品210余篇（首），获国家级奖项1个，省级奖项3个，有11名作家的11部（篇、首）作品获第十届梦阳文艺奖。散文《夜兰州》在《读者》发表，评论《寂寞年代的空洞表演和肉体痛痒》在《飞天》发表，《叙述的真相》在《文艺报》发表，散文《水之舞》《让我也跟着透明起来》入编《中国人文地理散文精选集》，散文《被丽江的时光揉皱》和《辑宁楼》在《华夏散文》发表，诗歌《扫墓》在《星星诗刊》发表，全年出版了诗集《赶路的夏天》、小说《秀木临风》、散文集《独步》、小说《记忆》和《贾治龙文本研究》等文学作品。为3名作家争取全市重点文艺创作资助13万元。

书法美术方面。在国家级书法展览中我市书法家有36幅作品入展，在省级展览中入展70余幅，在本市举办的各类展览中展出650余幅，仅本年度取得中书协会员资格人数就达到了13人，在《中国书法》《书法导报》等专业报刊发表论文13篇，有16名同志编辑出版了个人书法作品集。入国展的有：五届妇女展中有4人入展，二届篆书展中有6人入展，首届楷书展中有2人入展，首届“西狭颂”展中有3人入展等等。美术上，有4幅作品入国展，70幅作品入省展，110幅入市级展，获省级奖项14个，市级奖项30个。组织美协会员赴旬邑、正宁开展采风活动，组织会员参加了甘肃职工学习贯彻党的十八大精神书画展，有1人获一等奖，5人获二等奖，4人获三等奖，参加省文联主办的“久鼎杯”迎国庆促三农农民书画展，入展15人，获二等奖2人，三等奖2人，全年有6名同志出版了个人美术作品集。

摄影方面。全年共有10幅作品入省展，150幅作品入市级展，获省级奖项2个，市级奖项20个。组织举办了“中国梦·德城杯庆阳市第二届摄影艺术作品展”，筛选入展118幅，评出金奖2名，银奖4名，铜奖6名，优秀奖20名。组织会员参加了全省“联村联户、为民富民”摄影作品展，有2幅获奖，8幅入选，年内圆满地编辑出版了《“黄土风韵”·庆阳市摄影作品集》，填补了我市无专题摄影作品集的空白。

音乐舞蹈方面。音乐上发表国家级作品、论文15篇，省级9篇，市级27篇，获国家级奖项4个，省级5个。开展了“西风烈·绚丽甘肃”原创歌曲征集活动，征集推荐了《想陇东啊，回陇东》等六首原创歌曲。组织承办了全市暑期音乐考级活动，歌曲作品《新唱绣金匾》获甘肃省委省政府第七届敦煌文艺奖三等奖，参与举办了“我的中国梦—2013年庆阳市青少年文学艺术系列活动和第五届青少年钢琴、声乐、舞蹈大赛”。组织导演了第十届庆阳香包节开幕式“陇东民歌演唱赛”活动、“和谐西峰大舞台，魅力金昊迎新年”民间艺术团队优秀节目展评活动，市区24家艺术团体参加了展评活动。参与了2013陇东民歌大奖赛及第三届农耕文化节开幕式迎宾晚会、庆阳电视台举办的“我也上春晚”担任评委并筹划组织2014年庆阳电视春节晚会。舞蹈上，发表省级论文3篇，市级8篇。为新成立的天骄舞蹈艺术学校举行了“庆阳市舞蹈家协会培训基地”授牌仪式，目前我市舞蹈培训基地达5个。《绣荷包》应邀参加了CCTV-7频道晚会的现场演出和录制，并在央视7频道播出，承担了“陇东民歌大奖赛颁奖晚会暨2013中国（庆阳）农耕文化节、第二十四届中国西部商品交易会，《北地风 黄土情》迎宾文艺晚会”的节目排练和演出，自编自创自排综艺节目18个。

戏剧影视方面。剧协会员全年发表国家级剧本、论文3篇，省级2篇，编写秦腔、眉户、电影剧本共11个。对剧本历史古装剧《布衣王符》、现代歌舞剧《硕果华章》、小品《帮扶计划》、电影剧本《阿娃》、电影剧本《一片红叶》、当代农村题材戏曲剧本《丧葬忧患》、电影剧本《红盾先锋》和眉户剧剧本《峰火从这里燃起》进行了专题研讨。积极推进影视剧目创作，电影剧本《叶子红了》已由省广电局上报国家新闻出版广电总局待审，微电影《守望黄土地》由北京黑格尔影视公司完成制作，实现网络播出，策划完成了庆阳电视台节目改版，推出了一批优秀专题栏目。目前，我市本土影视剧创作空前繁荣。电影《虾哥的故事》和《美丽妈妈》已分别在我市和湖北省上映；《习仲勋在陕甘边》已由省委宣传部上报中央重大题材办待审，《山丹花开》已由北京一家影视公司着手改编，计划明年投拍。

民间艺术方面。民间文艺作品全年有6幅入国展，70幅入省展，3幅作品获国家级奖，12幅作品入省展。成立了庆阳市民间画专业委员会，召开了

“民间画抢救与保护学术研讨会”和“庆阳---宁波南北民间民俗文化保护研讨会”。开展了民间剪纸进校园活动、民间唢呐传承活动和市级民间艺术大师评选命名活动。参加了“中国(开封)首届民间工艺美术展、第四届中国剪纸艺术节、第三届“中国‘滦河杯’皮影雕刻大赛”、第五届中国民间艺人节。命名了刘雪玲布贴画工作室、宏伟古建工艺厂、“路过地球”摄影工作室等7个个民间艺术展览馆，获得了“中国企业品牌文化之星”等10个重要奖项。

文艺期刊方面。全市文联系统内部发行的《北斗》《九龙》《潜夫山》《环江》《黄河象》《董志塬》《陇东书画》《子午文学》《南梁》《梦阳》等十种文艺期刊，每年发行6万多册。

**【队伍建设】**一是进一步加强学习培训工作。全年共举办各类培训班630期，培训会员8619人。我市30多个书法培训班发展良好，运转正常，年培训青少年人才稳定在5000人左右，值得一提的是，在各位书法老师的精心辅导下，今年有16名学生考入高等院校书法专业。舞协发展培训基地5个，年培训学员2000多名，担任培训工作的教师也在不断增加，队伍素质不断提高，培训内容也更加丰富。摄协举办了手机摄影培训，民协继续开展剪纸、刺绣、唢呐艺术大师进校园活动，剪纸、刺绣、唢呐艺术大师与学校建立了固定的义务教学关系，实现授艺教学“四定”，取得了良好的社会效益。二是进一步加强文艺队伍建设。共推荐省级会员人选33名，国家级会员人选20名，已被批准为省级会员的30名，国家级会员的18名，年内发展市级会员208名，比去年增加56名，占年年度发展计划50名的416%，发展县级会员318名，占年度发展计划150名的212%。目前，全市共有市级以上各类文艺家协会会员1790人，其中：国家级会员81人，省级会员362人，市级会员1347人，与往年相比，是我市会员发展最多的一年，年内，合水、正宁、华池3个县文联召开了文代会，选举产生了新一届文联领导班子，宁县和盛镇召开了首届乡镇文代会，为进一步壮大我市文艺队伍，提高创作实力奠定了坚实基础。三是进一步推荐文艺作品评奖。先后推荐了贾治龙等8人创作的《野骚》等9部文艺作品参加市第六届梦阳文艺奖评选，向市委宣传部推荐吴金辉等3人、影视剧《叶子红了》等4部文艺作品作者参加省、市文艺作品资助项目评选，向省文联推了2012年度全省基层文联先进单位及先进个人评选。全年共获国家省市以上奖项460多个。

**【双联行动】**按照市上统一安排，市文联帮扶庆城县三十里铺镇王桥村15户贫困户。先后组织干部职工进村入户6次，向每户群众送去了大米、食用油、春联和剪纸等共计80多件，价值3000多元。送去地膜300公斤，为王桥村委会赠送创维牌39英寸液晶电视一台，为17名3岁以下儿童捐赠了营养包。帮助制定了王桥村发展规划和贫困户个人帮扶计划，初步完成了包括孙家塬上水工程、孙家塬到左家塬3公里土路基拓宽改造工程在内的“王桥村整村推进项目”前期立项申报工作。(市文联　供稿)

## 科　协

**【工作综述】**2013年，市科协在市委、市政府的正确领导和省科协的指导支持下，认真贯彻落实党的十八大和十八届三中全会精神，紧紧围绕全市中心工作和发展大局，以“三服务一加强”为主线，以实施《全民科学素质行动计划纲要》为重点，以服务市委、市政府经济社会发展战略为中心，改作风、谋思路、抓创新、拓举措、促转型，各项工作取得了新的成绩。

**【学会工作】**积极探索学会改革发展路子，不断增强学会可持续发展能力。在市级学会中开展了“学会能力提升”行动，围绕学会组织建设、服务提升、学术创新、承接职能、社会监督、自我完善等，组织专家、学者和科技人员，进行了认真研究和探讨，有针对性地提出了新形势下学会工作的新思路、新方法、新举措，编印了《庆阳市科协所属学会基本信息汇编》，拓宽了学会联络渠道,增强了学会工作能力。

**【学术交流】**紧盯市委、市政府中心工作和经济社会发展中的重大问题，广泛开展综合性、跨学科、开放式的学术交流和技术研讨。举办了2013年“庆阳市学术月”活动，针对庆阳能源开发中存在的困难和问题，组织科技工作者，深入基层开展多角度、多层面的实地考察和专题论证，共征集论文105篇，编印了20余万字的“论文集”，形成了“加强地企深度融合，倾力打造能源新都”的专家建议书，为市委、市政府科学决策提供了依据。市科协和华池县科协分别荣获全省“学术月”活动三等奖。

**【咨询服务】**紧紧围绕全市发展战略和产业开发，广泛调查研究，积极建言献策。组织科技人员对国家级旱作农业示范区“宁县樊湾、镇原路岭示范点”建设和“庆阳蜜蜂产业”进行了调研，形成了专题调研报告，为领导决策提供了参考。组织开展了“写一篇论文、提一条合理化建议、办一件实事”的“三个一”竞赛活动，收集专家建议、意见50多份，编发《科技工作者建议》10期，其中《关于抗旱减灾农业技术措施》的建议，得到市上领导的高度重视，省长助理、市委书记夏红民、副市长秦华分别作了批示，市政府办公室用明传电报及时印发各县（区）和市直有关部门实施，为全市抗旱减灾提供了技术支持。

**【《纲要》实施】**充分发挥科协在实施《纲要》中的牵头、组织、协调作用，进一步明确了《纲要》成员单位工作目标和责任，建立完善了监测评估和激励支持机制。先后两次召开《纲要》领导小组会议，研究实施工作，组织人员巡回各成员单位和县（区）进行了“十二五”《纲要》实施中期督查，了解了重点工作落实情况，促进了全市《纲要》实施工作稳步推进。

**【科普宣传】**继续以“科普之春”、科技文化卫生“三下乡”“科技周”“科普日”等品牌宣传活动为载体，以经常性、群众性的科普宣传活动为手段，以社会重大事件和热点科普知识为重点，以“大联合、大协作”为手段，深入开展丰富多彩的科普宣传活动。共组织开展各类科普宣传活动267场次，发放各类科普资料31种、9万余份，展出科普挂图2.1万幅，宣传教育群众48万人次。参加了以“科技创新、美好生活”为主题的全市科技周活动和以“社会共治，同心携手，维护食品安全”为主题的全市食品安全宣传周活动。在正宁县五顷塬回族乡举行了以“保护生态环境，建设美丽正宁”为主题的2013年庆阳市“科普日”活动启动仪式。根据张广智副省长关于“科普惠农要助力‘双联’行动，推动农业增产、农民增收、农村繁荣”的指示，汇同省科协、宁县科协在宁县早胜镇樊村开展了“联村联户、为民富民”综合科普服务活动。

**【科技培训】**按照市政府“科技利民”工程实施方案和“科技入户”行动的要求，大力开展科技培训。一是实施能源化工产业从业人才储备工程。按照三年实施方案，在陇东学院举办了为期8天的骨干培训班，使302名农民和村组干部，系统接受了石油天然气开采、石油天然气炼制、煤炭开采、电工实用技术等知识的培训，参训学员全部达到了技术员水平，有183名学员申请参加了甘肃省初级工技术资格鉴定，经过考试，取得了证书。二是实施农技协领办人能力提升工程。邀请中国科协农技中心主任、中国农技协常务副理事长张晓军，从加强农技协组织建设、提高服务能力、打造知名品牌、开拓市场服务等方面，对我市200多名农技协负责人进行了培训，促进了我市农技协组织持续发展、规范运行。三是实施农村实用技能人才培训工程。围绕千名农村实用人才培训工程，组织开展了“百家农技协科普惠万户”活动。以全市确定的116个农技协和农村科普示范基地为活动主体，结合当地产业发展实际需要，组织专业技术人员根据农时季节和贫困会员急需，进行入户“带动式”培训，先后举办培训、讲座58期，培训农民8.8万人次，促进了农民技术队伍的发展壮大和群众就业能力、创业能力的提升。四是实施农村骨干人才培育工程。继续发挥科协组织农函大培训的主渠道作用，不断创新办学模式，强化培训基础建设，巩固提高培训质量。今年，组建农函大教学班2个，招收学员100人，开展面授辅导600人（次），全市农函大累计培训学员达到36139名。这些学员分散在广大农村，覆盖面大，成才率高，辐射力强，在新农村建设中发挥了骨干带头作用。

**【流动科技馆】**邀请中国科协地方流动科技馆在合水、华池分别举办了为期三个月的展览，以“体验科学”为主题，分声光体验、电磁探秘、运动旋律、生命奥秘和数学魅力5个主题展区，共有2万多人参观了展览，亲身体验了科技的魅力，接受了科技的熏陶。

**【青少年科技创新大赛】**以“体验、创新、成长”为主题，举办了第三届庆阳市青少年科技创新大赛，共征集创新作品485件，组织9支代表队、150多名选手的180件作品参加了终评展示活动，评选出优秀项目117项，进行了表彰奖励。组织58名学生组成庆阳代表队，参加了甘肃省第二十七届青少年科技创新大赛，共获各类奖项75项，创历届最好成绩，极大的激发了广大青少年科技创新意识和创新精神，培养了他们的思维能力、动手能力和创造能力。

【载体建设】进一步增强“致富桥”栏目的针对性，采用投稿和约稿相结合的方式，提高了稿件质量，全年共刊出20期，刊登各类技术稿件210篇。不断提高《庆阳科普》办报质量，加大对前沿科技动态、应急科普知识的宣传力度，提高了科普宣传的实效性，累计刊出23期、发行3.45万份。进一步优化“庆阳科协网”结构，加强管理，及时更新，上挂各类文章2053篇，其中《工作动态》86篇，《要闻摘报》292篇，《建言献策》15篇，各类百科性科普文章1380篇，图片260幅，提高了科技传播能力。

【科普示范】继续推进“十、百、千”科普示范工程，新建科普示范乡10个，科普示范村100个，科普示范户1017户，围绕畜、果、菜三大支柱产业，组建产业化载体型农技协18个，开展示范项目30多项，推广新品种37项、新技术31项，辐射带动群众3万多人。加强合水县、华池县全省科普示范县创建活动，全面完成了各项指标，通过了省级验收。

【科普项目】进一步加大“科普惠农兴村计划”项目实施力度，引导支持受表彰的农技协、科普示范基地和先进个人发挥好示范带头作用，不断将各类创新要素引向农村。争取中国科协、财政部“基层科普行动计划”和省科协“科普惠农兴村计划”项目9项，落实项目资金135万元，并先后多次组织人员对正在实施的“基层科普行动计划”和“科普惠农兴村计划”项目进行了检查，采用现场看点、走访农户、跟踪问效等方法，对项目进展、实施效益、资金使用等情况进行了全面检查，促使项目规范、标准、扎实实施。项目共计辐射带动农户2万户，户均增收1800元，发挥了项目的示范带动作用。按照培育先行、超前储备、择优扶持的工作思路，积极培育项目源，由领导带队，深入基层，实地考察，充实了“庆阳市科普惠农项目库”，入选项目32项，增强了项目实施后劲。

【科普能力建设】争取实施了市政府“百会带万户”科普能力提升工程为民办实事项目，由市财政安排专项资金348万元，以骨干农技协、科普示范基地为依托，建成科普服务站116个。每站投资3万元，其中1万元，按照“统一品牌、统一配置、统一型号、统一质量、统一规格、统一用材”的原则，由市科协通过政府采购程序进行公开招标，为各站配置了电脑、科普宣传栏、服务站标牌。其余2万元由各县（区）根据实际，购置了多媒体教学设备、科普图书、资料、书柜、桌椅等设施。该工程的实施，极大地增强了各农技协的科普辐射带动能力，为全省乃至全国农技协发展树立了典型，得到中国农技协、省科协的充分肯定。省科协10月份在庆阳召开了全省农技协规范化建设现场会，总结推广了庆阳的先进经验，来自全省十四个市州的科协主席、农技协领办人实地进行了参观学习。

【双联行动】充分发挥科协在扶贫工作的独特优势，为帮扶村正宁县五倾塬乡孟河村联系确定了6名产业技术顾问，举办专项技术培训班三期，培训83人次。组织开展专家上门下田技术指导6次，运用电话、短信等方式，送技术到户112（人)次。针对帮扶村地理、气候特点，编印了“五顷塬乡万亩玉米丰产示范技术规程及物候历”和“中蜂过箱饲养技术要点”等技术资料1200份。筹资5万多元，为帮联村建起了综合科普服务站，建成了可容纳40人的科普培训室，安装了多功能科普宣传栏，建立了科普图书室，充实科普书籍1200册。确定了科普信息员，定期发布各类科技信息，宣传普及科学生产生活知识。针对帮扶村玉米种植面积较大的实际，为21户帮扶户购赠了链条式玉米播种机20台，提高了生产效率，节约了劳动成本，提高了播种质量。

【自身建设】认真贯彻省、市委《关于进一步加强新时期科协工作的意见》，积极探索新形势下科协组织建设的有效载体、工作措施和管理机制。建立完善了目标管理、责任追究、工作落实、表彰奖励机制，修改完善了公务接待、车辆管理等规章制度，做到了用制度管人管事，实现了规范化管理。按照“提高县一级、强化乡一级、延伸村一级”的指导思想，不断健全、充实和提高各级科协办事机构，增加人员配备，强化服务功能。至目前，除镇原外七个县（区）科协均和科技局分设，独立开展工作。八县（区）全部成立了老科协组织。市科协今年新建市级学会3个，成立庆阳院士工作服务中心的报告已经市委、市政府同意，正在落实机构编制。同时，制定下发了《庆阳市农村专业技术协会规范化建设实施方案》和《庆阳市科普服务站管理办法》，开展了农技协规范化创建活动，召开了农技协工作座谈会，完成了全市农技协联合会的筹建准备工作，有力推动了科协组织网络建设。（市科学技术协会　供稿）

# 档 案

**【工作综述】**2013年，按照市委、市政府和省档案局总体部署，全市档案工作切实推进档案资源、利用、安全“三大体系”建设，狠抓重点建设项目档案示范、新农村建设档案工作示范、档案馆室规范化、数字档案馆“四个创建”活动，加强县区建馆、馆室业务、档案文化、依法治档、培训教育“五项重点”工作，真抓实干，统筹推进，顺利完成了各项预期目标任务，取得了明显成效。在全省档案工作目标任务考核中得分99.74分，列14个市州第一名。

**【环境优化】**市上和8县区将档案工作列入目标管理和绩效考核范围。分管领导多次研究解决档案工作实际问题。特别是今年“七一”建党节前，省长助理、市委书记夏红民带领全体市级领导到市档案馆，集体参观了“奋进之旅——庆阳市发展历程档案主题展览”，并发表了重要讲话，对档案工作作出了重要指示，这一重大活动的成功举办，对全市档案工作者和档案事业发展以极大的鼓舞和推动。

**【“档案资源体系建设年”活动】**积极开展“档案资源体系建设年”活动，确保全市重要档案资料置于国家档案机构的安全管护之中。今年市档案局收集征集到老红军原庆阳地委书记云尚秀个人档案200件；庆阳文化名人、合水县原文化馆馆长高仲选个人档案资料1125件及照片5册425幅；征集到市委主要领导重要活动照片1000多幅。征集范长江《中国的西北角》等古旧珍贵书籍60多册和《大公报》1935年版中央红军长征及陕甘边根据地相关原版报纸仿真复制件20多幅；整理接收了彭阳春酒厂、市水务局特色档案资料。严格按照当年清、不拖延、不积压的原则，督促指导全市933个立档单位、行政村、社区完成年度文件材料整理归档工作，完成任务的117%；其中指导市直145个立档单位、企业完成2012年度文件材料整理归档，完成任务的121%。

**【体系建设】**一是档案利用体系建设得到不断完善。重新设计制作《庆阳档案信息网》网站主页和分栏结构，为领导决策和社会各界提供档案资源共享服务。加快馆藏档案数字化处理，市、县区档案馆扫描档案90.4万幅，完成任务的452%。网上开放档案目录5万条；网上开放现行文件目录500条。市档案展览爱国主义教育基地接待多位领导、相关人士及市委组织部、庆阳三中、东方红小学等机关单位干部及中小学学生等800多人参观展览，取得了资政育人的良好社会效益。市县区接待查档人员1358人次，提供档案6800卷件，受到社会各界和群众的广泛好评。二是档案安全体系建设得到进一步加强。逐级逐层、逐岗逐人靠实了安全责任。落实了档案安全保管、应急处置和值班制度，加强培训教育和应急演练，严格落实“九防”措施。建立了电子档案信息数据多重备份、异地备份、数字化转换和灾难恢复机制，全部做到了县区档案馆—市档案馆—省档案馆层层异地备份。强化了网络安全管理，确保了档案实体和信息安全保密。

**【示范创建活动】**一是重点建设项目档案示范工程创建活动深入开展。组织人员深入项目建设单位，加强培训，现场指导，树立示范。正宁县张村至罗沟圈三级公路改建荣获“甘肃省重大建设项目档案样板”工程。对巴家咀水库除险加固工程等18个重点建设项目进行了建档指导验收，完成任务的140%。二是新农村建设档案工作示范创建活动再上台阶。先后两次与市“双联”办联合，深入镇原、环县等5县，对帮扶点的文件材料归档工作进行了指导。积极推进农村档案“千村百乡”示范工程。在去年西峰区成功创建全省首家全国新农村建设档案工作示范县区的基础上，今年在华池县积极创造条件，县上领导全力主抓，乡镇、部门“一把手”负责，强力推进，县上拨出专款120多万元，乡村、部门投入200多万元，培训人员，强化措施，分片包干，市档案局派专人蹲点，逐乡镇、逐部门，进村入户跑单位具体指导，严格要求，全面完成了全县15个乡镇111个行政村和7个社区、15个涉农部门及800多个示范户的档案馆室的创建工作，于6月24-27日顺利通过省上预验收，9月23-25日，国家档案局经科司司长李晓明亲率8位专家进行了正式验收，得到了领导和专家们的充分肯定和一致好评。我市连续两年在全省首创仅有的两个全国新农村档案工作示范县区，使全市农村档案和民生档案工作得到了大步推进，取得了突破性成效。三是档案管理规范化创建活动稳步实施。市档案馆紧紧围绕为早日创建全省第一个市级国家一级综合档案馆的目标任务，着力打基础、强基本、夯基业，在完善安防设施，加强功能配套的同时，加快推进馆藏档案资料的精细化和科学化管理，对各库房柜架逐一进行了造册登记，详细整理绘制了各库房全宗示意。对馆藏建国前资料进行了全面清查核对。四是数字档案馆创建进程逐步加快。重点加强了对社保、低保、就业、劳务、住房、医疗、惠农等部门专业档案的业务指导，加快与群众切身利益相关的民生档案的全文扫描、转换。华池县、西峰区对涉及农村和民生的30多类档案进行了全面清理划归，并印制便民服务卡，已有3个县区创办和开通了档案信息网站，在政务大厅设立档案查询窗口。特别是市房产局对与民生相关、查阅率较高的档案重点进行数学化处理，极大地方便了群众利用。

**【馆室建设】**一是县区建馆取得新进展。宁县、西峰、环县综合档案馆建设列入“十二五”国家支持范围，总体进展较好。宁县新馆建设工程自去年10月份开工后，省市档案局多次现场检查督促，县档案局全力主抓，工程主体已完成，完成投资1399万元，正在进行室内外墙粉刷及装修布置。西峰区新馆建设项目，国、省投资已到位，环评论证工作已结束。二是馆室业务水平有新提升。华池、庆城、宁县等指导人员，蹲点亲自整，重点教，规范化创建工作扎实细致。晋升省特级规范化建设有了新突破，9个单位达到了省特级标准，完成任务的450%。省一、二、三级达标单位达到65个，示范乡镇达到14个，完成任务的156%，示范村达到91个。完成重点档案抢救项目4个、388卷。市县区档案馆共接收到期档案7053卷、32842件，完成任务的129%。其中市档案馆接收到期档案1353卷、13431件，完成任务的169%。

**【档案文化】**档案文化建设有新进步，积极开展省局部署的“一县一特色”地方特色档案展示评选活动。编纂档案编研成果27种，完成任务的150%。对《庆阳市六十年大事纪略》举行了省市多位专家参加的评审会，《庆阳市档案志》《庆阳建市十年大事记》已当年正式出版。向省局网站上报、刊登信息105篇，完成任务的233%。《庆阳档案信息网》发稿161篇，完成任务的224%。在《陇东报》发表稿件6篇，在6月8日的《陇东报》制作刊出《存史证助推发展　留真凭服务民生》专版1期，庆阳电视台报道档案工作5次。报送档案利用典型效益事例18个。

**【依法治档】**加强宣传，依法治档取得新成效。开展档案行政执法检查750个单位，完成任务的278%。发出执法检查整改通知书50份。其中对市直120个立档单位，完成任务的400%，按科室划口包干，领导带队，现场督查，将档案执法检查与普查档案资源和业务指导相结合。跟踪督办整改落实情况，有力地促进了依法行政向纵深拓展。征订《中国档案报》《中国档案》《档案》杂志662份。

**【教育培训】**干部培训教育有新加强，市县区档案局举办业务培训班10期，完成任务的500%，培训档案业务人员1200人次。局党组对改进作风进行了专题研究，制定了10项要求。局领导以身作则，严格落实，机关作风明显转变。取消了档案查阅收费。建立了档案查阅利用、规范化管理、业务指导、重大活动档案收集征集等服务保障制度。继续深入开展效能风暴行动，对《党风廉政建设责任制制度》《请销假管理制度》等10多项规章制度进行了修订完善。清理办公用房工作已落实到位。

**【双联行动】**双联行动扎实有效。完善了双联点米桥村的产业发展规划和重点帮扶措施，对特困户全面进行了走访慰问，组织开展了春季抗旱。加快村庄道路、村部、村民文化广场建设，突出发展苹果、养猪、30+1养羊等重点产业，为米桥村争取供排水项目扶贫资金10万元，投资近2.5万元，制作了双联行动宣传牌，创建了村档案室，局机关年内帮扶款物共计4万多元。开展了技术培训，帮联村户经济实力得到明显增强。（市档案局　供稿）

# 社会保障

## 人力资源和社会保障

【工作综述】2013 年，我市人力资源和社会保障工作在市委、市政府的正确领导和省人社厅的精心指导下，坚持以党的十八大、十八届三中全会和习近平总书记系列重要讲话精神为指引，紧紧围绕全市稳增长、惠民生、保稳定的工作大局，始终坚持“民生为本、人才优先”这一主线，牢牢把握服务民生、促进和谐两个重点，着力构建创业就业、社会保障、人才支撑三大体系，多措并举，真抓实干，推动全市人社工作取得了新的成效，呈现出新的亮点。省、市下达的考核指标全面完成了年度目标任务，其中全市城镇新增就业、新增小额担保贷款、职业技能和创业能力培训、劳务输转及劳务收入、劳动合同签订率、普通高校毕业生就业等 10 项指标超额完成年度任务，养老、失业、职工医疗、居民医疗、工伤、生育六项社会保险缴费人数增长率及新增小额担保贷款基金等 7 项指标实现了倍增。在年度目标管理考核中，市人力资源和社会保障局荣获“2013 年度全省人社工作目标管理先进单位”。

【创业就业】坚持把促进充分就业作为经济社会发展的优先目标，制定出台了《庆阳市推动全民创业促进就业若干政策规定》等一系列政策文件，大力实施“创业带动、重点群体帮扶、劳务经济促进、重点项目拉动、转变经济发展方式转移”五大就业行动计划，投放就业专项资金 7755 万元，配套创业扶持资金 6200 万元。全市创业园区和创业孵化基地达到 48 个，带动就业 8.52 万人。开发公益性岗位 4589 个，累计安置就业困难人员 7350 人。多渠道扶持普通高校毕业生就业，全市应届普通高校毕业生就业率达 87%，特别是为市、县非公经济组织成功招聘未就业高校毕业生 1778 人，开辟了我市普通高校毕业生就业的新路子。充分发挥小额担保贷款促进就业的助推作用，全市新增小额担保贷款 4.055 亿元，新增小额担保贷款基金 6032 万元。坚持把加强技能培训作为实现高质量就业的重要支撑，开展职业技能培训 2.24 万人、创业能力培训 0.6 万人、职业技能鉴定 1.5 万人，贫困家庭劳动力技能培训和劳务输转“两个全覆盖”目标任务全面实现。不断加大人力资源市场建设力度，市级人力资源市场和社会保障服务中心项目进行主体建设，县（区）人力资源市场项目分批推进。积极开辟新的劳务市场，建立合作关系，组织劳务输转 60.56 万人，实现劳务收入 89.35 亿元。全市城镇新增就业 4.354 万人，城镇登记失业率控制在 2.54%，城镇居民人均可支配收入达 19578 元，增长 17.5%。

【社会保障】不断完善社会保障体系，强力推进扩面征缴，通过核实基数、加强监察、清欠追缴等多种措施，深挖参保潜力，壮大基金规模，全市养老、失业、职工医疗、居民医疗、工伤、生育六项社会保险缴费人数增长率分别达到 11.51%、89.95%、15.83%、9.56%、92.98%和 48.31%。启动了机关事业单位合同制工人参加养老保险规范管理和医疗保险网上直接结算工作，财政供给事业单位工伤保险全覆盖工作进展顺利。大力推进“保障亲民工程”，着力落实各项社保政策和待遇标准，顺利完成了全市企业退休人员基本养老金调整工作；城乡居民养老保险基础养老金标准提高了 5 元，参保工作有序推进；城镇居民医保财政补助标准由原来的 260 元提高到 300 元；城镇职工、城镇居民政策范围内住院费用报销比例分别提高到 80%和 70%以上；城镇居民大病保险试点工作全面启动；“五险合一”核心平台上线运行；在全省率先启动社会保障卡建设，建成了社保卡一卡通管理系统和社保卡管理中心，正式发行了首批社会保障卡。加大了县（区）社保基金及就业专项资金使用管理情况监督检查，确保了社保基金、就业专项资金的安全。

【人事人才】全面落实人才强市战略，紧扣重大项目、重点产业发展，完善了重点行业专业技术人才支撑体系建设专项人才配置计划，并以公务员、专业技术人才和技能人才为重点，突出夯实基础、引育并举、增强活力，狠抓日常管理，着力激发人才的积极性和创造性。积极完善公务员管理制度，建成了市、县两级公务员信息数据中心。精心组织完成了2013年公务员考录工作任务，做到了“阳光考录”。加快推进事业单位岗位管理规范化、科学化、制度化进程，全市机关工勤人员和市直事业单位考核备案率达100%。进一步完善了基层锻炼、选拔使用的人才培养使用机制，分5批为7个单位(系统)公开招聘工作人员376名。完成了2008年以来市直机关事业单位418名工作人员健康休养审核工作。军转安置任务全部落实到位，自主择业军转干部服务、企业军转干部解困维稳工作得到加强。不断加大人才开发力度，公开招聘急需紧缺专业普通高校毕业生180人，推荐拟晋升高级职务任职资格523人。申报黄土高原沟壑区核桃优质高效综合技术集成与产业化开发等引智项目12个，其中4个已通过国家审批。以落实事业单位绩效工资为重点，继续推行工资清单发放制度，机关事业单位工资收入分配公平公正、合理有序。

**【劳动关系】**着力构建和谐劳动关系，综合运用信访、劳动监察、争议调解仲裁等手段，依法维护劳动者合法权益，努力构建和谐劳动关系。制定了《庆阳市构建和谐劳动关系工作实施方案》，协调设立劳动人事争议仲裁院9所，成立“劳动人事争议仲裁委员会”9个，仲裁机构组建率达100%。受理各类劳动人事争议案件129起，办理群众来信来访劳资纠纷案件77件219人（次)，调解仲裁效能大幅提高。强化劳动保障监察执法，深入推进劳动合同制度，依法加大对用工单位执行最低工资标准的监督检查力度，组织开展了“人力资源市场秩序专项整治”“劳动用工日常巡查”等专项行动，检查各类用人单位3858户，处理拖欠农民工工资投诉案件592件，为6368名农民工追讨工资2089万元，协调处理20人以上追讨工资群体性突发事件19起，有效维护了劳动者的合法权益。

**【自身建设】**不断加强政风行风建设，严格执行中央“八项规定”、省委“双十条”和市委《实施细则》，制定出台了《关于改进工作作风密切联系群众的实施意见》，对经费管理、信访维稳、工作纪律等10个方面进行了严格规范，厉行勤俭节约，“三公”经费同比下降了35.6%，其中公务接待费同比下降56%。强化干部培训教育，坚持“周四讲堂”和“党组成员上党课”活动，全年举办各类辅导讲座、集体学习32场次。高度注重机关文化建设，组织开展了“庆三八·话人社”巾帼茶话会、迎国庆“民生杯”职工健身运动会、赴革命圣地接受红色传统教育等系列活动，收到了良好效果。推进机关效能建设，开展了“效能提升年”主题实践活动，修订完善了督查考核办法，聘请人社系统政风行风监督员15人，收集意见建议52条，整改率达到了100%。高质量办结人大代表建议2件、政协委员提案10件，按期办结率和代表委员满意率均达到了100%。承办的5个省市为民办实事项目全面完成。坚持领导班子“月初计划、旬末分析、月底汇报反馈”制度，通过晒成绩单、晾排行榜等方式，定期通报，跟踪问效，限期督办，机关工作效率大幅提高，为事业发展提供了重要保障。

**【双联工作】**紧紧围绕“五年基本脱贫、八年建成全面小康社会”的奋斗目标，突出扶贫攻坚和密切联系群众两项任务，坚持以促农增收为核心，以实事办理为抓手，通过衔接单位帮着办、发动职工自己帮等措施，全年共筹资170万元，组织实施了新农村集中居民点建设、自来水入户、通村道路建设、村民文化广场建设、千亩生态造林等十项年度帮扶计划。在“双联”村开展培训5场次、培训农民900多人，组织输转劳务120多人、创劳务收入500多万元，邀请医疗专家义诊2次、体检300多人次，捐赠电脑1台、图书320册、化肥农资2.5吨，帮助建成新农村住宅1期14户，修建通村道路3.5公里，完成生态造林1000多亩。特别是为村上接通了自来水，彻底解决了该村28户贫困家庭及周边175人、600多头大家畜的饮水难问题。(市人力资源和社会保障局　供稿)

## 民　政

**【工作综述】**2013年，在市委、市政府、省民政厅的正确领导和精心指导下，全市各级民政部门认真贯彻全市经济工作会议和全省民政工作会议的部署和要求，紧紧围绕全市经济社会发展大局，着眼“双五”目标（五个翻番、五个全覆盖），进一步创新体制机制，完善服务功能，强化责任，真抓实干，开拓创新，着力构建“五大”体系，全面完成了年度工作任务，为全市经济社会转型跨越发展作出了应有的贡献。2013年度荣获全省民政工作目标管理责任制考核一等奖。

**【专项资金】**自下而上开展了全市民政专项资金自查，对自查出的各类问题，逐条逐项进行了整改完善，确保了各项民政资金的规范管理、安全运行。

**【社会救助】**1月1日起，城市月保障标准西峰区、庆城县、环县由246元提高到282元，其余五个县由213元提高到245元；农村保障标准由年1488元提高到1907元；分散、集中供养五保对象的供养标准分别由每人年2400元、2600元提高到2600元、2800元。全年保障城乡低保对象13.1万户40.1万人，五保供养对象11557人，累计发放保障金5.99亿元。巩固全国社会救助示范市成果，全面落实城乡低保评议、公示制度，规范申请、评议、公示工作程序，建立和完善低保家庭申报听证和收入核查机制，扎实开展了救助对象清理清查工作，完善了县、乡、村三级档案，实现了省、市、县、乡城乡低保信息录入软件四级联网，保障对象准确率达到95%以上。积极协调有关部门落实了住房、医疗、教育等配套救助政策。我市被国家民政部确定为“全国居民家庭经济状况核对试点工作优秀单位”。全面推行城乡医疗救助“一站式”即时结算服务，实施城乡大病医疗救助16552人次，发放救助金7733.2万元；救助重特大疾病患者260人，发放救助金102.7万元；实施城乡临时救助15429人次，发放救助金635.95万元。

**【防灾减灾】**一是受灾群众生活安排，有效应对干旱、洪涝等自然灾害，开展减灾救灾工作，共筹集下拨救灾资金5079万元，紧急调拨救灾帐篷3850顶、棉被5000条、行军床4000张，各类生活用品价值220多万元，设置集中安置点137个，紧急转移安置洪涝受灾群众10794户41473人，救助灾民47.26万人次。二是防灾减灾体系建设，进一步完善了防灾减灾防控体系、宣教体系、救援体系、责任体系、核灾体系五个体系，制定了出台市、县区《防灾减灾“十二五”规划实施方案》，修订完善县、乡、村三级《自然灾害应急预案》1390个，配备村级灾害信息员1319名，举办业务培训班8期1446人，加强与气象、国土、水务、农牧等部门衔接，完善预测预警制度，对强降雨天气、重大雨情、地质灾害和道路状况及早预报、提前预警和滚动发布信息，做到早预报、早防范、早应对。组织各类应急演练活动18次，参与3600多人。开展防灾减灾知识“进农村、进社区、进机关、进学校、进工地”等科普宣传活动24场，发放各类宣传资料12.7万张。三是灾后重建，面对严重的洪涝灾害，及时成立了灾后重建领导小组，提出了科学的重建方案，制定了灾后重建工程统一设防标准，实行行政首长负责制、工程质量终身责任追究制和建筑企业宣誓制，采取县区政府统一领导、民政部门主抓、有关部门配合、乡镇具体组织实施的工作机制，迅速组织开展灾后重建工作。全市共筹集洪涝灾害救助资金30603.3万元，完成重建房屋8290户24974间，维修9768户25194间，实现了入冬前灾民基本搬入新居的目标。四是防灾减灾项目建设，先后投资4281万元，实施各类防灾减灾项目22个，已完成20个。市级大型避难场所和救灾物资储备库项目正在建设中，新建3个县级救灾物资储备库和3个县级中型避难场所前期工作抓紧推进。做好应对自然灾害救灾物资储备和救灾装备配备工作，共储备救灾帐篷3290顶、救灾物资12大类30多个品种。

**【双拥优抚】**一是双拥工作，结合纪念双拥运动70周年，利用悬挂横幅、播放双拥工作电视专题片及新闻等形式，开展了国防教育、爱国教育和革命传统教育“进机关、进学校、进社区、进福利机构、进村镇、进军队”活动，营造了良好的双拥工作氛围。深入开展共建活动，新建军民共建点28个。二是“双十”工程，全市筹资金2291万元，援建庆阳市国防教育培训基地、环县消防大队和武警中队营房建设等17个建设项目已全面完成，解决了驻庆部队军事训练、战备后勤、办公生活中的实际困难。三是“扶创”活动，将“扶创”项目纳入妇女小额贴息贷款资助范畴，向县区下拨担保基金1000万元，帮助1065人名复退军人申请贴息贷款3680万元。四是优抚工作，建立了抚恤补助自然增长机制和城乡义务兵兵役优待金补助制度，严格按政策规定足额为重点优抚对象发放抚恤定补费2557万元;全面实现了优抚对象医疗费结算“一站式”服务，为重点优抚对象缴纳参合参保资金88.98万元，为2615名重点优抚对象减免门诊费58万元，为78名患者减免住院费40.2万元。实施“慰烈工程”，全市投资337万元，完成迁移维修零散烈士墓1233座,维修零散烈士纪念设施15处。五是安置改革和军休工作，举办退役士兵职业教育和技能培训班8期，培训退役士兵517人。认真贯彻落实新《退役士兵安置条例》，对新《条例》颁布之前入伍的全部按老政策给予妥善安置，对2011年新《条例》颁布之后入伍的全部执行了新政策。按政策规定为836人及时发放退役士兵兵役优待补助金2510万元，落实军休人员的政治、生活待遇，安排军休干部进行了体检和外出考察学习，按期完成了军退职工接收安置任务。

**【社会福利】**一是社会福利机构标准化建设，制定出台了《庆阳市社会福利机构等级评定办法》和《庆阳市社会福利机构等级评定标准》（试行），完善了养老机构等级评定、财政性补助资金使用评审、老年护理服务标准、养老服务质量评估等制度，在全市社会福利机构开展了标准化建设，做到了服务设施、医疗保健、档案管理、安全防患“四统一”。二是养老服务体系建设，市县两级制定出台了《养老服务体系建设规划》，分别建立了专项基金（市级2000万元，县区级500万元），以以奖代补的方式支持养老服务设施建设，各类养老服务设施建设进展较快。市养老基地建设项目已列入省级示范基地，前期手续基本办理结束。宁县社会福利院和老年公寓、合水县中心敬老院已完成主体建设任务，正宁县老年公寓和回民敬老院已建成投入使用。环县社会养老服务中心、华池县社会福利院正在办理前期手续。年内新建城市社区老年人日间照料中心10个、农村社区老人日间照料中心96个、农村老人幸福院104个。全市已建成社会养老服务设施412个，床位达到6569张，每千名老人拥有床位数达到20张。三是儿童和残疾人福利服务，全面落实孤儿养育标准，为2257名孤儿共发放基本生活费13494.44万元。组织实施疝气、先天性心脏病儿童手术康复及福利机构残障人员肢体矫形手术70例，组织14名孤儿参加全省适龄孤儿职业技能培训。广泛开展了接送流浪孩子回家专项行动，积极推进市救助管理站标准化创建活动，救助流浪乞讨人员1376人次。按期完成了全市农村贫困家庭重残儿童摸底、筛选工作，年内全市收养重残儿童278名。四是慈善事业，成立市、县、乡三级慈善组织124个，建立慈善超市15个，筹集善款84万元，资助福利项目4个，实施救助212人次。暴洪灾害期间，全市共接收党政机关、企事业单位和社会各界干部群众捐款1100多万元，有力支持了灾后重建工作。加强彩票营销宣传，推进福彩网点规范化建设与管理，销售福利彩票2.12亿元。

**【社会管理】**一是社会组织管理，狠抓社会组织培育发展和党建工作，新成立社会组织293个，撤销23个。市、县区均成立了社会组织党工委，新建立党支部109个，党组织组建率达到67%以上，党的工作覆盖达到100%，并对全市所有社会组织党支部进行分类定级，进一步推动了社会组织党建工作。加大执法监察和日常管理力度，社会组织年检率达到90%。二是基层民主政治和社区建设，推进村务公开和民主管理工作，完善民主决策和民主监督机制，积极开展民主管理示范单位创建活动，年内创建全市村务公开民主管理示范村206个。启动实施了第八次村委会换届选举工作。扎实开展城乡示范社区创建活动，制定了《关于进一步加强城市社区建设的意见》，年内共推荐全国和谐社区建设示范单位4个、全省示范单位21个。三是区划地名，圆满完成了《政区大典庆阳卷》编纂工作，有序开展地名文化建设工作，积极开展平安边界创建活动，签订了《平安边界友好协议》，建立了定期走访、联席会议、矛盾纠纷排查会商和联合查处等制度，维护了边界地区的和谐稳定。四是婚姻登记，积极推进婚姻登记机关规范化建设，全市婚姻登记机关均建立了婚姻登记工作网络平台，实现了部、省、县信息联网、在线登记。西峰区、正宁县民政局婚姻登记处积极创建国家AAA级婚姻登记机关。五是收养登记，制定出台了《庆阳市弃婴弃儿权益保障办法》，严格程序、规范管理，全市福利机构依法收养社会弃婴38人，送养社会弃婴8人。六是殡葬管理，编制出台了市、县区、乡镇三级《公墓建设规划》，扎实开展殡葬管理集中整治活动，加快公墓和殡葬服务设施建设进度，全市新建公益性公墓53处、集中安葬区215处，清理搬迁坟墓8917座、平坟头11010座。正宁县殡仪馆已建成投入使用。落实了城市“三无”人员、农村五保户、重点优抚对象及其他特困人员基本殡葬免费服务惠民政策。（市民政局 供稿）

## 环境保护

**【工作综述】**2013年，全市环保工作在市委、市政府的正确领导和省环保厅的精心指导下，坚持以党的十八大精神为指导，围绕经济社会转型跨越发展主题，全面落实市委、市政府对环保工作的部署和要求，以建设美丽庆阳为目标，以污染减排和生态市创建为抓手，加强污染减排、城乡和矿区污染防治与管理，强基础、严执法、硬措施、保民生、抓落实、争上游，全面完成了省上下达的各项目标任务，全市城乡生态环境持续改善，环境保护工作整体水平全面提高，为建设国家级大型能源化工基地和实现全市经济社会发展目标提供了有力的环境支撑，

**【环境质量】**全市环境质量总体保持稳定，市区环境质量继续好转，主要河流水质稳步改善。市区环境空气质量好于二级标准的天数达到352天，占全年总天数的96.4%；二氧化硫年平均值控制在0.023毫克/标立方米，二氧化氮年均值控制在0.017毫克/标立方米，可吸入颗粒物年均值控制在0.075毫克/标立方米，达到国家环境空气质量二级标准；城市饮用水源地水质达标率、地表水水质达标率均达到100%；交通干线噪声、区域环境噪声达到国家标准。全市主要河流马莲河、蒲河6个省控监测断面中，姚新庄、巴家咀水库、马头坡监测断面水质年均值均符合功能区标准，曲子大桥、韩家湾、宁县桥头监测断面水质年均值超出功能类别要求。与上年相比，马莲河、蒲河综合污染指数有所下降。

**【环境治理】**一是污染减排。经环保部和省环保厅核查核算，2013年庆阳市化学需氧量排放量15513吨，比2012年15763吨下降1.59％；氨氮排放量1759吨，比2012年1756吨增加0.15%；二氧化硫排放量15167吨，比2012年14805吨增加2.45％；氮氧化物排放量15164吨，比2012年14723吨增加2.99％，均完成了省政府下达的年度污染减排任务。二是机动车污染防治。市政府发布了《关于实施国家第四阶段机动车污染物排放标准及限制部分外埠旧机动车转入的通告》，有效控制了外埠高污染机动车转入，完成了5.4万辆机动车环保检测任务，发放环保标志6.1万枚，注销报废1292辆，强制淘汰2005年前注册营运的黄标车183辆。三是排污许可证发放。制定印发了实施方案及实施细则（试行），编制了技术指南，全市发放许可证81个。四是大气污染防治。制定印发了《庆阳市城市大气污染治理方案（2013-2020年）》，组织开展了全市大气污染源调查，加强了工业、燃煤、扬尘、机动车尾气污染防治，组织开展了全市大气污染专项检查，查处了一批大气污染环境违法行为。五是马莲河流域水污染防治。制定印发了《庆阳市2013年度马莲河流域污染治理工作方案》，加强了重点废水污染源监管，完成了38个重点废水污染治理任务。六是危险废物及化学品环境管理。督促中石油庆阳石化分公司、中石化华北分公司第一采油厂、长庆油田第二采油厂、庆阳市医疗废物集中处置中心4家单位开展了危险废物规范化管理工作，完成了全市重点行业生产化学品调查任务。完成了庆阳石化公司等8户重点污染企业工业企业环境保护标准化建设试点任务。

**【生态治理】**加强农村环境保护，年内完成了53个村的农村环境连片整治项目任务，投入资金3253.92万元，废旧农膜回收利用率达到85%以上；农村饮水卫生合格率达到100%；畜禽粪便综合利用率达到75%以上。受益农户30481户，受益村民133082人，受益面积2065平方公里。使人居环境和群众生产生活水平得到有效提高。健全完善了水源地安全防范制度，建立了饮用水源保护区监督管理机制和饮用水源地安全保障应急机制，部署开展了全市水污染防治宣传教育活动和饮用水源保护环境执法监察。对全市集中式饮水在1000人以上的79个乡镇集中式水源地进行了划分，划分总面积886.5286 $km^2$。

**【环保科技】**开展了全市油煤气资源开发与生态文明建设课题研究。甘肃省环科院联合中国环境科学研究院、中国矿业大学通过实地调查、资料收集、技术分析等，以2010 年为基准年，以2015、2020年为近期、远期评价时段，以全市18个工业集中区和石油化工、煤化工、煤电、农产品加工、建材、物流等产业为重点，从战略分析、现状分析、影响评估、对策方案、绩效评估五个方面，分低、中、高速发展方案对全市资源环境综合承载了进行了技术研究分析，编写形成了《甘肃省庆阳市油煤气资源开发与生态文明建设环境战略研究》，通过了庆阳市政府组织的课题评审。

**【环保规划】**开展了《庆阳市十二五环境保护规划》中期评估工作，下发了通知，制定了评估报告编写格式和资料报送格式，编制完成了评估报告。按照《庆阳市统筹推进“一线八域”建设规划》和市委农村工作部要求，修改完善了庆阳市长环线环境保护规划及实施方案，进一步优化沿线经济社会发展，提高环境保护水平。

**【环境宣传】**以“生态文明陇原行”专题宣传

活动开展为契机，全面反映我市环保工作取得的新进展和新成效。在市电视台开办了空气质量周报节目，定期向市民公布市区环境空气质量。在市环保局局域网上开设了环境宣传、生态市创建、污染减排专栏，以及12369环境投诉平台和空气质量周报专栏，定期将环境空气质量、饮用水源水质监测、重点环保工作进展等情况进行公布。“六·五”世界环境日宣传活动进展期间，召开庆阳市环境质量新闻发布会，举办广场文艺汇演、送环保知识下乡进社区入学校、散发宣传资料、悬挂宣传标语、媒体公益公告、开设环保宣传专栏等活动。邀请甘肃日报社、甘肃人民广播电台、甘肃经济日报社驻庆阳记者站、庆阳广播电视台、陇东报、庆阳市委网、庆阳综合门户网等对上述宣传活动及环保中心工作进行专题报道，营造了浓厚的舆论氛围。（市环保局　供稿）

## 人口和计划生育

**【工作综述】**2013年，全市人口和计划生育工作在市委、市政府的正确领导和省人口委的精心指导下，围绕全省“精细化服务管理年”主题，建立一个中心（人口基础数据信息交换中心），调整两个布局（农村和城镇服务阵地、服务人员两个布局），开展三项活动（人口信息质量信得过单位创建、流动人口“双百”提质、孕前优生健康检查阵地质量“双达标”三项活动），抓好四项示范（“陇家福”“十百千”示范、诚信计生、基层群众自治万村（居）和节育奖励四项示范），精心谋划工作、精心指导工作、精心落实工作，细化工作任务、细化工作措施、细化工作责任，实现人口计生工作标准化、精细化，提升整体工作水平。特别在国务院机构改革启动后，及时强化组织领导，一如既往常抓不懈，推进全市人口计生工作稳定开展，各项目标任务得到较好落实。10月底，全市人口出生率、自增率分别控制在8.88‰和5.12‰，农村符合政策生育率提高到89.21%，总出生人口性别比为104.96，能够完成年度人口控制目标。

**【责任管理】**全市各级党委、政府高度重视人口计生工作，当作民生工程落实，列入重大事项督查。一是强化组织领导。春节前夕，建议市政府栾市长向全市人口计生干部致公开信，鼓舞士气，寄予厚望。机构改革开始后，市委夏书记、政府栾市长分别听取人口计生工作汇报并作出重要批示，市委、市政府及时召开人口计生工作视频会议，专题部署机构改革期间工作，争取分管领导就机构改革期间持续抓好人口计生工作深入县乡督导检查。二是强化目标管理。严格落实计划生育目标管理责任制，完善和改进考核办法，实行层级动态管理，强化分口把关、分级负责、分级管理、分级考核，进一步健全“横到边、纵到底”的工作责任体系和警示机制，调动基层抓工作的内在动力。三是强化责任落实。今年，市、县(区)先后对234个部门单位、379名干部进行了表彰奖励，对202名责任人进行了责任追究和经济处罚。

**【保障机制】**按照“稳定机构，稳定队伍，激活乡级，发挥村级”和“国策要靠国库保”的思路，进一步强化保障措施。一是坚持“五不变”。保持了乡镇计生办机构、正科级建制、主任正科待遇、公务员编制、工作职能　“五不变”。乡镇计生办公务员编制普遍达到3人以上。县（区）服务站配备技术人员15人以上，中心所配备6人以上，普通所配备4人以上。行政村至少配备1名以上包村专干，社区配备2名以上计生专管员，村民小组选配1名自管小组长。通过招考安置122名医学院校毕业生到县乡计生服务站所工作。2012年启动实施了计划生育“百名技术骨干”培训工程，今年培训76名、累计培训149名。二是开展“双推优”。继续完善和落实计生干部队伍的提拔晋升、交流转岗机制，今年我委有1名副主任提拔为正县级领导干部，1名科长提拔为副县级非领导干部，全市共有8名计生办主任提拔为乡镇长、4名计生办副主任提拔为主任、27名计生办副主任转任乡镇副书记、副镇长，32名计生办主任调整到乡镇人大主席和县区部门副职岗位工作，49名计生干部提拔为副科级，推优入党256名。三是落实经费保障。持续加大人口计生经费投入，2013年，各级财政累计投入计生事业费1.184亿元，较2012年增加2400万元，增长25.4%，全市人均投入达到45元，实现了逐年增长。

**【计生管理】**把严格控制政策外生育作为全市人口计生工作的首要任务。一是抓实基础工作。抓实节育服务、独生子女领证、抚养费征收等控制人口过快增长的基础性工作。10月底，全市完成节育手术24634例，节育措施落实率为96.8%，新增独生子女领证2220户，新增农村二女节育户1903

例，社会抚养费当年、历年征收比例分别达42.8%、66.79%。强化全程服务管理，严格审批再生育指标，通过耐心细致的思想宣传、说服教育，争取群众支持和参与。二是提升薄弱环节。加大城乡服务人员布局调整，弥补薄弱环节，全市城区调配计生专干116名，协调西峰区将原招聘的32名流动人口协管员纳入公益岗位，使城区管理对象和计生专干比例基本达到500:1，突出做好“城中村”、城乡结合部等重点地区和流动人口、社区居民等重点人群的计生工作。三是抓严干部管理。严格落实党员干部职工计生工作法人负责制。强化日常监管，加强孕前服务、请长假管理和档案信息管理，坚决杜绝政策外生育。对有违法违纪超生问题的，坚持处理到位，不打折扣、不搞变通。今年，全市共清理出超生违纪干部职工3人，已处理3人，行政处分3人（符合再生育条件未持证），落实经济处罚3人。全市共审核拟提拔、晋升职称、评优评先干部职工计划生育情况2764人。四是推进“金人工程”。全市组织开展了“消重补漏”百日专项行动、“人口信息质量信得过单位”创建活动和计生干部驻医疗单位开展住院分娩实名登记试点，促进信息化提质应用。指导西峰区各乡镇建立了“陇家福”特殊关爱人群信息库并实现与全员人口信息系统挂接，引导服务关怀活动开展。通过相关部门间信息数据交换、比对、共享，拓宽信息采集渠道，初步形成了计生干部入户采集为主，妇幼保健、住院分娩、婚姻登记、户籍管理、社会治安等共享采集为辅，药具发放、工商注册、子女入学等办事采集为补充的多渠道信息采集格局，进一步提高了全员人口信息质量和拓展应用效率。

**【利益导向】**以创建利益导向政策体系建设示范区为契机，全市围绕群众多层次需求，结合“陇家福”工程，建立健全了“惠一生”的家庭发展政策保障体系和“十进家、十宣传、十送给、十服务”的人文关怀服务体系。从2011年起，全市把计划生育奖励扶助对象年龄统一提前10年，对年满50周岁的对象每人每年发给奖扶金720元，市、县财政各承担一半，直至60周岁与国家政策相衔接，3年共投入789.41万元、10964人（次）受益。各县区也出台落实了一些特殊扶持政策，如：合水县“金凤凰”百万计划、“金凤凰”救助基金；华池县“66123”百万扶持工程；庆城县 “春蕾育才”工程。环县“幸福家庭”雨露行动，安排4年内整合各类资金1.17亿元，为农村“两户”修“饭碗田”、建“幸福屋”、投“致富羊”、办“康宁险”、发“关爱金”。今年全市各项优惠奖励政策的实施惠及计生家庭55127户、1.62亿元，户均受益2940元。

**【诚信计生】**把诚信计生作为转变工作方式的重要手段，全面总结推广合水县董家寺群众自治经验，建立制度保障、激励引导、监督制约三项机制，促进政府诚信、群众守信、村民互信，深化基层群众自治。一是实行合同管理。村（居）民委员会与诚信计生小组全体成员签订《诚信计生协议书》，明确双方权利义务、违约责任，确保政府承诺的各项奖励优惠政策落到实处，促使育龄群众遵守计划生育法律法规。二是坚持政府诚信。注重利益引导，依法兑现法律法规规定的和国家、省、市、县制定的各项奖励、扶助、救助政策，切实提升计生家庭发展能力，增强诚信计生吸引力。三是促进群众守信。指导全市1285个行政村重新修订村规民约、诚信计生合同。在村规民约中普遍规定，不履行赡养义务的，在社会救济、公益扶持上不得优先、不得担任村组干部、取消评优选模资格、不得推选为人大代表、政协委员。同时把诚信生育与公民社会诚信结合起来，纳入金融系统征信评定范畴，与农村信用等级户评定挂钩，对不守信的，降低信用等级、减少或拒绝发放贷款。目前，全市1060个村（居）有诚信计生小组、有村规民约、有诚信计生协议、有诚信计生规章制度，双向承诺诚信协议书签订率达到93.19%。在22个乡镇开展了诚信计生奖励试点，对自愿落实绝育手术的二女户夫妇，每人每月给予60元的奖励。

**【依法行政】**严格落实中央和省市关于加强作风建设的具体规定，下功夫解决计生干部队伍作风上不适应、能力上不符合、思想上不稳定、工作上不主动等问题。一是简化办事程序。全市统一规范和简化了9类计划生育证明证件办理程序，减少提交资料4类，压缩工作环节3项，确保制度设计实现“零障碍”。对再生育指标申报、奖励扶助审批等项目实行乡镇计生办限时代办制，严格落实首接负责、一次告知、限时办结、代理服务等制度。对有特殊困难的群众，实行“三证一送”和“三送一对”服务，切实方便群众。二是拓宽服务窗口。县、乡两级计生部门全部进驻政务大厅，定岗定员办理业务，实行“一个窗口”对外、“一体化”办公、“一站式”办结。在市、县人口网站增设“便民服务”“互动平台”，将计划生育证件及优惠政策办理依据、条件、程序、需要提交的证明材料目录、申请表式样、服务承诺等全面公开，接受监督。三是加强联合执法。市、县坚持每季度开展一次打击“两非”联合执法检查，今年共对全市 1564 个医疗服务机构开展执法检查，发现违规个体诊所 10 家，依法立案查处 10 起、处理 10 人、没收器械 32 件、药物 1.62 万元，行政处罚 1.45 万元。

**【大事要事】**1、镇原县被国家卫生和计划生育委员会授予“全国计划生育优质服务先进单位”。

2、西峰区、正宁县、宁县被甘肃省统筹解决人口问题领导小组命名为“全省人口和计划生育利益导向政策体系建设示范县（区）”。

3、庆阳市西峰区董志乡罗杭村、北街办事处东湖社区、温泉乡米堡村、西街办事处东门村被中国计划生育协会命名为“全国人口和计划生育基层群众自治示范村（居）”。（市人口和计划生育委员会　供稿）

## 安全监督

**【工作综述】**2013 年，全市安全生产工作在市委、市政府的正确领导下，坚持以“强化安全基础，推动安全发展”为统领，抓责任促落实、抓落实促监管，抓监管促整治、抓整治促稳定，全环节加强安全生产工作，统筹兼顾、深入推进各项安全生产活动和各项安全工作措施到位，大力防范和减少各类生产安全事故发生，努力推动了安全生产形势持续好转。

**【控制指标】**全市共发生生产安全事故454起，死亡110人，受伤437人，直接经济损失390.94万元，同比事故起数下降3.4%、死亡人数上升0.92%、受伤人数下降3.53%、经济损失下降2.31%。其中，道路交通事故329起，同比下降4.91%，死亡107人，同比下降0.93%，受伤428人，同比下降3.6%，直接经济损失83.6万元，同比下降0.3%，发生1起重大道路交通事故，2起较大道路交通事故；火灾事故123起，受伤9人，直接经济损失308.35万元；工矿事故2起（均为建筑施工事故），死亡3人；农机领域未发生生产安全事故。按照省上下达的控制指标，全市各类生产安全事故死亡110人，占省上下达指标121人的90.91%，其中道路交通事故死亡107人，占省上下达指标108人的99.07%，工矿商贸事故死亡3人，占省上下达指标11人的27.27%，火灾、农机无人员死亡，发生2起较大道路交通事故，占省上下达指标的100%。

**【安全责任】**市委、市政府高度重视安全生产工作，按时、按规格召开安委会成员单位会议、安全生产工作会议和安全生产电视电话会议 8 次，研究、分析、部署、督促全市安全生产工作。市委、市政府主要领导先后 5 次对安全生产工作做出批示，督促加强安全生产工作。市政府与 8 个县区、市直 14 个部门单位、24 户中省驻庆企业及重大建设项目单位签订了安全生产责任书。市安委会办公室及时制定下发了《庆阳市 2013 年安全生产工作考核办法》，分解下达工作指标和控制指标，县区与乡镇街办，乡镇街办与村组社区层层签订了目标责任书，建立了横向到边、纵向到底的安全生产责任体系。

**【隐患排查】**全市各级、各有关部门、各企业（单位）按照省、市安排，将安全生产隐患排查治理作为一项长期性、常规性工作，持续深入开展安全生产隐患排查治理，形成了安全生产隐患排查治理的长效机制。至年底，全市各行业（领域）共排查各类企业单位 5180 家（次），排查一般隐患 10464 处（条），已整改 10336 处（条），整改率 98.88%。

**【打非治违】**组织全市 15 个部门（单位）依据上级主管部门和行业要求制定了 18 个“打非治违”专项整治行动方案，各负其责，协调配合，联合执法，按照各阶段目标任务，开展“打非治违”专项行动。截止年底，全市共查处、治理安全生产非法违法行为 3681 起，责令停产停业企业 6 户，关闭非法违法企业 4 户，罚款 102.49 万元；排查各类企业、单位 4881 户，排查一般安全隐患 11704 处，治理 11599 处，治理率达到 99.1%；排查重大隐患 198 处，其中省级挂牌督办 1 处，省直厅局挂牌督办 20 处，市级挂牌督办 22 处，县（区）挂牌督办 153 处。

**【安全生产大检查】**6 月 7 日，全国、全省安全生产电视电话会议之后，及时召开全市安全生产电视电话会议，认真传达学习会议精神，把开展安全生产大检查作为加强安全生产、提升安全生产水平的重要举措，对安全生产大检查工作进行精心谋划、系统部署、扎实推进，把“全覆盖、零容忍、严执法、重实效”的总要求全面落到实处。全覆盖，就是从重点行业、高风险领域和问题突出单位入手，全面、深入、彻底地组织开展拉网式、拉练式安全生产大检查，先后组成安全生产大检查工作组530个（次），检查企业1278户（次）。零容忍，就是对发现的重大隐患绝不容忍，绝不姑息，立即明确整改责任、要求和时限，做到即查即改、不留隐患。今年大检查期间，发现问题及隐患2158条(处)，现场整改1732条（处），限期整改426条（处）。严执法，就是对整改不力的勒令停业整顿，对带病运行的依法关停，对违法违规的坚决取缔。这一段责令停产、停业、停止建设单位6户；实施行政处罚96.77万元；挂牌督办3处。重实效，就是确保大检查不留死角、大整改不留后患，全面保障大检查实际效果，全面提升安全生产监管水平。先后组织市级督查两次，采取明查暗访、随机抽查、实地查看等方式，累计检查部门、企业、单位140户，查处整治隐患和问题356条。

**【基层基础建设】**一是进一步健全地方制度。市委、市政府制定印发了《关于进一步加强安全生产工作实施意见》，市安委会制订印发了《庆阳市安全生产约谈制度》《庆阳市安全生产事故隐患排查治理制度》和《庆阳市安全生产“黑名单”管理制度》等一系列政策措施，安全生产长效机制进一步建立。二是进一步加强监管能力建设。按照市政府出台的《庆阳市关于坚持科学发展安全发展切实加强安全生产基层基础工作的实施意见》，市级财政安排安全生产专项资金794万元，各级都不同程度落实安全生产专项资金，配备装备安全监管器材设备。市安监局举办专题培训班，对全市乡镇（街办）安全监管人员进行了业务培训，并向考核合格人员发放了《安全生产检查证》，并利用自有资金144.96万元，为全市122个乡镇（街办、办事处）安监站统一配备台式电脑、传真一体机、单反相机、录音笔等办公及执法装备，在乡镇安监站全面推行委托执法，安全生产监管能力进一步提升。三是进一步加强安全生产源头管理。从2013年开始，市政府明确全市凡实施的项目都要落实“三同时”制度，对未进行安全预评价、安全设施设计未通过审批的建设项目，项目主管部门不得审批立项，建设部门不能办理开工手续，坚决防止出现新上项目、新建企业安全生产“先天不足”的问题。市发改委、市安监局对全市立项项目进行汇总造册，纳入建设项目管理程序，严格落实“三同时”审查制度。注重职业危害监管工作，认真落实职业危害“三同时”各项规定。截止去年年底，全市完成企业职业危害因素网上申报471户，完成备案471户，较前年净增114户。四是进一步提高安全生产应急保障能力。市、县两级生产安全事故应急预案体系逐步完善，2013年主要是着力加强企业生产安全应急预案备案管理工作，已有132户非煤矿山、危险化学品企业的生产安全事故综合应急预案、专项预案和现场处置方案完成了网上备案，在全市形成了政府有综合预案、部门有专项预案、企业有处置预案的生产安全事故应急预案体系。结合开展第五个“应急演练周”活动，在一些重点高危行业开展应急预案演练活动，提高了职能部门和重点企业应对处置安全生产事故的能力。市委、市政府于2013年8月31日，在中油庆阳销售公司二库组织开展了大型石油化工火灾企地联合演练。

**【安全教育】**以“强化安全基础，推动安全发展”为主题，以各类新闻媒体为载体，宣传贯彻安全生产方针政策、法律法规和安全常识，不断提升全社会安全意识。认真组织开展了“安全生产月”“安全生产宣传咨询日”等活动。在全市有条件的社区、建筑工地、校园、农机、道路交通领域开展“安全社区”“安全文明工地”“安全校园”“平安农机”“平安畅通县区”等系列平安创建活动，形成浓厚的安全文化氛围。同时，加强对安全生产从业人员的教育培训，不断提高安全生产从业人员的安全素质。（市安全生产监督管理局　供稿）

## 质量技术监督

**【工作综述】**2013年，庆阳市质量技术监督局始终坚持“抓质量、保安全、促发展、强质检”的工作方针，坚持“服务发展、控制风险、队伍建设、创先争优”的工作思路和“高位追赶、跨越发展”的工作理念，坚持以“项目推进年”和“工作落实年”为抓手，沉着应对各类挑战，稳健推进各项工作，各项工作取得了新成绩，重点工作取得了新突破。推进质量振兴工作在市州政府中排名第五，市质监局被省质监局评为全省质监系统2013年度先进单位。2013年9月份食品监管职能划转至市食药监局，年底省政府调整工商质监行政管理体制，取消省以下垂直管理，恢复地方市(州)县(区)政府管理。2013年度，庆城县赤城苹果国家级农业标准化示范区，庆阳苹果、庆阳香包、环县皮影国家地理标志保护产品等4个“国”字号和西峰区无公害肉猪养殖省级农业标准化示范区、甘肃省陇东质量检验检测中心2个“省”字号的密集隆重推出，标志着全市质监事业迈入跨越升级的高层次、快车道。

**【质量振兴】**一是筹备召开了全市质量工作会议、质监工作会议和质协换届大会，初步构建了政府主导、部门协作、全民参与的大质量工作格局。二是质量强市示范城市创建活动取得突破性进展。目前，总局下发公告庆阳市已成功通过申辩论述环节，进入为时两年的争创阶段。三是先后提请市政府出台了《庆阳市人民政府关于实施质量发展纲要（2011-2020年），进一步推进建设“质量强市”的意见》《庆阳市人民政府关于加快推进标准化工作的意见》《庆阳市标准创新贡献奖管理办法》以及《庆阳市名牌战略“十二五”发展规划》等政策文件，各县（区）局依照市上的做法，也提请县（区）政府相应出台了实施意见和办法。四是积极推进名牌战略，庆阳苹果、庆阳香包和环县皮影入选为国家地理标志保护产品，我市10户企业的10个产品获甘肃名牌产品，7户企业获质量诚信等级A级评价，庆城县赤城苹果国家级农业标准化示范区通过国标委考核验收，西峰区无公害肉猪养殖省级农业标准化示范区通过省质监局考核验收。

**【执法监管】**一是强化企业分类监管、生产许可认证管理和检验检测机构监督管理。全市生产企业全部签订质量安全责任书，生产许可证和“3C”认证实行分层级动态管理，开展机动车检验机构和认证实验室的督查和巡查。二是质监利剑行动五大战役以及“清新居室”行动、特种设备安全“十百千工程”专项行动和“打非治违”行动取得阶段性成果。加大了对辖区内食品、农产品认证企业、3C认证企业、建筑类试验机构的质量安全专项督查，开展了电梯、气瓶（罐车）、餐饮场所燃气、小锅炉制造等“打非治违”和隐患排查治理。三是抓细做实基础检验业务，加强质量风险检测和防控工作。全年共检验食品、化肥、建材等产品2711批次，合格率80.0%；检定各类计量器具15809台（件），合格率96%；检验各类纤维制品806批次，合格率86.6%；检验特种设备12689台（件），合格率100%；全市产品质量总体平稳向好，继续保持上升态势。四是利用各种时机发放质量安全宣传品1.6万册，组织行政执法、标准化、计量等业务知识培训1100多人（次）。五是成立了“庆阳市质监局特种设备应急救援中心”，并开展了电梯困人应急救援演练。六是主动与公检法机关衔接，开创了“两法无缝”对接联手行动新局面。

**【基础业务】**成立了庆阳市标准化委员会，并下设工业、农业、服务业三个专业委员会，刻制启用了印章，充实了工作人员，为加快推进全市标准化工作健全了有力的组织领导机构。完成了标准化专家库建设，坚持高标准把关、高规格建设，以科研院校学术带头人、厂矿企业的科技工作者、各行业高级技术人员为主体，吸纳200多名高水平专家充实专家库，发挥出了人才集聚和标准高地的带动作用。今年市质监局积极与农、林、牧等部门及陇东学院、市县科研单位紧密配合，围绕全市优势农、林、牧特色产业，相继起草制定并申报省局批的地方标准32项，最终经过专家评审通过25项，使全市有现行有效农、林、牧及文化产业地方标准157项，农业生产标准全部达到无公害水平。市质监局在经费、房屋紧张的状况下，正式筹建标准情报资料室，为质监执法监管、检验检测提供帮助和指导，也为企业标准查询提供服务。新办（换）组织机构代码证6902家，年检4648家，废置159家，数据更新率平均达到70%，条码新办12家、续展18家。代码、条码实现多部门互查共享，协助相关部门检验、核实组织机构代码证书的真实性、有效性。全年免费检定集贸市场计量器具13100台（件），免收检定费29.7万元。完成了庆阳市水表检定站检定机构授权考核工作，并顺利通过省局考核并发证。诚信计量集贸市场创建取得初步成果，2013年各县均完成了1个诚信计量集贸市场。

**【项目建设】**以落实省局与市政府签署的质量工作合作备忘录为抓手，以“三个一”包抓责任制落实为依托。截止2013年11月底，已上报省局技装技改项目16个，项目总投资1012.9万元。一是市局提交的关于筹建国家石油、煤化工产品监督检验中心（庆阳）的议题已经市政府常务会议审议通过，甘肃省陇东质量检验检测中心已挂牌成立。二是市局筹建了标准情报资料室，各所和县区局的检验检测项目和基础设施建设有了大的强化。气瓶检验总站、移动式压力容器检验站、煤化工、石油及其制品检验、油汽罐检定等项目正在稳步推进、抓紧落实；检衡车、全自动全站仪检定装置、机动车雷达测速检定装置等8个项目已列入省技装技改项目；市纤检所羊绒公检项目已经省纤检局批复，劳保用品检验项目正在考察论证。三是市局积极推动县（分）局技装技改项目，对新上项目要求技术机构以业务合作方式予以一定的项目支持，正宁、环县局分别针对煤炭开发上报省局技装技改检测项目6个。合水、华池、庆城县局围绕压力表检定，拓展同油田二级单位的合作；四是制定印发了《庆阳市质监系统支持全市非公有制经济跨越发展的实施意见》，提出了扶持非公企业发展的13项政策措施。五是全面推进行政许可审批改革。目前行政审批工作基本做到两集中、两到位、三分离，待市政府政务大厅相关窗口就绪后将整体入驻。

**【基层建设】**镇原县局无偿划拨办公大楼正在等待搬迁后正式装修入驻；环县局办公大楼已初步和县委、县政府协商，会议通过后将整体搬迁。全市质监系统执法人员、车辆、服装、摄像、录像、录音等执法装备基本都能得到优先保障。全市质监系统进一步加强了信息化办公、办案，网站建设“金质工程”、应用系统、12365举报投诉正常运行，在全市质监系统积极推广和应用“金质工程”（一期）管理系统。有效推进“联村联户、为民富民”行动，重新筛选确定了41户贫困户，研究解决帮扶经费10万元保证双联工作运行。

**【队伍建设】**一是高度重视领导班子建设。坚持民主集中制原则，注重开好民主生活会，明确一把手不直接分管人事、财务，补齐配强了6个县区局班子。二是先后招录公务员22名、招聘各类专业技术人员46名。成立内设机构4个，充实了人员，细化了工作。三是有针对性地加大各层次各专业人员的业务培训和频次，认真开展质量大讲堂活动，累计培训专业技术人员393人（次），培训公务员316人（次）。四是妥善做好食品监管职能划转人员移交，市县两级12名干部职工已顺利划转食药监局到岗工作。五是深入推进质监文化建设和精神文明建设，成功争创并获批市级文明单位1个，区级文明单位3个，复验合格1个。六是精心编发《庆阳质监通讯》，全年共计编发报送信息17期178条，同比增加30%，其中转载《人民日报》《光明日报》等报刊评论员文章9篇，选编系统干部职工学习考察心得和论文6篇。七是通过每个月的局务扩大工作例会，每季度的比、学、赶、帮、拼专栏，半年工作汇报会等方式抓督导和工作落实。八是开展了“质量振兴，创先争优”流动红旗锦标活动，并与6S精益管理、绩效考核相结合，推进了质监工作整体进步。九是筹建了党建精神文明室、执法监管档案室、图书标准情报资料室、质监文化展览室、体育健身室，设立了质监讲堂、道德讲堂。十是组建了13支网络文明传播小分队和5支青年志愿服务小分队，举办了十八大精神学习理论测试、迎新春干部职工运动会、才艺书画展，积极参加市直机关工委组织的红色运动会，并获得了优秀组织奖。

**【党风廉政建设】**全面落实党风廉政建设责任制，明确目标，细化责任，逐级签订目标责任书，并加强监督抽查考核。扎实开展效能风暴开展效能风暴行动，召开了行风监督员座谈会议，广泛征求意见并结合工作实际整改落实，督查改革行政审批工作机制。开展“小金库”“清房”“清卡”和“两乱”治理，牵头离任县局局长经济责任审计和精神文明创建工作，健全完善规章制度和惩防体系，结合我局效能建设工作实际，修订完善了市局《关于改进工作作风的八项规定》《效能建设九项制度》等二十多项规章制度下发执行，制定《关于进一步加强财务管理工作的意见》，规范了全市质监系统的财务运行。2013年市局在市直28个职能部门机关和政风行风评议中名次由上年的第13名跃为第4名，大多数县局的名次普遍也有所提高。（市质量技术监督局　供稿）

## 食品药品监督

**【工作综述】**2013年我市把食品药品安全工作作为保发展、保民生、保稳定的重大民生工程，紧紧围绕全市经济社会发展主要目标任务和市食品药品安全目标管理责任要求，切实加强领导，深化体制改革，依法加强监管，加大能力建设，突出专项整治，严打违法行为，严防安全风险，健全长效机制，全面完成了各项工作任务，全年未发生食品安全及药害事件，市食药监局被省委省政府表彰为省级精神文明建设工作先进单位，被省政府法制办继续评定为全省依法行政示范单位，完成了市纪委“领导干部勤廉度评价体系建设”试点单位工作和市政府行政审批“两集中、两到位”试点工作，在全市总结推广了经验。食品药品安全工作对维护人民群众饮食用药安全权益、促进全市经济社会转型跨越发展起到了重要的保障作用。

【责任体系建设】市委、市政府把体制改革作为食品药品监管责任体系建设的切入点和突破口，大胆摸索实践，注重顶层设计，全力构建食品药品监管新机制。从2012年开始，我市就在全省乃至全国率先开展了食品药品体制机制创新工作，提出了大统筹、大执法、大监测和在乡镇设立食品药品监管所的工作思路。2013年8月30日，市政府印发了《关于改革完善全市食品药品监督管理体制的实施方案》(庆政发〔2013〕87号)和市级直属机构《三定方案》，将分散在食药监、质监、工商、卫生等部门的食品安全监管职能进行整合，重新组建市食品药品监督管理局，加挂市食品安全委员会办公室牌子，为市政府工作部门。市级按“三局两中心”模式组建了正县级建制的市食药监局、市食品稽查局、市药品稽查局，市食品检验检测中心、市药品检验检测中心。9月29日，市长栾克军主持召开市级食品药品监管体制改革人员资产交接会议暨揭牌仪式，10月上旬市级改革划转人员全部到岗，资产划转完成，新职能开始履行。10月12日，市上召开了县区食品药品监管体制改革工作推进会，要求各县（区）加大力度，加快进度，按期全面完成改革任务。在省政府要求建立“两局一中心”的基础上，根据庆阳正在建设大型能源化工基地和特色农产品基地以及人口多、面积大、监管难度高的实际，我市在县级统一设立“三局一中心”（正科级的食品稽查局、药品稽查局和食品药品检验检测中心），各县（区）共组建行政监管机构8个，并全部加挂本县（区）食品安全委员会办公室牌子，共组建稽查执法机构16个，检验检测机构7个，组建乡镇监管机构116个。各县（区）将乡镇食品药品安全监管工作经费纳入财政预算，研究建立了食品药品安全协管员、信息员工作报酬补偿机制，逐步配备了执法交通工具、执法装备和执法标志服装，提供了必要的办公场所及设施设备，乡（镇）、村食品药品监管网络建设率、运行率达到100%，为提升基层一线监管能力，实现人员、场所、职责、制度、办公设施“五到位”打下了坚实的基础，全面构建起行政管理、监管执法、技术支撑、基层监管“四位一体”的工作格局和“城乡一体、纵横辐射、上下联动、齐抓共管”的责任体系。由于我市机构改革谋划深、行动早、力度大，省上以我市为先进典型在全省作了推广，辛刚国副市长在省政府召开的2013年全省食品药品监管工作会议上代表庆阳市政府作了大会发言，省食药监局表彰市食药监局为机制创新先进单位。我市机构改革工作受到国家有关部门的充分肯定，市食药监局党组书记、局长安定祥出席了国家食药监总局举办的“2013全国科学监管深圳论坛”，交流了我市食品药品监管工作，其《创新监管体制机制 保障群众饮食用药安全》一文获优秀论文一等奖。

【食品安全监管】全年共办理餐饮许可事项1403件，培训从业人员7749人。与西峰辖区1200多户餐饮服务单位和学校食堂签订了食品安全责任书。出动执法人员4867人次对全市餐饮单位开展量化评级，县城餐饮单位量化分级率达到95%、学校食堂达到100%。以专项整治为手段，认真纠改无证从事餐饮服务行为，下大力气清理了旅游景点乱搭乱建临时餐饮摊点，解决了餐饮业的难点和突出问题。以强化保障为目的，认真开展重大节（会）活动食品安全蹲点全程监管。积极开展餐饮食品安全抽样监测，完成了省市下达的餐饮服务食品安全抽样监测工作任务。通过实施食品药品监管责任层级化和监管方式网格化，达到纵向到底、横向到边，纵横结合、全覆盖、无盲区、高效率、快反应的食品药品监管体制机制。还在全市范围内开展了以“倡导节约、文明用餐”为主题的“文明餐桌行动”，使消费都由“讲排场”向“求健康”转变，由“畸形消费”向“绿色消费”转变，社会反响很好。一年来，共办理餐饮食品违法案件427起，对严重违法的餐饮单位实施行政处罚376户次，罚款76.20万元。

【药物质量监管】基本药物安全监管工作扎实有效。一是加大督查，强化企业风险管理，加大对原辅料、生产工艺、产品检验、中药前处理提取等重点环节的检查力度。二是加强对基本药物生产环节的现场监管，落实基本药物质量评价和备案制度，确保产品质量安全。全面掌握中标品种、正常生产品种和未生产品种信息，进一步加大了基本药物电子监管的监督检查力度，确保了企业按规定对基本药物核注核销，保障电子监管网运行畅通。三是有针对性地对基本药物生产企业开展风险排查，及时消除安全隐患。四是对生产企业原辅料、产品检验专项整治，重点对企业购进原药材、中药饮片、辅料是否按照药典、炮制规范等标准进行质量检验，对中药材前处理或提取、中药饮片和中药提取物的投料、批生产记录、物料平衡等重点环节进行了重点检查。五是对生产的基本药物进行了全覆盖抽验，经食品药品检验机构检验全部合格。

**【专项整治】**全市共出动执法人员12824人次，检查从药单位及货运站、快递公司14004户次，监督频次达到了户均4次以上。先后组织开展了打击无证经营、非药品冒充药品、冷藏阴凉保存药品、运输环节、药品票据专项整治，发出了《关于加强对低温冷藏药品监督管理的通知》，向外省市发出协查函3份，转发假劣药品查处函件6份。配合各县区办理违反GSP、给无证企业提供药品等违法案件9起，组织开展了广西盈康药业有限公司维C银翘片、预防H7N9禽流感中药饮片的监督检查，督促办理非药品冒充药品案件13起，罚没款1.3万元；办理走票过票等购销环节案件42起，罚没款8.46万元；办理违反GSP案件21起，罚没款3.04万元；办理假药案件53起，罚没款10.34万元；办理劣药案件69起，罚没款9.18万元；取缔无证经营8户，办理非法经营终止妊娠药品案件5起，罚没款0.56万元。共清理药店张贴和街头随意散发的药品传单2.4万份，发现违法广告6起，其中市局向工商机关移送查处4起。

**【中药监管】**为进一步加强中药材、中药饮片市场监管工作，严厉打击制售假冒伪劣中药材、中药饮片的违法行为，切实保障广大人民群众用药安全，食药监系统共出动执法人员1521人次，检查农村集贸市场8处，中药饮片生产企业6户，中药饮片批发公司7户，药品零售企业759户，医疗机构1916户，抽验中药饮片234批次，检验不合格50批次，查处假劣中药饮片案件93起，处罚没款22.18万元。市局还成立了组织领导机构，明确了工作职责、工作目标、整治任务、整治步骤和具体要求，靠实了专项整治工作责任；举办了市县药品监管人员和药品生产、批发企业、中药饮片质量负责人员参加的中药材、中药饮片鉴别知识培训班，提高监管水平和企业质量管理能力；加强了中药材中药饮片流通环节整治，与公安部门联合开展了容易违法运输、销售和藏匿中药材的车站、货运站及县城周边小旅馆专项检查，深挖制假售假窝点；检查了市、县医药公司和外地来庆销售中药饮片的生产经营企业，查验了资质证件和票据，并对销售的饮片进行了监督抽验；对个别医疗机构使用未经炮制中药饮片代替炮制品的违规行为给予了警告。

**【岐黄文化研究】**组织市县有关领导及专家开展了岐伯诞辰日纪念活动，在周祖山岐伯大殿举行了岐伯诞辰日祭拜仪式，对庆城县青龙嘴村修建的诞圣亭、药王洞村修建的岐伯庙、周祖山下修建的三道亭进行了揭碑；组织筹备召开了“传承华夏文明、研究岐黄文化”研讨会，150名多名国家、省特邀专家，大专院校科研、理论工作者和相关省市的代表，省内外中医药文化学会代表、医药企业代表参加了会议，会议取得了圆满成功；依照市委印发的2013年文化产业发展《实施方案》，组织协调有关单位落实了岐黄保健药枕等保健品的生产及镇原县鸡头山遗址的开发建设等工作；完成了《中华医祖岐伯》电视专题片的拍摄制作，分精缩版和普通版。精缩版分7个部分，时长59分钟；普通版分10集，时长180分钟。对高速路边的宣传牌面进行了置换，组织了大型陇剧《医祖岐伯》演出活动和《岐黄中医药博物馆》及岐黄文化景观参观活动，举办了岐黄书画及产品展览活动。市食药监局按照“研发岐黄文化促产业、凝炼监管文化保安全”的文化建设思路，将文化工作与监管业务成功地结合起来，取得了显著成绩，中国医药报副社长仵荣彬亲自带队采访我市食品药品监管工作，以《凝炼文化软实力打造监管硬功夫》为题，在中国医药报头版头条报道，引起全国热烈反响。

**【中药产业】**培育中药材生产基地，扩大中药材生产规模种植。全市新增中药材种植面积7万亩，新增种植企业、专业合作社15户，全市种植面积达到25万亩左右，其中规模在200亩以上种植基地达到32个，种植品种40多种。产值预计达到5亿2000多万元，其中规模较大，已经初步具备GAP培育优质中药材种植的基地达到15个，全市中药材种植面积达到25万亩左右。做好对申请中药产业扶持资金单位的申报和协调工作，协调联系市财政局、县产业办共同做好今年申报的42户种植企业的种植基地的检查验收。协调市财政对以上种植基地均给予了财政以奖代补资金支持，并向市政府和市财政局分别就中药产业扶持专项资金使用计划作了专题报告，经市政府主要领导及分管领导对今年补助资金进行批示后多次协调市财政局对产业补助资金文件进行了下发。为加快我市的中药材资源集约型开发，形成种（产）销一条龙产业链，向市政府及分管领导汇报同意筹办我市中药材和药品经销市场的筹建工作，帮助牵头企业做好对市场的选址和涉及规划工作，积极联系协调相关部门办理对市场建设的前期审批手续。为了让我市广大药农能够掌握科学高效的中药材种植技术，提高种植中药材的经济效益，产业办经过精心筹备，举办了全市第二期种植基地负责人中药材种植技术培训班，并邀请天津天士力商洛种植公司的技术人员现场就丹参种植进行讲授，并与天津天士力集团建立全市丹参种植基地建设事宜初步达成框架协议。（市食品药品监督管理局　供稿）

## 信　访

**【工作综述】**2013年，全市信访工作按照中央、省、市的决策部署，坚持服从服务于科学发展、转型跨越、富民强市目标，结合开展“联村联户、为民富民”行动，注重源头治理，靠实工作责任，深入开展领导干部接访下访活动，有效化解信访积案。全年市、县两级信访部门共接待和处理群众来信来访1736件（批）次、4657件（人）次，同比下降19.8%。其中，来信585件，下降15.5%；个体来访986批1124人次，批数和人数分别下降22.9%和20.8%；集体上访165批2948人次，同比批数下降24.7%、人数下降21.3%。全市信访总量、集体上访、个体来访和重信重访在经济社会发展全面提速中实现了“四个明显下降”，信访形势呈现出了平稳向好的发展态势，荣获2013年度全省“信访工作全面达标、成绩突出”奖。

**【责任落实】**各级坚持把信访工作作为“一把手”工程来抓，市委、市政府主要领导严格履行信访工作职责，积极关注并认真阅批每期《庆阳信访动态》《庆阳信访要情呈报》和群众网络留言，全年对信访工作作出批示13次，阅批群众来信328件，督促办理群众网络留言、网上信访件190件。市委、市政府分管领导带头落实信访工作直接责任人的责任，经常听取信访工作汇报，主动协调解决疑难信访问题，现场办公化解信访积案。市信访局印发了《2013年全市信访工作目标管理考核办法》和《领导干部包案督办重点信访案件的通知》，建立信访工作“周汇总、旬研判、月通报”制度和信访联席会议每月例会、重大问题责任倒查以及信访问题突出县（区）约谈诫勉、书面检查、会议表态等制度，进一步靠实了各级信访工作责任。各县（区）委书记亲自担任本县（区）信访联席会议第一召集人，其他领导自觉落实“一岗双责”协同抓信访工作责任制。各县（区）、各有关部门将信访工作责任书签订到乡镇（单位）、街办（社区）和村组，层层细化责任，量化指标任务，靠实责任主体。

**【接访下访】**各级将日常接访、集中接访、预约接访、定期接访、重点接访和干部下访有机结合，深入推进市、县、乡三级领导干部大接访、大下访活动。坚持把领导接访时间、地点和人员在媒体上提前进行公示，市上每月10日由市委常委、市政府副市长轮流在市信访接待大厅接访，同步开展市法院院长、市检察院检察长、市公安局局长“三长”和西峰区领导干部大接访活动；其他7个县，每月15日开展领导接访活动；乡（镇）书记、乡（镇）长每周安排1天时间集中接访，班子其他成员随有随接，全市形成了以市委常委、市政府副市长接访下访为带动，以县（区）委、县（区）政府领导干部接访下访为重点，以公、检、法“三长”接访下访为补充，以乡（镇）书记、乡（镇）长接访下访为延伸的领导干部大接访、大下访机制。全年，市、县两级共组织各类“大接访”活动286场（次），接待上访群众3129人（次），协调处理群众信访问题1985件。其中，开展市委常委、市政府副市长信访接待日活动11场次，接待群众259批1245人次，现场协调解决信访问题97件，批示交办162件。结合领导干部下访活动，各级深入推进全市信访系统“贯彻十八大·开创新局面”主题大调研活动，积极研究探索新形势下信访工作的特点、规律、机制和方法，全市信访部门开展专题调研活动32场次，形成调研文章26篇。

**【积案化解】**各级把积案化解作为减少非正常上访、减轻信访工作压力的治本之策，综合运用法律、行政、经济等手段，努力推动“事要解决”。对信访积案进行反复摸排梳理，把排查梳理出的积案全部纳入信访信息系统，建立“信访积案数据库”，实行台帐式动态管理，采取领导包案督促办、挂牌销号重点办、部门联动会商办、“三级终结”依法办等措施，一件一件地化解，努力促使息诉罢访。同时，结合“联村联户、为民富民”行动，坚持联村联户与联人联事并举，扶贫帮困与解疑释惑并重，动员组织广大党员干部转变作风，深入基层，带案下访，在帮扶群众脱贫致富的同时，包案解决信访积案，现场化解疑难问题。特别是对一些长期积累的“老大难”问题和“钉子案”“骨头案”，坚持领导包案、挂牌督办和限时办结等制度。全年共摸排梳理信访积案302件，成功化解285件，化解率94.4%。其中市上领导现场协调化解信访积案32件，有力地推动了“事要解决”，使一些久拖不决的信访问题得到了有效解决。

**【源头治理】**各级注重把信访工作重心下移、关口前移，坚持标本兼治、重在治本的原则，狠抓源头治理工作。一是高度关注民生问题。市委、市政府把解决群众最为关切的实际问题作为群众工作的着力点和落脚点，投入大量资金用于解决就业、住房、养老、医疗等民生实事。今年共办10项34件惠民实事。各县（区）在低保评定、社会救济等惠农政策落实中，严格申报程序，认真落实人大代表视察评议和职能部门专项检查制度，确保了各项惠农政策不折不扣地落实，从源头上有效预防和减少了信访问题的发生。二是深入排查化解矛盾纠纷。信访部门积极与市委政法委、市司法局等职能部门紧密协作配合，坚持开展矛盾纠纷集中排查化解活动。结合“联村联户、为民富民”行动，组织干部深入到最基层、矛盾最突出、群众最需要的地方，沉下身子，集中精力排查化解矛盾纠纷，帮助群众解疑释惑，使大量的社会矛盾化解在了始发阶段和萌芽状态。全年全市信访系统共排查出各类矛盾纠纷2258件，调处化解2043件，调处率90.5%，调处成功率达98.7%。三是认真办理初信初访。信访系统不断规范接访办访工作，积极开展文明接待窗口创建活动，实行首问、首接、首办负责制和群众信访事项初始办结制，严格落实领导干部带岗值班和提前半小时上岗、延迟20分钟下班、工作人员轮班值守工作制度，全市信访工作接待服务水平有了新的提升，从源头上有效减少了重信重访的发生。

**【信访秩序】**各级在努力规范信访工作自身行为的同时，着力规范群众信访秩序。一是加强信访法规政策宣传教育。市信访局下发了《关于认真开展〈信访条例〉宣传教育活动的通知》，在全市信访系统组织开展全方位面向信访群众的宣传教育活动。市、县两级普遍开展了以《信访条例》为主的宣传培训活动，努力提高政策法规的知晓率，营造依法有序的信访环境。二是加强驻京驻会劝返工作。市信访联席会议认真贯彻落实省上调整驻京劝返工作的部署，按照省信访联席会议《关于进一步加强进京非正常上访人员劝返工作的通知》要求，积极围绕“人要回去、事要解决”，不断完善非正常上访教育疏导、处置和劝返预案，建立异常上访化解预警机制，对赴省进京非正常上访人员，坚持以公安干警为主、责任单位配合，随有随接、快接快返、妥善处置，顺利完成了全国“两会”、十八届三中全会及重大活动期间的驻京值班劝返工作。三是加强违法信访问题处置力度。围绕依法治访、依法办访，以“处理一个、教育一片”为目的，研究制定了《进一步做好维护市委市政府机关上访秩序工作的意见》，对无理缠访闹访人员和违法上访人员，依据《信访条例》、公安部《关于公安机关处置信访活动中违法行为适用法律的指导意见》等法律法规，坚持及时准确定性，坚决依法打击处理。全年共依法处理违法上访人员14人，警示教育效果明显。

**【体制机制】**各级各部门坚持把体制机制创新作为提升工作水平、推进信访工作科学发展的主要抓手，市委、市政府及时调整充实了市信访工作领导小组、信访联席会议组成人员及各专项工作小组成员，组织领导进一步加强，工作机制更加完善。镇原县、宁县用群众工作统揽信访工作试点稳步开展，宁县群众工作政务中心全面建成投入使用。华池县上里塬乡群众工作站“一站两中心多窗口”（群众工作站、政务服务中心和信访维稳中心、多个办事窗口）的乡镇群众工作阵地建设及运行模式在全省树立了样板，为全市用群众工作统揽信访工作机制建设积累了经验。全市信访部门自身建设不断加强，信访工作经费保障困难的状况得到缓解，有4个县信访局长由县委办或县政府办副主任兼任，6个县（区）信访大厅已建成投入运行。以落实中央和省上进一步加强信访干部队伍建设的意见为契机，各县（区）信访部门人员力量普遍加强，班子和人员结构不断优化，信访干部化解社会矛盾、保障群众权益、维护社会和谐稳定的能力与水平整体提升。市委不断加强信访干部选拔交流使用工作，今年将市信访局1名班子成员交流到重要岗位任职。市信访局完善干部能上能下的内部交流任用机制，年内对4名干部进行了提拔使用，极大地调动了干部职工工作的积极性和责任性。（市信访局供稿）

# 县区概况

## 西峰区

**【现任主要领导】**

庆阳市委常委、中共西峰区委书记： 章志兼
西峰区人大常委会主任： 赵海东
西峰区人民政府区长： 解 平
政协西峰区委员会主席： 罗亚林
中共西峰区纪律检查委员会书记： 张 恢

**【基本情况】**西峰地处甘肃省东部，泾河上游，位于董志塬腹地，处在东经107°27′42″至107°52′48″和北纬35°25′55″至35°5′11″之间，北靠庆城县，南接宁县，西和镇原县毗邻，东与合水县相望。属陕、甘、宁三省区金三角地带，是庆阳市政治、经济、文化、交通和商贸流通中心。全区共辖5乡2镇3个街道办事处，100个行政村，956个自然村；3个街道办事处，15个社区，年末全区总人口37.25万人，按户籍分：非农业人口11.35万人，农业人口25.90万人。常住人口38.06万人，其中乡村人口19.3万人，城镇人口18.76万人，总土地面积996平方公里，土地面积149.45万亩。西峰系黄土高原沟壑区，海拔1421.0米，地势由东北向西南倾斜。地形呈一扇状，南北长约47.7公里，东西宽约34.8公里，塬面较为完整，地势平坦广阔，耕地以黑垆土为主，微碱性，土壤肥沃，疏松、保水保肥，垂直渗透力强。属半干旱大陆性气候，具有季风及黄土高塬气候的双重特点，冬春多干旱，夏秋雨水较多，暴雨多集中在七、八月份。主要农作物以小麦、玉米为主、并盛产谷子、洋芋、油菜，苹果栽培处于最佳纬度区，近几年已初具规模。什社小米以其色泽黄亮、营养丰富而成为具有地方特色的珍品，黄花菜被国家经贸委认定为“西北特级金针菜”。主要旅游资源有发掘多处的新石器时代仰韶文化、齐家文化遗址；北魏永平二年开凿的北石窟寺，二十世纪六十年代建设的巴家咀水库大坝，宽539米，高74米，肖金宋代金城寺砖塔、小崆峒山、南小河沟等自然景观以及以周祖农耕文化为主线的公刘庙、老洞山等历史遗迹。

**【国民经济】**初步核算，全年实现地区生产总值173.61亿元， 按可比价格计算，比上年增长11.0%。其中:第一产业实现增加值11.09亿元，增长5.4%；第二产业实现增加值109.48亿元，增长11.4%。在第二产业中，工业实现增加值96.38亿元，增长14.1%，建筑业实现增加值13.1亿元，同比下降7.5%；第三产业实现增加值53.04亿元，增长11.0%。三次产业结构比例由上年的6.7：64.6：28.7调整为6.4：63.0：30.6。按常住人口计算，人均生产总值达到45549.39元。全年粮食总产量完成 12.55万吨，同比下降5.4%。全年全社会固定资产投资累计完成198.77亿元，同比增长24.5%。全社会消费品零售总额46.68亿元，比上年增长9.4%。全年财政收入完成12.16亿元，同比增长22.9%，其中一般预算收入完成7.85亿元，增长20.2%。财政支出21.6亿元，比上年增长3.3%。年末全区金融机构各项存款余额225.32亿元，增长29.7%。各项贷款余额153.14亿元，增长57.6%。

**【“三农”工作】**全年新农村建设完成投资1.78亿元，四个市级试点村完成投资5061万元。全区组织开展各类农业科技培训共计五大类3.07万人次，培训率、劳动力科技培训率、劳务输转技能培训率分别达到98%、88%和90%。新栽果树及杂果5668亩，创建标准化示范园8处，新建养殖小区2处，发展规模养殖户521户，新建苗圃基地2处150亩，新建商业门店45间，发展个体工商户302户，新建村级集体企业3户，续建村级集体企业3户。试点村累计完成科技培训8600人（次），劳务输转技能培训7439人。新打机井3眼、新建水塔5座，压埋自来水管线9500米，新增自来水入户922户，自来水入户率达到90%，生活饮水水质均达到《农村实施〈生活饮用水卫生标准〉准则》的要求。铺设排污管线9.255公里。试点村硬化村组道路23.68公里，新修砂石路22.2公里，绿化村组道路9.8公里。新增清洁能源用户1354户，其中新增沼气

用户 367 户，安装太阳能 802 户，液化气用户 185 户，洁净能源使用率达到 89.8%。新修卫生厕所 1021 所，各试点村配套卫生厕所均达到 80%以上。新建小康住宅示范点 17 处 480 户，新建农民文化广场 4 处、村部 2 处、幼儿园 1 处、综合服务中心 2 处，配套建设图书室、文化室、老年活动中心 1420 平方米，藏书 4.2 万册。

**【项目建设】**全年累计实施 500 万元以上项目 207 个，完成固定资产投资累计完成 198.77 亿元，比上年增长 24.5%。其中亿元以上项目 27 个，完成投资 68.65 亿元，比上年增长 37.9%。按构成分：建筑安装工程完成投资 181.70 亿元，比上年增长 26.4%；设备工器具购置 5.82 亿元，比上年增长 2.3 %；其他费用 11.26 亿元，比上年增长 10.2%。按三次产业分：第一产业完成投资 3.53 亿元，比上年下降 41.7%；第二产业完成投资 95.84 亿元，比上年增长 20.6%；第三产业完成投资 99.40 亿元，比上年增长 34.0%。

**【人民生活】**辖区全部单位在岗职工年工资总额达到 324234 万元，比上年增长 14.56%，年人均工资额 52059 元，比上年增长 2.5%。其中区属职工工资总额为 49359 万元，比上年增长 15.8 %，年人均职工工资额 41129 元，比上年增长 6.4 %。全年城乡居民现金可支配收入 10187.4 元。城镇居民人均可支配收入 18706.09 元，比上年增加 2205.64 元，增长 13.4%，人均消费性支出 14002.61 元，比上年增加 1402.1 元，增长 11.1%。城镇居民家庭恩格尔系数为 30.6%，比上年下降 2.8 个百分点。农民人均纯收入 6147.89 元，比上年增加 704.73 元，增长 12.9%，人均生活消费支出 5173.30 元，比上年增加 1105.71 元，增长 27.2%。农村居民家庭恩格尔系数为 40.3%，比上年下降 5.6 个百分点。

**【社会保障】**辖区参加基本养老保险的职工人数为 19134 人，其中离退休人员 15832 人；参加失业保险 40266 人；参加工伤保险 27848 人；参加职工基本医疗保险 45972 人；参加城镇居民基本医疗保险 56313 人。城市低保参保人数达到 7362 户、18863 人，发放保障金 4897 万元，比上年减少 49 万元，人均标准由上年的 246 元提高到 282 元。农村低保参保人数达到 4047 户、12872 人，发放保障金 1570 万元，比上年增加 127 万元，人均标准由上年的 88 元提高到 101 元。

**【社会事业】**全区有2个高标准乡镇科技活动中心和6个村级科技活动室，区级农业科技推广机构8个，乡村农、林、水、牧、农机等技术服务站48个。建成科技特派员工作示范点11个，培育经济利益共同体6个。组织涉农涉科部门开展大型科普宣传活动5次，发放宣传资料3.65万份，完成普培3.65万人（次），开展各类培训54场（次），培训技术骨干2210名。全年专利申请359件，其中发明专利109件、实用性专利140件、外观设计型专利110件。全年学前一年幼儿入园率达到了90.3%，适龄儿童小学入学率达到100%，初中入学率达到99.3%，高中阶段入学率达87%。普通高校录取2724人，录取率83.97%，二本以上进线人数1216名，进线率30.67%。辖区广播人口覆盖率达到100.0%，电视人口覆盖率达到100.0%，城区有线电视覆盖率92.7%。打造凌云、岐黄、陇绣阁、红凤蝶等6个民俗文化龙头企业，建成华德、陇绣阁、弘萃等14个民俗文化产业基地。开展、举行了元旦春节文化艺术周活动、“和谐西峰大舞台”群众广场文化大荟萃活动、文化服务进万家“五个一”系列活动、知名书画家送春联下乡活动、文艺节目“三进”宣传十八大精神、“和谐西峰大舞台”优秀文艺节目展演、第六届健身健美操比赛、2013陇东民歌演唱赛、东湖公园文化广场秦腔自乐班活动仪式启动等大型文化艺术活动，全年累计开展各类群众文化活动100多场次。辖区拥有卫生机构284个，其中医院8个、社区卫生服务中心(站)18个、卫生院8个、村卫生室113个、门诊部10个、诊所（卫生所、医务室）119个、疾病预防控制中心2个、妇幼保健院（所、站）2个、采供血机构1个、卫生监督所（中心）1个。实有医疗病床3151张。卫生技术人员2936人，其中：执业（助理）医师1182人，注册护士983人，药师（士）194人，技师（士）154人，其他人员423人。累计建立了33.5万名城乡居民免费家庭健康档案，建档率95%，规范化电子档案录入率达到了95%。老年人健康管理、高血压、2型糖尿病及重症精神性疾病管理率均达到90%以上。免疫规划工作规范运行，报告接种率98%。年内购置储备卫生应急物资3万元，区财政预算安排了10万元卫生应急专项经费，年内组织开展应急演练2次。孕产妇和儿童管理率分别达到98.6%、97.6%，儿童死亡率下降至3.1‰，无孕产妇死亡病例发生。免费婚检率达96%。全区参合239180人，参合率98.66%，农村五保户等“六类”特殊人群参合率100%。

【环境保护】城市环境质量7项指标全部在市上下达的控制指标之内。PM10（可吸入颗粒物）年均浓度控制在73微克/标立方米，二氧化氮年均浓度控制在40微克/标立方米，二氧化硫年均浓度控制在60微克/标立方米，集中式饮用水源地水质达标率100.0%，地面水水质达标率控制在85.0%以上，区域环境噪声平均值控制在55分贝以内，交通干线噪声控制在70分贝以内。

## 庆城县

【现任主要领导】

中共庆城县委书记：葛　宏

庆城县人大常委会主任：刘建民

庆城县人民政府县长：辛少波

政协庆城县委员会主席：王　超

中共庆城县纪律检查委员会书记：何骁玲

【基本情况】庆城县位于甘肃省东部，地处陕甘宁三省区交汇地带，处祖国大陆版图的几何中心，泾河上游，东邻合水，西濒黑河，与镇原县相望，南与西峰毗邻，北与环县、华池接壤。全县辖5镇10乡2个办事处，常住人口26.31万人，总土地面积2692.6平方公里，山川塬兼有，区域经济特征明显。县城坐落于群山环抱之中，两水环绕，形似飞凤，又名“凤城”。庆城县是华夏农耕文化的发祥地之一，也是原陕甘宁边区的重要组成部分。

【资源优势】县内矿产资源丰富，尤以石油、天然气储量较大，现有长庆油田和中油庆化集团两大企业从事石油、天然气的开发利用。目前境内探明石油储量4.3亿吨，有油井1000多口，年产原油200万吨以上，是长庆油田主产区。庆城县是国家农业部确定的“无公害果蔬”生产基地。盛产的红元帅、红富士苹果为部优产品；黄花菜被国家外经贸部命名为“西北特级金针菜”，远销东南亚和西欧；草畜产业发展较快，为陇东重要的肉制原料品供应地之一。庆城县是陇东农副产品加工贸易“旱码头”。以驿马、白马一线为主的农副产品精深加工企业蓬勃发展，外贸出口从无到有、由弱及强，形成了工业创办与出口创汇快速增长、城镇建设与区域经济协调发展、劳务就地输转与农民增收相互促进的良性发展格局。

【国民经济】2013年，全县上下深入贯彻落实党的十八大精神，积极应对宏观经济增长趋缓、财政运行压力增大、春寒春旱和持续暴雨等不利影响，全力以赴调结构、破瓶颈、促转型，较好地完成了县十七届人民代表大会第二次会议确定的目标任务。全年生产总值完成93.5亿元，增长14.6%；固定资产投资87.3亿元，增长32%；地方规模以上工业增加值7.07亿元，增长32.8%；大口径财政收入7.09亿元，增长30.6%；小口径财政收入3.89亿元，增长21.3%；城镇居民人均可支配收入19910元，增长10.8%；农民人均纯收入4890元，增长14.1%；社会消费品零售总额22.2亿元，增长16.1%。主要经济指标稳定增长，发展质量和效益进一步提升。

【项目工作】全年实施500万元以上项目385个，其中亿元以上18个，项目投资112.9亿元，增长29.9%，项目支撑引领和投资拉动效应明显增强。瓶颈制约项目取得突破，雷西高速建成通车，甜罗高速列入国家路网规划，银西铁路获得国家批复，“引黄入庆”庆城段有序推进。市政建设项目顺利实施，南门宽幅路与过境高速实现对接，城区供水、排污、弱电管网建成投用，北区广场完成改造。民生保障项目扎实推进，莲池特教学校完成主体，岐伯中医院整体搬迁，廉租住房、灾后重建、农村危房改造完成年度任务。文化旅游项目特色彰显，中国农业博物馆庆阳分馆正式命名，岐黄中医药文化博物馆、养生运动公园建成开放，项目工作呈现出梯次推进、快速发展的良好局面。

【招商引资】立足两大园区，聚焦首位产业，精准发力，多点突破，全年招引项目40个，到位资金20.5亿元。衍河公司等18个项目建成投运，陇唐矿业等22个项目进展顺利，驿马集贸中心等35个项目签约落户。园区管理体制进一步理顺，扩区增容、承接产业、聚合能力明显提升。工业创办成效明显，全年建办工业企业49户，完成投资15.3亿元，增长49.5%。贝尔石油、坤隆石油等企业建设顺利，油田配套服务业实现集群发展；恒信达建材、鸿基混凝土等企业初具规模，新型建材业蓬勃兴起；天福源酒业、汇鑫服装等企业多元发展，地方工业领域持续拓展。石油开发加快推进，完成原油产能48万吨，产量达到150万吨；天然气勘探取得突破，新打探井26口，为提振县域经济注入新的活力。

【农业生产】苹果以科技强产业、企业建基地为核心，全年新栽 1.4 万亩，矮化密植 5200 亩，间伐改造 2700 亩，建成庆城—南庄万亩示范带、赤城—白马千亩示范园，苹果产量在冻害之年达到 15.2 万吨，实现产值 3.4 亿元，占到农民人均纯收入的 29%。引进华圣公司、延庆合作社等企业组织，流转土地，龙头带动，农业产业化经营、集约化发展的方向和路径更加清晰。草畜以资金扶持、合作社带动为抓手，依托惠农贷款，整合项目，创新模式，新增规模养殖合作社（场）69 个、养殖户 1056 户，种植紫花苜蓿 13.8 万亩，羊存栏 22.5 万只，实现产值 9000 万元。瓜菜以扩基地、育种苗为重点，围绕“一城三川两基地十五核心区”，新建钢架大棚 2000 多栋，新增设施瓜菜 1910 亩，总面积达到 1.33 万亩，旺季本地菜市场占有率在 30%以上。鼓励发展蓖麻、中药材、核桃、苗木花卉等特色经济，初步形成粮经互补、多元增收的产业格局。大力推广旱作农业技术，种植全膜玉米 20.5 万亩，粮食总产在夏粮减产的情况下，取得 15.9 万吨的好收成。

**【基础建设】**新区开发完成农户搬迁，整理土地 621 亩，县城“北延”战略迈出了实质性步伐；中街开发快速推进，民生百货签约入驻，地标性建筑的商业效应初步显现；南街仿古改造、古城墙加固等工程顺利实施，圣泰大厦、华都大厦等高层建筑相继完工，县城品质和内涵得到提升。小城镇以驿马西区一体化、白马城镇综合开发、高楼西区开发为带动，高起点规划，商业化运作，快速度建设，承载和辐射带动能力明显增强。完成市级 2 镇 7 村、县级 1 乡 9 村新农村建设和 8 个整乡整村推进项目，实施“一乡三村”现代农业综合示范工程，玄马镇孔桥村被农业部评为“美丽乡村”创建试点村；全年新（续）建通村油路（水泥路）234.8 公里，完成农村安全饮水工程 12 处，新修梯田 3.8 万亩，建成沼气池 300 座，造林绿化 14 万亩，启动“无电地区通电”工程，农村生产条件和人居环境得到改善。

**【社会事业】**科技成果转化步伐加快，引进推广新技术 11 项、新品种 21 个。教育资源配置更趋均衡，启动 5 所乡镇幼儿园建设，完成 13 所薄弱学校改造；教学质量稳步提升，高考二本以上进线率位居全市前列。全民健身运动蓬勃开展，竞技体育水平不断提高。医疗卫生基础建设扎实推进，维修改建乡镇卫生院 12 所；持续扩大新农合覆盖面，严格落实基本药物“零差价”销售制度，让利患者 515 万元；人口与计生工作深入推进，稳定了低生育水平。文广事业快速发展，完成金凤凰演艺公司股份制改造，创办文化企业 57 户，安装广播电视“户户通”4.4 万套，广播电视信号覆盖面进一步扩大。食品药品监管体制改革深入推进，社会保障覆盖面持续扩大，城乡低保、五保供养标准进一步提高。新增城镇就业 6696 人，输转富余劳动力 4 万人，实现劳务收入 6.6 亿元。省列 21 件、县列 9 件民生实事全面完成，发展成果更多地惠及城乡群众。民族宗教、人事编制、老龄妇幼、史志档案、外事侨务等工作统筹推进，工商税务、金融保险、气象质监、盐务邮电等工作都有了新进步。

## 环　县

**【现任主要领导】**

中共环县委书记：王　谦
环县人大常委会主任：田建堂
环县人民政府县长：何英禅
政协环县委员会主席：朱芳明
中共环县纪律检查委员会书记：高鹏程

**【基本情况】**环县踞陕、甘、宁三省（区）之交界，鄂尔多斯盆地之腹中，大西北经济圈之中枢，银(川)—（长)武大动脉纵贯全境，神府、宁东、华亭、彬长四大煤田分布四周，中石化、中石油、延长油矿开采区块均有分布。西距兰州 480 公里，北距银川 260 公里，南距西安 420 公里，东距榆林 280 公里、延安 320 公里。全县辖 20 个乡镇、1 个旅游开发办、251 个行政村，1487 个村民小组，总土地面积 9236 平方公里，2013 年末全县户籍人口 35.51 万人，其中：农业人口 32.56 万人；常住人口 30.63 万人。境内海拔高度在 1200—2089 米之间，年均降雨量 674.5 毫米左右，年平均日照时间 2474.6 小时。

环县是人类文明的发源地，历史悠久，人杰地灵。这里是华夏农耕文化的发祥地和中华民族最早的繁衍生息地之一，早在旧石器时代晚期已有人类活动。隋朝置县以来，环县就是兵家必争之地。这里曾涌现出诸多仁人志士、英杰贤达，南宋王渊，明代魏镇、魏锟，晚清明将董福祥、张俊，道情皮影艺人解长春，农民诗人《咱们的领袖毛泽东》词作者孙万福等名人辈出。

环县是红色教育的传播地，传统光荣，民风淳朴。环县是1936年解放的革命老区，红军长征途经之地，原陕甘宁省委、省政府驻地，是陕甘宁根据地的重要组成部分、中国人民解放战争的总后方。第二次国内革命战争最后一战——山城堡战役就发生在环县境内。习仲勋同志为第一任县委书记。革命战争年代，环县人民的无私奉献，为中国革命做出了巨大贡献。计划经济时代，环县作为农业大县，曾将大批粮食调往省内外，有力地保障了城市粮食供给，支援了国家的工业化发展。进入市场经济后，环县由于特殊的地理环境，经济发展相对缓慢，属于国家扶贫开发工作重点县和干旱困难县。

**【资源优势】**环县是绿色杂粮的原产地，品质优良，物美价廉。环县位于毛乌素沙漠与黄土高原的交汇地带，气候凉爽，干旱少雨，特殊的土壤、气候和降雨量造就了环县盛产荞麦、糜子、谷子、洋芋、燕麦等小杂粮和胡麻、葵花、黄豆、中药材等多种经济作物，质优品良，属绿色无公害产品。其中小杂粮产量居全省之首，被命名为“中国小杂粮之乡”。全县羊只饲养量居全省第二，是西北羊绒、羊毛、皮张和各种肉食品的主产地之一。

环县矿产资源丰富，境内有石油、天然气、石灰岩、煤炭、白云岩等多种矿藏。石油地质储量达5亿多吨，是长庆油田的主产区之一；优质石灰岩储量达2000多万吨，正在开发利用；白云岩储量达18亿吨，属特优品位；全县煤炭预测储量684亿吨，其中千米以浅整状煤田预测储量51亿吨，煤层气预测储量3480亿立方米。现已探明千米以浅整状煤田储量达16.47亿吨，甜水堡千米以浅煤炭储量2亿吨，构造简单，煤质优良，具备建设亿吨级煤田的条件。

**【国民经济】**环县是日臻崛起的希望地，环境宽松，人和心齐。改革开放以来，特别是西部大开发战略实施以来，全县上下紧紧抓住西部大开发的历史机遇，大力发扬“人一之、我十之，人十之、我百之”的苦干实干精神和艰苦奋斗、顽强拼搏的革命老区精神，坚持以项目建设为总纲，充分发挥绿色农产品、矿产资源和特色文化“绿黑文”三大优势，深入实施项目带动、基础先行、强农富民、工业突破、开放开发、科教兴县六大战略，加快产业化、工业化、城镇化三大进程，实现财政增长、城乡居民收入增加、基础设施后劲增强三大目标，经济社会各项事业呈现出全面提速、加快发展的良好势头。初步核算，2013全县实现生产总值66.42亿元，增长16.8%；固定资产投资86.6亿元，增长26.3%；地方财政收入35827万元，增长3.6%；农民人均纯收入4226元，增长16.2%；城镇居民人均可支配收入19723元，增长12.7%；社会消费品零售总额11.72亿元，增长16%。

**【工业发展】**矿产资源开发在国家宏观政策趋紧的情况下持续推进，南湫风电场一、二期风机运行良好，累计发电3.2亿度，实现产值1.46亿元，三、四期工程即将建成投产。刘园子煤矿在煤炭产能过剩、价格下跌的大环境下全面进行试生产，产煤16万吨，实现产值5872万元。甜水堡2号煤矿建设顺利推进，已出工程煤。石油开采稳中有升，原油产量达到140万吨。大力扶持发展非公经济，创办小微企业352户，实现地方规模以上工业增加值2.58亿元。

**【基础建设】**东山生态环境综合治理成效明显，通过引水上山，栽植侧柏、油松、新疆杨等大规格苗木20多万株，当年绿化面积3000亩；通过坡面拦蓄、沟道筑坝，初步实现了水不下山、泥不出沟，保障了县城安全。城南新区7条主要市政道路建成通车，路网框架基本形成。东台南路完成了车行道铺油罩面，桃儿沟、食堂沟、周巷子、原二建公司等四条巷道改造工程全面完成。建成廉租住房288套、公租房91套。城北区集中供热二期工程全面完成，集中供热面积达到115万平方米。城区生活垃圾处理场投入使用。南区供水工程建成1000立方米水池一座，建设配水管线3.5公里。中水利用项目已完成施工图审查和招投标等前期工作。“城市管理提升年”活动深入推进，成立了城区交警中队，配备工作人员50名，建成了标准化岗亭和岗台，在主要街道设置隔离栏6040米，实行人车分离，城区交通秩序明显好转，综合管理水平有了新的提升。

**【三农工作】**坚持以扶贫开发统领三农工作，强力推进种草养羊“双百双万”工程，通过投放4亿元双联惠农贷款，解决了肉羊调引和棚圈建设资金短缺的问题；通过送出去学、请进来教等多种形式，培训3.2万人，解决了疫病防治、饲养管理等技术缺乏的问题；通过投放1118台（套）饲草收割、青贮机械，青贮饲草42.3万吨，解决了羊只越冬草料不足的问题。全年新成立养羊合作社169

个，发展养殖大户8600户、养羊专业村74个，调引优质肉羊16万只，全县羊存栏达到131.3万只，出栏75.4万只。据估算，仅养羊一项提供农民人均纯收入1600元左右。旱作农业增产成效明显，粮食在大灾之年总产量达到37.2万吨。当年脱贫31个村、2.4万人，贫困人口减少到12.79万人。14个整村推进、12个新农村试点村和“一乡三村”建设扎实推进。新修梯田15.08万亩，累计达到148.08万亩，人均4.6亩。全县完成生态造林5.4万亩。全年回收废旧农膜2686吨。川区四乡镇集中供水及农村学校饮水安全等重点工程全面建成，苦咸水淡化试点县项目顺利推进，事关全县21.6万人的安全饮水项目前期工作全面展开。新建10千伏及以下线路356公里，91户无电户通电问题得到解决；新修油路17条141公里、砂砾路23条201公里，修建漫水桥45座、防撞墙1万米，农村基础条件进一步改善。

**【环境保护】**2013年环境保护工作进一步提高。经监测，地表水水质达标率91%，饮用水达标率100%，可吸入颗粒物0.15毫克/立方米，二氧化硫年平均值控制在0.15毫克/立方米，二氧化氮年平均值控制在0.12毫克/立方米；可吸入颗粒物、二氧化硫、二氧化氮全城区平均浓度均达到GB3095-1996《环境空气质量标准》二级标准。区域环境噪声平均值55分贝，交通干线噪声平均值70分贝。

**【社会事业】**2013年完成了全县中小学破损课桌椅的维修更换，实施了34所农村中小学校及幼儿园集中供暖和278所农村中小学校小伙房建设工程，在农村学生营养早餐正常供应的同时，为3718名中午留校学生提供了免费午餐。改扩建乡镇卫生院6个，新建标准化村卫生室18个。投资3822万元，为县医院添置CT、DR和数字胃肠机等大型先进医疗设备4台（件），为乡镇卫生院购置B超等医疗设备59台（件），县乡医疗条件进一步改善。成功举办了首届道情皮影擂台赛，山城堡战役纪念馆、红军舞台、旗帜广场和东老爷山毛泽东诗词碑林全面建成。整合资金2970万元，实施了计生家庭雨露行动，为1080户农村“两户”家庭修饭碗田、建幸福屋、投致富羊、交养老险、发关爱金。道路交通安全整治成效明显，事故起数、死亡人数、受伤人数、直接经济损失四项指标明显下降，事故起数同比减少148起、死亡人数减少9人、受伤人数减少165人、直接经济损失减少158.4万元。社会治安管理进一步加强，破获各类刑事案件540起，处理治安案件2067件，调处矛盾纠纷3331起，化解信访问题334件。

**【社会保障】**社会保障水平不断提高，省市列33件和县列10件民生实事全部办结。办结人大代表意见建议39件、办结率62.9%，政协委员提案38件、办结率63%。建成农村互助老人幸福院27处，完成了车道中心敬老院主体工程。新开通了10条乡村公交线路，为43个村通上了班车，全县行政村班车通达率达到76%。严格落实各项强农惠农政策，兑付各类惠农资金3.21亿元。为3360人发放城市低保942万元；为8.6万人发放农村低保1.04亿元。为2906名城乡特大病患者发放医疗救助金1230.3万元。为13.8万人（次）报销合作医疗费8972万元。

## 华池县

**【现任主要领导】**

中共华池县委书记：赵昌军

华池县人大常委会主任：王长清

华池县人民政府县长：张万福

政协华池县委员会主席：张刚宁

中共华池县纪律检查委员会书记：杨万香

**【基本情况】**华池县位于甘肃省东部，东、北与陕西省志丹、吴旗、定边县接壤，西、南与省内环县、庆城、合水为邻，地处东经107°29’—108°33’，北纬36°07’—36°51’之间。总土地面积3791平方公里，年初耕地面积3.44万公顷，其中旱田3.43万公顷。全县共辖4镇11乡，4.31万户，总人口13.37万人，人口密度每平方公里35.3人。有汉、蒙、回、藏、维、苗、壮、满、侗、土家、彝、布依、朝鲜等13个民族。华池是革命老区，1934年，刘志丹、习仲勋等老一辈无产阶段革命家在华池南梁创建了西北最早的陕甘边苏维埃政府，为中央红军长征提供了落脚点。**自然环境：**华池属黄土高原丘陵沟壑区，境内丘陵起伏，梁峁相间，沟壑纵横，属黄土高原丘陵沟壑区。年平均降雨量510毫米左右，且多集中在7、8、9三个月。有气象资料记载以来，降雨量最多的年份2003年降雨量达到623.5毫米。年平均气温8.7℃，无霜期178天。干旱、霜冻、暴雨为主要天气灾害。境内有元城河、柔远河、城壕河、二将川河四条主要河流，年总流径量10220万立方米。**历史沿革** 华池历史悠久，是华夏民族最早的发祥地之一。古属禹贡雍州，为周人创业之地，农耕文化的源头。西魏始置县。后县废，隋、唐复置，五代时再废。1934年秋，成立华池县至今。**人文景观** 华池文化遗存丰厚，名人英才辈出。中国出土最早的旧石器遗址赵家岔洞洞沟举世瞩目；战国秦长城恒亘北端，秦直道纵贯东部，一代名臣范仲淹修筑的大顺城等古城寨堡遍布南北；雕刻精细、失而复得、易地保护的金代双石造像塔天下闻名；工艺精湛的宋瓷、双塔寺出土的千岁香包底蕴深厚，引人入胜。1934年由刘志丹、谢子长等老一辈无产阶级革命家创建的陕甘边苏维埃政府旧址、列宁小学、抗大七分校旧址、建于1986年的南梁革命纪念馆和1943年毛泽东为时任县长李培福的亲笔题词“面向群众”是激励华池人民艰苦奋斗、自强自立的不竭动力。华池亦是评剧《刘巧儿》中“刘巧儿”艺术原型封芝琴的家乡。

**【国民经济】**2013年全县生产总值首次突破90亿元大关，达到91.95亿元，按可比价计算（下同）增长13.5%。其中：第一产业实现增加值5.23亿元，增长6.1%；第二产业实现增加值75.42亿元，增长13.8%；第三产业实现增加值11.30亿元，增长14.5%。三次产业结构比由2012年的5.5：82.6：11.9调整为5.7：82.0：12.3。大口径财政收入4.16亿元，增长30.0%。小口径财政收入2.74亿元，增长32.2%。

**【三农工作】**围绕省、市提出的“365”“266”现代农业发展行动计划，加快农业产业结构战略性调整步伐，启动实施了羊产业发展“百千万”工程，草畜产业主导位置进一步凸显；川区全膜玉米种植实现全覆盖，种植全膜玉米25.38万亩，小杂粮20.66万亩，洋芋20.1万亩，粮食产量实现“六连增”。全县粮食作物播种面积63.8万亩，增长8.4%，粮食总产量达到13.28万吨，增长7.7%。**林业生产形势良好。**围绕“生态致富、绿色崛起”的目标，在全市率先提出并大力开发苗林产业，年内完成荒山（荒漠）地造林面积6.2万亩；封山育林面积达到15.2万亩；当年实际育苗2.05万亩，累计达到2.59万亩；新增经济林1000公顷，当年退耕还林还草面积200公顷，新增及改良草场面积4.9万亩，果园达到面积5.93万亩。**畜牧业发展迅速。**年内全县规模养殖场达到44户，增长57.0%，农业专业合作社52户。年末大家畜存栏5.5万头，增长5.7%；牛存栏2.53万头，增长1.6%；羊存栏18.2万只，增长3.2%；猪存栏3.84万口，增长3.5%。年末大家畜出栏1.42万头，增长2.9%；牛出栏1.03万头，增长1.98%；羊出栏6.69万只，增长4.4%；猪出栏3.46万口，增长5.8%，年末肉类总产量达到5432吨，增长4.5%。**设施农业基础不断夯实。**大力实施“一乡三村”农业综合示范工程，全年新修基本农田45038亩，新增有效灌溉面积1万亩。年末农业机械总动力14.8万千瓦，增长9.63%。年内化肥使用量5000.64吨，地膜使用量1012吨。落实农机补贴资金550万元，为1930户农户购置各类农业机械2640台（件），轮式拖拉机705台，手扶拖拉机155台，旋耕机1661台，农用运输车4702台。建成水利设施5处，有效解决了1.58万人的安全饮水问题。农村电网结构不断优化，新架设及维修10千伏农电线路33.72公里，新建0.4千伏线路60.4公里，新安装配电变压器38台，新增容量10638千伏。

**【项目建设】**坚持以县城建设为龙头，小城镇和新农村示范点建设为基础，道路建设为纽带，全面加快城乡一体化建设进程。全县500万元以上固定资产投资项目161个，投资额完成64.21亿元，增长21.7%。**县城建设稳步推进。**投资11.76亿元，实施了马锡五审判方式陈列馆及庆阳法官培训基地项目、南部新区集中供热、葫芦河水源工程等新区开发项目15个，县城南部新区聚集效应明显增强。投资7.31亿元，实施了柔远公园建设、西关街大桥建设等旧城改造项目10个。全面加强城市管理工作，大力整治车辆乱停乱放，城市品位明显提高。**小城镇及新农村建设扎实有效。**积极探索就地城镇化的路子，投资2.23亿元完成了3个市级和11个县级新农村示范村建设，建成小康农宅720户，辐射带动改新建农宅1800户。南梁、五蛟、悦乐等小城镇建设稳步推进，辐射带动功能明显增强。**交通道路建设成效显著。**投资6.98亿元的新南二级公路建设项目已建成通车，南梁景区实现二级公路直达。投资1.38亿元新（续）建元城至龚河、王咀子至孙家湾等通村油（水泥）路16条154.8公里（已建成5条56公里），完成危桥改造2座，群众出行条件得到明显改善。柔太二级路建设项目得到省政府的大力支持，今年可望开工实施。**生态**

**建设与环境保护不断加强。**完成水土流失综合治理面积50.5平方公里，森林管护53.96万亩，创建国家级生态乡镇4个、省级生态乡镇4个、省级生态村18个，游客接待量达到43.1万人（次），增长30.4%，旅游收入达到1.8亿元，增长29.5%。

**【优势产业】**统筹开发“油气煤风”四大资源，取得了实质性进展。全力支持油田单位扩能上产，初步探明全县石油储存面积2200平方公里，储油量8.6亿多吨。初步预测悦乐矿区储煤面积约2364平方公里，预测储量约80亿吨。全县共审批井位289个，实现产能70万吨，原油产量达到194.7万吨，实现油田工业增加值70.3亿元，占全部工业增加值的97.5%，占第二产业增加值的93.2%，占全县GDP的76.5%。征收各项规费1500万元，实现涉油税收1.6亿元。实施地企协作项目4个，完成投资2000多万元。与中燃集团达成了天然气开采开发协议；悦乐矿区已开始办理首勘区前期手续；紫坊畔、乔河风电建设项目已得到省发改委批复，正在进行测风和风场建设准备工作。围绕打响“红色南梁”品牌，全力推进南梁红色旅游小镇建设，为做大做强红色旅游产业搭建平台。投资7.28亿元，实施了南梁革命纪念馆、“两点一存”主题文化广场等项目38个。南梁农民集中安置区、南梁镇政府办公楼等10个项目已投入使用，“一馆三中心”（南梁革命历史陈列馆、景区服务中心、游客接待中心、旅游产品销售中心）等22个项目已全面建成，南梁革命历史陈列馆布展工作全面展开。全年接待游客43.1万人（次），增长30.4%，旅游收入达到1.8亿元，增长29.5%。

**【扶贫开发】**继续坚持开发式扶贫方针，按照“基础带动、产业支撑、科技引领”的思路，以“一体两翼”为重点，以重点贫困乡村为主阵地，不断创新工作机制，狠抓项目落实，扶贫工作取得了显著成效。共落实各类扶贫资金2819万元，白马乡白马村，林镇乡东华池村，乔河乡火石沟门村，山庄乡尚湾村，南梁乡白马庙村，柔远镇土坪村整村推进项目6个，乔川乡整乡推进试点项目1个，中央彩票公益金支持革命老区创新试点项目1个。投资1893.5万元，新修梯田5825亩、桥梁19座、道路178.8公里、人饮工程1处，完成危窑房改造166户。扶持种植马铃薯1000亩、核桃500亩，引进良种牛134头、良种羊4160只，新建羊舍10座，组建农村互助资金合作社6个，完成种养业贷款贴息370万元当共投资285.5万元，培训农民3350人（次），培训“两后生”150人，推广种植全膜玉米7.5万亩。年实现稳定脱贫5900人，贫困面降低到30.1%。

**【环境保护】**全县建成烟尘控制区3个，控制区面积达到8.29平方公里；建成环境噪声达标区3个，达标区面积3.43平方公里。建成区绿化覆盖率达到46.77%，城市污水集中处理率达到85%，城市生活垃圾无害化处理率达到95%，集中供热面积达到61平方米，增长22.0%。全县废水排放量103.53万吨。废水中主要污染物化学需氧量排放量540.35吨；氨氮排放量103.60吨；大气中主要污染物二氧化硫排放量445.61吨；氮氧化物排放量88.43吨。**环保基础设施运行规范。**县城生活垃圾填埋场正常运行，按照要求规范处置，垃圾处置率达到100%。县城污水处理厂日进水量1450立方米，各项处理设施运行基本稳定，出水水质达到设计要求，污水达标排放，削减化学需氧量240.62吨、消减氨氮42.74吨，正常发挥减排效益。**农村生态环境保护扎实推进。**在东三乡及柔远镇建立废旧农膜收集屋53个，年可回收废旧农膜及塑料1000多吨，全年共落实环保资金924万元。

**【人民生活】**着眼于人民群众对美好生活的向往，尽力改善和保障民生。投资5.5亿元，用于民生事业发展。圆满办结省列9项21件和市列10件民生实事。**城乡居民收入稳步提高。**全县城乡居民人均可支配收入达到7695.16元，城镇居民人均可支配收入达到19945.3元，增长12.7%；农民人均纯收入达到4770.8元，增长14.8%。**居民居住条件明显改善。**全县共建成保障性住房186套，建筑面积1.53万平方米，投资额3351万元。其中：廉租房66套，建筑面积3300平方米，投资额663万元。限价商品房120套，建筑面积1.2万平方米，投资额2688万元。年末城镇居民人均住房面积31.8平方米，农村居民人均住房面积20.4平方米。

**【社会事业】**各项社会事业健康发展。**全力促进教育优先发展。**年末全县有各类学校148所，3-15岁儿童教育普及率98.67%；小学生巩固率98.2 %；全县高考二本以上进线率达到33.28%，大专以上录取人数1102人，录取率88.37%学龄儿童入学率99.88%。全县职业中专当年招生384人，下降5.65%，在校生1218人，下降29.68%，毕业641人，增长18.7%。实施了华池职专综合实训楼、五蛟初中学生宿舍楼、城壕初中教师周转宿舍楼等工程，新建、改建校舍 22548 平方米，维修校舍 7871 平方米，办学条件得到不断改善，全年教育经费支出 1.89 亿元。**医疗卫生工作水平不断提升。**在全县建立了中医药服务网络体系，开工建设了山庄、上里塬、林镇乡卫生院业务用房和城壕乡卫生院职工宿舍周转房建设工程。年末全县共有医疗卫生机构 28 个，共有卫生技术人员 571 人，增长 28.3%，年末实有医疗床位 573 张，千人拥有病床 4.28 张。全自动生化分析仪、拥有 CT、彩超、500mAX 光机等大型医疗设备 211 台，拥有巡回医疗救护车 20 辆，卫生监督车 1 辆，疫情处理车等工作车 2 辆。全县婴儿死亡率 2.6‰，5 岁以下儿童死亡率 3.26‰。**文化广电体育事业蓬勃发展。**完成了博物馆文物库房搬迁工程，博物馆免费向群众开放。开展送文化下乡活动 248 场次，“千台大戏送农村”21 场次，全年实现文化增加值 9926 万元。大力实施广播电视无线覆盖工程，电视覆盖率达到 93%。群众体育活动丰富多彩，全年举办县级以上运动会 4 次，学校、乡镇、企业共计举办 18 次，累计参赛人数达到 9850 人(次),累计参加体育比赛约 1000 人(次),获奖 150 人。**科技事业持续发展。**全县组织实施农业省列科技计划项目 2 项，共投入科技资金 95 万元。全县科技经费投入总额达到 3384.59 万元，占 GDP（不含油田）比重 1.56%，企业科技经费投入总额 350 万元。2013 年年末，全县从业单位各类专业技术人员 3053 人，其中：高级技术人员 95 人。

**【社会保障】**社会保障体系逐步完善，各项惠民政策得到全面落实。**城乡居民保险政策得到全面落实。**年末参加城镇基本养老保险 3243 人，年末参加城镇居民基本医疗保险 10403 人，参加失业保险 4709 人，参加工伤保险 2347 人，参加生育保险 5788 人。全县共有综合性社区服务中心 2 个，各类收养性社会福利单位床位数 453 张，比上年增加 138 张，增长 43.8%，共收养 117 人，孤儿人数 131 人，发放救助金 68.12 万元。城乡居民医疗救助 720 人（次），发放医疗救助金 585.6 万元。农村医疗救助 638 人（次），发放医疗救助金 544.95 万元。全县城镇低保户 1638 户、3565 人，发放低保金 1027.65 万元；农村居民低保 5189 户、18976 人，发放低保保障金 2301.2 万元。享受五保人数 598 人，发放五保金 159.48 万元。全县残疾人事业保障经费支出 44.61 万元。**农村医疗合作覆盖率逐步提高。**年内新型农村合作医疗支出总额 3613.6 万元，累计受益 10.52 万人（次），其中：门诊统筹基金支出 357.29 万元，受益 9.41 万人（次）；慢性疾病和特殊疾病支出 327.73 万元，受益 0.22 万人（次）；住院补偿支出 2624.95 万元，受益 0.9 万人（次）。**就业保障力度逐步加强。**扶持 100 名未就业高校毕业生到非公企业就业，城镇新增就业 2620 人。扶持大学生就业 576 人，输转农民工就业 4.1 万人，发放就业扶持资金 120 万元，大学生创业资金 29 万元，小额担保贷款 2650 万元。

## 合水县

**【现任主要领导】**

中共合水县委书记：柴　春
合水县人大常委会主任：谢守成
合水县人民政府县长：沈文祥
政协合水县委员会主席：朱克勤
中共合水县纪检委书记：张　强

**【基本情况】**合水县位于甘肃东部，地处东经 107 度 51 分—108 度 42 分，北纬 35 度 38 分—36 度 36 分之间，东临陕西富县，西连庆城县，南接宁县，北靠华池县及陕西志丹县，总土地面积 2941.79 平方公里，现有森林面积 251.45 万亩，森林覆盖率为 67.5%。境内海拔 1298.7 米，年平均降雨量为 560-590 毫米，平均气温 9.6℃，无霜期 151-160 天，有马莲河、县川河、固城河、苗村河、葫芦河 5 条河流，年入境总径流量 3.67 亿立方米。全县共辖 3 镇 9 乡，5 个社区居委会，80 个村民委员会，498 个村民小组，56004 户，2013 年全省人口变动抽样调查结果显示:出生率为 13.42‰,死亡率为 6.2‰,自然增长率为 7.22‰。全县总人口 17.77 万人,常住人口为 14.76 万人,城镇化率 29%。

**【资源优势】** 合水地处子午岭山麓，境内地势东北高，西南低，子午岭斜贯全境。岭上有穿境而过的“秦直道”闻名遐迩；岭下有“小江南”之称的太白川，林草茂密。县内物华天宝，沃野千里，资源丰富，植被良好，稻田如茵，绿水如镜，光照充足，雨量充沛，四季分明，气候宜人。油气储量 2.7 亿吨，境内预测煤炭储量 71.3 亿吨，煤层气储量 2150 亿立方米。苹果、草畜、黄花菜、白瓜籽、黑木耳、鹿茸久负盛名，誉满中外；秦艽、甘草、麻黄、柴胡、远志、枣仁等 150 多种贵重中药材及核桃仁、花椒、槐米、稻米等土特产品倍受客商青睐；梅花鹿、狐、黄羊、野猪等140余种野生动物与200多万亩森林依栖相伴，生息繁衍；水、电、路、市政等基础设施逐渐完善；地方工业不断壮大，非公经济异军突起；生态环境日益改善，公路交通四通八达，邮电通讯网络健全，商贸流通兴旺繁荣；名胜古迹多彩灿烂。目前发掘出土古遗址196处，出土文物2600余件，国家级文物44件。千年酸枣树、碧落霞天这些古文物与新开辟的森林公园、秦直山庄等成为人们旅游观光的新亮点。1973年春，在板桥乡穆旗村挖掘出土的第四季早期完整的黄河剑齿象化石，曾轰动世界，书写了合水历史上最有价值、最辉煌的一页。

**【国民经济】**2013年，合水县认真贯彻落实市委三届五次全委扩大会议等一系列会议精神，围绕紧盯“一个目标”（全面建成小康合水）、实施“两大战略”（工业强县、产业富民）、强化“三大支撑”（交通、水利、人才）、开发“四大资源”（红色旅游、石油煤炭、绿色农产品、黄土民俗文化），把“一线两带、三区四城”（何家畔至太白统筹城乡发展示范线；马莲河流域扶贫攻坚片带、雷西高速沿线农村环境综合治理片带；省级现代农业示范区、县工业集中区、铁李川新村建设示范区；板桥、老城、蒿咀铺、太白小城镇建设）作为主攻点，深入实施“3341”项目工程和“十大惠民”工程，奋力推动经济社会转型跨越发展的总体思路，精心谋划，狠抓落实，各项重点工作取得了突破性进展。国内生产总值完成43.39亿元，增长11.5%,第一产业6.95亿元，增长5.8%，第二产业29.52亿元，增长13.2%，第三产业6.92亿元，增长11%；规模以上工业增加值达到9513万元，增长30.4%；固定资产投资达到63.53亿元，增长32%；财政大口径收入达到2.6亿元，增长37.4%，小口径收入达到1.6亿元，增长23.9%；农民人均纯收入达到4689元，增长13.8%；城镇居民人均可支配收入达到18291元，增长11.5%；全社会消费品零售总额达到7.8亿元，增长16.5%。城镇登记失业率为3.3%、万元GDP能耗下降4%。

**【三农工作】**大力实施“农民增收十大行动”，种植全膜双垄沟播玉米7.3万亩、马铃薯2万亩，全县粮食总产达到11.2万吨。新栽苹果2万亩，建成省级苹果标准化示范园4处2089亩，实现产值2.7亿元；种植各类蔬菜11.6万亩，其中设施蔬菜1.7万亩，实现产值3.2亿元；建成标准化养殖场30处，新增规模养殖户412户，实现畜牧业产值1.41亿元；流转林地3万亩，建成山地林业经济产业基地14个，实现林业产值5948万元。新建农民专业合作社41个，发放农机购置补贴387.9万元，投放各类农机具3070台（件），流转土地3.6万亩。培训农民3.2万人次，劳务输转4.8万人次，实现劳务收入6.3亿元。

**【项目建设】**全年论证储备项目248个，争取国家、省市各类项目和补助资金356项9.3亿元；开工实施亿元以上项目14个，500万元以上项目207个，建成了黄河古象森林公园、南区休闲文化广场等一批事关发展全局和民生利益的重点项目。签约实施各类招商引资项目28个，签约资金49.8亿元，到位资金17亿元，南城6号、中燃集团城市燃气等项目顺利落户；对台招商实现新突破，成功举办合水-台湾经贸洽谈会，签约意向性投资项目9个。报批各类建设用地161宗1557亩，完成征地598.7亩，补偿群众8100万元，保证了重大项目建设用地需求。

**【优势产业】**全力支持油田企业扩能上产，新增原油产能40万吨，产量达到77万吨；争取油田支地资金3359万元，实现石油税收3957万元，新修企地共建道路4条25公里；组建了合水县钻前工程供水服务总公司、庆阳能化集团合水分公司，完成营业收入1000万元。争取省煤炭勘探基金6.97亿元，布设探井冈山8口，合水东区块探矿、采矿权成功出让，固城区块普查和瓦岗川、板桥区块预查工作全面完成。地方工业发展迅速，建办工业企业16户、小微企业36户，新增“三上”企业10户，完成非公经济增加值8.2亿元，增长20.2%。工业集中区延伸道路1.7公里，铺设污水、雨水管道2公里；签约入驻工业企业7户，鼎诚商砼新型建材项目建成投产，妙香源中药材等入园企业正在抓紧建设。

**【人民生活】**城乡居民收支同步增长，人民生活水平显著提高。全年农民人均纯收入为4689元，增长13.8%。生活消费支出4332元，增长29.6%。在收入中，工资性收入1653元，增长18%；人均家庭经营收入为3409元，下降2.7%；人均财产性收入57元，增长2.6%；人均转移性收入为683元，增长50.8%。全年城镇居民人均可支配收入18291元，增长11.5%。其中，经营性净收入2070元，增长3.9%，转移性收入2392.76元，增长5.2%。家庭人均总支出14651元，增长9%，人均消费性支出13441元，增长12.9%。其中，教育文化娱乐服务类消费支出1497.75元，增长8.1%；衣着类消费支出1892.5元，增长2%。

**【扶贫开发】**实施扶贫整村推进项目6个，扶持7200人实现脱贫，贫困人口减少了12.9%；把马莲河流域4乡17村作为扶贫攻坚的主攻点，投资1.5亿元，打通了铁李川至板桥31.2公里主干道，建成塬面通川道路17条92公里，新建小康农宅100户，片带贫困群众的致富门路进一步拓宽；积极扶持老城庙庄、板桥锦坪等贫困村改善基础条件，发展特色产业，群众生产生活水平显著提高。

**【环境保护】**全年削减化学需氧量147.07吨，削减氨氮10.1吨，削减二氧化硫0.95吨、削减氮氧化物1.65吨。全县空气、水、声环境质量均达到国家相关标准，其中，二氧化硫浓度0.006mg / $m^3$、二氧化氮浓度0.021mg / $m^3$、可吸收颗粒物0.103mg / $m^3$，全城空气平均浓度达到《环境空气质量标准》二级标准；辖区地表水、饮用水水质达标率分别为86%、100%，均达到《地表水环境质量》中Ⅲ类标准；区域环境噪声68.5分贝，交通噪声70分贝，平均等效声级符合《声环境质量标准》Ⅰ、Ⅳ类昼间标准。

**【基础建设】**实施县城建设项目37项，完成投资10.4亿元。污水处理厂等8个项目全面完成建设任务；南区集中供热等29个重点项目顺利推进。投资1.2亿元，实施小城镇建设项目16个，完成了板桥、老城、太白、何家畔4乡镇的街道“五化”工程，建成新农村示范点12处，小康农宅585户。扎实开展市容市貌整治，完成了雷西高速公路沿线农村环境综合整治，顺利通过了省级卫生县城复审。雷西高速公路和合水至板桥二级连接线建成通车，结束了合水无高速公路和二级公路的历史；新修通村水泥路（油路）25条174公里，砂石路164公里。实施重点水利工程16项，发展节水灌溉2.1万亩，解决了农村1.1万人和4600名师生的饮水安全问题。太白大川35千伏输变电工程建成使用，完成农网升级改造10千伏及以下线路112千米，有效提高了电力保障水平。完成荒山造林3.1万亩，补植补造4万亩，整修梯田2.6万亩，流域治理36.5平方公里，生态环境明显改善。

**【社会保障】**发放强农惠农资金1.2亿元，为民承诺的十件实事全部落实。完成了城乡低保清理和规范工作，发放城乡低保、大病医疗救助等各类保障金6635.7万元；紧急转移安置群众2357人，发放救灾和恢复重建资金1202.3万元，暴洪灾害重建任务基本完成。征缴各项社会保险费基金4779.6万元，发放各类社会保险待遇4333万元；城乡居民社会养老保险参保率达到95.7%，支付养老金1345.9万元。发放寄宿生生活补助、学生营养餐改善、困难学生资助、大学生生源地贷款2143万元。新建各类保障性住房272套，发放廉租住房租赁补贴165.7万元；完成农村危旧房改造1700户、残疾人危旧房改造120户。新增城镇就业2990人，发放各类就业补贴789.8万元，安置高校毕业生251人，扶持101名高校毕业生到非公企业就业；收缴农民工工资保证金983万元，为农民工追讨拖欠工资1390.7万元。顺利完成食品药品监管体制改革，监管能力显著提升；集中开展了“打非治违”和安全生产大检查大整治行动，全县安全形势总体稳定。深入开展“平安合水”创建，认真落实信访工作包案责任制，扎实推进人民调解规范化建设和矛盾纠纷排查调处活动，积极构建社会治安防控体系，社会管理全面加强。

**【社会事业】**科技入户工程成效显著，引进新品种 23 项，推广新技术10项，申报专利55件。投资1亿元完成薄弱学校改造等重点项目8类70处，全县高考二本以上进线率较往年大幅提升。完成体育惠民工程4处，村级篮球场建设12处。生产香包、刺绣等民俗文化产品33万件，新增文化产业户120户，实现文化产业增加值7050万元，增长37.2%。地面数字电视覆盖工程顺利实施，完成了县电视台升级改版，节目信号实现全市覆盖。全面完成了包家寨子会议旧址修复，陕甘红军纪念园、文化产业园等项目顺利实施。医药卫生体制改革和卫生信息化建设稳步推进，全县医疗机构零差率销售药品2494.2万元，为患者让利470万元，为20.1万人次参合农民报销医药费4539.3万元。认真实施计划生育利益导向“金凤凰”百万行动计划，全力稳定低生育水平，先后为2345户“两户”及计生困难家庭发放各类扶持资金541.4万元。

**【双联工作】**围绕全面小康社会建设6大类22项指标体系，省市县乡四级139个单位3318名干部，联系12个乡镇80个行政村5961户特困户，各帮联单位深入乡村、农户，共修订完善联村联户工作规划86个、村级小康目标建设规划80个、联系户脱贫致富计划5961个；协调帮扶资金1.1亿元，开展各类技术培训31期，受训人员2400余人；共列入帮联计划的项目122个；帮扶新修通村水泥路25条174公里；新建村卫生所7个、文化室30个、农资产品服务社41个、活动场所9处、农村互助老人幸福院21所。

## 正宁县

**【现任主要领导】**

中共正宁县委书记：吴丽华

正宁县人大常委会主任：袁喜言

正宁县人民政府县长：张龙杰

政协正宁县委员会主席：梁环平

中共正宁县纪律检查委员会书记：段登云（兼）

**【基本情况】**正宁县位于甘肃省庆阳市东南部、子午岭西麓，属陇东黄土高塬沟壑区。东与陕西省黄陵县以子午岭为界，南与陕西省旬邑县，西南与陕西省彬县相邻，西与陕西省长武县以泾河为界，北与本省宁县相接。地处东经107°56′2″-108°38′8″，北纬35°14′40″-35°36′18″。地形东高西低、东宽西窄，略呈三角形，东部为子午岭林区，中西部为平原沟谷宜农区。境内被支党河、嘉峪河、四郎河分割为四塬三川，平均海拔1460米，年均气温10.2℃，降水量640.1毫米，无霜期186天左右。全县辖4镇6乡、94个行政村、7个社区居委会、677个村民小组。县域总面积1319.5平方公里，耕地面积43万亩。

正宁是中华民族的发祥地之一，远在20万年以前就有人类繁衍生息，7000多年前就有了早期农耕。公元前21世纪属禹贡雍州之域，武王时期为先周创业之地，春秋时期为北狄、西戎游牧之地，西汉始置阳周县，隋朝改为罗川县，唐朝改为真宁县，清朝更名为正宁县，县治时间1500多年。这里曾有蒙恬、唐玄宗、赵邦清、李自成、巩焴等名将能臣甚或帝王的点点事迹，传扬不休；更有范锡篆、赵元贞、曹汉三、汪庭有等文士贤才、能工巧匠的人生咏唱及艺术创造。

正宁是陕甘宁革命边区的重要组成部分，1932年，刘志丹、谢子长、习仲勋等革命先驱在这里浴血播火，建立了西北地区第一个临时革命政权——寺村塬革命委员会，从此风卷红旗、星火燎原的革命斗争息息不断；“西安事变”后，红一军团于此驻扎整休，邓小平、任弼时、杨尚昆、聂荣臻等老一辈无产阶级革命家留下了宝贵的历史足迹。红一军团政治部和关中特区苏维埃政府遗址至今保存完好，唱红大江南北的红色民歌《绣金匾》就源自庆阳农民艺术家之手，勤劳淳朴的正宁人民为中国革命和建设事业做出了巨大贡献。

正宁具有深厚的历史文化底蕴，孕育了绚丽多彩的民间艺术瑰宝，香包、剪纸、刺绣等工艺品古朴典雅、巧夺天工，被誉为“活的文物”，深受专家学者和游客喜爱，手工香包《小布老虎》被联合国教科文组织收藏。县内旅游资源丰富，人文景观为世所珍，古迹斑斑的仰韶文化遗址、闻名遐迩的黄帝古冢、穿境而过的秦直道、蓊郁苍劲的汉古柏、风韵犹存的宋承天观碑、雄伟壮观的明赵氏牌坊、傲然挺立的清铁旗杆，风景优美的调令关，是休闲观光的好去处和投资开发的沃土。

正宁气候湿润、土壤肥沃，物产富饶，是天然的绿色农产品生产基地，素有“陇东粮仓”之称，农产品种类繁多，品质优良，“陇蜜”苹果、“宫河”大葱、罗川旱烟享誉陇原，形成了“塬面果烟、川区蔬菜、林缘草畜、全县劳务”的特色产业格局，旱作农业发展、农业结构调整走在全省前列，先后荣获全国科技工作先进县、优质果品基地重点县和全省林果产业开发“十强”县、烤烟生产重点县等多项殊荣。

正宁煤炭资源富集，是庆阳作为“东翼”主战场和建设亿吨级大煤田的主要组成部分，已探明煤炭储量19亿多吨，由中国华能集团公司投资开发，核桃峪年产800万吨矿井进入了建设阶段，宁长二级运煤通道顺利实施，随着正宁电厂、煤田供水工程等重大项目以及周家煤电工业集中区、中铝罗川煤电铝一体化循环经济区的开工建设，必将带动经济成倍增长以及综合实力极大增强，跻身陇东经济强县行列。

**【国民经济】**2013年，在经济形势错综复杂、挑战压力十分巨大的“两个特殊形势”下，全县上下按照县委、县政府的决策部署，围绕年初确定的工作目标，牢牢把握“稳中求进、好中求快”的总基调，凝心聚力，攻坚克难，真抓实干，各项事业和谐共进，民生福祉不断增进，经济社会发展呈现出“稳中有增、稳中趋快、稳中求优、稳中见效”

的良好态势。全年完成生产总值24.54亿元，同比增长11%；财政大、小口径收入完成16347万元、13105万元，分别增长21.9%和27.6%；财政支出累计完成120769万元，同比增长15%；固定资产投资81.9亿元，增长27%；社会消费品零售总额完成10.64亿元，增长15.9%；城镇居民人均可支配收入完成18230元，增长10.8%；农民人均纯收入5260元，增长13.8%。

**【三农经济】**全年完成农业总产值14.97亿元，增长19.47%；实现农业增加值9.02亿元，同比增长5.7%。**粮食生产稳步增长。**全县8.64万亩冬小麦总产19958吨，平均单产231公斤，同比下降22.27%和4.56%；秋粮种植面积18.72万亩，增长6.57%，秋粮单产374公斤，总产70077吨；全县粮食总产量达90035吨，下降0.11%。**经济作物增势强劲。**全年油料作物种植面积9.82万亩，增长3.91%；蔬菜种植面积7.42万亩，下降7.5%；烤烟种植面积4万亩，增长15.27%；中药村种植面积5.04万亩，增长60.52%。油料产量1.55万吨，增长3.28%。烤烟产量9960吨，增长16.7%；蔬菜产量13万吨，增长0.11%；中药村产量4.61万吨，增长62.19%；水产品产量133吨，增长32%。新建日光温室50座，拱架大棚1400座，中小拱棚1200亩，设施种菜面积达到1.89万亩。**林果生产成效明显。**全县果园面积19.82万亩，水果产量8.7万吨，增长18.7%，其中苹果产量7.9万吨，增长17.7%。全年共完成工程造林面积1.8万亩，新育苗木面积0.51万亩，四旁植树80万株，新栽苹果2.15万亩，果园面积累计达到19.82万亩。**畜牧生产稳步增长。**全年猪、牛、羊和家禽出栏分别为2.49万头、0.7万头、0.91万只和6.7万只，比上年分别增长4.18%、2.94%、4.6%和-1.03%。肉类总产量3078.6吨，增长3.93%，禽蛋产量710.4吨，增长0.04%，奶类总产量410吨，增长3.02%。

**【城市经济】**城市经济多元发展，改革开放步伐加快。围绕打造煤油首位产业，加速推进核桃峪煤矿建设，副井区地面基础设施全面建成；正宁电厂开工建设，拉开了煤电一体化发展的序幕；罗川东部煤田采矿权成功出让，圆满完成精查任务；石油试采首次突破万吨大关，较上年增长6倍。实施地方工业项目10个，扶持金牛、汇丰、奥神洲等工业企业发展壮大，培育入库规模以上工业企业2户。外贸经济强劲增长，出口创汇2975万美元，增长39.3%，居全市第一。全力推进小微企业创建行动，创办小微企业100户，发展个体工商户540户。亿耕牌测土配方专用肥被评为“甘肃名牌产品”，实现了省级名牌产品“零”的突破。全力保障和改善民生，省市下达的10件31项惠民实事全面落实，科技、教育、卫生、文化等各项社会事业快速发展，全国科技进步先进县顺利通过中期评估，县级公立医院综合改革试点工作代表省市接受国家现场评估，调令关森林公园被评为国家3A级旅游景区，秦直道遗址进入国保单位序列。

2013年，全年全部财政收入20932万元，下降1%。其中，公共财政预算收入16347万元，增长22%。全年税收收入10496万元，增长16%。国税系统税收收入981万元，下降24%，其中增值税921万元，下降14%；地税系统税收收入9515万元，增长22%，其中营业税4584万元，增长12%。公共财政预算支出120769万元，增长15%。其中，一般公共服务支出18140万元，增长27%；交通运输支出5182万元，增长147%；节能环保支出2298万元，下降25%；社会保障和就业支出22862万元，增长11%；医疗卫生支出12919万元，增长13%；城乡社区事务支出2687万元，增长125%；农林水事务支出14712万元，下降6%。

年末全县金融机构各项存款余额44.21亿元，同比增长19.53%，比年初增加72217万元。其中，城乡居民储蓄存款余额36.58亿元，增长21.94%，比年初增加65829万元，占各项存款的82.75%。金融机构各项贷款余额15.17亿元，同比增长18.92%，比年初增加24135万元。全县保费收入5119.4万元，下降0.6%。

2013年，全县工业增加值4300万元，增长27.8%；实现主营业务收入19041.2万元，增长9.3%；利润总额1507万元，下降2.4%；销售总产值为19551.7万元，增长10.86%；产销率98.62%；应交增值税为526.4万元，增长10.3%。规模以下工业总产值为23725.3万元，增长6.3%；增加值7732.1万元，增长6.3%。完成建筑业总产值18064.7万元，同比增长20.9%。全年房屋建筑施工面积17.27万平方米，同比增长19.14%；房屋建筑竣工面积12.88万平方米，同比增长32.7%。

全县万元GDP能耗为0.576吨标准煤，下降4%；万元GDP电耗为764.93千瓦时，下降4%；万元工业增加值能耗达到0.764吨标煤，下降4％；万元工业增加值用水量控制在84立方米以内，下降8.7%。

【项目工作】严格落实“三个一”包抓责任制，争取到国投、省投项目82个、资金6.6亿元，增长14.2%；签约实施招商引资项目24个，到位资金16.47亿元，增长45.75%；实施500万元以上项目226个。县城东街出口改造全面完成，城北新区开发、客运服务中心、鼎盛花园、锦绣城等城镇建设重点工程顺利推进；甜罗高速正宁段列入国家高速路网规划，西周公路建成通车，新修通村水泥路11条57公里。2013年全县完成固定资产投资81.92亿元，同比增长27.6%。全年房地产开发完成投资5290万元，同比增长53.6%;其中，商品住宅投资1390万元，增长23%。全年商品房施工面积6.37万平方米，增长17.6%;竣工面积2.88万平方米，增长11%;销售面积1.16万平方米，增长17%;销售额2900万元，增长15%。年末商品房待售面积5.21万平方米，下降2.6%。

【基础建设】全力实施集中供热、南沟生态治理、“三馆一场”、电影院改造、体育场改造、新宁路开通、北区道路及排水、东区开发等新开工程，持续推进给水改扩建、污水处理厂、正宁宾馆、客运服务中心、人才大厦、东街出口改造、城北新区道路、县医院整体搬迁、鼎盛花园等续建工程，着力打造一批景观街区和地标建筑。采取招商引资和激活民间资金参与房地产开发建设的办法，开发建设鼎盛花园、永安小区2处，续建阳光小区、康博家园、周家小康家园等房地产开发工程3处，完成投资2.38亿元。全年完成农村危旧房改造户2295户。全年货运总量540.07万吨，货运周转量10688.61万吨公里；客运量完成87.03万人，旅客周转量10472.09万人公里。全年实施交通基础设施建设项目16个，其中农村公路建设项目15个，计划总投资8569.09万元，实际完成投资7305.42万元；招商引资项目1个，总投资2.15亿元，完成投资7500万元。全年通讯业务总量14244.48万元，其中，邮政业务总量794.48万元；电信业务总量1800万元；移动业务总量11000万元；联通业务总量650万元。全县电话用户数27.93万户，其中：固定电话用户2.3万户；移动电话用户25.63万户，其中：移动用户21.25万户，电信移动用户2.98万户，联通移动用户1.4万户。互联网用户数达10365户，其中：电信用户8391户；移动用户1254户；联通用户720户。电话普及率115部/百人。

【人民生活】2013年，据公安年报统计，年末全县总户数76370户，户籍总人口24.27万人。其中，农业人口21.3万人，非农业人口2.97万人；男性人口12.75万人，女性人口11.52万人，分别占总人口的52.5%和47.5%。据2013年全省人口变动抽样调查结果显示，全县总人口23.68万人，常住人口为18.15万人，出生率13.59‰，死亡率6.58‰，自然增长率为7.01‰。全年城镇居民人均可支配收入18230元，同比增长10.8%;人均消费支出12750.8元，同比增长5%。全年农村居民人均纯收入5260元，同比增长13.8%；人均生活消费支出4073.2元，同比增长18.8%。年末城镇居民人均住房建筑面积33.3平方米，农村居民人均住房面积23平方米。城乡居民家庭恩格尔系数分别为32.7%和32.9%。

【社会保障】2013年，全县各类保险累计参保17.4万人。其中：城镇基本养老保险完成参保5176人（含退休1467人），失业保险完成参保5697人，城镇职工医疗保险完成参保11027人，工伤保险完成参保6038人，生育保险完成参保7496人，城镇居民医疗保险完成参保9104人，城乡居民社会养老保险完成参保12.93万人，参保率96%，被征地农民养老保险参保434人，村干部养老保险参保407人，“五七工、家属工”参保14人。完成基本养老保险基金征缴2196万元，失业保险基金征缴357万元，城镇职工医疗保险基金征缴1818.2万元，工伤保险基金征缴182万元，生育保险基金征缴46万元，城乡居民社会养老保险费征缴1081.8万元，被征地保险征缴630万元。发放企业职工基本养老金3006万元;支付城镇职工医疗保险1814万元(含职工大病医疗保险104万元)；支付城镇居民医疗保险375万元；支付生育保险15万元；发放城乡居民社会养老保险2225万元，被征地保险支出177.2万元。累计向674户城镇低保家庭1901人发放住房租赁补贴116.28万元。2013年，全县城市低保共保障1784户4882人，按月按标准全年累计发放保障金1278万元；农村低保共保障10878户32723人，按季按标准全年累计发放保障金3969.28万元；五保供养对象1652人，按季按标准全年累计发放供养金442.72万元，准确率均达98%。全年共救助城乡困难群众患者2228人，发放大病救助金1025.8万元。

2013年，全县城镇新增就业4899人，创业能力培训560人，职业技能培训1260人，城镇登记失业率控制在2.69%。新增担保基金350万元，发放小额担保贷款2625万元。农民技能培训7500人，输转劳务5.234万人，劳务收入7.189亿元。高校毕业生就业率93.8%，城乡居民职业技能培训882人。开通了乡镇农保所、县农保办、医改办、定点医疗机构和定点零售药店的网络接入，实现了社保信息系统网络全覆盖。

**【社会事业】**坚持以人为本，促进和谐共享，社会事业不断进步，人民群众得到更多实惠。**科技实力逐步显现**。全年共论证储备科技项目9个；上报科技部项目2个，立项1个（《正宁县无公害紫苏标准化种植及产业化开发》），争取资金150万元；上报省科技厅项目1个，立项1个（《正宁县新型农民科技培训》，资金10万元；上报市科技局项目9个，立项5个，资金65万元。全县完成专利申报件60件，占任务55件的109%。研制开发出压差膨化苹果脆片干燥机、苹果清洗机、彩钢板、果粒橙、维动能量、原味优酸乳、核桃露等工业新产品7个。筹建市级工程技术研究中心2个（庆阳市农副产品加工机械工程技术研究开发中心、子午岭中医药研究开发中心）。扶持建办蔬菜、林果、烤烟、畜牧养殖等科技示范园（点）28个，培育科技示范户510户，辐射带动农民群众6.3万人次。举办各类大型科技下乡培训活动5次，技术培训班32期，宣传群众2.5万人（次），培训群众5600多人（次），骨干培训2300人。**教育事业全面发展。**2013年，全县共有各级各类学校160所，其中独立高中1所，完中2所，职专1所，初中10所，九年制学校3所，小学87所，教学点18个，幼儿园38所（其中公立10所，私立28所），在校学生27120名（其中高中5007名，职中1270名，初中7620名，小学13223名），在园幼儿7555名。全系统共有职工2933人，其中专任教师2756人。全县高考二本进线率为21.6%。学前教育一年入园率为93%、两年入园率为78%、三年入园率为75%。2012年新改扩建的12所幼儿园已全部竣工，2013年新建幼儿园5所，购置幼儿桌椅327套、桌面玩具248箱、大型室外玩具6套。为21所农村中小学配备了部颁标准的音体美卫生器材，为25所农村中小学配备了学生体质健康监测器材，装备中学标准化理、化、生实验室3个。为农村中小学购置“智能语音教具系统”170多台，为12所中小学校配备“班班通”设备120套，93%的农村中小学接入了宽带网络。全县初等教育阶段适龄儿童入学率100%，初级中等教育阶段入学率99.8%，适龄残疾儿童、少年入学率94.51%。初等教育在校生年辍学率为0，初级中等教育在校生年辍学率1.36%。15周岁人口中初等教育完成率100%，17周岁人口中初级中等教育完成率99.8%。2013年，全县专任教师学历合格率分别为小学99.8%、初中99.3%、高中83.3%。全县校舍总面积达到281157平方米，生均占地面积分别为高中18.6平方米，初中26.3平方米，小学47.3平方米。签约引进师范类本科紧缺专业教师3名，新招录中小学及幼儿园教师124名。全县各级各类学校广泛开展了“说普通话、写规范字”活动，组织1716名县城职工进行了普通话培训、测试工作，县城职工普通话合格率达到94%，正宁县顺利通过国家三类城市语言文字规范化评估验收。**卫生惠民政策进一步扩大。**2013年农村参合率达到98.89%，将陕西省中医院、陕西省妇幼保健院、陕西省结核病防治院等11家专科医院纳入定点医疗报销单位，极大方便服务了群众；举办了“三农”金融辅导和“一卡通”推进会议，共发卡发卡45134张，发卡率91.98%，安装读卡器120个，转账电话85部。开展重大疾病保障工作，实施儿童白血病、妇女宫颈癌、肺癌等27种重大疾病保障政策，惠及患者506人次，医药总费用850.36万元，新农合补偿费用567.9万元。开展审核报销稽查，查处违规违纪事件4起，涉案金额9.962万元。全年全县门诊补偿152022人次、432.32万元，住院补偿13439人次、4227.02万元，资金使用率85.8%。全县累计销售零差价药品2679.1万元，让利群众415.6万元，药品收入占业务总收入的57.1%。县级两所医院门诊达到16.9万人次，住院10315人次，业务收入3651.2万元，分别较上年增长53.9%、2.2%和32.9%。全县共开展无偿献血728人次1114个单位，献血量达22.28万毫升，已连续四年提前超量完成目标任。**文化旅游事业蓬勃发展。**全年开展各种文化活动120多场次，全年共组织送戏下乡260场次，送文化下乡158场次，支持乡镇开展文体活动80场次，惠及群众20多万人次。特邀陕西省戏曲研究院国家二级导演李小六老师，完成了大型现代眉户剧《大学生女村官》的编排工作；创作话剧小品《有事找村长》、《说说咱家事》剧本2部；出版《正宁文艺》3期，刊登县内艺术人才自创作品120余件。图书馆新购置图书45.8万元4500余册，周开馆达到56小时以上，征集地方文献200多册，年接待读者2.7万人次，书籍流通4.5万册次；博物馆周开馆达到24小时以上，展出历史文物和红色文物共计430件，接待群众2万多人次。全年共培训各类文化产业从业人员8500多人次，申报省级艺术大师2人。研发设计吉祥蛇、新虎头枕头等民俗文化产品2种。新增文化产业法人单位19个，文化产业企业法人达到42个，实现增加值6510万元，同比增长44.4%。全年在县电视台播出广播、电视新闻节目274期，稿件2587篇，播出广播社教节目274期，稿件2587篇。安全播出广播节目1898小时、电视节目2823小时，上投市两台上投稿件采用分别为126件、138件，有12篇新闻在省电视台播出。完成7000套“村村通”工程及3万套天线发放安装任务，使庆阳台、正宁台的节目覆盖上升到60.7%；完成电影放映任务1380场次，宣传群众40万多人。

**【环境保护和安全生产】环境质量稳中向好。**县城生活污水处理厂已完成厂区综合楼、加药加氯间、污泥储池等主体工程，铺设管网23千米，完成投资3500万元。完成10个生态乡镇、16个生态村创建申报工作，其中申报创建国家级生态乡镇3个、国家级生态村4个、省级生态乡镇7个、省级生态村6个。完成2013年“绿色系列”创建申报工作。累计查处建筑施工、商业网点、文化娱乐等方面的噪声污染12起，治理餐饮业油烟污染5起，处理环境信访案件13件。全年共提取地表水、地下水水样53批（次），送检结果表明我县饮用水符合Ⅲ类质量标准，出境断面水达标；全年开展县城空气质量检测2次，检测结果，良，全县空气质量优良天气达95%；县城噪声平均值小于55[dB(A)]，交通干线噪声平均值小于70[dB(A)]。**安全生产扎实推进。**2013年，全县共发生道路交通事故28起，死亡8人，受伤43人，直接经济损失7.79万元，与2012年相比，事故起数、受伤人数分别上升12%、86.96%，死亡人数、直接经济损失分别下降11.11%、31%。全年共开展专项执法检查29次，查处各类安全问题866条，处罚生产经营单位73户，罚款10.92万元，发出监察意见书12份，约谈行业主管部门、企业11个（次），解决突出问题21条。

# 宁 县

**【现任主要领导】**

| | |
|---|---|
| 中共宁县县委书记： | 马　斌 |
| 宁县人大常委会主任： | 李百选 |
| 宁县人民政府县长： | 侯昌明 |
| 政协宁县委员会主席： | 刘　政 |
| 中共宁县纪律检查委员会书记： | 梁运通 |

**【基本情况】**宁县位于甘肃省庆阳市东南部，东倚子午岭，南通陕西，西临泾河和蒲河，北与庆阳市合水、西峰接壤，扼甘、陕、宁三省之要冲，是三省结合部人流、物流、信息流、资金流的窗口，具有显著的区位优势。全县总土地面积2653.38平方公里，耕地96.01万亩，辖18个乡镇、257个行政村，13个社区，2个工业园区，总人口55.44万人，常住人口40.18万人。年降水总量740.5㎜，年均气温10.8℃，全年无霜期198天左右，属典型大陆性季风气候。海拔860-1760米，境内主要有九龙河，马莲河、泾河、蒲河等9条河流，土壤以黑垆土、黄绵土为主，是小麦、玉米、油料、黄豆等作物的主产区，素有“陇东粮仓”之美称。是中华民族最早开拓的区域之一。

宁县地处鄂尔多斯盆地腹地，境内矿藏资源储量丰富。已探明的有石油、煤炭、煤层气等化石性矿产能源资源。石油资源预测含油面积1000平方公里，预测石油储量超过1亿吨。煤炭资源总储量1027亿吨，其中千米以浅预测储量为77亿吨。煤层气资源也十分丰富，预测储量2150亿立方米，开发前景十分广阔。

**【国民经济】**2013年，全县实现生产总值58.42亿元，同比增长15.4%。其中第一产业完成增加值14.67亿元，增长5.0%；第二产业完成增加值24.24亿元，增长25.4%，第三产业完成增加值19.50亿元，增长11.3%，三次产业结构25.1:41.5:33.4。完成固定资产投资174.49亿元，增长33.0%；完成工业增加值16.76元，增长24.0%，其中规模以上工业实现增加值3.4亿元，增长35.5%；完成建筑业增加值7.60亿元，增长29.3%；实现社会消费品零售总额21.84亿元，增长16.4%，完成大口径财政收入2.64亿元，实现小口径财政收入1.73亿元。城镇居民人均可支配收入16680元，增长13.8%，农民人均纯收入4903元，增长14.1%；文化产业增加值完成 1.18 亿元，增长 63.9%。

**【三农工作】**坚持以发展现代高效农业、促进农民稳定增收为目标，持续推进产业结构调整。完成农林牧渔业总产值 25.59 亿元，增长 11.3%，实现农业增加值 14.83 亿元，增长 6.3%。

立足资源优势，坚持专业化布局，加快发展高效特色产业，种植结构不断优化。2013 年，全县农作物播种面积 152.38 万亩，其中粮食播种面积 99.44 万亩，粮食总产量达到 26.12 万吨，比 2012 年净增 16563 吨，增长 6.8%，粮食平均亩产 262 公斤，增长 4.4%，粮食总产创历史新高。夏粮播种面积 45.02 万亩，产量 10.08 万吨。玉米播种面积 16.84 万亩，其中全膜双垄沟播玉米 14.88 万亩，玉米总产量达到 8.0 万吨。油料播种面积 23.28 万亩，产量 2.98 万吨。马铃薯播种面积 7.8 万亩，产量 3.67 万吨。以万亩设施瓜菜基地建设、高原夏菜和无公害西瓜种植为重点，抓点示范，整体推进，种植瓜菜 24.1 万亩，瓜菜产量 51.6 万吨。以宁县富士苹果，曹杏，九龙金枣，黄干桃，核桃等为主的经济林果种植总面积完成 25.87 万亩，园林水果产量 4.53 万吨，增长 50.0%，其中苹果产量 2.78 万吨，增长 50.2%，粮食作物的和经济作物的稳产高产，为促进县域经济发展和农民增收奠定了坚实的基础。林业建设稳步推进，生态环境日益优化，全年共完成造林作业面积 3.26 万亩，年末实有封山育林面积 4.38 万亩，年末实有育苗面积 3.15 万亩，本年出售树苗 26000 万株，当年苗木产量 315683 万株。

畜牧业在加快优良品种引进消化的基础上，积极推广设施化，规模化养殖，促进了畜牧业的快速发展。年末牛存栏 9.48 万头，出栏 4.91 万头；年末猪存栏 10.2 万头，出栏 9.12 万头；年末羊存栏 10.38 万只，出栏 3.68 万只；年末家禽存栏 71.51 万只，出栏 17.85 万只，全年肉类总产量 1.31 万吨，增长 4.0%。

**【项目建设】**坚持投资拉动，项目带动，引强入宁，借力发展。全年共实施 500 万元以上项目 350 个，完成固定资产投资 172.49 亿元，增长 33.0%。全县人民期盼已久的西平铁路全线贯通，火车开到了境内长庆桥镇，结束了宁县不通铁路的历史，加速了我县融入西咸经济圈的步伐；宁长二级公路宁县段建设项目顺利完工、良平 330 千伏变电站竣工投运，投资上亿元的农源科技、明峰建材、九龙钢构等企业建成投产，扩大了对外开放程度。

**【优势产业】**新庄煤矿主井、副井、风井已掘进到底，产出工程煤 1000 多吨，实现了煤炭产出零的突破；九龙川煤矿矿井辅助设施全面开工建设；宁北煤田完成采矿权出让；付家山、和盛煤田正在实施地质详查。原油产量 10 万吨，产能达到 20 万吨。大力推进草畜、瓜菜、林果三大主导产业，新建百亩双层巨型钢架温棚 1 座、设施瓜菜大棚 500 亩，完善千亩设施瓜菜、千亩高原夏菜示范点 8 个，引进省内外蔬菜营销大户 2 家，有效增加了蔬菜销售渠道。全年种植瓜菜 24.1 万亩，实现产值 5.3 亿元。大力推广两个“30+1”肉羊养殖模式，成功举办了宁州肉羊赛羊会，新建千只以上规模羊场 17 个，发展养羊专业村 50 个、规模户 2013 户。

**【人民生活】**坚持以人为本，高度关注民生，县委县政府审时度势，积极采取各种应对措施，把保障和改善民生问题作为主抓手，努力兑现各种增资因素，加大低保力度，提供就业机会，保障了工薪阶层人员工资水平的稳定提高。城镇新增就业 6826 人，招录普通高校毕业生 425 名，安置退役军人 65 人，扶持高校毕业生到非公经济组织就业 170 人，就业率达到 90.04%。在国家扩大内需的推动下，城镇其他行业的就业者经营状况也得到改善，收入水平稳步增长，生活水平和生活质量明显改善。据调查，2013 年全县城镇居民人均可支配收入 16680 元，增长 13.8%，人均生活消费支出 11944 元，增长 11.9%。大力引导农民菜篮子产品设施化、规模化、标准化生产，努力稳定农产品市场价格，千方百计促进农民多渠道就业，全面实施惠农财政补贴工作，输转城乡劳动力 16.32 万人，创劳务收入 25.39 亿元。扎实推进扶贫攻坚，消减贫困人口 3.19 万人。新建乡镇敬老院、互助老人幸福院、老年人日间照料中心 37 个，全市首家个人独资建设的庆阳康乐老年公寓一期工程主体完工。改造农村危房 2972 户，新建廉租房 276 套，重建水毁庄基 365 户。办理民生实事 32 件，有效解决了群众住房、就医、上学、行路等方面的实际困难。据宁县调查队对 80 户农村住户调查资料显示，2013 年，全县农民人均纯收入达到 4903 元，增长 14.1%。

**【扶贫开发】**牢固树立“大扶贫”的理念，按照全县“一线两园四区”整体部署，以“一缘两边三川”为主阵地，以扶贫项目建设为载体，不断增加扶贫开发工作力度。争取到国家开发银行扶贫贷款资金1000万元，重点扶持湘乐樊湾等8乡镇12个村，从事种养、农产品加工及贩运业。按照“高起点谋划、高强度推进、高水平创新”的发展思路，太昌乡、和盛镇、新庄镇、瓦斜乡4个乡镇万亩苹果产业带主线砂石道路、小水建设等项目已全部完成建设任务，共整修拓宽铺砂乡村道路105公里，新打机井10眼，新建高位水塔10座，管理房7间，铺设引水管线23.9公里。投入财政扶贫资金559.95万元，实施了国家“雨露计划”实施方式改革试点项目，切实解决了3733名家庭困难学生“上学难”的问题。组建成立扶贫互助协会36个，投入财政扶贫资金522万元，发展会员1521户，其中贫困户1463户。会员交纳互助金50.3万元，互助资金总额达到572.3万元，累计发放借款918户（次）531.7万元，用于发展瓜菜、养殖等产业。围绕“一线两园四区”进行项目布局，安排整村推进项目9个、整乡推进试点项目1个、特困片带扶贫攻坚项目1个，共新修梯田1700亩，整修拓宽乡村道路91.2公里，维修机井1眼，新打小电井110眼，新建水塔2座、检查井4座；建成养畜暖棚105座，投放良种基础母牛210头、良种羊669只。

**【保护环境】**全面实施污染减排重点治理项目。共减排化学需氧量277.21吨、氨氮5.25吨、二氧化硫37.45吨、氮氧化物8.4。生态示范创建有效推进，创建国家级生态乡镇4个，省级生态乡镇14个，省级生态村10个，市级生态村100个，确保了年内生态示范创建达标率达到50%。组织12所学校、5所医院、12所机关、2个社区、2家饭店及1户家庭开展“绿色细胞”创建活动。建成了乡村农业生产垃圾收集房41座，设置压缩式垃圾车配套垃圾箱77个，购置分类式垃圾箱770个，购置人力垃圾保洁车157辆，购置压缩式垃圾车8辆。

**【社会保障和社会事业】**随着经济社会的向好发展和各项政策全面落实，社会事业投入逐年增加，文化教育，医疗卫生，居住环境等民生项目已步入蓬勃发展、科学发展、和谐发展的健康轨道。深入实施科教兴县战略，建立了“143”培训机制，培训技术骨干3.2万人。建成并投用乡镇中心幼儿园14所，农村小学全部附设了幼儿园；投资1.05亿元实施学校餐饮楼、教师周转宿舍、小伙房建设项目23个，建成了一批多媒体教室、实验室；高考二本及以上进线人数达到1314人，有4名学生被清华、北大录取，创历史新高。维修改造并免费开放了县博物馆；新建了广播电视无线发射塔，发放地面无线接收设备4.3万套，实现了自办广播电视节目全市互联互通；建办民俗文化产业龙头企业6户、合作社18个，文化产业增加值1.18亿元。开工建设和盛医院综合住院大楼，建成了湘乐、盘克等4所乡镇卫生院附属设施和盘克宋庄等3所村卫生室；为县医院、中医院和盘克等14所卫生院添置CT等大型先进医疗设备36台，价值1900多万元；引进知名医学教授38人，培训医护人员927人，医疗服务水平明显提高。扎实推进人口和计划生育利益导向、“陇家福”等工程，群众婚育观念进一步转变。发放良种补贴、医疗养老保险金等47项惠农资金5亿元。城镇新增就业6826人，招录普通高校毕业生425名，安置退役军人65人，扶持高校毕业生到非公经济组织就业170人，就业率达到90.04%。输转城乡劳动力16.32万人，创劳务收入25.39亿元。扎实推进扶贫攻坚，消减贫困人口3.19万人。新建乡镇敬老院、互助老人幸福院、老年人日间照料中心37个，由我县个人独资建设的全市首家庆阳康乐老年公寓一期工程主体完工。改造农村危房2972户，新建廉租房276套，重建水毁庄基365户。办理民生实事32件，有效解决了群众住房、就医、上学、行路等方面的实际困难。开展了防汛、防震、救灾应急演练，提高了政府应急能力。持续加强和创新社会管理，不断深化“平安宁县”建设，加大道路交通、校园、食品药品、生产、消防安全整治力度，深入开展了“打黑除恶”“治爆缉枪”“扫黄打非”等专项行动，破获各类刑事案件631起，治安案件1673起。

## 镇原县

**【现任主要领导】**

中共镇原县委书记：周　伟

镇原县人大常委会主任：薛　渊

镇原县人民政府县长：李崇暄

政协镇原县委员会主席：黄清文

中共镇原县纪律检查委员会书记：王文剑

**【基本情况】**镇原县位于甘肃省庆阳市西南部，东临庆城县、西峰区，西接宁夏回族自治区彭阳县，南界平凉市泾川县、崆峒区，北靠环县。界于北纬35°27′至36°16′，东经106°44′至107°36′之间。平均海拔1450米；南北长91.24

公里，东西宽 78.3 公里；总土地面积 3500 平方公里，折合 524.97 万亩，其中，耕地总面积 175.23 万亩，林地面积 154.36 万亩，草地面积 145.70 万亩，水域面积 5.6 万亩，居民和工矿占地面积 27.84 万亩，交通用地面积 12.96 万亩，未利用土地面积 3.28 万亩。全年日照总时长 2549.5 小时，太阳辐射总量 132.8—140.2 千卡/平方厘米，年平均气温 11.1℃，极端最高气温 34℃，极端最低气温-14.5℃，无霜期 173 天，全年降雨量 600.9 毫米。全县共辖 7 镇 12 乡、215 个村民委员会、5 个社区居委会、1991 个村民小组。2013 年末总人口为 52.02 万人，其中农村人口 47.61 万人。常住人口 41.76 万人，其中城镇人口 9.28 万人，全年人口自然增长率 7.09‰。镇原沃土平畴，物产称丰。全县小麦、玉米、药材、黄花菜、杏子、瓜菜、石油、煤炭等资源丰富，被农业部命名为“全国粮食生产先进县”；被国家外贸部命名为“镇原金针菜”；被国家林业局命名为“中国杏乡”；为“中国优质瓜果基地重点县”。东汉王符《潜夫论》蜚声中外，周铜剑、秦诏版、陶水管国内稀有；“文化大县”闻名遐迩、“教育大县”美名远扬，被文化部和中国书法家协会命名为“中国民间文化艺术之乡”“中国书法之乡”。

**【国民经济】**2013 年，县委、县政府始终紧盯综合经济实力持续增强这一目标，不断优化结构，转变发展方式，发展势头进一步攀升。面对国内经济下行压力加大、自然灾害多发的不利影响，认真研究落实了一系列调结构、转方式、促发展的有效举措，全县经济综合实力稳健增长，发展势头持续向好，质量效益显著提升。全年完成生产总值 54.48 亿元，同比增长 14.4%，其中，第一产业增加值完成 15.26 亿元，同比增长 6.34%；第二产业增加值完成 19.92 亿元，同比增长 23.2%；第三产业增加值完成 19.3，同比增长 12.1；规模以上工业增加值 7.67 亿元，同比增长 34.2%；固定资产投资 82.22 亿元，同比增长 31.38%；社会消费品零售总额 18.51 亿元，同比增长 18.65%；财政总收入 38582 万元，同比增长 32.95%；公共财政收入 28570 万元，同比增长 28.97%；城镇居民人均可支配收入 17998.7 元，同比增长 11.5%；农民人均纯收入 4495.41 元，同比增长 14.82%；粮食总产量达到 35.13 万吨，同比增长 17.09%。除第一产业增加值外各项国民经济指标均达到了两位数增长。

**【项目工作】**2013 年，全县把项目工作作为加快发展的总抓手，多渠道上争外引，全方位扩大投资，发展后劲进一步增强。坚持把项目建设作为“打基础、谋长远，攻难点、解难题”的关键措施和突破口，牢固树立“抓项目就是抓发展”的理念，进一步加大了农业产业开发、工业企业建办和交通、水利、教育、卫生、市政等项目的争取、建设力度，全年开工实施 50 万元以上项目 254 个，完成投资 109.17 亿元，投资总量持续增长，建设质量明显提升。大力推进“3341”项目工程，严格落实“三个一”包抓责任制，全力以赴抓谋划、广争引，促开工、赶进度，强管理、提质量，城乡基础设施明显改善，促进全县经济社会快速发展的内生动力进一步增强。高度重视招商引资工作，制定出台了招商引资优惠政策和考核奖惩办法，主动出击，上门招商，共实施招商引资项目 18 个，完成投资 25.6 亿元。中盛公司、常青生态农业产业化示范基地、金星啤酒 10 万吨生产线、孟坝商业步行街等招商引资项目落地实、投资大、进展快，经济效益和社会效益明显。

**【产业富民】**全县把做大产业作为富民强县的第一要务，不断调整优化结构，培育特色支柱产业，发展步伐进一步加快。2013 年，全力支持石油企业扩能上产，新增产能 52.5 万吨，征收涉油规费和支地项目资金 9250 万元。金龙工业集中区二期基础建设基本完成，中盛公司 3600 万只肉鸡全产业链项目建成投产。三期建设全面拉开，申请入驻企业 7 户，在建 2 户，集中区规模持续扩大，产业聚集平台效应明显增强。加大中小企业扶持和重点企业技改扩容力度，以绿色农产品加工为主的工业体系日趋完善，地方工业发展走在了全市前列。全力支持非公经济发展，全县累计发展非公经济组织 7017 户。大力实施“147”现代农业发展行动和“三百三大”工程，着力培育壮大四大特色主导产业，特别是依托中盛等龙头企业带动和金融贷款支持，养殖业迅猛发展，建成了一批专业化养殖基地和小区，涌现出了一大批有规模、有效益的养殖大户，推动了传统农业向现代农业的转变。年末全县大家畜、肉羊饲养量分别达到 38 万头、35 万只，中盛公司建成标准化养鸡小区 36 个，饲养种鸡 8 万套、肉鸡 118 万只。苹果产业在合作社、专业大户的带动下，突出集中连片栽植，完成新栽 1.33 万亩。茹河川区现代农业示范区建设稳步推进，建成了开边兰沟等百亩设施瓜菜基地，平泉马洼、上肖路岭等一乡三村现代农业综合示范工程示范点。种植全膜粮食113万亩，粮食总产达到35.13万吨。商贸流通活跃，城乡市场体系日趋完善，三产服务业发展迅速，第三产业增加值达到19.3亿元，同比增长12.1%。

**【城乡建设】**县委、县政府把基础建设作为持续发展的长远之计，坚持城乡统筹推进，大力改善城乡面貌，发展基础进一步夯实。围绕县城功能提升，全力打通了南区主干道、北出口路等城区出口干道，环城路网初步形成。石空寺广场、西区城市公园、职专搬迁等项目顺利推进，开工建设商住小区14个，县城大开发、大发展的框架基本形成。孟坝、平泉、新集等小城镇基础设施明显改善，商业开发势头良好。水、电、路等农村基础条件明显改善，全年续建、新建公路19条265.5公里，累计完成投资7.69亿元，是近年来建设里程最多、建设标准最高的一年。建成了屯字塬安全饮水二期、新集、庙渠等5处集中供水工程，解决了4.64万人的安全饮水问题。洪河南川芦李段护岸工程、县城东区排洪工程等项目进展顺利。建成了35千伏平泉输变电和南李输变电增容改造工程，实施农网改造1470户。完成水土流失治理81.17平方公里，造林绿化6.16万亩，新修梯田5.9万亩。创建省级生态乡镇4个、生态村3个，市级生态乡镇19个、生态村66个。

**【社会事业】**县委、县政府把保障和改善民生作为工作的落脚点，尽力尽责而为，促进社会和谐稳定，发展合力进一步凝聚。进一步加大扶贫开发和“双联”工作力度，实施整村推进项目22个，易地扶贫搬迁120户，贫困村的生产生活条件有效改善，实现3.53万人稳定脱贫。信贷扶贫资金在富民增收产业培育中发挥了积极作用。全面落实各项惠民政策，省市交办的32件实事全部落实，“十大惠民工程”进展顺利。城乡低保、大病救助、新农合补助水平不断提高，社保覆盖面持续扩大。实施农村危房改造1500户，灾民建房714户，新建保障性住房616套3.8万平方米。扶持创业带头人661人，新增城镇就业6617人。强化教学管理，教育质量稳步提升，高考二本以上进线1735人，位居全市前列；加大教育投入，实施特危校舍改造、农村小学小伙房、幼儿园等项目155个，完成投资1.3亿元，新改扩建校舍面积8.2万平方米。医药卫生体制改革进一步深化，基本药物制度和零差率销售全部落实，新农合报销医疗费1.35亿元，县医院住院楼、中医院业务楼、乡镇卫生院建设顺利推进。群众文化活动丰富多彩，文化旅游产业健康发展。人口计划执行良好。创新和加强社会管理，深入开展“平安镇原”建设，切实加强安全生产监管，严厉打击各类违法犯罪活动，加大了矛盾纠纷排查调处力度，社会大局稳定。防灾减灾和应急管理工作体系进一步健全完善。统计、审计、妇女儿童、民族宗教、档案、红十字、残疾人、邮政、通讯等工作都取得了新的成效。

**【行政效能】**坚持把提高效能作为政府自身建设的重要目标，切实转变作风，提高服务水平，发展环境进一步改善。坚持县委领导，自觉接受人大依法监督和政协民主监督，认真履行职责，全年共办理人大代表建议39件、政协委员提案57件。大力推进政务公开，取消、调整行政审批事项17项，县政务大厅规范运行。食品药品“四位一体”监管体系初步建立完善，安全得到有效保障。认真贯彻落实中央“八项规定”和省、市、县改进作风有关规定，坚持厉行节约，反对铺张浪费，年内“三公”经费下降了15%。办公用房和公务用车清理扎实有效。制定出台了工程建设、招商引资、效能建设、人事编制、政府采购等方面的管理制度和考核办法，加强了干部职工管理，严明了工作纪律，规范了工作程序。严格落实廉洁自律各项规定，加强行政监察和审计监督，政府系统廉政建设取得新成效。

# 乡镇概况

## 西峰区

【南街办事处】南街办东至市福利院，西接西环路，北至小什字，南至金三角，所辖范围9.1平方公里。辖区有党政企事业单位216个（中央属4个、省属7个、市属122个、区直83个），其中行政事业单位192个，学校11所、企业13个。街办党工委下设8个社区党总支、23个党支部（街办机关党支部1个、楼院小区党支部22个），有党员1219名，有居民23098户、69612人。下辖炮台巷、南苑路、九龙南路、育才路、广场路、专署巷、东平路、长庆南路8个社区居委会。

项目工作实现新突破。全年启动实施项目30个，完成投资28.4亿元，占任务的109.2%；固定资产投资完成25.3亿元，占任务的101%；招商引资项目5个，到位资金8.65亿元，占任务的144.1%；工业增加值完成2227万元，占任务的106%，

民生服务实现新拓展。申报符合廉租房补贴条件的居民 935 户 2517 人；新增城镇就业人员 4650 人，大龄就业困难人员实现就业 430 人；实施临时救助 208 户、发放资金 63600 元；为 354 名 80 周岁以上老人申报了高龄补贴；城乡养老保险参保人数 4064 人；建立了社区老年人日间照料中心 2 处。“以房管人”采集录入人员信息 48761 人，育龄妇女 8801 人。

平安创建得到新加强。建立“无毒”小区2处，司法禁毒宣传长廊2处，定期访视、谈话、帮教吸毒人员250名、两劳释放人员51名，帮教转化辖区法轮功、实际神习练人员8名，接收矫正对象109人，

城市管理彰显新成效。清理“城市牛皮癣”860多处，各类违规、破旧广告牌 1094 面。清运垃圾 80 多吨，制作悬挂“讲文明 树新风”公益广告牌、温馨提示牌以及学习习总书记系列重要讲话精神为内容的宣传牌 55 面；加大“两违”监管力度，共查处违建户 18 户，强拆 14 户、自拆 4 户，拆除率达 100%。

文化建设呈现新亮点。建成文化健身活动示范点 8 个、体育文化活动室 2 处，建成团队文化活动点 2 个。培育香包生产龙头企业 1 个，新增香包生产户 16 户，研发新产品 10 种；辖区香包户制作香包 36.1 万件，产值 412.5 万，销售量 27.3 万件，销售额 241.9 万元。

【北街办事处】北街办事处成立于 1986 年 10 月，是区政府派出机构。辖区位于西峰城区北部地段，南起东西大街和安定东路与南街办相邻，东、北、西分别与温泉、彭原、后官寨三乡相邻，中与西街办辖区混杂。辖区面积 6.7 平方公里，共有居民 12224 户，33169 人。辖区有党政企事业单位 85 个。基层党组织 26 个：其中党总支 7 个，党支部 19 个，共有党员 1119 人。街办内设“两办一部三中心”（党政综合办、计生办、人民武装部、经济发展中心、文化服务中心、社会事务服务中心），下辖康寿路、东大街、九龙北路、东湖、北大街、长庆北路和解放路 7 个社区(居委会)。共有科级干部 31 人，一般干部职工 141 人。

2013 年全办完成招商引资投资 6.029 亿元，规模以下企业 20 户，完成工业增加值 2985 万元，50 万元以上建设项目 169 个，完成项目建设 22.626 亿元。新建小学改扩建项目已完成征收任务，签订全迁户协议 8 户，拆除双面四层综合教学楼 1 栋及附属建筑共 3280 ㎡，收回项目建设用地 21.5 亩。完成东湖公园扩建南大门征拆工作任务，签订全迁协议 11 户，拆除建筑及其附属物 863.9 ㎡，收回建设用地 2.5 亩，移交区园林局。完成 2013 年财政补贴高效照明产品推广任务 8651 个。全年共调处各类矛盾纠纷 312 起，调处率达到 100 %，建立卷宗 206 份。组织大型法律法规宣传活动 6 场(次)，办理法律援助案件 2 起。组织开展安全生产大检查和学校及周边环境整治工作 15 次，开展烟花炮竹排查整治 8 次。为九龙路、东湖社区赠配图书 300 册，发展群众文化活动带头人 15 名，建立固定群众文化活动队伍 9 支 430 人，组织文体活动骨干培训 2 场（次）。签订《廉政承诺书》，征集廉政格言

22条，举办大型廉政书画展1场次，新建宣传长廊3处。举办“忆党史 强党性 比奉献 促和谐”知识竞赛等主题活动4场次，举办“和谐文化进社区”活动和主题文化活动10场次，举办香包刺绣培训班11期，新增香包生产户12户，培训香包制作者600多名。设计开发香包、刺绣等新产品8种。举办就业指导培训班5期，提供就业服务信息210条，培养创业带头人5名。办理临时救助57户，发放救助金37200元。开展大型志愿服务活动12场次，募集慈善资金6.22万元，为帮联户解难题办实事238件，培育示范户8户，办理城乡居民社会养老保险987人，收缴参保资金21.6万元。帮助52名特困户实现了再就业，捐款捐物价值9800多元。东大街、九龙北路和东湖社区的老年人日间照料中心已全面建成，并投入使用。协调相关部门在运司家属楼、报社巷新建公厕2处。加大“两违”建筑监管力度，已组织强拆2宗1650㎡，动员违建户自拆5宗455㎡，上报等待强拆1宗，监管率100%。完成了居住人口“以房管人”信息录入工作，在东湖社区建立“陇家福·幸福寓所”，编制基干民兵242人，普通民兵1015人。参加区上组织的大型活动2场次，参加民兵30人（次），向部队输送新兵27人。

**【西街办事处】**西街办地处西峰城郊，下辖6个行政村、19个村民小组，农业人口2205户、8403人。总面积6.7平方公里，现有耕地953.23亩，人均0.11亩。辖区第一产业比重偏低，第三产业比重偏高，属于典型的“城中村”。

2013年，全办固定资产投资完成18亿元，占全年任务32亿元的56.25%；招商引资完成9.7亿元，占全年任务9亿元的108%；规模以下工业增加值完成2460万元，占全年任务2400万元的102.5%；农业增加值完成800万元，占全年任务800万元的100%；农民人均纯收入完成8439元，占全年任务8439元的100%。人口自然增长率控制在7‰以内。今年共实施重点项目39个，完成土地储备及项目用地151.14亩，其中：全区十大重点建设项目涉及我办的5个，分别是：“城市管理提升年”活动、市场建设、旧城改造、东湖公园改扩建、南盘旋片区改造。对辖区内14个市场进行了集中整治22次，出动人员1800多人（次）；对辖区32条村组巷道的“六乱”进行了集中整治，共清理小广告1600余个、清理乱堆乱放垃圾70余处、清理乱停乱放车辆280余辆，村容村貌、环境卫生明显好转。摸排认定“两违”建筑60宗，拆除49宗、拆除面积18316平方米，其中：强拆32宗，自拆17宗。检查各类经营户2000余户，发现安全隐患100余处，现场整改90余处，限期整改10余处，有效地遏制了安全事故的发生。排查出矛盾纠纷205起，其中：调解成功197起，3起移交相关部门，5起正在调处；接待群众信访案件27起，化解21起，3起移交有关部门，3起正在调查取证；办理法律援助案件4起，见证业务1起；开展普法活动12场（次），举办法制文艺演出活动7场（次），发放普法宣传材料10000多份，开展法律咨询90多人（次），代书16份；组织全体干部职工参加了由我办法制办牵头拟题的“六五普法”法律知识考试一次。新创建了老城、东门两个村级示范点，同时确定了24个示范户，以选树典型，示范带动我办“双联”行动扎实高效开展。成功创建“全国人口与计划生育依法行政示范点”，全年共落实四项手术81例，完成环孕情服务833人次，孕前优生健康检查69对，征收社会抚养费26.96万元，人口出生率12.41‰，计生率94%，人口自然增长率6.45‰，流动人口协查通报率100%。申报、批准2013年低保户85户，256人，全年最低生活保障金407202元已经全部发放到低保户手中；发放自然灾害救助户85户、25000元，冬令春荒救助户97户、45500元，临时救助6户，17人，救助资金2400元；发放2012年危房改造资金25户，312500元；发放优抚资金91095元；组织慰问60周岁以上老人350余人，送去慰问品和慰问金共计174000余元。荣获西峰区春节文化活动汇演二等奖；第十一届香包节开幕式暨陇东民歌演唱赛一等奖。完成了国家级生态街办和东门、秦霸岭两个省级生态村的申报工作；创建了市级“绿色学校”一所（南街小学）。发放惠农资金320.4万元。完成高效照明产品推广8171支，占任务5800支的140.9%。

**【肖金镇】**肖金镇地处西峰区南部，全镇共辖18个行政村，187个村民小组，10227户45779人，耕地面积9.8万亩。现有驻乡企事业单位33个，初级中学1所，小学26所，幼儿园5所。

自实行连片包村工作机制以来，全镇形成了科级、股级、工作人员的三级联动的工作机制，进一步激发了干部职工干事创业的积极性和主动性，全镇经济社会呈现出实力增强、面貌提升、和谐稳定的良好局面。主要表现在以下四个方面：

一是经济实力在应对挑战中持续增强。全年农业增加值完成2.05亿元，占任务的100.5%；规模以下工业增加值完成2100万元，占任务的107.1%；农民人均纯收入完成6225元，占任务的100.4%，全镇总体经济实力持续增强。

二是主导产业在结构调整中持续壮大。老山、杨咀、小寨三个标准化、规模化养猪小区全面建成，效益凸现。万亩设施蔬菜园经营管理走向正规，设施配套趋于完善，产量效益再获双赢。以生产大户和专业合作社为主体，全年流转土地5300亩，新建100亩以上矮化密植苹果园3处（张庄村、双桐村、肖金村），300亩以上杂果园3处（米王村、张庄村、芮岭村），100亩以上中药材种植基地4处（脱坳村、双桐村、胡同村、漳水村），500亩以上瓜菜种植基地1处（纸坊村）。菜、果、畜三大主导产业持续壮大。

三是建设现代农业示范工程。按照“菜、果、畜”为主导、“林、药、瓜”为辅助的产业发展思路，在高速路、凤甜路、肖显路、庆镇路四条公路沿线和纸坊川区的带动下，大力调整种植结构，形成“东菜西果、塬边咀梢畜牧养殖”的发展格局。规划在贺咀村、小寨村建成“畜、沼、菜”和“畜、沼、果”循环农业示范点各一处；芮岭村配合建设3座智能日光温室；纸坊村在依托自身区位优势的同时，做大做强西甜瓜基地建设和鱼塘建设；双桐村建成500亩脱毒马铃薯示范基地1处；其他各村也在公路沿线预留地块，集中连片发展经济作物，宜林则林，宜果则果、宜药则药。

四是建设纸坊休闲观光农业示范区。纸坊休闲观光农业示范区是我镇围绕川区西甜瓜生产、水产养殖和生态建设三大工程提出的一项战略性工作，计划建成钢架大棚1000座、鱼塘50座，完成绿化造林2000亩。五是新农村建设在双联行动中有力推进。完成了张庄村市级城乡一体化试点村和胡同、漳水区级新农村试点村年度建设任务。新建居民点1处（小寨村），扩建居民点3处（张庄村、漳水村、胡同村），新建扩建户数146户。新建村部1处（芮岭），续建村部3处（张庄、漳水、杨咀），新建文化广场4处（张庄、芮岭、杨咀、胡同）。打造市级党建示范点1处（杨咀），区级党建示范点2处（张庄、漳水），“双联”示范点3处（张庄、南李、杨咀）。完成农村危旧房改造245户。新修村庄等级道路32.34公里，新建公墓区2处，蓄水坝2处，集中埋葬区6处。完成农电网改造7千米，复垦土地2300亩。建成易地搬迁户住宅楼260套。编制完成村庄发展规划7个，风貌特色规划3个。全镇农村基础面貌得到较大改观。

**【董志镇】**董志镇属西峰新城区域性规划区所在地，辖19个行政村，227个村民小组，15319户，58763人，总土地面积222.09平方公里，其中耕地面积13.4万亩。现有驻镇机关单位26个，初级中学2个，小学22个。

2013年，全镇财政收入完成2985万元，农民人均纯收入完成6158元。实施50万元以上项目41个（其中亿元以上项目5个），完成投资38亿元。完成储备、征用、流转土地5263亩。新栽果树2000亩，种植设施蔬菜5800亩，种植顶凌覆膜玉米15200亩，发展规模养殖小区6处。组织劳务输转16521人（次），劳务收入达12392.4万元。开工建设新农村住宅小区3处，现已入住86户。共新修农村道路24条，全长53.3公里。其中，柏油罩面硬化10条、21.4公里；水泥硬化4条、14.6公里；砂石硬化2条、3公里。完成农电网线路改造100多公里。发放低保金、五保供养金、大病医疗救助金、优抚金、救灾救济金、高龄老人补助9800多人（次），576万元，为78名村干部和19名村妇联主任集体办理了人身意外保险。完成北门、冯堡等10个村级卫生所建设任务，村级卫生所标准化率达到95%以上。新建公墓地2处，集中安葬区5处。完成董志、陈户2个城镇社区建设任务。依托“双联”行动，成立种养殖专业合作社6个，发展壮大示范社1个，培训农民51场（次）、4500多人（次）；救助农村贫困户、孤寡老人和留守儿童120多人，落实帮扶措施23条，帮办实事72件，着力解决贫困群众的生产生活困难和问题。

**【显胜乡】**显胜乡地处西峰区最南端，位于镇原、泾川、宁县三县的交汇之处，距西峰城区30公里，距省道202线10公里，肖显公路横穿而过，显问、显蒲、显唐公路联结东西南北。总土地面积93平方公里，其中耕地面积4.3万亩。辖8个行政村，76个村民小组，4680户，16741人。

2013年，全乡实施50万元以上各类建设项目13个，完成投资5500万元。农民人均纯收入达到

5196元。规划建成小康居民点8处、266户。完成土地流转3943.5亩。 新建日光温室30座、钢架大棚2826座，带动全乡种植各类瓜菜7029.5亩。新栽果树7580亩，建成千亩果树栽植示范点3处、500亩示范点3处，种草面积3172亩。年末大牲畜存栏2857头，其中牛存栏2731头，猪存栏1165头，羊存栏8338只，鸡存栏1.39万只。压埋自来水管道2000多米，自来水入户率达90%以上。埋设排水管道1561米，浇筑雨水井50眼，连接池47处，彻底解决了街区排洪排污问题。拓宽整修村组道路11条38.1公里，铺砂硬化村组道路6条15.8公里。建成沼气池530座。完成冉李、铁楼两处五保家园的内配设施配套，15户五保户已全部实现安全入住。培育扶持香包生产大户120户，生产香包30万件，完成产值300万元。完成劳务输转7890人（次）。

**【什社乡】**2013年，什社乡按照区委、区政府的总体部署和要求，紧紧围绕“两园四区”发展目标，在广泛调研、大胆探索、集思广益的基础上，大力开展了以土地集中流转、项目集中建设、农民集中居住、产业集中入园、坟墓集中下山、垃圾集中处理、作风集中转变为主要内容的“七项集中”行动，团结和带领全乡人民，奋力拼搏，扎实工作，推动全乡经济社会继续保持了良好的发展势头。

**一、抓项目、重实体，经济发展不断加快**

（一）高效推进产业开发。按照“办农场、建园区、明主体、兴大户”的经营理念，全力打造苹果、小米、西甜瓜三大特色产业名片。采取“合作社+基地+农户”的模式，鼓励扶持经营大户流转土地新建百亩以上苹果示范园7处2253亩，探索出了矮化密植栽培模式和“果豆型、果蔬型、果药型”间作套种模式，为全市苹果产业现场推进会提供了观摩点。坚持栽管并重，对全乡1.2万亩苹果幼园和600亩示范园进行了管护和补植，果园形象大幅提升。依托武川这一自然优势，建成水泥骨架大棚71座、钢架大棚366座，带动川区群众户均增收3400元。创新土地流转机制，按照“党支部+合作社+基地+农户”的经营模式，在新庄村建成黄毛谷种植基地1处520亩，辐射带动全村及周边群众种植订单黄毛谷2525亩，实现纯收入160万元。

（二）科学推进城镇建设。结合城市管理提升年活动，加快推进基础设施建设，乡文体广场、文化站、政务服务中心已建成投用，中心幼儿园、卫生院已完成内部装修。坚持“量力而行，稳步推进”的原则，加大小城镇提质改造力度，高标准对街区东西、南北大街进行拓宽改造，现已完成东西大街路沿砖铺设和什社中学西墙改造，南北大街非机动车道开通，累计拓宽路面3000多平方米，方便了群众出行；新建卫生公厕1处，不断改善了城镇面貌。集中开展街区重点区域的占道经营、店外经营等“六乱”现象整治活动，充分发挥乡城管所的职能作用，引导流动摊贩和过往车辆依规经营、按章出行，进一步规范了街区管理，提升了城镇品位。

（三）加快推进招商引资。坚持以“吸引外商投资、挖掘民间资本、争取国投项目”为抓手，盘活资金，助推发展。以苹果、西甜瓜、黄毛谷三大特色产业为主攻点，组建各类专业合作社9个，打造产业“金”字招牌，扩大品牌效应。在继续支持胡糊小米加工厂扩大经营规模的同时，挖掘民间资本，新建组装式果蔬保鲜气调库2座，并建立了利益联结机制，形成了生产、加工、销售一体化，技术、物资、信息市场化的生产经营体系。年内，全乡完成招商引资、固定资产投资、工业增加值分别为3181、5100 、400万元，占全年任务的106%、102%、105%。

（四）扎实推进新农村建设。围绕现代农业综合示范工程创建“五化”目标，整合各种资源，动员多方力量，抓点示范，统筹推进，全乡新农村建设迈出坚实的一步。李岭村着眼打造全市新农村样板村，按照“一个中心、两个集中点、八大功能区”的总体布局，累计建成小康住宅275户，改造150户；建成农耕文化园、社区学习中心各1处，名优特农产品加工展示区1处20间，受到各级领导的充分肯定，全年接受国家、省、市、区各类党政考察团50余次。新庄村新建农民集中居住小区1处20户，维修改造农宅40户；贺塬村结合异地扶贫搬迁项目，新建农民安置点1处50户，目前已完成主体工程23户；文安村计划新建农民安置小区1处60户，现已完成土地流转；什丰村计划新建居民新村1处、住宅楼6幢，现已完成招商和地面清理等工作。

**二、抓民生、谋福祉，人民生活不断改善**

（一）尽力改善农村条件。积极整合项目资金，尽力改善农村生产生活条件。配合交通部门实施西合公路什社段道路拓宽改造工程，完成438户半迁户、3个企业的协议签定及补偿工作，移交土地

274 亩,动员农户拆除庄基 4 处，现已全线贯通。依托“一事一议”项目和双联行动，硬化村组道路 9 条 38.3 公里。加快水利设施建设，全年新打机井 7 眼,埋设供水管线 58 公里,有效灌溉面积达到 8000 亩；配合水务部门建成温什人饮水厂 1 处，压埋管线 2.1 万米，实施果园滴灌工程 2800 亩。完成灾后重建 13 户，危窑危房改造 200 户。启动实施气象灾害村村通工程，安装雨量检测器 10 个，配备铜锣及报警器 23 件。推广高效照明节能灯 618 个。加快殡葬改革，建成集中安葬区 7 处、公益性公墓 2 处，实现了村村有集中安葬点。

（二）合力开展双联行动。坚持输血与造血并重，扶贫与扶智结合，扎实开展双联行动和和扶贫攻坚行动。各帮联部门围绕农业产业、基础设施、民生保障等实施项目 48 个各帮联干部围绕送政策、送农资、送信息、送技术等，引导帮联对象大力发展种植、养殖和劳务，全乡现已培育双联示范村 5 个、示范户 72 户，双联产业示范基地 5 处。特别是新庄村以农村综合改革试点为契机，成立了扶贫互助协会，充分调动了群众致富增收的积极性。本着关心、关爱的原则，对未纳入帮联户的特殊贫困户，及时进行临时性生活救助。全年共发放民政救济资金 42.6 万元，大病救助资金 81.1 万元，农村低保金 182.4 万元。真正增进了干群感情，密切了干群关系。

（三）大力开展文明创建。大力开展文明单位、文明村组、文明社区创建活动，深入推进社会公德、家庭美德、个人品德教育。在全乡组织开展了“好儿媳”、“好公婆”、“好邻居”等道德模范评选及推广广场舞等活动，丰富了群众精神文化生活。李岭村以创建省级文明村为目标，利用“组组通”无线广播站和道德讲堂，通过“身边人讲身边事，身边人讲自己事，身边事教身边人”的形式，教育引导广大干部群众发扬助人为乐、见义勇为、诚实守信、敬业奉献、孝老爱亲等精神，营造出崇德向善、乐善至美的浓厚社会氛围。庆丰村利用文化广场和固定集市开展了群众喜闻乐见的文体活动，形成了村级自乐班演出和广场舞等常态化的文化活动，增进了交流，凝聚了人心。

（四）全力维护社会稳定。始终把创新管理和解决群众合力诉求作为主要抓手，认真研究，重点解决。一方面，严格落实领导干部接访制度和矛盾纠纷“挂牌销账”制度，认真开展矛盾纠纷大排查、大调处活动，基本做到了小事不出村，大事不出乡。另一方面，严格执行一岗双责责任制，逐村、逐人落实重点人群管教稳控责任，及时解决了群众反映强烈的问题。全年内共调处各类矛盾纠纷 249 件，调处率和成功率分别达到 100%和 98%，有效维护了社会和谐稳定。同时，针对校园、交通、消防、食品等重点领域，制定了相应的应急方案，成立了应急队伍，进一步增强了应急处置能力。

**三、转职能、优结构，执政能力不断提升**

（一）以制度促规范。认真贯彻“集体领导、民主集中、个别酝酿、会议决定”原则，大力推进政务公开，建成乡级政务大厅 1 处、村级便民服务大厅 3 处，极大方便了群众办事。成立了村务监督委员会，全面检查各项惠农政策落实情况，从源头上杜绝了腐败现象的滋生蔓延。

（二）以廉洁树形象。按照中央“八项规定”及省、市、区有关规定要求，认真落实党风廉政建设责任制。转变了会风，改善了文风，改进了作风，刹住了吃喝风，严格落实机关接待制度和领导干部办公用房标准。充分利用党委中心组学习、专题讲座等形式，大力开展党员干部警示教育活动，进一步增强了广大党员干部反腐倡廉的决心和信心，筑牢了拒腐防变的思想道德防线。

（三）以换届优结构。结合村党组织和第八次村民委员会换届选举，以选好配强村两委班子为重点，坚持“两推一选”和“公推直选”，真正将政治素质高、带富能力强、公道正派、作风民主、群众公认、清正廉洁，善于做群众工作的优秀人才选进村“两委”班子，并注重从农村致富能手、产业带头人和合作经济组织负责人、外出务工返乡青年、复转军人、大中专毕业生、大学生村官、一村一名农民大学生中，不拘一格选贤任能，鼓励、引导他们参加竞选。通过采取这些办法，使村级班子成员的年龄、文化、性别、能力结构得到进一步优化，班子整体素质进一步增强。

**【温泉乡】**温泉乡地处西峰区东郊，全乡共辖 11 个行政村，103 个村民小组，7197 户 31826 人，耕地面积 6.54 万亩。现有驻乡企事业单位 219 个，初级中学 2 所，九年一贯制实验学校 1 所，小学 8 所，幼儿园 9 所。

2013 年，我乡实施各类建设项目 79 个（新建项目 67 个，续建 12 个 ），其中已建成项目 22 个，正在建设项目 13 个，办理前期规划、用地手续项目

35个，登记、征拆的项目6个，已具备土地出让条件的项目3个；完成土地流转项目6个，流转土地5918亩；完成项目用地征拆8个，签订土地协议616.51亩。确保了东部放心食品城、环宇路业生活基地、西合二级公路改建工程、陇东学院校舍及教职工公寓楼等重点项目的快速推进。大力推广旱作农业新技术，完成顶凌覆膜5240亩。积极争取帮联单位资金扶持，对2个千亩果树示范基地、3个示范园进行了浇水灌溉；完成苹果幼园管护1.2万亩。建成沼气池56座，安装太阳能灶591台、太阳能热水器50台。引导经营大户流转土地、规模化发展果产业，新建高原红大樱桃、百康园药材种植、齐楼苹果矮化密植示范园等规模示范园3处2000余亩，带动全乡新栽果树4200亩。全力打造现代农业示范工程，黄官寨村沟畎组新建400亩天富亿生态农业观光园1处，目前2个1.6万平方米的智能日光温室和28个体验园已全部建成。在湫沟村成立互助资金理事会、监事会，注入资金100万元,支持群众发展产业，加快了贫困群众脱贫致富步伐。开工建设地庄北队、黄官寨对坡等失地农民安置小区2处；建成米堡、刘店宽裕型小康农宅2处；完成危旧房改造160户，改善了群众的居住条件；巨塬村部大楼及文化活动中、农民文化广场建成投用。刘店村部大楼、文化文化广场完成主体工程。在八里庙、新桥、齐楼等村新打机井6眼，完成温什人饮安全管道延伸工程15公里，解决了湫沟、巨塬等7个偏远村组3520人的用水难题。升级改造地庄、新桥2个村5个组农电线路11.2公里，满足了群众生产、生活用电需求。完成13条20.3公里柏油罩面、3条4.4公里水泥硬化、9条20.4公里砂石道路建设工作，行道树涂白28.6公里，全乡好路率达到96%以上。规范更换商业门店匾牌130面，清理米湫公路、西合公路、西赤公路两侧杂草45公里、垃圾1600方，安装路灯9盏，使辖区内环境卫生得到了明显改善。以荒山造林、天然林保护为重点，绿化造林1000亩，全力巩固退耕还林成果。计划生育各项优惠政策全面得到落实，米堡村被国家卫计委命名为计划生育基层群众自治示范村；全乡发放冬春困难群众生活补贴34.35万元，发放五保供养金42人13.33万元，发放农村低保458户180.8万元，发放各类优抚扶对象抚恤金183人54.96万元，完成危旧房改造160户，发放2012年度危改资金217.05万元，保证了困难群众生产生活；全乡征缴城乡居民社会养老保险金19595人180.28万元，兑付60岁以上老人养老保险金3781人240.3万元；全乡兑现惠农资金21项1080.6万元，有力的助推了农业生产和农村发展；“两违”监管依法拆除两违建筑24宗3103平米，净化了项目建设环境；全年共接待群众来信来访37件次，排查处理矛盾纠纷376起。温泉中心幼儿园8月底竣工并投入使用，黄官寨实验学校、温泉初中、齐楼初中等城乡学校建设项目进展顺利。安装广播电视“户户通”天线5500套，使城乡群众能够收看市区广播电视节目。

**【后官寨乡】**后官寨乡位于西峰区西郊，东邻西环路和西街办相接，南邻董志镇，西频浦河与镇原相望，北靠彭原乡，距市中心约2公里。全乡辖13个行政村，128个村民小组，7658户，33642人。拥有2所中学、15所小学、6所幼儿园，教职工390人，在校学生3629人。有各类大中小型企业、个体户900户，从业人数2200余人，农业专业合作社15个，总土地面积121.21平方公里，耕地面积69361.6亩。

2013年，农民人均纯收入达到6135元。在新城区规划多层失地农民安置小区9处，动工修建3处，安置农户267户；完成赵咀村村部办公楼的扩建，沟畎村城乡一体化建设项目完成小康农宅及村级办公楼主体建设，新修柏油罩面道路12条24.9公里，水泥硬化道路4条8.9公里，砂石硬化道路17条22.1公里，拓宽路基4条4.4公里。新建养殖小区9处，完成了4处养殖小区的提质改造，全乡猪存栏15351余头，牛存栏2488余头，羊存栏18801余只，鸡存栏34500余只，畜产业年产值达到3800万元，带动发展规模养殖户165户。新建钢架大棚232座，完成45座日光温室提质改造。新栽果树700亩，完成荒山造林1000亩。收缴农村合作医疗参合资金183.4万元,参合率达98.2%,发放农村低保金532户、1659人、203.82万元，发放五保户供养金及临时救助39.63万元。

**【彭原乡】**彭原乡位于西峰区北郊，北与庆城县驿马镇接壤，东与熊家庙乡毗邻，西与镇原县太平镇隔沟相望。全乡辖15个行政村，135个村民小组，乡村户数11089户，乡村人口41894人，总土地面积176.6平方公里。

2013年，全乡财政收入完成908万元，招商引资完成18亿元，社会固定资产投资完成42.12亿元，农业增加值完成1.7亿元，农民人均纯收入完成6070元，较上年净增675元，创历史新高。启动实施农林水利、工业、交通能源、北区道路、基础设施、小城镇建设、商贸流通、土地储备8类38个项目，其中亿元以上项目2个，千万元以上项目35个，项目总投资达43.4亿元。新栽苹果树2355亩，流转土地4724.55亩，建成“彭原乡优质苹果示范基地”一处，“百亩示范园”一处。全乡年出栏生猪1.812万头，现存栏育肥猪1.73万头，产值8336万元。生产蔬菜1.81万吨，创收1897万元。表油硬化道路7条10.97公里，铺砂硬化道路1条2.4公里，维修道路3条32公里。新建水塔1座（鄢旗坳村），供水房5间，维修机井7眼，使全乡自来水入户率达到97%。生产香包45万件，新增生产大户12户。完成了全乡15个村的“农家书屋”建设，村级文化室全部达标。

## 庆城县

**【庆城镇】**庆城镇是县委、县政府所在地，是全县政治、经济、文化中心。国道211、省道202、雷西高速穿境而过，是华池、环县通往西峰的咽喉要地。东依南庄乡，北靠卅铺镇、南接合水县板桥乡、西邻高楼和白马两乡。境内沟壑纵横，梁峁起伏，山川塬皆有，地形十分复杂。全镇共辖6个社区、9个行政村，61个村民小组，总人口55825人（其中农业人口3600户，15624人）。总土地面积109.73平方公里，耕地面积29783亩，人均1.9亩。境内有镇属机关单位12个，镇办企业18家，有县直机关单位156个，中央、省市直属机关单位46个，私营企业级个体工商户3600余家。全镇有小学10所，教职工77人，在校学生489人；全镇有基层党组织90个，其中党委1个，党支部89个，党员937人，其中女党员222人；卫生院1所，村级卫生所9个，信用社、派出所各一所。2013年，庆城镇共迎接省市县各类调研及检查验收100余次，重点有教子川碳汇林基地国家级生态乡镇验收，中汇汽车检测中心，霍家寺矮化苹果园示范建设迎接了全市上半年经济观摩，梁坪安置小区迎接了全市城乡一体化建设验收等。

2013年全镇财政税收突破395万元，占总任务216.2万元的183%，非税收入突破68.95万元，占任务55万元的125.4%。完成工业投资9.4亿元，占总任务8亿元的117.5%；项目入库32个，完成在库投资12.63亿元，占总任务8亿元的158%；完成工业项目投资1.32亿元，占总任务5000万元的264%；完成招商引资2.62亿元，占总任务2亿元的131%。粮食作物主要有小麦、玉米、豆子、糜子等，经济作物主要有胡麻、油菜籽等，主导产业以矮化苹果和种植、养殖及服务业为主。2013年，粮食总产量4204.81吨，农民人均纯收入达5860元，顺利完成上级下达的年度目标任务。镇政府驻地：莲池村。

**【马岭镇】**马岭镇位于庆城县西北部，距县城40公里，被称为庆城县的北大门。国道211线纵贯全境，北与环县曲子镇接壤，东与华池县上里塬乡相邻，南与卅铺镇相望。全镇共辖12个行政村82个村民小组，农业人口23423人，总面积231.1平方公里，耕地面积5.8万亩，粮食播种面积5.2万亩，总产量8381吨,2013年末，全镇农民人均纯收入达到5380元。

2013年，马岭镇党委、政府在县委、县政府的正确领导下，全面贯彻落实科学发展观，以转型提速发展为主题，以转变发展方式为主线，破解两大瓶颈（农业基础薄弱、基础设施建设滞后），强化两大支撑（综治维稳、基层组织建设），突出三个重点（经济发展、民生改善、社会稳定），实施六项工程（群众增收富民、基础建设益民、工业强镇利民、社会保障惠民、综治维稳安民、组织建设亲民），夯实发展基础，着力改善民生，增强经济实力。镇政府驻地：马岭村。

**【驿马镇】**驿马镇位于庆城县西南部，东与白马铺乡相连，南与西峰彭原乡隔义门沟交界，西南濒黑河与镇原县新集乡相望，西与太白梁乡接壤，北与桐川乡、蔡家庙乡相连。国道309线与省道202线和雷西高速交汇穿境而过。地势北高南低，平均海拔1290米。年均降雨量537.5毫米，平均气温9.4℃，无霜期150天，平均日照时数2595小时，东南风与西北风出现机率较多。辖20个行政村、2个社区、167个村民小组、9014户、61535人，其中农业人口40447人，城镇人口21088人。总面积288.9平方公里，耕地面积10.925万亩，人均2.7亩。有非公经济组织党工委1个，党总支6个，党支部60个，其中镇机关支部1个，社区党支部1个，卫生院支部1个，学校支部11个，农村党支部14个，非公经济组织支部31个（其中非公企业支部25个，两新组织支部6个），党员1122人。

镇政府驻地：上关村。

2013年，驿马镇紧紧围绕全市“长环线”示范带和“一区四园、一线八域”战略部署，以“3341”工程和“5345”工作部署为引领，把城乡一体化发展作为解决“三农”问题的根本途径，狠抓一个关键（项目建设），突出两个重点（基础设施建设、改善服务民生），做强三大产业（苹果、草畜、劳务），坚持四个结合（经济发展与联村联户行动结合、与扶贫攻坚结合、与干部作风建设结合、与和谐社会创建结合），全面推进五大工程（党的建设、社会管理、文化繁荣、城乡统筹、民生改善），经济社会发展总体运行良好，各项主要经济指标保持了平稳较快增长，全镇上下呈现出全面攻坚、重点突破、提速进位、抓实见效的良好态势。

**【卅铺镇】**三十里铺镇位于庆城县西川，距庆城21公里，东邻玄马镇，西接翟家河乡、蔡家庙乡，南和庆城镇毗邻，北与马岭镇接壤，现座落于韩湾村原庆阳石化机关大楼，国道211线纵贯南北，环江河穿境而过，属黄土高原残塬沟壑区。海拔1100多米，年均气温9.7℃，年无霜期169天，年日照时数2507.3小时以上，年均降雨量491.5毫米全镇共辖12个村，75个村民小组，其中农业户5052户21498人，农村劳动力17080人。总土地面积179.08平方公里，其中耕地面积5.5万亩，2013年农作物播种面积97077亩，其中粮食作物播种面积44899亩，产量8792.75吨，玉米播种面积11000亩，小麦播种面积16143亩，产量2276.16吨。荒山荒地造林面积8867.6亩。镇村道路畅通，村村通沙砾路，11个村通柏油路。村村通有电话。镇内有机井、集雨水窖5012眼（口）。现有村卫生机构13个，病床25张，乡村医务人员26人；17所中小学教学条件极大改善，儿童入学率达98.5%；享受五保的人数26人，参加农村合作医疗的人数19341人，参加新型农村社会养老的人数14018人，全镇2013年刑事发案数31件。

三十里铺镇历史悠久，钟灵毓秀，为环江翼龙古化石发现之地。境内的桃花山、清凉山两处遗存古迹文化品味颇高。以三十里铺顺发千亩示范基地，廿铺瓜菜、草莓基地和黄花菜基地等为龙头的一批新型旅游观光农业企业已初具雏形。镇政府驻地：韩湾村。

**【玄马镇】**玄马镇位于庆城县东北部，距县城7公里，东邻南庄乡，西接卅铺镇，南与庆城镇毗邻，北与华池县接壤。打庆公路、柔远河穿境而过，山川塬兼有，全镇总面积229.03平方公里，耕地面积56246亩，镇政府所在地为贾桥村。全镇共辖10个行政村，1个社区（贾桥社区），82个自然村，4538户，20364人（其中农业人口19853人）。共有村级卫生所10个，中小学13所（中学1所、寄宿制小学2所、教学点10所），师生1327人（其中教职工144人，中小学生1183人），党支部23个，党员612人（农民党员519名）。镇机关现有干部职工99人，党委班子成员9人，科级干部15人，一般干部84名，年龄在35岁以下的干部职工68人。村干部31人，年龄在40岁以下的11人，高中以上文化程度23人。

2013年全镇农业总产值1.32亿元，农民人均纯收入5320元。镇内有各类企业23户，农民专业合作社28个，互助资金协会4个，规模养殖场8个。2013年获得“省级文明乡镇”、“省特级档案馆”、“市级文明社区”等多项殊荣，并成功入围“绚丽甘肃2013十大魅力乡镇”，孔桥村被国家农业部评定为“美丽乡村”创建试点村。镇政府驻地：贾桥村。

**【赤城乡】**赤城乡位于庆城县西南30公里处，北靠白马乡，南接庆阳市西峰区，东邻合水县，西接驿马镇，全乡土地面积104平方公里，耕地面积4.31万亩。共辖9个行政村，61个自然村，4253户，17736人。地形北高南低，地势平坦，土地肥沃，属大陆性气候，是从事农业生产的适宜区域，属以种植业为主的农业乡。独特的自然条件孕育着众多的名优产品，尤以苹果和小甜瓜最为驰名。

赤城苹果产业独具特色，已成为农民致富的主渠道，以个大质脆、浓香馥郁、色泽鲜艳、清甜可口、营养丰富、耐贮耐运而走俏市场。这主要决定于赤城独特的地理及气候条件，地处黄土高原的赤城，介于东经106°20′至108°45′与北纬35°15′至37°10′之间，平均海拔在1268米，年均降雨480毫米-660毫米，年均气温7℃-10℃，昼夜温差10℃以上，年日照2250小时-2600小时，无霜期140天-180天，被专家学者称为我国苹果适生带内的最佳适生区。

2002年，赤城乡被农业部确定为“全国创建无公害农产品（水果）生产示范基地县中心示范区”，申请注册了“赤诚”牌苹果商标。2003年在第十五届中国西部技术交易会上荣获金奖；2003年、2004

年、2010 年先后举办了三届“庆阳·赤城”苹果节，2005 年获得了泰国出口权证书；2008 年在中国苹果年会上荣获“中国优质苹果基地百强乡镇”称号；2010 年被确定为全国绿色优质苹果标准园创建乡。截至目前，全乡果园面积累计达 3.96 万亩，占耕地面积的 91.8%，户均 9.9 亩，2013 年由于果园遭受前季低温冷冻天气的影响，苹果产量虽然下降，但是高价卖出，仍然取得了较好的产值，全乡全年苹果总产量达到 20764 吨，实现总产值 9551 万元，户均 2.2 万元，其中 30 万元 1 户，20 万元以上 3 户，10-20 万元 88 户。乡政府驻地：周庄村。

**【桐川乡】**桐川乡位于庆城县西北部，东与蔡家庙、翟家河相连，南接驿马镇，西邻太白梁乡，北与土桥乡接壤。309 国道与阜桐、桐蔡公路贯穿全境。境内沟壑纵横，山岭重叠，嵝岘起伏，属残垣沟壑区。桐川乡党委政府设在党嵝岘村，全乡共辖 14 个行政村，86 个自然村。总人口 17792 人。国土面积 289.43 平方公里，耕地面积 101178 亩，其中山地 95812 亩，塬地 5366 亩。全乡以草畜、林果为主导产业，东南部塬面开阔，土地肥沃，是粮食作物和果业主产区，目前果园存留面积 4000 多亩；西北部沟壑纵横，山岭重叠，岘掌曲伏绵延，发展草食畜牧业得天独厚，目前羊存栏 25534 只，其中绒山羊 18450 只，小尾寒羊等 7084 只；农作物以小麦、糜谷、玉米、豆类、洋芋、胡麻、油菜等作物为主，黄花菜、杏仁、羊毛、羊绒、羊皮等农副产品资源丰富；桐川乡也是长庆油田超四主产区之一，境内遍布各类生产井、水井 330 口，其中生产油井 290 口；全乡共有中小学 17 所，在校学生 2185，教职工 154 人；卫生院 2 所，共有病床 31 张，村卫生机构 14 个。

2013 年完成固定资产投资 2 亿元，同比增长 34%；财政收入完成 170 万元，同比增长 62%；积极衔接争取，完成 500 万元以上重点项目 14 个，乡村基础条件及投资环境明显改善，群众增收渠道逐步拓宽。全乡农民人均纯收入达到 4730 元，比上年增加 480 元，增长 17%。乡政府驻地：党嵝岘村。

**【太白梁乡】**太白梁乡位于庆城县西北部，由原冰淋岔乡和太白梁乡合并而成，地处庆、镇、环三县交界处，蒲河上游，距县城 100 公里，介于东径 107° 15′ 至 107° 32′，北纬 35° 49′ 至 36° 07′ 之间，东接土桥乡、桐川乡，西连镇原、环县，南和驿马镇毗邻，北与蔡口集乡接壤，地势北高南低，境内沟壑纵横，梁峁起伏，岘掌曲伏缠绵，呈丘陵沟壑地貌类型。海拔 1100-1560 米，年平均气温 8.6℃，年平均降雨量 300-400 毫米，年日照总时数 2550 小时，年平均无霜期 150 天，是一个典型的干旱山区乡。截止 2013 年底，全乡机关单位有庆城县太白梁派出所、太白梁信用社、太白梁学区、太白梁卫生院和中合铺分院、太白梁邮电所。全乡有党支部 25 个，党员 572 名。共辖冰淋岔、众义、中合铺、巴山、王渠、无量山、高山、贾山、庙山、吴家岔、柳树庄、山庄、吕家塬 13 村 74 个村民小组，2277 户 10898 口人，其中农业人口 10634 人，城镇人口 264 人，总土地面积 192 平方公里，耕地面积 6.3 万亩，梯田面积 2.9 万亩，天然草地 140600 亩，人工草地 55685 亩，1999 年至 2005 年退耕还林 17639 亩。全乡农民人均纯收入达 3355 元，有学校 19 所，其中职业中学 1 所，初级中学 1 所，小学 17 所，卫生院两所（中合铺、冰淋岔），村级卫生所 13 所，病床 32 张。乡政府驻地：冰淋岔村。

**【土桥乡】**土桥乡位于庆城县西北部，距县城 80 公里，东邻翟家河，西靠太白梁，南临桐川，北与蔡口集接壤。境内沟壑纵横，梁峁起伏，立地条件差，为全市中西部特困片带十四个贫困乡之一。全乡共辖 7 个行政村，42 个自然村，1442 户，6565 人。总土地面积 139 平方公里，耕地面积 37676 亩，人均 5.8 亩。粮食作物主要有小麦、玉米、豆子、糜子等，经济作物主要有胡麻、油菜籽等，主导产业以种草和养畜为主。2013 年，粮食总产量 13130.57 吨，人均纯收入达 3180 元。全乡有小学 10 所，教职工 46 人，在校学生 221 人；党支部 14 个，党员 371 人，其中女党员 55 人；卫生院 1 所，村级卫生所 7 个，信用社、派出所各一所。乡政府驻地：南庄塬村。

**【蔡口集乡】**蔡口集乡位于庆阳市西北部，距庆城县80公里，东接马岭、翟家河，南和土桥、太白梁相毗邻，西、北与环县接壤，地势北高南低，境内沟壑纵横，梁峁起伏，岘掌曲伏缠绵，呈丘陵沟壑地貌类型。总土地面积145平方公里，海拔1400—1600米，平均气温8.7摄氏度，年无霜期150天，年降雨量300—400毫米左右。全乡共辖7个行政村，33个村民小组，1487户，6220人，耕地面积3.41万亩，人均耕地5.5亩，粮食总产量8600吨，人均1382公斤，农村经济总收入1879万元，农民人均纯收入实现3020元。乡政府驻地：高塬村。

**【高楼乡】**高楼乡位于庆城县东南部，309国道沿线，距县城11公里，东与合水县板桥乡接壤，西与白马铺乡毗邻，北靠庆城镇，南邻合水县。属黄土高塬残塬沟壑区，平均海拔1200米左右，年均气温9-10.5° C，降雨量573.5毫米，属典型的半干半旱湿润温带大陆性气候。全乡共辖7个行政村，50个自然村，3124户，11395人。总土地面积108.64平方公里，2011年年末耕地面积3.8万亩，农民人均纯收入3396元。苹果为全乡的支柱产业。果园面积累计达到4.4万亩，其中成园2.5万亩左右。截止2011年末，境内所有通村道路全部实现砂砾化，部分路面正在进等升级实现铺油罩面，实现了村村通水，户户通电，电话电视普及率达到95%以上。辖区内有卫生院1所，村卫生所7个，医护人员20人，病床32张。全乡设初中1所，小学7所，村学1所，共有学生853人，教师85名，各类教学仪器设施齐全，校舍全部扩建维修一新，教育水平逐年提高。基层党建工作全面加强，全乡有党支部11个，党员357名，其中正式党员343名，预备党14员，男党员317名，女党员40名，农民党员302名，干部职工党员55名。乡政府驻地：高楼村。

**【南庄乡】**南庄乡位于庆城县东部约20公里，东与子午岭林区接壤，北与华池城壕、定汉相邻，南与合水城关、板桥相望，西与本县庆城镇相连。属黄土高原沟壑区，山、川、塬兼有，沟、梁、峁纵横的独特地形地貌。平均海拔1410米，年均降雨量573 毫米，年平均气温10℃，全年无箱期170天。气候属暖温带季风区中的大陆性气候，其特点是四季分明，雨热同季，光照充足，无霜期长。春季干旱多风，夏季雨量集中，秋季温和凉爽，冬季干冷少雪。总面积184.11平方公里，耕地面积3.99万亩，以种植小麦、玉米、蔬菜为主。辖5个行政村，35个自然村，2485户、11296人，卫生所1所、中小学10所（学生976人）、党支部7个（党员376人），乡政府有干部职工54人，政府驻地东塬村。

2013年，在县委、县政府的正确领导和业务部门的大力支持下，我乡以“实现跨越发展”为目标，以“改善基础设施”为突破口，明确任务，强化措施，紧紧围绕抓项目、兴产业、强基础、保民生的总体思路，扎实开展“项目突破年”、“政策落实年”和“作风建设年”活动，进一步增强干部的忧患意识、机遇意识和发展意识，切实转变工作作风，在全乡上下形成了聚精会神搞建设，一心一意谋发展的良好氛围，各项工作取得了明显成效。呈现出速度加快，实力增强，后劲逼人的局面。

**【翟家河乡】**翟家河乡位于庆城县西北部山区，地理条件差，境内沟壑纵横，峁梁起伏，地形支离破碎，群众居住比较分散，多为几户群众一个山头，是全市十四个特困乡之一。土地资源丰富，植被覆盖率高，草畜业发展较快。辖6个行政村，42个自然村，1644户7076人。2012年人均纯收入2680元，贫困人口1229户6514人，贫困面92%。总土地面积117平方公里（17.82万亩），总耕地面积29106.2亩，人均占有耕地4.2亩，粮田面积29056.2亩，粮食播种面积5.63万亩，粮食总产量6153.34吨。全乡共有大家畜3495头，羊只存栏数6726只。

阜桐公路穿乡而过，横跨全乡境内。全乡共有乡村道路6条35公里，其中通达工程完成3条23.1公里，整村推进完成一条10公里沙砾路，群众自筹投工投劳完成1.9公里。修建过水桥1座。配合修建西掌至土桥5公里、胡家岭至蔡家庙3公里两条乡村道路。利用国家整村推进项目建设上水工程8处，修建管道8100米，配备了管理房，配电房，解决了19个自然村412户居民和535头家畜的安全用水问题。乡政府驻地：程家河村。

**【蔡家庙乡】**蔡家庙乡位于庆城县中部，总面积115.6平方公里，耕地面积4.1万亩，其中梯田面积18095亩，人均1.74亩，川台地2290亩，属典型的纯山区乡镇，全乡共辖16个行政村，115个村民小组，4154户，18235人。境内有柏油路2条27公里，其中1条14公里正在建设；通村水泥路4条22公里，其中3条14公里正在修建中，这些道路建成后有8个村通上柏油路或水泥路。

全乡经济以农业经济为主。传统的农作物种类繁多，主要有冬小麦、玉米、糜子、荞麦、油菜籽、胡麻、黄豆、蔬菜、西瓜等；特色农副产品资源丰富，主要有黄花菜、杏干、杏胡、核桃、 瓜菜、药材、羊毛、羊皮等；畜牧养殖业快速发展，主要有牛、羊、猪、鸡、兔等；境内石油矿产资源丰富，有生产油井108口，气井7口，水井12口，输油管线全长43公里。近年来，历届党委、政府把发展作为第一要务，主要在培育特色产业、壮大支柱产业上做文章，大棚蔬菜、葡萄树栽植、中药材种植、苹果苗木繁育等一些列的特色产业逐步被扶持起来。经过近几年的发展壮大，种草养畜已经成为我乡的支柱产业。截止2013年底，规模养殖户300多户，羊只存栏数18000多只，大家畜存栏1609头，全乡累计种植优质牧草21405亩，全乡退耕还林总面积11230亩，林草覆盖率达到19%。乡政府驻地：蔡家庙村。

**【白马铺乡】**白马铺乡位于庆城县西南侧，东邻高楼乡，南接赤城乡，西频熊家庙办事处和驿马镇，北与葛崾岘接壤，地势由西北向东南倾斜，属源区乡镇，兼少许山边及沟壑地带。全乡共辖6个行政村，48个村民小组，3728户，14249人。总土地面积104.19平方公里，其中耕地面积37384亩。全乡有果园面积29800亩，占总耕地面积的79.7%，苹果收入占农民人均收入的75%以上。苹果产业的发展，带动了与其相关链条的延伸，苹果包装、储存、加工、运销和果园劳务经济迅速发展，现已成立农民专业合作社18个，专门经营苹果贮藏、销售规模企业6家，建立冷藏库32座，苹果包装、加工等企业20多家。

苹果为全乡的主导产业，现有果园面积占耕地面积的79.7%，2013年产优质苹果近3万吨，总收入达1亿多元，人均7000多元，占人均纯收入的70%以上，苹果产业已成为农民经济收入的主要来源。乡政府驻地：白马村。

## 环　县

**【环城镇】**环城镇地处环县县城腹地，东临樊家川乡，南与木钵镇毗邻，西与合道乡接壤，北以洪德乡肖关村为界。全镇辖24个行政村，2个居委会，173个村民小组，总面积700.9平方公里，耕地面积12.9万亩，平均海拔1256米，年均降水量674.5毫米，年平均气温9.2℃，无霜期172天。全镇现有7757户，36809人，目前共有24个村通电，通电户数7757户；24个村通公路，　24个村通邮；24个村通电话，2个村通自来水。

2013年，全镇粮食总产量35399吨，油料产量127吨，年末羊存栏49489只，大家畜存栏9614头，全年财政总收入301.87　万元，其中一般预算收入301万元，财政总支出3659.7万元，农民人均纯收入4072元。

**【曲子镇】**曲子镇位于环县南部，与木钵镇、八珠乡毗邻。辖15个村民委员会，1个居民委员会，88个村民小组，总土地面积407.8平方公里，耕地面积9.86万亩，平均海拔1218米，年平均降雨量732.6毫米，年平均气温11.2℃，全年无霜期165天。全镇6329户，27216人，共有15个村通电，通电户数6329户，15个村通公路，　15个村通邮，15个村通电话，4个村通自来水。

2013年，全镇粮食总产量30976吨，油料产量150吨，年末羊存栏42161只，大家畜存栏2100头，全年财政总收入283.64万元，其中一般预算收入283万元，财政总支出2842.96万元，农民人均纯收入4512元。

**【甜水镇】**甜水镇位于环县北部，辖10个村民委员会，59个村民小组，总土地面积535.6平方公里，耕地面积4.84万亩，平均海拔1556米，年平均降雨量299.4毫米，年平均气温9.4℃，全年无霜期120天。全镇2538户，12371人，共有10个村通电，通电户数2533户，10个村通公路，　10个村通邮，10个村通电话。

2013年，粮食总产量9831吨，油料产量916吨，年末羊存栏64371只，大家畜存栏4384头，全年财政总收入313.46万元，其中一般预算收入313万元，财政总支出1462.57万元，农民人均纯收入4495元。

**【木钵镇】**木钵镇位于环县南部，距县城20公里处，辖17个村民委员会，94个村民小组，总土地面积325平方公里，耕地面积6.9万亩，平均海拔1500米，年平均降雨量683.5毫米，年平均气温10.5℃，全年无霜期185天。全镇5015户，21840人，共有17个村通电，通电户数5015户，17个村通公路，　17个村通邮，17个村通电话，1个村通自来水。

2013年，全镇粮食总产量25816吨，油料产量236吨，年末羊存栏22547只，大家畜存栏8707头，，全年财政总收入303.02万元，其中一般预算收入303万元，财政总支出1959.84万元，农民人均纯收入4482元。

**【天池乡】**天池乡位于环县西南部，辖16个村民委员会，83个村民小组，总土地面积391.1平方公里，耕地面积9.59万亩，平均海拔1200米，年平均降雨量738.1毫米，年平均气温8.5℃，全年无霜期140天。全乡　4242户，18490人，共有16个村通电，通电户数4166户，16个村通公路，

16 个村通邮，16 个村通电话.

2013 年，全乡粮食总产量 27590.8 吨，油料产量 337 吨，年末羊存栏 28790 只，大家畜存栏 10146 头，全年财政总收入 135.32 万元，其中一般预算收入 135 万元，财政总支出 1173.32 万元，农民人均纯收入 4215 元。

**【演武乡】**演武乡位于环县西南部，辖 9 个村民委员会，55 个村民小组，总土地面积 263.6 平方公里，耕地面积 6.27 万亩，平均海拔 1512 米，年平均降雨量 733.6 毫米，年平均气温 10.0℃，全年无霜期 140 天左右。全乡 2763 户，12759 人；共有 9 个村通电，通电户数 2763 户，9 个村通公路， 9 个村通邮，9 个村通电话.

2013 年，全乡粮食总产量 21004 吨，油料产量 175 吨，年末羊存栏 24303 只，大家畜存栏 8674 头，全年财政总收入 132.26 万元，其中一般预算收入 132 万元，财政总支出 1130.41 万元，农民人均纯收入 3689 元。

**【合道乡】**合道乡位于环县西南部，辖 17 村民委员会，99 个村民小组，总土地面积 528 平方公里，耕地面积 10.83 万亩，平均海拔 1263 米，年平均降雨量 607.2 毫米，年平均气温 9.8℃，全年无霜期 140 天。全乡 5320 户，22615 人，共有 17 个村通电，通电户数 5320 户，17 个村通公路， 17 个村通邮，17 个村通电话。

2013 年，粮食总产量 30866 吨，油料产量 315 吨，年末羊存栏 28520 只，大家畜存栏 9290 头，全年财政总收入 119.74 万元，其中一般预算收入 120 万元，财政总支出 1250.99 万元，农民人均纯收入 4028 元。

**【樊家川乡】**樊家川乡位于环县东南部，辖 8 个村民委员会，52 个村民小组，总土地面积 354.6 平方公里，耕地面积 4.9 万亩，平均海拔 1450 米，年平均降雨量 413.7 毫米，年平均气温 9.3℃，全年无霜期 172 天。全乡 2494 户，11654 人，共有 8 个村通电，通电户数 2494 户， 8 个村通公路， 8 个村通邮，8 个村通电话，1 个村通自来水。

2013 年，全乡粮食总产量 16186 吨，油料产量 213 吨，年末羊存栏 10979 只，大家畜存栏 5046 头，全年财政总收入 271.05 万元，其中一般预算收入 271 万元，财政总支出 1759.64 万元，农民人均纯收入 4362 元。

**【八珠乡】**八珠乡位于环县东南部，辖 10 个村民委员会，57 个村民小组，总土地面积 350.8 平方公里，耕地面积 4.99 万亩，平均海拔 1350 米，年平均降雨量 470 毫米，年平均气温 8.8℃，全年无霜期 145 天。全乡 2908 户，12929 人，共有 10 个村通电，通电户数 2908 户，10 个村通公路， 10 个村通邮，10 个村通电话，2 个村通自来水。

2013 年，全乡粮食总产量 16718 吨，油料产量 167 吨，年末羊存栏 18513 只，大家畜存栏 6450 头，全年财政总收入 132.26 万元，其中一般预算收入 113 万元，财政总支出 1130.41 万元，农民人均纯收入 4335 元。

**【洪德乡】**洪德乡位于环县北部，辖 19 个村民委员会，117 个村民小组，总土地面积 591 平方公里，耕地面积 10.05 万亩，平均海拔 1500 米，年平均降雨量 567.3 毫米，年平均气温 9.7℃，全年无霜期 120 天。全乡 5629 户，26111 人，共有 19 个村通电，通电户数 5629 户，19 个村通公路， 19 个村通邮，19 个村通电话。

2013 年，全乡粮食总产量 29235 吨，油料总产量 832 吨，年末羊存栏 39688，大家畜存栏 10573 头，全年财政总收入 139.83 万元，其中一般预算收入 140 万元，财政总支出 1473.09 万元，农民人均纯收入 4298 元。

**【耿湾乡】**耿湾乡位于环县东北部，辖 7 个村民委员会，57 个村民小组，总土地面积 292.3 平方公里，耕地面积 4.27 万亩，平均海拔 1500 米，年均平降雨量 412.9 毫米，年平均气温 9.6℃，全年无霜期 160 天。全乡 2498 户，11133 人，共有 7 个村通电，通电户数 2498 户，7 个村通公路， 7 个村通邮，7 个村通电话.

2013 年，全乡粮食总产量 17425 吨，油料产量 444 吨，年末羊存栏 20357 只，大家畜存栏 5335 头，全年财政总收入 486.28 万元，其中一般预算收入 486 万元，财政总支出 1489.46 万元，农民人均纯收入 4226 元。

**【秦团庄乡】**秦团庄乡位于环县东北部，辖 8 个村民委员会，47 个村民小组，总土地面积 342.1 平方公里，耕地面积 3.83 万亩，平均海拔 1740 米，年平均降雨量 479.7 毫米，年平均气温 6.5℃，全年无霜期 110 天。全乡 1928 户，8632 人，共有 8 个村通电，通电户数 1928 户，8 个村通公路， 8 个村通邮，8 个村通电话。

2013 年，全乡粮食总产量 5851 吨，油料产量

271吨，年末羊存栏19663只，大家畜存栏4115头，全年财政总收入175.62万元，其中一般预算收入176万元，财政总支出809.42万元，农民人均纯收入3677元。

**【山城乡】**山城乡位于环县北部，东与秦团庄接壤，西于甜水相连，南与罗山川、洪德为邻，北与宁夏盐池县麻黄山乡接界，辖9个村民委员会，59个村民小组，总土地面积428.9平方公里，总耕地面积4.25万亩，年平均降雨量427.3毫米，年平均气温9.6℃，无霜期110天。全乡2156户，9285人，共有9个村通电，通电户数2129户，9个村通公路， 9个村通邮，9个村通电话.

2013年，粮食总产量7309吨，油料产量866吨，年末羊存栏19775只，大家畜存栏5165头，全年财政总收入127.99万元，其中一般预算收入124万元，财政总支出 840.73万元，农民人均纯收入4420元。

**【南湫乡】**南湫乡位于环县西北部，辖7个村民委员会，36个村民小组，总土地面积411.5平方公里，耕地面积2.72万亩，平均海拔1700米，年平均降雨量369毫米，年平均气温6.7℃，全年无霜期125天。全乡1347户，6388人，共有7个村通电，通电户数1347户，7个村通公路， 7个村通邮，7个村通电话.

2013年，粮食总产量4961吨，油料产量680吨，年末羊存栏57130只，大家畜存栏4970头，全年财政总收入165.55万元，其中一般预算收入165万元，财政总支出934.98万元，农民人均纯收入4217元。

**【罗山川乡】**罗山川乡位于环县西北部，辖8个村民委员会，45个村民小组，总土地面积419.6平方公里，耕地面积3.57万亩，平均海拔1700米，年平均降雨量562.2毫米，年平均气温12.5℃，全年无霜期123天。全乡1837户，7928人，有8个村通电，通电户数1837户，8个村通公路， 8个村通邮，8个村通电话.

2013年，粮食总产量6223吨，油料产量517吨，年末羊存栏42694只，大家畜存栏3825头，全年财政总收入37.99万元，其中一般预算收入38万元，财政总支出597.05万元，农民人均纯收入4193元。

**【虎洞乡】**虎洞乡位于环县西北部，辖10个村民委员会，67个村民小组，总土地面积467.9平方公里，耕地面积5.77万亩，平均海拔1600米，年平均降雨量602.4毫米，年平均气温8℃，全年无霜期130天。全乡 2881户，12241人，共有10个村通电，通电户数2881户，10个村通公路， 10个村通邮，10个村通电话。

2013年，粮食总产量16029吨，油料产量584吨，年末羊存栏33892只，大家畜存栏5537头，全年财政总收入174.83万元，其中一般预算收入175万元，财政总支出1141.07万元，农民人均纯收入4408元。

**【车道乡】**车道乡位于环县西北部，辖16个村民委员会，67个村民小组，总土地面积682.9平方公里，耕地面积9.53万亩，平均海拔1648米，年平均降雨量612.9毫米，年平均气温9.0℃，全年无霜期120天。全乡4897户，21076人，共有16个村通电，通电户数4897户，16个村通公路，16个村通邮，16个村通电话.

2013年，粮食总产量22522吨，油料产量1398吨，年末羊存栏50717只，大家畜存栏8220头，全年财政总收入184.55万元，其中一般预算收入184万元，财政总支出1222.91万元，农民人均纯收入3915元。

**【小南沟乡】**小南沟乡位于环县西北部，辖12个村民委员会，72个村民小组，总土地面积579.3平方公里，耕地面积6.06万亩，平均海拔1205米，年平均降雨量574.2毫米，年平均气温7.9℃，全年无霜期135天。全乡2853户，13226人，共有12个村通电，通电户数2853户，12个村通公路，12个村通邮，12个村通电话。

2013年，粮食总产量11298吨，油料产量1260吨，年末羊存栏57944只，大家畜存栏4846头，全年财政总收入87.4万元，其中一般预算收入87万元，财政总支出869.61万元，农民人均纯收入4170元。

**【毛井乡】**毛井乡位于环县西北部，辖13个村民委员会，75个村民小组，总土地面积632.4平方公里，耕地面积8.02万亩，平均海拔1800米，年平均降雨量508.5毫米，年平均气温7.6℃，全年无霜期120天。全乡3796户，16440人，共有13个村通电，通电户数3796户，13个村通公路，13个村通邮，13个村通电话。

2013年，粮食总产量15585吨，油料产量1424吨，年末羊存栏52263只，大家畜存栏6552头，全年财政总收入159.4万元,其中一般预算收入159万元，财政总支出 1043.12万元,农民人均纯收入3786元。

**【芦家湾乡】**芦家湾乡位于环县西部，辖10个村民委员会，54个村民小组，总土地面积298.6平方公里，耕地面积5.45万亩，平均海拔1700米，年平均降雨量500毫米，年平均气温6.7℃，全年无霜期120天。全乡2494户，10748人，共有10个村通电，通电户数2494户，10个村通公路， 10个村通邮，10个村通电话.

2013年，粮食总产量14303吨，油料产量837吨，年末羊存栏26656只，大家畜存栏5607头，全年财政总收入87.16万元,其中一般预算收入87万元，财政总支出786.98万元，农民人均纯收入4175元。

## 华池县

**【柔远镇】**宋代在此筑寨，以怀柔边陲之意，取名“柔远”。柔远镇是华池县城所在地，全镇共辖11个行政村，63个村民小组， 2623户11481人，人口自然增长率4.64 ‰。总土地面积327.6平方公里,其中耕地面积 9.7 万亩,人均 8.45亩。镇政府驻地：城关村。2013年，全镇种植全膜双垄沟播玉米16100亩，设施蔬菜620亩，粮食总产量11295吨,农民人均纯收入5200元。招商引资14000万元，建办各类企业3个，固定资产投资52378万元，镇本级财政创收50万元。新修梯田18840亩。新修砂石道路6条42公里，新建桥梁3座。新建二层别墅式住宅40套7200平方米；新建六层住宅楼6幢174套，门面房44间2400平方米；实施旧庄院改造291户。新建规模养羊场6个，辐射带动发展舍饲养羊户220户，调购优质种羊510只，全镇肉绒羊饲养量达到33200只，种植优质紫花苜蓿13500亩。完成劳务输转3900人次，实现劳务收入4200万元，完成劳动力技能培训470人。落实“四术” 107例；新型农村合作医疗参合率99.2%。全年发放各类救助资金400多万元。

**【悦乐镇】**悦乐镇位于华池县南部，打庆公路穿境而过，交通相对便利。地处陇东黄土高原区，属典型的黄土高原沟壑地貌,总面积312平方公里,耕地约6.05万亩，平均海拔1250米。属内陆季风气候，年平均气温12℃，无霜期145-160天，年降雨量320-510mm，年均日照时间2501.2小时，柔远河与元城河穿境而过。全镇森林总面积为16万亩，森林覆盖率34.2%。全镇现辖2个社区、14个行政村，83个村民组。全镇现有3464户、15802人，其中，农业户3282户，14365人，人口自然增长率6.15‰。行政区域面积312平方公里，常用耕地面积6.05万亩，占总土地面积的12.9%；有效灌溉面积3500亩，占耕地总面积的5.9%。

悦乐镇是典型的农业经济区，主要作物有玉米、小麦、马铃薯、高粱、荞麦等，经济作物有设施蔬菜、油料、豆类等。2013年，农作物播种总面积8.3万亩，其中，粮食播种面积5.4万亩，占65%。农业生产总值3120万元，粮食总产量达到1.27亿吨，人均880公斤，农民人均纯收入5250元。设施蔬菜生产规模不断壮大。在巩固提高温台原有日光温室和川区6村各类蔬菜大棚种植的同时，全面启动张桥智能日光温室生产，并新建钢架大棚50座，建成张桥千亩设施蔬菜示范基地1处。在鸭洼大沟门台集中新建半地下式日光温室30座，配套水电路等基础设施。带动全镇种菜19100亩，其中设施蔬菜3000亩。草畜产业稳步提升。协调在樊庄村新建标准羊舍30座，投放小尾寒羊100户500只，建成专业养羊场1处。为黄大湾、肖掌两村共投放小尾寒羊101户505只，带动全镇新增舍饲养羊户210户，种植紫花苜蓿1万亩，新建青贮窖90口，青贮氨化饲草17500吨，完成畜牧业实用技术培训1650人次。不断加大全膜玉米种植规模，在上堡子、新堡、店坪、樊庄各建千亩示范点1处，带动全镇完成全膜玉米种植22430亩，平均亩产达到1200斤。在五里坪台建成千亩秋覆膜示范点1处。全镇推广种植无毒洋芋11500亩，其中地膜覆盖2500亩。

项目建设：**新农村建设**，重点实施了鸭洼新农村综合示范点建设工程，在大沟门台流转土地32亩，集中新建二层小康住宅30户，新建文化体育广场1处2000平方米、村综合服务中心办公楼1栋30间，配套实施了“五化”工程。在樊庄村集中实施旧庄园改造30户，带动全村完成全膜玉米种植、道路建设等12件实事，为山区发展探索出一条新的路子。新堡、悦乐、上堡子、张桥、温台等村也相继完成了现代农业综合示范村建设任务。**小城镇建设**，投资475万元，完成了北街改造后续工程,改造沿路旧庄院5户,新建文化广场1处1000

平方米，在街道新建公厕2座、垃圾仓3座，安装垃圾箱20个，新修油库巷柏油道路1条600米，完成街道行道树栽植补植1670株。实施机关单位及农户院落绿化、亮化、美化工程，加强街道管理。支持动员受灾群众2个月之内完成房屋重建162户、维修255户。**基础设施建设**，在樊庄村新修南掌子至樊庄砂石道路1条5.15公里，入户道路3条3公里，重点改造维修了张湾桥-杜河乡村道路。带动全镇共新建道路5条35公里、漫水桥4座，维修水毁道路63条240公里。庙良子-黄大湾乡村柏油道路已完成基础建设。悦阜三级公路、张湾桥至杜河、温台至肖掌、马登砭至香山塬乡村道路建设工程已经县交通局规划设计及招标。在张桥村西塬组新修梯田600亩，带动全镇新修梯田2400多亩，使张桥、鸭洼、樊庄基本实现山地梯田化；完成了鸭洼、樊庄、杜河3村12个村小组农电网改造工程；完成了鸭洼村川区3组的自来水入户工程。**生态环境建设**，在樊庄、鸭洼等村新建千亩造林点4处，义务植树200亩。完成上堡子-樊庄村组道路行道树栽植13.3公里，带动全镇完成行道树栽植28.3公里，补植补造20.4公里。以樊庄500亩核桃树栽植示范点建设为重点，带动全镇栽植核桃树1500亩，围庄造林32.9万株，完成流域治理2.9平方公里。新建沼气池30口、卫生厕所76座、安装太阳能热水器30套。

全年共运作固定资产投资项目16个，完成项目入库1.65亿元，完成投资1.12亿元，占任务的102%；争取无偿资金102.12万元，占任务的102.1%；完成招商引资4780万元，占任务的159.3%。新建了康盛农产品加工有限责任公司，续建了陇鑫新型建材有限公司，新建兆龙养羊场等养殖企业3家。

在便民服务大厅设立了信访窗口，对来信来访及时处理。年内协助破获刑事案件8起，处理治安案件77起，排查调处各类矛盾纠纷224起。开展“六五普法”、平安创建社会治安重点地区综合治理、和谐油区创建及无邪教乡镇、无毒乡镇巩固等工作。全年为省、市、县政法综治工作提供现场观摩点4次。全年共出生138人，人口出生率9.05‰，计划生育率92.75%，人口自然增长率为4.53‰。落实四项手术144例，征收社会抚养费19.09万元。全年组织开展食品药品、交通、消防、工程建设等安全生产专项检查45次，涉及群众吃、穿、住、行等各个方面，发现安全隐患当场或限期整改，确保了人民生命财产安全。

全年共发放各类惠农资金1610.86万元，其中，粮食直补及农资综合补贴338.6万元；草原生态奖补资金138.5万元；救灾救济款64万元；临时救助77万元；危旧房改造192.95万元；灾民建房款194万元；农村医疗救助22.86万元；最低生活保障金369.92万元；孤儿基本生活保障金3.6万元；五保金22.11万元；五保户用电补助0.3万元；养老保险74.21万元；计划生育优惠政策补助25.93万元；村组干部报酬28.47万元；能繁母猪补助5.4万元；农机具补贴47.29万元；摩托车及家电下乡5.72万元。全镇8918人参加了城乡居民养老保险，占应参保人数的98%。新堡、温台、悦乐三个互助老人幸福院建设日趋完善。全年共举办科技培训56期，参训4850人次。完成了樊庄小学搬迁改新建和温台小学师生餐厅建设工程，及8个村小学校舍灾后维修任务。协调帮联干部为320名留守儿童捐赠了学习用品，为480名0～3岁儿童捐赠了营养包。发放“户户通”卫星接收机1170台，为各村配备了远程教育设备和电视机；成立文化企业2个，组织参加了庆阳市香包民俗文化节，建成鸭洼、樊庄等文化体育广场3处；成功筹办了物资交流大会。邀请市县医院专家到鸭洼、樊庄等村为500多名群众免费进行了巡诊义诊，在全镇发放健康工具包3200多个，开展了妇女病普查；参加农村合作医疗14078人，参合率达到98%。

**“双联”行动**全镇累计共启动实施双联项目146个，总投资8028.61万元。全镇成立领导组织机构15个，制定年度实施方案15份，签订责任书28份，使双联行动辐射全镇14个行政村。全年共开展政策、法律法规、科技宣传活动96场次，发放书籍、读本1.5万余册、宣传单2.1万份。扶持新建新堡、悦乐、上堡子、店坪万亩种植全膜玉米示范带1处，樊庄、乔嵝岘千亩示范带1处，鸭洼、杜河、肖掌各300亩山区示范点1处，带动全镇种植22430亩；协调调购核桃树苗27500棵，干部群众齐心协力栽植核桃树1500亩。围绕增收培产业。按照“山区草畜主导、川区设施瓜菜、全镇全膜玉米、劳务拉动增收”的总体发展思路，全镇种植全膜玉米22430亩；启动种植张桥日光温室21座，并新建钢架大棚50座，带动全镇种植蔬菜1.5万亩（其中设施蔬菜3000亩），鸭洼村30座半地下式日光温室已经建成投产；在樊庄建立500亩核桃树栽植示范点1处，带动全镇栽植1500亩；樊庄、鸭洼各新增养羊示范户30户，全镇新增210户，种植紫花苜蓿1万亩。围绕解决群众行路难、生产难等问题，开展道路修建、梯田整理、植树造林、农电改造等项目建设，改善群众生产生活条件。新建鸭洼村综合服务中心楼1栋30间、文化体育广场1处2000平方米、二层小康农宅30套及“五化”建设，推进鸭洼新农村综合示范点建设，已完成主体工程；在樊庄村实施旧庄院改造30户、新修砂石道路1条5.1公里、入户道路3条3公里。示范带动全镇新修砂石路5条35公里、新建漫水桥5座、整修梯田2400亩、实施农网改造5个村民小组、危房及旧庄园改造460户、灾后重建维修442户，栽植行道树18.3公里、荒山造林1万亩。完成鸭洼村自来水入户工程，协调实施了黄大湾村柏油道路建设工程。开展卫生下乡入户活动5次，受益380多人次。举办舍饲养羊、全膜玉米种植、核桃树栽植、设施蔬菜种植等技术及外出务工人员技能培训班56期，受训群众3800多人次，举办政策、法律法规培训班40期，参训3500多人次。利用集日在社区文化广场举办群众自编自演文艺汇演5场次，组织举办了庆“三八”、“六一”国际儿童节等联欢活动。依托党员远程教育平台、网络、报刊、电视发布产品信息42条，实现温室瓜菜就地销售。温台社区办公场所全面启用，樊庄村办公场所、卫生所维修及办公设备配置已基本到位，鸭洼村综合服务中心楼及文化体育广场已完成主体工程，各村农家书屋、卫生所充分发挥作用，新农村档案建设已经完成，强农惠农政策逐步落实。为民服务的机制基本健全，服务能力得到永续提升。

**【元城镇】**元城城垣近椭圆形，民俗呼“圆城”，后雅曰“元城”。 地处华池县西北部，东北与陕西省的长官庙、庙沟两乡接壤，西南与县内的白马乡、怀安乡毗邻。镇人民政府设元城村。辖6个行政村，1个社区，44个村民小组。年末，辖区总人口5412人。

元城镇共有耕地面积5.8603万亩，人均11.4亩，全部为旱地，以种植小麦、玉米、高粱、荞麦、洋芋为主。2013年，农业生产总值2760万元，粮食总产量达到6900吨，农民人均纯收入达到5215元，较上年净增870元，增幅20%。农作物播种面积5.34万亩，其中玉米播种面积1.007万亩，马铃薯播种面积1.053万亩，园艺蔬菜播种面积0.068万亩，亩产量达到3706吨，瓜果播种面积1130亩，其中白瓜子播种面积达500亩，亩产40吨，中药材种植面积达3100亩，亩产1322吨。

**【南梁镇】**南梁镇位于华池县东北部，地处陕甘交界，北与陕西省志丹县毗邻，东、南、西三面与华池林镇、山庄、紫坊乡接壤。境内九（窑口）—南（梁）—义（正）道路连接至陕西志丹县义正乡。全镇辖3个行政村18个村民小组1329户5566人。总土地面积223.5平方公里，耕地面积44300亩，海拔1200-1400米，年降水量650毫米，年均气温5－7℃，境内沟壑纵横、梁茆相间、气候湿润、森林茂密、资源丰富，石油、天然气贮量大，探明储油面积达146平方公里，储量400多万吨。农村经济主要以地膜玉米种植和舍饲养殖为主，以洋芋、小杂粮、红色旅游等特色产业发展经济；近年兴办的神龙山矿泉水厂、高台绒山羊养殖场、生枝建材公司、南梁宾馆、南梁人家等一批新兴企业正在带动着全镇经济的发展。全镇粮食总产量达到了7333吨，固定资产投资达到2.5亿元，地方财政一般性预算收入64万元，农民人均纯收入5280元。

产业开发。一是高台村绒山羊养殖场建设项目。投资300万元，在窨子畔组建围网绒山羊养殖厂一个，占地6700平方米，配套建设办公区、养殖区、饲草存放区、羊只活动区，建设厂房30间，钢构大棚一个，购买辽宁优质绒山羊500只。二是全膜玉米种植项目。在荔园堡村何沟门组建立全膜玉米种植示范区一处，种植全膜玉米2000亩，带动全乡种植全膜玉米20000亩。三是企业建办，升级改造。投资300万元，在荔园堡村新建南梁小党安装维修有限责任公司，投资100万元，对南梁生枝建材有限责任公司进行改扩建。四是中药材种植项目。在高台村建立中药材种植示范点一处，种植甘草、板蓝根、黄芪等中药材2500亩。

项目建设。以项目建设盘活全镇经济发展，全年开工建成各类项目21个，完成投资30331万元，占任务的106.4%，争取无偿资金375万元，占任务的468%，完成招商引资6370万元，占任务的212.3%。依托南梁红色小镇建设项目，配合县委、县政府完成了南梁革命历史陈列馆、游客接待中心、服务中心、“两点一存”广场、河道景观坝等建设；完成了镇政府、卫生院、信用社等10个机关单位新建搬迁。建成集贸市场2处，建成住宅小区安置农商户143户、农户54户，科学规划，布局合理，并对街道进行了硬化、绿化、亮化、美化、净化等“五化”工程，提升了小镇品味。

新农村建设。严格按照新农村建设“二十字”方针，以“集中新建+分散改造”的模式，在基础设施建设上多下功夫，不断改善农村人居环境。重点做好高台村王大沟门集中居民点建设，新建标准化住宅15户，配套建成文化广场2000平米，水泥硬化道路800米，栽植绿化树木100株，安放垃圾箱20个，安装路灯10盏，垃圾填埋场1处。基础设施建设，高标准实施土地整理项目，共涉及荔园堡、高台2村5个村民小组，平整梯田地4520亩，新打地埂114万米，在新修地护坡种植苜蓿600亩，并通过外出考察、召开群众会讨论等形式，调整产业结构，新建万亩苗木扩繁培育基地，栽植油松、枣树等生态经济林，目前已完成规划；在荔园堡村新建自来水工程一处，新打机井一眼，埋设自来水主管线5500米，入户管线4000米，现已完成建设；为改善荔园堡、白马庙两村群众用电等级低、电压不稳的问题，在白马庙新农村安装50KVA变压器1台，改造线路3500米；在荔园堡马洼子台安装315KVA变压器4台，改造线路5000米。全镇新建居民点1处，建成新农村住宅54户，完成红色旅游沿线旧庄园及危旧房改造226户，新修乡村道路8条60.5公里；完成新庄至槐树庄沙石道路15公里、闫洼子至王湾柏油罩面22.5公里，并新建了白马庙杨川沟漫水桥1座、在荔园堡及高台两村新修梯田地5200亩，新修项目区道路10公里。

**【城壕乡】**城壕乡位于华池县东南部，东接林镇，南与庆城县为邻，北与柔远、山庄接壤、西靠悦乐镇。总面积468.8平方公里，其中耕地面积5.47万亩。全乡辖12个行政村，1个社区居委会，67个村民小组，3021户13780人，其中农业人口2921户12300人。平均海拔1300米，气候较温和，四季分明，境内粮食、经济作物丰富，有小麦、玉米、豆类等，兼有核桃、小杂粮等特色产业，始终是全县的农牧业科技、新农村发展的“试验田”。此外，城壕乡也是长庆油田主产区之一，是其在华池最早的生产地。全乡现有派出所、卫生院、邮政所、信用社等10个乡直机关单位，其中中小学7所，卫生院2所。全乡村村通公路、组组通三轮，农电入户率达98%，电话普及率达40%以上，移动、联通、小灵通网站覆盖面积广；生态环境建设卓有成效。流域治理总面积达71平方公里，户均种草达4.3亩、退耕还林7994.59亩，户均退耕还林达2.7亩、户均造林达250株、户均机整地达10亩；畜牧业已走上规模化。目前，养殖示范户2158户、规模养殖853户，大家畜存栏5483头（牛：3909头），羊只存栏22101只，养殖良种率均达90%以上。

2013年农民人均纯收入达到4906元；粮食总产量达到1.22吨；财政收入完成202万元；争取无偿资金202万元；招商引资3413万元；固定资产投资入库17280万元；完成第一季度双联惠农贷款790万元；新建办华池县立峰玉米秸秆加工厂工业企业1个，改扩建裕农养猪农民专业合作社和华川养猪农民专业合作社养殖企业2个，开发培育新品种核桃树苗，在余家砭丰润蔬菜专业合作社培育核桃树苗20亩。

**【五蛟乡】**五蛟乡位于华池县西部，因地处三川（元城、白马、五蛟）两沟（盐沟、塌泥沟）五水汇聚之处，其形似五龙相会，故名为“五蛟”。东接柔远、南靠悦乐、北与白马、怀安接壤、西与环县八珠为邻，是华池最古老的集镇之一，素有“陇东第二旱码头”之称。全乡总土地面积306.4平方公里，耕地面积57051亩，共辖12个行政村79个村民小组，3224户，14044人，驻乡单位15个。乡政府共有干部职工75人；私营个体业主150户，城镇居民388人，流动人口82人，共有21个党支部104个党小组，党员679名。全乡设初级中学1所，中心小学2所，普通小学9所，村学4所，幼儿园2所，中心卫生院2所，村医疗诊所12个，文化站1个。教职工95人，在校中学生543人，在校小学生703人，幼儿学员473人。专业医护人员34人，村诊所医疗人员12人。

地膜玉米全年完成种植2.2万亩，小杂粮种植1.9万亩，新品种洋芋种植2万亩；新建刘沟岔、吴塬、南湾、五蛟4个规模化羊场，新建养殖户标准化棚圈50个，新成立养羊专业合作社3个，带动发展30只以上规模养羊户530户，全乡羊只数量达到2万只；在刘家湾建油松定植基地5000亩，在城壕定植中槐、新疆杨等500亩，成立苗林专业合作社1个。

固定资产投资完成入库项目17个，入库总额1.78亿元，完成固定资产投资1.1亿元。招商引资完成4600万元，引进投资1650万元的秦达种鸡养殖场已建成一期工程投入运营；投资600万元的五蛟超市项目已完成主体工程。投资350万元建成源泉纯净水厂，年生产纯净水2800吨，利润30万元。完成樊掌沟千亩造林点及义务植树2200亩，完成退耕还林补植补造4000亩，荒山造林1.5万亩，道路绿化15公里。在刘沟岔、五蛟、城壕等村完成机整梯田4800亩。建成水路咀至周岭子、马河至鸭口、户洼子至庙咀子等7条砂石路和李良子至老掌塬道路铺油工程，建成刘沟岔、马河2座石拱桥和杨咀子、刘家湾、李良子、曹沟、水路咀5座漫水桥。新建电力提灌站5处，新增有效灌溉面积2200亩；新打水窖580口，新建集流场30400平方米，建成刘沟岔、蒋塬2处人畜饮水工程。实施北街燕窝台拓宽改造工程，新建二层安置住房29户4300平方米，配套建设给排水、道路硬化、亮化、绿化、休闲广场等基础工程，完成投资1600万元。投资60万元完成刘沟岔20户农户庄院美化工程。乡村紧密配合在暴雨灾害后迅速启动灾后恢复重建工作，完成重建88户、维修290户，危旧房改造86户，保证了受灾农户安全越冬。

**【上里塬乡】**上里塬乡位于华池县西南部，距县城64公里。地处庆城县、环县、华池县三县交界处，与本县五蛟乡、王咀子乡，庆城县三十里铺镇、马岭镇及环县曲子镇相邻。为黄土高原沟壑残塬区，属子午岭林缘区,气候温润，平均海拔1430米，年平均降雨量512.3毫米，年平均气温8.9℃，全年无霜期170天。因地处残塬，故属阜城里，民间称南川为下里，北塬为上里，故名上里塬。全乡辖6个行政村，37个村民小组，农业人口1418户6220人，总土地面积98平方公里，其中：耕地23000亩，牧草地14000亩；林地17000亩，宜农宜林地11000亩。境内盛产的冬小麦、黄花菜、核桃、花椒久负盛名。2013年，全乡农民人均纯收入为4856元。大家畜饲养量3936头，羊只饲养量12200只，年末猪出栏2804头。共有悦上、毛上2条县乡公路和3条乡村公路及21条村组公路106.5公里，全面实现了村村通柏油路、组组通砂石路、户户通汽车路。移动电话、移动通信服务覆盖全乡，农电通村率、入户率均为100%。人饮工程1处，自来水入户6村，实现了自来水的全覆盖。

**【王咀子乡】**王咀子乡位于华池县西南部，距县城50公里。东接悦乐镇樊庄村，南与庆城县三十里铺镇辛家沟为邻，西靠庆城县三十里铺镇阜城村，北与上里塬乡甘其村接壤。土地面积87平方公里，耕地面积2.12万亩，辖6村37个村民小组，1380户6000人，其中农业人口6086人。2013年，全乡财政收入20万元，争取无偿资金65万元，招商引资2150万元，完成固定资产投资9094万元，农民人均纯收入达到4810元，粮食总产量完成6694吨，人均产粮1079公斤。新建王咀子乡德旺养猪场，金太阳黄花菜加工厂；新增设施养殖户150户，新增规模养殖户20户，调购种羊260只，完成紫花苜蓿种植10000亩，在银坪新建千亩草带1条，新建青贮窖50座，全乡累计建成青贮氨化池210座，共青贮氨化饲料7000吨；肉牛饲养量达到3200头，出栏950头，肉绒羊饲养量达到24000只，出栏7900只，猪饲养量达到5100头，出栏3500头，商品驴饲养量达到2100头，出栏620头。完成黄牛冻配改良1000头，羊只改良4000只；完成农民工培训300人，完成劳务输出3020人，完成劳务收入3100万元；新建投资100万元以上的工业企业1户，改扩建50万元以上企业1户。人民生活水平有了明显提高，项目建设取得重大进展，基础设施建设明显加快，产业开发蓬勃发展，和谐社会建设全面推进，政府自身能力不断加强。

**【白马乡】**白马乡位于华池县西北部，东靠元城镇、怀安乡，西接环县樊家川、八株乡，北连乔川乡，南邻五蛟乡，距县城70公里。境内山、川兼有，山高沟深，气候干旱，降水稀少，属华池北部半干旱半农牧区。全乡总土地面积167.7平方公里，耕地面积2.55万亩，辖6个行政村，41个村民小组，1250户，5249人，其中农业人口1128户，5126人。全年粮食作物播种面积3.65万亩，经济作物播种面积9980亩，粮食总产5750吨，农民人均纯收入4800元，完成财政收入50.4万元，争取无偿资金222.14万元，消化历年债务29万元，招商引资2600万元，完成固定资产投资1.47亿元，人口自然增长率5.92‰。

实施全膜玉米、设施蔬菜、草畜、小杂粮四大产业开发，全乡推行 地膜玉米“上山进沟”的模式，先后投放地膜30.4吨，化肥5.9吨，建成连集村川区千亩示范点1处、山区500亩示范点1处，白马村川区500亩示范点1处，带动全乡种植全膜玉米8200亩；恢复马高庄村杨寨子组早春蔬菜钢架大棚20座；投资300万元在黄兴庄组新建君荣生态养殖场1处占地15亩，养殖存栏500只；投资100多万元新建鸿越小尾寒羊养殖场1处占地40亩，养殖存栏达到200多只，按照“公司+农户”的模式，组建农民专业合作社2个，种植优质牧草1.3万亩，建立千亩草带1条。新建杏树和“油+沙”荒山苗林基地两处3000亩；在抓好宏悦小杂粮加工厂改扩建的基础上，不断扩大杂粮种植面积，按照“企业+农户”模式，完成小杂粮种植20200亩。

**【乔川乡】**乔川乡位于华池县西北部，南临元城镇，北接陕西省定边县，距陕甘界仅有7公里，居陕甘两省四县（华池、环县、定边、吴旗）交界，素有“荞麦川”之称，“秦长城”穿境而过。地处黄土高原丘陵沟壑区，海拔1300～1700米，由南向北逐渐升高。区域内地貌主要由川、塬、梁、峁等构成。辖8个行政村38个村民小组，1340户6042人，其中贫困人口658户2562人。土地面积297平方公里，耕地面积89238亩，有中心小学1所、村级小学3所，初级中学1所；有卫生院1所、村级卫生所8个、综合文化站1个。全乡粮食产量达到6700吨，比上年增长103%，人均产量1115公斤；农民人均纯收入4568元，比上年净增493元；完成财政收入37.5万元，占任务20万元的187%；争取无偿资金130.5万元，占任务60万元的217%。

以经济增长、农民增收为中心，以全市“项目建设突破年”为抓手，全面落实项目“三个一”包抓责任制，全年实施各类项目10个，完成投资9960万元，占任务9000万元的110%。招商引资工作不断加强，引进了乔川南区开发建设、乔川生发养殖场等建设项目，完成投资2720万元，占任务2000万元的136%。新办326万元乔川小杂粮加工企业1个，投资100万元对乔川五谷神酒业有限责任公司进行了改扩建。有利地助推了乡域经济发展。

以“培育富民产业”为切入点，着力构建了符合乔川实际的草畜主导，荞麦、洋芋、全膜玉米特色，劳务输转辅助的产业发展格局。全年种植紫花苜蓿1.3万亩，建标准化羊舍40座，新建规模养殖场1个，发展舍饲养殖户100户，新增李崾岘村规模养殖户40户，调购优质种羊276只，改良羊只6680只，羊只饲养量达到了23400只。种植荞麦2.38万亩，洋芋2万亩、全膜玉米种植8030亩。劳务输转3000人，技能培训1200人（次），创劳务收入3460万元。坚持以改变群众生产生活为根本出发点，全力推进农、田、水利、道路、生态、新农村、小城镇等建设，着力破解发展“瓶颈”，加快城乡一体化发展步伐。梯田建设稳步推进。采取分户围庄整修和集中连片整修相结合，在徐背台、铁角城两村整修梯田1700亩。有效的治理了水土流失，提高了粮食产量，促进农民增收。人畜安全饮水得到保障。投资900多万元，在章渠子村杨掌组和任掌组各建牧区灌溉提灌站1处；建成章渠子村任掌沟门第二水源地1处；实施“一场两窖”工程147户。道路建设成效显著。年内新修村组砂石道路9条73公里，新建石拱桥2座，漫水桥2座。生态建设不断加强。以油松沙棘混交林全覆盖为主，新建荒山造林点3个9000亩。完成历年项目工程补植补造2000亩，流域治理1.8平方公里，及其它村行道树的补植任务。新农村建设扎实有效。采用上宅下店经营型的建设模式，投资500万元，在乔川街道南头集中新建小康住宅20户。采用分散改造提高型和前宅后院分离型相结合的建设模式，投资291.2万元，在徐背台村贺砭组实施旧庄院改造25户，配套实施“一池三改”等工程。辐射带动农村危旧房（窑）改造75户。城镇建设稳步推进。积极探索就地城镇化的路子，年内投资650万元，在乔川南街集中新建2层单面商住楼3幢3200平方米，商业门店50间，硬化人行道1800平方米，安装路灯6盏，栽植行道树200株，砌筑护坡1800立方米；投资500万元，在乔川街道南头新建集中供暖公司1处。

**【怀安乡】**怀安乡位于华池县西北部，东接柔远镇，西连白马乡，北依元城镇，南邻五蛟乡。境内山、川兼有，气候干燥，降雨贫乏，为华池县北部半干旱半农半牧区。全乡总土地面积227.42平方千米，辖8个行政村，44个村民小组，2062户，7272人，其中农业人口1582户7180人。全年粮食作物播种面积4.99万亩，经济作物播种面积1.15万亩，粮食总产量7320吨，人均产粮1019.4千克；农民人均纯收入4980元；财政创收30万元；招商引资2700万元，固定资产投资9000万元；人口自然增长率5.96‰。

在重大项目建设方面，糖坊咀水保流域治理项目完成新修梯田5000亩，建成千亩示范点1处2000亩，新修田间道路19公里；怀安至高桥通村油路工程圆满完成；柳沟门至丰阳渠通村油路工程顺利开工，已完成路基平整，预计今年6月底前完成铺油路。自筹资金150多万元，实施了丰阳渠村部整体搬迁新建，怀安、杨坪、杨西掌村部维修及杨西掌村文化广场建设；建成坪庄村田阳洼1、2号石拱桥；完成杨西掌绒山羊养殖专业合作社、双兰养殖场、意利养殖场新建及兴鑫建材有限责任公司改造提升。在招商引资方面，破除瓶颈、主动出击，招商引资工作不断加强，投资2180万元的庆阳市长电发电设备有限责任公司顺利投入运营，有力助推了乡域经济发展。

以全膜玉米种植为主的主导产业，采取抓点示范，整体推进的工作思路，建成怀安村玉米高产创建示范基地1处，示范面积1000亩，带动全乡种植全膜玉米17280亩。以舍饲养殖为主的增收产业，提升杨坪养殖小区，新建羊棚20座；按照“党支部+合作社+养殖场+农户”的模式，在杨西掌新建养殖专业合作社1个、双兰绒山羊养殖场1处，发展养羊示范户100户，种植紫花苜蓿1.68万亩。以小杂粮种植为主的培育产业，以丰阳渠、坪庄、宋咀子、小城子为重点，建成千亩示范点4个，种植荞麦、胡麻等小杂粮1.05万亩。以洋芋种植为主的后续产业，以杨西掌、丰阳渠两村为重点，建成洋芋种植示范点2处，带动全乡种植洋芋2.2万亩。以设施蔬菜为主的特色产业，在杨坪村下坪组新建、恢复钢架蔬菜大棚50座，建成设施蔬菜示范点1处500亩，带动全乡完成蔬菜种植7800亩。以劳务输转为主的辅助产业，组织劳务培训36期，完成技能培训450人，输转劳务人员2700人，实现劳务收入3500万元。扶持创业60人，带动就业200人。

**【乔河乡】**乔河乡地处华池县城县城北部陕、甘交界的分水岭处，位于华池县城北部7.5公里处，总土地面积135.76平方公里，耕地面积2.68万亩（其中：退耕还林10800亩）。东经108.36度，北纬36.51358度，高度1335米，平均海拔1517.5米，年平均降雨量500毫米，年平均气温8℃，无霜期150天左右。全乡辖6个行政村，42个村民小组，1219户，农业人口5526人，人口自然增长率3‰，农村劳动力资源总数3417人。2013年粮食产量达到6351吨；农民人均纯收入达4718元。乔河乡属半农半牧区，农作物主要以豆类、玉米为主，小麦为辅，间作胡麻、荞麦、糜谷、洋芋等。乡政府驻地：火石沟门村。

特色产业开发：中药材种植。按照村有主导产业、户有致富门路的发展思路，采取“单位帮企业、合作社牵头、企业帮农户、农户输劳务”的模式，依托县委统战部、工商联、药监局等联村单位帮扶，由福润、鑫牧、蒙盖专业合作社牵头，以万亩为起点，种植黄芩、黄芪、丹参等中药材12000亩，建成千亩示范点3个，500亩示范点4个。同时，流转土地4000亩，由庆阳华康源中药材有限公司统一经营，在火石沟门村建成中药材品比试验示范基地1处1000亩（川台地300亩，山地700亩），组织贫困户向公司输送劳务600人（次），增加农民人均纯收入2000元以上。林苗培育。为了促进特色产业开发，增加农民收入，乡党委、政府积极协调，将农户手中闲置的5000亩撂荒地流转到卫宏建材有限责任公司，由企业统一经营，进行林苗培育。农户与企业四六分成，农户四，企业六，每年可出产大苗110万株，收入165万元。亩收入3300元，可增加农民人均纯收入1320元。新农村建设，总投资1498万元，在火石沟门村田桥组新建小康农宅40户，其中：二层独立式别墅12幢，小院28处，后续将新建文化广场1处3200平方米。工程由农户集资，市西苑设计院统一设计、招标建设，捆绑市级新农村、易地扶贫搬迁、危房改造项目，配套实施梯田、道路、桥梁、供排水、绿化和道路“五化”工程。

**【山庄乡】**山庄乡位于华池县东部，距县城31公里。东与林镇、南梁接壤，南与城壕为邻，北接紫坊畔，西靠柔远镇。土地面积254.2平方公里，耕地面积40221亩，辖4个村17个村民小组，1204户5591人，其中农业户1154户5338人。2013年，全乡财政收入30万元，争取无偿资金157万元，招商引资2730万元，完成固定资产投资13546万元，农民人均纯收入达到5365元。

粮食总产量达到8700吨，人均产粮1629.8公斤。完成川区23280亩全膜双垄集雨沟播玉米种植，并在尚湾村建立百亩核心攻关田300亩，开展玉米品种对比配方施肥、合理密植、化学除草等高产试验；在老爷岭、车砭组推广种植山地梯田全膜玉米500亩。同时，乡上补贴项目资金10万元，帮助养殖户建成标准化羊舍15座，种植苜蓿草2000亩，进一步推动舍饲养殖业发展，肉牛饲养量达到2454头，出栏718头；肉绒羊饲养量达到15680只，出栏5190只；猪饲养量达到3652头，出栏1900头，商品驴饲养量达到1224头，出栏312头；兔饲养量达到16000只，出栏6400只。肉蛋总产量达到1000吨。完成黄牛冻配改良500头，羊只改良7000只。新建劳务基地1个，完成农民工培训900人，完成劳务输出 2800 人，完成劳务收入 2375 万元；新建投资 100 万元以上的工业企业 1 户，改扩建 50 万元以上企业 2 户。积极探索山地梯田开发利用，在大庄村西沟门组试验中药材种植 2600 亩，其中王不留行 1600 亩，黄芪 1000 亩；在山庄村、尚湾村种植山地洋芋 1500 亩。另外，继续抓好山庄村千亩沙棘基地管理，全年沙棘大面积挂果，亩均收入达到 300 元。人民致富增收路子进一步拓宽，生活水平有了明显提高。

**【林镇乡】**林镇乡位于华池县东部，地处子午岭边缘地带，属半农半牧、亚热带气候区，平均海拔高 1300 米，年平均降雨量 5500 毫米，是华池县占地面积最大的一个乡镇，东与陕西省志丹义正乡接壤，南与合水县太白镇相邻，西与城壕乡相连，北与南梁、山庄乡连接，总土地面积 548.49 平方公里，折合 82.3 万亩，其中耕地 5.6 万亩，占总土地面积的 6.8%；牧草地 11.2 万亩，占 13.6%；林地 54.8 万亩，占 66.6%；其它占地 10.7 万亩，占 13%。全乡辖 5 个行政村，19 个村民小组，总户数 965 户，总人口 4649 人，劳动力 2807 人，乡机关单位 13 个，国营林场 4 个，职工 1200 人。到 2013 年底，全乡粮食总产量达到 8450 吨，农民人均纯收入达到 4902 元，全乡通油路村 4 个，达到 80%，自来水入户率 61%，通电率 100%，通电话率 79%。

境内资源十分丰富，发展潜力巨大，盛产玉米、糜谷、荞麦等，特别是全膜玉米产量达 6640 吨，经济作物主要有豆类、胡麻、白瓜子等。牧草地资源丰富，畜牧业较为发达，林区内农副产品较为独特，大量出产羊肚菌、香菇、木耳、花椒、山桃等及甘草、川地龙、柴芄等 20 多种名贵药材。红色旅游和农副产品深加工前景十分广阔，“七七零团军民大生产基地”、“陕甘边苏维埃政府旧址”、“陕甘边军事委员会旧址”、“抗日军政大学第七分校旧址”、“林锦庙会师旧址”、“东华池金宋砖塔”、“宋代姊妹双塔遗址”、“乌鸦寺”、“盘龙寺”等名胜古迹分布境内。

乡党委、政府，认真贯彻落实科学发展观、党的十八大、十八大三中全会和习近平总书记系列讲话精神，创先争优、强基固本，奋力实现经济社会发展新跨越，以经济建设为中心，紧紧围绕农民增收为目的，立足乡情，充分发挥地域特色，加大产业结构调整力度，积极培育农业支柱性产业，大力实施生态环境及基础设施建设，完成粮食总产量 8450 吨，人均产粮 1817 公斤，农民人均纯收入达 5220 元。

**【紫坊畔乡】**相传明、清代，该地开设染坊，且地处四条水之发源地，为子午岭紫坊梁制高点，山畔高耸，雄伟壮观，故名紫坊畔。紫坊畔乡地处陕甘两省交界处，北与陕西省吴起县白豹镇和志丹县吴堡乡接壤，东南西分别与本县的南梁乡、山庄乡、乔河乡为邻，南距县城 30 公里。平均海拔约 1683 米。属温带大陆性气候，其特点是四季分明，雨热同季，光照充足。春季干旱多风，夏季温和凉爽，冬季干冷少雪，年平均气温 12.8℃，无霜期年平均 192 天，年平均降水量 585 毫米。辖堡子山、刘坪、庙沟、高庄 4 个行政村，27 个村民小组。1318 户 5855 人，全年项目建设入库 9490 万元，完成投资 6200 万元，招商引资完成 2000 万元，新建企业 1 个，改扩建企业 1 户，财政收入完成 24 万元，占任务的 120%，无偿资金争取到位 63 万元，占任务的 105%。农作物播种面积 52140 亩，其中粮食作物播种面积 43740 亩，粮食产量达到 7700 吨，年末牛存栏 2010 只、羊存栏 11610 只、猪存栏 1900 只；人均纯收入 4795 元。

以调整产业结构为主线，以实施现代农业为契机，结合紫坊畔乡实际，以万亩、万头为起点，按照“连片规模化种植、基地化生产、产业化经营”和“调优结构、调强产业、调精产品”的发展思路，着力发展草畜、洋芋、小杂粮三大产业。年内完成苜蓿草种植 10000 亩，建千亩连片草点一处，新建小尾寒羊养殖场 2 处，购置大型铡草机、粉碎机、运输、消毒、防疫及其他设备，调购优质小尾寒羊种羊 280 只；全乡新增小尾寒羊养殖示范户 100 户。以保粮增收为目标，全乡种植全膜玉米 21020 亩，建成了山地全膜玉米种植千亩示范点一个，川地全膜玉米种植千亩示范点两个，实现了川台地全覆盖。打造了刘坪现代农业综合示范村，新建蔬菜大棚 40 座，完成小杂粮种植 12200 亩，完成洋芋种植 10000 亩。在高庄、卜子庄、川畔山栽植油松 2600 多亩，发动群众自家梯田地定植油松 200 多亩，育苗 20 多亩，荒山造林 7000 多亩，撂荒地栽植油松 3000 多亩，有效的解决了撂荒地问题，并为发展苗林产业奠定了基础。

新农村建设，按照统一规划、统一标准、分步实施、连片治理的方法，在高庄村紫坊畔组集中新建居民点一处，新建示范户25户，每户门面3间，后院2间，院内硬化、大门、围墙等配套实施。自来水、路面水泥硬化、人行道渗水砖硬化、小区绿化同步进行，完成“绿化、美化、硬化、亮化、净化”五化工程。小城镇建设，投资780万元，新建商贸文化广场一处，拆除危旧房15间，硬化院落2400平方米，压埋排水管道500米，新建篮球场一个，公厕一座，安装太阳能路灯20盏，安放垃圾桶10个，并对旧剧场进行翻新修建，对广场周围全部进行绿化，达到五化标准。道路建设，村组道路拓宽铺砂2条15公里，修建王湾至孙台村组柏油路1条，15公里。农田水利建设，新修梯田3000亩，流域治理3平方公里。生态环境建设，新建沼气池15口，完成千亩造林点1000亩，义务植树200亩，围庄栽树11.4万株，历年项目工程补植补造1500亩，公路绿化15公里。

## 合水县

**【西华池镇】**西华池镇地处合水县城，是全县的政治、经济、文化中心。相传宋时城南沟掌有一湫，水清位高，荷花盛开，景色华丽而得名华池，又因境内已有东华池，故名西华池。全镇共辖 8 个行政村，70 个村民小组，3 个社区居委会, 1.3 万户 4.13 万人，其中农业人口 0.57 万户 2.35 万人，总土地面积 128.5 平方公里，耕地面积 5.2 万亩。境内有丰富的石油、天然气、煤炭等矿藏资源，银西公路穿境而过，水、电、路、通讯等基础条件十分优越。

近年来，镇党委、政府立足镇情，按照“转型升级、工业强镇、赶超发展、和谐惠民，全面推进城乡一体化”的总体发展思路和“抓落实、干到位、创一流、见实效的工作要求，抓主攻坚，创新发展，初步构筑起了苹果、草畜、瓜菜三大产业支柱，苹果面积达到 2.85 万亩，黄花菜 1.2 万亩，优质牧草 1.4 万亩，奶牛 2938 头，规模养殖大户 100 多户，年种植各类瓜菜 3 万亩以上。非公经济迅猛发展，占地 2400 亩的合水县工业集中区已初具规模。诚信建材有限责任公司等 40 多户企业也落户发展，怡露水业、宏欣牌面粉、立新牌食品、银龙牌羊绒毛等系列产品畅销省内外；基础设施建设实现重大突破，城镇开发建设势头强劲，市级新农村建设扎实推进，建成失地农民安置小区 7 处 947 套，华市、三里店、唐旗等 9 处小康农宅小区新入住农户 321 户。全镇 95%的村组道路已实现柏油、水泥硬化。各项社会事业全面发展，公共文化服务功能趋于完善，镇文化站综合楼、村（社区）农家书屋免费对外开放，年生产香包、根雕、刺绣、剪纸等民俗文化产品 2 万件以上，远销全国各地。

**【老城镇】**老城镇习称城关，亦名老合水，自唐代武德元年（618 年）为蟠交县治后，有千余年建治史。1949 年 9 月前为合水县委、县政府所在地，地理位于合水县东北部，距县城 37 公里，309 国道横穿全境，南邻店子，东接蒿咀铺，西连板桥，北与庆城县六寸塬相接壤，属子午岭林缘乡镇。境内山、川、塬兼有，地形复杂，沟壑纵横，梁峁起伏，水源丰富，光照充足，交通便利。全镇辖 8 个行政村，46 个自然村，农业人口 2495 户、11095 人，有镇直机关单位 23 个，社区居委会 1 个，土地总面积 274.81 平方公里，309 国道贯穿全境，地理位置优越，交通便利，商业繁荣，是整个县川的商贸中心。

截止2013年底，全镇农村经济总收入完成5990.5万元，增长12%；粮食总产量达到9130吨，农民人均纯收入达到4318元，净增653元；完成财政收入123万元，占总任务100万元的123%，

2013 年，全镇坚持以党的十八届三中全会精神为指导，以党的群众路线教育实践活动为契机，全面贯彻县委十四届十四次全委（扩大）会暨全县经济工作会议精神，围绕“一线两带、一区六镇”这一主战场，紧盯“全面建成小康社会”这一目标；实施“工业突破、产业富民”两大战略；打造“交通商贸重镇、红色文化名镇、生态人居美镇”三张名片；把握“基层党建、干部作风、基础设施、城乡环境”四个重点。努力建设更加富裕、宜居、和谐、幸福的新老城。

**【太白镇】**太白，地处子午岭腹地，陕甘两省交界，是甘肃的东大门，素有“陇上江南”之称。境内历史文化悠久，著名的“太白起义”发生于此，青兰高速与 309 国道穿境而过，交通便利。全镇共辖 6 个行政村，24 个自然村，3 个国营林场。总土地面积 1192 平方公里，总人口 1.27 万人，其中农业人口 7269 人。2002 年经省府批准撤乡建镇。2003 年被确定为全省综合改革试点镇。 境内地势西高东低，植被良好，林草茂密，景色旖旎。为了更好的彰显太白历史文化内涵及地域特色，结合太白镇地域特色和历史文化，在建设“陇上江南小镇、生

态旅游大镇、红色革命名镇、陕甘边贸重镇”定位目标的基础上，通过实施风貌改造，完善基础设施，着力打造“陇东第一镇”，树立甘肃省门户形象，带动城区旅游、文化、商贸升级发展。

太白历史悠久，源远流长。史载5千年前这里就有了人类活动，距今4千年前的后台仰韶文化遗址在这里被发现；清代乾隆26年太白属东华池里“九甲”； 20世纪30年代，全国各地居民向子午岭迁移，太白人口猛增。古有扶苏蒙恬的悲剧，今有刘志丹太白收枪的故事。除“秦直道”闻名于世外，拓儿湾宋代石造佛塔，以世界塔中最瘦著称，莲花寺、保全寺石窟等文物28处，保存完好，韵味依然。

这里物华天宝，资源丰富。白瓜籽、大米、麻子等农副产品久负盛名；甘草、高本、秦艽等名贵药材倍受青睐；香脂、沙棘、木瓜贮量丰富；苦菜、大叶芹漫山遍野；黑木耳、羊肚菌、野蘑菇畅销不衰。更重要的是天然林保存完好，林海茫茫，苍松翠柏，灌乔葱郁，杂草丛生；珍稀动物品种繁多，各具特色；野猪、羊鹿、金钱豹徜徉林海，悠闲自得；稚鸡、山鸡、喜鹊枝头高歌，欢腾雀跃；家养畜禽初具规模，方兴未艾；牛羊成群，鸡鸭追逐，万物各得其所，各享其乐。

**【吉岘乡】**吉岘乡位于合水县南部，距县城10公里，素有合水“南大门”之称。全乡辖8个行政村，37个村民小组，农业人口3578户14860人，总面积73.6平方公里，其中耕地面积30962亩，森林覆盖率57%。境内交通便利，国道211线横贯全境，农业基础相对较好，以旱作农业为主，主要粮食作物有小麦、玉米、高粱、糜谷等。

吉岘历史文化悠久。早在4000年前，就有先民在此结庐居住，繁衍生息，以勤劳的双手和智慧创造了绚丽多彩的“仰韶文化”，积淀了厚重的文化土层，书写了古老的人文历史。苍桑岁月中，涌现了诸多仁人志士，孕育了富有传奇色彩的民间故事。遍及全乡的刺绣、剪纸、纸扎、绘画等民间艺术记录了吉岘文化创新的历史。

吉岘交通便利。国道211线、西合公路纵穿南北，罗段公路横贯东西，通村柏油路、水泥路交错成网，四通八达；邮政、电信通讯业发展迅速，自来水、电话入户覆盖全境；小城镇建设日新月异，商贸交流日异活跃。

吉岘资源丰富。丑家川、九顷湾水丰草茂，肥沃的土地孕育出千亩无公害优质蔬菜生产基地；黄牛、生猪等养殖业初具规模；境内碳资源丰富，已打探井16口，开采业日益发展；苹果、黄花菜品质优良，区域特色日趋明显，已成为两大无公害产品生产基地，并建有万吨果蔬保鲜气调库库一座。

近年来，乡党委、政府在县委、县政府的正确领导和县直各部门的大力支持下，紧紧围绕推动全乡经济社会科学、和谐、迅速发展这一主题，抓落实、干到位，全力改善和保障民生，努力实现财政增长，农民增收和基础设施建设提升三大强乡富民目标，带领全乡人民立足乡情，创新举措，超前谋划，真抓实干，不断推动全乡经济社会跨越发展。

**【肖咀乡】**肖咀乡地处庆阳市合水县南部，东与段家集乡毗邻，南与宁县湘乐接壤，属黄土高原地形，境内沟壑纵横，山、川、塬皆有。交通较为便利，罗段公路纵贯全境。全乡辖6个行政村，40个自然村，3826户，14295人，总土地面积74.9平方公里（折合112434亩），其中耕地面积3.07万亩。劳动力8781人，其中男性4708人，乡村从业人员6737人，全乡小学文化程度2347人，初中2527人，高中1821人，

全年实现农村经济总收入6829万元，同比增长10.3%；粮食总产量3340吨，同比增长3.24%；固定资产投资完成2.17亿元，同比增长153%；全年完成财政收入126万元；2013年农民人均纯收入达4473元，比上年增加698元。全乡上下呈现出经济快速发展、群众安居乐业、社会和谐稳定的良好局面。

乡内有举世文明的宋代翠峰山古庙、大唐右将军魏哲古墓等历史遗迹。境内全年光照充足，雨量充沛，气候宜人，农业发达。苹果、黄花菜、规模养殖、设施蔬菜等特色产业久负盛名。剪纸、刺绣、秧歌、社火等民俗风情远近闻名。近年来相继荣获“全县优秀基层党组织”“县级文明乡镇”“合水县平安乡镇”“合水县劳务大乡”“合水县万亩优质苹果生产基地”等荣誉称号。

**【段家集乡】**段家集乡位于合水县东南部，面积76.4平方公里，合段公路穿境而过。全乡辖6个行政村35个自然村，3821户12552人，耕地面积3.2万亩，人均2.6亩。乡村在职干部87人，其中：乡干部63人，村干部24人。2010年，段家集乡被省委、省政府评为“先进文明乡镇”。

近年来，在县委、县政府的坚强领导和县直各部门的大力支持和密切配合下，乡党委、政府坚持

以“抓项目夯基础，抓调整提质量，抓民生促和谐，抓班子带队伍”为原则，积极实施“林果、草畜、劳务”三大产业，创新措施，狠抓落实，全乡现有苹果面积19058亩，优质牧草（紫花苜蓿）6000多亩，林地面积33201.1亩，森林覆盖率达4.2%；建成三旺生态综合养殖场、富强养殖场、嘉兴养殖场、红星养殖场等“农”字牌企业10户；全年输出务工人员3600多人(次)，年创劳务收入8000多万元。基础设施建设稳步提升，建成新农村示范点5处，全乡村组道路全部已铺砂上石及水泥硬化。累计兑付退耕还林、粮食直补和农资综合补贴等各项惠农资金490多万元，确保了困难群众的基本生产生活。2013年，完成农村经济总收入800余万元，实现财政收入85万元，农民人均纯收入达2089元。

**【固城乡】**固城乡位于合水县城东南部，地处子午岭西麓。辖4个村民委员会、29个村民小组，共2165户、9762人。土地总面积312.8平方公里，其中耕地面积2.24万亩，森林覆盖率达到76%，光照充足，雨量充沛，四季分明，气候宜人。

固城物华天宝，煤、石油、天然气等矿产资源丰富。林木资源有栎、杨、桦、松、柳、柏等28科70余种；动物主要有金钱豹、梅花鹿、黄羊、狐狸、野猪、獾、兔、雉等；野生中草药达150种以上；粮食作物以冬小麦、玉米等为主；经济作物主要有瓜菜、苗木等。秦直道、午亭子、古城堡等多个旅游景点有待开发。

近年来，固城乡党委、政府按照“发展抓项目、增收抓产业、改善抓基础、和谐抓民生、保障抓党建”的总体思路和“前川瓜菜、里川育苗、全川玉米、全乡劳务加养殖”的产业发展思路，解放思想，开拓创新，攻坚克难，真抓实干，促使全乡基础设施明显改善，城乡面貌焕然一新，特色产业日趋规模，经济发展步伐加快，农民收入稳定增长，社会事业全面进步，2013年，全乡财政收入180万元，农民人均纯收入4873元。

**【太莪乡】**太莪，又称太廒，为旧时仓廒之一，后演变为太莪。太莪乡地处甘肃省庆阳市合水县东北部，子午岭西麓，距县城25公里。东接太白，南连固城，西邻店子，北壤蒿咀铺， 境内山、川、塬兼有，沟、峁、梁相间，海拔在1129米至1657米之间，全乡辖6个村民委员会（北掌、关良、太莪、黑木、罗塬、邢坪），29个村民小组，1566户7083人，其中非农业人口117人。全乡共有党支部7个，党员208名，其中农民党员173名。土地总面积265平方公里，其中耕地23974亩，林地5.4万亩（集体林地28875亩），森林覆盖率达70%。境内富含石油、天然气等矿藏资源，合拓公路穿境而过，村村通电、通邮、通电话、通公路、通自来水。主要农作物有小麦、玉米、高粱、糜谷、荞麦、豆类、油料等；土特产有白瓜子、木耳、木瓜、花椒、甘草、野党参、麻黄、串地龙等。林果、畜牧、油料、白瓜子等已形成支柱产业。

近年来，乡党委、政府一班人坚持以科学发展观为指导，以新农村建设为主线，主攻苹果、草畜、石油三大产业，狠抓项目、基础设施建设、农村生产方式和农民生活方式转变三项重点，实现全乡经济实力增强、农业产业增效、农民收入增加、财政收入增长四大突破，促进全乡经济和各项社会事业全面协调可持续发展。全乡现有新农宅13处270户，医院1处，村卫生室6处，中心小学1所，教学点2个，幼儿园1所，在校学生共计251名。2013年底，农民人均纯收入达4686元。

**【店子乡】**店子乡位于合水县东北部，距县城14公里。全乡辖4个村民委员会，44个村民小组；现有人口10694人，2372户。行政区划面积85平方公里，耕地面积2.22万亩；粮食作物播种面积2.52万亩，粮食作物总产量8588吨；现有果园面积1.88万亩，占耕地面积的86%；2013年农民人均纯收入5793元。有机关单位10个，学校5所，卫生院1所，村卫生室5所，个体工商户120户，农民专业合作社6个，私营企业7家。合拓公路穿境而过，齐店公路贯穿东西，交通条件便利。全乡境内全为塬地，地理位置优越，一年四季分明，光照充足，雨量充沛，生态环境舒适宜人。

近年来，店子乡紧扣发展主题，围绕“工作创一流，名次争上游”的总体要求，立足 “强基础、兴产业、惠民生、促发展”的总体思路，大力推进农业产业结构调整，培育壮大“苹果、草畜、劳务”三大产业，努力实现财政增长、农民增收目标，全乡经济社会保持了良好的发展态势。

苹果产业：店子乡按照“增规模，强基地”的工作思路，建成5000亩标准化果园管理示范点2处，标准化密植园1处，在发展塬面苹果无地块的情况下，2013年在吕家岘子花报良组新建千亩山地果树栽植示范点1处，果树存活率达到了85%以上。草畜产业：建立养殖专业合作社2个，建成规模养殖户 25 户，规模养殖示范点 2 处。2013 年末，牛存栏 2074 头，羊存栏 8445 只，猪存栏量 2435 头，鸡存栏 3651 万只。劳务产业：年组织输转剩余劳动力 2800 人（次），开展劳务技能培训 10 场（次），实现劳务收入 4158 万元以上。

2013 年店子乡引进的由山东客商马冯旭投资 1.46 亿元新建的陇晟源万吨果品建设项目一期工程已完工，二期工程正在建设之中；由宁夏新凯源工贸有限公司投资 1.056 亿元新建的庆阳市科进环保新型材料有限公司目前已开工建设，重大项目的落户建设，为全乡经济社会转型跨越发展提供了强有力的动力。

**【何家畔乡】**何家畔乡位于合水县西南部，距县城 39 公里，东隔马莲河畔与合水县吉岘乡相邻，南与宁县瓦斜乡接壤，西靠西峰区什社乡、温泉乡，北接庆城县赤城乡。境内多平塬，少山川，沟壑纵横。全乡共辖 8 个行政村 53 个自然村，5230 户 17060 口人（其中农业人口 16779 人），总土地面积 14.9 万亩，耕地 3.9 万亩、林地 51615 亩（退耕还林地 13035 亩、荒山造林地 38580 亩）绿化面积达到 34.6%以上。何家畔乡人民勤劳淳朴，敢于创新，勇于接受新事物，尤其在发展果产业上积累了宝贵经验，为全县果产业发展起到了一定的带动和模范作用。

全乡产业结构明显，主要以苹果、黄花为主，2013 年人均纯收入 5003 元。2013 年底，果园面积 3.8 万亩（其中盛果园 2.2 万亩，初果园 0.8 万亩），果农 3555 户，占农户的 95%，年产苹果约 7 万吨左右，平均亩产 5900 斤，纯收入约 4500 万元，占农民纯收入的 70%以上；黄花菜 20482 亩，年产量 615 吨，平均亩产 31 公斤，人均纯收入 170 元；农作物播种面积 65831 亩，粮食年产量 8201 吨；农电网改造完成 8 个行政村，全乡实现通电视、通公路、通电，乡内柏油路里程 27 公里，砂石路 24 条 112.2 公里，乡、村道路拓宽整修率 60%，砂石硬化率 40%；有村级卫生机构 13 个，黄牛饲养量达到 1789 头，羊存栏 1900 只；有机井 14 眼，供水站 36 处，自来水普及率达到 70%，受益人口 14336 人；有初中 1 处、小学 12 处，在校学生 2093 人，适龄儿童入学率 100%；有乡级卫生院 1 处，村级卫生所 12 处，电话普及率达到每百人 23 部，有 2 个村达到小康水平。全乡农业总产值 5900 万元，工业总产值 8000 多万，劳务收入 1200 万元，农民人均纯收入 2465 元。

全乡有行政、事业单位共 12 个。至目前，共有民营企业 21 个，其中在街道“十字”以北何家畔工业园区，占地 200 亩，现已有民丰绿色果品有限责任公司、陇原果品有限责任公司、何家畔土特产果品有限责任公司等 12 户企业入驻，总投资 3000 万元，年实现产值 5000 万元，其中投资规模 500 万元以上企业 5 户。较为突出的民间组织 2 个（果协、文化产业公司）。

**【蒿咀铺乡】**蒿咀铺，古称蒿土峪铺。据旧志记载，这里有桃岭飞红、古庙松阴、自响水鼓三景，是行人过往子午岭时必宿之地，群众习称好宿铺。后屡经兵乱匪患，秀色大减，蒿草林木四起，群众又渐称蒿咀铺，相沿成习，始有今名。蒿咀铺乡位于县城东北县川43公里处，巍巍子午岭西麓，北接华池县、东临太白镇、南与太莪乡接壤，西与老城相邻。共辖蒿咀铺、陈家河、九站、张举塬4个村民委员会，24个村民小组。全乡现有人口5420人，其中农业人口1165户5470人，总土地面积287.26平方公里，其中耕地12679亩，林地33.5万亩，森林覆盖率67%，山、川、塬、峁、梁兼有，309国道和雷西高速公路横贯全境。

蒿咀铺是一块文明发祥地。蒿咀铺名胜古迹众多，历史文化悠久。史前5000年前这里就有了人类活动，周先祖在此开创了古代农耕文明；距今4000年前的仰韶遗址在这里发现；蒿咀铺民俗文化独树一帜，被称为“陇东古石刻艺术之乡”。

蒿咀铺是一块红色革命地。1933 年 11 月 3 日至 5 日，陕甘边特委、陕甘边工农民主政府、红军临时总指挥部，于蒿咀铺乡包家寨子召开了联席会议，刘志丹、习仲勋等人参加了会议，决定开辟以南梁为中心的革命根据地，奠定了西北革命胜利的基础，被史学家称为北方的“遵义会议”，毛泽东称赞包家寨会议的决策为“狡兔三窟”之策。

蒿咀铺是一块资源富集地。蒿咀铺位于东经 108° 13′、北纬36° 3′，海拔约1460米，年平均气温在9—12℃之间，年日照平均2250—2600小时。无霜期年平均140天左右，降雨量年平均400—600毫米。境内动植物品种繁多，矿产资源丰富。境内不仅有国家保护的豹、狼、野猪、野鸡等珍稀动物，还有大量的甘草、柴胡、黄芪、羊肚菌等中药材和食用菌，盛产杏、核桃、酸枣等果品和玉米、小麦、糜谷、洋芋、豆类等粮食作物；境内矿产资源丰富，主要有石油、煤、煤层气等。

蒿咀铺是一块旅游胜景地。蒿咀铺乡境内的自然景色、人文景观也异常丰富。自古以来，姊妹双湫，古庙松荫、桃李飞红、泉水叮咚、干湫盛景，千年古槐等自然景观就闻名瑕耳，石桥仰韶文化遗址，包家寨子会议旧址、抗大七分校遗址、王河水库、秦直古道、子午岭避暑山庄等都是旅游观光的好去处。举世闻名的秦第二大国防工程—秦直古道穿境而过。子午岭风光四季如画，被誉为陇东高原的“西双版纳”。包家寨子会议旧址、九站遗址、秦直古道为省级重点文物保护单位。

蒿咀铺是一块蓬勃发展地。近年来，乡党委、政府立足资源优势，积极争取项目资金，加大基础设施建设力度，以“一线两带、三区四城”建设和“3341”项目工程为推进转型跨越发展的主攻点，围绕紧抓“一个总纲”（即项目建设）、突出“两个重点”（即招商引资和兴办企业）、加快“三个步伐”（即新农村建设、小城镇建设、道路交通建设）、实现“四个突破”（即产业培育、旅游开发、民生保障、基层党建）、强化“五个保障”（优化环境、典型引领、细化任务、靠实责任、绩效考核）的发展思路，大力发展全膜双垄沟播玉米、核桃树栽植、地膜菜用马铃薯和畜牧养殖业，努力改变城乡面貌，使全乡经济社会实现了跨越式发展。

**【板桥镇】**板桥乡因明清时期马莲河上架木板桥而得名，位于县城西北马莲河与县川河汇合阶地，距县城13公里，东连合水县老城镇，西邻庆城县高楼乡，南接西华池镇店坊村，北与庆城县毗连。辖区东西最大横距16公里，南北最大纵距35公里，全乡总面积173.5平方公里，总耕地面积44930亩，以种植小麦、玉米、蔬菜，栽植果树为主。辖板桥、锦坪、柳沟、瑶子头、曹塬、阳洼、刘庄、唐沟圈、西庄、马洼、司峁、田瑶12个行政村67个自然村。总人口19580人，4650户，其中流动人口3334人。2012年末人口出生率为11.15‰，死亡率4.41‰，人口自然增长率6.75‰。

2013年末，有乡文化站1处，村文化活动中心12处，各类图书室13个，藏书5万余册。有香包、刺绣、陇东唢呐等民间文艺。有幼儿园4所，在园幼儿256人，专任教师9人；中心小学1所，村学10所，在校学生856人，专任教师74人，小学适龄儿童入学率、小学升初中入学率、九年义务教育覆盖率均达100%。共有乡村卫生机构17所，其中乡卫生院一所，村卫生所12所，专业卫生人员31人，其中执业医师19人，卫生护理员16人，2013年度医疗机构门诊部完成诊疗3600人。新型农村合作医疗参保率98%。2013年完成财政收入322万元。

# 正宁县

**【山河镇】**山河镇位于正宁县东北部，是正宁县城所在地，东临西坡、五顷塬乡，西接宁县米桥乡，北接宁县九岘乡，南面与湫头、永正乡毗邻。全镇辖11个行政村，84个村民小组， 13个镇直机关单位，全镇总户数6742户，总人口2.8万人。镇域总面积115.8平方公里，境内山、川、塬地兼有，耕地5.19万亩，人均1.8亩。平均海拔1442.21米，年均气温8.3℃、降水量620mm、无霜期180天左右。

主要经济指标呈现高位提升。2013年，全镇固定资产完成6.68亿元，占任务的101.2%；招商引资到位资金完成1.87亿元，占任务的124.67%；争取项目资金640万元，占任务的426.67%；论证储备项目10个；建办500万元以上工业企业3户，占任务的150%；非公经济全年完成上缴税金1800万元，占任务的200%；农民人均纯收入达到5594元，净增691元，增长14.1%。

配合重大项目建设尽职到位。一年来，全力配合确保了县城北区开发、消防大队办公用房、供热公司、新宁路开通、廉租房、北区排水、东街出口改造、汽车站搬迁、“三馆一场一校”等10余个县城建设重大项目分期实施。同时，配合查处违章工程20多起，调处矛盾纠纷279起（件）。

招商引资取得大幅拓展。全年招商引资完成1.87亿元。总投资5.98亿元的锦绣城建设项目，已完成投资1.6亿元；总投资1500万元的如意面粉厂已建成投产，预计年可实现销售收入6500万元，创利税150万元；投资780万元的福寿园丧葬礼仪服务中心已建成投入运营。

特色产业结构调整成效明显。对现有1361亩苹果幼园，全面落实了管护措施，对以往的老果园进行了升级改造，并在王阁村新建矮化密植示范园一处，完成了全年的栽果任务。修复破旧拱棚70座，保证了蔬菜产业稳步发展，棚均收入万元以上。百头以上规模养殖户发展到200户，全镇牲畜存栏量达到 2 万头（只）；康旺养殖场已完成一期投资 500 万元，目前已投入使用。金达养殖有限公司，种猪存栏量达到 500 头，年出栏肉猪 5000 头，预计年经济效益可达 50 万元以上。通过各种渠道输转劳务工 7600 人（次），同比增长 19%，实现劳务收入 9100 万元。完成董庄、蔡峪、解川 3 村全膜双垄沟播玉米 9600 亩；种植地膜洋芋 5000 亩，亩均收益可达 1400 元以上。在佑苏、冯柳、王阁 3 个村合同种植烤烟 1100 亩，完成收购 17.4 万斤，创税 35.62 万元。

统筹城乡发展实现互惠双赢。重点以道路养护为主，新栽行道树 5000 余株，硬化移风新农村道路 5.6 公里，至目前，全镇村庄道路主干道硬化率达到 90%以上。完成王阁、移风新农村建设续建项目，不断巩固和发展新农村建设成果。全年完成李川、松树千亩以上荒山造林点两处，补植退耕还林 630 亩。在王阁、东关、移风新建垃圾屋 9 座，购置分类式垃圾箱 189 个、垃圾收集转运箱 23 个、人力保洁车 22 辆，建设简易污水处理设施 1 套，安装一体化地埋式生活污水处理设备 1 台（套），铺设污水管网 2868 米；设置饮用水源地保护警示标志牌 6 面。

“双联”行动与扶贫开发工作成效显著。加快全镇各村扶贫攻坚步伐，特别是对县上确定的两个扶贫重点村进行重点联系和帮扶，李川村新建 3 间 80 ㎡的村级办公用房，完成土地复垦 1700 亩；种植全膜双垄沟播玉米 400 亩；新发展养猪户 30 户、养牛户 50 户，新建便民桥 5 座；荒山造林 1000 亩；硬化异地扶贫搬迁户门前道路 1.5 公里，上山道路 1 公里，新打小电井 30 眼，解决了李川村的基本民生问题。董庄村在省科技厅的大力支持下投资 150 万元，新建的康旺养殖场基础建设已全部竣工，已引进母猪 70 头、种猪 5 头、子猪 900 多头，正式投入运营；投资 95.6 万元，建设二层村委会办公用房及农民科技培训基地 510 平方米，目前，已完成主体工程。投资 75 万元实施的 2.6 公里通村水泥路已交付使用，全镇帮联单位积极主动，各村紧密配合，使“双联”和扶贫开发工作有序开展，帮联工作成效显著。

各项社会事业获得长足发展。全面落实各项支农惠农政策，兑现各类补贴资金 1111.27 万元，新农合参合率达到 97%以上，新农保参保率达到 90%以上。完成结扎手术 164 例，环孕检服务 6100 人（次），征收社会抚养费 23 万元，计生率达到 90%以上。全年举办各类农民教育培训班 6 期，培训农民 1200 多人（次）；引进新品种新技术 10 项；组织生产香包刺绣 5000 件。全年开展相关法律法规宣传 12 场（次），共张贴标语 60 多条，出动宣传车辆 20 余次，发放传单 1 万余份。

**【榆林子镇】**榆林子镇位于正宁县西南部，距县城 19 公里处。国道 211 线穿境而过，交通便捷，商贸活跃，地理位置优越。镇域东西长 18 公里，南北宽约 6 公里，总面积 93.7 平方公里，耕地面积 5.64 万亩。全镇共辖 12 个行政村，1 个社区，82 个村民小组，总户数 7498 户，总人口 33733 万人。2013 年，在县委、县政府的正确领导下，在县直各部门的关心支持下，榆林子镇紧紧围绕目标责任书确定的各项目标任务，坚持统筹抓落实，重点求突破，较好地完成了各项工作任务，有力的促进了全镇经济社会健康快速的发展。

综合指标稳中有升。烟税收入完成 936 万元，占计划 700 百万元的 134%；农民人均纯收入 5671 元，增长 13.4%，比上年净增 671 元；固定资产投资完成 6.7 亿元，占计划 6.6 亿元的 102%。

项目工作成效明显。共论证贮备各类项目 17 个，争取项目资金 534 万元，占计划 150 万元的 320%；组织实施南北街排水及道路油罩、于家咀文化广场及文化舞台、农村环境综合整治等项目 14 个，所有建设项目均按进度计划完成任务。

非公经济持续发展。新建小微企业 10 户，新增个体工商户 62 户，累计达到 691 户；落实中巷村康乐小区实施招商引资项目一个，招商引资到位资金 4300 万元，有力地促进了全镇非公经济的发展。

农村经济稳步发展。新栽果树 3700 亩，补植 1000 亩，建成了乐兴至乐安坊千亩示范工程；切实加强果园管护，高龙头、中巷等村幼园全面落实了修剪、拉枝、涂白等规范管理措施；合同种植烤烟 1.7 万亩，收购 207 万公斤，实现税收 936 万元；新栽优质核桃 1580 亩，扶持发展规模养殖户 25 户，输转劳务 9210 人（次），劳务收入过亿元。

镇村面貌发生新变化。城镇建设，组织实施了南北街排水，南街道路油罩、街区商贸楼建设、街区环境综合整治等重点工程，铺设排水管道 2800 米，油罩道路 5.4 万平方米，新建农民住宅楼 2 幢 6000 平方米，商贸楼 30 间 800 平方米。维修安装路灯85盏，安装分类式垃圾箱120个，垃圾转运箱16个，购买垃圾转运车1辆；成立了城管工作队伍，加强街道摊点及商业门店管理，确保了街区环境整洁有序。基础设施建设，整修硬化小寺头村、乐安坊村等村庄道路5条11.5公里；实施乐安坊、党家等人饮工程4处，铺设自来水管道3500米，完成自来水入户310户。示范村建设，按照农业综合示范村“五化”标准要求，突出抓了小寺头市级现代农业综合示范村及高龙头、中巷、石家3个县级农业综合示范村建设，通过一年的努力，基本实现了产业优势明显、基础设施完善、服务配套齐全、村容村貌整洁、文明幸福安康、村级管理民主的发展目标。

扶贫攻坚取得新实效。紧抓双联行动扶贫攻坚农村综合改革试点工作的良好机遇，在全镇范围内深入开展贫困现状摸底调查活动，根据贫困状况，分门别类制定详实可行的扶贫计划，通过一年来的工作，全镇稳定解决脱贫人口685人，特别是在高龙头村全面推进参与式扶贫模式试点工作，通过村民规划大会筛选出发展项目7个，成立项目实施工作领导小组和各种能力小组10个，为全面实现脱贫任务奠定了良好基础。

社会事业全面进步。科技工作，举办科普知识宣传培训11场（次），宣传群众1750人（次），培训群众1320人（次）；编制完善了科普工作长期规划和年度计划，争取实施市级科技富民项目一个。教育事业，榆林子中心幼儿园顺利建成并投入使用，于家咀幼儿园已完成主体工程，组织开展了民主评议学校活动，促进各中小学校办学行为更趋规范。文化建设，完成了于家咀村文化舞台建设，全镇新建高标准塑胶灯光篮球场2个，发放“户户通”电视接收设备3500套，覆盖率达到95%以上。医疗卫生，完成了党家、马家、文乐村卫生所建设工程，实现村村有规范化卫生所目标；农村养老保险、合作医疗全部完成任务，参保（合）率达到99%。计划生育，全面完成省、市、县下达的各项指标任务，人口出生率控制在13.9%以内，人口自然增长率控制在7‰以内。治安维稳，坚持每季度召开一次安全生产工作联席会议，加强隐患排查整治，全年没有发生不安全事故。加强矛盾纠纷排查和维护稳定工作，确保了一般纠纷不出村，重大纠纷不出镇，全镇12个村均成立了综治维稳工作站和护村巡逻队，维护了大局稳定。民政工作，以规范农村低保为突破口，核查确定农村低保户1009户3589人，做到了定户准确、群众满意，粮食直补、危房改造、良种补贴、优扶救济等惠农资金按时足额发放到位。食品药品监管，成立了镇食品药品监督管理所，配备了专门的人员，宣传教育及日常监管督查到位，共开展大型督查20多次，下发整改通知书60余份，整改率100%。

**【宫河镇】**宫河镇位于正宁县宫河塬西部距县城31.5公里处，地处黄土高原沟壑区。东接榆林子镇，南于陕西省彬县永乐乡相临，西与周家乡接壤，北与宁县早胜镇隔沟相望，银西公路、正周公路纵贯全镇，地势平坦，交通便利。全镇总面积70平方公里，共辖12个行政村，89个村民小组，7541户，32529人，总耕地面积5.718万亩，人均耕地1.9亩，其中粮田面积2.315万亩。2013年，全镇国内生产总值35997.2万元，粮食总产量达到11304.7吨，人均产粮347.5公斤，农民人均纯收入达到5597元。镇内自然条件优越，社会事业发达，基本形成了以粮食生产为基础，烟、果、菜、苗木、中药材互动开发的农业发展格局，是陇东有名的商贸重镇，经济强镇，文化大镇。镇政府机关共有干部职工113人，其中科级干部16人，一般干部97人。

抓产业促增收。宫河镇虽然区位优势明显，但近年来，由于各种客观因素制约，与相邻的周边乡镇相比发展明显缓慢，产业不大、不强，小城镇建设滞后，农民增收困难。面对产业上存在的这些困难和问题，镇党委、政府认真反思，精心谋划，确定了“农民增收兴产业、基础改善抓城镇”的工作思路，今年5月在全镇范围内组织开展了“思想大解放、产业大发展”大讨论、大调研活动，动员全镇广大干部群众，进一步解放思想、转变观念、增强信心，充分调动干部群众发展优势产业的积极性、主动性，真正找准适合宫河实际、深受群众欢迎的产业发展方向，制定符合群众意愿的，产业发展规划和措施，引导群众发展壮大优势产业，形成具有宫河特色的主导产业，以思想的大解放和观念的大转变，推动全镇产业的大发展；以优势产业的大发展、快发展，推动全镇群众增收致富奔小康。活动中，入户走访农户7240户，收集整理各类意见建议5大类170条，筛选推荐产业带头人12人，巡回各村宣讲10场次，参与群众15000多人（次）。通过摸底调查，基本掌握了全镇四个产业的发展现状（包括面积、户数、产业发展大户、经济合作组织、群众发展愿望等情况）。通过活动的开展，各村都找出了各自主导产业，确定了发展思路，形成了产业发展共识。全镇成立了四大产业开发建设领导小组，配备了工作人员，建立了3个村级农技服务站，各村组建产业发展协会或者经济合作组织，充分发挥产业带头人示范引领作用。镇上组建了产业发展办公室，形成了“一个产业、一个领导小组、一套工作班子”的工作格局，全镇制定了产业发展规划，成立了产业技术服务组，确定专人收集产业发展农资、科技、市场等动态信息，并及时向群众发布，为产业发展提供决策依据和系统化服务，指导产业发展，进一步调动了群众发展产业的积极性和主动性，在全镇基本形成了“人人关心产业开发、个个参与产业开发”的良好态势。苹果生产，重点抓了果树幼园管理、补植新栽和苗木生产。春季在东山头、南堡子新建千亩示范点1处，新建铁丝网护栏1100米。采取土地流转的形式与县医药公司签订药材种植合同90户，实行药果套种。秋季重点抓了东里村113亩矮化砧木密植园示范点和西里村326亩果树乔化栽植示范点建设。全镇全年共新栽补植果树3600亩，发展苹果、中槐等苗木1500亩。设施蔬菜，继续巩固示范点规模，及早动手落实菜棚维修、整地、起垄、覆膜等，恢复旧棚生产，落实菜棚承包到户，并为菜农提供棚膜、菜苗。同时要求镇政府机关所有干部职工每人联系一户菜农，1-2个大棚，督促指导蔬菜生产工作。对大棚人行道透水砖硬化1800平方米，统一为菜农购置安装看管棚15个。今年，代店村105座拱棚，王录示范园区52座砖墙大拱棚，213座小拱棚全部承包到户。全镇露地种菜5000亩，种植大葱1.2万亩，新建1000亩大葱栽植示范点1处。烤烟生产，年初，在北堡子、南堡子、南庄、西里4个村新建规模集中育苗点4处，其他各村各建一个100畦的集中育苗点，全镇育苗3300畦，大田移栽5000亩。全年收购烟叶98.6万斤，创税221.8万元，超额完成全年收购任务。双垄沟种植，以四郎河川区代店、长口子、彭姚川3个村为重点，建成了3个千亩顶凌覆膜示范点工程，种植地膜洋芋、玉米4280亩，为川区农民增收奠定了坚实的基础。荒山造林，春季在南庄村北沟新建成千亩示范点1处造林1000亩，秋季在东里村建成荒山造林工程示范点560亩。中药材生产，全镇种植各类中药材1.3万亩。畜禽养殖，组建养殖专业合作社4个，新增规模养殖户55户，生猪饲养量达到4.2万头，种植紫花苜蓿850亩。劳务输转，大力开展农民教育培训，培训农民工6800人（次），组织输转11次共8500人，劳务创收9500万元。

抓基础改面貌。小城镇建设，主要突出抓了四点：一是筹资18万元，委托有资质的兰州中北工程设计咨询有限公司，对我镇小城镇建设进行了总体规划修编，邀请了雷村、宫河、王录三个村的群众代表及社会各界代表对规划进行了初评，制定了《宫河镇小城镇建设管理办法》，做到了有法可依。在规划未出台前，对主要街道及公路沿线的违章建筑进行了拆除，先后对街区4户违章建筑进行了拆除和制止。二是完成了幼儿园后续工程建设，新建了附属用房、大门、围墙，并对院落进行了绿化硬化。三是突出旧街改造，在街区新建沿街门店280多间。开工建设南环路绿化亮化工程，目前已安装道沿石2830米，建成太阳能路灯底座120个，完成了绿化土的回填，预计2014年5月底竣工。四是争取到宫河镇垃圾处理场建设项目，上报了宫河镇污水排污管网建设项目。今年新添置垃圾清运车1辆，垃圾收集箱5个，安装垃圾箱60个，配备人力保洁车10辆，新建公厕一处，维修了北街排污管道及北沟消力池，为南环路东口广场和宫河村文化广场配备了管护人员，落实了管护报酬，彻底改变了街区面貌，提高了街区保洁水平。道路建设，建成了彭姚川至雷村、南庄村、西里村、代店村砂石路4条21.7公里，实施了东里村3.2公里通村水泥路建设工程；配合县交通局完成了石宫路长口子至姚家川段路基拆迁、整修工作，拆迁农户37户，拆除旧房屋127间。小康农宅建设，完成了王录、东山头、雷村、东里4处小康农宅示范点后续配套工程。村部建设，完成了彭姚川村村部新建后续工程，建成仿古式村部9间，配套建成村卫生所、厕所各3间，新建舞台、篮球场、文化广场各1处，新建围墙200米，水窖2眼，绿化场地500平方米，硬化3700平方米，完成了内部装修布置，购置了办公设备，建成了高标准的“五位一体”活动室；完成了东里村村部后续工程。梯田建设，在西里村实施土地整理项目，新修梯田800亩。

抓项目促发展。坚持以项目为总纲，推行班子成员联系重点项目制度，向上争取项目资金和项目建设工作同抓同落实，论证储备宫河镇造林绿化建设、宫河镇中药材生产基地建设、宫河镇大葱精深加工、宫河宾馆建设、宫河镇南环路绿化亮化、王录四组移民搬迁、雷村五组移民搬迁、陇盛商城农副产品批发市场标准化建设、宫河敬老院新建等项目11个；向上争取宫河镇农民教育培训中心建设、宫河镇中心幼儿园后续配套工程建设、宫河镇南环路街区硬化、宫河镇综合文化服务中心建设、宫河镇主街道通南环路道路排水工程等5个项目；组织实施了镇村道路建设、城区建设、川区小水建设等项目16个。

抓民生促和谐。计划生育，突出镇村计生基础资料整改和计生服务队伍建设，5月、11月份组织开展了两次计划生育集中突击整治活动。全年全镇累计完成结扎132例（其中二女户18例），放环77例，开展孕前优生健康检查39对，征收社会抚养费16万元，全镇新生440人，出生率13.5‰，自增率6.9‰，农村计划生育率达到92%，综合节育率86%。“双联”行动，各帮联单位为各村分别制定了扶贫开发奔小康规划，开展了形式多样的帮扶活动。特别是市国土局对双联工作高度重视，在2012年安排200万元的基础上，2013年又安排资金90万元，其中用于村庄环境整治50万元，用于村部内配设施购置20万元，产业开发20万元。实施了旧村改造项目，新建砖混围墙500多米，平顶门楼15座。为村部配备了电教设备、办公桌椅、图书等。县国土局为帮联村长口子村安排帮扶资金10万元，解决了村部建设资金缺口问题。县交通局为帮联村代店村建鸡舍32座，发放鸡仔2400只（70户），发放抗旱救灾款9000元。县公路段帮扶12户，每户发放小尾寒羊12只。县水保局为帮联村南庄村新修南庄六、七组砂石路4.1公里。省教育厅思政处帮联我镇西里村，举办果树修剪培训班一次，培训人员36名。据统计，各帮联单位为全镇贫困户累计捐助化肥34吨，地膜1.4吨，食用油67桶，面粉、大米400多袋，衣物560余件，科技资料5500多份，科技丛书2300余册，开展各类培训17期（次）。民政工作，着力加强城乡低保、大病救助、救灾救济、社会保障、五保供养、优待优抚、危房改造等工作，认真开展了城乡低保和规范化管理工作。全镇全年共收缴新农保资金144.61万元，完成任务的80.55%；收缴新农合基金154.84万元，完成任务的89.7%。粮食直补、退耕还林等各项惠农资金都按时足额通过一卡通发放到位。完成了长口子村扶贫攻坚试点村贫困人口调查摸底工作，通过上门入户，摸底调查，掌握了全村130户670人的基本情况及农户发展意向，为全镇参与式扶贫工作顺利推进奠定了基础。环境整治，确定重点区域，组织群众对所有村级主干道路及正周路沿线进行了集中整理，清扫路面杂物，铲除路边杂草，清理路边垃圾，拆除乱搭乱建。对店外店、占道经营、乱摆摊点、乱停车辆等脏乱差现象，进行了集中整治，加强了对电焊门市、洗车站台、酒楼、理发店、小吃部的污水排放的监管，对街区卫生实行动态清扫，全天保洁，街区“脏、乱、差”现象得到有效遏制。综治维稳，组建成立了宫河镇社会管理服务中心，积极开展矛盾纠纷排查调处，有效化解了一批信访案件，全镇共摸排调处各类矛盾纠纷87起，调处率、调处成功率达98%，共接待信访群众164人次，调处县信访局下转信访案件2起，信访结案率达到98%。逐村、逐户、逐地块开展了“踏、查、铲”毒工作，经过仔细踏查，全镇没有发现任何栽种毒品原植物的现象。安全生产，狠抓“一项维稳、五项安全和一项防灾减灾”隐患排查工作，利用集日开展了安全生产大型集中宣传活动，多次开展食品药品、道路交通、消防等安全生产大排查、大整治活动，共检查生产经营单位26个，其中砖瓦企业3个，烟花爆竹经营门店2个，人员密集场所6处（3处网吧，1个超市，2处娱乐场所），餐饮场所10个，道路交通安全隐患点、段4处，危险化学品经营单位1个。共查出安全问题76条，现场整改48条，限期整改28条，制作现场检查记录26份，下发整改指令书12份，现场处理决定书3份，确保了社会大局和谐稳定。国土资源工作，切实加强国土资源管理工作，严格执行建设用地定额指标，全镇开展了农户用地确权登记工作，对乱建庄基依法严肃惩处，确保耕地占补平衡。

**【永和镇】**永和镇位于正宁县西南部，东与湫头乡相邻，西、南与陕西省旬邑县相接，北与榆林子镇相连，据县城40公里，境内山、川、塬地兼有，平均海拔1400米，国道银（川）西（安）公路，县道南（邑）罗（川）公路穿境而过，交通便捷，信息畅通，是正宁南塬主要的农产品、工业品集散地和商贸重镇，总面积101.7平方公里，总耕地4.95万亩，全镇共辖9个行政村84个村民小组，一个社区居委会，农村户数5996户，农村人口25339人。

经济指标稳中有升。全镇粮食总产量11927吨；油料总产量2300吨；水果总产量15021吨；蔬菜总产量20383吨；药材总产量3205吨；固定资产投资完成5.53亿元;农民人均纯收入达到5290元。

项目建设富有成效。全年完成招商引资7620万元，争取项目资金560万元，建成5个投资500万元以上企业，注册小微企业11个，新增个体工商户48户。论证储备了大农养殖有限公司生态化肥厂、兴农果蔬气调库、尊令果蔬气调库、华泰住宅小区建设、罗川易地扶贫搬迁、下南村易地扶贫搬迁等6个项目。

增收产业初具规模。粮食生产，积极推广农业旱作技术，在罗川、房河两村集中连片建成5000亩双垄沟播玉米种植示范点1处，完成顶凌覆膜6200亩。林果产业，按照抓栽重管的原则,落实了安兴村省级苹果成园、樊村幼园管理示范点各项管理措施，新建苹果成幼园管理示范点3处1500亩，全镇苹果面积突破3万亩,果品收入达到1.2亿元，农民人均果品收入4300元以上，今年果品收入超过10万元的农户达到116户；圣世果业有限公司投资3050万元，在原址扩建7孔3500吨气调库一座，完成了选果棚、交易大棚等辅助配套设施建设。聚源果业有限公司投资1580万元，在原有10亩5孔3000吨储藏量的基础上，原址扩建4孔2000吨气调库1座；投资150万元，新建沟泉苗木繁育基地1处200亩，成立了森源苗木种植农民专业合作社；完成荒山造林1000亩。畜牧产业，投资1180万元，完成正宁县大农养殖有限公司改扩建项目，建成占地9.91亩自动化养鸡场1处；投资120多万元，实施了金龙养殖场扩建项目，完成了配套设施建设，全镇发展50头以上生猪养殖户120户，使全镇生猪饲养量达到3.8万头，种植紫花苜蓿1000亩，青贮氨化饲料0.73万吨，新建沼气池156座，动物防疫合格率达到100%。蔬菜产业，认真抓好罗川设施蔬菜基地的规范化生产管理，全镇蔬菜收入达到500万元，日光温室全部恢复生产，元旦前后蔬菜全面上市。劳务产业，全年开展农民技能培训和劳动力就业转移培训20期（次），完成农民实用技术培训6600人（次），输转劳务人员7200人（次），劳务收入达到7600万元。

城乡面貌变化明显。新农村建设，依托现代农业综合示范工程，投资182.8万元，实施了上南至罗沟圈16公里精神文明一条线建设，完成了沿路乱搭乱建拆除、旧墙体涂白、宣传标语刷写等工作。城乡一体化，投资2112万元，建成1800平方米的真善美家居超市，新建三层真善美超市餐饮、住宿、娱乐综合楼1幢2000多平方米，升级改造街区商贸楼19户114间，清理“店外店”120处，安装垃圾箱50个、太阳能路灯40盏、广告牌80面，更换沿街门店门牌230面，全镇集中开展环境整治5次。道路建设，完成于庄村、琴宅村、上南村9.6公里水泥路建设，在房河、罗川等村新修砂石路33.7公里。

社会事业全面进步。民政工作，认真抓好扶贫救济、农村低保、五保户供养、大病医疗救助等常规工作，发放各类惠农资金1324万元，完成了农村低保清理规范工作任务，完善落实了自然灾害救助应急预案。扶贫工作，全面完成全镇扶贫农户扶贫摸底工作,消除贫困人口795人。医疗卫生，在提高群众自我保健意识、落实好接种防疫工作的基础上，突出抓好新型合作医疗基金的收缴工作，全镇2013年新型农村合作医疗参合人数达到23316人，收缴参合基金139.9万元，参合率达到100%。社保工作，全年收缴农村基础养老金11405人，122.81万元,为全镇3442名60岁以上老人发放了养老金。计划生育，认真落实计划生育各项节育措施，顺利通过了省、市、县三级考核验收。文化产业,认真筹备参加了庆阳农耕文化节,举办了以“双联”行动为主题的农民文艺汇演。信访维稳，坚持“抓早、抓小、抓苗头”，按照属地管理，各负其责的原则，及时化解各类矛盾纠纷。全年调解各类矛盾纠纷185件，成功调处183件，调处成功率98.9%。教育工作，在抓好教育教学质量的同时，重点加强校园安全监管，集中开展中小学校安全检查4次，检查处各类安全隐患26处，现场整改26处。安全生产，坚持每月对全镇各机关企事业单位、建筑工地，经营门店及人员集中场所，开展一次安全生产大检查，查处各类安全隐患91处，现场整改73起，限期整改17起，上报主管部门1起。

**【西坡乡】**西坡乡位于正宁县东部，子午岭林区西缘。平均海拔1400米，年平均气温8.5℃，年平均降雨量660㎜，年平均无霜期170天。总面积121.3平方公里，其中耕地面积3.17万亩，人均2.17亩。辖8个行政村，60个村民小组，1个社区居委会，3270户，15331人。2013年，西坡乡按照深入贯彻党的十八大和十八届三中全会及省、市、县经济工作会议精神，围绕一条主线（扶贫攻坚），紧盯两个目标（2016年整体脱贫、2018年实现小康），主攻三大产业（林果、草畜、蔬菜），抓好四个重点（项目带动、基础提升、民生改善、社会和谐），努力建设幸福美好新西坡的总体思路，紧扣年初确定的目标任务，自我加压、强力推进、狠抓落实，各项工作进展成效显著。

农村经济全面发展。粮食生产，以“366”现代农业发展行动计划和地膜增粮工程为重点，组织实施了“四线四千”顶凌覆膜工程，建成宋畔、石湾子、月南3个千亩双垄沟播玉米示范点，完成顶凌覆膜6500亩，全乡粮食作物种植面积2.4万亩，粮食总产量9600吨。林果生产，采取土地流转、大户承包、外出观摩、宣传引导和前期效益补助相结合的办法，完成对西坡村大苗示范点的科学管理和补植新栽，全年共新栽、补植苹果树2100亩，并聘请3名果业技术员划片包干负责技术指导，有效提升了全乡果园管理水平。全面完成春、秋两季2000亩荒山造林任务。蔬菜生产，以宋畔四季青生态园为重点，完善生态园配套设施，硬化道路，搭建廊架、竹篱，新建生态大门，配套建成蔬菜直销点，经营管理规范，种植效益提高。草畜产业，充分发挥地处林缘优势，采取政府投资，大户带动相结合的办法，改造利用高红村群众弃荒窑洞和复垦土地，投资270万元，建成嘉盛牧业有限公司并成立同力养羊合作社，启动恢复广富源养羊专业合作社，扩大了石湾子嘉宾养牛场和暖棚养畜规模。建成高红、石湾子两个青贮氨化饲草示范点，青贮饲草3.5万吨，种植紫花苜蓿1000多亩。

扶贫开发成效明显。通过两次大规模的入户调查，进一步摸清全乡的贫困现状和贫困人口底数，为搞好扶贫开发工作提供了第一手资料。结合双联行动、农村综合改革和参与式扶贫开发，在高红、韩坳、湾子、伍畔四村成功召开群众大会，由群众自主选择一批事关长远发展的村级发展项目，为整村整区域整体脱贫奠定了基础，选准了路子。依托产业抓扶贫、群众参与抓扶贫、项目支持抓扶贫的思路基本形成。高红村的成功经验和典型做法，也为全县参与式扶贫开发树立了样板。

项目工作持续加力。全年共争取到各类项目资金673万元，配合县交通局完成西罗周公路征地拆迁补偿工作，配合县水务局完成嘉峪川引水工程西坡段工作任务。月明社区顺利建成正式办公，月明街道管网工程全面完成，彻底解决了月明街道排水不畅问题。完成西坡街道绿化、亮化、净化工程，栽植行道树，安装路灯，使城镇面貌焕然一新。完成西坡中心幼儿园建设任务。在西坡村建成全县首个高标准篮球场。通过招商引资，建成西坡鑫隆建材有限公司，填补了工业发展空白。

基础建设明显改观。坚持把水、电、路、气、房等作为基础设施建设的重点，积极争取汇报衔接，赢得县直部门的支持和帮助。新建高红村机井1眼，完成自来水入户85户；建成高红、宋畔、伍畔、韩坳四个村通村水泥路9条10.5公里。在宋畔、西坡、湾子新打沼气池180眼，配套安装太阳能；新建成西坡新农村10户，完成残疾人危房改造16户，农村危旧房改造90户，灾后重建维修12户。

社会事业全面进步。卫生工作，组织义务献血12人（次），建成西坡、湾子两个标准化村级卫生所，并正式投入使用；征收新农合资金80.5万元，参合率达到100%。计生工作，完成“四术”70例，征收计划外生育费11.1万元；全乡共出生148人，出生率为9.43‰，人口自然增长率为6.7‰，计划生育率为90.5%。民政工作，通过认真扎实的清理规范，农村低保工作做到了应保尽保，公开透明，落实惠农政策对象1816户，低保户858人，兑付各类惠农补助资金800多万元。社会保障，共征收新农保资金66.2万元，参保率达到100%，60岁以上享受新农保达到1976人。安全生产，纵深推进“五项安全、一项维稳”工作，严格落实道路交通、校园安全、食品药品（动植物防疫）、护林防火（消防）、厂矿（建筑施工）企业等安全生产责任。继续推行信访接待日制度，全乡社会大局和谐稳定，在西坡乡召开全县社会管理工作现场推进会。政务服务，建成月明社区政务大厅，乡政府政务大厅进一步规范达标升级，年接待服务对象1.2万人（次）。

**【永正乡】**永正乡位于正宁县西北部，距县城13公里，北与宁县接壤，南与本县永和镇、榆林子镇毗邻，全乡共有10个行政村，72个村民小组，6157户，农村人口25540人。乡域总面积93平方公里。耕地面积5.47万亩，其中粮田面积58667亩，烟田面积13000亩，果园面积2.97万亩，其中成园10000亩，粮食总产量8748吨，果品总产量8629吨，油料总产量1885吨。年平均温度8.5摄氏度，年降水量650mm，无霜期平均180天左右，是全县优质苹果、烤烟生产基地乡之一。乡级财政收入完成629万元，固定资产投资完成6.3亿元，农民人均纯收入达到5142元。

项目工作进展顺利。全年共争取并实施永正乡扶贫整乡推进、上官庄现代农业综合示范工程、一事一议财政奖补、友好村道路建设、硬化绿化亮化美化、农贸市场排水、硬化绿化亮化、果蔬交易大棚建设等项目11个，总投资1500万元；论证储备永正乡生活垃圾处理、标准化烟站建设、汇丰公司果蔬气调库建设、川区水产养殖基地建设等项目8个，项目建设带动产业开发、乡村面貌、人居环境明显变化。

产业开发成效明显。合同种植烤烟1.56万亩，收购烟叶2.6万担，完成税收629万元；春季一次性完成川区顶凌覆膜5260亩，占5000亩任务的105.2%；春秋两季完成苹果栽植3130亩，占全年任务3100亩的100.97%，建成纪村矮化密植、上官庄乔化苹果栽植片带、南住乔化栽植示范点3处1300亩；春秋两季荒山造林1000亩；维修川区拱架蔬菜大棚60座，累计建成菜棚348座；建成王沟圈、刘堡子中药材种植基地两处800亩；依托扶贫项目，新建暖棚215座，全乡猪存栏量达到15000头；教育培训农民6000多人次，完成劳务输转8000多人次，实现劳务收入8900万元。

基础建设全面加强。完成纪村、东龙头新农村绿化、亮化、硬化、道路、排水等基础配套工程；依托扶贫整乡推进项目在东龙头、上官庄、庙沟新建高位水塔3座，完成刘堡子、东龙头、上官庄自来水入户1000户，新修通组砂石路、水泥路33.5公里，建成佛堂农民文化广场一处2800平方米，新建果蔬交易大棚一处180平方米，完成能源沼气265户、旧村改造3公里，机修梯田500亩，基础设施日趋完善，保障作用日益加强。

非公经济运行良好。注册亨利养兔专业合作社、兴发塑料颗粒加工厂、宏涛林下生态养殖场、亨通果业专业合作社等小微企业9个，新增个体工商户32个；配合中石化全面完成了地质三维物探，配合协调采油企业，布设探井24个，其中出油12孔，泾河17平移13号试井日出油量达到20方左右，全乡原油总产量占到全县总量的85%以上。

新农村建设整体推进。完成纪村、东龙头村新农村建设任务，建成两层别墅式农宅110户，配套建成综合服务中心办公楼、便民服务中心服务楼各一幢280平方米（内设“五位一体”活动室、图书阅览室、计生工作室、民俗文化展室、老年日间照料中心、便民超市、卫生所、农资配送中心等）、农民文化广场一处1800平方米、红白理事大棚一处200平方米及服务用房3间，硬化水泥道路11000平方米，铺设地下排水管道3680米，安装太阳能路灯50盏、垃圾收集箱25个，栽植绿苗木2000棵，建成绿地13000平方米，完成自来水入户、广播电视户户通、卫生厕所、能源沼气110户，在纪村四组建成集体公墓区一处300亩，修建墓区砂石路2.7公里。完成正周公路沿线和10个行政村村庄主干道的环境整治工作，清理乱堆、乱放、乱搭、乱建共73处。完成上官庄旧村改造3公里，新建围墙500米，粉刷墙体10000平方米，刷写宣传标语、宣传画60多条（幅），完成三清四改150户。

城镇建设功能完善。全面加快北区开发，实施了友好村道路、农贸市场排水等城镇建设项目6个，完成了中心幼儿园附属配套工程，建成了教职工宿舍、学生餐厅、厕所、锅楼房30间；实施了永正乡农产品交易市场和友好新农村三期续建工程，新建上宅下店式商铺125间，二层楼房新农宅4排40户280间，农产品交易大棚1600平方米，完成农贸市场排水1500米，硬化街区5800平方米，安装太阳能路灯40盏，垃圾桶50个，栽植绿化树200棵，“两纵三横四路”的街区格局更加明显。

社会事业全面进步。深化人文计生、和谐计生、甘露计生创建活动，人口计生工作进展顺利，全乡落实四术109例，征收社会抚养费15.79万元，人口出生率达到7.95‰。家电下乡、粮食直补、城乡低保、大病救助、退耕还林补助等各项惠农政策全面落实，全年共受理各类来信来访23件，办结22件，办结率达到95%。建成纪村、南住、上官庄反邪教、禁毒宣传长廊3处1200米，在全乡范围内开展星级文明户、道德模范评选活动，带动乡风民风进一步好转。安全生产、国土资源、环境保护、民政武装等各项工作有序开展，全乡和谐发展的态势进一步显现。

**【周家乡】**周家乡地处正宁县北塬西端，距县城37公里，211国道穿境而过，正长公路横贯东西，西南部与陕西省长武县、彬县毗邻，北部与本省宁县接壤，历来有“鸡鸣听四县”之说，是宁正煤田核心区和年产800万吨的核桃峪煤矿、2×100万千瓦正宁电厂所在地。全乡辖13个行政村，72个村民小组，5780户，24465人。总面积78平方公里，其中耕地面积5.38万亩。乡域地形东高西低、东宽西窄，略呈三角形。境内塬、梁、川、峁、沟相间，是典型的黄土高原残塬沟壑区。平均海拔1283米，其中车家沟村1177米（河滩880米），为全县海拔最低处。年平均气温8.3摄氏度，年日照总时数2400多小时，年降雨量635毫米左右，无霜期180天左右，地理位置优越，矿产资源丰富，具有良好的开发优势。

2013年全乡国内生产总值3.25亿元，增长13%；农业增加值1154万元，增长13.2%；工业增加值1058万元，增长12%；固定资产投资6.72亿元，增长11%；农民人均纯收入5232元，增长13.8%；粮食总产量9102吨，增长19.6%。主要经济指标持续保持了两位数增长，经济社会发展保持了良好势头。

项目工作扎实推进。论证储备周家加油站、加气站、正周商城改造、梁家木偶戏非遗文化基地建设、星级酒店等各类项目13个，增长13.5%，总投资3.7亿元。争取易地扶贫搬迁、小城镇建设、中心幼儿园建设项目资金490万元。招商引资友利友综合超市、利民购物广场、瑞丰商务宾馆等项目5个，总投资1.66亿元，其中省外资金1.34亿元；省内市外资金3200万元。组织实施核桃峪省列新农村试点村续建、徐家新村、中心幼儿园、周宫油路、燕家安置区、下冯安置区、周家街区安置区、异地扶贫搬迁、现代农业综合示范工程建设等项目11个，总投资4.23亿元，增长21.2%。

农村经济全面发展。按照“塬面果药、城郊蔬菜、川区畜禽、全乡劳务”的思路，持续做大做强现代农业产业。以核桃峪、大璋村为重点，秋季新栽各类果树810亩，其中苹果560亩，并落实了定干、埋枝等措施。在徐家至西庄村建立了1160亩的苹果幼园规范化管理示范带，全面落实了修剪、涂白、拉枝等科学管理措施。搞好良种引进、实用技术推广，大力实行订单种植、保护价收购，全乡种植大黄、生地、丹参等各类中药材2.68万亩，重点扶持发展了周家村500亩丹参新品种繁育、示范、推广。芦堡村宁正煤田菜篮子基地面积扩大到460亩，新建拱棚100座，共建成各类拱棚508座，其中日光温室40座，早春茬及秋延茬瓜菜产值累计达到320多万元。全乡共发展百口猪场、千只鸡场等规模养殖户31户。输出劳务8200人（次），实现劳务收入16400万元，同比增长13.5%。

城镇扩容取得实效。组织实施了街区道路整修油罩、安置小区建设、商贸楼建设、小康家园后续建设、街区排水后续建设、环境综合整治6项重点工程，其中整修硬化通达南路1000米，硬化油罩燕公大道1600米；以华能正宁电厂征地拆迁农户安置为重点，规划实施了街区安置小区建设，修建住宅楼4幢6层144户，全部完成主体工程；拆除旧房43间，新建街区2至3层商住楼7幢84间；完成小康家园3幢6层、2幢2层后续工程；完成街区排水后续工程，压设排水管道70米、加固窨井65个；街区环境治理，栽植绿化树500株，安装垃圾箱20个，拆除各种违章建筑730平方米，清理乱堆乱放的建筑材料及生活垃圾210方，新增卫生清洁人员3名。

煤电开发稳步推进。全力做好宁正煤田核桃峪煤矿建设协调服务工作，协调矿区征租土地5宗60多亩，排查调处乔坡副井区道路、排水等各类矛盾纠纷21起。全力配合实施了正宁电厂征地拆迁补偿安置，共涉及农户305户，其中房屋拆迁230户，征地1050亩，在燕家、下冯、周家街区规划实施安置点3处，其中燕家、下冯安置点分别建成砖混平房、二层楼房住宅42户和32户，周家安置点4幢6层住宅楼全部建成主体。宫家川煤田供水工程坝系建设基本完成。

惠民政策有效落实。新型农村合作医疗参合农民21498人，参合率达到98.1%，报免药费192.3万元，大病救助47.79万元。城市居民医疗保险参保283人，覆盖面达到90%以上。农村养老保险参保农民14936人，年度基金收缴151.54万元，60岁以上享受保险人员3196人，发放保金242.16万元。发放粮食直补资金和农资综合补贴229.61万元，发放家电下乡补贴、城乡低保、五保供养金等各类资金906.21万元，全乡共发放各种惠农资金1380多万元，户均享受2180元。乡政府7个内设机构在街区政务大厅集中办公，接待办事、咨询的群众1.1万人（次）。

党的建设全面加强。建成了徐家村2层18间、梁家村2层14间和车家沟村8间砖混平房村级活动场所，大璋村2层14间村级活动场所完成了主体工程，完善了核桃峪村和下冯村综合活动场所内配设施。新建了芦堡达龙建材有限公司非公企业党支部，全乡基层党支部达到19个，党员918名。

培养入党积极分子 113 名，党员纳新 18 名，配备到村任职大学生村官 13 名。对 30 多名外出流动党员建立了台账，设立了联系电话。认真落实村干部“一定三有”，“双强型”村支书达到了 80%以上。

**【湫头乡】**湫头乡位于正宁县东南部，子午岭林缘。东接五顷塬乡，南邻三嘉乡，西连永和镇，北与永正乡、山河镇接壤，南罗公路穿境而过。全乡辖 7 个行政村 64 个村民小组，4200 户 19159 人。乡域总面积 86.27 平方公里，耕地面积 3.08 万亩。全乡苹果种植面积 2.2 万亩。果、畜、劳务是全乡的三大产业，2013 农民人均纯收入完成 4745 元，粮食总产量 7718 吨，油料产量 935 吨。

项目工作实现新突破。论证储备城乡排水、村级阵地、道路、公墓地、养殖小区、果蔬气调库、双佛堂幼儿园、社区服务中心、农民培训中心建设及张村淀粉厂、农村环境集中连片整治等项目 11 个。组织实施了湫东、双佛堂通组水泥路、湫西村容村貌整治等财政奖补“一事一议”项目、旌园果业扩建工程、旧村改造工程、村级阵地建设、道路建设等重点项目 7 个。全年固定资产投入完成 5.8 亿元，占任务 5 亿元的 116%。争取项目到位资金 160 万元，占全年任务 150 万元 107%，同比增长 7%。招商引资到位资金 2600 万元，占任务 4500 万元 57.7%。建办 500 万元以上工业企业 1 户，投资 500 万元扩建企业 1 户。

产业开发迈出新步伐。按照“果畜并举强产业，拓展劳务创增收”的工作思路，采取科技投入、技术支持、示范引导、行政推动等措施，使农民果业收入取得了历史上的最好水平。林果产业，以湫头北峁子、张村巩斜等为重点，春季新栽果树 1700 亩、补植 500 亩；建办苟仁年庄子、张村后庄子 2 个幼园示范片区；后季在张村巩斜至双佛堂双一组流转土地 100 亩，栽植矮化密植示范园 100 亩，零散栽植 500 亩。成园建办张村梁沟圈、巩斜、湫头北峁子片带，全面落实了规范化、科学化建园措施，示范引领果产业稳步发展。幼园严格按《正宁县苹果幼园管护办法》要求，认真落实管护措施，幼园保存率达到 96%以上。完成西沟村山地核桃栽植点一处 200 亩，荒山造林 1100 亩。封山禁牧和护林防火责任措施全面落实。草畜产业，通过“土地流转”和“老庄还田”整理土地 25 亩，建办苟仁鸿福达养殖场，建设标准化猪舍 7 幢 2100 平方米，晒场 400 平方米，饲料房 6 间 120 平方米，办公厂房 5 间 100 平方米，配套围墙、排水、排污等基础设施。养殖生猪 2500 头，实现利润 420 万元。在双佛堂村车一组利用废旧砖厂场地建办占地 10 亩的全民养殖场，建成猪舍 3 幢 60 间 540 平方米，生猪存栏 500 头。对张村崖腰组生态养殖场进行改建，新建猪舍 4 排 60 间，养殖能繁母猪 200 头。在西沟、王郎坡种植紫花苜蓿 1000 亩，建办养殖专业合作社 2 个，新建苟仁、新庄子养殖小区 2 处，以此带动全乡草畜产业向规模化养殖发展。粮食生产，以南罗路沿线、西沟村为重点，建办千亩示范点和南罗公路沿线千亩示范带，种植全膜双垄沟播玉米 4300 亩，高粱、豆类等小秋杂粮均获丰收。劳务产业，举办务工人员和农民专业技能培训 13 场（次），培训农民 3120 人，组织输转农民工 7300 人（次），实现劳务收入达到 8000 万元以上。扶贫开发，张村扶贫整村推进工作圆满完成，并顺利通过验收，全乡全年脱贫人口 146 户 721 人，占任务 294 人的 245.3%，超额完成全年脱贫任务。

城乡建设有了新变化。东街出口改造工程，投资 360 万元对东街老农贸市场进行改造，建成两层商业门店 120 间，硬化农贸市场场地 6600 平方米，新修市场内道路 600 m，铺设排水管道 360 m，建成交易大棚 1100 平方米。同时以新村建设为依托，投资 1200 多万元拆除南罗路沿线危旧房屋 240 间，新建上宅下店式商业门店 480 间，安装太阳能路灯 20 盏，垃圾箱 50 个，门前透水砖硬化 8600 平方米，新修排水渠 670m，铺设排水管道 460m。新农村建设，坚持完善新村、改造旧村，切实抓好湫头村新农村建设后续工程，积极完善基础配套建设，组织实施了双佛堂中心村及张村三岔路口旧村改造，拆除危旧房屋、违章建筑 60 户 124 间，新建商住楼房 80 户 480 间，新修排水渠 2 公里，门前硬化 8000 平方米，彻底了改变村容村貌，优化了人居生活条件。在王郎坡、湫西新建能源沼气池 180 个，积极落实扶贫攻坚方略，使全年脱贫人口达到 700 人以上。城乡环境整治，注重建立长效机制，成立了街区环境管护工作小组，固定清洁人员 5 人；坚持划片包干，做到垃圾日生日清，有效遏制了街区环境“脏、乱、差”的现象。以清理路边“三堆五乱”为重点，对全乡 7 个村定期开展村庄环境整治，全年累计清理村组道路边沟 200 公里，有效改善村庄面貌。基础设施建设，修建湫头北峁子砂石道路 4 公里，苟仁莫刺、双佛堂村一组、二组、湫头村东一至东三组通村水泥路3条5.9公里；透水砖硬化西街十字以西新农村门前2000平方米，栽植绿化树200棵，较大地改善了城乡面貌。

“双联”行动取得新成效。坚持把“双联”行动作为加快农村发展的重要平台，着力活化工作机制，增强发展动力。明确工作任务。乡、村成立了领导小组，建立工作台账和帮联档案，制定印发了《实施意见》，明确了指导思想、基本原则、主要任务、参与范围、工作方式和工作措施。确定省、市、县、乡18个单位270名干部共帮联7个村特困户514名。健全工作机制。建立了“五联五帮”工作机制；帮联部门联村做到“五个一”，干部联户做到“三个一”，工作运行中做到“五个一”，推促“双联”行动取得了明显成效。积极施策帮扶。坚持因村施策，因户制宜，制定扶贫发展规划15个、联系户脱贫计划487个，帮办实事332件，排查出各类矛盾纠纷16起；落实春耕生产帮扶资金4.8万元，春耕急需物资288件，生活物资266件，赠送办公桌椅5件（套），确定帮扶项目11个；举办科技、政策培训24场（次），培训群众4200人。

民生改善呈现新气象。全年共发放惠农资金503.5万元，其中农村低保资金320万元，其他各类救助资金183万元，发放率为100%；农村合作医疗基金、养老保险基金交缴均达98%以上。科技文化，组织文化、卫生、农技等单位开展“科技文化大赶集”活动，以农民教育培训为重点，共举办畜禽养殖、苹果管护和劳务技能等科技培训36期，培训群众4200人(次)，示范推广养殖、种植等农业适用技术6项，印发农技资料12000多份；依托新型农村社会服务建设体系试点工作，为全乡培训各类实用人才26名，在双佛堂村建成农村科技培训基地。计划生育，紧扣“一个目标、两个降低”工作目标，深入开展计生政策法规、婚育新风进万家活动和妇科病普查。生殖道感染干预工程及四种病毒筛查。共完成节育147例，其中结扎49例(二女户结扎10例)，放环79例，征收社会抚养费14.6万元。安全生产，注重建立安全生产监管长效机制，坚持每季度召开一次安全生产工作联席会议，严格落实安全生产责任制和特大安全事故责任追究制，开展道路交通、生产安全、校园安全、食品药品安全和消防安全排查整治活动11次，下发整改通知书510份，整改各类隐患60多起，全乡安全生产形势持续好转，无安全责任事故发生。综治维稳，积极开展“六五”普法宣传教育、平安创建、书记乡长大接访活动和综治维稳防控体系建设，排查化解各类矛盾纠纷34起，其中入户调解15起，接待来信来访52人（次），维护了全乡经济社会大局和谐稳定。统战、民族宗教、精神文明、国土资源管理、环保、教育、卫生、民政、气象、应急管理、防灾减灾、产品质量安全等各项工作取得了较大突破，并顺利通过单项考核。

**【五顷塬乡】**五顷塬回族乡地处正宁县东南部，南邻子午岭林区，西与湫头乡接壤，北与山河镇相接，正铜公路和南罗路穿境而过，距县城21公里，交通便捷，地理位置优越，区域优势明显。全乡辖5个行政村31个村民小组，1567户6638人，是庆阳市唯一的少数民族乡。2013年，国内生产总值完成0.47亿元；固定资产投资完成4.9亿元；农民人均纯收入4141元，较上年增加526元；粮食总产量5960吨；油料产量825吨；果品总产量1788吨。

以项目建设为支撑，发展后劲持续增强。积极实施项目带动战略，组织实施50万元以上项目18个，100万元以上项目12个，考察论证储备项目8个，争取项目资金460万元。全面完成乡中心幼儿园、敬老院建设，孟河赵畔组、龙咀子乔塬组、西渠阳台组人畜饮水工程3处，配套实施东街改造绿化、亮化、美化、净化工程。招商引资2800万元。

以产业发展为先导，农民收入逐步提升。依托区域优势，积极培育壮大特色优势产业。粮食生产，推广全膜双垄沟播玉米6800亩，种植地膜洋芋2000亩。苹果栽植，在南邑村新栽乔化苹果幼园500亩，补植300亩，建成了幼园管理示范点1处。畜牧养殖，采取“支部+协会+农户”的经营模式，发展分散养殖154户、中华蜜蜂养殖144户1311群；成立农民专业合作社3个；全乡蛋鸡饲养量达到2.4万只，肉牛饲养量达到2320头，肉羊饲养量达到2835只，生猪饲养量达到1930头，种植紫花苜蓿2000亩。劳务产业，劳务输出2500人（次），创收2000万元。

以新农村建设为主线，乡村面貌彻底改观。在南邑东街建成上宅下店式小康农宅28户168间，铺设排污管道2千米，安装太阳能路灯64盏，门前彩砖硬化2.4万平方米，栽植行道树200余株；实施农村危窑房改造和残疾人危房改造65户，改善了乡村人居环境。

以基础设施建设为重点，人居环境极大改善。全年实施自来水入户154户，有效解决了580人900头牲畜的饮水问题。实施了何山组、王洼至甘木沟组通组砂石路、瓦坡硷组通组水泥路3条14公里，维修西渠大河岔过沟涵桥1座，彻底解决了群众行路难问题。宗教工作，多方筹资维修了龙咀子、西渠两村清真寺，确保了宗教活动的正常开展。维修了南邑村部、西渠农民文化广场、西头村部及农民文化广场，改善了村级办公和群众文化生活条件。

以社会事业为基础，民生保障不断提升。硬化校园920平方米，翻新校舍34间，落实寄宿生生活补助金3.2万元。组织开展农村实用科技培训12场（次），培训农民3620人（次）。全乡五个村级卫生所已达到规范化建设标准，有效解决了广大群众的看病就医问题。全面落实计划生育各项政策，完成“四术”50例，征收社会抚养费2.69万元，完成了年度人口计划。实施了农村低保规范化清理，重新确定低保对象554户2044人；全年发放各类政策性补助款项385.9万元，兑付粮食直补及综合直补资金113.3万元。落实抗旱防汛资金3.5万元、排除险情3处，确保了人民群众生命财产安全；开展畜禽防疫培训2期、疫病防治3次，各类疫苗接种率达到95%以上，确保了畜禽产业持续健康发展；在龙咀子、西渠、孟河三村启动了双联扶贫攻坚农村综合改革试点工作，顺利召开了村民大会，通过了监事会、理事会和9个能力小组建议名单，确定发展项目30个，全年实现稳定脱贫261人；新农合、新农保参合率和参保率均达到97%以上；信访维稳、民族宗教、统战工作、安全生产、环境保护、依法行政、国土资源、食品药品监管、封山禁牧、护林防火等各项工作均取得明显进步。

**【三嘉乡】**三嘉乡地处子午岭林区西缘，距县城45公里，全乡东西长25公里，南北宽4公里，最高海拔1756米，最低海拔1400米，总面积93.6平方公里，共辖7个行政村，39个村民小组，1742户6742人，总耕地面积2.89万亩，果园2.27万亩，人均耕地4.2亩。是一个典型的传统农业乡、果业强乡，畜产业有一定发展潜力。2013年，全乡固定资产投资完成4亿元，占全年4亿元任务的100%，争取项目资金200万元，占全年150万元任务的133%；农民人均纯收入4760元，比上年净增597元；粮食总产量5624吨，油料产量723吨，蔬菜总产量5016吨，药材总产量462吨。

坚持以产业结构调整为重点，着力开发特色优势产业。粮食生产，按照山区旱作农业、塬面高效农业、川区精细农业的发展思路，重点实施了关家川、后坡和琅琊洼3处全膜双垄沟播玉米种植示范点共7500亩，实现粮食增产2.3万斤。苹果产业，在保持去年东庄有机苹果园管理示范点各项管护措施的基础上，重点实施了增施有机肥、花前复剪、人工授粉、物理病虫害防治、防雹网、果园种草、铺设黑地膜，落实减伐降株、匀枝透光等成园管理措施，争取打造500亩省级有机苹果园管理示范点；对后坡、林坡、琅琊洼3个幼园示范点，大力推广瓜果套种、果豆套种、果薯套种等模式。草畜产业，投资560万元扶持建办了琅琊洼天马生猪养殖场、刘川生态园2个标准化养殖小区，新建猪舍20幢，引进良种猪280头，年出栏5000头，实现销售收入750万元，创收250万元，投资10万元在后坡村扶持中心户带动生猪养殖，每户养殖2-5头，带动全乡5头以上规模养猪户260户；在川区三村全面推广种草，发展青贮饲料，鼓励农民引进良种牛、羊养殖户12户、20户，至年底养牛180头，养羊1350只。

坚持以基础设施建设为重点，着力提升生产生活条件。充分利用“3341”项目工程及扶贫整乡推进项目的支持，大力改善乡村基础条件和人居环境。投资200多万元在沿川三村新建漫水桥5座，过沟涵洞两处；投资180多万元在刘川村新打机井1眼，建高位水塔1座，实施琅琊洼沟边泵站扬水工程1处，在川区三个村新打小电井30眼；投资400多万元分别新修松树坪村、后坡村砂石路2条17.3公里，琅琊洼水泥路2公里；衬砌松树坪砂石路边沟4200米，栽植行道树5000棵，硬化琅琊洼村道路2公里；申请交通局投资530万元建设后坡村通组水泥路7.8公里，投资35万元完成街区东口新农村排水工程；投资30万元街区及东庄新农村处安装太阳能路灯35盏；完成关川村部改造工程，新建办公用房4间，配套农民文化广场1处1200平方米。

坚持以改善民生为重点，着力提高为民办实事水平。以便民服务为宗旨，建立了乡社会服务管理中心，简化和规范办事程序，推行“集中式办公、一站式服务、并联式审批、全过程公开”等机制。截止年底共接待群众800多人次，办理各种证件、信函298份（本），办理大病医疗救助17人，社会救助2641人，农民养老保险1017人，受理各类事项152件，现场办结148件，办结率达到98%。征收新农保基金32.1万元，发放养老保险金38万元，参保率达到97%以上。惠农政策落实，严格按照惠农资金支付“一册明、一折统”的工作机制，及时足额发放粮食直补资金；落实农村低保672户1980人，发放低保金186.35万元；五保供养69人，发放五保资金13.21万元；落实危房(窑)改造95户，全乡农民人均受益惠农资金400元。全面落实各项计划生育措施，完成“四术”43例，征收社会抚养费2.45万元。以改善医疗卫生条件为重点，全年争取60多万元项目资金，优化乡卫生院医疗基础设施，基本解决群众看病难问题。以打造课堂优质精品课程为目标，加强教师培训，改善教学条件，高中入学率达到80%以上。以创新社会管理服务机制为契机，建成了三嘉乡社会服务管理中心和7个村的社会服务管理站，着力构建面上抓预防、线上抓调解、点上抓整治的 “点、线、面”相结合的立体化社会管理长效工作机制；为了建立“零距离”党群干群关系，以记“民情日志”为有效载体，继续深入开展双“百、十、一”活动，成功调处各类矛盾纠纷31余件，调处成功率达100%，解答群众法律咨询23余次，全乡刑释解教7人，帮教率达100%，无一人重新犯罪，共为民帮办实事50件。安全生产监察工作坚持“安全第一，预防为主”的方针，努力做到抓基层、打基础、强监管、大投入，强化安全生产专项整治，建立健全安全生产监管体系，形成安全生产“齐抓共管”的良好氛围，杜绝了安全责任事故的发生，为三嘉乡经济发展和社会进步提供了有力保障 。

## 宁 县

**【新宁镇】**新宁镇位于甘肃省庆阳市宁县中部，是宁县政治、经济、文化的中心，交通发达、出行方便，国省道铜眉公路、银西公路穿境而过，紧靠西长凤高速公路和西平铁路。2013年底，下辖4个社区和16个行政村，90个村民小组，总户数为8599户(其中：纯农村户数有4435户)，人均纯收入5023元。辖区总面积105.5平方公里，人口3.5891万人（其中，纯农业人口1.8057万人），耕地面积3.9681万亩，绿化面积达到83.9%，海拔面积1000米左右。新宁镇境内马莲河、九龙河、城北河“三水交汇”流经全境，四塬三川构成了新宁镇独特的地理环境。粮食作物以小麦、玉米、黄豆为主，是“陇东粮仓”的重要组成部分。黄甘桃、九龙金枣曾为历代宫廷贡品;红富士苹果已成为颇具优势的当家品种。石油、煤炭、天然气储藏丰富。镇内自然风光优美宜人，文化底蕴沉雄，周先祖公刘生息的“北豳”古城文化遗址与九龙川火红的桃林相映生辉，驰名遐迩，更有沐浴于朝霞中的历代碑林，弥足珍贵。全镇拥有1个省级文物保护单位和2个市级文物保护单位。2006年被国家农业部命名为“全国红枣基地”乡镇之一。

巩范千亩机果园推广 “果瓜套种为主、果蔬套种为辅”的种植模式，果瓜套种800亩，果蔬套种350亩。在坳刘、梁高新栽矮化密植苹果树500亩。按照巩固牛产业，发展羊产业的思路，在坳刘村新建了占地5亩虎明牛场，建成牛舍2排40间，青贮池225方，办公及生产用房8间，牛存栏50头。在北庄村建成了任军羊场，占地2.3亩，建成羊舍21间，羊存栏达到122只。初步形成了以苹果种植和牛羊养殖的产业格局。基础建设上，在巩范村建成了占地10亩的农贸市场1处，完成了道路、水渠和场地硬化等基础设施配套工作。建办企业上，引进山东客商注册成立东鑫商贸有限责任公司，在北庄村新建占地8.01亩的农机市场1处，以经营农业机械为主，目前已投入运营。同时，成立了巩范村扶贫互助资金合作社，申请国家发展银行贷款50万元。文化宣传上，在公路沿线竖立大型广告牌12面，将惠农政策、产业扶持、新村建设等政策法规及时向群众宣传。加大了对沿线的环境整治力度，努力把宁正长二级公路沿线打造成精神文明创建示范线和小康经济示范带。劳务输转上，开展劳动技能培训25场次，培训2500人次，输转城乡富余劳动力6000人次，其中，组织输转达到3000人。

**【和盛镇】**和盛镇位于宁县西部，东接早胜、中村、焦村（坳马）三个乡镇，西连镇原县荔堡，泾川县的泾明两个乡镇，南面是太昌乡，北与焦村乡毗邻，距县城27公里，西峰市区32公里。是董志塬重要集镇，交通信息便捷，自然条件优越，西长凤高速公路横穿南北，是宁县西区文化、商贸中心，有个体工商户900余家，建成住宅小区10余处。镇域东西长17公里，行政辖区面积131.83平方公里，耕地面积71431亩，人均耕地面积1.8亩，共辖19个村委会，136个村民小组，4.1万人。

辖区内矿产资源丰富，已探明的有石油、煤炭。农业经济主要以瓜菜、苹果、中药材种植，畜牧业以羊产业开发为主。2013年，镇党委、镇政府紧紧围绕与县委、县政府签订的目标管理责任书，依托全县“一线两园四区”整体发展战略，不断加快工业化、城镇化和产业化进程，努力增加城乡居民收入，全面加强党的建设，抓重点、攻难点，扎实工作，全力推动重点工作顺利实施，使全镇各项事业取得了明显成效。

和盛工业集中区已于2009年6月经甘肃省经贸委批准为全省循环经济示范园区，规划总面积6.69平方公里，目前已入驻各类企业20余户。2013年，庆阳能源化工集团机械制造维修有限公司、甘肃中威金属制造有限公司等大型企业的顺利落户；高速路口率先发展区、和盛镇锦绣家园居民安置小区、杨庄市级新农村建设、11个村通村砂石路网建设等项目顺利实施；2013年，和盛工业园区按规划继续拓展，年内范家、庙地、屯庄三个村工业集中区征地拆迁工作有力推进，招商引资、引企入园成效显著，拓宽小城镇经营理念，引领镇村基础设施建设上台阶上水平。

**【早胜镇】**早胜镇位于宁县南部，距县城18公里，银西公路、铜眉公路、宁长二级公路穿镇而过，交通便利，地理位置优越，商贸经济繁荣，古谓“陇东商贸重镇，商贾辐辏之地”。全镇共辖17个行政村，147个村民小组，9750户，44160口人，其中：城镇人口2474人，农村人口41686人。耕地面积64885亩，2013年人均纯收入5011元。全镇总面积106.37平方公里（其中镇区规划面积4.7平方公里，现已建成使用2.16平方公里），常住人口1.8万人，现有企事业单位、个体工商户1276家，逢集日个体摊位达2000多个，客流量3.6万人，日贸易额达1100多万元。1999年被省政府列为全省小城镇建设示范镇， 2003年被列为全省小城镇综合改革试点镇，2003年7月、2006年1月先后两次被省建设厅评为“全省村镇建设先进镇”。全镇农业生产以粮为主，特色产业有早胜牛和早胜曹杏，两大特产在省内外享有较高的声誉。

**【平子镇】**平子镇位于宁县以南38公里处，东接米桥乡，西接良平乡，南、北分别与正宁县榆林子镇和宁县春荣乡隔沟相望。平子镇塬面平整、土壤肥沃、交通便利，商贸活跃。近年来，该镇立足资源优势、产业优势、区位优势，大力实施“商贸强镇、产业富民”的发展战略，持 “做大产业、做优环境、攻坚破难、率先发展”的工作思坚路，按照“抓落实、干到位”的工作要求，全镇经济社会各项事业全面发展，成为宁县的“产业大镇、商贸重镇、文化名镇”。

全镇共辖14个行政村，134个村民小组，总农户8396户，38513口人，其中农业人口37705人，城镇人口824人，现有劳动力12937人。全镇总土地面积102.8平方公里，现有耕地58375亩，人均1.55亩。2013年人均纯收入达到4988元。

**【长庆桥镇】**长庆桥镇位于宁县城西南48公里边境，董志塬南麓，泾河北岸，地处陕甘两省，平（凉）庆（阳）咸（阳）三市交界处。全镇辖5个行政村、1个居委会，27个村民小组，总人口10088人，其中农业人口5136人，城镇人口 4953人，土地总面积25平方公里，耕地11680亩，人均纯收入5226元。

长庆桥依山傍水，川道平坦，地势开阔，水力资源丰富，泾、蒲两河穿境而过，地下蕴藏多层自流水；光照充足，年均日照时数2423.1小时；气候适宜，年均气温8.9℃，年均降水量565.9㎜，历年平均风速2.1米/秒。已经开工实施的西平铁路在长庆桥设客、货站，西长凤、平定高速公路建成通车，宁长宁二级运煤通道正在建设，随着铁路、公路相继建成和石油煤炭资源开发进程的加快，货运量、客流量将进一步加大，长庆桥必然成为宁县乃至庆阳市对外交流的门户，成为名副其实的“南大门”。

2006年3月，市委、市政府重新启动长庆桥开发，成立了长庆桥经济示范区，提出在5-10年内把长庆桥建成全市的交通枢纽、物流中心和化工基地，成为全市经济新的增长极。

**【湘乐镇】**湘乐镇位于宁县东区子午岭林缘区，镇政府驻地湘乐街距宁县城35公里。据史书记载：湘乐古称襄洛，汉时设襄洛县，治在延安府界。北魏孝文帝迁治于此，改“洛”为“乐”，置襄乐郡。西魏大统十六年设燕州。唐代废燕州，归属宁州，后演变为湘乐。这里曾是陕甘宁边区红色革命根据地的重要组成部分，1936年新宁县委、县政府由杨家园迁至湘乐村东山组，解放后迁至县城。解放初期这里曾为宁县三区。1981年设乡，1985年撤乡建镇。现辖14个行政村、105个村民小组。

镇域面积147平方公里，由宇村塬、湘乐川、平道川、小坳塬四个区块相间构成，地形破碎，立地条件较差。年降水量574毫米，平均气温8.7°C，无霜期170天左右。全镇现有5303个农户，23893口人；耕地5.53万亩，其中川地0.87万亩，塬地2.23万亩，山地2.43万亩；林地3.8万亩，其中疏林地1.1万亩，成林地2.7万亩。全镇主要有瓜菜、苹果、苗林、草畜四大重点产业。面对川塬相间、不同区域之间自然条件差异较大的实际，我镇按照“川区瓜菜、塬面苹果、山区苗林、全镇草畜”的发展思路，狠抓了特色产业基地建设。

**【新庄镇】**新庄镇地处宁县西南部，距县城四十五公里，东频马莲河，与中村分界，西南至泾河之滨，与长庆桥镇、陕西省长武县毗邻，北靠太昌乡。平均海拔1200米，年均降雨量572.1毫米,平均气温8.7℃,无霜期161天，光照时数2365.7小时，日温差10～15℃。全镇国土面积128平方公里，耕地面积7.3万亩，辖24个行政村、190个村民小组，8535户，总人口38900人。（其中:农业人口38057、城镇人口843人）2013年农民人均纯收入5026元。

新庄镇是庆阳市30个重点建制镇之一，居于庆阳煤炭石油资源宁南区块的核心地带，华能800万吨/年新庄煤矿正在建设当中，西平铁路已从这里架起庆阳经济腾飞的桥梁。石油、煤炭资源、砂石资源藏量丰富。由中石化华北分公司在该镇坳王村的开采的“长武5号”油井一次性试产成功，首开了新庄镇石油开发的先河。农业综合开发项目国家级20000亩、部级2000亩无公害苹果示范基地、土地整理、名优经济林建设等项目在这里相继开工，现代农业、经济、生态等惠农联动效应日益彰显。该镇先后被市委、市政府命名为“市级文明乡镇”“市级平安乡镇”。

新庄镇是商务部果品流通协会命名的“中国优质苹果基地百强乡镇”。苹果产业已形成基地规模化、质量标准化、生产现代化、产品品牌化、营销国际化的产业格局。有果园面积5.69万亩，人均1.54亩。苹果总产量达到300万吨，实现产值1.2亿元，农民人均苹果增收3360元。

**【盘克镇】**盘克镇位于宁县东部，距县城57公里，东连子午岭，南与金村乡、湘乐镇接壤，北与合水县毗邻，平均海拔1450米，年平均气温8.2℃，降水量531.1毫米。盘克镇塬面窄而狭长，山大沟深，沟壑纵横，地形复杂，气候湿润，降水适中，土壤肥沃，天然绿色无公害原生态食品及石油资源丰富。

全镇共辖20个行政村，13个镇直单位，7个驻镇单位，2个国营林场，189个村民小组，8862户，4.4万人，土地面积418.4平方公里，其中耕地面积8.3万亩。

**【中村镇】**中村镇位于宁县南部，东与正宁县接壤，南与陕西省长武县隔沟相望，北与早胜镇为邻。国道银西公路、省道早长公路自北向南穿境而过，交通便利，信息畅通，矿产丰富。年平均气温7.8-9.5摄氏度，平时日照时数250小时，无霜期120-140天，年平均降水量550mm，最大冻土温度86厘米。农作物主要种植小麦、油菜、玉米、、谷子、高粱、大豆等；水果主要有苹果、杏子、核桃、桃、梨、等；经济作物主要栽种药材、西瓜、土豆、白菜、萝卜、红薯等。探明的矿藏种类主要为煤、石油、天然气、铜等。

全镇总面积161.3平方公里，其中耕地面积8.23万亩，辖18个行政村，154个村民小组，41237人，农民占全镇总人口的98%，全镇共有党员1353人，其中机关党员87人，农民党员1266人，是一个典型的农业大镇、人口大镇、资源大镇、素有“文化之镇”的美誉。2013年，全镇粮食总产量为22496吨，其中油料为3004吨。种植各类瓜菜1.5万亩、中药材3451亩、黄花菜1218亩。全镇果树栽植面积共达3.2万亩，建成了万亩优质苹果示范基地。

**【焦村镇】**焦村镇位于宁县以西15公里处，东接新宁镇，南靠和盛镇，西、北与西峰区接壤。全乡共辖24个行政村，213个村民小组，1个社区居委会，总农户11204户，48647口人，其中农业人口47116人，城镇人口1531人。总土地面积183.47平方公里，现有耕地91656亩（人均1.97亩），其中塬地占88%，山川地占12%。全乡共有党支部37个，党员1347人。2013年全镇经济总收入18075.28万元，其中种植业占47%，养殖业占24%，劳务业占24%，其它占5%。农民人均纯收入达到5013元。

全镇以长官路口整区域率先发展示范区建设为突破口，以现代农业综合示范工程创建为主抓手，重点实施了瓜菜、草畜、林果、劳务四大产业开发。全镇共流转土地2.78万亩，现有养羊户1344户，羊存栏达到1.2万头，西瓜4.3万亩，苹果1.75

万亩。年输转外出务工人员 1.84 万人（次），其中组织输转 0.7 万人（次），实现劳务收入 5100 万元，全镇人均增收 1100 元。

计划生育水平稳步提高，人口自然增长率控制在 4.9‰以内，计划生育率达到 79%。农村合作医疗和养老保险工作发展良好，参合率和参保率分别达到 98%和 96%。

**【米桥乡】**米桥乡位于宁县早胜塬黄土高原地带，省道铜眉公路穿境而过，全乡共辖 14 个行政村， 98 个村民小组，总农户 5598 户，人口 2.54 万人。全乡总土地面积 96.8 平方公里，其中耕地 37986 亩，栽植苹果树 9650 亩。全乡牛存栏 5810 头，新增养殖户 40 户，已形成规模养殖。

米桥乡是庆阳香包刺绣产业的主要基地，涌现出了以“中国民间工艺美术大师”巩娥子、“庆阳市民间工艺美术大师”白彩霞为代表的一大批香包制作和刺绣高手。2013 年末农民人均纯收入 4145 元。

**【良平乡】**良平乡位于宁县东南、早胜塬中部，距县城28公里，宁正公路穿境而过，土地面积72.38 平方公里，街区面积 1.5 平方公里，辖 16 个行政村，60 个村民小组，6190 户，3.04 万人，耕地面积 42877 亩,人均耕地 1.5 亩，有机关单位 10 个。交通便利，地势平坦，自然条件较好，近年来经济发展势头良好。

农业仍然是良平发展的基础产业，农作物以小麦、玉米、油菜为主，农业收入占农民收入的 55%，近年来，油菜、药材、紫花苜蓿面积逐年增加，农业结构得到调整。

**【太昌乡】**太昌乡位于庆阳市南端，董志塬南麓，距宁县城西南 43 公里处，呈东西狭长分布。南接长庆桥经济示范园区，北邻和盛工业集中区，素有庆阳的“南大门”和“旱码头”之美称。全乡总面积 55 平方公里，耕地 25555 亩，总人口 **16699** 人，人均耕地 1.53 亩。街区人口 2100 人。年平均气温 8.9℃，年平均总降水量 565.9mm，年平均蒸发量 1210 mm，年平均日照时数 2423.1 小时，无霜期 165 天。太昌乡现有各类企业 10 户，全部为非公企业。城乡居民储蓄存款 6500 万元，农民人均纯收入 5146 元，粮食产量达到 10341 吨。是宁县经济发展较快乡镇之一。

太昌乡境内现有机关企事业单位 15 个，其中县属 8 个，乡属 7 个。其中信用社、农行营业所各 1 处；民办高中、初级中学各 1 所，六年制小学 9 所，幼儿园 1 所，有教职工 184 人，在校学生 1701 人；乡级卫生院 1 所，现有床位 22 张 、从业人员 48 人 ，可行小口径胆囊切除手术，并且拥有心电监护仪、多功能呼吸麻醉机等先进设备。太昌乡有着独特的地理位置，优越的自然条件，是重要的交通枢纽，工业基础较好，巨大的项目前景，土地资源充沛，可大量搬迁聚集的农业人口，充足的生活和工业用水条件，这一切都为在太昌进行城乡一体化发展创造了先决条件。

**【九岘乡】**九岘乡位于宁县城以东 50 公里处，东倚子午岭，宁黄公路穿乡经过，全乡共辖 8 个行政村 36 个村民小组 10387 人，其中农业人员 9889 人，是一个以种植业和畜牧业为主导产业的农业乡镇，乡内面积 108 平方公里，其中基本农田 17651 亩，森林覆盖率在 40%以上，自年建立乡政府以来，九岘乡人民在乡党委、政府的领导下，发挥老区光荣传统，通过运用科技，修建道路，解决人畜饮水，发展经济等措施，目前，乡内村村通公路，通车、通电话、电视，自 2004 年以来，粮食直补、退耕还林、“两免一补”、农村低保、五保、农村合作医疗等惠农政策在全乡得到落实。有著名的秦驰古道，桂花园僻暑山庄、西洼烈士陵园等旅游景点，石油已在乡内开发，是一个具有开发潜力的山区乡镇。

**【金村乡】**金村乡地处陇东黄土高原沟壑区，位于宁县东部，子午岭西麓，北临盘克镇，南与九岘乡毗邻，西和湘乐镇接壤,东依魏魏子午岭大森林。总土地面积 10.9 万亩，折合 72.75 平方公里。整体地形复杂，沟壑纵横，塬面窄而狭长，气候湿润，降水适中，土壤肥沃。天然绿色无公害原生态食品及石油资源丰富。境内有昭君出塞驻跸的绣花楼，秦直古道、习仲勋故居遗址。同时梁掌曾是新宁县人民政府驻地，历史上著名的梁掌会议在麻子掌召开，是陇东早期革命活动阵地之一，有着光荣的革命历史。近年来，乡党委、政府以党的十八届三中全会精神为指导，以一线一川为主战场，以扶贫攻坚为主攻方向，以党的建设为保障，力推四大产业（苹果、肉羊、苗木、旅游），力求五个突破（项目、新农村、基础设施、环境、作风），实现四个增长（经济总量、财政收入、农民人均纯收入、乡域经济总体实力），集中攻坚，统筹推进，努力促进种植业与养殖业、城镇与农村、经济与社会、人与自然协调发展。

全乡共辖6个行政村，38个村民小组，9个机关单位。总户数1877户，总人口8432人，其中农业人口8205人，城镇人口378人，耕地17743亩，林地74100亩，人均耕地面积2.1亩。全乡牛存栏7900头，羊25600只，户均大家畜4头以上。2013年全乡人均纯收入为3567元。

**【春荣乡】**春荣乡地处宁县东部，春荣塬西端，与新宁镇、良平乡、平子镇、九岘乡、湘乐镇、南义乡相邻，距县城14公里，境内交通便利，有宁五、宁高、宁朱三条公路过境。地形塬面狭长，呈残塬沟壑状；山川塬兼有，地势自东向西倾斜，属典型的黄土高原沟壑地貌，平均海拔1150米。光能资源丰富，年平均气温18℃，年平均降水量200毫米，积雪最大深度25cm，年平均无霜期186天。行政区划面积229.1平方公里，耕地面积88792亩。其中山地34010亩，塬地42429亩，川地12353亩。全乡共辖23个行政村，151个村民小组， 17个乡直机关单位。13801户， 52112人，其中农村人口50709人，非农村人口1403人，农村劳动力20733人， 2013年粮食总产25600吨，农民人均产粮516公斤，2013年人均纯收入2803元，人口自然增长率为6.3‰。

春荣乡自然资源丰富，人杰地灵，山川秀美，盛产肉牛、苹果、西瓜、九龙金枣，地下煤炭贮藏丰富。近年来，春荣乡党委、政府以科学发展观为指导，以项目工作为载体，以改善群众的生产生活条件为切入点，以建设和谐美丽新农村为目标，立足地理和资源优势，围绕农业产业结构调整，加大特色产业开发力度，建成九龙川、茱子河川春荣段、宁五公路为轴线的“川”字型经济带，使全乡形成“川区设施化蔬菜生产、塬面优质苹果基地和全乡养牛”的产业格局，财政和农民收入稳步增长，发展步伐明显加快。至2013年底，全乡养牛农户达到6504户，累计牛存栏达1万头以上，属全县万头养牛乡镇之一。塬面以古城、雷畔、宁春、岘子、白公村为主，全乡累计苹果树栽植面积达到1.5万亩，逐步形成以宁五公路为主线的万亩苹果栽植带。川区进行九龙金枣栽植、新建日光温室和水泥骨架大棚，全乡钢架大棚累计达到900座。塬面以三曹、金草、尺堡、白公等村为主，全乡西瓜种植面积达到1万亩以上。

**【南义乡】**南义乡位于宁县中北部，南距县城16公里，东临春荣乡、湘乐镇，西接瓦斜乡，北与合水县接壤，南和新宁镇为邻。塬面狭长，中部向南北部逐渐倾斜，兼有山川，211国道南北纵贯。全乡辖11个行政村，54个村民小组，4992户21254口人，全乡土地总面积93.6平方公里，全乡地形复杂，沟壑纵横塬面倾斜度大，现有耕地面积5.01万亩，其中塬地2.65万亩，川地2.36万亩。

**【瓦斜乡】**瓦斜乡位于庆阳市腹地、宁县西北部，南与新宁镇、焦村乡交界，西、北与西峰区什社乡为邻，东与南义乡、合水县吉岘乡接壤，全乡总面积69平方公里，耕地3.26万亩，辖8个行政村，人口1.4万。

瓦斜出产丰饶，地下藏有丰富的石油、煤炭和天然气资源。地形以塬面为主，兼有川、山台地，日照充足，雨量适中，适宜多种农作物生长，苹果、黄花菜、小米、烤烟等闻名遐迩。苹果、肉羊等特色产业开发体系已初步形成，全乡现有果园2.4万亩，肉羊存栏6800只，中药材4500亩、瓜菜 11520亩。甘肃省著名商标“醋头醋”系列产品畅销省内外。瓦斜文化绚丽，境内有仰韶文化等多处历史遗存，以农耕文化、饮食文化、民俗文化为代表的传统文化源远流长，以贺雪霞、杨自学为带头人的皮影、剪纸、香包等民俗文化艺术人才荟萃，臊子面、饸饹面、炖土鸡等传统美食久负盛名。瓦斜地域优势明显，距庆阳市区25公里、宁县县城15公里、合水县城29公里，宁文公路纵贯南北，西合二级公路穿境而过，村庄道路全部实现了砂石化，发展休闲农业、生态旅游有得天独厚的条件。瓦斜文明和谐，涌现出“背着父亲上学”的李勇、大连空军司令部原参谋长贺登刚、甘肃省中国人民银行原行长张书林等优秀青年和知名人士，社会事业全面发展，中小学教育水平稳居全县前列，全乡社会大局平安稳定，生态环境优美。先后被评为“全国绿色优质苹果生产之乡”、“庆阳市卫生乡镇”、“庆阳市科技工作先进乡镇”、“庆阳市黄花菜之乡”。

## 镇原县

**【屯字镇】**屯字镇位于镇原县东南部，距县城25公里，是全县第一人口大镇，经济发展重镇。镇域东接上肖乡，西连城关镇，南界泾川县，北与太平镇、临泾乡毗邻，东西长14公里，南北宽约17公里。现辖20个村，163个村民小组，1.1万个农户，5.1万人。总土地面积237.3平方公里，耕地面积14.6万亩，其中山地87600亩，川地12410亩，塬地45990亩，人均占有耕地2.86亩。平均海拔1300米，年平均降雨量450毫米，年平均气温10°C，全年无霜期180天。

2013年，在县委、县政府的坚强领导下，全镇上下牢牢把握稳中求进、提质增效、争先进位、转型赶超的总基调，认真对照全年重点工作手册，以项目建设和招商引资为核心，以转变发展方式、推动转型赶超发展为主线，以实施“项目突破年”各项任务为抓手，在项目建设上抓落地实施，在农业工作上抓亮点培育，在城镇建设上抓改造提升，在民生事业上抓全面改善，在社会管理上抓创新提高，在企地共建上抓协调解决，在扶贫攻坚上抓瓶颈破解，全镇国民生产总值完成6.25亿元，同比增长24%；农业生产总值突破1.5亿元，增长7.5%；固定资产投资完成1.5亿元，较上年增长46%；财政收入完成30万元，争取无偿资金84万元，占计划60万元的115%；招商引资1.03亿元，占任务1亿元的103%；粮食总产2.1万吨，增长17.8%，人均产粮411公斤；农民人均纯收入5070元，增长20.2%，人均增收850元。主要经济指标实现了时间、进度、任务统筹推进和高于全县平均水平、高于上年增长速度“两个高于”的目标。

年内实施农业开发、基础设施建设、小城镇建设等项目8个，计划总投资10199万元，累计完成投资11725万元，占计划的115%。完成农贸市场北扩10米，征地10亩，压埋排污排洪管道1300米，硬化市场地坪1.8万平方米，嘉阳商住综合楼一期工程完工；苹果产业配套设施建设完成5000吨现代化果蔬保鲜气调库主体工程；配合完成庆镇二级公路屯字段、屯玉公路塬面段铺油罩面工程，新修、铺砂村组道路4条18公里，整修铺砂村组道路15条59.7公里，养管村组道路16条92公里；按照“主街完善功能、新区拆迁改造、东西两翼扩展、南北储地开发”的总体思路，紧扣“1+2+3”目标，完成了“改造一个市场、规划两条街道、建成三个小区”的小城镇开发建设任务，完成景盛家园、轩宇花园2个住宅小区2幢住宅楼续建工程，佰兴、天和怡园、嘉阳3个小区建成住宅楼10幢；屯字胡同市级新农村示范点建成二层别墅式小康农宅77套，高标准文化广场1处3692平方米，完成屯字中心敬老院规划及地基工程，建成排洪涝池2处；在马堡、阳宁、建华、包城4村实施农村环境连片整治项目，建成垃圾屋44座，配置垃圾转运箱38个、分类式垃圾箱291个、人力保洁车33辆、压缩式垃圾车1辆、设立项目建设公示牌和饮用水源宣传牌4面、警示标志牌25面，铁丝围网2500米；农村安全饮水项目二期工程全面完工，开挖管线336公里，完成屯字水厂改扩建，新修三层办公楼1幢21间620平方米，维修50方高位供水塔1座、200方蓄水池1口，新打机井3眼，新修300方蓄水池1口；双合村大庄组镇原县现代农业产业化示范基地建设完成征地102.96亩，建成风景树、绿化苗木育苗基地1处85.21亩，规划开挖鱼塘3处，建成办公用房、库房40间；双合村“双联”大桥全面竣工通行；新打机井5眼，压埋滴渗灌管线9200米，新修灌溉渠道3900米，新增有效灌溉面积2600亩，完成自来水入户1200户；太池池生态旅游风景区续建开发工程全面拉开，新修铺砂环池路1条4.2公里。

大力实施“富民强镇”战略，“塬面苹果、川区瓜菜、山区草畜、户户劳务、村村全膜粮食”的农业产业格局不断优化，成为农业增效、农民增收的主要支柱；以加工、制造、储藏为主的民营企业和以个体经营、商贸流通、餐饮服务为主的第三产业快速发展，成为拉动镇域经济增长的重要支撑。在农业发展上，把苹果作为优势主导产业，着眼规模化经营、标准化管理、精品化发展，在白马村建成2000亩庆阳苹果示范基地，培植矮化密植示范园200亩。在塬面集中建园办点村落实管护措施4580亩，补植优质苗木2万株，在阳宁、白马、太阳3村统一流转土地，新栽苹果2000亩。把全膜粮食作为重点突破产业，形成了“镇、村联办千亩规模看点，各村自办百亩集中看点，所有示范点绝对集中连线，所有示范片带相对集中连片”的具体思路，建成千亩示范点1处，500亩以上示范点1处，200亩以上示范点2处，100亩以上示范点2处。把规模养殖作为重点开发产业，建成双合、马堡2个青贮饲草示范村，建华、包城2个500亩紫花苜蓿种植示范点和西部情饲草加工企业。完成马堡王山、曹路圪塔2处中盛肉鸡养殖小区“三通一平”规划和开工前期准备工作，规划千只标准化羊场1处，规模养殖场13处，2000只肉羊育肥专业村3个，百只以上示范养殖户50户。支持种、养大户牵头成立种植、养殖农民专业合作组织5个。积极招商引资，向上对接争取农业项目，建成双合村现代生态农业观光示范园和闫沟、建华果菜畜农业开发综合示范点。完成太阳池荒山绿化2100亩、退耕还林补植抚育1200亩。种植设施、露地瓜菜6100亩，推广测土配方施肥8.5万亩，完成农业技能、科技培训3500人次。在工业发展上，不断优化兴业环境，积极协调企地关系，大力支持石油企业扩能上产，新打油井35口，压埋输油管线21公里，华北石油生活基地后续建设如期竣工并投入运行。屯字果业公司、香园食品公司等绿色农产品储藏加工企业大力进行技改扩容，经营效益明显提升。在第三产业发展上，新增个体经营户63户，输出劳务1.3万人次，实现劳务创收1.5亿元，在三产服务业中涌现出一大批带富致富能人。

积极实施为民办实事项目，组织发放、调试安装地面无线数字电视接收设备4600套。积极配合项目主管部门实施校安工程，田岭小学、屯字中心幼儿园年内建成投入使用，闫孟小学主体完工。新修村级卫生所1处，收缴城乡居民社会养老保险资金259万元，参保率达到90%，收缴农民参合基金278万元，参合率达到93%。通过“一折统”兑付强农惠农资金28项2199万元。完成农村危房危窑改造130户，重建维修41户。开展计划生育专项治理活动4次，落实各类节育措施517例，征收社会抚养费30万元，创办“国家级计划生育优质服务县”现场会观摩点和“陇家福”工程示范点，顺利通过省、市、县考核验收。防汛减灾、重大疫病防控、安全生产、食品药品监管等各项措施全面落实。集中开展“平安创建”、“矛盾纠纷集中排查调处”等活动，信访问题和矛盾纠纷调处成功率达到95%以上，基本实现了小事不出村，大事不出镇，全镇社会大局稳定，人民安居乐业。

按照“围绕发展抓党建、抓好党建促发展”的思路，强化镇村两级班子建设和党员队伍建设，不断提高履职能力和执政水平。纳新党员30名，预备党员按期转正44名；扩大非公党建覆盖面，积极实施“三优先双培养”工程，成立绿硕园食品有限公司等非公党支部3个；先后举办大学生村官论坛、镇村干部技能大比武等评选活动5场次，选拔出16名优秀年轻干部到村任职；严格程序选人，注重德才用人，圆满完成村“两委”班子换届选举工作，选举产生村“两委”成员155人，其中以从事“种、养、加”为主的致富带头人78人，女性担任党支部书记1人，交叉任职53人，支书主任一肩挑4人，村干部平均年龄43.3岁，较上届下降3.8岁，高中以上文化程度占58.2%；创建马堡、屯字、闫孟、建华4个党建综合示范点；以整合“八项功能”、打造“六个中心”为着力点，多方多措争取资金，新修村部1处，维修改造村部3处，更新办公设施，全面改善村级阵地基础条件；以“六抓六促六破解”为抓手，深入推进“双联”行动，落实帮扶措施75项，办理农房统保233户，发放双联惠农贷款600万元；扎实开展“效能风暴”行动和“作风建设年”“基层党风廉政建设年”活动，查摆整改群众反映强烈的突出问题7个，干部作风明显转变，发展环境得到优化；全镇20个村全面建立了村委监督委员会和民情直达室，基层民主政治建设得到进一步加强；党风廉政建设、宣传思想和精神文明建设、信访维稳、统战等工作先后被县上确定为全市上半年或年终督查考核观摩点。

**【城关镇】**城关镇地处镇原县城，境内东西长25公里，南北宽6.68公里，总土地面积167平方公里，总耕地面积6.62万亩。全镇辖2个社区居委会，11个村委会，86个村民小组，8个镇直单位。总人口4.6万人，其中，农业人口6718户28098人。镇党委下设2个党总支，27个党支部，现有党员1053人。全镇共有中小学17所（其中寄宿制初中1所），村级幼儿园2所（民办），学前班9所，在校学生2612人，教职工1412人。

2013年全镇工农业生产总值完成2.85亿元，其中，工业生产总值达8730万元，农业生产总值达2.11亿元。粮食总产量18877吨，人均产量436.7公斤，油料产量3312吨。非税收入44万元；争取资金78万元，项目投资13754万元；城镇居民人均可支配收入17851元，农民人均纯收入4609元。

围绕县委、县政府的总体部署，按照“三个一”包抓项目工作责任制，对各类重点项目工作细化任务，责任到人，限定时间，紧扣进度，挂牌督战。群众的宣传教育工作上，先后由主要领导、分管领导和镇村组干部采取不同的形式和方式方法多次分村、组召开群众大会，宣传县城开发的重大意义及县城开发对城郊经济及第三产业的拉动作用。对各种矛盾问题进行排摸梳理，制定任务分解表，由各科级干部包案消化，挂牌督战、限时销号，先后化解了庙沟群众集体上访、秦园子群众上访、水荫群众阻挠施工、紫东花苑群访等群体事件，化解各类矛盾纠纷108期。大征拆工作上，建立了由各科级干部包片，一般干部包户的工作责任制。先后完成了西区开发、东区开发、二中建设、工业园区三期、北出口路、南区主干道、二级公路及城区段的征地拆迁工作，在常山白岭峁综合开发片区签订拆迁协议2户，征用南台土地整理所需土地16.85亩（黄岔14.34亩，东街2.51亩），征地2.11亩，完成了一号桥至南区主干道道路的整修及罩面。保证了县城开发及城区重点项目建设实施。共征用土地626.7亩，租地170亩，拆迁农户51户，清表56户，迁移坟墓48处，移动各类杆线86根。群众安置：先后建成了莲池安置区、秦园子安置区、毛堡安置区、陈沟安置区、紫东花苑和罗河湾安置区，可安置群众503户，已入住215户。同时划拨了莲池、秦园子、上沟群众的生产生活用地，划拨了庙沟、贾堡、朱沟、高庄、张坪和东街群众安置区，解决了群众的后顾之忧。

产业结构调整：设施蔬菜生产方面，按照“重点培育、强化管理、提质增效、示范引导”的路子，投资10多万元，维修加固旧棚156座。其中，东关罗河湾设施蔬菜启动早，管理精细，效益很好，棚均收入在2万元以上，效益好的每棚收入3万元。辐射带动群众种植露天蔬菜5160亩，西瓜、甜瓜2038亩。全膜粮食生产方面，按照“镇有示范片带，村有示范点”的要求，坚持“项目支持、政府补贴、农户自筹、干部引导”的原则，早规划、早安排、早行动，突出安排部署、宣传动员、政策扶持、物资保障、资金筹措、检查考核六个关键环节，积极筹措物资，人机结合，点面结合，山川齐动，落实覆膜任务1.2万亩。苹果产业生产方面，争取“统一规划调苗，政府督促检查，村级负责验收，分户栽植压埋”的措施，狠抓原郑、丰台、常山、路坡、路沟5村盛果园的田间管护及技术培训，辐射带动塬面新栽、补植1500亩，其中在高庄新栽500亩苹果示范点一处。在草畜产业生产上方面，我们以鹤原养殖厂和祁川村昊垠专业合作社为龙头，按照“小规模，大群体”的路子，依托“国开行”扶贫贷款，发展培育养殖户150多户，羊存栏16000只，其中20只以上养羊户560户，种植牧草0.95万亩，秋茬地复种8030亩。配合完成庆镇二级公路金龙段的绿化工作，退耕还林补植补造1000亩。

基础设施建设：协调筹措资金158万元，新修、维修村组道路11条42公里（祁川埝李至塬头、埝李至东山、南坡至祁大湾、原郑尖角至富坪、丰台至鳌背、丰台闫塬至大湾、五里沟互助沟至临泾什字、路沟张岘至前山、白渠、张台、路沟），在高庄新修排洪渠1196米。在公路沿线栽植侧柏苗4200株、金丝柳6200株，绿化村组道路15公里；全镇新打机井1眼，维修机井2眼，修建水塔1座，积极实施农村安全饮水项目，压埋丰台、金龙陈沟自来水管线7200米，完成自来水入户400户；完成祁川旋老、埝李、金龙陈沟、东关罗河湾、常山毛堡五个自然村的农电线路改造工程，受益农户541户；在高庄新堡新修农田84亩；在祁川公墓区整理土地600亩、在祁川后河和庞川新农村点处整理土地25亩，高庄朱沟安置点整理土地20亩。

社会事业：文化教育工作上，争取市级校舍维修改造资金30万元，对海丰、高庄等学校教学楼顶进行防水处理、改造教学楼10间、添置办公桌椅16套、木床15张、电脑2台、篮球架3台。发放学生营养餐惠及1258名儿童。在“十.一”、“元旦”等重大节日，组织举办羽毛球、象棋、跳棋和拔河比赛及职工演讲比赛，活跃了节日气氛，丰富了职工群众文化生活。民政工作上，民政工作坚持“以人为本，为民解困”的服务理念，完成农村最低生活保障清理建档2868户7950人，安排灾民建房34户，危窑危房改造102户。完成祁川公墓区土地丈量、地面附属物登记、补偿、道路及土地整理工程，修建墓穴30处。计划生育上，继续实行包村领导负责、专干专抓、全员参与的工作机制。累计完成四项手术313例，其中放环202例，结扎110例，人流1例；征收社会抚养费35万元，占全年任务29万元的120.7%，通过了各级考核验收。养老保险收缴工作上，累计参保13683人188.2万元，参保率达到95%。新型农村合作医疗上，全镇收缴合作医疗基金27286人163.7万元，参保率达到97.8%。国土资源上，年初和各行政村签订了目标管理责任书，成立了违章违法清理清查工作领导小组，采取定期不定期相结合的方式，对全镇“两违”建筑进行了清理清查，经查全年共发现“两违”建筑55处，发放法律文书55份，拆除违章建筑面积约2100平方米。同时，对全镇去年新建庄基进行了全面的调查摸底，共220处，完成路沟村农村集体土地确权登记试点工作。安全生产上，召开安全生产工作安排大会，成立安全生产工作领导小组，对全镇辖区内沙石厂矿、饮食服务、中小学校等进行了排查摸底，签订了安全生产协议书。加大交通安全专项整治活动，成立交管站，做好对“五小车辆”摸底、登记、建档工作，与全镇的所有司乘人员签订安全责任书和承诺书，加大交通安全宣传管理工作，加大上路巡查工作力度，做好消防安全工作，购置消防器材，加大宣传力度，积极做好森林防火工作，层层签订目标管理责任书，有效地遏制了火灾事故频发的势头。配合公路段清除路障30多次，查处群众蚕食道路案件3起，确保了村道路产和路权的完整。金融工作上，积极争取上级部门支持，发放各种支农贷款800多万元。信访工作上，成立群众工作站，加强信访工作的组织领导，落实书记、镇长大接访活动和联村领导包案制度，全年共接、处访98起。综治维稳上，成立综治维稳工作领导小组，分别与各村签订了《社会治安综合治理责任书》《维护稳定责任书》《禁种铲毒责任书》等，从镇上到村上，从村上到组上，从组上到农户，层层落实到个人，明确责任主体，严格落实责任追究。派出所在人员少，工作难度大，维稳任务繁重的情况下，以大局为重，积极介入重大矛盾纠纷和信访案件的调查处理工作，把矛盾和问题化解在萌芽状态，有力的维护了社会稳定。全镇共摸排矛盾纠纷310起，调解成功308起，调处率100%，成功率98%。两劳释放人员35人，社区矫正对象26人。

联村联户、为民富民：镇双联办紧盯在2020年实现小康这一目标，在联村联户干部调研的基础上，结合11个村实际情况制定小康发展规划。在祁川村试点建成了民情直达室，在全镇11个村全面推行镇村干部轮流值班制度。自民情直达室创建以来，帮办、代办群众事项243件，为群众联系贷款215万元，替留守老人代缴水电费26人（次），调处重大矛盾纠纷56起；为解决农村金融产品短缺，扶持产业发展，在祁川村、丰台村、路沟村创建了扶贫互助协会。目前发展会员284名，收缴会费17700元，发放贷款215万元。全镇评选出“十星级”文明户286户，发放妇女健康营养包500多盒。

基层党建:在党委自身建设上下实手，完善制度，规范行为，改进作风，提高效率。狠抓廉政风险防控机制建设，深化宣传教育，前移反腐关口；在村级班子建设上，不断优化班子结构，拉强凝聚力，提高战斗力，增强吸引力。实行“两议一监督”（村两委会提议、民主小组评议、监督委员会监督）工作法，开展“三双”（双承诺、双公开、双评议）活动；在干部队伍建设上务实功，全面推行“一联两定四包”工作责任制（即：领导联村，一般干部定岗位、定职责、包项目、包产业、包重点工作、包信访）和“一线工作法”，转作风，强素质，高服务，增效能，确保了各项工作健康有序发展。

**【孟坝镇】**孟坝镇地处镇原县北部，共辖14个村民委员会，1个社区，149个村民小组，8899户40754人。属黄土高原梁峁沟壑区，境内山塬兼有，沟壑纵横。辖区总土地面积235平方公里，耕地面积12.4万亩，其中塬地68000亩，山地54000亩，川地3200亩。平均海拔1495米，年平均降雨量460—585毫米，年平均气温7.3—9.0℃，全年无霜期168天。境内有两条主要河流，蒲河流经王地庄、王山、大寨、孟坝、王湾5个行政村，境内全长21公里；交口河流经塔李、塬口、赵咀3个行政村，境内全长15公里。

社会经济:2013年投入项目建设资金2.8亿元，同比增长25%，向上争取资金325万元，粮食总产量2.85万吨，同比增长6.5%，人均产粮700公斤，同比增长12%，农民人均纯收入5070元。人口自然增长率控制在3‰以内。

项目工作:2013年，我镇坚持把项目建设作为全镇工作的重中之重，严格按照省市县“3341”项目工程要求，从项目论证储备、立项申报、组织实施、审计决算、竣工验收、作用发挥等关键环节入手，严格落实项目“四制”，规范项目管理，确保项目建设取得实效，全镇共组织实施农村道路、安全饮水、扶贫开发、新农村、小城镇建设等各类项目22个，完成投资2.8亿元，上报争取各类项目9个，争取资金325万元；招商引资项目1个，到位资金1.1亿元。醴坳新农村建设项目完成投资320万元，新建居民点一处15户，新修道路1公里；西街道路排水项目完成投资1054万元，铺设雨污管道4.3公里，铺油街道3.5公里；垃圾处理项目完成投资650万元，在王湾村修建垃圾填埋场一处，采购垃圾清运车2辆。通过实施项目，极大地改善了城乡居民生产生活条件，切实解决了群众行路、吃水、居住等困难，有效破解了发展瓶颈制约问题。

工业园区建设:完成了工业小区规划，嘉仕乳业年生产液态奶7000吨，产值达3000万元，为孟坝镇及北部乡镇学生供应营养餐，新增奶牛300头，奶牛养殖总数达500头，带动周边群众种植黄豆1235亩。惠尔食品有限公司投资395万元，完成杏仁露露生产线投产，已正常生产。亨隆养殖专业合作社修建牛舍5栋，养殖肉牛200多头，年出栏达1000头。

农村基础设施：通过实施“一事一议”、整村推进等项目，完成村庄道路整修铺砂13公里，硬化1公里；完成孟坝塬安全饮水工程，自来水入户率达92%；规划建成市级新农村建设示范村1个，建成危改、灾民建房集中安置点5处，97户；争取投资156万元的王山乐施会人饮项目，压埋主管道12.5公里，进户管道41.5公里，其中268户目前已完成通水。争取的王山通村油路项目，完成路基11公里，预计今年6月份完工。

产业结构调整：全膜粮食，筹资11万元，采取补助地膜和机耕费的办法，完成全膜覆盖5.2万亩，其中重点示范片带3.6万亩，建成万亩示范片带2个，3000亩示范点3个。草畜产业，新增百头只以上养羊场 7个，新增规模养殖户102户，完成秸秆青贮5.26万吨，建成秸秆青贮示范村3个，2000吨以上青贮饲料企业2户，西壕浩华专业合作社养羊达到560头。已建成的7个专业合作社在带动群众致富方面的能力不断增强。林果产业，栽植公路行道树12公里，完成退耕还林抚育补植2600 亩；采取群众自筹和政府补助相结合的办法，投资49万元，定购油松苗木129万株，完成造林绿化9500亩，建成千亩造林点3个，在王地庄、西壕、何范集中流转土地1200亩，规划建成优质杂果示范基地。劳务产业，输转外出务工人员1.3万人，实现劳务收入2亿元，人均1.5万元。

社会事业：全面落实各项惠农政策，发放各类惠农资金2286万元。扎实开展农村低保清理和规范工作，年发放城乡低保、救济救助等资金 925.1万元；“两金”基本实现全覆盖，新型农村合作医疗基金收缴率达到98%，农村养老保险基金收缴率达到96%；完成农村危窑、危房改造及灾后重建136户，残疾人住房改造8户。积极推进“户户通”工程，扩大地面数字电视覆盖范围；高度重视教育教学工作，在教师节期间对全镇700多名教职员工进行了慰问，积极支持、协调解决学校的具体困难问题。严格落实计划生育基本国策，计划生育管理工作水平有了新的进步，顺利通过了优质服务县验收工作；新建农村卫生服务所2个，积极协调12个村上的正常怀孕检服务，有效解决群众看病远、看病贵、看病难问题。

社会管理：积极推进“平安建设”，深入开展“六五”普法，全民法制意识明显增强；信访维稳工作取得新成效，没有发生影响稳定的群体性事件；不断加强社会治安综合治理，社会治安环境得到好转。镇村干部职工深入村组农户，积极排查化解农村矛盾纠纷，努力把矛盾隐患解决在基层，确保农村社会和谐稳定。

双联工作：孟坝镇有省、市、县、镇联系单位共计26个，其中省直单位1个，市直单位1个，县直单位8个，镇直单位14个，民营企业2个，共计帮联干部314人，共帮扶联系贫困村10个，其他村4个，帮扶贫困户612户，2383人。2013年全镇累计接受爱心营养包3600多包，筹措全膜粮食产业发展扶持资金10万元，对峁合、醴坳、王湾3个3000亩示范点种植大户给予不同程度的补助。新建容积20立方米的青贮窖310座，1000立方米的青贮窖6座，青贮饲草5.2万吨。全镇组织农业技术培训5次达220人次。争取“双联”贷款30户，150万元，争取国开行贷款500万元，涉及10个贫困村。省教育厅、省建院为王山村特困户捐赠被子311套和价值10万余元的医疗器械，修建便民连心桥一座；市博物馆领导为西壕村的双联户送来了20袋化肥，并给每户100元的抗旱费，总共2000元，赠送婴幼儿爱心营养包360包；县财政局为大寨村送来爱心营养包477包，液晶电视一台，并指导完成了600亩的苹果幼园管理工作，青贮玉米秸秆2.52万吨，全村示范带动发展养殖户127户；金融办为东庄村赠送营养包64包，地膜30卷，并帮助完成了518亩的苹果园修剪工作；公路段为塔李村送来了液晶电视一台，为16户特困户送去玉米籽32袋，科普资料16本。

党建工作：以双联行动为契机，通过先后开展“改进作风、提高效能、优化环境”、“技能型乡镇创建”、“干部岗位大练兵”、“效能风暴”等4个专项活动，调整村组干部7人，组织外出学习培训3场次，聘请专家现场讲座2次，使广大党员干部作风得到了转变，科技文化素质得到了提升，增强带领群众致富的本领，充分发挥了基层组织的战斗堡垒作用。为了进一步加大宣传力度，提高群众文化素质，丰富广大群众的精神文化生活，我镇利用政府网站、孟坝周刊、基层短信平台等及时宣传党的法律法规、农业科技知识等信息，同时利用节假日举办大型广场文艺演出3场，极大地丰富了广大群众的精神文化生活，切实推动了全镇经济社会等各项事业的协调健康发展。

**【三岔镇】**三岔镇位于镇原县北部，地处甘宁两省三县交界地带，“309”国道穿境而过，东接环县演武乡，西临宁夏彭阳县，素有庆阳“西大门”之称，是回汉两族杂居区，距县城84公里。全镇共辖10个行政村，72个自然村，3625户，农业人口17271人。占地243平方公里，耕地面积9.03万亩。平均海拔1548米，年降雨量450.1毫米左右，全年无霜期150天以上。1936年10月建立三岔苏维埃政权，属革命老区，1958年设三岔乡，同年改为公社，1983年复置为乡，1985年为建置镇。全镇共3625个农户，17271口人，其中女性7959人。共有党支部18个，党员609人，其中女党员96人，农村党员495人，机关党员114人。

经济指标：2013年，全镇工农业总产值9500万元，其中农业总产值5920万元，工业总产值3580万元；粮食总产量2.1万吨，油料产量1264吨；镇财政收入330万元，农民人均纯收入4390元。

项目建设：共实施建设项目13个，累计完成投资7163万元，占县上下达任务6536万元的109.6%。招商引资完成5320万元，占县上下达任务5000万元的106.4%，争取资金完成138万元，占任务60万元的230%。西区二期开发工程建成商业中心1处，商务宾馆1处，配套建设完成了供排水、硬化、亮化和绿化等工程；街区供排水工程压埋管道3600米，排洪排污管道2500米；三岔政府公租楼、三岔保险所及行政服务中心办公住宅楼、三岔小学教师中转宿舍、三岔中学餐饮楼和原国税局商贸楼已全面建设任务并交付使用；在西街建成商贸楼1栋6层2100平米，在中街建成住宅楼1栋5层1397平方米，目前，全部交付使用；垃圾填埋场建设已全面建成，购置垃圾填埋设备1套。装载机2台，拉运车辆3台，配套维护设备及防护栏已全部建设到位并投入使用。

产业结构调整：年内，全膜粮食种植完成65048亩，建办了石咀经董渠至大塬万亩全膜粮食种植示范片带1处、“309”国道沿线3000亩和孟殷路沿线2000亩全膜粮食种植示范点2处，秋后完成覆膜面积63073亩，建成2万亩示范片带一处、5000亩示范点4处，千亩示范片带6处；种植蔬菜2780亩，瓜类1620亩，油料作物5700亩，药材200亩；年内新增种草面积12720亩，建成大塬5000亩草带1处，董渠千亩种草点1处；采取项目投资和农户自筹相结合的办法，依托国开行扶贫贷款项目，进一步加大了肉羊和肉牛养殖规模。目前，牛存栏6239头、户均2只，羊存栏2.14万只、户均6只，新建棚圈560座，新增规模养殖户620户，其中养羊200只以上的107户，养牛5头以上的45户。在米家川甘沟投资450多万元，租用土地32亩，新建棚圈5栋63间3150平方米，建成集羊只养殖、繁育、销售及良种供给推广于一体的专业养殖场1处，建成石咀养牛专业村1个，同时，大力宣传推广应用玉米秸秆青贮利用技术，鼓励广大养殖农户进行秸秆青贮，新建青贮氨化示范点5个，青贮秸秆饲料6.3万吨，建成石咀村青贮示范点1处，提高了秸秆利用率，也为发展养殖业储备了充足的饲料；年内新建专业合作社1个，新建三岔镇土地流转中心1处，流转土地1620亩；年内输转劳务5420人次，有组织输转3100人次，劳务收入8560多万元。

基础设施建设：农田建设，在董渠、大塬、寺庄湾、米家川、肖园子完成农田治理面积6370亩，建办董渠村千亩农田示范点一处；道路建设，完成寺庄湾寺岔至郭家山、何岔经石南山至甘沟桥，米家川庄门至吊梁、高庄至何台、甘沟至米家湾，董渠璞岔经董渠至马鞍桥农二级砂石道路7条56公里，新修周家庄大岘至周家庄、高湾沟口水泥路2条3.9公里，石咀至董渠9.4公里柏油路建设工程已完成土建工程，积极开展道路养管护工作，年内完成17条162公里村组道路的养护管理工作；小水利建设，年内新打小电井600眼，在大塬、米家川、石咀、周家庄新打机井4眼，维修高湾元壕机井1眼，延伸高湾后河机井供水管线2000米，新增自来水入户85户，新增有效灌溉面积200亩；生态建设完成，补植、补造和抚育退耕还林面积2400亩，在董渠村吕家河流域栽植油松、刺槐6020亩，在大塬佟渠建成1900亩造林点1处，新栽公路行道树5公里，坚持常年巡山禁牧，有效巩固的生态造林成果；沼气建设，在肖园子、榆杨湾、石咀配套建设沼气池200座。农宅建设，全力完成全镇93户危窑危房改造和43户灾后重建工程，在石咀村建成40户集中示范点1处；环境保护完成了高湾、周家庄2个省级生态村和榆杨湾市级生态村的创建工作，高湾村农村综合环境整治项目已完成项目规划和申报审批工作，进行环保工作培训四期500多人次，其它项目待资金到位后立即实施。

社会事业：年内完成了三岔中学食堂、三岔小学教师中转宿舍和三岔中心幼儿园建设入住工程，进一步改善了办学条件，整合了师资力量，提高了教学质量；高度关注民生问题，全面开展农村合作医疗，使全镇参合人数达到16580人，参合率为96.3%；完成了三岔卫生院综合楼建设工程，进一步改变医务工作者工作作风，提升医疗服务水平，简化群众报销程序，切实解决了农民群众看病难、看病贵的问题；城乡居民社会养老保险工作，年内完成续保7200人，新增参保256人；动物防疫工作得到全面加强，有效地控制了疫情的发生；社会治安交通安全综合治理工作进一步加强，深入开展了整治活动，狠抓社会治安和道路交通安全管理，从严治理“三超一疲劳”和农用车载人，道路交通安全管理水平得到明显提升；信访民调工作得到进一步重视，年内无重大信访事件发生，有力的维护了社会稳定；困难群众生活救助和保障体系建设得到不断完善，民政救济扶贫解困力度进一步加大，严格落实了五保户供养制度，全面实施农村居民最低生活保障，完成三岔中心敬老院建设工程，切实保障好弱势群体的正常生产生活。

联村联户：年内，20个帮联单位、313名联户干部为全镇10个行政村519户联系户累计投入帮扶资金62.2万元，总计帮办实事29件，投入资金62.2万元。其中物资：捐赠化肥376袋，地膜5780公斤，种子12.5公斤，衣服96套，图书1100册，课桌凳320套，折合资金22.99万元。其他物资折合现金39.21万元。

历史名胜：三岔历史悠久，地理位置重要，历来为兵家必争之地。秦长城遗址尚在，西夏王元昊曾屯兵筑城，宋时名将杨文广曾屯兵于此，建柳洲城，抗御西夏，现遗址犹存；1935年10月10日红军长征途经三岔时，毛泽东、周恩来、彭德怀、叶剑英等老一辈无产阶级革命家曾留宿天主教堂，上演过气吞山河的历史壮歌，给老区人民留下了一份非常珍贵的革命历史遗产，此处1983年5月被确定为“县级文物保护单位”，2003年被市政府列为“市级文物保护单位”。三岔镇旅游产业资源丰实，人文景观独特，2004年以来建成的“三岔红军长征纪念馆”和“三岔革命烈士陵园”，使这里成为人们了解历史，缅怀先烈业绩，接受革命传统教育和爱国主义教育基地。道教名山——“老爷山”和宋时杨延昭屯兵的“二郎山”，山青水秀，绿树成荫，环境优美，每年三月三香火缭绕，游客云聚，是人们旅游观光的好去处。

**【平泉镇】**平泉镇位于镇原县西南部，省道318线穿境而过，距离县城32公里，距宝中铁路平凉站60公里。境内交通便利，信息灵通，商贸活跃，经济繁荣，教育发达，是镇原县南部重要的经济、文化、交通、商贸中心。全镇共辖16个行政村，1个社区，159个自然村，9931个农户，总人口43265人，农业人口41311人。镇域面积227平方公里，耕地面积13.13万亩，其中山地62478亩，川地6062亩，塬地62809亩，平均海拔1450米。1996年被列为省级农村小城镇建设示范镇，1999年被列为省级小城镇综合改革试点镇。

经济指标：2013年全镇工农业生产总值完成2.8亿元，其中工业生产总值达8430万元，农业生产总值达2.01亿元。粮食总产量18877吨，人均产量436.7公斤，油料产量3212吨。财政收入469万元，其中税收收入425万元，非税收入44万元；争取资金90万元，固定资产投资8300万元，招商引资9800万元，项目投资10980万元；城镇居民人均可支配收入17851元，农民人均纯收入5290元。

产业结构调整：2013年全镇新栽苹果2800亩，完成幼园管理3500亩，苹果留存面积达到6500亩；种植设施瓜菜114座，种植露地瓜菜1.7万亩；新建专业养殖村5个，新增规模养殖场14个，新增规模养殖户210户，投资650万元建成姚川肉鸡养殖小区，规划马洼、上刘4个肉鸡养殖小区，新建青贮氨化饲料池1732处，青贮饲料12.5万立方米6.2万吨，种植紫花苜蓿1.12万亩，建成1000亩示范点1处，500亩示范草片2处；种植全膜双垄沟播玉米5.9万亩，秋季覆膜74500亩，建成万亩示范片带1处，5000亩示范点2处，2000亩示范点2处。

基础设施建设：小城镇建设完成长1000米、宽40米的新区主街道路硬化、亮化、绿化、道路标线制作、排污排水等工程；幼儿园建成并投入使用；投资4400万元建成商住楼10幢3.2万平方米。道路建设完成铺砂13.5公里，水泥硬化路面2.14公里，养管乡村道路11条53.2公里。水利建设完成新打机井3眼，维修机井5眼、小高抽1处、供水房8处，新修U型渠1.5万米，新增有效灌溉面积 1200 亩，自来水入户 120 户。农田建设新修高标准农田 9868.05 亩，新修机平农田 725 亩，规划千亩土地整理补助项目 1 个。石油开发新打油井 16 眼。电力建设配合架设 30KW 输电线路 30 公里。林业生产完成退耕还林补植抚育 3100 亩，完成千亩造林示范点 1 处，道路绿化 10 公里。马洼新农村建设压埋排污排水管道 690 米，水泥硬化循环路 1070 米，农宅进户道路铺砂 1200 米，并完成亮化绿化及村卫生所等后续工程；安装垃圾箱 265 个，新修垃圾仓 3 个，新建公厕 1 处；黄岔村修建文化广场 670 平方米，完成村五保幸福园；姚川村完成村部维修和庙角新农村修建农宅主体 24 户。虎泉村新修文化广场 1 处；上刘村建成公墓区 1 处。

双联工作：“联村联户、为民富民”行动开展以来，省、市、县各级单位以及镇政府机关、镇直各单位先后确定全镇 16 个行政村为联系点，所有联系单位共确定帮扶干部 266 名，联系户 490 户，涉及 2257 口人。截止目前，全镇妇女小额担保贷款 129 户 655 万元，双联惠农贷款 120 户 600 万元，国开行贷款 175 户 350 万元，互助资金 30 万元，市政协副主席窦宏邦为马洼村小学送去课桌凳 100 套，电脑 1 台，篮球架 1 副，乒乓球桌 2 副，图书 300 多册，儿童玩具 2 箱，帮助贫困户解决贷款 10 万元，捐赠 3 户双联户资金 1500 元。县长李崇暄多次深入村组户进行调研，还为 3 户帮联户送去地膜、化肥、农药等农用物资等 3 万余元，协调妇女小额贷款 15 万元。县农牧局干部在提供技术支持和培训服务外，捐款 11700 元购买地膜 1720 公斤、化肥 1440 公斤送到各帮扶对象手中。市武警支队为洪河小学捐赠篮球架 1 副，桌凳 86 套，化肥 104 袋，科技书籍 1 套，镇政府为麻王村双联户捐赠化肥 48 袋，地膜 2720 公斤。全镇“双联行动”不断深入开展，帮扶措施灵活多样，帮扶载体不断创新，帮扶成效显现。

社会事业：人口和计划生育工作稳步推进，孕前优生健康检查顺利开展，利益导向政策全面落实，基层基础管理工作不断加强。城乡居民社会养老保险收缴完成 95%，合管基金完成 98%。灾后重建工作完成 35 户。危窑危房改造完成 113 户。发放惠农资金 1680 万元，惠农补贴资金及时到位率 100%。劳务输转 1.7 万人，其中参加劳务和科技培训 1.3 万人。扶贫开发投资 150 万元完成姚川村整村推进 2013 年建设任务，马洼、景家、洪河 3 个村完成国开行贷款 350 万元，创办马洼和姚川 2 个村互动资金协会，发放资金 30 万元，发放扶贫羊 100 只。动植物防疫工作措施细化，人员配备齐全，养殖业发展安全。安全生产工作重点突出道路交通、石油物探、食品药品、学生营养餐、校园周边和建筑施工等重点领域的监管，各项生产安全有序进行。社会管理工作中综合治理、信访维稳、矛盾纠纷调解扎实有序，治安形势明显好转。全镇上下大局稳定，风气良好，秩序井然。土地管理进一步规范完善，严格规划监察和“两违”工程查出，严肃责任制追究。城乡环境卫生整治、封山禁牧、森林防火等工作常抓不懈，生态环境得到保护。完成国家级生态乡镇、1 个省级生态村、3 个市级生态村及生态社区创建。教育体育、公共卫生、文化广播影视等工作压茬推进，发展势头良好。

**【太平镇】**太平镇位于庆阳市西部，镇原县东部，东临蒲河与西峰区后宫寨毗邻，南邻上肖，西靠临泾，北与孟坝接壤。总面积 233 平方公里，耕地面积 9.8 万亩。距西峰、县城均 29 公里。地势西北高东南低，交口河、蒲河横穿镇域东西两边，形成北至孟坝、南至北魏万佛寺的一个斜长塬面，山、川、塬兼有，辖区共有 13 个行政村，172 个自然村，7814 个农户，总人口 33436 人，其中农业人口 32361 人，城镇人口 1075 人，耕地面积 9.8 万亩。

经济指标:2013 年，全镇粮食总产量 15617 吨，油料产量 2077 吨，年末羊存栏 10035 只，大家畜存栏 10848 头，全镇国民生产总值　2.3 亿元，工业增加值 0.12 亿元，农业总产值 1.52 亿元，财政收入 68 万元，粮食总产量 1.77 万吨，农民人均纯收入 4982 元。

项目工作:2013 年，全镇实施项目 6 个，完成投资 5289.3 万元，占计划任务的 123%。包括太平镇茹河川区农业综合开发项目，流转土地 500 亩；新修公墓区 1 处，平整公墓区土地 600 亩，迁坟 32 处，建成 300 方蓄水池 2 个，开挖水沟 1 公里，新修砂石路 3 条 12.1 公里，水泥路 2 条 6.5 公里，培育苗木 40 亩，栽植杂果园 2700 亩，新建鱼塘 1 个；桑园川砂矿建设项目，新修砂矿道路 2 公里，采砂 30 万方；村组道路建设项目，新修村组道路 25 公里；柴庄村部建设项目，新修办公用房 7 间，完成院落硬化及办公设施购置；大塬村整村推进项目，新修南塬至姜湾村组道路 7 公里，栽植核桃 280

亩；南庄新农村建设项目，建成小康农宅53套，完成居民点排污排洪、道路硬化、绿化等附属工程，改厕65户，拓宽、整修、铺砂、硬化村组道路2条13公里，完成5个自然村、210户农电网改造，安装变压器4台，新建幼儿园1所，对村小学进行了整体重建，同时配套完成全膜覆盖8000亩，新建500亩果园一处。

基础建设:农田建设上投资40万元，在兰庙、柳咀村各新修农田1000亩。在慕坪、柴庄村新修水泥路7.9公里；完成柳咀生态农业综合示范区内2公里水泥路规划；完成25公里村组道路硬化；完成老庄至柳咀18.2公里和南庄村里庄自然村至侯川自然村5.8公里道路铺油硬化工程项目规划，通过交通部门审批；完成了8条44.6公里乡村道路养管工作。水利建设上完成了孟坝塬农村用水安全工程的后续建设内容，集中解决矛盾纠纷2起。投资15万元在何湾碾张川自然村压埋灌溉管线3公里，新增灌溉面积50亩，新增自来水入户360户。生态建设上以打造“生态太平”为目标，狠抓封山禁牧、抚育管护和道路道绿化。完成退耕还林补植1000亩，荒山造林2800亩，绿化道路5公里，完成柳咀、大塬、丁岘、慕坪4个市生态村创建任务。

产业结构调整:苹果产业开发，采取“政府栽植，群众受益”的理念，在南庄村新栽优质苹果示范园500亩。由镇林业站牵头，带领5名林果技术员，分片包干，对全镇2600亩苹果幼园进行修剪，并组织果农实施了涂白、喷药、追肥、套袋等管护措施，果树成活率达到90%以上。特别是采用“五统一”管理办法，完成对俭边村千亩果园示范点的管护，保证了建园质量。全膜粮食生产，全镇共种植全膜粮食4.3万亩，其中玉米2.7万亩，在兰庙村建办1000亩全膜玉米示范点1处。完成秋覆膜72000亩，建成1条万亩示范带、3条5000亩示范带，3个2000亩示范点，1个3000亩示范点。草畜产业，全镇种草面积达到0.94万亩，饲草青贮达到4.8万吨。大家畜存栏2.13万头，其中牛存栏3800头、猪存栏2500头，羊存栏15000只，年内新增发展规模养殖户70户，创办合作社19个。

双联工作:2013年，14个帮联单位186名干部与13个行政村359户特困户形成结对帮扶，为帮联村、户帮扶价值144.1多万元的物资和项目建设，培训各类实用技术25次1920人（次），发放各类实用技术资料3000余册，化解矛盾纠纷121起。

社会事业:全镇17所中小学，太平小学争取实施了教师周转宿舍楼项目；在校中小学生达到2525人；幼儿园3所，幼儿园在职教师8人，在校幼儿321人。乡镇卫生院一所，门诊、住院楼2栋72间，卫生技术人员22人，其中专业技术人员19名，有副主任医师1名，主治医师2名，医师9名，护士3名，药师1名，病床30张，主要医疗器械有透视机、B超、心电图机等医疗设备。村卫生所13个，乡村医生68人。2013年，全面完成了县上下达的各项计划生育指标，落实了各项计生惠民政策，孕前优生健康检查项目覆盖率达到85%，出生率12.82‰，计生率87.35%，自增率6.54‰。累计发放农村低保1392户3933人，城镇低保保障75户138人；农村特困家庭医疗救助146人；城乡临时困难生活救助6人；五保供养107户135人（其中集中供养11户11人）；供养孤儿22人；重点优抚对象定补68人。收缴参合基金188.986万元，完成危窑危房改造55户、灾后重建指标31户；养老保险收缴参保资金155.35万元，发放养老保险金4531人、321.24万元。

基层党建:建立集中学习制度，按照年初的学习计划共组织集中学习11次，聘请党校老师、专家讲课2（场）次，外出参观学习培训2次。完善各种管理制度，制订《领导干部包抓重大项目重点工作责任制》，明确岗位职责，激发干事活力。村级班子建设全年共调整村支书1名、副支书2名、副主任3名，下派1名有工作经验的年轻政府干部担任老庄村党支部书记职务。村级阵地建设工作完成柴庄村村部扩建，新建办公用房7间，完成院落硬化和栅栏强围堵；县委组织部帮助配备办公桌椅。席兰村扩建办公用房3间，完成了院落硬化；南庄村完成对原两层办公楼房的封闭改造；何湾村建成了村级文化广场1处。

**【开边镇】**开边镇位于镇原县西部川区，距县城13公里，相传隋唐敬德在此开鞭兴业而得名，故名开边。属陇东黄土高塬沟壑区，总土地面积159.8平方公里，东西长32公里，南北宽12公里，地势西北高东南低。可利用耕地面积为7.47万亩，其中川地1.07万亩，塬地0.64万亩，山地5.76万亩，人均占有耕地3.66亩。全镇共辖9个村民委员会、82个村民小组，约2.1万人。其中农业人口20399人，城镇人口728人。全镇通公路9个行政村，通电9个行政村，通电农户4883户。2004年

12 月撤乡建镇。

自然条件：境内镇阳、镇草、临武三条公路横穿全境，东风、解放两条自流灌渠横贯全境，素有万亩灌区之美称，属典型的大陆性气候，年平均气温 7.8—9.7℃，平均降水量 400—500 毫米，全年无霜期 140—150 天，平均海拔 1180—1498 米左右，交通便利，水、光、气、热等自然条件相对较好。

经济指标：2013 年，农业总产值 11500 万元，完成财政收入 122 万元，实现人均纯收入 5000 元，粮食总产量 19557 吨，油料产量 2309 吨，年末羊存栏 12449 只，大家畜存栏 10076 头。

产业发展：设施蔬菜生产，镇党委、政府狠抓产业结构调整，努力增加农民收入，取得了一定的成效。2003 年开始，立足茹河川区资源优势，加快结构调整和现代农业生产发展步伐，采取优惠扶持、外出参观、技术培训、示范引导等措施和办法，突出发展以钢架骨架大棚为主体的设施蔬菜生产。截止 2013 年年底，全镇累计建成大棚 625 座，日光节能温室 40 座，建成陈坪下洼、开边寨子、兰沟、解放四个百座以上大棚示范点，甄沟、张庄两个五十座以上大棚示范点。全年大棚总收入达到 400 多万元，棚均 6500 多元，收入万元的大棚 70 多座，最高收入达 15000 元。同时，建成了陈坪村和开边村设施蔬菜专业合作社两处，为菜农在生产、销售等环节提供最快捷、优质服务，大大提高了经济效益。草畜产业开发，草畜产业是农民增收，衡量农业发展程度的重要产业。甘肃陇翔公司投资建设的解放养殖场，投资 600 多万元，新建猪舍 7 栋，养猪 3000 多头，年出栏 2000 头，效益明显；并通过招商引资，利用兰沟村河滩砂地 65 亩，投资 150 万元，新建新海养殖专业合作社。修建鱼塘 6 处，场房 6 间，库房 2 间，围栏 430 米，投放鱼苗 12 万尾，专业养殖淡水类鲫鱼、鲤鱼、鲢鱼、草鱼等品种；通过“双联”扶贫贷款、国家开发银行扶贫贷款扶持，镇政府积极引导群众发展规模养殖产业，2013 年在兰沟、开边、陈坪等养殖基础条件较好的村组建成养殖专业合作社 12 处，养殖小尾寒羊、新疆细毛羊存栏达 2000 多只，良种牛 320 多头。坚持“大连、小不连”模式，发展小规模养殖户 230 多户，全镇规模养殖产业出具规模。旱作农业，旱作农业是我省农科院推广的先进技术，进过几年实践，确实是一项高产稳产技术，适合我镇山川原全面推广。采取人机结合的方式，以临武、镇草、镇阳公路沿线为重点，建成 2 个 5000 亩示范片带，全长 65 公里。

新农村建设：先后投资近 3000 万元，在陈坪、甄沟、开边、解放、兰岔、羊千原六个村实施新农村建设，共规划搬迁农户 365 户，2100 多人，解决全镇近 10%群众居住困难问题。在巩固原有新农村的基础上，2013 年全镇完成兰沟、高岔、张庄村小康农宅主体建设 136 户，新建兰沟、高岔文化广场二处，兰沟新村部、村卫生所主体工程已建成。“一镇三村”现代农业综合示范工程完成投资 3926 万元。

基础设施建设：2013 年，新修道路 37.5 公里，完成铺砂 65.1 公里；乡村道路养管 11 条 53.2 公里。完成白马寺、兰岔、开边、甄沟新修漫水桥 4 座。在兰沟、羊千原等村新打机井 5 眼、维修机井 2 眼、修建高位水塔 4 座，自来水入户 153 户；在兰沟、解放等村衬砌田间灌溉渠道 5000 米，新增有效灌溉面积 950 亩；恢复启动解放自流灌渠，灌溉面积 3000 亩；在陈坪村实施土地整理 1200 亩。

社会事业发展：全年出生人口 282 人，计划生育率为 88.6%，人口增长率为 6.33‰，新增二女户 23 户，征收社会抚养费 22 万元。孕前优生健康检查顺利开展，利益导向政策全面落实，基层基础管理工作不断加强，代表全县顺利通过国家优质服务县验收。发放良种补贴、农机具补贴等各类惠农资金 1160 万元，人均 568 元。城乡居民社会养老保险工作已进入轨道，全镇 8920 人参保，参保率 92.3%。新农合制度有效落实，参合 19985 人，参合率 95.3%。全镇 9 所村卫生所全部投入运营，农村医疗条件得到改善，基本实现小病不出村，农民看病有了基本保障。完成农村危旧房改造 71 户，灾后重建 29 户。全镇上下大局稳定，全年共排查矛盾纠纷 62 起，调处 62 起，无一例越级上访。城乡环境卫生整治、封山禁牧、森林防火等工作常抓不懈，城乡环境整洁，生态环境得到保护，完成甄沟、张庄 2 个市级生态村创建工作。文教体育、公共卫生、文化广播影视等工作扎实推进，发展势头良好。完成“户户通”工程 2320 户，发放接收设备 3100 套。

双联行动：在行动中，各级帮联单位和帮扶领导及干部以增强特困群众自我“造血”功能为主，帮钱、帮物、帮项目，累计实施项目 8 个，协调争取各类项目资金 260 多万元，帮扶物资 35 万元。

全镇贫困户人均增收幅度在700-800元，农民人均纯收入增长25%，使368个贫困户脱贫，贫困率下降23%，群众生产生活条件不断改善，致富信心不断增强。

**【临泾乡】**临泾乡位于镇原县城东北部，距县城15公里，东接太平镇，南壤城关镇、屯字镇，西邻开边镇，北毗孟坝镇，素有“文化之乡”的美称。全乡共辖14个村委会，114个村民小组，10个乡直单位，总农户8360户，总人口36100人，其中农业人口35110人。有学校19所，其中中学1所，小学17所，幼儿园1所，教师330人，在校学生2954人。

社会经济：2013年，全乡国民生产总值2.62亿元，其中，农业总产值1.59亿元；农民人均纯收入4733元。粮食总产量2.1万吨，人均产粮600公斤，油料产量979吨。财政收入完成120万元，招商引资完成5000万元，各种经济类型工业企业24个，个体工商户410个。

项目建设：2013年开工建设基础设施、农综开发、新农村、小城镇建设等项目11个，累计完成投资8190万元，占计划投资的100%，较上年增长23%。依托危房改造项目在十里墩村投资450万元，占地20亩，新建30套小康农宅，并配套实施基础设施建设。庆阳中盛华鼎畜禽养殖公司投资4000万元，租赁地345亩，建成十里墩、包庄、祁庙、毛头四个养殖基地8个养殖小区。投资1500万元新建蒙塬有机肥厂一处。新建养殖专业合作社4个，共完成投资810万元。投资800万元新建庆阳市千卫煤碳有限责任公司，建成型煤、蜂窝煤等生产流3套。投资60万元在什字村贾塬、蟠龙山组，建成占地236亩的公墓区一处，其中绿化面积30亩。自筹资金420万元实施地膜覆盖工程，完成全膜粮食42000亩。投资150万元实施政府机关供暖工程。

产业培育：2013年全乡全膜粮食面积达到4.9万亩，建成毛头至良韩、祁焦至石羊、沟圈至包庄、耿塬至蒙塬、祁庙至新堡5个3000亩示范片带。在良韩村流转土地200亩，集中连片栽植优质苹果200亩。在良韩、祁焦、蒙塬、耿塬、路壕等村栽植优质核桃1900亩，良韩村建成1000亩优质核桃示范园一处。完成石羊村千亩造林点一处，沟圈、十里墩两村栽植公路行道树9.5公里；完成退耕还林抚育补植3100亩，其中荒山造林2000亩，退耕地补植1100亩，栽植油松5万株，侧柏2万株。培育油松、刺槐、侧柏等绿化苗木1000亩。种草9665.4亩，其中耕地种草4100亩，荒地种草5565.4亩，户均1.3亩；新增规模养殖户28户，规模养殖户达到375户，其中百头以上养猪场7处，20头以上养猪户120户，规模养鸡10户6.75万只，青贮氨化饲料1.2万吨。镇原盛发、什字茂兴、祁庙鑫陇、良韩盛泰、祁庙盛威等一批规模养殖企业逐步发展壮大。新打油井3口，协调筹建油井4口。新增个体经营户63户，年内输转劳务人员1.6万人（次），其中有组织输转9600人，技能培训1500人，劳务收入达2.5亿元。

社会事业：全年开展专项治理活动3次，落实各类节育措施460例，征收社会抚养费36万元，创办“国家级计划生育优质服务县”现场会观摩点和“陇家福”工程示范点，顺利通过省、市、县考核验收。集中开展“平安创建”、“矛盾纠纷集中排查调处”等活动，信访问题和矛盾纠纷调处301起，成功率达到95%以上。组织专门人员对街道门店、学校周围、村组人群密集地段进行定期不定期检查，发现问题及时整改，确保安全生产正常进行。投资400万元，新建建筑面积2000平方米的临泾中学学生餐饮楼一处。投资100万元，建成临泾中心幼儿园一处，新修校舍15间400平方米。新修村级卫生所3处。组织升级、维护地面无线数字电视接收设备5000套，安装地面电视接收天线2500套。调整充实城管、交管、环卫工作队伍，从“三乱”整治、卫生保洁、交通管理、治安维护各层面分块齐抓共管，健全长效管理机制。惠农政策落实上，严格执行“四议两公开”工作法，严格按照“一折统、一册明”的发放方式，做到了“公平、公正、公开”。各项奖励、补贴、补助等惠农政策均按照上级要求及时兑现到了农户手中。完成农村危房危窑改造139多户，其中残疾人建房户13户。完成灾民建房39户。“两项”资金收缴上，收缴城乡居民社会养老保险资金173万元，参保人数15738人，参保率达到92%。收缴农民参合基金201万元，参合人数33501人，参合率达到95.5%。“两违”整治上，联合国土、规划、公安等部门依法关停整治两违建筑7处2300平方米。

基础设施：争取通达项目资金1120万，新修桃园至青龙12.6公里水泥（油）路、良韩建制村6公里通畅道路；争取“一事一议”、扶贫项目资金185万元修建毛头、新堡、耿塬、蒙塬、包庄等村

31.5公里沙石路，群众出行条件得到极大改善。配合交通部门实施了县城北出口（临泾段）4.6公里道路建设，土路基建设工作已全面完成。定期组织群众对辖区内7条59公里村组道路全面进行整修。继续完善安全饮水二期工程，完成自来水入户165户，新增有效灌溉面积50亩。在石羊村投资390万元完成土地整理5000亩。从街道危旧房改造、绿化、亮化等建设入手，在提高品位上下功夫。在街道两侧安装新型环保全钢架结构垃圾箱20个。投资280万元在临泾西街拆除危旧房20间，建成两栋两层商贸楼40间。投资80万元在中街新修占地950平方米的临泾宾馆一处。派出所巷人行道硬化、亮化、绿化工程已全面完成。

基层党建：建立和完善《重大事项集体决策制度》、《党务、政务公开制度》、《领导信访接待日制度》等制度。全年培养入党积极分子34名，按期转正党员14名。发展党员11名，其中女党员3名。积极组织大学生村官参加“乡镇干部技能比武”系列活动。维修改造村部3个，全乡14个村办公场所实现了设施配套、资料齐全、制度健全。

双联工作：2013年全乡有贫困户6177户，贫困人口26123人，其中扶贫人口21768人。双联行动开展以来，乡党委全面动员，迅速启动。成立领导小组和办公室，制定《安排意见》，制定两规划和年度工作计划。共有18个单位358名干部，帮联特困农户592户。干部中地厅级2名，县处级23名，科级及以下333名，做到了所有联村单位、联户干部无遗漏，实现全乡14个行政村全覆盖。省卫生厅协调项目，筹措资金260万元修建祁庙通村油路4.5公里；申请红十字会博爱家园项目为石羊、祁庙两村各筹集20万元修建文体广场，并为两村68户各送去健康保健包一个；联系北京红十字会为祁庙村捐赠160套衣物。省红十字会筹措资金10万元为石羊村机井配套修建了大型沉淀池一处。省卫校为祁庙村部配备电视机、家庭影院一套。省三院两次组织专家为祁庙、石羊两村群众进行义诊，义诊人数达1500人（次）。市文广局投资9.75万元为路壕村送去矮化核桃树苗6500株，发展壮大核桃产业；在汛期为路壕村60户危房群众各送去4*6米帐篷一顶。县水务局积极衔接争取财政扶贫资金4.2万元，为新堡村铺砂整修村组砂石路3条2.2km；多方筹措帮扶资金9600元，为村部维修变压和架通线路，购买赠送液晶电视1台；依托人饮供水项目，倾斜安排资金16.6万元，在新堡村铺设供水管道36.2公里。县人社局筹资9500元为蒙塬村送去37寸液晶电视机一台，发放价值5500元营养包并捐赠书籍、光盘120多册。县红十字会为抗旱灌溉捐资1800元，筹资8500元为祁庙村送去37寸液晶电视一台，为0-3岁儿童送去营养包90套。中国建设银行镇原分行为耿塬村送去37寸液晶电视一台，春耕化肥24袋，价值5000元。县人大代表、庆阳市建筑安装工程有限责任公司项目经理曹段吉也积极响应“双联”行动号召，筹措资金10万元为包庄村原畔小学配备教学设施。

**【南川乡】**南川乡位于镇原县中南部，东毗屯字镇，西临平泉镇，南界泾川县，北依城关镇，地势呈西南高东北低的斜长形。全乡辖10个行政村，111个自然村，4836户，20832人。现有汉、回、维吾尔、藏、瑶5个民族。总土地面积147平方公里，约22.05万亩，总耕地7.8万亩，人均耕地3.55亩，山、川、塬兼有，其中：山地63100亩，塬地5550亩，川台地9450亩，年平均气温9.5℃，年平均降水量450—510毫米，境内石油、天然气蕴藏浑厚。

社会经济：2013年，固定资产投资完成2630万元，占计划的86.5%；招商引资540万元，占县上下达任务的108%；财政收入完成67.56万元，争取无偿资金65万元，占任务的162.5%。农作物播种面积94956亩，全年粮食产量达1.1万吨，人均528斤。全乡农民人均纯收入达到4280元。劳务输转6500人次，实现劳务收入9750万元。

产业培育：2013年，全乡落实全膜双垄沟播玉米面积2.6万亩，覆膜2.52万亩，占县上下达任务2.5万亩的100.8%。实现粮食增产0.4万吨，增收800万元。建成以贺丰至河李、河李经成赵至上庄公路沿线为重点的万亩秋覆膜示范片带1个，千亩示范点1个。按照苹果幼园管理技术规范要求，落实各项管护措施，完成原芦、成赵两村700亩苹果幼园管护任务。引进庆阳绿恩苗木有限公司和庆阳绿地花卉苗木有限公司落户南川，培育油松、侧柏、国槐、倒柳等生态苗木630亩，辐射带动周边群众育苗240亩，在原芦村贾山自然村流转土地561亩，采取密植造林的办法，栽植油松、国槐、侧柏、倒柳等210亩，累计完成投资885万元。招引养羊客商2户，成立养羊专业合作社4个，发展养羊大户3户，拟建的7处养羊场投产3处，建成3处，正在建设1处；修建青贮窖池200个，贮草2000吨；配合中盛公司完成7处鸡场建设征地工作，共征地556.1亩，鸡场建成2处，其中投产1处。

基础设施建设：硬化人行道1100平方米，新建水管所8间160平方米，农经站5间100平方米，中学水冲式厕所10间200平方米。实施农村危窑（房）改造118户，灾后重建26户。新建桃园、上庄村农宅集中点2处26套，续建原芦、河李村农宅集中点2处36套。完成东王文化广场及村部主体建设，新建文化体育广场1处3250平方米，新修村部9间225平方米。新修原芦至川郑、原芦至沟卢、川道至桃园育苗基地村组道路3条21公里；新修桃园空心板桥1座；在桃园秦沟沟、和平堡子沟架设人行便桥2处；完成全乡6条43.5公里村组道路的日常维修养护工作。在东王、原芦两村完成机平农田680亩；依托母亲水窖项目，在桃园村新打小电井12眼，维修小电井65眼，维修机井2眼，配发抽水泵65台，水管1625米，电缆线1625米；配合水务局完成川区4村人饮安全工程，解决36个自然村5530人的人畜饮水安全问题；配合完成卢李河堤治理项目征地和征占耕地及地面附着物赔偿工作，确保工程顺利实施。组织政府机关干部进行“七南公路”5公里行道树的补植，共补植油松300株；在街道栽植红叶李200棵；在和平、东王2村完成退耕还林地补植补造260亩；在东王村建成千亩造林示范点1处。完成河李、成赵两个省级生态村和川郑、东王两个市级生态村的创建申报工作。

社会事业：建立健全五保户、低保户、残疾人、优抚对象等特殊群体动态管理机制。先后两次严格按政策清理规范低保对象，规范完善各类民政工作资料。全乡农村养老保险参保人数达到9841人，参保金额1078390元，发放养老金3333人255.99万元。共征收2014年合作医疗基金1202580元，参保率97.3%。发放各类强农惠农资金1520万元，所有资金全部采用“一折统”方式及时足额发放到户，未发生挤占、挪用现象。落实各项计生惠民政策，开展“孕前优生健康检查”工作，开展“陇家福”示范创建活动。全年共落实四项节育措施200例，其中放环127例，女扎73例，全面完成县上下达的22万元社会抚养费征收任务。排查各类矛盾纠纷139起，成功调处138起，成功率99.3%。接待信访案件76人（次），其中办理上级转办、交办、督办信访案件12件。遗留信访积案得到彻底化解。全年共查出“两违”建筑20户，收缴罚款7.01万元。维修机井4眼，清淤灌渠11公里，组织浇灌抗旱，共灌溉粮田2000多亩。修订完善防汛工作应急预案，调整充实抢险应急队伍，储备抢险物资，实行24小时双人值班和领导带班制度，明确人员职责，达到雨前预警、雨中巡查、雨后排查的工作要求。全乡共排摸的受灾户全部得到妥善安置，未发生人员伤亡和重大财产损失，确保人民群众生命财产安全。

联村联户：以“产业培育增收年”活动为契机，各联村单位和联户干部从群众最迫切、最需要解决的困难和问题入手，采取走访调研、座谈交流、宣传培训、帮办实事等方式，引导群众转变思想观念，调整产业结构，增强脱贫致富信心。全乡8个帮联单位的156名干部先后到村组座谈交流96次，召开座谈会议33次，制定十年小康规划、五年发展规划和干部年度帮扶计划，到村实施的帮扶项目6个，落实帮扶物资及现金共23.44万元。全乡发放妇女小额担保贷款283户1043.5万元，双联惠农贷款115户575万元。

基层党建：通过换届，对战斗力差、经济发展缓慢的4个村班子进行调整，共充实两委班子成员10人。先后举办专题培训班3次，培训人数达263人（次），使广大村组干部带领群众发展农村经济的本领和处理农村复杂矛盾的能力明显增强。积极推行“四议两公开”工作法，全面实行“村财乡管”制度，从源头上杜绝村干部违纪违规行为的发生。实行绩酬挂钩，健全管理机制，建立一支善谋事、敢干事、会干事的村干部队伍。结合《镇原县村级组织工作基本规范》，对村级原有的制度进行逐一清理和完善，有效促进基层组织建设规范化开展。积极开展走访调研，成立领导小组，制定创建方案，扎实开展党建示范点创建工作。完成东王村部、文化广场主体建设及农宅集中点水、电、路配套设施建设。

**【上肖乡】**上肖乡位于镇原县东南部，地处两市(庆阳、平凉)三县区(西峰、泾川、镇原)六乡镇(肖金、荔堡、洪河、屯字、太平、上肖)结合部，总面积168.2平方公里，耕地面积75641亩，其中塬地44500亩，占58.8%，人均耕地2.1亩；平均海拔1200米，年平均降雨量520毫米，年平均气温8.7℃，全年无霜期185天，自然条件相对较好。

是省农科院旱农研究所的所在地。全乡共辖11个行政村，103个自然村，14个乡直单位，8429户，36220人。

社会经济：2013年，全乡工农业生产总值达到1.61亿元，其中工业生产总值0.4亿元，农业生产总值1.21亿元。固定资产投资8920万元，招商引资1420万元，财政收入139万元。粮食总产量1.5万吨，农民人均纯收入5030元。劳务输转8000人次，其中有组织输转5000人次，劳务收入达1.2亿元，突破亿元大关。

项目建设：2013年，全乡实施招商引资和项目带动战略，完成路岭新农宅招商引资1420万元，占计划任务1000万元的142%。争取各类到位资金123万元，占计划任务60万元的205%。实施基础设施建设、产业开发、小城镇建设等9个重点项目，其中，完成南李街道120间旧门面房的拆迁及60间门面房的二层主体工程建设；完成翟池街道二级公路拆迁安置任务，改造旧商贸房75间，完成1.2万平方米的二层综合商贸楼主体建设；完成4.5公里主管道和11个行政村自来水160公里支管道压埋及入户配套工程安装工程；建成南李150吨气调库一处；完成上肖至荔堡4.5公里道路整修及边沟处理绿化工程；完成雄武毛河12公里道路铺砂工程；完成单位院落硬化2100㎡；完成1.4万亩苹果成园、0.8万亩苹果幼园和1450亩核桃幼园的标准化管理工作，新栽苹果1530亩，核桃500亩。累计完成投资4377万元，占计划任务2890万元的150%。

产业开发：2013年，通过全面推广双垄沟播技术，种植全膜粮食3.7万亩。全乡果园留存面积2.6万亩，其中成园1.4万亩，幼园1.2亩；核桃园留存面积1450亩；北庄村实施黄土高原经济生态林建设一期工程栽植油松4万株。深入推进“三百 三大”工程，大力发展草畜养殖产业，新增规模养殖户258户，建成千只养羊场2处，50头以上养牛小区3处，300头以上养猪厂10处，种草0.79万亩，青贮饲料5.1万吨，动物防疫“三率”均达到100%。

双联工作：全省双联工作开展以来，我们积极响应省委号召，把“双联”行动作为密切党群关系、改进干部作风、服务农村群众的有效抓手，组织干部深入联系村组贫困群众家中，听民声、访民情、办实事。使所联村的各项工作取得了突破性进展。全乡汇集了省农科院、县委组织部、县民政局、乡政府等10余家帮扶单位的240名干部，联系了415户贫困群众和6个贫困村。2013年，帮扶户的人均纯收入平均增幅在21%。省农科院专家多次深入村组，蹲点驻点，为民办实事125件，在路岭村建立养殖技术联系点20处，建办苹果幼园标准化示范基地一处60亩。筹资60万元为贫困群众购置了地膜、农药、种子、化肥30多吨。在青寨村建成了标准化核桃幼园一处200亩。组织开展农业产业新技术培训11场次600多人次，推广实验了双垄沟玉米示范点观摩玉米机械化采取果穗、剥皮收割、秸秆直接粉碎青贮和翻压还田一体化技术。为煜民养殖专业合作社赠送价值20000元的电子地磅1台。发放健康工具箱100个。捐赠轮椅一辆。协调双联贷款365万元，扶持了73个贫困户发展产业。在南李村建成了100吨气调库一处。

双联行动扶贫攻坚农村综合改革试点：2013年按照“基础先行、产业引领、整体推进”的扶贫开发思路，在路岭村试点建立“以群众为主体、以金融为支撑”的参与式扶贫开发模式，推行“领导参与定目标，干部参与定计划，群众参与理思路，小组参与管项目，全民参与共致富”的方式，为全市扶贫攻坚和农村综合改革试点工作创出一条新路子。全年路岭村共实施重点项目26个，完成投资4418万元。修建柏油道路3公里，整修拓宽铺砂村组道路15公里。维修机井1眼，新修水塔1座，压埋自来水管道64公里，自来水入户474户。安装变压器1台，农电网改造2000米。新修小学教学楼、科技服务中心楼各一幢，新建文化广场一处，新建异地扶贫搬迁点2处，新修农宅50户，老年幸福园8间。成立扶贫互助资金协会和煜民专业合作社，争取国开行注入扶贫贷款350万元，大力发展养殖业，全村年内新增规模养殖户93户，牛存栏1116头，羊存栏1324只。种植牧草1200亩、甜高粱大卡80亩，青贮饲料1850吨。新栽苹果1260亩，完成苹果幼园标准化管理320亩、成园管理30亩。探索建立“33810”工作法，为推动和深化扶贫攻坚工作提供经验。

党风廉政建设：乡党委下设26个党（总）支部，其中农村党（总）支部15个，机关党（总）支部11个，103个党小组，共有党员928名，其中女党员76名，35岁以下党员132名。2013年，聘请市县专家开展集体辅导4场（次）、600余人；开设“廉政讲堂”5场（次）；对换届后的村支书进行任前廉政谈话；举办“廉政书画笔展”和“转作风提效能”演讲比赛3场次。开展乡村干部作风建设民主评议，收集整理意见、建议4类20条，查摆整改问题9个，建立健全管理制度37项。开展“六问六治六促”活动，对党员干部执行纪律情况开展专项督查5次。建成勤廉监督评价系统，乡直14个单位、16名科级干部公开信息110条。在政务中心安装“一点通”综合查询系统。

社会事业：上肖乡共有小学14所，幼儿园10所，初级中学1所，在校学生4471人，共有教职工317人，其中初中教师112人，小学教师205人。适龄儿童入学率达到100%。医疗卫生网络比较健全，有卫生院1所，村级合作医疗卫生所11个，各种诊所33个，有卫生技术人员 51 人，医疗病床46张。其中上肖卫生院有卫生技术人员18名，医师18名，病床12张。社会救助保障工作共发放各类低保资金506.7万元，发放救灾救济资金61.4万元，完成危建、灾建、无能力建房151户，发放补贴资金188.9万元。发放各类惠农资金551.9万元。计划生育工作全年共落实节育手术481例，发放计划生育补助资金40万元，征收社会抚养费39万元。参合基金、养老保险基金收缴分别完成总任务的97%、96%，兑付60岁到龄老人养老保险金4884人363.7万元；农民参合资金医疗费报销563.3万元。成立乡食品药品监管所和道路交通安全监管站，加大食品药品和道路交通安全专项整治力度。经济普查全工作完成普查登记、PAD电子录入任务。推行科级领导包村包案和大接访制度，深入开展矛盾纠纷大排查大调处，共清理调处各类矛盾纠纷316起，和谐稳定局面得到巩固和加强。

**【新集乡】**新集乡地处镇原县东北部，东临西峰区，西接方山乡，南界孟坝、太平两镇，北连庆城县。全乡共辖12个行政村，96个自然村，4934个农户，农业人口21423人。总土地面积215.6平方公里，有耕地90300亩，山、川、塬兼有，其中山地68445亩，川地2390亩，塬地19465亩。

经济社会:2013年，全乡共实施100万元以上自建项目10个，完成投资4654万元，占任务4480万元的104%；向上争取资金56万元，占任务40万元的156%。全乡农业增加值增长23%，达到1.125亿元；粮食总产量稳定在1.61万吨；农民人均纯收入增长20%，达到4692元；劳务经济收入达到8400万元，增长13%。

产业开发:全乡累计留存苹果园9800亩，其中幼园7600亩，盛果园2200亩，建成千亩苹果示范片带4个，幼树成活率、保存率均在95%以上。2013年，新栽苹果3000亩；种植全膜粮食5.7万亩，完成秋覆膜6.4万亩；种植牧草面积1.2万亩，户均达到5亩，新建青贮窖1000个。建成了2000只以上肉羊养殖专业村5个，5000只以上养殖专业村2个，引领建办成了以唐原村牛羊繁育中心为主的规模养殖企业3家，年输转劳务6300人，实现劳务收入8400万元；以蒲河川区为重点，以新庄村为中心，种植瓜菜6500亩；境内石油、煤炭资源丰富，已作为长庆油田建设陇东1000万吨级大油田的主战场。已开采的油水井有356口。煤炭资源正在预察阶段，初步探明资源较为丰富。

基础建设:2013年，通村道路总里程达到231公里，其中农一级道路5条74公里，农二级道路17条139公里。8个行政村实现了通村道路柏油化，4个行政村实现了砂石化，3个行政村实现了通自然村道路砂石化。全乡共新建上水工程5处，全乡自来水入户数达到1600户，户均水泥窖1眼，基本上保证了大旱之年人畜饮水安全，全乡节水灌溉面积达到了1750亩。全面实现户户通电，农电网改造逐年实施，用电条件得到极大改善。农田面积累计75595亩，占总耕地面积的83.7%。全乡累计建成15户以上居民小区11处322户。强化城乡建设规划管理，建立健全严格的规划审批、监管机制，加大“两违”建筑清理整治，集中开展了国土、规划、城建执法检查活动。

党的建设:全乡共有基层党组织20个，其中基层党委1个，党总支部1个，党支部18个。2013年，全乡共发展预备党员18人，其中女性5人，培养入党积极分子54人。紧紧围绕学习贯彻党的十八大精神为主线，突出从严管理，从严监督这个重点，力求工作创新，务求工作实效，不断提高组织工作科学化和服务大局的水平，为全乡经济社会转型跨越发展提供了坚强的组织保证。在持续抓好党建基础性工作的同时，我们把党委自身建设、制度建设和干部职工学习教育放在党建工作的首位来抓。在全乡范围内召开全体乡村干部、人大代表、群众代表意见征求大会，共归纳整理意见建议4类36条，针对意见和建议制定下发了《新集乡存在问题整改方案》，明确了整改时限和整改内容；进一步修订完善了《新集乡政府机关管理制度》，建立了干部职工上下班签到制，严格落实干部请销假制度，使机关管理趋于完善，制度建设逐步健全；精心组织，超前安排，完成了村“两委”组织换届工作。坚持从教育管理入手，在全乡党员干部中广泛开展了“规范从政行为，带头勤政廉政”主题实践活动和《廉政准则》学习活动以及换届纪律警示教育活动，围绕作风建设年、基层党风廉政建设、效能风暴等专题活动，切实加强干部作风建设，全面提升了基层干部履职能力，严格按照县委、县政府总体部署，全面贯彻落实市委“实施细则”和县委“两个规定”，从会风、文风和公务接待上营造了厉行勤俭节约、反对铺张浪费的良好氛围。在唐原、王岘子等6个村建成了民情直达室，更近一步倾听群众呼声。实行村账乡管，严格规范财务管理程序，对12个村的财务运行情况进行了审计清查。9月份，成功举办了新集物资交流大会，进一步丰实了干部群众的文化生活，开办了“新集讲堂”，聘请各级专业讲师、教授为各级干部授课5场次。平安建设及精神文明建设顺利接受了市县考评验收，受到一致好评。

社会事业:全乡现有初级中学2所，全日制小学14所，幼儿园1所，在校学生2673人，教师217名，2013年，投资242.6万元完成了新集中学餐饮楼工程和王寨中学、王寨小学、刘大岔小学危房、危厕改造工程。乡综合文化站多媒体、图书、文体娱乐等内配设施配备齐全，运转正常，12个行政村农家书屋全面建成，对外开放。乡卫生院有专职医护人员41人，病床44张，基本满足了广大群众的医疗需求。全乡12个行政村标准化村级卫生所建成达标，并配备了专门医疗人员，合作医疗、养老保险收缴工作全面完成，征收养老保险基金收缴105.539万元，参保缴费人数达10225人，占计划任务的99.3%，完成合作医疗基金收缴125.916万元，参合人数达20986人，占任务的100%；完成了困难群众危房危窑改造61户，兑现危改资金79.596万元； 人口和计划生育管理水平稳步提升，年终验收名列全县第二；抗旱防汛、安全生产、防灾减灾工作机制网络健全，安排部署到位，责任层层落实。组织实施了防汛减灾应急演练，对境内8座淤地坝进行了汛前检查维修，对巴家咀库区淹没线以下居住的群众户户下发了《安全度汛告知书》和《搬迁通知书》，确保全乡安全度汛；信访维稳工作常抓不懈，积极开展领导干部大接访活动和矛盾纠纷大排查、大调解活动，接待群众来信来访51人(次)，调结50起，调结率98%。共调处各类矛盾纠纷74起，调结74起，调结率100%。各项强农惠农资金全额发放。“联村联户、为民富民”行动继续深入开展，联系我乡420户特困户的21个部门单位进村入户全面开展帮扶活动，共帮扶地膜、化肥、种子、学生课桌凳、办公用品等帮扶物资折合人民币17.58万元。

**【方山乡】**方山乡位于镇原县西北部60公里的蒲河两岸，与环县天池乡和庆城太白梁乡以及本县三岔镇、孟坝镇、新集乡相比邻，国道309线穿境而过。境内山大沟深，沟壑纵横，属纯山区特困乡镇，是全县自然条件相对较差的乡镇，也是全市十四个特困乡镇之一。全乡共辖10个行政村，76个自然村2937个农户，总人口13537人，总耕地面积74749亩，其中：川地2000亩，山地72749亩，人均耕地5.5亩。乡内10个村通汽车，通电2937户，通电话2937户。平均海拔1500米左右，全年日照时间2100—2500小时，无霜期150天左右。年降雨量300—550毫米，年平均气温7—10℃。

社会经济：2013年工农业总产值达到10900万元，较去年增长了11.7%；粮食总产量达到16443吨，人均产粮2430斤；人均纯收入3980元，净增555元， 增长16.2%；全年实施项目建设9个，完成投资3933万元，占任务112%；向上争取资金52万元，占任务40万元的130%。

项目建设：2013年共完成9个项目，共完成投资3933万元，占任务112%。其中：小城镇建设：完成投资676万元，占任务125%；政府院落整建，完成投资280万元，占任务108%；道路建设，完成投资395万元，占任务132%；王湾村人饮工程及广场建设，完成投资90万元，占任务45%；全膜玉米粮食，完成投资710万元，占任务100%；机平农田建设，完成投资830万元，占任务173%；万兴养殖专业合作社，完成投资510万，占任务138%；陇盛鑫养殖专业合作社，完成投资440万元，占任务100%。

产业结构调整:2013年，方山乡按照“户户地膜粮、家家养寒羊”的工作思路，不断培育壮大全膜粮食种植和草畜为主的主导产业。全膜粮食，全乡共种植全膜粮食5.4万亩，其中全膜玉米4.9万亩，人均3.6亩，户均达到16.7亩，亩产1500斤，创收7350万元。建成王湾、贾山两个2000亩全膜玉米精品示范点。草畜产业，年内，乡党委、政府结合方山乡养羊富民科技推广协会探索出“一帮二免三统一”的发展模式，又制定了干部帮联群众发展养羊产业、促进农民增收的发展计划。同时，召开了全乡外出务工青年座谈会，制定了全乡草畜产业发展规划，在有关政策的扶持下，全乡养殖业呈井喷式发展势头，2013年全乡紫花苜蓿留存面积1.5万亩，累计青贮草料5.43万吨，羊存栏达20665只，新增规模养殖户45户。瓜菜产业，种植露地瓜菜3612亩。在蒲河川区利用便利的灌溉条件，建成贾河湾露地瓜菜示范点一处500亩，通过农户的精心劳作，瓜菜长势喜人，户均收入达到3000元。

基础设施建设:道路建设，新修金岔良台至庙梁、蒲河申渠至焦山、关山希渠至王宝山和蒲河田湾至方庄南湾 4 条 36 公里村组道路，整修铺砂 8 条 118 公里。全乡道路通行能力明显提升。全乡各村道路均已全部砂化，极大地解决了出行群众出行难和出路难的问题。水利建设，今年乡上按照全县节水型社会建设工作要求，筹资 18.8 万元， 对十八岘、关山、金岔、张大湾、方庄等村 5 口机井进行了设备更新和维护；启用小型潜水泵 11 台，维修蒲河村 3 处提灌站，购买 18 台注水一体机，落实灌溉面积 1020 亩，新增有效灌溉面积 50 亩，完成自来水入户 50 户；组织群众清理灌溉明渠 8300 米；进入汛期乡上投资 10.8 万元对关山瓦合坝体进行维修，确保群众的生命财产安全。梯田建设，在金岔、王湾两村实施退耕还林口粮田项目 4000 亩。在张大湾、方庄、蒲河 3 个行政村 18 个自然村依托吕家河坡改梯项目共新修农田 6224 亩，配套完成造林、道路等建设项目内容。小城镇建设，拆除街道危旧房 20 间，建成兽医站综合楼服务楼 18 套，临街二层商贸楼 24 套；完成街区绿化 0.5 公里，建成活畜市场 1 处，垃圾处理厂 1 处，人饮工程 1 处；完成蒲河中心幼儿园建设并开班授课，小城镇服务功能日趋完善。生态环境建设，积极开展造林工作，在关山至张大湾 19.5 公里道路栽植楸树 3440 株；王方路 12 公里栽植新疆杨树 2800 株；在张大湾、王湾村完成中幼林抚育各 1500 亩；在关山村小方组栽植松柏 290 亩；完成金岔村 3000 亩农田周围造林和张大湾村 1000 亩刺槐、油松套栽；吕家河流域综合治理项目中完成造林 6000 亩。

示范点建设:金岔梯田建设示范点，2013 年规划在金岔村实施退耕还林口粮田项目 4000 亩。该项目共覆盖该村 4 个自然村，并辐射邻近王湾行政村的 2 个自然村，完成投资 260 万元。项目建成后该村耕地梯田化率达到了 90%以上，户均梯田面积 20 亩以上。王湾农业综合示范点，在王湾村建成 3000 亩全膜玉米示范片带一处，建成坷佬、姚山、狼山千亩种草点一处，建成镇原县联户养殖专业合作社一处，养羊 90 只，新增规模养殖户 79 户，新修机平农田 1000 亩，为全面建成村农业综合示范点建设打下坚实的基础。万兴养殖专业合作社，该合作社位于贾山村石桥自然村，由回乡创业青年杨明金创办，建成羊棚 21 间，办公、生活用房各 5 间，养羊 474 只，青贮饲草 300 方吨，辐射带动全村发展小型养殖厂 2 个，规模养殖户 35 户。关山小城镇建设，借助“一事一议”项目建设，在关山村紧紧围绕集镇建设“五化”要求，投资 84.5 万元，完成街道拓宽、整修 1000 米，拆除沿街危旧房 11 户 34 间，移动土方 2.9 万方，新修硬化 800 平方米农贸市场一处，安装路灯 6 盏、垃圾箱 4 个，新建公厕一处、排污排洪渠道 320 米，村级小城镇初具规模。

社会事业:社会养老保险完成参保 6436 人，收缴保费 65.066 万元，参保率 95.5%。收缴 2014 年参合基金 74.978 万元；完成危旧房改造 81 户，灾后重建户 33 户，困难群众住房安全问题得到有效解决。人口计划生育工作，以精细化服务管理年活动为契机，2013 年总出生 172 人，出生率为 12.25‰，死亡 82 人，死亡率为 5.84‰，人口自然增长率为 6.41‰，计划生育率为 90.7%，落实四项节育手术 192 例，综合节育率为 88.34%。

党的建设:2013 年，按照“围绕发展抓党建、抓好党建促发展”的思路，强化乡村两级班子建设和党员队伍建设，不断提高履职能力和执政水平。纳新党员 13 名，其中女党员 4 名，按期转正 22 名，培养入党积极分子 64 人，创建蒲河、王湾 2 个党建综合示范点，完成张大湾等 9 个村农村党员远程教育卫星模式站点建设工作。

**【殷家城乡】**殷家城乡地处镇原县最北部，距县城 101 公里，东临环县演武乡，南依三岔镇，西接宁夏彭阳县冯庄乡，北靠环县车道乡。总土地面积 217 平方公里，其中耕地 48000 亩，草地 118656 亩，牧草种植面积 46390 亩，境内属丘陵沟壑区，年降雨量 220 毫米左右。全乡共辖 8 个行政村，66 个自然村，1778 个农户，7721 人。是全市 14 个特困乡之一。全乡共有学校 12 所，其中，初级中学 1 所，小学 9 所，教学点 1 处，幼儿园 1 所。现有教职工 139 人，在校学生 1262 人，适龄儿童入学率 100%。卫生院 1 所，卫生所 8 个，从业医生 18 人，护理人员 3 人。有文化站、广播站各 1 所，文化广场 1 处，村公共图书室 8 个，藏书 3 千多册。

经济社会：2013 年完成固定资产投资 3551 万元，国民生产总值 6300 万元，财政收入达到 134.6 万元，农民人均纯收入 4122 元，比 2012 年增长 20%。化解历年债务 100 万元，争取项目资金 401.7 万元。2013 年，工农业总收入达到 5800 万元，其中工业收入 400 万元，农业生产收入 5400 万元。农作物播种面积 67643 亩，粮食产量 11720 吨，人均 1518 公斤。财政收入 134.6 万元，其中税收收入 126.6 万元，非税收入 8 万元。人均纯收入达到 4122 元。劳务输转 3500 人次，实现劳务收入 3900 万元。

重点项目：2013 年共完成 6 个项目建设的全部任务，实现投资 3551 万元。①道路建设总投资 971 万元。完成李园子大岔崾岘至北岔西岔通村油路 5 公里，铺油北岔村街道 336 米 1680 平方米，共投资 360 万元；新修铺砂村组道路 18 条 82.7 公里，投资 465 万元，养护村组道路 5 条 51 公里，投资 146 万元。②投资 445 万元，新修机平农田 5500 亩，并建成李园子安畔为中心的 3000 亩示范点 1 处。③水利建设投资 148 万元。在殷家城建人饮工程一处，铺设供水管道 10 公里，解决街区和 4 个行政村 11 个自然村 2992 人饮水问题；在北岔村新打水泥窖 120 眼。④电网改造总投资 158 万元。其中：在北岔村部街道安装 80A 变压器一台，延伸高压线路 1.5 公里，投资 30 万元；实施了殷家城和寺山两个行政村 3 个自然村 91 户群众农网改造项目，投资 128 万元。⑤小城镇建设投资 280 万元。拆除危旧房屋 22 间，完成三层商贸楼建设，在街区新建垃圾填埋场 1 处、公厕 3 处，活畜交易市场 1 处。⑥实施校安工程 20 万元。在北岔小学新建校舍 3 间，维修 6 间，新修学校围墙 70 米。⑦全膜粮食种植 4 万亩，投资 400 万元。其中秋覆膜 3.5 万亩，顶凌覆膜 0.5 万亩。⑧草畜产业开发投资 1029 万元。⑨新成立裕陇土特产有限责任公司总投资 100 万元。

产业结构调整：2013 年，全乡新种牧草 1.5 万亩，人均 6 亩，建成北岔千亩种草点 1 处，新增小尾寒羊 1.5 万只，人均 3.8 只，养殖业人均纯收入达到 2880 元。沿三股线、殷敬线建成全膜粮食万亩种植示范片带 1 处。累计建办规模养殖场 6 个，其中养羊场 4 个（养羊 820 只），养牛场 1 个（养牛 50 头），养猪场 1 个（养猪 385 头）；扶持 340 户贫困户引进良种小尾寒羊 1760 只，投资新建羊棚 100 座。2013 年底全乡养羊户达到 1267 户，占总户数的 71.2%，羊存栏量达到 29527 只，完成青贮饲草 4.35 万吨。

社会事业：全年共调解矛盾纠纷 36 起，处理信访案件 38 起，接待信访群众 24 人（次），社会大局稳定。2013 年全乡共出生婴儿 86 人，其中计内 76 人，计划生育率达 88.37%，比去年同期提高 0.46 个百分点，共组织开展专项治理活动 4 次，落实各类手术 74 例。其中长期节育 31 例，放环 43 例，环孕情服务完成 1283 人（次），完成社会抚养费征收 8 万元。集中清理公路沿线、集乡出入口、群众庄前屋后等裸露垃圾，使全乡的“脏、乱、差”现象得到有效遏制，逐步实现了“乡风文明、村容整洁”。城乡居民社会养老保险完成参保 6436 人，收缴保费 65.066 万元，参保率 95.5%；新农合参合率达到 98.8%。全年共为 175 名住院病人报销医药费 59.6 万元，为 7683 人报销门诊医药费 30.2 万元。慢性病人 20 人报销医药费 3.6 万元，二次报销 66 人，14.96 万元。完成农村危旧房改造 81 户；共发放“粮食直补资金、农资综合补贴、退耕还林粮款补助、粮种补贴等强农惠农资金 26 项 565.48 万元。

双联工作：2013 年双联领导市政府副市长辛刚国为全乡“双联”工作协调资金 263.7 万元。其中，市红十字为殷家城小学捐赠现金 39117 元，捐赠校服、球鞋 350 套，捐献养羊产业资金 5 万元；市工商联带领全市爱心非公企业家，为殷家城初中捐赠现金 161.8 万元；协调市扶贫办、市科技局、协调市财政局，养羊产业资金 75 万元；协调市交运局道路新修铺砂资金 20 万元；协调市食品药品局专项资金 18 万元。县检察院协调争取资金 67 万元，整修铺砂米沟门至霍口湾村组道路 11.2 公里，争取扶贫资金 24 万元，新栽核桃 300 亩；其他各帮联单位积极协调争取资金，解决所联村的水、电、路、田等基础设施建设困难。落实妇女小额贷款 750 万元、双联惠农贷款 251 万元、扶贫互助资金贷款 700 万元；各帮联单位为所联行政村党员远程教育配备 37 英寸液晶彩电一台。

【马渠乡】马渠乡位于镇原西北部，辖马渠、唐塬、四坪、红光、赵渠、甘川、三合、汪庄、景塬、梁寨、花岔 11 个村民委员会，81 个村民小组，3152 户，14002 人。镇三公路穿境而过，有乡村公路 11 条 157 公路，村组道路 81 条 265 公里。11 个行政村，全部通邮、通电话，通电率 100%，拥有移动电话 4700 多部，固定电话 1600 多部。总土地面积 23.6 万亩，耕地 8 万亩。农业以粮食作物为主，主要是小麦，其次为玉米、黄豆、洋芋、糜谷、夏杂粮等。经济作物以黄花、油料为主，种植少量中药材。

自然环境：马渠属陇东黄土高原梁峁沟壑区，境内梁峁相间，沟壑纵横，整个气候特征为：春秋季多风，夏季温凉，冬季寒冷，干旱少雨。平均海拔 1600 米，平均降雨量 300-500 毫米，平均气温 7.5-9.5℃，全年无霜期 148 天。境内有蒲河、交口河支脉等流域穿过。

文教卫生：全乡有初级中学 1 所，六年制小学 12 所，幼儿园 1 所，教师 143 人，在校学生 1316 名，适龄儿童入学率 100%，有卫生院 1 所，村卫生所 11 所，医护人员 35 人，病床 30 张。

2013 年，全乡经济工作在县委、县政府的正确领导下，在相关部门的精心指导下，紧紧围绕年初确定的奋斗目标和工作任务，以全面提速、科学发展为指导，以项目建设为总揽，以财政增效、农民增收为目标，突出重点，主攻难点，精心运筹，狠抓落实，较好地完成了各项工作任务。

全乡地方生产总值完成 9500 万元，社会固定资产投资 2000 万元，同比增长 1.05%；招商引资 800 万元，占任务 500 万元的 160%；吸纳民间资金 3450 万元；农民人均实现纯收入 3912 元，人口自然增长率控制在 7‰以内。

立足抗旱，全力保粮增收。春季旱灾严重，乡党委、政府不等不靠，积极应战，全力保粮增收，使灾害造成的损失降到了最低程度。积极引导农民留足地茬、备足种子，多种秋少种麦，以秋补夏，确保粮食生产在大灾之年不减产，农民不减收，全乡夏粮产量 499.2 万公斤，人均 349 公斤，秋粮产量达到 1254.3 万公斤，人均 877 公斤。

攻坚克难，着力调整产业结构。我们继续依托当地资源，发挥比较优势，进一步调整产业结构，突出全膜粮食种植，主攻草畜产业；着力培育马铃薯、小杂粮、药材等辅助产业。

一是下大力气落实全膜粮食种植。我们先后利用 40 天时间，动员全乡上下，调用机械 120 多台次，组织劳力 1520 多人次，在全乡 11 个行政村 81 个自然村完成全膜粮食覆盖面积 5.5 万亩，建成千亩示范点 2 处，万亩示范片带 4 处。

二是不遗余力抓好优质洋芋、药材种植基地建设。我们以广胜马铃薯合作社为龙头，积极动员群众，在全乡种植马铃薯 7300 亩，梁寨村建成优质马铃薯种植示范点一处 1000 亩，并完成投资 150 万元，建成种薯贮藏冷链物流场一处。三合、景塬、汪庄等 3 个村种植银柴胡、生地、板兰根等中药材共计 3500 亩，建成 500 亩以上种植片带 3 处。

三是全力以赴调优种植结构。面对春季旱情，“三夏”生产后，为实现以秋补夏、以经补农的目标，在全乡落实小杂粮种植面积 1.2 万亩，其中糜子 2700 亩，占县上下达任务 2500 亩的 108%；荞麦 1200 亩，占县上下达任务 1000 亩的 120%；黄豆 1600 亩，占县上下达任务 1500 亩的 106%；麦后栽茬 2500 亩；种植蔬菜 2500 亩。

四是主攻草畜产业。依托中盛公司养殖项目建设，在马渠、梁寨村建成肉鸡养殖小区各一处；整合国开行扶贫贷款、“双联”惠农贷款资金，动员 125 户群众种植牧草 2000 亩；全乡发展 200 只以上养羊大户 11 户，20 头以上养牛大户 3 户，累计羊存栏量达到 27000 只。梁寨村常银川、马渠村谢丽霞等农户通过整理老庄旧院，建成规模养殖场，成立了养殖专业合作社，带动周边群众大力发展草畜产业，他们的场地建设模式、饲养模式、经营模式得到了市县领导的充分肯定，完全体现了我乡发展草畜产业上的特色。景塬村按照户均建一座棚、养 2 头牛、修一座沼气池的目标，扶持 60 个农户新建牛棚 60 座，配套建设沼气池 60 座。

突出重点，项目建设成效明显。以项目为依托，大力实施项目带动战略，计划累计完成投资 2550 万元，其中招商引资 800 万元，积极向上争取资金 40 万元，共实施 50 万元以上大项目 16 个，其中道路桥梁建设项目 5 个，涉及 4 个村 9 条道路建设和一座桥梁建设；农田建设项目 2 个，小水利建设项目 1 个，产业结构调整项目 3 个，整村推进扶贫项目村 4 个，乡文化广场建设项目 1 个。目前，项目建设工作已经基本完成，共完成投资 2550 万元，占计划任务的100%。其中:完成投资360万元，建成两个2500亩农田建设示范点；完成投资550万元，种植全膜粮食5.5万亩；招商引资800万元，建成肉鸡养殖小区2个，鸡棚16座；道路桥梁建设完成投资70万元，新修三合、梁寨、赵渠、红光4个村农二级村组铺砂道路11条37公里，新建漫水桥两座；完成投资150万元，建成梁寨村马铃薯冷链物流项目建设一处；完成4个村的扶贫整村推进项目建设；招商引资完成500万元，建成丰源草业一处。财政收入完成115万元，占县上下达任务115万元的100%。

整合资源，全力改善农业生产条件。道路桥梁建设以突出解决好农民群众“行路难”问题为目标。依托整村推进项目，红光、赵渠、梁寨、三合等村拓宽铺砂村组道路11条37公里，新建漫水桥2座，解决了4个行政村13个自然村567户群众的行路难问题。农田基本建设。我们依托蒲河二期项目、整村推进项目和退耕还林口粮田建设项目，完成农田治理面积5000亩，占任务5000亩的100%。赵渠、花岔村建成2500亩农田示范点各一处，为市、县在我乡的观摩提供了样板。能源沼气建设，我们以县能源办项目建设为依托，在马渠、唐塬、红光、景塬、汪庄5个村新建沼气池300户，户均建成牛棚一座、养牛2头，新建沼气池300座，红光村配套安装太阳能设施50座。文化广场建设。完成投资199.6万元，征用土地7亩，拆迁庄基一处，配套建设篮球架、乒乓球桌、健身器材等设施，在马渠村油房沟新建一处集农民健身、娱乐于一体的文化广场一处。新农村建设，马渠村新建居民集中点一处20套，唐塬村依托灾建项目，完成投资780万元，新建标准化小康农宅一处27套，现已搬迁入住6户。

周密部署，确保汛期安全。夏秋季，面对持续降雨，乡党委、政府紧急启动全乡抗旱防汛应急预案，落实24小时值班制度，坚持灾情排查上报经常化。灾情发生后，及时组织乡村组三级干部进村入户对灾情进行了全面排查，针对受灾情况，一方面做好思想工作，另一方面及时下发救灾帐篷10顶、彩条布30幅，妥善安置7户、因灾造成生活困难的23户群众下发生活救济款6900元。其中赵渠村佛庄组塬边山体滑坡隐患涉及的12户群众，及时组织安全撤离，并进行了妥善安置。

统筹兼顾，协调各项社会事业均衡发展。封山禁牧工作得到进一步加强，羊畜出山放牧现象得到一定程度地遏止；扎实开展国土规划建设执法清理工作，乱修乱建现象得到有效遏制，举办农民技术培训班6期，培训党员干部2600人（次），科技明白人125人；安全生产、环境治理工作得到重视，签订安全责任书24份；社会治安综合治理初见成效，受理群众上访案件17起，调解处理成功17起；人口和计划生育服务管理水平进一步提升，计划生育工作主要突出四项手术、二女户结扎、环孕情服务、社会抚养费征收、孕前健康检查，流动人口管理等重点，各项指标均达到考核指标要求。共收缴城乡居民社会养老保险资金71.909万元，参保率达96.68%；农村合作医疗收缴资金80.43万元，参合率达93.76%；粮食直补、农资综合补贴、退耕还林补助等惠农支农资金坚持“一折统、一册明”的发放模式，已经发放到户；困难群众救助体系进一步健全，保障面不断扩大，大病救助、五保户供养制度得到落实；石油资源开发协调工作有序推进。

**【庙渠乡】**庙渠乡地处镇原县西北部，共辖9个村民委员会，88个村民小组，4118户19139人。属黄土高原梁峁沟壑区，境内山塬兼有，沟壑纵横。辖区总面积220平方公里，耕地面积8.64万亩，人均4.5亩，其中塬地19850亩，山地63574亩，川地2976亩。平均海拔1450米，年平均降水量450毫米左右，无霜期160-180天。

社会经济：2013年实现工农业总产值9600万元，投入项目建设资金2680万元，占计划的104%，向上争取资金68万元，粮食总产量2.35万吨，增长6.2%，人均产粮1236公斤，同比增长14.1%，农民人均纯收入4585元，较上年增长660元，增长率15%。人口自然增长率控制在7‰以内。

项目工作：2013年实施项目8类，计划投资2570万元，完成投资2680万元，占任务的104%。配合县交通局完成了庙川路第一标段13.9公里铺油工程，第二、三标段的路基处理已全部完成，预计今年6月份全部竣工投入使用；新修铺砂道路3条18公里；完成人畜安全饮水工程，新打机井1眼，维修机井2眼，压埋供水管网170公里，自来水入户2400户，有效解决了3215户、13760人、4300头大家畜饮水困难问题；完成庙渠、常俭、孙寨土地治理项目3000亩，机平农田1000亩；新农村示范建设，完成庙渠寨城50户小康农宅建设工程，压埋供水管线2公里，自来水入户50户，新建文化广场1处，占地20亩，完成村容村貌改造工程。建成千亩造林点1处，退耕还林补植补造1800亩，荒山补植补造1000亩，道路绿化10公里。基础设施建设，新修庙渠工商所办公楼、庙渠水管所办公楼两幢，已全部投入使用，建成庙渠中心幼儿园一所，四合小学预计今年6月份全部竣工。

产业结构调整：我们按照“山区全膜粮食，塬面葡萄苹果，全乡草畜黄花”的布局规划，发展优势产业，黄花菜留存1.8万亩，苹果留存0.9万亩，葡萄留存2200亩。种植全膜玉米6.2万亩，增产1500吨。建成沿庙川路万亩示范片带和沿镇三路5000千亩示范点，同时在9个行政村分别建成了一处千亩示范点。推广测土配方施肥面积3.5万亩，玉米、小麦良种面积分别达到6万亩和1.5万亩。新栽苹果2000亩，葡萄300亩，召集各类培训会8次，受训群众2000人（次）。对苹果、葡萄幼园统一落实管理措施。苹果幼苗保存率、成活率达100%。组织开展葡萄、苹果、黄花产业现状普查，找准制约产业发展的主要矛盾，制定出台了产业发展的专项规划。种草1.1万亩，建成千亩草点1处，青贮氨化饲草5.7万吨，建成文夏顺鑫专业养殖合作社、庙渠开泰养殖厂等一批大型规模养殖厂，新增规模养殖户120户，驴、牛、羊存栏分别达到4200头、1600头、18400只，实现牧业收入6000多万元。输转外出务工人员4600人（次），创收5000多万元。

社会事业：全乡共发放各项惠农资金1037.5万元，城乡居民最低生活保障金321.33万元，救灾款39.59万元。扶贫开发效果显著，为7个贫困村123个贫困户发放国开行贷款350万。教育改革工作稳步推进，认真落实中央关于农村义务教育的政策，加大中小学危旧房改造力度，育人环境明显改善，教学质量显著提高。计划生育工作水平明显提高，人口自然增长率控制在7‰以内，计划生育率控制在86%以下。信访工作得到加强，积极预防和处置群体性事件，成功调处各类民事纠纷161起。农村合作医疗工作开展顺利，参合率达到95%以上，卫生医疗水平得到提高。新型农村养老保险制度稳步推进，全乡到龄人口实现应保尽保。安全生产工作扎实推进，严防不安全事故的发生。民政救济、社会救助工作扎实开展，困难和受灾群众的基本生活得到妥善安排。

党建工作：庙渠乡党建工作围绕“一个核心”，加强“五项建设”，突出“一个主抓手”。坚持把党员干部教育培训放在党建工作的首要位置，突出全体党员，乡、村、组三级干部和村级后备干部这一培训主体，举各类培训班12期，培训党员干部860名；结合“户户通”工程给慕塬等8个村配备数据接收设备8套，进一步扩大远程教育覆盖面，通过电教化设备组织党员、群众集中学习56场次，受益党员、群众1200人（次）；2013年发展党员16名，其中女党员3名，培养入党积极分子35名；收缴党费16200元，对流出的19名党员全部发放了《流动党员证》；“党员示范岗”、“党员责任区”、党员领建产业互助组等党建主题实践活动开展的有形有色，农村无职党员设岗定责率达到82%，结成帮扶对子100对，走访慰问老党员和贫困党员58人。

双联工作：“双联”行动全面纵深推进，自双联行动开展以来，共有市、县、乡18个帮扶单位207名干部职工，帮扶我乡特困户400户1992人，各联村单位及帮扶干部累计帮扶贫困户资金173.78万元，7个贫困村平均人均纯收入同比增长15%以上。物资帮扶上，市国资局、县人口局、县物价局共帮扶地膜81卷，化肥51袋，营养包133包，同时帮扶大米、清油、床单、农村科技图书等，共计29.24万元。产业培育上，市国资局为慕塬村困难户筹资2万元，购买核桃苗木3000株，在杨洼自然村建成百亩核桃园1处；投资1.5万元购买国槐苗木15000株，户均栽植1亩；投资2万元在庙渠乡育苗基地育苗国槐20万株；为帮联户投资2万元种植苦参药材50亩，户均种植4亩。县人口局为64户帮联户购买矮化核桃苗木2000株，价值2.2万元。县信用联社投资1.6万元种植苦参药材58亩，户均1亩。乡政府为困难群众投放葡萄苗木4万株，栽植葡萄120亩。项目帮扶上，乡政府争取资金117.6万元，拓宽铺砂四合王湾崾岘——六十坪村部、六十坪河底——四合田畔村组道路2条19公里。公共设备帮扶上，市国资局争取“一事一议”奖补资金15万元，用于村容村貌整治。县委宣传部为黎明村配备价值2000元打印复印一体机1台。县电力局为文夏村配备电脑、打印机、音响各一套。县联社投资3000元对慕塬村部进行全面维修，并为其村购置电脑1台，硬化慕塬新农村街道1公里。市国资局、县人口局、县电力局、县联社分别为所联系的村配备39寸液晶电视一台。

【武沟乡】武沟乡位于镇原县西北部，距县城33公里。东靠马渠乡、庙渠乡，西接郭塬乡，南临本县开边镇，北界宁夏彭阳县孟塬乡，地势西北高东南低，平均海拔1495米，相对高差203米。辖区东西长16.7公里，南北宽8.9公里。区域面积151.3平方公里，其中耕地6.38万亩。年平均气温8.6℃，日照率53%，年平均降雨量345毫米，气候干燥偏冷，无霜期为150天左右。全乡8个行政村，76个自然村，2965户12607人。共有8个行政村通公路，乡村道路总计200多公里，通电8个行政村，通电话8个行政村，通电话户数2450户。全乡共有学校12所，教师157人，在校学生1287人，适龄儿童入学率100%，卫生院1所，卫生所8所，医生26人，病床27张。

经济发展：2013年，乡党委、政府认真贯彻落实县委全委扩大会议暨全县经济工作会议精神，坚持“发展抓项目，强乡抓产业，惠民夯基础，和谐抓民生，保证抓党建”的总体目标，紧紧围绕“川区设施瓜菜、山区种草养畜、家家地膜粮食、户户劳务输转、全乡万亩洋芋”的思路抓工作，立足乡情，超前谋划，提早安排，狠抓落实，经济社会呈现出了良好的发展态势。全乡粮食总产量完成16074吨，人均纯收入达到4312元。年共实施项目9个，完成投资5231万元，占任务3424万元的153%，其中国投837万元，自筹4394万元；全面完成非税收入13万元；争取资金30万元，占任务40万元的75%；完成招商引资500万元，占任务500万元的100%。

基础设施建设：2013年新修农田2511亩；新修铺砂村组道路7条46.5公里，完成投资288万元；小水利建设完成投资53万元。在武沟水厂建成15米高30立方蓄水塔1座，延伸供水主管道120米；在大庄李洼自然村新打机井1眼，修建30立方储水池1座，90立方储水池1座。

产业结构调整：2013年种植全膜粮食55000亩，其中全膜玉米53000亩，占任务50000亩的110%，建成万亩全膜玉米种植示范片带1处，建成冯俭3000亩示范点1个，大庄、孟庄、张岘2000亩示范点3个。秋覆膜共完成3.93万亩，其中片带覆膜3.85万亩，占任务3.8万亩的101%。建成涉及渠口、武沟、椿岔、巨沟四个行政村的万亩秋覆膜示范片带一处，建成孟庄、冯俭、张岘、大庄两千亩示范点四个；种植牧草1.35万亩，占任务1.27万亩的103%；养羊产业有效发展，农民养羊收入占农业生产总值的比重由2011年的8%增加的2013年的35%，养羊户从2012年的875户增加到1370户净增495户，年发展速度56.57%，2013年底我乡羊存栏2.5万只，较2012年存栏量1.2万只增加1.3万只，增长速度达108.3%，全乡建成5000只示范村2个，张岘村和椿岔村，建成家庭农场（养殖专业合作社）8个，其中在建4个；青贮氨化饲料1.1万吨；林果产业开发：新栽优质辽核1050亩，种植杏子500亩，栽植其它杂果600亩；劳务输转：全年输转劳务4300多人（次），其中有组织输转2000人（次），实现劳务收入5500余万元。

小城镇建设：新农村建设完成投资940万元，其中国投99万元，群众自筹841万元。年内建成75套，其中小康农宅灾后重建14户，现已全部入住。

社会事业：1、教育工作，教育布局更趋合理，教育质量稳步提高，教学基础设施条件进一步完善，武沟中心幼儿园建成运行，学区完成搬迁，武沟中学在2013年的全县会考中更是取得优异成绩。2、文化卫生工作，上级部门为我乡综合文化站配备价值10万元的音响、投影仪、桌椅等设备，全乡8个农家书屋全面启用，安装广播电视“户户通”600余套。将环境卫生整治工作融入全年各项工作之中，并对武沟和孟庄街道划拨资金专人管理，定期开展“城乡环境卫生治理月”活动，全乡环境卫生“脏、乱、差、堵”等不良现象得到有效改善。3、计划生育工作，全乡共出生162人，出生率12.06‰，计划生育率87.65%，死亡84人，死亡率6.26‰，自增率5.81‰。共落实四项手术149例，其中结扎59例（其中二女扎11例），放环89例，引产1例，社会抚养费完成13万元。4、民生保障工作，合作医疗基金收缴762360元，占任务的96.51%。收取养老保险金5955人632410元，占任务6160人的96.67%。完成2146人727户低保户建档。5、农民技术培训工作，举办农民实用技能培训及顶凌覆膜、秋覆膜培训会、养殖技能培训会40余场（次），参训群众5600人（次），其中骨干培训960人，培训科技示范户210户。

政务服务中心：设有水利、林业、农经、扶贫、交管、安监、双联、党的群众路线教育实践活动、信访、纪检、武装、计生、司法、党政14个办公室，政务服务中心设有民政、合管、计生、信访、劳务、财政、惠农、林业、社保、石油、安全生产等11个便民服务窗口，配备工作人员8名。为了使政务服务中心工作人员树立浓厚的服务意识，特制定了“五个一”服务制度 ，即对前来办事和咨询的人员，坚持做到：问一声你好、让一个座位、送一张笑脸、给一个答复、赢得一份尊重。设立了监督台、举报箱，放置了《便民服务评价登记册》，努力做到便民为民利民。

**【郭原乡】**郭原乡位于镇原县西部，东接城关镇，西邻宁夏回族自治区彭阳县，北连武沟乡、开边镇，南靠平泉镇、新城乡。全乡面积约159平方千米，耕地面积82517亩，其中山地57117亩，川地6400，原地19000亩。现辖8个行政村（王沟圈、郭原、唐洼、毛庄、王咀、景原、西杨、寺沟），85个自然村，3931户，16819人，乡村公路110公里，8个村通邮，8个村通电话，拥有固定电话和移动电话3400部。全乡有初级中学1所，小学10所，幼儿园2所，教师183人，在校学生1932人，适龄儿童入学率100%；卫生院1所，卫生所8所，医生21人，病床26张。

社会经济：2013年，工农业总收入达到13000万元,其中工业收入1200万元,农业生产收入11800万元。农作物播种面积102161亩，粮食产量17615吨，人均1047公斤。财政收入117万元，其中税收收入100万元，非税收入17万元。人均纯收入达到4748元。劳务输转5000人次，实现劳务收入5800万元。

基础设施建设：2013年在郭原、景原、西杨3个村实施扶贫开发整村推进、中央彩票公益金扶持革命老区项目，累计投资380万元，实施以道路、水利、养殖为主的项目3大类46项，受益群众1613户7244人，累计整修铺砂村组道路18条28公里，新修漫水桥1座，打通断头路8条，养管乡村道路5条40.9公里，路网建设基本完善到位。新打人饮机井2眼，新建水塔2座，延伸供水管线5公里，新增有效灌溉面积120亩，自来水入户120户，全乡供水保障能力明显提高。完成景原村标准化梯田建设3000亩，群众耕作条件全面改善。累计投资1100多万元，完成寺沟村小康农宅80套，新建两层村部1幢504平方米，文化广场1处2000多平方米；在景原村建成小康农宅30套。投资150万元，配套完成街道人行道硬化和亮化工程，硬化人行道1500多平方米，安装太阳能路灯80盏，进一步完善街道服务功能。投资10万多元，完成活畜市场改扩建工程，增加环卫人数，提高工资报酬，环境面貌得到改善；完成王沟圈、毛庄2个省级生态村，唐洼、西杨2个市级生态村创建任务。

产业结构调整：2013年完成全膜粮食种植任务5.7万亩，其中秋覆膜面积达到5.1万亩，建成毛庄至王沟圈万亩示范片带1处，唐洼、郭原5000亩示范点1处，预计实现收入5000多万元，占到农民人均纯收入的14%。按照“栽管并举，以管为主”的思路，采取理论培训和现场作业的办法，提高果农技术水平，落实果园周年精细化管理措施。全年累计留存苹果幼园3150亩，成活率、保存率均达到90%以上，其中王沟圈、唐洼、景原3村1200亩果园已进入挂果期。加大设施农业应用推广和产业示范点建设力度，全年建成设施瓜菜大棚80座，组装钢架大棚300座，日光温室2座，带动发展露地瓜菜2500亩。把中药材种植作为新兴产业重点扶持发展，滚动发展以党参、板蓝、丹参等为主的中药材5200亩，建成景原村3000亩中药材种植基地1处。坚持走以“基地+农户+企业”模式，筹资成立万盛中药材种植专业合作社1处，注册 “鸡头山”商标，中药材种植逐步走向规模化、产业化、规范化。

养殖示范村建设：2013年，以建设“草业大乡、畜禽强乡”为目标，以王沟圈养殖专业村为中心，架通招商引资渠道，建成养殖专业合作社5个，在庆阳市陇大生态养殖专业合作社的带动下，该村发展规模养殖户200户，全村牛存栏1148头，户均3头，占全乡牛存栏总量的32.5%，其中50头以上养殖大户10户，10头以上养殖大户58户，500只以上规模养鸡45户，100只以上规模养羊20户，100头以上规模养猪户10户，成为全乡规模养殖专业村，并带动全乡发展规模养殖户500户以上。注重抓好土地流转和玉米秸秆青贮工作，以陇大养殖专业合作社为龙头，集中流转土地6000多亩，带动全乡种植紫花苜蓿1.1万亩。建成青贮窖300个5000 $m^3$，贮存饲料3000吨。草畜产业规模大，效益明显，动物防疫工作坚持长效机制，扎实开展春、秋两季防疫工作，建立免疫档案，全年无重大疫情发生。

社会事业：围绕“精细化管理服务年”活动，以“信息质量信得过单位创建”活动为契机，组织乡村专干走村入户，对全乡16819口人和3350名育龄妇女数据库信息进行拉网式核查。9月底对唐洼、毛庄两个示范村20户计生“两户”家庭完成“陇家福”创建工程命名工作。新建公立幼儿园、郭原初中学生公寓楼投入使用。新型农村合作医疗参保率完成95.86%，城乡居民社会养老保险参保率完成92.47%，为2145名60岁以上老人发放养老金25.74万元，深入推进新农合制度改革，报销医疗费16.8万元，人均达到1850元，惠民政策落实保障能力持续增强。

双联工作：在审计署驻兰特派办、市气象局、县发改局、县司法局、县气象局、种子管理站、农发办、乡政府机关等8个帮扶部门277名干部帮扶下，共联系贫困户463户。年初，全体干部下队组织群众进行顶凌覆膜，完成3500 亩覆膜任务，4月份，出现严重的干旱，全体干部入村入户调查群众人畜饮水情况，并积极组织送水车为灾民送去200吨饮用水，组织群众种植5万多亩全膜玉米。7月份，安排每个干部包一个自然村，逐村逐户进行排摸灾情，对210户重点户发放搬迁通知书，组织群众搬迁到安全地方居住，有效杜绝安全事故发生，乡上积极筹措资金3万元，对全乡54户贫困户和受灾户进行临时救济，为23户受灾户发放彩条布138米，帮助搭建简易住所，出动装载机等工程机械6台（辆），抢修村组道路6条22公里。全年帮办实事30件，捐赠物资共计1902.734万元。

基层党建：在村“两委”换届中，乡党委从返乡务工人员、退伍军人、致富能人中选拔出8名党悟高、素质好、年纪轻、能力强、有威信的农村优秀人才充实到村“两委”班子中，增添新活力。同时，将1名大学生村官和1名“一村一名农民大学生”工程毕业生选进村两委班子，为村级班子输送新鲜血液。通过项目支撑和村集体自筹相结合的方式，投资70万元，完成寺沟村2层村部办公楼1幢504平方米；景原村完成村部院落硬化和透视墙建设工程。乡党委以乡党校、远程教育网络和村党员活动室为主阵地，采取集中培训与分散辅导，理论学习与实际工作，政策理论与科技知识相结合的方式，对全乡党员干部进行全方位培训。全年，举办十八大精神及十八届三中全会精神报告会5次，参训人数560人（次），各村累计培训24次，参训3200人（次）。发展党员14名，培养入党积极分子25名，进一步充实党员队伍。全年收缴党费1.3万元，足额上缴县委组织部。把党务、村务公开作为基层组织建设重点工作来抓，开办党务、村务公开栏9处，党务、村务公开56次。投资30万元，新建成郭原乡政务服务中心1处70多平方米，安装电子显示屏10平方米，购置电脑8台，办公桌椅8套，实行集中、阳光办公，方便群众办事，接受群众监督。各村建立“民情直达室”，成立村务监督委员会，民主管理水平进一步提高。

**【中原乡】**中原乡位于镇原县最南端，距县城45公里，东临泾川县党原乡，南界平凉市崆峒区索罗乡，西接新城乡，北连平泉镇，地势西高东低，分南北两条斜长塬面，最高海拔1478米，最低海拔1167.7米。全乡行政面积112.75平方公里，共辖7个行政村，73个自然村，4880个农户，总人口21642人，其中农业人口21006人，耕地面积69600亩。辖区交通方便，新原路（新城至崆峒区索罗乡界）、平中路（镇原至泾川县党原乡界）两条公路顺穿塬面，村村通砂路，构成网络，交通便利。全乡现有中学1所，小学9所，幼儿园7所，在校师生1950人，中心卫生院1个，专职医护人员16名，村卫生所7个，村医13名。

重点工作：2013年全乡农业生产总值达10235万元，粮食总产量14800吨。大家畜存栏26700头，其中牛存栏8600头，猪存栏11600头，羊存栏6500只。财政收入完成122万元，农民人均纯收入4685元。全年开工建设重点项目12个，累计完成项目投资4550万元。争取到中原乡雨污分流管网建设项目，国投资金达到900万元，是我乡历史上国投资金最大的项目。争取到位项目资金368万元，其中施永青基金中原乡助农增收贷款资金304万元。

产业培育：成立草畜产业发展办公室，加强对草畜产业发展的规划、指导和引导。着力推动“企业+农户”、“合作社+农户”等养殖新路子，新建规模养殖场3处，成立镇原县恒达专业养殖合作社等3个专业养殖合作社，新增规模养殖户50户。建成田站、武亭2处中盛肉鸡养殖场。全年种植优质牧草9000多亩，建办了殿王、武亭、田站等示范点，青贮秸杆2.2万吨，建办了康壮养殖专业合作社集中青贮示范点和隆利源养殖企业青贮示范点。全年种植全膜粮食43000亩。完成了武亭—殿王秋覆膜示范片，建办了田站、高胜两个全膜粮食示范点。聘请县林果技术人员对田站、原峰两村幼园进行了拉枝、修剪，管护措施到位，保存率高。

基础建设：新农村建设，完成了武亭新农村示范点的所有建设项目，硬化了农宅门前道路，新建了老人互助幸福院。原峰新农村规模继续扩大，新建了村部、五保家园。启动了中原新农村示范点，修建农宅20户。完成了高胜村文化广场建设，为田站、高胜两寸文化广场配备了体育活动器材。道路建设，争取实施了一事一议财政奖补、扶贫开发项目，完成中原村村组道路整修铺砂6公里，上杜村村组道路整修铺砂10公里。新修原峰山水泥路2.4公里。同时，乡上安排资金4.6万元，对村庄水毁道路进行了整修。农田水利，在高胜、中原、武亭、殿王4个行政村实施了旧庄老院复垦项目，复垦旧庄老院177处，恢复耕地607.5亩。同时加大旧庄老院的复垦后的利用，规划建设养殖小区、农宅或集中公墓区。其中，高胜村利用复垦后旧庄老院规划新建一处公墓区。生态环境建设，深入开展村庄环境整治行动，充分利用农闲时节组织群众对全村的环境卫生进行了彻底清理，严格治理垃圾乱倒、污水乱泼、柴草乱放、粪土乱堆、禽畜乱跑等脏、乱、差现象。在中原、原峰两村完成造林1000多亩，完成原峰、田站两村幼林补造2300亩，栽植公路行道树10公里。

双联工作：在双联行动中，确定了省市县乡15个单位联系我乡7个村，实现全覆盖，123名干部联系贫困户236户。行动开展以来，县林业局投资24万元为武亭村绿化了文化广场及新农村门前绿化带。争取香港施永青基金会为我乡7个行政村累计维修机井13眼、现浇配电房13座，维修田站村地面蓄水池1座，为7个行政村新修20立方米蓄水池7座，累计投资55万元，解决了7个行政村近1万名用水困难群众的人畜饮水问题；2012年为我乡4个行政村共发放惠农贷款170万，2013年发放214万，两年共扶持规模养殖户180多户；为我乡武亭村文化广场配备活动器材14件，涉及资金1.2万元，为我乡高胜村文化广场配备活动器材11件，涉及资金1.5万元，为我乡田站村文化广场配备活动器材8件，涉及资金1.3万元。

庆阳市编办投资20万元在我乡中原村小湾组栽植优质核桃300亩，积极争取市交通局31.6万，整修中原村组道路6公里。中原乡投资1.2万元从陕西兴平市购进乌鸡鸡种1500只，用于支持双联户家庭散养优质乌鸡。各帮扶单位累计为农户送去现金3万多元、化肥300多袋、地膜150卷及农药、种子若干，指导、资助农户完成种植全膜粮食43103亩，顶凌覆膜面积5020亩。发放双联惠农贷款260万元用于帮助农户发展养殖、种植等产业。县林业局为武亭村赠送价值3500元37寸液晶电视一台，县卫生监督所为殿王村送去价值3500元液晶电视一台，邮政银行镇原支行给中原村送去价值5000元的喷灌机一台。2013年累计为农户解决急事、难事90余件，开展义诊400人次，开展农民科技培训2000余人次，化解矛盾纠纷65件，为各村农家书屋捐赠各类图书累计500余册。

社会事业：惠民政策全面落实。重新规范了农村低保，全乡享受农村低保1068户、2544人、城镇低保36人、五保74人，完成危房危窑改造90户，灾民建房19户。收缴2014年参合资金124.4万元，参合率达98.67%。城乡居民养老保险参保人数13848人，其中新增244人，共收缴保费117.4万元，参保率100%，60周岁以上领保2882人，养老金全部发放到位。进一步活跃干部群众文化娱乐生活，积极参加县上组织的篮球赛，同时组织开展干部职工运动会，极大的丰富了干部职工的文化生活。对中原剧场戏楼、围墙、场地进行维修举办物资交流大会。武亭、高胜等村充分利用文化广场，举办广场舞等活动，活跃了群众文化生活。成立了中原商会，为全乡各界人士携手发展、共同致富提供了崭新平台和有效载体，积极参与助推全乡经济社会文化各项事业发展，商会筹资维修了乡文化站、对文化站院落进行了铺砖硬化、举办了物资交流会。教育工作以改善办学条件、加强教师队伍管理为重点，狠抓教育教学质量，教育水平全面提升。田站、原峰、姜白等小学面貌焕然一新，中原幼儿园建成开始招生，中原初中教学质量明显提高，取得了全县毕业会考第六名的好成绩。严格落实“两免一补”政策，全年发放寄宿学生生活补贴49万元，全力组织实施农村义务教育学生营养改善计划。卫生工作以建立居民健康档案、健康教育等为重点，注重公共卫生监督协管，定期开展食品、药品巡查，公共卫生管理工作走在了全县前列。全市卫生工作现场会实地观摩了乡公共卫生办公室、卫生院、殿王村卫生所。计划生育工作坚持专项治理和经常性工作相结合，全年共落实各项节育措施238例，开展免费孕前优生健康检查128对，收缴社会抚养费22万元，整体工作水平有了新进步。“五项安全一项维稳”扎实推进，集中开展安全生产大排查、大整治活动，对农村五小车辆统一建档，加强管理，坚持定期开展矛盾纠纷排查调处活动，认真接待群众来信来访，全年共接待群众来信来访26起，处理答复26起；上级转办9起，调查处理9起，保障了社会大局和谐稳定。

**【新城乡】**新城乡位于新城西南部，距县城37公里，东临平泉镇，南接中原乡，西接平凉市草峰乡，北连宁夏彭阳乡。平均海拔1400米，年降雨量400-500毫米，平均气温9.7℃，全年无霜期140-170天。总面积34.08万亩，耕地面积14.2万亩，山、川、塬兼有。全乡共辖14个行政村，139个村民小组，7731户，33450人。12个乡直单位，乡政府共有干部106人，其中科级领导14人。乡党委下辖23个党支部，其中农村党支部14个，企业支部3个，党员954人，其中预备党员7人，农民党员802人，女党员106人，流动党员290人。教育事业发展迅速，全乡共有初级中学1所，小学21所，共有在校学生4232人，在职教师322 人。全乡现有卫生院1个，医生15名，护理人员10名，卫生所14个。

经济指标:2013年全乡粮食总产量达到2.4843万吨，补充工农业收入等数字资料农民人均纯收入5113元，比去年增长743元。

项目建设：坚持项目带动，不断拓宽招商引资渠道，充分发展资源优势，调动一切积极因素，切实提高全乡项目工作的整体水平。2013年全乡实施了全膜粮食及瓜菜基地建设、中盛养鸡基地建设、陇东农产品交易中心万吨果蔬保鲜气调库建设、新巨路等基础设施建设、公墓区建设、街区排污排洪、危窑危房改造等新农村建设等14个项目，完成投资7684万元，占任务6290万元的122%。

基础设施建设：农田建设 新修机平农田2000亩，在东庄和郭沟圈两个行政村新修机平农田2000亩。道路建设 配合县交通局完成新巨路18.8公里铺油，现已通车。新建维修杜寨白山、新城等乡村道路8公里，群众自筹新修闫寨油坊至寺沟洼水泥路2.5公里，完成全乡89.6公里道路的养管护工作。水利农电 依托扶贫开发项目在高庄行政村新打机井1眼，修水塔1座，新增自来水入户80户，新增有效灌溉面积150亩。完成了高庄、新城、郭沟圈和南坡四村新农村示范点上农网改造申报工作。小城镇建设 街区新建商品房1万平方米。完成了陇东农产品交易中心万吨果蔬气调库征地工作。投资245.3万元完成街道东区排污排洪工程。新农村建设 建成郭沟圈饲草青贮养殖示范村和南坡新农村建设示范村。在郭沟圈建成中盛公司养鸡基地1处，发展养牛户100户，养牛500头，全村牛存栏1011头，羊存栏达到1646只；种植全膜双垄沟播玉米3700亩，配套秸秆青贮100户，完成饲草转化累计3000吨。在南坡村新修村部、卫生所，建商品房46间，修文化广场2500平方米，绿化200平方米；新修环村道路300米，排水渠100米，规划小康农宅50户，新建钢架大棚15座，种植露地瓜菜1000亩，新建晟发养羊专业合作社1个，发展规模养殖户10户。在新城村下壕自然村建成上宅下店式小康农宅60户，新建茂源养猪专业合作社、菊芋种植专业合作社2处。生态建设 全乡种植牧草1.07万亩，建成高庄千亩种草示范点1个，耿沟和小岘500亩示范点2个，在高庄新建千亩造林点示范点1处。栽植公路行数1000余株，完成了退耕还林补植补造1490亩和省级生态乡和高庄、郭沟圈、孟寨、孙奄4个生态村创建工作。

社会事业：完善了县、乡、村三级文化服务网络体系。召开原小岘中学撤并为议题人民代表大会一次，新建老城区中心幼儿园一所，新建新城中学餐饮楼和卫生厕所各1座，对小寨、孟寨、西刘等5所小学进行了整修。开展校园周边环境整治，严格落实各项安全管护举措，教育事业得到进一步巩固和加强，全乡素质教育稳步推进。2013年新型农村合作医疗参合人数33339人，参合率98%。城乡居民社会养老保险金收缴完成180余万元，参保人数达到16339人。计生工作紧紧围绕稳定低生育水平，全年共出生376人，计划生育率88.3%；人口自然增长率5.8‰。落实节育手术327例（其中二女户结扎 31例），免费孕前优生健康检查217对，征收社会抚养费28.1万元。坚决执行“一册明、一折统”政策，全面落实惠农政策，切实保护农民的合法权益。全年共发放各类惠农资金1593.74万元。对农村和城市低保户进行了重新评定、建档，全乡现享受低保1252户4190人，保障率为12.3%。按照城建局统一建设标准，完成危房危窑改造109户，安置灾后重建户41户。

产业发展：全膜粮食生产 建成孙奄、小岘两个5000亩示范点，沿318线、新原线、新巨线和姚惠线4个万亩示范带，示范带动效应明显，经济增收成效显著。瓜菜林果产业 2013年全乡露地种植瓜类8000亩、蔬菜4500亩，惠沟、南坡两村建成生产大棚蔬菜 30 亩 59 座，农户零星培育各类苗林 500 亩，为全市发展苗林产业奠定了基础。草畜产业 依托中盛养鸡项目建设，在郭沟圈、杜寨两村建成占地 124 亩养鸡基地两处（小区 4 个）。以恒发肉用种羊场、潘杨涧林下放养鸡、东庄养鸡小区等龙头企业和规模养殖带动下，全乡新增各类规模养殖户 30 余户，累计 500 多户，累计发展专业合作社 19 个劳务产业 2013 年内输转劳务 9900 人次，其中组织输出 4500 人，技能培训 600 人（次），创劳务收入突破亿元。

双联行动：全乡确定市工商局、县妇联、教体局、文广局、畜牧局、农技中心、农产品质监站、盐业公司、乡政府机关、乡直单位等 22 个帮扶单位的 344 名干部，帮联贫困对象 635 户 2804 人。2013 年，各帮联单位和干部职工共帮扶化肥 1070 袋、地膜 7310 公斤、农机具 50 台、教学设备 65 台、图书 4000 余册、现金 2.87 万元，总计折合物资 631 万元。同时制定全乡五年发展规划 1 份，村级五年发展规划、年度帮扶计划、脱贫发展规划、小康发展规划各 14 份。干部年度户内帮扶脱贫致富计划 635 份，组织各类培训 9 次，培训科技示范户 19 户、科技明白人 220 人、普及培训 3000 余人。

二零一四年庆阳年鉴

# 统计资料

TONGJIZILIAO

# 统计资料

QING YANG YEARBOOK

# 行 政 区 划

单位：个

| | 乡 镇 人民政府 | 镇人民政府 | 乡人民政府 | 街 道 办事处 | 城 镇 社 区 | 村 民 委员会 | 村 民 小 组 |
|---|---|---|---|---|---|---|---|
| 全 市 | 116 | 40 | 76 | 3 | 58 | 1261 | 9107 |
| 西峰区 | 7 | 2 | 5 | 3 | 15 | 100 | 956 |
| 庆城县 | 15 | 5 | 10 | | 6 | 153 | 1053 |
| 环 县 | 20 | 4 | 16 | | 5 | 251 | 1487 |
| 华池县 | 15 | 4 | 11 | | 2 | 111 | 646 |
| 合水县 | 12 | 4 | 8 | | 5 | 80 | 498 |
| 正宁县 | 10 | 4 | 6 | | 7 | 94 | 677 |
| 宁 县 | 18 | 10 | 8 | | 13 | 257 | 1799 |
| 镇原县 | 19 | 7 | 12 | | 5 | 215 | 1991 |

# 土 地 状 况

| | 面积 | | 占总面积（%） |
|---|---|---|---|
| | 公顷 | 万亩 | |
| 总土地面积 | 2711727.47 | 4067.58 | 100 |
| 折合平方公里 | 27117.27 | 4067.58 | - |
| 按土地利用构成分 | | | |
| 耕 地 | 694173.16 | 1041.26 | 25.60 |
| 园 地 | 21553.59 | 32.33 | 0.79 |
| 林 地 | 769358.15 | 1154.04 | 28.37 |
| 草 地 | 1026594.35 | 1539.89 | 37.86 |
| 交通运输用地 | 20941.35 | 31.41 | 0.77 |
| 城镇、村、工矿用地 | 101870.58 | 152.81 | 3.76 |
| 水域及水利设施用地 | 10677.12 | 16.02 | 0.39 |
| 未利用土地 | 66559.17 | 99.84 | 2.45 |

数据来源：市国土资源局

# 乡、镇、街道办事处名称

| | 个数 | 镇、街道办事处名称 | 乡 名 称 |
|---|---|---|---|
| 西峰区 | 10 | 南街办事处、北街办事处、西街办事处、肖金镇、董志镇 | 显胜、什社、温泉、后官寨、彭原 |
| 庆城县 | 15 | 庆城镇、马岭镇、驿马镇、三十里铺镇、玄马镇 | 赤城、桐川、太白梁、土桥、蔡口集、高楼、南庄、翟家河、蔡家庙、白马铺 |
| 环 县 | 20 | 环城镇、曲子镇、甜水镇、木钵镇 | 天池、 演武、合道、 樊家川、八珠、洪德、耿湾、 秦团庄、山城、南湫、罗山川、虎洞、车道、小南沟、毛井、芦家湾 |
| 华池县 | 15 | 柔远镇、悦乐镇、元城镇、南梁镇 | 城壕、五蛟、上里塬、王咀子、白马、乔川、怀安、乔河、山庄、林镇、紫坊畔 |
| 合水县 | 12 | 西华池镇、老城镇、太白镇、板桥镇 | 吉岘、肖咀、段家集、固城、太莪、店子、何家畔、蒿咀铺 |
| 正宁县 | 10 | 山河镇、榆林子镇、宫河镇、永和镇 | 西坡、永正、周家、湫头、五顷原、三嘉 |
| 宁 县 | 18 | 新宁镇、和盛镇、早胜镇、平子镇、长庆桥镇、湘乐镇、新庄镇、盘克镇、中村镇、焦村镇 | 米桥、良平、太昌、九岘、金村、 春荣、南义、瓦斜 |
| 镇原县 | 19 | 屯字镇、城关镇、孟坝镇、三岔镇、平泉镇、太平镇、开边镇 | 临泾、南川、上肖、新集、方山、殷家城、马渠、庙渠、武沟、郭原、中原、新城 |

# 河流基本情况

| 名　　称 | 流域面积（平方公里） | 河流长度（公里） | 年径流量（亿立方米） |
|---|---|---|---|
| 马莲河 | 17396 | 344 | 3.35 |
| 四郎河 | 487 | 50 | 0.12 |
| 蒲河 | 4216 | 132 | 1.84 |
| #茹河 | 1195 | 56 | 0.39 |
| 黑河 | 974 | 31 | 0.20 |
| 洪河 | 365 | 85 | 0.32 |
| 洛河葫芦河 | 2200 | 70 | 0.39 |

# 气　候　情　况

| 指　　标 | 2013 | 指　　标 | 2013 |
|---|---|---|---|
| 年平均气温（℃） | 11.0 | 夏半年(5-10月)蒸发量(毫米) | 641.3 |
| 年最高气温（℃） | 31.2 | 冬半年蒸发量（毫米） | 624.6 |
| 年最低气温（℃） | -13.5 | 年降雨量（毫米） | 737.4 |
| 年日照时数（小时） | 2520.6 | 年降水日数（天） | 81 |
| | | 年无霜期（天） | 157 |

| 月　　份 | 平均气温（℃） | 日照时数（小时） | 降雨量（毫米） |
|---|---|---|---|
| 1 月 | -2.0 | 218.8 | 0.9 |
| 2 月 | 1.5 | 180.6 | 9.7 |
| 3 月 | 9.6 | 246.8 | 0.4 |
| 4 月 | 12.1 | 244.5 | 30.6 |
| 5 月 | 17.2 | 220.5 | 67.9 |
| 6 月 | 21.0 | 213.2 | 79.3 |
| 7 月 | 20.8 | 154.2 | 224.1 |
| 8 月 | 22.1 | 276.3 | 127.3 |
| 9 月 | 15.8 | 135.7 | 150.2 |
| 10 月 | 11.9 | 234.2 | 28.0 |
| 11 月 | 3.5 | 172.9 | 18.6 |
| 12 月 | -1.6 | 222.9 | 0.4 |
| 年（平均） | 11.0 | 2520.6 | 737.4 |

数据来源：市气象局

## 庆阳市经济

| | 计算单位 | 1980 | 1985 | 1990 | 1995 |
|---|---|---|---|---|---|
| **综　合** | | | | | |
| 生产总值（现价） | 亿元 | 3.07 | 6.07 | 16.42 | 37.79 |
| #第一产业 | 亿元 | 1.62 | 2.82 | 8.36 | 12.87 |
| 第二产业 | 亿元 | 0.94 | 2.14 | 4.30 | 16.54 |
| 第三产业 | 亿元 | 0.51 | 1.11 | 3.76 | 8.38 |
| 年末总人口 | 万人 | 181.24 | 194.64 | 217.50 | 235.08 |
| #农业人口 | 万人 | 168.46 | 179.09 | 198.39 | 210.56 |
| 非农业人口 | 万人 | 12.78 | 15.55 | 19.11 | 24.52 |
| 人口出生率 | ‰ | 14.55 | 16.44 | 18.14 | 21.94 |
| 人口死亡率 | ‰ | 6.01 | 5.30 | 6.11 | 6.50 |
| 人口自然增长率 | ‰ | 8.54 | 11.14 | 12.03 | 15.40 |
| 年末职工人数 | 万人 | 9.55 | 10.19 | 11.84 | 14.62 |
| #国有单位 | 万人 | 9.27 | 9.42 | 10.80 | 12.89 |
| 集体单位 | 万人 | 0.28 | 0.77 | 1.04 | 1.71 |
| 其他单位 | 万人 | - | - | - | 0.02 |
| 全部职工工资总额 | 亿元 | 0.68 | 1.18 | 2.65 | 7.90 |
| #国有单位 | 亿元 | 0.66 | 1.12 | 2.49 | 7.27 |
| 集体单位 | 亿元 | 0.02 | 0.06 | 0.16 | 0.63 |
| 其他单位 | 亿元 | - | - | - | - |
| 职工平均工资 | 元 | 710 | 1160 | 2259 | 5406 |
| 城镇居民人均可支配收入 | 元 | - | - | 1106 | 2570 |
| 农民人均纯收入 | 元 | 137 | 225 | 466 | 860 |
| **第一产业** | | | | | |
| 农业总产值 | 亿元 | 2.86 | 4.21 | 11.83 | 30.47 |
| 农业增加值 | 亿元 | 1.62 | 2.82 | 8.36 | 12.87 |
| 乡村劳动力 | 万人 | 48.88 | 61.03 | 69.90 | 78.05 |
| 耕地面积 | 万亩 | 688.09 | 678.70 | 670.62 | 667.02 |
| 粮食总产量 | 万吨 | 44.34 | 44.69 | 85.08 | 65.70 |
| #夏粮 | 万吨 | 12.22 | 23.36 | 44.52 | 17.52 |
| 秋粮 | 万吨 | 32.12 | 21.33 | 40.56 | 48.18 |
| 油料总产量 | 万吨 | 1.48 | 2.73 | 4.11 | 3.08 |
| 烟叶总产量 | 万吨 | 0.04 | - | 2.14 | 3.79 |
| 果品总产量 | 万吨 | 1.74 | - | 0.02 | 24.75 |

注：1、生产总值为省统计局最终核实数据；2、2010年之后全市年末总人口为第六次全国人口普查修正数据。

# 社会主要指标(一)

| 2000 | 2005 | 2006 | 2009 | 2010 | 2011 | 2012 | 2013 | 比上年增长（±%） |
|---|---|---|---|---|---|---|---|---|
| 59.86 | 143.81 | 171.54 | 302.22 | 357.61 | 454.35 | 529.36 | 605.37 | 114.4 |
| 15.01 | 26.85 | 28.38 | 43.5 | 51.02 | 58.27 | 70.66 | 77.00 | 105.6 |
| 29.27 | 78.04 | 99.09 | 181.22 | 214.86 | 287.95 | 315.90 | 359.98 | 115.2 |
| 15.58 | 38.92 | 44.07 | 77.50 | 91.73 | 108.13 | 142.81 | 168.38 | 116.4 |
| 251.46 | 258.58 | 260.51 | 265.4 | 260.31 | 262.06 | 263.60 | 264.11 | 0.19 |
| 223.76 | 226.20 | 228.09 | 193.22 | 198.38 | 196.36 | 195.80 | 196.18 | 0.19 |
| 27.70 | 32.38 | 32.42 | 72.08 | 61.93 | 65.70 | 67.80 | 67.93 | 0.19 |
| 15.14 | 13.15 | 13.32 | 13.91 | 13.93 | 13.51 | 13.55 | 13.60 | 0.05 |
| 5.56 | 5.79 | 5.91 | 6.46 | 6.59 | 6.39 | 6.41 | 6.44 | 0.03 |
| 9.58 | 7.36 | 7.41 | 7.45 | 7.34 | 7.12 | 7.14 | 7.16 | 0.02 |
| 12.20 | 10.12 | 9.79 | 9.08 | 9.26 | 9.47 | 10.17 | 15.26 | 50.0 |
| 10.64 | 8.87 | 8.65 | 8.35 | 8.81 | 8.92 | 9.26 | 11.63 | 25.6 |
| 1.49 | 0.70 | 0.16 | 0.26 | 0.15 | 0.16 | 0.17 | 0.48 | 182.4 |
| 0.07 | 0.45 | 0.98 | 0.47 | 0.30 | 0.39 | 0.75 | 3.16 | 321.3 |
| 7.92 | 12.44 | 13.58 | 24.32 | 26.00 | 32.48 | 39.45 | 71.98 | 82.5 |
| 7.07 | 11.58 | 12.46 | 22.89 | 24.74 | 30.75 | 35.98 | 58.34 | 62.1 |
| 0.82 | 0.57 | 0.25 | 0.42 | 0.42 | 0.56 | 0.60 | 2.85 | 375.0 |
| 0.03 | 0.29 | 0.87 | 1.01 | 0.84 | 1.14 | 2.86 | 10.79 | 277.3 |
| 6348 | 11966 | 13842 | 27226 | 28590 | 34645 | 37936 | 43953 | 15.9 |
| 4200 | 6880 | 7590 | 11130 | 12453 | 14388 | 16662 | 18761 | 12.6 |
| 1272 | 1734 | 1874 | 2686 | 3154 | 3673 | 4262 | 4888 | 14.7 |
| | | | | | | | | |
| 28.47 | 50.05 | 51.30 | 78.57 | 92.49 | 102.45 | 129.28 | 140.37 | 5.2 |
| 15.01 | 26.85 | 28.38 | 43.5 | 51.02 | 58.27 | 73.00 | 79.58 | 5.7 |
| 85.51 | 116.01 | 116.04 | 115.79 | 114.66 | 116.96 | 117.63 | 117.28 | -0.3 |
| 656.35 | 663.87 | 665.71 | 669.54 | 668.90 | 668.67 | 674.76 | 677.91 | 0.47 |
| 69.82 | 99.76 | 95.00 | 110.86 | 127.71 | 122.41 | 155.75 | 158.95 | 2.1 |
| 17.05 | 37.60 | 34.42 | 37.26 | 39.28 | 34.24 | 42.74 | 34.02 | -20.4 |
| 52.77 | 62.16 | 60.58 | 73.61 | 88.43 | 88.17 | 113.01 | 124.93 | 10.5 |
| 4.17 | 8.75 | 8.58 | 10.78 | 10.90 | 12.07 | 13.17 | 14.04 | 6.6 |
| 2.61 | 2.98 | 3.27 | 0.72 | 0.78 | 0.81 | 0.87 | 1.03 | 18.4 |
| 20.16 | 22.63 | 21.83 | 40.72 | 42.74 | 47.64 | 52.06 | 58.72 | 12.8 |

# 庆阳市经济

| | 计算单位 | 1980 | 1985 | 1990 | 1995 |
|---|---|---|---|---|---|
| 肉类总产量 | 万吨 | - | - | 3.90 | 7.60 |
| 大牲畜存栏 | 万头 | 37.64 | 50.30 | 60.23 | 67.72 |
| 生猪存栏 | 万头 | 50.76 | 50.28 | 53.00 | 60.22 |
| 羊只存栏 | 万只 | 191.90 | 87.30 | 136.52 | 147.66 |
| **第二产业** | | | | | |
| 全部工业企业单位数 | 个 | 1680.00 | 1681.00 | 9528.00 | - |
| #规模以上 | 个 | 272.00 | 259.00 | 581.00 | - |
| 全部工业总产值（现价） | 亿元 | 0.93 | 5.24 | 12.02 | 15.32 |
| #规模以上 | 亿元 | 0.88 | 3.56 | 9.41 | 11.99 |
| 全部工业增加值 | 亿元 | - | - | - | - |
| #规模以上 | 亿元 | - | - | - | - |
| 固定资产投资总额 | 亿元 | 0.26 | 1.03 | 1.56 | 8.28 |
| #长庆油田 | 亿元 | - | - | - | - |
| 建筑企业单位数 | 个 | - | - | - | 36.00 |
| 建筑企业总产值 | 亿元 | - | - | - | 4.90 |
| 当年房屋建筑面积 | 万平方米 | - | - | - | 7.60 |
| **第三产业** | | | | | |
| 货运周转量 | 万吨公里 | 9658 | 15620 | 28082 | 79191 |
| 客运周转量 | 万人公里 | 14608 | 22529 | 38567 | 55854 |
| 邮电业务总量 | 亿元 | 0.02 | 0.03 | 0.05 | 0.27 |
| 消费品零售总额 | 亿元 | 2.39 | 2.39 | 4.98 | 10.64 |
| 财政收入 | 亿元 | 0.23 | 0.36 | 1.23 | 3.88 |
| #一般预算收入 | 亿元 | 0.23 | 0.36 | 1.23 | 2.12 |
| 财政支出 | 亿元 | 0.81 | 1.36 | 2.63 | 5.12 |
| 银行各项存款 | 亿元 | 1.06 | 2.92 | 7.39 | 32.41 |
| #储蓄存款 | 亿元 | 0.27 | 1.03 | 6.53 | 25.06 |
| 银行各项贷款 | 亿元 | 2.14 | 4.13 | 10.76 | 30.50 |
| 人寿保险额（给付） | 亿元 | - | - | - | 10.18 |
| 财产保险额 | 亿元 | - | - | - | 11.20 |
| 各类学校数 | 个 | 4662 | 4052 | 3816 | 3880 |
| 在校学生数 | 万人 | 46.00 | 38.40 | 38.13 | 48.54 |
| 教职工数 | 万人 | 2.24 | 2.09 | 2.47 | 2.61 |
| 医院床位数 | 张 | 2967 | 2791 | 3492 | 4052 |
| 卫生技术人员数 | 人 | 3290 | 4266 | 5151 | 6031 |

# 社会主要指标（二）

| 2000 | 2005 | 2006 | 2009 | 2010 | 2011 | 2012 | 2013 | 比上年增长（±%） |
|---|---|---|---|---|---|---|---|---|
| 4.72 | 6.72 | 7.12 | 5.58 | 5.96 | 5.93 | 6.26 | 6.59 | 5.3 |
| 49.69 | 58.98 | 63.21 | 52.46 | 56.63 | 58.75 | 58.94 | 62.41 | 5.9 |
| 39.10 | 43.01 | 43.03 | 35.54 | 38.53 | 38.78 | 40.39 | 43.07 | 6.6 |
| 157.11 | 127.38 | 135.01 | 150.35 | 161.80 | 168.53 | 169.80 | 182.54 | 7.5 |
| | | | | | | | | |
| 6912.00 | – | – | – | – | – | – | – | – |
| 325.00 | 64.00 | 64.00 | 68.00 | 74.00 | 55.00 | 86.00 | 103 | 19.8 |
| 56.45 | 137.77 | 185.93 | 324.33 | 445.72 | 679.14 | 736.57 | 785.68 | 16.2 |
| 51.43 | 127.71 | 173.74 | 288.55 | 405.89 | 638.09 | 701.44 | 742.5 | 16.2 |
| 23.21 | 69.44 | 89.77 | 167.43 | 193.48 | 263.65 | 301.28 | 345.97 | 17.0 |
| 21.73 | 65.92 | 86.12 | 154.73 | 182.37 | 235.40 | 281.23 | 331.86 | 16.5 |
| 20.47 | 79.58 | 96.99 | 353.53 | 488.02 | 627.74 | 765.86 | 953.19 | 24.5 |
| 9.15 | 25.65 | 18.12 | 54.90 | 80.00 | 110.05 | 138.06 | 155.90 | 12.9 |
| 46.00 | 68.00 | 64.00 | 61.00 | 60.00 | 64.00 | 72.00 | 80 | 11.1 |
| 4.40 | 23.27 | 25.35 | 41.12 | 50.57 | 60.19 | 79.12 | 107.69 | 36.1 |
| 8.70 | 232.42 | 204.73 | 278.14 | 418.38 | 278.03 | 358.05 | 400.72 | 11.9 |
| | | | | | | | | |
| 73575 | 87887 | 93680 | 281466 | 310897 | 322420 | 550689 | 777056 | 41.1 |
| 75009 | 110845 | 117804 | 233704 | 239708 | 130347 | 134283 | 145571 | 8.4 |
| 1.47 | 4.80 | 5.51 | 10.61 | 16.64 | 11.81 | 13.45 | 14.86 | 10.5 |
| 13.64 | 36.28 | 41.27 | 78.17 | 93.47 | 112.14 | 130.64 | 146.54 | 14.7 |
| 6.52 | 16.49 | 21.63 | 44.69 | 58.79 | 105.70 | 129.96 | 154.25 | 18.7 |
| 3.51 | 6.72 | 8.48 | 22.64 | 30.02 | 44.30 | 53.11 | 63.73 | 20.0 |
| 9.86 | 26.61 | 38.44 | 88.84 | 113.10 | 135.17 | 158.79 | 183.32 | 15.6 |
| 75.53 | 130.89 | 147.84 | 289.57 | 354.18 | 411.32 | 506.07 | 599.98 | 18.6 |
| 59.89 | 101.24 | 114.26 | 199.13 | 233.30 | 279.34 | 340.59 | 395.05 | 16.0 |
| 48.79 | 67.67 | 72.68 | 104.63 | 139.97 | 176.59 | 243.67 | 337.78 | 38.6 |
| 11.84 | 10.38 | 21.52 | 37.99 | 107.67 | 33.24 | 24.34 | 291.65 | 1098.2 |
| 79.06 | 85.73 | 90.27 | 75.38 | 1394.78 | 1951.26 | 1312.59 | 8378.76 | 538.3 |
| 3827 | 2476 | 2471 | 2026 | 1873 | 1881 | 1861 | 1826 | -1.9 |
| 58.45 | 58.46 | 59.22 | 52.15 | 50.75 | 48.99 | 45.07 | 44.28 | -1.8 |
| 2.67 | 2.71 | 3.00 | 3.18 | 3.22 | 3.32 | 3.28 | 3.38 | 3.0 |
| 4434 | 4300 | 4466 | 6907 | 5067 | 6484 | 8389 | 7910 | -5.7 |
| 4779 | 4524 | 4514 | 7120 | 5915 | 6991 | 8914 | 8119 | -8.9 |

# 庆阳市国民经济主要指标占全省比重

| | 计算单位 | 全　省 | 全　市 | 庆阳市占全省% |
|---|---|---|---|---|
| 年末常住人口 | 万人 | 2582.18 | 222.27 | 8.61 |
| 从业人员 | 万人 | 1504.97 | 140.06 | 9.31 |
| 生产总值（现价） | 亿元 | 6268.01 | 605.37 | 9.66 |
| #第一产业 | 亿元 | 879.37 | 77.00 | 8.76 |
| 第二产业 | 亿元 | 2821.04 | 359.98 | 12.76 |
| 第三产业 | 亿元 | 2567.60 | 168.38 | 6.56 |
| 固定资产投资总额 | 亿元 | 6407.20 | 953.19 | 14.87 |
| 财政收入 | 亿元 | 1144.01 | 154.25 | 13.48 |
| 财政支出 | 亿元 | 2308.22 | 183.32 | 7.94 |
| 在岗职工平均工资 | 元 | 43443 | 43978 | 101.23 |
| 城镇居民人均可支配收入 | 元 | 18965 | 18761 | 98.92 |
| 农民人均纯收入 | 元 | 5108 | 4888 | 95.69 |
| **主要农产品产量** | | | | |
| 粮　食 | 万吨 | 1138.9 | 158.95 | 13.96 |
| 油　料 | 万吨 | 69.7 | 14.04 | 20.14 |
| 果　品 | 万吨 | 391.4 | 58.72 | 15.00 |
| 肉　类 | 万吨 | 95.1 | 6.59 | 6.93 |
| **主要工业产品产量** | | | | |
| 天然原油 | 万吨 | 710.4 | 659.39 | 92.82 |
| 原油加工量 | 万吨 | 1554.20 | 341.04 | 21.94 |
| 水泥 | 万吨 | 4412.7 | 30.66 | 0.69 |
| 邮电业务总量 | 亿元 | 209.6 | 14.86 | 7.09 |
| 社会消费品零售总额 | 亿元 | 2173.8 | 146.54 | 6.74 |
| 高等学校在校学生数 | 万人 | 44.3 | 1.57 | 3.54 |
| 卫生机构总数 | 个 | 26538 | 1845 | 6.95 |
| 卫生机构床位数 | 万张 | 11.61 | 0.79 | 6.80 |
| 卫生技术人员 | 人 | 116319 | 8119 | 6.98 |

# 庆阳的一天（一）

| | 计算单位 | 2008 | 2009 | 2010 | 2011 | 2012 | 2013 |
|---|---|---|---|---|---|---|---|
| **每天创造的财富** | | | | | | | |
| 生产总值 | 万元 | 6808 | 8280 | 9798 | 12448 | 14870 | 16585 |
| #第一产业 | 万元 | 1059 | 1192 | 1398 | 1596 | 2051 | 2110 |
| 第二产业 | 万元 | 4122 | 4965 | 5887 | 7889 | 9256 | 9863 |
| 第三产业 | 万元 | 1627 | 2123 | 2513 | 2963 | 3564 | 4613 |
| 工业增加值 | 万元 | 3859 | 4587 | 5301 | 7223 | 8463 | 9479 |
| 财政收入 | 万元 | 919 | 1224 | 1611 | 2895 | 3650 | 4226 |
| 财政支出 | 万元 | 1875 | 2433 | 3099 | 3703 | 4460 | 5022 |
| 粮　食 | 吨 | 2933 | 3037 | 3499 | 3354 | 4267 | 4355 |
| 油　料 | 吨 | 278 | 295 | 299 | 331 | 361 | 384 |
| 肉　类 | 吨 | 140 | 153 | 163 | 162 | 171 | 181 |
| 原　煤 | 吨 | – | – | – | – | – | – |
| 原　油 | 吨 | 7988 | 8582 | 10687 | 12374 | 16176 | 18066 |
| 水　泥 | 吨 | 358 | 439 | 890 | 775 | 1718 | 840 |
| **每天消费量** | | | | | | | |
| 居民消费 | 万元 | 2036 | 2265 | 2609 | 3147 | 3849 | 4347 |
| #农村居民 | 万元 | 1308 | 1371 | 1179 | 1488 | 1669 | 2456 |
| 城镇居民 | 万元 | 728 | 894 | 1430 | 1659 | 2180 | 1892 |
| 政府消费 | 万元 | 785 | 671 | 806 | 981 | 1083 | 1187 |
| 粮食消费 | 吨 | 1608 | 1350 | 971 | 772 | 867 | 1082 |

# 庆阳的一天（二）

| | 计算单位 | 2008 | 2009 | 2010 | 2011 | 2012 | 2013 |
|---|---|---|---|---|---|---|---|
| 油料消费 | 吨 | 26 | 29 | 20.46 | 30.24 | 36 | 59 |
| 肉类消费 | 吨 | 71 | 84 | 55.21 | 61.92 | 59 | 86 |
| 城镇居民每人生活消费支出 | 元 | 21.43 | 24.48 | 26.56 | 30.67 | 35.40 | 38.4 |
| #食品消费 | 元 | 7.93 | 8.87 | 9.42 | 10.22 | 11.83 | 12.06 |
| 农民每人生活消费支出 | 元 | 5.52 | 5.68 | 6.38 | 8.89 | 9.73 | 11.96 |
| #食品消费 | 元 | 2.55 | 2.44 | 1.49 | 2.50 | 2.88 | 3.68 |
| 社会消费品零售总额 | 万元 | 1706.69 | 2141.76 | 2560.82 | 3072.33 | 3669.76 | 4014.9 |
| **每天其他经济活动** | | | | | | | |
| 房屋建筑竣工面积 | 万平方米 | 0.29 | 0.41 | 0.56 | 0.43 | 0.52 | 0.55 |
| #住宅 | 万平方米 | 0.16 | 0.25 | 0.32 | 0.26 | 0.33 | 0.35 |
| 货运量 | 万吨 | 7.28 | 8.32 | 8.95 | 9.11 | 9.21 | 12.6 |
| 客运量 | 万人 | 21.21 | 22.23 | 22.47 | 9.24 | 9.54 | 10.2 |
| 函件 | 万件 | 0.28 | 0.58 | 0.59 | 0.38 | 0.26 | 0.13 |
| 出版报纸 | 万份 | 0.07 | 0.07 | 0.05 | 0.05 | 0.052 | 0.037 |
| **人口变动和婚姻** | | | | | | | |
| 出生人数 | 人 | 96 | 98 | 96 | 97 | 82 | 83 |
| 死亡人数 | 人 | 44 | 44 | 45 | 46 | 39 | 39 |
| 结婚人数 | 对 | 38 | 38 | 52 | 56 | 64 | 69 |
| 离婚人数 | 对 | 2 | 1 | 4 | 8 | 11 | 13 |

# 主要经济指标人均水平

| | 计算单位 | 2008 | 2009 | 2010 | 2011 | 2012 | 2013 |
|---|---|---|---|---|---|---|---|
| 生产总值 | 元 | 9872 | 11973 | 15095 | 20506 | 23882 | 27261 |
| #第一产业 | 元 | 1536 | 1753 | 2154 | 2619 | 3188 | 3468 |
| 第二产业 | 元 | 5978 | 7150 | 9070 | 13003 | 14251 | 16211 |
| 第三产业 | 元 | 2358 | 3070 | 3872 | 4883 | 6443 | 7583 |
| 农业总产值 | 元 | 2920 | 3142 | 3534 | 4627 | 5832 | 6321 |
| 工业总产值 | 元 | 10719 | 11382 | 18455 | 28816 | 36388 | 42803 |
| 工业增加值 | 元 | 5568 | 6604 | 8167 | 11235 | 13592 | 15580 |
| 财政收入 | 元 | 1332 | 1763 | 2482 | 4773 | 5863 | 6946 |
| 财政支出 | 元 | 2719 | 3502 | 4774 | 6106 | 7164 | 8256 |
| 固定资产投资总额 | 元 | 8859 | 13945 | 20600 | 28349 | 40148 | 42929 |
| 社会消费品零售总额 | 元 | 2475 | 3083 | 3946 | 5064 | 5894 | 6599 |
| 职工年平均工资 | 元 | 21871 | 27226 | 28590 | 34645 | 39138 | 43978 |
| 耕地面积 | 亩 | 2.64 | 2.65 | 2.82 | 3.01 | 3.04 | 3.05 |
| 粮食产量 | 公斤 | 424 | 437 | 539.09 | 552.8 | 702.6 | 715.81 |
| 油料产量 | 公斤 | 40.25 | 42.5 | 46.01 | 54.5 | 59.41 | 63.23 |
| 肉类产量 | 公斤 | 20.26 | 22.1 | 25.16 | 26.78 | 28.22 | 29.68 |
| 水果产量 | 公斤 | 145.7 | 161.3 | 180.41 | 222 | 234.86 | 264.44 |
| 城镇居民人均可支配收入 | 元 | 9939 | 11130 | 12453 | 14388 | 16662 | 18761 |
| 城镇居民人均消费性支出 | 元 | 7821 | 8935 | 9693 | 10681 | 12601 | 13447 |
| 农民人均纯收入 | 元 | 2385 | 2686 | 3154 | 3673 | 4262 | 4888 |
| 农民人均生活费支出 | 元 | 2015 | 2075 | 2330 | 3113 | 3463 | 4698 |
| 城乡居民储蓄存款余额 | 元 | 6093 | 7854 | 9848 | 12615 | 15366 | 17790 |

# 国民经济和社会发展结构指标（一）

单位：%

| | 2006 | 2007 | 2008 | 2009 | 2010 | 2011 | 2012 | 2013 |
|---|---|---|---|---|---|---|---|---|
| **人口与就业** | | | | | | | | |
| **人口** | | | | | | | | |
| 城乡结构 | 100 | 100 | 100 | 100 | 100 | 100 | 100 | 100 |
| 城镇 | 21.6 | 24.7 | 25.8 | 27.2 | 23.8 | 25.1 | 25.7 | 25.7 |
| 乡村 | 78.4 | 75.3 | 74.2 | 72.8 | 76.2 | 74.9 | 74.3 | 74.3 |
| 性别结构 | 100 | 100 | 100 | 100 | 100 | 100 | 100 | 100 |
| 男 | 52.3 | 52.3 | 52.4 | 52.4 | 50.7 | 51.5 | 51.5 | 51.5 |
| 女 | 47.7 | 47.7 | 47.6 | 47.6 | 49.3 | 48.5 | 48.5 | 48.5 |
| **就业** | | | | | | | | |
| 产业结构 | 100 | 100 | 100 | 100 | 100 | 100 | 100 | 100 |
| 第一产业 | 65.9 | 65.9 | 56.7 | 56.4 | 52.3 | 52.3 | 52.3 | 52.3 |
| 第二产业 | 7.8 | 7.8 | 9.7 | 14.7 | 15.3 | 15.3 | 15.3 | 15.3 |
| 第三产业 | 26.3 | 26.3 | 33.6 | 28.9 | 32.4 | 32.4 | 32.4 | 32.4 |
| **国民核算** | | | | | | | | |
| 生产总值构成 | 100 | 100 | 100 | 100 | 100 | 100 | 100 | 100 |
| 第一产业 | 16.5 | 16.1 | 15.6 | 14.6 | 14.3 | 12.8 | 13.3 | 12.7 |
| 第二产业 | 57.8 | 59.2 | 60.5 | 59.7 | 60.1 | 63.4 | 59.7 | 59.5 |
| 第三产业 | 25.7 | 24.7 | 23.9 | 25.7 | 25.7 | 23.8 | 27.0 | 27.8 |
| **产业经济** | | | | | | | | |
| **农业** | | | | | | | | |
| 农林牧渔业产值结构 | 100 | 100 | 100 | 100 | 100 | 100 | 100 | 100 |
| 农　业 | 76.5 | 73.2 | 73.2 | 76.1 | 76.8 | 78.0 | 79.1 | 78.74 |
| 林　业 | 2.8 | 3.2 | 3.2 | 2.5 | 2.0 | 1.5 | 1.4 | 1.68 |
| 牧　业 | 19.3 | 22.6 | 22.6 | 13.3 | 13.2 | 13.0 | 12.5 | 12.45 |
| 渔　业 | 0.1 | 0.1 | 0.1 | 0.1 | 0.1 | 0.1 | 0.1 | 0.06 |
| 农林牧渔服务业 | 1.3 | 0.9 | 0.9 | 8.0 | 7.9 | 7.4 | 6.9 | 7.06 |

# 国民经济和社会发展结构指标（二）

单位：%

| | 2006 | 2007 | 2008 | 2009 | 2010 | 2011 | 2012 | 2013 |
|---|---|---|---|---|---|---|---|---|
| **投资** | | | | | | | | |
| 固定资产投资总额结构 | | | | | | | | |
| 城乡结构 | 100 | 100 | 100 | 100 | 100 | 100 | 100 | 100 |
| 城镇 | 82.2 | 83.5 | 80.9 | 85.4 | 84.0 | 90.7 | – | – |
| 农村 | 17.8 100 | 16.5 | 19.1 | 14.6 | 16.0 | 9.3 | – | – |
| 产业结构 | 11.9 | 100 | 100 | 100 | 100 | 100 | 100 | 100 |
| 第一产业 | 37.6 | 13.4 | 11.9 | 11.1 | 11.7 | 4.3 | 1.5 | 1.6 |
| 第二产业 | 50.5 | 37.1 | 41.7 | 39.8 | 40.9 | 51.1 | 72.9 | 68.4 |
| 第三产业 | 100 | 49.5 | 46.4 | 49.1 | 47.4 | 44.6 | 25.6 | 30.0 |
| 资金来源结构 | 27.7 | 100 | 100 | 100 | 100 | 100 | 100 | 100 |
| 国家预算内资金 | 6.9 | 14.5 | 27.7 | 26.3 | 2.4 | 25.6 | 21.4 | 16.61 |
| 国内贷款 | 0.2 | 11.6 | 6.9 | 8.2 | 9.1 | 9.9 | 9.1 | 14.06 |
| 利用外资 | 40.8 | 0.3 | 0.2 | 0.0 | – | 0.3 | 0.06 | 0.26 |
| 自筹资金 | 24.4 | 50.9 | 40.8 | 43.9 | 40.1 | 50.0 | 57.5 | 63.27 |
| 其他投资 | | 30.1 | 24.4 | 7.0 | 3.1 | 3.5 | 2.4 | 5.80 |
| **工业** | 100 | | | | | | | |
| 规上工业总产值结构 | 3.1 | 100 | 100 | 100 | 100 | 100 | 100 | 100 |
| 轻工业 | 96.9 | 3.4 | 4.3 | 5.9 | 5.0 | 3.1 | 3.15 | 4.7 |
| 重工业 | | 96.6 | 95.7 | 94.1 | 95.0 | 96.9 | 96.85 | 95.3 |
| **国内商业** | 100 | | | | | | | |
| 社会消费品零售总额构成 | 21.7 | 100 | 100 | 100 | 100 | 100 | 100 | 100 |
| 市（城镇） | 40.3 | 21.5 | 20.8 | 20.7 | 20.7 | 74.4 | 78.1 | 80.63 |
| 县 | 38.0 | 40.6 | 41.5 | 41.6 | 41.6 | – | – | – |
| 县以下（农村） | | 37.9 | 37.7 | 37.7 | 37.7 | 25.6 | 29.1 | 19.37 |

# 历年生产总值

单位：亿元、元

| 年份 | 生产总值 | 第一产业 | 第二产业 | 工业 | 建筑业 | 第三产业 | 交通运输仓储及邮电通信业 | 批发和零售贸易餐饮业 | 人均生产总值 |
|---|---|---|---|---|---|---|---|---|---|
| 1978 | 2.50 | 0.99 | 1.02 | − | − | 0.49 | − | − | 143 |
| 1979 | 3.47 | 2.05 | 0.93 | − | − | 0.49 | − | − | 195 |
| 1980 | 3.07 | 1.62 | 0.94 | − | − | 0.51 | − | − | 171 |
| 1981 | 3.47 | 2.06 | 0.89 | − | − | 0.52 | − | − | 190 |
| 1982 | 3.89 | 2.42 | 0.87 | − | − | 0.60 | − | − | 210 |
| 1983 | 4.55 | 2.72 | 1.02 | − | − | 0.80 | − | − | 243 |
| 1984 | 5.32 | 2.99 | 1.35 | − | − | 0.98 | − | − | 281 |
| 1985 | 6.07 | 2.82 | 2.14 | − | − | 1.11 | − | − | 314 |
| 1986 | 7.54 | 3.74 | 2.33 | − | − | 1.47 | − | − | 385 |
| 1987 | 8.97 | 4.34 | 2.91 | − | − | 1.72 | − | − | 448 |
| 1988 | 11.78 | 6.03 | 3.68 | − | − | 2.07 | − | − | 578 |
| 1989 | 13.17 | 6.47 | 4.32 | − | − | 2.38 | − | − | 635 |
| 1990 | 16.42 | 8.36 | 4.30 | − | − | 3.76 | − | − | 845 |
| 1991 | 17.88 | 8.62 | 4.83 | − | − | 4.43 | − | − | 930 |
| 1992 | 21.29 | 10.01 | 5.94 | − | − | 5.34 | − | − | 989 |
| 1993 | 24.93 | 9.34 | 10.36 | − | − | 5.23 | − | − | 1105 |
| 1994 | 31.85 | 10.66 | 13.81 | − | − | 7.38 | − | − | 1389 |
| 1995 | 37.79 | 12.87 | 16.54 | − | − | 8.38 | − | − | 1622 |
| 1996 | 45.23 | 15.93 | 20.47 | − | − | 8.83 | − | − | 1896 |
| 1997 | 49.16 | 15.24 | 24.34 | 21.57 | 2.77 | 9.58 | 1.53 | 1.99 | 2020 |
| 1998 | 51.17 | 17.59 | 22.85 | 19.72 | 3.13 | 10.73 | 1.72 | 2.32 | 2079 |
| 1999 | 55.06 | 18.05 | 24.77 | 21.27 | 3.50 | 12.24 | 2.22 | 2.89 | 2215 |
| 2000 | 59.86 | 15.01 | 29.27 | 24.94 | 4.33 | 15.58 | 3..19 | 3.31 | 2389 |
| 2001 | 65.97 | 15.69 | 32.21 | 27.91 | 4.30 | 18.07 | 3.87 | 4.20 | 2615 |
| 2002 | 85.14 | 17.41 | 37.16 | 31.51 | 5.65 | 30.57 | 5.00 | 5.09 | 3353 |
| 2003 | 95.86 | 18.70 | 43.39 | 36.59 | 6.80 | 33.77 | 6.13 | 6.28 | 3755 |
| 2004 | 116.46 | 23.06 | 58.40 | 50.40 | 8.00 | 35.00 | 7.22 | 7.49 | 4546 |
| 2005 | 143.81 | 26.85 | 78.04 | 69.44 | 8.60 | 38.92 | 7.90 | 8.41 | 5582 |
| 2006 | 171.54 | 28.38 | 99.09 | 89.78 | 9.31 | 44.07 | 8.96 | 9.65 | 6830 |
| 2007 | 200.82 | 32.43 | 118.92 | 107.86 | 11.06 | 49.47 | 9.87 | 11.35 | 7998 |
| 2008 | 248.50 | 38.66 | 150.47 | 140.86 | 9.60 | 59.37 | 10.75 | 14.55 | 9872 |
| 2009 | 302.22 | 43.50 | 181.22 | 162.78 | 18.44 | 77.50 | 13.59 | 17.51 | 11973 |
| 2010 | 357.61 | 51.02 | 214.86 | 193.48 | 21.37 | 91.74 | 15.83 | 20.88 | 15095 |
| 2011 | 454.35 | 58.27 | 287.95 | 263.65 | 24.30 | 108.13 | 18.81 | 25.73 | 20506 |
| 2012 | 529.36 | 70.66 | 315.90 | 301.28 | 28.22 | 142.81 | 21.70 | 30.89 | 23882 |
| 2013 | 605.37 | 77.00 | 359.98 | 345.97 | 31.97 | 168.38 | 25.52 | 37.22 | 27161 |

# 历年生产总值各构成部分比重

（本表按当年价计算）单位：%

| 年份 | 生产总值 | 第一产业 | 第二产业 | 工业 | 建筑业 | 第三产业 | 交通运输仓储及邮电通信业 | 批发和零售贸易餐饮业 |
|---|---|---|---|---|---|---|---|---|
| 1978 | 100.00 | 39.60 | 40.80 | – | – | 19.60 | – | – |
| 1979 | 100.00 | 59.08 | 26.80 | – | – | 14.12 | – | – |
| 1980 | 100.00 | 52.77 | 30.62 | – | – | 16.61 | – | – |
| 1981 | 100.00 | 59.37 | 25.65 | – | – | 14.99 | – | – |
| 1982 | 100.00 | 62.21 | 22.37 | – | – | 15.42 | – | – |
| 1983 | 100.00 | 59.78 | 22.42 | – | – | 17.58 | – | – |
| 1984 | 100.00 | 56.20 | 25.38 | – | – | 18.42 | – | – |
| 1985 | 100.00 | 46.46 | 35.26 | – | – | 18.29 | – | – |
| 1986 | 100.00 | 49.60 | 30.90 | – | – | 19.50 | – | – |
| 1987 | 100.00 | 48.38 | 32.44 | – | – | 19.18 | – | – |
| 1988 | 100.00 | 51.19 | 31.24 | – | – | 17.57 | – | – |
| 1989 | 100.00 | 49.13 | 32.80 | – | – | 18.07 | – | – |
| 1990 | 100.00 | 50.91 | 26.19 | – | – | 22.90 | – | – |
| 1991 | 100.00 | 48.21 | 27.01 | – | – | 24.78 | – | – |
| 1992 | 100.00 | 47.02 | 27.90 | – | – | 25.08 | – | – |
| 1993 | 100.00 | 37.46 | 41.56 | – | – | 20.98 | – | – |
| 1994 | 100.00 | 33.47 | 43.36 | – | – | 23.17 | – | – |
| 1995 | 100.00 | 34.06 | 43.77 | – | – | 22.18 | – | – |
| 1996 | 100.00 | 35.22 | 45.26 | – | – | 19.52 | – | – |
| 1997 | 100.00 | 31.00 | 49.51 | 43.88 | 5.63 | 19.49 | 3.11 | 4.05 |
| 1998 | 100.00 | 34.38 | 44.66 | 38.54 | 6.12 | 20.97 | 3.36 | 4.53 |
| 1999 | 100.00 | 32.78 | 44.99 | 38.63 | 6.36 | 22.23 | 4.03 | 5.25 |
| 2000 | 100.00 | 25.08 | 48.90 | 41.66 | 7.23 | 26.03 | 3.19 | 5.53 |
| 2001 | 100.00 | 23.78 | 48.83 | 42.31 | 6.52 | 27.39 | 5.87 | 6.37 |
| 2002 | 100.00 | 20.45 | 43.65 | 37.01 | 6.64 | 35.91 | 5.87 | 5.98 |
| 2003 | 100.00 | 19.51 | 45.26 | 38.17 | 7.09 | 35.23 | 6.39 | 6.55 |
| 2004 | 100.00 | 19.80 | 50.15 | 43.28 | 6.87 | 30.05 | 6.20 | 6.43 |
| 2005 | 100.00 | 18.67 | 54.27 | 48.29 | 5.98 | 27.06 | 5.49 | 5.85 |
| 2006 | 100.00 | 16.54 | 57.76 | 52.34 | 5.43 | 25.69 | 5.22 | 5.63 |
| 2007 | 100.00 | 16.15 | 59.22 | 53.71 | 5.51 | 24.63 | 4.91 | 5.65 |
| 2008 | 100.00 | 15.56 | 60.55 | 56.68 | 3.86 | 23.89 | 4.33 | 5.86 |
| 2009 | 100.00 | 14.39 | 59.96 | 53.86 | 6.10 | 25.64 | 4.50 | 5.79 |
| 2010 | 100.00 | 14.27 | 60.08 | 54.10 | 5.98 | 25.65 | 4.43 | 5.84 |
| 2011 | 100.00 | 12.83 | 63.38 | 58.03 | 5.35 | 23.79 | 4.14 | 5.66 |
| 2012 | 100.00 | 13.30 | 59.70 | 56.91 | 5.33 | 27.00 | 4.10 | 5.84 |
| 2013 | 100.00 | 12.70 | 59.50 | 57.15 | 5.28 | 27.80 | 4.22 | 6.15 |

# 历年生产总值指数

（本表按可比价计算，上年=100）单位：%

| 年份 | 生产总值 | 第一产业 | 第二产业 | 工业 | 建筑业 | 第三产业 | 交通运输仓储及邮电通信业 | 批发和零售贸易餐饮业 | 人均生产总值 |
|---|---|---|---|---|---|---|---|---|---|
| 1978 | 102.3 | 103.6 | 90.8 | - | - | 104.0 | - | - | 103.7 |
| 1979 | 103.5 | 106.1 | 105.5 | - | - | 104.4 | - | - | 103.9 |
| 1980 | 111.2 | 111.5 | 111.8 | - | - | 110.0 | - | - | 109.6 |
| 1981 | 91.1 | 113.6 | 60.8 | - | - | 83.3 | - | - | 89.7 |
| 1982 | 123.5 | 130.1 | 122.1 | - | - | 106.4 | - | - | 122.0 |
| 1983 | 104.9 | 101.0 | 119.7 | - | - | 102.6 | - | - | 104.0 |
| 1984 | 103.4 | 96.8 | 117.8 | - | - | 107.5 | - | - | 101.9 |
| 1985 | 110.9 | 93.9 | 129.6 | - | - | 114.7 | - | - | 104.9 |
| 1986 | 128.8 | 143.6 | 122.4 | - | - | 110.1 | - | - | 128.4 |
| 1987 | 116.4 | 116.4 | 114.8 | - | - | 119.0 | - | - | 114.3 |
| 1988 | 119.4 | 118.8 | 126.7 | - | - | 112.4 | - | - | 117.4 |
| 1989 | 106.6 | 103.4 | 108.7 | - | - | 113.3 | - | - | 104.9 |
| 1990 | 113.4 | 105.6 | 105.3 | - | - | 152.6 | - | - | 120.5 |
| 1991 | 113.0 | 109.6 | 111.0 | - | - | 125.5 | - | - | 110.1 |
| 1992 | 108.2 | 107.5 | 110.5 | - | - | 106.0 | - | - | 106.3 |
| 1993 | 107.7 | 108.9 | 106.7 | - | - | 106.0 | - | - | 105.6 |
| 1994 | 107.2 | 66.4 | 129.7 | - | - | 110.6 | - | - | 106.7 |
| 1995 | 109.2 | 98.6 | 113.9 | 113.2 | 111.9 | 114.3 | 107.9 | 107.0 | 108.9 |
| 1996 | 111.6 | 111.7 | 115.1 | 116.9 | 96.4 | 103.7 | 112.7 | 101.7 | 110.3 |
| 1997 | 106.6 | 95.6 | 115.8 | 114.2 | 121.2 | 108.3 | 96.1 | 103.7 | 106.5 |
| 1998 | 108.8 | 117.4 | 98.2 | 96.1 | 118.3 | 117.2 | 119.0 | 123.2 | 107.7 |
| 1999 | 109.1 | 105.8 | 110.6 | 110.9 | 114.5 | 111.4 | 127.0 | 121.3 | 108.5 |
| 2000 | 108.8 | 85.7 | 116.8 | 116.5 | 121.7 | 133.2 | 147.0 | 117.7 | 107.3 |
| 2001 | 109.7 | 104.0 | 109.4 | 111.6 | 101.6 | 115.7 | 121.0 | 125.9 | 108.7 |
| 2002 | 112.3 | 110.4 | 112.5 | 111.2 | 124.4 | 113.0 | 130.0 | 122.3 | 111.2 |
| 2003 | 111.3 | 106.3 | 115.6 | 115.6 | 118.8 | 109.2 | 121.0 | 123.6 | 111.3 |
| 2004 | 112.9 | 108.9 | 120.6 | 122.7 | 114.1 | 105.4 | 118.0 | 118.5 | 112.3 |
| 2005 | 112.4 | 105.7 | 117.1 | 119.2 | 104.8 | 109.5 | 112.0 | 113.1 | 112.1 |
| 2006 | 112.1 | 104.0 | 115.8 | 117.4 | 103.7 | 110.3 | 109.8 | 112.0 | 112.0 |
| 2007 | 113.3 | 104.5 | 118.5 | 119.5 | 109.5 | 108.1 | 107.6 | 110.8 | 113.2 |
| 2008 | 114.3 | 113.5 | 115.9 | 116.4 | 111.0 | 110.8 | 109.1 | 114.6 | 114.0 |
| 2009 | 114.6 | 110.7 | 116.5 | 115.6 | 119.8 | 113.2 | 115.9 | 119.7 | 114.0 |
| 2010 | 115.8 | 106.3 | 120.7 | 121.5 | 115.9 | 109.4 | 110.4 | 111.3 | 123.4 |
| 2011 | 116.8 | 106.8 | 121.1 | 122.8 | 106.2 | 112.4 | 115.3 | 117.4 | 124.9 |
| 2012 | 115.9 | 107.2 | 117.9 | 118.7 | 113.3 | 115.6 | 113.3 | 115.8 | 115.8 |
| 2013 | 114.4 | 105.6 | 115.2 | 117.0 | 112.2 | 116.4 | 114.9 | 115.4 | 114.2 |

# 生产总值指数

（本表按可比价计算，1978 年=100）单位：%

| 年份 | 生产总值 | 第一产业 | 第二产业 | 工业 | 建筑业 | 第三产业 | 交通运输仓储及邮电通信业 | 批发和零售贸易餐饮业 | 人均生产总值 |
|---|---|---|---|---|---|---|---|---|---|
| 1979 | 103.5 | 106.1 | 105.5 | - | - | 104.4 | - | - | 103.9 |
| 1980 | 115.1 | 118.3 | 117.9 | - | - | 114.8 | - | - | 113.9 |
| 1981 | 104.8 | 134.4 | 71.7 | - | - | 95.7 | - | - | 102.1 |
| 1982 | 129.5 | 174.8 | 87.6 | - | - | 101.8 | - | - | 124.6 |
| 1983 | 135.8 | 176.6 | 104.8 | - | - | 104.4 | - | - | 129.6 |
| 1984 | 140.5 | 170.9 | 123.5 | - | - | 112.3 | - | - | 132.1 |
| 1985 | 155.8 | 160.5 | 160.0 | - | - | 128.8 | - | - | 138.5 |
| 1986 | 200.6 | 230.5 | 195.9 | - | - | 141.8 | - | - | 177.9 |
| 1987 | 233.5 | 268.3 | 224.8 | - | - | 168.7 | - | - | 203.3 |
| 1988 | 278.8 | 318.7 | 284.9 | - | - | 189.6 | - | - | 238.7 |
| 1989 | 297.2 | 329.6 | 309.7 | - | - | 214.8 | - | - | 250.4 |
| 1990 | 337.1 | 348.0 | 326.1 | - | - | 327.9 | - | - | 301.7 |
| 1991 | 380.9 | 381.4 | 361.9 | - | - | 411.5 | - | - | 332.2 |
| 1992 | 412.1 | 410.0 | 399.9 | - | - | 436.1 | - | - | 353.1 |
| 1993 | 443.8 | 446.5 | 426.7 | - | - | 462.3 | - | - | 372.9 |
| 1994 | 475.8 | 296.5 | 553.5 | - | - | 511.3 | - | - | 397.9 |
| 1995 | 519.6 | 292.4 | 630.4 | 113.2 | 111.9 | 584.4 | 107.9 | 107.0 | 433.3 |
| 1996 | 579.8 | 326.6 | 725.6 | 132.3 | 107.9 | 606.1 | 121.6 | 108.8 | 477.9 |
| 1997 | 618.1 | 312.2 | 840.3 | 151.1 | 130.7 | 656.4 | 116.9 | 112.8 | 509.0 |
| 1998 | 672.5 | 366.5 | 825.1 | 145.2 | 154.7 | 769.3 | 139.1 | 139.0 | 548.2 |
| 1999 | 733.7 | 387.8 | 912.6 | 161.1 | 177.1 | 857.0 | 176.6 | 168.6 | 594.8 |
| 2000 | 798.3 | 332.3 | 1065.9 | 187.6 | 215.5 | 1141.5 | 259.6 | 198.5 | 638.2 |
| 2001 | 875.7 | 345.6 | 1166.1 | 209.4 | 219.0 | 1320.7 | 314.1 | 249.9 | 693.7 |
| 2002 | 983.4 | 381.6 | 1311.9 | 232.9 | 272.4 | 1492.4 | 408.4 | 305.6 | 771.4 |
| 2003 | 1094.5 | 405.6 | 1516.5 | 269.2 | 323.6 | 1629.7 | 494.1 | 377.7 | 858.6 |
| 2004 | 1235.7 | 441.7 | 1828.9 | 330.3 | 369.2 | 1717.7 | 583.1 | 447.6 | 964.2 |
| 2005 | 1388.9 | 466.9 | 2141.7 | 393.7 | 387.0 | 1880.9 | 653.1 | 506.3 | 1080.8 |
| 2006 | 1557.0 | 485.5 | 2480.1 | 462.2 | 401.3 | 2074.6 | 717.1 | 567.0 | 1210.6 |
| 2007 | 1764.1 | 507.4 | 2938.9 | 552.3 | 439.4 | 2242.6 | 771.6 | 628.3 | 1370.3 |
| 2008 | 2016.4 | 575.9 | 3406.2 | 642.9 | 487.7 | 2484.8 | 841.8 | 720.0 | 1562.2 |
| 2009 | 2310.7 | 637.5 | 3968.2 | 743.2 | 584.3 | 2812.8 | 975.6 | 861.8 | 1780.9 |
| 2010 | 2675.8 | 677.7 | 4789.6 | 903.0 | 677.2 | 3077.2 | 1077.1 | 959.2 | 2197.6 |
| 2011 | 3125.3 | 723.8 | 5800.2 | 1108.9 | 719.2 | 3458.8 | 1241.9 | 1126.1 | 2744.8 |
| 2012 | 3622.2 | 775.9 | 6838.4 | 1316.3 | 814.9 | 3998.4 | 1407.1 | 1304.0 | 3178.5 |
| 2013 | 4143.8 | 819.4 | 7877.8 | 1540.1 | 914.3 | 4654.1 | 1616.8 | 1504.8 | 3629.8 |

# 2013年生产总值构成

单位：万元

| | 增加值 | 劳动者报酬 | 生产税净额 | 补贴 | 固定资产折旧 | 营业盈余 |
|---|---|---|---|---|---|---|
| 生产总值 | 6053667 | 2445397 | 1006328 | | 750458 | 1851484 |
| 农林牧渔业 | 795827 | 713922 | 6611 | - | 75294 | - |
| 农业 | 643293 | 577498 | 6611 | - | 59184 | - |
| 林业 | 9613 | 8692 | - | - | 921 | - |
| 畜牧业 | 116455 | 103660 | - | - | 12795 | - |
| 渔业 | 693 | 614 | - | - | 79 | - |
| 农林牧渔服务业 | 25773 | 23458 | - | - | 2315 | - |
| 工业 | 3459700 | 696478 | 868574 | - | 415394 | 1479254 |
| 采矿业 | 2642857 | 510645 | 594895 | - | 357854 | 1179463 |
| 制造业 | 760103 | 149807 | 259290 | - | 25791 | 325215 |
| 电力、燃气及水的生产和供应业 | 56740 | 36026 | 14389 | - | 31749 | -25424 |
| 建筑业 | 319700 | 130934 | 30820 | - | 19409 | 138537 |
| 批发和零售业 | 217114 | 54498 | 44522 | - | 10933 | 107161 |
| 交通运输、仓储及邮政业 | 170703 | 90690 | 8690 | - | 30586 | 40737 |
| 交通运输和仓储业 | 159541 | 85586 | 8607 | - | 30114 | 35234 |
| 邮政业 | 11162 | 5104 | 83 | - | 472 | 5503 |
| 住宿和餐饮业 | 155100 | 44202 | 14068 | - | 65658 | 31172 |
| 信息传输、软件和信息技术服务业 | 84456 | 10749 | 4658 | - | 29781 | 39268 |
| 金融业 | 86293 | 54939 | 8445 | - | 4624 | 18285 |
| 货币金融服务 | 75334 | 46415 | 7216 | - | 4108 | 17595 |
| 保险业 | 10959 | 8524 | 1229 | - | 516 | 690 |
| 房地产业 | 89129 | 17007 | 13968 | - | 54356 | 3798 |
| 租赁和商务服务业 | 28853 | 17052 | 2244 | - | 2785 | 6772 |
| 科学研究和技术服务业 | 12216 | 10258 | 261 | - | 1197 | 500 |
| 水利、环境和公共设施管理业 | 13743 | 12768 | 20 | - | 911 | 44 |
| 居民服务、修理和其他服务业 | 44921 | 34496 | 3140 | - | 982 | 6303 |
| 教育 | 232363 | 215454 | 110 | - | 16799 | - |
| 卫生和社会工作 | 47079 | 62633 | 55 | - | 5581 | -21190 |
| 文化、体育和娱乐业 | 18131 | 15120 | 83 | - | 2201 | 727 |
| 公共管理、社会保障和社会组织 | 278339 | 264197 | 59 | - | 13967 | 116 |
| 第一产业 | 770054 | 690464 | 6611 | - | 72979 | - |
| 第二产业 | 3599822 | 792698 | 858481 | - | 410917 | 1537726 |
| 第三产业 | 1683791 | 962235 | 141236 | - | 266562 | 313758 |

# 按可比价计算的生产总值

单位：万元、%

| | 2013 | 2012 | 以上年为100的速度 | |
|---|---|---|---|---|
| | | | 2013 | 2012 |
| 生产总值 | 5540937 | 4843495 | 114.4 | 115.9 |
| 农林牧渔业 | 618863 | 585656 | 105.7 | 107.5 |
| 农　业 | 497597 | 470942 | 105.7 | 107.9 |
| 林　业 | 9623 | 7991 | 120.4 | 101 |
| 畜牧业 | 87859 | 84358 | 104.2 | 104.1 |
| 渔　业 | 576 | 524 | 110.0 | 107 |
| 农林牧渔服务业 | 23208 | 21841 | 106.3 | 114.2 |
| 工　业 | 3298671 | 2819377 | 117.0 | 118.7 |
| 采矿业 | 2473090 | 2122824 | 116.5 | 126.9 |
| 制造业 | 761122 | 641413 | 118.7 | 97.2 |
| 电力、燃气及水的生产和供应业 | 64459 | 55140 | 116.9 | 130.4 |
| 建筑业 | 288485 | 257118 | 112.2 | 113.3 |
| 批发和零售业 | 195241 | 164282 | 118.8 | 116.6 |
| 交通运输、仓储及邮政业 | 154531 | 129423 | 119.4 | 117.8 |
| 交通运输和仓储业 | 144637 | 121444 | 119.1 | 118.1 |
| 邮政业 | 9894 | 7979 | 124.0 | 112.5 |
| 住宿和餐饮业 | 131792 | 119056 | 110.7 | 114.8 |
| 信息传输、软件和信息技术服务业 | 85412 | 79453 | 107.5 | 106.6 |
| 金融业 | 75299 | 63383 | 118.8 | 123.5 |
| 货币金融服务 | 65209 | 55356 | 117.8 | 123.4 |
| 保险业 | 10090 | 8027 | 125.7 | 124.5 |
| 房地产业 | 79678 | 66398 | 120.0 | 106.5 |
| 租赁和商务服务业 | 25920 | 21591 | 120.1 | 110.2 |
| 科学研究和技术服务业 | 10284 | 9873 | 104.2 | 112.8 |
| 水利、环境和公共设施管理业 | 11168 | 10468 | 106.9 | 111.8 |
| 居民服务、修理和其他服务业 | 40757 | 35117 | 116.1 | 114.8 |
| 教　育 | 187157 | 175734 | 106.5 | 115.9 |
| 卫生和社会工作 | 38876 | 35583 | 109.3 | 115.7 |
| 文化、体育和娱乐业 | 16298 | 14395 | 113.2 | 115.8 |
| 公共管理、社会保障和社会组织 | 282502 | 256587 | 110.1 | 113.8 |
| 第一产业 | 595655 | 563815 | 105.6 | 107.2 |
| 第二产业 | 3389917 | 2942911 | 115.2 | 117.9 |
| 第三产业 | 1555365 | 1336768 | 116.4 | 115.6 |
| 国（地区）外净要素收入 | 7885 | 7700 | 102.4 | 102.7 |

# 2013 年分县

| | 全 市 | 西峰区 | 庆城县 | 环 县 |
|---|---|---|---|---|
| 生产总值 | 6053667 | 1736099 | 934292 | 664248 |
| 农林牧渔业 | 795827 | 110853 | 83448 | 88653 |
| 农 业 | 643293 | 84610 | 71702 | 60455 |
| 林 业 | 9613 | 634 | 968 | 26 |
| 畜牧业 | 116455 | 9979 | 9026 | 27916 |
| 渔 业 | 693 | 117 | 46 | 79 |
| 农林牧渔服务业 | 25773 | 15513 | 1706 | 176 |
| 工 业 | 3459700 | 963834 | 678458 | 421971 |
| 采矿业 | 2642857 | 361306 | 449879 | 316479 |
| 制造业 | 760103 | 575924 | 226582 | 97053 |
| 电力、燃气及水的生产和供应业 | 56740 | 26604 | 1997 | 8439 |
| 建筑业 | 319700 | 130976 | 56311 | 15183 |
| 批发和零售业 | 217114 | 78596 | 9417 | 13346 |
| 交通运输、仓储及邮政业 | 170703 | 82116 | 10875 | 10992 |
| 交通运输和仓储业 | 159541 | 80002 | 10039 | 9398 |
| 邮政业 | 11162 | 2114 | 836 | 1594 |
| 住宿和餐饮业 | 155100 | 60277 | 12948 | 11548 |
| 信息传输、软件和信息技术服务业 | 84456 | 39420 | 3029 | 4757 |
| 金融业 | 86293 | 51844 | 8388 | 3585 |
| 货币金融服务 | 75334 | 41463 | 7294 | 2976 |
| 保险业 | 10959 | 10381 | 1094 | 609 |
| 房地产业 | 89129 | 39684 | 5106 | 7188 |
| 租赁和商务服务业 | 28853 | 6079 | 3568 | 17564 |
| 科学研究和技术服务业 | 12216 | 7131 | 648 | 374 |
| 水利、环境和公共设施管理业 | 13743 | 6086 | 605 | 345 |
| 居民服务、修理和其他服务业 | 44921 | 12750 | 4441 | 5358 |
| 教 育 | 232363 | 46841 | 14256 | 23146 |
| 卫生和社会工作 | 47079 | 18115 | 4734 | 4888 |
| 文化、体育和娱乐业 | 18131 | 6854 | 2105 | 6847 |
| 公共管理、社会保障和社会组织 | 278339 | 74643 | 35955 | 28503 |
| 第一产业 | 770054 | 95340 | 81742 | 88476 |
| 第二产业 | 3599822 | 975183 | 627959 | 428398 |
| 第三产业 | 1683791 | 665576 | 224591 | 147373 |
| 人均生产总值 | 27261 | 45532 | 35511 | 21715 |

# 区生产总值

单位：万元、元

| 华池县 | 合水县 | 正宁县 | 宁　县 | 镇原县 |
|---|---|---|---|---|
| 919510 | 433898 | 245428 | 584185 | 544805 |
| 52331 | 69451 | 90220 | 148259 | 152613 |
| 37888 | 57115 | 82642 | 124777 | 124103 |
| 2600 | 3640 | 406 | 866 | 474 |
| 11673 | 8427 | 5143 | 21015 | 23276 |
| 80 | 82 | 77 | 54 | 158 |
| 90 | 187 | 1952 | 1547 | 4602 |
| 721132 | 294079 | 15272 | 167608 | 197553 |
| 702988 | 279099 | 101 | 19107 | 163303 |
| 16241 | 12810 | 13076 | 139120 | 30175 |
| 1903 | 2170 | 2095 | 9381 | 4075 |
| 33048 | 1131 | 5378 | 75985 | 1688 |
| 6365 | 6396 | 14586 | 44180 | 28281 |
| 12136 | 6113 | 11800 | 16382 | 19752 |
| 11015 | 5563 | 11050 | 14744 | 17031 |
| 1121 | 550 | 750 | 1638 | 2721 |
| 7079 | 5879 | 12885 | 16709 | 14582 |
| 4254 | 2510 | 9933 | 6701 | 9265 |
| 3618 | 2854 | 3669 | 7172 | 7784 |
| 3191 | 2306 | 3109 | 5737 | 5728 |
| 426 | 548 | 560 | 1435 | 2056 |
| 5199 | 2157 | 4879 | 14022 | 17963 |
| 4299 | 1647 | 370 | 286 | 8398 |
| 2310 | 276 | 490 | 455 | 429 |
| 4524 | 191 | 410 | 120 | 1240 |
| 3633 | 3660 | 2358 | 4405 | 1892 |
| 8221 | 7618 | 15862 | 32102 | 34479 |
| 5593 | 2977 | 4070 | 6717 | 8917 |
| 2688 | 1837 | 2986 | 1682 | 1156 |
| 43081 | 25122 | 50260 | 41400 | 38813 |
| 52241 | 69264 | 88268 | 146712 | 148011 |
| 751770 | 295210 | 20650 | 242439 | 177243 |
| 115499 | 69424 | 136510 | 195034 | 219551 |
| 74932 | 31913 | 13522 | 14545 | 13051 |

# 2013年分县区

|  | 全　市 | 西峰区 | 庆城县 | 环　县 |
|---|---|---|---|---|
| 生产总值 | 114.4 | 111.0 | 114.6 | 116.2 |
| 农林牧渔业 | 105.7 | 105.4 | 105.6 | 102.64 |
| 农　业 | 105.7 | 105.8 | 105.4 | 102 |
| 林　业 | 120.4 | 101.4 | 134.6 | -23.83 |
| 畜牧业 | 104.2 | 102.8 | 104.1 | 103.5 |
| 渔　业 | 110.0 | 107.7 | 112.5 | 115.09 |
| 农林牧渔服务业 | 106.3 | 105.3 | 108.8 | 114.49 |
| 工　业 | 117.0 | 114.1 | 114.9 | 120.1 |
| 采矿业 | 116.5 | 118.7 | 114.7 | 119.6 |
| 制造业 | 118.7 | 112.7 | 116.1 | 122.2 |
| 电力、燃气及水的生产和供应业 | 116.9 | 114.1 | 115.6 | 113.3 |
| 建筑业 | 112.2 | 92.5 | 127.9 | 162.4 |
| 批发和零售业 | 118.8 | 113.0 | 112.8 | 112.7 |
| 交通运输、仓储及邮政业 | 119.4 | 119.3 | 118.2 | 117.1 |
| 交通运输和仓储业 | 119.1 | 119.0 | 118.3 | 117.3 |
| 邮政业 | 124.0 | 130.1 | 116.3 | 116.0 |
| 住宿和餐饮业 | 110.7 | 103.6 | 98.0 | 94.8 |
| 信息传输、软件和信息技术服务业 | 107.5 | 104.9 | 104.9 | 105 |
| 金融业 | 118.8 | 124.6 | 115.3 | 122.7 |
| 货币金融服务 | 117.8 | 123.7 | 113.6 | 121.0 |
| 保险业 | 125.7 | 128.5 | 122.9 | 131.9 |
| 房地产业 | 120.0 | 105.8 | 103.6 | 102.5 |
| 租赁和商务服务业 | 120.1 | 117.7 | 116.2 | 119.0 |
| 科学研究和技术服务业 | 104.2 | 109.8 | 102.5 | 120.5 |
| 水利、环境和公共设施管理业 | 106.9 | 109.8 | 102.8 | 135.4 |
| 居民服务、修理和其他服务业 | 116.1 | 117.7 | 117.0 | 117.2 |
| 教　育 | 106.5 | 112.2 | 113.5 | 119.9 |
| 卫生和社会工作 | 109.3 | 116.3 | 108.9 | 131.1 |
| 文化、体育和娱乐业 | 113.2 | 117.7 | 111.1 | 124.9 |
| 公共管理、社会保障和社会组织 | 110.1 | 104.1 | 117.1 | 102.5 |
| 第一产业 | 105.6 | 105.4 | 105.5 | 102.6 |
| 第二产业 | 115.2 | 108.2 | 115.8 | 121.7 |
| 第三产业 | 116.4 | 116.5 | 113.6 | 111.9 |
| 人均生产总值 | 114.2 | 110.4 | 114.3 | 116.2 |

## 生产总值指数

本表按可比价计算（上年=100）单位：%

| 华池县 | 合水县 | 正宁县 | 宁　县 | 镇原县 |
|---|---|---|---|---|
| 113.5 | 111.5 | 110.7 | 115.8 | 114.4 |
| 106.1 | 105.8 | 105.7 | 106.25 | 106.3 |
| 100.5 | 105.6 | 105.8 | 106.87 | 106.7 |
| - | 113.6 | 104.3 | 82.17 | 104.5 |
| 101.9 | 104.2 | 105.0 | 103.70 | 104.5 |
| 111.4 | 104.5 | 116.3 | 117.07 | 107.1 |
| 71.6 | 159.4 | 105.5 | 108.0 | 105.1 |
| 114.1 | 113.5 | 124.9 | 124.0 | 124.4 |
| 114.2 | 112.4 | 116.9 | - | 128.0 |
| 115.3 | 130.0 | 125.5 | 108.2 | 109.0 |
| 99.5 | 119.8 | 120.7 | 143.7 | 130.4 |
| 101.2 | 74.2 | 110.0 | 129.3 | 59.2 |
| 112.1 | 109.2 | 115.5 | 112.4 | 114.1 |
| 118.4 | 118.7 | 118.9 | 118.0 | 117.6 |
| 121.9 | 120.1 | 120.1 | 118.7 | 117.7 |
| 104.7 | 105.7 | 103.5 | 112.7 | 116.8 |
| 98.6 | 105.7 | 110.5 | 108.7 | 110.9 |
| 105.0 | 104.9 | 104.9 | 104.9 | 108.1 |
| 126.8 | 119.5 | 122.9 | 112.5 | 118.8 |
| 124.6 | 119.5 | 124.9 | 107.1 | 119.6 |
| 147.0 | 119.7 | 113.2 | 140.7 | 116.4 |
| 104.4 | 104.9 | 103.6 | 103.7 | 106.8 |
| 117.2 | 116.7 | 110.6 | 141.0 | 109.4 |
| 203.4 | 98.2 | 103.9 | 112.5 | 103.3 |
| 87.9 | 98.3 | 105.6 | 124.1 | 111.9 |
| 53.2 | 116.6 | 104.4 | 101.8 | 104.7 |
| 261.0 | 99.6 | 104.5 | 106.1 | 107.6 |
| 119.2 | 93.3 | 109.5 | 107.1 | 107.9 |
| 98.9 | 116.5 | 126.4 | 123.4 | 105.9 |
| 116.5 | 116.4 | 115.2 | 116.8 | 117.6 |
| 106.2 | 105.6 | 105.7 | 106.2 | 106.4 |
| 113.8 | 113.2 | 121.3 | 125.4 | 123.2 |
| 114.4 | 111.1 | 111.9 | 111.3 | 112.8 |
| 113.5 | 111.0 | 110.6 | 116.4 | 114.3 |

# 三次产业贡献率

| 年份 | 生产总值 | 第一产业 | 第二产业 | #工业 | 第三产业 |
|---|---|---|---|---|---|
| 1995 | 100.0 | 37.2 | 46.0 | - | 16.8 |
| 1996 | 100.0 | 41.1 | 52.8 | - | 6.0 |
| 1997 | 100.0 | -17.6 | 98.5 | - | 19.1 |
| 1998 | 100.0 | 116.9 | -74.1 | -92.0 | 57.2 |
| 1999 | 100.0 | 11.8 | 49.4 | 39.8 | 38.8 |
| 2000 | 100.0 | -63.3 | 93.8 | 76.5 | 69.6 |
| 2001 | 100.0 | 11.1 | 48.1 | 48.6 | 40.8 |
| 2002 | 100.0 | 9.0 | 25.8 | 18.8 | 65.2 |
| 2003 | 100.0 | 12.0 | 58.1 | 47.4 | 29.9 |
| 2004 | 100.0 | 21.2 | 72.9 | 67.0 | 6.0 |
| 2005 | 100.0 | 13.9 | 71.8 | 69.6 | 14.3 |
| 2006 | 100.0 | 5.5 | 75.9 | 73.4 | 18.6 |
| 2007 | 100.0 | 13.8 | 67.7 | 61.7 | 18.4 |
| 2008 | 100.0 | 13.1 | 66.2 | 69.2 | 20.8 |
| 2009 | 100.0 | 9.0 | 57.2 | 40.8 | 33.7 |
| 2010 | 100.0 | 13.6 | 60.7 | 55.4 | 25.7 |
| 2011 | 100.0 | 5.2 | 77.2 | 73.8 | 17.6 |
| 2012 | 100.0 | 6.1 | 71.3 | 66.8 | 22.6 |
| 2013 | 100.0 | 4.6 | 64.1 | 68.7 | 31.3 |

注：产业贡献率指各产业增加值增量与生产总值增量之比

# 三次产业对生产总值增长的拉动

| 年份 | 生产总值 | 第一产业 | 第二产业 | #工业 | 第三产业 |
|---|---|---|---|---|---|
| 1995 | 9.20 | 3.42 | 4.23 | - | 1.55 |
| 1996 | 11.60 | 4.77 | 6.13 | - | 0.70 |
| 1997 | 6.60 | -1.16 | 6.50 | - | 1.26 |
| 1998 | 8.80 | 10.29 | -6.52 | -8.10 | 5.03 |
| 1999 | 9.10 | 1.08 | 4.49 | 3.63 | 3.53 |
| 2000 | 8.80 | -5.57 | 8.25 | 6.73 | 6.12 |
| 2001 | 9.70 | 1.08 | 4.67 | 4.72 | 3.95 |
| 2002 | 12.30 | 1.10 | 3.18 | 2.31 | 8.02 |
| 2003 | 11.30 | 1.36 | 6.57 | 5.35 | 3.37 |
| 2004 | 12.90 | 2.73 | 9.40 | 8.65 | 0.77 |
| 2005 | 12.40 | 1.72 | 8.90 | 8.63 | 1.78 |
| 2006 | 12.10 | 0.67 | 9.19 | 8.88 | 2.25 |
| 2007 | 13.30 | 1.84 | 9.01 | 8.21 | 2.45 |
| 2008 | 14.30 | 1.87 | 9.46 | 9.90 | 2.97 |
| 2009 | 14.60 | 1.32 | 8.36 | 5.96 | 4.93 |
| 2010 | 15.80 | 2.15 | 9.60 | 8.76 | 4.06 |
| 2011 | 16.80 | 0.87 | 12.97 | 12.40 | 2.96 |
| 2012 | 15.90 | 0.97 | 11.34 | 10.62 | 3.59 |
| 2013 | 14.40 | 0.66 | 9.23 | 9.89 | 4.5 |

注：产业拉动指GDP增长速度与各产业贡献率之乘积

# 按支出法计算的2013年分县区生产总值

单位：万元、%

| | 支出法生产总值 | 最终消费 | 资本形成总额 | 货物和服务净出口 | 投资率 | 消费率 |
|---|---|---|---|---|---|---|
| 庆阳市 | 6054857 | 2020176 | 2806456 | 1228225 | 33.4 | 46.4 |
| 西峰区 | 1733479 | 601856 | 936302 | 195321 | 34.7 | 54.0 |
| 庆城县 | 934266 | 302442 | 456041 | 175783 | 32.4 | 48.8 |
| 环　县 | 663946 | 409142 | 177645 | 77159 | 61.6 | 26.8 |
| 华池县 | 919019 | 96533 | 196723 | 625763 | 10.5 | 21.4 |
| 合水县 | 433012 | 156014 | 153931 | 123067 | 36.0 | 35.5 |
| 正宁县 | 245428 | 175828 | 77481 | -7881 | 71.6 | 31.6 |
| 宁　县 | 593252 | 319861 | 272351 | 1040 | 53.9 | 45.9 |
| 镇原县 | 544264 | 289872 | 261686 | -7297 | 53.3 | 48.1 |

# 2013年分县区资本形成及构成

单位：万元、%

| | 资本形成总额 | 固定资本形成总额 | 存货增加 | 资本形成总额为100 | |
|---|---|---|---|---|---|
| | | | | 固定资本形成总额 | 存货增加 |
| 庆阳市 | 2806456 | 2604873 | 201583 | 92.8 | 7.2 |
| 西峰区 | 936302 | 877967 | 58336 | 93.8 | 6.2 |
| 庆城县 | 456041 | 348148 | 107893 | 76.3 | 23.7 |
| 环　县 | 177645 | 173848 | 3797 | 97.9 | 2.1 |
| 华池县 | 196723 | 184566 | 12157 | 93.8 | 6.2 |
| 合水县 | 153931 | 149840 | 4091 | 97.3 | 2.7 |
| 正宁县 | 77481 | 71304 | 6177 | 92.0 | 8.0 |
| 宁　县 | 272351 | 191312 | 81039 | 70.2 | 29.8 |
| 镇原县 | 261686 | 209559 | 52127 | 80.1 | 19.9 |

# 2013年分县区最终消费及构成

单位：万元、%

| | 最终消费 | 居民消费 | | | 政府消费 | 最终消费 | | 居民消费 | |
|---|---|---|---|---|---|---|---|---|---|
| | | | 城镇居民 | 农村居民 | | 居民消费 | 政府消费 | 城镇居民 | 农村居民 |
| 庆阳市 | 2020176 | 1586747 | 896327 | 690420 | 433429 | 78.5 | 21.5 | 56.5 | 43.5 |
| 西峰区 | 602076 | 368523 | 269146 | 99377 | 233553 | 61.2 | 38.8 | 73.0 | 27.0 |
| 庆城县 | 302442 | 190110 | 90075 | 100035 | 112332 | 62.9 | 37.1 | 47.4 | 52.6 |
| 环　县 | 409142 | 224051 | 109582 | 114469 | 185091 | 54.8 | 45.2 | 48.9 | 51.1 |
| 华池县 | 96533 | 90497 | 49945 | 40552 | 6036 | 93.7 | 6.3 | 55.2 | 44.8 |
| 合水县 | 156041 | 101075 | 54212 | 46863 | 54939 | 64.8 | 35.2 | 53.6 | 46.4 |
| 正宁县 | 175828 | 152298 | 67104 | 85194 | 23530 | 86.6 | 13.4 | 44.1 | 55.9 |
| 宁　县 | 319861 | 237136 | 106897 | 130239 | 82725 | 74.1 | 25.9 | 45.1 | 54.9 |
| 镇原县 | 289872 | 262953 | 62368 | 200585 | 26919 | 90.7 | 9.3 | 23.7 | 76.3 |

# 2013年分县区居民消费水平及指数

单位：元/人、%

| | 居民消费水平 | | | 指数（上年为100） | | |
|---|---|---|---|---|---|---|
| | | 城镇居民 | 农村居民 | | 城镇居民 | 农村居民 |
| 庆阳市 | 7146 | 14016 | 4367 | 112.1 | 103.0 | 116.1 |
| 西峰区 | 9588 | 14003 | 5173 | 111.4 | 106.7 | 122.1 |
| 庆城县 | 7225 | 11245 | 5466 | 124.4 | 126.9 | 118.8 |
| 环　县 | 7324 | 15790 | 4840 | 111.9 | 115.5 | 103.5 |
| 华池县 | 7375 | 14229 | 4629 | 142.8 | 125.8 | 148.9 |
| 合水县 | 6871 | 13519 | 4380 | 120.5 | 110.1 | 127.4 |
| 正宁县 | 8391 | 13209 | 6518 | 107.0 | 101.9 | 108.6 |
| 宁　县 | 5903 | 11944 | 4172 | 125.7 | 110.6 | 127.0 |
| 镇原县 | 6298 | 14305 | 5365 | 122.6 | 123.0 | 121.5 |

# 最终消费

单位：亿元

| 指　　标 | 2012 | 2013 |
|---|---|---|
| 最终消费 | 175.59 | 202.02 |
| 居民消费 | 137.03 | 158.67 |
| 城镇居民 | 77.62 | 89.63 |
| 食品 | 24.77 | 28.17 |
| 衣着 | 10.35 | 12.59 |
| 居住 | 7.62 | 10.25 |
| 医疗保健 | 6.73 | 10.48 |
| 文教娱乐用品及服务 | 8.18 | 8.61 |
| 农村居民 | 59.41 | 69.04 |
| 食品 | 16.71 | 21.22 |
| 衣着 | 4.69 | 5.87 |
| 居住 | 11.76 | 14.61 |
| 医疗保健 | 6.84 | 7.49 |
| 文教娱乐用品及服务 | 2.91 | 4.17 |
| 政府消费 | 38.56 | 43.34 |

# 2013年非公有制经济增加值

单位：万元

| | 总 计 | 公 有 | | | | 非公有 | | | |
|---|---|---|---|---|---|---|---|---|---|
| | | | 国 有 | 集 体 | 其他 | | 私 营 | 个 体 | 其他 |
| 生产总值 | 6053667 | 4332030 | 3771466 | 560564 | | 1721637 | 847997 | 654000 | 219640 |
| 农业增加值 | 795827 | 461571 | 83551 | 378020 | | 334256 | – | 334256 | – |
| 工业增加值 | 3459700 | 3051228 | 3018932 | 32296 | | 408472 | 178000 | 10832 | 219640 |
| 建筑业增加值 | 319700 | 15665 | 5595 | 10071 | | 304035 | 304035 | – | – |
| 运输邮电仓储增加值 | 170703 | 10662 | 10662 | – | | 160041 | 128033 | 32008 | – |
| 批零贸易餐饮增加值 | 372214 | 60150 | 58773 | 1377 | | 312064 | 136305 | 175759 | – |
| 房地产业 | 89129 | 5758 | 5758 | – | | 83371 | 30803 | 52568 | – |
| 其他服务业增加值 | 846394 | 726996 | 588196 | 138800 | | 119398 | 70822 | 48576 | – |

# 2013年非公有制经济增加值比重

单位：%

| | 总 计 | 公 有 | | | | 非公有 | | | |
|---|---|---|---|---|---|---|---|---|---|
| | | | 国 有 | 集 体 | 其 他 | | 私 营 | 个 体 | 其 他 |
| 生产总值 | 100 | 71.56 | 62.30 | 9.26 | – | 28.44 | 14.01 | 10.80 | 3.63 |
| 农业增加值 | 100 | 59.94 | 10.85 | 49.09 | – | 40.06 | – | 40.06 | – |
| 工业增加值 | 100 | 88.19 | 87.26 | 0.93 | – | 11.81 | 5.14 | – | 6.35 |
| 建筑业增加值 | 100 | 4.90 | 1.75 | 3.15 | – | 95.10 | 95.10 | – | – |
| 运输邮电仓储增加值 | 100 | 6.25 | 6.25 | – | – | 93.75 | 75.00 | 18.75 | – |
| 批零贸易餐饮增加值 | 100 | 16.16 | 15.79 | 0.37 | – | 83.84 | 36.62 | 47.22 | – |
| 房地产业 | 100 | 6.46 | 6.46 | – | – | 93.54 | 34.56 | 58.98 | – |
| 其他服务业增加值 | 100 | 85.89 | 69.49 | 16.40 | – | 14.11 | 8.37 | 5.74 | – |

## 2013年分县区非公有制经济增加值

单位：万元

| | 总　计 | 公　有 | | | | 非公有 | | | |
|---|---|---|---|---|---|---|---|---|---|
| | | | 国　有 | 集　体 | 其他 | | 私　营 | 个　体 | 其　他 |
| 西峰区 | 1736099 | 1178349 | 1119200 | 59149 | - | 557750 | 414588 | 143162 | - |
| 庆城县 | 934292 | 692816 | 633344 | 59472 | - | 241476 | 176014 | 65462 | - |
| 环　县 | 664248 | 487036 | 413965 | 73070 | - | 177212 | 71198 | 106014 | - |
| 华池县 | 919510 | 820910 | 9001 | 811909 | - | 98600 | 47349 | 51251 | - |
| 合水县 | 433898 | 373733 | 325579 | 48154 | - | 60165 | 23063 | 37102 | - |
| 正宁县 | 245428 | 165158 | 82258 | 82900 | - | 80270 | 17675 | 62595 | - |
| 宁　县 | 584185 | 327562 | 241733 | 85829 | - | 256623 | 176695 | 79928 | - |
| 镇原县 | 544805 | 350787 | 255001 | 95786 | - | 194018 | 86704 | 107314 | - |

## 2013年分县区非公有制经济增加值比重

单位：%

| | 总　计 | 公　有 | | | | 非公有 | | | |
|---|---|---|---|---|---|---|---|---|---|
| | | | 国　有 | 集　体 | 其　他 | | 私　营 | 个　体 | 其　他 |
| 西峰区 | 100 | 67.87 | 64.47 | 3.41 | - | 32.13 | 23.88 | 8.25 | - |
| 庆城县 | 100 | 74.15 | 67.79 | 6.37 | - | 25.85 | 18.84 | 7.01 | - |
| 环　县 | 100 | 73.32 | 62.32 | 11.0 | - | 26.68 | 10.72 | 15.96 | - |
| 华池县 | 100 | 89.3 | 1.0 | 88.3 | - | 10.7 | 5.1 | 5.6 | - |
| 合水县 | 100 | 86.1 | 75.0 | 11.1 | - | 13.9 | 5.3 | 8.6 | - |
| 正宁县 | 100 | 67.29 | 33.52 | 33.78 | - | 32.71 | 7.20 | 35.50 | - |
| 宁　县 | 100 | 56.07 | 41.38 | 14.69 | - | 43.93 | 30.25 | 13.68 | - |
| 镇原县 | 100 | 64.39 | 46.81 | 17.58 | - | 35.61 | 15.91 | 19.70 | - |

# 统计资料

## 2 人口与劳动力

QING YANG YEARBOOK

# 总人口及构成

单位：万人、万户

| 年 份 | 总人口 | | | 在总人口中 | | 总户数 |
|---|---|---|---|---|---|---|
| | | 男 | 女 | 城镇 | 乡村 | |
| 1980 | 181.24 | 94.21 | 87.03 | 12.78 | 168.46 | 34.45 |
| 1981 | 183.79 | 95.90 | 87.89 | 13.34 | 170.45 | 35.39 |
| 1982 | 186.34 | 96.80 | 89.54 | 13.65 | 172.69 | 36.33 |
| 1983 | 188.16 | 97.78 | 90.38 | 13.62 | 174.54 | 37.78 |
| 1984 | 191.36 | 99.53 | 91.83 | 14.67 | 176.69 | 38.61 |
| 1985 | 194.64 | 101.18 | 93.46 | 15.55 | 179.09 | 39.43 |
| 1986 | 197.93 | 103.03 | 94.90 | 16.30 | 181.63 | 40.60 |
| 1987 | 201.76 | 105.18 | 96.58 | 17.04 | 184.72 | 42.56 |
| 1988 | 205.49 | 106.73 | 98.76 | 17.93 | 187.56 | 44.20 |
| 1989 | 209.04 | 108.58 | 100.46 | 18.60 | 190.44 | 45.56 |
| 1990 | 217.50 | 112.61 | 104.89 | 19.11 | 198.39 | 47.15 |
| 1991 | 220.60 | 113.87 | 106.73 | 19.85 | 200.75 | 48.75 |
| 1992 | 223.82 | 116.22 | 107.60 | 20.56 | 203.26 | 49.87 |
| 1993 | 227.59 | 118.34 | 109.25 | 21.95 | 205.64 | 51.26 |
| 1994 | 230.88 | 120.15 | 110.73 | 22.89 | 207.99 | 52.02 |
| 1995 | 235.08 | 122.73 | 112.35 | 24.52 | 210.56 | 53.99 |
| 1996 | 241.96 | 125.80 | 116.16 | 25.52 | 216.44 | 55.64 |
| 1997 | 244.78 | 127.26 | 117.52 | 26.57 | 218.21 | 56.09 |
| 1998 | 247.39 | 128.84 | 118.55 | 26.85 | 220.54 | 58.45 |
| 1999 | 249.70 | 129.24 | 120.46 | 27.51 | 222.19 | 58.62 |
| 2000 | 251.46 | 130.10 | 121.36 | 27.70 | 223.76 | 60.00 |
| 2001 | 253.08 | 131.73 | 121.35 | 29.99 | 223.09 | 60.49 |
| 2002 | 254.80 | 132.63 | 122.17 | 30.32 | 224.48 | 60.93 |
| 2003 | 255.76 | 134.09 | 121.67 | 30.49 | 225.27 | 61.58 |
| 2004 | 256.69 | 134.56 | 122.13 | 30.83 | 225.86 | 63.07 |
| 2005 | 258.58 | 135.16 | 123.42 | 32.38 | 226.20 | 64.55 |
| 2006 | 260.51 | 136.14 | 124.37 | 51.02 | 209.49 | 65.52 |
| 2007 | 262.43 | 137.20 | 125.23 | 51.60 | 210.83 | 66.12 |
| 2008 | 264.39 | 138.67 | 125.72 | 64.96 | 199.43 | 69.68 |
| 2009 | 265.40 | 139.19 | 126.21 | 72.08 | 193.22 | 69.86 |
| 2010 | 260.31 | 132.01 | 128.30 | 61.93 | 198.38 | 59.55 |
| 2011 | 262.06 | 134.96 | 127.10 | 65.70 | 196.36 | 60.74 |
| 2012 | 263.60 | 135.74 | 127.86 | 67.80 | 195.80 | 61.30 |
| 2013 | 264.11 | 135.99 | 128.12 | 67.93 | 196.18 | 61.42 |

注：1、2010年年末人口为第六次全国人口普查数据；2、本表乡村人口为抽样调查推算结果。

# 人口自然变动情况

单位：人、‰

| 年 份 | 出生人口 | 出生率 | 死亡人口 | 死亡率 | 自然增长率 |
|---|---|---|---|---|---|
| 1980 | 26213 | 14.55 | 10820 | 6.01 | 8.54 |
| 1981 | 31414 | 17.21 | 10295 | 5.64 | 11.57 |
| 1982 | 32165 | 17.38 | 11396 | 6.16 | 11.22 |
| 1983 | 31440 | 16.79 | 11133 | 5.94 | 10.85 |
| 1984 | 35263 | 18.58 | 11451 | 6.03 | 12.55 |
| 1985 | 31728 | 16.44 | 10232 | 5.30 | 11.14 |
| 1986 | 29359 | 14.96 | 10343 | 5.27 | 9.69 |
| 1987 | 27608 | 13.81 | 9340 | 4.67 | 9.14 |
| 1988 | 29338 | 14.41 | 9741 | 4.79 | 9.62 |
| 1989 | 32441 | 19.36 | 9652 | 5.80 | 13.56 |
| 1990 | 38718 | 18.14 | 13041 | 6.11 | 12.03 |
| 1991 | 33084 | 17.31 | 11562 | 5.58 | 11.73 |
| 1992 | 35945 | 17.53 | 12203 | 5.45 | 12.08 |
| 1993 | 37081 | 18.15 | 11788 | 6.04 | 12.11 |
| 1994 | 38226 | 20.30 | 11777 | 6.30 | 13.96 |
| 1995 | 40291 | 21.94 | 12201 | 6.50 | 15.44 |
| 1996 | 44198 | 18.53 | 14025 | 5.88 | 12.65 |
| 1997 | 42000 | 17.36 | 13800 | 5.72 | 11.64 |
| 1998 | 40300 | 16.46 | 14400 | 5.88 | 10.58 |
| 1999 | 34200 | 13.77 | 11200 | 4.50 | 9.27 |
| 2000 | 37938 | 15.14 | 13932 | 5.56 | 9.58 |
| 2001 | 30700 | 12.63 | 12700 | 5.05 | 7.58 |
| 2002 | 28100 | 12.25 | 11500 | 5.02 | 7.23 |
| 2003 | 27700 | 10.85 | 9900 | 3.89 | 6.96 |
| 2004 | 29000 | 11.13 | 10200 | 3.97 | 7.16 |
| 2005 | 33900 | 13.15 | 15012 | 5.79 | 7.36 |
| 2006 | 34600 | 13.32 | 15300 | 5.91 | 7.41 |
| 2007 | 35000 | 13.41 | 15600 | 5.98 | 7.43 |
| 2008 | 35658 | 13.57 | 16112 | 6.13 | 7.44 |
| 2009 | 29302 | 13.91 | 14108 | 6.46 | 7.45 |
| 2010 | 29476 | 13.93 | 11667 | 6.59 | 7.34 |
| 2011 | 29020 | 13.51 | 11600 | 6.39 | 7.12 |
| 2012 | 30059 | 13.55 | 14219 | 6.41 | 7.14 |
| 2013 | 30117 | 13.60 | 14314 | 6.44 | 7.16 |

# 庆阳市第一—第六次全国人口普查基本情况

| 指标 | 1953 | 1964 | 1982 | 1990 | 2000 | 2010 |
|---|---|---|---|---|---|---|
| **总人口（人）** | 965718 | 1196176 | 1842682 | 2167560 | 2420960 | 2211191 |
| 男 | 522423 | 631274 | 958001 | 1123497 | 1251582 | 1122422 |
| 女 | 443295 | 564902 | 884681 | 1044063 | 1169378 | 1088769 |
| 性别比（以女性为100） | 117.85 | 111.75 | 108.29 | 107.61 | 107.03 | 103.09 |
| **家庭户规模（人/户）** | - | - | 4.98 | 4.53 | 4.14 | 3.46 |
| **各年龄组人口比重** | | | | | | |
| 0-14岁 | - | - | 35.89 | 30.93 | 29.52 | 18.86 |
| 15-64岁 | - | - | 60.84 | 65.24 | 65.66 | 72.46 |
| 65岁及以上 | - | - | 3.27 | 3.83 | 4.82 | 8.68 |
| **民族人口** | | | | | | |
| 汉族（人） | 963236 | 1191639 | 1837590 | 2161789 | 2413615 | 2206122 |
| 占总人口比重（%） | 99.74 | 99.62 | 99.72 | 99.73 | 99.70 | 99.77 |
| 少数民族（人） | 2482 | 4537 | 5092 | 5771 | 7345 | 5069 |
| 占总人口比重（%） | 0.26 | 0.38 | 0.28 | 0.27 | 0.30 | 0.23 |
| **各种受教育程度人口** | | | | | | |
| 大专及以上（人） | - | - | 4607 | 10827 | 34612 | 114192 |
| 高中和中专（人） | - | - | 87431 | 123192 | 186769 | 228265 |
| 初中（人） | - | - | 224422 | 346299 | 614847 | 774193 |
| 小学（人） | - | - | 542837 | 692832 | 1107099 | 733831 |
| **15岁及以上文盲人口及文盲率** | | | | | | |
| 文盲人口（人） | - | - | 609910 | 576968 | 227281 | 181411 |
| 文盲率（%） | - | - | 33.10 | 26.62 | 9.40 | 8.20 |
| **城乡人口** | | | | | | |
| 城镇人口（人） | 24920 | 22584 | - | 165417 | 322582 | 526099 |
| 乡村人口（人） | 940798 | 1173592 | - | 2002143 | 2098378 | 1685092 |
| **平均预期寿命** | - | - | 65.60 | 67.61 | 69.61 | 71.80 |
| 男（岁） | - | - | - | - | - | - |
| 女（岁） | - | - | - | - | - | - |

注：2000、2010年人口普查数据均为常住人口。

# 2013年分县区人口

| | 全 市 | 西峰区 | 庆城县 | 环 县 |
|---|---|---|---|---|
| **总人口（万人）** | 264.11 | 37.13 | 29.61 | 35.25 |
| 男（万人） | 135.99 | 19.29 | 15.25 | 18.18 |
| 女（万人） | 128.12 | 17.75 | 14.33 | 17.00 |
| **常住人口（万人）** | 222.27 | 38.19 | 26.31 | 30.63 |
| 城镇人口（万人） | 65.77 | 19.00 | 8.01 | 7.26 |
| 农村人口（万人） | 156.50 | 19.19 | 18.3 | 23.37 |
| **总户数（万户）** | 61.42 | 10.57 | 6.86 | 7.92 |
| 城镇户数（万户） | 15.57 | 5.21 | 1.87 | 1.59 |
| 农村户数（万户） | 45.85 | 5.37 | 4.99 | 6.34 |
| 出生率（‰） | 13.60 | 13.01 | 13.40 | 13.45 |
| 死亡率（‰） | 6.44 | 6.10 | 6.22 | 6.35 |
| 自然增长率（‰） | 7.16 | 6.91 | 7.18 | 7.10 |
| 城镇登记失业率（%） | 2.54 | 2.4 | 2.65 | 2.62 |
| 计划内出生人口（人） | 26276 | 3970 | 2823 | 3826 |
| 计划生育率（%） | 90.09 | 92.26 | 94.01 | 87.77 |
| 领取独生子女证人数（人） | 25679 | 9657 | 1768 | 3415 |
| 独生子女领证率（%） | 4.86 | 11.97 | 3.33 | 4.85 |
| 已婚育龄妇女人数（人） | 528253 | 80653 | 53116 | 70367 |
| 落实节育措施人数（人） | 462639 | 69918 | 45399 | 60160 |
| #男性绝育 | 1338 | 91 | 108 | 24 |
| 女性绝育 | 333084 | 40148 | 32953 | 52747 |
| 上 环 | 125582 | 29483 | 12067 | 6772 |
| 节育率（%） | 87.58 | 86.69 | 85.47 | 85.49 |

资料来源：部分资料取自市人力资源和社会保障局、市人口委

与计划生育情况

| 华池县 | 合水县 | 正宁县 | 宁　县 | 镇原县 |
|---|---|---|---|---|
| 13.50 | 17.77 | 23.68 | 55.14 | 52.03 |
| 7.09 | 9.24 | 12.17 | 27.93 | 26.84 |
| 6.39 | 8.49 | 11.50 | 27.19 | 25.47 |
| 12.29 | 14.76 | 18.15 | 40.18 | 41.76 |
| 3.51 | 4.28 | 5.08 | 9.35 | 9.28 |
| 8.78 | 10.48 | 13.07 | 30.83 | 32.48 |
| 3.30 | 4.33 | 5.52 | 11.50 | 11.42 |
| 0.73 | 1.01 | 1.43 | 1.94 | 1.79 |
| 2.56 | 3.31 | 4.09 | 9.57 | 9.62 |
| 13.55 | 13.42 | 13.59 | 13.45 | 13.72 |
| 6.42 | 6.20 | 6.58 | 6.41 | 6.63 |
| 7.13 | 7.22 | 7.01 | 7.04 | 7.09 |
| 2.38 | 2.56 | 2.69 | 2.63 | 2.64 |
| 1350 | 1764 | 2204 | 4903 | 5436 |
| 92.28 | 94.23 | 90.81 | 87.98 | 88.15 |
| 1712 | 1623 | 1350 | 3712 | 2442 |
| 6.38 | 4.48 | 2.85 | 3.48 | 2.29 |
| 26854 | 36236 | 47446 | 106718 | 106863 |
| 23399 | 30984 | 42048 | 96608 | 94123 |
| 51 | 64 | 251 | 364 | 385 |
| 16548 | 19922 | 28554 | 69157 | 73055 |
| 6215 | 10437 | 13136 | 26992 | 20480 |
| 87.13 | 85.51 | 88.62 | 90.53 | 88.08 |

# 2013年城乡劳动力资源配置情况

单位：万人

| | 合　计 | 城　镇 | 农　村 |
|---|---|---|---|
| 年末劳动力资源总数 | 180.12 | 33.89 | 146.23 |
| 经济活动人口 | 149.48 | 29.61 | 119.87 |
| 从业人员 | 140.06 | 25.38 | 114.68 |
| 按产业分 | | | |
| 第一产业 | 73.22 | 0.15 | 73.07 |
| 第二产业 | 21.45 | 6.86 | 14.59 |
| 第三产业 | 45.39 | 18.37 | 27.02 |
| 按国民经济行业分 | | | |
| 农、林、牧、渔业 | 73.20 | 0.15 | 73.05 |
| 采矿业 | 0.60 | 0.25 | 0.35 |
| 制造业 | 10.67 | 3.05 | 7.62 |
| 电力、燃气及水的生产和供应业 | 0.69 | 0.41 | 0.28 |
| 建筑业 | 9.49 | 3.07 | 6.42 |
| 交通运输、仓储及邮政业 | 4.25 | 0.83 | 3.42 |
| 信息传输、计算机服务和软件业 | 0.88 | 0.60 | 0.28 |
| 批发和零售业 | 11.43 | 5.48 | 5.95 |
| 住宿和餐饮业 | 3.22 | 0.58 | 2.64 |
| 金融业 | 1.01 | 0.59 | 0.42 |
| 房地产业 | 0.82 | 0.34 | 0.48 |
| 租赁和商务服务业 | 0.53 | 0.13 | 0.40 |
| 科学研究、技术服务和地质勘查业 | 0.87 | 0.49 | 0.38 |
| 水利、环境和公共设施管理业 | 0.96 | 0.25 | 0.71 |
| 居民服务和其他服务业 | 7.69 | 2.81 | 4.88 |
| 教育 | 4.56 | 1.71 | 2.85 |
| 卫生、社会保障和社会福利业 | 2.25 | 0.75 | 1.50 |
| 文化、体育和娱乐业 | 2.83 | 0.34 | 2.49 |
| 公共管理和社会组织 | 4.11 | 3.57 | 0.54 |
| 失业人员 | 9.40 | 4.25 | 5.15 |
| 非经济活动人员 | 30.65 | 4.30 | 26.35 |

# 统计资料

QING YANG YEARBOOK

# 农村基层组织情况

| | 计算单位 | 2008 | 2009 | 2010 | 2011 | 2012 | 2013 |
|---|---|---|---|---|---|---|---|
| 一、农村基层组织 | | | | | | | |
| 村民委员会 | 个 | 1262 | 1260 | 1261 | 1261 | 1261 | 1261 |
| 村民小组 | 个 | 9085 | 9086 | 9088 | 9107 | 9107 | 9107 |
| 二、乡村户数 | 万户 | 50.56 | 51.00 | 52.21 | 52.57 | 52.88 | 53.25 |
| 三、乡村人口 | 万人 | 228.50 | 228.99 | 230.54 | 229.37 | 229.57 | 228.80 |
| 四、基本情况 | | | | | | | |
| 村镇现有房屋 | 万平方米 | 10517.90 | 10769.64 | 10956.18 | 11367.91 | 11739.36 | 12132.39 |
| 自来水受益村 | 个 | 606 | 712 | 755 | 751 | 819 | 864 |
| 通公路的乡镇 | 个 | 116 | 116 | 116 | 116 | 116 | 116 |
| 通电的村 | 个 | 1262 | 1260 | 1261 | 1261 | 1261 | 1261 |
| 通电话的村 | 个 | 1193 | 1216 | 1237 | 1250 | 1256 | 1256 |
| 通有线电视的村 | 个 | 252 | 265 | 283 | 297 | 286 | 311 |
| 五、乡村劳动力 | 万人 | 118.22 | 115.79 | 114.66 | 116.96 | 117.63 | 117.28 |
| 按性别分 | | | | | | | |
| 男 | 万人 | 62.40 | 61.36 | 61.59 | 63.09 | 63.39 | 63.74 |
| 女 | 万人 | 55.82 | 54.43 | 53.07 | 53.87 | 54.24 | 53.54 |
| 按文化程度分 | | | | | | | |
| 高中以上以上程度 | 万人 | 18.39 | 20.21 | 22.07 | 22.40 | 24.33 | 25.64 |
| 初中程度 | 万人 | 46.33 | 49.11 | 48.32 | 46.23 | 49.69 | 49.75 |
| 小学程度 | 万人 | 47.10 | 40.70 | 38.74 | 42.83 | 38.45 | 36.93 |
| 文盲、半文盲 | 万人 | 6.40 | 5.77 | 5.53 | 5.50 | 5.26 | 4.96 |
| 按行业分 | | | | | | | |
| 农林牧渔业 | 万人 | 78.36 | 78.51 | 73.05 | 70.16 | 70.25 | 68.14 |
| 工　业 | 万人 | 4.28 | 5.30 | 8.25 | 5.46 | 5.51 | 5.96 |
| 建筑业 | 万人 | 4.74 | 5.97 | 6.42 | 7.80 | 8.10 | 8.91 |
| 交通运输和邮电业 | 万人 | 1.88 | 2.23 | 2.42 | 2.37 | 2.69 | 2.90 |
| 批发零售贸易业 | 万人 | 3.53 | 3.44 | 1.64 | 3.69 | 3.99 | 4.13 |
| 住宿和餐饮业 | 万人 | 1.40 | 1.51 | 3.86 | 1.90 | 2.06 | 2.22 |
| 文化艺术和教育 | 万人 | 0.91 | 0.90 | 0.85 | 0.72 | 0.77 | 0.84 |
| 卫生体育和社会福利 | 万人 | 0.53 | 0.38 | 0.50 | 0.53 | 0.64 | 0.67 |
| 科学研究 | 万人 | 0.63 | 0.42 | 0.28 | 0.25 | 0.31 | 0.37 |
| 乡（镇）务管理 | 万人 | 0.15 | 0.19 | 0.12 | 0.12 | 0.12 | 1.35 |
| 金融保险业 | 万人 | 0.14 | 0.10 | 0.42 | 0.15 | 0.22 | 0.24 |
| 其　他 | 万人 | 21.43 | 16.59 | 16.57 | 23.54 | 22.65 | 21.17 |

注：本表乡村人口来自农业年报，由于流入、流出人口因素，与人口抽样调查推算结果有差距。

# 2013 年分县区农村

| | 计算单位 | 全　市 | 西峰区 | 庆城县 | 环　县 |
|---|---|---|---|---|---|
| 一、农村基层组织 | | | | | |
| 村民委员会 | 个 | 1261 | 100 | 153 | 251 |
| 村民小组 | 个 | 9107 | 956 | 1053 | 1487 |
| 二、乡村户数 | 万户 | 53.25 | 6.26 | 5.60 | 7.30 |
| 三、乡村人口 | 万人 | 228.80 | 25.70 | 24.10 | 32.56 |
| 四、基本情况 | | | | | |
| 村镇现有房屋 | 万平方米 | 12132.39 | 1529.98 | 718.54 | 1260.79 |
| 自来水受益村 | 个 | 864 | 100 | 89 | 11 |
| 通公路的乡镇 | 个 | 116 | 7 | 15 | 20 |
| 通电的村 | 个 | 1261 | 100 | 153 | 251 |
| 通电话的村 | 个 | 1256 | 100 | 153 | 251 |
| 通有线电视的村 | 个 | 311 | 94 | 22 | 64 |
| 五、乡村劳动力 | 万人 | 117.28 | 13.74 | 12.97 | 17.01 |
| 按性别分 | | | | | |
| 男 | 万人 | 63.74 | 7.45 | 7.23 | 9.57 |
| 女 | 万人 | 53.54 | 6.29 | 5.74 | 7.44 |
| 按文化程度分 | | | | | |
| 高中以上程度 | 万人 | 25.64 | 3.45 | 2.79 | 2.57 |
| 初中程度 | 万人 | 49.75 | 6.44 | 5.87 | 6.61 |
| 小学程度 | 万人 | 36.93 | 3.75 | 3.74 | 6.21 |
| 文盲、半文盲 | 万人 | 4.96 | 0.10 | 0.57 | 1.62 |
| 按行业分 | | | | | |
| 农林牧渔业 | 万人 | 68.14 | 7.62 | 8.35 | 8.27 |
| 工　业 | 万人 | 5.96 | 1.14 | 0.41 | 0.46 |
| 建筑业 | 万人 | 8.91 | 1.94 | 0.94 | 0.78 |
| 交通运输邮电业 | 万人 | 2.90 | 0.69 | 0.41 | 0.19 |
| 批发零售贸易业 | 万人 | 4.13 | 0.62 | 0.36 | 0.44 |
| 住宿和餐饮业 | 万人 | 2.22 | 0.29 | 0.38 | 0.23 |
| 文化艺术和教育 | 万人 | 0.84 | 0.15 | 0.10 | 0.15 |
| 卫生体育和社会福利 | 万人 | 0.67 | 0.09 | 0.11 | 0.09 |
| 科学研究 | 万人 | 0.37 | 0.15 | 0.01 | 0.02 |
| 乡（镇）务管理 | 万人 | 1.35 | 0.14 | 0.12 | 0.25 |
| 金融保险业 | 万人 | 0.24 | 0.02 | 0.02 | 0.02 |
| 其　它 | 万人 | 21.17 | 0.81 | 1.70 | 6.08 |

# 基层组织情况

| 华池县 | 合水县 | 正宁县 | 宁　县 | 镇原县 |
|---|---|---|---|---|
| | | | | |
| 111 | 80 | 94 | 257 | 215 |
| 646 | 498 | 677 | 1799 | 1991 |
| 2.62 | 3.84 | 5.05 | 11.46 | 11.12 |
| 11.44 | 15.3 | 21.44 | 50.65 | 47.61 |
| | | | | |
| 479.89 | 695.36 | 865.13 | 4147.91 | 2434.79 |
| 52 | 69 | 83 | 247 | 213 |
| 15 | 12 | 10 | 18 | 19 |
| 111 | 80 | 94 | 257 | 215 |
| 111 | 80 | 89 | 257 | 215 |
| 15 | 19 | 33 | 56 | 8 |
| 6.49 | 8.10 | 11.74 | 26.21 | 21.02 |
| | | | | |
| 3.64 | 4.24 | 6.30 | 14.18 | 11.13 |
| 2.85 | 3.86 | 5.44 | 12.03 | 9.89 |
| | | | | |
| 1.01 | 1.64 | 2.70 | 6.93 | 4.55 |
| 2.01 | 3.72 | 4.82 | 10.98 | 9.30 |
| 2.94 | 2.48 | 3.57 | 7.64 | 6.60 |
| 0.53 | 0.26 | 0.65 | 0.66 | 0.57 |
| | | | | |
| 5.43 | 5.11 | 7.31 | 14.32 | 11.73 |
| 0.09 | 0.27 | 0.16 | 2.09 | 1.34 |
| 0.14 | 0.51 | 0.36 | 2.79 | 1.45 |
| 0.07 | 0.23 | 0.23 | 0.62 | 0.46 |
| 0.12 | 0.25 | 0.26 | 1.46 | 0.62 |
| 0.10 | 0.18 | 0.15 | 0.70 | 0.19 |
| 0.05 | 0.06 | 0.03 | 0.18 | 0.12 |
| 0.04 | 0.06 | 0.04 | 0.19 | 0.05 |
| 0.06 | 0.02 | 0.01 | 0.07 | 0.03 |
| 0.10 | 0.07 | 0.12 | 0.25 | 0.30 |
| 0.01 | 0.05 | 0.01 | 0.07 | 0.04 |
| 0.25 | 1.23 | 3.05 | 3.42 | 4.63 |

# 2013年分县区农村

| | 计算单位 | 全市 | 西峰区 | 庆城县 | 环县 |
|---|---|---|---|---|---|
| 一、乡村文化状况 | | | | | |
| 电影放映队 | 个 | 51 | 6 | 3 | 5 |
| 电影放映机 | 部 | 63 | 10 | 5 | 5 |
| 影剧院 | 个 | 58 | 6 | 4 | 5 |
| 乡镇文化站 | 个 | 118 | 7 | 17 | 20 |
| 村文化室 | 个 | 1261 | 100 | 153 | 251 |
| 二、乡村卫生状况 | | | | | |
| 乡镇卫生机构数 | 个 | 1511 | 175 | 203 | 272 |
| #医　院 | 个 | 135 | 8 | 19 | 21 |
| 医院病床数 | 张 | 5712 | 578 | 481 | 605 |
| 医生人数 | 人 | 3847 | 592 | 302 | 518 |
| 卫生护理员 | 人 | 2047 | 241 | 151 | 232 |
| 三、乡村教育状况 | | | | | |
| 农村适龄儿童人数 | 万人 | 21.81 | 2.09 | 2.20 | 2.79 |
| 农村适龄儿童入学人数 | 万人 | 21.49 | 2.09 | 2.20 | 2.79 |
| 农村普通中学数 | 所 | 151 | 11 | 18 | 29 |
| 在校学生 | 万人 | 12.09 | 0.81 | 0.84 | 2.35 |
| 专职教师 | 人 | 10598 | 707 | 848 | 2023 |
| 农村小学数 | 所 | 1360 | 103 | 174 | 278 |
| 在校学生 | 万人 | 15.32 | 1.91 | 1.47 | 2.47 |
| 专职教师 | 人 | 13517 | 1764 | 1231 | 2097 |
| 四、农业科技 | | | | | |
| 科技机构 | 个 | 646 | 108 | 67 | 85 |
| 科技服务组织 | 个 | 458 | 57 | 45 | 73 |
| 科技人员 | 人 | 12878 | 4380 | 2921 | 2940 |

# 社会事业发展情况

| 华池县 | 合水县 | 正宁县 | 宁　县 | 镇原县 |
|---|---|---|---|---|
| | | | | |
| 4 | 3 | 5 | 6 | 19 |
| 4 | 4 | 5 | 11 | 19 |
| 10 | 0 | 4 | 10 | 19 |
| 15 | 12 | 10 | 18 | 19 |
| 111 | 80 | 94 | 257 | 215 |
| | | | | |
| 130 | 120 | 115 | 257 | 239 |
| 17 | 13 | 15 | 22 | 20 |
| 318 | 974 | 565 | 942 | 1249 |
| 209 | 267 | 551 | 595 | 813 |
| 117 | 228 | 262 | 474 | 342 |
| | | | | |
| 0.90 | 2.36 | 2.03 | 5.35 | 4.09 |
| 0.88 | 2.25 | 2.03 | 5.20 | 4.05 |
| 11 | 7 | 16 | 33 | 26 |
| 0.39 | 0.44 | 1.26 | 2.75 | 3.25 |
| 391 | 412 | 1203 | 2555 | 2459 |
| 91 | 71 | 87 | 271 | 285 |
| 0.64 | 1.18 | 1.32 | 3.06 | 3.27 |
| 573 | 703 | 1300 | 2982 | 2867 |
| | | | | |
| 89 | 73 | 43 | 87 | 94 |
| 31 | 116 | 8 | 98 | 30 |
| 555 | 720 | 255 | 639 | 468 |

## 耕地面积变动情况

| 指　标 | 计算单位 | 2008 | 2009 | 2010 | 2011 | 2012 | 2013 |
|---|---|---|---|---|---|---|---|
| 年初耕地面积 | 万亩 | 665.18 | 666.46 | 669.54 | 668.90 | 668.67 | 674.76 |
| 当年增加耕地面积 | 万亩 | 3.54 | 6.65 | 1.98 | 2.97 | 8.18 | 4.75 |
| #新开荒地面积 | 万亩 | 0.82 | 4.79 | 1.09 | 1.95 | 1.79 | 1.00 |
| 当年减少的耕地面积 | 万亩 | 2.25 | 3.57 | 2.62 | 3.20 | 2.09 | 1.60 |
| #国家基建占地 | 亩 | 4715.86 | 15028.17 | 5811.92 | 13858.87 | 9731.39 | 7306.10 |
| 乡村基建占地 | 亩 | 2019.50 | 1764.60 | 2442.05 | 2156.10 | 1994.90 | 2547.30 |
| 农民庄基占地 | 亩 | 3848.80 | 4892.57 | 3909.57 | 3952.30 | 3627.50 | 2056.00 |
| 还林还牧 | 亩 | 0.50 | 11580.30 | 12326.50 | 11546.00 | 2900.00 | 209.00 |
| 因灾废弃 | 亩 | - | - | - | - | - | - |
| 其　它 | 亩 | 11933.20 | 2481.90 | 1793.00 | 506.90 | 2588.00 | 3850.00 |
| 年末耕地面积 | 万亩 | 666.47 | 669.54 | 668.90 | 668.67 | 674.76 | 677.91 |
| 水　田 | 万亩 | 0.64 | 0.64 | 0.54 | 0.57 | 0.54 | 0.52 |
| 旱　地 | 万亩 | 665.83 | 668.9 | 668.36 | 668.10 | 674.22 | 677.39 |

## 2013年分县区耕地面积

单位：万亩

| | 年初耕地面积 | 当年新增耕地面积 | 当年减少耕地面积 | 年末耕地面积 | 附：15°以上坡地面积 |
|---|---|---|---|---|---|
| 全　市 | 674.76 | 4.75 | 1.60 | 677.91 | 185.67 |
| 西峰区 | 58.24 | 0.43 | 0.52 | 58.15 | 10.07 |
| 庆城县 | 81.25 | 0.26 | 0.12 | 81.39 | 15.56 |
| 环　县 | 136.05 | 1.01 | - | 137.06 | 48.10 |
| 华池县 | 51.63 | - | 0.15 | 51.48 | 12.83 |
| 合水县 | 35.77 | 0.3 | 0.41 | 35.66 | 6.56 |
| 正宁县 | 42.94 | - | - | 42.94 | 12.09 |
| 宁　县 | 95.41 | 0.76 | 0.17 | 96.00 | 12.90 |
| 镇原县 | 173.47 | 1.99 | 0.23 | 175.23 | 67.56 |

# 农业机械拥有量

| 指　标 | 计　算<br>单　位 | 2008 | 2009 | 2010 | 2011 | 2012 | 2013 |
|---|---|---|---|---|---|---|---|
| 农业机械总动力 | 千瓦 | 1091516 | 1210700 | 1309852 | 1439583 | 1545485 | 1633631 |
| #柴油发动机动力 | 千瓦 | 884306 | 1023500 | 1104896 | 1202740 | 1272956 | 1333894 |
| 汽油发动机动力 | 千瓦 | 38115 | 31400 | 35137 | 36864 | 40903 | 62515 |
| 电动机动力 | 千瓦 | 169045 | 155700 | 169669 | 199779 | 231377 | 236923 |
| 农业机械原值 | 万元 | 77069 | 84700 | 98100 | 103800 | 80175 | 88130 |
| 农业机械净值 | 万元 | 52080 | 56700 | 62300 | 64100 | 47570 | 58302 |
| 大中型拖拉机 | 台 | 5236 | 7000 | 8627 | 9745 | 11020 | 13048 |
| 大中型拖拉机 | 千瓦 | 155334 | 19900 | 263672 | 293192 | 341362 | 453849 |
| 小型拖拉机 | 台 | 14780 | 18000 | 20027 | 21889 | 23645 | 25017 |
| 小型拖拉机 | 千瓦 | 156106 | 189200 | 185453 | 199599 | 241526 | 24448 |
| 大中型拖拉机配套农具 | 部 | 9140 | 11900 | 14445 | 36907 | 22045 | 19764 |
| 小型拖拉机配套农具 | 部 | 31136 | 33200 | 33095 | 36607 | 33659 | 34407 |
| 农用排灌机械总动力 | 千瓦 | 64061 | 67600 | 69316 | 73874 | 77277 | 76450 |
| 联合收割机 | 台 | 112 | 240 | 197 | 265 | 375 | 515 |
| 机动割晒机 | 台 | 1847 | 1500 | 2294 | 2736 | 3133 | 4267 |
| 机动喷雾器 | 部 | 5881 | 6000 | 13551 | 14337 | 8844 | 10734 |
| 饲草加工机 | 台 | 11274 | 4500 | 8518 | 11248 | 17776 | 17401 |
| 榨油机 | 台 | 2159 | 2500 | 2842 | 3137 | 3310 | 3354 |
| 农用运输车 | 辆 | 38352 | 41700 | 41017 | 42648 | 44071 | 39595 |

# 2013 年分县区农业

| | 计算单位 | 全市 | 西峰区 | 庆城县 | 环县 |
|---|---|---|---|---|---|
| 农业机械总动力 | 千瓦 | 1633631 | 280130 | 213002 | 150033 |
| #柴油发动机动力 | 千瓦 | 1333894 | 229082 | 184093 | 116350 |
| 汽油发动机动力 | 千瓦 | 62515 | 2686 | 5663 | 13614 |
| 电动机动力 | 千瓦 | 236923 | 48362 | 23246 | 20070 |
| 农业机械原值 | 万元 | 88130 | 17538 | 12012 | 11500 |
| 农业机械净值 | 万元 | 58302 | 13154 | 8237 | 9500 |
| 大中型拖拉机台数 | 台 | 13048 | 2285 | 719 | 2377 |
| 大中型拖拉机功率 | 千瓦 | 453849 | 76279 | 22877 | 76234 |
| 小型拖拉机台数 | 台 | 25017 | 3605 | 4854 | 1125 |
| 小型拖拉机功率 | 千瓦 | 24448 | 36523 | 40450 | 964 |
| 大中型拖拉机配套农具 | 部 | 19764 | – | 845 | 5680 |
| 小型拖拉机配套农具 | 部 | 34407 | – | 8198 | 2280 |
| 农用排灌机械总动力 | 千瓦 | 76450 | 2711 | 5012 | 880 |
| 联合收割机 | 台 | 515 | 81 | 28 | 18 |
| 推土机 | 台 | – | – | – | – |
| 机动脱粒机 | 台 | 62640 | 369 | 87 | 670 |
| 铺膜机（小型） | 台 | 4460 | 74 | 718 | 2342 |
| 机动喷雾器 | 台 | 10734 | 1903 | – | 300 |
| 饲草加工机 | 台 | 17401 | 1118 | 951 | 687 |
| 榨油机 | 台 | 3354 | 317 | – | 212 |
| 农用运输车 | 辆 | 39595 | 3974 | 6978 | 1855 |

## 机械拥有量

| 华池县 | 合水县 | 正宁县 | 宁　县 | 镇原县 |
|---|---|---|---|---|
| 148000 | 141706 | 160900 | 259800 | 280060 |
| 131288 | 99260 | 108397 | 215645 | 249780 |
| – | 26530 | 7346 | 1046 | 5630 |
| 16713 | 15616 | 45157 | 43109 | 24650 |
| 14500 | 6200 | 9635 | 16741 | 38300 |
| 6500 | 4800 | 5781 | 10328 | 22500 |
| 976 | 883 | 894 | 2289 | 2625 |
| 30664 | 30676 | 31961 | 118147 | 67011 |
| 779 | 3643 | 2546 | 4547 | 3918 |
| 5710 | 54516 | 25900 | 40468 | 39907 |
| 2195 | 1790 | 1530 | 3549 | 4175 |
| 1208 | 4965 | 4755 | 5324 | 7677 |
| 2387 | 8065 | 12284 | 9509 | 11202 |
| 24 | 15 | 28 | 152 | 169 |
| – | – | – | – | – |
| 4821 | 49940 | 1849 | 2769 | 2135 |
| 241 | 297 | 106 | 113 | 569 |
| – | 1822 | 3046 | 978 | 1036 |
| 6929 | 860 | 1453 | 2469 | 2934 |
| 420 | 129 | 1373 | 468 | 435 |
| 4702 | 3250 | 3233 | 4120 | 11483 |

## 主要年份农林牧渔业总产值

单位：万元

| | 农林牧渔业总产值 | 农业 | 林业 | 牧业 | 渔业 | 农林牧渔服务业 |
|---|---|---|---|---|---|---|
| 2000 | 284730 | 214089 | 14052 | 56171 | 418 | - |
| 2001 | 293758 | 221106 | 11395 | 60810 | 447 | - |
| 2002 | 336464 | 250317 | 16864 | 68900 | 383 | - |
| 2003 | 381175 | 272248 | 24919 | 78149 | 364 | 5495 |
| 2004 | 449709 | 329974 | 20279 | 92170 | 395 | 6891 |
| 2005 | 500536 | 367976 | 22039 | 104068 | 450 | 6003 |
| 2006 | 513011 | 392294 | 14381 | 99136 | 444 | 6754 |
| 2007 | 582075 | 435217 | 18913 | 119523 | 461 | 7961 |
| 2008 | 735126 | 559787 | 18140 | 97837 | 524 | 58837 |
| 2009 | 785673 | 603312 | 15665 | 103477 | 544 | 62675 |
| 2010 | 924906 | 723127 | 15328 | 117557 | 596 | 68298 |
| 2011 | 1024549 | 799388 | 14958 | 133333 | 651 | 76219 |
| 2012 | 1292821 | 1022171 | 18535 | 161238 | 728 | 90149 |
| 2013 | 1403728 | 1105275 | 23634 | 174792 | 902 | 99125 |

## 主要年份农林牧渔业总产值指数

| | 农林牧渔业 | 农业 | 林业 | 牧业 | 渔业 | 农林牧渔服务业 |
|---|---|---|---|---|---|---|
| （上年=100） | | | | | | |
| 2001 | 104.7 | 104.3 | 50.1 | 113.8 | 99.4 | - |
| 2002 | 109.5 | 109.4 | 185.7 | 107.9 | 76.7 | - |
| 2003 | 106.9 | 104.9 | 127.5 | 106.5 | 99.4 | - |
| 2004 | 108.7 | 112.1 | 78.7 | 109.7 | 101.0 | 117.4 |
| 2005 | 105.9 | 105.1 | 110.4 | 105.5 | 116.8 | 112.4 |
| 2006 | 104.5 | 103.8 | 96.7 | 110.0 | 104.6 | 112.7 |
| 2007 | 105.1 | 104.2 | 106.7 | 105.1 | 102.9 | 118.5 |
| 2008 | 113.7 | 112.9 | 78.3 | 128.6 | 105.5 | 117.5 |
| 2009 | 110.7 | 110.4 | 101.5 | 117.2 | 99.9 | 90.4 |
| 2010 | 106.0 | 106.9 | 79.3 | 104.2 | 112.6 | 105.1 |
| 2011 | 103.8 | 103.5 | 119.9 | 101.4 | 100.7 | 107.7 |
| 2012 | 108.8 | 108.9 | 120.3 | 104.1 | 106.0 | 114.1 |
| 2013 | 105.2 | 104.8 | 112.7 | 106.2 | 118.0 | 106.3 |

# 主要年份农林牧渔业总产值指数

| | 农林牧渔业 | 农业 | 林业 | 牧业 | 渔业 | 农林牧渔服务业 |
|---|---|---|---|---|---|---|
| （2000 年=100） | | | | | | |
| 2001 | 104.7 | 104.3 | 50.1 | 113.8 | 99.4 | - |
| 2002 | 114.6 | 114.1 | 93.0 | 122.8 | 76.2 | - |
| 2003 | 122.6 | 119.7 | 118.6 | 130.8 | 75.8 | - |
| 2004 | 133.2 | 134.2 | 93.4 | 143.5 | 76.5 | 117.4 |
| 2005 | 141.1 | 141.0 | 103.1 | 151.3 | 89.4 | 132.0 |
| 2006 | 147.4 | 146.4 | 99.7 | 166.5 | 93.5 | 148.7 |
| 2007 | 154.9 | 152.5 | 106.3 | 175.0 | 96.2 | 176.2 |
| 2008 | 176.2 | 172.2 | 83.3 | 225.0 | 101.5 | 207.1 |
| 2009 | 195.0 | 190.1 | 84.5 | 263.7 | 101.4 | 187.2 |
| 2010 | 206.7 | 203.2 | 67.0 | 274.8 | 114.2 | 196.7 |
| 2011 | 214.6 | 210.3 | 80.3 | 278.7 | 115.0 | 123.0 |
| 2012 | 233.5 | 229.0 | 96.2 | 290.1 | 115.8 | 140.2 |
| 2013 | 245.6 | 240.0 | 108.4 | 308.1 | 136.6 | 149.0 |

# 主要年份农林牧渔业增加值

单位：万元

| | 农林牧渔业增加值 | 农业 | 林业 | 牧业 | 渔业 | 农林牧渔服务业 |
|---|---|---|---|---|---|---|
| 2000 | 150147 | 108271 | 6120 | 35362 | 394 | - |
| 2001 | 156994 | 113514 | 3067 | 40025 | 389 | - |
| 2002 | 174079 | 124562 | 5811 | 43423 | 282 | - |
| 2003 | 188877 | 133042 | 7037 | 46710 | 274 | 1813 |
| 2004 | 230522 | 168345 | 6507 | 53621 | 285 | 1764 |
| 2005 | 268536 | 198115 | 8210 | 59896 | 334 | 1981 |
| 2006 | 283800 | 211671 | 8568 | 60981 | 350 | 2229 |
| 2007 | 324389 | 237442 | 10449 | 73409 | 362 | 2627 |
| 2008 | 388310 | 302439 | 10935 | 59209 | 429 | 15297 |
| 2009 | 435014 | 341807 | 6997 | 69491 | 423 | 16295 |
| 2010 | 510173 | 408519 | 6365 | 77051 | 480 | 17757 |
| 2011 | 582632 | 465453 | 6255 | 90575 | 531 | 19817 |
| 2012 | 729991 | 589919 | 6502 | 109532 | 599 | 23439 |
| 2013 | 795827 | 643294 | 9613 | 116456 | 693 | 25773 |

## 主要年份农林牧渔业增加值指数

| | 农林牧渔业 | 农业 | 林业 | 牧业 | 渔业 | 农林牧渔服务业 |
|---|---|---|---|---|---|---|
| （上年=100） | | | | | | |
| 2001 | 104.0 | 104.1 | 50.1 | 113.2 | 98.5 | - |
| 2002 | 110.4 | 109.0 | 189.8 | 108.7 | 72.9 | - |
| 2003 | 106.3 | 104.8 | 124.8 | 108.1 | 99.8 | - |
| 2004 | 108.9 | 112.5 | 77.3 | 104.1 | 100.0 | 117.4 |
| 2005 | 105.7 | 105.6 | 112.0 | 105.2 | 117.6 | 112.4 |
| 2006 | 104.0 | 102.0 | 96.3 | 110.0 | 104.8 | 112.5 |
| 2007 | 104.6 | 104.0 | 107.8 | 105.6 | 103.1 | 117.9 |
| 2008 | 113.5 | 112.5 | 76.9 | 128.6 | 105.5 | 113.2 |
| 2009 | 110.7 | 110.3 | 101.8 | 117.9 | 98.6 | 98.0 |
| 2010 | 106.3 | 107.1 | 77.8 | 103.7 | 113.5 | 104.9 |
| 2011 | 106.8 | 106.8 | 124.3 | 105.0 | 101.9 | 107.7 |
| 2012 | 107.5 | 107.9 | 101.1 | 104.1 | 107.0 | 114.1 |
| 2013 | 105.7 | 105.7 | 120.4 | 104.2 | 110.0 | 106.3 |

## 主要年份农林牧渔业增加值指数

| | 农林牧渔业 | 农业 | 林业 | 牧业 | 渔业 | 农林牧渔服务业 |
|---|---|---|---|---|---|---|
| （2000 年=100） | | | | | | |
| 2001 | 104.0 | 104.1 | 50.1 | 113.2 | 98.5 | - |
| 2002 | 114.8 | 113.5 | 95.1 | 123.0 | 71.8 | - |
| 2003 | 122.0 | 118.9 | 118.7 | 133.0 | 71.7 | - |
| 2004 | 132.9 | 133.8 | 91.7 | 138.5 | 71.7 | 117.4 |
| 2005 | 140.5 | 141.3 | 102.7 | 145.7 | 84.3 | 132.0 |
| 2006 | 146.1 | 144.1 | 98.9 | 160.2 | 88.3 | 148.5 |
| 2007 | 152.8 | 149.9 | 106.7 | 169.2 | 91.1 | 175.0 |
| 2008 | 173.5 | 168.6 | 82.0 | 217.6 | 96.1 | 198.1 |
| 2009 | 192.0 | 186.0 | 83.5 | 256.6 | 94.7 | 194.2 |
| 2010 | 204.1 | 199.2 | 65.0 | 266.0 | 107.5 | 203.7 |
| 2011 | 218.0 | 212.8 | 80.8 | 279.3 | 109.5 | 219.4 |
| 2012 | 235.9 | 231.1 | 80.9 | 290.7 | 117.2 | 250.3 |
| 2013 | 249.3 | 244.3 | 97.4 | 302.9 | 128.9 | 266.1 |

# 2013年分县区农林牧渔业增加值

单位：万元

| | 农林牧渔业增加值 | 农业 | 林业 | 牧业 | 渔业 | 农林牧渔服务业 |
|---|---|---|---|---|---|---|
| 全市 | 795827 | 643294 | 9613 | 116456 | 693 | 25773 |
| 西峰区 | 110853 | 84610 | 634 | 9979 | 117 | 15513 |
| 庆城县 | 83448 | 71702 | 968 | 9026 | 46 | 1706 |
| 环县 | 88653 | 60455 | 26 | 27917 | 79 | 176 |
| 华池县 | 52331 | 37889 | 2600 | 11674 | 79 | 90 |
| 合水县 | 69451 | 57115 | 3640 | 8428 | 82 | 186 |
| 正宁县 | 90220 | 82642 | 406 | 5143 | 77 | 1952 |
| 宁县 | 148259 | 124777 | 866 | 21015 | 54 | 1547 |
| 镇原县 | 152613 | 124102 | 474 | 23276 | 158 | 4603 |

# 2013年分县区农林牧渔业增加值指数

单位：%

| | 农林牧渔业 | 农业 | 林业 | 牧业 | 渔业 | 农林牧渔服务业 |
|---|---|---|---|---|---|---|
| 全市 | 105.7 | 105.7 | 120.4 | 104.2 | 110.0 | 106.3 |
| 西峰区 | 105.4 | 105.8 | 101.4 | 102.8 | 107.7 | 105.3 |
| 庆城县 | 105.6 | 105.4 | 134.5 | 104.0 | 112.7 | 108.8 |
| 环县 | 102.6 | 102.0 | 76.2 | 103.5 | 115.0 | 114.5 |
| 华池县 | 106.1 | 103.2 | 221.9 | 104.7 | 102.3 | 107.1 |
| 合水县 | 105.8 | 105.6 | 112.8 | 104.2 | 104.7 | 105.1 |
| 正宁县 | 105.7 | 105.6 | 154.5 | 105.1 | 116.5 | 105.7 |
| 宁县 | 106.3 | 106.9 | 105.8 | 103.8 | 116.4 | 108.9 |
| 镇原县 | 106.3 | 106.7 | 106.0 | 104.2 | 110.4 | 108.1 |

# 2013年分县区农林牧

| | 全　市 | 西峰区 | 庆城县 | 环　县 |
|---|---|---|---|---|
| 农林牧渔业产值 | 1403728 | 208871 | 151907 | 169078 |
| 农业产值 | 1105275 | 132865 | 125547 | 129327 |
| #粮食作物产值 | 561750 | 47804 | 56467 | 111652 |
| 主产品产值 | | | | |
| #谷　物 | 378155 | 28003 | 31960 | 90431 |
| 豆　类 | 43169 | 6431 | 5929 | 5151 |
| 油　料 | 79965 | 8384 | 7805 | 6375 |
| 烟　叶 | 6981 | - | - | - |
| 药　材 | 59097 | 1580 | 2196 | 3743 |
| 薯　类 | 48416 | 3822 | 8815 | 9241 |
| 蔬菜、瓜果 | 479137 | 82221 | 66786 | 13932 |
| 副产品产值 | 61730 | 4549 | 5240 | 14688 |
| #粮食作物副产品 | 59564 | 4424 | 5114 | 14404 |
| 经济作物副产品 | 2166 | 125 | 126 | 284 |
| 其它农业产值 | | | | |
| 林业产值 | 23634 | 1271 | 3612 | 1730 |
| #营　林 | 19750 | 1269 | 3612 | 1730 |
| 林产品 | 3865 | - | - | - |
| 竹木采伐 | - | - | - | - |
| 牧业产值 | 174792 | 14946 | 16132 | 37264 |
| 牛的饲养 | 54832 | 2584 | 6012 | 5312 |
| 猪的饲养 | 58868 | 8925 | 5160 | 10125 |
| 羊的饲养 | 37195 | 2242 | 3754 | 16529 |
| 家禽饲养 | 8758 | 593 | 607 | 1270 |
| 渔业产值 | 902 | 126 | 55 | 79 |
| 农林牧渔服务业产值 | 99125 | 59664 | 6561 | 678 |

# 渔业分项产值

单位：万元

| 华池县 | 合水县 | 正宁县 | 宁　县 | 镇原县 |
|---|---|---|---|---|
| 85994 | 128827 | 149652 | 255856 | 253554 |
| 65251 | 107952 | 131503 | 213858 | 198972 |
| 45329 | 38515 | 44354 | 98414 | 119215 |
| | | | | |
| 33276 | 25754 | 21516 | 51171 | 96044 |
| 3409 | 3540 | 1815 | 14961 | 1934 |
| 4782 | 6161 | 9959 | 18466 | 18033 |
| | | 6981 | – | – |
| 3886 | 1592 | 27237 | 15652 | 3211 |
| 3141 | 2961 | 3764 | 13772 | 2900 |
| 15888 | 67637 | 57851 | 98403 | 76418 |
| 5346 | 4242 | 3713 | 8859 | 15091 |
| 5097 | 4158 | 3324 | 8625 | 14417 |
| 249 | 84 | 389 | 234 | 674 |
| | | | | |
| 4686 | 5948 | 1959 | 2459 | 1970 |
| 4686 | 2338 | 1704 | 2450 | 1962 |
| – | 3610 | 255 | – | – |
| – | – | – | – | – |
| 15626 | 14088 | 8559 | 33500 | 34677 |
| 4017 | 2976 | 2660 | 14880 | 16391 |
| 5363 | 4305 | 3735 | 13335 | 7920 |
| 3692 | 3916 | 506 | 2010 | 4546 |
| 761 | 783 | 695 | 1862 | 2188 |
| 86 | 123 | 121 | 89 | 223 |
| 345 | 716 | 7509 | 5950 | 17702 |

# 农作物播种面积

单位：万亩、%

| 指　　标 | 2008 | 2009 | 2010 | 2011 | 2012 | 2013 |
|---|---|---|---|---|---|---|
| 农作物播种面积 | 909.61 | 945.82 | 943.26 | 950.16 | 969.55 | 988.90 |
| 谷物及其它作物播种面积 | 743.82 | 781.92 | 781.65 | 791.45 | 808.66 | 825.22 |
| #谷物播种面积 | 472.63 | 505.41 | 515.75 | 502.65 | 532.15 | 553.87 |
| #小　麦 | 231.22 | 232.44 | 195.85 | 195.18 | 197.06 | 184.41 |
| 玉　米 | 110.63 | 174.45 | 232.69 | 225.69 | 257.35 | 294.72 |
| 豆　类 | 85.31 | 74.95 | 73.14 | 77.55 | 73.33 | 73.15 |
| 薯　类 | 61.23 | 56.17 | 58.82 | 75.40 | 74.16 | 69.63 |
| 油　料 | 108.72 | 117.64 | 110.74 | 115.23 | 109.07 | 109.30 |
| 烟　叶 | 3.17 | 3.18 | 3.16 | 3.37 | 3.55 | 4.08 |
| 其　他 | 12.74 | 24.57 | 19.99 | 17.25 | 16.40 | 15.19 |
| 蔬菜园艺播种面积 | 124.07 | 121.53 | 117.99 | 120.37 | 120.64 | 122.64 |
| #蔬　菜 | 124.04 | 121.22 | 117.84 | 120.17 | 120.38 | 122.27 |
| 花　卉 | 0.03 | 0.31 | 0.15 | 0.20 | 0.26 | 0.37 |
| 瓜果、坚果及香料播种面积 | 30.03 | 30.61 | 31.90 | 27.40 | 27.84 | 24.94 |
| #瓜　类 | 27.09 | 27.62 | 29.41 | 25.75 | 26.16 | 23.60 |
| 药材播种面积 | 11.69 | 11.76 | 11.72 | 10.94 | 12.41 | 16.10 |
| 占总播种面积的比重 | | | | | | |
| 谷物及其它作物播种面积 | 81.77 | 82.67 | 82.87 | 83.30 | 83.41 | 83.45 |
| #谷物播种面积 | 51.96 | 53.44 | 54.68 | 52.90 | 54.89 | 56.00 |
| #小　麦 | 25.42 | 24.58 | 20.76 | 20.54 | 20.32 | 18.65 |
| 玉　米 | 12.16 | 18.44 | 24.67 | 23.75 | 26.54 | 29.80 |
| 豆　类 | 9.38 | 7.92 | 7.75 | 8.16 | 7.56 | 7.40 |
| 薯　类 | 6.73 | 5.94 | 6.24 | 7.94 | 7.65 | 7.04 |
| 油　料 | 11.95 | 12.44 | 11.74 | 12.13 | 11.25 | 11.05 |
| 烟　叶 | 0.35 | 0.34 | 0.34 | 0.36 | 0.36 | 0.41 |
| 其　他 | 1.40 | 2.60 | 2.12 | 1.82 | 1.69 | 1.54 |
| 蔬菜园艺播种面积 | 13.64 | 12.85 | 12.51 | 12.67 | 12.44 | 12.40 |
| #蔬　菜 | 13.64 | 12.82 | 12.49 | 12.65 | 12.42 | 12.36 |
| 花　卉 | 0.00 | 0.03 | 0.02 | 0.02 | 0.03 | 0.04 |
| 瓜果、坚果及香料播种面积 | 3.30 | 3.24 | 3.38 | 2.88 | 2.87 | 2.52 |
| #瓜　类 | 2.98 | 2.92 | 3.12 | 2.71 | 2.70 | 2.39 |
| 药材播种面积 | 1.29 | 1.24 | 1.24 | 1.15 | 1.28 | 1.63 |

# 主要农产品产量

单位：万吨

| 产品名称 | 2007 | 2008 | 2009 | 2010 | 2011 | 2012 | 2013 |
|---|---|---|---|---|---|---|---|
| 粮食总产量 | 88.10 | 107.04 | 110.87 | 127.71 | 122.41 | 155.75 | 158.95 |
| 夏粮产量 | 23.07 | 41.26 | 37.26 | 39.28 | 34.24 | 42.74 | 34.02 |
| #冬小麦 | 23.03 | 41.06 | 36.83 | 38.98 | 34.15 | 42.34 | 33.82 |
| 春小麦 | 0.014 | 0.08 | 0.07 | - | - | - | - |
| 秋粮产量 | 65.03 | 65.78 | 73.61 | 88.43 | 88.17 | 113.01 | 124.93 |
| #稻　谷 | 0.18 | 0.14 | 0.19 | 0.19 | 0.19 | 0.22 | 0.24 |
| 玉　米 | 31.92 | 40.12 | 51.76 | 66.69 | 60.46 | 83.06 | 95.11 |
| 高　粱 | 2.84 | 2.41 | 2.51 | 2.39 | 1.93 | 1.19 | 1.23 |
| 薯　类 | 9.25 | 8.02 | 6.18 | 6.46 | 11.35 | 13.24 | 12.10 |
| 糜　子 | 8.52 | 4.50 | 2.95 | 3.35 | 2.98 | 3.07 | 3.13 |
| 谷　子 | 1.39 | 1.14 | 1.00 | 0.78 | 0.80 | 0.69 | 0.91 |
| 豆　类 | 9.13 | 8.16 | 7.16 | 7.35 | 8.33 | 9.41 | 9.89 |
| #大　豆 | 8.68 | 7.63 | 6.56 | 6.76 | 7.65 | 8.02 | 8.64 |
| 其他谷物 | 1.80 | 0.21 | 0.16 | 0.66 | 0.03 | - | - |
| 油料产量 | 7.79 | 10.15 | 10.78 | 10.90 | 12.07 | 13.17 | 14.03 |
| #胡　麻 | 1.71 | 1.88 | 1.21 | 1.63 | 1.98 | 2.05 | 2.96 |
| 油菜籽 | 3.13 | 4.82 | 6.18 | 6.23 | 5.56 | 6.66 | 5.84 |
| 葵花籽 | 1.09 | 1.16 | 0.63 | 0.61 | 0.79 | 0.75 | 0.97 |
| 花　生 | 0.11 | 0.22 | 0.16 | 0.16 | 0.29 | 0.39 | 0.42 |
| 烟　叶 | 0.54 | 0.63 | 0.74 | 0.78 | 0.81 | 0.87 | 1.03 |
| #烤　烟 | 0.53 | 0.60 | 0.72 | 0.76 | 0.79 | 0.85 | 1.00 |
| 药　材 | 1.86 | 4.51 | 4.79 | 5.64 | 5.32 | 6.88 | 9.55 |
| #党　参 | 0.23 | 0.19 | 0.32 | 0.17 | 0.18 | 0.21 | 0.21 |
| 黄花菜 | 3.46 | 3.29 | 3.76 | 3.40 | 3.85 | 3.13 | 3.57 |
| 白瓜籽 | 0.32 | 0.38 | 0.40 | 0.35 | 0.31 | 0.24 | 0.25 |
| 蔬　菜 | 64.98 | 68.24 | 74.8 | 72.56 | 75.69 | 79.45 | 81.46 |
| 瓜　类 | 42.23 | 69.58 | 73.36 | 82.12 | 74.58 | 79.90 | 80.93 |

# 2013 年分县区农作物

| | 计算单位 | 全 市 | 西峰区 | 庆城县 | 环 县 |
|---|---|---|---|---|---|
| 农作物播种面积合计 | 万亩 | 988.90 | 84.61 | 138.79 | 207.87 |
| #谷物及其他作物播种面积 | 万亩 | 825.22 | 63.88 | 105.59 | 199.44 |
| #粮食作物播种面积 | 万亩 | 696.65 | 50.77 | 83.31 | 183.97 |
| #不包括复种的面积 | 万亩 | 568.09 | 32.69 | 66.64 | 163.91 |
| 粮食作物总产量 | 吨 | 1589455.81 | 125500.70 | 154176.10 | 372124.16 |
| 单 产 | 公斤 | 228.16 | 247.19 | 185.06 | 202.27 |
| #夏粮播种面积 | 万亩 | 186.68 | 24.43 | 31.83 | 17.77 |
| 产 量 | 吨 | 340162.06 | 49348.60 | 44880.30 | 17201.36 |
| 单 产 | 公斤 | 182.20 | 202.00 | 141.00 | 96.80 |
| 谷物播种面积 | 万亩 | 553.87 | 40.53 | 65.48 | 150.18 |
| 产 量 | 吨 | 1369631.41 | 100943.71 | 121245.20 | 334956.2 |
| 稻谷播种面积 | 万亩 | 0.65 | - | - | - |
| 产 量 | 吨 | 2392 | - | - | - |
| 单 产 | 公斤 | 368 | - | - | - |
| 小麦播种面积 | 万亩 | 184.41 | 24.43 | 31.83 | 16.00 |
| 产 量 | 吨 | 338194.65 | 49348.6 | 44880.30 | 15712 |
| 单 产 | 公斤 | 183.39 | 202.00 | 141.00 | 98.20 |
| # 春播小麦种面积 | 万亩 | - | - | - | - |
| 产 量 | 吨 | - | - | - | - |
| 单 产 | 公斤 | - | - | - | - |
| 玉米播种面积 | 万亩 | 294.72 | 6.61 | 20.48 | 116.20 |
| 产 量 | 吨 | 951070.74 | 36452.64 | 56274.10 | 309631.60 |
| 单 产 | 公斤 | 322.70 | 551.48 | 274.78 | 266.47 |
| 谷子播种面积 | 万亩 | 5.52 | 0.93 | 1.14 | 0.14 |
| 产 量 | 吨 | 9057.37 | 3665.97 | 1534.70 | 119.00 |
| 单 产 | 公斤 | 164.08 | 394.19 | 134.62 | 85.00 |
| 糜子播种面积 | 万亩 | 32.43 | 7.05 | 5.78 | 3.43 |
| 产 量 | 吨 | 31263.48 | 9425.48 | 7557.7 | 3430.00 |
| 单 产 | 公斤 | 96.4 | 133.69 | 130.76 | 100.00 |
| 高粱播种面积 | 万亩 | 3.15 | - | 0.61 | 0.09 |
| 产 量 | 吨 | 12271.90 | - | 1445.00 | 279.00 |
| 单 产 | 公斤 | 389.58 | - | 236.89 | 310.00 |

# 播种面积、产量（一）

| 华池县 | 合水县 | 正宁县 | 宁　县 | 镇原县 |
|---|---|---|---|---|
| 86.22 | 66.82 | 55.49 | 152.38 | 196.72 |
| 74.02 | 46.52 | 42.26 | 122.87 | 170.64 |
| 63.80 | 36.91 | 27.36 | 99.44 | 151.09 |
| 54.63 | 24.78 | 17.76 | 69.43 | 138.25 |
| 132759.85 | 112382.50 | 90035.40 | 251230.10 | 351247 |
| 208.09 | 304.48 | 329.08 | 252.64 | 232.48 |
| 8.89 | 10.10 | 8.64 | 45.02 | 40.00 |
| 9245.60 | 21715 | 19958.40 | 100844.80 | 76968 |
| 104.00 | 215.00 | 231.00 | 224.00 | 192.40 |
| 39.70 | 27.74 | 20.97 | 66.42 | 142.85 |
| 116580.50 | 95965.50 | 77777.40 | 181981.70 | 340181.00 |
| – | 0.65 | – | – | – |
| – | 2392.00 | – | – | – |
| – | 368.00 | – | – | – |
| 8.39 | 10.10 | 8.64 | 45.02 | 40.00 |
| 8767.55 | 21715.00 | 19958.40 | 100844.80 | 76968.00 |
| 104.50 | 215.00 | 231.00 | 224.00 | 192.42 |
| – | – | – | – | – |
| – | – | – | – | – |
| – | – | – | – | – |
| 25.38 | 10.04 | 9.17 | 16.84 | 90.00 |
| 103864 | 65662 | 49625 | 72749 | 256813 |
| 409.24 | 654.00 | 550.35 | 432.00 | 285.35 |
| 0.92 | 0.23 | 0.62 | 1.54 | – |
| 754.70 | 262.20 | 688.00 | 2032.80 | – |
| 82.03 | 114.00 | 110.97 | 132.37 | – |
| 0.93 | 4.41 | 1.47 | 1.21 | 8.15 |
| 638 | 3396 | 1636 | 1510 | 3671 |
| 68.60 | 77.00 | 111.29 | 124.76 | 45.04 |
| 0.08 | 0.29 | 1.07 | 1.01 | – |
| 68.20 | 1125.20 | 5870.00 | 3484.50 | – |
| 85.25 | 388.00 | 548.60 | 345.00 | – |

# 2013年分县区农作物

| | 计算单位 | 全 市 | 西峰区 | 庆城县 | 环 县 |
|---|---|---|---|---|---|
| 荞麦播种面积 | 万亩 | 32.91 | 1.51 | 5.64 | 14.24 |
| 产 量 | 吨 | 25341.27 | 2051.02 | 9553.40 | 5744.60 |
| 单 产 | 公斤 | 77.00 | 135.83 | 169.39 | 40.34 |
| 豆类播种面积 | 万亩 | 73.15 | 6.39 | 10.29 | 10.24 |
| 产 量 | 吨 | 98857.93 | 14310.60 | 13472.40 | 12393.36 |
| 单 产 | 公斤 | 135.14 | 223.95 | 130.93 | 121.03 |
| 大豆播种面积 | 万亩 | 60.32 | 6.39 | 8.48 | 6.54 |
| 产 量 | 吨 | 86354.03 | 14310.60 | 12342.40 | 8632.80 |
| 单 产 | 公斤 | 143.16 | 223.95 | 145.55 | 132.00 |
| 其他豆类播种面积 | 万亩 | 12.83 | - | 1.81 | 3.70 |
| 产 量 | 吨 | 12503.90 | - | 1130 | 3760.56 |
| 单 产 | 公斤 | 97.46 | - | 62.43 | 101.64 |
| 薯类播种面积 | 万亩 | 69.63 | 3.85 | 7.54 | 23.55 |
| 产 量 | 吨 | 120966.47 | 10246.39 | 19458.50 | 24774.60 |
| 单 产 | 公斤 | 173.73 | 266.14 | 258.07 | 105.20 |
| 油料播种面积 | 万亩 | 109.30 | 9.47 | 16.16 | 14.05 |
| 产 量 | 吨 | 140299.36 | 15906.39 | 13733.92 | 11904.60 |
| 单 产 | 公斤 | 128.36 | 167.97 | 84.99 | 84.73 |
| 胡麻籽播种面积 | 万亩 | 26.83 | - | 2.39 | 7.51 |
| 产 量 | 吨 | 29614.40 | - | 1196.30 | 5480.80 |
| 单 产 | 公斤 | 110.38 | - | 50.05 | 72.98 |
| 油菜籽播种面积 | 万亩 | 44.76 | 7.33 | 9.45 | 0.50 |
| 产 量 | 吨 | 58436.86 | 10736.20 | 6612.41 | 691.10 |
| 单 产 | 公斤 | 130.56 | 146.47 | 69.97 | 138.22 |
| 葵花籽播种面积 | 万亩 | 9.81 | 0.08 | 0.42 | 6.04 |
| 产 量 | 吨 | 9710.59 | 249.50 | 441.39 | 5732.70 |
| 单 产 | 公斤 | 98.99 | 311.88 | 105.09 | 949.12 |
| 花生播种面积 | 万亩 | 1.61 | 1.00 | 0.23 | - |
| 产 量 | 吨 | 4200.63 | 3132.14 | 166.49 | - |
| 单 产 | 公斤 | 260.91 | 313.20 | 72.39 | - |
| 其他油料播种面积 | 万亩 | 26.29 | 1.06 | 3.67 | - |
| 产 量 | 吨 | 38336.88 | 1788.55 | 5317.33 | - |
| 单 产 | 公斤 | 145.82 | 168.73 | 144.89 | - |

# 播种面积、产量（二）

| 华池县 | 合水县 | 正宁县 | 宁　县 | 镇原县 |
|---|---|---|---|---|
| 4.00 | 2.02 | – | 0.80 | 4.70 |
| 2488.05 | 1414.00 | – | 1361.20 | 2729 |
| 62.20 | 70.00 | – | 170.15 | 58.06 |
| 10.12 | 4.71 | 3.38 | 25.22 | 2.80 |
| 8753.17 | 8478.00 | 3950.00 | 33290.40 | 4210.00 |
| 86.49 | 180.00 | 116.86 | 132.00 | 150.36 |
| 4.15 | 3.36 | 3.38 | 25.22 | 2.80 |
| 3569.83 | 6048.00 | 3950.00 | 33290.40 | 4210.00 |
| 86.02 | 180.00 | 116.86 | 132.00 | 150.36 |
| 5.97 | 1.35 | – | – | – |
| 5183.34 | 2430.00 | – | – | – |
| 383.95 | 180.00 | – | – | – |
| 13.98 | 4.46 | 3.01 | 7.80 | 5.44 |
| 7426.18 | 7938.80 | 8308.00 | 35958.00 | 6856.00 |
| 53.12 | 178.00 | 276.01 | 461.00 | 126.03 |
| 8.62 | 9.30 | 9.82 | 23.28 | 18.60 |
| 8541 | 11269 | 15484 | 32764 | 30696 |
| 99.09 | 121.17 | 157.68 | 140.74 | 165.03 |
| 7.76 | 0.16 | – | 0.01 | 9.00 |
| 7090.30 | 256.00 | – | 8.00 | 15583.00 |
| 91.37 | 160.00 | – | 80.00 | 173.14 |
| 0.77 | 4.70 | 1.00 | 15.01 | 6.00 |
| 1355.15 | 6223 | 1202 | 20612 | 11005 |
| 175.99 | 132.40 | 120.20 | 137.32 | 183.42 |
| 0.09 | 0.07 | – | 0.04 | 3.07 |
| 96.00 | 134.00 | – | 82.00 | 2975.00 |
| 106.67 | 191.43 | – | 205.00 | 96.91 |
| – | 0.16 | – | 0.10 | 0.12 |
| – | 489.00 | – | 180 | 233 |
| – | 305.63 | – | 180 | 194.17 |
| – | 4.21 | 8.82 | 8.12 | 0.41 |
| – | 4.67 | 14282.00 | 11882.00 | 900.00 |
| – | 98.98 | 161.93 | 146.33 | 219.51 |

# 2013年分县区农作物

| | 计算单位 | 全市 | 西峰区 | 庆城县 | 环县 |
|---|---|---|---|---|---|
| 烟叶播种面积 | 万亩 | 4.08 | - | - | - |
| 产量 | 吨 | 10260 | - | - | - |
| 单产 | 公斤 | 251.47 | - | - | - |
| 蔬菜园艺播种面积 | 万亩 | 122.64 | 18.28 | 29.76 | 6.22 |
| 蔬菜播种面积 | 万亩 | 122.27 | 18.00 | 29.76 | 6.22 |
| 产量 | 吨 | 814568.29 | 131688.00 | 125493.72 | 32042.80 |
| 单产 | 公斤 | 666.20 | 731.60 | 421.69 | 515.16 |
| 黄花菜播种面积 | 万亩 | 45.64 | 3.84 | 15.67 | 2.97 |
| 产量（干品） | 吨 | 35741.34 | 7710 | 7400.14 | 1109.00 |
| 单产 | 公斤 | 78.31 | 200.78 | 47.22 | 37.34 |
| 辣椒干播种面积 | 万亩 | 12.43 | 3.71 | 1.98 | 0.07 |
| 产量 | 吨 | 32134.32 | 14844 | 2376.72 | 21.60 |
| 单产 | 公斤 | 258.52 | 400.11 | 120.04 | 30.86 |
| 食用菌产量 | 吨 | 1348 | 70 | 244 | - |
| 其它蔬菜播种面积 | 万亩 | 64.20 | 10.45 | 12.11 | 3.18 |
| 产量 | 吨 | 745344.63 | 109064.00 | 115472.86 | 30912.20 |
| 单产 | 公斤 | 11609.74 | 1048.84 | 953.53 | 972.08 |
| 瓜果等作物播种面积 | 万亩 | 24.94 | 1.62 | 2.62 | 1.47 |
| 瓜类播种面积 | 万亩 | 23.60 | 1.60 | 2.58 | 1.47 |
| 产量 | 吨 | 809330.58 | 23989.50 | 46001.00 | 29949.00 |
| 单产 | 公斤 | 3429.37 | 1499.34 | 1782.98 | 2037.35 |
| #西瓜播种面积 | 万亩 | 22.22 | 1.43 | 1.89 | 1.25 |
| 产量 | 吨 | 780283.98 | 22326.90 | 40441.00 | 25920.00 |
| 单产 | 公斤 | 3511.63 | 1561.32 | 2139.74 | 2073.60 |
| 白瓜籽播种面积 | 万亩 | 1.22 | - | - | - |
| 产量 | 吨 | 2544 | - | - | - |
| 单产 | 公斤 | 208.52 | - | - | - |
| 药材播种面积 | 万亩 | 16.10 | 0.83 | 0.82 | 0.74 |
| 产量 | 吨 | 95540.66 | 2622.00 | 3307.84 | 6343.80 |
| 单产 | 公斤 | 593.40 | 315.90 | 403.40 | 857.30 |

## 播种面积、产量（三）

| 华池县 | 合水县 | 正宁县 | 宁　县 | 镇原县 |
|---|---|---|---|---|
| - | - | 4.08 | - | - |
| - | - | 10260 | - | - |
| - | - | 251.47 | - | - |
| 7.99 | 18.14 | 7.42 | 15.69 | 19.14 |
| 7.99 | 18.14 | 7.42 | 15.69 | 19.14 |
| 40698.27 | 124271.00 | 130263.70 | 139845.80 | 90265.00 |
| 509.37 | 685.07 | 1755.57 | 891.31 | 471.60 |
| 0.50 | 9.36 | 0.01 | 3.40 | 9.89 |
| 375.00 | 3253.00 | 40.20 | 2108.00 | 13746.00 |
| 75.00 | 34.75 | 402.00 | 62.00 | 138.99 |
| 0.02 | 1.26 | 0.60 | 4.41 | 0.38 |
| 14.00 | 5589.00 | 2716.00 | 4600.00 | 1973.00 |
| 70.00 | 443.57 | 452.67 | 104.31 | 519.21 |
| - | 210.00 | 354.00 | 470.00 | - |
| 7.47 | 7.52 | 6.81 | 7.79 | 8.87 |
| 40309.27 | 115219.00 | 127153.50 | 132667.80 | 74546.00 |
| 539.62 | 1532.17 | 18671.66 | 1703.05 | 840.43 |
| 2.20 | 1.90 | 0.77 | 8.52 | 5.84 |
| 1.20 | 1.64 | 0.77 | 8.50 | 5.84 |
| 18415 | 69202 | 24647 | 355000 | 242127 |
| 1534.59 | 4219.63 | 3200.91 | 4176.47 | 4146.01 |
| 1.20 | 1.38 | 0.73 | 8.50 | 5.84 |
| 18415.08 | 52419 | 23635 | 355000 | 242127 |
| 1534.59 | 3798.48 | 3237.67 | 4176.47 | 4146.01 |
| 1.00 | 0.22 | - | - | - |
| 784 | 1760 | - | - | - |
| 78.40 | 800.00 | - | - | - |
| 2.01 | 0.26 | 5.04 | 5.30 | 1.10 |
| 5943 | 1349 | 46116 | 25500 | 4359.02 |
| 295.70 | 518.80 | 915.00 | 481.10 | 396.30 |

# 2013 年分县区果园面积

| | 计算单位 | 全　市 | 西峰区 | 庆城县 | 环　县 |
|---|---|---|---|---|---|
| 果园面积 | 万亩 | 171.65 | 23.84 | 30.91 | 9.17 |
| #当年新植 | 万亩 | 25.84 | 3.80 | 4.46 | 0.05 |
| 苹果园 | 万亩 | 118.05 | 19.93 | 21.44 | 3.25 |
| 当年新植 | 万亩 | 19.82 | 3.10 | 4.46 | 0.02 |
| 梨　园 | 万亩 | 0.60 | 0.20 | 0.05 | 0.03 |
| 当年新植 | 万亩 | 0.10 | - | - | - |
| 桃　园 | 万亩 | 0.75 | 0.28 | 0.14 | 0.03 |
| 当年新植 | 万亩 | 0.11 | 0.04 | - | - |
| 杏　园 | 万亩 | 37.42 | 2.15 | 6.00 | 5.65 |
| 当年新植 | 万亩 | 1.47 | 0.04 | - | 0.03 |
| 枣　园 | 万亩 | 4.56 | 0.11 | 2.01 | 0.03 |
| 当年新植 | 万亩 | 0.21 | - | - | - |
| 桑园面积 | 万亩 | - | - | - | - |
| 水果总产量 | 吨 | 578302 | 105507 | 128305 | 21391 |
| #苹果产量 | 吨 | 471213 | 98315 | 110116 | 11507 |
| 梨产量 | 吨 | 4272 | 1203 | 300 | 146 |
| 桃产量 | 吨 | 6451 | 1527 | 1106 | 218 |
| 杏产量 | 吨 | 63813 | 3009 | 8221 | 8588 |
| 红枣产量 | 吨 | 7288 | 154 | 1649 | 97 |
| 桑叶产量 | 吨 | - | - | - | - |
| 当年造林面积 | 万亩 | 38.47 | 3.20 | 15.69 | - |
| #防护林 | 万亩 | 35.4 | 2.36 | 13.77 | 2.35 |
| 经济林 | 万亩 | 0.70 | 0.70 | - | 2.35 |
| 封山育林面积 | 万亩 | 87.18 | 3.36 | 13.20 | 14.62 |
| 主要林产品产量 | | | | | |
| 核　桃 | 吨 | 6856 | 2475 | 473 | 115 |
| 花　椒 | 吨 | 1137 | 295 | 23 | - |

及林业生产情况

| 华池县 | 合水县 | 正宁县 | 宁　县 | 镇原县 |
|---|---|---|---|---|
| 5.93 | 22.05 | 19.82 | 25.89 | 34.04 |
| 1.70 | 0.70 | 2.50 | 6.71 | 5.92 |
| 1.20 | 18.19 | 17.82 | 21.00 | 15.22 |
| 0.20 | 0.50 | 2.15 | 5.29 | 4.10 |
| 0.02 | 0.02 | 0.12 | 0.05 | 0.11 |
| – | 0.10 | – | – | – |
| 0.02 | 0.01 | 0.13 | 0.05 | 0.09 |
| – | – | – | 0.05 | 0.02 |
| 1.75 | 3.32 | 0.89 | 1.89 | 15.77 |
| – | 0.10 | – | 0.30 | 1.00 |
| 0.02 | 0.13 | 0.11 | 2.1 | 0.05 |
| – | – | – | 0.20 | 0.01 |
| – | – | – | – | – |
| 16216 | 93401 | 86572 | 35740 | 91170 |
| 8000 | 81900 | 79295 | 21210 | 60870 |
| 160 | 873 | 155 | 314 | 1120 |
| – | 775 | 129 | 1572 | 1124 |
| 6866 | 3630 | 4515 | 4584 | 24400 |
| 16 | 672 | 47 | 4452 | 200 |
| – | – | – | – | – |
| 6.20 | 3.37 | 1.80 | 4.46 | 1.40 |
| 6.20 | 3.06 | 1.80 | 4.46 | 1.40 |
| – | – | – | – | – |
| 15.20 | 6.61 | 11.14 | 4.38 | 18.67 |
| 88 | 395 | 540 | 2450 | 320 |
| 35 | 49 | 485 | 220 | 30 |

# 2013 年分县区

| | 计算单位 | 全市 | 西峰区 | 庆城县 | 环县 |
|---|---|---|---|---|---|
| 大牲畜年末存栏 | 万头 | 60.85 | 2.05 | 6.16 | 13.62 |
| 牛 | 万头 | 36.65 | 1.95 | 4.58 | 4.07 |
| 马 | 万匹 | 0.43 | 0.05 | 0.05 | 0.07 |
| 驴 | 万匹 | 20.21 | 0.03 | 1.41 | 7.38 |
| 骡 | 万匹 | 3.56 | 0.02 | 0.12 | 2.10 |
| 年末猪存栏 | 万头 | 41.81 | 5.88 | 3.68 | 7.34 |
| 能繁殖的母猪 | 万头 | 6.41 | 0.77 | 0.37 | 0.47 |
| 年末羊存栏 | 万只 | 173.96 | 10.90 | 19.21 | 73.48 |
| 山羊 | 万只 | 122.39 | 4.31 | 13.6 | 54.39 |
| 绵羊 | 万只 | 51.57 | 6.59 | 5.61 | 19.09 |
| #细毛羊及改良羊 | 万只 | 9.71 | 3.34 | 0.04 | 0.03 |
| 半细毛羊及改良羊 | 万只 | 4.27 | 1.44 | 0.11 | - |
| 出栏的肉猪头数 | 万头 | 39.13 | 5.95 | 3.44 | 6.75 |
| 出售和自宰的肉用牛 | 万头 | 15.75 | 0.68 | 1.67 | 1.66 |
| 出售和自宰的肉用羊 | 万只 | 68.34 | 4.00 | 7.04 | 30.84 |
| 当年鸡（鸭、鹅）出栏 | 万只 | 82.87 | 6.08 | 5.91 | 11.02 |
| 肉类总产量 | 吨 | 64868 | 5995 | 5822 | 14215 |
| 猪肉 | 吨 | 29348 | 4463 | 2580 | 5063 |
| 牛肉 | 吨 | 18900 | 816 | 2004 | 1992 |
| 驴肉 | 吨 | 4012 | - | 34 | 1930 |
| 羊肉 | 吨 | 10934 | 640 | 1126 | 4934 |
| 禽肉 | 吨 | 912 | 67 | 65 | 121 |
| 鲜蛋产量 | 吨 | 8989 | 597 | 619 | 1329 |
| 牛、羊奶产量 | 吨 | 10894 | 966 | 430 | - |
| 山羊毛产量 | 吨 | 612 | 22 | 68 | 272 |
| 绵羊毛产量 | 吨 | 377 | 129 | 3 | 1 |
| 蜂蜜产量 | 吨 | 108 | 2 | 1 | 4 |

# 畜牧业生产情况

| 华池县 | 合水县 | 正宁县 | 宁　县 | 镇原县 |
|---|---|---|---|---|
| 5.50 | 2.75 | 1.54 | 9.03 | 20.20 |
| 2.53 | 2.51 | 1.49 | 8.91 | 10.61 |
| 0.05 | 0.08 | 0.01 | 0.05 | 0.07 |
| 1.83 | 0.11 | 0.02 | 0.05 | 9.38 |
| 1.09 | 0.05 | 0.02 | 0.02 | 0.14 |
| 3.84 | 3.29 | 2.78 | 9.79 | 5.21 |
| 0.26 | 1.39 | 0.58 | 2.26 | 0.31 |
| 18.20 | 17.70 | 2.42 | 9.86 | 22.19 |
| 12.03 | 16.55 | 1.83 | 6.18 | 13.50 |
| 6.17 | 1.15 | 0.59 | 3.68 | 8.69 |
| 0.10 | 0.24 | 0.49 | 1.80 | 3.67 |
| 0.08 | - | 0.09 | 1.61 | 0.94 |
| 3.46 | 2.87 | 2.49 | 8.89 | 5.28 |
| 1.03 | 0.93 | 0.70 | 4.65 | 4.43 |
| 6.69 | 6.79 | 0.91 | 3.72 | 8.35 |
| 7.12 | 7.74 | 6.7 | 16.17 | 22.13 |
| 5432 | 4489 | 3079 | 13114 | 12722 |
| 2595 | 2153 | 1868 | 6668 | 3960 |
| 1236 | 1116 | 840 | 5580 | 5316 |
| 221 | 17 | - | 26 | 1785 |
| 1070 | 1086 | 146 | 595 | 1336 |
| 78 | 85 | 74 | 178 | 243 |
| 783 | 795 | 710 | 1947 | 2209 |
| 1800 | 4144 | 410 | 2344 | 800 |
| 60 | 83 | 9 | 31 | 68 |
| 5 | 7 | 17 | 86 | 129 |
| 1 | - | 21 | 24 | 55 |

# 2013年分县区

| | 计算单位 | 全　市 | 西峰区 | 庆城县 | 环　县 |
|---|---|---|---|---|---|
| 农作物受灾面积 | 万亩 | 257.85 | 18.43 | 10.25 | 125.5 |
| 旱　灾 | 万亩 | 174.84 | 16.99 | 9.02 | 84.92 |
| 水　灾 | 万亩 | 62.91 | 1.09 | 0.97 | 25.21 |
| 风雹灾 | 万亩 | 16.91 | - | - | 15.37 |
| 霜冻灾 | 万亩 | 1.95 | - | - | - |
| 病虫灾 | 万亩 | 0.43 | - | - | - |
| 其　他 | 万亩 | 0.81 | 0.35 | 0.26 | - |
| 农作物成灾面积 | 万亩 | 187.85 | 17.61 | 4.19 | 95.27 |
| 粮食作物减产面积 | 万亩 | 141.90 | 13.68 | 2.43 | 71.45 |
| 3成以上至5成 | 万亩 | 93.51 | 13.44 | 1.87 | 33.06 |
| 5成以上至8成 | 万亩 | 29.50 | 0.24 | 0.49 | 22.04 |
| 8成以上至绝收 | 万亩 | 18.89 | - | 0.07 | 16.35 |
| 经济作物减产面积 | 万亩 | 45.95 | 3.93 | 1.76 | 23.82 |
| 3成以上至5成 | 万亩 | 26.63 | 2.73 | 0.86 | 11.02 |
| 5成以上至8成 | 万亩 | 12.85 | 1.20 | 0.80 | 7.35 |
| 8成以上至绝收 | 万亩 | 6.47 | - | 0.10 | 5.45 |
| 因灾损失情况 | | | | | |
| 死亡人口 | 人 | 9 | - | - | 5 |
| 减少粮食 | 吨 | 459200 | 2799 | 778 | 422653 |
| 减产油料 | 吨 | 144441 | 974 | 75 | 140881 |
| 死亡大牲畜 | 头 | 9 | - | 1 | 7 |
| 损坏民房 | 间 | 38929 | 295 | 79 | 20921 |
| 因灾缺粮人口 | 万人 | 17.25 | - | - | 13.46 |
| 得到国家救济的人次数 | 人次 | 294585 | 25204 | 33667 | 181818 |

# 自然灾害情况

| 华池县 | 合水县 | 正宁县 | 宁　县 | 镇原县 |
|---|---|---|---|---|
| 33.88 | 5.13 | 3.83 | 6.12 | 54.71 |
| 8.65 | 1.96 | 3.68 | 5.50 | 44.12 |
| 24.98 | 0.97 | – | 0.13 | 9.56 |
| 0.25 | 0.48 | 0.15 | – | 0.66 |
| – | 1.72 | – | 0.20 | 0.03 |
| – | – | – | 0.21 | 0.22 |
| – | – | – | 0.08 | 0.12 |
| 26.32 | 0.95 | 2.95 | 1.50 | 39.06 |
| 15.80 | 0.85 | 2.83 | 0.99 | 33.87 |
| 9.48 | 0.74 | 2.83 | 0.99 | 31.10 |
| 4.74 | 0.11 | – | – | 1.88 |
| 1.58 | – | – | – | 0.89 |
| 10.52 | 0.10 | 0.12 | 0.51 | 5.19 |
| 6.63 | 0.10 | 0.12 | 0.51 | 4.66 |
| 3.16 | – | – | – | 0.34 |
| 0.73 | – | – | – | 0.19 |
| | | | | |
| 3 | 1 | – | – | – |
| 7750 | 1985 | 398 | 878 | 21959 |
| 1624 | 110 | – | 416 | 361 |
| – | – | – | – | 1 |
| 12085 | 328 | – | 5221 | – |
| – | 2.13 | – | – | 1.66 |
| 6280 | 26720 | 12053 | 6705 | 2138 |

## 2013 年分县区农村机械化、

|  | 计算单位 | 全市 | 西峰区 | 庆城县 | 环县 |
|---|---|---|---|---|---|
| 农业机械化 |  |  |  |  |  |
| 当年机耕地面积 | 万亩 | 522.06 | 93.50 | 43.23 | 53.00 |
| 占耕地面积 | % | 77.01 | 160.80 | 53.11 | 38.67 |
| 当年机播面积 | 万亩 | 522.63 | 82.50 | 44.22 | 61.01 |
| 占播种面积 | % | 52.85 | 97.51 | 31.86 | 29.35 |
| 农业水利化 |  |  |  |  |  |
| 机电井 | 眼 | 2097 | 580 | 55 | 55 |
| #完好数 | 眼 | 1987 | 580 | 55 | 55 |
| 有效灌溉面积 | 万亩 | 73.20 | 20.47 | 5.83 | 6.76 |
| 占总播种面积 | % | 7.4 | 24.2 | 4.2 | 3.3 |
| 水平梯条田面积 | 万亩 | 511.90 | 34.37 | 72.17 | 125.43 |
| 占总耕地面积 | % | 75.5 | 59.1 | 88.6 | 91.5 |
| 保证灌溉面积 | 万亩 | 50.76 | 16.30 | 4.20 | 3.97 |
| 农业电气化 |  |  |  |  |  |
| 农村用电量 | 万千瓦时 | 53708.02 | 4180.77 | 6929.23 | 16920.96 |
| #农村生产用电 | 万千瓦时 | 27823.78 | 2240.00 | 3886.09 | 9758.62 |
| 农民生活用电 | 万千瓦时 | 25884.24 | 1940.77 | 3043.14 | 7162.34 |
| 农村发电量 | 万千瓦时 | 1950 | 1100 | - | - |
| 农业化学化 |  |  |  |  |  |
| 农用化肥实物量 | 吨 | 336571.48 | 30245.32 | 44746.02 | 65047.92 |
| 氮肥 | 吨 | 105316.21 | 8984.69 | 11934.40 | 23553.55 |
| 磷肥 | 吨 | 137261.60 | 11178.12 | 15861.22 | 26001.60 |
| 钾肥 | 吨 | 22386.86 | 1505.01 | 3460.40 | 5363.90 |
| 农用化肥折纯量 | 吨 | 101126.82 | 8246.18 | 13877.79 | 21477.19 |
| 氮肥 | 吨 | 38272.66 | 2272.04 | 3830.95 | 10385.69 |
| 磷肥 | 吨 | 19973.77 | 1644.32 | 1892.49 | 3831.75 |
| 钾肥 | 吨 | 10153.03 | 677.52 | 1609.35 | 2358.76 |
| 塑料薄膜使用量 | 吨 | 17421.38 | 1588.90 | 1417.10 | 4781.72 |
| #棚膜使用量 | 吨 | 5337 | 1155 | 645 | 490 |

# 水利化、电气化和化学化情况

| 华池县 | 合水县 | 正宁县 | 宁　县 | 镇原县 |
|---|---|---|---|---|
| | | | | |
| 28.50 | 56.00 | 52.50 | 118.40 | 107.00 |
| 55.36 | 157.04 | 122.26 | 123.33 | 61.06 |
| 27.45 | 45.90 | 51.00 | 104.51 | 106.05 |
| 31.84 | 68.69 | 91.91 | 68.58 | 53.91 |
| | | | | |
| 27 | 42 | 218 | 549 | 571 |
| - | 42 | 218 | 549 | 488 |
| 5.74 | 3.26 | 4.00 | 11.50 | 15.64 |
| 6.70 | 4.90 | 7.21 | 7.55 | 7.95 |
| 50.50 | 32.75 | 23.76 | 43.42 | 129.50 |
| 98.1 | 91.8 | 55.3 | 45.2 | 73.9 |
| 4.35 | 2.11 | 0.96 | 8.27 | 10.60 |
| | | | | |
| 1649.35 | 3496.00 | 3566.00 | 10156.71 | 6809.00 |
| 664.05 | 1522.00 | 1188.00 | 5095.02 | 3470.00 |
| 985.30 | 1974.00 | 2378.00 | 5061.69 | 3339.00 |
| - | - | - | 250 | 600 |
| | | | | |
| 14992.00 | 27177.30 | 32827.40 | 43130.52 | 78405 |
| 4624 | 7983 | 11940 | 14806 | 21491 |
| 6080 | 13974 | 9649 | 12786 | 41732 |
| 1168 | 1049 | 3530 | 3020.55 | 3290 |
| 5000.64 | 5448.55 | 12150.08 | 14211.39 | 20715.00 |
| 2127.04 | 798.30 | 5373.00 | 5103.64 | 8382.00 |
| 729.60 | 2085.60 | 1157.88 | 2372.13 | 6260.00 |
| 584.00 | 522.50 | 1765.00 | 1319.90 | 1316.00 |
| 1504.00 | 1504.11 | 1057.43 | 2067.12 | 3501.00 |
| 492 | 735 | 438 | 893 | 490 |

# 农村机械化、水利化、电气化和化学化情况

| 指标 | 计算单位 | 2008 | 2009 | 2010 | 2011 | 2012 | 2013 |
|---|---|---|---|---|---|---|---|
| 农业机械化 | | | | | | | |
| 当年机耕地面积 | 万亩 | 393.45 | 454.20 | 309.99 | 323.27 | 511.61 | 522.06 |
| 占耕地面积 | % | 57.90 | 67.80 | 46.34 | 48.34 | 75.80 | 77.01 |
| 当年机播面积 | 万亩 | 420.20 | 440.49 | 304.75 | 318.62 | 501.41 | 522.63 |
| 占播种面积 | % | 53.16 | 46.60 | 32.31 | 33.53 | 51.70 | 52.85 |
| 农业水利化 | | | | | | | |
| 机电井 | 眼 | 1973.00 | 2027.00 | 2072.00 | 2062.00 | 2052.00 | 2097.00 |
| #完好数 | 眼 | 1931.00 | 2000.00 | 2045.00 | 1944.00 | 1937.00 | 1987.00 |
| 有效灌溉面积 | 万亩 | 66.38 | 67.68 | 69.55 | 69.68 | 71.91 | 73.20 |
| 占总耕地面积 | % | 10.70 | 7.20 | 7.40 | 10.40 | 10.66 | 7.40 |
| 水平梯条田面积 | 万亩 | 573.29 | 595.66 | 457.61 | 622.70 | 498.23 | 511.90 |
| 占总耕地面积 | % | 86.70 | 89.00 | 68.40 | 93.12 | 73.80 | 75.51 |
| 保证灌溉面积 | 万亩 | 45.12 | 46.21 | 47.34 | 46.71 | 48.77 | 50.76 |
| 农业电气化 | | | | | | | |
| 农村用电量 | 万千瓦时 | 31080 | 35817 | 38861.96 | 43555.23 | 49828.78 | 53708.02 |
| #农村生产用电 | 万千瓦时 | 14996 | 18390 | 19944.57 | 22843.61 | 27011.16 | 27823.78 |
| 农民生活用电 | 万千瓦时 | 16084 | 17427 | 18917.39 | 20711.62 | 22817.62 | 25884.24 |
| 农村发电量 | 万千瓦时 | 1700 | 1850 | 1850 | 1850 | 1950.00 | 1950 |
| 农业化学化 | | | | | | | |
| 农用化肥实物量 | 吨 | 301971 | 281152 | 300387 | 299325 | 338386 | 336571.48 |
| 氮　肥 | 吨 | 92285 | 101488 | 93969 | 90478 | 105802 | 105316.21 |
| 磷　肥 | 吨 | 139418 | 110463 | 123161 | 124473 | 138537 | 137262 |
| 钾　肥 | 吨 | 15963 | 10681 | 17393 | 18690 | 22465 | 22387 |
| 农用化肥折纯量 | 吨 | 90071 | 89034 | 92245 | 92585 | 101613 | 101127 |
| 氮　肥 | 吨 | 37887 | 40497 | 35039 | 34764 | 39412 | 38273 |
| 磷　肥 | 吨 | 19207 | 15230 | 19523 | 124473 | 19799 | 19974 |
| 钾　肥 | 吨 | 7300 | 10182 | 7928 | 18690 | 10510 | 10153 |
| 塑料薄膜使用量 | 吨 | 9696 | 9845 | 11621 | 13558 | 16558 | 17421 |
| #棚膜使用量 | 吨 | 1397 | 1163 | 1578 | 5075 | 3872 | 5337 |

# 统计资料

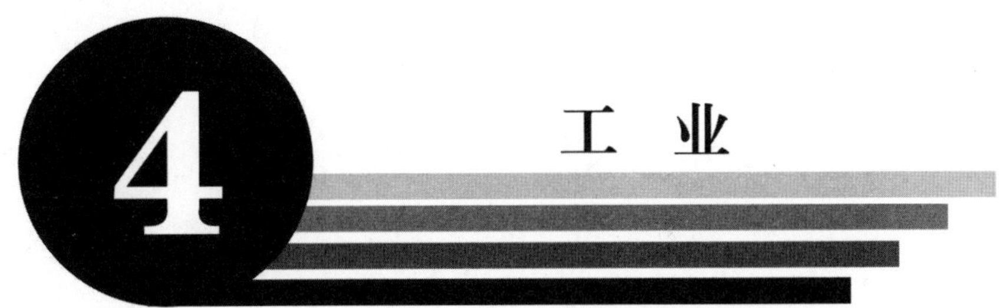


QING YANG YEARBOOK

# 工业总产值与增加值

单位：万元

| | 2012 | | | 2013 | | |
|---|---|---|---|---|---|---|
| | 现价工业总产值 | 销售产值 | 增加值 | 现价工业总产值 | 销售产值 | 增加值 |
| **全市总计** | 7365727 | 7132116 | 2926793 | 7856773 | 7504153 | 3459318 |
| **规模以上工业企业** | 7014365 | 6822918 | 2812284 | 7424972 | 7124169 | 3318594 |
| #地方工业 | 833064 | 761807 | 260537 | 1143217 | 1103904 | 364258 |
| #中央企业 | 6181301 | 6061111 | 2551747 | 6281755 | 6020265 | 2954336 |
| 按类型分 | | | | | | |
| 国有企业 | 6376694 | 6256779 | 2613488 | 6449236 | 6197804 | 3018923 |
| 集体企业 | 158372 | 133483 | 72249 | 178206 | 196293 | 79533 |
| 股份制企业 | 358492 | 332588 | 91714 | 627887 | 579619 | 173537 |
| 其他企业 | 120807 | 100068 | 34833 | 169643 | 150453 | 46592 |
| 按性质分 | | | | | | |
| 轻工业 | 242971 | 207402 | 62299 | 348626 | 312827 | 91220 |
| 重工业 | 6771394 | 6615516 | 2749985 | 7076346 | 6811342 | 3227374 |
| 按行业分 | | | | | | |
| 石油和天然气开采业及辅助业 | 4128259 | 3965799 | 2075501 | 4165159 | 4117677 | 2634857 |
| 农副产品加工业 | 106616 | 83243 | 22391 | 154769 | 146775 | 31525 |
| 食品制造业 | 25603 | 25199 | 6394 | 31548 | 38785 | 6679 |
| 酒、饮料制造业 | 47449 | 44416 | 11312 | 57609 | 53430 | 12968 |
| 纺织业 | – | – | – | 2907 | 2907 | 1300 |
| 纺织服装业 | – | – | – | 8293 | 8227 | 2819 |
| 造纸及纸制品业 | – | – | – | 2941 | 2873 | 702 |
| 石油加工业 | 2145885 | 2219544 | 568445 | 2342874 | 2182365 | 487318 |
| 化学原料及化学制品制造业 | 67596 | 60354 | 9149 | 53146 | 51352 | 7251 |
| 医药制造业 | 48710 | 39950 | 18786 | 76173 | 58149 | 28555 |
| 塑料制品业 | 18491 | 18576 | 3475 | 19942 | 18648 | 4044 |
| 非金属矿物制品业 | 115942 | 111493 | 33156 | 113509 | 106315 | 28576 |
| 黑色金属冶炼及压延加工业 | 46192 | 41913 | 7922 | 60227 | 53740 | 8444 |
| 金属制品业 | 16876 | 15944 | 4106 | 22434 | 18104 | 4851 |
| 专用设备制造业 | – | – | – | 2432 | 2381 | 577 |
| 通用设备制造业 | 13474 | 12936 | 3769 | 23845 | 22920 | 5387 |
| 电力、热力的生产和供应业 | 229254 | 229254 | 45207 | 263324 | 263324 | 50298 |
| 水的生产和供应业 | 4020 | 4020 | 2672 | 3912 | 3912 | 2442 |
| **规模以下工业企业** | 351362 | 309198 | 114509 | 431801 | 379984 | 140724 |

## 主要年份规模以上工业总产值指数

单位：%

| | 工业 | 中央 | #油田 | 地方 | 按类型分 国有 | 集体 | 股份制 | 其他 | 按性质分 轻工业 | 重工业 |
|---|---|---|---|---|---|---|---|---|---|---|
| （上年=100） | | | | | | | | | | |
| 2001 | 100.5 | 87.2 | - | 105.0 | 86.7 | 112.5 | - | - | 102.6 | 99.4 |
| 2002 | 116.1 | 147.6 | - | 111.1 | 141.4 | 108.7 | - | 114.5 | 112.4 | 116.8 |
| 2003 | 123.5 | 162.4 | 119.2 | 107.4 | 154.1 | 105.5 | - | 118.7 | 112.7 | 124.2 |
| 2004 | 136.1 | 138.9 | 145.0 | 115.6 | 124.7 | 118.7 | 142.1 | 111.8 | 112.9 | 137.5 |
| 2005 | 146.4 | 148.6 | 140.5 | 121.9 | 171.8 | 88.6 | 140.7 | 178.1 | 150.1 | 146.3 |
| 2006 | 136.1 | 136.6 | 133.3 | 130.6 | 144.6 | 136.1 | 133.4 | 117.8 | 128.6 | 136.4 |
| 2007 | 118.4 | 117.3 | 118.2 | 139.9 | 117.1 | 126.4 | 118.2 | 101.3 | 122.2 | 114.8 |
| 2008 | 121.5 | 119.2 | 119.7 | 139.6 | 119.7 | 120.5 | 121.3 | 136.2 | 147.6 | 120.5 |
| 2009 | 116.4 | 113.9 | 114.3 | 139.2 | 115.4 | 101.3 | 115.5 | 132.6 | 170.3 | 114.1 |
| 2010 | 140.1 | 139.3 | 139.2 | 146.1 | 140.1 | 142.5 | 139.2 | 140.3 | 132.2 | 140.5 |
| 2011 | 162.0 | 168.4 | 135.6 | 113.7 | 249.6 | 83.2 | 135.7 | 110.1 | 111.0 | 164.4 |
| 2012 | 120.2 | 117.5 | 129.3 | 148.2 | 118.2 | 114.6 | 161.9 | 148.6 | 91.4 | 122.2 |
| 2013 | 116.2 | 116.1 | 116.5 | 126.5 | 116.1 | 116.9 | 139.0 | 126.4 | 132.2 | 116.2 |

## 主要年份规模以上工业总产值指数

单位：%

| | 工业 | 中央 | #油田 | 地方 | 按类型分 国有 | 集体 | 股份制 | 其他 | 按性质分 轻工业 | 重工业 |
|---|---|---|---|---|---|---|---|---|---|---|
| （2000年=100） | | | | | | | | | | |
| 2001 | 100.5 | 87.2 | - | 105.0 | 86.7 | 112.5 | - | - | 102.6 | 99.4 |
| 2002 | 116.7 | 128.7 | - | 116.7 | 122.6 | 122.3 | - | 114.5 | 115.3 | 116.1 |
| 2003 | 144.1 | 209.0 | 119.2 | 125.3 | 188.9 | 129.0 | - | 135.9 | 130.0 | 144.2 |
| 2004 | 196.1 | 290.3 | 172.8 | 144.8 | 235.6 | 153.1 | 142.1 | 151.9 | 146.7 | 198.3 |
| 2005 | 287.1 | 431.4 | 242.8 | 176.6 | 404.7 | 135.7 | 199.9 | 270.6 | 220.2 | 290.1 |
| 2006 | 390.8 | 589.3 | 323.7 | 230.6 | 585.2 | 184.7 | 266.7 | 318.8 | 283.2 | 395.7 |
| 2007 | 462.7 | 691.3 | 382.6 | 322.6 | 685.3 | 233.4 | 315.3 | 322.9 | 346.1 | 454.2 |
| 2008 | 562.1 | 824.0 | 458.0 | 450.3 | 820.3 | 281.3 | 382.4 | 439.8 | 510.9 | 547.3 |
| 2009 | 654.3 | 938.6 | 523.5 | 626.8 | 946.6 | 284.9 | 441.7 | 583.2 | 870.0 | 624.5 |
| 2010 | 916.7 | 1307.4 | 728.7 | 915.8 | 1326.2 | 406.0 | 614.8 | 818.3 | 1150.2 | 877.4 |
| 2011 | 1485.1 | 2201.7 | 988.1 | 1041.3 | 3310.3 | 337.8 | 834.3 | 900.9 | 1276.7 | 1442.5 |
| 2012 | 1785.1 | 2586.9 | 1277.6 | 1543.2 | 3912.8 | 3866.5 | 1350.7 | 1338.7 | 1166.9 | 1762.7 |
| 2013 | 2074.3 | 3003.4 | 1488.4 | 1952.1 | 4542.8 | 4519.8 | 1877.5 | 1692.1 | 1542.6 | 2048.3 |

## 主要年份规模以上工业增加值指数

单位：%

| | 工业 | 中央 | #油田 | 地方 | 按类型分 国有 | 集体 | 股份制 | 其他 | 按性质分 轻工业 | 重工业 |
|---|---|---|---|---|---|---|---|---|---|---|
| （上年=100） | | | | | | | | | | |
| 2001 | 102.3 | 82.5 | - | 102.9 | 84.3 | 155.6 | - | - | 109.8 | 100.0 |
| 2002 | 111.5 | 116.8 | 111.0 | 111.4 | 128.3 | 111.4 | - | 113.8 | 108.5 | 111.6 |
| 2003 | 114.7 | 162.2 | 106.3 | 103.8 | 154.7 | 96.9 | - | 111.5 | 112.4 | 114.7 |
| 2004 | 122.4 | 119.5 | 123.4 | 115.7 | 116.7 | 118.2 | 123.8 | 108.4 | 102.3 | 123.6 |
| 2005 | 120.3 | 120.9 | 115.0 | 110.4 | 151.0 | 99.9 | 115.4 | 177.6 | 102.5 | 120.9 |
| 2006 | 118.1 | 117.5 | 115.5 | 129.1 | 129.0 | 137.0 | 115.9 | 125.6 | 123.9 | 117.9 |
| 2007 | 119.5 | 119.2 | 119.2 | 126.7 | 106.3 | 125.8 | 120.8 | 100.9 | 127.4 | 118.4 |
| 2008 | 118.2 | 117.7 | 117.9 | 126.5 | 112.5 | 119.7 | 116.0 | 149.6 | 136.2 | 117.4 |
| 2009 | 115.6 | 115.3 | 115.1 | 134.4 | 112.2 | 93.0 | 117.9 | 139.7 | 151.7 | 115.1 |
| 2010 | 122.1 | 122.7 | 121.8 | 132.6 | 119.1 | 116.2 | 121.8 | 132.9 | 129.1 | 121.9 |
| 2011 | 123.1 | 123.7 | 110.7 | 113.2 | 188.0 | 67.8 | 110.8 | 113.6 | 115.5 | 126.7 |
| 2012 | 119.0 | 117.6 | 126.1 | 140.1 | 118.3 | 118.3 | 149.3 | 147.7 | 101.9 | 120.4 |
| 2013 | 116.5 | 116.3 | 116.5 | 125.7 | 116.4 | 110.3 | 146.4 | 122.3 | 125.6 | 116.4 |

## 主要年份规模以上工业增加值指数

单位：%

| | 工业 | 中央 | #油田 | 地方 | 按类型分 国有 | 集体 | 股份制 | 其他 | 按性质分 轻工业 | 重工业 |
|---|---|---|---|---|---|---|---|---|---|---|
| （2000年=100） | | | | | | | | | | |
| 2001 | 102.3 | 82.5 | - | 102.9 | 84.3 | 155.6 | - | - | 109.8 | 100.0 |
| 2002 | 114.1 | 96.4 | 111.0 | 114.6 | 108.2 | 173.3 | - | 113.8 | 119.1 | 111.6 |
| 2003 | 130.8 | 156.3 | 118.0 | 119.0 | 167.3 | 168.0 | - | 126.9 | 133.9 | 128.0 |
| 2004 | 160.1 | 186.8 | 145.6 | 137.7 | 195.3 | 198.5 | 123.8 | 137.5 | 137.0 | 158.2 |
| 2005 | 192.6 | 225.8 | 167.4 | 152.0 | 294.8 | 198.3 | 142.9 | 244.3 | 140.4 | 191.3 |
| 2006 | 227.5 | 265.3 | 193.4 | 196.2 | 380.3 | 271.7 | 165.6 | 306.8 | 174.0 | 225.5 |
| 2007 | 271.9 | 316.3 | 230.5 | 248.6 | 404.3 | 341.8 | 200.0 | 309.6 | 221.6 | 267.0 |
| 2008 | 321.4 | 372.2 | 271.8 | 314.5 | 454.8 | 409.2 | 232.0 | 463.1 | 301.9 | 313.5 |
| 2009 | 371.5 | 429.2 | 312.8 | 422.7 | 510.3 | 380.5 | 273.6 | 647.0 | 457.9 | 360.8 |
| 2010 | 453.6 | 526.6 | 381.0 | 560.4 | 607.8 | 442.2 | 333.2 | 859.9 | 591.2 | 439.8 |
| 2011 | 558.4 | 651.4 | 421.8 | 634.4 | 1142.7 | 299.8 | 369.2 | 976.8 | 682.8 | 557.3 |
| 2012 | 664.5 | 766.0 | 531.9 | 888.8 | 1351.8 | 3352.7 | 551.2 | 1442.7 | 695.8 | 670.9 |
| 2013 | 774.1 | 890.9 | 619.7 | 1117.2 | 1573.5 | 3698.0 | 807.0 | 1764.4 | 873.9 | 780.9 |

# 2013 年分县区规模

| | 全　市 | 西峰区 | 庆城县 | 环　县 |
|---|---|---|---|---|
| **全市总计** | 103 | 28 | 23 | 8 |
| #地方工业 | 100 | 25 | 23 | 8 |
| #中央企业 | 3 | 3 | - | - |
| 按登记注册类型分 | | | | |
| 国有企业 | 11 | 3 | 1 | 1 |
| 中央企业 | 3 | 2 | - | - |
| 地方企业 | 8 | 1 | - | 1 |
| 集体企业 | 1 | 1 | - | |
| 有限责任公司 | 30 | 4 | 4 | 4 |
| 其他有限责任公司 | 26 | 3 | 4 | 3 |
| 股份有限公司 | 3 | 2 | - | - |
| 私营企业 | 53 | 13 | 18 | 3 |
| 私营独资企业 | 1 | - | - | - |
| 私营合作企业 | - | - | - | - |
| 私营有限责任公司 | 46 | 11 | 15 | 3 |
| 私营股份有限公司 | 6 | 2 | 3 | - |
| 外商投资企业 | 1 | 1 | - | - |
| 中外合资经营企业 | - | - | - | - |
| 外资企业 | 1 | 1 | - | - |
| 按性质分 | | | | |
| 轻工业 | 44 | 13 | 8 | 2 |
| 重工业 | 59 | 14 | 15 | 6 |
| 按企业规模分 | | | | |
| 大型企业 | 4 | 3 | - | - |
| 中型企业 | 12 | 7 | - | 1 |
| 小型企业 | 87 | 18 | 23 | 7 |
| 按行业分 | | | | |
| 石油和天然气开采业及辅助业 | 12 | 3 | 7 | - |
| 农副食品加工业 | 18 | 5 | 6 | 1 |
| 食品制造业 | 7 | 1 | - | - |
| 酒、饮料制造业 | 5 | 1 | 1 | - |
| 纺织业及其制品业 | 3 | 1 | - | 1 |
| 造纸及纸制品业 | 1 | 1 | - | - |
| 石油加工、炼焦及核燃料加工业 | 1 | 1 | - | - |
| 化学原料及化学制品制造业 | 5 | 2 | - | - |
| 医药制造业 | 5 | 2 | 1 | - |
| 塑料制品业 | 3 | - | - | - |
| 非金属矿物制品业 | 20 | 6 | 3 | 3 |
| 黑色金属冶炼及压延加工业 | 3 | 1 | - | - |
| 金属制品业 | 5 | 2 | 2 | - |
| 通用设备制造业 | 2 | - | 2 | - |
| 专用设备制造业 | 1 | - | - | - |
| 电力、热力的生产和供应业 | 11 | 3 | 1 | 3 |
| 水的生产和供应业 | 1 | 1 | - | - |

注：1、规模以上工业企业指年主营销售收入2000万元以上的工业企业。2、长庆油田公司单列。3、西峰区含庆阳供电公司、庆化公司

# 以上工业企业单位数

单位：个

| 华池县 | 合水县 | 正宁县 | 宁　县 | 镇原县 |
|---|---|---|---|---|
| 6 | 5 | 8 | 10 | 15 |
| 6 | 5 | 8 | 10 | 15 |
| – | – | – | – | – |
| | | | | |
| 1 | 1 | 1 | 1 | 1 |
| – | – | – | – | – |
| 1 | 1 | 1 | 1 | 1 |
| – | – | – | – | – |
| 3 | 3 | 3 | 3 | 3 |
| 3 | 3 | 3 | 3 | 3 |
| – | – | – | – | – |
| 2 | 2 | 4 | 1 | 10 |
| – | – | 1 | – | – |
| – | – | – | – | – |
| 2 | 2 | 2 | 1 | 10 |
| – | – | 1 | – | – |
| – | – | – | – | – |
| – | – | – | – | – |
| – | – | – | – | – |
| | | | | |
| 2 | 1 | 3 | 4 | 11 |
| 4 | 4 | 5 | 6 | 4 |
| | | | | |
| – | – | – | – | 1 |
| – | – | – | 1 | 3 |
| 6 | 5 | 8 | 9 | 11 |
| | | | | |
| – | – | – | – | 2 |
| 1 | – | 1 | – | 4 |
| – | 1 | – | 1 | 4 |
| 1 | – | – | 1 | 1 |
| – | – | – | – | 1 |
| – | – | 1 | – | – |
| – | – | – | – | – |
| – | – | 2 | 1 | – |
| – | – | – | 2 | – |
| – | 1 | – | 1 | 1 |
| 2 | 1 | 2 | 2 | 1 |
| – | 1 | – | – | – |
| 1 | – | – | – | – |
| – | – | – | – | – |
| – | – | 1 | – | – |
| 1 | 1 | 1 | 1 | 1 |
| – | – | – | – | – |

# 2013 年分县区

| | 全　市 | 西峰区 | 庆城县 | 环　县 |
|---|---|---|---|---|
| **全市总计** | 7432921 | 2903020 | 252464 | 99247 |
| #地方工业 | 1151166 | 375567 | 252464 | 99247 |
| #中央企业 | 6287155 | 2527453 | - | - |
| 按登记注册类型分 | | | | |
| 国有企业 | 6387649 | 2525964 | 11934 | 40060 |
| 中央企业 | 6281755 | 2522052 | - | - |
| 地方企业 | 105894 | 3912 | 11934 | 40060 |
| 集体企业 | 178206 | 178206 | - | - |
| 有限责任公司 | 373976 | 73821 | 54373 | 13289 |
| 其他有限责任公司 | 202053 | 9954 | 54373 | 10768 |
| 股份有限公司 | 35673 | 27561 | - | - |
| 私营企业 | 431934 | 76668 | 186158 | 45897 |
| 私营独资企业 | 2437 | - | - | - |
| 私营合作企业 | - | - | - | - |
| 私营有限责任公司 | 388690 | 68737 | 156080 | 45897 |
| 私营股份有限公司 | 40807 | 7930 | 30078 | - |
| 外商投资企业 | 16204 | 16204 | - | - |
| 中外合资经营企业 | - | - | - | - |
| 外资企业 | 16204 | 16204 | - | - |
| 按性质分 | | | | |
| 轻工业 | 349614 | 85138 | 104527 | 19298 |
| 重工业 | 7083307 | 2817882 | 147937 | 79949 |
| 按企业规模分 | | | | |
| 大型企业 | 6417161 | 2556583 | - | - |
| 中型企业 | 320677 | 257769 | - | 26090 |
| 小型企业 | 695083 | 88668 | 252464 | 73157 |
| 按行业分 | | | | |
| 石油和天然气开采业 | 4168408 | 242073 | 61099 | - |
| 农副食品加工业 | 155607 | 37569 | 85311 | 13210 |
| 食品制造业 | 39663 | 5485 | - | - |
| 酒、饮料制造业 | 46665 | 2424 | 8427 | - |
| 纺织服装业 | 11310 | 2316 | - | 6088 |
| 造纸及纸制品业 | 2941 | - | - | - |
| 石油加工、炼焦及核燃料加工业 | 2378376 | 2378376 | - | - |
| 化学原料及化学制品制造业 | 20516 | 5180 | - | - |
| 医药制造业 | 76173 | 28253 | 10789 | - |
| 塑料制品业 | 19942 | - | - | - |
| 非金属矿物制品业 | 126908 | 28374 | 31555 | 37367 |
| 黑色金属冶炼及压延加工业 | 60227 | - | - | - |
| 金属制品业 | 27243 | 4809 | 19504 | - |
| 通用设备制造业 | 23844 | - | 23844 | - |
| 专用设备制造业 | 2432 | - | - | - |
| 电力、热力的生产和供应业 | 248181 | 143678 | 11934 | 42582 |
| 水的生产和供应业 | 3912 | 3912 | - | - |

# 规模以上工业现价总产值

单位：万元

| 华池县 | 合水县 | 正宁县 | 宁　县 | 镇原县 |
|---|---|---|---|---|
| 26457 | 71353 | 24667 | 117926 | 178086 |
| 26457 | 71353 | 24667 | 117926 | 178086 |
| – | – | – | – | – |
| | | | | |
| 13200 | 9028 | 5208 | 13177 | 9376 |
| – | – | – | – | – |
| 13200 | 9028 | 5208 | 13177 | 9376 |
| – | – | – | – | – |
| 7740 | 3300 | 8924 | 94486 | 118043 |
| 7740 | 3300 | 8924 | 94486 | 12508 |
| – | – | – | – | – |
| 5517 | 54341 | 10535 | 10263 | 42556 |
| – | – | 2437 | – | – |
| – | – | – | – | – |
| 5517 | 54341 | 5298 | 10263 | 42556 |
| – | – | 2799 | – | – |
| – | – | – | – | – |
| – | – | – | – | – |
| – | – | – | – | – |
| | | | | |
| 4810 | 4684 | 7937 | 62500 | 60719 |
| 21647 | 66669 | 16730 | 55426 | 117367 |
| | | | | |
| – | – | – | – | 100877 |
| – | – | – | 13177 | 23639 |
| 26457 | 71353 | 24667 | 104749 | 53570 |
| | | | | |
| – | – | – | – | 105535 |
| 2201 | – | 2437 | – | 14879 |
| – | 4684 | – | 4674 | 24821 |
| 2609 | – | – | 20697 | 12508 |
| – | – | – | – | 2907 |
| – | – | 2941 | – | – |
| – | – | – | – | – |
| – | – | 6493 | 8844 | – |
| – | – | – | 37129 | – |
| – | 3764 | – | 10574 | 5604 |
| 5517 | 3300 | 5157 | 13181 | 2456 |
| – | 50577 | – | 9650 | – |
| 2930 | – | – | – | – |
| – | – | – | – | – |
| – | – | 2432 | – | – |
| 13200 | 9028 | 5208 | 13177 | 9376 |
| – | – | – | – | – |

# 2013 年分县区

| | 全 市 | 西峰区 | 庆城县 | 环 县 |
|---|---|---|---|---|
| **全市总计** | 7128107 | 2714231 | 230639 | 91717 |
| #地方工业 | 1107842 | 388189 | 230639 | 91717 |
| #中央企业 | 6020265 | 2326042 | - | - |
| 按登记注册类型分 | | | | |
| 国有企业 | 6125991 | 2329776 | 11934 | 40060 |
| 中央企业 | 6020265 | 2326042 | - | - |
| 地方企业 | 105726 | 3734 | 11934 | 40060 |
| 集体企业 | 196293 | 196293 | - | - |
| 有限责任公司 | 353443 | 73221 | 48899 | 12328 |
| 其他有限责任公司 | 181522 | 9355 | 48899 | 9806 |
| 股份有限公司 | 35079 | 27354 | - | - |
| 私营企业 | 393864 | 68834 | 169806 | 39329 |
| 私营独资企业 | 2338 | - | - | - |
| 私营合作企业 | - | - | - | - |
| 私营有限责任公司 | 352808 | 61619 | 141102 | 39329 |
| 私营股份有限公司 | 9278 | 7215 | 28704 | - |
| 外商投资企业 | 14158 | 14158 | - | - |
| 中外合资经营企业 | - | - | - | - |
| 外资企业 | 14158 | 14158 | - | - |
| 按性质分 | | | | |
| 轻工业 | 320707 | 74740 | 96527 | 18956 |
| 重工业 | 6807400 | 2639491 | 134112 | 72761 |
| 按企业规模分 | | | | |
| 大型企业 | 6173758 | 2378658 | - | - |
| 中型企业 | 308080 | 251198 | - | 19832 |
| 小型企业 | 646269 | 84375 | 230639 | 71885 |
| 按行业分 | | | | |
| 石油和天然气开采业及辅助业 | 4117711 | 260159 | 57795 | - |
| 农副食品加工业 | 144667 | 35692 | 77857 | 12900 |
| 食品制造业 | 38790 | 5001 | - | - |
| 酒、饮料制造业 | 43213 | 1954 | 8427 | - |
| 纺织业及其制品业 | 11257 | 2294 | - | 6057 |
| 造纸及纸制品业 | 2873 | - | - | - |
| 石油加工、炼焦及核燃料加工业 | 2182365 | 2182365 | - | - |
| 化学原料及化学制品制造业 | 18330 | 4259 | - | - |
| 医药制造业 | 63840 | 21807 | 10243 | - |
| 塑料制品业 | 18656 | - | - | - |
| 非金属矿物制品业 | 116495 | 28245 | - | - |
| 黑色金属冶炼及压延加工业 | 53741 | - | - | - |
| 金属制品业 | 18464 | 4577 | - | - |
| 通用设备制造业 | 22932 | - | - | - |
| 专用设备制造业 | 2381 | - | - | - |
| 电力、热力的生产和供应业 | 268658 | 164144 | 11934 | 42582 |
| 水的生产和供应业 | 3734 | 3734 | - | - |

## 规模以上工业销售产值

单位：万元

| 华池县 | 合水县 | 正宁县 | 宁　县 | 镇原县 |
|---|---|---|---|---|
| 26111 | 66347 | 24206 | 103214 | 177419 |
| 26111 | 66347 | 24206 | 103214 | 177419 |
| – | – | – | – | – |
| | | | | |
| 13200 | 9027 | 5208 | 13177 | 9385 |
| – | – | – | – | – |
| 13200 | 9027 | 5208 | 13177 | 9385 |
| – | – | – | – | – |
| 7412 | 3000 | 8629 | 81390 | 118564 |
| 7412 | 3000 | 8629 | 81390 | 13029 |
| – | – | – | – | 7725 |
| 5499 | 49636 | 10368 | 8647 | 41745 |
| – | – | 2338 | – | – |
| – | – | – | – | – |
| 5499 | 49636 | 5231 | 8647 | 41745 |
| – | – | 2799 | – | – |
| – | – | – | – | – |
| – | – | – | – | – |
| – | – | – | – | – |
| | | | | |
| 4693 | 4684 | 7681 | 53382 | 60043 |
| 21418 | 61663 | 16525 | 49832 | 117376 |
| | | | | |
| – | – | – | – | 100878 |
| – | – | – | 13177 | 23872 |
| 26111 | 66347 | 34306 | 90037 | 52669 |
| | | | | |
| – | – | – | – | 105535 |
| 2201 | – | 2339 | 4281 | 13679 |
| – | 4684 | – | 17312 | 24824 |
| 2492 | – | – | – | – |
| – | – | – | – | 2907 |
| – | – | 2873 | – | – |
| – | – | – | – | – |
| – | – | 6249 | 7823 | – |
| – | – | – | 31789 | – |
| – | 3936 | – | 9117 | 5604 |
| 5499 | 3000 | 5157 | 11674 | 2456 |
| – | 45700 | – | 8041 | – |
| 2719 | – | – | – | – |
| – | – | – | – | – |
| – | – | 2381 | – | – |
| 13200 | 9028 | 5208 | 13177 | 9385 |
| – | – | – | – | – |

# 2013 年分县区

| | 全　市 | 西峰区 | 庆城县 | 环　县 |
|---|---|---|---|---|
| **全市总计** | 3318594 | 714656 | 70666 | 25753 |
| #地方工业 | 364258 | 138687 | 70666 | 25753 |
| #中央企业 | 2954336 | 575969 | - | - |
| 按登记注册类型分 | | | | |
| 国有企业 | 3039481 | 578011 | 1997 | 11597 |
| 中央企业 | 2954336 | 575969 | - | - |
| 地方企业 | 85145 | 2042 | 1997 | 11597 |
| 集体企业 | 79533 | 79533 | - | - |
| 股份合作企业 | 4839 | - | - | - |
| 股份制企业 | 173537 | 51903 | 59609 | 5061 |
| 外商及港澳台企业 | 3683 | 3683 | - | - |
| 其他经济类型企业 | 17519 | 1526 | 9061 | 9095 |
| 国有控股企业 | 3073332 | 611863 | 1997 | 11597 |
| 私营企业 | 128107 | 16012 | 55976 | 4039 |
| 非公有企业 | 165728 | 23260 | 68669 | 14155 |
| 按性质分 | | | | |
| 轻工业 | 91220 | 20743 | 24198 | 4039 |
| 重工业 | 3227374 | 693913 | 46468 | 21714 |
| 按企业规模分 | | | | |
| 大中型企业 | 3025387 | 638302 | - | 7401 |
| 国有企业 | 2934309 | 553974 | - | - |
| 小型企业 | 293207 | 76354 | 70666 | 18352 |
| 按行业分 | | | | |
| 石油和天然气开采业及辅助业 | 2634857 | 108037 | 27308 | - |
| 农副食品加工业 | 31525 | 7930 | 17053 | 2074 |
| 食品制造业 | 6679 | 966 | - | - |
| 酒、饮料制造业 | 12968 | 779 | 3708 | - |
| 纺织及服装业 | 4119 | 855 | - | 1965 |
| 造纸及纸制品业 | 702 | - | - | - |
| 石油加工、炼焦及核燃料加工业 | 487318 | 487318 | - | - |
| 化学原料及化学制品制造业 | 7251 | 4344 | - | - |
| 医药制造业 | 28555 | 7641 | 3438 | - |
| 塑料制品业 | 4044 | - | - | - |
| 非金属矿物制品业 | 28576 | 6004 | 7157 | 10117 |
| 黑色金属冶炼及压延加工业 | 8444 | - | - | - |
| 金属制品业 | 4851 | - | 4620 | - |
| 通用设备制造业 | 5387 | - | 5387 | - |
| 专用设备制造业 | 577 | - | - | - |
| 电力、热力的生产和供应业 | 50298 | 28341 | 1997 | 11597 |
| 水的生产和供应业 | 2442 | 2442 | - | - |

# 规模以上工业增加值

单位：万元

| 华池县 | 合水县 | 正宁县 | 宁　县 | 镇原县 |
|---|---|---|---|---|
| 4241 | 9513 | 4300 | 33960 | 76737 |
| 4241 | 9513 | 4300 | 33960 | 76737 |
| – | – | – | – | – |
| | | | | |
| 2208 | 1510 | 871 | 2205 | 62315 |
| – | – | – | – | – |
| 2208 | 1510 | 871 | 2205 | 62315 |
| – | – | – | – | – |
| – | – | – | 4839 | – |
| 2033 | 7333 | 3429 | 14271 | 9178 |
| – | – | – | – | – |
| – | 669 | – | 12646 | 5244 |
| 2208 | 1510 | 871 | 2205 | 62314 |
| 1303 | 7333 | 1390 | 6596 | 7271 |
| 2033 | 8003 | 3429 | 31756 | 14422 |
| | | | | |
| 499 | 669 | 1522 | 25129 | 14422 |
| 3742 | 8844 | 2778 | 8831 | 62315 |
| | | | | |
| – | – | – | 2205 | 65673 |
| – | – | – | 2205 | 61530 |
| 4241 | 9513 | 4300 | 31755 | 15207 |
| | | | | |
| – | – | – | – | 60746 |
| – | – | – | 877 | 3591 |
| – | 669 | – | 668 | 4274 |
| 499 | – | – | 3961 | 4020 |
| – | – | – | – | 1300 |
| – | – | 702 | – | – |
| – | – | – | – | – |
| – | – | 1462 | 1445 | – |
| – | – | – | 17477 | – |
| – | 763 | – | 2144 | 1136 |
| 1303 | – | 688 | 3308 | – |
| – | 6569 | – | 1874 | – |
| 231 | – | – | – | – |
| – | – | – | – | – |
| – | – | 577 | – | – |
| 2208 | 1510 | 871 | 2205 | 1569 |
| – | – | – | – | – |

# 2013年分县区规模

| | 全　市 | 西峰区 | 庆城县 | 环　县 |
|---|---|---|---|---|
| **全市总计** | 116.5 | 115.6 | 132.8 | 132.4 |
| #地方工业 | 125.7 | 120.3 | 132.8 | 132.4 |
| #中央企业 | 116.3 | 107.8 | - | - |
| 按登记注册类型分 | | | | |
| 国有企业 | 116.4 | 114.9 | 115.8 | 141.3 |
| 中央企业 | 116.4 | 114.6 | - | - |
| 地方企业 | 116.0 | 118.4 | 115.8 | 141.3 |
| 集体企业 | 110.3 | 110.3 | - | - |
| 股份合作企业 | 103.2 | - | - | - |
| 股份制企业 | 146.4 | 163.9 | 136.9 | 130.4 |
| 外商及港澳台企业 | -118.8 | -111.8 | - | - |
| 其他经济类型企业 | 113.9 | 115.1 | 108.7 | 131.3 |
| 国有控股企业 | 116.3 | 114.9 | 115.8 | 141.3 |
| 私营企业 | 118.2 | 110.6 | 135.8 | 130.6 |
| 非公有企业 | 122.5 | 113.4 | 132.2 | 130.9 |
| 大中型工业企业 | 115.8 | 115.7 | - | 130.6 |
| 国有企业 | 116.2 | 108.6 | - | - |
| 按性质分 | | | | |
| 轻工业 | 125.6 | 112.6 | 120.7 | 124.9 |
| 重工业 | 116.4 | 115.9 | 138.4 | 139.6 |

## 以上工业增加值指数

单位：%

| 华池县 | 合水县 | 正宁县 | 宁　县 | 镇原县 |
|---|---|---|---|---|
| 133.8 | 130.4 | 127.8 | 135.5 | 134.2 |
| 133.8 | 130.4 | 127.8 | 135.5 | 134.2 |
| – | – | – | – | – |
| | | | | |
| 112.7 | 119.1 | 116.1 | 112.2 | 116.2 |
| – | – | – | – | – |
| 112.7 | 119.1 | 116.1 | 112.2 | 116.2 |
| – | – | – | – | – |
| – | – | – | 103.2 | – |
| 158.0 | 127.8 | 129.8 | 149.2 | 139.6 |
| – | – | – | – | – |
| – | 139.2 | – | 116.6 | 132.8 |
| 112.7 | 119.1 | 116.1 | 112.2 | 116.2 |
| 115.9 | 127.8 | 135.6 | 149.5 | 132.3 |
| 158.0 | 128.5 | 121.8 | 130.1 | 121.1 |
| – | – | – | 112.2 | 120.5 |
| – | – | – | – | – |
| | | | | |
| 108.3 | 139.2 | 131.2 | 139.6 | 114.6 |
| 133.9 | 126.9 | 117.4 | 130.4 | 139.9 |

# 2013 年规模以上

| | 企 业<br>单位数 | 亏损企业 | 工业总产值 | 工业销售<br>产值 | 出口交货值 |
|---|---|---|---|---|---|
| **全市总计** | 103 | 5 | 7432921 | 7128107 | 26753 |
| #地方工业 | 100 | - | 1151166 | 1107842 | 26753 |
| #中央企业 | 3 | - | 6287155 | 6020265 | - |
| 按登记注册类型分 | | | | | |
| 国有企业 | 11 | 2 | 6387649 | 6125991 | - |
| 中央企业 | 3 | 1 | 6281755 | 6020265 | - |
| 地方企业 | 8 | 1 | 105894 | 105726 | - |
| 集体企业 | 1 | - | 178206 | 192693 | - |
| 有限责任公司 | 30 | 2 | 373976 | 353443 | 25125 |
| 其他有限责任公司 | 26 | 1 | 202053 | 181522 | 25125 |
| 股份有限公司 | 3 | - | 35673 | 35079 | - |
| 私营企业 | 53 | 1 | 431934 | 393864 | 34 |
| 私营独资企业 | 1 | - | 2437 | 2338 | - |
| 私营合作企业 | - | - | - | - | - |
| 私营有限责任公司 | 46 | 1 | 388690 | 352808 | 34 |
| 私营股份有限公司 | 6 | - | 40807 | 9278 | - |
| 外商投资企业 | 1 | - | 16204 | 14158 | 1594 |
| 中外合资经营企业 | - | - | - | - | - |
| 外资企业 | 1 | - | 16204 | 14158 | 1594 |
| 按性质分 | | | | | |
| 轻工业 | 44 | 2 | 349614 | 320707 | 26753 |
| 重工业 | 59 | 3 | 7083307 | 6807400 | - |
| 按企业规模分 | | | | | |
| 大型企业 | 4 | - | 6417161 | 6173758 | - |
| 中型企业 | 12 | 2 | 320677 | 308080 | - |
| 小型企业 | 87 | 3 | 695083 | 646269 | 26753 |
| 按行业分 | | | | | |
| 石油和天然气开采业及辅助业 | 12 | - | 4168408 | 4117711 | - |
| 农副食品加工业 | 18 | - | 155607 | 144667 | 5393 |
| 食品制造业 | 7 | - | 39663 | 38790 | - |
| 酒、饮料制造业 | 5 | - | 46665 | 43213 | 21360 |
| 纺织及服装业 | 3 | 1 | 11310 | 11257 | - |
| 造纸及纸制品业 | 1 | - | 2941 | 2873 | - |
| 石油加工、炼焦及核燃料加工业 | 1 | - | 2378376 | 2182365 | - |
| 化学原料及化学制品制造业 | 5 | - | 20516 | 18330 | - |
| 医药制造业 | 5 | - | 76173 | 63840 | - |
| 塑料制品业 | 3 | - | 19942 | 18656 | - |
| 非金属矿物制品业 | 20 | 1 | 126908 | 116495 | - |
| 黑色金属冶炼及压延加工业 | 3 | - | 60227 | 53741 | - |
| 金属制品业 | 5 | - | 27243 | 18464 | - |
| 通用设备制造业 | 2 | - | 23844 | 22932 | - |
| 专用设备制造业 | 1 | - | 2432 | 2381 | - |
| 电力、热力的生产和供应业 | 11 | 2 | 248181 | 268658 | - |
| 水的生产和供应业 | 1 | 1 | 3912 | 3734 | - |

# 工业企业主要经济指标（一）

单位：个、人、万元

| 资产总计 | 流动资产合计 | 应收账款 | 存货 | 产成品 | 固定资产合计 | 固定资产原价 | 累计折旧 | 本年折旧 |
|---|---|---|---|---|---|---|---|---|
| 7029129 | 1120804 | 129351 | 203296 | 90041 | 4959619 | 5678164 | 744522 | 294072 |
| 992359 | 457831 | 124068 | 82432 | 30725 | 458164 | 524849 | 92663 | 27781 |
| 6036770 | 662973 | 5283 | 120864 | 59306 | 4501455 | 5153315 | 651859 | 266291 |
| | | | | | | | | |
| 6094458 | 680202 | 8017 | 123436 | 59868 | 4537545 | 5201160 | 665714 | 267531 |
| 6036770 | 662973 | 5283 | 120864 | 59306 | 4501455 | 5153315 | 651859 | 266291 |
| 57688 | 17229 | 2734 | 2572 | 562 | 36089 | 47845 | 13855 | 1240 |
| 158925 | 102082 | – | 234 | 122 | 56843 | 68477 | 11633 | 2556 |
| 319395 | 122869 | 35703 | 16301 | 6106 | 178024 | 199593 | 28073 | 13059 |
| 193885 | 63548 | 23842 | 12892 | 6106 | 122048 | 135739 | 16879 | 8807 |
| 38439 | 4271 | 173 | 2365 | 1631 | 17893 | 24802 | 7382 | 1909 |
| 374532 | 180323 | 77320 | 50204 | 19033 | 158854 | 172554 | 29276 | 8340 |
| 2611 | 586 | 137 | 185 | 98 | 1210 | 1210 | 120 | 4 |
| – | – | – | – | – | – | – | – | – |
| 343202 | 164168 | 71911 | 45860 | 18444 | 144573 | 157862 | 27525 | 8072 |
| 28719 | 15568 | 5272 | 4158 | 491 | 13071 | 13482 | 1631 | 264 |
| 30631 | 22522 | 3316 | 7857 | 2033 | 5323 | 6761 | 1438 | 208 |
| – | – | – | – | – | – | – | – | – |
| 30631 | 22522 | 3316 | 7857 | 2033 | 5323 | 6761 | 1438 | 208 |
| | | | | | | | | |
| 366036 | 170570 | 53696 | 53421 | 20196 | 166010 | 174307 | 27787 | 9161 |
| 6663093 | 950234 | 75655 | 149875 | 69845 | 4793609 | 5503857 | 716735 | 284911 |
| | | | | | | | | |
| 6018875 | 766419 | 7023 | 123624 | 59428 | 4414028 | 4942831 | 528803 | 248848 |
| 398504 | 85244 | 20650 | 12538 | 6711 | 248049 | 412292 | 165255 | 27231 |
| 611750 | 269141 | 101678 | 67134 | 23902 | 297542 | 323041 | 50464 | 50463 |
| | | | | | | | | |
| 5561044 | 730725 | 24345 | 62743 | 20790 | 4014248 | 4426867 | 415935 | 212041 |
| 163369 | 84167 | 19572 | 25847 | 13429 | 63146 | 67301 | 6665 | 1456 |
| 35076 | 13081 | 2513 | 4899 | 856 | 16847 | 16219 | 1709 | 907 |
| 41721 | 17624 | 2879 | 3489 | 1548 | 22835 | 25262 | 5712 | 1922 |
| 45965 | 37122 | 23497 | 12020 | 174 | 8192 | 1895 | 404 | – |
| 7952 | 2600 | 703 | 1687 | 307 | 2508 | 2508 | – | – |
| 575908 | 102017 | – | 62159 | 38998 | 441308 | 562689 | 121382 | 39780 |
| 11102 | 3454 | 514 | 1270 | 804 | 5679 | 6770 | 1180 | 289 |
| 46662 | 11544 | 3555 | 4627 | 3289 | 33362 | 36649 | 5299 | 3170 |
| 11680 | 3484 | 272 | 1121 | 743 | 8196 | 8811 | 2495 | 1055 |
| 108308 | 59066 | 35203 | 14763 | 4348 | 32773 | 47990 | 16429 | 3741 |
| 6469 | 3533 | 734 | 2139 | 1546 | 2937 | 3008 | 206 | 132 |
| 13544 | 7133 | 2972 | 2006 | 1161 | 5208 | 6743 | 1536 | 110 |
| 11964 | 5758 | 281 | 310 | 84 | 6206 | 6915 | 709 | 279 |
| 4004 | 1926 | 646 | 1069 | 297 | 1805 | 1923 | 438 | 44 |
| 371603 | 36322 | 11051 | 3030 | 669 | 282871 | 440639 | 159182 | 28379 |
| 12745 | 1247 | 613 | 114 | – | 11498 | 15973 | 5158 | 628 |

## 2013 年规模以上

| | 负债合计 | 流动负债 | 应付账款 | 非流动负债合计 |
|---|---|---|---|---|
| **全市总计** | 3445525 | 1154323 | 616589 | 2224817 |
| #地方工业 | 435333 | 324914 | 103758 | 46035 |
| #中央企业 | 3010192 | 829409 | 512831 | 2178782 |
| 按登记注册类型分 | | | | |
| 国有企业 | 3046324 | 861828 | 518804 | 2181496 |
| 中央企业 | 3010192 | 829409 | 512831 | 2178782 |
| 地方企业 | 36132 | 32419 | 5973 | 2714 |
| 集体企业 | 11801 | 11801 | – | – |
| 有限责任公司 | 178547 | 127249 | 54987 | 24270 |
| 其他有限责任公司 | 57179 | 78048 | 53951 | 24240 |
| 股份有限公司 | 21441 | 20736 | 14506 | – |
| 私营企业 | 167281 | 114015 | 25246 | 18975 |
| 私营独资企业 | 367 | 367 | 110 | – |
| 私营合作企业 | – | – | – | – |
| 私营有限责任公司 | 157450 | 104779 | 24580 | 18975 |
| 私营股份有限公司 | 9464 | 8869 | 556 | – |
| 外商投资企业 | 11884 | 11884 | -103 | – |
| 中外合资经营企业 | – | – | – | – |
| 外资企业 | 11884 | 11884 | -103 | – |
| 按性质分 | | | | |
| 轻工业 | 172205 | 102935 | 19025 | 26180 |
| 重工业 | 3273320 | 1051388 | 597564 | 2198637 |
| 按企业规模分 | | | | |
| 大型企业 | 2811417 | 844553 | 513996 | 1966864 |
| 中型企业 | 305469 | 87618 | 22880 | 215556 |
| 小型企业 | 328639 | 222152 | 79713 | 42397 |
| 按行业分 | | | | |
| 石油和天然气开采业及辅助业 | 2709692 | 824709 | 511389 | 1876418 |
| 农副食品加工业 | 68316 | 44756 | 5596 | 13437 |
| 食品制造业 | 17664 | 11895 | 458 | 1367 |
| 酒、饮料制造业 | 20683 | 6961 | 1435 | 7898 |
| 纺织及服装业 | 37588 | 21274 | 4456 | 218 |
| 造纸及纸制品业 | 1589 | 1553 | 1502 | 36 |
| 石油加工、炼焦及核燃料加工业 | 164604 | 74159 | 4789 | 90445 |
| 化学原料及化学制品制造业 | 4121 | 2993 | 178 | 339 |
| 医药制造业 | 17457 | 10359 | 5222 | 549 |
| 塑料制品业 | 3653 | 3118 | 83 | 467 |
| 非金属矿物制品业 | 51267 | 35141 | 9015 | 5128 |
| 黑色金属冶炼及压延加工业 | 3162 | 2702 | 45 | 459 |
| 金属制品业 | 4436 | 4351 | 1126 | 85 |
| 通用设备制造业 | 5645 | 5645 | 2836 | 704 |
| 专用设备制造业 | 1802 | 1097 | 289 | – |
| 电力、热力的生产和供应业 | 328641 | 101011 | 67878 | 224629 |
| 水的生产和供应业 | 5206 | 2598 | 289 | 2608 |

# 工业企业主要经济指标（二）

单位：万元

| 所有者权益合计 | 实收资本 | 国家资本 | 集体资本 | 法人资本 | 个人资本 | 港澳台资本 | 外商资本 |
|---|---|---|---|---|---|---|---|
| 3581703 | 3166739 | 2879491 | 136057 | 103399 | 46463 | – | – |
| 555125 | 337095 | 49846 | 136057 | 103399 | 46463 | – | – |
| 3026578 | 2829644 | 2829644 | – | – | – | – | – |
| 3047490 | 2848943 | 2847579 | – | 1363 | – | – | – |
| 3026578 | 2829644 | 2829644 | – | – | – | – | – |
| 20912 | 19299 | 17936 | – | – | – | – | – |
| 147124 | 123297 | – | 123297 | – | – | – | – |
| 140211 | 88923 | 31239 | 8380 | 37061 | 12142 | – | – |
| 71940 | 52214 | 9130 | 4730 | 30561 | 7692 | – | – |
| 16732 | 10380 | – | – | 8890 | 1490 | – | – |
| 206897 | 89955 | 672 | 4380 | 54779 | 30124 | – | – |
| 2244 | 1000 | – | – | 1000 | – | – | – |
| – | – | – | – | – | – | – | – |
| 185454 | 77800 | 672 | 4380 | 52079 | 20669 | – | – |
| 19199 | 11154 | – | – | 1700 | 9455 | – | – |
| 18747 | 2534 | – | – | 1306 | – | – | 1229 |
| – | – | – | – | – | – | – | – |
| 18747 | 2534 | – | – | 1306 | – | – | 1229 |
| 192127 | 93999 | 12748 | 4380 | 56999 | 18543 | – | 1229 |
| 3389576 | 3072740 | 2866743 | 131677 | 46400 | 27920 | – | – |
| 3207458 | 2738754 | 2615457 | 123296 | – | – | – | – |
| 92331 | 285536 | 247862 | 7160 | 24065 | 6450 | – | – |
| 281914 | 142449 | 16172 | 5601 | 79334 | 40013 | – | 1229 |
| 2851092 | 2786202 | 2635457 | 126947 | 12700 | 11098 | – | – |
| 94592 | 31695 | 671 | 870 | 21600 | 7314 | – | 1229 |
| 16568 | 7658 | – | – | 2770 | 4889 | – | – |
| 21035 | 5564 | 530 | – | 4954 | 80 | – | – |
| 8376 | 5700 | – | – | 3200 | 2400 | – | – |
| 6002 | 5000 | – | – | 5000 | – | – | – |
| 411305 | 411305 | 411305 | – | – | – | – | – |
| 6945 | 3910 | – | – | 2850 | 1060 | – | – |
| 29205 | 23775 | – | 3510 | 18465 | 1800 | – | – |
| 8027 | 4525 | – | – | 1233 | 3292 | – | – |
| 58322 | 35019 | – | 4674 | 22536 | 7810 | – | – |
| 3092 | 2532 | – | – | – | 2532 | – | – |
| 8761 | 2962 | – | 56 | 1018 | 1888 | – | – |
| 6319 | 1300 | – | – | 1000 | 300 | – | – |
| 2202 | 2000 | – | – | – | 2000 | – | – |
| 42317 | 237348 | 231285 | – | 6063 | – | – | – |
| 7539 | 11546 | 11546 | – | – | – | – | – |

# 2013年国有及规模以上

| | 主营业务收入 | 主营业务成本 | 主营业务税金及附加 | 其它业务收入 | 其它业务利润 |
|---|---|---|---|---|---|
| **全市总计** | 6635480 | 3827858 | 560082 | 85140 | 2412 |
| #地方工业 | 1016339 | 777812 | 21417 | 6727 | 1343 |
| #中央企业 | 5619141 | 3050046 | 528665 | 78413 | 1069 |
| 按登记注册类型分 | | | | | |
| 国有企业 | 5725089 | 3032828 | 539189 | 84403 | 2243 |
| 中央企业 | 5619141 | 3050046 | 538665 | 78413 | 1068 |
| 地方企业 | 105948 | 82782 | 524 | 5990 | 1175 |
| 集体企业 | 156563 | 84850 | 2139 | – | – |
| 有限责任公司 | 345744 | 284878 | 13826 | 200 | – |
| 其他有限责任公司 | 191597 | 154288 | 2778 | 200 | – |
| 股份有限公司 | 33104 | 24928 | 634 | 202 | 163 |
| 私营企业 | 349367 | 281325 | 4106 | 335 | 5 |
| 私营独资企业 | 2339 | 1916 | 4 | – | – |
| 私营合作企业 | – | – | – | – | – |
| 私营有限责任公司 | 308366 | 247706 | 3706 | 335 | 5 |
| 私营股份有限公司 | 38662 | 31705 | 397 | – | – |
| 外商投资企业 | 17769 | 13272 | – | – | – |
| 中外合资经营企业 | – | – | – | – | – |
| 外资企业 | 17769 | 13272 | – | – | – |
| 按性质分 | | | | | |
| 轻工业 | 297511 | 248500 | 3061 | 646 | 415 |
| 重工业 | 6337969 | 3579358 | 557021 | 84494 | 1997 |
| 按企业规模分 | | | | | |
| 大型企业 | 5730700 | 3053466 | 547528 | 78413 | 1068 |
| 中型企业 | 290676 | 288557 | 4912 | 613 | 574 |
| 小型企业 | 614104 | 485835 | 7642 | 6114 | 769 |
| 按行业分 | | | | | |
| 石油和天然气开采业及辅助业 | 3672489 | 1477212 | 177589 | 77344 | – |
| 农副食品加工业 | 138329 | 118603 | 165 | 35 | 5 |
| 食品制造业 | 34901 | 29065 | 522 | – | – |
| 酒、饮料制造业 | 37302 | 26708 | 1403 | – | – |
| 纺织及服装业 | 11483 | 10340 | 32 | – | – |
| 造纸及纸制品业 | 3206 | 2399 | 11 | – | – |
| 石油加工、炼焦及核燃料加工业 | 2190911 | 1682551 | 376339 | 1068 | 1068 |
| 化学原料及化学制品制造业 | 18449 | 14855 | 86 | 200 | – |
| 医药制造业 | 60822 | 51816 | 823 | – | – |
| 塑料制品业 | 12861 | 11157 | 33 | – | – |
| 非金属矿物制品业 | 108587 | 83861 | 1402 | 300 | – |
| 黑色金属冶炼及压延加工业 | 24091 | 17667 | 199 | – | – |
| 金属制品业 | 29601 | 23688 | 181 | – | – |
| 通用设备制造业 | 22932 | 18971 | 64 | – | – |
| 专用设备制造业 | 2381 | 2072 | 9 | – | – |
| 电力、热力的生产和供应业 | 263401 | 252911 | 1193 | 5781 | 927 |
| 水的生产和供应业 | 3734 | 3982 | 33 | 411 | 411 |

# 工业企业主要经济指标（三）

单位：万元

| 销售费用 | 管理费用 | | 财务费用 | | 营业利润 |
|---|---|---|---|---|---|
| | | 税金 | | 利息支出 | |
| 36201 | 152798 | 35185 | 77131 | 99774 | 1644372 |
| 31740 | 30934 | 2055 | 12159 | 10986 | 120757 |
| 4461 | 121864 | 33130 | 64972 | 88788 | 1523615 |
| | | | | | |
| 18055 | 125657 | 33238 | 65069 | 88882 | 1526885 |
| 4461 | 121863 | 33130 | 64972 | 88788 | 1523615 |
| 13594 | 3794 | 108 | 97 | 94 | 3270 |
| 1720 | 2842 | 36 | 401 | 401 | 15899 |
| 8521 | 9424 | 230 | 6653 | 6413 | 55279 |
| 3195 | 3537 | 206 | 5908 | 5851 | 22226 |
| 429 | 1556 | 81 | 252 | 114 | 5665 |
| 7082 | 12387 | 1549 | 3821 | 3092 | 36529 |
| 86 | 105 | 70 | 27 | – | 206 |
| – | – | – | – | – | – |
| 6475 | 11736 | 1393 | 3342 | 2938 | 31271 |
| 521 | 547 | 87 | 452 | 154 | 5052 |
| 70 | 378 | – | 841 | 815 | 3209 |
| – | – | – | – | – | – |
| 70 | 378 | – | 841 | 815 | 3209 |
| | | | | | |
| 5859 | 8299 | 687 | 4887 | 4072 | 27720 |
| 30342 | 144499 | 34498 | 72244 | 95702 | 1616652 |
| | | | | | |
| 10008 | 120052 | 33184 | 65419 | 89211 | 1596234 |
| 5524 | 14307 | 222 | 916 | 841 | -15996 |
| 20669 | 18439 | 1779 | 10796 | 9722 | 64134 |
| | | | | | |
| 8817 | 82434 | 31796 | 61477 | 83862 | 1528159 |
| 1756 | 2256 | 234 | 2542 | 2389 | 11809 |
| 1091 | 1242 | 90 | 770 | 279 | 3165 |
| 798 | 1346 | 53 | 953 | 791 | 6165 |
| 403 | 478 | 116 | 104 | 104 | 83 |
| 118 | 117 | – | 70 | 70 | 489 |
| 2743 | 44923 | 1633 | 5386 | 6631 | 78949 |
| 609 | 830 | 120 | 308 | 300 | 1692 |
| 737 | 1329 | 73 | 317 | 315 | 6444 |
| 178 | 190 | 11 | 202 | 202 | 1176 |
| 3836 | 6741 | 644 | 1399 | 1287 | 10039 |
| 606 | 344 | 280 | 230 | 84 | 5046 |
| 821 | 464 | 6 | 107 | 75 | 2325 |
| 8 | 155 | 46 | 12 | 12 | 3968 |
| 41 | 107 | – | 40 | 40 | 112 |
| 13059 | 8981 | 176 | 3217 | 3332 | -13943 |
| 582 | 860 | 5 | – | – | -1310 |

# 2013年国有及规模以上

| | 营业外收入 | 补贴收入 | 营业外支出 | 利润总额 | 应交所得税 |
|---|---|---|---|---|---|
| **全市总计** | 8260 | 4451 | 21572 | 1631060 | 78259 |
| #地方工业 | 4711 | 3891 | 850 | 124618 | 6288 |
| #中央企业 | 3549 | 560 | 20722 | 1506442 | 71971 |
| 按登记注册类型分 | | | | | |
| 国有企业 | 4028 | 860 | 21167 | 1509746 | 72292 |
| 中央企业 | 3549 | 560 | 20722 | 1506442 | 71971 |
| 地方企业 | 479 | 300 | 445 | 3304 | 321 |
| 集体企业 | - | - | - | 15899 | 1526 |
| 有限责任公司 | 157 | 76 | 331 | 55105 | 1093 |
| 其他有限责任公司 | 80 | - | 329 | 21978 | 874 |
| 股份有限公司 | 40 | - | 12 | 5694 | 790 |
| 私营企业 | 3992 | 3496 | 3 | 40518 | 2289 |
| 私营独资企业 | - | - | - | 206 | 52 |
| 私营合作企业 | - | - | - | - | - |
| 私营有限责任公司 | 3978 | 3496 | 3 | 35245 | 1725 |
| 私营股份有限公司 | 14 | - | - | 5066 | 513 |
| 外商投资企业 | 12 | 12 | 11 | 3210 | 74 |
| 中外合资经营企业 | - | - | - | - | - |
| 外资企业 | 12 | 12 | 11 | 3210 | 74 |
| 按性质分 | | | | | |
| 轻工业 | 3902 | 3808 | 186 | 31436 | 797 |
| 重工业 | 4358 | 643 | 21386 | 1599624 | 77462 |
| 按企业规模分 | | | | | |
| 大型企业 | 3549 | 560 | 20722 | 1579062 | 73498 |
| 中型企业 | 612 | 541 | 51 | -15435 | 1078 |
| 小型企业 | 4099 | 3350 | 799 | 67434 | 3683 |
| 按行业分 | | | | | |
| 石油和天然气开采业及辅助业 | 2791 | - | 18235 | 1512896 | 740702 |
| 农副食品加工业 | 3272 | 3267 | 12 | 15069 | 231 |
| 食品制造业 | 280 | 241 | 45 | 3399 | 90 |
| 酒、饮料制造业 | - | - | - | 6095 | 68 |
| 纺织及服装业 | - | - | - | 83 | - |
| 造纸及纸制品业 | - | - | - | 489 | - |
| 石油加工、炼焦及核燃料加工业 | 578 | 560 | 2487 | 77040 | - |
| 化学原料及化学制品制造业 | - | - | - | 1692 | 291 |
| 医药制造业 | 1 | - | 4 | 6441 | 303 |
| 塑料制品业 | - | - | - | 1176 | 317 |
| 非金属矿物制品业 | 540 | - | 3 | 10576 | 596 |
| 黑色金属冶炼及压延加工业 | - | - | - | 5046 | - |
| 金属制品业 | - | - | - | 2329 | 64 |
| 通用设备制造业 | - | - | - | 3968 | 494 |
| 专用设备制造业 | - | - | - | 112 | 28 |
| 电力、热力的生产和供应业 | 263 | 76 | 657 | -14338 | 1076 |
| 水的生产和供应业 | 332 | 300 | 37 | -1015 | - |

# 工业企业主要经济指标（四）

单位：万元

| 亏损企业亏损额 | 利税总额 | 应交税金及附加 | 本年应付职工薪酬 | 本年应交增值税 | 年初存货 |
|---|---|---|---|---|---|
| 26833 | 2623442 | 1105826 | 325949 | 404356 | 201202 |
| 2681 | 170040 | 53764 | 90389 | 23771 | 71116 |
| 24152 | 2453402 | 1052062 | 235560 | 380585 | 130086 |
| | | | | | |
| 25167 | 2460911 | 1056695 | 245061 | 384265 | 131907 |
| 24151 | 2453402 | 1052062 | 235560 | 380584 | 130087 |
| 1016 | 7509 | 4633 | 9501 | 3681 | 1820 |
| - | 23712 | 9375 | 31369 | 5675 | - |
| 1036 | 75718 | 21936 | 19133 | 6786 | 20311 |
| 88 | 29574 | 8677 | 6151 | 4818 | 18454 |
| - | 8368 | 3545 | 9165 | 2039 | 2251 |
| 630 | 50004 | 13325 | 20426 | 5149 | 33194 |
| - | 279 | 195 | 86 | 70 | 56 |
| - | - | - | - | - | - |
| 630 | 44132 | 12003 | 18659 | 4949 | 27934 |
| - | 5593 | 1126 | 1680 | 129 | 5204 |
| - | 3284 | 148 | 182 | 74 | 12346 |
| - | - | - | - | - | - |
| - | 3284 | 148 | 182 | 74 | 12346 |
| | | | | | |
| 1104 | 40529 | 10577 | 18009 | 6031 | 55677 |
| 25729 | 258293 | 1095249 | 307940 | 398325 | 145525 |
| | | | | | |
| - | 2537843 | 1065463 | 260445 | 383543 | 131907 |
| 25167 | -2042 | 14693 | 36158 | 8479 | 5200 |
| 1667 | 87641 | 25670 | 29345 | 12333 | 64095 |
| | | | | | |
| - | 2017940 | 644541 | 250336 | 299693 | 71751 |
| - | 15887 | 1285 | 6194 | 653 | 33772 |
| - | 4459 | 1239 | 3966 | 537 | 3661 |
| - | 8165 | 2191 | 1800 | 667 | 377 |
| 89 | 190 | 224 | 1273 | 75 | 7835 |
| - | 564 | 75 | 277 | 64 | 378 |
| - | 537933 | 462525 | 18862 | 84506 | 60261 |
| - | 1836 | 554 | 911 | 37 | 778 |
| - | 10969 | 4904 | 1753 | 3704 | 4853 |
| - | 2003 | 1156 | 743 | 794 | 1174 |
| 630 | 14504 | 5069 | 5054 | 2396 | 6612 |
| - | 6104 | 1338 | 904 | 860 | 296 |
| - | 2597 | 337 | 1271 | 88 | 1625 |
| - | 4506 | 1079 | 1066 | 475 | 416 |
| - | 201 | 116 | 504 | 80 | 969 |
| 25098 | -3689 | 11899 | 29434 | 9453 | 2081 |
| 1015 | -728 | 292 | 1598 | 254 | 102 |

# 2013 年规模以上

|  | 产成品 | 全部从业人员年平均数 | 总资产贡献率 | 总资产负债率 | 流动资产周转率 |
|---|---|---|---|---|---|
| **全市总计** | 80866 | 45609 | 38.40 | 49.02 | 6.00 |
| #地方工业 | 35642 | 18490 | 18.22 | 43.87 | 2.23 |
| #中央企业 | 45224 | 27119 | 41.72 | 49.86 | 8.59 |
| 按登记注册类型分 |  |  |  |  |  |
| 国有企业 | 45804 | 29268 | 41.45 | 49.06 | 6.10 |
| 中央企业 | 45224 | 27119 | 41.72 | 49.99 | 8.54 |
| 地方企业 | 580 | 2149 | 13.19 | 62.63 | 6.50 |
| 集体企业 | - | 2822 | 15.17 | 7.43 | 1.53 |
| 有限责任公司 | 9182 | 4705 | 25.66 | 55.90 | 2.82 |
| 其他有限责任公司 | 9182 | 2144 | 18.19 | 62.60 | 3.02 |
| 股份有限公司 | 1798 | 2075 | 22.07 | 55.78 | 7.80 |
| 私营企业 | 12858 | 6546 | 14.16 | 44.66 | 1.94 |
| 私营独资企业 | 3 | 36 | 10.70 | 14.05 | 3.99 |
| 私营合作企业 | - | - | - | - | - |
| 私营有限责任公司 | 11757 | 5903 | 13.70 | 45.88 | 1.88 |
| 私营股份有限公司 | 1098 | 517 | 19.99 | 32.95 | 2.48 |
| 外商投资企业 | 11103 | 102 | 13.36 | 38.80 | 0.79 |
| 中外合资经营企业 | - | - | - | - | - |
| 外资企业 | 11103 | 102 | 13.36 | 38.80 | 0.79 |
| 按性质分 |  |  |  |  |  |
| 轻工业 | 33014 | 6023 | 12.17 | 47.05 | 1.75 |
| 重工业 | 47852 | 39586 | 39.84 | 49.13 | 6.76 |
| 按企业规模分 |  |  |  |  |  |
| 大型企业 | 131907 | 30340 | 43.25 | 46.71 | 7.58 |
| 中型企业 | 5201 | 6554 | -0.31 | 76.65 | 3.42 |
| 小型企业 | 64098 | 8715 | 15.88 | 53.32 | 2.30 |
| 按行业分 |  |  |  |  |  |
| 石油和天然气开采业及辅助业 | 18423 | 30628 | 38.44 | 49.90 | 6.12 |
| 农副食品加工业 | 24018 | 2217 | 11.18 | 41.82 | 1.64 |
| 食品制造业 | 370 | 904 | 13.49 | 50.36 | 2.67 |
| 酒、饮料制造业 | 3214 | 672 | 21.46 | 49.57 | 2.12 |
| 纺织及服装业 | 372 | 617 | 2.50 | 53.25 | 4.82 |
| 造纸及纸制品业 | 865 | 120 | 7.99 | 19.99 | 1.23 |
| 石油加工、炼焦及核燃料加工业 | 26801 | 1353 | 94.34 | 28.58 | 21.49 |
| 化学原料及化学制品制造业 | 532 | 516 | 19.05 | 37.12 | 5.40 |
| 医药制造业 | 3669 | 587 | 24.18 | 37.41 | 5.42 |
| 塑料制品业 | 674 | 371 | 18.88 | 31.27 | 3.69 |
| 非金属矿物制品业 | 248 | 1677 | 15.54 | 47.33 | 1.84 |
| 黑色金属冶炼及压延加工业 | 75 | 163 | 95.65 | 48.87 | 6.82 |
| 金属制品业 | 682 | 453 | 19.71 | 32.72 | 4.15 |
| 通用设备制造业 | 170 | 334 | 37.77 | 47.18 | 3.98 |
| 专用设备制造业 | - | 234 | 6.02 | 45.00 | 1.24 |
| 电力、热力的生产和供应业 | 593 | 4345 | -2.16 | 60.55 | 39.65 |
| 水的生产和供应业 | 102 | 418 | -5.73 | 40.85 | 3.32 |

# 工业企业主要经济指标（五）

单位：万元、人、%、次/率

| 成本费用利润率 | 产品销售率 | 成本费用调查企业指标 | | | | |
|---|---|---|---|---|---|---|
| | | 工业总产值（亿元） | 工业增加值（生产法，调查） | | 工业增加值（收入法，调查） | |
| | | | 总量（亿元） | 增加值率（%） | 总量（亿元） | 增加值率（%） |
| 39.59 | 95.90 | 6878606 | 4174391 | 60.83 | 4004791 | 58.36 |
| 14.55 | 96.24 | 740529 | 316138 | 42.69 | 310178 | 41.89 |
| 46.17 | 95.84 | 6138077 | 3862657 | 62.93 | 3698401 | 60.25 |
| 44.85 | 95.90 | 6216536 | 3880554 | 62.42 | 3716243 | 59.87 |
| 46.17 | 95.84 | 6138077 | 3862658 | 62.93 | 3698401 | 60.25 |
| 3.21 | 99.84 | 78459 | 7896 | 22.81 | 17841 | 22.74 |
| 17.70 | 110.15 | 178206 | 86604 | 48.60 | 86876 | 48.75 |
| 17.76 | 94.51 | 274553 | 140413 | 51.14 | 137967 | 50.25 |
| 13.11 | 89.84 | 105152 | 34696 | 33.00 | 32063 | 30.49 |
| 20.75 | 98.34 | 28684 | 19378 | 67.59 | 19175 | 66.85 |
| 13.29 | 91.19 | 164421 | 47434 | 28.85 | 44529 | 27.08 |
| 9.67 | 95.97 | – | – | – | – | – |
| – | – | – | – | – | – | – |
| 13.08 | 90.77 | 144375 | 40643 | 28.15 | 38216 | 26.47 |
| 15.25 | 94.88 | 20046 | 6790 | 33.87 | 6313 | 31.50 |
| 22.05 | 87.37 | 16204 | 4404 | 27.18 | 3789 | 23.38 |
| – | – | – | – | – | – | – |
| 22.05 | 87.37 | 16204 | 4404 | 27.18 | 3789 | 23.38 |
| 11.73 | 91.73 | 191821 | 59271 | 30.90 | 54559 | 28.44 |
| 41.53 | 96.10 | 6686785 | 419521 | 61.61 | 3954020 | 59.13 |
| 48.28 | 96.21 | 6417161 | 4024816 | 62.72 | 3859944 | 60.15 |
| -4.99 | 96.07 | 166268 | 65464 | 39.37 | 65711 | 39.52 |
| 12.50 | 92.98 | 295177 | 88515 | 29.99 | 82926 | 28.09 |
| 102.86 | 98.31 | 4127960 | 3317316 | 80.14 | 3322329 | 81.47 |
| 12.01 | 92.97 | 88792 | 26045 | 29.33 | 23239 | 26.17 |
| 10.57 | 97.80 | 27381 | 9512 | 34.74 | 8910 | 32.54 |
| 20.45 | 92.60 | 20697 | 6243 | 30.17 | 5642 | 27.26 |
| 5.00 | 98.40 | 2907 | 882 | 30.36 | 841 | 28.93 |
| 18.09 | 97.68 | – | – | – | – | – |
| 4.43 | 91.76 | 2378375 | 746237 | 31.38 | 576956 | 24.26 |
| 10.05 | 89.35 | 8844 | 1439 | 16.28 | 1364 | 15.42 |
| 11.89 | 83.81 | 48132 | 14980 | 31.12 | 14083 | 29.26 |
| 10.03 | 93.55 | 10574 | 2139 | 20.22 | 1912 | 18.09 |
| 11.04 | 91.79 | 49517 | 13424 | 27.12 | 13086 | 26.43 |
| 26.78 | 89.23 | – | – | – | – | – |
| 9.29 | 67.77 | – | – | – | – | – |
| 20.56 | 96.17 | 16395 | 6276 | 38.29 | 6184 | 37.72 |
| 4.57 | 97.92 | – | – | – | – | – |
| 31.54 | 100.00 | 95119 | 32687 | 29.96 | 32185 | 30.24 |
| -18.74 | 95.45 | 3912 | 1610 | 41.16 | 1843 | 47.12 |

# 2008—2013 年规模以上工业主要产品产量

| | 计算单位 | 2008 年 | 2009 年 | 2010 年 | 2011 年 | 2012 年 | 2013 年 |
|---|---|---|---|---|---|---|---|
| 原　煤 | 万吨 | - | - | - | - | - | - |
| 原　油 | 万吨 | 291.59 | 313.26 | 390.09 | 451.66 | 575.87 | 659.40 |
| #长庆油田 | 万吨 | 291.59 | 304.41 | 380.04 | 440.02 | 559.58 | 637.59 |
| 镇原区块 | 万吨 | - | 8.85 | 10.05 | 11.64 | 16.29 | 21.81 |
| 风力发电量 | 万千瓦小时 | 390 | 460 | 480 | - | 29764 | 30015 |
| 食用植物油 | 吨 | 412 | 460 | 540 | - | - | - |
| 铁合金 | 吨 | 12534 | 12547 | 22757 | 14228 | 13190 | 13350 |
| 钢芯铝绞线 | 吨 | 770 | 897 | 1338 | - | - | - |
| 乳制品 | 吨 | 400 | 433 | 287 | - | 2642 | 3310 |
| 白　酒 | 吨 | 1286 | 9232 | 6071 | - | 3294 | 3382 |
| 软饮料 | 吨 | 46119 | 54067 | 86061 | 37141 | 37197 | 37242 |
| 饲料 | 吨 | 8344 | 9871 | 22757 | 97192 | 137845 | 183002 |
| 服　装 | 万件 | - | - | - | - | 23.05 | 138.21 |
| 建筑涂料 | 吨 | 211 | 224 | 2290 | - | 2752 | 2665 |
| 啤　酒 | 千升 | 16748 | 22611 | 31655 | 37986 | 43685 | 52203 |
| 纸制品 | 吨 | 2256 | 5800 | 6436 | - | - | - |
| 原油加工量 | 万吨 | 115.01 | 123.8 | 150.65 | 350.01 | 310.25 | 341.04 |
| 汽　油 | 万吨 | 32.77 | 33.19 | 50.42 | 128.80 | 113.73 | 128.89 |
| 柴　油 | 万吨 | 54.49 | 58.95 | 66.14 | 152.86 | 139.62 | 152.16 |
| 液化石油气 | 万吨 | 6.56 | 6.85 | 9.28 | 19.90 | 16.65 | 18.03 |
| 农用化学肥料 | 吨 | 708 | 743 | 6500 | - | - | - |
| 中成药 | 吨 | 202 | 205 | 480 | 449 | 174 | 328 |
| 塑料制品 | 吨 | - | - | 13730 | 3481 | 3778 | 3565 |
| 水　泥 | 万吨 | 13.8 | 16.05 | 32.5 | 28.29 | 61.16 | 30.66 |
| 商品混凝土 | 万立方米 | - | - | - | - | 94.42 | 47.33 |

# 2013年分县区节能降耗情况

| | 万元GDP能耗（吨标准煤） | | | 万元GDP电耗（千瓦时） | | | 规模以上工业企业万元工业增加值能耗（吨标准煤） | | |
|---|---|---|---|---|---|---|---|---|---|
| | 2013年 | 2012年 | 同比下降（%） | 2013年 | 2012年 | 同比下降（%） | 2013年 | 2012年 | 同比下降（%） |
| 庆阳市 | 0.5846 | 0.6118 | 4.5 | 597.0 | 616.0 | 3.2 | 0.307 | 0.405 | 25.41 |
| 西峰区 | 0.6610 | 0.6410 | 3.5 | 798.0 | 790.0 | 3.5 | 0.840 | 0.820 | 3.50 |
| 庆城县 | 0.6630 | 0.6940 | 4.7 | 543.0 | 566.0 | 4.1 | 0.637 | 0.699 | 4.78 |
| 环　县 | 0.5873 | 0.6087 | 3.5 | 768.8 | 796.7 | 3.5 | 0.771 | 0.799 | 3.50 |
| 华池县 | 0.5810 | 0.6050 | 4.0 | 654.0 | 680.0 | 3.8 | 0.563 | 0.480 | 1.65 |
| 合水县 | 0.7129 | 0.7427 | 4.0 | 1003.6 | 1040.0 | 3.5 | 0.939 | 0.979 | 4.00 |
| 正宁县 | 0.5760 | 0.6020 | 4.0 | 764.9 | 797.12 | 4.0 | 0.764 | 0.796 | 4.00 |
| 宁　县 | 0.6122 | 0.6378 | 4.0 | 310.0 | 840.0 | 19.1 | 0.297 | 0.805 | 3.57 |
| 镇原县 | 0.5240 | 0.4920 | 3.5 | 752.5 | 782.34 | 3.5 | 0.722 | 0.699 | 3.50 |

注：万元GDP能耗2011年按2010年可比价计算；2010年按2005年可比价计算。

# 2013年庆阳市能源消费与单位GDP能耗

| | 计量单位 | 2013 | 2012 | 同比（±%） | 能耗比重（%） | |
|---|---|---|---|---|---|---|
| | | | | | 2013 | 2012 |
| 一、能源消费总量 | 万吨标准煤 | 324.31 | 296.47 | 9.39 | 100.00 | 100.0 |
| 1、第一产业能源消费 | 万吨标准煤 | 13.81 | 12.55 | 10.04 | 4.26 | 4.23 |
| 2、第二产业能源消费 | 万吨标准煤 | 146.83 | 150.38 | -2.36 | 45.27 | 50.72 |
| （1）工业能源消费 | 万吨标准煤 | 124.92 | 134.91 | -7.40 | 38.52 | 45.51 |
| ①规模以上工业能源消费 | 万吨标准煤 | 101.80 | 117.14 | -13.10 | 31.39 | 39.51 |
| ②规模以下工业能源消费 | 万吨标准煤 | 23.12 | 17.77 | 30.11 | 7.13 | 5.99 |
| （2）建筑业能源消费 | 万吨标准煤 | 21.92 | 15.47 | 41.69 | 6.76 | 5.22 |
| 3、第三产业能源消费 | 万吨标准煤 | 60.76 | 50.25 | 20.92 | 18.74 | 16.95 |
| #交通运输业能源消费 | 万吨标准煤 | 21.85 | 18.85 | 15.92 | 6.74 | 6.36 |
| 4、居民生活用能 | 万吨标准煤 | 102.91 | 83.29 | 23.55 | 31.73 | 28.09 |
| （1）城市居民生活用能 | 万吨标准煤 | 41.59 | 34.31 | 21.22 | 12.82 | 11.57 |
| （2）农村居民生活用能 | 万吨标准煤 | 61.32 | 48.98 | 25.19 | 18.91 | 16.52 |
| 二、GDP（2010年可比价） | 亿元 | 554.80 | 484.35 | 14.55 | - | - |
| 三、单位GDP能耗 | 吨标准煤/万元 | 0.5846 | 0.6121 | -4.50 | - | - |
| 四、全社会耗电量 | 亿千瓦时 | 33.14 | 29.90 | 10.84 | - | - |
| 五、单位GDP电耗 | 千瓦时/万元 | 597.00 | 616.00 | -3.20 | - | - |
| 六、规模以上工业增加值 | 亿元 | 331.86 | 281.20 | 16.50 | - | - |
| 七、规模以上工业单位增加值能耗 | 吨标准煤/万元 | 0.307 | 0.405 | -25.41 | - | - |

# 工　业

**【工　业】**指从事自然资源的开采，对采掘品和农产品进行加工和再加工的物质生产部门。具体包括：(1)对自然资源的开采，如采矿、晒盐、森林采伐等(但不包括禽兽捕猎和水产捕捞)；(2)对农副产品的加工、再加工，如粮油加工、食品加工、轧花、缫丝、纺织、制革等；(3)对采掘品的加工、再加工，如炼铁、炼钢、化工生产、石油加工、机器制造、木材加工等，以及电力、自来水、煤气的生产和供应等；(4)对工业品的修理、翻新，如机器设备的修理、交通运输工具(包括小卧车)的修理等。

**【规模以上工业】**是指全部国有工业企业以及规模以上（销售收入大于2000万元）的非国有工业企业的总称。

**【工业统计调查单位】**工业统计调查单位分为两类：独立核算法人工业企业和工业活动单位。

(1) 独立核算法人工业企业　是指从事工业生产经营活动的单位。独立核算法人工业企业应同时具备以下条件：①依法成立，有自己的名称、组织机构和场所，能够承担民事责任；②独立拥有和使用资产，承担负债，有权与其他单位签订合同；③独立核算盈亏，并能够编制资产负债表。

(2) 工业活动单位　是指在一个场所从事一种或主要从事一种工业生产活动的经济单位。它包括独立核算工业企业按主营业务活动(即工业生产活动)划分的主营业务活动单位和非工业企业所属的工业生产活动单位(即原非独立核算工业生产单位)。工业活动单位，一般应同时具备以下三个条件：①具有一个场所，从事一种或主要从事一种工业活动；②单独组织工业生产、经营或业务活动；③单独核算收入和支出。

**【轻工业】**指主要提供生活消费品和制作手工工具的工业。按其所使用的原料不同，可分为两大类：(1)以农产品为原料的轻工业，是指直接或间接以农产品为基本原料的轻工业。主要包括食品制造、饮料制造、烟草加工、纺织、缝纫、皮革和毛皮制作、造纸以及印刷等工业；(2)以非农产品为原料的轻工业，是指以工业品为原料的轻工业。主要包括文教体育用品、化学药品制造、合成纤维制造、日用化学制品、日用玻璃制品、日用金属制品、手工工具制造、医疗器械制造、文化和办公用机械制造等工业。

**【重工业】**是指为国民经济各部门提供物质技术基础的主要生产资料的工业。按其生产性质和产品用途，可以分为下列三类：(1)采掘(伐)工业，是指对自然资源的开采，包括石油开采、煤炭开采、金属矿开采、非金属矿开采和木材采伐等工业；(2)原材料工业，指向国民经济各部门提供基本材料、动力和燃料的工业。包括金属冶炼及加工、炼焦及焦炭、化学、化工原料、水泥、人造板以及电力、石油和煤炭加工等工业；(3)加工工业，是指对工业原材料进行再加工制造的工业。包括装备国民经济各部门的机械设备制造工业、金属结构、水泥制品等工业，以及为农业提供的生产资料如化肥、农药等工业。

**【工业总产值】**是以货币表现的工业企业在一定时期内生产的已出售或可供出售工业产品总量，它反映一定时间内工业生产的总规模和总水平。它包括：在本企业内不再进行加工，经检验、包装入库(规定不需包装的产品除外)的成品价值，对外加工费收入，自制半成品、在产品期末初差额价值。工业总产值采用“工厂法”计算，即以工业企业作为一个整体，按企业工业生产活动的最终成果来计算，企业内部不允许重复计算，不能把企业内部各个车间(分厂)生产的成果相加。但在企业之间、行业之间、地区之间存在着重复计算。

**【工业增加值】**是指工业行业在报告期内以货币表现的工业生产活动的最终成果。

**【工业发展速度】**工业行业在报告期内以可比价格计算的工业增加值与基期工业增加值之比。目前是以不变价工业总产值的发展速度乘以不变价调整系数得到。我国已于去年开始进行价格指数紧缩法试算工业发展速度，其中可比价格的工业增加值是按现价计算的工业增加值除以报告期工业品出厂价格指数。

# 统计资料

QING YANG YEARBOOK

# 建筑企业概况

| | 总　计 | 国有企业 | 集体企业 | 有限责任公司 | 股份有限公司 | 私营企业 |
|---|---|---|---|---|---|---|
| 企业单位数（个） | | | | | | |
| 2003 | 61 | 6 | 17 | 21 | 1 | 16 |
| 2004 | 67 | 4 | 14 | 16 | 3 | 30 |
| 2005 | 68 | 3 | 13 | 18 | 2 | 32 |
| 2006 | 64 | 4 | 13 | 14 | 2 | 31 |
| 2007 | 65 | 4 | 12 | 4 | 3 | 42 |
| 2008 | 61 | 3 | 7 | 18 | 1 | 32 |
| 2009 | 61 | 3 | 7 | 18 | 1 | 32 |
| 2010 | 60 | 3 | 3 | 19 | 4 | 31 |
| 2011 | 64 | 2 | 4 | 20 | 2 | 35 |
| 2012 | 72 | 3 | 3 | 21 | 2 | 43 |
| 2013 | 80 | 5 | 3 | 24 | 2 | 46 |
| 从业人员数（人） | | | | | | |
| 2003 | 33874 | 1316 | 12368 | 14461 | 50 | 5679 |
| 2004 | 34337 | 3688 | 7440 | 9161 | 689 | 13359 |
| 2005 | 32771 | 7393 | 7822 | 10471 | 223 | 6862 |
| 2006 | 34201 | 1596 | 8501 | 8623 | 1303 | 14178 |
| 2007 | 35870 | 705 | 7223 | 9707 | 2069 | 16166 |
| 2008 | 40907 | 872 | 4454 | 14680 | 1354 | 19547 |
| 2009 | 45469 | 872 | 4454 | 14726 | 1362 | 24055 |
| 2010 | 51517 | 872 | 1396 | 18608 | 3762 | 26879 |
| 2011 | 38171 | 562 | 1411 | 15178 | 1578 | 19086 |
| 2012 | 36925 | 759 | 1571 | 10988 | 2648 | 20959 |
| 2013 | 46905 | 2925 | 1169 | 18324 | 2396 | 22091 |
| 企业总产值（万元） | | | | | | |
| 2003 | 106740 | 7835 | 32862 | 51087 | 46 | 14910 |
| 2004 | 228310 | 82539 | 25472 | 59329 | 10886 | 50084 |
| 2005 | 232745 | 82654 | 23629 | 69444 | 2930 | 54088 |
| 2006 | 253460 | 73980 | 37942 | 84504 | 3000 | 54034 |
| 2007 | 270259 | 78075 | 37415 | 76233 | 8369 | 70167 |
| 2008 | 330733 | 1671 | 25812 | 178834 | 2583 | 121833 |
| 2009 | 411232 | 5376 | 23690 | 241625 | 3000 | 137541 |
| 2010 | 505727 | 1606 | 14264 | 257275 | 29639 | 202943 |
| 2011 | 601911 | 7338 | 16637 | 301106 | 24210 | 273740 |
| 2012 | 791191 | 26205 | 22624 | 294070 | 47507 | 400785 |
| 2013 | 1076935 | 50269 | 30368 | 446936 | 70879 | 478483 |
| 房屋建筑施工面积（m²） | | | | | | |
| 2003 | 1523715 | 143807 | 376720 | 842660 | 18945 | 141583 |
| 2004 | 2135314 | 3026 | 295764 | 837142 | - | 999382 |
| 2005 | 2324205 | 2269 | 311535 | 11296073 | - | 714328 |
| 2006 | 2047329 | 280000 | 258468 | 805381 | 35422 | 668058 |
| 2007 | 2130999 | 36728 | 248919 | 990660 | 38264 | 816428 |
| 2008 | 2795188 | - | 123578 | 1453503 | 40078 | 1178029 |
| 2009 | 2781380 | - | 131463 | 1516324 | - | 1133593 |
| 2010 | 4183828 | - | 53930 | 1236915 | 357500 | 2535483 |
| 2011 | 2780290 | - | 42476 | 1187356 | 135320 | 1367790 |
| 2012 | 3580489 | 29380 | 166976 | 1534166 | 7954 | 1842013 |
| 2013 | 4007157 | 31581 | 173127 | 1301218 | 38562 | 2462669 |

# 2013 年分县区

| | 计算单位 | 全 市 | 西峰区 | 庆城县 |
|---|---|---|---|---|
| 建筑企业个数 | 个 | 80 | 49 | 13 |
| 计算建筑业劳动生产率的平均人数 | 人 | 49479 | 27332 | 7895 |
| 年末从业人数 | 人 | 46905 | 22407 | 9670 |
| #工程技术人员 | 人 | 6959 | 4984 | 1067 |
| 建筑业总产值 | 万元 | 1076935 | 468544 | 163642 |
| #装修装饰产值 | 万元 | 31460 | 27466 | 1594 |
| # 在省外完成 | 万元 | 39758 | 9830 | 29927 |
| 按构成分 | | | | |
| 建筑工程 | 万元 | 916925 | 396430 | 106964 |
| 安装工程 | 万元 | 139039 | 70464 | 55295 |
| 其他 | 万元 | 20973 | 1650 | 1382 |
| 竣工产值 | 万元 | 685315 | 294366 | 195569 |
| 年末自有施工机械设备净值 | 万元 | 32523 | 15910 | 13349 |
| 总台数 | 台 | 8577 | 5840 | 1914 |
| 总功率 | 万千瓦 | 16831 | 7884 | 6791 |
| 主要建筑材料消耗量 | | | | |
| 钢材 | 吨 | 210078 | 103799 | 44476 |
| 木材 | 立方米 | 116807 | 54711 | 18092 |
| 水泥 | 吨 | 543432 | 257583 | 55905 |
| 平板玻璃 | 平方米 | 7275581 | 348876 | 2196487 |
| 铝材 | 吨 | 55094 | 9562 | 43220 |
| 房屋施工面积 | 平方米 | 4007157 | 2615948 | 263881 |
| #本年新开工面积 | 平方米 | 2812897 | 1884528 | 233669 |
| 房屋竣工面积 | 平方米 | 2024161 | 1103960 | 231691 |
| #住 宅 | 平方米 | 1265471 | 497956 | 28045 |
| 营业收入 | 万元 | 1039295 | 471407 | 204518 |
| 营业成本 | 万元 | 895794 | 408105 | 188822 |
| 营业税金及附加 | 万元 | 31516 | 16794 | 5744 |
| 营业利润 | 万元 | 60884 | 19934 | -1222 |
| 管理费用中的税金 | 万元 | 5031 | 1875 | 1396 |
| 利润总额 | 万元 | 60949 | 20524 | -1357 |
| 技术装备率 | % | 69.34 | 71.00 | 138.04 |
| 动力装备率 | % | 35.88 | 35.19 | 70.23 |
| 房屋建筑面积竣工率 | % | 50.51 | 42.20 | 87.80 |
| 产值利润率 | % | 5.66 | 5.38 | -99.17 |

# 建筑企业基本情况

| 环　县 | 华池县 | 合水县 | 正宁县 | 宁　县 | 镇原县 |
|---|---|---|---|---|---|
| 3 | 5 | 1 | 1 | 6 | 2 |
| 2190 | 3801 | 195 | 14 | 6600 | 1452 |
| 2290 | 3332 | 287 | 14 | 7001 | 1913 |
| 292 | 273 | 71 | 5 | 143 | 124 |
| 51000 | 111004 | 3800 | 18065 | 255210 | 5671 |
| 2400 | – | – | – | – | – |
| – | – | – | – | – | – |
| | | | | | |
| 46373 | 86477 | 3000 | 18065 | 255210 | 4406 |
| 3996 | 7217 | 800 | – | – | 1265 |
| 631 | 17310 | – | – | – | – |
| 37668 | 76412 | 3800 | 18065 | 57265 | 2169 |
| 473 | 1884 | – | – | – | 908 |
| 196 | 294 | – | – | – | 693 |
| 329 | 903 | – | – | – | 924 |
| | | | | | |
| 8136 | 5208 | 2500 | 4596 | 39300 | 2063 |
| 19619 | 921 | 360 | 200 | 21460 | 1444 |
| 20923 | 28877 | 1600 | 3064 | 152970 | 22510 |
| 112800 | 32015 | 10500 | 510 | 4565300 | 9093 |
| 687 | 7 | 70 | 560 | 824 | 164 |
| 304786 | 242988 | 23100 | 172653 | 333602 | 50199 |
| 165050 | 197068 | 9100 | 83677 | 191198 | 48607 |
| 251350 | 184473 | 23100 | 128764 | 92944 | 7879 |
| 182827 | 142925 | 23100 | 72968 | 12451 | 4199 |
| 32128 | 111004 | 2100 | 18065 | 194403 | 5671 |
| 28438 | 96251 | 510 | 14236 | 154362 | 5070 |
| 1362 | 3585 | 18 | 839 | 2982 | 191 |
| 628 | 7708 | 1558 | 405 | 31758 | 115 |
| 557 | 1092 | 2 | – | 104 | 5 |
| 628 | 7711 | 1558 | 410 | 31357 | 116 |
| 20.66 | 56.54 | – | – | – | 47.46 |
| 14.37 | 2.70 | – | – | – | 48.30 |
| 84.27 | 75.92 | 100.00 | 74.58 | 27.86 | 15.70 |
| 1.23 | 6.95 | 41.00 | 2.7 | 12.29 | 2.03 |

# 2013年建筑企

| | 计算单位 | 合计 | 内资企业 | | |
|---|---|---|---|---|---|
| | | | | 国有企业 | 集体企业 |
| 建筑企业个数 | 个 | 80 | 80 | 5 | 3 |
| 计算建筑业劳动生产率的平均人数 | 人 | 49479 | 49479 | 2966 | 1463 |
| 年末从业人数 | 人 | 46905 | 46905 | 2925 | 1169 |
| #工程技术人员 | 人 | 6959 | 6959 | 611 | 272 |
| 建筑业总产值 | 万元 | 1076935 | 1076935 | 50269 | 30368 |
| #装修装饰产值 | 万元 | 31460 | 31460 | - | 847 |
| # 在省外完成 | 万元 | 39758 | 39758 | 22952 | - |
| 按构成分 | | | | | |
| 建筑工程 | 万元 | 916925 | 916925 | 17655 | 29172 |
| 安装工程 | 万元 | 139037 | 139037 | 31992 | 1150 |
| 其他 | 万元 | 20973 | 20973 | 622 | 46 |
| 竣工产值 | 万元 | 685315 | 685315 | 105294 | 25377 |
| 年末自有施工机械设备净值 | 万元 | 32523 | 32523 | 8560 | 1724 |
| 总台数 | 台 | 8577 | 8577 | 1112 | 649 |
| 总功率 | 万千瓦 | 16831 | 16831 | 4999 | 1349 |
| 主要建筑材料消耗量 | | | | | |
| 钢材 | 吨 | 210078 | 210078 | 171 | 10745 |
| 木材 | 立方米 | 116807 | 116807 | 87 | 10311 |
| 水泥 | 吨 | 543432 | 543432 | 1912 | 19305 |
| 平板玻璃 | 平方米 | 7275581 | 7275581 | 503 | 14210 |
| 铝材 | 吨 | 55094 | 55094 | 17 | 538 |
| 房屋施工面积 | 平方米 | 4007157 | 4007157 | 31581 | 173127 |
| #本年新开工面积 | 平方米 | 2812897 | 2812897 | 27580 | 146691 |
| 房屋竣工面积 | 平方米 | 2024161 | 2024161 | 21841 | 135581 |
| #住　宅 | 平方米 | 1265471 | 1265471 | 4620 | 58816 |
| 营业收入 | 万元 | 1039295 | 1039295 | 67694 | 30368 |
| 营业成本 | 万元 | 895794 | 895794 | 75954 | 25393 |
| 营业税金及附加 | 万元 | 31516 | 31516 | 1722 | 1160 |
| 营业利润 | 万元 | 60884 | 60884 | -13896 | 1396 |
| 管理费用中的税金 | 万元 | 5031 | 5031 | 199 | 90 |
| 利润总额 | 万元 | 60949 | 60949 | -14025 | 1393 |
| 技术装备率 | % | 69.34 | 69.34 | 292.65 | 147.48 |
| 动力装备率 | % | 35.88 | 35.88 | 171.91 | 115.40 |
| 房屋建筑面积竣工率 | % | 50.51 | 50.51 | 69.16 | 78.31 |
| 产值利润率 | % | 5.66 | 5.66 | -27.90 | 4.59 |

# 业基本情况

| 股份合作企业 | 联营企业 | 有限责任公司 | 股份有限公司 | 私营企业 | 其他企业 | 港、澳、台商投资企业 | 外商投资企业 |
|---|---|---|---|---|---|---|---|
| – | – | 24 | 2 | 46 | – | – | – |
| – | – | 17896 | 2399 | 24755 | – | – | – |
| – | – | 18324 | 2396 | 22091 | – | – | – |
| – | – | 2718 | 49 | 3309 | – | – | – |
| – | – | 446936 | 70879 | 478483 | – | – | – |
| – | – | 23371 | – | 7242 | – | – | – |
| – | – | 11033 | – | 5772 | – | – | – |
| | | | | | | | |
| – | – | 358361 | 70879 | 440858 | – | – | – |
| – | – | 81395 | – | 24500 | – | – | – |
| – | – | 7180 | – | 13125 | – | – | – |
| – | – | 251555 | 16929 | 286160 | – | – | – |
| – | – | 8009 | – | 14230 | – | – | – |
| – | – | 2723 | – | 4093 | – | – | – |
| – | – | 1790 | – | 2476 | – | – | – |
| | | | | | | | |
| – | – | 100792 | 7750 | 90620 | – | – | – |
| – | – | 45637 | 6560 | 54272 | – | – | – |
| – | – | 183523 | 37010 | 301682 | – | – | – |
| – | – | 2911229 | 980100 | 3369539 | – | – | – |
| – | – | 50386 | 140 | 4013 | – | – | – |
| – | – | 1301218 | 38562 | 2462669 | – | – | – |
| – | – | 660961 | 38562 | 1939103 | – | – | – |
| – | – | 805556 | 10442 | 1050741 | – | – | – |
| – | – | 580474 | – | 621561 | – | – | – |
| – | – | 424469 | 61914 | 454851 | – | – | – |
| – | – | 382047 | 45633 | 366767 | – | – | – |
| – | – | 11710 | 1809 | 15052 | – | – | – |
| – | – | 19225 | 11210 | 42949 | – | – | – |
| – | – | 1579 | 411 | 2752 | – | – | – |
| – | – | 18623 | 11210 | 43748 | – | – | – |
| – | – | 43.71 | – | 64.41 | – | – | – |
| – | – | 9.77 | – | 11.21 | – | – | – |
| – | – | 61.91 | 27.08 | 42.67 | – | – | – |
| – | – | 4.17 | 15.81 | 9.14 | – | – | – |

# 2013 年分县区建筑施工

| | 实收资本 | 资产总计 | #流动资产 | #固定资产 | #长期投资 | #无形及递延资产 |
|---|---|---|---|---|---|---|
| 总计 | 228029 | 731262 | 411016 | 183757 | – | – |
| 按企业登记注册类型分 | | | | | | |
| 内资企业 | 220829 | 731262 | 411016 | 183757 | – | – |
| 国有企业 | 34301 | 95410 | 72069 | 19352 | – | – |
| 集体企业 | 3007 | 7720 | 2167 | 5238 | – | – |
| 股份合作企业 | – | – | – | – | – | – |
| 联营企业 | – | – | – | – | – | – |
| 有限责任公司 | 61319 | 176943 | 87582 | 77042 | – | – |
| 股份有限公司 | 22452 | 45941 | 20270 | 20899 | – | – |
| 私营企业 | 106950 | 405249 | 228928 | 61226 | – | – |
| 其他企业 | – | – | – | – | – | – |
| 港、澳台商投资企业 | – | – | – | – | – | – |
| 外商投资企业 | – | – | – | – | – | – |
| 按行业类别分 | | | | | | |
| 房屋和土木工程建筑 | 186129 | 601024 | 311084 | 155915 | – | – |
| 建筑安装业 | 36116 | 115851 | 89936 | 23457 | – | – |
| 建筑装饰业 | 5784 | 14387 | 9996 | 4385 | – | – |
| 其他建筑业 | – | – | – | – | – | – |
| 按隶属关系分 | | | | | | |
| 中　央 | 32000 | 70626 | 54567 | 12784 | – | – |
| 地　方 | 196029 | 660636 | 356449 | 170973 | – | – |
| 市　属 | 30196 | 64849 | 32658 | 30420 | – | – |
| 区县属 | 23174 | 35801 | 16417 | 13557 | – | – |
| 其　他 | 142659 | 559986 | 307374 | 126996 | – | – |
| 按辖区分 | | | | | | |
| 西峰区 | 109814 | 299338 | 212348 | 79729 | – | – |
| 庆城县 | 69808 | 181260 | 139488 | 37053 | – | – |
| 环　县 | 4298 | 6394 | 4358 | 1155 | – | – |
| 华池县 | 23557 | 166164 | 29994 | 22007 | – | – |
| 合水县 | 800 | 960 | 850 | 26 | – | – |
| 正宁县 | 615 | 2781 | 2232 | 549 | – | – |
| 宁　县 | 17898 | 72526 | 20849 | 42295 | – | – |
| 镇原县 | 1238 | 1839 | 896 | 942 | – | – |

# 企业财务及经济效益

单位：万元、个

| 负债合计 | 流动负债 | 长期负债 | 所有者权益 | 企业总收入 | 营业收入 | 其他业务收入 | 利税总额 | 利润总额 |
|---|---|---|---|---|---|---|---|---|
| 218586 | 204426 | 14160 | 512677 | 1042472 | 1039295 | 3177 | 92464 | 60949 |
| | | | | | | | | |
| 218586 | 204426 | 14160 | 512677 | 1042472 | 1039295 | 3177 | 92464 | 60949 |
| 45595 | 40846 | 4749 | 49815 | 67823 | 67694 | 129 | -12241 | -14025 |
| 2496 | 2417 | 79 | 5224 | 30368 | 30368 | - | 2553 | 1293 |
| - | - | - | - | - | - | - | - | - |
| - | - | - | - | - | - | - | - | - |
| 54906 | 52096 | - | 122037 | 425147 | 424469 | 678 | 30333 | 18623 |
| 4408 | 4041 | 367 | 41532 | 61914 | 61914 | - | 13019 | 11210 |
| 111180 | 105026 | 6154 | 294069 | 457221 | 454851 | 2370 | 58800 | 43748 |
| - | - | - | - | - | - | - | - | - |
| - | - | - | - | - | - | - | - | - |
| - | - | - | - | - | - | - | - | - |
| | | | | | | | | |
| 156242 | 72373 | 83869 | 444782 | 905956 | 902843 | 3113 | 99346 | 71046 |
| 58253 | 58253 | - | 36116 | 124751 | 124687 | 64 | -10668 | -10977 |
| 4090 | 4090 | - | 10297 | 11765 | 11765 | - | 1198 | 880 |
| - | - | - | - | - | - | - | - | - |
| | | | | | | | | |
| 28038 | 28038 | - | 42587 | 41410 | 41289 | 121 | -13879 | -14777 |
| 190548 | 176388 | 14210 | 470090 | 1001062 | 998006 | 3056 | 106344 | 75726 |
| 10750 | 10036 | 714 | 54099 | 196123 | 196116 | 7 | 9093 | 3588 |
| 6830 | 589 | 6241 | 28971 | 68247 | 68247 | - | 5883 | 2955 |
| 172968 | 165763 | 7205 | 387020 | 736692 | 733643 | 3049 | 91368 | 69183 |
| | | | | | | | | |
| 114814 | 109998 | 4816 | 184524 | 473778 | 471407 | 2371 | 37318 | 20524 |
| 83021 | 81876 | 1145 | 98239 | 204651 | 204519 | 132 | 4387 | -1357 |
| 930 | 924 | 6 | 5464 | 32128 | 32128 | - | 1990 | 628 |
| 10519 | 4278 | 6241 | 155645 | 111011 | 11004 | 7 | 11296 | 7711 |
| 100 | - | 100 | 860 | 2101 | 2100 | 1 | 1576 | 1558 |
| 2135 | 2135 | - | 645 | 18071 | 18065 | 6 | 1249 | 410 |
| 6561 | 4710 | 1851 | 65965 | 194468 | 194403 | 658 | 34339 | 31357 |
| 505 | 505 | - | 1334 | 5673 | 5671 | 2 | 307 | 116 |

# 建筑业

**【建筑业统计单位】**指从事房屋、构筑物建造和设备安装活动的法人企业。建筑业法人企业应同时具备的条件是：①依法成立，有自己的名称、组织机构和场所，能够承担民事责任；②独立拥有和使用资产，承担负债，有权与其他单位签订合同；③独立核算盈亏，能够编制资产负债表。

**【建筑业总产值(即自行完成施工产值)】**是以货币表现的建筑安装企业在一定时期内生产的建筑业产品的总和。建筑业总产值包括：

⑴建筑工程产值：指列入建筑工程预算内的各种工程价值。

⑵设备安装工程产值：指设备安装工程价值，不包括被安装设备本身价值。

⑶房屋、构筑物修理产值：指房屋、构筑物修理所完成的价值，但不包括被修理房屋、构筑物本身的价值和生产设备的修理价值。

⑷非标准设备制造产值：指加工制造没有定型的、非标准的生产设备的加工费和原材料价值，以及附属加工厂为本企业承建工程制作的非标准设备的价值。

**【建筑业增加值】**指建筑业企业在报告期内以货币表现的建筑业生产经营活动的最终成果。目前建筑业增加值采用分配法（收入法）计算，即从收入的角度出发，根据生产要素在生产过程中应得的收入份额计算。具体计算公式为：

建筑业增加值＝本年提取的固定资产折旧+应付工资+应付福利费+管理费用中的劳动待业保险金、税金+工程结算税金及附加+工程结算利润

**【房屋建筑施工面积】**指在报告期内施工的全部房屋建筑面积，包括本期新开工的房屋面积、上期施工跨入本期继续施工的房屋面积、上期停缓建在本期恢复施工的房屋面积、本期竣工的房屋面积及本期施工后又停缓建的房屋面积。

**【房屋建筑竣工面积】**指在报告期内房屋建筑按照设计要求全部完工，达到了住人和使用条件，经验收鉴定合格，正式移交使用单位的房屋建筑面积。

**【自有机械设备年末总台数】**指归本企业所有，属于本企业固定资产的生产性机械设备年末总台数。包括施工机械、生产设备、运输设备以及其他设备。

**【自有机械设备年末总功率】**指本企业自有施工机械、生产设备、运输设备以及其他设备等列为在册固定资产的生产性机械设备年末总功率，按设定能力或查定能力计算。包括机械本身的动力和为该机械服务的单独动力设备，如电动机等。计算单位用千瓦，动力换算可按 1 马力＝0.735 千瓦折合成千瓦数。电焊机、变压器、锅炉不计算动力。

**【工程结算收入】**指企业承包工程实现的工程价款结算收入，以及向发包单位收取的除工程价款以外的按规定列作营业收入的各种款项，如临时设施费、劳动保险费、施工机械调迁费等以及向发包单位收取的各种索赔款。

**【工程结算利润】**指已结算工程实现的利润，如亏损以“－”号表示。计算公式为：

工程结算利润＝工程结算收入－工程结算成本－工程结算税金及附加

**【企业总收入】**指与企业生产经营直接有关的各项收入，包括工程结算收入和其他业务收入。计算公式为：企业总收入＝工程结算收入＋其他业务收入

# 统计资料

## 6 固定资产投资

QING YANG YEARBOOK

# 2008—2013年庆阳市固定资产投资完成情况

单位：万元、个

| | 2008 | 2009 | 2010 | 2011 | 2012 | 2013 |
|---|---|---|---|---|---|---|
| 固定资产投资总额 | 2230142 | 3535307 | 4880175 | 6277432 | 7658643 | 9531893 |
| (一)按属地分 | | | | | | |
| 地　方 | 1785829 | 2986263 | 4080175 | 5176917 | 6278290 | 7972901 |
| #房地产开发 | 53464 | 107840 | 122893 | 174689 | 507307 | 667172 |
| 油　田 | 444313 | 549044 | 800000 | 1100515 | 1380353 | 1558988 |
| (二)按构成分 | | | | | | |
| 建筑安装工程 | 1691639 | 2523198 | 3593995 | 5235418 | 5949844 | 8208319 |
| 设备工器具购置 | 128204 | 280066 | 394024 | 311187 | 740190 | 532936 |
| 其他费用 | 410309 | 732043 | 892156 | 730827 | 968609 | 790638 |
| (三)按三次产业分 | | | | | | |
| 第一产业 | 264491 | 390726 | 569570 | 266620 | 102155 | 80138 |
| 第二产业 | 930609 | 1408582 | 1997928 | 3196277 | 5636216 | 6607567 |
| #工业 | - | - | 1507450 | 2006899 | 2917065 | 3678717 |
| 第三产业 | 1035052 | 1735999 | 2312677 | 2814535 | 1920272 | 2844184 |
| (四)按投资规模分 | | | | | | |
| 1. 亿元以上项目 | | | | | | |
| 项目个数 | 35 | 48 | 68 | 53 | 37 | 74 |
| 完成投资额 | 874800 | 1401034 | 2090139 | 2195230 | 2783348 | 4127989 |
| 2. 千万元至亿元项目 | | | | | | |
| 项目个数 | 427 | 551 | 623 | 1007 | 907 | 1225 |
| 完成投资额 | 818245 | 1280216 | 1761019 | 3724027 | 4296482 | 4736732 |
| 3. 500-1000万元项目 | | | | | | |
| 项目个数 | 288 | 301 | 245 | 309 | - | - |
| 完成投资额 | 170391 | 175839 | 149981 | 183486 | - | - |
| 4. 50-500万元项目 | | | | | | |
| 项目个数 | 877 | 557 | 416 | - | - | - |
| 完成投资额 | 185012 | 114601 | 90680 | - | - | - |
| 新增固定资产 | 814588 | 1361634 | 2453738 | 4832416 | 4470448 | 7111952 |

注：从2012年开始，固定资产投资总额未按城乡划分。根据省统计局统一要求，2012年固定资产投资总额数据进行修正，以公布的修正数据为准。

# 历年分县区固定资产投资总额

单位：万元

| 年份 | 全 市 | 西峰区 | 庆城县 | 环 县 | 华池县 | 合水县 | 正宁县 | 宁 县 | 镇原县 | 市直 | 长庆油田 |
|---|---|---|---|---|---|---|---|---|---|---|---|
| 1978 | 1516 | - | 80 | 184 | 80 | 45 | 37 | 88 | 127 | 875 | - |
| 1979 | 2519 | - | 86 | 200 | 66 | 66 | 54 | 107 | 148 | 1864 | - |
| 1980 | 2087 | - | 119 | 292 | 33 | 65 | 20 | 109 | 202 | 1247 | - |
| 1981 | 2278 | - | 228 | 321 | 55 | 167 | 37 | 115 | 205 | 1150 | - |
| 1982 | 2153 | - | 359 | 21 | 38 | 189 | 43 | 56 | 296 | 1151 | - |
| 1983 | 2489 | - | 247 | 211 | 96 | 281 | 230 | 186 | 185 | 1053 | - |
| 1984 | 2909 | - | 135 | 397 | 277 | 68 | 115 | 170 | 296 | 1451 | - |
| 1985 | 4797 | - | 343 | 474 | 188 | 143 | 172 | 269 | 577 | 2631 | - |
| 1986 | 5424 | 195 | 161 | 658 | 212 | 451 | 156 | 272 | 1010 | 2309 | - |
| 1987 | 7257 | 488 | 430 | 775 | 329 | 592 | 63 | 260 | 1697 | 2623 | - |
| 1988 | 8280 | 1102 | 200 | 407 | 474 | 468 | 98 | 941 | 859 | 3731 | - |
| 1989 | 5298 | 821 | 133 | 307 | 314 | 52 | 109 | 435 | 467 | 2660 | - |
| 1990 | 6251 | 1016 | 267 | 208 | 82 | 339 | 85 | 56 | 613 | 3855 | - |
| 1991 | 11515 | 997 | 118 | 563 | 381 | 334 | 210 | 767 | 1068 | 7077 | - |
| 1992 | 14240 | 1846 | 882 | 393 | 468 | 122 | 233 | 874 | 826 | 8596 | - |
| 1993 | 73139 | 2320 | 593 | 454 | 571 | 713 | 340 | 1062 | 2144 | 1452 | 50421 |
| 1994 | 57218 | 8202 | 40155 | 1364 | 1556 | 394 | 247 | 1909 | 3391 | 1 | - |
| 1995 | 63247 | 10097 | 42644 | 4008 | 1012 | 894 | 297 | 2438 | 1857 | - | - |
| 1996 | 113482 | 17396 | 79048 | 2234 | 2343 | 1611 | 2316 | 4967 | 3594 | - | - |
| 1997 | 184985 | 22204 | 106053 | 2634 | 2893 | 2547 | 2779 | 776 | 2864 | - | - |
| 1998 | 172562 | 38243 | 93772 | 8474 | 5831 | 5835 | 4637 | 8444 | 7326 | - | - |
| 1999 | 177844 | 40885 | 12025 | 8411 | 6500 | 6216 | 6030 | 7910 | 8023 | - | 81844 |
| 2000 | 204675 | 15252 | 15159 | 10580 | 8113 | 7026 | 8166 | 8812 | 10072 | - | 91495 |
| 2001 | 257512 | 57322 | 15686 | 11676 | 9316 | 9923 | 8150 | 13154 | 15285 | - | 117000 |
| 2002 | 350492 | 107151 | 26558 | 17665 | 16180 | 15393 | 12055 | 19720 | 23955 | - | 111815 |
| 2003 | 474340 | 129512 | 36498 | 25088 | 23780 | 24557 | 22840 | 29200 | 31263 | - | 151602 |
| 2004 | 610178 | 169072 | 51700 | 36761 | 32443 | 33632 | 35749 | 44915 | 42763 | - | 163143 |
| 2005 | 795800 | 204238 | 62400 | 44450 | 39010 | 40520 | 43110 | 54030 | 51500 | - | 256542 |
| 2006 | 969851 | 247946 | 97751 | 84308 | 62593 | 65237 | 69752 | 80843 | 80194 | - | 181227 |
| 2007 | 1350013 | 295048 | 118507 | 135284 | 94090 | 103343 | 117141 | 140506 | 124669 | - | 221425 |
| 2008 | 2230152 | 434168 | 199366 | 216620 | 133165 | 161510 | 192819 | 237478 | 210713 | - | 444313 |
| 2009 | 3535307 | 748118 | 256800 | 336368 | 235808 | 254464 | 346772 | 431909 | 376024 | - | 549044 |
| 2010 | 4880175 | 1013496 | 341038 | 445142 | 327200 | 367175 | 473608 | 603795 | 508721 | - | 800000 |
| 2011 | 6277432 | 1229315 | 456704 | 556138 | 500098 | 472016 | 628634 | 906600 | 427412 | - | 1100515 |
| 2012 | 7658643 | 1621483 | 508819 | 686309 | 527701 | 559939 | 738268 | 1050366 | 585405 | - | 1380353 |
| 2013 | 9531893 | 1987742 | 680242 | 866002 | 642055 | 635321 | 819671 | 1519697 | 822171 | - | 1558988 |

注：全市固定资产投资总额中包括长庆油田投资额。

# 2013 年庆阳市固定资产投资总额构成（500 万元以上项目）

| | 2013 年 | | 2013 年 |
|---|---|---|---|
| 投资总额 | 9531893 | 按国民经济行业分 | |
| 按属地分 | | 农、林、牧、渔业 | 80138 |
| 地 方 | 7972901 | 采矿业 | 2830685 |
| #房地产开发 | 667172 | 制造业 | 699171 |
| 油 田 | 1558988 | 电力燃气水生产和供应业 | 148861 |
| 按构成分 | | 建筑业 | 2928536 |
| 建筑安装工程 | 8208319 | 交通运输、仓储和邮政业 | 295886 |
| 设备工器具购置 | 532936 | 信息传输计算机软件业 | 8330 |
| 其他费用 | 790638 | 批发和零售业 | 419454 |
| 按三次产业分 | | 住宿和餐饮业 | 91051 |
| 第一产业 | 80138 | 金 融 业 | 9851 |
| 第二产业 | 6607567 | 房地产业 | 999689 |
| 第三产业 | 2844184 | 租赁和商务服务业 | 19367 |
| 按资金来源分 | | 科学研究和地质勘查业 | 3800 |
| 国家预算内资金 | 1613597 | 水利环境和公共设施管理业 | 580944 |
| 国内贷款 | 1564746 | 居民服务和其他服务业 | 30034 |
| 债 券 | 2600 | 教 育 | 184513 |
| 利用外资 | 29662 | 卫生社会保障和社会福利业 | 49502 |
| 自筹资金 | 5677211 | 文化、体育和娱乐业 | 63646 |
| 其它资金 | 566763 | 公共管理与社会组织 | 88435 |
| 按隶属关系分 | | 按辖区分 | |
| 中央项目 | 1558988 | 西峰区 | 1987742 |
| 地方项目 | 7972901 | 庆城县 | 680242 |
| 按投资规模分 | | 环 县 | 866002 |
| 1. 亿元以上项目 | | 华池县 | 642055 |
| 项目个数 | 74 | 合水县 | 635321 |
| 完成投资额 | 4127989 | 正宁县 | 819671 |
| 2. 千万元至亿元项目 | | 宁 县 | 1519697 |
| 项目个数 | 1225 | 镇原县 | 822171 |
| 完成投资额 | 4736732 | 按建设性质分 | |
| 3. 500-1000 万元项目 | | 新 建 | 8727887 |
| 项目个数 | - | 改 建 | 47429 |
| 完成投资额 | - | 改建和技术改造 | 57755 |

# 2013年分县区固定资产投资

| | 全 市 | 西峰区 | 庆城县 | 环 县 |
|---|---|---|---|---|
| 固定资产投资总额 | 9531893 | 1987742 | 680242 | 866002 |
| (一)按属地分 | | | | |
| 地 方 | 7972901 | 1987742 | 680242 | 866002 |
| #房地产开发 | 667172 | 390238 | 4760 | 17511 |
| 油 田 | 1558988 | - | - | - |
| (二)按构成分 | | | | |
| 建筑安装工程 | 8208319 | 1881162 | 606718 | 723062 |
| 设备工器具购置 | 532936 | 34397 | 54231 | 101044 |
| 其他费用 | 790638 | 72183 | 19293 | 38896 |
| (三)按三次产业分 | | | | |
| 第一产业 | 80138 | 19800 | 3850 | 26916 |
| 第二产业 | 6607567 | 851293 | 667832 | 401319 |
| 第三产业 | 2844184 | 1116649 | 8560 | 437767 |
| (四)按投资规模分 | | | | |
| 1. 亿元以上项目 | | | | |
| 项目个数 | 74 | 28 | 4 | 14 |
| 完成投资额 | 4127989 | 710383 | 145723 | 187541 |
| 2. 千万元至亿元项目 | | | | |
| 项目个数 | 1225 | 165 | 187 | 170 |
| 完成投资额 | 4736732 | 887121 | 529759 | 660950 |
| 3. 500-1000万元项目 | | | | |
| 项目个数 | - | - | - | - |
| 完成投资额 | - | - | - | - |
| 4. 50-500万元项目 | | | | |
| 项目个数 | - | - | - | - |
| 完成投资额 | - | - | - | - |

## 完成情况（500 万元以上项目）

单位：万元

| 华池县 | 合水县 | 正宁县 | 宁　县 | 镇原县 | 长庆油田 |
|---|---|---|---|---|---|
| 642055 | 635321 | 819671 | 1519697 | 822171 | - |
| | | | | | |
| 642055 | 635321 | 819671 | 1519697 | 822171 | - |
| 121565 | 10010 | 5290 | 116893 | 959 | - |
| - | - | - | - | - | 1558988 |
| | | | | | |
| 639169 | 630981 | 621626 | 1417431 | 251463 | - |
| 2890 | 4340 | 75275 | 16322 | 161813 | - |
| - | - | 122770 | 85944 | 408895 | - |
| | | | | | |
| - | 400 | 27000 | - | 2172 | - |
| 475574 | 597308 | 642397 | 602490 | 810366 | - |
| 166481 | 37613 | 150274 | 917207 | 9633 | - |
| | | | | | |
| 2 | 4 | 1 | 15 | 6 | - |
| 26693 | 247729 | 195850 | 303914 | 751168 | - |
| | | | | | |
| 170 | 157 | 129 | 200 | 47 | - |
| 493801 | 377582 | 618531 | 1098944 | 70044 | - |
| | | | | | |
| - | - | - | - | - | - |
| - | - | - | - | - | - |
| | | | | | |
| - | - | - | - | - | - |
| - | - | - | - | - | - |

# 2013 年分县区 500 万元以上

| | 全　市 | 西峰区 | 庆城县 | 环　县 |
|---|---|---|---|---|
| 计划总投资 | 13667775 | 2075410 | 1195423 | 1810232 |
| # 本年新开工项目 | 6876884 | 1445607 | 573774 | 1021052 |
| 累计完成投资 | 10718404 | 1977188 | 870059 | 1251238 |
| 本年完成投资 | 7305733 | 1573592 | 568195 | 848491 |
| # 住宅 | - | - | - | - |
| 按构成分 | | | | |
| 建筑工程 | 5446010 | 1334683 | 444247 | 504403 |
| 安装工程 | 658430 | 132329 | 50424 | 201148 |
| 设备工器具购置 | 453312 | 34397 | 54231 | 104044 |
| 其他费用 | 747981 | 72183 | 19293 | 38896 |
| 按登记注册类型分 | | | | |
| 内　资 | 7305733 | 1573592 | 568195 | 848491 |
| 国　有 | 5137156 | 633232 | 25921 | 812293 |
| 集　体 | 427110 | 299418 | - | - |
| 股份合作 | 81598 | 81598 | - | - |
| 国有联营 | 15457 | 15457 | - | - |
| 国有与集体联营 | - | - | - | - |
| 其他联营 | - | - | - | - |
| 有限责任公司 | 23451 | 6540 | 1111 | - |
| #其他有限责任公司 | 23451 | 6540 | 1111 | - |
| 股份有限公司 | 435212 | 86205 | - | - |
| 私营企业 | 646796 | 336498 | 117626 | 36198 |
| #个体经营 | - | - | - | - |
| 个体户 | - | - | - | - |
| 个人合伙 | - | - | - | - |
| 其　他 | 530303 | 105994 | 423537 | - |
| 港澳台商投资 | - | - | - | - |
| 合资经营 | - | - | - | - |
| 合作经营 | - | - | - | - |
| 独　资 | - | - | - | - |
| 股份有限 | - | - | - | - |
| 外商投资 | - | - | - | - |
| 合资经营 | - | - | - | - |
| 合作经营 | - | - | - | - |
| 独　资 | - | - | - | - |
| 股份有限 | - | - | - | - |

# 项目固定资产投资总额构成（一）

单位：万元、平方米

| 华池县 | 合水县 | 正宁县 | 宁　县 | 镇原县 |
|---|---|---|---|---|
| 805938 | 866927 | 2039774 | 2276073 | 1708298 |
| 630141 | 758232 | 1298609 | 1298609 | 801483 |
| 599730 | 504807 | 1817181 | 1817181 | 1401491 |
| 520494 | 413472 | 1402858 | 1402858 | 821212 |
| – | – | – | – | – |
| | | | | |
| 517604 | 402972 | 1271385 | 1271385 | 132801 |
| – | 6160 | 29207 | 29207 | 117703 |
| 2890 | 4340 | 16322 | 16322 | 161813 |
| – | – | 85944 | 85944 | 408895 |
| | | | | |
| 520494 | 413472 | 1402858 | 1402858 | 821212 |
| 520494 | 394344 | 1233866 | 1233866 | 359587 |
| – | – | – | – | – |
| – | – | – | – | – |
| – | – | – | – | – |
| – | – | – | – | – |
| – | – | – | – | – |
| – | – | – | – | – |
| – | – | – | – | – |
| – | – | – | – | 349007 |
| – | 19128 | – | – | 11846 |
| – | – | – | – | – |
| – | – | – | – | – |
| – | – | – | – | – |
| – | – | – | – | 772 |
| – | – | – | – | – |
| – | – | – | – | – |
| – | – | – | – | – |
| – | – | – | – | – |
| – | – | – | – | – |
| – | – | – | – | – |
| – | – | – | – | – |
| – | – | – | – | – |
| – | – | – | – | – |
| – | – | – | – | – |

# 2013年分县区500万元以上

| | 全　市 | 西峰区 | 庆城县 | 环　县 |
|---|---|---|---|---|
| 按建设性质分 | | | | |
| 新　建 | 7168899 | 1466456 | 564295 | 848491 |
| 改　建 | 47429 | 21981 | - | - |
| 改建及技术改造 | 57755 | 53505 | 3900 | - |
| 按国民经济行业分 | | | | |
| 农、林、牧、渔业 | 80138 | 19800 | 3850 | 26916 |
| 采矿业 | 1271697 | 18979 | 29865 | 153179 |
| 制造业 | 699171 | 118239 | 98196 | 71523 |
| 电力燃气水生产和供应业 | 148861 | 16473 | 2510 | 25833 |
| 建筑业 | 2928536 | 673690 | 429974 | 150784 |
| 交通运输、仓储和邮政业 | 295886 | 16585 | - | 74019 |
| 信息传输计算机软件业 | 8330 | 8330 | - | - |
| 批发和零售业 | 419454 | 273386 | - | 47750 |
| 住宿和餐饮业 | 91051 | 75166 | - | 4995 |
| 金 融 业 | 9851 | - | - | - |
| 房地产业 | 332517 | 45539 | - | 33181 |
| 租赁和商务服务业 | 19367 | 9717 | - | 1000 |
| 科学研究和地质勘查业 | 3800 | - | 3800 | - |
| 水利环境和公共设施管理业 | 580944 | 63000 | - | 210877 |
| 居民服务和其他服务业 | 30034 | 6540 | - | - |
| 教　育 | 184513 | 169133 | - | 1998 |
| 卫生社会保障和社会福利业 | 49502 | 15725 | - | 8343 |
| 文化、体育和娱乐业 | 63646 | 4200 | - | 28524 |
| 公共管理与社会组织 | 88435 | 39090 | - | 9569 |

# 项目固定资产投资总额构成（二）

单位：万元、平方米

| 华池县 | 合水县 | 正宁县 | 宁　县 | 镇原县 |
|---|---|---|---|---|
| | | | | |
| 520494 | 399222 | 814381 | 1391310 | 821212 |
| – | 13900 | – | 11548 | – |
| – | 350 | – | – | – |
| | | | | |
| – | 400 | 27000 | – | 2172 |
| – | 9690 | 195850 | 207818 | 656316 |
| 26449 | 56853 | 79046 | 168224 | 80641 |
| 19476 | 6250 | 29360 | 46639 | 2320 |
| 429335 | 312676 | 338141 | 179809 | 71089 |
| – | 1600 | – | 203682 | – |
| – | – | – | – | – |
| – | 1900 | 5800 | 90618 | – |
| – | 4890 | 6000 | – | – |
| – | – | – | 9851 | – |
| – | – | – | 253797 | – |
| – | 4340 | 4310 | – | – |
| – | – | – | – | – |
| 22793 | 6303 | 83534 | 192084 | 2353 |
| 13194 | – | 10300 | – | – |
| – | 3195 | – | 9712 | 475 |
| – | 4825 | 14109 | 6500 | – |
| 9247 | 550 | 15225 | 5900 | – |
| – | – | 5706 | 28224 | 5846 |

# 2013年分县区500万元以上

| | 全　市 | 西峰区 | 庆城县 | 环　县 |
|---|---|---|---|---|
| 本年新增固定资产 | 5552964 | 1256172 | 360875 | 401866 |
| 本年施工房屋面积 | 6593542 | 5947637 | 142300 | – |
| #住　宅 | – | – | – | – |
| 本年竣工房屋面积 | – | – | – | – |
| #住　宅 | – | – | – | – |
| 施工项目个数 | 1246 | 192 | 173 | 181 |
| #本年新开工 | 888 | 129 | 89 | 157 |
| 本年投产项目个数 | 834 | 165 | 96 | 101 |
| 资金来源合计 | 7895591 | 1378669 | 566045 | 1110659 |
| 上年末节余资金 | – | – | – | – |
| 本年资金来源合计 | 7895591 | 1378669 | 566045 | 1110659 |
| 国家预算内资金 | 1613597 | 227989 | 15426 | 571430 |
| 国内贷款 | 863201 | 93592 | 17310 | 177289 |
| 债　券 | 2600 | – | – | 2600 |
| 利用外资 | 29662 | 28302 | – | 1360 |
| #外商直接投资 | – | – | – | – |
| 对外借款 | – | – | – | – |
| 自筹资金 | 4819768 | 959744 | 533309 | 308798 |
| #中央各部门自筹 | – | – | – | – |
| 省自筹 | – | – | – | – |
| 市自筹 | – | – | – | – |
| 县自筹 | – | – | – | – |
| 企业、单位自有资金 | 311861 | 102380 | – | – |
| 其他资金来源 | 566763 | 69042 | – | 49182 |
| 本年各项应付款合计 | 307677 | 197469 | 4950 | 29559 |
| #工程款 | 193715 | 159606 | 4450 | 29559 |
| 征地和土地购置情况 | – | – | – | – |
| #规划用地面积 | – | – | – | – |
| 本年征用和购置面积 | – | – | – | – |
| 本年征用和购置价款 | – | – | – | – |

# 项目固定资产投资总额构成（三）

单位：万元、平方米

| 华池县 | 合水县 | 正宁县 | 宁　县 | 镇原县 |
|---|---|---|---|---|
| 441910 | 230101 | 780140 | 1324594 | 414268 |
| – | 131991 | 18000 | 319636 | 33978 |
| – | – | – | – | – |
| – | – | – | – | – |
| – | – | – | – | – |
| 141 | 161 | 129 | 215 | 53 |
| 128 | 148 | 44 | 154 | 39 |
| 90 | 73 | 93 | 193 | 22 |
| 520294 | 405347 | 814331 | 2002769 | 754477 |
| – | – | – | – | – |
| 520294 | 405347 | 814331 | 2002769 | 754477 |
| 34431 | 39494 | – | 678608 | 46159 |
| 1000 | 2150 | – | 227551 | 1309 |
| – | – | – | – | – |
| – | – | – | – | – |
| – | – | – | – | – |
| – | – | – | – | – |
| 484563 | 363703 | 814331 | 667078 | 688242 |
| – | – | – | – | – |
| – | – | – | – | – |
| – | – | – | – | – |
| – | – | – | – | – |
| – | 14800 | – | 2900 | 191781 |
| 300 | – | – | 429472 | 18767 |
| 200 | 8675 | 50 | 1 | 66735 |
| 100 | – | – | – | – |
| – | – | – | – | – |
| – | – | – | – | – |
| – | – | – | – | – |
| – | – | – | – | – |

# 2013年庆阳市房地产企业综合生产情况（一）

| | 单 位 | 合 计 |
|---|---|---|
| 计划总投资 | 万元 | 1652999 |
| 自开始建设累计完成投资 | 万元 | 1071395 |
| 本年完成投资 | 万元 | 667172 |
| 土地开发投资额 | 万元 | - |
| 按企业类型分 | | |
| 国有经济控股企业 | 万元 | - |
| 内资企业 | 万元 | 667172 |
| 有限责任公司 | 万元 | 321211 |
| 国有独资公司 | 万元 | - |
| 其他有限责任公司 | 万元 | 321211 |
| 股份有限公司 | 万元 | 18382 |
| 私营企业 | 万元 | 248260 |
| 私营合伙企业 | 万元 | 15062 |
| 私营有限责任公司 | 万元 | 158288 |
| 私营股份有限公司 | 万元 | 800 |
| 按构成分 | | |
| 建筑工程 | 万元 | 574113 |
| 安装工程 | 万元 | 13569 |
| 设备工器具购置 | 万元 | 1717 |
| 其他费用 | 万元 | 77773 |
| 其中：旧建筑物购置费 | 万元 | 1812 |
| 土地购置费 | 万元 | 54011 |
| 住宅 | 万元 | 579646 |
| 其中：90平方米以下 | 万元 | 119925 |
| 其中：140平方米以上 | 万元 | 40007 |
| 经济适用房 | 万元 | - |
| 办公楼 | 万元 | 5914 |
| 商业营业用房 | 万元 | 59158 |
| 其他 | 万元 | 22454 |
| 本年新增固定资产 | 万元 | 384007 |
| 一、本年资金来源合计 | 万元 | 950777 |
| 1.上年末结余资金 | 万元 | 81593 |
| 2.本年资金来源小计 | 万元 | 869184 |
| ①国内贷款 | 万元 | 70200 |
| 银行贷款 | 万元 | 49200 |
| ②自筹资金 | 万元 | 607523 |
| 其中：自有资金 | 万元 | 374653 |
| ③其他资金来源 | 万元 | 191461 |
| 其中：定金及预收款 | 万元 | 170039 |
| 其中：个人按揭贷款 | 万元 | 19422 |
| 二、本年各项应付款合计 | 万元 | 360813 |
| 其中：工程款 | 万元 | 172955 |
| 项目规划占地面积 | 平方米 | 3965658 |
| 项目规划建筑面积 | 平方米 | 6364777 |
| 其中：住宅 | 平方米 | 4772067 |
| 商业营业用房 | 平方米 | 1087801 |
| 办公楼 | 平方米 | 45098 |
| 其他 | 平方米 | 459811 |
| 规划住宅套数 | 套 | 38957 |
| 其中：90平方米以下 | 套 | 14043 |
| 90-140平方米 | 套 | 22611 |
| 140平方米以上 | 套 | 2303 |
| 项目个数 | 个 | 123 |
| 本年完成开发土地面积 | 平方米 | - |
| 待开发土地面积 | 平方米 | 117945 |
| 本年购置土地面积 | 平方米 | 227026 |
| 本年土地成交价款 | 万元 | 41779 |

# 2013年庆阳市房地产企业综合生产情况（二）

| | 单位 | 合计 | 住宅 | | | 经济适用房 | 办公楼 | 商用房 |
|---|---|---|---|---|---|---|---|---|
| | | | | 90平米及以下 | 140平米以上 | | | |
| 房屋施工面积 | 平方米 | 4031717 | 3080035 | 559557 | 214518 | - | 20429 | 7790135 |
| 其中：新开工面积 | 平方米 | 1746737 | 1416319 | 263974 | 101154 | - | 13029 | 274288 |
| 房屋竣工面积 | 平方米 | 866505 | 670092 | 165504 | 39449 | - | - | 181794 |
| 其中：不可销售面积 | 平方米 | 9623 | 7385 | 3461 | - | - | - | 1238 |
| 商品住宅竣工套数 | 套 | - | 6778 | 2142 | 256 | - | - | - |
| 竣工房屋价值 | 万元 | 198828 | 163455 | 24534 | 11257 | - | - | 31586 |
| 批准预售面积 | 平方米 | 1190475 | 907395 | 333501 | 58427 | - | 3841 | 249909 |
| 批准预售住宅套数 | 套 | - | 9040 | 4059 | 369 | - | - | - |
| 出租房屋面积 | 平方米 | - | - | - | - | - | - | - |
| 商品房销售面积 | 平方米 | 834121 | 752928 | 275484 | 70394 | - | - | 77821 |
| 其中：现房销售面积 | 平方米 | 555128 | 478754 | 251091 | 36459 | - | - | 73409 |
| 期房销售面积 | 平方米 | 278993 | 274174 | 24393 | 33935 | - | - | 4412 |
| 商品房销售额 | 万元 | 344683 | 292170 | 126502 | 23628 | - | - | 51590 |
| 其中：现房销售额 | 万元 | 231577 | 186866 | 117828 | 12245 | - | - | 43906 |
| 期房销售额 | 万元 | 113106 | 105304 | 8674 | 11383 | - | - | 7684 |
| 商品住宅销售套数 | 套 | - | 7120 | 3255 | 423 | - | - | - |
| 其中：现房销售套数 | 套 | - | 4757 | 2977 | 225 | - | - | - |
| 期房销售套数 | 套 | - | 2363 | 278 | 198 | - | - | - |
| 代售面积 | 平方米 | 543457 | 417429 | 132930 | 117098 | - | - | 122496 |

# 固定资产投资

**【固定资产】**固定资产是指为生产商品、提供劳务、出租、经营或管理而持有，使用期限在一年以上的房屋及建筑物、机器、机械、运输工具以及其他与生产、经营、管理有关的设备、器具、工具等。

**【固定资产投资】** 固定资产投资也称固定资产投资完成额，是以货币形式表现的在一定时期内全社会建造和购置固定资产的工作量和与此有关的费用的总称。该指标是反映固定资产规模、结构和发展速度的综合性指标，也是观察工程进度和考核投资效果的重要依据。

**【房地产开发投资】** 指一定时期内，各种登记注册类型的房地产开发企业及其所属产业活动单位实际从事房地产开发或经营所完成的投资，包括商品住宅投资和办公楼、写字楼、工厂厂房等非住宅类房屋及土地开发投资，不包括单纯的土地交易活动。

**【固定资产投资的资金来源】** 根据固定资产投资的资金来源不同，分为国家预算资金、国内贷款、债券、利用外资、自筹资金和其他资金来源。

⑴ 国家预算资金：指中央财政和地方财政中由国家统筹安排的基本建设拨款和更新改造拨款，以及中央财政安排的专项拨款中用于基本建设的资金和基本建设拨款改贷款的资金等。

⑵ 国内贷款:指报告期固定资产投资项目单位向银行及非银行金融机构借入的用于固定资产投资的各种国内借款，包括银行贷款、非银行金融机构贷款等。

⑶ 债券:指企业或金融机构为筹集用于固定资产投资的资金向投资者出具的承诺按一定发行条件还本付息的债务凭证，包括金融债券和企业债券。

⑷ 利用外资：指报告期内收到的用于固定资产建造和购置的国外资金。包括对外借款、外商直接投资、外商其他投资，不包括我国自有外汇资金。

⑸ 自筹资金:指固定资产投资单位报告期内收到的,由各企事业单位筹集用于固定资产投资的资金,包括企事业单位自有资金、股东投入资金和借入资金，不包括财政性资金、从各类金融机构借入资金和国外资金。

⑹ 指在报告期收到的除以上各种资金之外的用于固定资产投资的资金。包括社会集资、个人资金、无偿捐赠的资金及其他单位拨入的资金等。

**【本年全部建成投产时间】** 是指建设项目按计划规定的生产能力（或效益）在本年内按合同规定全部建成，经验收合格或达到竣工验收标准正式移交生产或交付使用的时间。

**【房屋施工面积】** 指报告期内施工的全部房屋建筑面积。包括本期新开工的面积、上期跨入本期继续施工的房屋面积、上期停缓建在本期恢复施工的房屋面积、本期竣工的房屋面积及本期施工后又停缓建的房屋面积。多层建筑应为各层建筑面积之和。

**【房屋竣工面积】** 指在报告期内房屋建筑按照设计要求已全部完工，达到住人和使用条件，经验收鉴定合格或达到竣工验收标准，可正式移交使用的各栋房屋建筑面积的总和。

**【房屋竣工价值】** 指在报告期内按规定已经上报竣工的房屋本身的建筑价值，不仅包括该竣工房屋在报告期内完成的价值，也包括跨年施工的房屋在本期以前完成的价值，一般按结算价格计算。

**【本年新增固定资产】** 指已经完成建造和购置过程，并已交付生产或使用单位的固定资产价值，包括已经建成投入生产或交付使用的工程投资和达到固定资产标准的设备、工具、器具的投资及有关应摊入的费用。

# 统计资料

QING YANG YEARBOOK

# 邮电通信事业发展情况

| | 计算单位 | 2009 | 2010 | 2011 | 2012 | 2013 |
|---|---|---|---|---|---|---|
| 邮电业务总量 | 万元 | 106139.13 | 166424.93 | 118101.65 | 134527.00 | 148585.00 |
| 邮政业务总量 | 万元 | 7079.13 | 7026.93 | 6638.65 | 8397.20 | 9010.14 |
| 函　件 | 万件 | 213.07 | 213.85 | 139.61 | 94.34 | 79.65 |
| 包　件 | 万件 | 4.40 | 4.35 | 4.53 | 1.18 | 1.23 |
| 特快专递 | 件 | 134231 | 167016 | 181517 | 240888 | 215785.00 |
| 报刊期发数 | 万份 | 26.58 | 17.95 | 16.72 | 18.98 | 13.47 |
| 邮政局（所） | 个 | 124 | 124 | 124 | 123 | 123 |
| 信箱邮筒 | 个 | 398 | 298 | 298 | 298 | 1090 |
| 邮路总长度（单程） | 公里 | 2403 | 2403 | 2403 | 3153 | 3153 |
| 农村投递线路总长度 | 公里 | 15254 | 15254 | 15254 | 15850 | 15850 |
| 邮政职工人数 | 人 | 319 | 315 | 332 | 331 | 720 |
| 电信业务总量 | 万元 | 32061 | 58978 | 29023 | 33327 | 47025 |
| 固定电话用户 | 户 | 331303 | 297260 | 263242 | 2462031 | 217272 |
| 其中：城市用户 | 户 | 164705 | 151717 | 90492 | 153044 | 102358 |
| 农村用户 | 户 | 166508 | 145543 | 172750 | 93159 | 114854 |
| 其中：住宅电话 | 户 | 212038 | 261949 | 174760 | - | - |
| 国际互联网用户 | 户 | 59970 | 91558 | 95148 | 110600 | 113792 |
| 其中：家庭用户 | 户 | 50338 | 69101 | 19339 | - | - |
| 电信局（所） | 个 | 18 | 18 | 45 | 45 | 168 |
| 市内电话交换机容量 | 门 | 503357 | 385048 | 101304 | 87899 | 112000 |
| 农村电话交换机容量 | 门 | - | - | 115500 | 106370 | 41000 |
| 公用电话部数 | 部 | 25235 | 23692 | 21435 | 20474 | 19450 |
| 其中：IC 电话 | 部 | 558 | 572 | 538 | 534 | 534 |
| 移动业务总量 | 万元 | 66999 | 100420 | 82440 | 92803 | 89259 |
| 移动电话用户 | 户 | 1354449 | 1654740 | 1910798 | 2035200 | 2200000 |
| 平均每人每年发函件数 | 件 | 0.84 | 0.81 | 0.53 | 0.43 | 0.18 |
| 平均每百人每年订报刊数 | 份 | 10.52 | 6.76 | 6.38 | 8.55 | - |
| 平均每百人拥有电话机数 | 部 | 66.71 | 73.55 | 82.98 | 102.90 | 104.20 |

# 2013年分县区交通

| | 计算单位 | 全市 | 西峰区 | 庆城县 | 环县 |
|---|---|---|---|---|---|
| 公路建设情况 | | | | | |
| 公路里程 | 公里 | 12851.074 | 1209.561 | 1156.59 | 2782.434 |
| 高速 | 公里 | 205.057 | 43.517 | 29.612 | - |
| 国道 | 公里 | 530.932 | - | 147.362 | 127.315 |
| 省道 | 公里 | 490.853 | 78.947 | 49.688 | - |
| 县道 | 公里 | 1385.892 | 39.776 | 120.18 | 342.625 |
| 乡道 | 公里 | 1498.195 | 54.412 | 43.66 | 463.818 |
| 村道 | 公里 | 8706.366 | 992.909 | 766.088 | 1848.676 |
| 专道 | 公里 | 33.779 | - | - | - |
| 等级公路 | 公里 | 6762.571 | 709.117 | 730.557 | 1090.924 |
| 高速 | 公里 | 205.057 | 43.517 | 29.612 | - |
| 一级 | 公里 | 30.161 | 18.549 | 11.612 | - |
| 二级 | 公里 | 21.7 | - | - | - |
| 三级 | 公里 | 493.582 | 3 | 62.96 | - |
| 四级 | 公里 | 6012.071 | 644.051 | 626.373 | 1090.924 |
| 等外公路 | 公里 | 5096.876 | 440.046 | 240.595 | 1564.195 |
| 晴雨通车里程 | 公里 | 6708.601 | 539.033 | 905.216 | 1374.323 |
| 营运汽车拥有情况 | | | | | |
| 载客汽车 | 辆 | 3380 | 1104 | 337 | 299 |
| 载客量 | 座位 | 38308 | 8111 | 4093 | 4485 |
| 载货汽车 | 辆 | 16215 | 3654 | 2861 | 890 |
| 载货量 | 吨 | 95097 | 11392 | 15335 | 2998 |
| 运输生产情况 | | | | | |
| 客运量 | 万人 | 3732 | 1219 | 372 | 330 |
| #公路 | 万人 | 3732 | 1219 | 372 | 330 |
| 旅客周转量 | 万人公里 | 145571 | 47547 | 14514 | 12877 |
| #公路 | 万人公里 | 145571 | 47547 | 14514 | 12877 |
| 货运量 | 万吨 | 4601 | 1036 | 812 | 252 |
| 货物周转量 | 万吨公里 | 777056 | 175107 | 137104 | 42650 |

数据来源：市交通局、庆阳公路总段

## 运输业基本情况

| 华池县 | 合水县 | 正宁县 | 宁　县 | 镇原县 | 市　直 |
|---|---|---|---|---|---|
| 1272.888 | 1295.294 | 1151.185 | 2318.063 | 1665.059 | - |
| - | 87.30 | - | 44.628 | - | - |
| - | 121.517 | 37.179 | 52.306 | 45.253 | - |
| 56.711 | - | 46.685 | 102.26 | 156.562 | - |
| 174.865 | 133.514 | 88.514 | 217.003 | 269.415 | - |
| 227.865 | 144.111 | 45.21 | 317.457 | 201.662 | - |
| 802.892 | 808.852 | 933.597 | 1561.185 | 992.167 | - |
| 10.555 | - | - | 23.224 | - | - |
| 750.586 | 755.25 | 736.636 | 1078.615 | 910.886 | - |
| - | 87.3 | - | 44.628 | - | - |
| - | - | - | - | - | - |
| - | - | 21.7 | - | - | - |
| 170.494 | 84.177 | 49.40 | 64.971 | 58.58 | - |
| 580.092 | 583.773 | 665.536 | 969.016 | 852.306 | - |
| 455.036 | 429.082 | 330.685 | 1084.882 | 552.358 | - |
| 701.987 | 593.606 | 460.615 | 1008.806 | 1125.015 | - |
| 290 | 177 | 176 | 191 | 352 | 454 |
| 3625 | 2412 | 2414 | 2672 | 4196 | 6356 |
| 645 | 420 | 325 | 1061 | 621 | 5738 |
| 1014 | 1369 | 1390 | 2672 | 1294 | 57615 |
| 320 | 195 | 194 | 210 | 388 | 501 |
| 320 | 195 | 194 | 210 | 388 | 501 |
| 12489 | 7623 | 7580 | 8226 | 15160 | 19553 |
| 12489 | 7623 | 7580 | 8226 | 15160 | 19553 |
| 183 | 119 | 92 | 301 | 176 | 1630 |
| 30849 | 20125 | 15541 | 50819 | 29753 | 275108 |

# 历年客运周转量和货运周转量

| 年 份 | 客运周转量（万人公里） | 货运周转量（万吨公里） |
|---|---|---|
| 1978 | 123228 | 12911 |
| 1979 | 12615 | 12685 |
| 1980 | 14607 | 9657 |
| 1981 | 14313 | 9663 |
| 1982 | 16066 | 10736 |
| 1983 | 17124 | 10603 |
| 1984 | 18381 | 13322 |
| 1985 | 22529 | 15620 |
| 1986 | 24785 | 17876 |
| 1987 | 34258 | 22437 |
| 1988 | 38898 | 26229 |
| 1989 | 40684 | 33642 |
| 1990 | 38567 | 28082 |
| 1991 | 40774 | 27569 |
| 1992 | 46570 | 34985 |
| 1993 | 40299 | 34745 |
| 1994 | 48100 | 84452 |
| 1995 | 55854 | 79191 |
| 1996 | 63038 | 94784 |
| 1997 | 57745 | 74093 |
| 1998 | 56000 | 75000 |
| 1999 | 72472 | 62106 |
| 2000 | 75008 | 73575 |
| 2001 | 82603 | 73961 |
| 2002 | 88921 | 76462 |
| 2003 | 91095 | 80346 |
| 2004 | 101935 | 83130 |
| 2005 | 110804 | 87887 |
| 2006 | 117804 | 93682 |
| 2007 | 125304 | 99860 |
| 2008 | 223605 | 270618 |
| 2009 | 233704 | 281467 |
| 2010 | 239708 | 310897 |
| 2011 | 130347 | 322420 |
| 2012 | 134283 | 550689 |
| 2013 | 145571 | 777056 |

# 统计资料

QING YANG YEARBOOK

# 2013 年单位从业人员与职工人数

单位：人

| | 年末单位从业人员数 | 国有 | 集体 | 其他 | 年末在岗职工人数 | 国有 | 集体 | 其他 |
|---|---|---|---|---|---|---|---|---|
| 合　计 | 174122 | 126045 | 5560 | 42517 | 152644 | 116275 | 4814 | 31555 |
| 按企业、事业、机关分 | | | | | | | | |
| 企　业 | 86080 | 38098 | 5544 | 42438 | 65937 | 29663 | 4798 | 31476 |
| 事　业 | 58308 | 58213 | 16 | 79 | 57456 | 57361 | 16 | 79 |
| 机　关 | 29734 | 29734 | - | - | 29251 | 29251 | - | - |
| 按产业分 | | | | | | | | |
| 第一产业 | 521 | 521 | - | - | 521 | 521 | - | - |
| 第二产业 | 63913 | 32197 | 3992 | 27724 | 46723 | 24618 | 3322 | 18783 |
| 第三产业 | 109688 | 93327 | 1568 | 14793 | 105400 | 91136 | 1492 | 12772 |
| 按行业分 | | | | | | | | |
| 农、林、牧、渔业 | 521 | 521 | - | - | 521 | 521 | - | - |
| 采矿业 | 29423 | 24544 | 2785 | 2094 | 20363 | 17633 | 2147 | 583 |
| 制造业 | 4289 | 1424 | 28 | 2837 | 3956 | 1121 | 28 | 2807 |
| 电力、燃气及水的生产和供应业 | 5211 | 3270 | | 1941 | 4829 | 3124 | - | 1705 |
| 建筑业 | 24990 | 2959 | 1179 | 20852 | 17575 | 2740 | 1147 | 13688 |
| 交通运输、仓储及邮政业 | 6762 | 534 | 209 | 6019 | 6328 | 534 | 149 | 5645 |
| 信息传输、计算机服务和软件业 | 3900 | 1564 | - | 2336 | 2641 | 1087 | - | 1554 |
| 批发和零售业 | 2213 | 1538 | - | 675 | 2002 | 1332 | - | 670 |
| 住宿和餐饮业 | 2017 | 336 | - | 1681 | 1336 | 297 | - | 1039 |
| 金融业 | 4887 | 2031 | 1328 | 1528 | 4727 | 1955 | 1314 | 1458 |
| 房地产业 | 2381 | 13 | 15 | 2353 | 2284 | 13 | 13 | 2258 |
| 租赁和商务服务业 | 199 | 125 | 16 | 58 | 128 | 107 | 16 | 5 |
| 科学研究、技术服务和地质勘查业 | 1751 | 1681 | - | 70 | 1751 | 1681 | - | 70 |
| 水利、环境和公共设施管理业 | 2401 | 2401 | - | - | 2391 | 2391 | - | - |
| 居民服务和其他服务业 | 28 | 28 | - | - | 28 | 28 | - | - |
| 教　育 | 32665 | 32665 | - | - | 32650 | 32650 | - | - |
| 卫生、社会保障和社会福利业 | 10741 | 10690 | - | 51 | 10410 | 10359 | - | 51 |
| 文化、体育和娱乐业 | 1211 | 1189 | - | 22 | 1136 | 1114 | - | 22 |
| 公共管理和社会组织 | 38532 | 38532 | - | - | 37588 | 37588 | - | - |

# 2013年从业人员劳动报酬与平均报酬

单位：万元、元

| | 单位从业人员报酬总额 | 国有 | 集体 | 其他 | 单位从业人员平均报酬 | 国有 | 集体 | 其他 |
|---|---|---|---|---|---|---|---|---|
| 合　计 | 7585382 | 6068830 | 315023 | 1201529 | 43657 | 48393 | 52182 | 28401 |
| 按企业、事业、机关分 | | | | | | | | |
| 企　业 | 3992551 | 2479622 | 314443 | 1198486 | 46020 | 64412 | 52224 | 28379 |
| 事　业 | 2363893 | 2360270 | 580 | 3043 | 41140 | 41142 | 36250 | 40573 |
| 机　关 | 1228938 | 1228938 | - | - | 41673 | 41673 | - | - |
| 按产业分 | | | | | | | | |
| 第一产业 | 22014 | 22014 | - | - | 42253 | 42253 | - | - |
| 第二产业 | 3250403 | 2241977 | 255774 | 752652 | 62420 | 68656 | 57426 | 26648 |
| 第三产业 | 4312965 | 3804839 | 59249 | 448877 | 39981 | 41253 | 38549 | 31921 |
| 按行业分 | | | | | | | | |
| 农、林、牧、渔业 | 22014 | 22014 | - | - | 42253 | 42253 | - | - |
| 采掘业 | 2121105 | 1801616 | 196267 | 123222 | 70293 | 71858 | 69549 | 54021 |
| 制造业 | 172114 | 107180 | 896 | 64038 | 42602 | 79217 | 32000 | 24083 |
| 电力、煤气及水的生产和供应业 | 244019 | 178235 | - | 65784 | 47190 | 54808 | - | 34280 |
| 建筑业 | 713165 | 154946 | 58611 | 499608 | 47190 | 52030 | 36541 | 23363 |
| 交通运输、仓储和邮政业 | 212792 | 60653 | 3336 | 148803 | 35459 | 113582 | 17762 | 28327 |
| 信息传输、计算机服务和软件业 | 109160 | 48033 | - | 61127 | 28069 | 30850 | - | 26212 |
| 批发和零售业 | 57401 | 41653 | - | 15748 | 25365 | 27047 | - | 21781 |
| 住宿和餐饮业 | 93288 | 11592 | - | 81696 | 46644 | 34811 | - | 49008 |
| 金融业 | 193311 | 75510 | 54373 | 63428 | 39629 | 37270 | 40638 | 41894 |
| 房地产业 | 76013 | 502 | 960 | 74551 | 31672 | 38615 | 64000 | 31430 |
| 租赁和商务服务业 | 5823 | 4467 | 580 | 776 | 29558 | 36317 | 36250 | 13379 |
| 科学研究、技术服务和地质勘查业 | 72759 | 71464 | - | 1295 | 42450 | 43470 | - | 18500 |
| 水利、环境和公共设施管理业 | 63948 | 63948 | - | - | 28035 | 28035 | - | - |
| 居民服务和其他服务业 | 1183 | 1183 | - | - | 53773 | 53773 | - | - |
| 教　育 | 1380509 | 1380509 | - | - | 42757 | 42757 | - | - |
| 卫生、社会保障和社会福利业 | 429138 | 428317 | - | 821 | 40492 | 40610 | - | 16098 |
| 文化、体育和娱乐业 | 48259 | 47627 | - | 632 | 40588 | 40811 | - | 28727 |
| 公共管理和社会组织 | 1569381 | 1569381 | - | - | 41130 | 41130 | - | - |

# 2013 年职工工资总额与平均工资

单位：万元、元

| | 在岗职工工资总额 | 国有 | 集体 | 其他 | 在岗职工平均工资 | 国有 | 集体 | 其他 |
|---|---|---|---|---|---|---|---|---|
| 合　计 | 7197731 | 5834196 | 284553 | 1078982 | 43953 | 48312 | 55232 | 28510 |
| 按企业、事业、机关分 | | | | | | | | |
| 企　业 | 3622469 | 2262557 | 283973 | 1075939 | 46624 | 65052 | 55291 | 28486 |
| 事　业 | 2351086 | 2347463 | 580 | 3043 | 41392 | 41395 | 36250 | 40573 |
| 机　关 | 1224176 | 1224176 | - | - | 41897 | 41897 | - | - |
| 按产业分 | | | | | | | | |
| 第一产业 | 22014 | 22014 | - | - | 42253 | 42253 | - | - |
| 第二产业 | 2909184 | 2030978 | 226086 | 652120 | 62601 | 69695 | 62214 | 26091 |
| 第三产业 | 4266533 | 3781204 | 58467 | 426862 | 40453 | 41507 | 41255 | 33214 |
| 按行业分 | | | | | | | | |
| 农、林、牧、渔业 | 22014 | 22014 | - | - | 42253 | 42253 | - | - |
| 采矿业 | 1850993 | 1608841 | 174762 | 67390 | 71250 | 72924 | 70129 | 47291 |
| 制造业 | 158027 | 93857 | 896 | 63274 | 42583 | 89729 | 32000 | 23995 |
| 电力、燃气及水的生产和供应业 | 241318 | 175694 | - | 65624 | 47729 | 55900 | - | 34304 |
| 建筑业 | 658846 | 152586 | 50428 | 455832 | 47729 | 52798 | 45268 | 23967 |
| 交通运输、仓储和邮政业 | 209583 | 60653 | 2682 | 146248 | 36583 | 113582 | 50952 | 28994 |
| 信息传输、计算机服务和软件业 | 96214 | 47802 | - | 48412 | 30720 | 31040 | - | 30410 |
| 批发和零售业 | 53366 | 37678 | - | 15688 | 25031 | 26665 | - | 21819 |
| 住宿和餐饮业 | 90878 | 11592 | - | 79286 | 46676 | 34811 | - | 49124 |
| 金融业 | 192911 | 75211 | 54373 | 63327 | 39685 | 37381 | 40638 | 41911 |
| 房地产业 | 72337 | 502 | 832 | 71003 | 32150 | 38615 | 64000 | 31926 |
| 租赁和商务服务业 | 4893 | 4163 | 580 | 150 | 38833 | 39648 | 36250 | 30000 |
| 科学研究、技术服务和地质勘查业 | 72759 | 71464 | - | 1295 | 42450 | 43470 | - | 18500 |
| 水利、环境和公共设施管理业 | 63708 | 63708 | - | - | 28053 | 28053 | - | - |
| 居民服务和其他服务业 | 1183 | 1183 | - | - | 53773 | 53773 | - | - |
| 教　育 | 1380417 | 1380417 | - | - | 42759 | 42759 | - | - |
| 卫生、社会保障和社会福利业 | 424235 | 423414 | - | 821 | 40815 | 40937 | - | 16098 |
| 文化、体育和娱乐业 | 46251 | 45619 | - | 632 | 41259 | 41510 | - | 28727 |
| 公共管理和社会组织 | 1557798 | 1557798 | - | - | 41557 | 41557 | - | - |

# 2013 年分县区全部单位

| | 全 市 | 西峰区 | 庆城县 | 环 县 |
|---|---|---|---|---|
| 一、单位从业人员年末人数 | 174122 | 79690 | 17388 | 12872 |
| #在岗职工年末人数 | 152644 | 63736 | 15401 | 12318 |
| 其他从业人数 | 9540 | 6666 | 704 | 197 |
| 按企业、事业、机关分 | | | | |
| 企 业 | 86080 | 56582 | 9157 | 4441 |
| 事 业 | 58308 | 15797 | 5490 | 4720 |
| 机 关 | 29734 | 7311 | 2741 | 3711 |
| 二、单位从业人员年平均人数 | 173750 | 80555 | 17326 | 12705 |
| #在岗职工平均人数 | 163759 | 73205 | 16630 | 12553 |
| 其他从业人员平均人数 | 9991 | 7350 | 696 | 152 |
| 三、单位从业人员劳动报酬 | 7585382 | 4059064 | 619251 | 476903 |
| #在岗职工工资 | 7197731 | 3720574 | 603962 | 473042 |
| 其他从业人员劳动报酬 | 387651 | 338490 | 15289 | 3861 |
| 按企业、事业、机关分 | | | | |
| 企 业 | 3992551 | 3057958 | 336570 | 127973 |
| 事 业 | 2363893 | 670391 | 182160 | 195530 |
| 机 关 | 1228938 | 330715 | 100521 | 153400 |
| 四、单位从业人员年平均报酬 | 43657 | 50389 | 35741 | 37537 |
| #在岗职工年平均工资 | 43953 | 50824 | 36318 | 37684 |
| 其他从业人员年平均工资 | 38800 | 46053 | 21967 | 25401 |

## 从业人员及劳动报酬

单位：人、万元、元

| 华池县 | 合水县 | 正宁县 | 宁　县 | 镇原县 |
|---|---|---|---|---|
| 9734 | 7540 | 9447 | 21517 | 15934 |
| 8404 | 7378 | 9437 | 20938 | 15032 |
| 1238 | 150 | 4 | 575 | 6 |
| | | | | |
| 2483 | 857 | 1589 | 8415 | 2556 |
| 4756 | 4436 | 4794 | 9447 | 8868 |
| 2495 | 2247 | 3064 | 3655 | 4510 |
| 9715 | 7537 | 9457 | 20550 | 15905 |
| 8666 | 7388 | 9439 | 19975 | 15903 |
| 1049 | 149 | 18 | 575 | 2 |
| 374754 | 294551 | 376214 | 761053 | 623592 |
| 356250 | 292436 | 375824 | 752231 | 623412 |
| 18504 | 2115 | 390 | 8822 | 180 |
| | | | | |
| 66005 | 26023 | 49160 | 227014 | 101848 |
| 201457 | 177975 | 205317 | 393054 | 338009 |
| 107292 | 90553 | 121737 | 140985 | 183735 |
| 38575 | 39081 | 39782 | 37034 | 39207 |
| 41109 | 39583 | 39816 | 37659 | 39201 |
| 17640 | 14195 | 21667 | 15343 | 90000 |

# 2013 年分县区国有单位

| | 全　市 | 西峰区 | 庆城县 | 环　县 |
|---|---|---|---|---|
| 一、单位从业人员年末人数 | 126045 | 53599 | 11694 | 9519 |
| #在岗职工年末人数 | 116275 | 45469 | 11157 | 9214 |
| 其他从业人数 | 4765 | 3668 | 400 | 3 |
| 按企业、事业、机关分 | | | | |
| 企　业 | 38098 | 30491 | 3463 | 1088 |
| 事　业 | 58213 | 15797 | 5490 | 4720 |
| 机　关 | 29734 | 7311 | 2741 | 3711 |
| 二、单位从业人员年平均人数 | 125407 | 53617 | 11674 | 9453 |
| # 在岗职工年平均人数 | 120761 | 50054 | 11268 | 9440 |
| 其他从业人员年平均人数 | 4646 | 3563 | 406 | 13 |
| 三、单位从业人员劳动报酬 | 6068830 | 3156466 | 455062 | 394553 |
| #在岗职工工资 | 5834196 | 2944233 | 445920 | 394074 |
| 其他从业人员劳动报酬 | 234634 | 212233 | 9142 | 479 |
| 按企业、事业、机关分 | | | | |
| 企　业 | 2479622 | 2155360 | 172381 | 45623 |
| 事　业 | 2360270 | 670391 | 182160 | 195530 |
| 机　关 | 1228938 | 330715 | 100521 | 153400 |
| 四、单位从业人员年平均报酬 | 48393 | 58871 | 38981 | 41738 |
| #在岗职工年平均工资 | 48312 | 58821 | 39574 | 41745 |
| 其他从业人员年平均工资 | 50502 | 59566 | 22517 | 36846 |

## 从业人员及劳动报酬

单位：人、万元、元

| 华池县 | 合水县 | 正宁县 | 宁　县 | 镇原县 |
|---|---|---|---|---|
| 8052 | 7026 | 8325 | 13422 | 14408 |
| 7270 | 7026 | 8325 | 13422 | 14392 |
| 694 | | | | |
| | | | | |
| 801 | 343 | 483 | 399 | 1030 |
| 4756 | 4436 | 4778 | 9368 | 8868 |
| 2495 | 2247 | 3064 | 3655 | 4510 |
| 7942 | 7021 | 8326 | 12973 | 14401 |
| 7278 | 7021 | 8326 | 12973 | 14401 |
| 664 | – | – | – | – |
| 341806 | 279931 | 343322 | 543129 | 554561 |
| 329026 | 279931 | 343322 | 543129 | 554561 |
| 12780 | – | – | – | – |
| | | | | |
| 33057 | 11403 | 16848 | 12133 | 32817 |
| 201457 | 177975 | 204737 | 390011 | 338009 |
| 107292 | 90553 | 121737 | 140985 | 183735 |
| 43038 | 39871 | 41235 | 41866 | 38509 |
| | | | | |
| 45208 | 39871 | 41235 | 41866 | 38509 |

# 2013 年分县区城镇集体单位

| | 全　市 | 西峰区 | 庆城县 | 环　县 |
|---|---|---|---|---|
| 一、单位从业人员年末人数 | 5560 | 3521 | 1026 | 187 |
| #在岗职工年末人数 | 4814 | 2791 | 1026 | 181 |
| 其他从业人数 | 287 | 285 | – | 2 |
| 按企业、事业、机关分 | | | | |
| 企　业 | 5544 | 3521 | 1026 | 187 |
| 事　业 | 16 | – | – | – |
| 机　关 | – | – | – | – |
| 二 、单位从业人员年平均人数 | 6037 | 4021 | 1003 | 187 |
| #在岗职工年平均人数 | 5152 | 3138 | 1003 | 185 |
| 其他从业人员平均人数 | 885 | 883 | – | 2 |
| 三、单位从业人员劳动报酬 | 315023 | 229596 | 42353 | 8336 |
| #在岗职工工资 | 284553 | 199254 | 42353 | 8208 |
| 其他从业人员劳动报酬 | 30470 | 30342 | – | 128 |
| 按企业、事业、机关分 | | | | |
| 企　业 | 314443 | 229596 | 42353 | 8336 |
| 事　业 | 580 | – | – | – |
| 机　关 | – | – | – | – |
| 四、单位从业人员年平均报酬 | 52182 | 57099 | 42226 | 44578 |
| #在岗职工年平均工资 | 55232 | 63497 | 42226 | 44368 |
| 其他从业人员年平均报酬 | 34429 | 34362 | – | 64000 |

# 从业人员及劳动报酬

单位：人、万元、元

| 华池县 | 合水县 | 正宁县 | 宁　县 | 镇原县 |
|---|---|---|---|---|
| 133 | 171 | 155 | 219 | 148 |
| 133 | 161 | 155 | 219 | 148 |
| – | – | – | – | – |
| | | | | |
| 133 | 171 | 139 | 219 | 148 |
| – | – | 16 | – | – |
| – | – | – | – | – |
| 133 | 173 | 155 | 217 | 148 |
| 133 | 173 | 155 | 217 | 148 |
| – | – | – | – | – |
| 2472 | 7973 | 7794 | 10512 | 5987 |
| 2472 | 7973 | 7794 | 10512 | 5987 |
| – | – | – | – | – |
| | | | | |
| 2472 | 7973 | 7214 | 10512 | 5987 |
| – | – | 580 | – | – |
| – | – | – | – | – |
| 18586 | 46087 | 50284 | 48442 | 40453 |
| 18586 | 46087 | 50284 | 48442 | 40453 |
| – | – | – | – | – |

# 2013年分县区其他单位

| | 全　市 | 西峰区 | 庆城县 | 环　县 |
|---|---|---|---|---|
| 一、单位从业人员年末人数 | 42517 | 22570 | 4668 | 3166 |
| #在岗职工年末人数 | 31555 | 15476 | 3218 | 2923 |
| 其他从业人数 | 4488 | 2713 | 304 | 192 |
| 按企业、事业、机关分 | | | | |
| 企　业 | 42438 | 22570 | 4668 | 3166 |
| 事　业 | 79 | - | - | - |
| 机　关 | - | - | - | - |
| 二、单位从业人员年平均人数 | 42306 | 22917 | 4649 | 3065 |
| #在岗职工年平均人数 | 37846 | 20013 | 4359 | 2928 |
| 其他从业人员平均人数 | 4460 | 2904 | 290 | 137 |
| 三、单位从业人员劳动报酬 | 1201529 | 673002 | 121836 | 74014 |
| #在岗职工工资 | 1078982 | 577087 | 115689 | 70760 |
| 其他从业人员劳动报酬 | 122547 | 95915 | 6147 | 3254 |
| 按企业、事业、机关分 | | | | |
| 企　业 | 1198486 | 673002 | 121836 | 74014 |
| 事　业 | 3043 | - | - | - |
| 机　关 | - | - | - | - |
| 四、单位从业人员年平均报酬 | 28401 | 29367 | 26207 | 24148 |
| #在岗职工年平均工资 | 28510 | 28836 | 26540 | 24167 |
| 其他从业人员年平均报酬 | 27477 | 33029 | 21197 | 23752 |

## 从业人员及劳动报酬

单位：人、万元、元

| 华池县 | 合水县 | 正宁县 | 宁　县 | 镇原县 |
|---|---|---|---|---|
| 1549 | 343 | 967 | 7876 | 1378 |
| 1001 | 191 | 957 | 7297 | 492 |
| 544 | 150 | 4 | 575 | 6 |
| | | | | |
| 1549 | 343 | 967 | 7797 | 1378 |
| – | – | – | 79 | – |
| – | – | – | – | – |
| 1640 | 343 | 976 | 7360 | 1356 |
| 1255 | 194 | 958 | 6785 | 1354 |
| 385 | 149 | 18 | 575 | 2 |
| 30476 | 6647 | 25098 | 207412 | 63044 |
| 24752 | 4532 | 24708 | 198590 | 62864 |
| 5724 | 2115 | 390 | 8822 | 180 |
| | | | | |
| 30476 | 6647 | 25098 | 204369 | 63044 |
| – | – | – | 3043 | – |
| – | – | – | – | – |
| 18583 | 19379 | 25715 | 28601 | 46493 |
| 19723 | 23361 | 25791 | 29568 | 46428 |
| 14868 | 14195 | 21667 | 15343 | 90000 |

# 劳动工资

**【职　工】** 指在国有经济、城镇集体经济、联营经济、股份制经济、外商和港、澳、台投资经济、其他经济单位及其附属机构工作，并由其支付工资的各类人员，不包括返聘的离退休人员、民办教师、在国有经济单位工作的外方人员和港、澳、台人员。

**【国有单位职工】** 指在国有经济单位及其附属机构工作，并由其支付工资的各类人员。

**【城镇集体单位职工】** 指在城镇集体经济单位及其管理部门工作，并由其支付工资的各类人员。

**【在岗职工】** 指在本单位工作并由单位支付工资的人员，以及有工作岗位，但由于学习、病伤产假等原因暂未工作，仍由单位支付工资的人员。

**【职工工资总额】** 指各单位在一定时期内直接支付给本单位全部职工的劳动报酬总额。工资总额的计算原则应以直接支付给职工的全部劳动报酬为根据。各单位支付给职工的劳动报酬以及其他根据有关规定支付的工资，不论是计入成本的还是不计入成本的，不论是按国家规定列入计征奖金税项目的，还是未列入计征奖金税项目的，不论是以货币形式支付的还是以实物形式支付的，均包括在工资总额内。

**【奖　金】** 指支付给职工的超额劳动报酬和增收节支的劳动报酬。

**【津贴和补贴】** 指为了补偿职工特殊或额外的劳动消耗和因其他特殊原因支付给职工的津贴，以及为了保证职工工资水平不受物价影响支付给职工的物价补贴。

**【职工平均工资】** 指企业、事业、机关单位的职工在一定时期内平均每人所得的货币工资额。它表明一定时期职工工资收入的高低程度，是反映职工工资水平的主要指标。计算公式为：

职工平均工资＝报告期实际支付的全部职工工资总额／报告期全部职工平均人数

**【职工平均工资指数】** 指报告期职工平均工资与基期职工平均工资的比率，是反映不同时期职工货币工资水平变动情况的相对数。计算公式为：

职工平均工资指数＝报告期职工平均工资／基期职工平均工资

**【职工平均实际工资指数】** 职工平均实际工资指扣除物价变动因素后的职工平均工资。职工平均实际工资指数是反映实际工资变动情况的相对数，表明职工实际工资水平提高或降低的程度。计算公式为：职工平均实际工资指数＝报告期职工平均工资指数／报告期城镇居民消费价格指数×100%

# 统计资料

## 9 财政、税收

QING YANG YEARBOOK

# 财政收支情况

单位：万元

| 年份 | 财政收入 | 地方财政收入 | 各项税收 | 财政支出 | 基本建设 | 支援农业 |
|---|---|---|---|---|---|---|
| 1980 | 2270 | - | 2111 | 8114 | 1301 | 1866 |
| 1981 | 2774 | - | 2672 | 7526 | 805 | 1388 |
| 1982 | 2852 | - | 2751 | 9068 | 830 | 1740 |
| 1983 | 2834 | - | 2908 | 9436 | 1076 | 736 |
| 1984 | 3546 | - | 3174 | 12023 | 646 | 911 |
| 1985 | 3599 | - | 3734 | 13608 | 988 | 853 |
| 1986 | 5213 | - | 5177 | 18049 | 1401 | 809 |
| 1987 | 6568 | - | 6330 | 19754 | 1492 | 952 |
| 1988 | 8141 | - | 8811 | 22839 | 941 | 1235 |
| 1989 | 11100 | - | 11817 | 24207 | 799 | 1178 |
| 1990 | 12292 | - | 12790 | 26332 | 890 | 1541 |
| 1991 | 15776 | - | 15907 | 30343 | 1362 | 1363 |
| 1992 | 16666 | - | 17153 | 31669 | 1390 | 1327 |
| 1993 | 23094 | - | 22446 | 37290 | 1323 | 1375 |
| 1994 | 30200 | - | 27680 | 43034 | 1193 | 1213 |
| 1995 | 38820 | 21217 | 35160 | 51194 | 1509 | 1596 |
| 1996 | 50423 | 29055 | 46038 | 61796 | 2723 | 2056 |
| 1997 | 58585 | 31054 | 52198 | 68417 | 2548 | 2161 |
| 1998 | 56949 | 30502 | 51053 | 75543 | 2216 | 2121 |
| 1999 | 61342 | 32987 | 55890 | 103829 | 2919 | 2062 |
| 2000 | 65231 | 35088 | 56976 | 98562 | 4280 | 2082 |
| 2001 | 74857 | 38150 | 67638 | 131291 | 6985 | 2008 |
| 2002 | 87707 | 43029 | 80041 | 166323 | 19478 | 2300 |
| 2003 | 101927 | 45494 | 92811 | 180744 | 15183 | 14399 |
| 2004 | 124016 | 54791 | 96732 | 210226 | 21590 | 10473 |
| 2005 | 164939 | 67234 | 154472 | 266095 | 18021 | 12254 |
| 2006 | 216349 | 84757 | 209084 | 384378 | 38649 | 18169 |
| 2007 | 260608 | 104172 | 236702 | 486690 | - | - |
| 2008 | 335364 | 174619 | 187279 | 687142 | - | - |
| 2009 | 446930 | 226430 | 307585 | 888352 | - | - |
| 2010 | 587893 | 300246 | 432881 | 1136575 | - | - |
| 2011 | 1056594 | 443401 | 854896 | 1351335 | - | - |
| 2012 | 1299552 | 531091 | 1096911 | 1586064 | - | - |
| 2013 | 1542510 | 637346 | 1318416 | 1833155 | - | - |

数据来源：市财政局

# 2013年分县区

| | 全　市 | 西峰区 | 庆城县 | 环　县 |
|---|---|---|---|---|
| 大口径收入合计 | 1542510 | 121627 | 70860 | 53288 |
| 上划中央收入 | 842863 | 21832 | 22240 | 8977 |
| #增值税 | 403620 | 9469 | 14727 | 3245 |
| 消费税 | 335140 | 93 | 16 | 19 |
| 上划省级收入 | 62301 | 21265 | 9728 | 8484 |
| 公共预算收入合计 | 637346 | 78530 | 38892 | 35827 |
| 税收收入 | 400867 | 55714 | 27986 | 22385 |
| 增值税 | 122878 | 4421 | 5461 | 1671 |
| 营业税 | 74533 | 24309 | 10682 | 12885 |
| 企业所得税 | 8149 | 3050 | 972 | 961 |
| 个人所得税 | 4914 | 1025 | 1512 | 935 |
| 资源税 | 112947 | - | 15 | 53 |
| 城市维护建设税 | 33201 | 3550 | 3448 | 1051 |
| 房产税 | 3561 | 1584 | 608 | 195 |
| 印花税 | 2429 | 678 | 868 | 225 |
| 城镇土地使用税 | 2558 | 699 | 354 | 258 |
| 土地增值税 | 6558 | 4213 | 88 | 1106 |
| 车船税 | 5701 | 3511 | 711 | 359 |
| 耕地占用税 | 12424 | 3297 | 2733 | 2135 |
| 契税 | 9100 | 5377 | 534 | 551 |
| 烟叶税 | 1914 | - | - | - |
| 非税收入 | 236479 | 22816 | 10906 | 13442 |
| 专项收入 | 105201 | 1909 | 1386 | 897 |
| 行政事业性收费收入 | 29446 | 4334 | 4508 | 585 |
| 罚没收入 | 14991 | 1620 | 1327 | 2715 |
| 国有资本经营收入 | - | - | - | - |
| 国有资源有偿使用收入 | 22516 | 13050 | 732 | 1031 |
| 其他收入 | 64325 | 1903 | 2953 | 8214 |

# 财政收入

单位：万元

| 华池县 | 合水县 | 正宁县 | 宁　县 | 镇原县 | 市　级 |
|---|---|---|---|---|---|
| 41576 | 25711 | 16347 | 26443 | 38582 | 1148076 |
| 9793 | 3855 | 1038 | 4455 | 6364 | 764309 |
| 7023 | 1794 | 162 | 2177 | 4354 | 360669 |
| 10 | 1 | 3 | 3 | 54 | 334941 |
| 4381 | 5673 | 2204 | 4678 | 3648 | 2240 |
| 27402 | 16183 | 13105 | 17310 | 28570 | 381527 |
| 15370 | 9573 | 7338 | 11907 | 10668 | 239926 |
| 2475 | 815 | 652 | 1099 | 1562 | 104722 |
| 6827 | 4512 | 2852 | 6571 | 4841 | 1054 |
| 582 | 484 | 189 | 435 | 513 | 963 |
| 335 | 184 | 99 | 319 | 134 | 371 |
| 2216 | – | 175 | 158 | 1730 | 108600 |
| 936 | 520 | 222 | 572 | 621 | 22281 |
| 144 | 85 | 60 | 130 | 79 | 676 |
| 140 | 82 | 72 | 110 | 115 | 139 |
| 141 | 38 | 54 | 81 | 114 | 819 |
| 244 | 163 | 212 | 164 | 67 | 301 |
| 294 | 153 | 144 | 242 | 287 | – |
| 728 | 2156 | 317 | 963 | 95 | – |
| 308 | 381 | 376 | 1063 | 510 | – |
| – | – | 1914 | – | – | – |
| 12032 | 6610 | 5767 | 5403 | 17902 | 141601 |
| 653 | 757 | 243 | 493 | 487 | 98376 |
| 972 | 968 | 1410 | 1646 | 2272 | 12751 |
| 1088 | 1665 | 530 | 1195 | 1941 | 2910 |
| – | – | – | – | – | – |
| 338 | 274 | 2231 | 217 | 2585 | 2058 |
| 8981 | 2946 | 1353 | 1852 | 10617 | 25506 |

# 2013 年分县区

| | 全 市 | 西峰区 | 庆城县 | 环 县 |
|---|---|---|---|---|
| 财政支出合计 | 1833559 | 216858 | 171102 | 243162 |
| 一般公共服务 | 304982 | 38002 | 39218 | 31013 |
| #人大事务 | 5516 | 518 | 718 | 654 |
| 政协事务 | 4533 | 419 | 496 | 474 |
| 政府办公厅（室）及相关机构事务 | 125180 | 22494 | 27422 | 14173 |
| 共产党事务 | 16937 | 986 | 2521 | 1621 |
| 国 防 | 35 | - | - | 7 |
| 公共安全 | 78311 | 11573 | 7110 | 7851 |
| #公 安 | 49220 | 8422 | 4480 | 5356 |
| 检 查 | 6617 | 1019 | 610 | 644 |
| 法 院 | 11696 | 1424 | 1229 | 909 |
| 教 育 | 363942 | 42726 | 34886 | 58707 |
| #普通教育 | 315664 | 34753 | 31229 | 54951 |
| 职业教育 | 22284 | 2453 | 2314 | 1969 |
| 科学技术 | 15704 | 1321 | 1008 | 4794 |
| #科学技术事务管理 | 1381 | 178 | 238 | 175 |
| 技术研究与开发 | 6014 | 1118 | 770 | 10 |
| 科学技术普及 | 7279 | 25 | - | 4409 |
| 文化体育与传媒 | 71384 | 5026 | 1334 | 3707 |
| #文 化 | 51407 | 1285 | 927 | 2307 |
| 文 物 | 3940 | 124 | 273 | 551 |
| 体 育 | 3915 | 2487 | 134 | 158 |
| 广播影视 | 5500 | 984 | - | 333 |
| 新闻出版 | 407 | - | - | - |
| 其他文化体育与传媒支出 | 6215 | 146 | - | 358 |
| 社会保障和就业 | 283224 | 31548 | 25162 | 41522 |
| #人力资源和社会保障管理事务 | 7781 | 785 | 215 | 678 |
| 民政管理事务 | 5076 | 648 | 438 | 857 |
| 财政对社会保险基金的补助 | 41021 | 5145 | 3896 | 4844 |
| 行政事业单位离退休 | 90020 | 10125 | 7306 | 9573 |
| 就业补助 | 24602 | 2913 | 2797 | 396 |
| 抚 恤 | 7942 | 1129 | 554 | 96 |
| 社会福利 | 5520 | 370 | 173 | 1034 |
| 残疾人事业 | 2137 | 210 | 315 | 211 |
| 城市居民最低生活保障 | 18459 | 6750 | 2016 | 1096 |
| 自然灾害生活救助 | 19216 | 709 | 1205 | 10488 |
| 农村最低生活保障 | 43975 | 1901 | 4918 | 10077 |

# 财政支出（一）

单位：万元

| 华池县 | 合水县 | 正宁县 | 宁　县 | 镇原县 | 市　级 |
|---|---|---|---|---|---|
| 154125 | 126958 | 120769 | 202586 | 246212 | 351787 |
| 28672 | 22580 | 18140 | 39739 | 21473 | 66145 |
| 348 | 389 | 262 | 340 | 538 | 1749 |
| 312 | 326 | 241 | 261 | 441 | 1563 |
| 19571 | 4237 | 9591 | 11677 | 7501 | 8514 |
| 886 | 2111 | 1204 | 2235 | 1923 | 3450 |
| 7 | 7 | 7 | – | 7 | – |
| 7309 | 5638 | 6029 | 6473 | 9420 | 16908 |
| 4266 | 3705 | 3812 | 4227 | 6271 | 8681 |
| 618 | 525 | 345 | 573 | 837 | 1446 |
| 933 | 607 | 1100 | 1114 | 1312 | 3068 |
| 18910 | 22239 | 25617 | 59168 | 70776 | 30913 |
| 16373 | 16716 | 23607 | 56803 | 64762 | 16470 |
| 991 | 2236 | 754 | 1250 | 4934 | 5383 |
| 752 | 773 | 376 | 768 | 1240 | 4672 |
| 145 | 192 | 1 | 95 | 132 | 225 |
| 567 | 61 | 70 | 540 | 1088 | 1790 |
| 32 | 129 | 254 | 51 | 20 | 2359 |
| 7442 | 2066 | 1957 | 1957 | 3540 | 44355 |
| 602 | 1111 | 682 | 1058 | 2542 | 40893 |
| 1841 | 252 | 97 | 62 | 165 | 575 |
| 167 | 99 | 109 | 53 | 54 | 654 |
| 430 | 286 | 575 | 678 | 302 | 1912 |
| – | – | – | 106 | – | 301 |
| 4402 | 318 | 494 | – | 477 | 20 |
| 18922 | 20054 | 22862 | 35172 | 40311 | 47671 |
| 340 | 103 | 267 | 238 | 292 | 4863 |
| 455 | 213 | 867 | 405 | 625 | 568 |
| 1348 | 754 | 4132 | 6702 | 8040 | 6160 |
| 6036 | 7172 | 6643 | 12371 | 12611 | 18183 |
| 1772 | 4388 | 1726 | 866 | 2834 | 6910 |
| 465 | 490 | 867 | 1468 | 988 | 1885 |
| 71 | 235 | 451 | 252 | 638 | 2296 |
| 301 | 253 | 111 | 109 | 135 | 492 |
| 1225 | 1288 | 1770 | 2651 | 1663 | – |
| 2595 | 587 | 323 | 727 | 2176 | 406 |
| 2481 | 3485 | 4713 | 8316 | 8084 | – |

## 2013 年分县区

| | 全　市 | 西峰区 | 庆城县 | 环　县 |
|---|---|---|---|---|
| 医疗卫生 | 144075 | 16497 | 17468 | 18577 |
| #医疗卫生管理事务 | 2931 | 539 | 213 | 326 |
| 公立医院 | 33860 | 800 | 4772 | 2852 |
| 基层医疗卫生机构 | 25322 | 3967 | 3813 | 4911 |
| 公共卫生 | 16860 | 1824 | 1724 | 1376 |
| 食品和药品监督管理事务 | 2638 | - | 210 | 450 |
| 医疗保障 | 61703 | 9173 | 6691 | 8627 |
| 节能环保 | 51244 | 4877 | 3685 | 12251 |
| #环境保护管理事务 | 3004 | 524 | 419 | 457 |
| 环境监测与监察 | 1240 | - | - | - |
| 污染防治 | 6344 | 2481 | 384 | 144 |
| 自然生态保护 | 2366 | 215 | 507 | 484 |
| 天然林保护 | 5388 | - | 17 | 227 |
| 退耕还林 | 21014 | 1233 | 2061 | 5902 |
| 城乡社区事务 | 78098 | 35851 | 3938 | 4515 |
| 农林水事务 | 256108 | 15967 | 23807 | 37073 |
| #农　业 | 72594 | 7199 | 8338 | 9933 |
| 林　业 | 37628 | 1482 | 2241 | 3009 |
| 水　利 | 57891 | 1230 | 2328 | 7585 |
| 扶　贫 | 47441 | 547 | 4658 | 7706 |
| 交通运输 | 82772 | 4037 | 3121 | 11372 |
| 资源勘探电力信息等事务 | 12933 | 896 | 1066 | 1721 |
| 商业服务业等事务 | 10060 | 308 | 1619 | 1281 |
| 金融监管等事务支出 | 371 | - | - | 142 |
| 地震灾后恢复重建支出 | - | - | - | - |
| 国土资源气象等事务 | 26602 | 466 | 2154 | 2984 |
| 住房保障支出 | 46891 | 7114 | 4808 | 5216 |
| 粮油物资储备事务 | 3802 | 90 | 419 | 270 |
| 国债还本付息支出 | 877 | 292 | 299 | 53 |
| 其他支出 | 2144 | 267 | - | 106 |

# 财政支出（二）

单位：万元

| 华池县 | 合水县 | 正宁县 | 宁　县 | 镇原县 | 市　级 |
|---|---|---|---|---|---|
| 9208 | 8903 | 12919 | 21659 | 19846 | 18998 |
| 473 | 158 | 104 | 244 | 435 | 439 |
| 1323 | 2266 | 3583 | 2625 | 5408 | 10231 |
| 1789 | 1112 | 1754 | 3161 | 4815 | – |
| 1090 | 1039 | 1672 | 2124 | 3196 | 2815 |
| 190 | 142 | 118 | 198 | 207 | 1123 |
| 4287 | 4119 | 5670 | 13230 | 5733 | 4173 |
| 6888 | 964 | 2298 | 489 | 11034 | 8758 |
| 469 | 127 | 170 | 202 | 172 | 464 |
| 20 | 30 | – | – | – | 1190 |
| 235 | 200 | 68 | 281 | 1615 | 936 |
| 465 | 56 | 117 | – | 483 | 39 |
| 234 | 51 | – | 6 | 195 | 4658 |
| 3026 | 44 | 1848 | – | 5919 | 981 |
| 3425 | 1696 | 2687 | 4966 | 8014 | 13006 |
| 24049 | 30179 | 14712 | 23448 | 34343 | 52530 |
| 8216 | 6432 | 3925 | 6870 | 15488 | 6193 |
| 3398 | 2104 | 2029 | 3425 | 1666 | 18274 |
| 4069 | 6861 | 1348 | 1584 | 5683 | 27203 |
| 4686 | 11830 | 2735 | 6761 | 7753 | 765 |
| 16318 | 5135 | 5182 | 4722 | 13544 | 19341 |
| 920 | 566 | 1098 | 429 | 2598 | 3639 |
| 2602 | 507 | 676 | 221 | 895 | 1951 |
| – | – | 11 | – | 10 | 208 |
| – | – | – | – | – | – |
| 2979 | 542 | 1313 | 20 | 2650 | 13494 |
| 5334 | 4126 | 4066 | 3052 | 5520 | 7655 |
| 293 | 227 | 324 | 303 | 513 | 1363 |
| 33 | 15 | 20 | – | 92 | 73 |
| 62 | 741 | 475 | – | 386 | 107 |

# 2013年分县区各项

| | 全 市 | 西峰区 | 庆城县 | 环 县 |
|---|---|---|---|---|
| **国税系统税收合计** | 907345 | 850425 | 22036 | 6281 |
| 中 央 | 767556 | 725572 | 16229 | 4234 |
| 省 级 | 3259 | 2279 | 267 | 314 |
| 市 级 | 117307 | 117307 | 0 | 0 |
| 县区级 | 19223 | 5267 | 5540 | 1733 |
| 税收合计中 | | | | |
| 增值税 | 530684 | 480242 | 20728 | 5176 |
| 消费税 | 335139 | 335033 | 16 | 19 |
| 企业所得税 | 14016 | 12902 | 399 | 309 |
| 个人所得税 | 24 | 8 | 2 | 1 |
| 车辆购置税 | 27482 | 22240 | 891 | 776 |
| **地税系统税收合计** | 411071 | 76088 | 40281 | 35054 |
| 中 央 | 33130 | 9708 | 7212 | 5504 |
| 省 级 | 58587 | 20107 | 9435 | 8196 |
| 市 级 | 178070 | 0 | 0 | 0 |
| 县 级 | 141284 | 46273 | 23634 | 21354 |
| ㈠税收合计中 | 384061 | 74340 | 39082 | 34312 |
| 营业税 | 121776 | 40974 | 17704 | 19206 |
| 企业所得税 | 30642 | 11054 | 4461 | 4495 |
| 资源税 | 112947 | 0 | 15 | 53 |
| 个人所得税 | 24571 | 5126 | 7558 | 4679 |
| 土地增值税 | 6558 | 4214 | 88 | 1106 |
| 房产税 | 3561 | 1584 | 608 | 195 |
| 车船使用税 | 5701 | 3511 | 711 | 359 |
| 烟叶税 | 1914 | 0 | 0 | 0 |
| 城建税 | 55606 | 3550 | 3448 | 1051 |
| 印花税 | 3561 | 678 | 868 | 225 |
| 城镇土地使用税 | 2429 | 699 | 354 | 258 |
| ㈡教育费附加 | 26708 | 1542 | 1189 | 702 |
| ㈢文化事业建设费 | 103 | 86 | 6 | 6 |
| ㈣其他罚没收入 | 199 | 120 | 4 | 34 |
| ㈤契 税 | 5033 | 1312 | 534 | 550 |
| ㈥耕地占用税 | 10765 | 1638 | 2733 | 2135 |

数据来源：市国税局、地税局

# 税收入库情况

单位：万元

| 华池县 | 合水县 | 正宁县 | 宁　县 | 镇原县 | 市级（含稽查） |
|---|---|---|---|---|---|
| 10244 | 3484 | 2639 | 5297 | 6939 | – |
| 7635 | 2528 | 1856 | 4157 | 5345 | – |
| 96 | 117 | 120 | 34 | 32 | – |
| 0 | 0 | 0 | 0 | 0 | – |
| 2513 | 839 | 663 | 1106 | 1562 | – |
| | | | | | |
| 9555 | 2701 | 1961 | 4245 | 6076 | – |
| 10 | 1 | 3 | 3 | 54 | – |
| 189 | 123 | 57 | 34 | 3 | – |
| 0 | 1 | 3 | 5 | 4 | – |
| 490 | 658 | 615 | 1010 | 802 | – |
| 20317 | 16526 | 9699 | 18060 | 15003 | 180043 |
| 2636 | 1930 | 831 | 2242 | 1940 | 1127 |
| 4255 | 5538 | 2011 | 4629 | 3570 | 846 |
| 0 | 0 | 0 | 0 | 0 | 178070 |
| 13426 | 9058 | 6857 | 11189 | 9493 | 0 |
| 19742 | 16185 | 9514 | 17671 | 14612 | 158603 |
| 10199 | 9392 | 4583 | 10451 | 7761 | 1506 |
| 2721 | 2297 | 890 | 2140 | 2561 | 23 |
| 2216 | 0 | 175 | 158 | 1730 | 108600 |
| 1671 | 917 | 495 | 1597 | 673 | 1855 |
| 243 | 163 | 212 | 164 | 67 | 301 |
| 144 | 85 | 60 | 130 | 79 | 676 |
| 294 | 153 | 144 | 242 | 287 | 0 |
| 0 | 0 | 1914 | 0 | 0 | 0 |
| 937 | 521 | 222 | 572 | 621 | 44684 |
| 140 | 82 | 72 | 110 | 115 | 139 |
| 141 | 38 | 54 | 81 | 114 | 819 |
| 569 | 325 | 183 | 388 | 388 | 21422 |
| 1 | 0 | 0 | 1 | 3 | 0 |
| 5 | 16 | 2 | 0 | 0 | 18 |
| 308 | 381 | 376 | 1063 | 509 | 0 |
| 728 | 2156 | 317 | 963 | 95 | 0 |

# 财 政

**【财政收入】** 指国家凭借政治权利，以社会管理者、国有资产所有者身份筹集到的归国家支配的资金，是国家参与过敏收入分配的主要形式，是政府履行职能的财力保障。财政参与社会产品分配所取得的收入，是实现国家职能的财力保证。财政收入所包括的内容几经变化，目前主要包括：

（1）各项税收：包括增值税、营业税、消费税、土地增值税、城市维护建设税、资源税、城市土地使用税、印花税、个人所得税、企业所得税、关税、农牧业税和耕地占用税等。

（2）专项收入：包括征收排污费收入、征收城市水资源费收入、教育费附加收入等。

（3）其他收入：包括基本建设贷款归还收入、基本建设收入、捐赠收入等。

**【中央财政收入和地方财政收入】** 指按财政体制划分的中央本级收入和地方本级收入。1994 年分税制财政体制以后，属于中央财政的收入包括关税、海关代征消费税和增值税，消费税，中央企业所得税，地方银行和外资银行及非银行金融企业所得税，铁道、银行总行、保险总公司等集中缴纳的营业税、所得税、利润和城市维护建设税，增值税的 75%部分，证券交易税(印花税)50%部分和海洋石油资源税。属于地方财政的收入包括营业税，地方企业所得税，个人所得税，城镇土地使用税，固定资产投资方向调节税，城镇维护建设税，房产税，车船使用税，印花税，屠宰税，农牧业税，农业特产税，耕地占用税，契税，增值税 25%部分，证券交易税(印花税 )50%部分和除海洋石油资源税以外的其他资源税。

**【中央财政支出和地方财政支出】** 指根据政府在经济和社会活动中的不同职责，划分中央和地方政府的责权，按照政府的责权划分确定的支出。中央财政支出包括国防支出，武装警察部队支出，中央级行政管理费和各项事业费，重点建设支出以及中央政府调整国民经济结构、协调地区发展、实施宏观调控的支出。地方财政支出主要包括地方行政管理和各项事业费，地方统筹的基本建设、技术改造支出，支援农村生产支出，城市维护和建设经费，价格补贴支出等。

**【预算外资金收支】** 预算外资金指国家机关、事业单位和社会团体为履行或代行政府职能，依据国家法律、法规和具有法律效力的规章而收取、提取和安排使用的未纳入国家预算管理的各种财政性资金。

财政收入占国内生产总值的比重：是指以财政收入为分子，国内生产总值为分母而形成的比率，它是反映财政收入同国内生产总值间数量关系的重要统计指标。其计算公式为：

财政收入占国内生产总值的比重（%）＝财政收入/国内生产总值

一般说，此指标数值越大，说明国家财政收入越多，国家财力越充足。

# 统计资料

## 10 金融、保险

QING YANG YEARBOOK

# 金融机构期末存贷款余额

单位：万元

| 年份 | 存款余额 | 年增加额 | 其中：储蓄存款 | 年增加额 | 贷款余额 | 年增加额 |
|---|---|---|---|---|---|---|
| 1980 | 10647 | -402 | 2686 | 558 | 21403 | 15505 |
| 1981 | 13867 | 3220 | 3441 | 755 | 22584 | 1181 |
| 1982 | 16108 | 2241 | 4429 | 988 | 25699 | 3115 |
| 1983 | 17078 | 970 | 5555 | 1126 | 28810 | 3111 |
| 1984 | 23035 | 5957 | 7650 | 2095 | 30445 | 1635 |
| 1985 | 29180 | 6145 | 10295 | 2645 | 41346 | 10901 |
| 1986 | 35807 | 6627 | 14633 | 4338 | 48899 | 7553 |
| 1987 | 45077 | 9270 | 20427 | 5794 | 58034 | 9135 |
| 1988 | 53378 | 8301 | 25007 | 4580 | 17106 | -40928 |
| 1989 | 60503 | 7125 | 34887 | 9880 | 82308 | 65202 |
| 1990 | 73850 | 13347 | 65250 | 30363 | 107620 | 25312 |
| 1991 | 87786 | 13936 | 72101 | 6851 | 87786 | -19834 |
| 1992 | 123112 | 35326 | 108599 | 36498 | 123112 | 35326 |
| 1993 | 175522 | 52410 | 135746 | 27147 | 228761 | 105649 |
| 1994 | 234580 | 59058 | 178098 | 42352 | 277557 | 48796 |
| 1995 | 324113 | 89533 | 250618 | 72520 | 305022 | 27465 |
| 1996 | 466016 | 141903 | 340088 | 89470 | 381830 | 76808 |
| 1997 | 568696 | 102680 | 424852 | 84764 | 451904 | 70074 |
| 1998 | 640421 | 71725 | 482817 | 57965 | 868158 | 416254 |
| 1999 | 664735 | 24314 | 524523 | 41706 | 859086 | -9072 |
| 2000 | 755289 | 90554 | 598934 | 74411 | 487919 | -371167 |
| 2001 | 862770 | 107481 | 681824 | 82890 | 527397 | 39478 |
| 2002 | 947690 | 84923 | 748439 | 66615 | 556274 | 28877 |
| 2003 | 1065350 | 117660 | 826116 | 77677 | 629538 | 73264 |
| 2004 | 1146436 | 81086 | 899128 | 73012 | 645513 | 15975 |
| 2005 | 1308915 | 160084 | 1012392 | 113259 | 676729 | 54605 |
| 2006 | 1478419 | 169295 | 1142553 | 130165 | 726773 | 50042 |
| 2007 | 1720015 | 241596 | 1271306 | 128753 | 769987 | 43214 |
| 2008 | 2204579 | 484564 | 1604889 | 333583 | 719397 | -50590 |
| 2009 | 2895656 | 682127 | 1991278 | 382558 | 1046256 | 316841 |
| 2010 | 3541762 | 645775 | 2332973 | 341695 | 1399728 | 353471 |
| 2011 | 4113162 | 571827 | 2793384 | 459093 | 1765910 | 366172 |
| 2012 | 5060716 | 951935 | 3405925 | 615847 | 2436692 | 670783 |
| 2013 | 5999756 | 939312 | 3950511 | 544585 | 3377807 | 941115 |

数据来源：人行庆阳中心支行

# 2013 年分县区金融机构

| | 全　市 | 西峰区 | 庆城县 | 环　县 |
|---|---|---|---|---|
| 一、各项存款 | 5999756 | 2209296 | 744184 | 491520 |
| 1.单位存款 | 1876345 | 922678 | 198071 | 188534 |
| #活期存款 | 1694763 | 802224 | 186123 | 176335 |
| 定期存款 | 109332 | 76724 | 6700 | 6367 |
| 通知存款 | 22877 | 15677 | - | - |
| 保证金存款 | 43708 | 27628 | 1400 | 5142 |
| 2. 个人存款 | 3988394 | 1264277 | 541425 | 291846 |
| #储蓄存款 | 3950511 | 1246823 | 536520 | 281173 |
| 保证金存款 | 6 | 3 | 3 | - |
| 结构性存款 | 37878 | 17450 | 4902 | 10672 |
| 3. 财政性存款 | 122542 | 13329 | 3642 | 10996 |
| 4. 临时性存款 | 3274 | 2884 | 29 | 138 |
| 5. 委托存款 | - | - | - | - |
| 6. 其他存款 | 9201 | 6128 | 1018 | 7 |
| 二、金融债券 | - | - | - | - |
| 三、中长期借款 | - | - | - | - |
| 四、应付及暂收款 | 116497 | 36887 | 12574 | 5871 |
| #应付利息 | 69523 | 17241 | 8176 | 2842 |
| 五、同业往来(来源方) | 3230 | 3190 | - | - |
| 六、系统内资金往来(来源方) | - | - | - | - |
| 七、外汇买卖(来源方) | 9646 | 5918 | 3728 | - |
| #结售汇 | 9646 | 5918 | 3728 | - |
| 八、各项准备 | 132987 | 38334 | 18285 | 16015 |
| #贷款损失准备金 | 131918 | 37590 | 18204 | 15844 |
| 九、所有者权益 | 184340 | 58779 | 22842 | 16484 |
| #实收资本 | 60334 | 9826 | 8680 | 5516 |
| 十、其他 | -494405 | -137083 | -32608 | -53277 |
| 资金来源总计 | 5952051 | 2215323 | 769006 | 476613 |

# 信贷收支情况（一）

单位：万元

| 华池县 | 合水县 | 正宁县 | 宁　县 | 镇原县 |
|---:|---:|---:|---:|---:|
| 312826 | 389087 | 442084 | 730454 | 636420 |
| 120089 | 130518 | 67562 | 130064 | 118830 |
| 114906 | 118660 | 64666 | 119843 | 112006 |
| 4570 | 4416 | 2870 | 4885 | 2800 |
| 200 | 7000 | – | – | – |
| 413 | 442 | 26 | 4633 | 4024 |
| 181318 | 239013 | 366666 | 596410 | 507440 |
| 180916 | 238065 | 365825 | 594888 | 506299 |
| – | – | – | – | – |
| 402 | 948 | 841 | 1522 | 1141 |
| 11410 | 19539 | 6769 | 2835 | 10139 |
| – | 8 | 78 | 136 | 1 |
| – | – | – | – | – |
| 9 | 9 | 1009 | 1010 | 11 |
| – | – | – | – | – |
| – | – | – | – | – |
| 5731 | 6294 | 14464 | 19628 | 15047 |
| 2324 | 3661 | 9081 | 15448 | 10749 |
| – | – | – | 40 | – |
| – | – | – | – | |
| – | – | – | – | |
| – | – | – | – | |
| 6306 | 17567 | 6936 | 12452 | 17092 |
| 6306 | 17494 | 6936 | 12452 | 17092 |
| 9626 | 14963 | 14018 | 27147 | 21013 |
| 4467 | 8724 | 6728 | 10016 | 6377 |
| 11673 | -71957 | -29224 | -106488 | -36042 |
| 346161 | 355954 | 448278 | 683233 | 653531 |

# 2013 年分县区金融机构

| | 全　市 | 西峰区 | 庆城县 | 环　县 |
|---|---|---|---|---|
| 一、各项贷款 | 3377807 | 1531361 | 372942 | 278958 |
| （一）境内贷款 | 3377801 | 1531355 | 372942 | 278958 |
| 1.短期贷款 | 1123531 | 540794 | 197180 | 25774 |
| （1）个人贷款及透支 | 580694 | 205712 | 110423 | 23964 |
| 其中：个人消费贷款 | 48916 | 47032 | 980 | 105 |
| （2）单位普通贷款及透支 | 519896 | 315952 | 83947 | 1810 |
| 其中：经营贷款 | 514896 | 310952 | 83947 | 1810 |
| 固定资产贷款 | 5000 | 5000 | - | - |
| （3）普通并购贷款 | - | - | - | - |
| （4）银团贷款 | - | - | - | - |
| （5）贸易融资 | 22940 | 19130 | 2810 | - |
| （6）境外筹资转贷款 | - | - | - | - |
| 2.中长期贷款 | 2253570 | 990561 | 175062 | 253183 |
| （1）个人贷款 | 1267000 | 483188 | 63248 | 156487 |
| 其中：个人消费贷款 | 352010 | 277239 | 9823 | 16972 |
| （2）单位普通贷款 | 983570 | 506373 | 111814 | 96696 |
| 其中：经营贷款 | 113137 | 66728 | 5220 | 12521 |
| 固定资产贷款 | 870433 | 439645 | 106594 | 84175 |
| （3）普通并购贷款 | - | - | - | - |
| （4）银团贷款 | 3000 | 1000 | - | - |
| （5）贸易融资 | - | - | - | - |
| （6）境外筹资转贷款 | - | - | - | - |
| 3.融资租赁 | - | - | - | - |
| 4.票据融资 | 700 | - | 700 | - |
| 其中：贴现 | 700 | - | 700 | - |
| 5.各项垫款 | - | - | - | - |
| （二）境外贷款 | 6 | 6 | - | - |
| 二、有价证券 | -240 | -49 | -191 | - |
| 三、股权及其他投资 | 1190 | 1020 | 40 | 10 |
| 四、应收及预付款 | 28598 | 16839 | 3209 | 1448 |
| 其中：应收利息 | 9783 | 4171 | 1160 | 814 |
| 五、同业往来(运用方) | - | - | - | - |
| 六、系统内资金往来(运用方) | 2421644 | 617279 | 377632 | 187201 |
| 七、金银占款 | - | - | - | - |
| 八、外汇买卖(运用方) | 9573 | 5877 | 3696 | - |
| 其中：结售汇 1 | 9573 | 5877 | 3696 | - |
| 九、固定资产 | 72572 | 26572 | 6882 | 4950 |
| 十、库存现金 | 40906 | 16423 | 4797 | 4047 |
| 十一、投资性房地产 | - | - | - | - |
| 资金运用总计 | 5952051 | 2215323 | 769006 | 476613 |

# 信贷收支情况（二）

单位：万元

| 华池县 | 合水县 | 正宁县 | 宁　县 | 镇原县 |
|---|---|---|---|---|
| 126727 | 193845 | 151721 | 391793 | 330460 |
| 126727 | 193845 | 151721 | 391793 | 330460 |
| 25001 | 69969 | 30439 | 153879 | 80494 |
| 18265 | 65254 | 26439 | 97818 | 32818 |
| 104 | 297 | 136 | 70 | 193 |
| 6736 | 4715 | 3000 | 56061 | 47676 |
| 6736 | 4715 | 3000 | 56061 | 47676 |
| - | - | - | - | - |
| - | - | - | - | - |
| - | - | - | - | - |
| - | - | 1000 | - | - |
| - | - | - | - | - |
| 101726 | 123876 | 121282 | 237914 | 249965 |
| 95410 | 99282 | 80537 | 146773 | 142074 |
| 9697 | 4702 | 1259 | 12987 | 19330 |
| 5316 | 24594 | 39745 | 91141 | 107891 |
| 197 | 94 | 745 | 4341 | 23291 |
| 5119 | 24500 | 39000 | 86800 | 84600 |
| - | - | - | - | - |
| 1000 | - | 1000 | - | - |
| - | - | - | - | - |
| - | - | - | - | - |
| - | - | - | - | - |
| - | - | - | - | - |
| - | - | - | - | - |
| - | - | - | - | - |
| - | - | - | - | - |
| - | - | - | - | - |
| 10 | 30 | 30 | 20 | 30 |
| 1155 | 848 | 1963 | 1784 | 1353 |
| 778 | 468 | 693 | 810 | 888 |
| - | - | - | - | - |
| 211102 | 152409 | 286287 | 278123 | 311612 |
| - | - | - | - | - |
| - | - | - | - | - |
| - | - | - | - | - |
| 4790 | 5713 | 4650 | 8382 | 6681 |
| 2377 | 3111 | 3626 | 3131 | 3395 |
| - | - | - | - | - |
| 346161 | 355954 | 448278 | 683233 | 653531 |

# 财产、人寿保险业务经济指标

单位：户、笔、万元、人

| | 财产保险 | | | 人寿保险 | |
|---|---|---|---|---|---|
| | 2012 | 2013 | | 2012 | 2013 |
| 承保数量（笔） | 169609 | 189486 | 承保数量（笔） | 55706 | 238735 |
| #企事业财产险 | 166 | 164 | 定期寿险 | 12536 | 6720 |
| 运输工具及责任险 | 80539 | 137995 | 两全寿险 | 3764 | 72912 |
| 货物运输险 | 108 | 38 | 终身寿险 | 13568 | 45298 |
| 家庭财产险 | 3085 | 1974 | 年金险 | 3564 | 7700 |
| 其他险 | 85711 | 50315 | 意外险 | 22274 | 106105 |
| 保险金额（万元） | 13125917 | 83787593 | 保险金额（万元） | 243434 | 2916507 |
| #企事业财产险 | 93943 | 1364093 | 定期寿险 | 34561 | 180361 |
| 运输工具及责任险 | 11123042 | 45950583 | 两全寿险 | 89564 | 956007 |
| 货物运输险 | 189 | 5833 | 终身寿险 | 34903 | 602948 |
| 家庭财产险 | 44234 | 38168 | 年金险 | 46842 | 65933 |
| 其他险 | 1864510 | 79217234 | 意外险 | 37564 | 1109644 |
| 保费及储金（万元） | 40108 | 49624 | 保费（储金）收入（万元） | 62010 | 61337 |
| #企事业财产险 | 260 | 255 | 定期寿险 | 14562 | 586 |
| 运输工具及责任险 | 22145 | 36687 | 两全寿险 | 12314 | 38255 |
| 货物运输险 | 11 | 26 | 终身寿险 | 12043 | 12044 |
| 家庭财产险 | 62 | 52 | 年金险 | 8735 | 7654 |
| 其他险 | 17630 | 12605 | 意外险 | 14356 | 4411 |
| 赔案件数（件） | 33417 | 33528 | 给付、赔款、退保人数（人） | 24156 | 7820 |
| 已　决 | 30775 | 29117 | 定期寿险 | 1456 | 1524 |
| 未　决 | 2642 | 6347 | 两全寿险 | 2456 | 833 |
| 已决赔款及给付（万元） | 17251 | 23998 | 终身寿险 | 4526 | 3068 |
| #企事业财产险 | 44 | 107 | 年金险 | 5661 | 1504 |
| 运输工具及责任险 | 14366 | 18413 | 意外险 | 10057 | 891 |
| 货物运输险 | 0 | 7 | 给付、赔款、退保金额（万元） | 6442 | 9925 |
| 家庭财产险 | 21 | 26.54 | 定期寿险 | 1456 | 356 |
| 其他险 | 2819 | 5444 | 两全寿险 | 523 | 6413 |
| | | | 终身寿险 | 2561 | 2182 |
| | | | 年金险 | 461 | 551 |
| | | | 意外险 | 144 | 422 |

# 统计资料

QING YANG YEARBOOK

# 社会消费品零售总额

单位：万元

| 年份 | 社会消费品零售总额 | 按行业分 | | | 构成(%)、总额=100 | | |
|---|---|---|---|---|---|---|---|
| | | 批零贸易业 | 住宿餐饮业 | 其他行业 | 批零贸易业 | 住宿餐饮业 | 其他行业 |
| 1980 | 20846 | 18104 | 359 | 2383 | 86.85 | 1.72 | 11.43 |
| 1981 | 20122 | 17470 | 404 | 2248 | 86.82 | 2.01 | 11.17 |
| 1982 | 22433 | 19872 | 431 | 2130 | 88.58 | 1.92 | 9.49 |
| 1983 | 24202 | 21362 | 509 | 2331 | 88.27 | 2.10 | 9.63 |
| 1984 | 28787 | 23085 | 468 | 5234 | 80.19 | 1.63 | 18.18 |
| 1985 | 32648 | 26586 | 583 | 5479 | 81.43 | 1.79 | 16.78 |
| 1986 | 37685 | 30198 | 758 | 6729 | 80.13 | 2.01 | 17.86 |
| 1987 | 41700 | 33633 | 768 | 7299 | 80.65 | 1.84 | 17.50 |
| 1988 | 55969 | 44951 | 1055 | 9963 | 80.31 | 1.88 | 17.80 |
| 1989 | 61304 | 46225 | 2157 | 12922 | 75.40 | 3.52 | 21.08 |
| 1990 | 62223 | 49156 | 1959 | 11108 | 79.00 | 3.15 | 17.85 |
| 1991 | 70144 | 56965 | 1884 | 11295 | 81.21 | 2.69 | 16.10 |
| 1992 | 79815 | 63842 | 2526 | 13447 | 79.99 | 3.16 | 16.85 |
| 1993 | 77494 | 57966 | 3332 | 16196 | 74.80 | 4.30 | 20.90 |
| 1994 | 99968 | 68078 | 6098 | 25792 | 68.10 | 6.10 | 25.80 |
| 1995 | 122661 | 88316 | 10304 | 24041 | 72.00 | 8.40 | 19.60 |
| 1996 | 137380 | 99600 | 14425 | 23355 | 72.50 | 10.50 | 17.00 |
| 1997 | 138548 | 96706 | 17318 | 24524 | 69.80 | 12.50 | 17.70 |
| 1998 | 137818 | 90959 | 19846 | 27013 | 66.00 | 14.40 | 19.60 |
| 1999 | 156147 | 115548 | 15615 | 24984 | 74.00 | 10.00 | 16.00 |
| 2000 | 164891 | 131913 | 12861 | 20117 | 80.00 | 7.80 | 12.20 |
| 2001 | 180061 | 150171 | 24668 | 5222 | 83.40 | 13.70 | 2.90 |
| 2002 | 201668 | 165368 | 32267 | 4033 | 82.00 | 16.00 | 2.00 |
| 2003 | 268823 | 227155 | 37098 | 4570 | 84.50 | 13.80 | 1.70 |
| 2004 | 313717 | 272964 | 36407 | 4570 | 87.01 | 11.61 | 1.46 |
| 2005 | 362803 | 312634 | 44813 | 5356 | 86.17 | 12.35 | 1.48 |
| 2006 | 412729 | 353811 | 53381 | 5537 | 85.72 | 12.93 | 1.34 |
| 2007 | 487181 | 412179 | 68493 | 6509 | 84.60 | 14.06 | 1.34 |
| 2008 | 622942 | 525627 | 90674 | 6641 | 84.38 | 14.56 | 1.07 |
| 2009 | 781743 | 659109 | 115128 | 7506 | 84.31 | 14.73 | 0.96 |
| 2010 | 934666 | 783978 | 136680 | 14008 | 83.88 | 14.62 | 1.50 |
| 2011 | 1121131 | 946994 | 158224 | 15913 | 84.47 | 14.11 | 1.42 |
| 2012 | 1298367 | 1076684 | 200947 | 20736 | 82.93 | 15.48 | 1.59 |
| 2013 | 1480528 | 1277428 | 178072 | 24028 | 86.28 | 12.10 | 1.62 |

注：根据2004年第一次全国经济普查结果，从1993年后均为调整修正数据。

# 2013年限额以上批发和零售业法人企业商品购销存情况（一）

单位：个、人、万元、平方米

| | 法人企业数 | 年末从业人员 | 商品购进总额 | 商品销售总额 | | | 年末库存总额 | 年末零售营业面积 |
|---|---|---|---|---|---|---|---|---|
| | | | | | 批发 | 零售 | | |
| 总　计 | 80 | 7835 | 786248 | 794477 | 382794 | 411683 | 48103 | 235638 |
| 一、批发业 | 14 | 1614 | 543471 | 545530 | 381291 | 164239 | 27236 | 72829 |
| 1.按批发行业小类分 | | | | | | | | |
| 农、林、牧产品批发 | 1 | 35 | 3449 | 3186 | 3186 | - | 263 | 19000 |
| 谷物、豆及薯类批发 | 1 | 35 | 3449 | 3186 | 3186 | - | 263 | 19000 |
| 食品、饮料及烟草制品批发 | 4 | 583 | 180796 | 177148 | 177148 | - | 20819 | 19457 |
| 果品、蔬菜批发 | 3 | 131 | 27916 | 24065 | 24065 | - | 15299 | 16000 |
| 烟草制品批发 | 1 | 452 | 152880 | 153083 | 153083 | - | 5519 | 3457 |
| 医药及医疗器材批发 | 3 | 152 | 17892 | 18817 | 18263 | 554 | 1641 | 3210 |
| 西药批发 | 2 | 90 | 12871 | 13158 | 13158 | - | 865 | 2910 |
| 中药批发 | 1 | 62 | 5021 | 5660 | 5106 | 554 | 776 | 300 |
| 医疗用品及器材批发 | | | | | | | | |
| 矿产品、建材及化工产品批发 | 5 | 824 | 340904 | 345703 | 182019 | 163685 | 4194 | 30492 |
| 煤炭及制品批发 | 1 | 16 | 10237 | 15413 | 8069 | 7344 | 280 | 7000 |
| 石油及制品批发 | 1 | 486 | 310864 | 310959 | 154618 | 156341 | 2880 | 2000 |
| 化肥批发 | 3 | 322 | 19803 | 19331 | 19331 | - | 1033 | 21492 |
| 机械设备、五金产品及电子产品批发 | 1 | 20 | 431 | 675 | 675 | - | 320 | 670 |
| 农业机械批发 | 1 | 20 | 431 | 675 | 675 | - | 320 | 670 |
| 2.按登记注册类型分 | | | | | | | | |
| 内资企业 | 14 | 1614 | 543471 | 545530 | 381291 | 164239 | 27236 | 72829 |
| 国有企业 | 1 | 452 | 152880 | 153083 | 153083 | - | 5519 | 3457 |
| 集体企业 | 1 | 149 | 8143 | 8094 | 8094 | - | 610 | 60 |
| 有限责任公司 | 5 | 710 | 336211 | 340796 | 177111 | 163685 | 3847 | 49432 |
| 其他有限责任公司 | 5 | 710 | 336211 | 340796 | 177111 | 163685 | 3847 | 49432 |
| 股份有限公司 | 2 | 54 | 6888 | 7359 | 7359 | - | 578 | 1270 |
| 私营企业 | 5 | 249 | 39350 | 36198 | 35644 | 554 | 16682 | 18610 |
| 私营有限责任公司 | 5 | 249 | 39350 | 36198 | 35644 | 554 | 16682 | 18610 |
| 3.按控股情况分 | | | | | | | | |
| 国有控股 | 2 | 938 | 463744 | 464043 | 307702 | 156341 | 8400 | 5457 |
| 集体控股 | 1 | 149 | 8143 | 8094 | 8094 | - | 610 | 60 |
| 私人控股 | 11 | 527 | 71585 | 73393 | 65496 | 7898 | 18226 | 67312 |
| 4.按经营形式分 | | | | | | | | |
| 独立门店 | 10 | 1011 | 193956 | 200222 | 192324 | 7898 | 12670 | 14397 |
| 连锁总店 | 1 | 28 | 11661 | 11238 | 11238 | - | 423 | 21432 |
| 连锁门店 | 1 | 486 | 310864 | 310959 | 154618 | 156341 | 2880 | 2000 |
| 其他 | 2 | 89 | 26991 | 23111 | 23111 | - | 11263 | 35000 |
| 5.按单位规模分 | | | | | | | | |
| 大型 | 2 | 938 | 463744 | 464043 | 307702 | 156341 | 8400 | 5457 |
| 中型 | 6 | 383 | 61237 | 58073 | 57519 | 554 | 13674 | 40702 |
| 小型 | 4 | 128 | 18060 | 22738 | 15395 | 7344 | 4843 | 26000 |
| 微型 | 2 | 165 | 431 | 675 | 675 | - | 320 | 670 |
| 二、零售业 | 66 | 6221 | 242776 | 248947 | 1503 | 247445 | 20867 | 162809 |
| 1.按零售行业小类分 | | | | | | | | |
| 综合零售 | 17 | 3741 | 83026 | 82672 | 200 | 82473 | 8256 | 90700 |
| 百货零售 | 8 | 592 | 22676 | 22268 | 200 | 22069 | 1870 | 28692 |
| 超级市场零售 | 9 | 3149 | 60349 | 60404 | - | 60404 | 6385 | 62008 |
| 食品、饮料及烟草制品专门零售 | 3 | 31 | 2063 | 2666 | - | 2666 | 191 | 1560 |
| 酒、饮料及茶叶零售 | 2 | 21 | 1411 | 1827 | - | 1827 | 179 | 1040 |
| 其他食品零售 | 1 | 10 | 652 | 838 | - | 838 | 12 | 520 |
| 纺织、服装及日用品专门零售 | 4 | 1054 | 11779 | 11230 | - | 11230 | 1353 | 15242 |
| 服装零售 | 3 | 1009 | 11347 | 10602 | - | 10602 | 1313 | 14442 |
| 鞋帽零售 | 1 | 45 | 432 | 628 | - | 628 | 40 | 800 |

# 2013年限额以上批发和零售业法人企业商品购销存情况（二）

单位：个、人、万元、平方米

| | 法人企业数 | 年末从业人员 | 商品购进总额 | 商品销售总额 | | | 年末库存总额 | 年末零售营业面积 |
|---|---|---|---|---|---|---|---|---|
| | | | | | 批发 | 零售 | | |
| 文化、体育用品及器材专门零售 | 3 | 227 | 18346 | 18095 | - | 18095 | 2878 | 6205 |
| 图书、报刊零售 | 1 | 170 | 10008 | 9791 | - | 9791 | 1480 | 5560 |
| 珠宝首饰零售 | 2 | 57 | 8339 | 8304 | - | 8304 | 1399 | 645 |
| 医药及医疗器材专门零售 | 3 | 131 | 3678 | 3377 | - | 3377 | 537 | 2700 |
| 药品零售 | 3 | 131 | 3678 | 3377 | - | 3377 | 537 | 2700 |
| 汽车、摩托车、燃料及零配件专门零售 | 27 | 814 | 108110 | 113592 | 1303 | 112288 | 6277 | 40680 |
| 汽车零售 | 23 | 685 | 85833 | 89734 | - | 89734 | 5732 | 35901 |
| 摩托车及零配件零售 | 1 | 23 | 3069 | 2835 | - | 2835 | 234 | 1000 |
| 机动车燃料零售 | 3 | 106 | 19207 | 21023 | 1303 | 19719 | 310 | 3779 |
| 家用电器及电子产品专门零售 | 6 | 121 | 7152 | 7760 | - | 7760 | 1209 | 2891 |
| 日用家电设备零售 | 3 | 56 | 4573 | 4632 | - | 4632 | 408 | 2080 |
| 计算机、软件及辅助设备零售 | 2 | 35 | 1055 | 2129 | - | 2129 | 238 | 431 |
| 通信设备零售 | 1 | 30 | 1524 | 1000 | - | 1000 | 563 | 380 |
| 货摊、无店铺及其他零售业 | 3 | 102 | 8624 | 9556 | - | 9556 | 167 | 2831 |
| 生活用燃料零售 | 1 | 80 | 3118 | 3117 | - | 3117 | 1 | 2200 |
| 其他未列明零售业 | 2 | 22 | 5506 | 6439 | - | 6439 | 166 | 631 |
| 2. 按登记注册类型分 | | | | | | | | |
| 内资企业 | 66 | 6221 | 242776 | 248947 | 1503 | 247445 | 20867 | 162809 |
| 国有企业 | - | - | - | - | - | - | - | - |
| 集体企业 | 1 | 60 | 9400 | 8855 | - | 8855 | 545 | 3660 |
| 有限责任公司 | 37 | 4954 | 166014 | 170100 | 1439 | 168661 | 12772 | 100816 |
| 国有独资公司 | 1 | 170 | 10008 | 9791 | - | 9791 | 1480 | 5560 |
| 其他有限责任公司 | 36 | 4784 | 156006 | 160309 | 1439 | 158870 | 11293 | 95256 |
| 股份有限公司 | 1 | 68 | 11397 | 11264 | - | 11264 | 133 | 909 |
| 私营企业 | 25 | 1053 | 54659 | 57292 | 64 | 57228 | 7311 | 50524 |
| 私营独资企业 | 1 | 100 | 1005 | 1001 | - | 1001 | 40 | 3420 |
| 私营有限责任公司 | 24 | 953 | 53655 | 56291 | 64 | 56227 | 7271 | 47104 |
| 其他企业 | 2 | 86 | 1307 | 1437 | - | 1437 | 106 | 6900 |
| 3. 按控股情况分 | | | | | | | | |
| 国有控股 | 1 | 170 | 10008 | 9791 | - | 9791 | 1480 | 5560 |
| 集体控股 | 2 | 83 | 12753 | 12089 | - | 12089 | 722 | 4400 |
| 私人控股 | 61 | 5900 | 218739 | 225135 | 1503 | 223632 | 18542 | 141889 |
| 其他 | 2 | 68 | 1277 | 1933 | - | 1933 | 123 | 10960 |
| 4. 按经营形式分 | | | | | | | | |
| 独立门店 | 63 | 3338 | 186190 | 192808 | 1503 | 191306 | 15608 | 117334 |
| 连锁总店 | 1 | 2700 | 47174 | 47769 | - | 47769 | 4167 | 41900 |
| 连锁门店 | 2 | 183 | 9413 | 8370 | - | 8370 | 1092 | 3575 |
| 5. 按单位规模分 | | | | | | | | |
| 大型 | 1 | 2700 | 47174 | 47769 | - | 47769 | 4167 | 41900 |
| 中型 | 21 | 2553 | 102602 | 100432 | 64 | 100368 | 8141 | 70159 |
| 小型 | 39 | 932 | 84293 | 90276 | 1439 | 88837 | 8086 | 48514 |
| 微型 | 5 | 36 | 8707 | 10470 | - | 10470 | 473 | 2236 |
| 6. 按零售业态分 | | | | | | | | |
| 有店铺零售 | 66 | 6221 | 242776 | 248947 | 1503 | 247445 | 20867 | 162809 |
| 食杂店 | 1 | 11 | 98 | 627 | - | 627 | 66 | 170 |
| 超市 | 11 | 628 | 22267 | 21164 | - | 21164 | 2818 | 20668 |
| 大型超市 | 2 | 2741 | 48048 | 48578 | - | 48578 | 4233 | 48000 |
| 百货店 | 6 | 392 | 14674 | 14969 | 200 | 14770 | 1329 | 23422 |
| 专业店 | 9 | 204 | 24870 | 27804 | - | 27804 | 1845 | 12901 |
| 专卖店 | 33 | 1191 | 121040 | 124575 | 1303 | 123272 | 9222 | 42406 |
| 购物中心 | 4 | 1054 | 11779 | 11230 | - | 11230 | 1353 | 15242 |

# 2013 年限额以上批发

| | 企业数 | 流动资产 | 存货 | 固定资产 | 资产总计 | 负债合计 | 所有者权益 |
|---|---|---|---|---|---|---|---|
| 总　计 | 80 | 183880 | 50194 | 55266 | 271916 | 137334 | 134583 |
| 一、批发业 | 14 | 99716 | 31262 | 21410 | 134561 | 49783 | 84778 |
| 1. 按批发行业小类分 | | | | | | | |
| 农、林、牧产品批发 | 1 | 1554 | 1324 | 1087 | 2843 | 980 | 1863 |
| 谷物、豆及薯类批发 | 1 | 1554 | 1324 | 1087 | 2843 | 980 | 1863 |
| 食品、饮料及烟草制品批发 | 4 | 76532 | 23651 | 4404 | 84914 | 23360 | 61554 |
| 果品、蔬菜批发 | 3 | 25339 | 10999 | 1901 | 30382 | 20008 | 10374 |
| 烟草制品批发 | 1 | 51194 | 12651 | 2504 | 54532 | 3352 | 51180 |
| 医药及医疗器材批发 | 3 | 10908 | 1663 | 3288 | 14211 | 7969 | 6242 |
| 西药批发 | 2 | 9213 | 887 | 111 | 9339 | 7524 | 1816 |
| 中药批发 | 1 | 1695 | 776 | 3177 | 4872 | 445 | 4427 |
| 矿产品、建材及化工产品批发 | 5 | 10378 | 4305 | 12608 | 32227 | 17172 | 15055 |
| 煤炭及制品批发 | 1 | 260 | 111 | 156 | 1877 | 1377 | 500 |
| 石油及制品批发 | 1 | 3297 | 3004 | 8735 | 12033 | 2383 | 9650 |
| 化肥批发 | 3 | 6821 | 1190 | 3717 | 18318 | 13412 | 4906 |
| 机械设备、五金产品及电子产品批发 | 1 | 344 | 320 | 22 | 366 | 303 | 63 |
| 农业机械批发 | 1 | 344 | 320 | 22 | 366 | 303 | 63 |
| 2. 按登记注册类型分 | | | | | | | |
| 内资企业 | 14 | 99716 | 31262 | 21410 | 134561 | 49783 | 84778 |
| 国有企业 | 1 | 51194 | 12651 | 2504 | 54532 | 3352 | 51180 |
| 集体企业 | 1 | 4966 | 610 | 1507 | 14072 | 11622 | 2449 |
| 有限责任公司 | 5 | 6966 | 5019 | 12189 | 20999 | 6530 | 14469 |
| 其他有限责任公司 | 5 | 6966 | 5019 | 12189 | 20999 | 6530 | 14469 |
| 股份有限公司 | 2 | 4099 | 568 | 41 | 4150 | 3327 | 823 |
| 私营企业 | 5 | 32492 | 12414 | 5170 | 40810 | 24953 | 15857 |
| 私营有限责任公司 | 5 | 32492 | 12414 | 5170 | 40810 | 24953 | 15857 |
| 3. 按控股情况分 | | | | | | | |
| 国有控股 | 2 | 54491 | 15655 | 11239 | 66564 | 5735 | 60830 |
| 集体控股 | 1 | 4966 | 610 | 1507 | 14072 | 11622 | 2449 |
| 私人控股 | 11 | 40259 | 14997 | 8664 | 53926 | 32427 | 21499 |
| 4. 按经营形式分 | | | | | | | |
| 独立门店 | 10 | 68565 | 15355 | 8823 | 89864 | 27179 | 62685 |
| 连锁总店 | 1 | 1855 | 580 | 2210 | 4246 | 1790 | 2457 |
| 连锁门店 | 1 | 3297 | 3004 | 8735 | 12033 | 2383 | 9650 |
| 其他 | 2 | 26000 | 12324 | 1642 | 28419 | 18432 | 9987 |
| 5. 按单位规模分 | | | | | | | |
| 大型 | 2 | 54491 | 15655 | 11239 | 66564 | 5735 | 60830 |
| 中型 | 6 | 42174 | 13852 | 7560 | 58105 | 38833 | 19272 |
| 小型 | 4 | 2707 | 1435 | 2589 | 9526 | 4913 | 4613 |
| 微型 | 2 | 344 | 320 | 22 | 366 | 303 | 63 |
| 二、零售业 | 66 | 84163 | 18931 | 33856 | 137355 | 87550 | 49805 |
| 1. 按零售行业小类分 | | | | | | | |
| 综合零售 | 17 | 21800 | 7095 | 8262 | 32795 | 24493 | 8303 |
| 百货零售 | 8 | 2783 | 1610 | 4868 | 7886 | 5053 | 2833 |
| 超级市场零售 | 9 | 19017 | 5485 | 3394 | 24909 | 19440 | 5469 |
| 食品、饮料及烟草制品专门零售 | 3 | 775 | – | 442 | 1243 | 414 | 829 |
| 酒、饮料及茶叶零售 | 2 | 685 | – | 172 | 883 | 254 | 629 |
| 其他食品零售 | 1 | 90 | – | 270 | 360 | 160 | 200 |
| 纺织、服装及日用品专门零售 | 4 | 5194 | 575 | 3509 | 12547 | 6039 | 6508 |
| 服装零售 | 3 | 5017 | 575 | 3312 | 11870 | 5662 | 6208 |
| 鞋帽零售 | 1 | 177 | – | 196 | 677 | 377 | 300 |

# 和零售业企业财务指标（一）

单位:个、人、万元

| 主营业务收入 | 主营业务成本 | 主营业务税金及附加 | 销售费用 | 管理费用 | 财务费用 | | 营业利润 | 利润总额 | 应交所得税 |
|---|---|---|---|---|---|---|---|---|---|
| | | | | | | 利息支出 | | | |
| 794919 | 702461 | 16420 | 22506 | 17616 | 4528 | 3347 | 32891 | 31898 | 5128 |
| 545530 | 484861 | 12412 | 12019 | 10344 | 510 | 1020 | 26293 | 27341 | 5074 |
| | | | | | | | | | |
| 3186 | 2861 | 3 | 20 | 20 | 39 | - | 242 | 262 | - |
| 3186 | 2861 | 3 | 20 | 20 | 39 | - | 242 | 262 | - |
| 177148 | 136950 | 8052 | 2783 | 9313 | -600 | 180 | 20167 | 19411 | 4987 |
| 24065 | 20256 | 18 | 164 | 275 | 500 | 180 | 2369 | 1419 | - |
| 153083 | 116694 | 8034 | 2619 | 9038 | -1101 | | 17798 | 17992 | 4987 |
| 18817 | 17106 | 27 | 1168 | 210 | 191 | 108 | 102 | 101 | 4 |
| 13158 | 12470 | 16 | 316 | 177 | 134 | 51 | 30 | 29 | 4 |
| 5660 | 4635 | 11 | 852 | 33 | 56 | 56 | 72 | 72 | - |
| 345703 | 327408 | 4324 | 7910 | 778 | 880 | 733 | 5809 | 7595 | 84 |
| 15413 | 10237 | 3578 | - | 98 | 512 | 412 | 988 | 930 | - |
| 310959 | 300080 | 263 | 7083 | - | 317 | 319 | 4624 | 6467 | 84 |
| 19331 | 17092 | 483 | 827 | 680 | 52 | 2 | 198 | 198 | - |
| 675 | 536 | 6 | 138 | 22 | - | - | -28 | -28 | - |
| 675 | 536 | 6 | 138 | 22 | - | - | -28 | -28 | - |
| | | | | | | | | | |
| 545530 | 484861 | 12412 | 12019 | 10344 | 510 | 1020 | 26293 | 27341 | 5074 |
| 153083 | 116694 | 8034 | 2619 | 9038 | -1101 | - | 17798 | 17992 | 4987 |
| 8094 | 7761 | - | 341 | 101 | 1 | 2 | -112 | -112 | - |
| 340796 | 322508 | 4327 | 7589 | 697 | 918 | 731 | 6163 | 7969 | 84 |
| 340796 | 322508 | 4327 | 7589 | 697 | 918 | 731 | 6163 | 7969 | 84 |
| 7359 | 6977 | 13 | 237 | 79 | 79 | 1 | -26 | -28 | - |
| 36198 | 30920 | 38 | 1233 | 429 | 613 | 286 | 2469 | 1520 | 4 |
| 36198 | 30920 | 38 | 1233 | 429 | 613 | 286 | 2469 | 1520 | 4 |
| | | | | | | | | | |
| 464043 | 416774 | 8297 | 9702 | 9038 | -784 | 319 | 22422 | 24459 | 5070 |
| 8094 | 7761 | - | 341 | 101 | 1 | 2 | -112 | -112 | - |
| 73393 | 60326 | 4115 | 1976 | 1204 | 1293 | 700 | 3983 | 2994 | 4 |
| | | | | | | | | | |
| 200222 | 154615 | 11648 | 4430 | 9548 | -216 | 702 | 19700 | 18883 | 4991 |
| 11238 | 9331 | 483 | 486 | 579 | 50 | - | 310 | 310 | - |
| 310959 | 300080 | 263 | 7083 | - | 317 | 319 | 4624 | 6467 | 84 |
| 23111 | 20836 | 18 | 20 | 217 | 359 | - | 1660 | 1682 | - |
| | | | | | | | | | |
| 464043 | 416774 | 8297 | 9702 | 9038 | -784 | 319 | 22422 | 24459 | 5070 |
| 58073 | 52172 | 525 | 1995 | 1088 | 562 | 110 | 1718 | 1718 | 4 |
| 22738 | 15379 | 3584 | 184 | 195 | 732 | 592 | 2182 | 1192 | - |
| 675 | 536 | 6 | 138 | 22 | - | - | -28 | -28 | - |
| 249389 | 217600 | 4009 | 10487 | 7273 | 4018 | 2326 | 6598 | 4557 | 53 |
| | | | | | | | | | |
| 82672 | 69129 | 1968 | 5708 | 1855 | 608 | 49 | 3402 | 2422 | 13 |
| 22268 | 19187 | 927 | 309 | 262 | 108 | 42 | 1472 | 1213 | 3 |
| 60404 | 49942 | 1040 | 5399 | 1593 | 500 | 7 | 1930 | 1208 | 10 |
| 2666 | 1938 | 141 | 37 | 7 | 19 | 16 | 524 | 209 | - |
| 1827 | 1286 | 58 | 35 | 3 | 3 | - | 443 | 179 | - |
| 838 | 652 | 83 | 2 | 4 | 16 | 16 | 82 | 30 | - |
| 11230 | 9576 | 418 | 511 | 747 | 319 | 89 | -272 | -508 | 11 |
| 10602 | 9189 | 414 | 511 | 747 | 319 | 89 | -509 | -508 | 11 |
| 628 | 387 | 4 | - | - | - | - | 237 | - | - |

# 2013 年限额以上批发

| | 企业数 | 流动资产 | 存货 | 固定资产 | 资产总计 | 负债合计 | 所有者权益 |
|---|---|---|---|---|---|---|---|
| 文化、体育用品及器材专门零售 | 3 | 11351 | 2196 | 2719 | 14091 | 6099 | 7992 |
| 图书、报刊零售 | 1 | 7411 | 1480 | 1932 | 9342 | 4380 | 4963 |
| 珠宝首饰零售 | 2 | 3941 | 716 | 788 | 4748 | 1720 | 3029 |
| 医药及医疗器材专门零售 | 3 | 3135 | 498 | 854 | 5919 | 5497 | 422 |
| 药品零售 | 3 | 3135 | 498 | 854 | 5919 | 5497 | 422 |
| 汽车、摩托车、燃料及零配件专门零售 | 27 | 35189 | 7834 | 8886 | 53794 | 33231 | 20563 |
| 汽车零售 | 23 | 25584 | 6985 | 6161 | 33789 | 22764 | 11025 |
| 摩托车及零配件零售 | 1 | 1091 | 686 | 12 | 1104 | 664 | 440 |
| 机动车燃料零售 | 3 | 8514 | 163 | 2714 | 18901 | 9803 | 9098 |
| 家用电器及电子产品专门零售 | 6 | 1566 | 566 | 1452 | 3707 | 1854 | 1853 |
| 日用家电设备零售 | 3 | 725 | 340 | 478 | 1603 | 707 | 896 |
| 计算机、软件及辅助设备零售 | 2 | 656 | 165 | 559 | 1503 | 1030 | 473 |
| 通信设备零售 | 1 | 185 | 62 | 415 | 600 | 117 | 484 |
| 货摊、无店铺及其他零售业 | 3 | 5153 | 166 | 7732 | 13259 | 9923 | 3337 |
| 生活用燃料零售 | 1 | 4549 | 43 | 7659 | 12209 | 9272 | 2937 |
| 其他未列明零售业 | 2 | 604 | 123 | 73 | 1051 | 651 | 400 |
| 2. 按登记注册类型分 | | | | | | | |
| 内资企业 | 66 | 84163 | 18931 | 33856 | 137355 | 87550 | 49805 |
| 国有企业 | | | | | | | |
| 集体企业 | 1 | 471 | 140 | 315 | 786 | 136 | 650 |
| 有限责任公司 | 37 | 45526 | 11711 | 15504 | 71024 | 47958 | 23066 |
| 国有独资公司 | 1 | 7411 | 1480 | 1932 | 9342 | 4380 | 4963 |
| 其他有限责任公司 | 36 | 38116 | 10231 | 13572 | 61682 | 43579 | 18103 |
| 股份有限公司 | 1 | 7903 | 133 | 2041 | 17551 | 9139 | 8412 |
| 私营企业 | 25 | 29947 | 6948 | 15182 | 46443 | 29663 | 16780 |
| 私营独资企业 | 1 | 460 | 180 | 249 | 716 | 689 | 27 |
| 私营有限责任公司 | 24 | 29487 | 6768 | 14933 | 45727 | 28974 | 16753 |
| 其他企业 | 2 | 316 | - | 815 | 1551 | 654 | 897 |
| 3. 按控股情况分 | | | | | | | |
| 国有控股 | 1 | 7411 | 1480 | 1932 | 9342 | 4380 | 4963 |
| 集体控股 | 2 | 916 | 431 | 396 | 1314 | 141 | 1173 |
| 私人控股 | 61 | 75491 | 16740 | 29214 | 124039 | 80674 | 43364 |
| 其他 | 2 | 346 | 280 | 2315 | 2660 | 2355 | 305 |
| 4. 按经营形式分 | | | | | | | |
| 独立门店 | 63 | 65872 | 14355 | 32417 | 115382 | 68790 | 46593 |
| 连锁总店 | 1 | 16966 | 4167 | 1314 | 20441 | 18441 | 2000 |
| 连锁门店 | 2 | 1325 | 409 | 126 | 1532 | 320 | 1212 |
| 5. 按单位规模分 | | | | | | | |
| 大型 | 1 | 16966 | 4167 | 1314 | 20441 | 18441 | 2000 |
| 中型 | 21 | 41232 | 6699 | 23999 | 79236 | 50411 | 28824 |
| 小型 | 39 | 24730 | 7559 | 7428 | 34829 | 17028 | 17801 |
| 微型 | 5 | 1235 | 507 | 1115 | 2850 | 1671 | 1179 |
| 6. 按零售业态分 | | | | | | | |
| 有店铺零售 | 66 | 84163 | 18931 | 33856 | 137355 | 87550 | 49805 |
| 食杂店 | 1 | 45 | - | 52 | 123 | 54 | 69 |
| 超市 | 11 | 3362 | 1618 | 2612 | 6431 | 1972 | 4459 |
| 大型超市 | 2 | 17105 | 4167 | 1932 | 21315 | 18718 | 2597 |
| 百货店 | 6 | 2063 | 1310 | 4107 | 6170 | 4164 | 2006 |
| 专业店 | 9 | 3590 | 1180 | 2153 | 6715 | 3602 | 3112 |
| 专卖店 | 33 | 52805 | 10081 | 19491 | 84054 | 53002 | 31053 |
| 购物中心 | 4 | 5194 | 575 | 3509 | 12547 | 6039 | 6508 |

# 和零售业企业财务指标（二）

单位:个、人、万元

| 主营业务收入 | 主营业务成本 | 主营业务税金及附加 | 销售费用 | 管理费用 | 财务费用 | 利息支出 | 营业利润 | 利润总额 | 应交所得税 |
|---|---|---|---|---|---|---|---|---|---|
| 18095 | 15253 | 196 | 905 | 1274 | 93 | 95 | 375 | 535 | – |
| 9791 | 7894 | 21 | 715 | 1150 | -10 | – | 20 | 180 | – |
| 8304 | 7358 | 175 | 190 | 124 | 102 | 95 | 355 | 355 | – |
| 3377 | 2643 | 111 | 162 | 101 | 33 | 12 | 327 | 496 | – |
| 3377 | 2643 | 111 | 162 | 101 | 33 | 12 | 327 | 496 | – |
| 113882 | 105268 | 605 | 2469 | 2408 | 2277 | 1764 | 1000 | 649 | 19 |
| 90024 | 84396 | 154 | 1855 | 1601 | 662 | 279 | 1500 | 1277 | 19 |
| 2835 | 1951 | 293 | 22 | 53 | 12 | – | 505 | 505 | – |
| 21023 | 18921 | 157 | 592 | 754 | 1603 | 1485 | -1004 | -1133 | – |
| 7912 | 6067 | 258 | 272 | 139 | 163 | 71 | 1014 | 581 | 10 |
| 4783 | 4315 | 29 | 68 | 59 | 67 | – | 245 | 112 | 1 |
| 2129 | 1242 | 203 | 174 | 49 | 96 | 71 | 365 | 65 | 10 |
| 1000 | 510 | 26 | 30 | 30 | – | – | 404 | 404 | – |
| 9556 | 7727 | 313 | 422 | 743 | 506 | 230 | 228 | 174 | – |
| 3117 | 2220 | – | 364 | 696 | 261 |  | -42 | -21 | – |
| 6439 | 5506 | 313 | 59 | 47 | 244 | 230 | 270 | 195 | – |
| 249389 | 217600 | 4009 | 10487 | 7273 | 4018 | 2326 | 6598 | 4557 | 53 |
| 8855 | 8250 | 380 | 15 | 17 | 28 | – | 166 | 166 | – |
| 170253 | 148469 | 2279 | 7866 | 4622 | 1751 | 406 | 5399 | 5196 | 20 |
| 9791 | 7894 | 21 | 715 | 1150 | -10 | – | 20 | 180 | – |
| 160462 | 140575 | 2258 | 7151 | 3472 | 1760 | 406 | 5379 | 5016 | 20 |
| 11264 | 11110 | 2 | 404 | 264 | 1460 | 1460 | -1976 | -1976 | – |
| 57581 | 48941 | 1344 | 2201 | 2369 | 779 | 460 | 2409 | 1172 | 34 |
| 1001 | 510 | 60 | 20 | 90 | 1 | 0 | 319 | – | – |
| 56580 | 48431 | 1284 | 2181 | 2279 | 778 | 460 | 2089 | 1172 | 34 |
| 1437 | 830 | 5 | 1 | – | – | – | 601 | – | – |
| 9791 | 7894 | 21 | 715 | 1150 | -10 | – | 20 | 180 | – |
| 12089 | 11235 | 385 | 108 | 111 | 31 | – | 220 | 217 | 13 |
| 225577 | 196776 | 3591 | 9526 | 6005 | 3996 | 2326 | 6279 | 4077 | 40 |
| 1933 | 1694 | 12 | 138 | 7 | 1 | – | 80 | 83 | 1 |
| 193250 | 170701 | 2918 | 5275 | 5769 | 3527 | 2326 | 5654 | 3613 | 53 |
| 47769 | 40916 | 53 | 4924 | 1328 | 477 | – | 71 | 71 | – |
| 8370 | 5983 | 1037 | 288 | 176 | 14 | – | 873 | 873 | – |
| 47769 | 40916 | 53 | 4924 | 1328 | 477 | – | 71 | 71 | – |
| 100721 | 89362 | 2171 | 3395 | 3885 | 2518 | 1782 | -160 | -187 | 14 |
| 90429 | 78195 | 1661 | 1900 | 1934 | 1011 | 542 | 5873 | 4278 | 39 |
| 10470 | 9127 | 124 | 268 | 127 | 12 | 2 | 813 | 394 | 1 |
| 249389 | 217600 | 4009 | 10487 | 7273 | 4018 | 2326 | 6598 | 4557 | 53 |
| 627 | 346 | 6 | 9 | 2 | 1 | – | 263 | – | – |
| 21164 | 16432 | 1397 | 546 | 383 | 55 | 7 | 2349 | 1672 | 10 |
| 48578 | 41359 | 54 | 4924 | 1328 | 478 | – | 435 | 71 | – |
| 14969 | 12929 | 652 | 267 | 149 | 93 | 57 | 879 | 888 | 3 |
| 27804 | 23446 | 781 | 654 | 569 | 419 | 336 | 1935 | 1830 | 16 |
| 125017 | 113511 | 702 | 3575 | 4095 | 2652 | 1837 | 1008 | 605 | 14 |
| 11230 | 9576 | 418 | 511 | 747 | 319 | 89 | -272 | -508 | 11 |

# 2013年限额以上住宿

| | 企业数 | 流动资产 | 存货 | 固定资产 | 资产总计 | 负债合计 | 所有者权益 |
|---|---|---|---|---|---|---|---|
| 总　计 | 61 | 13152 | 2020 | 37240 | 55356 | 36110 | 19246 |
| 一、住宿业 | 16 | 7965 | 1102 | 14535 | 24196 | 17817 | 6379 |
| 1.按住宿业行业小类分 | | | | | | | |
| 旅游饭店 | 4 | 5607 | 474 | 9432 | 15665 | 14258 | 1406 |
| 一般旅馆 | 8 | 1447 | 570 | 3803 | 6194 | 1702 | 4492 |
| 其他住宿业 | 4 | 911 | 57 | 1301 | 2338 | 1857 | 481 |
| 2.按登记注册类型分 | | | | | | | |
| 内资企业 | 16 | 7965 | 1102 | 14535 | 24196 | 17817 | 6379 |
| 国有企业 | 6 | 7089 | 711 | 11457 | 19173 | 16520 | 2652 |
| 有限责任公司 | 3 | 441 | 111 | 343 | 1577 | 662 | 915 |
| 其他有限责任公司 | 3 | 441 | 111 | 343 | 1577 | 662 | 915 |
| 股份有限公司 | 1 | 188 | 187 | 1940 | 2128 | 183 | 1945 |
| 私营企业 | 5 | 226 | 93 | 705 | 1183 | 359 | 824 |
| 私营独资企业 | 2 | 88 | – | 299 | 488 | 323 | 165 |
| 私营有限责任公司 | 3 | 139 | 93 | 406 | 695 | 36 | 659 |
| 其他企业 | 1 | 21 | – | 90 | 136 | 93 | 43 |
| 3.按控股情况分 | | | | | | | |
| 国有控股 | 6 | 7089 | 711 | 11457 | 19173 | 16520 | 2652 |
| 集体控股 | – | – | – | – | – | – | – |
| 私人控股 | 10 | 876 | 391 | 3078 | 5024 | 1297 | 3727 |
| 4.按经营形式分 | | | | | | | |
| 独立门店 | 16 | 7965 | 1102 | 14535 | 24196 | 17817 | 6379 |
| 5.按单位规模分 | | | | | | | |
| 中型 | 2 | 5483 | 486 | 1114 | 7223 | 5732 | 1491 |
| 小型 | 11 | 2235 | 382 | 11458 | 14750 | 11867 | 2883 |
| 微型 | 3 | 247 | 234 | 1963 | 2224 | 219 | 2005 |
| 6.按星级分 | | | | | | | |
| 五星 | 1 | 4802 | 307 | – | 5428 | 4911 | 518 |
| 四星 | 1 | 84 | 39 | – | 84 | 45 | 39 |
| 三星 | 1 | 410 | 110 | 23 | 784 | 432 | 352 |
| 二星 | 3 | 1523 | 186 | 10343 | 11866 | 10743 | 1123 |
| 其他 | 10 | 1146 | 460 | 4169 | 6034 | 1686 | 4348 |
| 二、餐饮业 | 45 | 5187 | 918 | 22705 | 31160 | 18293 | 12867 |
| 1.按餐饮业行业小类分 | | | | | | | |
| 正餐服务 | 45 | 5187 | 918 | 22705 | 31160 | 18293 | 12867 |
| 2.按登记注册类型分 | | | | | | | |
| 内资企业 | 45 | 5187 | 918 | 22705 | 31160 | 18293 | 12867 |
| 国有企业 | 5 | 831 | 103 | 4049 | 5148 | 7940 | -2792 |
| 有限责任公司 | 13 | 1813 | 183 | 3815 | 6211 | 1568 | 4644 |
| 其他有限责任公司 | 13 | 1813 | 183 | 3815 | 6211 | 1568 | 4644 |
| 私营企业 | 26 | 2506 | 632 | 14764 | 19686 | 8692 | 10994 |
| 私营独资企业 | 10 | 376 | 108 | 4079 | 4562 | 792 | 3770 |
| 私营有限责任公司 | 16 | 2130 | 525 | 10685 | 15124 | 7900 | 7224 |
| 其他企业 | 1 | 37 | | 77 | 114 | 93 | 21 |
| 3.按控股情况分 | | | | | | | |
| 国有控股 | 5 | 831 | 103 | 4049 | 5148 | 7940 | -2792 |
| 私人控股 | 40 | 4356 | 815 | 18656 | 26012 | 10353 | 15659 |
| 4.按经营形式分 | | | | | | | |
| 独立门店 | 45 | 5187 | 918 | 22705 | 31160 | 18293 | 12867 |
| 5.按单位规模分 | | | | | | | |
| 中型 | 1 | 897 | 93 | 4600 | 5941 | 5338 | 602 |
| 小型 | 42 | 4244 | 814 | 17920 | 24812 | 12878 | 11934 |
| 微型 | 2 | 46 | 11 | 185 | 407 | 76 | 331 |

# 和餐饮业企业财务指标

单位:个、人、万元

| 主营业务收入 | 主营业务成本 | 主营业务税金及附加 | 销售费用 | 管理费用 | 财务费用 | 利息支出 | 营业利润 | 利润总额 | 应交所得税 |
|---|---|---|---|---|---|---|---|---|---|
| 48649 | 31010 | 2850 | 4135 | 5857 | 499 | 280 | 5768 | 3895 | 110 |
| 15227 | 8923 | 917 | 1252 | 3381 | 127 | 5 | 713 | 917 | 54 |
| | | | | | | | | | |
| 7572 | 4376 | 554 | 255 | 2264 | 45 | 4 | 77 | 101 | – |
| 6091 | 3730 | 291 | 648 | 1086 | 80 | 1 | 346 | 814 | 54 |
| 1564 | 817 | 72 | 349 | 31 | 2 | – | 291 | 2 | – |
| | | | | | | | | | |
| 15227 | 8923 | 917 | 1252 | 3381 | 127 | 5 | 713 | 917 | 54 |
| 11510 | 6424 | 785 | 602 | 3112 | 119 | 4 | 465 | 294 | – |
| 2326 | 1671 | 72 | 648 | 214 | 4 | 1 | -228 | 368 | – |
| 2326 | 1671 | 72 | 648 | 214 | 4 | 1 | -228 | 368 | – |
| 279 | 153 | 2 | | 4 | | – | 131 | 187 | 49 |
| 852 | 542 | 55 | 3 | 51 | 5 | – | 221 | 68 | 5 |
| 472 | 264 | 37 | 3 | 2 | 2 | – | 165 | – | – |
| 380 | 278 | 18 | – | 49 | 3 | – | 56 | 68 | 5 |
| 260 | 133 | 3 | – | – | – | – | 124 | – | – |
| | | | | | | | | | |
| 11510 | 6424 | 785 | 602 | 3112 | 119 | 4 | 465 | 294 | – |
| – | – | – | – | – | – | – | – | – | – |
| 3717 | 2499 | 132 | 650 | 268 | 8 | 1 | 248 | 623 | 54 |
| | | | | | | | | | |
| 15227 | 8923 | 917 | 1252 | 3381 | 127 | 5 | 713 | 917 | 54 |
| | | | | | | | | | |
| 7278 | 3926 | 630 | – | 2642 | 115 | – | -34 | -229 | – |
| 7588 | 4786 | 279 | 1252 | 728 | 12 | 5 | 605 | 959 | 5 |
| 360 | 211 | 8 | – | 11 | – | – | 142 | 187 | 49 |
| | | | | | | | | | |
| 4172 | 2297 | 431 | – | 1822 | 41 | – | -420 | -420 | – |
| 745 | 474 | 42 | – | 305 | – | – | -76 | – | – |
| 1687 | 1254 | 24 | – | 148 | – | – | 261 | 261 | – |
| 3487 | 2024 | 113 | 602 | 166 | 4 | 4 | 575 | 523 | – |
| 5136 | 2873 | 307 | 650 | 940 | 82 | 1 | 373 | 553 | 54 |
| 33423 | 22087 | 1933 | 2883 | 2476 | 372 | 275 | 5055 | 2978 | 56 |
| | | | | | | | | | |
| 33423 | 22087 | 1933 | 2883 | 2476 | 372 | 275 | 5055 | 2978 | 56 |
| | | | | | | | | | |
| 33423 | 22087 | 1933 | 2883 | 2476 | 372 | 275 | 5055 | 2978 | 56 |
| 4624 | 2737 | 283 | 1229 | 780 | 263 | 252 | 710 | -598 | – |
| 7441 | 4694 | 374 | 465 | 364 | 41 | 10 | 1503 | 1070 | 17 |
| 7441 | 4694 | 374 | 465 | 364 | 41 | 10 | 1503 | 1070 | 17 |
| 20939 | 14389 | 1269 | 1189 | 1332 | 67 | 13 | 2698 | 2506 | 39 |
| 8624 | 6510 | 645 | 35 | 229 | 35 | – | 1229 | 1229 | – |
| 12315 | 7879 | 624 | 1154 | 1102 | 32 | 13 | 1469 | 1277 | 39 |
| 420 | 267 | 7 | – | – | 2 | – | 144 | – | – |
| | | | | | | | | | |
| 4624 | 2737 | 283 | 1229 | 780 | 263 | 252 | 710 | -598 | – |
| 28799 | 19350 | 1650 | 1654 | 1695 | 109 | 23 | 4345 | 3576 | 56 |
| | | | | | | | | | |
| 33423 | 22087 | 1933 | 2883 | 2476 | 372 | 275 | 5055 | 2978 | 56 |
| | | | | | | | | | |
| 3612 | 2314 | 151 | 999 | 144 | – | – | 4 | 2 | – |
| 28993 | 19254 | 1721 | 1884 | 2312 | 372 | 275 | 4832 | 2757 | 56 |
| 819 | 519 | 61 | – | 20 | – | – | 219 | 219 | – |

# 2013年分县区社会消

| | 全市 | 西峰区 | 庆城县 | 环 县 |
|---|---|---|---|---|
| **社会消费品零售总额** | 1480528 | 466796 | 225121 | 117254 |
| 按销售单位所在地分 | | | | |
| 城镇 | 1127029 | 374046 | 156360 | 102557 |
| 乡村 | 353499 | 92750 | 68761 | 14696 |
| 按行业分 | | | | |
| 批发业 | 363756 | 201976 | 36382 | 13849 |
| 零售业 | 913672 | 203061 | 162379 | 81333 |
| 住宿业 | 16989 | 4983 | 451 | 6568 |
| 餐饮业 | 162083 | 49200 | 22256 | 13600 |
| 其他行业 | 24028 | 7576 | 3654 | 1903 |
| 星级住宿业和限额以上餐饮业经营情况 | | | | |
| 住宿业 | | | | |
| 法人企业数（个） | 16 | 4 | - | 2 |
| 产业活动单位数（个） | 16 | 4 | - | 2 |
| 年末从业人员（人） | 1282 | 682 | - | 188 |
| 营业额总计 | 15348 | 5526 | - | 4793 |
| 餐饮业 | | | | |
| 法人企业数（个） | 45 | 9 | 11 | 4 |
| 产业活动单位数（个） | 45 | 9 | 11 | 4 |
| 年末从业人员（人） | 2630 | 1112 | 615 | 130 |
| 营业额总计 | 34905 | 9179 | 13205 | 1639 |
| 限额以上批发和零售业企业财务状况 | | | | |
| 批发业 | | | | |
| 企业数（个） | 14 | 8 | 1 | 1 |
| 资产总计 | 134561 | 93184 | 4246 | 1877 |
| 负债合计 | 49783 | 26163 | 1790 | 1377 |
| 所有者权益合计 | 84778 | 67021 | 2457 | 500 |
| 主营业务收入 | 545530 | 489155 | 11238 | 15413 |
| 利润总额 | 27341 | 24610 | 310 | 930 |
| 零售业 | | | | |
| 企业数（个） | 66 | 30 | 8 | 15 |
| 资产总计 | 137355 | 106216 | 13105 | 9201 |
| 负债合计 | 87550 | 74010 | 5255 | 4305 |
| 所有者权益合计 | 49805 | 32206 | 7850 | 4895 |
| 主营业务收入 | 249389 | 156644 | 32600 | 44012 |
| 利润总额 | 4557 | -1986 | 1873 | 2865 |

## 费品零售总额

单位：万元

| 华池县 | 合水县 | 正宁县 | 宁　县 | 镇原县 |
|---|---|---|---|---|
| 80690 | 79068 | 108155 | 218382 | 185064 |
| | | | | |
| 53324 | 56209 | 66645 | 157844 | 160045 |
| 27365 | 22859 | 41511 | 60538 | 25019 |
| | | | | |
| 7887 | 27180 | 20784 | 45656 | 10043 |
| 59934 | 41829 | 74393 | 136469 | 154274 |
| 836 | 1040 | 1430 | 218 | 1464 |
| 10724 | 7735 | 9793 | 32496 | 16279 |
| 1310 | 1283 | 1755 | 3544 | 3004 |
| | | | | |
| | | | | |
| 3 | 3 | 2 | 1 | 1 |
| 3 | 3 | 2 | 1 | 1 |
| 95 | 93 | 81 | 23 | 120 |
| 914 | 732 | 1026 | 439 | 1918 |
| | | | | |
| 3 | 2 | 1 | 8 | 7 |
| 3 | 2 | 1 | 8 | 7 |
| 149 | 102 | 28 | 263 | 231 |
| 1008 | 763 | 545 | 4955 | 3612 |
| | | | | |
| | | | | |
| – | 2 | 2 | – | – |
| – | 4806 | 30448 | – | – |
| – | 2556 | 17897 | – | – |
| – | 2250 | 12551 | – | – |
| – | 4140 | 25585 | – | – |
| – | – | 1491 | – | – |
| | | | | |
| 3 | 5 | – | 3 | 2 |
| 2758 | 2369 | – | 2089 | 1618 |
| 2323 | 1106 | – | 93 | 459 |
| 435 | 1263 | – | 1996 | 1159 |
| 2729 | 3339 | – | 6408 | 3658 |
| 41 | – | – | 1162 | 602 |

# 国内贸易

**【社会消费品零售总额】** 指企业（单位、个体户）通过交易直接售给个人、社会集团非生产、非经营用的食物商品金额，以及提供餐饮服务所取得的收入金额。

**【批发零售贸易业商品购、销、存总额】** 指各种登记注册类型的批发、零售贸易业(不包括个体)企业（单位）以本企业（单位）为总体的商品购进、销售、库存总额。

**【商品购进总额】** 指从本企业(单位)以外的单位和个人购进(包括从境外直接进口)作为转卖或加工后转卖的商品总额。它反映批发零售贸易业从国内、国外市场上购进商品的总量。

**【商品销售总额】** 指对本企业(单位)以外的单位和个人出售(包括对境外直接出口)的商品总额。它反映批发零售贸易业在国内市场上销售商品以及出口商品的总量。

**【批发零售贸易业库存】** 指报告期末各种登记注册类型的批发零售贸易企业(单位)已取得所有权的商品。它反映批发零售贸易企业(单位)的商品库存情况和对市场商品供应的保证程度。

**【消费品市场成交额】** 指从事消费品交易的商品市场的全部商品成交金额。消费品市场包括农副产品市场和工业消费品市场。

# 统计资料

QING YANG YEARBOOK

# 西峰区居民消费价格类指数

|  | 2013 |  | 2013 |
|---|---|---|---|
| 居民消费价格总指数 | 103.1 | 1.耐用消费品 | 98.7 |
| 非食品价格指数 | 101.7 | (1)家　具 | 99.7 |
| 服务项目价格指数 | 103.7 | (2)家庭设备 | 97.5 |
| 扣除鲜菜鲜果总指数 | 103.4 | 2.室内装饰品 | 100.0 |
| 消费品价格指数 | 102.9 | 3.床上用品 | 100.9 |
| 一、食　品 | 105.9 | 4.家庭日用杂品 | 112.2 |
| 1.粮　食 | 105.4 | 5.家庭服务及加工维修服务 | 100.0 |
| 2.淀　粉 | 106.3 | 五、医疗保健和个人用品 | 103.6 |
| 3.干豆类及豆制品 | 117.4 | 1.医疗保健 | 106.0 |
| 4.油　脂 | 101.6 | (1)医疗器具及用品 | 109.4 |
| 5.肉禽及其制品 | 101.3 | (2)中药材及中成药 | 107.2 |
| (1) 食用畜肉及副产品 | 95.6 | (3)西　药 | 102.1 |
| (2) 禽 | 119.3 | (4)保健器具及用品 | 97.1 |
| (3) 肉禽加工 | 101.0 | (5)医疗保健服务 | 111.0 |
| 6.蛋 | 109.6 | 2.个人用品及服务 | 99.2 |
| 7.水产品 | 88.0 | (1)化妆美容用品 | 102.8 |
| (1) 鱼 | 88.9 | (2)清洁类化妆品 | 110.2 |
| (2) 其他水产品 | 85.7 | (3)个人饰品 | 94.1 |
| 8.菜 | 103.9 | (4)个人服务 | 100.9 |
| 9.调味品 | 122.7 | 六、交通和通讯 | 100.3 |
| 10.糖 | 113.7 | 1.交　通 | 101.1 |
| 11.茶及饮料 | 109.1 | (1) 交通工具 | 98.9 |
| (1) 茶叶 | 100.0 | (2) 车用燃料及零配件 | 104.6 |
| (2) 饮料 | 112.0 | (3) 车辆使用及维修费 | 100.4 |
| 12.干鲜瓜果 | 96.3 | (4) 市区公共交通费 | 100.0 |
| 13.糕点、饼干、面包 | 118.3 | (5) 城市间交通费 | 106.2 |
| 14.液体乳及乳制品 | 100.7 | 2.通　信 | 99.2 |
| 15.在外用膳食品 | 112.8 | (1) 通信工具 | 92.9 |
| 16.其他食品 | 98.6 | (2) 通信服务 | 100.0 |
| 二、烟酒 | 99.4 | 七、娱乐教育文化用品及服务 | 104.6 |
| 1.烟　草 | 100.0 | 1.文娱用耐用消费品及服务 | 95.8 |
| 2.酒 | 98.6 | 2.教　育 | 100.1 |
| 三、衣　着 | 99.5 | (1) 教材及参考书 | 99.5 |
| 1.服　装 | 98.0 | (2) 教育服务 | 100.2 |
| (1)男式服装 | 97.6 | 3.文化娱乐类 | 119.2 |
| (2)女士服装 | 93.3 | (1) 文化娱乐用品 | 100.3 |
| (3)儿童服装 | 116.2 | (2) 书报杂志 | 98.4 |
| 2.衣着材料 | 100.0 | (3) 文娱费 | 130.0 |
| 3.鞋袜帽 | 102.9 | 4.旅　游 | 103.4 |
| (1)鞋 | 104.1 | 八、居　住 | 101.0 |
| (2)袜子 | 97.1 | 1.建房及装修材料 | 102.6 |
| (3)帽子 | 100.0 | 2.住房租金 | 109.6 |
| 4.衣着加工服务费 | 138.1 | 3.自有住房 | 100.6 |
| 四、家庭设备用品及维修服务 | 103.9 | 4.水、电、燃料 | 101.1 |

# 西峰区 2013 年

| | 1月 | 2月 | 3月 | 4月 | 5月 |
|---|---|---|---|---|---|
| **居民消费价格总指数** | 101.5 | 101.8 | 103.9 | 105.3 | 104.4 |
| 1. 食品 | 99.8 | 101.4 | 102.6 | 106.2 | 105.8 |
| 2. 烟酒 | 100.9 | 100.8 | 100.0 | 100.0 | 100.0 |
| 3. 衣着 | 103.8 | 102.8 | 102.9 | 102.1 | 98.3 |
| 4. 家庭设备用品及维修服务 | 101.5 | 103.7 | 105.8 | 106.3 | 106.4 |
| 5. 医疗保健和个人用品 | 106.6 | 104.7 | 106.8 | 107.9 | 107.9 |
| 6. 交通和通讯 | 100.0 | 100.7 | 100.9 | 100.8 | 100.5 |
| 7. 娱乐教育文化用品及服务 | 100.5 | 100.7 | 111.8 | 111.8 | 111.8 |
| 8. 居住 | 101.4 | 101.0 | 102.9 | 104.3 | 102.1 |
| **商品零售价格总指数** | 101.4 | 102.1 | 103.3 | 104.7 | 103.5 |
| 1. 食品 | 99.4 | 102.3 | 104.2 | 107.4 | 106.8 |
| 2. 饮料烟酒 | 102.3 | 102.3 | 103.5 | 104.0 | 104.0 |
| 3. 服装鞋帽 | 105.9 | 105.4 | 106.4 | 106.0 | 101.1 |
| 4. 纺织品 | 103.8 | 103.6 | 101.9 | 100.0 | 100.0 |
| 5. 家用电器及音像器材 | 97.6 | 97.6 | 97.2 | 98.4 | 98.6 |
| 6. 文化办公用品 | 97.9 | 95.9 | 95.9 | 95.9 | 96.4 |
| 7. 日用品 | 100.9 | 102.0 | 105.0 | 106.2 | 106.5 |
| 8. 体育娱乐用品 | 99.5 | 99.1 | 99.1 | 99.1 | 99.1 |
| 9. 交通通信用品 | 99.4 | 99.4 | 98.6 | 99.9 | 99.0 |
| 10. 家具 | 99.0 | 100.0 | 100.0 | 99.9 | 100.0 |
| 11. 化妆品 | 99.5 | 98.8 | 100.0 | 103.8 | 103.2 |
| 12. 金银珠宝 | 100.8 | 98.7 | 99.9 | 99.9 | 101.0 |
| 13. 中西药品及医疗保健用品 | 104.1 | 103.2 | 105.3 | 108.6 | 108.6 |
| 14. 书报杂志及电子出版物 | 99.6 | 99.5 | 99.6 | 99.6 | 99.6 |
| 15. 燃料 | 100.9 | 100.2 | 99.9 | 95.1 | 95.9 |
| 16. 建筑材料及五金电料 | 102.8 | 101.2 | 101.1 | 101.7 | 101.5 |
| **农业生产资料价格指数** | 104.8 | 104.8 | 105.0 | 106.4 | 105.3 |

## 分月价格指数

| 6月 | 7月 | 8月 | 9月 | 10月 | 11月 | 12月 |
|---|---|---|---|---|---|---|
| 104.7 | 101.9 | 101.6 | 102.3 | 102.8 | 103.3 | 103.7 |
| 107.7 | 105.5 | 105.6 | 107.4 | 108.9 | 109.8 | 110.5 |
| 98.7 | 98.7 | 98.7 | 98.8 | 98.8 | 99.0 | 98.6 |
| 99.3 | 99.0 | 97.6 | 97.1 | 97.1 | 97.2 | 97.5 |
| 106.4 | 103.4 | 103.2 | 103.1 | 102.8 | 102.4 | 102.3 |
| 106.3 | 101.4 | 101.6 | 100.3 | 100.0 | 100.0 | 100.5 |
| 100.3 | 100.2 | 100.1 | 100.0 | 99.9 | 99.9 | 100.2 |
| 111.9 | 99.5 | 98.6 | 101.5 | 101.5 | 103.9 | 104.0 |
| 100.6 | 99.8 | 99.8 | 99.9 | 99.9 | 99.9 | 100.0 |
| 104.0 | 102.4 | 102.1 | 102.7 | 103.1 | 103.3 | 103.9 |
| 108.4 | 105.2 | 105.5 | 107.5 | 108.6 | 108.9 | 109.8 |
| 103.0 | 102.0 | 101.8 | 101.0 | 101.1 | 101.1 | 100.8 |
| 101.9 | 101.4 | 99.7 | 99.3 | 99.2 | 99.3 | 99.9 |
| 100.0 | 100.0 | 100.0 | 100.0 | 100.0 | 100.0 | 99.7 |
| 98.5 | 98.4 | 98.1 | 97.9 | 97.6 | 97.5 | 97.5 |
| 96.4 | 100.0 | 99.9 | 99.9 | 99.9 | 99.9 | 99.9 |
| 107.1 | 105.8 | 106.1 | 106.1 | 106.4 | 106.5 | 106.7 |
| 99.4 | 99.5 | 99.5 | 99.5 | 99.5 | 99.5 | 99.5 |
| 97.4 | 95.9 | 95.4 | 95.4 | 95.0 | 95.0 | 96.1 |
| 100.0 | 99.4 | 99.4 | 99.4 | 99.4 | 99.4 | 99.4 |
| 105.7 | 105.7 | 106.9 | 109.4 | 109.2 | 110.4 | 113.2 |
| 95.0 | 93.4 | 93.4 | 93.8 | 94.1 | 92.8 | 93.4 |
| 105.0 | 101.6 | 101.5 | 101.6 | 101.9 | 101.8 | 102.4 |
| 100.0 | 100.0 | 97.4 | 97.4 | 97.4 | 97.4 | 97.4 |
| 101.7 | 103.2 | 102.8 | 101.5 | 101.2 | 101.9 | 102.7 |
| 101.5 | 101.2 | 101.1 | 101.8 | 102.4 | 102.3 | 103.2 |
| 104.8 | 104.9 | 104.8 | 104.3 | 104.0 | 103.9 | 104.0 |

## 2013年西峰区居民消费价格总指数

（2013年12月）

| | 上年同期为100 | 2010年为100 | 上年12月为100 |
|---|---|---|---|
| 居民消费价格总指数 | 103.1 | 114.7 | 105.4 |
| 服务项目价格指数 | 103.7 | 112.1 | 108.0 |
| 消费品价格指数 | 102.9 | 115.7 | 104.6 |
| 一、食　品 | 105.9 | 127.0 | 110.5 |
| 二、烟酒 | 99.4 | 103.3 | 98.6 |
| 三、衣　着 | 99.5 | 107.6 | 97.5 |
| 四、家庭设备用品及维修服务 | 103.9 | 108.5 | 105.3 |
| 五、医疗保健和个人用品 | 103.6 | 116.2 | 103.5 |
| 六、交通和通信 | 100.3 | 100.8 | 100.2 |
| 七、娱乐、教育文化用品及服务 | 104.6 | 118.9 | 116.5 |
| 八、居　住 | 101.0 | 104.8 | 100.0 |

## 近年西峰区居民消费价格总指数

| | 2008 | 2009 | 2010 | 2011 | 2012 | 2013 |
|---|---|---|---|---|---|---|
| 居民消费价格总指数 | 106.0 | 101.1 | 103.2 | 105.0 | 103.6 | 103.1 |
| 商品零售价格总指数 | 106.9 | 102.1 | 102.3 | 105.5 | 104.1 | 103.0 |
| 农业生产资料价格指数 | 108.1 | 101.5 | 102.2 | 106.0 | 104.7 | 104.7 |

# 统计资料

## 城乡居民生活

QING YANG YEARBOOK

# 农村住户调查点基本情况

| | 计算单位 | 2008 | 2009 | 2010 | 2011 | 2012 | 2013 |
|---|---|---|---|---|---|---|---|
| 调查点个数（村民委员会） | 个 | 48 | 48 | 48 | 54 | 54 | 61 |
| 调查点户数 | 户 | 480 | 480 | 480 | 540 | 540 | 614 |
| #个体工商户 | 户 | 6 | 6 | 8 | 7 | 8 | - |
| 乡村干部户 | 户 | 22 | 22 | 31 | 26 | 25 | - |
| 五保户 | 户 | 2 | 2 | 2 | - | - | - |
| 调查户家庭结构 | | | | | | | |
| #单身或夫妇 | 户 | 23 | 23 | 27 | 24 | 38 | - |
| 夫妇与1个孩子 | 户 | 53 | 54 | 53 | 50 | 64 | - |
| 夫妇与2个孩子以上 | 户 | 130 | 114 | 117 | 162 | 154 | - |
| 单亲与孩子 | 户 | 28 | 29 | 32 | 9 | 10 | - |
| 三世同堂 | 户 | 149 | 164 | 158 | 172 | 164 | - |
| 调查户总人口 | 人 | 2178 | 2052 | 2161 | 2394 | 2380 | 2625 |
| 调查点总劳动力 | 人 | 1392 | 1433 | 1423 | 1459 | 1443 | 1782 |
| 第一产业 | 人 | 1090 | 1094 | 1078 | 1009 | 989 | - |
| 第二产业 | 人 | 124 | 151 | 157 | 267 | 286 | - |
| 第三产业 | 人 | 170 | 188 | 188 | 183 | 168 | - |
| 调查户期末住房情况 | | | | | | | |
| 住房面积 | m² | 47656 | 50895 | 50531 | 52317 | 55654 | 63016 |
| 住房价值 | 万元 | 1118 | 1148 | 1202 | 2665 | 2950 | 4117 |
| 住房类型 | | | | | | | |
| #楼房面积 | m² | 3794 | 2345 | 2739 | 2505 | 740 | 3246 |
| 砖瓦平房面积 | m² | 22483 | 24890 | 26549 | 37298 | 38784 | 44968 |
| 调查户居住条件 | | | | | | | |
| #住房有卫生设备的户 | 户 | 480 | 480 | 467 | 540 | 540 | 614 |
| 生活用电情况 | 度 | 132793 | 138796 | 163875 | - | 333717 | 528993 |
| 使用安全饮用水的户数 | 户 | 359 | 480 | 480 | 440 | 465 | - |
| 有取暖设备的户数 | 户 | 480 | 480 | 480 | 540 | 540 | - |
| 燃料使用情况 | | | | | | | |
| 沼气 | 户 | 11 | 12 | 13 | 10 | 10 | 3 |
| 煤炭 | 户 | 153 | 147 | 188 | 162 | 172 | 191 |
| 柴草 | 户 | 225 | 298 | 218 | 342 | 345 | 405 |

资料来源：国家统计局庆阳调查队

# 2013 年分县区农村住户

| | 计算单位 | 全市 | 西峰区 | 庆城县 | 环县 |
|---|---|---|---|---|---|
| 一、农业 | - | - | - | - | - |
| (一)谷物产量 | 公斤 | 517.44 | 370.75 | 612.20 | 498.68 |
| 1.小麦产量 | 公斤 | 111.67 | 164.20 | 230.54 | 17.80 |
| 2.稻谷产量 | 公斤 | 6.11 | - | - | - |
| 3.玉米产量 | 公斤 | 392.05 | 193.74 | 357.68 | - |
| 4.高粱产量 | 公斤 | - | - | - | - |
| 5.谷子产量 | 公斤 | 4.79 | 12.81 | - | - |
| 6.青稞产量 | 公斤 | - | - | - | - |
| 7.其他谷物产量 | 公斤 | 2.82 | - | 23.98 | 0.43 |
| (二)薯类产量 | 公斤 | 11.92 | 7.28 | 21.09 | 46.71 |
| 1.红薯产量 | 公斤 | 0.50 | 2.94 | - | - |
| 2.马铃薯产量 | 公斤 | 11.42 | 4.34 | 21.09 | 46.71 |
| 3.其他薯类产量 | 公斤 | - | - | - | - |
| (三)豆类产量 | 公斤 | 18.01 | 8.41 | 40.57 | 26.73 |
| 1.大豆产量 | 公斤 | 15.01 | 8.41 | 39.80 | 5.03 |
| 2.其他豆类产量 | 公斤 | 3.00 | - | 0.77 | 21.70 |
| (四)油料产量 | 公斤 | 18.52 | 28.03 | 24.97 | 30.61 |
| 1.油菜籽产量 | 公斤 | 11.54 | 28.03 | 22.78 | - |
| 2.葵花籽产量 | 公斤 | 1.95 | - | - | 14.45 |
| 3.其他产量 | 公斤 | 4.84 | - | 2.18 | 16.16 |

# 人均当年生产经营情况

| 华池县 | 合水县 | 正宁县 | 宁　县 | 镇原县 |
|---|---|---|---|---|
| | - | - | - | - |
| 593.86 | 703.09 | - | 592.51 | 657.04 |
| 69.34 | 42.10 | - | 108.21 | 169.54 |
| - | 84.53 | - | 0.82 | 2.48 |
| 510.70 | 573.12 | - | 483.48 | 472.59 |
| - | - | - | - | - |
| 3.31 | 3.34 | - | - | 12.44 |
| - | - | - | - | - |
| 10.51 | - | - | - | - |
| 18.82 | 4.15 | - | 0.86 | 6.08 |
| 0.70 | 0.03 | - | 0.09 | 0.38 |
| 18.04 | 4.12 | - | 0.78 | 5.70 |
| - | - | - | - | - |
| 43.92 | 0.37 | - | 17.20 | 16.76 |
| 43.92 | 0.37 | - | 17.20 | 16.76 |
| - | - | - | - | - |
| 13.20 | 3.73 | - | 24.64 | 11.12 |
| 3.11 | 3.73 | - | 14.31 | 11.12 |
| - | - | - | - | - |
| 7.17 | - | - | 10.07 | - |

# 2013年分县区农村住户

| | 全　市 | 西峰区 | 庆城县 | 环　县 |
|---|---|---|---|---|
| **一、总收入** | 6675.37 | 6042.46 | 6922.16 | 5944.65 |
| (一)工资性收入 | 2030.82 | 2873.35 | 2175.69 | 1459.71 |
| (二)家庭经营收入 | 3720.43 | 5613.56 | 3856.88 | 3492.62 |
| 1.第一产业收入 | 3106.45 | 3886.09 | 3561.12 | 2780.30 |
| (1)农业收入 | 2167.44 | 2732.32 | 2481.01 | 1587.44 |
| A.农产品收入 | 2115.57 | 2727.84 | 2450.75 | 1587.44 |
| #粮食收入 | 1157.45 | 806.37 | 1455.74 | 1328.07 |
| 棉花收入 | - | - | - | - |
| 油料收入 | 87.62 | 125.07 | 110.25 | 147.09 |
| 烟草收入 | 71.61 | - | - | 0.92 |
| 蔬菜收入 | 93.00 | 109.41 | 222.06 | 47.47 |
| 花卉园艺收入 | 0.98 | - | 0.56 | 6.84 |
| 瓜果收入 | 62.76 | 6.72 | 18.22 | 9.26 |
| 园林收入 | 562.20 | 1673.93 | 603.56 | 34.50 |
| 中药材收入 | 39.04 | 0.62 | 1.50 | 1.26 |
| 其他种植业产品收入 | 4.01 | 3.02 | 2.41 | 3.70 |
| 野生植物采集收入 | 2.01 | - | 7.05 | - |
| 农作物副产品收入 | 27.26 | 1.57 | 29.16 | 7.31 |
| 用农产品加工手工业产品收入 | 1.38 | 0.43 | 0.23 | - |
| 专用农产品收入 | 0.31 | - | - | - |
| B.农业服务性收入 | 51.87 | 4.47 | 30.26 | - |
| (2)林业收入 | 147.68 | 542.66 | 16.88 | 48.47 |
| A.林业产品收入 | 146.00 | 542.66 | 16.88 | 48.47 |
| #采集林产品收入 | 14.85 | 5.51 | 15.82 | 9.45 |
| 竹木采伐收入 | 11.21 | 88.74 | 0.94 | - |
| 育种、育苗收入 | 90.45 | 448.41 | 0.12 | 21.42 |
| 林业副产品收入 | 29.48 | - | - | 17.60 |
| B.林业服务性收入 | 1.68 | - | - | - |

# 人均总收入和总支出（一）

单位：元

| 华池县 | 合水县 | 正宁县 | 宁　县 | 镇原县 |
|---|---|---|---|---|
| 6491.80 | 5802.54 | 6479.21 | 6566.49 | 6178.48 |
| 1805.66 | 1652.64 | 1812.00 | 2367.12 | 1787.44 |
| 3452.67 | 3409.22 | 3754.77 | 3037.58 | 3519.15 |
| 3018.36 | 3215.32 | 3120.94 | 2627.65 | 3107.19 |
| 1842.00 | 2677.07 | 2906.16 | 1823.22 | 1995.11 |
| 1662.41 | 2565.90 | 2902.75 | 1819.97 | 1855.42 |
| 1438.76 | 1473.46 | - | 1244.73 | 1398.70 |
| - | - | - | - | - |
| 51.62 | 18.39 | 4.66 | 127.67 | 50.60 |
| 0.27 | - | 721.95 | 1.44 | 0.06 |
| 37.71 | 219.31 | 11.32 | 53.39 | 105.90 |
| - | - | - | - | - |
| 3.17 | 31.45 | 358.37 | 20.72 | 75.57 |
| 5.84 | 635.06 | 1512.45 | 295.01 | 180.39 |
| 17.05 | 2.70 | 274.10 | 45.21 | 5.22 |
| 5.91 | 2.39 | 0.41 | 4.85 | 6.23 |
| 3.14 | 6.47 | - | - | 3.46 |
| 91.58 | 176.68 | 5.68 | 7.19 | 24.72 |
| 4.38 | - | - | 0.66 | 4.20 |
| 2.92 | - | - | 0.79 | - |
| 179.59 | 111.17 | 3.41 | 3.24 | 139.70 |
| 117.35 | 164.43 | 59.64 | 141.78 | 89.72 |
| 90.12 | 164.19 | 59.56 | 140.08 | 89.72 |
| 20.48 | 2.82 | 2.26 | 14.45 | 30.80 |
| 1.56 | - | - | - | - |
| 62.45 | 138.3 | 57.30 | 5.04 | 58.22 |
| 5.63 | 23.07 | - | 120.6 | 0.71 |
| 27.23 | 0.24 | - | 1.69 | - |

# 2013年分县区农村住户

| | 全　市 | 西峰区 | 庆城县 | 环　县 |
|---|---|---|---|---|
| (3)牧业收入 | 791.32 | 611.11 | 1063.23 | 1144.38 |
| A.牧业产品收入 | 786.09 | 611.11 | 1060.72 | 1144.38 |
| #成龄家畜收入 | 566.55 | 435.49 | 561.68 | 952.49 |
| 其中:猪收入 | 153.06 | 75.98 | 45.09 | 164.09 |
| 菜羊收入 | 223.14 | 170.56 | 381.66 | 690.23 |
| 肉牛收入 | 190.35 | 188.94 | 134.93 | 98.17 |
| 成龄家禽收入 | 23.26 | 21.27 | 33.24 | 27.64 |
| 蛋类收入 | 51.59 | 22.20 | 38.63 | 37.43 |
| 皮收入 | 0.47 | - | 0.51 | 2.11 |
| 毛、绒收入 | 18.72 | 2.28 | 58.66 | 46.95 |
| 奶类收入 | 0.06 | - | - | 0.07 |
| 仔、幼畜、禽产品收入 | 84.81 | - | 241.88 | 42.84 |
| 育肥畜收入 | 35.77 | 114.19 | 113.55 | 31.74 |
| 其他牧业产品收入 | 1.52 | 2.41 | 5.61 | - |
| 狩猎和捕捉野生动物收入 | 1.68 | - | 6.95 | 3.11 |
| 牧业副产品收入 | 1.65 | 13.28 | - | - |
| B.牧业服务性收入 | 5.23 | - | 2.51 | - |
| 2.第二产业收入 | 84.46 | - | 103.40 | 26.15 |
| (1)工业收入 | 20.58 | - | - | 6.64 |
| (2)建筑业收入 | 63.89 | - | 103.40 | 19.52 |
| 3.第三产业收入 | 529.52 | 1727.47 | 192.36 | 686.17 |
| (2)第三产业服务性收入 | 529.52 | 1727.47 | 192.36 | 686.17 |
| ①交通、运输、邮电业收入 | 243.54 | 1509.58 | 57.56 | 10.88 |
| ②批零贸易业、饮食业收入 | 134.86 | 217.89 | 93.28 | 285.98 |
| ③社会服务业收入 | 140.16 | - | 34.96 | 354.25 |
| ④其他行业收入 | 10.96 | - | 6.57 | 35.07 |
| (三)财产性收入 | 168.89 | 182.76 | 154.96 | 246.94 |
| 1.利息 | 24.74 | 22.87 | 2.55 | - |

# 人均总收入和总支出（二）

单位：元

| 华池县 | 合水县 | 正宁县 | 宁　县 | 镇原县 |
|---|---|---|---|---|
| 1059.01 | 373.77 | 155.22 | 662.66 | 1022.35 |
| 955.52 | 373.77 | 155.22 | 662.66 | 1022.35 |
| 701.05 | 100.52 | 128.60 | 472.00 | 790.21 |
| 215.60 | 92.62 | 111.26 | 373.80 | 52.05 |
| 338.54 | 7.51 | 17.33 | 98.21 | 148.93 |
| 146.91 | 0.39 | - | - | 589.23 |
| 22.98 | 51.25 | 15.44 | 4.38 | 30.60 |
| 45.75 | 37.30 | 3.14 | 1.56 | 153.83 |
| 2.87 | - | - | - | - |
| 134.99 | - | - | 0.32 | - |
| 0.10 | 0.26 | - | - | 0.13 |
| 26.76 | 122.24 | 3.13 | 175.47 | 45.04 |
| 11.85 | 60.24 | - | 7.71 | 2.53 |
| 9.17 | - | - | 1.21 | - |
| - | 1.96 | 4.91 | - | - |
| - | - | - | - | - |
| 103.49 | - | - | - | - |
| 15.76 | 20.45 | 186.7 | 34.09 | 192.11 |
| 1.46 | 6.86 | 26.35 | - | 73.01 |
| 14.30 | 13.59 | 160.35 | 34.09 | 119.10 |
| 418.54 | 173.45 | 447.14 | 375.83 | 219.86 |
| 418.54 | 173.45 | 447.14 | 375.83 | 219.86 |
| 159.67 | 72.73 | 0.58 | 65.79 | 99.49 |
| 206.68 | 80.89 | 230.63 | 18.09 | 82.53 |
| 4.41 | 19.83 | 213.79 | 291.66 | 24.48 |
| 47.78 | - | 2.14 | 0.29 | 13.36 |
| 133.42 | 57.40 | 201.97 | 130.69 | 180.23 |
| 97.28 | - | 163.85 | 1.27 | 2.38 |

# 2013 年分县区农村住户

| | 全　市 | 西峰区 | 庆城县 | 环　县 |
|---|---|---|---|---|
| 2. 集体分配股息和红利 | 2.61 | - | - | - |
| 3. 其他股息和红利 | 0.82 | - | - | - |
| 4. 租金(包括农业机械) | 96.33 | 131.44 | 90.05 | 130.01 |
| 5. 转让承包土地经营权收入 | 11.32 | - | 61.94 | 12.35 |
| | 33.07 | 28.46 | 0.41 | 4.57 |
| 6. 其他 | 755.24 | 372.79 | 734.63 | 745.38 |
| (四)转移性收入 | 0.45 | 3.30 | - | - |
| 1. 城市亲友赠送 | 172.09 | 25.63 | 161.40 | 153.63 |
| 2. 农村亲友赠送 | 57.67 | - | 24.45 | 106.30 |
| 3. 退耕还林还草补贴 | 319.64 | 233.89 | 410.17 | 414.17 |
| 4. 各项补贴收入 | 6528.46 | 8122.19 | 7786.69 | 7002.20 |
| **二、总支出** | 1336.47 | 2410.72 | 1583.81 | 1033.67 |
| (一)家庭经营费用支出 | 1220.87 | 2163.84 | 1535.01 | 1010.21 |
| | 641.98 | 878.02 | 836.71 | 581.91 |
| 1. 第一产业生产费用支出 | 517.52 | 726.57 | 613.31 | 524.33 |
| (1)农业生产费用支出 | 52.79 | 50.44 | 51.24 | 81.89 |
| A. 农业生产资料支出 | 49.27 | 39.51 | 68.07 | 26.12 |
| ①种籽、种苗支出 | 415.46 | 636.62 | 494.00 | 416.32 |
| ②饲料支出 | 124.47 | 151.45 | 223.40 | 57.59 |
| ③其他生产资料支出 | 20.75 | 46.21 | 34.47 | 0.12 |
| B. 农业服务性支出 | 103.71 | 105.21 | 188.93 | 57.46 |
| ① 农业生产雇工工资支出 | 106.76 | 530.02 | 8.60 | 6.14 |
| | 96.34 | 522.33 | 8.05 | 6.14 |
| ②其他生产服务支出 | 0.56 | - | 0.75 | - |
| (2)林业生产费用支出 | 95.77 | 522.33 | 7.30 | 6.14 |
| A. 林业生产资料支出 | 10.43 | 7.69 | 0.55 | - |
| ①饲料支出 | 5.48 | 7.69 | 0.55 | - |
| ②其他生产资料支出 | 4.95 | - | - | - |

# 人均总收入和总支出（三）

单位：元

| 华池县 | 合水县 | 正宁县 | 宁　县 | 镇原县 |
|---|---|---|---|---|
| 1.43 | 31.16 | 5.71 | - | - |
| - | - | - | - | 3.61 |
| 10.01 | 10.82 | 19.82 | - | 164.44 |
| 24.05 | - | - | 7.85 | 4.49 |
| 0.65 | 15.42 | 12.59 | 121.56 | 5.31 |
| 1100.05 | 683.28 | 710.47 | 1031.11 | 691.65 |
| - | 0.62 | - | - | - |
| 71.72 | 159.86 | 262.76 | 266.15 | 166.60 |
| 190.67 | 134.48 | 6.75 | 27.50 | 74.25 |
| 671.66 | 287.01 | 231.74 | 227.41 | 330.39 |
| 6583.17 | 5663.61 | 5439.24 | 5903.69 | 6130.44 |
| 1300.07 | 864.99 | 719.00 | 1256.83 | 1306.18 |
| 1164.99 | 864.00 | 685.23 | 1127.75 | 1129.03 |
| 449.68 | 665.49 | 631.16 | 542.74 | 597.94 |
| 320.96 | 509.26 | 497.01 | 456.47 | 468.35 |
| 43.45 | 42.41 | 58.62 | 32.74 | 58.23 |
| 28.19 | 21.03 | 32.18 | 38.42 | 81.20 |
| 249.33 | 445.82 | 406.21 | 375.32 | 328.92 |
| 128.71 | 156.23 | 134.15 | 86.27 | 129.59 |
| 3.98 | 37.09 | 52.68 | 7.58 | 10.63 |
| 124.73 | 119.14 | 81.47 | 78.70 | 118.96 |
| 88.51 | 76.38 | 4.17 | 107.99 | 30.97 |
| 30.57 | 71.95 | 4.17 | 81.79 | 27.16 |
| 1.30 | 0.90 | - | 1.77 | - |
| 29.27 | 71.05 | 4.17 | 80.02 | 27.16 |
| 57.94 | 4.42 | - | 26.20 | 3.81 |
| 0.18 | 4.42 | - | 16.06 | 3.64 |
| 57.76 | - | - | 10.14 | 0.17 |

## 2013年分县区农村住户

| | 全　市 | 西峰区 | 庆城县 | 环　县 |
|---|---|---|---|---|
| (3)牧业生产费用支出 | 443.24 | 609.19 | 689.70 | 417.96 |
| A.牧业生产资料支出 | 411.37 | 353.38 | 678.55 | 410.75 |
| ①饲料支出 | 180.23 | 281.60 | 101.45 | 247.99 |
| ②其他生产资料支出 | 231.14 | 253.78 | 577.10 | 162.75 |
| B.牧业服务性支出 | 31.87 | 73.81 | 11.15 | 7.21 |
| ①牧业生产雇工工资支出 | 8.62 | 65.19 | 4.11 | - |
| ②其他生产服务支出 | 23.26 | 8.62 | 7.04 | 7.21 |
| 2.第二产业生产费用支出 | 31.10 | - | 6.44 | - |
| (1)工业生产费用支出 | 7.78 | - | - | - |
| (2)建筑业生产费用支出 | 23.32 | - | 6.44 | - |
| 3.第三产业生产费用支出 | 84.50 | 246.87 | 42.37 | 23.47 |
| (1)交通运输邮电业生产费用支出 | 15.41 | 0.67 | 30.76 | - |
| (2)批零贸易餐饮业生产费用支出 | 16.72 | 2.89 | 9.36 | 23.36 |
| (3)社会服务业生产费用支出 | 52.37 | 243.31 | 2.25 | - |
| (二)购置生产性固定资产支出 | 141.33 | 50.8 | 480.1 | 97.36 |
| (三)建、造生产性固定资产雇工支出 | 12.34 | - | - | 61.84 |
| (四)税费支出 | 0.06 | - | - | - |
| (五)生活消费支出 | 4698.2 | 5179.51 | 5644.43 | 5585.68 |
| 其中：服务性支出 | 1111.08 | 1398.67 | 1268.42 | 1175.00 |
| 1.食品消费支出 | 1839.01 | 2084.87 | 2223.38 | 2549.48 |
| A.食品消费品支出 | 1608.06 | 1687.76 | 2003.17 | 2181.33 |
| (1)谷物 | 396.2 | 337.48 | 525.49 | 486.76 |
| (2)薯类 | 27.43 | 29.47 | 40.43 | 32.21 |
| (3)豆类 | 15.98 | 29.32 | 20.04 | 9.92 |
| (4)食用油 | 91.37 | 83.98 | 184.78 | 98.27 |
| (5)蔬菜及制品 | 120.36 | 185.90 | 138.82 | 89.67 |
| (6)肉、禽、蛋、奶及制品 | 364.33 | 403.51 | 312.47 | 438.51 |
| (7)水产品及制品 | 12.36 | 23.26 | 9.51 | 8.11 |

# 人均总收入和总支出（四）

单位：元

| 华池县 | 合水县 | 正宁县 | 宁　县 | 镇原县 |
|---|---|---|---|---|
| 531.33 | 90.80 | 49.91 | 460.42 | 500.12 |
| 221.41 | 78.00 | 47.12 | 450.11 | 489.28 |
| 49.88 | 45.61 | 15.75 | 130.98 | 299.20 |
| 171.53 | 32.39 | 31.37 | 319.13 | 190.08 |
| 309.92 | 12.80 | 2.79 | 10.31 | 10.84 |
| - | 1.78 | - | - | - |
| 309.92 | 11.02 | 2.79 | 10.31 | 10.84 |
| 6.30 | - | - | 31.28 | 104.16 |
| - | - | - | - | 34.26 |
| 6.30 | - | - | 31.28 | 69.89 |
| 128.77 | 0.99 | 33.77 | 97.79 | 72.99 |
| 24.85 | - | - | 20.31 | 30.76 |
| 17.00 | - | 33.61 | 8.51 | 28.24 |
| 86.92 | 0.99 | 0.15 | 68.97 | 14.00 |
| 209.58 | 122.71 | 234.38 | 77.5 | 85.82 |
| - | 1.06 | 39.84 | - | - |
| 1.29 | - | - | - | - |
| 4629.21 | 4354.61 | 4073.20 | 4171.71 | 4455.50 |
| 1017.97 | 1269.47 | 1045.24 | 769.41 | 1168.78 |
| 1986.76 | 1860.63 | 1339.51 | 1387.35 | 1717.89 |
| 1856.94 | 1737.13 | 1205.99 | 1190.39 | 1529.97 |
| 552.96 | 596.31 | 218.32 | 212.35 | 478.13 |
| 30.09 | 35.34 | 18.27 | 20.68 | 25.49 |
| 12.03 | 26.56 | 9.95 | 13.12 | 13.70 |
| 62.19 | 103.81 | 67.34 | 55.39 | 98.90 |
| 125.93 | 143.29 | 87.54 | 95.11 | 124.92 |
| 495.93 | 344.64 | 298.15 | 348.94 | 340.69 |
| 16.90 | 7.55 | 17.10 | 10.61 | 10.03 |

# 2013年分县区农村住户

| | 全　市 | 西峰区 | 庆城县 | 环　县 |
|---|---|---|---|---|
| (8)烟、酒 | 292.91 | 241.52 | 264.97 | 772.36 |
| (9)茶叶、饮料 | 36.78 | 42.91 | 35.98 | 57.07 |
| (10)其它类食品 | 250.33 | 310.4 | 470.68 | 188.44 |
| B.食品消费服务性支出 | 206.28 | 359.68 | 169.06 | 368.15 |
| (1)在外饮食 | 187.21 | 340.99 | 144.57 | 343.67 |
| (2)食品加工费 | 19.08 | 18.69 | 24.49 | 24.48 |
| 2.衣着消费支出 | 370.5 | 686.29 | 386.49 | 313.07 |
| A.衣着消费品支出 | 370.0 | 684.83 | 386.47 | 312.94 |
| (1)服装 | 263.38 | 522.86 | 266.27 | 192.46 |
| (2)服装材料 | 18.19 | 26.27 | 14.3 | 23.8 |
| (3)鞋类 | 86.36 | 130.55 | 104.9 | 93.62 |
| (4)其他 | 2.08 | 5.15 | 1.01 | 3.05 |
| B.衣着消费服务性支出 | 0.46 | 1.4 | 0.01 | 0.13 |
| (1)衣着加工费 | 0.46 | 1.4 | 0.01 | 0.13 |
| 3.居住消费支出 | 762.35 | 450.11 | 930.12 | 1205.69 |
| A.居住消费品支出 | 552.79 | 234.6 | 609.07 | 1043.34 |
| (1)建筑生活用房材料 | 81.77 | 15 | 8.34 | 134.16 |
| (2)维修生活用房材料 | 183.36 | 17.57 | 307.55 | 662.75 |
| (3)装修生活用房材料 | 55.58 | 14.66 | 77.98 | 157.52 |
| (4)生活用房 | 77.41 | - | - | - |
| (5)生活用燃料 | 154.17 | 187.37 | 215.2 | 88.92 |
| B.居住消费服务性支出 | 206.18 | 211.52 | 321.05 | 162.35 |
| (1)雇工工资 | 12.71 | 0.24 | 0.8 | 4.92 |
| (2)房租 | 26.04 | 30.24 | 29.85 | 50.99 |
| (3)生活用水 | 24.5 | 20.73 | 55.98 | 5.17 |
| (4)生活用电 | 110.08 | 151.11 | 145.76 | 91.67 |
| (5)清洁费、卫生费 | 0.59 | 0.82 | 0.39 | 0.56 |
| (6)其他服务性支出 | 32.25 | 8.37 | 88.27 | 9.05 |

# 人均总收入和总支出（五）

单位：元

| 华池县 | 合水县 | 正宁县 | 宁　县 | 镇原县 |
|---|---|---|---|---|
| 346.86 | 258.84 | 253.81 | 154.75 | 189.94 |
| 35.92 | 18.27 | 71.56 | 24.34 | 23.42 |
| 178.12 | 202.51 | 163.96 | 255.10 | 224.72 |
| 129.82 | 118.81 | 133.09 | 126.24 | 187.61 |
| 116.1 | 106.06 | 129.88 | 111.39 | 160.1 |
| 13.73 | 12.75 | 3.21 | 14.86 | 27.51 |
| 413.5 | 205.4 | 396.18 | 368.04 | 253.11 |
| 412.83 | 204.58 | 395.91 | 367.24 | 252.99 |
| 311.3 | 142.09 | 278.98 | 256.23 | 185.66 |
| 15.43 | 4.65 | 17.26 | 24.4 | 11.08 |
| 84.37 | 56.07 | 96.93 | 85.78 | 54.97 |
| 1.74 | 1.77 | 2.74 | 0.83 | 1.28 |
| 0.67 | 0.32 | 0.26 | 0.8 | 0.12 |
| 0.67 | 0.32 | 0.26 | 0.8 | 0.12 |
| 711.88 | 761.15 | 509.06 | 717.47 | 762.9 |
| 516.41 | 346.72 | 262.82 | 581.61 | 577.18 |
| 188.45 | 14.08 | 49.47 | 43.47 | 163.27 |
| 107.18 | 43.96 | 15.95 | 14.62 | 223.35 |
| 4.88 | 26.7 | 34.14 | 17.43 | 71.46 |
| - | 11.76 | - | 366.74 | - |
| 215.91 | 250.22 | 163.26 | 139.36 | 119.1 |
| 195.47 | 414.43 | 240.19 | 124.89 | 185.71 |
| 28.59 | 92.80 | 2.14 | 4.34 | 15.59 |
| 32.08 | 27.26 | 56.71 | 4.53 | 12.21 |
| 8.82 | 36.46 | 34.45 | 22.18 | 22.81 |
| 89.03 | 100.08 | 129.43 | 91.15 | 100.05 |
| - | 0.6 | 0.09 | 1.2 | 0.36 |
| 36.95 | 157.23 | 17.37 | 1.49 | 34.7 |

# 2013年分县区农村住户

| | 全　市 | 西峰区 | 庆城县 | 环　县 |
|---|---|---|---|---|
| 4.家庭设备、用品消费支出 | 292.39 | 269.66 | 229.52 | 226.40 |
| A.家庭设备用品消费品支出 | 282.36 | 257.99 | 226.16 | 223.10 |
| (1)日用品 | 104.26 | 171.35 | 58.34 | 109.48 |
| (2)床上用品 | 30.71 | 39.09 | 34.58 | 33.17 |
| (3)室内装饰品 | 13.94 | 5.03 | 8.76 | 7.08 |
| (4)家俱类 | 48.75 | 8.22 | 37.73 | 29.29 |
| B.服务性消费支出 | 9.54 | 11.46 | 3.35 | 1.90 |
| (1)家庭设备修理费 | 4.09 | 2.33 | 3.27 | 1.44 |
| (2)家政服务费 | 5.45 | 9.13 | 0.08 | 0.46 |
| 5.交通和通讯消费支出 | 568.68 | 687.12 | 656.57 | 658.37 |
| A.交通和通讯用品支出 | 299.67 | 360.35 | 334.68 | 379.70 |
| #交通工具 | 79.03 | 71.01 | 56.71 | 64.60 |
| 通讯工具 | 66.59 | 72.54 | 47.85 | 70.32 |
| B.交通和通讯服务消费支出 | 268.93 | 326.78 | 321.89 | 278.67 |
| #交通消费服务支出 | 87.25 | 103.81 | 125.73 | 74.98 |
| 通讯消费服务支出 | 181.68 | 222.97 | 196.16 | 203.69 |
| 6.文化教育、娱乐消费支出 | 264.31 | 326.93 | 240.57 | 235.11 |
| A.文化教育、娱乐用品消费支出 | 88.32 | 148.36 | 108.28 | 80.85 |
| (1)文教、娱乐用机电消费品 | 58.98 | 65.40 | 71.81 | 66.80 |
| (2)书、报、杂志 | 6.42 | 18.28 | 6.87 | 1.52 |
| (3)纸张、文具 | 7.09 | 16.23 | 4.07 | 3.15 |
| (4) 体育用品 | 0.57 | 1.58 | 0.27 | 0.22 |
| (5) 娱乐用品 | 4.42 | 6.13 | 5.13 | 2.61 |
| (6) 其他用品 | 9.90 | 35.88 | 19.71 | 6.33 |
| B.教育服务消费支出 | 169.58 | 164.79 | 127.27 | 152.13 |
| (1)托儿费 | 17.03 | 45.04 | 32.81 | 1.24 |
| (2)学杂费 | 145.73 | 118.60 | 80.83 | 146.35 |
| (3)成人培训费 | 6.22 | 1.15 | 11.98 | 4.53 |

# 人均总收入和总支出（六）

单位：元

| 华池县 | 合水县 | 正宁县 | 宁　县 | 镇原县 |
|---|---|---|---|---|
| 215.83 | 246.07 | 368.01 | 265.23 | 391.57 |
| 214.33 | 235.86 | 363.92 | 260.05 | 366.87 |
| 63.61 | 78.64 | 115.77 | 63.30 | 131.92 |
| 19.05 | 23.68 | 31.44 | 31.23 | 26.70 |
| 22.36 | 6.93 | 9.74 | 22.53 | 19.15 |
| 46.50 | 61.2 | 46.58 | 69.20 | 66.21 |
| 1.50 | 6.68 | 4.08 | 5.18 | 24.50 |
| 1.37 | 4.88 | 4.08 | 2.26 | 9.00 |
| 0.13 | 1.80 | - | 2.92 | 15.49 |
| 605.64 | 572.76 | 598.79 | 489.54 | 464.78 |
| 316.87 | 220.94 | 333.28 | 268.96 | 236.40 |
| 60.81 | 49.71 | 179.80 | 83.25 | 65.59 |
| 78.40 | 76.72 | 86.80 | 70.48 | 51.15 |
| 288.77 | 351.81 | 564.74 | 220.58 | 228.38 |
| 77.02 | 88.49 | 75.56 | 61.24 | 100.36 |
| 211.75 | 263.32 | 189.18 | 159.34 | 128.02 |
| 195.97 | 199.39 | 427.98 | 171.41 | 304.35 |
| 35.05 | 22.95 | 133.47 | 99.40 | 51.41 |
| 11.98 | 15.71 | 105.62 | 77.96 | 29.87 |
| 0.54 | 1.18 | 6.24 | 7.04 | 4.85 |
| 4.76 | 4.09 | 4.94 | 6.18 | 8.78 |
| 1.95 | - | 0.78 | 0.36 | 0.31 |
| 2.54 | 1.45 | 8.51 | 5.27 | 2.95 |
| 12.82 | 0.42 | 6.18 | 2.03 | 4.65 |
| 147.00 | 170.13 | 291.74 | 64.11 | 248.84 |
| 4.80 | 20.90 | 26.93 | 8.02 | 10.04 |
| 121.77 | 145.34 | 261.48 | 56.06 | 224.63 |
| 20.42 | 0.57 | 3.20 | - | 13.23 |

# 2013年分县区农村住户

| | 全 市 | 西峰区 | 庆城县 | 环 县 |
|---|---|---|---|---|
| C.文化、体育、娱乐服务消费支出 | 6.40 | 13.77 | 5.01 | 2.13 |
| (1)旅游 | 0.86 | 1.23 | 0.20 | 0.13 |
| (2)休闲娱乐费 | 5.54 | 12.54 | 4.81 | 2.00 |
| 7.医疗保健消费支出 | 473.95 | 522.96 | 691.84 | 268.13 |
| A.医疗保健用品 | 259.48 | 258.75 | 408.63 | 80.68 |
| (1)医疗卫生用品 | 254.60 | 254.23 | 404.94 | 77.13 |
| (2)保健用品 | 4.88 | 4.52 | 3.70 | 3.55 |
| B.医疗保健服务消费支出 | 214.46 | 264.21 | 283.21 | 187.45 |
| 8.其他商品和服务消费支出 | 127.01 | 151.56 | 107.95 | 129.43 |
| A.其他商品支出 | 93.70 | 106.49 | 70.39 | 107.34 |
| (1)首饰 | 24.46 | 25.4 | 10.69 | 47.77 |
| (2) 化妆品 | 28.87 | 59.43 | 31.10 | 38.73 |
| (3) 其他 | 40.37 | 21.66 | 28.6 | 20.83 |
| B.其他消费服务支出 | 29.23 | 45.07 | 37.56 | 22.09 |
| (1)旅馆住宿费 | 2.72 | 0.83 | 4.50 | 3.80 |
| (2)美容美发 | 8.45 | 24.23 | 8.83 | 6.05 |
| (3) 生活消费借贷利息 | 6.87 | 9.67 | 15.09 | 8.99 |
| (4) 其他服务性支出 | 11.19 | 10.34 | 9.14 | 3.24 |
| (六)财产性支出 | 2.88 | 3.48 | - | - |
| 1.其他 | 2.88 | 3.48 | - | - |
| (七)转移性支出 | 337.18 | 477.69 | 256.35 | 223.65 |
| 1.给大中专学生生活费和学杂费 | 81.38 | 37.22 | 56.62 | 105.97 |
| 2. 交纳医疗保险 | 62.26 | 62.22 | 84.44 | 44.23 |
| 3. 交纳社会保障基金 | 53.88 | 31.47 | 82.83 | 45.26 |
| 4. 购买非储蓄性保险 | 8.22 | 7.37 | 9.21 | 1.93 |

## 人均总收入和总支出（七）

单位：元

| 华池县 | 合水县 | 正宁县 | 宁　县 | 镇原县 |
|---|---|---|---|---|
| 13.92 | 6.30 | 2.77 | 7.90 | 4.10 |
| 3.51 | - | 1.02 | 1.93 | - |
| 10.41 | 6.30 | 1.75 | 5.97 | 4.10 |
| 417.95 | 407.83 | 318.13 | 572.12 | 486.80 |
| 193.38 | 225.29 | 232.12 | 393.20 | 216.76 |
| 184.48 | 225.06 | 231.30 | 387.92 | 208.56 |
| 8.90 | 0.23 | 0.83 | 5.28 | 8.20 |
| 224.57 | 182.54 | 86.01 | 178.92 | 270.04 |
| 81.68 | 101.38 | 115.54 | 200.55 | 74.10 |
| 28.12 | 82.94 | 70.12 | 157.77 | 54.61 |
| 0.01 | 32.92 | 1.96 | 33.05 | 20.49 |
| 19.97 | 28.04 | 20.29 | 26.28 | 13.57 |
| 8.14 | 21.98 | 47.88 | 100.44 | 20.56 |
| 16.23 | 18.44 | 22.35 | 40.78 | 19.49 |
| 5.58 | 1.12 | 2.31 | 2.94 | 2.21 |
| 6.50 | 5.37 | 6.38 | 6.54 | 5.01 |
| 1.50 | - | - | 11.92 | 2.16 |
| 3.10 | 11.95 | 13.67 | 19.38 | 10.11 |
| - | 4.05 | - | 6.44 | 3.70 |
| - | 4.05 | - | 6.44 | 3.70 |
| 113.02 | 316.2 | 372.83 | 391.22 | 279.24 |
| 69.11 | 136.00 | 250.38 | 20.31 | 71.4 |
| 61.97 | 59.76 | 32.55 | 69.78 | 70.54 |
| 61.18 | 70.57 | 67.77 | 45.00 | 55.20 |
| 21.23 | 9.45 | 15.66 | 13.69 | 0.63 |

# 2013 年分县区农村

| | 全　市 | 西峰区 | 庆城县 | 环　县 |
|---|---|---|---|---|
| **一、全年纯收入** | 4888.00 | 6147.89 | 4890.30 | 4225.72 |
| (一)工资性收入 | 2030.82 | 2873.35 | 2175.69 | 1459.71 |
| (二)家庭经营纯收入 | 2105.15 | 2744.62 | 1986.41 | 1927.33 |
| 1. 第一产业纯收入 | 1700.17 | 1624.19 | 1777.33 | 1476.96 |
| (1)农业收入 | 1374.56 | 1629.9 | 1436.2 | 778.96 |
| (2)林业收入 | 38.15 | -7.63 | 7.44 | 42.33 |
| (3)牧业收入 | 287.58 | 1.92 | 333.70 | 656.49 |
| 2. 非农产业纯收入 | 404.98 | 1120.43 | 209.08 | 450.37 |
| A. 第二产业纯收入 | 9.92 | -342.04 | 95.35 | 26.15 |
| (1)工业收入 | 12.62 | - | - | 6.64 |
| (2)建筑业收入 | -2.70 | -342.04 | 95.35 | 19.52 |
| B. 第三产业纯收入 | 395.06 | 1462.47 | 113.73 | 424.22 |
| (1)交通、运输、邮电业收入 | 225.79 | 1506.0 | 23.91 | 10.88 |
| (2)批零贸易业、饮食业收入 | 105.91 | 200.51 | 65.12 | 220.23 |
| (3)社会服务业收入 | 61.61 | -243.31 | 18.13 | 188.37 |
| (4) 其他行业收入 | 1.76 | -0.73 | 6.57 | 4.74 |
| (三)财产性纯收入 | 168.89 | 182.76 | 154.96 | 246.94 |
| 1. 利息 | 24.74 | 22.87 | 2.55 | - |
| 2. 集体分配股息和红利 | 2.61 | - | - | - |

# 住户纯收入来源（一）

单位：元

| 华池县 | 合水县 | 正宁县 | 宁　县 | 镇原县 |
|---|---|---|---|---|
| 4770.77 | 4689.30 | 5260.20 | 4902.60 | 4494.41 |
| 1805.66 | 1652.64 | 1812.00 | 2367.12 | 1787.44 |
| 1803.36 | 2455.84 | 2789.52 | 1639.83 | 2002.68 |
| 1590.44 | 2283.70 | 2242.57 | 1370.83 | 1770.76 |
| 1168.54 | 1912.67 | 2158.59 | 1179.26 | 1295.47 |
| 28.50 | 88.06 | 55.40 | 33.06 | 58.76 |
| 393.40 | 282.96 | 28.59 | 157.83 | 416.53 |
| 212.92 | 172.14 | 555.95 | 269.71 | 231.92 |
| 9.46 | 14.28 | 186.70 | 1.81 | 87.45 |
| 1.46 | 5.30 | 26.35 | – | 38.40 |
| 8.00 | 8.98 | 160.35 | 1.81 | 49.05 |
| 203.46 | 157.86 | 369.26 | 267.9 | 144.48 |
| 132.06 | 68.52 | 0.58 | 39.74 | 68.25 |
| 187.65 | 74.92 | 174.32 | 9.58 | 53.29 |
| -82.86 | 18.84 | 200.5 | 218.3 | 9.59 |
| -33.38 | -4.42 | -6.14 | 0.29 | 13.36 |
| 133.42 | 57.4 | 201.97 | 130.69 | 2.38 |
| 97.28 | – | 163.85 | 1.27 | – |
| 1.43 | 31.16 | 5.71 | – | 3.61 |

# 2013 年分县区农村

| | 全 市 | 西峰区 | 庆城县 | 环 县 |
|---|---|---|---|---|
| 3. 其他股息和红利 | 0.82 | - | - | - |
| 4. 租金(包括农业机械) | 96.33 | 131.44 | 90.05 | 230.01 |
| 5. 转让承包土地经营权收入 | 11.32 | - | 61.94 | 12.35 |
| 6. 其他 | 33.07 | 28.46 | 0.41 | 4.57 |
| (四)转移性纯收入 | 583.14 | 347.15 | 573.23 | 591.75 |
| 1. 家庭住户成员寄回和带回 | - | - | - | - |
| 2. 城市亲友赠送 | 0.45 | 3.30 | - | - |
| 3. 离退休金、养老金 | 85.97 | 13.72 | 43.18 | 28.62 |
| 4. 城市亲友支付赡养费 | 23.49 | - | 12.78 | 1.04 |
| 5. 农村亲友支付赡养费 | - | - | - | - |
| 6. 救济金、抚恤金、救灾款 | 36.03 | 55.72 | 17.17 | 36.34 |
| 7. 退税 | - | - | - | - |
| 8. 退耕还林还草补贴 | 57.67 | - | 24.45 | 106.30 |
| 9. 无偿扶贫或扶持款 | 4.04 | - | 14.33 | 2.52 |
| 10. 得到赔款 | 0.20 | - | - | 0.64 |
| 11. 各项补贴收入 | 319.64 | 233.89 | 410.17 | 414.17 |
| 12. 其他 | 55.65 | 40.53 | 51.15 | 2.11 |
| **二、全年现金纯收入** | 4255.66 | 5515.67 | 3626.41 | 3398.85 |
| **三、全年实物纯收入** | 632.34 | 632.22 | 1263.89 | 826.88 |

## 住户纯收入来源（二）

单位：元

| 华池县 | 合水县 | 正宁县 | 宁　县 | 镇原县 |
|---|---|---|---|---|
| – | – | – | – | 164.44 |
| 10.01 | 10.82 | 19.82 | – | – |
| 24.05 | – | – | 7.85 | 4.49 |
| 0.65 | 15.42 | 12.59 | 121.56 | 5.31 |
| 1028.32 | 523.42 | 447.71 | 764.96 | 525.05 |
| – | – | – | – | – |
| – | 0.62 | – | – | – |
| 1.26 | 35.54 | 16.14 | 280.17 | 61.06 |
| 29.89 | 10.77 | 5.34 | 81.40 | 10.91 |
| – | – | – | – | – |
| 12.21 | 8.01 | 99.89 | 14.30 | 38.07 |
| – | – | – | – | – |
| 190.67 | 134.48 | 6.75 | 27.50 | 74.25 |
| – | 36.03 | – | – | 0.25 |
| – | 1.78 | – | – | – |
| 671.66 | 287.01 | 231.74 | 227.41 | 330.39 |
| 122.62 | 9.18 | 87.85 | 134.18 | 10.13 |
| 3766.64 | 3525.25 | 6456.23 | 4069.06 | 3859.72 |
| 1004.13 | 1164.05 | -1196.03 | 833.54 | 635.69 |

# 2013年分县区农村

| | 全　市 | 西峰区 | 庆城县 | 环　县 |
|---|---|---|---|---|
| **一、期内现金收入** | 5901.66 | 8322.35 | 5436.53 | 4771.46 |
| (一)工资性收入 | 2027.79 | 2871.38 | 2175.69 | 1439.10 |
| (二)家庭经营现金收入 | 2986.31 | 4935.88 | 2422.4 | 2341.45 |
| 1.第一产业现金收入 | 2372.33 | 3208.41 | 2126.64 | 1629.12 |
| (1)农业现金收入 | 1513.66 | 2104.08 | 1098.94 | 663.47 |
| ①出售农产品收入 | 1461.79 | 2099.60 | 1068.67 | 663.47 |
| ②农业服务性收入 | 51.87 | 4.47 | 30.26 | - |
| (2)林业现金收入 | 149.51 | 542.66 | 23.93 | 48.47 |
| ①出售林业产品收入 | 147.83 | 542.66 | 23.93 | 48.47 |
| ②林业服务性收入 | 1.68 | - | - | - |
| (3)牧业现金收入 | 709.16 | 561.67 | 1003.77 | 917.18 |
| ①出售牧业产品收入 | 703.93 | 561.67 | 1001.26 | 917.18 |
| ②牧业服务性收入 | 5.23 | - | 2.51 | - |
| 2.第二产业现金收入 | 84.46 | - | 103.40 | 26.15 |
| (1)工业收入 | 20.58 | - | - | 6.64 |
| (2)建筑业收入 | 63.89 | - | 103.40 | 19.52 |
| 3.第三产业现金收入 | 529.52 | 1727.47 | 192.36 | 686.17 |
| ①第三产业服务性现金收入 | 529.52 | 1727.47 | 192.36 | 686.17 |
| a.交通、运输、邮电业收入 | 243.54 | 1509.58 | 57.56 | 10.88 |
| b.批零贸易业、饮食业收入 | 134.86 | 217.89 | 93.28 | 285.98 |
| c.社会服务业收入 | 140.16 | - | 34.96 | 354.25 |
| d.其他行业收入 | 10.96 | - | 6.57 | 35.07 |
| (三)财产性收入 | 168.89 | 182.76 | 154.96 | 246.94 |
| 1.利息 | 24.74 | 22.87 | 2.55 | - |
| 2.集体分配股息和红利 | 2.61 | - | - | - |
| 3.其他股息和红利 | 0.82 | - | - | - |
| 4.租金(包括农业机械) | 96.33 | 131.44 | 90.05 | 230.01 |
| 5.转让承包土地经营权收入 | 11.32 | - | 61.94 | 12.35 |
| 7.其他 | 33.07 | 28.46 | 0.41 | 4.57 |

# 住户现金收支情况（一）

单位：元

| 华池县 | 合水县 | 正宁县 | 宁　县 | 镇原县 |
|---|---|---|---|---|
| 3284. 58 | 4590. 15 | 7734. 33 | 5689. 51 | 5337. 05 |
| 1805. 66 | 1652. 57 | 1812. 00 | 2367. 12 | 1787. 44 |
| 2364. 96 | 2206. 09 | 5040. 20 | 2242. 28 | 2678. 24 |
| 1930. 65 | 2012. 19 | 4406. 36 | 1832. 35 | 2266. 27 |
| 987. 80 | 1570. 14 | 4191. 58 | 1092. 31 | 1188. 33 |
| 808. 21 | 1458. 97 | 4188. 17 | 1089. 06 | 1048. 63 |
| 179. 59 | 111. 17 | 3. 41 | 3. 24 | 139. 70 |
| 120. 49 | 168. 00 | 59. 56 | 141. 78 | 93. 18 |
| 93. 26 | 167. 76 | 59. 56 | 140. 08 | 93. 18 |
| 27. 23 | 0. 24 | – | 1. 69 | – |
| 822. 37 | 274. 06 | 155. 22 | 598. 27 | 984. 76 |
| 718. 88 | 274. 06 | 155. 22 | 598. 27 | 984. 76 |
| 103. 49 | – | – | – | – |
| 15. 76 | 20. 45 | 186. 70 | 34. 09 | 192. 11 |
| 1. 46 | 6. 86 | 26. 35 | – | 73. 01 |
| 14. 3 | 13. 59 | 160. 35 | 34. 09 | 119. 10 |
| 418. 54 | 173. 45 | 447. 14 | 375. 83 | 219. 86 |
| 418. 54 | 173. 45 | 447. 14 | 375. 83 | 219. 86 |
| 159. 67 | 72. 73 | 0. 58 | 65. 79 | 99. 49 |
| 206. 68 | 80. 89 | 230. 63 | 18. 09 | 82. 53 |
| 4. 41 | 19. 83 | 213. 79 | 291. 66 | 24. 48 |
| 47. 78 | – | 2. 14 | 0. 29 | 13. 36 |
| 133. 42 | 57. 40 | 201. 97 | 130. 69 | 180. 23 |
| 97. 28 | – | 163. 85 | 1. 27 | 2. 38 |
| 1. 43 | 31. 16 | 5. 71 | – | 3. 61 |
| 10. 01 | 10. 82 | 19. 82 | – | 164. 44 |
| – | – | – | – | – |
| 24. 05 | – | – | 7. 85 | 4. 49 |
| 0. 65 | 15. 42 | 12. 59 | 121. 56 | 5. 31 |

# 2013 年分县区农村

| | 全　市 | 西峰区 | 庆城县 | 环　县 |
|---|---|---|---|---|
| (四)转移性收入 | 718.67 | 332.32 | 683.48 | 743.98 |
| 1. 城市亲友赠送 | 0.45 | 3.30 | - | - |
| 2. 农村亲友赠送 | 172.09 | 25.63 | 161.40 | 153.63 |
| 3. 离退休金、养老金 | 85.97 | 13.72 | 43.18 | 28.62 |
| 4. 城市亲友支付赡养费 | 23.49 | - | 12.78 | 1.04 |
| 5. 救济金 | 30.52 | 44.42 | 13.46 | 23.50 |
| 6. 救灾款 | 2.50 | - | 2.92 | 12.85 |
| 7. 无偿扶贫或扶持款 | 4.04 | - | 14.33 | 2.52 |
| 8. 得到赔款 | 0.20 | - | - | 0.64 |
| 9. 粮食直接补贴 | 103.27 | 73.47 | 173.46 | 115.11 |
| 10. 购置和更新大型农机具补贴 | 6.05 | 33.08 | 1.40 | 5.33 |
| 11. 良种补贴收入 | 14.33 | 12.81 | 12.14 | 20.55 |
| 12. 购买生产资料综合补贴 | 48.15 | 34.81 | 45.69 | 16.04 |
| 13. 领取最低生活保障费 | 55.71 | - | 96.60 | 153.73 |
| 14. 领取新型农村养老保险 | 44.41 | 33.73 | 33.58 | 55.09 |
| 15. 其他来自政府的补贴 | 73.28 | - | 43.01 | 134.75 |
| 16. 其他 | 19.08 | 0.07 | - | 0.70 |
| **二、非收入现金所得** | 2953.17 | 6835.58 | 3203.61 | 1870.66 |
| (一)非借贷性现金所得 | 735.66 | 721.96 | 1477.85 | 481.99 |
| 1. 出售财物 | 1.32 | 3.62 | - | - |
| 2. 彩票中奖所得 | 21.88 | - | 111.79 | - |
| 3. 调查补贴 | 103.35 | 54.51 | 463.67 | 206.40 |
| 4. 婚、丧、嫁、娶礼金 | 214.30 | 562.26 | 778.39 | 210.59 |
| 5. 土地征用补偿 | 326.21 | 84.46 | - | 42.75 |
| 6. 报销医疗费 | 36.97 | 17.11 | 31.74 | 20.48 |
| 9. 其他(包括赌博所得) | 31.63 | - | 92.26 | 2.14 |
| (二)借贷性现金所得 | 2217.51 | 6113.62 | 1725.76 | 1388.67 |
| 1. 银行、信用社贷款 | 213.89 | 38.36 | 254.89 | 99.25 |

# 住户现金收支情况（二）

单位：元

| 华池县 | 合水县 | 正宁县 | 宁　县 | 镇原县 |
|---|---|---|---|---|
| 980.54 | 674.09 | 680.16 | 949.43 | 691.13 |
| - | 0.62 | - | - | - |
| 71.72 | 159.86 | 262.76 | 266.15 | 166.60 |
| 1.26 | 35.54 | 16.14 | 280.17 | 61.06 |
| 29.89 | 10.77 | 5.34 | 81.40 | 10.91 |
| 7.42 | 3.94 | 99.89 | 14.30 | 31.30 |
| 4.79 | 4.06 | - | - | - |
| - | 36.03 | - | - | 0.25 |
| - | 1.78 | - | - | - |
| 286.00 | 126.14 | 100.40 | 37.80 | 99.66 |
| 22.31 | - | - | - | - |
| 4.75 | 33.06 | 4.50 | 14.10 | 13.62 |
| 76.86 | 12.19 | - | 95.50 | 56.84 |
| 141.47 | 63.21 | 43.76 | 1.60 | 45.73 |
| 54.50 | 24.33 | 62.24 | 38.79 | 49.31 |
| 244.42 | 150.66 | 6.75 | 34.60 | 95.93 |
| 3.11 | - | 57.74 | 52.50 | 9.61 |
| 4167.86 | 723.62 | 3863.50 | 2108.95 | 2112.50 |
| 1191.43 | 173.67 | 2932.31 | 267.06 | 124.77 |
| 12.71 | - | - | - | 1.13 |
| 0.65 | - | - | 54.22 | - |
| 69.98 | - | 34.65 | 49.61 | 35.14 |
| 548.43 | - | - | 69.30 | 7.56 |
| 515.03 | 155.91 | 2791.50 | - | - |
| 27.54 | 13.35 | 106.16 | 25.80 | 48.71 |
| 17.09 | 4.41 | - | 68.13 | 32.22 |
| 2976.43 | 549.94 | 931.19 | 1841.89 | 1987.73 |
| 313.33 | - | 27.80 | 367.29 | 339.66 |

# 2013 年分县区农村

| | 全　市 | 西峰区 | 庆城县 | 环　县 |
|---|---|---|---|---|
| 2. 借入款 | 548.62 | 60.36 | 325.06 | 829.62 |
| 3. 收回借出款 | 106.84 | 119.70 | 152.25 | 77.35 |
| 4. 取回存款 | 1315.00 | 5890.55 | 992.10 | 194.46 |
| 5. 其他 | 26.50 | - | - | 171.23 |
| **三、期内现金支出** | 5899.07 | 7683.22 | 6641.72 | 5999.49 |
| (一)生产费用支出 | 1379.85 | 2391.25 | 1915.95 | 918.07 |
| 1. 家庭经营费用支出 | 1226.18 | 2340.45 | 1435.85 | 757.87 |
| (1)第一产业生产费用支出 | 1110.58 | 2093.58 | 1387.04 | 524.30 |
| ①农业生产费用支出 | 604.76 | 850.08 | 764.86 | 6.14 |
| ②林业生产费用支出 | 106.76 | 530.02 | 8.60 | 200.77 |
| ③牧业生产费用支出 | 374.26 | 567.60 | 613.58 | - |
| ④渔业生产费用支出 | 0.01 | - | - | - |
| (2)第二产业生产费用支出 | 31.10 | - | 6.44 | - |
| ①工业生产费用支出 | 7.78 | - | - | - |
| ②建筑业生产费用支出 | 23.32 | - | 6.44 | - |
| (3)第三产业生产费用支出 | 84.5 | 246.87 | 42.37 | 23.47 |
| ①交通运输邮电业生产费用支出 | 15.41 | 0.67 | 30.76 | - |
| ②批零贸易餐饮业生产费用支出 | 16.72 | 2.89 | 9.36 | 23.36 |
| ③社会服务业生产费用支出 | 52.37 | 243.31 | 2.25 | 0.11 |
| 2. 购置生产性固定资产支出 | 141.33 | 50.80 | 480.10 | 97.36 |
| (1)购置建筑生产用建筑物材料 | 37.91 | 0.92 | 11.76 | 73.60 |
| (2) 购买役畜、产品畜 | 28.45 | - | 240.56 | 7.64 |
| (4)购买农林牧渔业机械 | 52.60 | 49.89 | 176.31 | 8.37 |
| (5) 购买运输机械 | 7.54 | - | 1.60 | 2.89 |
| (6) 购买其他生产性固定资产 | 14.83 | - | 49.86 | 4.85 |
| 3. 建、造生产性固定资产雇工支出 | 12.34 | - | - | 61.84 |
| (二)税费支出 | 0.06 | - | - | - |

# 住户现金收支情况（三）

单位：元

| 华池县 | 合水县 | 正宁县 | 宁　县 | 镇原县 |
|---|---|---|---|---|
| 1605.22 | 108.83 | 123.71 | 408.21 | 954.66 |
| 248.92 | 79.84 | 84.16 | 21.96 | 163.85 |
| 752.66 | 360.5 | 695.53 | 1029.33 | 524.80 |
| 56.31 | – | – | – | 1.21 |
| 5649.8 | 4947.67 | 5408.90 | 5596.1 | 5364.68 |
| 1373.24 | 951.63 | 993.18 | 1315.44 | 1226.16 |
| 1163.66 | 827.86 | 718.97 | 1237.95 | 1140.34 |
| 1028.59 | 826.86 | 685.2 | 1108.87 | 963.19 |
| 426.62 | 656.90 | 631.12 | 538.18 | 524.86 |
| 88.51 | 76.38 | 4.17 | 107.99 | 30.97 |
| 500.17 | 82.79 | 49.94 | 446.11 | 407.36 |
| – | 0.04 | – | 0.02 | – |
| 6.3 | – | – | 31.28 | 104.16 |
| – | – | – | – | 34.26 |
| 6.30 | – | – | 31.28 | 69.89 |
| 128.77 | 0.99 | 33.77 | 97.79 | 72.99 |
| 24.85 | – | – | 20.31 | 30.76 |
| 17.00 | – | 33.61 | 8.51 | 28.24 |
| 86.92 | 0.99 | 0.15 | 68.97 | 14.00 |
| – | – | – | – | – |
| – | – | – | – | – |
| 209.58 | 122.71 | 234.38 | 77.5 | 85.82 |
| 14.37 | 79.72 | 127.75 | 40.18 | – |
| 47.03 | – | – | – | 11.11 |
| 96.90 | 28.65 | 7.13 | 22.16 | 74.16 |
| 37.70 | 9.72 | 14.17 | 15.16 | – |
| 13.57 | 4.62 | 85.33 | – | 0.55 |

# 2013年分县区农村

| | 全　市 | 西峰区 | 庆城县 | 环　县 |
|---|---|---|---|---|
| (三)生活消费支出 | 4179.11 | 4810.8 | 4469.42 | 4857.77 |
| 其中：服务性支出 | 1111.08 | 1398.67 | 1268.42 | 1175.00 |
| 1.食品消费支出 | 1342.20 | 1722.01 | 1255.4 | 1830.02 |
| a.购买食品支出 | 1135.92 | 1362.33 | 1086.35 | 1461.86 |
| (1)谷物 | 131.06 | 152.91 | 135.56 | 147.99 |
| (2)薯类 | 14.27 | 22.29 | 15.57 | 9.20 |
| (3)豆类 | 12.00 | 26.95 | 16.92 | 7.56 |
| (4)食用油 | 53.76 | 51.93 | 41.39 | 48.28 |
| (5)蔬菜及制品 | 108.99 | 166.71 | 118.65 | 78.49 |
| (6)肉、禽、蛋、奶及制品 | 267.55 | 354.07 | 253.01 | 180.88 |
| (7)水产品及制品 | 12.36 | 23.26 | 9.51 | 8.11 |
| (8)烟.酒 | 292.89 | 241.52 | 264.97 | 772.36 |
| (9)茶叶、饮料 | 36.78 | 42.91 | 35.98 | 57.07 |
| (10)其它类食品 | 206.25 | 279.78 | 194.78 | 151.93 |
| b.食品消费服务性支出 | 206.28 | 359.68 | 169.06 | 367.15 |
| (1)在外饮食 | 187.21 | 340.99 | 144.57 | 343.67 |
| (2)食品加工费 | 19.08 | 18.69 | 24.49 | 24.48 |
| 2.衣着 | 370.46 | 686.23 | 386.49 | 313.07 |
| a.购买衣着支出 | 370.00 | 684.83 | 386.47 | 312.94 |
| (1)服装 | 263.38 | 522.86 | 266.27 | 192.46 |
| (2)服装材料 | 18.19 | 26.27 | 14.30 | 23.81 |
| (3)鞋类 | 86.36 | 130.55 | 104.90 | 93.62 |
| (4)其他 | 2.08 | 5.15 | 1.01 | 3.05 |
| b.衣着消费服务性支出 | 0.46 | 1.40 | 0.01 | 0.13 |
| (1)衣着加工费 | 0.46 | 1.40 | 0.01 | 0.13 |
| 3.居住 | 744.74 | 444.55 | 901.99 | 1198.65 |

# 住户现金收支情况（四）

单位：元

| 华池县 | 合水县 | 正宁县 | 宁　县 | 镇原县 |
|---|---|---|---|---|
| 3832.25 | 3675.80 | 4042.89 | 3882.99 | 3855.58 |
| 1017.97 | 1267.47 | 1045.24 | 769.41 | 1168.78 |
| 1311.46 | 1224.9 | 1339.08 | 1111.67 | 1132.98 |
| 1181.63 | 1106.09 | 1205.99 | 985.42 | 66.04 |
| 244.53 | 194.01 | 218.32 | 89.23 | 8.95 |
| 2.51 | 9.89 | 18.27 | 20.11 | 6.21 |
| 8.09 | 9.34 | 9.95 | 12.70 | 52.78 |
| 43.66 | 103.49 | 67.34 | 45.82 | 112.92 |
| 110.74 | 128.27 | 87.54 | 89.56 | 268.74 |
| 203.06 | 244.92 | 298.15 | 284.56 | 10.03 |
| 16.90 | 7.46 | 17.10 | 10.61 | 189.94 |
| 346.59 | 258.84 | 253.81 | 154.75 | 23.42 |
| 35.92 | 18.27 | 71.56 | 24.34 | 206.33 |
| 169.62 | 131.60 | 163.96 | 253.74 | 187.61 |
| 129.82 | 118.81 | 133.09 | 126.24 | 160.10 |
| 116.10 | 106.06 | 129.88 | 111.39 | 27.51 |
| 13.73 | 12.75 | 3.21 | 14.86 | 253.11 |
| 413.50 | 204.90 | 396.18 | 368.04 | 253.11 |
| 412.83 | 204.58 | 395.91 | 367.24 | 252.99 |
| 311.30 | 142.09 | 278.98 | 256.23 | 185.66 |
| 15.43 | 4.65 | 17.26 | 24.40 | 11.08 |
| 84.37 | 56.07 | 96.93 | 85.78 | 54.97 |
| 1.74 | 1.77 | 2.74 | 0.83 | 1.28 |
| 0.67 | 0.32 | 0.26 | 0.80 | 0.12 |
| 0.67 | 0.32 | 0.26 | 0.80 | 0.12 |
| 627.54 | 722.11 | 503.01 | 704.44 | 748.08 |

# 2013年分县区农村

| | 全　市 | 西峰区 | 庆城县 | 环　县 |
|---|---|---|---|---|
| 4.家庭设备、用品及服务 | 291.91 | 269.45 | 229.52 | 225.00 |
| a.购买家庭设备、用品支出 | 282.36 | 257.99 | 226.16 | 223.10 |
| (1)日用品 | 104.26 | 171.35 | 58.34 | 109.48 |
| (2)床上用品 | 30.71 | 39.09 | 34.58 | 33.17 |
| (3)室内装饰品 | 13.94 | 5.03 | 8.76 | 7.08 |
| (4)家俱类 | 48.75 | 8.22 | 37.73 | 29.29 |
| (5)机电设备 | 84.70 | 34.30 | 86.75 | 44.08 |
| b.家庭设备服务消费支出 | 9.54 | 11.46 | 3.35 | 1.90 |
| 5.交通和通讯 | 568.60 | 687.12 | 656.57 | 658.37 |
| a.购买交通和通讯用品支出 | 299.67 | 360.35 | 334.68 | 379.70 |
| (1)交通工具 | 79.03 | 71.01 | 56.71 | 64.60 |
| (2)交通工具用燃料 | 125.28 | 184.79 | 180.48 | 202.94 |
| (3)交通工具用零配件 | 28.77 | 31.941 | 49.64 | 41.83 |
| (4)通讯工具 | 66.59 | 72.54 | 47.85 | 70.32 |
| b.交通和通讯服务消费支出 | 268.93 | 326.78 | 321.89 | 278.67 |
| 6.文化教育、娱乐用品及服务 | 264.31 | 326.93 | 240.57 | 235.11 |
| a.购买文化教育、娱乐用品 | 88.32 | 148.36 | 108.28 | 80.85 |
| (1)文教、娱乐用机电消费品 | 58.98 | 65.40 | 71.81 | 66.80 |
| (2)书、报、杂志 | 6.42 | 18.28 | 6.87 | 1.52 |
| (3)纸张、文具 | 7.09 | 16.23 | 4.07 | 3.15 |
| (4) 体育用品 | 0.57 | 1.58 | 0.27 | 0.22 |
| (5) 鲜花 | 0.95 | 4.88 | 0.41 | 0.21 |
| (6) 娱乐用品 | 4.42 | 6.13 | 5.13 | 2.61 |
| (7) 其他用品 | 9.90 | 35.88 | 19.71 | 6.33 |
| b.教育服务消费 | 169.58 | 164.79 | 127.27 | 152.13 |
| 7.医疗保健 | 473.95 | 522.96 | 691.84 | 268.13 |
| a.购买医疗保健用品 | 259.48 | 258.75 | 408.63 | 80.68 |
| (1)购买医疗卫生用品 | 254.60 | 254.23 | 404.94 | 77.13 |
| ①药品 | 253.96 | 254.23 | 402.31 | 76.99 |
| ②医疗卫生器械 | 0.64 | - | 2.63 | 0.13 |

# 住户现金收支情况（五）

单位：元

| 华池县 | 合水县 | 正宁县 | 宁　县 | 镇原县 |
|---|---|---|---|---|
| 215.83 | 242.54 | 368.01 | 262.23 | 391.36 |
| 214.33 | 235.86 | 363.92 | 260.05 | 366.87 |
| 63.61 | 78.64 | 115.77 | 63.3 | 131.92 |
| 19.05 | 23.68 | 31.44 | 31.23 | 26.7 |
| 22.36 | 6.93 | 9.74 | 22.53 | 19.15 |
| 46.50 | 61.20 | 46.58 | 69.20 | 66.21 |
| 62.81 | 65.40 | 160.39 | 73.78 | 122.88 |
| 1.50 | 6.68 | 4.08 | 5.18 | 24.50 |
| 605.64 | 572.76 | 598.03 | 489.54 | 464.78 |
| 316.87 | 220.94 | 333.28 | 268.96 | 236.40 |
| 60.81 | 49.71 | 179.80 | 83.25 | 65.59 |
| 160.06 | 80.36 | 53.83 | 96.34 | 86.44 |
| 17.60 | 14.16 | 12.86 | 18.89 | 33.12 |
| 78.40 | 76.72 | 86.80 | 70.48 | 51.15 |
| 288.77 | 351.81 | 264.74 | 220.58 | 228.38 |
| 195.77 | 199.39 | 427.98 | 171.41 | 304.35 |
| 35.05 | 22.95 | 133.47 | 99.4 | 51.41 |
| 11.98 | 15.71 | 105.62 | 77.96 | 29.87 |
| 0.54 | 1.18 | 6.24 | 7.04 | 4.85 |
| 4.76 | 4.09 | 4.94 | 6.18 | 8.87 |
| 1.95 | - | 0.78 | 0.36 | 0.31 |
| 0.48 | 0.10 | 1.30 | 0.55 | - |
| 2.51 | 1.45 | 8.51 | 5.27 | 2.95 |
| 12.82 | 0.42 | 6.08 | 2.03 | 4.65 |
| 147.00 | 170.13 | 291.74 | 64.11 | 248.84 |
| 417.95 | 407.83 | 318.13 | 572.12 | 486.80 |
| 193.38 | 225.29 | 232.12 | 393.2 | 216.76 |
| 184.48 | 225.06 | 231.3 | 387.92 | 208.56 |
| 183.43 | 225.06 | 231.1 | 387.49 | 207.62 |
| 1.05 | - | 0.20 | 0.43 | 0.94 |

# 2013 年分县区农村

| | 全　市 | 西峰区 | 庆城县 | 环　县 |
|---|---|---|---|---|
| (2)保健用品 | 4.88 | 4.52 | 3.70 | 3.55 |
| ①保健器材 | 0.89 | 1.92 | 0.24 | 0.07 |
| b.医疗保健服务消费支出 | 214.46 | 264.21 | 283.21 | 187.45 |
| 8.其他商品和服务 | 122.94 | 151.56 | 107.95 | 129.43 |
| a.购买其他商品支出 | 93.70 | 106.49 | 70.39 | 107.34 |
| (1)首饰 | 24.46 | 25.4 | 10.69 | 47.77 |
| (2)化妆品 | 28.87 | 59.43 | 31.10 | 38.73 |
| (3)其他 | 40.37 | 21.66 | 28.60 | 20.83 |
| b.其他消费服务支出 | 29.23 | 45.07 | 37.56 | 22.09 |
| (四)财产性支出 | 2.88 | 3.48 | - | - |
| (五)转移性支出 | 337.18 | 477.69 | 256.35 | 223.65 |
| 1.给大中专学生生活费和学杂费 | 81.38 | 37.22 | 56.62 | 105.97 |
| 2. 交纳医疗保险 | 62.26 | 62.22 | 84.44 | 44.23 |
| 3. 交纳社会保障基金 | 53.88 | 31.47 | 82.83 | 45.26 |
| 4. 购买非储蓄性保险 | 8.22 | 7.37 | 9.21 | 1.93 |
| 5. 赡养费 | 3.24 | 14.67 | 5.80 | - |
| 6. 捐赠 | 125.63 | 322.97 | 15.29 | 15.16 |
| 7. 罚款、赔款 | 1.79 | - | - | 11.09 |
| 8. 其他 | 0.76 | 1.76 | 2.15 | - |
| **四、非消费性支出** | 2217.52 | 9391.73 | 1144.32 | 785.46 |
| (一)非借贷性支出 | 377.87 | 882.48 | 675.8 | 478.37 |
| 1.购买彩票 | 2.94 | - | 0.04 | 2.88 |
| 2.婚、丧、嫁、娶支出 | 361.38 | 873.07 | 621.66 | 459.17 |
| 3.其他 | 13.55 | 9.41 | 54.1 | 16.32 |
| (二)储蓄、借贷性支出 | 1839.65 | 8509.26 | 468.52 | 307.10 |
| 1.归还银行、信用社 | 67.17 | 486.37 | 2.12 | 14.27 |
| 2.借出款 | 25.51 | 3.59 | 19.55 | 24.79 |
| 3.归还借款 | 171.54 | 333.76 | 136.96 | 268.04 |
| 4.存款 | 1547.84 | 7629.69 | 227.54 | - |
| 5.其他 | 3.79 | - | 34.01 | - |

# 住户现金收支情况（六）

单位：元

| 华池县 | 合水县 | 正宁县 | 宁　县 | 镇原县 |
|---|---|---|---|---|
| 8.90 | 0.23 | 0.83 | 5.28 | 8.20 |
| 1.48 | - | 0.02 | 2.29 | 0.30 |
| 224.57 | 182.54 | 86.01 | 178.92 | 270.04 |
| 44.36 | 101.38 | 92.47 | 200.55 | 74.10 |
| 28.12 | 82.94 | 70.12 | 159.77 | 54.61 |
| 0.01 | 32.92 | 1.96 | 33.05 | 20.49 |
| 19.97 | 28.04 | 20.29 | 26.28 | 13.57 |
| 8.14 | 21.98 | 47.88 | 100.44 | 20.56 |
| 16.23 | 18.44 | 22.35 | 40.78 | 19.49 |
| - | 4.05 | - | 6.44 | 3.70 |
| 443.02 | 316.20 | 372.83 | 391.22 | 279.24 |
| 69.11 | 136.00 | 250.38 | 20.31 | 71.4 |
| 61.97 | 59.76 | 32.55 | 69.78 | 70.54 |
| 61.18 | 70.57 | 67.77 | 45.00 | 55.2 |
| 21.23 | 9.45 | 15.66 | 13.69 | 0.63 |
| 6.94 | - | - | - | 2.35 |
| 219.06 | 38.16 | 6.47 | 241.00 | 78.94 |
| 3.53 | 1.84 | - | - | 0.04 |
| - | 0.10 | - | 1.44 | 0.14 |
| 2260.06 | 1237.95 | 3288.57 | 819.17 | 667.42 |
| 1214.91 | 235.32 | 241.13 | 102.25 | 93.16 |
| 2.25 | 1.45 | 12.70 | 3.89 | 1.22 |
| 1188.56 | 229.37 | 228.43 | 91.97 | 81.78 |
| 24.09 | 4.50 | - | 6.38 | 10.17 |
| 1045.16 | 1002.64 | 3047.44 | 716.92 | 574.25 |
| - | 35.57 | - | - | 9.84 |
| 139.47 | 106.32 | 28.63 | 0.60 | 15.12 |
| 358.74 | 60.62 | 57.89 | 126.80 | 121.39 |
| 534.71 | 800.13 | 2918.43 | 576.45 | 404.16 |
| 12.24 | - | - | - | - |

# 2013年分县区农村家庭人均主要

| | 计算单位 | 全　市 | 西峰区 | 庆城县 | 环　县 |
|---|---|---|---|---|---|
| 人均食品消费量 | | | | | |
| 谷物和薯类 | 千克 | 176.68 | 132.83 | 238.93 | 223.60 |
| 豆类及豆制品 | 千克 | 5.39 | 9.63 | 6.85 | 2.94 |
| 蔬菜及菜制品 | 千克 | 34.84 | 51.27 | 44.12 | 34.75 |
| 油脂类 | 千克 | 6.36 | 5.44 | 13.18 | 6.00 |
| #植物油 | 千克 | 6.31 | 5.27 | 13.14 | 5.98 |
| 动物油 | 千克 | 0.05 | 0.17 | 0.04 | 0.01 |
| 肉禽及其制品 | 千克 | 11.21 | 9.73 | 8.37 | 16.31 |
| #猪　肉 | 千克 | 7.43 | 5.80 | 4.99 | 9.99 |
| 牛　肉 | 千克 | 0.40 | 0.31 | 0.20 | 0.54 |
| 羊　肉 | 千克 | 0.63 | 0.65 | 0.15 | 1.57 |
| 家　禽 | 千克 | 2.25 | 1.67 | 1.97 | 3.38 |
| 肉禽制品 | 千克 | 0.50 | 1.31 | 1.06 | 0.83 |
| 蛋类及蛋制品 | 千克 | 4.72 | 4.23 | 4.17 | 6.40 |
| 奶及奶制品 | 千克 | 2.78 | 3.62 | 2.92 | 0.90 |
| 水产品 | 千克 | 0.71 | 1.09 | 0.51 | 0.42 |
| 食　糖 | 千克 | 0.77 | 0.53 | 0.59 | 0.53 |
| 酒 | 千克 | 6.20 | 4.13 | 9.47 | 9.04 |
| 水果类 | 千克 | 22.09 | 22.48 | 82.27 | 16.70 |
| 百户耐用消费品拥有量 | | | | | |
| 自行车 | 辆 | 16.78 | 57.14 | 0.00 | 10.11 |
| 固定电话 | 部 | 20.68 | 31.43 | 8.75 | 29.21 |
| 移动电话 | 台 | 221.01 | 302.86 | 260.0 | 285.39 |
| 洗衣机 | 台 | 76.71 | 100.00 | 91.25 | 92.13 |
| 摩托车 | 辆 | 78.50 | 77.14 | 91.25 | 86.52 |
| 彩色电视机 | 台 | 108.79 | 125.71 | 121.25 | 101.12 |
| 电冰箱 | 台 | 33.71 | 62.86 | 31.25 | 42.70 |
| 摄象机 | 套 | 0.65 | – | – | 1.12 |
| 照相机 | 台 | 2.12 | 5.71 | – | 2.25 |

## 消费品消费和耐用品拥有情况

| 华池县 | 合水县 | 正宁县 | 宁　县 | 镇原县 |
|---|---|---|---|---|
| | | | | |
| 240.34 | 266.95 | 73.11 | 92.94 | 230.3 |
| 4.13 | 8.37 | 4.13 | 4.84 | 4.40 |
| 39.99 | 51.32 | 19.23 | 25.10 | 32.09 |
| 4.79 | 7.61 | 6.06 | 3.55 | 6.95 |
| 4.44 | 7.59 | 6.04 | 3.55 | 6.94 |
| 0.35 | 0.02 | 0.02 | - | 0.01 |
| 20.41 | 12.18 | 8.31 | 10.51 | 9.87 |
| 13.70 | 6.77 | 5.62 | 8.77 | 6.20 |
| 0.63 | 0.41 | 0.67 | 0.27 | 0.40 |
| 1.57 | 0.49 | 0.14 | 0.23 | 0.70 |
| 3.47 | 4.46 | 1.52 | 1.22 | 2.41 |
| 1.04 | 0.05 | 0.35 | 0.02 | 0.16 |
| 6.50 | 6.07 | 2.28 | 3.20 | 5.92 |
| 1.26 | 1.12 | 5.18 | 2.72 | 3.18 |
| 1.01 | 0.56 | 1.10 | 0.63 | 0.65 |
| 0.42 | 0.31 | 2.65 | 0.75 | 0.52 |
| 9.92 | 9.32 | 9.39 | 3.10 | 4.09 |
| 9.60 | 27.27 | 9.29 | 13.41 | 14.88 |
| | | | | |
| 10.00 | 22.5 | 6.25 | 27.5 | 23.33 |
| 32.50 | 11.25 | 23.75 | 10.00 | 23.33 |
| 260.00 | 155.00 | 165.00 | 260.00 | 130.00 |
| 76.25 | 65.00 | 68.75 | 65.00 | 67.78 |
| 92.5 | 81.25 | 78.75 | 75.00 | 47.78 |
| 103.75 | 112.50 | 105.00 | 115.00 | 97.78 |
| 16.25 | 13.75 | 21.25 | 40.00 | 54.44 |
| 1.25 | - | - | - | 2.22 |
| 2.50 | 1.25 | - | 2.50 | 4.44 |

# 西峰城区城镇住户调查点基本情况

单位：户、人、平方米

| | 2012年 | | | 2013年 | | |
|---|---|---|---|---|---|---|
| | | 户　均 | 人　均 | | 户　均 | 人　均 |
| 调查总户数 | 50 | - | - | 30 | - | - |
| 家庭总人口 | 162 | 3.24 | - | 89 | 2.96 | - |
| 有收入的人数 | - | 1.93 | - | - | 1.54 | - |
| 1. 就业人口数 | - | 1.52 | - | - | 1.35 | - |
| #国有单位职工 | - | 1.03 | - | - | 0.72 | - |
| 城镇集体单位职工 | - | 0.06 | - | - | - | - |
| 城镇个体经营者人数 | - | 0.32 | - | - | 0.21 | - |
| 2. 离退休人数 | - | 0.29 | - | - | 0.14 | - |
| 3. 其他有收入者人数 | - | 0.12 | - | - | 0.06 | - |
| 住房情况 | | | | | | |
| 现住房总建筑面积 | 5355.72 | 107.11 | 33.06 | 3020 | 100.67 | 33.93 |
| 房屋产权 | | | | | | |
| 租赁公房 | - | - | - | - | - | - |
| 租赁私房 | 8 | - | - | 1 | - | - |
| 原有私房 | - | - | - | - | - | - |
| 房改私房 | 12 | - | - | - | - | - |
| 商品房 | 76 | - | - | 29 | - | - |
| 借用房 | 4 | - | - | - | - | - |
| 住宅建筑式样 | | | | | | |
| 单栋住宅 | 2 | - | - | - | - | - |
| 单元式配套住宅 | 86 | - | - | 30 | - | - |
| #一居室 | 2 | - | - | - | - | - |
| 二居室 | 10 | - | - | 10 | - | - |
| 三居室 | 12 | - | - | 17 | - | - |
| 四居室 | 62 | - | - | 3 | - | - |
| 普通平房及其他 | 8 | | - | - | | - |
| 用水情况 | | | | | | |
| 独用自来水 | 94 | - | - | 28 | - | - |
| 公用自来水 | 6 | - | - | 2 | - | - |
| 通信设备使用情况 | | | | | | |
| 固定电话 | 50 | 1 | 0.31 | 5 | 0.17 | 0.06 |
| 移动电话 | 238 | 4.76 | 1.47 | 43 | 1.43 | 0.48 |

# 2013年庆阳市城镇住户调查点居民家庭人均现金收支情况

单位：元

|  | 人　均 |  | 人　均 |
|---|---|---|---|
| 一、期初手存现金 | 7942.09 | 3. 家庭设备用品及服务 | 794.37 |
| 二、家庭总收入 | 20046.06 | 4. 医疗保健 | 1638.15 |
| #可支配性收入 | 18760.9 | 5. 交通和通信 | 1535.02 |
| (一)工资性收入 | 15013.34 | 6. 教育文化娱乐服务 | 1347.01 |
| 1. 工资及补贴收入 | 14104.17 | 7. 居　住 | 1207.94 |
| 2. 其他劳动收入 | 909.16 | 8. 其他商品和服务 | 550.71 |
| (二) 经营净收入 | 2025.1 | (二) 购房与建房支出 | 607.24 |
| (三)财产性收入 | 345.06 | 1. 购房 | 605.55 |
| 1. 利息收入 | 165.08 | 2. 建房 | 1.69 |
| 2. 股息与红利收入 | 27.37 | (三) 转移性支出 | 912.31 |
| 3. 其他投资收入 | 0.52 | 1. 交纳的所得税 | 15.03 |
| 4. 出租房屋收入 | 133.9 | 2. 捐赠支出 | 651.93 |
| 5. 其他财产收入 | 18.19 | 3. 购买彩票 | 3.05 |
| (四) 转移性收入 | 2662.56 | 4. 赡养支出 | 108.36 |
| 1. 养老金或离退休金 | 1173.93 | #在外就学子女费用 | 55.77 |
| 2. 社会救济收入 | 126.94 | 5. 各种非储蓄性保险支出 | 81.16 |
| #最低生活保障收入 | 105.04 | 6. 其他转移性支出 | 52.79 |
| 3. 赡养收入 | 923.46 | (三) 财产性支出 | 32.57 |
| 4. 捐赠收入 | 86.04 | #非生产性贷款利息支出 | 31.36 |
| 5. 记帐补贴 | 140.08 | (四)　社会保障支出 | 1130.04 |
| 6. 其他转移性收入 | 212.21 | 1. 个人交纳的养老基金 | 327.64 |
| 三、出售财物收入 | 4.93 | 2. 个人交纳的住房公积金 | 514.09 |
| (一) 出售住房收入 | - | 3. 个人交纳的医疗基金 | 242.8 |
| (二) 出售其他物品收入 | 4.93 | 4. 个人交纳的失业基金 | 42.95 |
| 四、借贷收入 | 2880.36 | 5. 其他社会保障支出 | 2.57 |
| (一) 提取储蓄存款 | 2477.38 | 六、借贷支出 | 3912.8 |
| (二) 借入款 | 319.29 | (一) 存入储蓄款 | 3033.53 |
| (三) 收回借出款 | 40.32 | (二) 借出款 | 9.12 |
| (四) 收回储蓄性保险本金 | - | (三) 归还借款 | 242.83 |
| (五) 收回投资本金 | 4.93 | (四) 储蓄性保险支出 | 85.58 |
| (六) 住房贷款 | 8.41 | (五) 购买有价证券 | 2.43 |
| (七) 教育贷款 | 5.9 | (六) 其他投资支出 | 3.32 |
| (八) 其他借贷收入 | 24.13 | (七) 归还住房贷款 | 494.98 |
| 五、家庭总支出 | 16129.63 | (八) 归还教育贷款 | - |
| (一) 消费性支出 | 13447.47 | (九) 归还其他贷款 | 29.55 |
| #　服务性消费支出 | - | (十) 其他借贷支出 | 11.47 |
| 1. 食　品 | 4405.47 | 七、期末手存现金 | 2573.72 |
| 2. 衣　着 | 1968.81 |  |  |

数据来源：国家统计局庆阳调查队

# 2013 年分县区城镇居民

| | 西峰区 | 庆城县 | 环　县 |
|---|---|---|---|
| 一、期初手存现金 | 5353.24 | 8310.68 | 18680.0 |
| 二、家庭总收入 | 19888.47 | 21842.89 | 20915.51 |
| #可支配性收入 | 18706.09 | 19909.5 | 19722.81 |
| (一) 工资性收入 | 14719.62 | 16865.85 | 14474.42 |
| 1. 工资及补贴收入 | 14594.39 | 16592.84 | 10961.68 |
| 2. 其他劳动收入 | 125.23 | 273.01 | 3512.74 |
| (二) 经营净收入 | 754.79 | 2442.32 | 4704.67 |
| (三) 财产性收入 | 336.95 | 653.81 | 113.24 |
| 1. 利息收入 | 336.52 | - | - |
| 2. 股息与红利收入 | - | - | - |
| 3. 保险收益 | - | - | - |
| 4. 其他投资收入 | 1.33 | - | - |
| 5. 出租房屋收入 | - | 652.71 | 113.24 |
| 6. 知识产权收入 | - | - | - |
| 7. 其他财产性收入 | - | 1.09 | - |
| (四) 转移性收入 | 4077.12 | 1880.91 | 1623.19 |
| 1. 养老金或离退休金 | 2104.34 | 436.6 | 340.53 |
| 2. 社会救济收入 | 116.83 | 13.28 | 549.58 |
| 3. 辞退金 | - | - | - |
| 4. 赔偿收入 | - | - | - |
| 5. 保险收入 | - | - | - |
| #失业保险金 | - | - | - |
| 6. 赡养收入 | 1658.15 | 1091.73 | 202.66 |
| 7. 捐赠收入 | 125.44 | 0.73 | 5.58 |
| 8. 提取住房公积金 | - | - | - |
| 9. 记帐补贴 | 72.36 | 333.84 | 467.08 |
| 10. 其他转移性收入 | - | 4.73 | 57.77 |
| 三、出售财物收入 | 1.82 | 18.53 | - |
| (一) 出售住房收入 | - | - | - |
| (二) 出售其他物品收入 | 1.82 | 18.53 | - |
| 四、借贷收入 | 4673.36 | 1319.72 | 1117.12 |
| (一) 提取储蓄存款 | 4650.09 | 746.92 | - |
| (二) 借入款 | - | 345.41 | 1117.12 |
| (三) 收回借出款 | - | 208.87 | - |
| (四) 收回储蓄性保险本 | - | - | - |
| (五) 兑售有价证券 | - | - | - |
| (六) 收回投资本金 | 1.82 | 18.53 | - |
| (七) 住房贷款 | 21.45 | - | - |
| (八) 汽车贷款 | - | - | - |
| (九) 教育贷款 | - | - | - |
| (十) 其他贷款 | - | - | - |
| (十一) 其他借贷收入 | - | - | - |
| 五、家庭总支出 | 17369.09 | 13390.75 | 17371.94 |
| (一) 消费性支出 | 14002.61 | 11245.4 | 15789.96 |
| #服务性消费支出 | - | - | - |

# 家庭人均现金收支情况（一）

单位：元

| 华池县 | 合水县 | 正宁县 | 宁　县 | 镇原县 |
|---|---|---|---|---|
| 11780.0 | 3561.66 | 4813.49 | 8724.29 | 7531.02 |
| 21776.96 | 18916.98 | 20249.56 | 17703.2 | 18359.41 |
| 19945.3 | 18290.6 | 18230.2 | 16680.4 | 17998.7 |
| 17453.46 | 14421.13 | 16324.26 | 12177.82 | 15313.62 |
| 17446.24 | 7663.71 | 16320.7 | 12177.82 | 15245.22 |
| 7.22 | 6757.42 | 3.56 | – | 68.43 |
| 2947.14 | 2070.43 | 3082.18 | 2906.54 | 1038.8 |
| 757.79 | 32.66 | 189.01 | 111.06 | 449.66 |
| 478.06 | – | – | – | 22.73 |
| 279.73 | – | – | – | 160.49 |
| – | – | – | 19.14 | 53.88 |
| – | – | – | – | – |
| – | 20.88 | 170.28 | 91.92 | – |
| – | – | – | – | – |
| – | 11.78 | 18.74 | – | 212.55 |
| 618.56 | 2392.76 | 654.1 | 2507.78 | 1557.3 |
| 582.55 | 1386.8 | 298.55 | 687.47 | 361.43 |
| 8.54 | 284.97 | – | 8.27 | 54.98 |
| – | 46.24 | – | – | – |
| – | – | – | – | 19.82 |
| – | – | – | – | – |
| – | – | – | – | – |
| – | 196.4 | 30.04 | 494.48 | 186.28 |
| 8.39 | 179.26 | – | 108.79 | 206.44 |
| – | 2.33 | 160.34 | – | – |
| – | – | 80.01 | 73.96 | 2.22 |
| 19.08 | 296.77 | 85.18 | 1134.81 | 726.12 |
| – | 19.09 | – | – | – |
| – | – | – | – | – |
| – | 19.09 | – | – | – |
| 2919.99 | 1829.36 | 682.93 | 2204.31 | 2300.29 |
| 2787.32 | 23.25 | 479.07 | 2185.17 | 1397.32 |
| 123.15 | 1453.76 | 178.88 | 19.14 | 657.52 |
| – | 60.51 | 24.98 | – | 41.65 |
| – | – | – | – | – |
| – | – | – | – | – |
| – | 19.09 | – | – | – |
| – | – | – | – | – |
| 9.52 | – | – | – | – |
| – | – | – | – | 111.17 |
| – | 272.75 | – | – | – |
| – | – | – | – | 92.64 |
| 17651.43 | 14651.07 | 15864.16 | 14628.13 | 16158.17 |
| 14229.29 | 13440.98 | 12750.84 | 11943.93 | 14304.57 |
| – | – | – | – | – |

# 2013年分县区城镇居民

| | 西峰区 | 庆城县 | 环　县 |
|---|---|---|---|
| 1. 食　品 | 4288.01 | 4092.74 | 5835.82 |
| 2. 衣　着 | 1948.76 | 1848.75 | 2448.73 |
| 3. 家庭设备用品及服务 | 638.43 | 747.64 | 1331.0 |
| 4. 医疗保健 | 2661.78 | 895.0 | 1072.37 |
| 5. 交通和通信 | 1513.33 | 1544.44 | 1624.31 |
| 6. 教育文化娱乐服务 | 1311.35 | 663.57 | 1446.13 |
| 7. 居　住 | 1176.64 | 994.63 | 1120.44 |
| 8. 其他商品和服务 | 464.3 | 458.64 | 911.17 |
| (二) 购房与建房支出 | 1540.21 | 0.18 | 5.71 |
| 1. 购房 | 1540.21 | - | - |
| 2. 建房 | - | 0.18 | 5.71 |
| (三) 转移性支出 | 731.72 | 555.52 | 855.02 |
| 1. 交纳所得税 | 25.63 | 9.91 | 4.37 |
| 2. 捐赠支出 | 527.47 | 311.59 | 693.22 |
| 3. 购买彩票 | 2.28 | 8.88 | - |
| 4. 赡养支出 | 87.74 | 132.99 | - |
| #在外就学子女费用 | 8.43 | - | - |
| 5. 各种非储蓄性保险支出 | 82.61 | 18.37 | 128.77 |
| #车辆保险支出 | 82.61 | 18.37 | 61.75 |
| 6. 其他转移性支出 | 25.01 | 73.78 | 28.66 |
| (四) 财产性支出 | 10.15 | - | - |
| 1. 非生产性贷款利息支出 | 10.15 | - | - |
| 2. 其他 | - | - | - |
| (五) 社会保障支出 | 1084.04 | 1589.64 | 721.66 |
| 1. 个人交纳的养老基金 | 329.04 | 593.41 | 560.57 |
| 2. 个人交纳的住房公积金 | 420.54 | 781.09 | 131.95 |
| 3. 个人交纳的医疗基金 | 268.15 | 204.05 | 22.59 |
| 4. 个人交纳的失业基金 | 65.31 | 10.33 | - |
| 5. 其他社会保障支出 | 1.36 | 0.77 | 6.15 |
| 六、借贷支出 | 6382.65 | 870.53 | 1969.41 |
| (一) 存入储蓄款 | 6013.05 | - | - |
| (二) 借出款 | - | - | - |
| (三) 归还借款 | - | 77.07 | 1969.41 |
| (四) 储蓄性保险支出 | 89.82 | - | - |
| (五) 购买有价证券 | - | - | - |
| (六) 其它投资支出 | 7.7 | - | - |
| (七) 归还住房贷款 | 272.08 | 793.46 | - |
| (八) 归还汽车贷款 | - | - | - |
| (九) 归还教育贷款 | - | - | - |
| (十) 归还其他贷款 | - | - | - |
| (十一) 其他借贷支出 | - | - | - |
| 七、期末手存现金 | 1309.71 | 3835.73 | 5945.08 |

# 家庭人均现金收支情况（二）

单位:元

| 华池县 | 合水县 | 正宁县 | 宁　县 | 镇原县 |
|---|---|---|---|---|
| 4364.09 | 4376.76 | 4167.62 | 3899.47 | 4884.36 |
| 1957.15 | 1892.53 | 1587.74 | 1884.05 | 2200.18 |
| 1397.69 | 967.31 | 727.4 | 402.98 | 984.35 |
| 875.66 | 1075.42 | 1142.92 | 864.16 | 1141.01 |
| 1823.25 | 1144.12 | 1603.42 | 1671.65 | 1278.75 |
| 1589.94 | 1497.75 | 1378.9 | 1772.37 | 1999.76 |
| 1415.87 | 1665.7 | 1551.46 | 1097.49 | 1315.44 |
| 805.64 | 821.37 | 591.38 | 351.79 | 500.71 |
| - | 3.55 | 16.69 | 12.44 | - |
| - | - | - | 11.98 | - |
| - | 3.55 | 16.69 | 0.46 | - |
| 1446.75 | 580.15 | 1168.83 | 1576.94 | 1499.02 |
| 23.99 | - | 11.55 | 5.29 | 3.91 |
| 956.97 | 403.71 | 966.56 | 1056.06 | 1281.0 |
| 1.88 | 2.36 | 4.16 | - | 5.23 |
| 127.94 | 165.94 | 145.94 | 289.39 | 10.18 |
| 20.97 | 165.94 | 145.94 | 287.34 | - |
| 117.59 | 2.33 | 0.4 | 137.28 | 172.48 |
| 39.33 | - | - | 110.03 | - |
| 218.38 | 5.82 | 40.23 | 88.42 | 26.22 |
| 167.72 | - | - | 151.27 | - |
| 149.79 | - | - | 151.27 | - |
| 17.93 | - | - | - | - |
| 1807.67 | 626.39 | 1927.8 | 943.55 | 354.58 |
| 245.86 | 138.22 | 264.36 | 52.79 | 85.06 |
| 1017.06 | 277.75 | 973.45 | 627.13 | 148.78 |
| 457.78 | 191.63 | 611.59 | 230.23 | 76.73 |
| 78.06 | 8.56 | 78.4 | 33.4 | 44.01 |
| 8.91 | 10.21 | - | - | - |
| 3027.58 | 782.23 | 3088.48 | 4582.85 | 2773.87 |
| 1123.18 | 184.92 | 1972.55 | 3896.21 | 900.96 |
| 2.1 | - | 134.63 | 19.14 | 7.56 |
| 202.7 | 170.74 | 49.22 | - | 101.03 |
| 20.97 | - | - | 294.16 | 288.87 |
| 36.09 | - | - | - | - |
| 4.51 | - | - | - | - |
| 1157.41 | 398.01 | 932.08 | 373.34 | 1349.77 |
| - | 28.57 | - | - | - |
| - | - | - | - | - |
| 316.9 | - | - | - | 117.53 |
| 163.72 | - | - | - | 8.15 |
| 4199.89 | 542.4 | 1223.53 | 3362.25 | 1853.96 |

## 西峰城市居民家庭人均购买商品数量

| | 计算单位 | 2013 | | 计算单位 | 2013 |
|---|---|---|---|---|---|
| 大　米 | 千克 | 11.51 | 碳酸饮料 | 千克 | 1.59 |
| 面　粉 | 千克 | 29.49 | 瓶装饮用水 | 千克 | 14.58 |
| 植物油 | 千克 | 7.45 | 茶　叶 | 千克 | 0.22 |
| 猪　肉 | 千克 | 7.49 | 鲜　果 | 千克 | 43.37 |
| 牛　肉 | 千克 | 0.25 | 糕　点 | 千克 | 5.83 |
| 羊　肉 | 千克 | 0.64 | 鲜乳品 | 千克 | 10.81 |
| 鸡 | 千克 | 2.01 | 奶　粉 | 千克 | 0.87 |
| 鲜　蛋 | 千克 | 7.09 | 酸　奶 | 千克 | 4.67 |
| 鱼　类 | 千克 | 2.24 | 服　装 | 件 | 10.59 |
| 鲜　菜 | 千克 | 72.78 | 鞋　类 | 双 | 3.66 |
| 白　酒 | 千克 | 0.91 | 煤　炭 | 千克 | 47.92 |
| 果　酒 | 千克 | 0.23 | 液化石油气 | 千克 | 5.01 |
| 啤　酒 | 千克 | 2.88 | | | |

## 西峰城市居民家庭耐用消费品百户拥有量

| | 计算单位 | 2013 | | 计算单位 | 2013 |
|---|---|---|---|---|---|
| 摩托车 | 辆 | 2.3 | 照相机 | 架 | 23 |
| 助力车 | 辆 | 2.3 | 家用汽车 | 辆 | 17 |
| 洗衣机 | 台 | 77 | 微波炉 | 台 | 30 |
| 电冰箱 | 台 | 40 | 空调器 | 台 | 23 |
| 彩色电视机 | 台 | 73 | 淋浴热水器 | 台 | 37 |
| 计算机 | 台 | 43 | 固定电话 | 部 | 17 |
| 组合音响 | 套 | 10 | 移动电话 | 部 | 143 |
| 摄像机 | 架 | 7 | | | |

# 统计资料

QING YANG YEARBOOK

# 村镇建设情况

| | 计算单位 | 2009 | 2010 | 2011 | 2012 | 2013 |
|---|---|---|---|---|---|---|
| 乡镇建成区面积 | 公顷 | 7845.46 | 7933.31 | 8036.56 | 8111.94 | 8175.96 |
| 本年村镇建设用地 | 公顷 | 420.80 | 817.60 | 9588.10 | 9555.72 | 9276.99 |
| 本年建房户 | 万户 | 1.92 | 1.69 | 1.66 | 1.78 | 2.18 |
| 占总数的比率 | % | 2.98 | 2.98 | 2.96 | 3.10 | 3.39 |
| 本年竣工住宅建筑面积 | 万平方米 | 182.35 | 117.27 | 123.73 | 125.58 | 234.86 |
| #混合结构 | 万平方米 | 82.05 | 67.54 | 80.42 | 81.18 | 196.86 |
| 砖木结构 | 万平方米 | 99.24 | 48.64 | 42.63 | 36.72 | 25.64 |
| 其他结构 | 万平方米 | 1.21 | 1.09 | 0.68 | 7.68 | 12.36 |
| 住宅年末实有建筑面积 | 万平方米 | 5551.00 | 5727.75 | 5851.48 | 5979.77 | 6733.45 |
| 人均拥有住宅使用面积 | 平方米 | 23.59 | 24.10 | 24.16 | 26.76 | 27.06 |
| 年末实有公建建筑面积 | 万平方米 | 415.16 | 645.48 | 667.07 | 681.40 | 715.04 |
| #本年新建面积 | 万平方米 | 11.10 | 21.54 | 21.59 | 24.86 | 33.64 |
| 年末实有生产建筑面积 | 万平方米 | 231.98 | 348.45 | 367.71 | 381.51 | 400.66 |
| #本年新建面积 | 万平方米 | 9.61 | 15.10 | 19.26 | 13.21 | 19.15 |
| 自来水厂 | 个 | 28 | 36 | 39 | 46 | 48 |
| 日供水能力 | 吨 | 9374 | 9448 | 9988 | 14903 | 15380 |
| 年供水总量 | 万吨 | 439.29 | 440.83 | 492.90 | 543.96 | 561.37 |
| 自来水受益人口 | 万人 | 133.22 | 142.20 | 145.55 | 148.43 | 149.51 |
| 用水普及率 | % | 39.34 | 43.61 | 56.41 | 68.20 | 70.40 |
| 乡镇内部道路长度 | 公里 | 13806 | 13983 | 14253 | 14332 | 14569 |
| 乡镇内部道路面积 | 万平方米 | 18890 | 18978 | 19138 | 21334 | 21686 |
| 给排水管道长度 | 公里 | 681.65 | 729.70 | 1006.03 | 1148.21 | 1306.20 |
| 本年建设投资 | 万元 | 90955 | 116331 | 146529 | 163727 | 280260 |
| 住宅投资 | 万元 | 59310 | 77223 | 91518 | 102502 | 201481 |
| 公建投资 | 万元 | 11969 | 12514 | 17682 | 15309 | 25773 |
| 生产建筑投资 | 万元 | 9484 | 9942 | 12921 | 9941 | 13267 |
| 公用设施投资 | 万元 | 10192 | 16652 | 24408 | 35973 | 39739 |

数据来源：市住房和城乡建设局

# 2013年分县区市镇

| | 计算单位 | 全　市 | 西峰区 | 庆城县 |
|---|---|---|---|---|
| **城市建设情况** | | | | |
| 城市面积 | 平方公里 | 87.60 | 25.44 | 11.20 |
| #建成区面积 | 平方公里 | 71.34 | 24.20 | 8.10 |
| 城市建设用地面积 | 平方公里 | 64.18 | 25.41 | 8.08 |
| #居住用地 | 平方公里 | 20.03 | 7.69 | 3.65 |
| 公共管理与公共服务用地 | 平方公里 | 15.29 | 5.16 | 1.91 |
| 工业用地 | 平方公里 | 6.44 | 3.80 | 1.22 |
| 物流仓储用地 | 平方公里 | 1.32 | 0.60 | 0.20 |
| 交通设施用地 | 平方公里 | 3.72 | 0.71 | 0.06 |
| 商业服务业设施用地 | 平方公里 | 74 | 0.02 | - |
| 公用设施用地 | 平方公里 | 10.83 | 5.29 | 0.74 |
| 绿地与广场用地 | 平方公里 | 4.81 | 2.14 | 0.30 |
| 本年征用土地面积 | 平方公里 | 3.40 | 2.13 | - |
| #耕　地 | 平方公里 | 1.19 | 0.11 | - |
| 城市人口密度 | 人/平方公里 | 5897 | 7370 | 6027 |
| 城市维护建设资金 | 万元 | 81499 | 38057 | 1274 |
| **城市供水情况** | | | | |
| 综合生产能力 | 万立方米/日 | 9.54 | 5.32 | 0.75 |
| #地下水 | 万立方米/日 | 2.60 | 1.00 | - |
| 供水管道长度 | 公里 | 777.05 | 368.80 | 77.00 |
| 供水总量 | 万立方米 | 1973.86 | 729.80 | 278.80 |
| #生产运营用水 | 万立方米 | 327.15 | 92.80 | 27.50 |
| 公共服务用水 | 万立方米 | 279.55 | 105.00 | 26.30 |
| 居民家庭用水 | 万立方米 | 1055.50 | 410.00 | 181.00 |
| 消防及其他用水 | 万立方米 | 65.50 | 37.00 | 6.00 |
| 售水量 | 万立方米 | 1727.70 | 644.80 | 240.80 |
| 免费供水量 | 万立方米 | 34.00 | 26.00 | - |
| 用水户 | 户 | 117509 | 38877 | 16672 |
| #家庭用户 | 户 | 112687 | 38121 | 15830 |
| 用水人口 | 万人 | 48.99 | 18.50 | 6.29 |
| 人均日生活用水 | 升 | 74.66 | 76.27 | 90.29 |
| 用水普及率 | % | 94.83 | 98.67 | 93.19 |
| **城市公共交通情况** | | | | |
| 公共汽车营运车辆数 | 辆 | 625 | 408 | 41 |
| 公共汽车客运总量 | 万人次 | 4690.8 | 3216 | 809 |
| 实有出租汽车数 | 辆 | 2308 | 1400 | 152 |

# 建设用地及供水情况

| 环　县 | 华池县 | 合水县 | 正宁县 | 宁　县 | 镇原县 |
|---|---|---|---|---|---|
| 7.40 | 7.40 | 8.50 | 8.66 | 10.00 | 9.00 |
| 7.34 | 5.70 | 4.80 | 5.80 | 7.30 | 8.10 |
| 6.65 | 4.76 | 4.50 | 5.19 | 4.77 | 4.82 |
| 2.63 | 2.30 | 0.96 | 0.22 | 1.08 | 1.50 |
| 2.56 | 0.23 | 1.20 | 2.02 | 0.01 | 2.20 |
| - | - | 0.30 | 0.40 | 0.40 | 0.32 |
| - | - | 0.40 | 0.09 | - | 0.03 |
| 0.68 | 0.45 | 1.00 | 0.05 | 0.70 | 0.07 |
| 0.33 | - | 0.30 | - | 0.46 | 0.63 |
| 0.35 | 0.26 | 0.34 | 1.80 | 2.00 | 0.05 |
| 0.10 | 1.52 | - | 0.61 | 0.12 | 0.02 |
| 0.02 | - | - | - | 1.00 | 0.25 |
| 0.02 | - | - | - | 1.00 | 0.06 |
| 8351 | 5135 | 5376 | 4977 | 3850 | 3833 |
| 9100 | 10789 | 5330 | 3497 | 7900 | 5552 |
| | | | | | |
| 0.62 | 0.41 | 0.60 | 0.64 | 0.60 | 0.60 |
| 0.36 | 0.11 | - | - | 0.55 | 0.58 |
| 75.00 | 71.46 | 60.00 | 69.16 | 34.48 | 21.15 |
| 215.91 | 125.20 | 166.74 | 138.90 | 119.20 | 199.31 |
| 14.05 | 12.00 | 53.00 | 34.00 | 10.80 | 83.00 |
| 53.50 | 24.90 | 15.24 | 16.00 | 15.80 | 22.81 |
| 115.00 | 69.50 | 70.00 | 70.90 | 66.10 | 73.00 |
| - | 4.50 | 6.50 | - | 11.50 | - |
| 182.55 | 110.90 | 144.74 | 120.90 | 104.20 | 178.81 |
| 8.00 | - | - | - | - | - |
| 14897 | 7580 | 15203 | 7676 | 8724 | 7880 |
| 14680 | 7126 | 14600 | 7500 | 7920 | 6910 |
| 5.67 | 3.50 | 4.38 | 3.90 | 3.55 | 3.20 |
| 81.44 | 73.89 | 53.32 | 61.05 | 63.21 | 82.03 |
| 91.75 | 92.11 | 95.84 | 90.49 | 92.21 | 92.75 |
| | | | | | |
| 52 | 33 | 46 | 15 | 10 | 20 |
| 293 | 125 | 75 | 23.8 | 43 | 106 |
| 134 | 193 | 65 | 77 | 68 | 219 |

# 2013年分县区城镇设施水平

| | 计算单位 | 全市 | 西峰区 | 庆城县 |
|---|---|---|---|---|
| **城市市政设施情况** | | | | |
| 道路长度 | 公里 | 372.34 | 150.64 | 27.30 |
| 道路面积 | 万平方米 | 751.19 | 269.30 | 54.87 |
| 人均城市道路面积 | 平方米 | 15.94 | 14.88 | 8.63 |
| 排水管道长度 | 公里 | 449.00 | 187.40 | 61.00 |
| #污水管道 | 公里 | 151.80 | 57.8 | 30.00 |
| 排水管道密度 | 公里/平方公里 | 6.29 | 7.74 | 7.53 |
| 污水排放量 | 万立方米 | 1586 | 583 | 209 |
| 城市污水处理厂日处理能力 | 万立方米/日 | 4.20 | 2.00 | 1.00 |
| 道路照明灯盏数 | 盏 | 17153 | 7379 | 1214 |
| **城市集中供热情况** | | | | |
| 供热能力 | | | | |
| 蒸　汽 | 兆瓦 | - | - | - |
| 热　水 | 兆瓦 | 812.80 | 360.00 | 85.00 |
| 供热总量 | | | | |
| 蒸　汽 | 万吉焦 | - | - | - |
| 热　水 | 万吉焦 | 659.55 | 411.00 | 42.00 |
| 管道长度 | | | | |
| 蒸　汽 | 公里 | - | - | - |
| 热　水 | 公里 | 222.55 | 38.60 | 21.00 |
| 供热面积 | 万平方米 | 828.58 | 406.00 | 68.00 |
| 城市绿地和园林 | | | | |
| 绿化覆盖面积 | 公顷 | 1717 | 734 | 142 |
| #建成区 | 公顷 | 1571 | 730 | 142 |
| 园林绿地面积 | 公顷 | 1179 | 635 | 86 |
| #建成区 | 公顷 | 1107 | 631 | 75 |
| 公园绿地面积 | 公顷 | 369 | 121 | 42 |
| 建成区绿地率 | % | 15.52 | 26.07 | 9.26 |
| 建成区绿化覆盖率 | % | 22.02 | 30.17 | 17.53 |
| 公园个数 | 个 | 12 | 2 | 1 |
| 公园面积 | 公顷 | 91 | 23 | 20 |
| 城市市容环境卫生情况 | | | | |
| 道路清扫保洁面积 | 万平方米 | 585 | 269 | 60 |
| 生活垃圾清运量 | 万吨 | 33.92 | 15.60 | 4.82 |
| 市容环卫专用车辆 | 辆 | 139 | 64 | 11 |
| 公共厕所 | 座 | 205 | 68 | 28 |

## 及市政设施情况

| 环　县 | 华池县 | 合水县 | 正宁县 | 宁　县 | 镇原县 |
|---|---|---|---|---|---|
| 28.78 | 35.88 | 23.10 | 39.69 | 30.28 | 36.67 |
| 62.05 | 54.56 | 53.39 | 90.19 | 87.02 | 79.81 |
| 10.74 | 17.71 | 12.90 | 26.53 | 25.37 | 28.00 |
| 30.10 | 27.30 | 34.00 | 23.60 | 46.50 | 39.10 |
| 12.70 | 4.50 | - | 0.60 | 31.20 | 15.00 |
| 4.10 | 4.79 | 7.08 | 4.07 | 6.37 | 4.83 |
| 190 | 102 | 125 | 133 | 94 | 150 |
| 0.70 | 0.50 | - | - | - | - |
| 2061 | 1704 | 650 | 1060 | 969 | 2116 |
| | | | | | |
| - | - | - | - | - | - |
| 68.70 | 61.80 | 75.30 | 42.00 | 33.00 | 87.00 |
| | | | | | |
| - | - | - | - | - | - |
| 46.00 | 21.35 | 37.00 | 22.00 | 15.20 | 65.00 |
| | | | | | |
| - | - | - | - | - | - |
| 16.76 | 23.80 | 24.00 | 9.20 | 14.19 | 75.00 |
| 66.00 | 43.60 | 53.20 | 65.00 | 31.20 | 95.58 |
| | | | | | |
| 125 | 258 | 132 | 88 | 123 | 115 |
| 106 | 154 | 116 | 86 | 123 | 114 |
| 73 | 46 | 87 | 96 | 75 | 81 |
| 62 | 43 | 50 | 96 | 70 | 80 |
| 40 | 31 | 48 | 25 | 25 | 37 |
| 8.45 | 7.54 | 10.42 | 16.55 | 9.59 | 9.88 |
| 14.44 | 27.02 | 24.17 | 14.83 | 16.85 | 14.07 |
| 1 | 2 | 3 | 1 | - | 2 |
| 3 | 28 | 7 | 6 | 1 | 3 |
| | | | | | |
| 88 | 24 | 23 | 62 | 22 | 37 |
| 3.50 | 1.43 | 2.70 | 2.54 | 1.77 | 1.56 |
| 19 | 12 | 5 | 3 | 10 | 12 |
| 35 | 28 | 17 | 8 | 12 | 9 |

# 庆阳市“三废”排放及处理情况

| | 计算单位 | 2009 | 2010 | 2011 | 2012 | 2013 |
|---|---|---|---|---|---|---|
| 一、废水排放总量 | 万吨 | 822.61 | 890.88 | 2374.24 | 2573.99 | 2893.60 |
| 工业废水排放量 | 万吨 | 141.09 | 180.11 | 354.64 | 277.37 | 406.07 |
| 工业废水占总量比重 | % | 17.15 | 20.22 | 14.94 | 10.78 | 14.06 |
| 生活污水排放量 | 万吨 | 681.52 | 710.77 | 2019.60 | 2289.53 | 2487.53 |
| 生活污水占总量比重 | % | 82.85 | 79.78 | 85.06 | 88.95 | 85.97 |
| 二、COD 排放总量 | 吨 | 8281.76 | 8000.00 | 10762.38 | 15763.4 | 15513.0 |
| 工业 COD 排放量 | 吨 | 1668.78 | 1021.00 | 1175.69 | 1307.02 | 1435.64 |
| 工业 COD 占总量比重 | % | 20.15 | 12.76 | 10.92 | 8.29 | 9.25 |
| 生活 COD 排放量 | 吨 | 6612.98 | 6979.00 | 9586.69 | 10147.9 | 9910.31 |
| 生活 COD 占总量比重 | % | 79.85 | 87.24 | 89.08 | 64.38 | 63.88 |
| 三、煤炭消费总量 | 万吨 | 35.71 | 34.47 | 158.13 | 109.71 | 109.71 |
| 工业煤炭消费量 | 万吨 | 22.78 | 22.21 | 53.42 | 32.68 | 41.90 |
| 工业煤炭占总量比重 | % | 63.79 | 64.43 | 33.78 | 29.79 | 38.19 |
| 生活及其他煤炭消费量 | 万吨 | 12.93 | 12.26 | 104.71 | 77.03 | 71.52 |
| 生活煤炭占总量比重 | % | 36.21 | 35.57 | 66.22 | 70.21 | 65.19 |
| 四、二氧化硫排放总量 | 吨 | 5615.50 | 9999.70 | 14428.29 | 14805 | 15167.0 |
| 工业二氧化硫排放量 | 吨 | 3684.89 | 4083.70 | 6091.52 | 5740.42 | 5826.91 |
| 工业二氧化硫占总量比重 | % | 65.62 | 40.84 | 42.22 | 38.77 | 38.42 |
| 生活二氧化硫排放量 | 吨 | 1930.61 | 5916.00 | 8336.77 | 9064.58 | 9340.09 |
| 生活二氧化硫占总量比重 | % | 34.38 | 59.16 | 57.78 | 61.23 | 61.58 |
| 五、烟尘排放总量 | 吨 | 3379.30 | 3570.80 | 6774.07 | 7428.6 | 10301.89 |
| 工业烟尘排放量 | 吨 | 1291.40 | 1403.80 | 2251.77 | 3587.53 | 4706.16 |
| 工业烟尘占总量比重 | % | 38.22 | 39.31 | 33.24 | 48.29 | 45.68 |
| 生活烟尘排放量 | 吨 | 2087.90 | 2167.00 | 4522.30 | 3841.07 | 5580.00 |
| 生活烟尘占总量比重 | % | 61.78 | 60.69 | 66.76 | 45.30 | 54.16 |
| 六、工业粉尘排放量 | 吨 | 401.75 | 383.82 | 3190.28 | 1689.8 | - |
| 七、工业固体废物产生量 | 万吨 | 6.91 | 5.47 | 25.11 | 14.16 | 15.55 |
| 八、工业固体废物排放量 | 万吨 | 0.01 | 0.01 | 0.55 | 0 | 0 |

数据来源：市环保局

# 工业污染排放及处理情况

| | 计算单位 | 2009 | 2010 | 2011 | 2012 | 2013 |
|---|---|---|---|---|---|---|
| 工业废水 | | | | | | |
| 工业用水总量 | 万吨 | 3952.77 | 9627.72 | 6515.40 | 1911.91 | 2040.70 |
| 新鲜水量 | 万吨 | 677.74 | 415.19 | 1607.09 | 1570.27 | 1697.60 |
| 重复用水量 | 万吨 | 3275.03 | 9212.53 | 4909.31 | 341.64 | 343.10 |
| 工业重复用水率 | % | 82.9 | 95.69 | 75.34 | 17.87 | 16.81 |
| 废水治理设施 | 套 | 43 | 45 | 20 | 20 | 24 |
| 废水治理设施处理能力 | 万吨/日 | 1.74 | 1.75 | 2.00 | 2.23 | 2.66 |
| 工业废水排放量 | 万吨 | 141.09 | 180.11 | 354.64 | 277.37 | 406.07 |
| 工业废水排放达标量 | 万吨 | 121.79 | 168.66 | 333.79 | - | - |
| 工业废水排放达标率 | % | 86.32 | 93.64 | 94.12 | - | - |
| 工业废气 | | | | | | |
| 煤炭消费量 | 万吨 | 22.78 | 22.21 | 53.42 | 32.68 | 41.90 |
| 燃料油消费量 | 万吨 | 1.53 | 2.31 | 2.00 | 0.810 | 7.93 |
| 工业废气排放总量 | 万标立方米 | 322035 | 859617 | 171 | 86.06 | 95.89 |
| 废气治理设施数 | 套 | 56 | 55 | 59 | 31 | 62 |
| 废气治理设施处理能力 | 万标立方米/时 | 52.57 | 1421.74 | 39.87 | 64.52 | 118.15 |
| 二氧化硫去除量 | 吨 | 346.77 | 341.31 | 1289.55 | 1250.43 | 2043.31 |
| 二氧化硫排放量 | 吨 | 3684.89 | 4083.70 | 6091.52 | 5740.42 | 5826.91 |
| 烟尘排放量 | 吨 | 1291.40 | 1403.80 | 2251.77 | 3587.53 | 4706.16 |
| 烟尘排放达标量 | 吨 | 1207.58 | 1145.87 | 1898.41 | 1689.8 | - |
| 工业固体废物 | | | | | | |
| 工业固体废物产生量 | 万吨 | 6.91 | 5.47 | 25.11 | 14.16 | 15.55 |
| 工业固体废物综合利用量 | 万吨 | 5.23 | 5.21 | 24.56 | 13.89 | 15.30 |
| 工业固体废物综合利用率 | % | 95.26 | 95.32 | 97.81 | 98.16 | 98.39 |
| 工业固体废物处置量 | 吨 | 0.19 | 0.19 | 0.55 | 0.26 | 0.24 |

注：从2011年起因环保系统统计口径调整而使部分指标与以前年份不可比。

## 城市建设

**【建成区面积】**市行政区范围内经过征用的土地和实际建设发展起来的非农业生产建设地段，它包括市区集中连片的部分以及分散在近郊区与城市有着密切联系，具有基本完善的市政公用设施的城市建设用地。

**【城市用水普及率】**城市非农业用水人口数与城市非农业人口数之比。

**【年末实有住宅建筑面积】**年末座落在城市范围内供居住用的房屋建筑面积。包括厂矿、企业、医院、机关、学校的集体宿舍和家属宿舍；不包括托儿所、病房、疗养院、旅馆等具有专门用途的房屋。

**【绿地率】**居住区用地范围内各类绿地的总和与居住区用地的比率。

**【绿化覆盖率】**绿化垂直投影面积之和与占地面积的百分比。

# 统计资料

## 15 对外经济贸易与旅游

QING YANG YEARBOOK

# 对外经济贸易发展情况

| | 计算单位 | 2009 | 2010 | 2011 | 2012 | 2013 |
|---|---|---|---|---|---|---|
| 出口供货总值 | 万元 | 101577 | 122203 | 136019 | 151333 | 161240 |
| 进出口总额 | 万美元 | 6033 | 5611 | 6380 | 7327 | 8668 |
| 出口总额 | 万美元 | 5987 | 5587 | 6354 | 7327 | 8668 |
| 进口总额 | 万美元 | 46 | 24 | 26 | - | - |
| 进出口差额 | 万美元 | 5941 | 5563 | 6328 | 7327 | 8668 |
| 对外签订利用外资项目数 | 个 | - | 1 | 1 | 1 | 1 |
| 协议（合同）项目数 | 个 | - | 1 | 1 | 1 | 1 |
| 对外借款项目数 | 个 | - | - | - | - | - |
| 外商直接投资项目数 | 个 | - | - | - | - | - |
| 协议（合同）金额 | 万美元 | - | 45 | 300 | 400 | 800 |
| 对外借款 | 万美元 | - | - | - | - | - |
| 外商直接投资 | 万美元 | - | - | 300 | 400 | 392 |
| 外商其他投资 | 万美元 | - | 45 | - | - | - |
| 实际利用外资额 | 万美元 | - | 45 | - | - | - |
| 对外借款 | 万美元 | - | - | - | - | - |
| 外商直接投资 | 万美元 | - | - | - | - | - |
| 外商其他投资 | 万美元 | - | 45 | - | - | - |
| 外商投资企业基本情况 | | | | | | |
| 年底登记户数 | 户 | 28 | 28 | 29 | 29 | 30 |
| 投资总额 | 万美元 | 3265 | 3265 | 3565 | 3565 | 4365 |
| 注册资本 | 万美元 | 3265 | 3265 | 3565 | 3565 | 4365 |
| #外　方 | 万美元 | - | - | - | - | - |
| 对外经济合作 | | | | | | |
| 投资金额 | 万美元 | - | - | - | - | 99.19 |
| #对外劳务合作 | 万美元 | - | - | - | - | - |
| 完成投资 | 万美元 | - | - | - | - | - |
| #对外劳务合作 | 万美元 | - | - | - | - | - |

数据来源：市商务局

# 出口供货总值

单位：万元

| | 2013 | 同比（±%） | | 2013 | 同比（±%） |
|---|---|---|---|---|---|
| 合　计 | 8668 | 18.0 | 合水县 | - | - |
| 西峰区 | 3397 | 168.0 | 正宁县 | 2975 | 39.0 |
| 庆城县 | 351 | -21.0 | 宁　县 | 1740 | -47.0 |
| 环　县 | - | - | 镇原县 | 205 | 52.0 |
| 华池县 | - | - | | | |

# 2013年庆阳市进出口企业贸易情况

单位：万美元

| | | 进口额 | 出口额 | 出口额同比（±%） |
|---|---|---|---|---|
| 全市总计 | | - | 8668 | 18.0 |
| 西峰区 | 合计 | - | 3397 | 168.0 |
| | 庆阳市合晨商贸有限公司 | - | 276 | 313.0 |
| | 甘肃庆发绿色食品有限公司 | - | 239 | -22.0 |
| | 庆阳惠佳贸易有限责任公司 | - | 1022 | - |
| | 庆阳市康辰农特产公司 | - | 249 | 169.0 |
| | 庆阳市中凯农产品有限公司 | - | 17 | -71.0 |
| | 庆阳中庆农产品有限公司 | - | 531 | -19.0 |
| | 庆阳纤手绣文化传播有限责任公司 | - | 6 | - |
| | 庆阳凌云服饰集团有限公司 | - | 6 | - |
| | 庆阳陇东明珠香包刺绣有限公司 | - | 951 | - |
| | 庆阳绿莹商贸有限责任公司 | - | 6 | - |
| | 庆阳益盛农副产品有限责任公司 | - | 6 | - |
| | 庆阳天翔商贸有限责任公司 | - | 3 | - |
| | 庆阳悦秀商贸有限责任公司 | - | 2 | - |
| | 庆阳元通商贸有限责任公司 | - | 2 | - |
| | 庆阳宝丰商贸有限责任公司 | - | 2 | - |
| | 庆阳薄沃商贸有限责任公司 | - | 2 | - |
| 庆城县 | 合　计 | - | 351 | -21.0 |
| | 庆城县果仁食品有限公司 | - | 12 | -10.0 |
| | 庆阳市恒盛果汁有限公司 | - | 243 | -31.0 |
| | 庆城县腾阳食品有限公司 | - | 96 | 20.0 |
| 环　县 | 环县鸿康药业有限公司 | - | - | - |
| 华池县 | - | - | - | - |
| 合水县 | 庆和服装有限责任公司 | - | - | - |
| 正宁县 | 合　计 | - | 2975 | 39.0 |
| | 奥神州进出口贸易有限公司 | - | 2684 | 29.0 |
| | 正宁县桂隆皮毛有限公司 | - | 261 | - |
| | 正宁县金牛实业有限公司 | - | 30 | -44.0 |
| 宁　县 | 合　计 | - | 1740 | -47.0 |
| | 甘肃通达果汁有限公司 | - | 1724 | -48.0 |
| | 宁县金谷粮贸有限责任公司 | - | 16 | - |
| 镇原县 | 天奥商贸有限公司 | - | 205 | 52.0 |

# 庆阳市风景名胜

| 名　称 | 简　　介 |
| --- | --- |
| 北石窟寺 | 位于西峰区董志镇，距城区 25 公里的覆钟山下。始建于北魏永平 2 年（公元 509 年），历经北魏、西魏、北周、隋、唐、宋、明、清数代增修扩建，形成的一处规模宏大的石窟群。窟群面积 7500 平方米，窟院面积 5000 多平方米，整个窟群以 165 窟为中心向外延伸，现存窟龛 296 个，石雕造像 2126 身，碑刻题记 150 余方。北石窟寺文物保存完整，内容丰富，规模宏大，兼具历代石窟文化的特点和风格，被誉为“甘肃四大佛教石窟”之一，具有较高的历史、艺术、科学、旅游价值。特别是 165 洞窟高达 14 米，深 15.7 米，宽 21.7 米，洞内七佛站立造像，全国罕见。景区背山面水，自然风景典雅秀丽。春天姹紫嫣红，鸟语花香；夏日泉水叮咚，凉风习习；秋季霜叶烂漫，硕果累累；冬至瑞雪纷飞，幽静而壮观，人文景观独特，是我市的主要旅游景点之一。 |
| 周祖陵 | 位于庆城县县城东山，因山顶有周先祖不窋之陵而得名，又传黄帝与岐伯论医于此，是庆阳市的龙头旅游景点。景区自 1993 年开工建设以来，累计完成投资 1.2 个亿，突出周祖农耕文化与岐伯中医药文化两大主题，逐步形成了周祖文化、岐伯圣景和黄帝千家碑林三大景观区。周祖文化景观区位于山顶，主要有周祖大殿、周王殿、肇周圣祖牌坊和三碑三亭等景观，是了解先周文化的最佳去处；岐伯圣景景观区位于山间，主要有岐伯大殿、十大名医祠、拜师论医亭、长寿鸿福台等景观，处于其间，可沐浴中国中医文化的博大精深；《黄帝内经》千家碑林景观区位于山下，是运用岐伯与黄帝论医形成《黄帝内经》这一史实，以把《黄帝内经》全文分段书写刻碑的办法建成的专业碑林，整个碑林突出“岐黄论医，日月同辉”这一主题，征集全国书法名家和医学家书法作品 1000 多幅，对接性、传承性、趣味性和艺术性极强。周祖陵景区森林覆盖率达 60%，景色优美，幽雅安静，古建筑采用明清重檐歇山式风格，错落于幽林之间，气势辉煌，古色古香。2005 年，周祖陵被评定为国家级森林公园，2007 年被国家中医药管理局批准为首批全国中医药文化宣传教育基地，2010 年 3 月被评定为国家 4A 级旅游景区。 |
| 双塔森林公园 | 位于华池县城东山林区，原名东山公园，因将被盗的原位于豹子川的双石塔搬迁至此，故更名为双塔公园。公园始建于 1997 年，2001 年开始全面建设，占地面积 3156 亩，累计投资 6000 多万元，是华池县以县城东山良好的森林源资为基础，以双塔寺搬迁保护为依托,集全县之力修建的一处集旅游观光、避暑度假、文化娱乐于一体的休闲游乐场所。公园自然景观优美，生态系统良好，空气清新宜人，景区峰峦迭翠，林木繁郁，气候凉爽，风光迷人。景区内有重檐亭、天台、双塔寺、范公祠、碧玉山庄、餐饮娱乐中心、儿童乐园、动植物园、华池民俗园、草原风情园、购物中心、文化大楼、石油观光园、垂钓中心、山间别墅、射击场等 30 多个景点和游乐服务设施。山顶世纪广场特色鲜明，灯光、音响、喷泉、雕塑在夜间交相辉映，远处观望美伦美幻。公园交通方便，服务设施齐全，已经形成吃、住、行、游、购、娱一条龙服务，是休闲娱乐、避暑度假、旅游观光的理想之地。2003 年，公园被评定为省级森林公园，2006 年 12 月，被评定为国家 2A 级旅游景区。 |

# 庆阳市风景名胜（续一）

| 名　称 | 简　　介 |
| --- | --- |
| 潜夫山森林公园 | 位于镇原县城东面潜夫山，因东汉末年著名思想家、政论家王符在此隐居著书《潜夫论》而得名，相传山上百余棵古柏为王符当年著书之余亲手所栽，已有近两千年历史。步入山中，翠柏环绕，殿堂林立，环境幽雅，古朴神秘，不由令人心静神凝，思古缅贤，流连忘返。公园自 1987 年开始恢复修建以来，先后投入 3000 多万元，建成了烈士纪念碑、潜夫亭、杏花亭、通明宫、王符纪念馆、书画展览厅、南北大门、王符纪念馆、佑德观大门、悠园、沁园、怡园等景点，后来招商引资 1000 多万元，在公园内建成了潜夫山庄。通过十多年的建设和发展，公园自然环境和服务设施日趋完善，已成为集休闲娱乐、浏览观光、经济服务、文化教育为一体的综合旅游区。2003 年，公园被评为国家 2A 级旅游景区。 |
| 环县兴隆山 | 东老爷山，古称兴隆山。位于环县四合原乡东南 6 公里处，地处陕、甘、宁三省交界处的群山环抱之间，海拔 1774 米，是闻名遐迩的道教名山。自古有“鸡鸣听三省”之说，有轩辕黄帝升天、周太子降生、金公鸡叫鸣、狐大仙选址、关老爷显灵、林道士成仙的神奇传说。现为省级森林公园、省级文物保护单位。2010 年 3 月，被评定为国家 2A 级旅游景区。<br>东老爷山“二龙戏珠”奇特山势壮观逼真、巧夺天工。山底有耿家河支流小溪，山上有砖石台阶，山顶依地而就，保存有始建于明清的庙宇、楼阁 10 余座，这些古建筑第一层以砖石砌成，上镶仿木斗拱，斗拱之上叠涩出檐，券形门洞；第二层收小，硬山顶，四角翘起，上铺瓦栊，上有脊兽。整个建筑群构建奇巧、匠心独具，结构严谨，古朴壮丽。神台上供奉有佛、菩萨、关公等诸神位，庙内始终有和尚主持供奉香火。传说此庙“有求必应，十分灵验”，远近闻名，声誉极大。所以，每年夏历三月三的祖师诞辰日子的前三天，这里总要张罗过庙会，届时，很多陕甘宁三省的善男信女都会来此参拜、求神和占卜。<br>1935 年 10 月 11 日，中国工农红军第一方面军长征从镇原三岔入境环县，两路行军，途经演武、合道、车道、毛井、小南沟、虎洞、环城、洪德、耿湾、四合原等 10 个乡镇，行程百余公里，播撒了红色革命火种。15 日，二、三纵队抄小路取道东老爷山，当晚就宿于此。由于东老爷山的庙宇有限，除司令部和电台发报人员外，战士们全部露宿，叶剑英、邓发、蔡树藩、张经武等首长都住宿在道观内。红军一向反对迷信，但又尊重信教自由，对庙内设施秋毫无犯。当地群众自发送粮运柴、盛情欢迎，主动让出山上仅有的一孔水窖供红军将士饮用，当地群众亲切地称为“红军窖”。日晨，红军部队离开了兴隆山，通过环县的天桥、华池的艾蒿坟，19 日到达了陕北吴旗镇。<br>2007 年以来，环县县委、县政府多次投资对东老爷山古建筑娇群进行了维修扩建，对红军长征宿营地旧址进行了恢复。如今的东老爷山，整个建筑结构严谨，古朴壮丽，不仅是道教圣地，也是红色旅游胜地和商贸中心。 |

# 庆阳市风景名胜（续二）

| 名 称 | 简 介 |
| --- | --- |
| 庆阳农耕民俗文化村 | 庆阳农耕民俗文化村，位于西峰区城南9公里的董志镇境内。原名小崆峒，因山势如凤凰卧巢状，故名凤凰山；又因山上建有无量大殿，是西峰区最大的道教宫观，故又有无量山之称。其山势形若游龙、蜿蜒险峻、钟灵毓秀，山间窑洞错落有致，塬上广阔平坦，梁坡林草茂密，沟底树木葱笼，季相变化明显，景色各不相同，风光引人入胜。山间动植物资源丰富，有杏树、刺槐、小叶杨、旱柳、侧柏、油松、苹果、狼牙刺、黄蔷薇、山桃、酸枣、扁核木、白草、冰草、牛尾草、蒿类、野棉花、蒲公英、茵陈蒿等200多种人工栽植和野生植物，有獾、狐、野兔、黄鼬、松鼠、山鸡、啄木鸟、猫头鹰、布谷鸟、百灵、黄鹂、鸽子等多种野生动物。是陇东黄土高原的“天然标本园”和黄土沟壑区少见的风景旅游胜地，至今已有300多年的历史。农历三月三日庙会，周边群众前来朝山赶会，香火颇盛，已成为陇东高原的胜景。<br>2003年，经市、区共同研究同意，小崆峒正式更名为庆阳农耕民俗文化村，由陕西城乡设计研究院编制规划，总体进行开发建设。规划总面积194公顷，其中管理范围102公顷，外围保护带116公顷，分为五个功能区，六个景区，二十一个景点。目前，共完成投资3000多万元，完成了专线公路、供水、供电、通讯、绿化等基础设施建设，建成了无量台景区、小西湖景区、农业观光示范园、民俗博物馆、神泉山庄、三清殿、大戏台、观音阁、泗水茶舍、碑林画廊等景点建设。<br>发展方向：按照突出重点、精品带动的思路，重点对小崆峒按规划进行全方位的包装升级，设置景区景点简介牌、导游指示牌、安全警示牌、统一垃圾收集箱、增加景区游客休憩点等。 |
| 正宁调令关森林公园 | 地处子午岭南端、陕甘交界，距正宁县城33公里，省道303线穿境而过，是庆阳市最具特色的自然风景区。<br>公园总面积9300公顷，森林覆盖率80.3%，由调令关、中湾、高凤坡、西牛庄四个景区组成。景区内层峦叠翠、空气清新、森林生态景观独特，秦直道、黄帝冢、调令关、老龙潭等历史文化遗迹众多。公园以森林绿色生态旅游为主要特色，有直道林荫、调令松涛、黄帝遗冢、古关日出、八仙洞府、子午烟雨、森林氧吧、犀牛望月、黄帝升天峰、野生动物养殖园十大景点。 公园是2004年3月由省林业厅审批，按省级森林公园的标准规划建设的。目前，景区已建成接待中心、观景台、森林氧吧、休闲别墅、野生动物养殖园、垂钓池等旅游场所，具备较强的旅游观光、休闲度假、住宿餐饮接待能力。 2007年10月，公园被省旅游局评定为国家2A级旅游景区。 |
| 夏家沟森林公园 | 2002年12月由合水县旅游局主管和实施，该项目由甘肃省咨询中心作了可行性研究报告，2008年9月正在做夏家沟森林公园秦直道景区建设详细规划。资源背景是：子午岭自然风景区与沿线文物古迹为我县开发建设旅游业提供了丰富的旅游资源。生态旅游的兴起，是人类希望实现环境保护与国民经济协调发展的必然产物，该项目的建设，符合国家保护生态环境，加快第三产业发展的产业政策。该项目已投资1200万元，主要修建了夏家沟森林公园游客接待中心----秦直道山庄、上下山道路、停车场、水冲厕所及通讯设施等。<br>今后打算：修建山门、上山游步道、子午岭观景塔、游客休憩亭、游客茶园等。 |

# 庆阳市风景名胜（续三）

| 名　称 | 简　　介 |
|---|---|
| 环江玉龙文昌阁 | 环县文昌阁矗立县城玉皇山之巅，建于2008年，仿明清建筑，四方十六柱，青瓦红墙，斗拱上翘，檐牙高啄，雕梁画栋，通高36.9米，是西北最大的文昌阁。登高远眺：环江如玉带绕城而过，宾河路、秦长城、汉萧关、唐古台、宋砖塔、明老城尽收眼底。<br>文昌阁景区有入口牌坊、钟鼓楼、砚池、状元桥等景点。“砚池”是古代文人磨墨洗笔的水池；“状元桥”意喻书生、学子踏过此桥，将会高中榜首，成为国家栋梁之才。文昌阁为明三暗五层。五楼供奉的是玉皇上帝，四楼供奉的是红、黑二天蓬和四大天王，三楼供奉的是文昌帝君和大成至圣先师孔子，二楼供奉的是魁星和天师。在玉皇山下还有环江翼龙雕塑、步云桥等景点。“环江翼龙雕塑”是环县奋进腾飞的象征。“步云桥”是县城通往玉皇山的人行石拱桥，“步云”取平步青云之意。过步云桥，经桥西广场，沿南北台阶登山，四周植被茂密，称“西山翠屏”，途经“润物亭”和“任养亭”。<br>现在，每天清晨有几百人徒步登山，观景健身；平时，往来行旅不绝，年接待游人5万人次以上。 |
| 东湖公园 | 东湖公园位于西峰区九龙路北段繁华地段，始建于1988年，1992年初具规模，1993年7月正式对外开放。公园占地290亩，内有峰、湖、亭、桥观赏景点和儿童游乐、休闲娱乐设施。湖面碧波荡漾，亭廊依山傍水，游船飘于水面，曲桥云桥横贯湖间，亭台假山点缀园中，水榭长廊曲折环绕，叠石喷泉锦上添花，景观相互衬托，自然融为一体，观之美不胜收。园内绿树成荫，花卉斗妍，环境幽雅，各种服务设施和服务功能齐全，是广大游客和市民理想的游览、休憩场所。2008年被省旅游局评定为国家AA级旅游景区。<br>目前，东湖公园扩建提升工程已全面开始，已投资2000多万元，完成了项目可行性研究报告、立项批复、土地选址报告等手续，聘请天津市园林规划设计院完成了项目总体规划，协调相关部门落实了部分建设用地。打算到2011年初全部完成建设，届时东湖公园将达到国家3A级旅游景区的标准，为全市人民创造一处环境优美、功能完善的休闲旅游场所。 |
| 陇东古石刻艺术博物馆 | 位于合水县城北区，是我市一处主要的旅游景点。合水县文物古迹众多，文物藏品丰富，有北魏、唐代的石雕造像，有各个文化时期的陶器、瓷器、铜器、玉器、皮影、化石等文物。为了更好地保护文物和石雕造像，展示合水县悠久的历史和灿烂的文化，为研究古代宗教、民俗、音乐、美术以及中西方文化交流提供珍贵的实物资料，合水县于2003年开始修建了陇东古石刻艺术博物馆。目前已完成投资近3000万元。博物馆仿明清歇山式古建风格，主要建筑有山门、单檐殿、重檐殿、双层殿、侧展厅、碑亭、碑廊、黄河古象展厅、历史文物展厅、钟楼、鼓楼，塔儿湾宋塔及地宫。2008年被省旅游局评为国家3A级旅游景点，是中外游客游览观光、研究考古的最佳场所。 |

# 庆阳市风景名胜（续四）

| 名　称 | 简　　介 |
| --- | --- |
| 灵武台公园 | 环县是一座古城，境内文物古迹遍及山川，县城北关就有秦长城遗址、汉代萧关古道遗址、唐肃宗即位的灵武古台、宋代砖塔和城墙等，宋代砖塔为省级文物保护单位。灵武台公园位于县城北关，是依托宋代砖塔、灵武古台遗迹、宋城墙、烽火台等遗迹和灵武庙规划修建的县城综合性公园。<br>目前环县已投资310万元，于2006年实施了一期工程，建成了入口牌楼、八卦平台、艺术花梯、登山踏步以及宋塔塔园绿化、硬化、亮化、上水等工程，总投资310万元。 |
| 太阳池旅游风景区 | 太阳池位于镇原县东南屯字镇太阳村境内，距县城32.5公里，郿肖省道从旁边穿过。池面长970米，宽250米，水深14.5米，蓄水量218万立方米。水色澄清如洗，四季碧波涟漪，宛然一面碧波照人的宝鉴，静静地置于黄土高原谷底沟壑间，使人油然而生“高原出平湖”的感觉。目前景区建设已投资2000多万元，主要由天康生物有限公司出资，建成了宾馆、KTV包厢、洗浴中心、美食城、广场等服务设施，同时购置游船14艘，修建环池路7公里，生态绿化1800亩，植树16万株，开设了游泳、划船、垂钓、赛艇等多种水上娱乐项目。县上出资完成了景区水、电、路等基础设施建设及太阳池四周荒山绿化等工程。 |
| 翟池旅游风景区 | 翟池风景旅游区位于镇原县上肖乡境内，东临西峰区。池面东西宽约200多米，南北长约800多米，最深水位 16米，总蓄水量达104.5万立方米。传说当年大禹治水有功，禹死后，三个貌似天仙的女儿继承父志，在此筑堤蓄池，保护农耕，形成今之翟池。湖水碧波荡漾，晴天，波光涟涟；雨天，迷雾蒙蒙；静夜，鳞光闪烁，皓月若盘；湖边柳绿成荫，依水吐翠，婆娑若染。山水一色，鱼翔鸟飞，树绿花艳，心旷神怡。<br>翟池风景旅游区于2002通过招商引资开发建设以来，已累计投资800多万元。县上出资完成了景区水、电、路及翟池四周荒山绿化等工程。山庄现建有宾馆、多功能大厅、游泳池、垂钓场、停车场等设施。开设划船、游泳、垂钓等20多个游乐项目，景区开发初具规模，具备基本的接待能力。 |
| 黄河古象出土遗址 | 1973年，在板桥乡穆旗村马莲河西岸出土的大象化石，身高4米，体长8米，门齿长3.02米，是迄今为止世界上个体最大、保存最完整的象化石。经专家鉴定，此象属长鼻类剑齿象，大约生活在第四纪更新世早期，距今约250万年。因其发掘于黄河流域，定名为“黄河古象”。黄河古象的出土，在国内外引起很大轰动，书写了合水历史上最有价值、最辉煌灿烂的一页。它的发掘，对研究黄土高原远古时期的地形、地貌、气候、物种等提供了极为珍贵的资料。<br>2002年9月，为了纪念黄河象化石出土，我们在出土址原址修建了纪念碑，中国美协副主席、原陕西省美院院长刘文西题写了“黄河古象出土遗址”碑名。2005年3月，将原县城中心的石雕象搬迁至此，新修基座，撰刻碑文，拓宽道路，植树绿化。该出土遗址已成为合水县旅游网络中的主要景点之一。 |

# 庆阳市红色旅游景点

| 名　称 | 简　　介 |
|---|---|
| 大凤川军民大生产基地旧址 | 抗日战争时期，为了粉碎国民党对陕甘宁边区的经济封锁，渡过抗战难关，党中央、毛主席命令在根据地实行屯田政策，开展生产自救。1943 年 4 月，三八五旅七七〇团执行中央命令，由团长张才千、政委宋景华率部进驻华池县大、小凤川，垦荒屯田，保卫边区，建设边区。当时的大、小凤川人烟稀少，野兽出没，草木杂生，十分荒凉。但指战员们发扬“艰苦奋斗，自力更生”的精神，挖野菜、打野猪以度粮慌，搭草棚、挖窑洞以作营房，同时利用废铁自己动手铸造各种生产工具，很快掀起了热火朝天的大生产运动。他们还利用当地的有利资源，开展饲养、采集、挖药、割漆、酿酒、编织等各项副业生产，使昔日“野山僻壤、林木参天、人烟无几、兽群遍行”的荒凉之地，呈现出“粮食仓满，蔬菜有余，牛马成群，猪羊满圈，革命家务日趋巩固”的繁荣景象。为了纪念大生产的丰硕成果和英雄模范事迹，七七〇团于 1944 年 11 月离开大、小凤川时，建立了一块纪念碑，后来碑身残损，现保存于华池县文化馆。1943 年冬，陕甘宁边区文协秘书长、抗日救亡歌曲《松花江上》的作者张寒晖来华池采风，当地民间小调《推炒面》优美的旋律和华池军民高涨的生产热情激发了艺术家的创作灵感，由此诞生了脍炙人口的歌曲《军民大生产》，并自此唱响了陕甘宁边区，唱响了全国。<br>1963 年 2 月，甘肃省人民政府公布大小凤川军民大生产基地旧址为省级文物保护单位。2008 年以来，华池县人民政府对大凤川军民大生产基地旧址进行了维修保护，新建了一座“军民大生产纪念馆”，收集展出大量的文字、图片资料，向世人展示当年军民大生产的繁荣景象。 |
| 东华池抗大第七分校旧址 | 中国人民抗日军政大学第七分校为西安陆军学院的前身。东华池校部旧址位于华池县林镇乡东华池村，坐落在林镇川、大凤川和豹子川交汇处，周围群山环抱，林木苍翠，河水环绕，风光优美。校部旧址现存 22 孔石箍窑和 1 处院落，院落后面山上有宋代砖塔一座，高大雄伟，夕阳西下，斜阳古塔，景色十分迷人。<br>抗日战争时期，党中央为了给我军培养大批优秀抗日干部和指挥员，于 1936 年 6 月 1 日在陕北瓦窑堡创建了“中国人民抗日红军大学”。1937 年 1 月，抗大总校迁往延安，更名为“中国人民抗日军政大学”，林彪任校长，刘伯承任副校长。抗大总校下设十二个分校，分布于全国各革命根据地。<br>抗大第七分校成立于 1941 年 7 月，以 120 师教导团为基础在山西兴县创办，1943 年春奉命西渡黄河，经由陕北绥德陆续迁到华池县东华池村，彭绍辉任校长。七分校在这里仅开办了一期，1943 年 6 月 1 日开学，1946 年 6 月 20 日结业，历时整三个年头。有学员 5200 多人，设三个大队，其中女生队一个，一大队驻大凤川，二大队驻豹子川，三大队驻平定川。办学期间，全体学员响应党中央“自力更生，艰苦奋斗”的号召，开展大生产运动，一面在荒无人烟的深山密林中开荒种地、挖窑洞、烧木炭、纺纱织布、养猪放羊，一面学政治、学军事、学文化，通过艰苦劳动和认真学习，七分校为党培养了一批优秀干部，为革命做出了重要贡献。由于全体同志的辛勤劳动，开垦了上万亩良田，栽上了成片果林，修建了整齐宽敞的校部、宿舍、食堂，同时还建了商店、邮局、照像馆等服务设施，不仅完全解决了全体学员的吃饭、穿衣等需要，而且完全改变了驻地面貌。<br>1963 年 2 月，经甘肃省人民政府审定，东华池抗大第七分校校部旧址被公布为省级文物保护单位。2009 年，华池县人民政府投资对旧址进行了维修、保护。 |

# 庆阳市红色旅游景点（续一）

| 名　称 | 简　　介 |
| --- | --- |
| 宫河镇邓小平旧居 | 宫河镇邓小平旧居位于正宁县宫河镇王录村。<br>1937 年 2 月至 8 月邓小平曾在此生活工作达半年之久。1936 年 11 月 21 日，山城堡战役结束后，参战的红军各部在陕甘宁盐池、定边、环县等地休整待命。12 月 12 日“西安事变”爆发，国民党军政部长、亲日派头子何应钦力主调兵开赴西安，讨伐“叛逆”，企图扩大内战，乘机取代蒋介石。为了策应西安事变，阻止内战再起，建立抗日民族统一战线，中国工农红军第一军团奉命由三边地区南下，协同东北军、西北军御敌。行至淳化、耀县、三原时，因西安事变和平解决，部队返回北上。1937 年 2 月 22 日，红一军团进驻正宁、宁县一带，红一军团司令部驻宫河镇宫河村北头大地窑，政治部驻宫河镇王录村，政治部主任邓小平住农民王度(王振元)家。1937 年上半年，中央召开了一、四方面军团以上干部会议，批判张国焘的错误，中央委托邓小平、罗瑞卿和杨尚昆同志三人负责，开会地点就在宫河王录村。1937 年 4 月 17 日至 20 日，红二方面军政委、红军前敌总指挥部政委、中央革命军事委员会主席团成员任弼时曾在宫河镇召开红一、二、四方面军及援西军、庆阳步兵学校(中国抗日红军教导师)团以上干部会议，代表党中央传达了《中央政治局关于张国焘同志错误的决议》，邓小平、刘伯承、李富春、林育英、袁国平等参加了会议，并负责组织干部学习讨论。现存有红一军团部分领导合影和邓小平筹粮借条照片。1937 年 8 月上旬，红一军团奉命撤离正宁、宁县，开往陕西三原参加改编，奔赴抗日前线作战。<br>宫河镇邓小平旧居原有窑洞 5 孔。1991 年 6 月，原国家主席李先念夫人林家楣女士前来参观，追忆历史，缅怀伟人。1998 年 10 月，邓小平旧居被省政府批准为省级文物保护单位；2003 年被庆阳市人民政府命名为市级文物保护单位。2009 年，正宁县人民政府筹资对旧居进行了维修、保护。 |
| 宁县烈士公园 | 宁县烈士公园位于宁县县城。公园入口处为宁县九龙广场，周围依山傍水，风景优美，“五八”战役被俘牺牲的烈士们静静地在这里安息着。<br>在 1948 年 5 月 8 日镇原县屯字镇战斗中，千余名解放军战士不幸被敌人俘虏，押于宁县城内几个地坑院内。同年 5 月 11 日，大部队返回陕甘宁根据地时，与城郊匪军前哨接触，盘踞在城内的马匪及地方团队，听到城外枪声后惊慌万状，对禁押的战士们严加防范，将各地坑院通道全部堵实，并将地坑院包围起来。被俘的战士们在党组织的领导策划下，决心战斗出去，以策应城外的大部队。当天晚上，战士们一齐由窑内冲出，高呼战斗口号，奋不顾身架着人梯越上地坑，与敌匪进行英勇搏斗直到天明，但终因敌众我寡，当场死亡近 300 人。次日早晨，匪军进入群众家中搜查，又杀害了 10 余名战士。遗体被弃于东门口、西坡子等五个枯井和沁坑内。<br>全国解放后，宁县人民为了缅怀烈士们的英灵，1956 年在烈士公园内建立了“五八战役殉难烈士”纪念碑。在 1979 年和 1983 年，人们先后从沁坑中搭捞出烈士遗体 228 躯，每躯重新以棺木装敛，移葬于烈士公园内，并召开群众大会，举行了隆重的追悼。近年来，县上对公园进行了维修扩建。现在，宁县烈士公园已成为人们祭奠英烈、进行爱国主义和革命传统教育的重要场所。 |

# 庆阳市红色旅游景点（续二）

| 名　称 | 简　　介 |
|---|---|
| 河连湾陕甘宁省委、苏维埃省政府旧址 | 河连湾陕甘宁省委、苏维埃省政府旧址位于环县洪德乡河莲湾行政村。这是1936年7月至1937年初期间中共陕甘宁省委、苏维埃省政府驻地。<br>1935年10月，中国工农红军第一方面军胜利到达陕北与红十五军团会师。随着解放区的迅速扩大，1936年6月，由彭德怀、聂荣臻、左权等同志领导红军进行了西征。西征红军神速前进，先后解放了环县、定边、盐池、豫旺等东西千余里，南北数百里的广大地区。为适应斗争需要，同年6月，党中央决定将陕甘省扩大为陕甘宁省。省委、省政府从陕北吴旗镇刘家渠子迁至环县洪德河连湾，省委书记为李富春，省政府主席为马锡五，副主席为朱开铨，组织部长为李维汉，宣传部长为李一氓，敌工部长为蔡畅，军事部长为萧劲光，副部长为赖传珠。陕甘宁省下辖定边、赤安、豫旺、豫海以及新建立的华池、曲子和环县等9个县，并相继成立了县乡党政机构和银行、法院等。11月18日晚，周恩来、彭德怀、陈赓、肖劲光等在这里研究制定了山城堡战役作战方案。<br>陕甘宁省委、苏维埃省政府驻河莲湾期间，李富春、马锡五等领导带领人民群众，打土豪、分田地，剿匪反霸，发展生产，进行了艰苦卓绝的革命斗争和经济建设，为巩固、扩大陕甘宁革命根据地，促进国共两党团结抗日做出了巨大贡献。美国著名记者埃德加·斯诺曾两次来到河连湾，把在这里的所见所闻记入了他的名著《西行漫记》。1937年初，陕甘宁省政府迁至环县曲子镇，5月更名为陕甘宁边区政府。<br>1963年2月21日，甘肃省人民政府公布河莲湾革命遗址为省级文物保护单位，1984年10月1日，又在此树碑镌文，向人们介绍陕甘宁省苏维埃政府的光辉业绩，萧劲光同志为石碑题字为“中共陕甘宁省委陕甘宁省政府旧址”。2001年10月，省国防教育委员会公布此地为甘肃省“国防教育基地”。2002年以来，环县县委、县政府投资维修了萧劲光将军题字石碑，修建了环县革命斗争史展馆和山城堡战役陈列馆，恢复了李富春、马锡五旧居和会议室、办公室。 |
| 三岔红军长征毛泽东宿营地 | 三岔乡位于镇原县北部。这里北有马家河，西有米家川河，两河在此相汇为蒲河，故名为“三岔”。红一方面军长征到达时，三岔街上只有10多家私人杂货店，住户不多。街北有一所天主教堂，土木结构，面阔三间，面墙用磨砖砌成。1935年10月9日晚，红一方面军先遣部队赶到三岔，了解敌情后，及时歼灭了距三岔五华里的南山湾堡子盘踞的敌保安队二三十人。10月10日，主力部队先后到达。当晚红军三个纵队及司令部均在三岔镇及其附近宿营，毛泽东住在天主教堂的砖瓦房内，周恩来、彭德怀住在教堂旁边的窑洞里，张闻天、王稼祥、博古等住在一华里外的窑洞里，二、三纵队及领导同志住在离三岔街5华里的山岗土窑里。在这里，毛泽东给叶剑英、邓发等人拍发电报，通报了三岔镇和环县一带的敌情，部署了红军的行进路线。10月11日，红军兵分两路向河莲湾进发。<br>1983年5月，镇原县人民政府将毛泽东等同志居住旧址定为县级文物保护单位，投入20多万元，对这一革命历史遗迹进行了维修、保护，并修建了老爷山革命烈士陵园。2004年10月，又建成了红军长征三岔纪念馆，成为爱国主义和党史教育基地。 |

# 庆阳市红色旅游景点（续三）

| 名称 | 简介 |
|---|---|
| 南梁革命纪念馆 | 南梁革命纪念馆位于华池县南梁乡荔园堡村，是为纪念陕甘边苏维埃政府的成立，在荔原堡古堡原有基础上维修和扩建而成的。纪念馆由门楼、牌坊、纪念碑、展馆、浮雕、戏楼等部分组成。在这里，我们可以通过展出的实物和资料，了解刘志丹、谢子长、习仲勋等老一辈无产阶级革命家在陕甘边一带的革命战斗历程，感受革命初期之艰辛和不易，接受爱国主义和革命传统教育。<br>1929 年，刘志丹、谢子长、习仲勋等老一辈无产阶级革命家在陕甘边一带宣传革命真理，开展武装斗争，在华池南梁一带战斗生活过。1930 年至 1933 年，他们先后组建了中国工农红军陕甘游击队和中国工农红军第二十六军。1934 年初，在南梁附近的四合台选举成立了陕甘边区革命委员会，同年 11 月 7 日，在南梁荔园堡召开工农兵代表大会，成立了陕甘边苏维埃政府和革命军事委员会，习仲勋当选为陕甘边区革命委员会主席和苏维埃政府主席，刘志丹当选为革命军事委员会主席。在创建根据地的过程中，边区军民前赴后继，浴血奋战，粉碎了敌人的多次进攻和“围剿”，壮大了革命力量，使根据地由华池扩展到甘肃的合水、庆阳、正宁、宁县和陕西的旬邑、彬县、淳化、耀县、铜川、宜君、黄陵、富县、甘泉、保安、安塞、定边、靖边等十八个县，数万平方公里的广大地域。陕甘边革命根据地是第二次国内革命战争失败后，全国硕果仅存的革命根据地，为经历了二万五千里长征的党中央和中央红军提供了落脚点，同时成为八路军三大主力北上抗日的出发地，为抗日战争乃至全国革命胜利做出了卓越的贡献。<br>为纪念这段革命历史，缅怀先烈的丰功伟绩，在甘肃省委、省政府和许多革命先辈的关怀下，1985 年，南梁革命纪念馆开始筹建。纪念馆于 1986 年 11 月 7 日落成，坐落在当年成立陕甘边区苏维埃政府的荔园堡村。纪念馆占地 33.12 亩，建筑面积 2281 平方米。整个建筑气势宏伟，肃穆庄严。前面是 10 多米高的两层仿古式城门楼，镶嵌着陈云同志亲笔题写的“南梁革命纪念馆”馆名。穿过四柱联牌坊门，是一座六角亭，亭内立有南梁革命历史简介碑。后面是高达 34.117 米的纪念碑，正面镌刻着胡耀帮同志题写的“革命烈士永垂不朽”八个大字，碑座东西两壁及背面刻着刘志丹、谢子长、王泰吉、杨森、杨琪等 608 位烈士的英名。纪念碑东侧是显示陕甘边军民英雄气概的白色群雕，西侧是清音楼。最后面是陕甘边区苏维埃政府旧址，内有革命文物展览室 3 个，分别陈列着毛泽东、周恩来、朱德等同志的题词，刘志丹等六位烈士的生平简介及部分烈士遗物，再现陕甘边区革命斗争史的文字、绘画、图片及实物，方毅、马文瑞、黄罗斌、汪峰等中央、省上领导及当年在南梁地区战斗过的老前辈的题词。<br>南梁革命纪念馆建成以来，先后被确定为全省爱国主义教育基地和国防教育基地。2001 年 6 月，被中共中央宣传部确定为全国爱国主义教育基地。2004 年 12 月，以南梁革命纪念馆为主的南梁陕甘边苏维埃政府旧址红色旅游景区被列入全国百个红色旅游经典景区。2008 年以来，庆阳市委、市政府对南梁革命纪念馆进行了修缮，新建了展馆和停车场，充实了展陈资料。2010 年 3 月，南梁革命纪念馆被评定为国家 3A 级景区。 |

## 庆阳市红色旅游景点（续四）

| 名称 | 简介 |
|---|---|
| 山城堡战役遗址 | 山城堡战役遗址位于环县北部山城乡。1936 年冬在此进行过一场激烈的战斗，史称“山城梁战斗”。<br>1936 年，红军进行东征和西征后，陕甘边革命根据地迅速扩大、巩固和发展，同年 10 月红军三大主力会师。当时我党提出“停止内战、一致抗日”的主张已成为全国人民的要求。但蒋介石坚持“攘外必先安内”的反共政策，调集大量兵力，妄图一举消灭红军于黄河以东的陕甘宁边境地区。11 月 19 日，红军集结隐蔽于山城堡东、南、西三面马掌子山、断马崾岘、哨马营一带，形成口袋。20 日，敌胡宗南部贸然进入，红军于 21 日发起总攻。经过一昼夜激战，共歼灭敌军七十八师二三二旅和二三四旅两个团，彻底粉碎了敌人的进攻。23 日，红军前敌指挥部在山城堡召开了“庆祝山城堡决战胜利”大会，朱德、彭德怀、刘伯承、聂荣臻、左权、贺龙、任弼时、关向应、肖克、王震、徐海东、程子华、杨尚昆等领导同志参加了大会。<br>山城堡战役是红军长征到达陕甘宁后与国民党军队胡宗南部决战取得全面胜利的一次著名战役，被誉为“长征最后一战”和“第二次国内革命战争最后一战”。这次战役的胜利大振了红军军威，宣告了蒋介石“攘外必先安内”反共政策的彻底失败，巩固扩大了陕甘宁抗日根据地。同时，这次战役的胜利给全国人民展示了新的希望，增强了全国人民的抗日信心，进一步促进了张学良将军和杨虎城将军认识的转变，促成了“双十二事变”的爆发，促进了抗日民族统一战线的形成，在中国革命斗争史上有着重要意义。<br>在这次战役中，环县人民踊跃支前，先后派出向导 100 余人，捐粮 2000 余石，捐羊 200 余只、银元 300 余块，为战斗的胜利做出了积极贡献。<br>1963 年 2 月 11 日，甘肃省人民政府公布山城堡战役遗址为省级文物保护单位，划定了保护范围。1984 年 10 月 1 日，环县人民政府在山城堡修建了开国上将萧华题写的“山城堡战役纪念碑”，上面镌刻了山城堡战战役的光辉事迹，以作纪念。2005 年，省委宣传部命名山城堡战役遗址为甘肃省爱国主义教育基地。<br>2008 年以来，环县县委、县政府计划投资 7600 万元，在山城乡政府东侧国道 211 线旁新建山城堡战役纪念园，现已建成碑文由原军委副主席张万年题写的“山城堡战役纪念碑”。纪念碑高 28 米，由代表一、二、四三个方面军联合作战的三个碑体组成，汉白玉浮雕装饰，配套汉白玉栏杆、花岗岩台阶，十分壮观。 |

# 庆阳市红色旅游景点（续五）

| 名　称 | 简　　介 |
| --- | --- |
| 屯字镇烈士纪念馆 | 屯字镇烈士纪念馆位于镇原县屯字镇街道旁，是为纪念当年第一野战军第六纵队在阻击马步芳匪军战斗中牺牲的烈士而建。纪念馆主要由纪念碑、展室组成。<br>1948 年 4 月，奉中央军委命令，第一野战军主力向国统区进军攻克凤翔、宝鸡等城市，第六纵队在执行这一战役任务中，一部分部队随野战军主力参战，一部分部队部署于长武、邠县地区阻击马步芳匪军，以保卫野战军主力侧翼的安全。在野战军主力完成预定任务向陇东转移中，担任前卫任务的第六纵队，为坚决掩护野战军主力，在屯字镇一带与优势之敌激战两昼夜。此次战斗中，全体将士奋勇杀敌，不少同志为党为国光荣捐躯，献出了宝贵的生命，其丰功伟绩千古不朽，丹心碧血永远辉映祖国河山。<br>庆阳人民为了缅怀革命先烈，激励后人斗志，于 1978 年在屯字镇修建了烈士纪念塔。在此基础上，随后又建成了屯字镇烈士纪念馆。纪念塔系水泥结构，呈四方形，高 10 米。塔基高 3 米，四面均有台阶迴廊。塔顶为仿庑殿顶。纪念塔正面大字竖书：“中国人民解放军第一野战军第六纵队屯字镇战斗烈士纪念碑”。右面大字竖书“为中国人民解放事业英勇战斗光荣牺牲”。左面大字竖书“屯字镇战斗革命烈士永垂不朽”。镇原县人民政府公布此塔为县级文物保护单位。 |
| 兴隆山红军长征宿营地 | 兴隆山，又称东老爷山，位于环县四合原乡，地处陕、甘、宁三省交界的群山环抱之间，是闻名遐迩的道教名山。从山顶远眺，山岳重叠，一望无际，高山深谷，尽收眼底。山顶依地形而就，保存有始建于明清的古庙、楼阁 20 余座，有砖石台阶相通。原庙内经常有三个和尚主持供奉香烛，据说该庙菩萨十分灵验，有求必应，因此声誉很大，陕甘宁三省的善男信女不惜长途跋涉来此参拜、求神、占卦，历史上曾喧闹一时。<br>1935 年 10 月 11 日，中国工农红军第一方面军长征从镇原三岔入境环县，两路行军，途经演武、合道、车道、毛井、小南沟、虎洞、环城、洪德、耿湾、四合原等 10 个乡镇，行程百余公里，播撒了红色革命火种。15 日，二、三纵队抄小路取道兴隆山，当晚就宿于此。由于兴隆山的庙宇有限，除司令部和电台发报人员外，战士们全部露宿，叶剑英、邓发、蔡树藩、张经武等首长都住宿在道观内。红军一向反对迷信，但又尊重信教自由，对庙内设施秋毫无犯。当地群众自发送粮运柴、盛情欢迎。日晨，红军部队离开了兴隆山，通过环县的天桥、华池的艾蒿坟，19 日到达了陕北吴旗镇。<br>2007 年以来，环县县委、县政府多次投资对兴隆山古建筑群进行了维修扩建，对红军长征宿营地旧址进行了恢复。如今的兴隆山是省级森林公园、省级文物保护单位和国家 2A 级旅游景区，已成为周边的旅游胜地和商贸中心。 |

# 庆阳市红色旅游景点（续六）

| 名 称 | 简 介 |
|---|---|
| “刘巧儿”旧居 | 刘巧儿是评剧《刘巧儿》中的艺术形象，她的原型人物是华池县的封芝琴。封芝琴老人今年 86 岁，家住华池县悦乐镇上堡子村，她居住的地方被人们亲切地称为“巧儿”旧居。<br>封芝琴，乳名捧儿，生于 1924 年。在她 4 岁的时候，她的父亲就把她许配给当地一户姓张的人家的儿子张柏，因为有亲戚关系，两人从小就有来往，并且情投意合，对于亲事都很满意。但当捧儿长到 18 岁的时候，张家因为家境贫寒迟迟没有提婚，捧儿的父亲封彦贵也嫌张家贫寒，又两次把捧儿许配给了两户家境比较殷实的人家，并收取了不少彩礼。这件事传出后，张家觉得受到了羞辱，于是户族动议，在一个夜晚把捧儿抢去和张柏成了亲。这件事发生在 1943 年，华池已经成立了抗日民主政府，政府认为抢亲不但影响社会安定，而且封张二人属于包办婚姻，就以此为由宣布他们的婚姻无效。面对这种遭遇，两人暗暗发誓，一个非捧儿不取，一个非柏儿不嫁。于是，勇敢的捧儿独自走了 50 里路，去找当时陇东分区最高行政长官马锡五告状，状告华池县抗日民主政府判案不公。这是陕甘宁边区第一例民告官的案件，审诉震动了整个边区。马锡五听取捧儿哭诉后，来到华池，走访群众，了解情况，对案件重新进行了宣判。虽然封芝琴和张柏儿属于包办婚姻，但双方情投意合，自愿结婚，婚姻有效；张家抢亲、封家卖女的行为违反了抗日民主政府颁布的相关条例，应受处罚。这个审判结果让所有群众称赞不已，当地群众由此称马锡五为“马青天”。勇敢的封芝琴不但为自己争取了的幸福，还因为她的故事诞生了新中国唯一以人名命名的审判方式——马锡五审判方式。这种“调解与审判”相结合的审判方式，在新中国法制史上占有重要地位，被西方国家称为“东方经验”。<br>封芝琴争取婚姻自主的故事感染了很多人，后来文艺工作者们以她的故事为蓝本创作了很多的文艺作品，其中最有名的是 1956 年长春电影制片厂制作的评剧电影《刘巧儿》，轰动了大江南北，它由著名评剧表演艺术家新凤霞担任主演。这部电影在全国放映的时候，正是新中国第一部婚姻法颁布之时，电影为婚姻法的颁布起到了积极的推动和宣传作用。而“刘巧儿”自信、自强、自立的精神更是影响了几代人，已经成为推动妇女解放的一面旗帜。这部电影上映之后，封芝琴就成了“刘巧儿”，“刘巧儿”也就是封芝琴。<br>封芝琴老人成了名人后，社会给了她各种荣誉，但是她仍然淡泊名利，积极参加劳动生产，从中可以看出她朴实的情怀。1994 年以来，华池县政府两次维修了封芝琴老人的住所“巧儿”旧居，并布置了展室，陈列了反映各个时期“巧儿”生活的图片和文字资料，还有“巧儿”自己亲手制作的香包、剪纸等各类工艺品，以及前来看望老人的游客的留影、题词等。2009 年，华池县政府又修建了“巧儿”新居。如今，“巧儿”展馆已成为华池旅游线路上的一个亮点。 |

# 庆阳市红色旅游景点（续七）

| 名　称 | 简　　介 |
| --- | --- |
| 寨子湾陕甘边苏维埃政府、军委旧址 | 寨子湾陕甘边苏维埃政府、军委旧址位于华池县林镇乡寨子湾，是1934年11月至1935年4月陕甘边苏维埃政府、军委驻地。驻地位于子午岭密林深处的一个座北向南簸箕形的沟掌上，沟掌下是巨大的山谷，沟底有水，林木茂密，人烟稀少，实为藏龙卧虎之地。<br>1934年11月4日至6日，陕甘边苏维埃政府在华池县南梁荔原堡选举成立，习仲勋任苏维埃政府主席，刘志丹任革命军事委员会主席。之后，苏维埃政府机关与军事委员会等机构均移驻寨子湾。驻地旧址有三组：一组在东崾岘，为军委员所在地，有6孔窑洞，西边3孔为军委办公室，次为刘志丹住室，再为刘志丹、同桂荣夫妻住室。二组在寨子湾，与东崾岘相隔一沟，为政府所在地，有4孔窑洞，分别为习仲勋办公室、住室、警卫班战士住室和伙房。三组在上崾岘，位于上述两组窑洞之间的山顶上，有窑洞9孔，为政治保安处的住处，共住约七、八十人，大队长为郭锡山，大队副为宋飞。上崾岘居最高处，修筑有哨所、炮楼、战壕等设施。这三组地方成三角形，有小道相通，日夜都有哨兵，彼此可相呼应，如发现敌情，政治保安处即可居高临下打击敌人，掩护政府人员安全转移。<br>1963年2月，寨子湾陕甘边苏维埃政府、军委旧址被甘肃省人民政府公布为省级文物保护单位。2009年，华池县委、县政府对两处旧址进行了维修、保护，搜集、展陈了许多资料。 |
| 五顷塬关中特委、特区苏维埃政府旧址 | 五顷塬关中特委、特区苏维埃政府旧址位于正宁县五顷塬乡南邑村。1934年9月，陕甘边南区革命委员会在中部县双龙镇小石崖成立。1935年7月移住三嘉塬，9月更名为陕甘边南区苏维埃政府，11月又更名为关中特区苏维埃政府。1936年1月下旬，关中特区苏维埃政府移驻新正县南邑村，贾拓夫任特委书记，秦善秀任特区苏维埃政府主席，张邦英任副主席。1937年10月，关中特区更名为关中分区，机关驻地先后迁至新正县马家堡、马栏，习仲勋任分区党委书记，霍维德任专员。<br>关中特区苏维埃政府移驻新正县南邑村期间，原全国人大常委会副委员长习仲勋同志在此战斗生活了半年多时间。驻地旧址原有8孔窑洞。2000年6月，习仲勋夫人齐心女士携家人来正宁参观旧址、追忆历史，并与当地群众合影留念。2009年，正宁县委、县政府筹资对旧址进行了维修保护。 |

# 对外经济贸易

**【进出口总额】** 进出口总额又称进出口贸易额或进出口总值，十一货币表示的一定时期内一国全部实际进出口商品的总金额，也就是同一时期的进口总额与出口总额之和。

**【利用外资】** 指我国各级政府、部门、企业和其他经济组织通过对外借款、吸收外商直接投资以及用其他方式筹措的境外现汇、设备、技术等。

**【对外借款】** 是我国利用外资的重要部分。指通过对外正式签订借款协议，从境外筹措的资金，包括外国政府贷款、国际金融组织贷款、外国银行商业贷款、出口信贷以及对外发行债券等。1996年及以前还包括对外发行股票。

**【外商直接投资】** 指外国企业和经济组织或个人(包括华侨、港澳台胞以及我国在境外注册的企业)按我国有关政策、法规，用现汇、实物、技术等在我国境内开办外商独资企业、与我国境内的企业或经济组织共同举办中外合资经营企业、合作经营企业或合作开发资源的投资(包括外商投资收益的再投资)，以及经政府有关部门批准的项目投资总额内企业从境外借入的资金。

**【外商其他投资】** 指除对外借款和外商直接投资以外的各种利用外资的形式。包括企业在境内外股票市场公开发行的以外币计价的股票（目前主要是在香港证券市场发行的H股和在境内证券市场发行的B股）发行价总额，国际租赁进口设备的应付款，补偿贸易中外商提供的进口设备、技术、物料的价款，加工装配贸易中外商提供的进口设备、物料的价款。

**【对外承包工程】** 指各对外承包公司以招标议标承包方式承揽的下列业务：⑴承包国外工程建设项目，⑵承包我国对外经援项目，⑶承包我国驻外机构的工程建设项目，⑷承包我国境内利用外资进行建设的工程项目，⑸与外国承包公司合营或联合承包工程项目时我国公司分包部分，⑹对外承包兼营的房屋开发业务。对外承包工程的营业额是以货币表现的本期内完成的对外承包工程的工作量，包括以前年度签订的合同和本年度新签订的合同在报告期内完成的工作量。

**【对外劳务合作】** 指以收取工资的形式向业主或承包商提供技术和劳动服务的活动。我国对外承包公司在境外开办的合营企业，中国公司同时又提供劳务的，其劳务部分也纳入劳务合作统计。劳务合作营业额按报告期内向雇主提交的结算数(包括工资、加班费和奖金等)统计。

# 统计资料

QING YANG YEARBOOK

# 2013 年各类学校及幼儿园基本情况

单位：所、人

| | 学校数 | 在校（园）学生 | 女学生 | 毕业（离园）人数 | 招生（入园）人数 | 教职工数 | 专任教师 |
|---|---|---|---|---|---|---|---|
| 合　　计 | 1826 | 442788 | 206464 | 132080 | 146503 | 33820 | 30362 |
| 高等院校 | 2 | 17179 | 8591 | 3813 | 5052 | 1075 | 773 |
| #成人学校 | 1 | 1464 | 673 | 797 | 678 | 54 | 35 |
| 中等专业学校 | 11 | 20256 | 10607 | 7509 | 5669 | 1373 | 1097 |
| #成人中专 | 1 | 1509 | 691 | - | - | 54 | 35 |
| 职业中学 | 6 | 10494 | 4236 | 4547 | 2417 | 305 | 236 |
| 普通中学 | 181 | 161441 | 74661 | 57871 | 50450 | 14464 | 12669 |
| #民　　办 | 11 | 4756 | 2106 | 1916 | 1331 | 60 | 56 |
| #完全中学 | 18 | 39400 | 18314 | 15727 | 12247 | 3046 | 2560 |
| #高级中学 | 25 | 39298 | 17451 | 11174 | 12578 | 2902 | 2293 |
| #初级中学 | 116 | 67546 | 31879 | 27290 | 21747 | 7140 | 6519 |
| #一贯制学校 | 22 | 15197 | 7017 | 3680 | 3878 | 1376 | 1297 |
| 小　　学 | 1193 | 161243 | 75143 | 28394 | 29182 | 14096 | 13639 |
| #民　　办 | - | - | - | - | - | - | - |
| 特教学校 | 2 | 651 | 230 | 63 | 113 | 49 | 40 |
| 幼 儿 园 | 431 | 71524 | 32996 | 29883 | 53620 | 2458 | 1908 |
| #民　　办 | 254 | 34983 | 16352 | 17398 | 13007 | 863 | 499 |
| 按辖区分 | | | | | | | |
| 西 峰 区 | 207 | 94171 | 43476 | 29382 | 27477 | 6605 | 6081 |
| 庆 城 县 | 183 | 38569 | 18099 | 10463 | 12248 | 3464 | 3071 |
| 环　　县 | 330 | 59645 | 27851 | 17393 | 19795 | 4386 | 4023 |
| 华 池 县 | 108 | 21182 | 9774 | 6178 | 6588 | 1828 | 1640 |
| 合 水 县 | 117 | 25020 | 11565 | 7571 | 8327 | 1985 | 1697 |
| 正 宁 县 | 141 | 34709 | 16190 | 10848 | 13550 | 2909 | 2718 |
| 宁　　县 | 355 | 71831 | 33835 | 21022 | 26471 | 5926 | 5265 |
| 镇 原 县 | 383 | 78973 | 37083 | 25410 | 26995 | 5642 | 5094 |
| 按办别分 | | | | | | | |
| 教育部门办 | 1557 | 379611 | 176672 | 111226 | 121564 | 31822 | 29034 |
| 民　　办 | 267 | 44489 | 21201 | 17041 | 19887 | 923 | 555 |
| 其他部门办 | - | - | - | - | - | - | - |

数据来源：市教育局

# 2013 年分县区各类

| | 全　市 | 西峰区 | 庆城县 | 环　县 |
|---|---|---|---|---|
| **一、学校（幼儿园）数** | | | | |
| 高等学校 | 2 | 2 | – | – |
| 中等专业学校 | 11 | 7 | 1 | 1 |
| 职业中学 | 6 | 2 | 1 | 0 |
| 普通中学 | 181 | 28 | 21 | 29 |
| #高级中学 | 25 | 5 | 3 | 1 |
| 完全中学 | – | – | – | – |
| 初级中学 | 116 | 14 | 16 | 23 |
| 一贯制学校 | 22 | 4 | 2 | 2 |
| 小　学 | 1193 | 108 | 111 | 259 |
| #六年制 | 1193 | 108 | 111 | 259 |
| 特教学校 | 2 | 1 | – | – |
| 幼儿园 | 431 | 67 | 49 | 42 |
| **二、在校（园）学生数** | | | | |
| 高等学校 | 17179 | 17179 | – | – |
| 中等专业学校 | 18747 | 9841 | 2111 | 3536 |
| 职业中学 | 10494 | 4700 | – | – |
| 普通中学 | 154092 | 31006 | 12315 | 23542 |
| 小　学 | 168592 | 31375 | 15403 | 24748 |
| 特教学校 | 651 | 217 | 78 | 65 |
| 幼儿园 | 71542 | 17032 | 8662 | 7754 |
| **三、教职工人数** | | | | |
| 高等学校 | 1075 | 1075 | – | – |
| 中等专业学校 | 1373 | 779 | 116 | 23 |
| 职业中学 | 305 | – | – | – |
| 普通中学 | 14464 | 2971 | 1287 | 2048 |
| 小　学 | 14096 | 2424 | 1469 | 1876 |
| 特教学校 | 49 | 47 | – | – |
| 幼儿园 | 2458 | 384 | 592 | 225 |
| **四、专任教师数** | | | | |
| 高等学校 | 773 | 773 | – | – |
| 中等专业学校 | 1097 | 611 | 89 | 203 |
| 职业中学 | 236 | – | – | – |
| 普通中学 | 12222 | 2526 | 1151 | 1810 |
| 小　学 | 14086 | 2540 | 1445 | 1836 |
| 特教学校 | 40 | 38 | – | – |
| 幼儿园 | 1908 | 366 | 386 | 174 |

# 学校及幼儿园基本情况

单位：所、人、%

| 华池县 | 合水县 | 正宁县 | 宁　县 | 镇原县 |
|---|---|---|---|---|
| – | – | – | – | – |
| 1 | – | – | – | 1 |
| – | 1 | 1 | 1 | – |
| 13 | 9 | 16 | 33 | 32 |
| 1 | 1 | 1 | 6 | 7 |
| – | 4 | 10 | 24 | 17 |
| 8 | 4 | 3 | 1 | 3 |
| 3 | 29 | 87 | 247 | 276 |
| 76 | 29 | 87 | 247 | 276 |
| 76 | – | – | – | 1 |
| – | 79 | 38 | 73 | 64 |
| 19 | – | – | – | – |
| | | | | |
| – | – | – | – | – |
| | – | – | – | – |
| 1326 | 2052 | 1270 | 2472 | 1933 |
| 6966 | 7690 | 12627 | 27549 | 32397 |
| 8773 | 10172 | 13223 | 30703 | 34195 |
| 27 | 34 | 34 | 41 | 155 |
| 4090 | 5072 | 7555 | 11066 | 10293 |
| | | | | |
| – | – | – | – | – |
| 123 | – | – | – | – |
| – | 105 | 84 | 116 | 118 |
| 748 | 928 | 1309 | 2578 | 2595 |
| 772 | 662 | 1325 | 2869 | 2699 |
| – | – | – | – | 2 |
| 185 | 290 | 191 | 363 | 228 |
| | | | | |
| – | – | – | – | – |
| 102 | – | – | – | – |
| – | 79 | 66 | 91 | 92 |
| 590 | 659 | 1156 | 2131 | 2199 |
| 781 | 724 | 1347 | 2788 | 2625 |
| – | – | – | – | 2 |
| 167 | 235 | 149 | 255 | 176 |

# 2013 年分县区各类学校

| | 计算单位 | 全　市 | 西峰区 | 庆城县 |
|---|---|---|---|---|
| **小　学** | | | | |
| 学校占地面积 | 平方米 | 7874033 | 892040 | 887989 |
| 校舍建筑面积 | 平方米 | 1435345 | 205666 | 173514 |
| #危房面积 | 平方米 | 558929 | 6112 | 35727 |
| 教学及辅助用房 | 平方米 | 834619 | 133611 | 95670 |
| #普通教室 | 平方米 | 763630 | 125009 | 87912 |
| 实验室 | 平方米 | 21139 | 2082 | 1791 |
| 图书室 | 平方米 | 26769 | 3322 | 3190 |
| 微机室 | 平方米 | 20982 | 2686 | 2637 |
| 语音室 | 平方米 | 1326 | 191 | - |
| 行政办公用房 | 平方米 | 181955 | 12103 | 31126 |
| #教师办公室 | 平方米 | 168924 | 11385 | 27908 |
| 生活用房 | 平方米 | 390106 | 52562 | 40851 |
| #教工宿舍 | 平方米 | 181825 | 24120 | 14489 |
| 学生宿舍 | 平方米 | 27506 | 9255 | 6777 |
| 食　堂 | 平方米 | 39342 | 4226 | 3633 |
| 厕　所 | 平方米 | 109682 | 11118 | 12348 |
| 其　他 | 平方米 | 31751 | 3843 | 3604 |
| 其他用房 | 平方米 | 28665 | 7390 | 5867 |
| **普通中学** | | | | |
| 学校占地面积 | 平方米 | 5095225 | 1161426 | 551780 |
| 校舍建筑面积 | 平方米 | 1755571 | 406096 | 177509 |
| #危房面积 | 平方米 | 284069 | 58366 | 15328 |
| 教学及辅助用房 | 平方米 | 748989 | 216290 | 66115 |
| #普通教室 | 平方米 | 567185 | 154361 | 49548 |
| 实验室 | 平方米 | 97501 | 33719 | 9866 |
| 图书室 | 平方米 | 35545 | 14335 | 3478 |
| 微机室 | 平方米 | 31948 | 6394 | 2571 |
| 语音室 | 平方米 | 10186 | 2496 | 602 |
| 行政办公用房 | 平方米 | 183302 | 39657 | 27249 |
| #教师办公室 | 平方米 | 13291 | 30585 | 17840 |
| 生活用房 | 平方米 | 787731 | 142731 | 80512 |
| #教工宿舍 | 平方米 | 188700 | 17648 | 23290 |
| 学生宿舍 | 平方米 | 405585 | 88141 | 43321 |
| 食　堂 | 平方米 | 99875 | 26162 | 6332 |
| 厕　所 | 平方米 | 51248 | 7538 | 4410 |
| 其　他 | 平方米 | 42323 | 3242 | 3159 |
| 其他用房 | 平方米 | 35549 | 7418 | 3633 |

# 及幼儿园办学条件（一）

| 环　县 | 华池县 | 合水县 | 正宁县 | 宁　县 | 镇原县 |
|---|---|---|---|---|---|
| 1315545 | 478913 | 500748 | 650475 | 1640719 | 1057604 |
| 214663 | 92398 | 67543 | 124778 | 300785 | 255998 |
| 51478 | 50474 | 9480 | 52561 | 243307 | 109790 |
| 113447 | 47764 | 36214 | 77260 | 184551 | 146102 |
| 100532 | 41857 | 28435 | 65884 | 174683 | 139318 |
| 3066 | 1860 | 3730 | 5243 | 2021 | 1346 |
| 5136 | 2572 | 2133 | 3575 | 4101 | 2740 |
| 4481 | 1381 | 1916 | 2398 | 3288 | 2195 |
| 232 | 94 | - | 160 | 296 | 353 |
| 45622 | 12194 | 5958 | 22304 | 33106 | 19542 |
| 42317 | 11566 | 5618 | 21168 | 30647 | 18315 |
| 50066 | 30645 | 22190 | 23053 | 82284 | 88455 |
| 17507 | 11314 | 7884 | 5203 | 47680 | 53628 |
| 1345 | 4802 | 3616 | 160 | 351 | 1200 |
| 9072 | 4408 | 2623 | 3257 | 5141 | 6982 |
| 15610 | 7308 | 6306 | 10178 | 23882 | 22932 |
| 6532 | 2813 | 1761 | 4255 | 5230 | 3713 |
| 5528 | 1795 | 3181 | 2161 | 844 | 1899 |
| | | | | | |
| 715262 | 269679 | 316215 | 374441 | 818068 | 888354 |
| 186362 | 118038 | 107735 | 142402 | 282575 | 334854 |
| 45753 | 50000 | 1586 | 16861 | 69609 | 26566 |
| 70608 | 45536 | 36477 | 60463 | 120074 | 133426 |
| 53321 | 35419 | 28234 | 50080 | 86656 | 109566 |
| 9794 | 4498 | 4885 | 6404 | 15553 | 12782 |
| 3295 | 2412 | 1130 | 1757 | 5480 | 3658 |
| 3552 | 2224 | 1976 | 2102 | 6674 | 6455 |
| 646 | 675 | 252 | 120 | 4610 | 785 |
| 27729 | 11499 | 14805 | 20674 | 19694 | 21995 |
| 26619 | 7813 | 11122 | 15631 | 10312 | 12269 |
| 81467 | 53582 | 56217 | 59515 | 139171 | 174536 |
| 24485 | 14311 | 6771 | 12880 | 31030 | 58285 |
| 36341 | 25133 | 30372 | 191161 | 75822 | 87294 |
| 11825 | 7522 | 12013 | 3446 | 17689 | 14886 |
| 6589 | 3512 | 4437 | 3801 | 10634 | 10327 |
| 2227 | 3104 | 2624 | 20227 | 3996 | 3744 |
| 6558 | 7421 | 236 | 1750 | 3636 | 4897 |

# 2013 年分县区各类学校

| | 计算单位 | 全　市 | 西峰区 | 庆城县 |
|---|---|---|---|---|
| **中职学校** | | | | |
| 学校占地面积 | 平方米 | 618513 | 360896 | 39999 |
| #运动场地面积 | 平方米 | 88298 | 46892 | 6672 |
| 学校产权建筑面积 | 平方米 | 315746 | 172885 | 22112 |
| #危房面积 | 平方米 | 14771 | - | - |
| 教学及辅助用房 | 平方米 | 160623 | - | - |
| #普通教室 | 平方米 | 75374 | - | - |
| 实验室、实习场所 | 平方米 | 74889 | - | - |
| 图书室 | 平方米 | 6832 | - | - |
| 体育馆 | 平方米 | 379 | - | - |
| 会　堂 | 平方米 | 3149 | - | - |
| 行政办公用房 | 平方米 | 28151 | - | - |
| 生活用房 | 平方米 | 116114 | - | - |
| #教工宿舍 | 平方米 | 1813 | - | - |
| 学生宿舍 | 平方米 | 90160 | - | - |
| 教工、学生 食堂 | 平方米 | 14727 | - | - |
| 生活福利及附属用房 | 平方米 | 9414 | - | - |
| 教工住宅 | 平方米 | 6918 | - | - |
| 其他用房 | 平方米 | 3940 | - | - |
| 图　　书 | 册 | 389240 | 182991 | 25409 |
| 数字资源 | GB | 3489 | 1752 | 757 |
| 计算机 | 台 | 4850 | 2521 | 420 |
| **幼儿园** | | | | |
| 幼儿园占地面积 | 平方米 | 870330 | 145786 | 119384 |
| #运动场地面积 | 平方米 | 283772 | 51842 | 37911 |
| 校舍建筑面积 | 平方米 | 290949 | 82067 | 43483 |
| #危房面积 | 平方米 | 8607 | 1597 | 360 |
| 教学及辅助用房 | 平方米 | 184337 | 53541 | 26773 |
| #活动室 | 平方米 | 130447 | 30957 | 15564 |
| 睡眠室 | 平方米 | 27749 | 15249 | 6106 |
| 保健室 | 平方米 | 6746 | 1778 | 1550 |
| 图书室 | 平方米 | 7059 | 1711 | 1260 |
| 行政办公用房 | 平方米 | 44958 | 9988 | 5380 |
| #教师办公室 | 平方米 | 34799 | 6767 | 3172 |
| 生活用房 | 平方米 | 30411 | 8471 | 4519 |
| 其他用房 | 平方米 | 31243 | 10067 | 6811 |
| 图　　书 | 册 | 251008 | 75395 | 37044 |
| 数字资源 | GB | 7700.50 | 3212.00 | 1786.00 |

# 及幼儿园办学条件（二）

| 环　县 | 华池县 | 合水县 | 正宁县 | 宁　县 | 镇原县 |
|---|---|---|---|---|---|
| 47765 | 16300 | 40662 | 56661 | 37987 | 18243 |
| 8568 | 2725 | 8597 | 5000 | 7500 | 2344 |
| 46698 | 13032 | 18000 | 13977 | 14868 | 14174 |
| – | 13032 | 800 | – | 939 | – |
| – | – | – | – | – | – |
| – | – | – | – | – | – |
| – | – | – | – | – | – |
| – | – | – | – | – | – |
| – | – | – | – | – | – |
| – | – | – | – | – | – |
| – | – | – | – | – | – |
| – | – | – | – | – | – |
| – | – | – | – | – | – |
| – | – | – | – | – | – |
| – | – | – | – | – | – |
| – | – | – | – | – | – |
| – | – | – | – | – | – |
| – | – | – | – | – | – |
| 45215 | 22962 | 36895 | 23318 | 17250 | 35200 |
| 40 | 70 | 68 | 87 | 5 | 700 |
| 500 | 180 | 229 | 267 | 460 | 273 |
| 102644 | 16101 | 101207 | 22955 | 36604 | 123598 |
| 34323 | 14580 | 27346 | 32581 | 45504 | 39685 |
| 28959 | 16624 | 28399 | 22955 | 36604 | 31858 |
| – | 840 | 4146 | 740 | 215 | 709 |
| 17856 | 11633 | 19282 | 15487 | 22650 | 17115 |
| 12522 | 9821 | 16267 | 12794 | 18246 | 14276 |
| 1641 | 80 | 1112 | 461 | 1941 | 1159 |
| 744 | 340 | 463 | 835 | 647 | 389 |
| 1291 | 473 | 544 | 385 | 629 | 766 |
| 5362 | 2980 | 3439 | 4164 | 6991 | 6654. |
| 4412 | 2180 | 2425 | 3524 | 6156 | 6163 |
| 2427 | 852 | 2762 | 2066 | 2997 | 6317 |
| 3314 | 1159 | 2916 | 1238 | 3966 | 1772 |
| 20553 | 7613 | 23252 | 33090 | 29242 | 24819 |
| 146.00 | 63.00 | 843.50 | 154.80 | 772.20 | 723.00 |

# 2013年分县区普通中学教职工基本情况

单位：人

| | 教职工人数 | 专任教师 | 初中 | 高中 | 行政人员 | 教辅人员 | 工勤人员 |
|---|---|---|---|---|---|---|---|
| 全市 | 14464 | 12669 | 8417 | 3805 | 604 | 793 | 398 |
| 西峰区 | 2971 | 2696 | 1537 | 989 | 110 | 94 | 71 |
| 庆城县 | 1287 | 1173 | 857 | 294 | 28 | 66 | 20 |
| 环县 | 2048 | 1833 | 1283 | 527 | 69 | 129 | 17 |
| 华池县 | 748 | 629 | 427 | 163 | 32 | 60 | 27 |
| 合水县 | 928 | 771 | 461 | 198 | 21 | 87 | 49 |
| 正宁县 | 1309 | 1203 | 814 | 342 | 29 | 44 | 33 |
| 宁县 | 2578 | 2153 | 1494 | 637 | 175 | 173 | 77 |
| 镇原县 | 2595 | 2211 | 1544 | 655 | 140 | 140 | 104 |

# 2013年分县区普通中学专任教师学历情况

单位：人

| | 合计 | 研究生 | 大学本科 | 大学专科 | 高中 | 高中以下 |
|---|---|---|---|---|---|---|
| 全市 | 12222 | 48 | 5420 | 2782 | 3805 | 167 |
| 西峰区 | 2526 | 22 | 1123 | 382 | 989 | 10 |
| 庆城县 | 1151 | 4 | 497 | 346 | 294 | 10 |
| 环县 | 1810 | 6 | 880 | 351 | 527 | 46 |
| 华池县 | 590 | – | 278 | 143 | 163 | 6 |
| 合水县 | 659 | 2 | 272 | 179 | 198 | 8 |
| 正宁县 | 1156 | 5 | 517 | 286 | 342 | 6 |
| 宁县 | 2131 | 3 | 994 | 471 | 637 | 26 |
| 镇原县 | 2199 | 6 | 859 | 624 | 655 | 55 |

## 2013年分县区中职学校教职工基本情况

单位：人

| | 教职工人数 | 专任教师 | 行政人员 | 教辅人员 | 工勤人员 |
|---|---|---|---|---|---|
| 全　市 | 1678 | 1333 | 152 | 99 | 94 |
| 西峰区 | 779 | 611 | 76 | 20 | 72 |
| 庆城县 | 116 | 89 | 10 | 13 | 4 |
| 环　县 | 237 | 203 | 16 | 16 | 2 |
| 华池县 | 123 | 102 | 8 | 11 | 2 |
| 合水县 | 105 | 79 | 14 | 9 | 3 |
| 正宁县 | 84 | 66 | 2 | 12 | 4 |
| 宁　县 | 116 | 91 | 13 | 5 | 6 |
| 镇原县 | 118 | 92 | 13 | 13 | - |

## 2013年分县区中职学校专任教师职称情况

单位：人

| | 合　计 | 副高级 | 中级 | 初级 | 无职称 |
|---|---|---|---|---|---|
| 全　市 | 742 | 91 | 267 | 336 | 48 |
| 西峰区 | 409 | 68 | 161 | 163 | 17 |
| 庆城县 | 57 | 5 | 18 | 31 | 3 |
| 环　县 | 84 | 9 | 41 | 27 | 7 |
| 华池县 | 42 | 1 | 6 | 31 | 4 |
| 合水县 | 42 | 2 | 15 | 24 | 1 |
| 正宁县 | 16 | - | 7 | 5 | 4 |
| 宁　县 | 49 | 4 | 7 | 29 | 9 |
| 镇原县 | 43 | 2 | 12 | 26 | 3 |

## 2013年分县区小学教职工基本情况

单位：人

| | 教职工人数 | 专任教师 | 行政人员 | 教辅人员 | 工勤人员 |
|---|---|---|---|---|---|
| 全　市 | 14096 | 13639 | 248 | 84 | 125 |
| 西峰区 | 2424 | 2370 | 19 | 18 | 17 |
| 庆城县 | 1469 | 1423 | 40 | 3 | 3 |
| 环　县 | 1876 | 1813 | 41 | 12 | 10 |
| 华池县 | 772 | 742 | 18 | 5 | 7 |
| 合水县 | 662 | 612 | 3 | 4 | 43 |
| 正宁县 | 1325 | 1300 | 11 | 4 | 10 |
| 宁　县 | 2869 | 2766 | 88 | 2 | 13 |
| 镇原县 | 2699 | 2613 | 28 | 36 | 22 |

## 2013年分县区小学专任教师学历情况

单位：人

| | 合　计 | 研究生 | 大学本科 | 大学专科 | 高中阶段及以下 |
|---|---|---|---|---|---|
| 全　市 | 14086 | 11 | 3484 | 6718 | 3873 |
| 西峰区 | 2540 | 2 | 814 | 1352 | 372 |
| 庆城县 | 1445 | 2 | 364 | 674 | 405 |
| 环　县 | 1836 | 2 | 457 | 837 | 540 |
| 华池县 | 781 | 1 | 171 | 347 | 262 |
| 合水县 | 724 | – | 214 | 406 | 104 |
| 正宁县 | 1347 | 3 | 276 | 626 | 442 |
| 宁　县 | 2788 | 1 | 735 | 1180 | 872 |
| 镇原县 | 2625 | – | 453 | 1296 | 876 |

# 科技事业发展情况

| | 计算单位 | 2009 | 2010 | 2011 | 2012 | 2013 |
|---|---|---|---|---|---|---|
| 专利申请受理量 | 件 | 108 | 233 | 421 | 1096 | 845 |
| #发明 | 件 | 35 | 78 | 208 | 643 | 348 |
| 实用新型 | 件 | 22 | 53 | 116 | 219 | 304 |
| 外观设计 | 件 | 51 | 102 | 97 | 234 | 193 |
| 专利申请授权量 | 件 | 21 | 29 | 54 | 315 | 264 |
| #发明 | 件 | 0 | 4 | 7 | 6 | 10 |
| 实用新型 | 件 | 19 | 13 | 30 | 156 | 156 |
| 外观设计 | 件 | 2 | 12 | 17 | 153 | 98 |
| 科技进步奖获奖项目 | 个 | 54 | 55 | 86 | 77 | 2 |
| 下派科技特派员人数 | 人 | 1699 | 1699 | 1252 | 1202 | 1252 |

“十一五”期间全市共组织实施国家、省、市科技计划项目668项，取得科技成果209项，推广应用新技术、新品种600多项，研发市级以上新产品487种。推广新技术、新品种和研发新产品分别是“十五”末的1.32和1.14倍。全市已有148项农产品取得商标注册，72项技术规范得到颁布实施，获得国家专利252项，农业先进适用技术推广覆盖率达到96%，良种应用覆盖率达到98%，科技进步对国民经济增长的贡献率达到50%。，庆阳市及8县区整体跨入全国科技进步市、县区行列。

# 2013 年分县区文化

| | 计算单位 | 全　市 | 西峰区 | 庆城县 | 环　县 |
|---|---|---|---|---|---|
| 文化（艺术）馆 | | | | | |
| 机构数 | 个 | 9 | 1 | 1 | 1 |
| 人　数 | 人 | 158 | 23 | 21 | 8 |
| 文艺活动场次 | 次 | 562 | 30 | 8 | 194 |
| 图书馆 | | | | | |
| 机构数 | 个 | 9 | 1 | 1 | 1 |
| 人　数 | 人 | 133 | 17 | 15 | 10 |
| 藏　书 | 万册 | 63.43 | 2.16 | 15.81 | 5.26 |
| 博物馆 | | | | | |
| 机构数 | 个 | 9 | 1 | 1 | 1 |
| 人　数 | 人 | 293 | 10 | 28 | 16 |
| 文物藏量 | 件 | 31502 | 1069 | 4816 | 4676 |
| 专业剧团 | | | | | |
| 机构数 | 个 | 10 | 1 | 1 | 2 |
| 人　数 | 人 | 375 | 43 | 27 | 63 |
| 演出场次 | 次 | 1566 | 1 | 240 | 468 |
| #农　村 | 次 | 1145 | – | 140 | 386 |
| 观众人数 | 万人 | 230.37 | 0.10 | 24.10 | 17.92 |
| 演出收入 | 万元 | 299.52 | 0.10 | 20.42 | 70.00 |
| 文化娱乐场所 | 个 | 260 | 95 | 36 | 25.00 |
| 报纸出版 | | | | | |
| 种数 | 种 | 1 | – | – | – |
| 总印数 | 万份 | 1022 | – | – | – |
| 总印张 | 千印张 | 0.404 | – | – | – |
| 文化站 | 个 | 117 | 8 | 15 | 20 |

数据来源：市文广局

事业发展情况

| 华池县 | 合水县 | 正宁县 | 宁　县 | 镇原县 | 市　直 |
|---|---|---|---|---|---|
| | | | | | |
| 1 | 1 | 1 | 1 | 1 | 1 |
| 14 | 15 | 17 | 12 | 12 | 36 |
| 10 | 8 | 60 | 34 | 210 | 8 |
| | | | | | |
| 1 | 1 | 1 | 1 | 1 | 1 |
| 8 | 13 | 13 | 11 | 16 | 30 |
| 4.79 | 5.95 | 2.16 | 5.17 | 6.50 | 15.62 |
| | | | | | |
| 1 | 1 | 1 | 1 | 1 | 1 |
| 15 | 33 | 11 | 11 | 18 | 24 |
| 1670 | 3291 | 1552 | 2746 | 3571 | 7449 |
| | | | | | |
| 1 | 1 | 1 | 1 | 1 | 1 |
| 45 | 12 | 28 | 15 | 47 | 95 |
| 240 | 108 | 234 | 30 | 263 | 82 |
| 150 | 108 | 200 | 30 | 107 | 24 |
| 3.00 | 1.20 | 45 | 0.30 | 118.35 | 20.50 |
| 9.60 | 20.00 | 8 | 0.13 | 33.60 | 35.40 |
| 20.00 | 12.00 | 25 | 28 | 13 | - |
| | | | | | |
| - | - | - | - | - | 1 |
| - | - | - | - | - | 1022 |
| - | - | - | - | - | 0.404 |
| 15 | 12 | 10 | 18 | 19 | - |

# 教育、科技

**【普通高等学校】** 指按照国家规定的设置标准和审批程序批准举办，通过国家统一招生考试，招收高中毕业生为主要培养对象，实施高等教育的全日制大学、独立设置的学院和高等专科学校、短期职业大学。

**【成人高等学校】** 指按照国家有关规定审批，招收通过全国成人高教统一招生考试的具有高中毕业或同等学历的在职从业人员，利用脱产、半脱产、业余或函授等多种形式对其实施高等学历教育，培养高等教育专科或本科毕业水平的专门人才，修业年限、课程设置和总学时数均按高等学历教育要求付诸实施的学校。包括广播电视大学、职工高等学校、农民高等学校、管理干部学院、教育学院、独立设置的函授学院等。

**【小学学龄儿童入学率】** 指调查范围内已入小学学习的学龄儿童占校内外学龄儿童总数(包括弱智儿童，不包括盲聋哑儿童)的比重。计算公式为:

小学学龄儿童入学率＝已入学的小学学龄儿童数 / 校内外小学学龄儿童总数×100%

**【独立研究与开发机构】** 指有明确的任务和研究方向，有一定学术水平的业务骨干和一定数量的研究人员，具有研究、开发、开展学术工作的基本条件，主要进行科学研究与技术开发活动，并且在行政上有独立的组织形式，财务上独立核算盈亏，有权与其他单位签订合同，在银行有单独户头的单位。包括国务院各部门、中国科学院、中国社会科学院和各省、自治区、直辖市以及地(市)以上〔含地(市)〕各部门所属的国有科学研究与技术开发机构。

**【独立研究与开发机构职工】** 指在独立研究与开发机构工作，并由其支付工资的人员。包括长期职工、临时职工和招聘人员，不包括编制以外的离休、退休人员和停薪留职人员。

**【研究与发展经费支出】** 指用于研究与发展课题活动(基础研究、应用研究、实验发展)的全部实际支出，包括用于研究与发展课题活动的直接支出和间接用于研究与发展活动的支出（如研究院、所管理费，维持研究院、所正常运转的必需费用和与研究发展有关的基本建设支出)。

**【科学家和工程师】** 指具有大学本科及以上学历和不具备上述学历但有高、中级职称的人员。

**【专业技术人员】** 指已取得科学技术职称，或大学、中专的理、工、农、医科系毕业，以及国民经济各部门从工作实践中提拔，从事理、工、农、医等自然科学技术的研究、教学、生产的专业人员和在机关、企业、事业中从事科学技术业务管理工作的专业人员。

# 统计资料

## 17 体育、卫生及广播电视

QING YANG YEARBOOK

# 2013 年国家体育锻炼标准达标学生数

单位：人

| | 合　计 | 及格级 | 良好级 | 优秀级 |
|---|---|---|---|---|
| 合　计 | 522132 | 234959 | 182746 | 104426 |
| 高等学校 | 23000 | 10350 | 8050 | 4600 |
| 中等专业学校 | 23850 | 10732 | 8348 | 5770 |
| 职业中学 | 17204 | 7742 | 6021 | 3441 |
| 普通中学 | 19384 | 8723 | 6784 | 3877 |
| #高　中 | 64506 | 29028 | 22577 | 12901 |
| 初　中 | 190028 | 85512 | 66510 | 38006 |
| 小　学 | 183210 | 82444 | 64124 | 36642 |
| 特教学校 | 950 | 428 | 332 | 190 |

# 2013 年各类医院、卫生院诊疗人次及入院人数

| | 单位 | 2013 |
|---|---|---|
| 诊疗人次 | 万人次 | 766.60 |
| #门、急诊 | 万人次 | 702.30 |
| 入院人数 | 万人 | 22.80 |
| 每百诊次的入院人数 | 人 | 2.94 |
| 每百门、急诊次的入院人数 | 人 | 3.25 |
| 每万人口执业（助理）医师 | 人 | 27.03 |
| 每万人口注册护士 | 人 | 11.78 |
| 每万人口医院、卫生院床位数 | 张 | 35.62 |

# 2013年卫生机构

| | 机构数（个） | 床位数（张） | 人员合计（人） | | |
|---|---|---|---|---|---|
| | | | | 小　计 | 执业医师 |
| 总　计 | 1845 | 7910 | 11658 | 8119 | 2686 |
| 医　院 | 23 | 5048 | 4357 | 3535 | 1411 |
| #综合医院 | 13 | 3603 | 3201 | 2564 | 1033 |
| 中医医院 | 8 | 1385 | 1084 | 912 | 362 |
| 专科医院 | 2 | 60 | 72 | 59 | 16 |
| 骨科医院 | 1 | 35 | 32 | 26 | 5 |
| 其他专科医院 | 1 | 25 | 40 | 33 | 11 |
| 社区卫生服务中心（站） | 26 | 110 | 306 | 274 | 80 |
| 乡镇卫生院 | 125 | 2426 | 3005 | 2713 | 499 |
| 中心卫生院 | 27 | 1134 | 1204 | 1089 | 228 |
| 乡卫生院 | 98 | 1285 | 1801 | 1624 | 271 |
| 采供血机构 | 1 | – | 32 | 13 | 2 |
| 妇幼保健院（所、站） | 9 | 224 | 292 | 225 | 105 |
| #市　属 | 1 | 120 | 70 | 61 | 21 |
| 县区属 | 8 | 104 | 222 | 174 | 84 |
| 疾病预防控制中心 | 9 | – | 319 | 225 | 100 |
| #市　属 | 1 | – | 28 | 21 | 5 |
| 县区属 | 8 | – | 224 | 162 | 68 |
| 卫生监督所（中心） | 8 | – | 200 | 166 | – |
| #县区属 | 7 | – | 157 | 123 | – |
| 医学在职培训机构 | – | – | – | – | – |
| 诊所、卫生所、医务室 | 353 | – | 676 | 621 | 337 |
| 村卫生室 | 1275 | – | 2265 | 179 | 89 |
| 地方病防治机构 | 5 | – | 82 | 56 | 24 |

数据来源：市卫生局

## 与人员情况

| 卫生技术人员（人） | | | | | | | 在全部人员中 | | | 乡村医生和卫生员 |
|---|---|---|---|---|---|---|---|---|---|---|
| 执业助理医师 | 注册护士 | 药师（士） | 技师（士） | 检验师 | 其他 | 见习医师 | 其他技术人员 | 管理人员 | 工勤人员 | |
| 3316 | 2615 | 404 | 383 | 219 | 1401 | 424 | 300 | 366 | 787 | 2086 |
| 1589 | 1261 | 198 | 243 | 121 | 244 | 51 | 218 | 214 | 390 | – |
| 1167 | 934 | 124 | 180 | 90 | 159 | 34 | 192 | 169 | 276 | – |
| 400 | 298 | 70 | 60 | 29 | 84 | 17 | 24 | 38 | 110 | – |
| 22 | 29 | 4 | 3 | 2 | 1 | – | 2 | 7 | 4 | – |
| 5 | 17 | 2 | 1 | 1 | 1 | – | 2 | – | 4 | – |
| 17 | 12 | 2 | 2 | 1 | – | – | – | 7 | – | – |
| 110 | 104 | 17 | 6 | 4 | 37 | 13 | 6 | 6 | 20 | – |
| 770 | 885 | 103 | 84 | 47 | 871 | 351 | 61 | 43 | 188 | – |
| 326 | 334 | 47 | 44 | 23 | 338 | 146 | 12 | 11 | 92 | – |
| 444 | 551 | 56 | 40 | 24 | 533 | 205 | 49 | 32 | 96 | – |
| 3 | 3 | – | 3 | 3 | 4 | – | 1 | 5 | 13 | – |
| 123 | 74 | 4 | 10 | 8 | 14 | – | 6 | 28 | 33 | – |
| 21 | 18 | 1 | 3 | 2 | 8 | – | 3 | 10 | 6 | – |
| 102 | 56 | 3 | 7 | 6 | 6 | – | 3 | 18 | 27 | – |
| 127 | 30 | 6 | 35 | 35 | 27 | 2 | 2 | 40 | 52 | – |
| 12 | 3 | – | 1 | 1 | 5 | – | – | 3 | 4 | – |
| 88 | 25 | 6 | 24 | 24 | 19 | 2 | 2 | 24 | 36 | – |
| – | – | – | – | – | 166 | – | – | 12 | 22 | – |
| – | – | – | – | – | 123 | – | – | 12 | 22 | – |
| – | – | – | – | – | – | – | – | – | – | – |
| 357 | 180 | 61 | – | – | 23 | 2 | – | – | 55 | – |
| 155 | 24 | – | – | – | – | – | – | – | – | 2086 |
| 37 | 19 | – | – | – | – | – | 5 | 18 | 3 | – |

# 2013年分县区广播

| | 计算单位 | 全市 | 西峰区 | 庆城县 | 环县 |
|---|---|---|---|---|---|
| **广播** | | | | | |
| 调频发射及转播台 | 座 | 45 | 1 | 12 | 7 |
| 发射机功率 | 千瓦 | 11.43 | 0.01 | 1.68 | 0.69 |
| 广播节目套数 | 套 | 8 | 1 | 1 | 1 |
| 制作广播节目时间 | 小时 | 3712 | – | 480 | 290 |
| #新闻资讯类 | 小时 | 949 | – | 170 | 130 |
| 专题服务类 | 小时 | 1199 | – | 150 | 80 |
| 综艺类 | 小时 | 1009 | – | – | 80 |
| 广告类 | 小时 | 278 | – | – | – |
| 其他类 | 小时 | 277 | – | 160 | – |
| 全年总播出时间 | 小时 | 22338 | – | 2410 | 1045 |
| 平均每日播出时间 | 小时 | 61.20 | – | 6.60 | 2.86 |
| 广播覆盖人口 | 万人 | 262.25 | 37.25 | 28.56 | 35.18 |
| 覆盖率 | % | 100 | 100 | 100 | 100 |
| **电视** | | | | | |
| 发射及转播台 | 座 | 111 | 3 | 12 | 23 |
| 发射机功率 | 千瓦 | 33.79 | 0.14 | 9.28 | 2.75 |
| 电视节目套数 | 套 | 9 | 1 | 1 | 1 |
| 制作电视节目时间 | 小时 | 3936 | – | 687 | 335 |
| #新闻资讯类 | 小时 | 1352 | – | 182 | 150 |
| 专题服务类 | 小时 | 984 | – | 365 | 90 |
| 综艺益智类 | 小时 | 315 | – | – | 45 |
| 广告类 | 小时 | 864 | – | 20 | 20 |
| 其他类 | 小时 | 418 | – | 120 | 30 |
| 全年总播出时间 | 小时 | 27526 | – | 3029 | 1132 |
| 平均每日播出时间 | 小时 | 75.41 | – | 8.30 | 3.10 |
| 电视覆盖人口 | 万人 | 262.25 | 37.25 | 28.56 | 35.18 |
| 覆盖率 | % | 100 | 100 | 100 | 100 |
| 有线广播电视用户 | 户 | 539903 | 31986 | 4667 | 2609 |

数据来源：市文广局

## 电视事业发展情况

| 华池县 | 合水县 | 正宁县 | 宁　县 | 镇原县 | 市级 |
|---|---|---|---|---|---|
| 7 | 3 | 4 | 5 | 5 | 1 |
| 0.77 | 0.56 | 0.49 | 1.63 | 1.60 | 4.00 |
| 1 | 1 | 1 | 1 | 1 | 1 |
| 380 | 444 | 197 | 181 | 266 | 1474 |
| 200 | 68 | 35 | 102 | 92 | 152 |
| 90 | 52 | 55 | 79 | 152 | 541 |
| 60 | 324 | 52 | - | 22 | 471 |
| - | - | - | - | - | 278 |
| 30 | - | 55 | - | - | 32 |
| 740 | 1960 | 1684 | 1811 | 6300 | 6388 |
| 2.03 | 5.37 | 4.61 | 4.96 | 17.26 | 17.50 |
| 13.06 | 17.32 | 23.96 | 54.89 | 52.03 | |
| 100 | 100 | 100 | 100 | 100 | 100 |
| | | | | | |
| 27 | 27 | 3 | 6 | 9 | 1 |
| 3.40 | 1.92 | 1.62 | 1.89 | 1.79 | 11.00 |
| 1 | 1 | 1 | 1 | 1 | 2 |
| 680 | 242 | 237 | 112 | 252 | 1391 |
| 400 | 120 | 55 | 61 | 142 | 242 |
| 100 | 70 | 22 | 48 | 80 | 179 |
| 90 | 20 | - | - | - | 160 |
| 60 | 32 | 10 | - | 30 | 692 |
| 30 | - | 120 | - | - | 118 |
| 1960 | 3042 | 1652 | 2570 | 5432 | 8708 |
| 5.37 | 8.33 | 4.53 | 7.04 | 14.80 | 23.86 |
| 13.06 | 17.32 | 23.96 | 54.89 | 52.03 | - |
| 100 | 100 | 100 | 100 | 100 | 100 |
| 3026 | 2364 | 2810 | 3536 | 2995 | - |

# 2013年分县区体育事业发展情况

| | 合计 | 西峰 | 庆城 | 环县 | 华池 | 合水 | 正宁 | 宁县 | 镇原 | 市直 |
|---|---|---|---|---|---|---|---|---|---|---|
| 体育工作者人数（人） | 126 | 24 | 11 | 8 | 22 | 6 | 4 | 13 | 7 | 31 |
| 专职教练人数（人） | 65 | 10 | 6 | 4 | 11 | 2 | 6 | 3 | 6 | 17 |
| 等级裁判员人数（人） | 823 | 170 | 21 | 32 | 20 | 17 | 16 | 35 | 54 | 458 |
| #国家一级 | 218 | 60 | 1 | 2 | 2 | - | 1 | 5 | 4 | 143 |
| 国家二级 | 605 | 110 | 20 | 30 | 18 | 17 | 15 | 30 | 50 | 315 |
| 国家三级 | - | - | - | - | - | - | - | - | - | - |
| 举办县以上运动会（次） | 17 | 5 | 1 | 1 | 2 | 1 | 1 | 1 | 1 | 4 |
| 参赛人次（人次） | 38552 | 23179 | 185 | 190 | 1200 | 258 | 180 | 170 | 190 | 13000 |
| 市级以上比赛夺取奖牌(枚) | 38 | - | - | 2 | - | - | - | - | - | 36 |
| #金　牌 | 15 | - | - | 2 | - | - | - | - | - | 13 |
| 银　牌 | 13 | - | - | - | - | - | - | - | - | 13 |
| 铜　牌 | 10 | - | - | - | - | - | - | - | - | 10 |
| 登记等级运动员人数（人） | 48 | 10 | 2 | 3 | 3 | 2 | - | 1 | 9 | 18 |
| #运动健将 | 7 | - | - | - | - | - | - | - | - | 7 |
| 一级运动员 | - | - | - | - | - | - | - | - | - | - |
| 二级运动员 | 41 | 10 | 2 | 3 | 3 | 2 | - | 1 | 9 | 11 |
| 体育场地数（个） | 1787 | 257 | 231 | 211 | 134 | 128 | 103 | 302 | 379 | 42 |
| 各类体校（个） | 8 | 1 | 1 | 1 | 1 | 1 | 1 | 1 | 1 | - |

数据来源：市体育局

# 统计资料

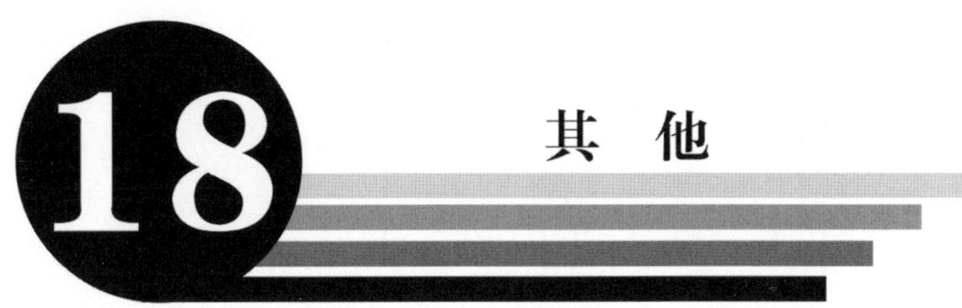


QING YANG YEARBOOK

# 2013 年社会福利事业基本情况

| | 单位 | 全市 | 西峰 | 庆城 | 环县 | 华池 | 合水 | 正宁 | 宁县 | 镇原 | 市直 |
|---|---|---|---|---|---|---|---|---|---|---|---|
| 社会服务单位数 | 个 | 3093 | 362 | 338 | 461 | 253 | 235 | 254 | 434 | 593 | 163 |
| 民政部门行政机构 | 个 | 9 | 1 | 1 | 1 | 1 | 1 | 1 | 1 | 1 | 1 |
| 社会工作单位数 | 个 | 824 | 162 | 51 | 78 | 68 | 60 | 107 | 115 | 170 | 13 |
| 提供住宿的社会服务机构 | 个 | 77 | 7 | 2 | 15 | 10 | 3 | 11 | 14 | 9 | 6 |
| #年末床位数 | 张 | 8165 | 651 | 683 | 675 | 521 | 467 | 1009 | 1476 | 1693 | 990 |
| 按登记机构分 | | | | | | | | | | | |
| 编制登记的收养性社会服务机构 | 个 | 15 | – | 1 | 1 | 2 | 1 | 3 | – | 1 | 6 |
| #年末床位数 | 张 | 1917 | – | 192 | 150 | 23 | 100 | 305 | – | 157 | 990 |
| 民政登记的收养性社会服务机构 | 个 | 62 | 7 | 1 | 14 | 8 | 2 | 8 | 14 | 8 | – |
| #年末床位数 | 张 | 2290 | 233 | 40 | 348 | 260 | 150 | 560 | 408 | 291 | – |
| 按单位类型分 | | | | | | | | | | | |
| 老年人年与残疾人服务机构 | 个 | 71 | 7 | 2 | 15 | 9 | 3 | 10 | 14 | 9 | 2 |
| #年末床位数 | 张 | 3461 | 233 | 232 | 498 | 280 | 250 | 820 | 408 | 448 | 292 |
| 城市养老服务机构 | 个 | 3 | – | 1 | – | – | – | 1 | 1 | – | – |
| #年末床位数 | 张 | 432 | – | 192 | – | – | – | 140 | 100 | – | – |
| 农村养老服务机构 | 个 | 61 | 7 | 1 | 14 | 8 | 2 | 8 | 13 | 8 | – |
| #年末床位数 | 张 | 2190 | 233 | 40 | 348 | 260 | 150 | 560 | 308 | 291 | – |
| 社会福利院 | 个 | 5 | – | – | 1 | – | 1 | 1 | – | 1 | 1 |
| 光荣院 | 个 | 1 | – | – | – | 1 | – | – | – | – | – |
| 军队离退休干部休养所 | 个 | 1 | – | – | – | – | – | – | – | – | 1 |
| 智障与精神疾病服务机构 | 个 | 1 | – | – | – | – | – | – | – | – | 1 |
| 复退军人精神病院 | 个 | 1 | – | – | – | – | – | – | – | – | 1 |
| 儿童收养机构 | 个 | 1 | – | – | – | – | – | – | – | – | 1 |
| 流浪儿童救助救助管理站保护中心 | 个 | 1 | – | – | – | – | – | – | – | – | 1 |
| 救助管理站 | 个 | 3 | – | – | – | 1 | – | 1 | – | – | 1 |
| 不提供住宿的社会服务机构 | 个 | 747 | 155 | 49 | 63 | 58 | 57 | 96 | 101 | 161 | 7 |
| 老龄服务机构 | 个 | 9 | 1 | 1 | 1 | 1 | 1 | 1 | 1 | 1 | 1 |
| 社会福利企业 | 个 | 2 | – | – | – | 1 | – | – | – | – | 1 |
| 福利工厂 | 个 | 1 | – | – | – | 1 | – | – | – | – | – |
| 救助、低保服务机构 | 个 | 9 | 1 | 1 | 1 | 1 | 1 | 1 | 1 | 1 | 1 |
| 福利彩票机构 | 个 | 1 | – | – | – | – | – | – | – | – | 1 |
| 烈士陵园及烈士纪念馆 | 个 | 14 | – | 1 | 1 | 1 | 2 | 1 | 6 | 2 | – |
| 社区服务机构 | 个 | 703 | 153 | 45 | 59 | 54 | 53 | 91 | 92 | 156 | – |
| 按登记地分 | | | | | | | | | | | |
| 在编制部门登记社区服务机构 | 个 | 113 | 22 | 6 | 2 | 16 | 8 | 12 | 26 | 21 | – |
| 在民政部门登记社区服务机构 | 个 | 590 | 131 | 39 | 57 | 38 | 45 | 79 | 66 | 135 | – |
| 按单位类型分 | | | | | | | | | | | |
| 社区指导中心 | 个 | 1 | 1 | – | – | – | – | – | – | – | – |
| 社区服务中心 | 个 | 270 | 101 | 13 | 5 | 9 | 24 | 52 | 18 | 48 | – |
| 社区服务站 | 个 | 89 | 15 | 2 | 13 | 14 | 8 | 12 | 12 | 13 | – |
| 其他社区服务机构 | 个 | 343 | 36 | 30 | 41 | 31 | 21 | 27 | 62 | 95 | – |
| 其它事业单位 | 个 | 7 | – | 1 | 1 | – | – | 1 | 1 | 1 | 2 |
| 成员组织 | 个 | 2255 | 198 | 286 | 381 | 182 | 172 | 146 | 318 | 422 | 150 |
| 社会组织 | 个 | 923 | 83 | 119 | 127 | 62 | 87 | 45 | 48 | 202 | 150 |
| 社会团体 | 个 | 737 | 48 | 88 | 113 | 60 | 86 | 34 | 34 | 184 | 90 |
| 民办非企业 | 个 | 186 | 35 | 31 | 14 | 2 | 1 | 11 | 14 | 18 | 60 |
| 自治组织 | 个 | 1332 | 115 | 167 | 254 | 120 | 85 | 101 | 270 | 220 | – |
| 村民委员会 | 个 | 1254 | 94 | 153 | 250 | 111 | 80 | 94 | 257 | 215 | – |
| 社区居委会 | 个 | 78 | 21 | 14 | 4 | 9 | 5 | 7 | 13 | 5 | – |
| 其他社会服务 | 个 | 14 | 2 | 1 | 2 | 3 | 3 | 1 | 1 | 1 | – |
| 婚姻登记服务单位 | 个 | 9 | 1 | 1 | 1 | 2 | 1 | 1 | 1 | 1 | – |
| 殡葬服务单位 | 个 | 5 | 1 | – | 1 | 1 | 2 | – | – | – | – |
| 按登记机构分 | | | | | | | | | | | |
| 在编制部门登记社区服务机构 | 个 | 1 | 1 | – | – | – | – | – | – | – | – |
| 在民政部门登记殡葬服务机构 | 个 | 4 | – | – | 1 | 1 | 2 | – | – | – | – |
| 按单位类型分 | | | | | | | | | | | |
| 殡仪馆 | 个 | 1 | 1 | – | – | – | – | – | – | – | – |
| 公　墓 | 个 | 4 | – | – | 1 | 1 | 2 | – | – | – | – |

# 2013 年主要民政抚恤、补助对象情况

| | 单位 | 全市 | 西峰 | 庆城 | 环县 | 华池 | 合水 | 正宁 | 宁县 | 镇原 |
|---|---|---|---|---|---|---|---|---|---|---|
| 抚恤、补助优抚对象总人数 | 人 | 12768 | 1828 | 1027 | 1265 | 571 | 860 | 2570 | 2852 | 1795 |
| #在院集中供养人数 | 人 | 163 | - | - | - | - | - | - | - | - |
| 定期抚恤人数 | 人 | 398 | 56 | 32 | 27 | 46 | 22 | 67 | 67 | 81 |
| #烈　属 | 人 | 114 | 20 | 5 | 5 | 6 | 11 | 22 | 15 | 30 |
| 因公牺牲军人家属 | 人 | 113 | 13 | 11 | 5 | 2 | 4 | 26 | 29 | 23 |
| 病故军人家属 | 人 | 171 | 23 | 16 | 17 | 38 | 7 | 19 | 23 | 28 |
| 定期补助人数 | 人 | 11093 | 1522 | 834 | 1099 | 446 | 743 | 2369 | 2538 | 1542 |
| 伤残人员 | 人 | 1277 | 250 | 161 | 139 | 79 | 95 | 134 | 247 | 172 |
| 优抚对象享受医保人数 | | 1974 | 89 | 40 | 135 | 78 | 150 | 756 | 601 | 125 |
| 社会救济情况 | | | | | | | | | | |
| 城市居民低保家庭数 | 户 | 23321 | 6876 | 2336 | 1690 | 1638 | 2505 | 2380 | 3062 | 2834 |
| 城市居民低保人数 | 人 | 55521 | 17701 | 6057 | 3749 | 3565 | 4697 | 5673 | 7916 | 6163 |
| #“三无”人员 | 人 | 943 | 648 | 6 | 61 | 5 | 31 | 36 | 62 | 94 |
| 登记失业人员 | 人 | 16466 | 5485 | 394 | 630 | 475 | 2582 | 1761 | 2692 | 2447 |
| 城市临时救济人次数 | 人次 | - | - | - | - | - | - | - | - | - |
| 农村居民低保家庭数 | 户 | 104999 | 4042 | 13414 | 21214 | 5108 | 8129 | 10753 | 18613 | 23726 |
| 农村居民低保人数 | 人 | 345379 | 12861 | 34741 | 86077 | 18976 | 24556 | 32723 | 67431 | 68014 |
| 农村集中五保供养人数 | 人 | 1893 | 120 | 145 | 163 | 117 | 146 | 660 | 120 | 422 |

# 2013 年新型农村合作医疗情况

| | 单位 | 全市 | 西峰 | 庆城 | 环县 | 华池 | 合水 | 正宁 | 宁县 | 镇原 |
|---|---|---|---|---|---|---|---|---|---|---|
| 开展新农合县(区) | 个 | 8 | 1 | 1 | 1 | 1 | 1 | 1 | 1 | 1 |
| 参加新农合人数 | 万人 | 217.70 | 23.92 | 23.34 | 30.38 | 10.77 | 14.41 | 19.56 | 48.43 | 46.88 |
| 补偿受益人次 | 万人次 | 218.42 | 28.48 | 27.22 | 13.84 | 10.53 | 30.14 | 21.25 | 35.90 | 61.07 |
| 本年度筹资总额 | 万元 | 74737.2 | 8281.63 | 8060.98 | 10338.6 | 3710.12 | 4857.39 | 6648.02 | 16725.3 | 16115.2 |
| 参合率 | % | 98.18 | 98.66 | 98.07 | 98.00 | 98.12 | 98.24 | 98.89 | 98.01 | 98.00 |

## 社会保障基本情况

| | 单位 | 2008 | 2009 | 2010 | 2011 | 2012 | 2013 |
|---|---|---|---|---|---|---|---|
| 城镇职工社会保险参保情况 | | | | | | | |
| 养老保险 | 人 | 48982 | 57602 | 64803 | 73347 | 75048 | 72859 |
| 失业保险 | 人 | 88021 | 77522 | 79046 | 81081 | 82831 | 82722 |
| 医疗保险 | 人 | 111265 | 111612 | 145732 | 126635 | 138415 | 139296 |
| 工伤保险 | 人 | 31680 | 26138 | 32594 | 36570 | 47710 | 56864 |
| 生育保险 | 人 | 14483 | 74550 | 77724 | 85664 | 86054 | 86562 |
| 城镇低保人数 | 人 | 53305 | 57675 | 59112 | 61308 | 56435 | 55521 |
| 农村低保人数 | 人 | 204080 | 236909 | 333338 | 344346 | 345379 | 345379 |
| 参加新农合人数 | 人 | 2090629 | 2140407 | 2156217 | 2171066 | 2168092 | 2176988 |

## 抚恤及社会福利救济费用

| | 单位 | 2008 | 2009 | 2010 | 2011 | 2012 | 2013 |
|---|---|---|---|---|---|---|---|
| 抚恤 | 万元 | 2245 | 2845 | 4037 | 6480 | 5798 | 5711 |
| 城市居民最低生活保障 | 万元 | 9377 | 11829 | 12857 | 17046 | 16306 | 18012 |
| 农村居民最低生活保障 | 万元 | 12212 | 14315 | 22062 | 43706 | 37833 | 48819 |
| 自然灾害生活救助 | 万元 | 11322 | 4186 | 3151 | 4938 | 4548 | 13940 |
| 农村新型合作医疗补偿资金 | 万元 | 15953 | 20921 | 24219 | 51295 | 40288 | 63400 |

## 2013 年婚姻登记和离婚情况

| | 单位 | 全市 | 西峰 | 庆城 | 环县 | 华池 | 合水 | 正宁 | 宁县 | 镇原 |
|---|---|---|---|---|---|---|---|---|---|---|
| 登记结婚 | 对 | 25211 | 4450 | 2677 | 3131 | 1224 | 1693 | 2422 | 5467 | 4147 |
| 初　婚 | 人 | 48437 | 8900 | 5293 | 5829 | 2448 | 3356 | 4842 | 9509 | 8260 |
| 再　婚 | 人 | 1985 | 0 | 61 | 433 | 0 | 30 | 2 | 1425 | 34 |
| 登记离婚 | 对 | 2534 | 739 | 256 | 185 | 65 | 102 | 196 | 582 | 409 |
| 调解及判决离婚 | 对 | 2184 | 385 | 328 | 204 | 72 | 172 | 319 | 380 | 324 |
| 离婚率 | ‰ | 3.67 | 7.95 | 4.54 | 3.04 | 1.31 | 2.32 | 3.40 | 8.08 | 5.70 |

## 2013年各党派党员（成员）情况

单位:人

| | 全市 | 西峰 | 庆城 | 环县 | 华池 | 合水 | 正宁 | 宁县 | 镇原 | 市直 |
|---|---|---|---|---|---|---|---|---|---|---|
| 中国共产党 | 118042 | 16513 | 11580 | 13838 | 7891 | 7871 | 10421 | 19547 | 17629 | 12722 |
| 中国国民党革命委员会 | - | - | - | - | - | - | - | - | - | - |
| 中国民主同盟 | 412 | 186 | 68 | 8 | 8 | 2 | 13 | 29 | 52 | 36 |
| 中国民主建国会 | - | - | - | - | - | - | - | - | - | - |
| 中国民主促进会 | 139 | 44 | 39 | 2 | 2 | 9 | 7 | - | 2 | 34 |
| 中国农工民主党 | 22 | - | - | - | - | - | - | - | - | 22 |
| 九三学社 | 26 | - | - | - | - | - | - | - | - | 26 |

## 2013年共青团和少先队组织情况

单位:人、个

| | 全市 | 西峰 | 庆城 | 环县 | 华池 | 合水 | 正宁 | 宁县 | 镇原 | 市直 |
|---|---|---|---|---|---|---|---|---|---|---|
| 基层团支部 | 5103 | 286 | 520 | 838 | 427 | 427 | 403 | 729 | 1279 | 194 |
| 共青团员 | 115970 | 10291 | 13958 | 14021 | 7015 | 6581 | 8981 | 18945 | 31716 | 4462 |
| #女团员 | 54519 | 4974 | 6722 | 5747 | 3256 | 2610 | 4057 | 9152 | 14906 | 3095 |
| 青年团干部 | 2605 | 238 | 298 | 116 | 289 | 386 | 401 | 318 | 327 | 232 |
| 少先队员 | 173558 | 31375 | 15403 | 24748 | 8773 | 10172 | 13223 | 30703 | 34195 | 4966 |
| 辅导员 | 5863 | 879 | 517 | 774 | 273 | 357 | 443 | 1294 | 1179 | 147 |
| “希望工程”累计 | 14 | 0 | 0 | 3 | 0 | 0 | 0 | 4 | 7 | 0 |
| 救助失学儿童 | 2143 | 0 | 371 | 329 | 237 | 232 | 347 | 53 | 574 | 0 |

## 2013年工会组织情况

| | 单位 | 全市 | 西峰 | 庆城 | 环县 | 华池 | 合水 | 正宁 | 宁县 | 镇原 | 市直 |
|---|---|---|---|---|---|---|---|---|---|---|---|
| 工会基层组织数 | 个 | 2889 | 576 | 123 | 298 | 251 | 227 | 285 | 387 | 289 | 453 |
| 有工会组织的职工 | 人 | 206744 | 43646 | 25748 | 18802 | 15842 | 15215 | 17404 | 27701 | 27294 | 15092 |
| #女职工 | 人 | 72810 | 14359 | 11344 | 6552 | 5807 | 5305 | 6086 | 8402 | 9330 | 5625 |
| 基层单位工会会员 | 人 | 199088 | 39425 | 25309 | 17888 | 15816 | 15005 | 17307 | 2713 | 26718 | 14497 |
| #女会员 | 人 | 70564 | 13045 | 11152 | 6291 | 5791 | 5217 | 6069 | 8321 | 9275 | 5403 |
| 专职工会工作人员 | 人 | 316 | 13 | 26 | 30 | 36 | 11 | 9 | 16 | 19 | 156 |
| #女性 | 人 | 108 | 6 | 4 | 8 | 11 | 5 | 2 | 8 | 11 | 48 |

## 2013年妇联组织情况

| | 单位 | 全市 | 西峰 | 庆城 | 环县 | 华池 | 合水 | 正宁 | 宁县 | 镇原 | 市直 |
|---|---|---|---|---|---|---|---|---|---|---|---|
| 各级妇女机构 | 个 | 1846 | 206 | 197 | 344 | 156 | 156 | 160 | 288 | 266 | 73 |
| 妇联干部 | 人 | 182 | 14 | 21 | 26 | 30 | 17 | 15 | 23 | 27 | 9 |
| #大专以上 | 人 | 182 | 14 | 21 | 26 | 30 | 17 | 15 | 23 | 27 | 9 |
| “春蕾计划”救助失学女童数 | 人 | 1313 | 388 | 234 | 0 | 70 | 125 | 200 | 180 | 41 | 25 |

## 2013年法律服务工作基本情况

| | 单位 | 全市 | 西峰 | 庆城 | 环县 | 华池 | 合水 | 正宁 | 宁县 | 镇原 |
|---|---|---|---|---|---|---|---|---|---|---|
| 法律服务所 | 个 | 120 | 10 | 15 | 21 | 15 | 12 | 10 | 18 | 19 |
| 司法助理员 | 人 | 383 | 40 | 62 | 48 | 39 | 50 | 34 | 53 | 49 |
| #专　职 | 人 | - | - | - | - | - | - | - | - | - |
| 法律咨询服务机构 | 个 | - | - | - | - | - | - | - | - | - |
| 调解纠纷 | 件 | 27085 | 3532 | 3379 | 3153 | 3005 | 3027 | 2915 | 3897 | 4177 |
| 法制宣传 | 场次 | 1790 | 389 | 265 | 192 | 156 | 145 | 162 | 246 | 235 |

## 2013年律师工作基本情况

| | 单位 | 全市 | 西峰 | 庆城 | 环县 | 华池 | 合水 | 正宁 | 宁县 | 镇原 | 市直 |
|---|---|---|---|---|---|---|---|---|---|---|---|
| 律师事务所 | 个 | 15 | 1 | 1 | 2 | 1 | 1 | 1 | 1 | 1 | 6 |
| 律师 | 人 | 99 | 14 | 6 | 6 | 3 | 2 | 3 | 4 | 1 | 60 |
| #专　职 | 人 | 94 | 9 | 6 | 6 | 3 | 2 | 3 | 4 | 1 | 60 |
| 受聘常年法律顾问 | 家 | 292 | 57 | 46 | 7 | 6 | 5 | 5 | 4 | 3 | 159 |
| 民事代理 | 件 | 5097 | 554 | 551 | 326 | 267 | 149 | 366 | 307 | 145 | 2432 |
| 刑事代理 | 件 | 548 | 52 | 36 | 21 | 22 | 18 | 19 | 21 | 8 | 351 |
| 行政案件代理 | 件 | - | - | - | - | - | - | - | - | - | - |

## 2013年公证工作基本情况

| | 单位 | 全市 | 西峰 | 庆城 | 环县 | 华池 | 合水 | 正宁 | 宁县 | 镇原 | 市直 |
|---|---|---|---|---|---|---|---|---|---|---|---|
| 公证机构 | 个 | 8 | 1 | 1 | 1 | 1 | 1 | 1 | 1 | 1 | - |
| 公证人员 | 人 | 56 | 17 | 8 | 4 | 6 | 4 | 5 | 6 | 6 | - |
| #公证员 | 人 | 23 | 6 | 3 | 4 | 3 | 1 | 2 | 3 | 2 | - |
| 公证件数 | 件 | 9041 | 6417 | 270 | 264 | 395 | 352 | 364 | 394 | 584 | - |
| #经济合同公证 | 件 | 5817 | 4316 | 190 | 180 | 215 | 182 | 204 | 210 | 420 | - |
| 民事关系公证 | 件 | 3224 | 2101 | 80 | 185 | 180 | 170 | 160 | 184 | 164 | - |

## 2013年人民调解工作基本情况

| | 单位 | 全市 | 西峰 | 庆城 | 环县 | 华池 | 合水 | 正宁 | 宁县 | 镇原 |
|---|---|---|---|---|---|---|---|---|---|---|
| 人民调解委员会 | 个 | 1079 | 273 | 185 | 334 | 152 | 102 | 118 | 359 | 285 |
| 村调委会 | 个 | 1315 | 103 | 153 | 250 | 111 | 80 | 94 | 309 | 215 |
| 居调委会 | 个 | 74 | 17 | 12 | 7 | 10 | 7 | 2 | 16 | 3 |
| 企业调委会 | 个 | 214 | 106 | 2 | 54 | 16 | 1 | 2 | 9 | 24 |
| 其他调解委员会 | 个 | 154 | 66 | 15 | 11 | 9 | 7 | 10 | 13 | 23 |
| 调解人员 | 人 | 11077 | 1686 | 1194 | 2156 | 1073 | 1030 | 1114 | 1235 | 1589 |
| 培训调解人员 | 人 | 10633 | 1141 | 1426 | 2050 | 1099 | 998 | 1059 | 1228 | 1632 |

# 社会福利

**【社会福利事业单位】** 指集中收养社会孤老、残、幼的机构，包括由民政部门管理的社会福利院、儿童福利院、精神病人福利院和城镇集体举办的福利院及农村集体举办的敬老院。

**【社会福利事业单位收养人数】** 包括民政部门管理和城镇、农村集体举办的社会福利事业单位中收养的老人、少年儿童、缺乏生活自理能力的残疾人员和精神病人。

**【社会福利企业单位】** 指以安置城镇有一定劳动能力的盲、聋、哑和肢体残疾人员就业为目的，享受国家减免税待遇的国有或集体企业。包括福利工厂、福利商业和服务业、假肢厂和安置农场等单位。

**【离休、退休、退职人员】** 指正式办理了离休、退休、退职手续，并享受相应的离休、退休、退职待遇的人员。

**【保险福利费用】** 指企业、事业、机关单位在工资以外实际支付给职工和离休、退休、退职人员个人以及用于集体的劳动保险和福利费用。

(1) 职工保险福利费用包括：

① 医疗卫生费：指实行公费医疗企业的职工及其供养的直系亲属的医疗费、医务经费、职工因工负伤就医路费以及住院伙食补助费等；卫生部门开支的事业及机关单位职工的公费医疗经费；未参加公费医疗的企业、事业和机关单位职工的医药费。

② 文体宣传费：指企业、事业和机关单位实际支付的文体宣传费，不包括学习费。

③ 集体福利事业补贴费：指对职工浴室、理发室、洗衣房、哺乳室、托儿所等集体福利设施各项支出与收入相抵后的差额补助费。

④ 集体福利设施费：指按照国家规定开支的集体福利设施费用，如职工食堂炊事用具的购置费、修理费、职工宿舍的修缮费用。不包括由企业、事业、机关单位自筹经费开支的职工福利设施的基本建设费用。

⑤ 其他：指上述费用以外，单位支付给职工的保险福利费。

(2 )离休、退休、退职人员保险福利费用包括：

① 离休金：指发给离休人员的工资和按 1982 年国务院发布的“关于老干部离职休养制度的几项规定”，发给符合规定的离休干部相当于 1-2 个月标准工资的生活补贴及 1988 年增发的生活补贴费。

② 退休金：指按照国家有关规定发给退休人员的退休费及 1988 年增发的生活补贴费。

③ 退职生活费：指按照 1978 年国务院《关于工人退休、退职的暂行办法》规定，定期发给退职人员的生活费及 1988 年增发的生活补贴费。

④ 其他：指上述费用以外，单位支付给离休、退休、退职人员的保险福利费。

二零一四年庆阳年鉴

# 附录

FULU

# 附 录

## 2013年科技进步奖获奖项目

### 一等奖（12项）

1. 天环向斜中段东翼百万吨油田资源基础及配套新技术研究（长庆油田分公司第二采油厂 李安琪、张应科、韩永林、石道涵、潘宏文、李建霆、刘军锋、李剑歧、沈强、李小军、刘元召、朱晓燕、马振昌）

2. 西峰区4D社区数字地图及数据管理系统（庆阳市科技开发中心 王超、郭涛、寇俊波、赵越、顾亦斌、陈丽莉、夏海荣、唐婷、叶晗、张智）

3. 高层框架房屋结构的仿真（陇东学院土木工程学院 刘万锋、吕圆芳、胡爱萍、张振宁、孙波、张斌伟、李平、张韬、杨永东、闫铁成）

4. 甘肃宁县九龙金枣采后生理、贮期病害与贮藏保鲜技术研究（宁县科技情报开发中心 丁彦宏、张有林、刘跃华、张润光、王宏贤、韩军岐、李俊、雷逢超、白占祺、韩海彪、董宁平、张元华、张化民）

5. 庆红荞1号甜荞新品种选育（陇东学院农林科技学院 王百姓、马生发、陈红、邓芸、盖琼辉、刘生瑞、谯显明、刘丽丽、张红霞）

6. 大黄蒽醌类成分提取工艺优化研究（陇东学院生命科学与技术学院 周天林、李东波、 肖朝霞、焦飞、井明博、胥国斌）

7. 子午岭林区森林生态系统恢复技术研究（庆阳市林科所 朱岩峰、王远东、刘红松、邱雅林、姜抢平、第军红、麻仕栋、王小华、张亮、方圆、李强、杨彦峰）

8. 磁共振心电门控技术对脊髓外伤的应用研究（庆阳市人民医院 武建利、王少飞、张劲松、刘振茂、梁海鹏、曹亚红、高艳萍、苏晓军、代凌云、付亚洲、成娜、朱娜、杨雅凤）

9. 建立实验室间新鲜人血校准血细胞分析仪方法的研究（庆阳市人民医院 张吉平、李芳文、李娟、张玲、张鑫智、陈亦冰、邢洁、贾晓燕、王长平、侯怀哲、毛中圆、席维岳、付麦旺）

10. 医用紫外线防护罩的研制与临床应用（庆阳市中医医院 唐秀琴、朱丽娟、施晓慧、贺苗苗、史春红、李莉、王锐锋、翟丽娟、孙媛媛、王燕）

### 二等奖（75项）

11. 残膜捡拾机选型引进实验暨产品开发（庆阳市农机研究所 王治斌、左志刚、刘晖、杨小年、邵小绮、马金萍、李慧、杨腊红、帅忠奎）

12. 华庆超低渗油藏稳产技术研究与实践（长庆油田分公司第二采油技术服务处 史成恩、李亮、令永刚、王明瑜、宋辉、蒋天昊、何建军、闫养荣、黄虎荣）

13. 华庆油田水平井规模建设技术（长庆油田分公司第二采油技术服务处 雒继忠、周志平、刘宏义、崔争攀、李国宏、陈军、彭业雄、崔义垒、杜唐钟）

14. 虚拟电子实验平台集成化建设及应用研究（陇东学院信息工程学院 姚云霞、彭仁杰、郭涛、刘正岐、杜俊、杨永峰）

15. 4YZ-4A型玉米联合收割机改制（庆阳市农技推广站 杨汉卿、刘万里、张建荣、王庆冬、周浩、李东阳）

16. 冬小麦新品种宁麦9号选育（宁县农业技术推广中心 罗盘、王亚民、李宏洲、杨虓、张鹏祥、付会荣、刘跃华、豆新社、胡俊仕）

17. 矮化中间砧苹果幼龄标准园建设研究（庆阳市果业局 范宗珍、贾兴瑞、王锦锋、赵菊莲、

王军峰、姚志龙、王刚刚、雷普雄、牛立平）

18. 杏制品低糖无硫护色加工方法发明专（陇东学院农林科技学院　赵菊莲、胡景平、赵瑞霞、乔岩、张述强、宋曦、韩雍、汪慧）

19. 旱地胡麻标准化栽培技术集成与示范（华池县农技中心　谯显明、方明金、王红、王聚荣、张彩霞、王成、封芳琴、张维博、高启洲）

20. 马铃薯新品种引进选育及示范（庆阳市农业科学研究院　乔红霞、帅哲元、张有龙、卿芳银、耿智广、孙小花、张文伟、杜志孝、陈娟）

21. 几种经济植物组培快繁与炼苗移栽技术研究（陇东学院生命科学与技术学院　范小峰、　邱丽莉、张希彪、肖朝霞、王春林、杨建霞、　刘灵霞、王凤琴）

22. 庆阳市中南部主要农作物测土配方施肥技术试验研究与示范推广（庆阳市农业技术推广中心　彭新占、殷生俊、付会荣、侯启辉、闫耀廷、王巧菊、朱永康、张继先、豆建华）

23. 养猪场疫病程序化防治示范（庆阳市动物疫病预防控制中心　李世恩、石鹏、王瑞、许文斌、董小强、许伟、阎克敏、王天喜、岳孝瑞）

24. 陇东绒山羊皮肤毛囊发育规律及主要影响因素的研究（甘肃省畜牧兽医研究所　何茂昌、薛科邦、方畴鑫、马凤鸣、胡永宁、马志宏、张建军、何钊、杨红蕾）

25. 庆阳苹果壁蜂授粉技术研究与示范（陇东学院农林科技学院　王锦锋、范宗珍、赵菊莲、张庆霞、吴健君、姚志龙、雷普雄）

26. 针灸源于《黄帝内经》的发展研究（庆阳市中医医院　张晓莉、王锐锋、开金龙、谢君国、赵海龙、孙林、仵建华、左睿、宋宏博）

27. 自拟中药系列方剂治疗过敏性鼻炎的临床研究（庆城县岐伯中医院　李辉、邹丽丽、胡建峰、张文斌、张晓丽、贾彦鹏、杨德祥、韩琼、白志玲）

28. 稳压调脂丸治疗高血压病1级及高脂血症的临床及实验研究（庆阳市老年保健医院　孙粉珍、彭玉峰、张永技、南新国、左宝宁、苏建峰、张辑瑞、邓农、薛树勇）

29. 骨髓形态学联合骨髓病理学在巨幼红细胞性贫血诊断中的应用研究（环县人民医院　蔺金军、慕晓宏、毛富吉、赵桂珍、慕麦琴、杨志岚、魏军龙、虎勇、赵鸿薇）

30. 庆阳市脑梗死患者危险因素的筛查及中医体质学分析研究　（庆阳市人民医院　姚志瑞、焦富成、李霞、王丹、郭俊林、范鹏涛、邓华栋、王斌、邢晓娟）

31. 复方银菊合剂防治白血病化疗后口腔溃疡临床及实验研究（庆阳市中医医院　段赟、李雪松、开金龙、夏小军、刘慧、姚金华、张鑫智、王锐锋、殷建峰）

32. 老年H型高血压患者血清同型半胱氨酸水平与腔隙性脑梗死关系探讨（长庆油田职工医院　王建刚、张辉、席建堂、赵志明、　赵小奎、李彦斌、胡清、贺静、邹勇）

33. 活血化瘀法对脑出血血肿周围缺血半暗带干预及临床研究（庆阳市中医医院　拜永宁、李建辉、罗琦、邱红、秦博、贺建勋、贺苗苗）

34. 经皮临时心脏起搏以超速起搏模式治疗室上性心动过速的临床观察（正宁县中医医院　石志霄、袁西鸿、王娟、周世文、石恒录、刘小菊、冯军、范小波、张艳儒）

35. 庆阳市农村妇女乳腺疾病调查分析（庆阳市人民医院　梁海鹏、张志峰、张沁光、姬小平、巨志刚、豆红丽、崔庆平、许辉、王永喜）

36. 庆阳市955例孕妇早产成因分析（庆阳市人民医院　尚宇翔、祁丽蓉、李阿莉、郭晓红、张文渊、张雅丽、宋玉琴、宋芳、高增敏）

37. 庆阳市慢性阻塞性肺疾病急性加重期病原菌分布及耐药性分析（庆阳市人民医院　葛家艳、王海峰、毛向明、党锁凤、贺丽萍、董月新、刘炳琳、穆雷霞、邵衡）

38. 糖耐量减低人群心理行为与患病关系的调查分析（庆阳市人民医院　王春娟、齐翠萍、王娜、席彩琴、路玲、魏焕能、周梅、　张秀芳、柳小英）

39. 养血益气胶囊治疗溶血性贫血临床及实验研究（庆阳市中医医院　开金龙、刘慧、夏小军、路继华、段赟、孙榕、葛荣库、殷建峰、汪秀红）

40. 低场磁共振弥散加权成像(DWI)在急性腔隙性脑梗死诊断中的应用及临床相关性研究（庆阳市老年保健医院　李含章、邓农、王筱薇、田彬彬、刘文军、刘庆莉、王小红、宋鹏飞、孙粉珍）

41. 胫骨复杂骨折有限切开锁定钢板联合闭合带锁髓内针内固定方法的临床研究（庆阳市人民医院　孙效虎、常文洲、杨平、王庄平、彭国峰、王志军）

42. 非糖尿病性冠心病血糖增高的临床分析研究（庆阳市人民医院　段思栋　张丹）

43. 检测Hcy、BNP、CA125诊断慢性充血性心力衰竭的临床应用研究（长庆油田职工医院　席建堂、赵小奎、王建刚、赵志明、张辉、胡清、贺静、邹勇、孙晓慧）

44. 运脾化湿汤治疗婴幼儿迁延性、慢性腹泻的临床研究（庆阳市人民医院　王文功、王军仓、齐有清、闫志鹏、张新文）

45. 双层阔筋膜夹持钛网加表皮生长因子治疗鼻中隔穿孔的研究（庆阳市人民医院　徐士琦、岳金静、张文斌、冯顺治、左友玲、马燕、后璇、王关琴、殷凌霞）

46. 我国卫生职业院校教师心理健康现状及对策研究（陇东学院岐伯医学院　刘志哲、安平祥、祁筱雯、刘静、徐秀英、贺志强、袁春玲）

47. 超声弹性成像、钼靶X线及磁共振成像对乳腺肿瘤的诊断对比分析（庆阳市人民医院　杨培权、张晖、刘文军、周峰、张小明、李卓慧、姚金平、薛晓静、崔庆平）

48. 系统孕检对降低孕产妇死亡率的研究（庆阳市人民医院　牟小娟、夏瑾、闫慧华、巩灵巧、王岩、尚宇翔、张玲、王志萍、孙丽琴）

49. 通络止痛汤治疗原发性头痛的临床研究（陇东学院岐伯医学院　宏亚丽、袁凯、张来平、李保平、刘杰、完颜长旭、张世龙、袁小涵、李永刚）

50. 庆阳市空巢老人生活质量与心理健康相关研究（陇东学院岐伯医学院　张来平、袁小涵、宏亚丽、杨向红、路通政、王俊义、徐秀英、李永刚、刘志霞）

51. 庆阳市儿童EB病毒感染及相关重症疾病研究（庆阳市人民医院　席维岳、李香钟、何廷佐、曹瑞、虎淑妍、杨晓凤、戴春威、张海霞、王磊）

52. 扶正消癥汤干预宫颈癌化疗后毒副反应的临床研究（庆阳市中医医院　张文渊、惠锋、孙林、夏小军、董骞、陆莹芳、慕宝罡、王倩、范淑红）

53. 马莲河流域水质与胆结石、泌尿系结石成份的相关性研究（西峰区人民医院　司聪、张振刚、王军锋、卢造权、张维华、胡治锋、云天斌、许万银、路莉）

55. 消渴清颗粒联合甲钴胺、红花治疗糖尿病周围神经病变疗效观察（庆阳市人民医院　尚靖智、赵能彩、闫慧华、翟科峰、魏志方、张玉媛、肖琰萍、段丽萍、芮君来）

55. 镇原县高氟区饮水型地方性氟中毒流行病学调查研究（镇原县疾病预防控制中心　刘双兰、张志敏、牛桂聪、张有成、成东升、黄琼、张小燕、杜小珍、张效红）

56. 庆城县孕产妇抑郁症相关因素调查及对策研究（庆城县人民医院　吕小荣、田学斌、杨梅、吕彩霞、刘晓妮、刘小梅、杨宝、程琳、任晓丽）

57. 中医综合防治早期老年性痴呆的临床观察（庆阳市人民医院　高亚玲、王荣惠、陈鑫、杨小丽、刘小平、刘淑芳、杨玲、荆琳、李志芳）

58. 健康教育对健康体检人群及住院患者行为干预效果研究（庆阳市人民医院　刘变叶、贺红丽、孙小亮、刘学仁、付彩儒）

59. 门诊手术室医院感染病原学分析及控制对策研究（庆阳市人民医院　赵晓慧、兰晓蕾、崔庆平、徐燕、路玲、姬晓萍、张志峰、马云、朱晓荣）

60. 庆阳市育龄妇女生殖健康保障与防治对策研究（庆阳市计划生育服务站　李源、王秀珍、姚小峰、张立新、张海宏、张小艳、常小艳、郭喻珩、魏永宏）

61. 妊娠期妇女鼻出血的临床治疗观察（庆阳市人民医院　闫小红、张宗焕、徐士琦、赵菊翠、王先真、盖亚蓉、孟丽）

62. 多元护理急救训练在心肺脑复苏中的临床研究（庆阳市人民医院　张慧、安静洁、李芬、杨玉霞、秦洁琼、黄文华、苏能香）

63. 水平两野对穿三维适型放疗替代Ⅱb-Ⅲb期宫颈癌部分后装剂量的临床研究（庆阳市人民医院　李进虎、崔庆平、张志峰、刘爱荣、胡丽娟、陈鑫、徐燕、张博、代灵云）

64. 新型静脉穿刺治疗盘的研制和应用（庆阳市人民医院　秦丽、朱慧颖、李晓宏、庞彬彬、缪珺、包晓雯、陈凤、徐云、张红娟）

65. 超敏C反应蛋白及D-二聚体在老年股骨颈骨折中的应用观察（西峰区人民医院　张君伟、李腾鹏、孙秀珍、李建萍、张宏伟、王小萍、齐磊、曹刚）

66. SSPI结合VP治疗胸腰椎爆裂性骨折的临床应用研究（庆阳市人民医院　张国博、刘亚琳、路黎明、高琪）

67. 窄谱中波紫外线联合中药药浴在治疗色素性紫癜性皮病的临床研究（长庆油田职工医院 任雁威、陆星宇、张莲、曹汉彬、王长庆、唐承伟、赵志明、化柱洲、张爱华）

68. 冠心舒通胶囊配合针灸按摩治疗脑卒中恢复期临床观察（庆阳市人民医院 许辉、赵海龙、李建辉、张秀芳、芮锦伟）

69. 接种甲型 H1N1 流感疫苗及乙肝疫苗对中学生心身症状影响比较的研究（庆阳市人民医院 付彩儒、李云、贺红丽、李雅丽、杭小平、刘变叶、 李肖妮、杜志荣、祁向峰）

70. 非营养性吸吮在新生儿动脉静脉采血中的应用（庆阳市人民医院 虎妍妮、脱亚莉、刘晓霞、袁晓梅、王雅琴、李玲娟、胡丽娜、黄园园、杨小丽）

71. 多聚甲醛干髓液在急性牙髓炎早期治疗中的新应用（庆阳市人民医院 谢敬生、张晓兰、郝伟）

72. 耳穴贴压护理对腹部手术患者术后疼痛干预临床观察（庆阳市中医医院 王芳、张海燕、张学燕、施小惠、唐秀琴、孙媛、李建萍、方建华、刘改梅 ）

73. 应用血必净综合治疗降低骨折并发症的临床研究（庆阳市人民医院 陈萍、王琼、王永辉、孙效虎、廖庆洲、张晓慧、徐云、后璇、脱亚莉）

74. 家庭病床冠心病患者护理干预（庆阳市人民医院 高喜琴、周梅、赵丽香、袁春玲、贺志强、刘小平、齐翠萍、任海莲、惠晓芸）

75. 2 型糖尿病饮食管理与干预对策研究（庆阳市人民医院 席彩琴、惠敏、段丽萍、王春娟、袁晓梅、李晓芹、王荣惠、张慧、张雪丽）

76. PVA 吸血海绵用于鼻腔术后止血的临床研究（庆阳市人民医院 李霞、后璇、徐云、冯顺治、徐士琦、陈萍、李雪、庞彬彬、张瑞芳）

77. 庆阳市孕妇营养与母儿健康研究（庆阳市人民医院 王志萍、钱翠霞、杨粉红、巩灵巧、尚宇翔、张玲、陈丽娟、宋玉琴）

78. 白芨二花冰块在腭裂术后护理中的应用研究（庆阳市人民医院 陈凤、柳小英、张玉惜、刘慧、庞彬彬、徐云、秦丽、齐鑫、朱慧颖）

79. 庆阳市医务人员吸烟相关因素调查研究（庆阳市人民医院 李雅丽、李肖妮、李云、付彩儒、贺红丽、杭小平、段慧萍、杜志荣、王荣惠）

80. 牙齿口外计算机 X 线（CR）摄影技术的应用及研究（庆阳市中医医院 刘文军、俄静、何茹、李桂珍、夏小军、陈金武、常伟东、张李军、王炜）

81. 多酶清洗术后器械方法、流程改良与质量检测集成研究（庆阳市人民医院 张华琴、张瑞芳、贾洁、张志峰、安静洁、冯丽娜、王耀龙、周梅、刘银梅）

82. 正畸疼痛临床表现特点及变化规律的相关性研究（庆阳市人民医院 张一波、惠雪峰、齐鑫、虎淑艳、毛雅云）

83. 雾化吸入后刺激咳嗽对先心病患儿术后排痰效果的临床观察（庆阳市人民医院 魏焕能、梁彩霞、后璇、段惠萍、白银琪、王春娟、柳小英、贺社霞、庞彬彬）

84. 庆阳市胆囊结石发病原因调查及护理干预研究（庆阳市中医医院 赵淑芳、万玉丽、石粉兰、尚晔、李洁、杨菊、孙媛、石云、张玉祥）

85. 陇东地区妇科癌症患者心理需求分析及干预研究（庆阳市人民医院 刘丽媛、俞萍、包丽宗、胡静、刘彩香、黎云、范颖芳、赵晓慧、刘江婷）

## 三等奖（16 项）

86. 小型自走式收割机研制开发（庆阳市庆利机械有限公司 杨学明、赵瑞霞、时杰、李德玺、张亚萍、贾占宏、靳善高）

87. 地方院校教学资源信息化建设及相关技术研究（陇东学院信息工程学院 李芳芳、刘正岐、张治荣、郭涛、余鋆、李娜、吕浩音）

88. 超宽带 TEM 喇叭天线辐射特性研究（陇东学院电气工程学院 张可儿、付文羽、齐晓龙、林涛、韩娜妮、杨丽寰、郑耐琴）

89. 庆阳市农民工教育培训与就业现状调查（庆阳理工中等专业学校 王志强、席志慧、白旭宁、陈莉丽、王 娜）

90. 平荞 5 号引进示范（华池县种子管理站 李晓莉、杨晓媛、张伟、庞占琴、穆红霞、王树琼、慕东华）

91. 陇东药食兼用野生草本植物资源调查及开发利用研究（陇东学院农林科技学院 张玉琴、

于喜桂、李科、张玉霞、宋曦、武永福、张红霞）

92.庆阳市紫花苜蓿主要病虫害发生及防治研究（陇东学院农林科技学院　王佛生、陈立伟、张占军、王凤琴、张玉琴、任志刚）

93.干旱山区马铃薯脱毒种薯繁育与示范（华池县种子管理站　王文金、庞占琴、李可夫、张武锋、李晓莉、张伟、刘建鑫、杨晓媛、王树琼）

94.核桃优良品种繁育技术研究（庆阳市林科所　张来建、张正军、朱岩峰、冯永吉、齐雪燕、张林涛、刘玉凤）

95.塑料拱棚蔬菜标准化栽培技术示范推广（陇东学院科技推广中心　刘金郎、张占军、赵爱萍、赵晓玲）

96.设施无公害番茄主要病虫害综合防治配套技术研究（庆阳市农业科学研究院　付金元、秦一统、肖正璐、颉敏昌、王锐、帅娜娜、朱立）

97.超前镇痛在全凭静脉麻醉中对围术期应激反应的影响（庆阳市人民医院　张仲金、薛静、江红梅、兀效儒、李争民、龚旺梅、左文君）

98.针刺配合祛痹汤熏蒸治疗早期类风湿关节炎临床观察（庆阳市人民医院　刘小平、陈鑫、郝伟、刘慧、栗菊梅、付玮、周梅）

99.氯沙坦钾片联合佐匹克隆片治疗高血压患者伴失眠的疗效观察（长庆油田职工医院　赵志明、张小军、席建堂、王建刚、赵小奎、王长庆、任雁威）

100.中西医结合治疗重症急性胰腺炎的临床研究（长庆油田职工医院　王长庆、化柱洲、曹汉彬、张建民、任雁威、赵志明、赵伟）

101.电视胸腔镜的临床应用（长庆油田职工医院　张建民、白晓霞、曹汉彬、胡铭、邱玺鹏、王长庆、王华）

# 中国统计出版社最新图书简目

（仅供参考，以最后出书为准）

## 统计资料

综合类：中国统计年鉴　中国统计摘要　中国发展报告
国际资料类：国际统计年鉴　金砖国家联合统计手册　世界能源资源年鉴
区域资料类：中国区域经济统计年鉴　中国县域统计年鉴　中国城市统计年鉴
中国农村统计年鉴　中国地区经济监测报告
经贸与投资类：中国贸易外经统计年鉴　中国对外直接投资统计公报　中国商品交易市场统计年鉴
大中型批发零售和住宿餐饮企业统计年鉴　中国零售和餐饮连锁企业统计年鉴
住户与物价类：中国住户调查年鉴　中国价格统计年鉴　中国农产品价格调查年鉴
全国农产品成本收益资料汇编
资源与环境类：中国环境统计年鉴　中国能源统计年鉴
产业类：中国工业统计年鉴　中国建筑业统计年鉴　中国房地产统计年鉴
中国第三产业统计年鉴　中国证券期货统计年鉴
科技类：中国科技统计年鉴　中国高技术产业统计年鉴　工业企业科技活动资料
人口与就业类：中国劳动统计年鉴　中国人口和就业统计年鉴　中国人才资源统计报告
社会与文化类：中国社会统计年鉴　中国文化及相关产业统计年鉴
公共管理类：中国民政统计年鉴　中国民族统计年鉴　中国乡镇街道行政区域简册

## 省级综合统计年鉴系列

北京 天津 河北 山西 内蒙古 辽宁 吉林 黑龙江 上海 江苏 浙江 安徽 福建 江西 山东
河南 湖北 湖南 广东 广西 海南 重庆 四川 贵州 云南 西藏 陕西 甘肃 青海 宁夏 新疆
新疆生产建设兵团

## 市（县）级综合统计年鉴系列

天津滨海新区 石家庄 唐山 邯郸 太原 大同 阳泉 长治 晋城 朔州 晋中 运城 忻州 临汾 呼和浩特
鄂尔多斯 包头 沈阳 大连 长春 吉林市 四平 哈尔滨 黑龙江垦区 上海浦东新区 南京 无锡 徐州
常州 苏州 南通 连云港 淮安 盐城 扬州 镇江 泰州 宿迁 江阴 丹阳 杭州 宁波 温州 嘉兴 绍兴 金华
衢州 舟山 台州 丽水 合肥 福州 厦门 宁德 福州经济技术开发区 南昌 济南 青岛 郑州 洛阳 平顶山
三门峡 南阳 武汉 十堰 荆州 宜昌 荆门 咸宁 长沙 广州 深圳 惠州 东莞 南宁 柳州 桂林 来宾 海口
三亚 成都 贵阳 昆明 西安 兰州 庆阳 银川 乌鲁木齐 兵团一师 兵团十师

## 调查年鉴系列

山西 内蒙古 吉林 辽宁 上海 福建 湖北 广西 重庆 四川 云南 甘肃 宁夏 新疆 南宁 桂林

## “十二五”规划教材

统计学（经济管理类专业本科适用，单薇 等）　抽样调查理论与方法（冯士雍 等）
贝叶斯统计（茆诗松 等）　统计学（黄良文 等）　试验设计（茆诗松 等）
统计学：从数据到结论（吴喜之）　医学统计学（于浩）　统计学（经济、管理类专业基础教材，张小斐）
概率论与数理统计三十三讲（魏振军）　概率论与数理统计三十三：学习指导与习题解答（魏振军）
非参数统计（吴喜之 等）　统计学：经济与管理中的数据分析（李慧云 等）
卫生管理统计学（新编医学院校基础课教材，尚磊）医院统计学（新编医学院校基础课教材，徐天和 等）
社会统计学（蒋萍 等）　现代金融投资统计分析（李腊生 等）
国民经济核算初级教程（经济类、统计类、管理类专业适用，蒋萍 等）

## 重点图书

新中国65年　新编英汉汉英统计大词典　中华医学统计百科全书
挑大学选专业2014—考研择校指南　挑大学选专业2014—高考志愿填报指南

中国统计出版社发行部电话：（010）63376907，63376908　同榅行书店电话：68783171，68783172
通讯地址：北京市西城区三里河月坛南街57号　邮政编码：100826
网址：http://csp.stats.gov.cn